엑셀 함수 & 수식 바이블

EXCEL BIBLE

실무에 최적화된 엑셀 사용서

최준선 지음

모든 버전 사용 가능

2007 2010 2013 2016 2019 Microsoft 365

한빛미디어 Hanbit Media, Inc.

지은이 **최준선**

마이크로소프트사의 엑셀 MVP로, 엑셀 강의 및 기업 업무 컨설팅과 집필 활동을 활발히 하고 있습니다. 네이버 엑셀 대표 카페인 '엑셀..하루에 하나씩(http://cafe.naver.com/excelmaster)'에서 체계적인 교육 프로그램인 '엑셀 마스터 과정'을 운영하고 있습니다. 주요 저서로는 《엑셀 업무 공략집》(한빛미디어, 2020), 《엑셀 매크로&VBA 바이블》(한빛미디어, 2019), 《엑셀 바이블》(한빛미디어, 2019), 《엑셀 2016 함수&수식 바이블》(한빛미디어, 2018), 《엑셀 피벗&파워 쿼리 바이블》(한빛미디어, 2017), 《엑셀 2016 매크로&VBA 바이블》(한빛미디어, 2016), 《엑셀 2016 바이블》(한빛미디어, 2016), 《엑셀 2013 바이블》(한빛미디어, 2013), 《회사에서 바로 통하는 엑셀 실무 데이터 분석》(한빛미디어, 2012), 《회사에서 바로 통하는 엑셀 2010 함수 이해&활용》(한빛미디어, 2012) 등이 있습니다.

엑셀 함수&수식 바이블

실무에 최적화된 엑셀 사용서 - 모든 버전 사용 가능

초판 1쇄 발행 2020년 12월 7일
초판 3쇄 발행 2024년 1월 25일

지은이 최준선 / **펴낸이** 전태호
펴낸곳 한빛미디어(주) / **주소** 서울특별시 서대문구 연희로2길 62 한빛미디어(주) IT출판1부
전화 02-325-5544 / **팩스** 02-336-7124
등록 1999년 6월 24일 제25100-2017-000058호 / **ISBN** ISBN 979-11-6224-370-1 13000

총괄 배윤미 / **책임편집** 장용희 / **기획·편집** 박동민 / **진행** 진명규
디자인 박정화 / **전산편집** 오정화
영업 김형진, 장경환, 조유미 / **마케팅** 박상용, 한종진, 이행은, 김선아, 고광일, 성화정, 김한솔 / **제작** 박성우, 김정우

이 책에 대한 의견이나 오탈자 및 잘못된 내용에 대한 수정 정보는 한빛미디어(주)의 홈페이지나 아래 이메일로 알려주십시오.
잘못된 책은 구입하신 서점에서 교환해 드립니다. 책값은 뒤표지에 표시되어 있습니다.

한빛미디어 홈페이지 www.hanbit.co.kr / 이메일 ask@hanbit.co.kr / 자료실 www.hanbit.co.kr/src/10370

함수를 왜 공부해야 할까?

엑셀은 사용자가 다양한 계산식(수식)을 구성해 원하는 결과를 돌려받을 수 있는 프로그램입니다. 수식을 만드는 것 자체가 수학이므로 수식을 잘 구성하기 위해서는 다양한 공식과 원리를 이해하고 있어야 합니다. 이런 점 때문에 엑셀이 어렵고 불편하다고 인식하는 경우가 많습니다.

엑셀은 사용자가 원하는 수식을 쉽게 구성할 수 있도록 다양한 함수를 제공합니다. 엑셀 함수는 공식이나 원리에 대한 이해가 없어도 함수 사용 방법만 알면 누구나 쉽게 원하는 결과를 얻을 수 있도록 설계되어 있습니다.

엑셀은 함수 이외에도 다양한 기능을 제공하지만 대부분의 기능이 수식을 만드는 부분과 연관되어 있으므로 함수를 잘 사용할 수 있다면 엑셀의 활용도를 크게 높일 수 있습니다.

함수는 몇 개나 알아야 할까?

엑셀에서 제공하는 함수는 500개가 넘습니다. 수식을 작성할 때도 필요한 함수 하나만 알면 되는 것이 아니라 다양한 함수를 조합하여 사용하는 경우가 많아 도대체 함수 수식을 어떻게 공부해야 할지 감이 잘 오지 않을 수 있습니다.

이 책은 엑셀의 모든 함수를 소개하기보다는 꼭 필요한 함수와 업무에 필요한 수식을 선별하여 다양한 사례를 통해 집중적으로 배울 수 있도록 구성했습니다.

차근차근 공부하면서 이 책의 모든 것을 이해하면 좋겠지만, 시간이 없다면 필수 함수 위주로 찾아가며 공부하는 것도 이 책을 활용하는 좋은 방법입니다. 먼저 자신의 업무에서 자주 사용하는 함수를 공부하고, 업무에 필요한 함수를 하나씩 더해가면 엑셀 수식을 사용하는 데에 불편함을 느끼지 않는 순간을 맞이할 수 있습니다. 그러므로 독자분들은 공부를 너무 서두르기보다는 이 책을 가까운 곳에 두고 필요할 때마다 꺼내 보며 많은 도움을 얻을 수 있길 바랍니다.

배열 수식과 배열 함수, 그리고 동적 배열

엑셀에 관심이 많은 사용자라면 배열 수식(또는 배열 함수)에 대해 들어본 적이 있을 겁니다. 배열 수식은 수식의 활용도를 한 단계 높여주는 기술로, 잘 활용하면 수식으로 못하는 업무가 없습니다. 다만 배열 수식은 계산 속도가 느려서 업무에 자주 사용하기 어려웠습니다.

이런 단점을 해결하기 위해 마이크로소프트 365 버전에서는 동적 배열과 이를 활용하는 새로운 함수를 다수 제공하고 있습니다. 동적 배열은 수식의 생산성을 크게 높일 수 있는 방식이므로 수식을 주로 활용하는 엑셀 사용자라면 반드시 이해해야 할 기술입니다. 마이크로소프트 365 버전을 기점으로 향후 나오게 될 엑셀 2022 버전부터는 동적 배열을 활용한 수식 작성이 주를 이루게 될 것입니다.

이 책의 PART 01, PART 02에서는 엑셀 함수에 대한 기본적인 이해와 실무 사례를 익힐 수 있도록 구성했고, PART 03에서는 배열 수식과 배열 함수, 그리고 동적 배열을 활용하는 방법에 대해 배운 후 다양한 실무 사례를 통해 해당 스킬을 학습할 수 있도록 구성했습니다.

PART 03은 이 책의 핵심입니다. 이 지식을 통해 엑셀 수식을 업무에 활용하는 방법을 한 단계 격상시킬 수 있으니 수식을 잘 활용하고자 한다면 해당 부분을 꼼꼼히 학습해보세요!

궁금한 점을 해결해주는 커뮤니티

책에 아무리 많은 정보가 담겨 있어도 엑셀로 업무를 하다보면 해결하기 힘든 문제가 발생하게 됩니다. 이런 문제의 해결을 돕기 위해 '엑셀..하루에 하나씩'(https://cafe.naver.com/excelmaster) 카페를 운영하고 있습니다.

이 카페를 통해 2004년부터 하루도 빠짐없이 다양한 사람들의 고민을 듣고 함께 해결해왔습니다. 만약 주변에 도움받을 수 있는 여건이 안 된다면 카페를 방문해 질문하는 것을 권합니다.

엑셀..하루에 하나씩(https://cafe.naver.com/excelmaster)

카페에서는 다양한 회원들과 문제를 공유할 수 있으며, 잘 이해되지 않는 부분에 대한 추가 설명이나 실무에 적용하면서 생길 수 있는 다양한 문제의 해결 방법에 대해서도 생생한 조언을 얻을 수 있습니다.

엑셀 마스터 과정

책으로 공부하기 버겁거나 빠르게 엑셀 실력을 향상시켜야 하는 분들을 위해 '엑셀..하루에 하나씩' 카페에서 엑셀을 체계적으로 학습할 수 있는 '엑셀 마스터 과정'을 2010년에 개설해 현재까지 운영하고 있습니다.

엑셀 마스터 과정은 제가 직접 강의합니다. 엑셀 마스터 과정과 책을 함께 활용해 공부하면 가장 빠르게 원하는 만큼 실력을 쌓을 수 있으므로 이직, 부서 이동 등의 이유 때문에 단기간에 실력을 늘려야 하거나 실력이 생각처럼 잘 늘지 않는 분들에게는 큰 도움이 될 것이라고 확신합니다.

감사의 인사

이 책을 선택해주신 독자분들께 진심으로 감사의 인사를 전합니다. 책에는 항상 부족한 부분이 있을 수 있습니다. 그런 부분은 제가 운영하는 카페를 통해 채워나가겠습니다.

그리고 책이 발간되기까지 많은 분들의 수고를 필요로 합니다. 책 출간에 힘써주신 한빛미디어 출판사 관계자분께도 감사드립니다.

끝으로 사랑하는 가족들에게 감사와 고마운 마음을 전합니다.

2020년 12월

최준선

평균과 최대/최소

06 17 상/하위 N%(개)를 제외한 평균 구하기 - TRIMMEAN 함수

예제 파일 PART 02 \ CHAPTER 06 \ TRIMMEAN 함수.xlsx

TRIMMEAN 함수

평균을 구하는 함수는 대부분 AVERAGE 함수만 생각합니다. 그런데 엑셀에는 특별한 평균을 계산해주는 **TRIMMEAN 함수도** 제공됩니다. TRIMMEAN 함수는 상/하위 N%(개)의 데이터를 제외하고 평균을 구할 수 있습니다. 구문은 다음과 같습니다.

TRIMMEAN (❶ 배열, ❷ 퍼센트)

숫자 데이터 범위의 양 끝부분에서 N퍼센트의 데이터를 제외한 평균을 구합니다.

구문	**❶ 배열** : 평균을 구할 숫자 데이터 범위 **❷ 퍼센트** : 평균을 구할 때 제외할 데이터의 비율

사용 예

```
=TRIMMEAN(A1:A10, 20%)
```

TIP [A1:A10] 범위에서 상위 10%와 하위 10% 데이터를 제외한 숫자값의 평균을 반환합니다.

공식처럼 사용할 수 있는 수식

TRIMMEAN 함수를 사용하려면 두 번째 인수인 [퍼센트] 인수를 잘 구성할 수 있어야 합니다. 상/하위 N%를 제외한 평균을 구하려면 수식을 다음과 같이 설정합니다.

```
=TRIMMEAN(평균 범위, 제외 비율*2)
```

- **평균 범위** : 평균을 구할 숫자 데이터 범위
- **제외 비율** : 상/하위에서 제외할 비율로 상/하위에서 10% 비율을 제외하고 싶다면 제외 비율은 10%입니다.

438 / PART 02 | 엑셀 실무 함수

핵심 키워드

한 CHAPTER 내에서 소개하는 엑셀의 다양한 기능을 내용별 핵심 키워드로 묶어 좀 더 찾기 쉽게 구성했습니다.

SECTION

엑셀 함수와 수식을 활용하기 위해 꼭 알고 있어야 할 개념과 기능을 모아 구성했습니다. 엑셀 함수와 수식 활용 방법을 소개합니다.

함수 설명

엑셀 함수의 기능과 구문, 특이사항, 사용 예 등을 꼼꼼하게 알려주어 엑셀 함수 및 구문을 쉽고 자세하게 배울 수 있습니다.

공식처럼 사용할 수 있는 수식

앞서 학습한 엑셀 함수를 수식으로 구성해 사용하는 방법을 알려줍니다. 함수마다 널리 사용되는 수식 구성 형태를 보여주므로 실무에 적절하게 응용하여 활용할 수 있습니다.

실무 활용 예제

해당 Section에서 학습한 엑셀 함수를 실무 예제에 적용하여 실제 엑셀 문서에서 어떻게 활용할 수 있는지 익힙니다.

TIP

이론 설명이나 실습 중 헷갈리기 쉬운 부분을 정리합니다. 유용한 정보, 알고 넘어가면 좋을 참고 사항을 소개합니다.

더 알아보기

따라 하기 과정에 사용된 수식을 이해하기 위한 추가 설명뿐 아니라 엑셀 함수&수식을 학습할 때 꼭 알아야 할 관련 지식을 해당 부분에서 바로 확인할 수 있도록 정리했습니다. 특히 '수식 이해하기'에서는 실습에 사용된 함수의 구조와 사용 방법을 자세히 설명합니다.

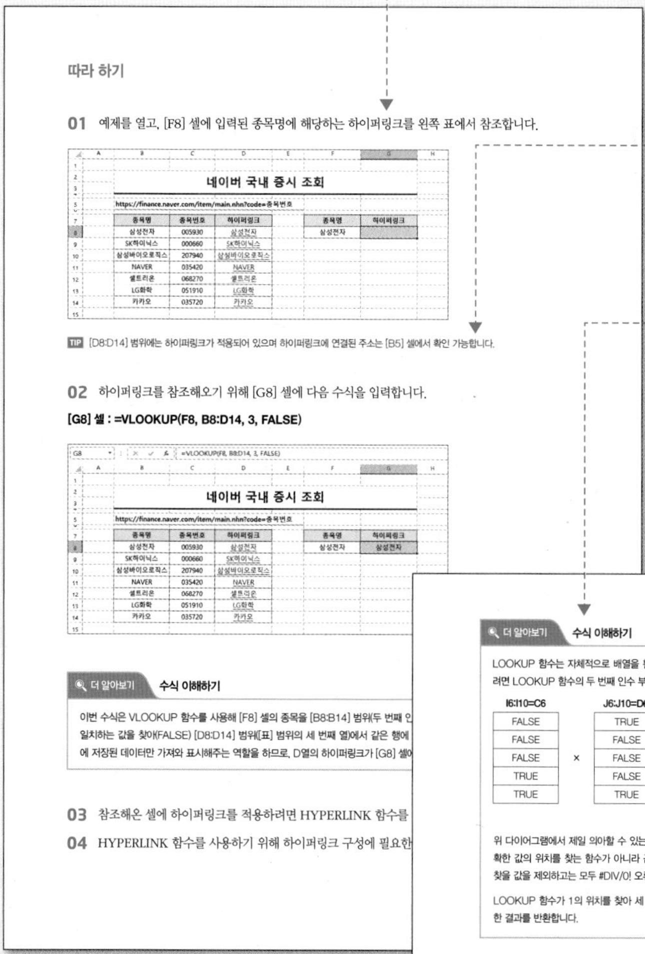

따라 하기

01 예제를 열고, [F8] 셀에 입력된 종목명에 해당하는 하이퍼링크를 왼쪽 표에서 참조합니다.

TIP [D8:D14] 범위에는 하이퍼링크가 적용되어 있으며 하이퍼링크에 연결된 주소는 [B5] 셀에서 확인 가능합니다.

02 하이퍼링크를 참조해오기 위해 [G8] 셀에 다음 수식을 입력합니다.

[G8] 셀 : =VLOOKUP(F8, B8:D14, 3, FALSE)

더 알아보기 수식 이해하기

이번 수식은 VLOOKUP 함수를 사용해 [F8] 셀의 종목을 [B8:B14] 범위(두 번째 인 일치하는 값을 찾아(FALSE) [D8:D14] 범위([표] 범위의 세 번째 열)에서 같은 행에 에 저장된 데이터만 가져와 표시해주는 역할을 하므로, D열의 하이퍼링크가 [G8] 셀에

03 참조해온 셀에 하이퍼링크를 적용하려면 HYPERLINK 함수를

04 HYPERLINK 함수를 사용하기 위해 하이퍼링크 구성에 필요한

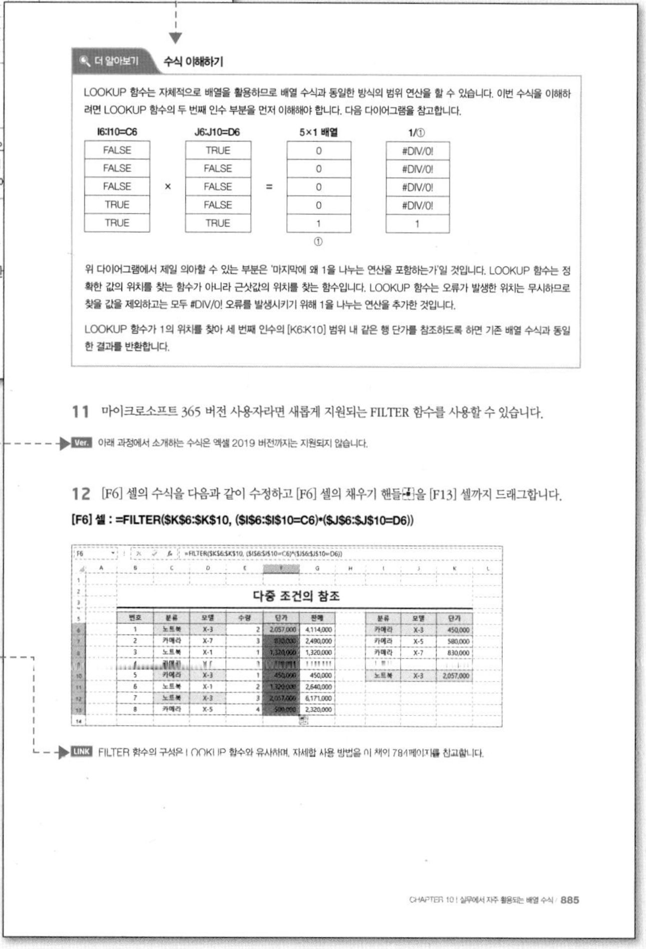

더 알아보기 수식 이해하기

LOOKUP 함수는 자체적으로 배열을 활용하므로 배열 수식과 동일한 방식의 범위 연산을 할 수 있습니다. 이번 수식을 이해하려면 LOOKUP 함수의 두 번째 인수 부분을 먼저 이해해야 합니다. 다음 다이어그램을 참고합니다.

I6:I10=C6		J6:J10=D6		5×1 배열	1/①
FALSE		TRUE		0	#DIV/0!
FALSE		FALSE		0	#DIV/0!
FALSE	×	FALSE	=	0	#DIV/0!
TRUE		FALSE		0	#DIV/0!
TRUE		TRUE		1	1
				①	

위 다이어그램에서 제일 의아할 수 있는 부분은 '마지막에 왜 1을 나누는 연산을 포함하는가'일 것입니다. LOOKUP 함수는 정확한 값의 위치를 찾는 함수가 아니라 근삿값의 위치를 찾는 함수입니다. LOOKUP 함수는 오류가 발생한 위치는 무시하므로 찾을 값을 제외하고는 모두 #DIV/0! 오류를 발생시키기 위해 1을 나누는 연산을 추가한 것입니다.

LOOKUP 함수가 1의 위치를 찾아 세 번째 인수의 [K6:K10] 범위 내 같은 행 단가를 참조하도록 하면 기존 배열 수식과 동일한 결과를 반환합니다.

11 마이크로소프트 365 버전 사용자라면 새롭게 지원되는 FILTER 함수를 사용할 수 있습니다.

Ver. 아래 과정에서 소개하는 수식은 엑셀 2019 버전까지는 지원되지 않습니다.

12 [F6] 셀의 수식을 다음과 같이 수정하고 [F6] 셀의 채우기 핸들을 [F13] 셀까지 드래그합니다.

[F6] 셀 : =FILTER($K$6:$K$10, ($I$6:$I$10=C6)*($J$6:$J$10=D6))

LINK FILTER 함수의 구성은 LOOKUP 함수와 유사하며, 자세한 사용 방법은 이 책의 784페이지를 참고합니다.

CHAPTER 10 | 실무에서 자주 활용되는 배열 수식 885

VER.

엑셀 2007~2019 버전 그리고 마이크로소프트 365 버전까지 모든 버전에서 학습할 수 있도록 엑셀 버전마다 차이가 나는 내용을 상세하게 설명합니다.

LINK

본문을 학습할 때 추가로 학습해야 할 내용이 어느 페이지에 포함되어 있는지 표시합니다.

엑셀 함수&수식 바이블 실습 예제 다운로드

이 책에 사용된 모든 실습 및 완성 예제 파일은 한빛미디어 홈페이지(www.hanbit.co.kr/media)에서 다운로드할 수 있습니다. 예제 파일은 따라 하기를 진행할 때마다 사용되므로 컴퓨터에 복사해두고 활용합니다.

1 한빛미디어 홈페이지(www.hanbit.co.kr/media)로 접속합니다. 로그인 후 화면 오른쪽 아래에서 [자료실] 버튼을 클릭합니다.

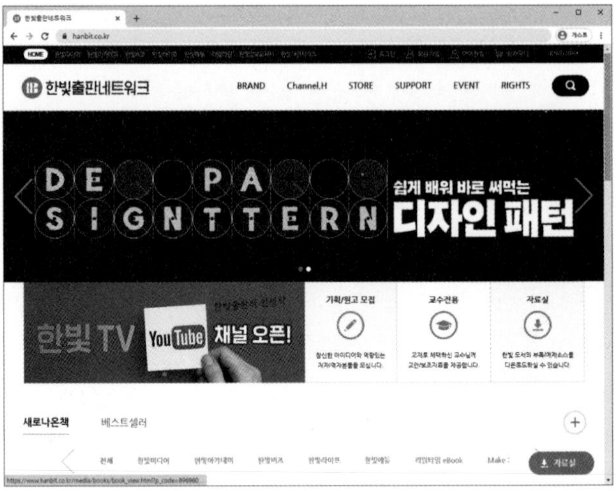

- 이 책에 사용된 예제의 저작권은 저자에게 있습니다. 저자의 허락 없이 영리적 이용을 금하며 파일의 배포, 재판매 및 유료 콘텐츠의 예제로 사용할 시 법적 제재를 받을 수 있습니다.

2 자료실 도서 검색란에 도서명을 입력해 검색합니다. 선택한 도서 정보가 표시되면 오른쪽에 있는 예제 소스 다운로드 아이콘을 클릭합니다.

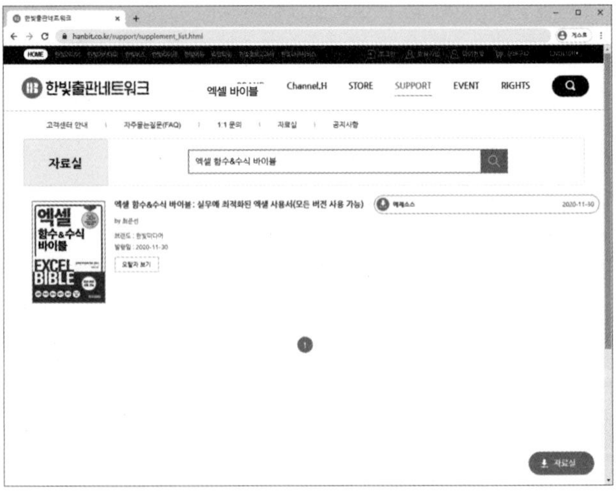

- 다운로드한 예제 파일은 일반적으로 다운로드 폴더에 저장되며, 사용하는 웹브라우저 설정에 따라 다를 수 있습니다.

PART 01 엑셀 수식의 기본

CHAPTER 01 수식의 기본 이해하기

CONTENTS

CHAPTER 05 편집 함수

CONTENTS

CONTENTS

CHAPTER 08 **참조 함수**

CONTENTS

PART 03 배열 수식과 배열 함수

CHAPTER 09 배열의 원리

CHAPTER 10 실무에서 자주 활용되는 배열 수식

PART

01

엑셀 수식의 기본

CHAPTER

01

수식의 기본 이해하기

수식은 셀에서 등호(=)로 시작하는 모든 계산식을 의미하며, 엑셀의 근간을 이루는 가장 중요한 요소입니다. 수식을 잘 작성하려면 수학의 계산 원리에 대해 잘 이해하고 있어야 합니다. 하지만 대부분의 사용자는 수학적인 학습을 어려워하므로 엑셀에서는 함수를 이용해 수식을 손쉽게 만들 수 있도록 돕고 있습니다.

물론 함수만으로 필요한 모든 수식을 구성하기는 쉽지 않습니다. 따라서 여러 유형의 데이터를 구분해 세분화하고 다양한 계산 작업에 활용할 수 있는 연산자를 제공합니다. CHAPTER 01에서는 수식을 잘 구성하기 위해 먼저 이해해야 하는 데이터와 연산자에 대해 설명합니다.

01 01 수식과 함수, 그리고 연산자

예제 파일 없음

수식과 함수, 그리고 연산자

수식(Formula)은 셀에서 등호(=)와 함께 입력하는 계산식을 의미합니다. **함수(Function)**는 SUM 함수와 같이 자주 사용되는 계산식을 일반 사용자가 손쉽게 구성할 수 있도록 엑셀에서 제공하는 기능입니다. 대부분의 함수는 사용자로부터 필요한 값을 입력받아서 계산 결과를 반환합니다. **연산자**는 수식 내에서 사용되는, 특정 역할이 부여된 문자를 의미합니다. 대표적인 예로 덧셈 연산을 하는 플러스(+) 기호도 연산자입니다.

참조와 연산자만 사용하는 수식

계산식의 원리만 잘 이해한다면 함수를 사용하지 않고도 필요한 수식을 만들어 사용할 수 있습니다. 아래 수식은 [A1] 셀부터 [A10] 셀까지 모든 숫자 데이터를 더하는 수식입니다.

=A1 + A2 + A3 + A4 + A5 + A6 + A7 + A8 + A9 + A10

❶ (A1), ❷ (+)

❶ **참조** : 해당 주소 셀에 입력한 데이터를 가져다 사용할 수 있는 개념으로, 엑셀에서만 제공됩니다.

LINK 참조는 이 책의 53페이지에서 자세하게 설명합니다.

❷ **연산자** : 연산자는 좌측과 우측의 데이터로 정해진 동작을 진행하라는 의미를 가집니다. 예를 들어 플러스(+)는 좌측과 우측 데이터를 더한 값을 반환합니다. 플러스(+)는 덧셈을, 마이너스(-)는 뺄셈이나 음수를 표현하며 이러한 연산자를 산술 연산자라고 합니다.

LINK 산술 연산자에 대한 자세한 설명은 이 책의 75페이지를 참고합니다.

함수를 이용한 수식

필요한 계산 작업에 맞는 함수를 사용하면 수식을 보다 간결하게 구성할 수 있습니다. 다음은 합계를 계산할 때 사용하는 SUM 함수를 사용한 수식으로, 앞에서 사용한 수식보다 훨씬 간편하게 결괏값을 얻을 수 있습니다.

=SUM(A1 : A10)

(❶ SUM, ❷ :)

❶ **함수** : SUM 함수에는 합계를 계산하는 로직이 포함되어 있습니다. 따라서 계산에 필요한 값이 어디에 있는지 해당 범위를 전달하면 계산 결과가 반환됩니다. 대부분의 함수는 계산에 필요한 데이터를 [A1:A10] 범위와 같이 사용자에게 전달받으며, 이렇게 전달받는 값을 **인수**라고 합니다.

❷ **참조 연산자** : 콜론(:)은 참조할 때 시작 셀(A1)부터 끝 셀(A10)까지 연속된 범위를 모두 참조하라는 연산자입니다.

LINK 참조 연산자에 대한 자세한 설명은 이 책의 80페이지를 참고합니다.

수식 이해

01 02 수식을 입력하는 다양한 방법 활용하기

예제 파일 PART 01 \ CHAPTER 01 \ 수식 입력.xlsx

수식 입력에 사용되는 키의 종류와 역할

수식은 일반적으로 Enter를 눌러 입력합니다. 상황에 따라 Ctrl+Enter나 Ctrl+Shift+Enter로 입력할 수도 있습니다. 수식이 긴 경우에는 Alt+Enter를 눌러 여러 줄로 수식을 입력할 수 있습니다.

다음은 수식을 입력할 때 사용하는 키에 대한 설명입니다.

키	설명
Enter (또는 Tab)	수식을 입력하고 다음 셀로 이동합니다. Enter와 Tab은 모두 수식을 입력할 때 사용하지만 입력 후 이동한 셀의 위치가 다릅니다. Enter는 아래쪽(행 방향) 셀로 이동하고 Tab은 오른쪽(열 방향) 셀로 이동합니다.
Ctrl+Enter	[A1:A10]과 같이 범위가 선택되어 있을 때 첫 번째 셀에 입력한 수식을 전체 범위에 복사합니다.
Ctrl+Shift+Enter	배열 수식을 입력합니다. 배열 수식에 대한 설명은 이 책의 **PART 03**을 참고합니다.
Alt+Enter	셀(또는 수식 입력줄)에서 다음 줄에 계속 입력할 수 있도록 줄을 나눠줍니다. 긴 수식을 여러 줄에 나눠 입력할 때 사용합니다. 자세한 사용 방법은 이 책의 96페이지를 참고합니다.

셀 하나에 수식 입력하기 – Enter, Tab

급여의 200%에 해당하는 성과급을 지급하는 경우를 처리합니다. 예제를 열고, [F6] 셀에 다음 수식을 입력한 후 Enter 또는 Tab을 누릅니다.

[F6] 셀 : =E6*200%

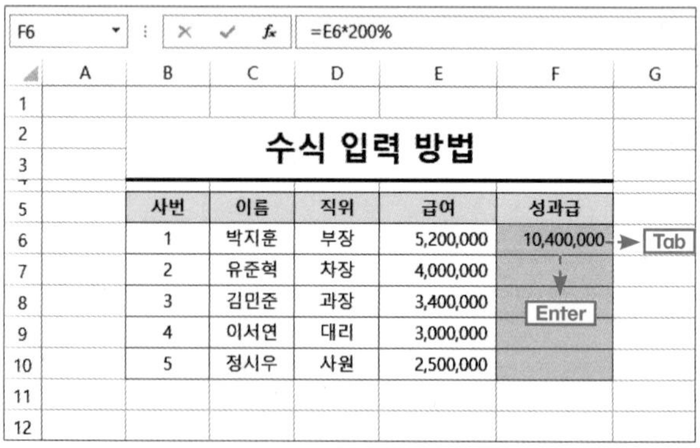

연속된 위치에 수식 입력하기 - Ctrl + Enter

전체 직원의 성과급을 한번에 입력하려면 [F6:F10] 범위를 선택합니다. F2를 누른 후 Ctrl + Enter를 눌러 수식을 입력합니다.

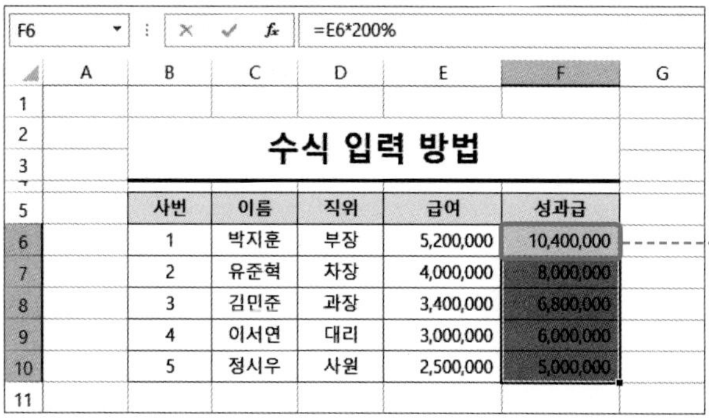
F6 =E6*200%

	A	B	C	D	E	F	G
1							
2		수식 입력 방법					
3							
5		사번	이름	직위	급여	성과급	
6		1	박지훈	부장	5,200,000	10,400,000	
7		2	유준혁	차장	4,000,000	8,000,000	
8		3	김민준	과장	3,400,000	6,800,000	
9		4	이서연	대리	3,000,000	6,000,000	
10		5	정시우	사원	2,500,000	5,000,000	
11							

[F6] 셀에 수식이 입력되어 있지 않은 경우에는 다음 수식을 입력하고 Ctrl + Enter를 누릅니다.
=E6*200%

F2는 셀을 편집할 때 사용하는 단축키입니다. 수식이 이미 입력된 셀에서는 수식을 수정하기 위해 사용합니다.

LINK F2를 이용하는 방법은 이 책의 97페이지에서 자세하게 설명합니다.

떨어진 범위를 선택해서 수식을 한번에 입력할 수 있습니다. 예제의 [F8] 셀과 [F10] 셀에서 선지급된 100만 원을 빼도록 수식을 수정하겠습니다. [F8] 셀을 먼저 선택하고 Ctrl을 누른 상태에서 [F10] 셀을 클릭합니다. 그리고 F2를 눌러 편집 상태로 변경한 후 다음 수식을 입력하고 Ctrl + Enter를 누릅니다.

[F10] 셀 =E10*200%-1000000

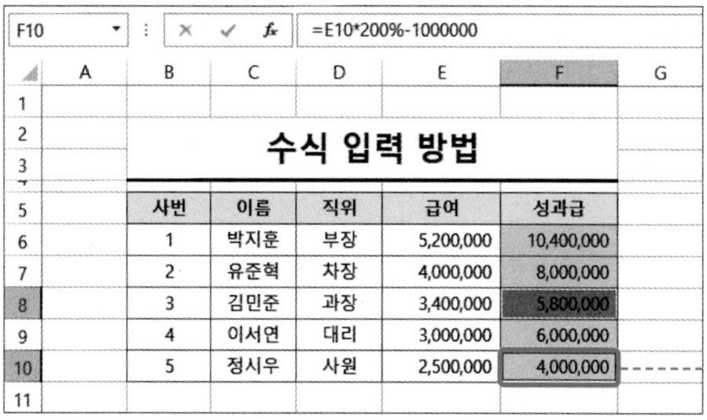
F10 =E10*200%-1000000

	A	B	C	D	E	F	G
1							
2		수식 입력 방법					
3							
5		사번	이름	직위	급여	성과급	
6		1	박지훈	부장	5,200,000	10,400,000	
7		2	유준혁	차장	4,000,000	8,000,000	
8		3	김민준	과장	3,400,000	5,800,000	
9		4	이서연	대리	3,000,000	6,000,000	
10		5	정시우	사원	2,500,000	4,000,000	
11							

마지막에 선택된 셀이 수식을 고칠 때 대상이 되는 셀입니다. 활성 셀이라고 합니다.

이렇게 떨어진 셀을 선택할 때는 마지막에 선택된 셀의 색상만 다르게 표시되며, 셀 편집 대상이 됩니다. 이런 셀을 **활성 셀**이라고 합니다.

수식 이해

01 03 엑셀의 수식 제한 사항 이해하기

예제 파일 없음

엑셀은 매우 뛰어난 프로그램이지만 모든 작업을 제한 없이 처리할 수 있는 것은 아닙니다. 엑셀을 제대로 활용하기 위해서는 엑셀로 작업할 수 있는 범위를 분명하게 이해하는 것이 중요합니다. 아래 표는 엑셀 수식 작성 시 항목별 제한 범위입니다.

항목	엑셀 2007 이상 버전	엑셀 2003 버전
숫자 정밀도 ❶	15	15
워크시트의 열	16,384	256
워크시트의 행	1,048,576	65,536
수식의 길이(문자 개수) ❷	8,192	1,024
함수의 인수 ❸	255	30
함수의 중첩 ❹	64	7
배열 수식의 열 참조 ❺	제한 없음	65,535

❶ **숫자 정밀도**란 엑셀에서 입력하거나 계산된 값을 표시할 수 있는 최대 자릿수를 의미합니다. 최대 15자리까지만 정확하게 표시하고 그 이상의 값을 반환할 때는 해당 자릿수를 0으로 표시합니다. 예를 들어 카드 번호를 띄어쓰기 없이 셀에 입력하면 맨 마지막 자리 숫자가 0이 됩니다.

❷ 수식을 작성할 때 함수, 연산자, 참조 등의 최대 문자 길이를 의미합니다. 이를 넘길 가능성은 많지 않지만 수식 내에서 텍스트 데이터를 사용할 때 최대 문자 길이인 255자를 초과할 수 있습니다. 최대 문자 길이를 초과하면 다음과 같은 에러 메시지가 나타납니다.

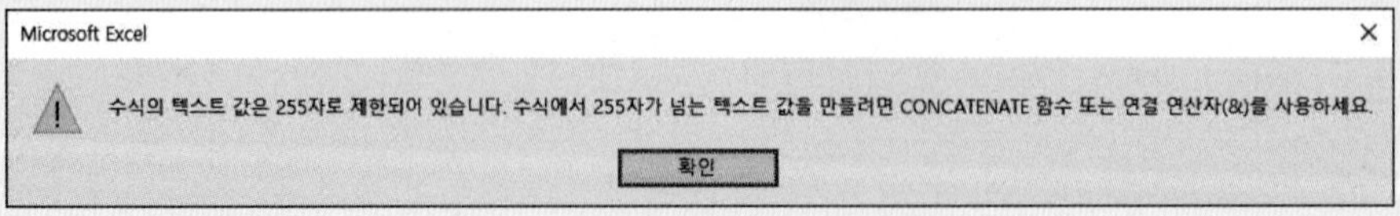

❸ **인수**는 함수의 계산에 필요한 값으로 사용자가 전달합니다. 함수는 보통 지정된 계산 작업을 수행하기 위해 인수로 받아야 하는 값과 개수가 정해져 있습니다. 다만 SUM 함수와 같이 인수로 전달해야 할 개수가 정해져 있지 않은 경우 최대 인수 허용 개수가 제한됩니다. 엑셀 2007 이상 버전은 255개까지, 엑셀 2003 이하 버전은 30개까지 인수가 허용됩니다.

❹ 함수 내에 다른 함수를 사용하는 것을 **중첩**이라고 합니다. 다음 수식에서는 IF 함수 안에 IF 함수를 한 번 중첩했습니다. 이처럼 함수 안에 함수가 중첩 가능한 횟수를 의미합니다.

```
=IF(A1>=90, "A", IF(A1>=80, "B", …
```

❺ 수식에서 [A:A]와 같이 열 전체를 참조할 수 있습니다. 단, 엑셀 2003 이하 버전에서 배열 수식은 한번에 65,535개의 셀만 참조할 수 있으므로 [A:A]와 같은 참조 방법을 사용할 수 없습니다.

참고로 엑셀 2013 버전에서 [엑셀 2003 형식(XLS)]으로 파일을 저장한 후 엑셀 2003 버전에서 해당 파일을 열면 엑셀의 수식 제한 사항이 엑셀 2003 버전에 맞게 변경됩니다. 그러므로 엑셀 2003 버전에서는 작성한 수식에 에러가 발생할 수 있습니다.

데이터 형식과 표시 형식

01 04 엑셀의 데이터 형식 구분하기

예제 파일 PART 01 \ CHAPTER 01 \ 데이터 형식.xlsx

엑셀의 데이터 형식

엑셀이 워드나 파워포인트와 같은 프로그램과 가장 큰 차이가 나는 부분은 숫자 데이터를 인식할 수 있다는 점입니다. 숫자 데이터를 인식할 수 있는 프로그램은 계산(사칙연산)이 가능합니다. 엑셀은 사용자가 입력한 값을 계산할 수 있는지에 따라 **숫자**, **논릿값**, **텍스트**로 구분합니다. 그리고 숫자는 다시 일반 숫자와 날짜/시간으로 구분됩니다.

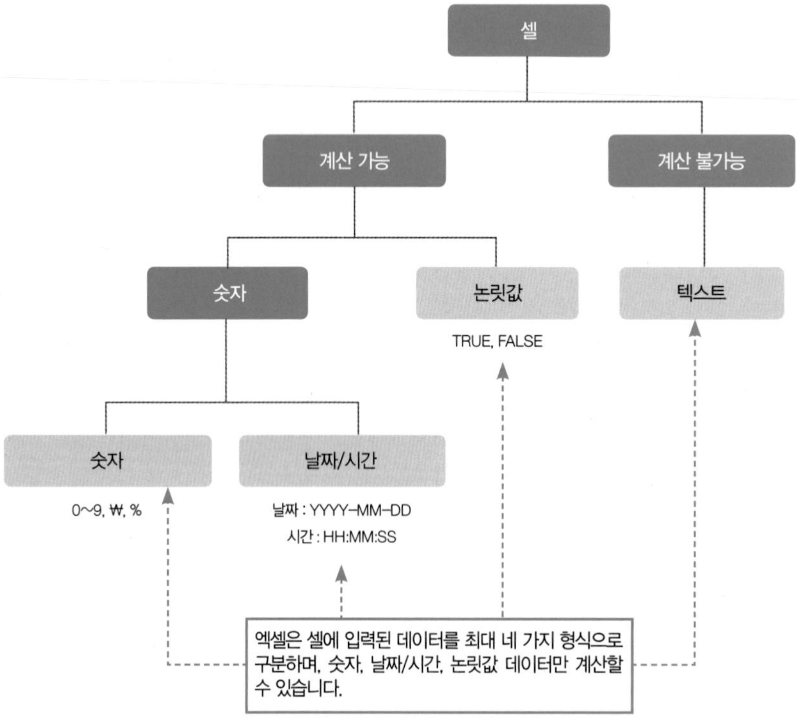

중요한 점은 데이터를 프로그램(엑셀)이 구분한다는 점입니다. 사람이 판단하는 것과 다를 수 있습니다.

데이터 형식과 셀 맞춤

엑셀은 셀에 저장된 데이터 형식을 구분한 후 셀 맞춤 기능을 이용해 사용자에게 인식한 데이터 형식을 알려줍니다.

01 예제를 열고 [sample] 시트의 [B6:G6] 범위에 데이터를 직접 입력해보세요!

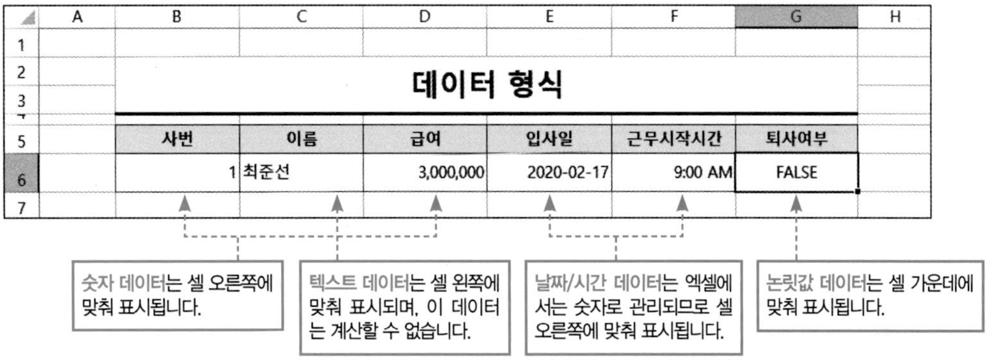

데이터 형식
사번
이름
급여
입사일
근무시작시간
퇴사여부
1
최준선
3,000,000
2020-02-17
9:00 AM
FALSE
숫자 데이터는 셀 오른쪽에 맞춰 표시됩니다.
텍스트 데이터는 셀 왼쪽에 맞춰 표시되며, 이 데이터는 계산할 수 없습니다.
날짜/시간 데이터는 엑셀에서는 숫자로 관리되므로 셀 오른쪽에 맞춰 표시됩니다.
논릿값 데이터는 셀 가운데에 맞춰 표시됩니다.

[B6:G6] 범위에서 숫자, 날짜/시간 데이터는 셀 오른쪽, 텍스트 데이터는 셀 왼쪽, 논릿값 데이터는 셀 가운데에 맞춰 표시됩니다. 다만, 데이터 형식이 셀 맞춤 기능을 통해 표시되려면 사용자가 셀 맞춤 기능을 미리 설정하지 않아야 합니다.

더 알아보기 **왜 내가 입력한 숫자, 날짜/시간 데이터는 오른쪽에 표시되지 않을까?**

엑셀은 사용자가 입력한 데이터를 구분할 때 숫자는 0~9, ₩, $, % 등이 포함된 경우에만 숫자로 인식합니다. 날짜는 년, 월, 일 숫자가 하이픈(-)이나 슬래시(/)로 구분된 경우에만 날짜로 인식합니다. 시간은 시, 분, 초까지의 숫자가 콜론(:)으로 구분된 경우에만 시간으로 인식합니다.

다음은 데이터 형식에 맞지 않게 입력한 대표적 예를 정리해놓았습니다.

데이터	인식	이유
300만원	텍스트	'만원'은 숫자로 인식될 수 없는 문자입니다.
20.02.16	텍스트	마침표(.)로는 날짜 데이터를 구분할 수 없습니다.
200216	숫자	날짜는 구분 기호 없이 입력하면 숫자 데이터로 인식합니다.
오전 09:00	텍스트	12시간제로 시간을 입력하면 엑셀은 '오전/오후' 단위를 인식하지 못하므로 **9:00 AM**과 같이 입력해야 합니다.

위에서 설명한 데이터를 직접 셀에 입력해 확인해보세요!

02 [B6:G6] 범위를 선택하고 리본 메뉴의 [홈] 탭–[맞춤] 그룹–[가운데 맞춤☰]을 클릭합니다.

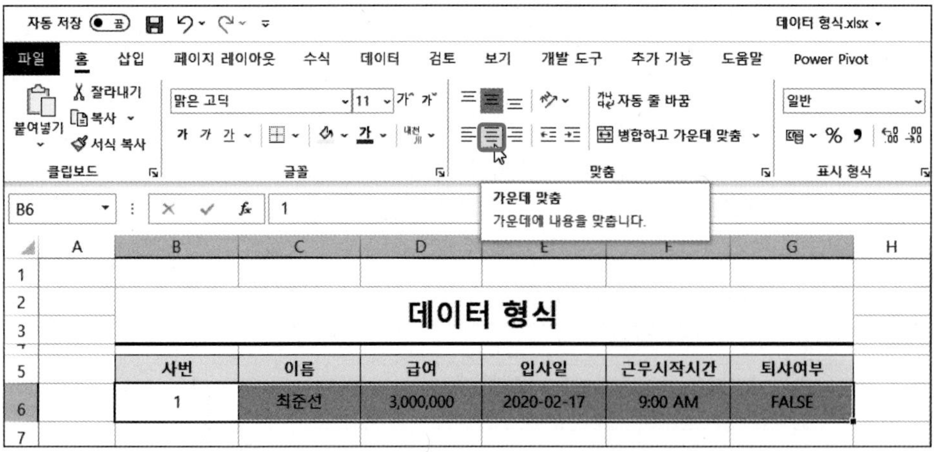

더 알아보기 셀 맞춤 설정 해제하기

이와 같이 강제로 셀 맞춤 방법을 변경한다고 해서 다른 데이터 형식이 논릿값으로 바뀌진 않습니다. 셀 맞춤 기능은 단순히 데이터를 보기 좋게 셀에 표시되는 위치만 변경하는 기능입니다. [B6:G6] 범위 내 셀이 선택된 상태에서는 명령 아이콘이 녹색☰으로 표시됩니다. 이것은 명령 버튼이 활성화되어 있다는 의미입니다. 해당 버튼을 다시 한 번 클릭하여 사용자가 설정한 맞춤 설정을 해제하면 데이터가 표시된 위치로 데이터 형식을 파악할 수 있습니다.

데이터 형식과 표시 형식

01 05

표시 형식 설정 방법 이해하기

예제 파일 PART 01 \ CHAPTER 01 \ 표시 형식-숫자.xlsx

표시 형식과 데이터 형식

엑셀은 입력된 데이터를 구분하며, 이를 **데이터 형식**이라고 합니다. 이는 **Section 01-04**의 [엑셀의 데이터 형식 구분하기]에서 설명한 바 있습니다. 엑셀은 저장된 데이터를 보기 좋게 표시할 수 있는 기능을 제공하며 이를 **표시 형식**이라고 합니다. 예를 들어 0.6을 60%로 표시하여 좀 더 이해하기 쉽도록 합니다. 엑셀은 다양한 표시 형식을 제공하며, 리본 메뉴와 [셀 서식] 대화상자를 이용해 설정할 수 있습니다.

리본 메뉴를 이용하는 방법

리본 메뉴의 [홈] 탭-[표시 형식] 그룹에서 자주 사용하는 표시 형식을 적용할 수 있습니다.

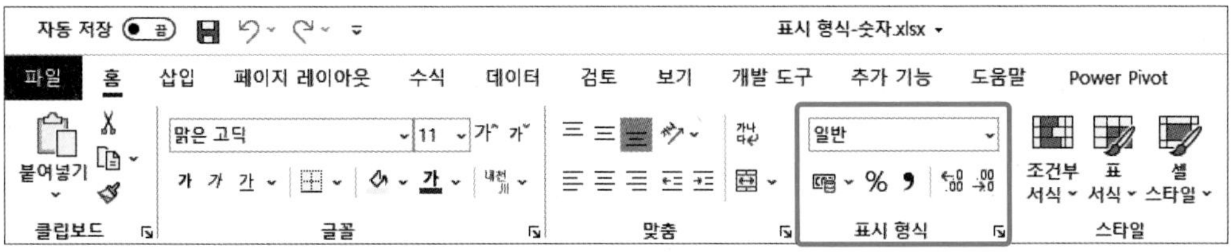

[표시 형식] 그룹의 명령은 각각 다음과 같은 역할을 수행합니다.

<table>
<tr><th>아이콘</th><th>명령</th><th>설명</th></tr>
<tr><td>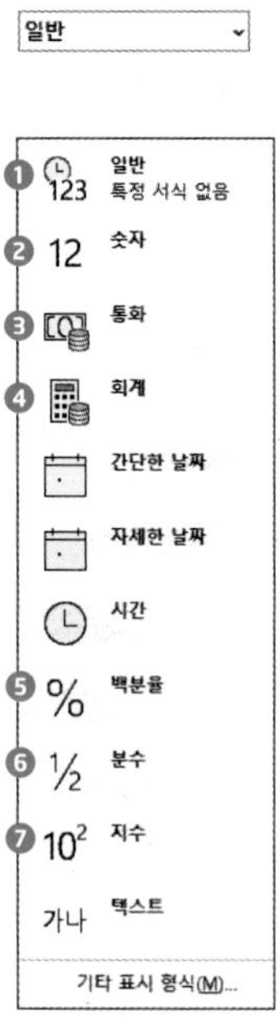
</td><td>표시 형식</td><td>
[표시 형식] 우측의 더 보기[▾]를 클릭하면 목록에서 다양한 표시 형식을 골라 셀에 적용할 수 있습니다.
숫자 데이터는 [일반], [숫자], [통화], [회계] 방식으로 표시할 때 다음과 같은 차이를 보입니다(소수점 이하 값이 존재할 때는 소수점 위치에서 반올림해 표시).
<table>
<tr><th>입력</th><th>표시 형식</th><th>표시</th></tr>
<tr><td rowspan="4">1234</td><td>❶ 일반</td><td>1234</td></tr>
<tr><td>❷ 숫자</td><td>1234</td></tr>
<tr><td>❸ 통화</td><td>₩1,234</td></tr>
<tr><td>❹ 회계</td><td>₩ 1,234</td></tr>
</table>
[백분율]과 [분수], [지수]를 선택하면 입력값은 다음과 같이 표시됩니다.
<table>
<tr><th>입력</th><th>표시 형식</th><th>표시</th></tr>
<tr><td rowspan="3">0.5</td><td>❺ 백분율</td><td>50%</td></tr>
<tr><td>❻ 분수</td><td>1/2</td></tr>
<tr><td>❼ 지수</td><td>5.E-01</td></tr>
</table>
LINK 지수 표시 형식은 34페이지에서 자세하게 설명합니다.
</td></tr>
<tr><td></td><td>회계 표시 형식</td><td>[표시 형식] 목록에서 [회계] 형식을 선택한 것과 동일한 결과를 표시합니다.</td></tr>
<tr><td></td><td>백분율 스타일</td><td>[표시 형식] 목록에서 [백분율] 형식을 선택한 것과 동일한 결과를 표시합니다.</td></tr>
<tr><td></td><td>쉼표 스타일</td><td>[회계] 형식에서 통화 기호(₩)를 생략해 표시합니다.</td></tr>
<tr><td></td><td>자릿수 늘림</td><td>숫자의 소수점 이하 자릿수를 늘려 표시합니다</td></tr>
<tr><td></td><td>자릿수 줄임</td><td>숫자의 소수점 이하 자릿수를 줄여 표시합니다.</td></tr>
</table>

[셀 서식] 대화상자를 이용하는 방법

리본 메뉴의 [홈] 탭-[표시 형식] 그룹에서는 자주 사용하는 표시 형식만 제공합니다. 좀 더 상세하게 설정하고 싶다면 [셀 서식] 대화상자를 이용하는 것이 좋습니다.

[셀 서식] 대화상자를 이용하려면 먼저 표시 형식을 변경하려는 셀(또는 범위)을 선택합니다. 리본 메뉴의 [홈] 탭-[표시 형식] 그룹-[표시 형식] 목록에서 [기타 표시 형식]을 클릭하거나, 셀을 마우스 오른쪽 버튼으로 클릭한 후 단축 메뉴에서 [셀 서식]을 클릭합니다. 또는 단축키 Ctrl+1을 눌러도 됩니다.

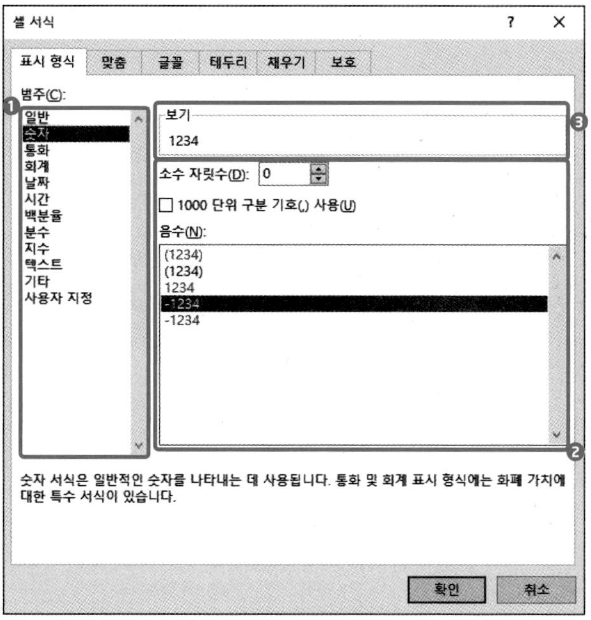

❶ **범주** : [범주] 목록에서 원하는 표시 형식을 데이터 형식에 맞게 선택합니다.

❷ **옵션** : 선택한 범주의 상세 옵션을 설정하고 제공된 표시 형식 중 하나를 고를 수 있습니다.

❸ **미리 보기** : 선택한 표시 형식에 따라 셀에 저장된 값이 어떻게 표시될지 미리 보여줍니다.

데이터 형식과 표시 형식

01 06

지수 표시 형식(5E+10) 이해하기

예제 파일 PART 01 \ CHAPTER 01 \ 표시 형식-지수.xlsx

지수 표시 형식의 이해

셀에 저장된 숫자가 **1E+11**과 같이 표시되는 경우가 있습니다. 이와 같은 표시 형식을 **지수 표시 형식**이라고 하며, 엑셀은 12자리가 넘는 숫자가 입력(또는 계산)되면 기본적으로 지수 표시 형식을 이용해 숫자를 표시합니다.

지수 표시 형식 확인하고 숫자 형식으로 변경

❶ 셀의 표시 형식이 [일반]이고, ❷ 빈 셀에 12자리 이상의 숫자가 계산되거나 입력되면 ❸ 지수 표시 형식으로 숫자가 표시됩니다.

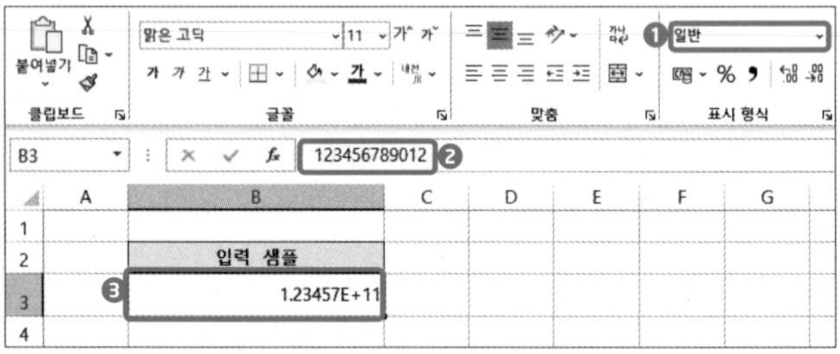

화면의 셀에 표시된 '1.23457E+11'의 값은 **1.23457*10^11**의 값과 같습니다. ^ 연산자는 거듭제곱의 의미이므로 계산하면 123457000000이 됩니다. 즉, 셀에 입력한 '123456789012'와는 다릅니다.

지수 표시 형식은 셀에 저장된 값을 그대로 표시하는 것이 아니라 대략의 값만 빠르게 이해할 수 있도록 축약된 형태로 표시하는 방식입니다. 정확한 값은 수식 입력줄(위 화면에서 ❷ 위치)에서 확인할 수 있습니다. 이렇게 12자리 이상의 값이 지수 표시 형식으로 표시되는 것은 엑셀의 기본 설정이므로 변경할 수 없습니다.

TIP 지수 형식으로 표시된 셀의 값을 셀에 저장된 숫자 그대로 표시하려면 [표시 형식]을 [숫자]로 변경하거나 리본 메뉴의 [홈] 탭-[표시 형식] 그룹-[쉼표 스타일 ,]을 클릭합니다. Ctrl+Shift+! 또는 Ctrl+Shift+$ 단축키를 눌러도 됩니다.

데이터 형식과 표시 형식

01 07 금액을 다양한 언어로 표시하기

예제 파일 PART 01 \ CHAPTER 01 \ 표시 형식–기타.xlsx

표시 형식을 이용해 금액 표시하는 방법

셀에 입력한 금액을 읽기 쉽게 한글 또는 한자로 표시하고 싶은 경우에는 표시 형식을 이용해 변경할 수 있습니다. 다음 과정을 참고합니다.

01 예제의 견적서에 계산된 [F5] 병합 셀의 숫자를 한글로 표시합니다.

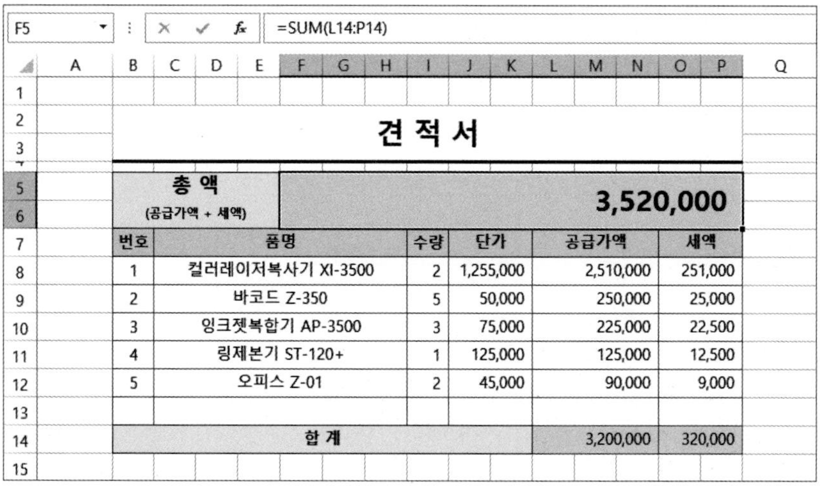
F5 =SUM(L14:P14)

견 적 서					
총 액 (공급가액 + 세액)					3,520,000
번호	품명	수량	단가	공급가액	세액
1	컬러레이저복사기 XI-3500	2	1,255,000	2,510,000	251,000
2	바코드 Z-350	5	50,000	250,000	25,000
3	잉크젯복합기 AP-3500	3	75,000	225,000	22,500
4	링제본기 ST-120+	1	125,000	125,000	12,500
5	오피스 Z-01	2	45,000	90,000	9,000
합 계				3,200,000	320,000

02 [F5] 병합 셀이 선택된 상태에서 단축키 Ctrl+1을 눌러 [셀 서식] 대화상자를 호출합니다.

03 [표시 형식] 탭–[범주] 목록에서 [기타]를 선택합니다. [형식] 목록에서 [숫자(한글)]을 선택한 후 [확인]을 클릭합니다.

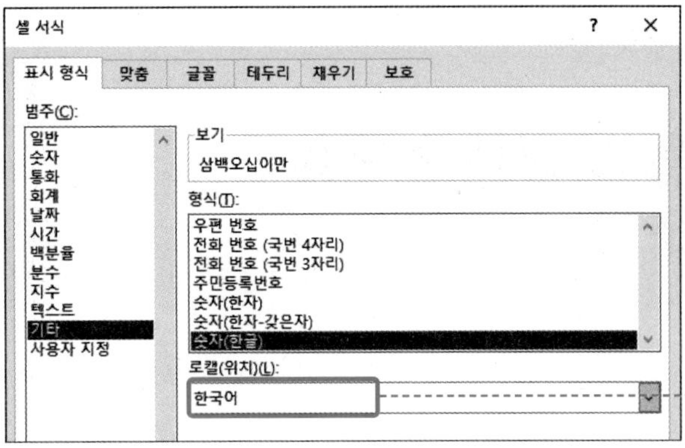

[로캘(위치)]에서 다양한 언어를 선택할 수 있습니다. 중국이나 일본 관련 업무를 하는 경우 [중국어] 또는 [일본어]로 변경해보세요! 해당 국가에서 지원하는 다양한 형식의 숫자를 표현할 수 있습니다.

더 알아보기 기타 형식 이해하기

[기타]의 숫자 관련 형식은 세 가지로, 다음과 같은 결과를 표시합니다.

- **숫자(한자)**
  一, 二, 三, 四, …와 같은 일반 한자로 숫자를 표시해줍니다.
- **숫자(한자-갖은자)**
  장부에 기록할 목적으로 사용하는 한자로, 일반 한자보다 획을 더 많이 사용합니다. 한자의 一, 二, 三, 四, …를 갖은자 방식으로는 壹, 貳, 參, 肆, …와 같이 표시합니다. 주로 서식에 표기할 때는 갖은자 방식의 한자를 사용합니다.
- **숫자(한글)**
  숫자를 한글로 표시해줍니다.

04 견적서의 총액이 한글로 표시됩니다.

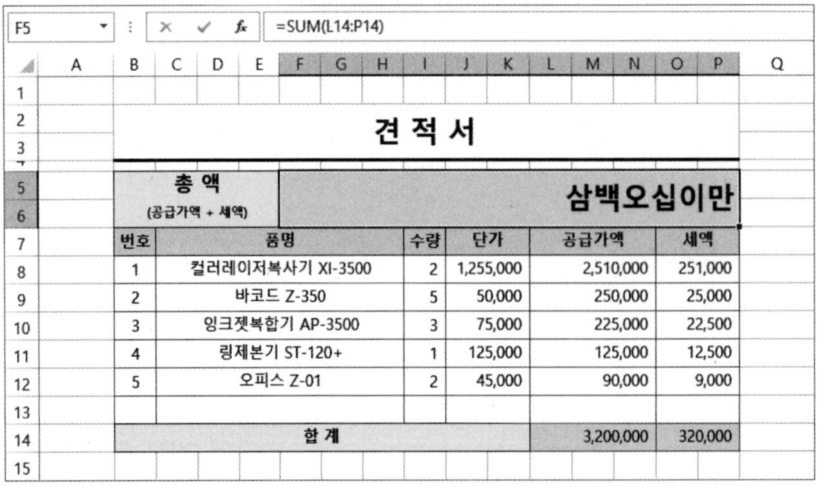

번호	품명	수량	단가	공급가액	세액
1	컬러레이저복사기 XI-3500	2	1,255,000	2,510,000	251,000
2	바코드 Z-350	5	50,000	250,000	25,000
3	잉크젯복합기 AP-3500	3	75,000	225,000	22,500
4	링제본기 ST-120+	1	125,000	125,000	12,500
5	오피스 Z-01	2	45,000	90,000	9,000
합 계				3,200,000	320,000

더 알아보기 표시된 한글 앞뒤에 원하는 문자열을 추가하는 방법

03 과정에서 표시한 한글 금액 앞뒤에 각각 '일금'과 '원'과 같은 문자열을 추가하고 싶다면 다음 작업을 추가로 진행합니다.

01 [F5] 병합 셀을 선택하고 단축키 Ctrl+1을 눌러 [셀 서식] 대화상자를 표시합니다.

02 [표시 형식] 탭의 [범주] 목록에서 [사용자 지정]을 선택합니다.

03 [형식]에 **[DBNum4][$-ko-KR]"일금" G/표준"원"**를 입력한 후 [확인]을 클릭해 적용합니다.

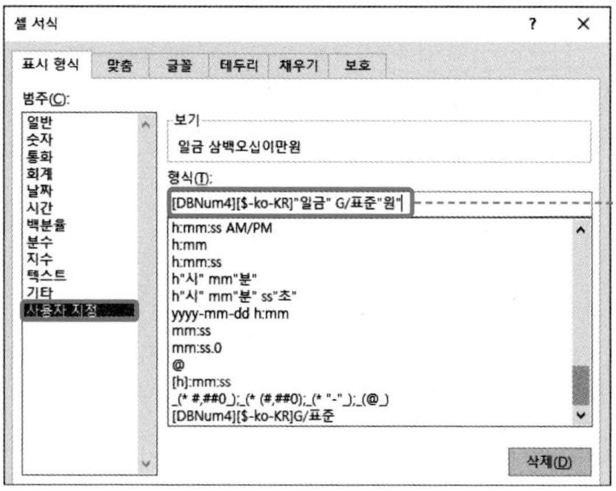

G/표준 왼쪽에는 **"일금"**를, 오른쪽에는 **"원"**를 입력해 넣습니다.

G/표준은 [일반] 표시 형식을 의미하는 서식 코드이며, [DBNum4]는 통화 표시 기호입니다.

**[$-ko-KR]**는 엑셀 2010 버전까지 [$-412]로 쓰이던 코드가 변경된 것으로, 로컬 국가 위치를 의미합니다.

즉, 입력한 표시 형식은 한국어 통화 표시 형식으로 숫자를 바꿔서 표시하란 의미가 됩니다.

데이터 형식과 표시 형식

01 08

엑셀에서 날짜와 시간 데이터를 관리하는 방법

예제 파일 PART 01 \ CHAPTER 01 \ 날짜와 시간.xlsx

날짜 데이터의 이해

엑셀은 **1900-01-01**부터 **9999-12-31**까지의 범위만 날짜로 인식하며, 1900-01-01 이전 날짜는 날짜로 인식하지 못합니다. 엑셀에서 날짜값을 관리하는 방법은 다음과 같습니다.

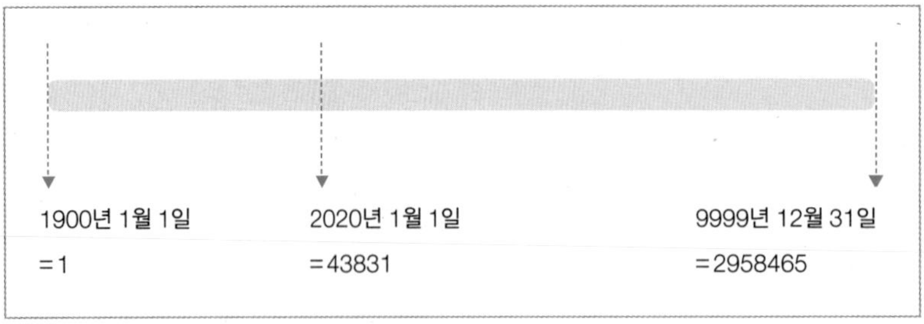

TIP 2020-01-01은 날짜 일련번호로 43831인데, 43831은 1900-01-01부터 43831번째 날인 것을 의미합니다.

엑셀은 계산의 편의성을 위해 인식할 수 있는 모든 날짜를 일련번호로 계산해두었습니다. 기준일인 1900-01-01을 1로 매칭해 저장하며 하루가 지날 때마다 이 값에 1을 더하는 방식을 사용합니다. 그러므로 1900-01-01부터 9999-12-31 날짜는 사실 1부터 2,958,465 사이의 숫자로 셀에 저장됩니다. 이렇게 저장된 날짜 데이터는 엑셀에서 날짜를 일련번호로 관리한다는 의미를 담아 **날짜 일련번호**라고 부릅니다.

날짜 데이터 입력

사용자가 날짜 형식(yyyy-mm-dd)의 데이터를 입력하는 순간 엑셀은 자신이 계산해둔 날짜 일련번호를 찾아 셀에 저장하고, [표시 형식]을 [일반]에서 [날짜]로 변경해 표시해줍니다. 따라서 사용자가 날짜 데이터를 입력할 때는 엑셀(한국어 버전)에서 인식할 수 있는 다음 두 가지 형식 중 하나를 선택해야 하며, 그 외에는 날짜 데이터로 인식하지 못합니다.

YYYY-MM-DD	YYYY/MM/DD
한국 날짜 형식	미국 날짜 형식

TIP 연, 월, 일 값을 하이픈(-)이나 슬래시(/) 문자로 구분해야 날짜로 인식합니다.

다음 화면의 [B3:B4] 범위에 입력된 값은 사람이라면 누구나 2020년 1월 1일로 이해할 수 있습니다.

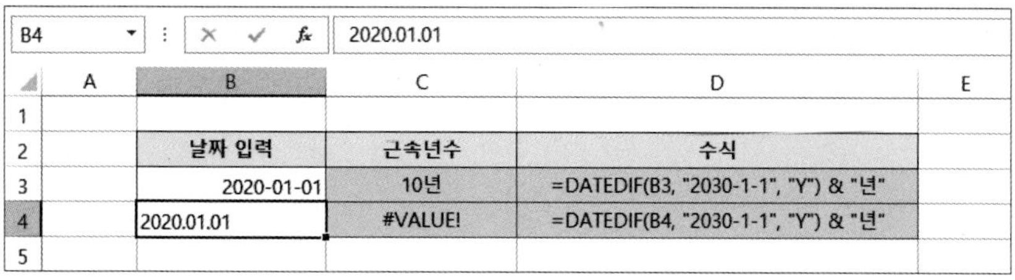
B4
2020.01.01
A
B
C
D
E
날짜 입력
근속년수
수식
2020-01-01
10년
=DATEDIF(B3, "2030-1-1", "Y") & "년"
2020.01.01
#VALUE!
=DATEDIF(B4, "2030-1-1", "Y") & "년"

TIP 예제의 [날짜] 시트에서 작업해볼 수 있습니다.

LINK DATEDIF 함수에 대한 자세한 설명은 이 책의 590페이지를 참고합니다.

결과를 보면 [B3] 셀의 값은 [C3] 셀에 근속년수를 구하는 데 문제가 없습니다. 하지만 [B4] 셀의 값을 동일한 계산식으로 계산하면 근속년수 대신 #VALUE! 에러가 발생하여 근속년수 계산이 불가능합니다.

[B3:B4] 범위에 저장된 값을 확인하기 위해 ❶ [B3:B4] 범위를 선택하고 ❷ 리본 메뉴의 [홈] 탭-[표시 형식] 그룹-[표시 형식]에서 [일반]을 선택합니다. [B3] 셀은 43831(날짜 일련번호)을 표시하지만, [B4] 셀에는 변화가 없습니다.

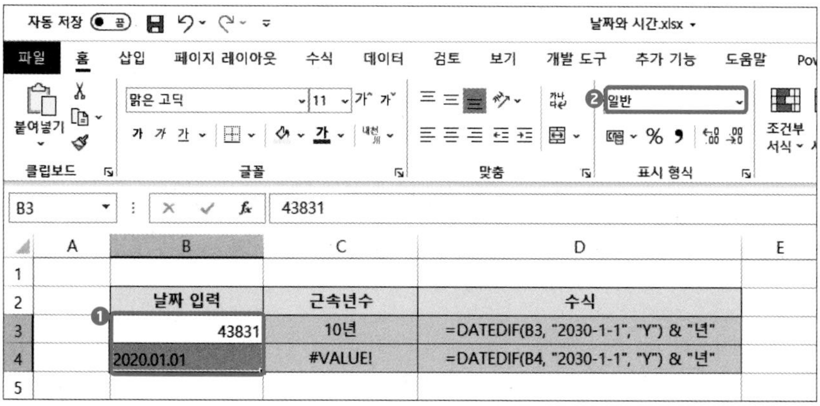

그러므로 엑셀에서 날짜를 계산하는 경우에는 항상 정확한 날짜 형식(연-월-일)으로 입력해야 합니다.

시간 데이터의 이해

엑셀에서 숫자 1은 날짜로 1900-01-01을 의미합니다. 또한 날짜 일련번호는 1씩 증가하므로 1은 하루를 의미하기도 합니다. 따라서 엑셀에서 시간은 1(하루)을 24(시간)로 나눈 값으로 관리합니다.

그러므로 1시간은 =1/24과 같고, 1분은 1시간이 60분이므로 =1/24/60과 동일합니다. 이것을 정리하면 다음과 같은 다이어그램으로 설명할 수 있습니다.

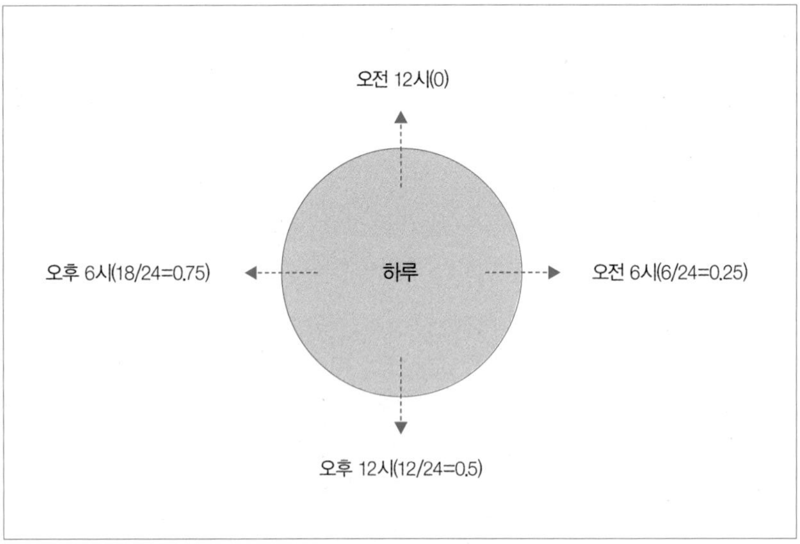

오전 12시는 하루를 24시간으로 봤을 때 24도 될 수 있고 0도 될 수 있습니다. 24(또는 0)를 24로 나누면 1.0(또는 0)이므로 정숫값인 1은 날짜를 하루 증가시키고, 남은 값인 0이 오전 12시가 됩니다. 이렇게 엑셀에서는 시간을 0과 1사이의 소수로 관리합니다.

시간 데이터 입력

엑셀은 데이터마다 관리하는 방법이 달라 입력 방법이 중요합니다. 시간 데이터는 다음과 같은 형식으로 입력합니다.

HH:MM:SS AM/PM	구분된 코드 부분을 코드 섹션이라고 합니다.
HH:MM	24시간제 입력(시:분)

위에서 AM/PM은 오전/오후를 의미하는 코드로, 생략하고 싶다면 24시간 체계로 시간값을 입력해야 합니다.

다음 화면에서 B열에는 올바른 시간이 입력되어 있지만 E열의 시간은 잘못된 방식으로 입력되어 근무시간과 같은 계산이 제대로 되지 않습니다.

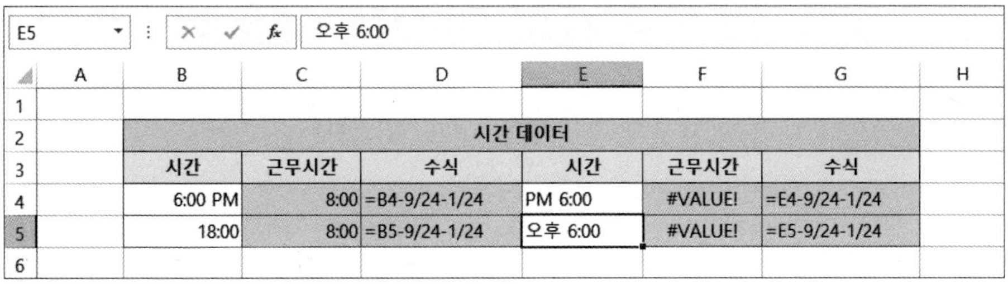

E5
오후 6:00
A B C D E F G H
시간 데이터
시간 근무시간 수식 시간 근무시간 수식
6:00 PM 8:00 =B4-9/24-1/24 PM 6:00 #VALUE! =E4-9/24-1/24
18:00 8:00 =B5-9/24-1/24 오후 6:00 #VALUE! =E5-9/24-1/24

TIP 예제의 [시간] 시트에서 작업해볼 수 있습니다.

TIP D열과 G열의 수식에서 9/24는 오전 9시를 의미하며, 1/24은 점심시간 1시간을 제외하기 위한 것입니다.

❶ [B4:B5] 범위와 [E4:E5] 범위를 모두 선택하고 ❷ [표시 형식]을 [일반]으로 변경합니다. [B4:B5] 범위만 0과 1 사이의 소숫값이 표시되는 것을 확인할 수 있습니다.

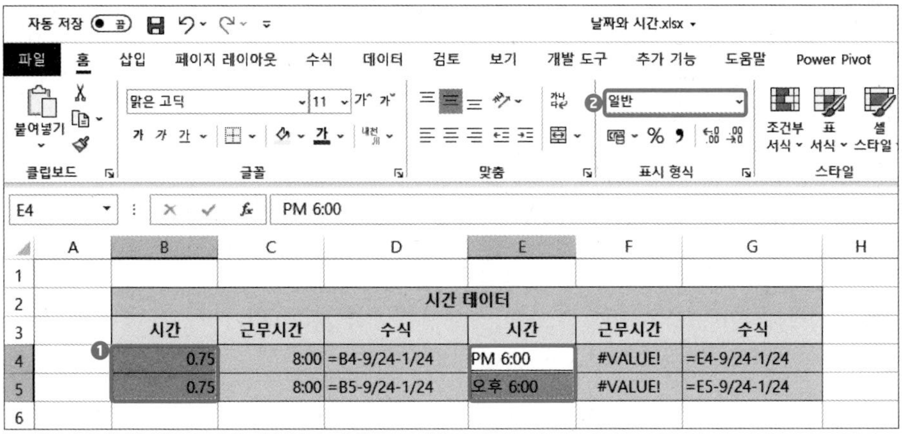

TIP 떨어진 범위는 [B4:B5] 범위를 먼저 선택한 후 Ctrl 을 누른 상태로 [E4:E5] 범위를 선택합니다.

01 09 텍스트 표시 형식을 이용해 원하는 값을 그대로 저장하기

예제 파일 PART 01 \ CHAPTER 01 \ 표시 형식-텍스트.xlsx

셀에 데이터를 입력할 때 문제점 이해

사용자가 셀에 데이터를 입력하면 엑셀이 입력한 데이터를 판단해 데이터 형식을 결정합니다. 예를 들어 1-1을 입력하면 01월 01일과 같은 날짜 데이터가 표시됩니다. 또한 숫자는 0으로 시작할 수 없기 때문에 0001과 같은 값은 1로 표시됩니다. 따라서 입력할 데이터를 계산하지 않고 입력한 그대로 표시하고 싶다면 **텍스트 데이터**로 입력하는 것이 좋습니다.

텍스트 표시 형식 이용

셀에 텍스트 데이터를 입력하려면 [표시 형식]을 [텍스트]로 변경하고 작업합니다.

01 예제에서 ❶ [C4:C6] 범위를 선택하고 ❷ [표시 형식]을 [텍스트]로 변경합니다.

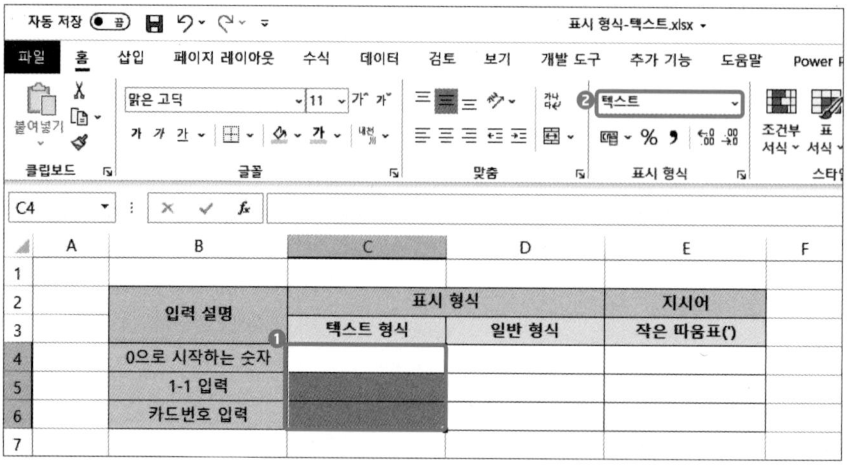

02 [C4:C6] 범위와 [D4:D6] 범위에 순서대로 **0001, 1–1, 1234123412341234**를 입력합니다.

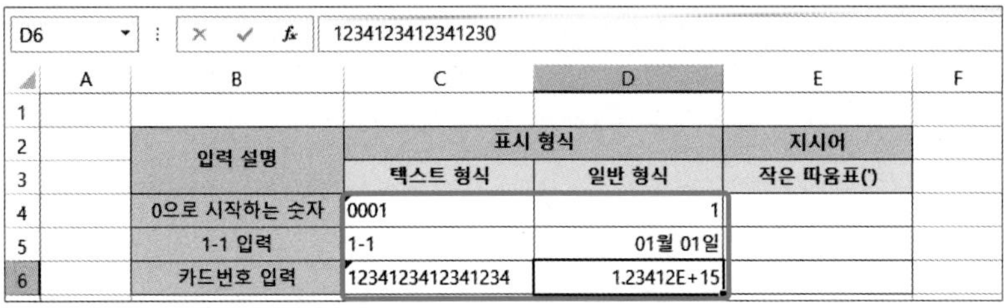
D6 | 1234123412341230

	A	B	C	D	E	F
1						
2		입력 설명	표시 형식		지시어	
3			텍스트 형식	일반 형식	작은 따옴표(')	
4		0으로 시작하는 숫자	0001	1		
5		1-1 입력	1-1	01월 01일		
6		카드번호 입력	1234123412341234	1.23412E+15		

[텍스트] 표시 형식이 적용된 [C4:C6] 범위에는 입력한 값이 제대로 표시되지만, [D4:D6] 범위에는 입력한 값과 다른 값이 셀에 저장됩니다.

셀	설명
D4	엑셀에서는 '0001'을 숫자로 인식하므로 앞의 0은 제거되고 1만 저장됩니다.
D5	하이픈(–)은 날짜를 구분하는 구분 기호이므로 '1–1'은 목록 번호가 아닌 날짜 데이터로 입력됩니다. 이 경우 하이픈 왼쪽은 월로, 오른쪽은 일로 인식됩니다. 년은 자동으로 올해 연도가 적용됩니다.
D6	엑셀에서 12자리 이상의 숫자는 지수 표시 형식으로 표시됩니다. 또한 숫자의 정밀도는 15자리까지만 지원되므로 위의 수식 입력줄을 보면 입력된 맨 끝자리 숫자가 0으로 변경된 것을 확인할 수 있습니다. LINK 지수 표시 형식에 관한 자세한 내용은 이 책의 **Section 01–06**을 참고합니다.

작은따옴표(') 먼저 입력

[표시 형식]을 [텍스트]로 변경하고 데이터를 입력하는 방법은 어렵지 않지만 데이터를 입력하기 전에 [표시 형식]을 변경해야 하는 부분이 번거롭습니다. 이럴 경우에는 데이터를 입력할 때 작은따옴표(')를 앞에 붙여주면 입력값이 텍스트 데이터로 변경됩니다.

[E4:E6] 범위에 **0001, 1-1, 1234123412341234**를 순서대로 입력합니다. 이때 **작은따옴표(')**를 먼저 입력하고 데이터를 입력합니다.

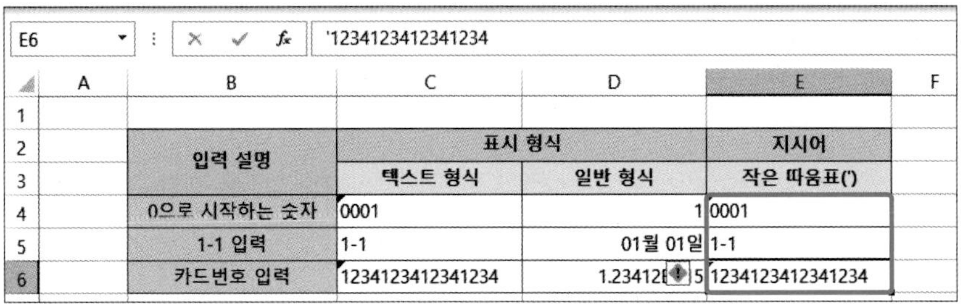
E6 | '1234123412341234

	A	B	C	D	E	F
1						
2		입력 설명	표시 형식		지시어	
3			텍스트 형식	일반 형식	작은 따옴표(')	
4		0으로 시작하는 숫자	0001	1	0001	
5		1-1 입력	1-1	01월 01일	1-1	
6		카드번호 입력	1234123412341234	1.23412E+15	1234123412341234	

[C4:C6] 범위와 [E4:E6] 범위의 데이터는 동일한 결과를 표시합니다. 다만 [E4:E6] 범위의 [표시 형식]은 [일반]으로, 데이터가 텍스트 형식으로 인식됩니다. [C4:C6] 범위 내 셀 좌측 상단에 표시되는 오류 표식 이나 오류 검사 옵션 단추 에 대해서는 이 책의 170페이지를 참고합니다.

데이터 형식과 표시 형식

01 10

서식 코드 이해하기

예제 파일 PART 01 \ CHAPTER 01 \ 서식 코드.xlsx

서식 코드

표시 형식 기능은 셀에 저장된 데이터를 사용자가 원하는 형식으로 바꿔 표시하고 싶을 때 사용합니다. 일반적으로 리본 메뉴의 [홈] 탭–[표시 형식] 그룹–[표시 형식]에서 고르거나 [셀 서식] 대화상자에서 원하는 표시 형식을 고르는 방법으로 적용이 가능합니다.

표시 형식은 기본으로 제공되는 것 이외에도 사용자가 원하는 서식을 생성해 사용할 수 있습니다. 사용자가 원하는 서식을 생성하려면 표시 형식을 설정할 때 사용하는 **서식 코드**가 무엇이고, 어떻게 적용해야 하는지 알 필요가 있습니다.

표시 형식에서 사용할 수 있는 서식 코드는 [셀 서식] 대화상자에서 확인할 수 있습니다. 빈 셀에서 단축키 Ctrl + 1 을 누른 다음 ❶ [표시 형식] 탭의 [범주] 목록에서 [사용자 지정]을 선택합니다. ❷ 오른쪽 [형식] 목록에 G/표준, 0, #과 같은 기호가 표시되는데, 이와 같은 기호가 서식 코드입니다.

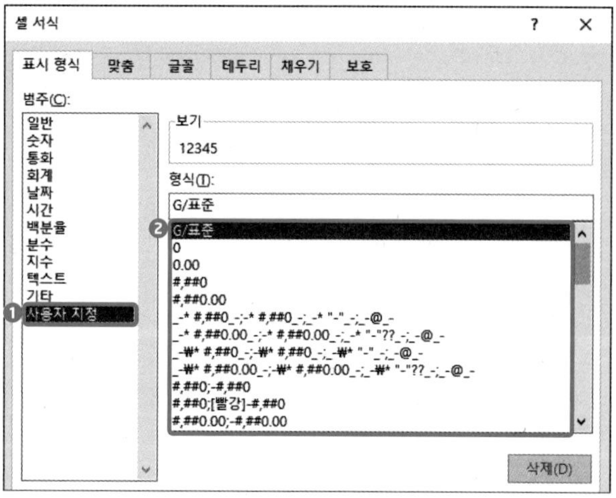

다양한 서식 코드

엑셀의 서식 코드 중에서 자주 사용되는 서식 코드는 다음과 같습니다.

데이터 형식	서식 코드	설명
숫자	#	숫자를 의미하는 서식 코드로, # 하나만 사용될 때는 셀에 입력된 숫자를 그대로 표시합니다. 이때 셀에 입력된 값이 0이면 셀에 아무 값도 표시되지 않습니다.
	0	# 서식 코드와 동일하게 숫자를 의미하는 서식 코드이지만, # 서식 코드와 다음과 같은 점에서 차이가 있습니다. 0 서식 코드는 셀에 입력된 0을 그대로 표시해주며, 셀에 입력된 값보다 자릿수를 늘려 지정하면 해당 단위가 0으로 표시됩니다. 예를 들어 셀에 1을 입력하고 자릿수를 000 서식 코드로 지정하면 셀의 숫자값이 001로 표시됩니다.
	?	? 서식 코드는 #, 0 서식 코드의 장점을 섞어 놓은 서식 코드입니다. 셀에 0이 입력된 경우에는 # 서식 코드와 마찬가지로 셀에 아무 값도 표시하지 않지만 # 서식 코드와는 달리 0을 공백 문자(" ")로 대체해 표시합니다.
	–	마이너스 기호를 표시합니다.
	,	천 단위 구분 기호를 표시합니다.
	.	소수점 기호를 표시합니다.
	%	숫자를 백분율로 표시합니다.
	₩, $	통화 기호를 표시합니다.
날짜/시간	YYYY	날짜값 중에서 4자리 연도(Year)를 표시합니다. YY 서식 코드를 사용하면 2자리 연도만 표시합니다.
	MM	날짜값 중에서 월(Month)을 표시합니다. MM 서식 코드는 01~09와 같이 1자리 월 앞에 0을 붙여 표시하며 그냥 1~9와 같이 1자리 월만 표시하려면 M 하나만 입력합니다.
	DD	날짜값 중에서 일(Day)을 표시합니다.
	AAA	날짜값의 한글 요일(월~일)을 반환합니다. 요일 단위도 표시하려면 AAAA와 같이 4자리 서식 코드를 사용합니다.
	DDD	날짜값의 영어 요일(Mon~Sun)을 반환합니다.
	HH	시간값 중에서 시(Hour)를 표시합니다.
	MM	시간값 중에서 분(Minute)을 표시합니다. 월을 의미하는 서식 코드와 동일하므로 단독으로 사용하면 월을 표시하고, HH, SS와 같이 시간을 의미하는 서식 코드와 함께 사용하면 분을 표시합니다.
	SS	시간값 중에서 초(Second)를 표시합니다.
	AM/PM	시간을 12시간제로 표시합니다.
텍스트	@	텍스트값을 그대로 표시합니다.
	*	* 서식 코드 뒤에 입력된 문자(열)를 셀 크기에 맞게 반복해 표시합니다.
일반	G/표준	표시 형식에서 [일반]을 의미하는 서식 코드입니다. 셀에 저장된 값을 그대로 표시합니다.

TIP [Spacebar]를 눌러 입력된 빈칸을 공백 문자(" ")라고 합니다.

예제 파일을 열면 다음과 같은 화면을 확인할 수 있습니다.

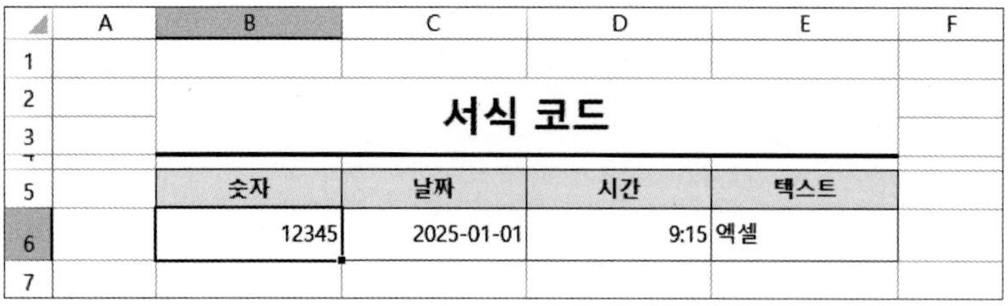

A
B
C
D
E
F
1
2
3
5
6
7
서식 코드
숫자
날짜
시간
텍스트
12345
2025-01-01
9:15
엑셀

아래 표를 참고하여 서식 코드를 입력합니다. 대상 셀에서 단축키 Ctrl+1을 눌러 [셀 서식] 대화상자를 호출한 후 [범주] 목록에서 [사용자 지정]을 선택합니다. [형식]에 다음과 같이 서식 코드를 입력한 후 결과를 확인합니다.

대상 셀	서식 코드	설명	결과
B6	#,###	천 단위 구분 기호(,)를 표시합니다.	12,345
	#,	천 단위 아래 값을 표시하지 않아, 단위를 '원'에서 '천'으로 변경한 것과 같은 효과를 얻습니다. 이때 표시되지 않는 숫자는 반올림됩니다. 즉, 12345는 12로 표시되고 98765는 99가 표시됩니다.	12
	#,###.00	천 단위 구분 기호(,)와 소수점 둘째 자리까지 값을 표시합니다.	12,345.00
	₩ #,###	통화 기호(₩)와 천 단위 구분 기호(,)를 표시합니다.	₩ 12,345
	₩*#,###	바로 위의 서식 코드와 동일하지만, * 서식 코드를 사용해 통화 기호(₩)를 셀 왼쪽에 표시합니다.	₩ 12,345
	0%	숫자를 백분율로 표시합니다.	1234500%
C6	yy/mm/dd	날짜를 2자리 연도와 슬래시(/)로 구분해 표시합니다.	25/01/01
	m"월"-d"일" aaa	날짜에 월-일과 요일을 함께 표시합니다.	1월-1일 화
	[$-ja-JP]yy-mm-dd aaa	[$-ja-JP]는 엑셀 2016 버전부터 사용할 수 있는 언어와 국가 서식 코드입니다. ja는 일본어(Japanese)를 의미하며, JP는 일본(Japan)을 의미합니다. 물론 엑셀 2013 버전까지 사용하던 숫자 국가 코드를 이용해 [$-411]과 같이 사용해도 됩니다. 이렇게 설정하면 aaa 코드가 한자 요일을 반환합니다.	25-01-01 火
D6	h:mm AM/PM	12시간제로 시간을 표시합니다.	9:15 AM
	[$-ko-KR]AM/PM h:mm	[$-ko-KR]는 한국어와 한국을 의미하는 서식 코드로 엑셀 2016 버전부터 사용할 수 있습니다. 엑셀 2013 버전을 포함한 하위 버전에서는 [$-412] 코드를 사용합니다. AM/PM 서식 코드의 결과를 오전/오후로 표시합니다.	오전 9:15
E6	"마이크로소프트" @	입력된 문자열 앞에 '마이크로소프트'를 표시합니다.	마이크로소프트 엑셀
	* @	입력된 문자열을 셀 우측에 표시합니다.	엑셀

01 11 원하는 조건에 따라 서식을 차등 적용하기

예제 파일 PART 01 \ CHAPTER 01 \ 사용자 지정 숫자 서식.xlsx

사용자 지정 숫자 서식의 이해

[셀 서식] 대화상자의 [표시 형식] 탭–[범주] 목록에서 [사용자 지정]을 선택하고 [형식]에 다양한 서식 코드를 입력해 사용자가 원하는 표시 형식을 따로 생성할 수 있습니다. 사용자 지정에서 새로 생성된 표시 형식을 **사용자 지정 숫자 서식**이라고 합니다.

사용자 지정 숫자 서식을 통해 숫자를 양수, 음수, 0으로 구분해 표시 형식을 다르게 설정하는 등 제한적이긴 해도 별도의 조건을 적용해 데이터를 원하는 표시 형식으로 적용하는 것이 가능합니다.

사용자 지정 숫자 서식 – 패턴 1

양수, 음수, 0과 텍스트 데이터를 구분해 표시 형식을 적용할 수 있는 서식입니다. 다음과 같이 세미콜론(;)을 사용하여 최대 네 개의 섹션으로 구성할 수 있습니다. 구문은 다음과 같습니다.

〈양수〉 ; 〈음수〉 ; 〈0〉 ; 〈텍스트〉
❶ ❷ ❸ ❹

❶ **〈양수〉** : 숫자 중에서 0보다 큰 값에 적용할 서식 코드를 입력합니다.

❷ **〈음수〉** : 숫자 중에서 0보다 작은 값에 적용할 서식 코드를 입력합니다.

❸ **〈0〉** : 숫자 중에서 0인 값에 적용할 서식 코드를 입력합니다.

❹ **〈텍스트〉** : 텍스트 데이터에 지정할 서식 코드를 입력합니다.

- 날짜/시간은 숫자이므로 〈양수〉 섹션에 적용된 서식 코드에 맞게 표시됩니다.
- 논릿값은 〈텍스트〉 섹션의 서식 코드에 맞게 표시됩니다.
- 네 개의 섹션 중 일부만 사용할 수 있으며, 〈양수〉와 〈음수〉에만 원하는 서식을 적용하려면 다음과 같이 구성합니다.

```
〈양수〉 ; 〈음수〉
```

예제를 열고 [E6:E12] 범위의 양수, 음수, 0에 서로 다른 표시 형식을 적용합니다.

❶ [E6:E12] 범위를 선택하고 Ctrl+1 단축키를 눌러 [셀 서식] 대화상자를 호출합니다. ❷ [표시 형식] 탭–[범주] 목록에서 [사용자 지정]을 선택하고 ❸ [형식]에 다음과 같은 서식 코드를 입력한 후 [확인]을 클릭합니다.

[파랑]0.0% ; [빨강]–0.0% ; 0.0%

	A	B	C	D	E	F	G	H	I
1									
2		요약 손익계산서							
3									
5		계정	4Q21	4Q20	YoY	4Q21	3Q21	QoQ	
6		영업수익	330,144	325,348	1.5%	330,144	286,822	15.1%	
7		영업비용	314,054	311,060	2.2%	318,054	273,622	16.2%	
8		영업이익	16,090	14,288	12.6%	16,090	13,200	21.9%	
9		*영업이익률*	*4.87%*	*4.39%*	*0.5%*	*4.87%*	*4.60%*	*0.3%*	
10		영업외수지	3,823	3,572	7.0%	3,823	3,771	1.4%	
11		당기순이익	11,651	13,032	-10.6%	11,651	12,408	-6.1%	
12		*순이익률*	*3.5%*	*4.0%*	*-0.5%*	*3.5%*	*4.3%*	*-0.8%*	
13									

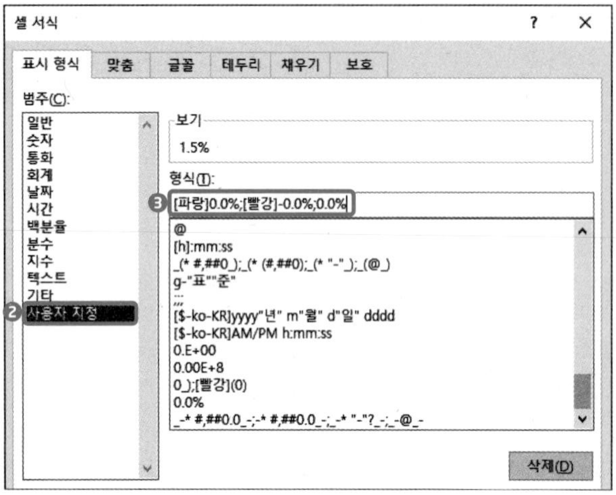

더 알아보기 '[파랑]0.0% ; [빨강]–0.0% ; 0.0%' 서식 코드 이해하기

이번에 지정한 서식 코드는 **〈양수〉** ; **〈음수〉** ; **〈0〉**으로, 〈텍스트〉 섹션은 생략된 서식 코드입니다. 자세한 설명은 아래를 참고합니다.

- **〈양수〉**는 소수점 첫째 자리까지 백분율로 표시하되 글꼴색은 파랑으로 표시
- **〈음수〉**는 음수 기호(–)를 포함해 소수점 첫째 자리까지 표시하고 글꼴색은 빨강으로 표시
- **〈0〉**도 소수점 첫째 자리까지 백분율로 표시

사용자 지정 숫자 서식에는 색상 코드를 사용해 글꼴색을 원하는 색으로 적용하는 것이 가능하며, 다음 8가지 색상 코드를 사용할 수 있습니다.

[검정], [파랑], [녹청], [녹색], [자홍], [빨강], [흰색], [노랑]

사용자 지정 숫자 서식 – 패턴 2

사용자 지정 숫자 서식에는 사용자가 원하는 조건을 적용할 수 있습니다. 구문은 다음과 같습니다.

〈조건1〉 ; 〈조건2〉 ; 〈그 외〉
❶ ❷ ❸

❶ **〈조건1〉** : 조건은 대괄호([])안에 비교 연산자와 비교할 값으로 구성하며, 〈조건1〉이 TRUE일 때 적용할 서식 코드를 입력합니다.

❷ **〈조건2〉** : 〈조건1〉이 FALSE면서 〈조건2〉가 TRUE일 때 적용할 서식 코드를 입력합니다.

❸ **〈그 외〉** : 〈조건1〉과 〈조건2〉가 모두 FALSE일 때 적용할 서식 코드를 입력합니다.

TIP 구분할 조건이 하나라면 섹션을 둘만 사용할 수 있습니다. 다음은 특정 조건에 해당하는 경우와 해당하지 않는 경우를 구분해 서식을 적용합니다.

```
〈조건〉 ; 〈그 외〉
```

예제에서 [H6:H12] 범위의 값이 10% 이상인 경우 파랑, 음수인 경우에는 빨강으로 표시 형식을 적용하겠습니다.

❶ [H6:H12] 범위를 선택하고 단축키 Ctrl + 1 을 눌러 [셀 서식] 대화상자를 호출합니다. ❷ [표시 형식] 탭–[범주] 목록에서 [사용자 지정]을 선택하고 ❸ [형식]에 다음 코드를 입력합니다.

```
[파랑][>=0.1]0.0%;[>=0]0.0%;[빨강]0.0%
```

	A	B	C	D	E	F	G	H	I
1									
2		요약 손익계산서							
3									
5		계정	4Q21	4Q20	YoY	4Q21	3Q21	QoQ ❶	
6		영업수익	330,144	325,348	1.5%	330,144	286,822	15.1%	
7		영업비용	314,054	311,060	2.2%	318,054	273,622	16.2%	
8		영업이익	16,090	14,288	12.6%	16,090	13,200	21.9%	
9		*영업이익률*	*4.87%*	*4.39%*	*0.5%*	*4.87%*	*4.60%*	*0.3%*	
10		영업외수지	3,823	3,572	7.0%	3,823	3,771	1.4%	
11		당기순이익	11,651	13,032	-10.6%	11,651	12,408	-6.1%	
12		*순이익률*	*3.5%*	*4.0%*	*-0.5%*	*3.5%*	*4.3%*	*-0.8%*	
13									

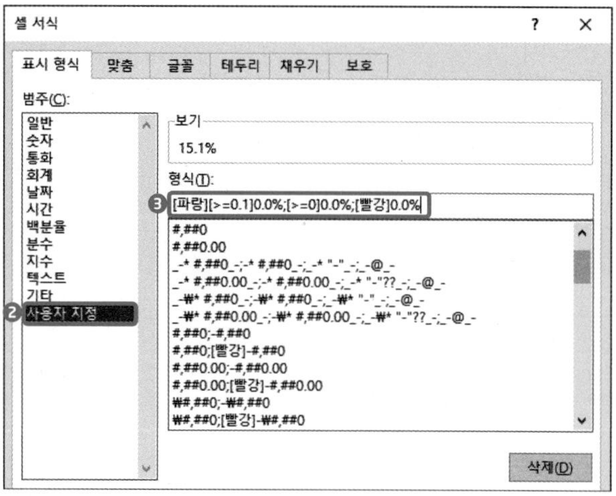

사용자 지정 숫자 서식 응용 사례 – 화면에 데이터 숨기기

사용자 지정 숫자 서식을 이용하면 셀에 입력된 값을 숨기는 것이 가능합니다. [C6:H12] 범위를 선택하고 단축키 Ctrl+1을 누른 다음 [셀 서식] 대화상자의 [표시 형식] 탭을 선택합니다. [범주] 목록에서 [사용자 지정]을 선택한 후 [형식] 입력상자에 다음과 같은 서식 코드를 입력해보세요!

```
;;;
```

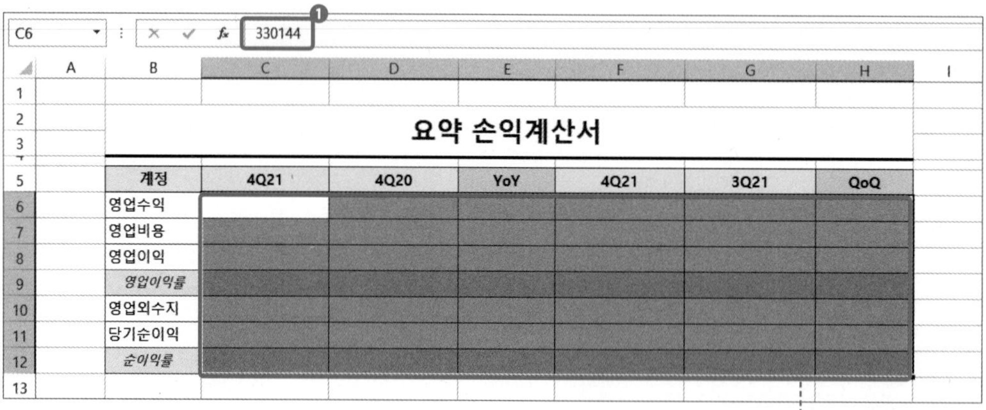

사용자 지정 숫자 서식을 이용하면 셀에 데이터가 보이지 않도록 만들 수 있습니다. 참고로 ❶의 수식 입력줄에는 셀에 저장된 데이터가 표시됩니다.

세미콜론(;)은 적용할 표시 형식의 섹션을 구분해주는 구분 기호입니다. 따라서 구분 기호만 입력하고 서식 코드를 입력하지 않으면 셀 값을 표시할 수 없게 됩니다.

데이터 형식과 표시 형식

01 12 만 단위 구분 기호 표시하기

예제 파일 PART 01 \ CHAPTER 01 \ 만 단위 구분 기호.xlsx

쉼표 스타일과 천 단위 구분 기호

리본 메뉴의 [홈] 탭–[스타일] 그룹–[셀 스타일]에서는 미리 정의된 표시 형식을 사용할 수 있는 기능이 제공됩니다. 표시 형식 중 가장 많이 사용되는 것이 [쉼표 스타일 ,]입니다. 쉼표 스타일을 적용하면 숫자를 쉽게 읽을 수 있도록 3자리에 한 번씩 쉼표(,)를 넣어 숫자를 구분해줍니다. 예를 들어 10000이란 숫자를 입력했을 때 쉼표 스타일을 적용하면 10,000과 같이 표시됩니다. 이것을 **천 단위 구분 기호**라고 합니다.

다만 우리나라의 화폐 단위는 만, 억, 조, …와 같은 4자리에서 단위가 변경되므로 천 단위 구분 기호를 적용해도 큰 숫자를 바로 이해하기는 쉽지 않습니다.

만 단위 구분 기호 적용하기

엑셀에는 만 단위 구분 기호를 적용할 수 있는 옵션이 없습니다. 다만 **Section 01-11**에서 배웠듯이 사용자 지정 숫자 서식을 이용해 원하는 위치에 구분 기호가 표시되도록 설정할 수 있습니다.

01 예제의 표에는 천 단위 구분 기호가 적용되어 있습니다.

영업사원 실적 현황

사원	1사분기	2사분기	3사분기	4사분기	합계
박지훈	53,649,200	47,747,800	48,702,800	49,676,900	199,776,700
유준혁	65,821,650	67,138,100	79,894,300	56,725,000	269,579,050
이서연	34,405,150	28,212,200	25,955,200	19,206,800	107,779,350
김민준	48,330,450	41,080,900	35,740,400	26,805,300	151,957,050
최서현	28,475,700	21,072,000	22,968,500	27,332,500	99,848,700
박현우	46,888,600	53,921,900	57,157,200	49,155,200	207,122,900
합계	277,570,750	259,172,900	270,418,400	228,901,700	1,036,063,750

> [C6] 셀의 숫자는 금액인 '오천 삼백 육십 사만 구천 이백 원'입니다. 이 숫자를 천 단위 구분 기호에 의지해 읽으려면 천, 백만, 십억 등의 순서로 숫자가 구분되므로 익숙해지기 전까지 단위를 파악하는 것이 쉽지 않습니다.

02 숫자의 표시 형식을 변경해 만 단위에서 구분 기호가 표시되도록 변경합니다.

03 [C6:G12] 범위를 선택하고 단축키 Ctrl + 1 을 눌러 [셀 서식] 대화상자를 호출합니다.

04 [셀 서식] 대화상자의 [표시 형식] 탭–[범주] 목록에서 [사용자 지정]을 선택합니다.

05 [형식]에 아래 서식 코드를 입력하고 [확인]을 클릭합니다.

[>=100000000]#","####","#### ; [>=10000]#",,"####

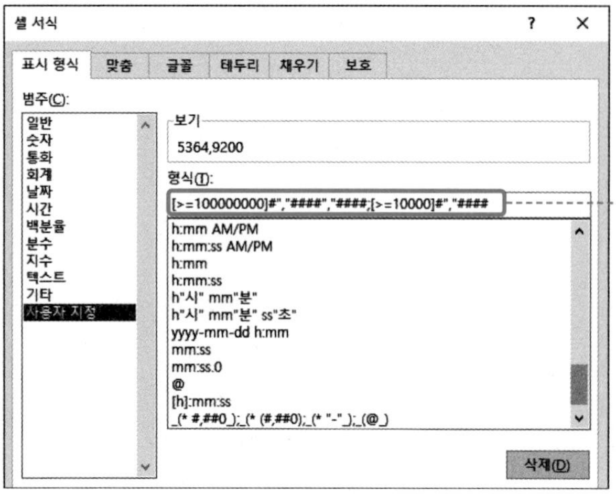

사용자 지정 숫자 서식의 조건을 적용합니다. 1억 원 이상과 1만 원 이상인 경우를 구분해 두 가지 방법으로 숫자를 표시하도록 했습니다.

이때 쉼표(,)를 그냥 입력하면 천, 백만 단위에서만 쉼표가 나타납니다. 해당 위치에 쉼표가 나타나도록 큰따옴표(" ")로 묶어줍니다.

06 숫자값에 만 단위 구분 기호가 표시됩니다.

	A	B	C	D	E	F	G	H
1								
2		영업사원 실적 현황						
3								
5		사원	1사분기	2사분기	3사분기	4사분기	합계	
6		박지훈	5364,9200	4774,7800	4870,2800	4967,6900	1,9977,6700	
7		유준혁	6582,1650	6713,8100	7989,4300	5672,5000	2,6957,9050	
8		이서연	3440,5150	2821,2200	2595,5200	1920,6800	1,0777,9350	
9		김민준	4833,0450	4108,0900	3574,0400	2680,5300	1,5195,7050	
10		최서현	2847,5700	2107,2000	2296,8500	2733,2500	9984,8700	
11		박현우	4688,8600	5392,1900	5715,7200	4915,5200	2,0712,2900	
12		합계	2,7757,0750	2,5917,2900	2,7041,8400	2,2890,1700	10,3606,3750	
13								

[C6] 셀의 숫자는 4자리마다 구분 기호가 표시되므로 쉼표(,) 위치가 만, 억 단위에 해당합니다. 그러므로 '5364만 9200원'을 보다 쉽게 파악할 수 있습니다.

01 13 다양한 위치의 셀 참조 방법

예제 파일 PART 01 \ CHAPTER 01 \ 참조.xlsx

참조의 이해

엑셀은 특정 셀에서 다른 위치에 있는 셀의 값을 가져와 사용할 수 있으며, 이런 방식을 **참조**라고 합니다. 참조는 동일한 시트의 다른 셀뿐만 아니라 다른 시트나 다른 파일의 셀도 참조할 수 있습니다.

참조 위치	참조 수식	작성 예
현재 워크시트	=셀 주소	=A1
다른 워크시트	=워크시트명 ! 셀 주소	=Sheet1!A1
다른 파일	=[전체 경로 ₩ 파일명.xlsx] 워크시트명 ! 셀 주소	=[C:₩Sample.xlsx]Sheet1!A1

참조에서 중요한 부분은 참조한 셀에서 값만 가져와 사용할 수 있다는 점입니다. 셀에 적용된 표시 형식이나 색상(글꼴색, 배경색), 테두리 설정은 가져오지 못합니다. 참고로 참조한 셀이 빈 셀인 경우에는 0이 반환됩니다.

따라 하기

일용직 월 임금을 계산하는 간단한 서식 작업을 통해 다양한 위치의 셀을 참조하는 방법에 대해 이해해보세요!

01 예제의 [7월] 시트를 선택합니다.

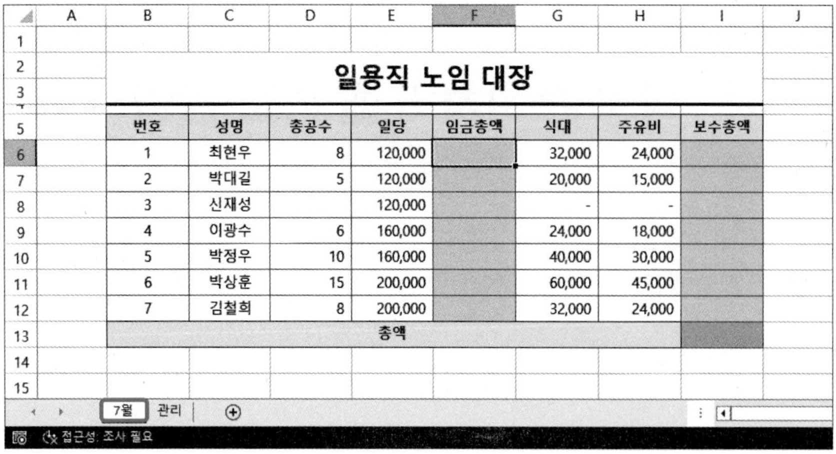

일용직 노임 대장

번호	성명	총공수	일당	임금총액	식대	주유비	보수총액
1	최현우	8	120,000		32,000	24,000	
2	박대길	5	120,000		20,000	15,000	
3	신재성		120,000		-	-	
4	이광수	6	160,000		24,000	18,000	
5	박정우	10	160,000		40,000	30,000	
6	박상훈	15	200,000		60,000	45,000	
7	김철희	8	200,000		32,000	24,000	
총액							

02 일용직 임금은 공수와 일당을 곱해 계산합니다.

03 F열에 임금을 계산하기 위해 먼저 공수 데이터를 참조합니다.

04 [F6] 셀에 아래 수식을 입력한 후 [F6] 셀의 채우기 핸들을 [F12] 셀까지 드래그합니다.

[F6] 셀 : =D6

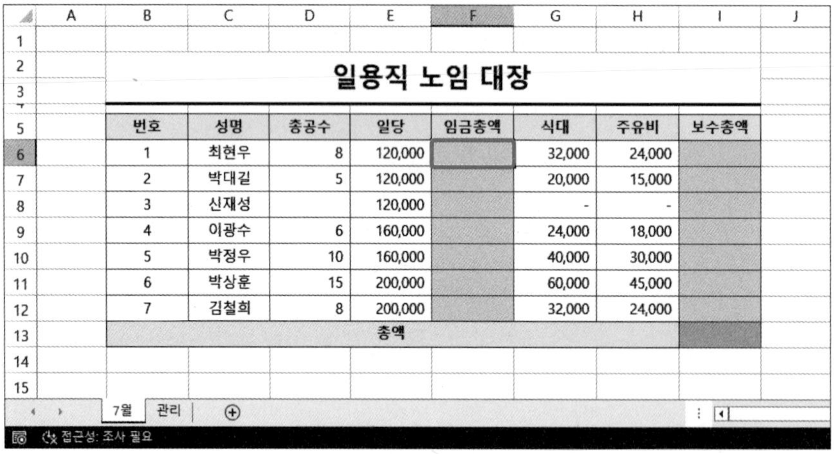

일용직 노임 대장

번호	성명	총공수	일당	임금총액	식대	주유비	보수총액
1	최현우	8	120,000		32,000	24,000	
2	박대길	5	120,000		20,000	15,000	
3	신재성		120,000		-	-	
4	이광수	6	160,000		24,000	18,000	
5	박정우	10	160,000		40,000	30,000	
6	박상훈	15	200,000		60,000	45,000	
7	김철희	8	200,000		32,000	24,000	
총액							

05 임금 계산을 위해 [F6] 셀의 수식을 다음과 같이 수정하고 [F12] 셀까지 수식을 복사합니다.

[F6] 셀 : =D6*E6

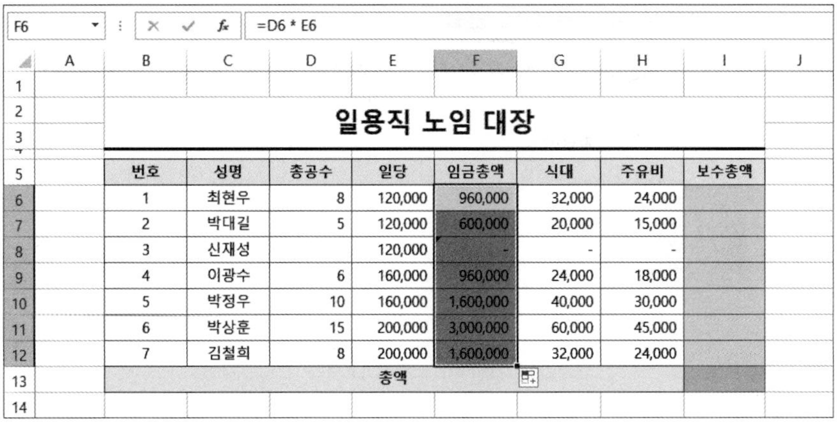

F6 =D6 * E6

일용직 노임 대장

번호	성명	총공수	일당	임금총액	식대	주유비	보수총액
1	최현우	8	120,000	960,000	32,000	24,000	
2	박대길	5	120,000	600,000	20,000	15,000	
3	신재성		120,000	-	-	-	
4	이광수	6	160,000	960,000	24,000	18,000	
5	박정우	10	160,000	1,600,000	40,000	30,000	
6	박상훈	15	200,000	3,000,000	60,000	45,000	
7	김철희	8	200,000	1,600,000	32,000	24,000	
총액							

06 임금에서 식대, 주유비 등을 제외하고 보수 총액을 계산합니다.

07 [I6] 셀에 아래 수식을 입력한 후 [I6] 셀의 채우기 핸들[+]을 [I12] 셀까지 드래그합니다.

[I6] 셀 : =F6-G6-H6

08 보수총액을 더해 월 임금 합계를 구합니다. [I13] 셀에 다음 수식을 입력합니다.

[I13] 셀 : =SUM(I6:I12)

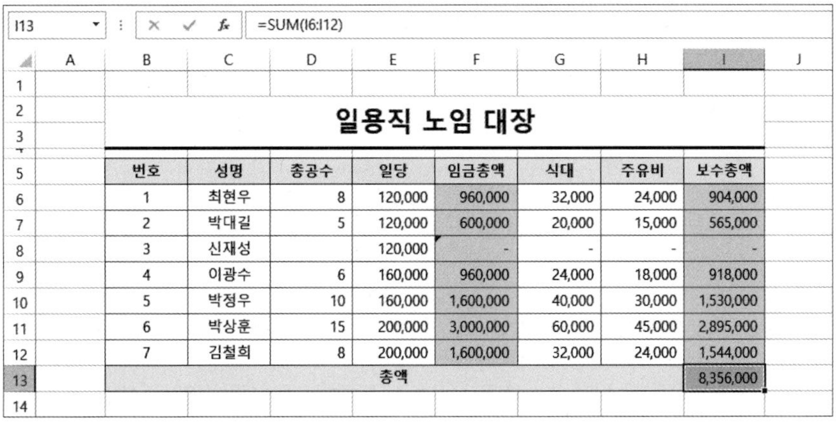

I13 =SUM(I6:I12)

일용직 노임 대장

번호	성명	총공수	일당	임금총액	식대	주유비	보수총액
1	최현우	8	120,000	960,000	32,000	24,000	904,000
2	박대길	5	120,000	600,000	20,000	15,000	565,000
3	신재성		120,000	-	-	-	-
4	이광수	6	160,000	960,000	24,000	18,000	918,000
5	박정우	10	160,000	1,600,000	40,000	30,000	1,530,000
6	박상훈	15	200,000	3,000,000	60,000	45,000	2,895,000
7	김철희	8	200,000	1,600,000	32,000	24,000	1,544,000
총액							8,356,000

09 계산된 월 임금을 [관리] 시트로 참조합니다.

10 [관리] 시트 탭을 클릭하고, [H6] 셀을 선택합니다.

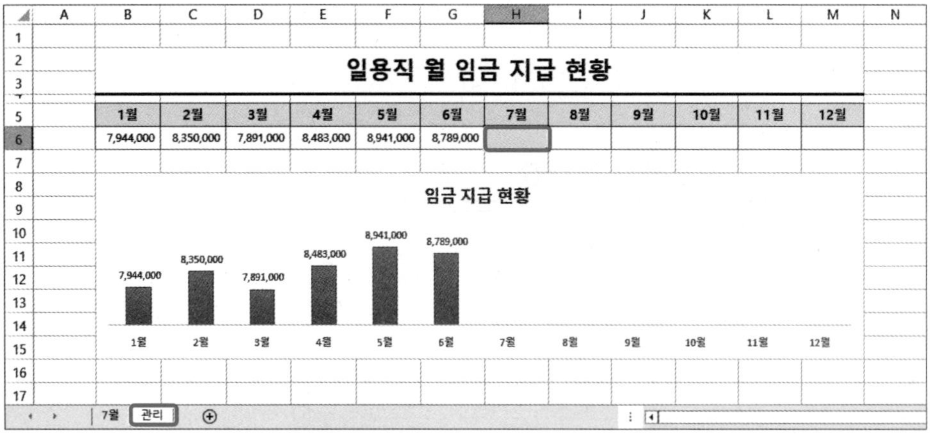

11 [H6] 셀에 등호(=)를 입력하고, [7월] 시트 탭을 클릭합니다.

12 월 임금이 계산된 [I13] 셀을 선택하고 Enter를 눌러 입력합니다.

[I13] 셀 : ='7월'!I13

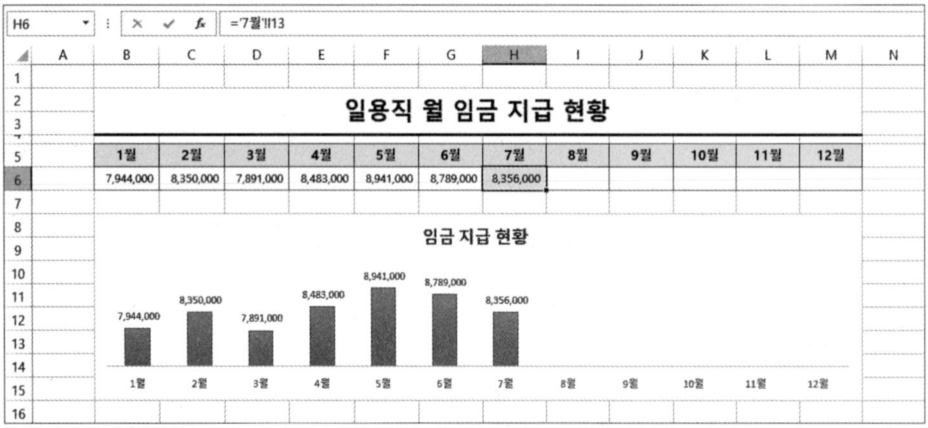

더 알아보기 **시트명 앞뒤에 작은따옴표(')가 붙는 규칙 이해하기**

다른 시트를 참조할 때 시트명 앞뒤에 작은따옴표(')가 붙는 경우와 붙지 않는 경우가 있습니다. 시트명이 **숫자**로 시작하거나 **공백 문자**(" ")가 포함된 경우에 작은따옴표(')가 붙습니다. 이 부분은 엑셀에서 자동으로 처리해주지만, 직접 수식을 입력하는 경우에는 이런 규칙을 정확하게 이해하고 사용하지 않으면 에러가 발생합니다.

01 14

다른 파일의 셀 참조(연결)하기

예제 파일 PART 01 \ CHAPTER 01 \ 연결.xlsx, 연결-원본.xlsx

참조와 연결

다른 파일의 셀도 참조할 수 있습니다. 다만 다른 파일의 셀을 참조하는 작업은 참조라는 용어보다는 **연결**이란 용어를 사용합니다. 다른 파일의 셀을 연결하는 작업은 같은 파일 내에서 참조할 때보다 주의가 필요합니다.

예를 들어 A 파일에서 B 파일의 셀을 연결한 경우 두 파일이 모두 열려 있다면 B 파일의 셀 값을 변경했을 때 A 파일 역시 즉각적으로 변경된 데이터를 읽어옵니다. 하지만 파일을 모두 닫아버린 뒤 B 파일만 열어 데이터를 수정하고 다시 닫으면 A 파일을 열었을 때 연결된 B 파일의 데이터를 새로 읽어오는 과정을 거쳐야 합니다. 따라서 B 파일의 파일명을 변경하거나 폴더를 이동하게 되면 A 파일은 B 파일을 찾지 못해 참조 에러가 발생합니다. 연결된 파일을 작업할 때는 이런 점에 주의해야 합니다.

따라 하기

두 파일을 연결하고 데이터를 가져온 다음 새로 고치는 일련의 과정을 작업합니다.

01 예제 중 [연결-원본.xlsx] 파일과 [연결.xlsx] 파일을 순서대로 엽니다.

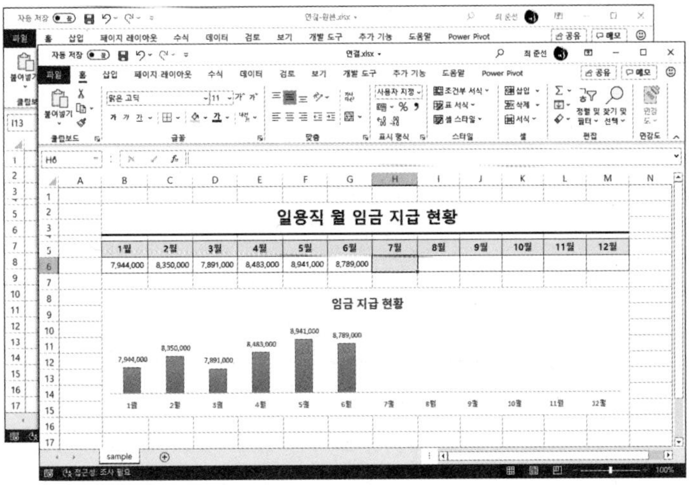

02 [연결.xlsx] 파일의 [H6] 셀에, [연결-원본.xlsx] 파일의 지급 총액을 참조하는 작업을 진행합니다.

03 [H6] 셀에서 **등호(=)**를 입력한 후 [연결-원본.xlsx] 파일을 클릭합니다.

04 바로 [7월] 시트의 [I13] 셀을 클릭하고 Enter 를 누릅니다.

05 [연결.xlsx] 파일의 [H6] 셀에서 다음 수식을 확인할 수 있습니다.

[H6] 셀 : ='[연결-원본.xlsx]7월'!$I$13

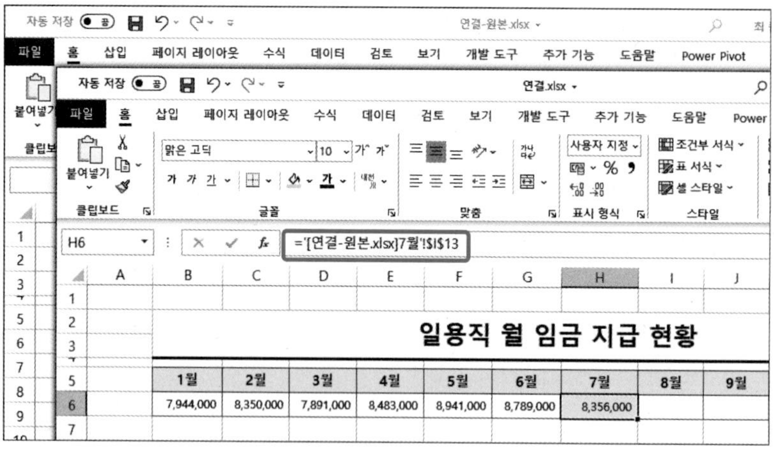

더 알아보기 외부 파일 참조 수식의 특징

[H6] 셀에는 [연결-원본.xlsx] 파일의 값을 참조하는 수식이 들어가는데, 이번 수식으로 외부 파일을 참조하는 방법에 대해 다음과 같은 두 가지 사실을 이해할 수가 있습니다.

- 첫째, 참조한 파일이 열려 있는 동안에는 대괄호([]) 안에 파일 경로가 표시되지 않습니다.
- 둘째, 외부 파일을 참조하면 셀 주소는 절대 참조 기호($)로 참조됩니다.

06 [연결-원본.xlsx] 파일을 닫습니다.

07 [연결.xlsx] 파일의 [H6] 셀의 수식에 이전과는 달리 연결된 파일의 전체 경로가 표시됩니다.

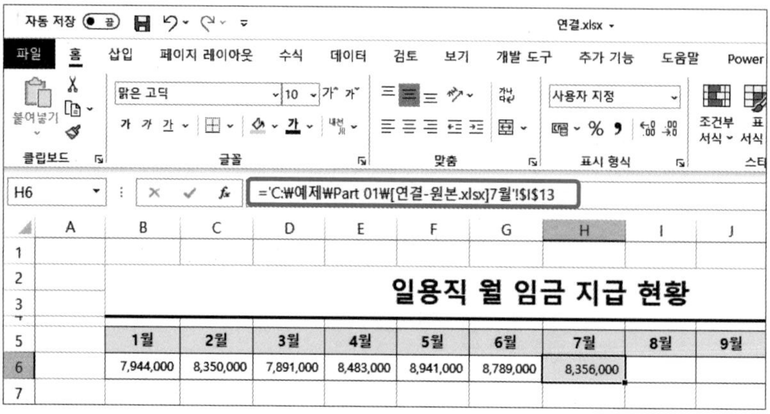

08 [연결.xlsx] 파일을 닫고 다시 열면 [보안 경고] 메시지 줄이 표시됩니다. [콘텐츠 사용]을 클릭하면 연결된 원본 파일을 다시 읽어 옵니다.

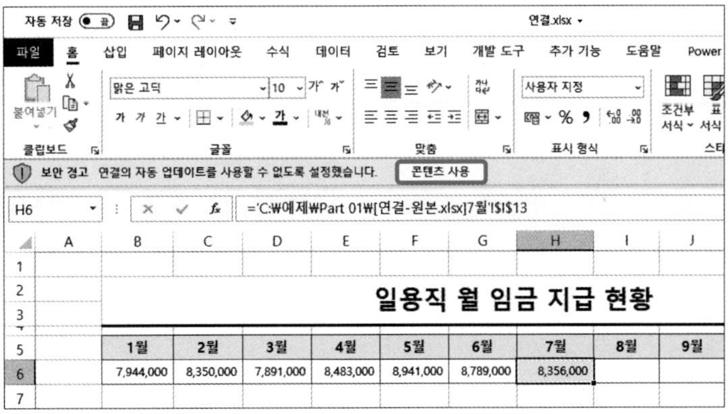

TIP 원본 파일(연결-원본.xlsx)을 수정했다면 [H6] 셀의 값도 변경됩니다.

09 [연결.xlsx] 파일을 한 번 더 닫고 다시 엽니다.

10 [보안 경고] 메시지 줄은 더 이상 표시되지 않지만, 업데이트 메시지 대화상자가 나타납니다.

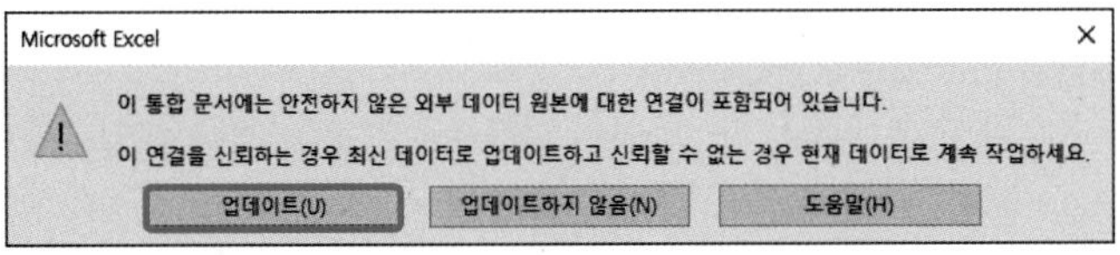

11 [업데이트]를 클릭해야 원본 파일의 데이터를 다시 읽어들입니다.

더 알아보기 업데이트 메시지 대화상자 표시하지 않기

다음 과정을 참고해 설정합니다.

01 리본 메뉴의 [데이터] 탭-[쿼리 및 연결] 그룹-[연결 편집]을 클릭합니다.

Ver. 엑셀 2016 버전까지는 [쿼리 및 연결] 그룹이 아니라 [연결] 그룹입니다.

02 [연결 편집] 대화상자가 나타나면 좌측 하단의 [시작할 때 확인 메시지 표시]를 클릭합니다.

03 대화상자의 세 번째 옵션 [알림 표시 없이 연결 업데이트]를 선택하고 [확인]을 클릭합니다.

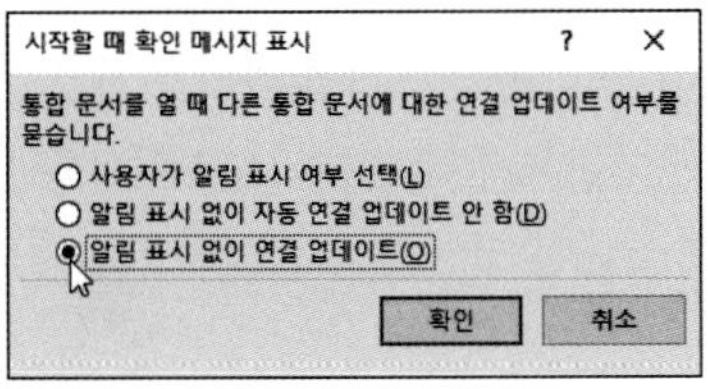

04 [연결 편집] 대화상자에서 [닫기]를 눌러 대화상자를 닫습니다.

이제 파일을 저장하고 종료하면 파일을 새로 열었을 때 업데이트 여부를 묻는 대화상자가 표시되지 않습니다.

참조와 연결

01 15

연결된 파일을 원하는 다른 파일로 변경하기

예제 파일 PART 01 \ CHAPTER 01 \ 연결.xlsx, 연결–변경.xlsx

연결된 파일을 변경해야 하는 이유

요즘 대부분의 업무는 전산 시스템에서 엑셀 데이터를 내려받아 작업하는 경우가 많습니다. 그렇다 보니 연결한 파일을 다른 파일로 변경해야 하는 경우가 종종 있습니다. 파일을 다른 PC로 옮길 때나 메일로 주고받는 과정에서 파일 경로 또는 파일 이름을 변경하는 경우와 같이 다양한 이유로 연결된 파일을 바꿔야 하는 상황이 발생합니다.

엑셀에서는 연결된 파일을 변경하고자 할 때 간단하게 처리할 수 있는 기능을 지원하지만, 바꾸기 기능(단축키 Ctrl+H)를 이용해서 파일명을 수정하는 간편한 방법도 있습니다. 다음은 [찾기 및 바꾸기] 대화상자에서 파일명 **[연결–원본.xlsx]**를 **[연결–변경.xlsx]**로 바꾸는 경우를 보여줍니다.

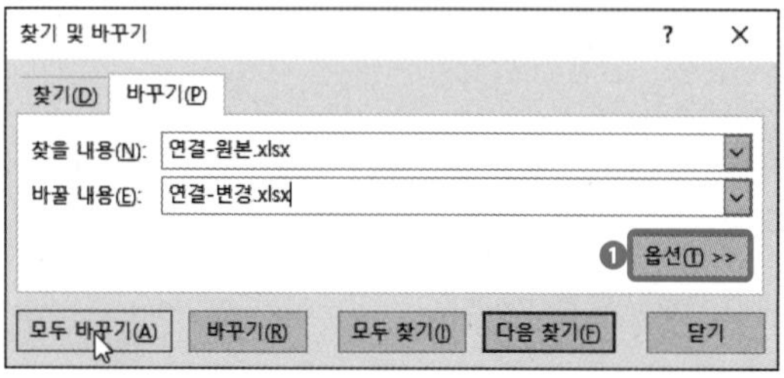

바꾸기 기능은 기본적으로 한 번에 하나의 시트 수식만 변경할 수 있습니다. 만약 연결할 파일을 참조하는 수식이 여러 시트에 존재한다면 먼저 옵션을 변경해야 합니다. ❶ 위의 그림에서 [옵션]을 클릭해 대화상자를 확장합니다. ❷ [범위]를 [통합 문서]로 변경한 후 ❸ [모두 바꾸기]를 클릭합니다.

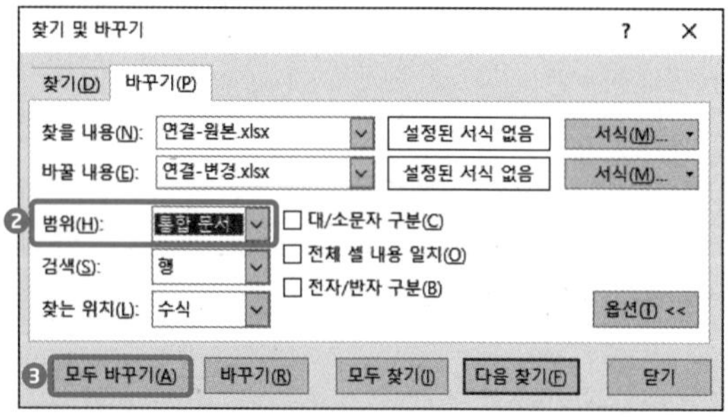

따라 하기

수식으로 연결된 정보를 변경하는 것이 불편하다면 연결 편집 기능을 이용해 수정합니다.

01 [연결.xlsx] 파일을 열고, [H6] 셀을 선택합니다.

02 [H6] 셀에는 [연결–원본.xlsx] 파일의 셀을 참조하는 수식이 들어가 있습니다.

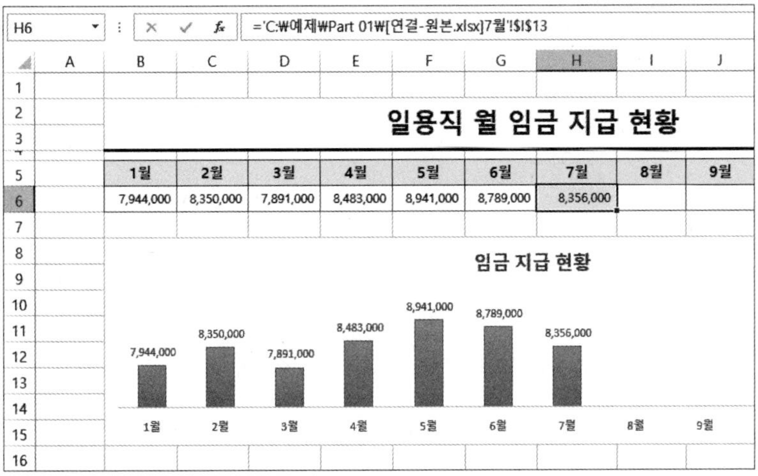

03 **[연결–원본.xlsx]** 파일을 **[연결–변경.xlsx]** 파일로 변경합니다.

04 리본 메뉴의 [데이터] 탭–[쿼리 및 연결] 그룹–[연결 편집]을 클릭합니다.

05 [연결 편집] 대화상자에서 ❶ [연결–원본.xlsx] 파일을 선택하고 ❷ [원본 변경]을 클릭합니다.

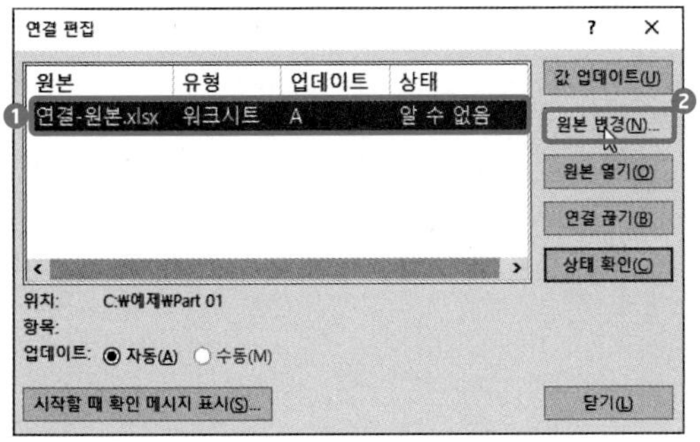

더 알아보기 **[연결 편집] 대화상자에서 파일 선택하기**

파일이 하나인 경우에는 선택하지 않아도 되지만, 연결된 파일이 여러 개일 경우에는 정확하게 원본을 변경할 파일을 선택하고 작업해야 합니다.

06 [원본 변경] 대화상자가 나타나면 [예제] 폴더를 선택합니다.

07 ❶ [연결–변경.xlsx] 파일을 선택한 후 ❷ [확인]을 클릭합니다.

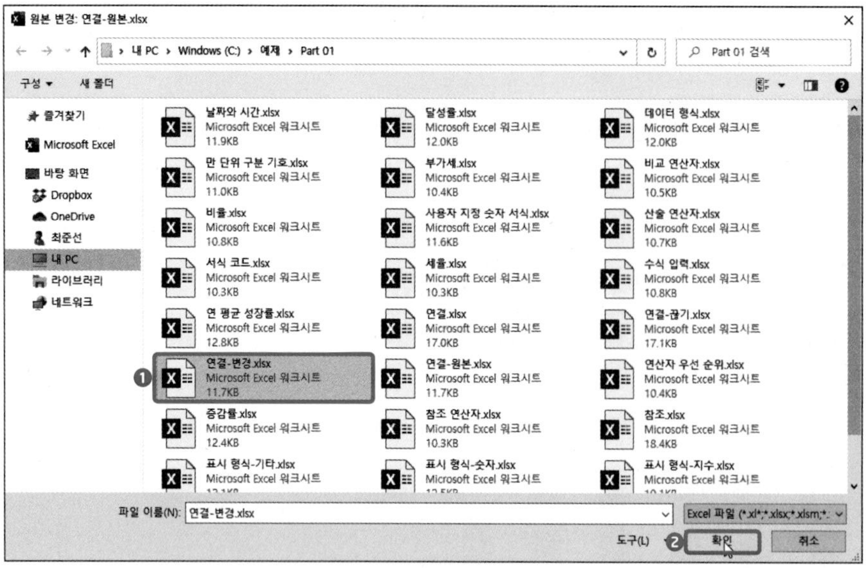

08 [연결 편집] 대화상자는 [닫기]를 클릭해 닫습니다.

09 [H6] 셀의 수식에서 ❶ 연결된 파일이 변경되고 ❷ 월 임금도 변경된 것을 확인할 수 있습니다.

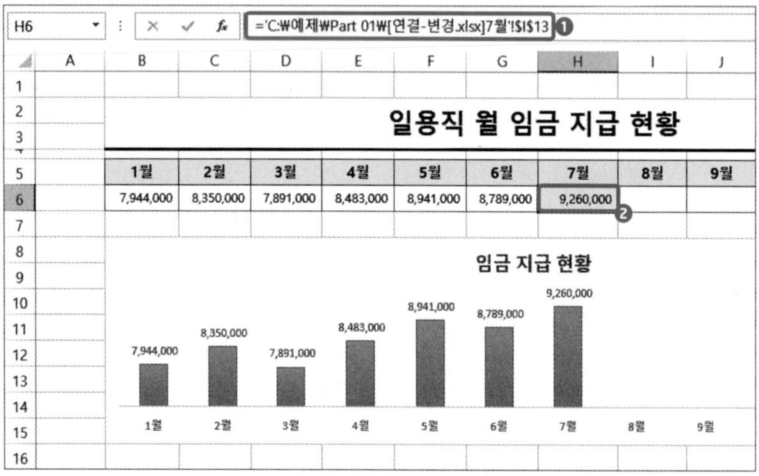

참조와 연결

01 16 연결된 파일 끊고 수식을 값으로 변경하기

예제 파일 PART 01 \ CHAPTER 01 \ 연결–끊기.xlsx

연결 끊기

파일을 연결해 셀을 참조하다가 더 이상 원본 데이터를 참조할 필요가 없어졌다면 연결된 파일을 끊는 것이 가능합니다. 파일 연결을 끊으면 수식이 값으로 변경되므로 보다 빠른 속도로 작업할 수 있습니다.

연결 수식을 범위에 연속해서 입력했으면 단축키 Ctrl+C를 눌러 복사하고, 바로 [선택하여 붙여넣기] 대화상자(단축키 Ctrl+Alt+V)를 불러옵니다. [선택하여 붙여넣기] 대화상자에서 [붙여넣기]–[값]을 선택하고 [확인]을 클릭하면 연결된 파일이 끊어집니다.

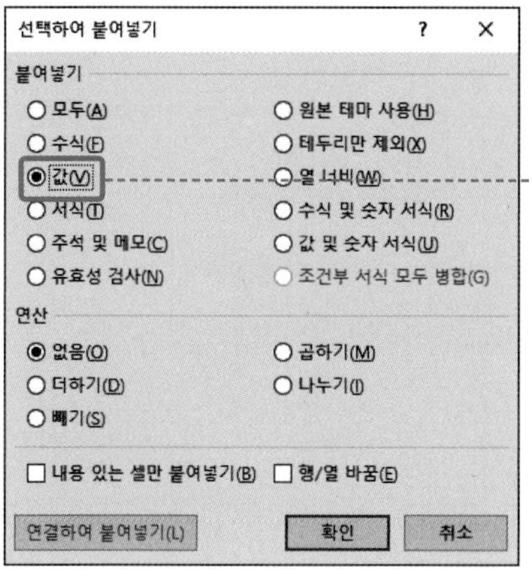

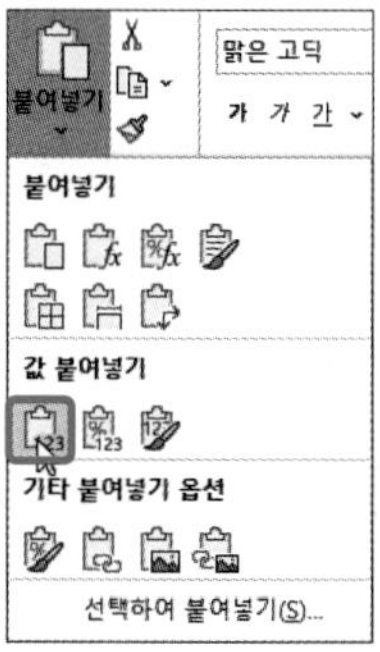

리본 메뉴의 [홈] 탭–[클립보드] 그룹–[붙여넣기] 명령의 아래 화살표를 클릭하고 [값] 옵션을 선택해 붙여 넣어도 됩니다.

따라 하기

외부 파일을 연결한 수식 부분이 많다면 [연결 편집]을 이용해 처리하는 것이 쉽습니다. 아래 과정을 참고하세요!

01 예제를 열고 리본 메뉴의 [데이터] 탭–[쿼리 및 연결] 그룹–[연결 편집]을 클릭합니다.

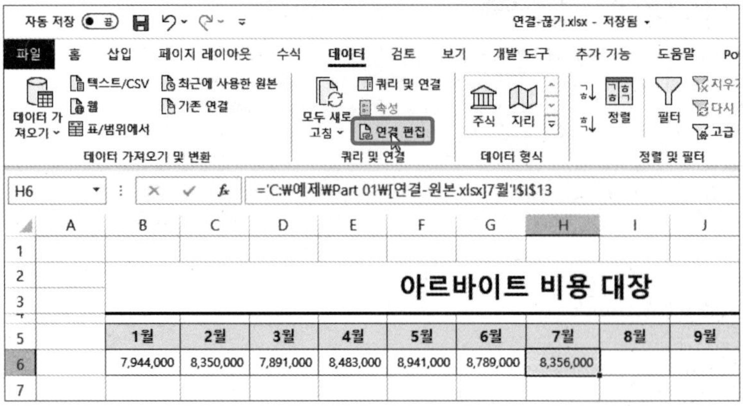

02 [연결 편집] 대화상자에서 ❶ 연결을 끊을 파일인 [연결–원본.xlsx]를 선택하고 ❷ [연결 끊기]를 클릭합니다.

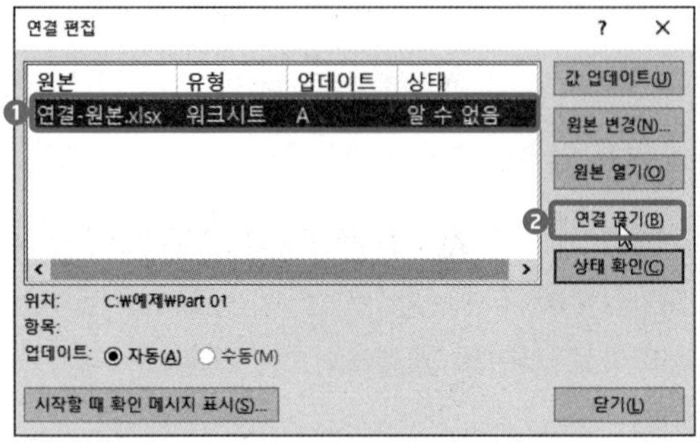

03 다음과 같은 경고 메시지 창이 나타납니다. [연결 끊기]를 클릭합니다.

04 [연결 편집] 대화상자에서 [닫기]를 클릭해 대화상자를 닫습니다.

05 ❶ [H6] 셀을 선택하고 ❷ 수식 입력줄을 확인해 수식이 값으로 변경됐는지 확인합니다.

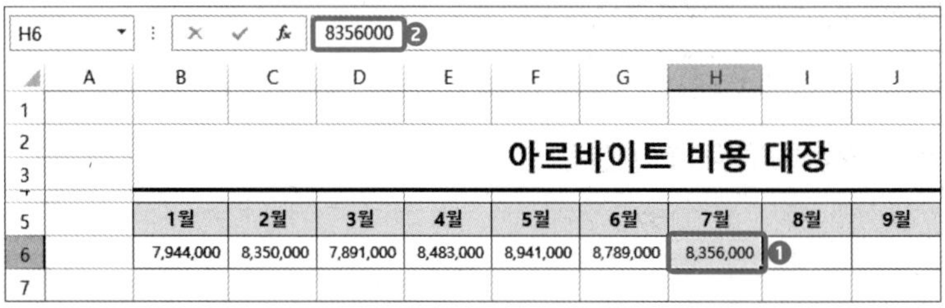

참조 방식

01 17 상대 참조 이해와 활용

예제 파일 PART 01 \ CHAPTER 01 \ 상대 참조.xlsx

참조 방식

엑셀에서는 다른 셀을 참조하여 수식을 복사하는 상황이 많이 발생합니다. 이 경우 참조한 셀의 주소를 자동으로 변경하거나 변경하지 않도록 수식을 만들 수 있습니다. 이렇게 사용자가 직접 결정할 수 있는 세 가지 **참조 방식**이 지원됩니다.

참조 방식	설명
상대 참조	수식을 복사하는 방향의 셀 주소가 자동으로 변경되는 방식입니다.
절대 참조	수식을 복사해도 셀 주소가 변경되지 않습니다. LINK 절대 참조는 이 책의 68페이지에서 자세하게 설명합니다.
혼합 참조	상대 참조와 절대 참조가 혼합된 방식입니다. LINK 혼합 참조는 이 책의 71페이지에서 자세하게 설명합니다.

상대 참조의 이해

셀에서 수식을 복사하려면 다음 두 방향으로만 가능합니다.

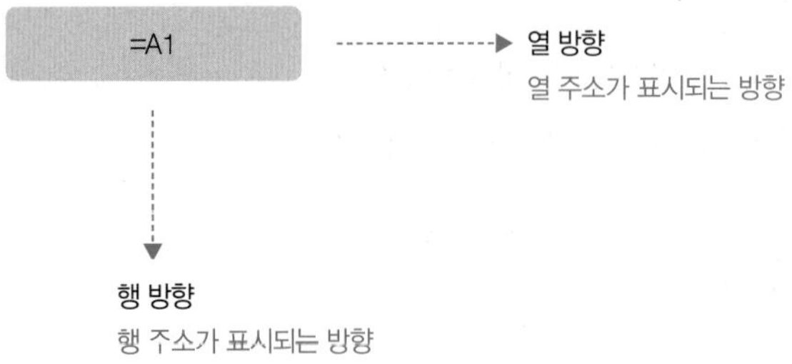

수식을 복사하면 참조한 셀의 열 주소나 행 주소가 자동으로 변경되는 방식이 **상대 참조**입니다. 즉, =A1 수식으로 [A1] 셀을 참조하고 있을 때 열 방향으로 수식을 복사하면 열 주소가 [B1], [C1], [D1], …과 같이 변경됩니다. 만약 행 방향으로 복사한다면 행 주소가 [A2], [A3], [A4], …와 같이 변경됩니다.

따라 하기

상대 참조는 다양한 표에서 사용됩니다. 상대 참조를 가장 잘 활용할 수 있는 계산식은 바로 누계를 구하는 방법입니다. 따라 하기를 통해 이해해보세요!

01 예제를 열고 [D6:D9] 범위와 [G7:J7] 범위에 판매량의 누계를 구합니다.

A B C D E F G H I J K
상 대 참 조
분기 판매량 누계
1사분기 1,500
2사분기 1,600
3사분기 2,800
4사분기 3,500
연도 2020년 2021년 2022년 2023년
판매량 5,800 6,600 6,300 7,800
누계

02 누계를 구할 [D6] 셀을 선택하고 다음 수식을 입력하여 1사분기 판매량을 그대로 참조합니다.

[D6] 셀 : =C6

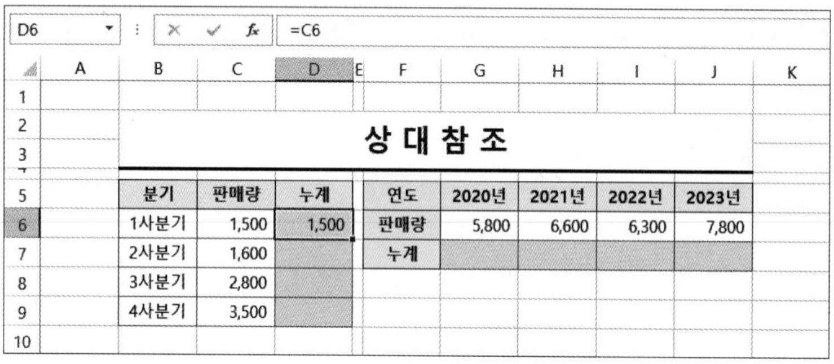

D6
=C6
A B C D E F G H I J K
상 대 참 조
분기 판매량 누계
1사분기 1,500 1,500
2사분기 1,600
3사분기 2,800
4사분기 3,500
연도 2020년 2021년 2022년 2023년
판매량 5,800 6,600 6,300 7,800
누계

03 [D7] 셀에 다음 수식을 입력하고 [D7] 셀의 채우기 핸들[+]을 [D9] 셀까지 드래그합니다.

[D7] 셀 : =C7+D6

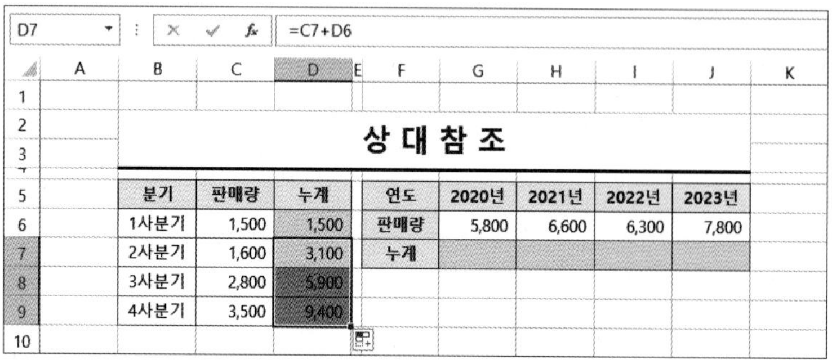

D7
=C7+D6
A B C D E F G H I J K
상 대 참 조
분기 판매량 누계
1사분기 1,500 1,500
2사분기 1,600 3,100
3사분기 2,800 5,900
4사분기 3,500 9,400
연도 2020년 2021년 2022년 2023년
판매량 5,800 6,600 6,300 7,800
누계

더 알아보기 **상대 참조 방식을 위치로 이해하기**

수식 내에 참소한 셀은 [C7] 셀과 [D6] 셀입니다. 수식을 행 방향으로 복사했으므로, 참조한 셀의 행 주소가 모두 바뀝니다. 즉 [C7] 셀은 [C8], [C9] 셀로, [D6] 셀은 [D7], [D8] 셀로 바뀌게 됩니다. 이러한 상대 참조 방식이 처음에는 많이 혼동될 수 있습니다.

상대 참조 방식은 참조한 셀의 주소보다 수식을 입력한 셀을 기준으로 하여 상하좌우 위치로 이해하는 것이 쉽습니다. 예를 들어 [D7] 셀의 수식에서 참조한 [C7] 셀과 [D6] 셀은 셀 주소 대신 왼쪽(좌) 셀(C7)과 위쪽(상) 셀(D6)로 이해한다면 현재 판매량과 이전 누계의 합계를 구하는 수식을 보다 쉽게 이해할 수 있습니다.

LINK 누계를 구하는 자세한 방법은 이 책의 406페이지를 참고합니다.

04 [G7:J7] 범위의 누계 역시 **02–03** 과정을 참고해 작업합니다.

[G7] 셀 : =G6

[H7] 셀 : =G7+H6

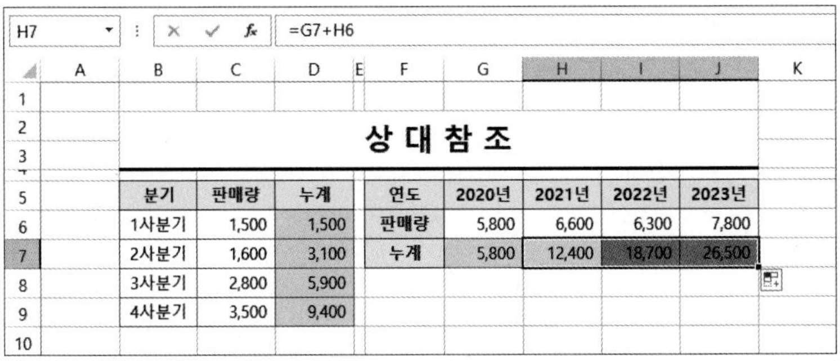

H7 | =G7+H6

	A	B	C	D	E	F	G	H	I	J	K
1											
2–3		상 대 참 조									
5		분기	판매량	누계		연도	2020년	2021년	2022년	2023년	
6		1사분기	1,500	1,500		판매량	5,800	6,600	6,300	7,800	
7		2사분기	1,600	3,100		누계	5,800	12,400	18,700	26,500	
8		3사분기	2,800	5,900							
9		4사분기	3,500	9,400							
10											

참조 방식

01 18 절대 참조 이해와 활용

예제 파일 PART 01 \ CHAPTER 01 \ 절대 참조.xlsx

절대 참조의 이해

상대 참조와는 달리 수식을 복사해도 참조하는 셀 주소가 변경되지 않도록 할 수 있습니다. 이런 참조 방식을 **절대 참조**라고 합니다. 절대 참조는 셀의 열 주소와 행 주소에 모두 절대 참조 기호($)를 넣어 표시합니다.

=$A$1

절대 참조 방식을 사용하면 수식을 어떤 방향으로 복사해도 참조한 셀 주소가 변경되지 않습니다. 상대 참조 방식으로 참조한 셀(또는 범위)을 절대 참조 방식으로 변경하려면 직접 $를 입력해도 되지만 [F4]를 눌러 참조 방식을 변경하는 것이 편리합니다.

더 알아보기 **[F4] 펑션키**

수식 내에서 참조한 셀을 선택하고 [F4]를 누르면 상대 참조로 참조된 셀이 절대 참조 방식으로 변경됩니다. [F4]는 상대 참조를 절대 참조로 바꿔 주는 키가 아니라 참조 방식 자체를 변경해주는 단축키로, 다음과 같은 순서로 참조 방식을 변경해줍니다.

상대 참조	→	절대 참조	→	혼합 참조(행)	→	혼합 참조 (열)	→	상대 참조	→	절대 참조	→	…
A1		$A$1		A$1		$A1		A1		$A$1		

따라 하기

절대 참조 방식은 상대 참조 방식과는 달리 수식을 복사해도 위치가 변경되지 않습니다. 보통 고정된 위치를 참조할 때 절대 참조 방식을 활용합니다. 다음 예제를 통해 상대 참조와 절대 참조를 구분해보세요!

01 예제를 열고, 공제항목 중 G열의 고용보험료를 계산합니다.

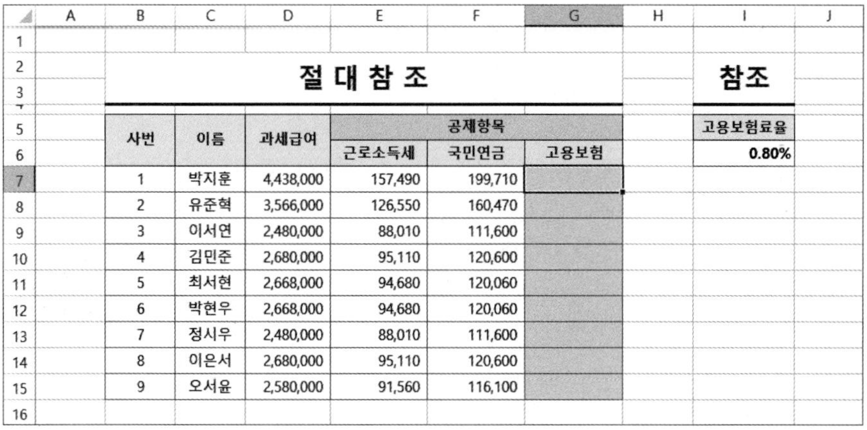

절 대 참 조

사번	이름	과세급여	공제항목		
			근로소득세	국민연금	고용보험
1	박지훈	4,438,000	157,490	199,710	
2	유준혁	3,566,000	126,550	160,470	
3	이서연	2,480,000	88,010	111,600	
4	김민준	2,680,000	95,110	120,600	
5	최서현	2,668,000	94,680	120,060	
6	박현우	2,668,000	94,680	120,060	
7	정시우	2,480,000	88,010	111,600	
8	이은서	2,680,000	95,110	120,600	
9	오서윤	2,580,000	91,560	116,100	

참조

고용보험료율
0.80%

TIP 고용보험은 D열의 과세급여와 [I6] 셀의 고용보험료율을 곱해 계산합니다.

02 [G7] 셀에 다음 수식을 입력하고 [G7] 셀의 채우기 핸들을 [G15] 셀까지 드래그합니다.

[G7] 셀 : =D7*I6

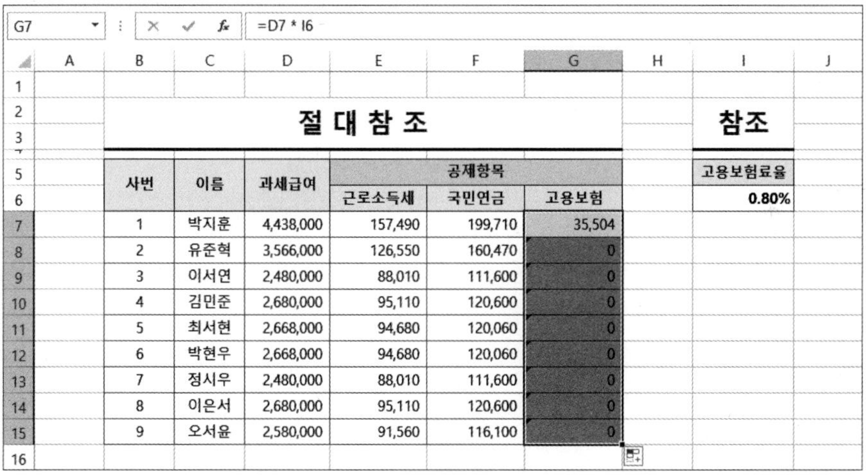

G7 =D7 * I6

절 대 참 조

사번	이름	과세급여	공제항목		
			근로소득세	국민연금	고용보험
1	박지훈	4,438,000	157,490	199,710	35,504
2	유준혁	3,566,000	126,550	160,470	0
3	이서연	2,480,000	88,010	111,600	0
4	김민준	2,680,000	95,110	120,600	0
5	최서현	2,668,000	94,680	120,060	0
6	박현우	2,668,000	94,680	120,060	0
7	정시우	2,480,000	88,010	111,600	0
8	이은서	2,680,000	95,110	120,600	0
9	오서윤	2,580,000	91,560	116,100	0

참조

고용보험료율
0.80%

더 알아보기 수식을 복사하면 고용보험료가 계산되지 않는 이유

[G7] 셀에 입력한 수식은 **=D7*I6**입니다. 두 셀은 모두 상대 참조이므로 수식을 복사하는 방향의 주소가 자동으로 변경됩니다. 즉, [G7] 셀의 수식을 행 방향으로 복사하면 수식 안의 [D7] 셀은 [D8], [D9], [D10], …과 같이 행 주소가 변경됩니다. 행마다 계산할 과세급여는 변경되어야 하므로 이렇게 주소가 변경되는 것은 문제가 없습니다. 다만 수식이 복사되면 [I6] 셀도 [I7], [I8], [I9], …와 같이 행 주소가 변경되는 것이 문제입니다. 변경된 셀 주소에는 고용보험료율이 입력되어 있지 않아 계산이 제대로 되지 않습니다.

그러므로 [I6] 셀을 참조할 때는 절대 참조 방식으로 변경해 수식을 복사해도 해당 위치가 변경되지 않도록 해야 합니다.

03 이해를 돕기 위해 [G15] 셀을 더블클릭해 참조 위치를 확인합니다.

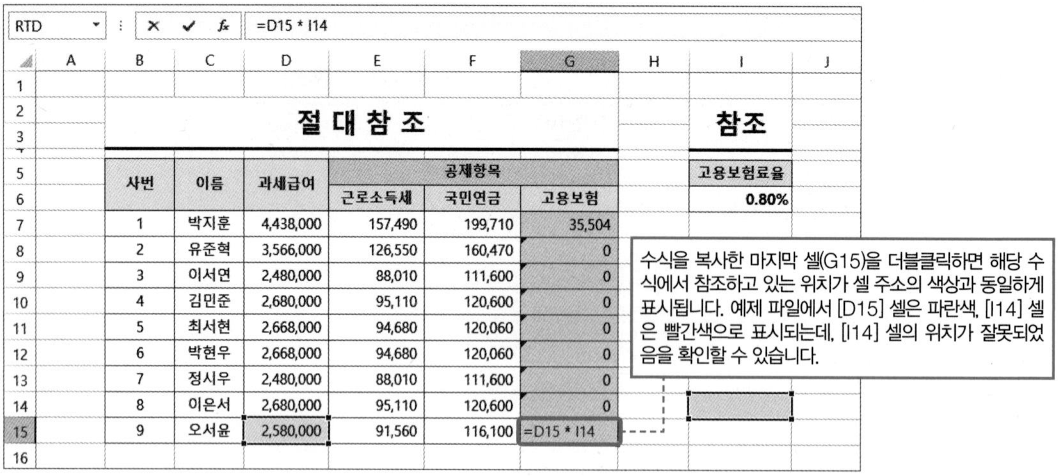
RTD
=D15 * I14
수식을 복사한 마지막 셀(G15)을 더블클릭하면 해당 수식에서 참조하고 있는 위치가 셀 주소의 색상과 동일하게 표시됩니다. 예제 파일에서 [D15] 셀은 파란색, [I14] 셀은 빨간색으로 표시되는데, [I14] 셀의 위치가 잘못되었음을 확인할 수 있습니다.

	A	B	C	D	E	F	G	H	I	J
1										
2		절대 참조							참조	
3										
5		사번	이름	과세급여	공제항목				고용보험료율	
6					근로소득세	국민연금	고용보험		0.80%	
7		1	박지훈	4,438,000	157,490	199,710	35,504			
8		2	유준혁	3,566,000	126,550	160,470	0			
9		3	이서연	2,480,000	88,010	111,600	0			
10		4	김민준	2,680,000	95,110	120,600	0			
11		5	최서현	2,668,000	94,680	120,060	0			
12		6	박현우	2,668,000	94,680	120,060	0			
13		7	정시우	2,480,000	88,010	111,600	0			
14		8	이은서	2,680,000	95,110	120,600	0			
15		9	오서윤	2,580,000	91,560	116,100	=D15 * I14			
16										

04 Esc 를 눌러 편집 모드를 해제합니다.

05 [G7] 셀을 더블클릭하고 수식을 다음과 같이 수정한 후 [G15] 셀까지 수식을 복사합니다.

[G7] 셀 : =D7*$I$6

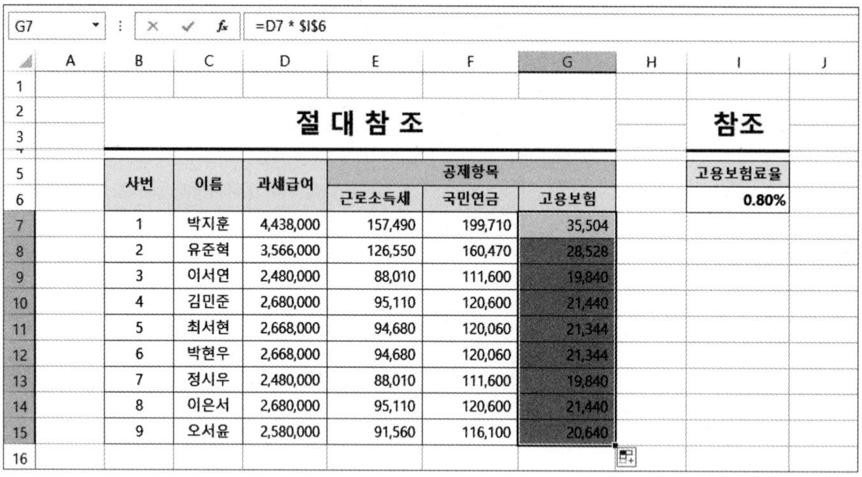
G7
=D7 * $I$6

	A	B	C	D	E	F	G	H	I	J
1										
2		절대 참조							참조	
3										
5		사번	이름	과세급여	공제항목				고용보험료율	
6					근로소득세	국민연금	고용보험		0.80%	
7		1	박지훈	4,438,000	157,490	199,710	35,504			
8		2	유준혁	3,566,000	126,550	160,470	28,528			
9		3	이서연	2,480,000	88,010	111,600	19,840			
10		4	김민준	2,680,000	95,110	120,600	21,440			
11		5	최서현	2,668,000	94,680	120,060	21,344			
12		6	박현우	2,668,000	94,680	120,060	21,344			
13		7	정시우	2,480,000	88,010	111,600	19,840			
14		8	이은서	2,680,000	95,110	120,600	21,440			
15		9	오서윤	2,580,000	91,560	116,100	20,640			
16										

참조 방식

01 19 혼합 참조 이해와 활용

예제 파일 PART 01 \ CHAPTER 01 \ 혼합 참조.xlsx

혼합 참조의 이해

혼합 참조는 상대 참조와 절대 참조를 혼합한 것으로, 셀 주소의 열 주소나 행 주소 중 하나만 고정하는 방법입니다. 그러므로 수식 내에서는 **$A1** 또는 **A$1**과 같은 방법으로 표시됩니다.

수식을 복사할 때 보통 행 방향과 열 방향 둘 중 하나의 방향으로만 복사하는 것이 일반적입니다. 그런데 혼합 참조는 수식을 행 방향과 열 방향으로 모두 복사할 수 있습니다.

따라 하기

혼합 참조는 초보자에게 쉽지 않은 개념이지만, 잘 이해해두면 수식을 더 적게 입력할 수 있어 효율적입니다. 다음 과정을 통해 혼합 참조 방식에 대해 이해해보세요!

01 예제를 열고, 영업사원별 실적(C열)과 [D6:F6] 범위의 비율을 곱해 내년 목표를 계산합니다.

	A	B	C	D	E	F	G
1							
2		혼 합 참 조					
3							
5		영업사원	실적	내년 목표			
6				110%	120%	130%	
7		박지훈	22,000				
8		유준혁	16,000				
9		이서연	17,000				
10		김민준	35,000				
11		최서현	46,000				
12		박현우	25,000				
13		정시우	26,000				
14							

02 110% 향상된 실적을 내년 목표로 계산합니다.

03 [D7] 셀에 다음 수식을 입력하고 [D7] 셀의 채우기 핸들을 [D13] 셀까지 드래그합니다.

[D7] 셀 : =C7*$D$6

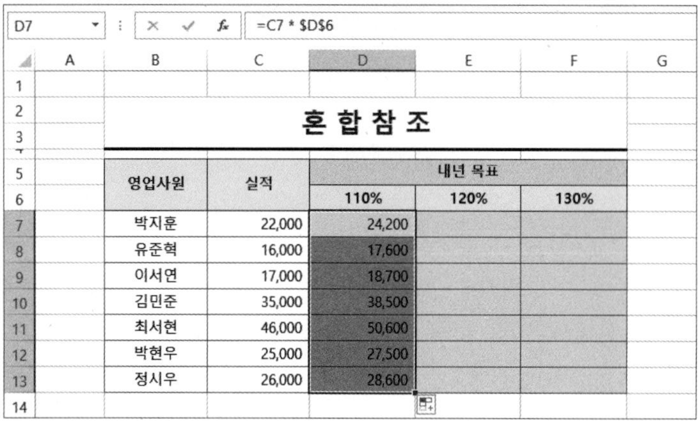

D7 =C7 * $D$6

혼 합 참 조

영업사원	실적	내년 목표		
		110%	120%	130%
박지훈	22,000	24,200		
유준혁	16,000	17,600		
이서연	17,000	18,700		
김민준	35,000	38,500		
최서현	46,000	50,600		
박현우	25,000	27,500		
정시우	26,000	28,600		

더 알아보기 크로스-탭(CROSS-TAB) 표 이해하기

03 과정과 동일한 방법으로 E열, F열의 목표 금액을 모두 계산할 수 있습니다. 다만, 예제의 표는 행 방향(C7:C13)과 열 방향 머리글(D6:F6)이 교차되면서 계산되는 표입니다. 이런 표를 크로스-탭이라고 합니다. 두 개의 머리글이 교차되면서 계산되는 경우 수식은 행 방향과 열 방향 모두 복사할 수 있습니다. 혼합 참조 방식을 이용하여 한번에 표 계산 작업을 끝낼 수 있습니다.

04 열 방향으로 수식을 복사할 수 있는지 확인합니다.

05 단축키 Ctrl+Z를 눌러 직전 작업을 취소합니다.

06 [D7] 셀에 다음 수식을 입력하고 [D7] 셀의 채우기 핸들을 [F7] 셀까지 드래그합니다.

[D7] 셀 : =$C$7*D6

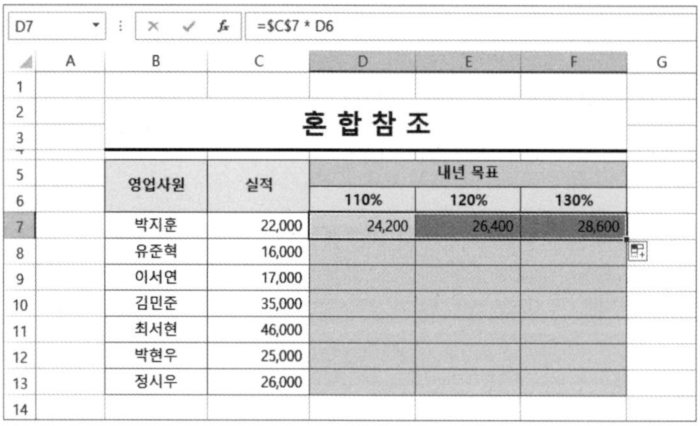

D7 =$C$7 * D6

혼 합 참 조

영업사원	실적	내년 목표		
		110%	120%	130%
박지훈	22,000	24,200	26,400	28,600
유준혁	16,000			
이서연	17,000			
김민준	35,000			
최서현	46,000			
박현우	25,000			
정시우	26,000			

더 알아보기 **복사 방향에 따라 참조 방식이 다른 이유**

이번 수식은 **03** 과정과 동일하지만 참조 방식이 다릅니다. **03** 과정과 이번 과정의 수식은 다음과 같습니다.

과정	수식
03	=C7*$D$6
06	=$C$7*D6

두 과정의 차이는 수식을 복사하는 방향에 따른 것입니다. **03** 과정에서는 수식을 행 방향으로 복사하므로 C열의 실적이 계속 변해야 하며, [D6] 셀의 비율(110%)은 고정되어 있어야 합니다. 그러므로 [C7] 셀은 상대 참조, [D6] 셀은 절대 참조 방식으로 참조한 것입니다.

이번 과정에서는 수식을 열 방향으로 복사했으므로, C열의 실적은 고정되어야 하며, [D6] 셀의 비율은 변경되어야 합니다. 그러므로 [C7] 셀은 절대 참조, [D6] 셀은 상대 참조 방식으로 참조해야 합니다.

이렇게 참조 방식만 변경하면 크로스-탭 표의 수식을 행 방향으로도, 열 방향으로도 모두 복사할 수 있습니다.

07 단축키 Ctrl + Z 를 다시 눌러 **06** 과정을 취소합니다.

08 [D7] 셀 수식을 다음과 같이 변경합니다.

[D7] 셀 : =$C7*D$6

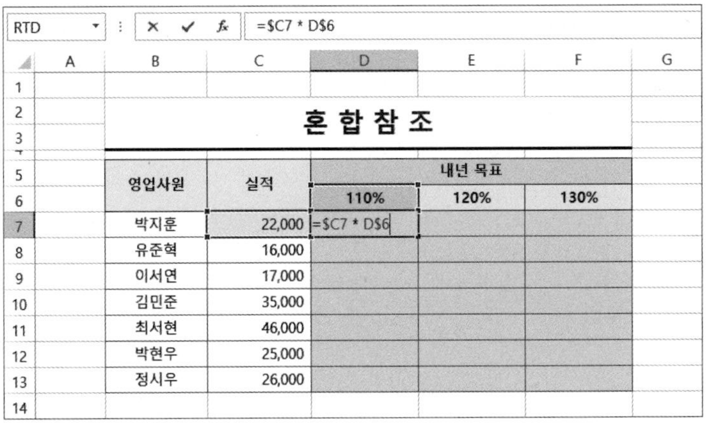

더 알아보기 **수식 이해하기**

참조한 셀 중 [C7] 셀은 행 방향(아래쪽)으로 복사하면 [C8], [C9], …와 같이 셀 주소가 변경되어야 하며, 열 방향(오른쪽)으로 복사하면 [C7], [C7], …과 같이 셀 주소가 변경되지 않아야 합니다. 그러므로 두 방향으로 모두 복사할 때 열 주소(C)는 바뀌지 않고, 행 주소(7)는 변경됩니다. [D6] 셀은 그 반대로 열 주소(D)는 변경되고, 행 주소(6)는 변경되면 안 됩니다.

09 [D7] 셀의 채우기 핸들을 [F7] 셀까지 드래그해 수식을 복사합니다.

10 바로 채우기 핸들을 13행까지 드래그하면 내년 목표를 한꺼번에 계산할 수 있습니다.

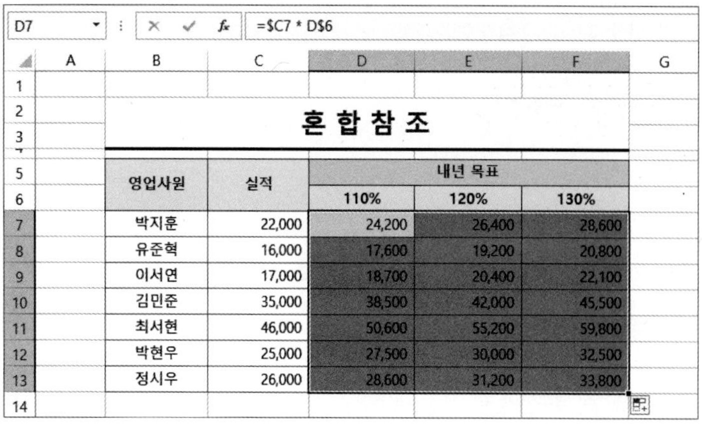
D7 =$C7 * D$6

	A	B	C	D	E	F	G
1							
2		혼합참조					
3							
5		영업사원	실적	내년 목표			
6				110%	120%	130%	
7		박지훈	22,000	24,200	26,400	28,600	
8		유준혁	16,000	17,600	19,200	20,800	
9		이서연	17,000	18,700	20,400	22,100	
10		김민준	35,000	38,500	42,000	45,500	
11		최서현	46,000	50,600	55,200	59,800	
12		박현우	25,000	27,500	30,000	32,500	
13		정시우	26,000	28,600	31,200	33,800	
14							

11 계산된 결과가 올바른지 확인하려면 [F13] 셀을 더블클릭해 참조 위치를 확인합니다.

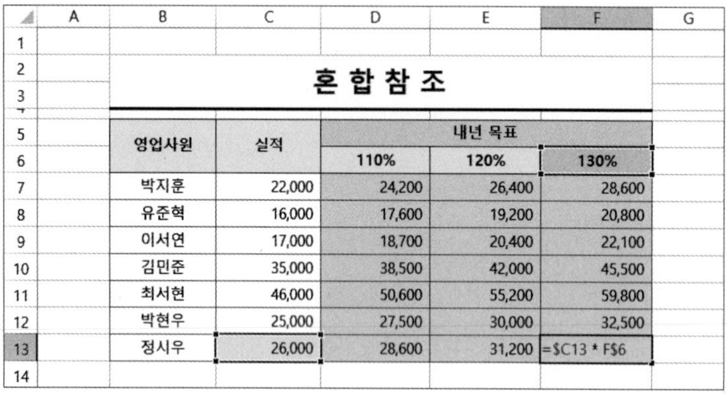

	A	B	C	D	E	F	G
1							
2		혼합참조					
3							
5		영업사원	실적	내년 목표			
6				110%	120%	130%	
7		박지훈	22,000	24,200	26,400	28,600	
8		유준혁	16,000	17,600	19,200	20,800	
9		이서연	17,000	18,700	20,400	22,100	
10		김민준	35,000	38,500	42,000	45,500	
11		최서현	46,000	50,600	55,200	59,800	
12		박현우	25,000	27,500	30,000	32,500	
13		정시우	26,000	28,600	31,200	=$C13 * F$6	
14							

연산자

01 20

산술 연산자 이해와 활용

예제 파일 PART 01 \ CHAPTER 01 \ 산술 연산자.xlsx

산술 연산자

수식 내에서 특정한 역할이 부여된 문자를 **연산자**라고 합니다. 연산자는 역할에 따라 몇 가지로 구분합니다. 먼저 연산자 중에서 덧셈, 뺄셈, 곱셈, 나눗셈과 같이 산술 연산을 하는 연산자를 **산술 연산자**라고 합니다. 엑셀의 특성상 산술 연산자는 활용도가 매우 높습니다. 참고로 산술 연산자를 사용하는 수식의 반환값은 항상 숫자이며, 숫자로 반환되지 않는 수식은 #VALUE! 에러가 반환됩니다.

산술 연산자의 종류는 다음과 같습니다.

참조 방식	이름	설명
+	플러스	연산자 왼쪽 숫자와 오른쪽 숫자를 더합니다.
–	마이너스	연산자 왼쪽 숫자에서 오른쪽 숫자를 빼거나 숫자 앞에 사용하면 숫자값을 음수로 변환합니다.
*	애스터리스크	연산자 왼쪽 숫자와 오른쪽 숫자를 곱합니다.
/	슬래시	연산자 왼쪽 숫자를 오른쪽 숫자로 나눕니다.
^	캐럿	연산자 왼쪽 숫자를 오른쪽 숫자로 거듭제곱합니다.
%	퍼센트	연산자 왼쪽 숫자를 100으로 나눕니다.

따라 하기

산술 연산자는 쉽지만 제대로 이해해야 활용할 때 문제가 생기지 않습니다.

01 예제를 열고 [G6:G12] 범위에 [F6:F12] 범위의 계산식을 직접 입력한 후 결과를 확인합니다.

산술연산자
값1
산술연산자
값2
수식
결과
10
+
-
*
/
^
%
5
=B6 + D6
=B6 - D6
-B6
=B6 * D6
=B6 / D6
=B6 ^ D6
=B6%

02 수식을 모두 입력하면 다음 화면과 같은 결과를 얻게 됩니다.

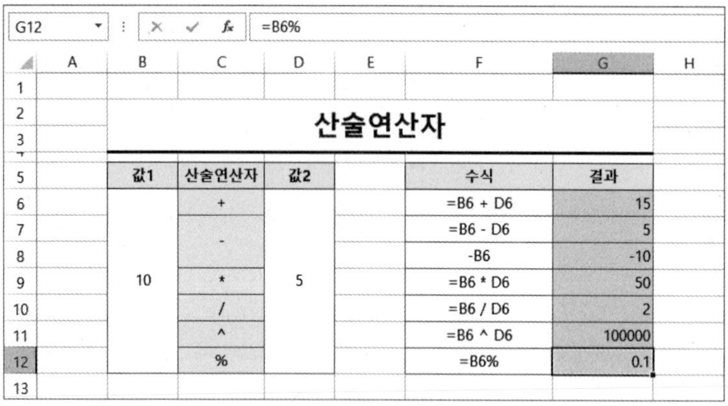
G12
=B6%
산술연산자
값1
산술연산자
값2
수식
결과
10
+
-
*
/
^
%
5
=B6 + D6
=B6 - D6
-B6
=B6 * D6
=B6 / D6
=B6 ^ D6
=B6%
15
5
-10
50
2
100000
0.1

산술 연산자를 이용할 수 있는 데이터 형식

엑셀의 데이터 형식 중 텍스트 데이터를 제외한 모든 데이터는 산술 연산자를 이용해 계산할 수 있습니다. 텍스트 데이터 중에도 산술 연산자를 사용할 수 있는 형식이 하나 있는데, 바로 **텍스트형 숫자**입니다.

텍스트형 숫자는 숫자로 인식될 수 있지만, 텍스트 형식으로 구분된 데이터를 의미합니다. 이해를 돕기 위해 빈 셀에 다음과 같은 값을 순서대로 입력해보세요!

이름	구분
1000	숫자
'1000	텍스트형 숫자
1000원	텍스트

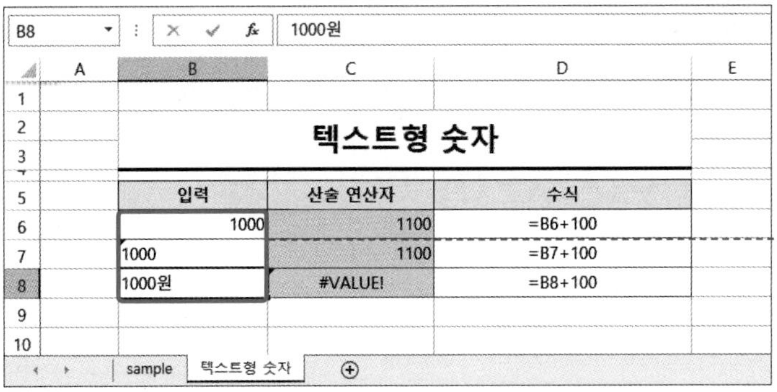

B8
1000원
텍스트형 숫자
입력
산술 연산자
수식
1000
1100
=B6+100
1000
1100
=B7+100
1000원
#VALUE!
=B8+100
sample
텍스트형 숫자

예제에서 [텍스트형 숫자] 시트의 [B6:B8] 범위를 입력해보세요!

더 알아보기 텍스트형 숫자 이해하기

[B6] 셀에 입력된 값이 숫자이고, [B8] 셀에 입력된 값은 텍스트값입니다. 숫자와 텍스트를 구분할 때 0~9, 마침표(.), 쉼표(,), 백분율(%), 통화 기호(₩, $) 등의 문자로만 입력하면 숫자이고, [B8] 셀에 입력된 '원'과 같이 숫자가 될 수 없는 문자가 섞이면 텍스트값이 됩니다.

[B7] 셀의 경우 작은따옴표(')를 먼저 입력하고 숫자 1000을 입력했습니다. 값을 입력하기 전에 작은따옴표(')를 먼저 입력하면 이후 입력하는 값으로 텍스트값으로 처리하라는 의미가 됩니다. 그러므로 작은따옴표(') 이후에 입력한 값은 숫자로 구분될 수 있는 문자도 엑셀에서는 텍스트값으로 분류하게 됩니다.

[C6:C7] 범위를 보면 숫자와 텍스트형 숫자는 제대로 연산이 되는데, [C8] 셀만 #VALUE! 에러가 반환되는 것을 확인할 수 있습니다. 그러므로 텍스트 형식 데이터라고 모두 계산이 불가능한 것은 아닙니다.

텍스트형 숫자는 작은따옴표(')를 이용하는 방법 말고도 엑셀의 특정 함수를 사용하면 숫자를 텍스트 형식의 데이터로 반환합니다. 예를 들면 LEFT, MID, RIGHT, SUBSTITUTE, TEXT 함수 등은 반환하는 값이 모두 텍스트형 숫자로, 산술 연산자를 이용해 모두 계산할 수 있습니다.

연산자

01 21

비교 연산자 이해와 활용

예제 파일 PART 01 \ CHAPTER 01 \ 비교 연산자.xlsx

비교 연산자

수식 내에서 두 개의 값을 비교할 때 사용하는 연산자가 **비교 연산자**입니다. 비교 연산자를 사용하면 **논릿값**(TRUE, FALSE)이 반환되는데, 이렇게 논릿값을 반환하는 수식을 **조건식**이라고 합니다. 엑셀에서는 조건식을 통해 데이터를 구분할 수 있고, 구분한 값을 원하는 데이터로 바꾸는 작업을 IF 함수로 처리할 수 있습니다.

비교 연산자는 다음과 같습니다.

비교 연산자	이름	설명
=	같음	연산자 왼쪽 값과 오른쪽 값이 같은지 판단합니다.
<>	같지 않음	연산자 왼쪽 값과 오른쪽 값이 다른지 판단합니다.
>	보다 큼	연산자 왼쪽 값이 오른쪽 값보다 큰지 판단합니다.
>=	크거나 같음	연산자 왼쪽 값이 오른쪽 값보다 크거나 같은지 판단합니다.
<	보다 작음	연산자 왼쪽 값이 오른쪽 값보다 작은지 판단합니다.
<=	작거나 같음	연산자 왼쪽 값이 오른쪽 값보다 작거나 같은지 판단합니다.

따라 하기

다음 따라 하기 과정을 통해 값을 비교하는 방법과 비교된 결과가 어떻게 반환되는지 확인합니다.

01 예제를 열고 [G6:G11] 범위에 [F6:F11] 범위의 계산식을 직접 입력해 결과를 확인합니다.

비교연산자

값1	비교 연산자	값2	수식	결과
10	=	5	=B6 = D6	
	<>		=B6 <> D6	
	>		=B6 > D6	
	>=		=B6 >= D6	
	<		=B6 < D6	
	<=		=B6 <= D6	

02 수식을 모두 입력하면 다음 화면과 같은 결과를 얻게 됩니다.

G11 =B6<=D6

비교연산자

값1	비교 연산자	값2	수식	결과
10	=	5	=B6 = D6	FALSE
	<>		=B6 <> D6	TRUE
	>		=B6 > D6	TRUE
	>=		=B6 >= D6	TRUE
	<		=B6 < D6	FALSE
	<=		=B6 <= D6	FALSE

연산자

01 22 참조 연산자 이해와 활용

예제 파일 PART 01 \ CHAPTER 01 \ 참조 연산자.xlsx

참조 연산자

수식 내에서 계산에 사용할 데이터를 다른 셀에서 가져올 때 사용하는 연산자가 **참조 연산자**입니다. 참조 연산자는 콜론(:)과 쉼표(,) 그리고 공백 문자(" ")가 제공됩니다. 자세한 설명은 다음 내용을 참고합니다.

참조 연산자	이름	설명
:	콜론	연속된 데이터 범위를 참조할 때 사용하며, [A1] 셀부터 [A100] 셀까지 참조할 때 **A1:A100**과 같이 사용합니다.
,	쉼표	떨어진 데이터 범위를 참조할 때 사용하며, [A1] 셀, [D1] 셀, [F1] 셀을 참조할 때는 **A1, D1, F1**과 같이 사용합니다.
" "	공백	두 데이터 범위의 교집합을 참조할 때 사용하며, **B1:B100 A5:C5**는 두 범위가 교차되는 [B5] 셀을 참조합니다.

참조 연산자를 잘못 사용하면 #VALUE!, #REF!, #NULL 등의 수식 에러가 발생할 수 있습니다.

콜론(:) 연산자

예제에서 서울 지역의 데이터 합계를 구합니다. 서울 지역 데이터는 [C6] 셀부터 [C9] 셀까지 입력되어 있으므로 하나씩 더하려면 **=SUM(C6,C7,C8,C9)**와 같이 수식을 입력해야 합니다. 그런데 [C6] 셀부터 [C9] 셀까지의 범위는 연속되어 있으므로 콜론(:) 참조 연산자를 사용하면 편리합니다.

```
=SUM(C6:C9)
```

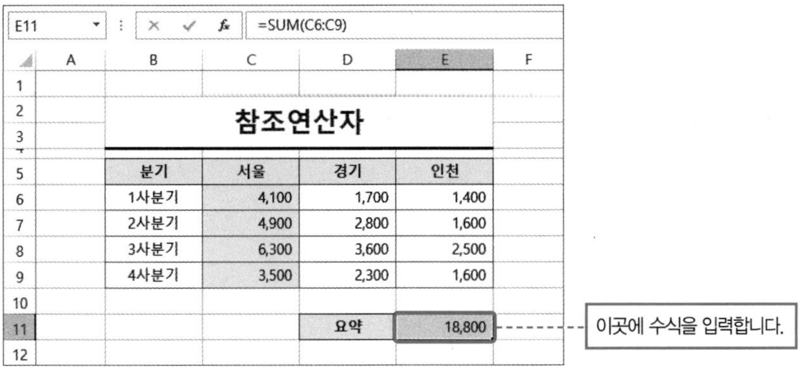

E11 =SUM(C6:C9)

	A	B	C	D	E	F
1						
2		참조연산자				
3						
5		분기	서울	경기	인천	
6		1사분기	4,100	1,700	1,400	
7		2사분기	4,900	2,800	1,600	
8		3사분기	6,300	3,600	2,500	
9		4사분기	3,500	2,300	1,600	
10						
11				요약	18,800	
12						

TIP [C6:C9] 범위의 배경색은 이해를 돕기 위해 표시한 것입니다.

쉼표(,) 연산자

서울과 인천 데이터의 합계를 구합니다. 각각의 데이터 범위는 연속되지만 두 범위를 한번에 참조하려면 쉼표(,) 연산자를 사용합니다. [E11] 셀에 다음 수식을 입력합니다.

```
=SUM(C6:C9, E6:E9)
```

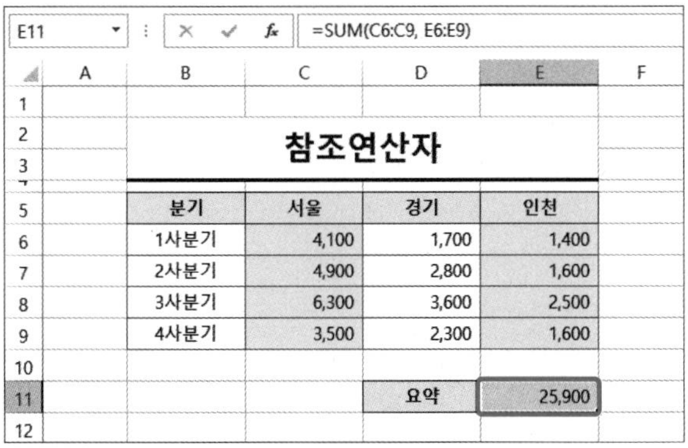

E11 =SUM(C6:C9, E6:E9)

	A	B	C	D	E	F
1						
2		참조연산자				
3						
5		분기	서울	경기	인천	
6		1사분기	4,100	1,700	1,400	
7		2사분기	4,900	2,800	1,600	
8		3사분기	6,300	3,600	2,500	
9		4사분기	3,500	2,300	1,600	
10						
11				요약	25,900	
12						

공백(" ") 연산자

경기 지역의 2사분기 실적을 참조하려면 **=D7** 수식을 사용할 수 있지만, 경기 지역 데이터 범위와 2사분기 데이터 범위를 공백 연산자(" ")를 사용해 참조할 수 있습니다. [E11] 셀에 아래 수식을 입력하면 [D7] 셀이 참조됩니다.

```
=SUM(C7:E7 D6:D9)
```

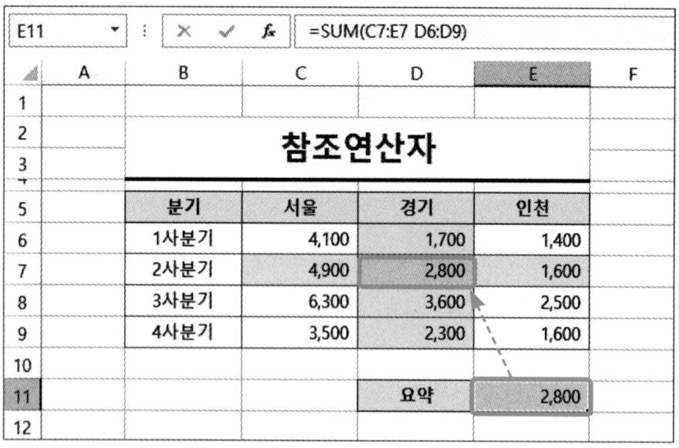

더 알아보기 공백 연산자를 이용한 참조와 SUM 함수의 차이

[C7:E7] 범위와 [D6:D9] 범위를 한 칸 띄어 입력하면 두 범위가 겹치는 교집합 범위가 참조됩니다. 즉 [D7] 셀이 참조됩니다. 그러므로 이번 수식은 **=SUM(D7)**와 동일합니다.

그런데 이번 수식에서는 SUM 함수를 사용하지 않아도 문제가 되지 않습니다.

```
=C7:E7 D6:D9
```

SUM 함수는 두 범위의 겹치는 부분에 셀이 여러 개 있을 경우에는 반드시 사용해야 하지만, 이번과 같이 셀이 하나만 겹칠 경우에는 사용하지 않아도 됩니다.

연산자

01 23

연산자 우선순위

예제 파일 PART 01 \ CHAPTER 01 \ 연산자 우선순위.xlsx

연산자 우선순위

엑셀에서 제공하는 연산자는 앞에서 설명한 산술, 비교, 참조 연산자 외에도 값을 연결할 때 사용하는 & 연산자가 제공됩니다. & 연산자에 대한 설명은 아래를 참고합니다.

연결 연산자	이름	설명
&	앰퍼샌드	연산자 왼쪽 값과 오른쪽 값을 붙여 반환합니다.

연산자는 수식 내에서 함께 사용되는 경우가 많고 수식 내에서 사용된 연산자는 우선순위에 따라 계산 순서가 구분됩니다. 어떤 연산자를 먼저 계산해야 하는지에 대한 순서가 **연산자 우선순위**입니다. 연산자 우선순위는 다음과 같은 순서로 계산됩니다.

참조 연산자 > 산술 연산자 > 연결 연산자 > 비교 연산자

각 연산자들도 종류가 다양하므로, 상세한 계산 순서는 다음을 참고합니다.

우선순위	소속	연산자	설명
1	참조	콜론(:)	–
2		공백(" ")	–
3		쉼표(,)	–
4	산술	음수(–)	–
5		백분율(%)	–
6		제곱(^)	–
7		곱셈(*), 나눗셈(/)	함께 사용될 경우 수식의 왼쪽부터 먼저 계산
8		덧셈(+), 뺄셈(–)	
9	연결	앰퍼샌드(&)	–
10	비교	=, >, >=, <, <=, <>	함께 사용될 경우 수식의 왼쪽부터 먼저 계산

만약 수식 내에서 연산자 우선순위와 상관없이 먼저 계산하고 싶은 부분이 있는 경우에는 괄호()를 이용해 묶어줍니다. 우선순위와 상관없이 먼저 계산됩니다.

따라 하기

연산자 우선순위에 따라 계산 결과는 달라질 수 있습니다. 연산자에 따라 어떤 순서로 수식이 계산되는지 간단한 수식을 통해 확인해보세요!

01 예제의 [F6:G6] 범위에 공급가와 부가세를 각각 계산합니다.

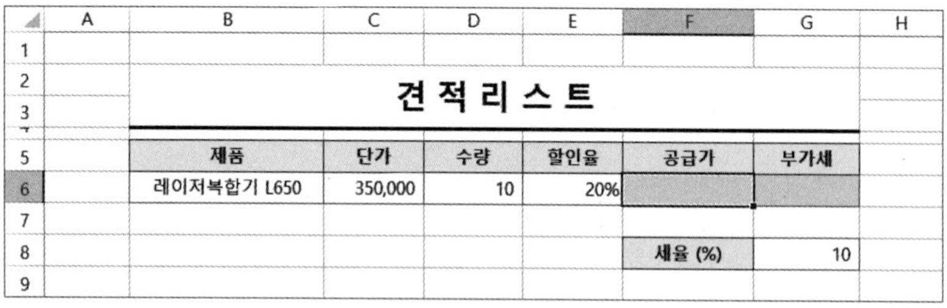

	A	B	C	D	E	F	G	H
1								
2		견 적 리 스 트						
3								
5		제품	단가	수량	할인율	공급가	부가세	
6		레이저복합기 L650	350,000	10	20%			
7								
8						세율 (%)	10	
9								

더 알아보기 공급가와 부가세 계산식 이해하기

공급가와 부가세는 다음과 같이 계산합니다.

- **공급가**
  공급가는 단가(C6)와 수량(D6)을 곱한 후 20% 할인(정상가의 80%)된 금액을 구해야 하므로 1(100%)에서 할인율(E6)을 뺀 값을 곱해 계산합니다.
- **부가세**
  부가세는 공급가에 세율(G8)을 곱해 계산합니다.

02 공급가를 계산하기 위해 [F6] 셀에 다음 수식을 입력합니다.

[F6] 셀 : =C6*D6*1–E6

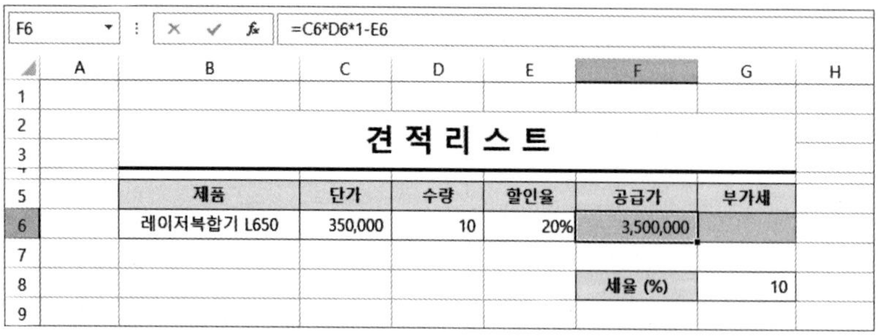

F6 =C6*D6*1-E6

	A	B	C	D	E	F	G	H
1								
2		견 적 리 스 트						
3								
5		제품	단가	수량	할인율	공급가	부가세	
6		레이저복합기 L650	350,000	10	20%	3,500,000		
7								
8						세율 (%)	10	
9								

더 알아보기 수식 이해하기

[F6] 셀에 계산된 결과는 단가(C6)와 수량(D6)을 곱한 결과와 동일해 보입니다. 결과만 보면 할인율(E6)을 적용하는 부분이 수식 내에 포함되지 않은 것처럼 보이지만, [F6] 셀의 수식 자체는 문제가 없습니다.

이런 결과가 반환된 이유는 연산자 우선순위 때문입니다. 수식은 왼쪽부터 순서대로 계산되고 수식 내에서 사용된 곱셈(*)과 뺄셈 연산자(-)는 연산자 우선순위에 의해 곱셈 연산자가 먼저 계산됩니다. 즉, 이번 수식은 다음 순서로 계산되어 결과가 잘못 반환된 것입니다.

계산 순서		설명
❶	C6*D6	곱셈 연산자(*)가 두 번 사용됐으므로 왼쪽부터 순서대로 계산합니다. 제일 먼저 단가와 수량이 곱해집니다.
❷	❶*1	두 번째 곱셈 연산이 진행되어 ❶ 결과에 1이 곱해집니다.
❸	❷ – E6	마지막으로 뺄셈 연산이 진행되어 ❷ 결과에서 할인율을 뺍니다.

위 설명으로 이번 수식이 단가와 수량을 곱한 350만 원에 1을 곱한 후 할인율(20%)을 뺀 결과라는 것을 이해할 수 있습니다. 즉, [F6] 셀의 결과는 정확하게 **3500000–20%(0.2)**의 결과인 34999998입니다. 다만 [F6] 셀에 쉼표 스타일(,)이 적용되어 소수점 이하 값은 표시되지 않으면서 화면에는 3500000이 표시된 것입니다.

그러므로 올바른 결과를 얻기 위해서는 1에서 할인율을 빼는 부분이 먼저 계산되도록 수식을 수정해야 합니다.

03 [F6] 셀의 수식을 다음으로 수정합니다.

[F6] 셀 : =C6*D6*(1–E6)

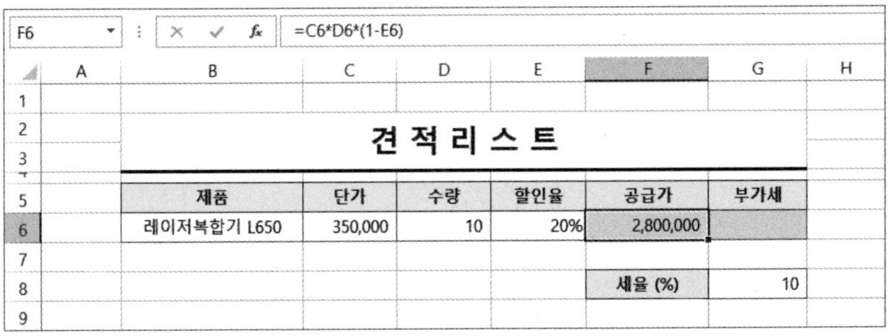

더 알아보기 수식 이해하기

이번 수식이 **02** 과정의 수식과 다른 점은 1에서 할인율을 빼는 부분을 괄호로 묶어 해당 부분이 제일 먼저 계산되도록 한 것입니다. 이번 수식의 계산 순서는 다음과 같습니다.

계산 순서		설명
❶	(1–E6)	괄호 안의 계산식을 제일 먼저 계산해 1(100%)에서 할인율을 뺍니다.
❷	C6*D6	첫 번째 곱셈 연산자 부분인 단가와 수량을 곱합니다.
❸	❷*❶	두 번째 곱셈 연산자 부분인 ❷의 결과와 ❶의 결과를 서로 곱합니다.

위의 순서로 계산되면 공급가가 제대로 반환됩니다. 따라서 수식을 작성할 때는 우선 계산되어야 하는 부분을 괄호로 묶어줘야 합니다.

04 마지막으로 부가세를 계산합니다. [G6] 셀을 선택하고 다음 수식을 입력합니다.

[G6] 셀 : =F6*G8%

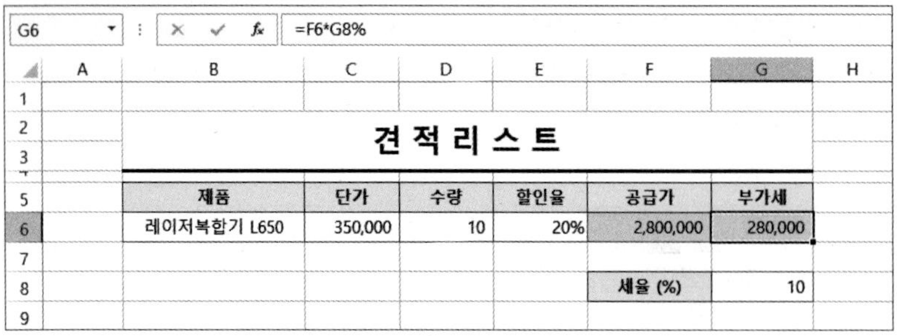
G6
=F6*G8%
견 적 리 스 트
제품
단가
수량
할인율
공급가
부가세
레이저복합기 L650
350,000
10
20%
2,800,000
280,000
세율 (%)
10

더 알아보기 **수식 이해하기**

이번 수식은 곱셈 연산자(*)와 백분율 연산자(%)가 동시에 사용됐습니다. 계산 순서는 다음과 같습니다.

계산 순서		설명
❶	G8%	백분율 연산자(%)가 곱셈 연산자(*)보다 우선순위가 높으므로 먼저 계산
❷	F6*❶	곱셈 연산자(*) 부분 계산

위의 순서로 부가세가 제대로 계산됩니다.

CHAPTER 02

수식 사용에 도움되는 엑셀 기능

엑셀에서 수식을 사용하다 보면 다양한 상황을 만납니다. 간단한 문제든 복잡한 문제든 상황을 해결하는 데 도움되는 엑셀 기능이 존재합니다. CHAPTER 02에서는 수식 사용에 도움되는 다음 기능들에 대해 소개합니다.

- 필요한 함수를 찾는 방법
- 함수를 쉽게 구성하는 방법
- 수식 보호 방법
- 이름 정의를 이용해 수식을 쉽게 작성하는 방법
- 엑셀 표를 활용해 동적 범위 참조를 쉽게 하는 방법

함수 마법사

02 01 함수 마법사 활용 방법 이해하기

예제 파일 없음

함수의 이해

함수는 사용자가 자주 사용하는 계산식을 쉽게 만들 수 있도록 엑셀에 내장되어 있는 계산식입니다. 함수를 잘 활용하면 원하는 계산 결과를 쉽게 돌려받을 수 있습니다.

함수는 내장된 계산 작업에 필요한 값을 사용자에게 전달받아 동작합니다. 이때 사용자가 함수에 전달해주는 값을 **인수**라고 합니다.

함수 마법사 사용 방법

함수는 엑셀 버전이 올라갈 때마다 계속해서 추가되고 있어 사용자가 원하는 함수가 제공되고 있는지 찾기가 쉽지 않습니다. 그래서 엑셀은 함수를 찾고 구성할 때 사용할 수 있는 **함수 마법사**를 제공합니다.

수식을 작성할 때 필요한 함수가 제공되는지 찾고 싶다면 ❶ 수식을 입력할 셀을 선택하고 ❷ 수식 입력줄 좌측의 [함수 삽입 fx]을 클릭하거나 Shift + F3 단축키를 누릅니다. ❸ [함수 마법사] 대화상자의 구성은 다음과 같습니다.

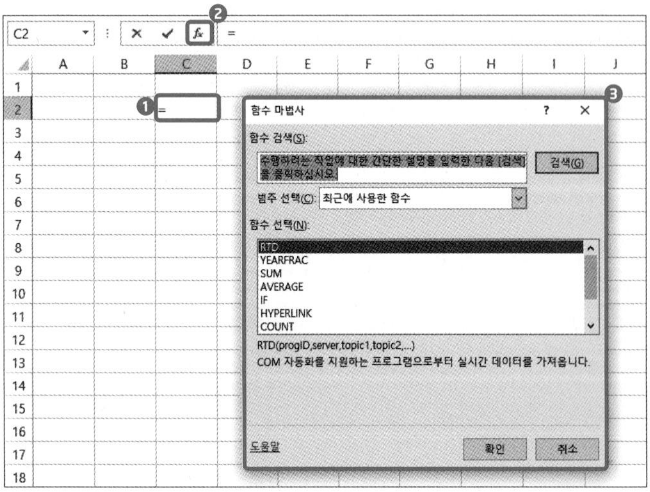

함수 검색 방법 [1] – 키워드 검색

[함수 마법사] 대화상자에서 ❶ [함수 검색]에 원하는 키워드를 입력하고 Enter 를 누르거나 [검색]을 클릭하면 ❷ [함수 선택]에 검색된 함수가 표시됩니다. ❸ 함수를 하나씩 선택하면 하단에 선택한 함수에 대한 약식 도움말이 간단하게 표시됩니다.

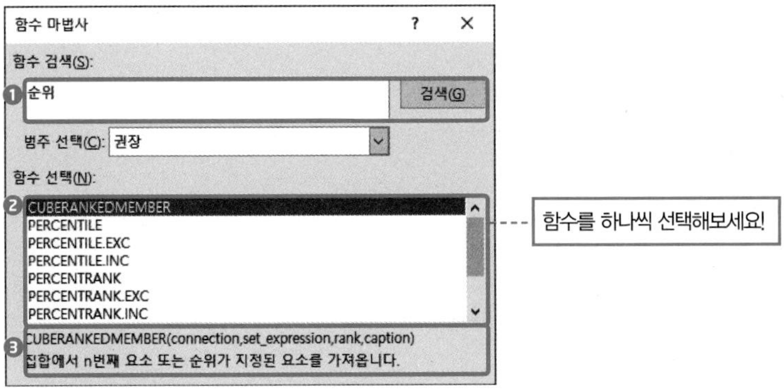

함수 마법사를 잘 활용하려면 다양한 키워드로 검색해보고 어떤 함수가 반환되는지 확인하는 것이 중요합니다. 정확한 용어를 사용할수록 원하는 검색 결과를 얻을 확률이 높아집니다.

함수 검색 방법 [2] – 카테고리 분류

검색으로 원하는 함수를 찾지 못했다면 엑셀의 함수 카테고리에서 함수 분류를 선택할 수 있습니다. [범주 선택]의 더 보기 ▾를 클릭하면 다양한 카테고리를 확인할 수 있습니다.

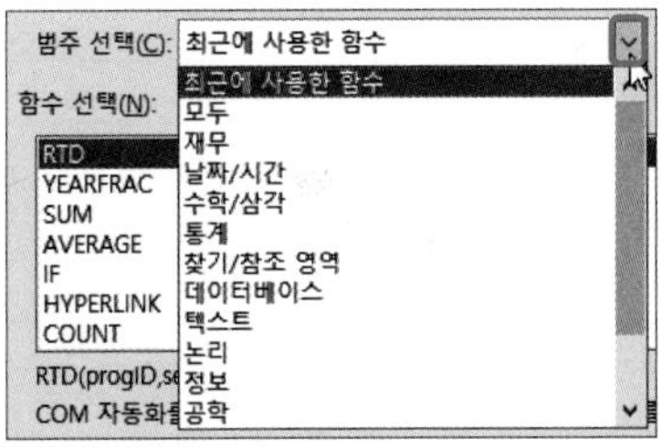

[범주 선택] 목록에 표시되는 항목은 다음과 같으며, 범주를 선택하면 [함수 선택] 목록에 선택된 범주 내 함수가 표시됩니다.

- **최근에 사용한 함수**

  최근에 [함수 마법사]에서 선택한 함수가 [함수 선택] 목록에 표시됩니다.

- **모두**

  엑셀에서 제공하는 모든 함수가 [함수 선택] 목록에 표시됩니다.

- **재무**

  순현재가치를 계산하는 NPV 함수와 같이 재무 계산과 관련한 함수가 표시됩니다.

- **날짜/시간**

  오늘 날짜를 반환하는 TODAY 함수와 같이 날짜, 시간과 관련한 함수가 표시됩니다.

● **수학/삼각**

합계나 반올림 값을 반환하는 SUM, ROUND 함수와 같이 계산 관련 함수가 표시됩니다.

● **통계**

COUNT, AVERAGE, MAX, MIN, RANK 함수와 같은 통계 관련 함수가 표시됩니다.

● **찾기/참조 영역**

VLOOKUP, INDEX, MATCH 함수와 같은 참조 관련 함수가 표시됩니다.

● **데이터베이스**

DGET, DCOUNT, DSUM 함수와 같은 데이터베이스 관련 함수가 표시됩니다.

● **텍스트**

LEFT, MID, RIGHT, FIND 함수와 같은 텍스트 관련 함수가 표시됩니다.

● **논리**

IF, IFERROR 함수와 같이 판단 결과를 반환하는 함수가 표시됩니다.

● **정보**

ISERROR, CELL 함수와 같이 셀 정보를 반환하는 함수가 표시됩니다.

함수 구성 방법

[함수 선택] 목록에 표시된 함수 중 하나를 선택해 [확인]을 클릭하면 [함수 인수] 대화상자가 표시됩니다. 다음은 IF 함수를 선택했을 때 표시되는 [함수 인수] 대화상자입니다.

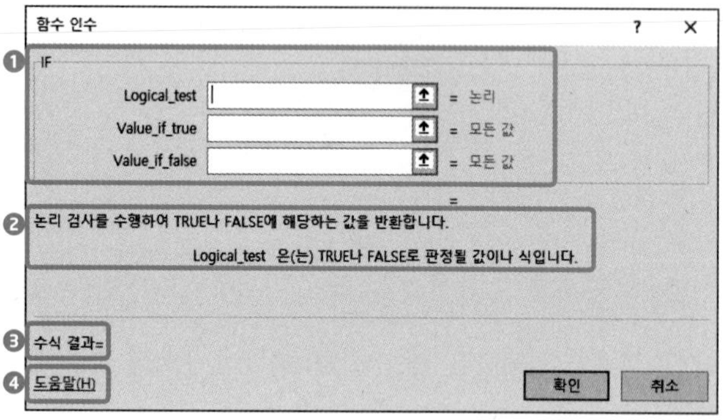

[함수 인수] 대화상자는 다음과 같은 네 개 영역으로 구성됩니다.

❶ **함수 인수 영역** : 함수를 구성하는 인수를 하나씩 직접 입력하는 영역입니다. 선택한 인수 항목에 관한 도움말이 ❷에 표시됩니다. 위 화면에서는 [Logical_test] 인수의 입력상자에 커서가 있으므로 ❷의 두 번째 줄에 [Logical_test] 인수에 대한 도움말이 표시됩니다.

❷ **도움말 영역** : 함수 전체 및 함수 인수에 대한 도움말을 표시합니다.

❸ **수식 결과 영역** : 함수의 계산 결과로 반환될 결괏값을 표시합니다.

❹ **도움말** : 함수의 자세한 사용 방법을 확인할 수 있는 도움말로 연결된 하이퍼링크를 제공합니다.

❶ [A1] 셀과 [B1] 셀의 데이터가 동일한지 묻는 방식으로 함수를 다음과 같이 구성하면 ❷ [수식 결과] 영역에 계산된 결과가 미리 표시됩니다.

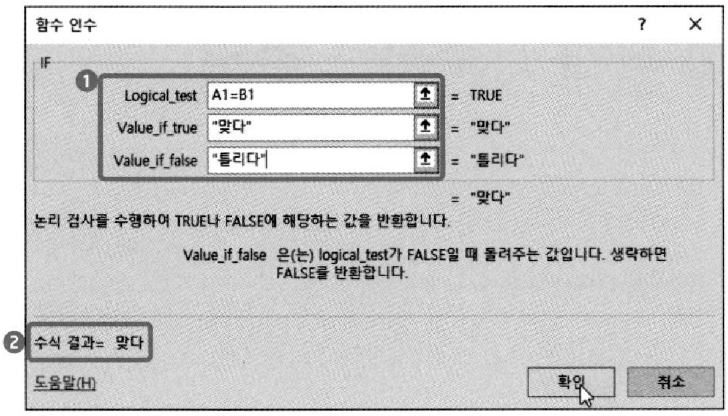

[확인]을 클릭하면 구성된 함수식이 선택했던 셀에 바로 입력됩니다.

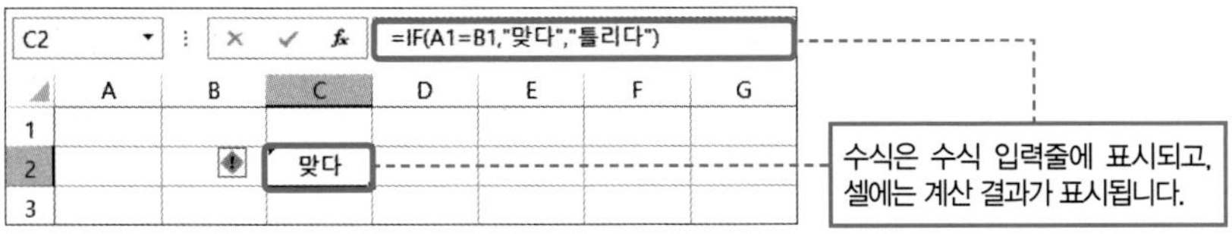

함수 마법사

02 02 함수를 쉽게 사용하는 방법

예제 파일 없음

함수 목록 및 함수의 풍선 도움말로 인수 파악

함수 마법사 기능을 이용하는 방법은 편리하지만 함수를 검색하여 사용해야 합니다. 따라서 이미 알고 있는 함수를 사용하고 싶은 경우에는 불편할 수 있습니다. 사용할 함수를 알고 있다면 함수 마법사 기능보다 수식 내에서 함수를 바로 사용하는 방법이 더 편리합니다.

빈 셀에 등호(=)와 함께 원하는 함수명을 입력하면 해당 이름으로 시작하는 모든 함수를 함수 목록에 표시해줍니다.

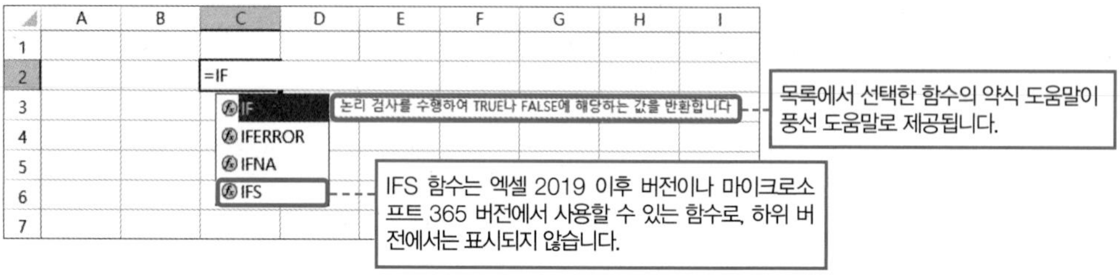

이때 함수 목록에서 방향키를 이용해 함수를 골라 Tab 을 누르면 수식 내 함수명이 바로 입력됩니다. 이렇게 함수를 골라 입력하면 함수명을 잘못 입력해 #NAME? 에러가 발생하는 빈도를 줄일 수 있습니다.

함수가 수식에 입력되면 풍선 도움말로 함수의 영어 인수가 표시됩니다.

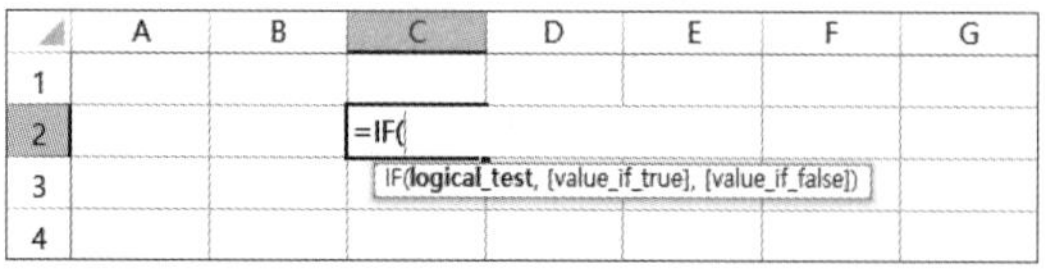

풍선 도움말에는 함수의 인수명이 영어로 표시됩니다. 인수 중 대괄호([])로 묶인 인수는 생략할 수 있다는 의미이며, 대괄호가 없는 인수는 반드시 입력해야 합니다.

풍선 도움말에서 IF 함수의 두 번째 인수 [value_if_true]와 세 번째 인수 [value_if_false]를 모두 생략할 수 있다고 표시하지만, 막상 모두 생략하면 에러가 발생합니다. IF 함수의 두 번째, 세 번째 인수를 모두 생략하려면 **=IF(A1=B1,)** 같이 첫 번째 인수 뒤의 쉼표(,)까지는 입력해야 합니다. 이 경우 조건식이 맞으면 0, 틀리면 FALSE가 반환됩니다.

함수 인수 대화상자 호출

만약 수식 내에서 함수를 바로 구성하는 것이 어렵다면 함수의 괄호를 연 다음 바로 단축키 Ctrl+A를 누르거나 수식 입력줄 좌측의 [함수 삽입 fx]을 클릭합니다. 해당 함수의 [함수 인수] 대화상자가 바로 표시됩니다.

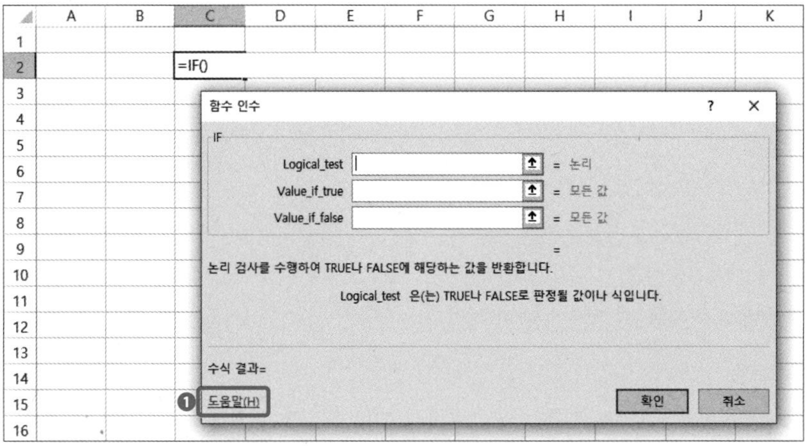

함수 도움말

[함수 인수] 대화상자를 통해서도 함수 구성이 어렵다면 위쪽 이미지 [함수 인수] 대화상자의 좌측 하단에서 ❶ [도움말] 하이퍼링크를 클릭합니다.

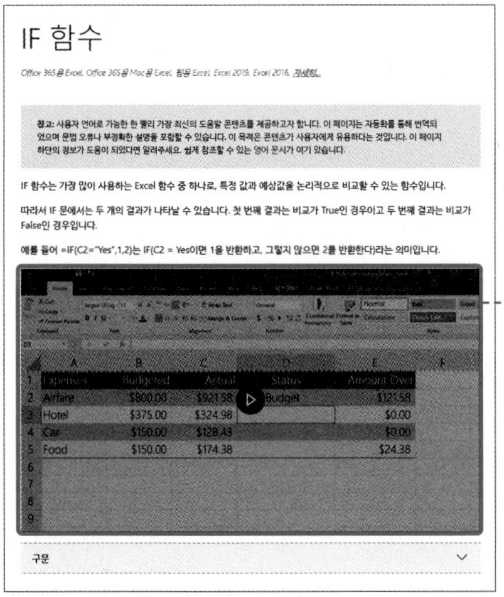

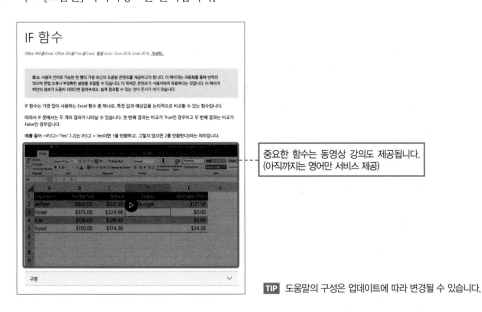

중요한 함수는 동영상 강의도 제공됩니다.
(아직까지는 영어만 서비스 제공)

TIP 도움말의 구성은 업데이트에 따라 변경될 수 있습니다.

함수 도움말은 풍선 도움말의 함수명 부분을 클릭해도 바로 표시됩니다.

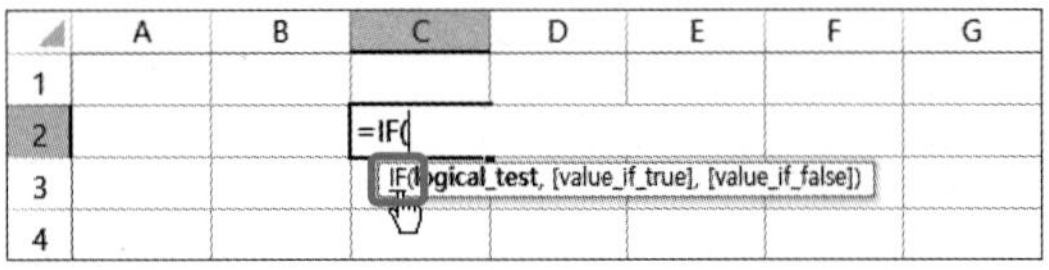
A B C D E F G
1
2 =IF(
3 IF(logical_test, [value_if_true], [value_if_false])
4

도움말을 보면 함수 구성에 필요한 거의 모든 정보를 확인할 수 있습니다. 또한 도움말 하단에는 화면과 같은 함수 구성 예제가 포함되어 있으므로 함수 구성에 익숙하지 않은 사용자가 도움을 얻을 수 있습니다.

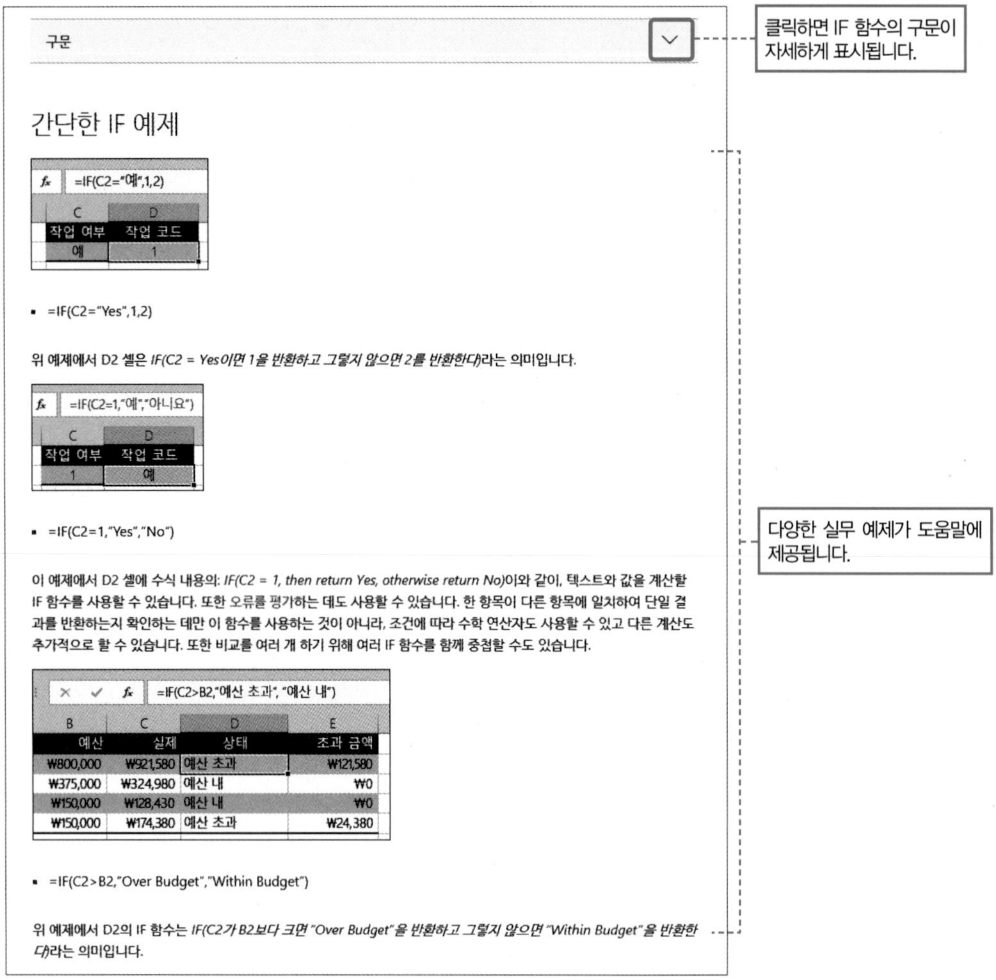
클릭하면 IF 함수의 구문이 자세하게 표시됩니다.
다양한 실무 예제가 도움말에 제공됩니다.

구문

간단한 IF 예제

=IF(C2="예",1,2)

C	D
작업 여부	작업 코드
예	1

- =IF(C2="Yes",1,2)

위 예제에서 D2 셀은 *IF(C2 = Yes이면 1을 반환하고 그렇지 않으면 2를 반환한다)*라는 의미입니다.

=IF(C2=1,"예","아니요")

C	D
작업 여부	작업 코드
1	예

- =IF(C2=1,"Yes","No")

이 예제에서 D2 셀에 수식 내용의: *IF(C2 = 1, then return Yes, otherwise return No)*이와 같이, 텍스트와 값을 계산할 IF 함수를 사용할 수 있습니다. 또한 오류를 평가하는 데도 사용할 수 있습니다. 한 항목이 다른 항목에 일치하여 단일 결과를 반환하는지 확인하는 데만 이 함수를 사용하는 것이 아니라, 조건에 따라 수학 연산자도 사용할 수 있고 다른 계산도 추가적으로 할 수 있습니다. 또한 비교를 여러 개 하기 위해 여러 IF 함수를 함께 중첩할 수도 있습니다.

=IF(C2>B2,"예산 초과", "예산 내")

B	C	D	E
예산	실제	상태	초과 금액
₩800,000	₩921,580	예산 초과	₩121,580
₩375,000	₩324,980	예산 내	₩0
₩150,000	₩128,430	예산 내	₩0
₩150,000	₩174,380	예산 초과	₩24,380

- =IF(C2>B2,"Over Budget","Within Budget")

위 예제에서 D2의 IF 함수는 *IF(C2가 B2보다 크면 "Over Budget"을 반환하고 그렇지 않으면 "Within Budget"을 반환한다)*라는 의미입니다.

수식 입력줄

02 03 수식 입력줄 사용 방법 이해하기

예제 파일 없음

수식을 입력할 때 셀과 수식 입력줄의 차이

셀에 수식을 입력할 경우 셀의 열 너비보다 수식이 길면 인접한 셀 위에 수식이 표시되므로 왼쪽이나 오른쪽 셀의 데이터를 확인할 수 없습니다. 다음 화면은 [B2] 셀에 직접 수식을 입력한 화면입니다. [B2] 셀의 수식이 길어 [C2], [D2] 셀 위까지 해당 수식이 표시됩니다.

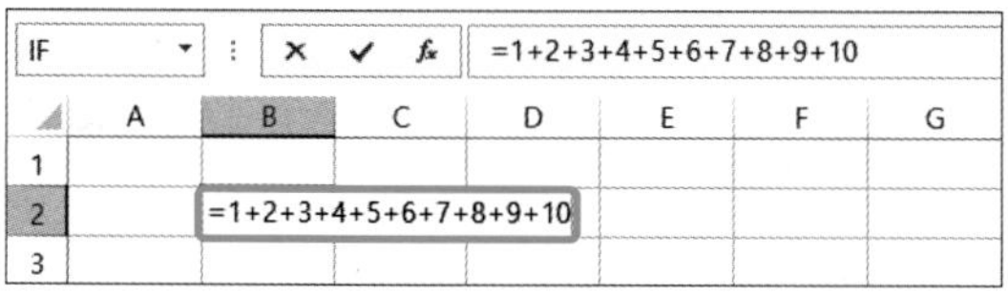

반면 수식 입력줄에 수식을 입력하면 수식이 셀의 열 너비를 넘어 표시되지 않아 주변 셀의 데이터를 확인하기 쉽습니다.

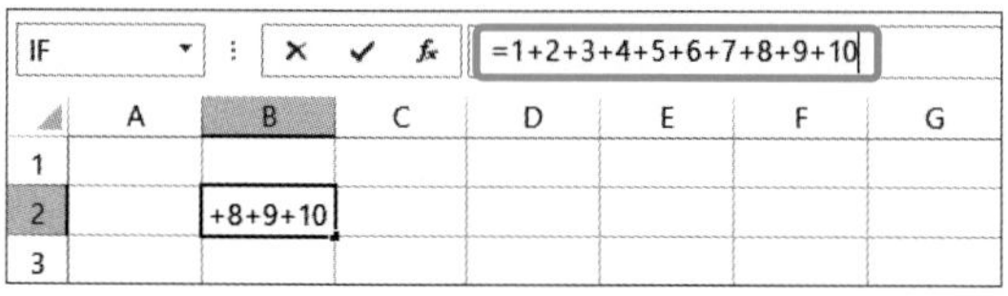

주변 데이터를 확인할 필요가 없다면 셀에 직접 수식을 입력해도 되지만 주변 셀의 데이터를 확인하거나 참조해야 한다면 수식 입력줄에 수식을 입력하는 것이 좋습니다.

수식 입력줄의 확장

수식은 길어질수록 이해하기가 어렵습니다. 그러므로 긴 수식을 작성할 때는 수식 입력줄을 확장해 사용하는 것이 편리합니다. 수식 입력줄을 넓게 표시하려면 수식 입력줄 오른쪽의 확장⌄을 클릭하거나 단축키 Ctrl + Shift + U를 누릅니다.

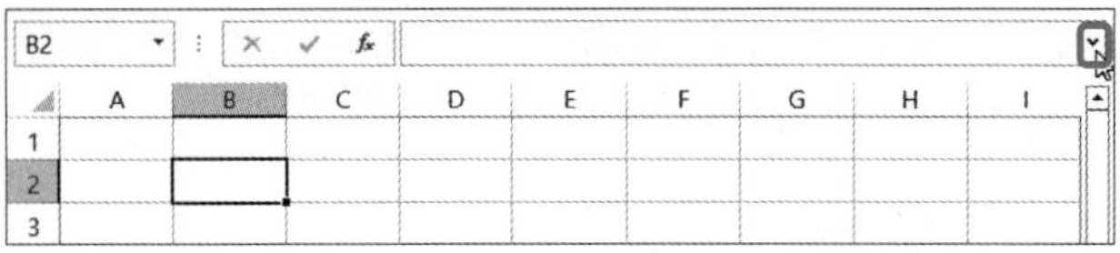

그러면 다음과 같이 수식 입력줄이 넓게 표시됩니다.

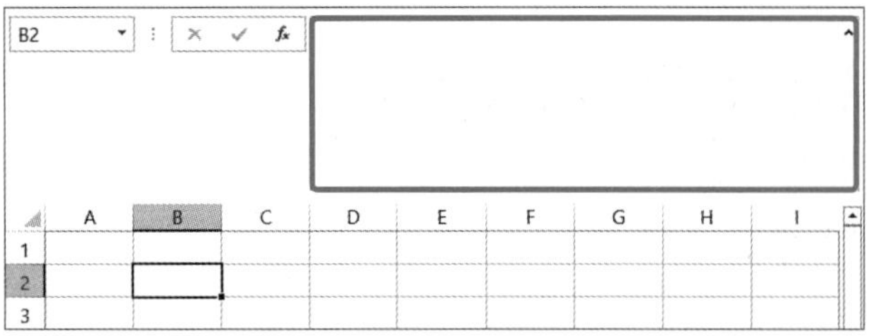

수식 입력줄의 크기를 가변적으로 조정할 수 있습니다. 수식 입력줄의 하단 테두리 영역에 마우스 포인터를 가져다 놓고 마우스 포인터가 아래와 같이 바뀌면 위나 아래 방향으로 드래그합니다.

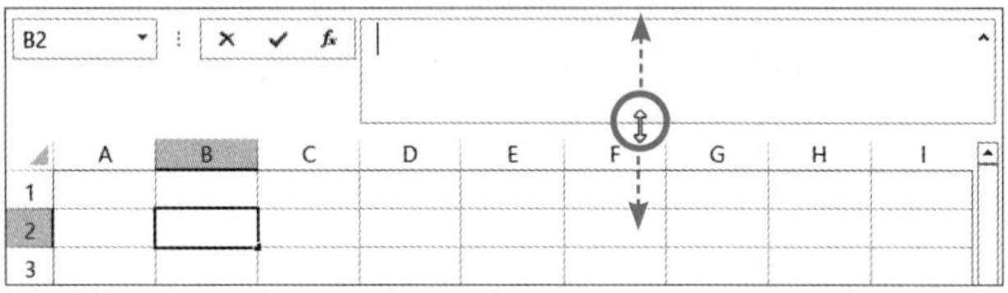

다시 한 줄로 돌아가려면 단축키 Ctrl + Shift + U 를 누르거나 수식 입력줄 우측 상단의 축소[^]를 클릭합니다.

수식을 여러 줄에 나눠 입력하기

수식 한 줄에 함수를 여러 개 중첩하여 입력한다면 수식이 잘 이해되지 않습니다. 그러므로 긴 수식은 여러 줄로 입력하면 수식을 이해하는 데 도움이 됩니다. 셀에서 줄을 바꿀 때 사용하는 단축키인 Alt + Enter 를 수식 입력줄에서 그대로 사용할 수 있습니다.

다음은 수식 입력줄에서 Alt + Enter 와 Spacebar 를 이용해 수식을 이해하기 쉽게 입력한 화면입니다.

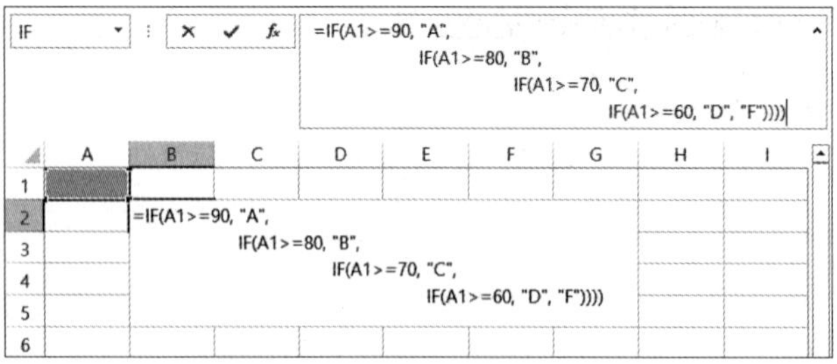

수식 입력줄

02 04

수식 입력줄로 이동하는 단축키 설정 방법

예제 파일 없음

단축키 설정

셀을 선택하고 F2를 누르면 셀에 입력된 데이터나 수식을 편집할 수 있는 상태가 됩니다. 마우스로 셀을 더블클릭해도 동일한 결과를 얻을 수 있습니다.

셀에 수식을 직접 입력하는 것보다 수식 입력줄을 이용하는 것이 더 편리합니다. 하지만 수식 입력줄을 이용해 수식을 입력하려면 먼저 셀을 선택하고 수식 입력줄을 다시 클릭한 후 수식을 입력하는 세 단계를 거쳐 작업해야 하기 때문에 수식 입력줄을 잘 이용하지 않게 됩니다. 특히 수식 입력줄을 클릭하는 동작은 키보드로만 작업을 하려는 사용자에게는 매우 불편할 수 있습니다.

엑셀에서 수식 입력줄로 바로 이동할 수 있는 단축키가 제공되는지 궁금해하는 사용자가 많은데, 아쉽게도 단축키는 제공되지 않습니다. 하지만 F2를 누르면 셀 내에서 편집하지 않고 수식 입력줄로 바로 이동할 수 있도록 설정할 수 있습니다.

설정 방법은 다음 과정을 참고합니다.

01 리본 메뉴의 [파일] 탭–[옵션]을 클릭해 [Excel 옵션] 대화상자를 호출합니다.

02 ❶ [Excel 옵션] 대화상자의 [고급]을 선택합니다. ❷ [편집 옵션]에서 [셀에서 직접 편집 허용]의 체크를 해제하고 [확인]을 클릭합니다.

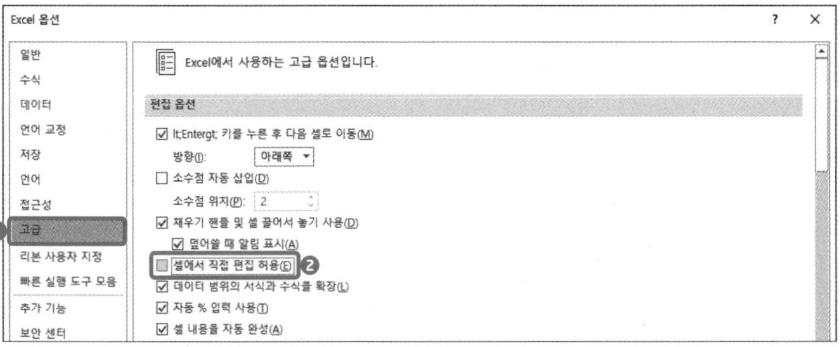

이와 같은 방법으로 엑셀 옵션을 변경하면 셀에서 F2 를 눌렀을 때 셀이 편집 모드로 변경되지 않고 바로 수식 입력줄로 이동합니다.

TIP 주의 사항

[셀에서 직접 편집 허용] 옵션을 해제하면 셀에서 직접 값을 입력하거나 수정하는 등의 작업을 할 수 없고 항상 수식 입력줄을 이용해야 합니다. 그러므로 수식 입력줄 사용이 빈번한 사용자에게 이런 방법은 권장할 만하지만, 셀과 수식 입력줄 양쪽에서 데이터와 수식을 편집하려는 사용자에게는 불편할 수 있습니다. 그러므로 이 방법을 사용해보다가 불편하면 다시 [셀에서 직접 편집 허용]을 체크해 사용하는 것이 좋습니다.

참조 모드와 이동 모드

셀에 수식이 입력되어 있을 때 셀에서 F2 를 누르면 수식을 편집할 수 있는 편집 모드가 됩니다. 수식을 편집하고 있을 때 F2 를 누르면 참조 모드와 수식 내 문자를 이동하는 모드로 각각 전환됩니다. 예를 들어 셀에서 수식을 편집하고 있을 때 방향키(↑ ↓ ← →)를 누르면 기본적으로 해당 방향의 셀을 참조합니다.

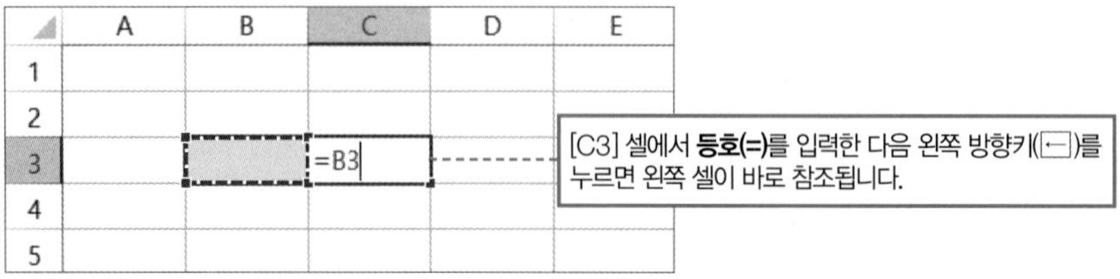
A
B
C
D
E
1
2
3
4
5
=B3
[C3] 셀에서 **등호(=)**를 입력한 다음 왼쪽 방향키(←)를 누르면 왼쪽 셀이 바로 참조됩니다.

편집 모드에서 F2 를 누르고 방향키(↑ ↓ ← →)를 누르면 수식 내 다른 문자 위치로 이동하게 됩니다.

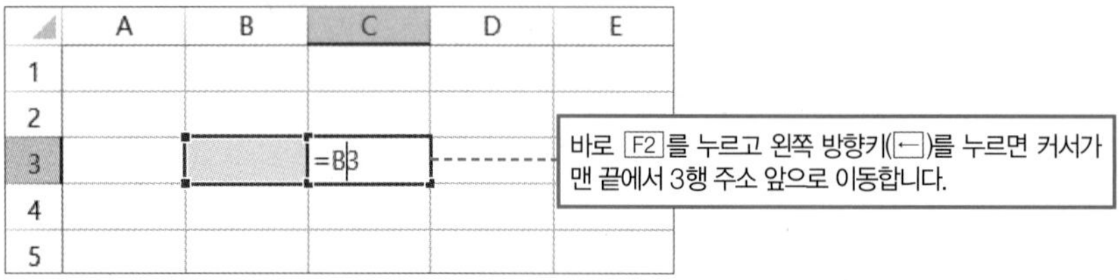
A
B
C
D
E
1
2
3
4
5
=B3
바로 F2 를 누르고 왼쪽 방향키(←)를 누르면 커서가 맨 끝에서 3행 주소 앞으로 이동합니다.

다시 F2 를 누르면 참조 모드로 변경됩니다.

자동 채우기

02 05 수식을 다양한 방법으로 복사해 사용하기

예제 파일 PART 01 \ CHAPTER 02 \ 수식 복사.xlsx

연속된 범위에 복사

입력한 수식을 복사해 사용할 때 가장 흔하게 사용하는 방법이 자동 채우기 기능입니다. 자동 채우기 기능은 [A1:A100]과 같은 연속된 범위로 수식을 복사할 때 사용합니다.

01 예제의 파일에서 점심시간(1시간)을 뺀 근무시간을 계산합니다.

	A	B	C	D	E	F	G	H	I	J	K
1											
2		직원 근태 관리 대장									
3											
5		이름	출근	퇴근	근무시간		이름	출근	퇴근	근무시간	
6		최현우	8:49 AM	6:30 PM			강경식	8:36 AM	6:31 PM		
7		박대길	8:43 AM	7:10 PM			박대길	8:17 AM	6:24 PM		
8		신재성	8:36 AM	6:40 PM			이대욱	8:45 AM	6:18 PM		
9		이광수	8:33 AM	6:38 PM			정영진	8:19 AM	6:32 PM		
10		박정우	8:55 AM	6:20 PM			강현수	8:35 AM	6:09 PM		
11		박상훈	8:25 AM	6:31 PM			최한기	8:24 AM	6:38 PM		
12		김철희	8:14 AM	6:34 PM							
13		성현아	8:31 AM	6:00 PM							
14											

02 [E6] 셀에 다음 수식을 입력합니다.

[E6] 셀 : =D6–C6–(1/24)

03 [E6] 셀의 수식을 아래로 복사하기 위해 [E6] 셀의 채우기 핸들⊞을 [E13] 셀까지 드래그합니다.

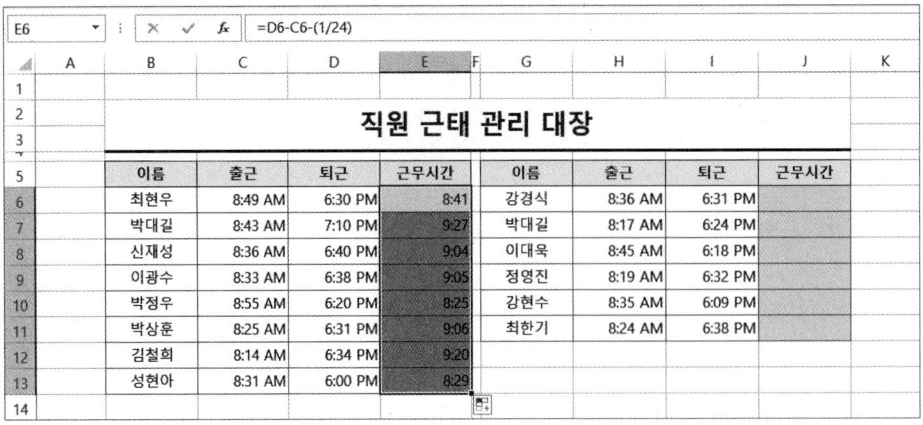
E6 | =D6-C6-(1/24)

직원 근태 관리 대장

이름	출근	퇴근	근무시간	이름	출근	퇴근	근무시간
최현우	8:49 AM	6:30 PM	8:41	강경식	8:36 AM	6:31 PM	
박대길	8:43 AM	7:10 PM	9:27	박대길	8:17 AM	6:24 PM	
신재성	8:36 AM	6:40 PM	9:04	이대욱	8:45 AM	6:18 PM	
이광수	8:33 AM	6:38 PM	9:05	정영진	8:19 AM	6:32 PM	
박정우	8:55 AM	6:20 PM	8:25	강현수	8:35 AM	6:09 PM	
박상훈	8:25 AM	6:31 PM	9:06	최한기	8:24 AM	6:38 PM	
김철희	8:14 AM	6:34 PM	9:20				
성현아	8:31 AM	6:00 PM	8:29				

TIP 채우기 핸들⊞을 더블클릭하면 엑셀이 데이터가 입력된 범위를 자동으로 인식해 수식을 복사해줍니다.

떨어진 범위에 복사

연속된 범위가 아닌 떨어진 범위에 수식을 복사해 사용하려면 두 표의 데이터 위치가 동일해야 합니다. 아래 과정을 참고해 작업합니다.

01 J열도 E열과 동일한 방법으로 근무시간을 계산합니다.

02 E열에서 근무시간을 계산할 셀 중 하나(예제에서는 [E6] 셀)를 선택하고 복사(Ctrl + C)합니다.

03 [J6:J11] 범위를 선택하고 붙여넣기(Ctrl + V)합니다.

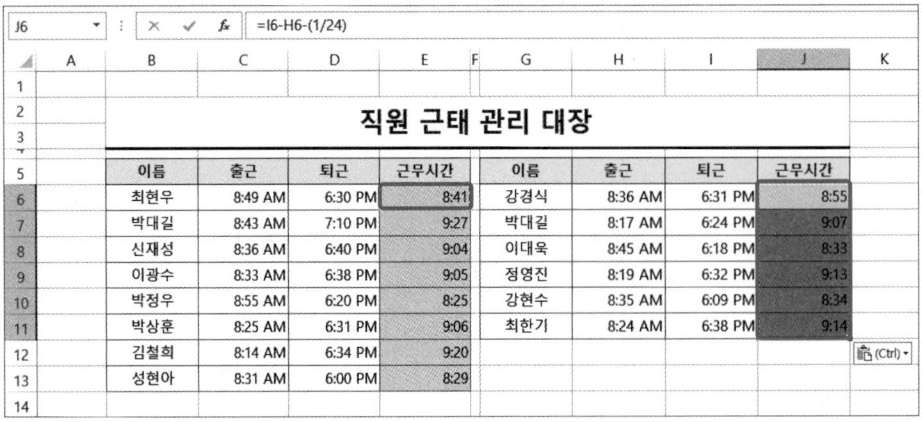
J6 | =I6-H6-(1/24)

직원 근태 관리 대장

이름	출근	퇴근	근무시간	이름	출근	퇴근	근무시간
최현우	8:49 AM	6:30 PM	8:41	강경식	8:36 AM	6:31 PM	8:55
박대길	8:43 AM	7:10 PM	9:27	박대길	8:17 AM	6:24 PM	9:07
신재성	8:36 AM	6:40 PM	9:04	이대욱	8:45 AM	6:18 PM	8:33
이광수	8:33 AM	6:38 PM	9:05	정영진	8:19 AM	6:32 PM	9:13
박정우	8:55 AM	6:20 PM	8:25	강현수	8:35 AM	6:09 PM	8:34
박상훈	8:25 AM	6:31 PM	9:06	최한기	8:24 AM	6:38 PM	9:14
김철희	8:14 AM	6:34 PM	9:20				
성현아	8:31 AM	6:00 PM	8:29				

이번 예제의 경우 왼쪽과 오른쪽 표 모두 근무시간을 계산한 열의 왼쪽에 출근, 퇴근시간이 순서대로 입력되어 있습니다. 그러므로 위치가 떨어져 있어도 복사/붙여넣기 방법을 이용해 수식을 복사할 수 있습니다.

동적 배열을 이용 - 마이크로소프트 365 버전 이상

마이크로소프트 365 버전의 경우 동적 배열을 이용할 수 있습니다. 동적 배열에 대한 자세한 설명은 **PART 03**을 참고합니다. 간단하게 설명하면 엑셀의 수식은 보통 하나의 값만 반환하는데, 마이크로소프트 365 버전부터는 여러 개의 값을 반환하는 수식을 작성할 수 있습니다.

마이크로소프트 365 버전 사용자라면 이전 동작을 실행 취소(Ctrl + Z)한 후 [E6] 셀에 다음 수식을 입력합니다.

[E6] 셀 : =D6:D13–C6:C13–(1/24)

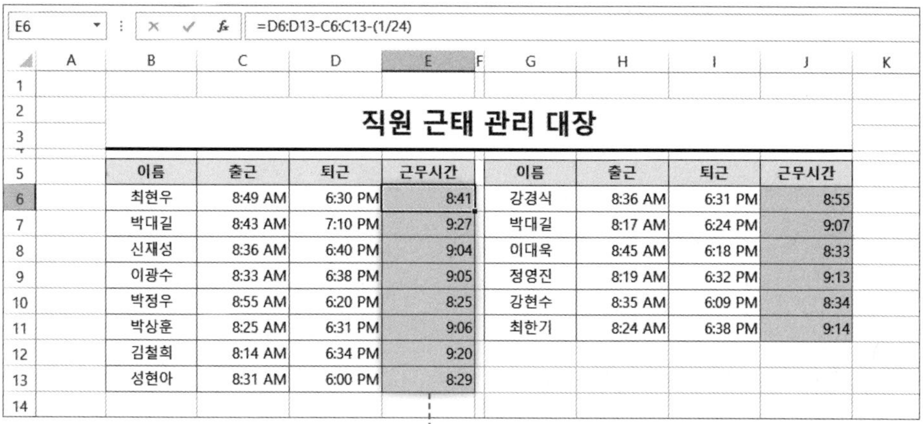

이름	출근	퇴근	근무시간	이름	출근	퇴근	근무시간
최현우	8:49 AM	6:30 PM	8:41	강경식	8:36 AM	6:31 PM	8:55
박대길	8:43 AM	7:10 PM	9:27	박대길	8:17 AM	6:24 PM	9:07
신재성	8:36 AM	6:40 PM	9:04	이대욱	8:45 AM	6:18 PM	8:33
이광수	8:33 AM	6:38 PM	9:05	정영진	8:19 AM	6:32 PM	9:13
박정우	8:55 AM	6:20 PM	8:25	강현수	8:35 AM	6:09 PM	8:34
박상훈	8:25 AM	6:31 PM	9:06	최한기	8:24 AM	6:38 PM	9:14
김철희	8:14 AM	6:34 PM	9:20				
성현아	8:31 AM	6:00 PM	8:29				

[E6] 셀에 수식을 입력하면 [E6:E13] 범위에 값이 모두 반환됩니다. 이런 동작은 마이크로소프트 365 버전에서만 가능합니다. 엑셀 2019 버전을 포함한 하위 버전에서 동일한 결과를 얻으려면 [E6:E13] 범위를 선택하고 동일한 수식을 Ctrl + Shift + Enter 를 눌러 입력합니다.

02 06 떨어진 영역에 수식으로 값 채우기

예제 파일 PART 01 \ CHAPTER 02 \ 빈 셀 채우기.xlsx

영역에 값을 채우는 방법

수식을 복사할 때 사용하는 자동 채우기 기능이나 복사/붙여넣기 방법은 수식을 복사할 범위가 연속된 경우에만 사용할 수 있습니다. 만약 복사할 위치가 떨어져 있다면 이런 방법으로는 문제를 해결할 수 없습니다. [A1:A10], [C1:C5] 범위와 같이 떨어진 여러 개의 범위를 **영역**이라고 합니다. 몇 개의 영역에 수식으로 값을 채우려면 수식을 입력할 셀을 선택하는 방법과 수식을 한번에 복사하는 방법 등을 모두 이해하고 있어야 합니다.

다음 과정을 참고합니다.

01 예제의 표에서 [B:E] 열의 빈 셀에 상위의 셀 값을 모두 입력합니다.

판 매 대 장

거래번호	고객	담당	분류	제품	단가	수량	할인율	판매
20PL-0001	S&C무역 ㈜	오서윤	복사기	컬러레이저복사기 XI-3200	1,176,000	3	15%	2,998,800
			바코드스캐너	바코드 Z-350	48,300	3	0%	144,900
			팩스	잉크젯팩시밀리 FX-1050	47,400	3	0%	142,200
20PL-0002	드림씨푸드 ㈜	박현우	복사용지	프리미엄복사지A4 2500매	17,800	9	0%	160,200
			바코드스캐너	바코드 BCD-100 Plus	86,500	7	0%	605,500
20PL-0003	자이언트무역 ㈜	정시우	복사용지	고급복사지A4 500매	3,500	2	0%	7,000
			바코드스캐너	바코드 Z-350	46,300	7	0%	324,100
				바코드 BCD-100 Plus	104,500	8	0%	836,000
20PL-0004	진왕통상 ㈜	오서윤	복합기	잉크젯복합기 AP-3300	79,800	1	0%	79,800
				잉크젯복합기 AP-3500	104,300	8	0%	834,400
			복사용지	고급복사지A4 500매	4,100	7	0%	28,700
20PL-0005	삼양트레이드 ㈜	김민준	복합기	잉크젯복합기 AP-3200	79,500	2	0%	159,000
				레이저복합기 L200	165,300	3	0%	495,900
			복사용지	고급복사지A4 500매	3,600	8	0%	28,800

02 빈 셀이 속한 전체 데이터 범위인 [B6:E19] 범위를 선택합니다.

03 리본 메뉴의 [홈] 탭–[편집] 그룹–[찾기 및 선택]을 클릭합니다.

04 하위 메뉴에서 [이동 옵션]을 클릭합니다.

TIP **03–04** 과정은 단축키 F5를 누르고 [이동] 대화상자에서 [이동 옵션]을 클릭해도 됩니다.

05 [이동 옵션] 대화상자가 표시되면 [빈 셀]을 선택하고 [확인]을 클릭합니다.

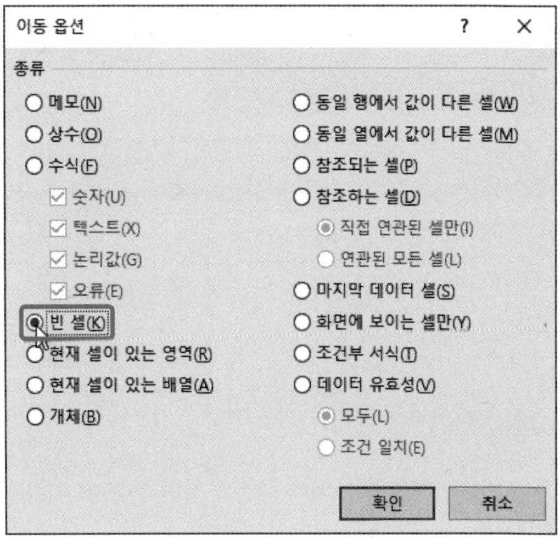

06 **02** 과정에서 선택한 범위 내 빈 셀만 선택됩니다.

07 등호(=)를 입력하고 다음 수식을 작성한 후 Ctrl+Enter를 눌러 입력합니다.

[B7] 셀 : =B6

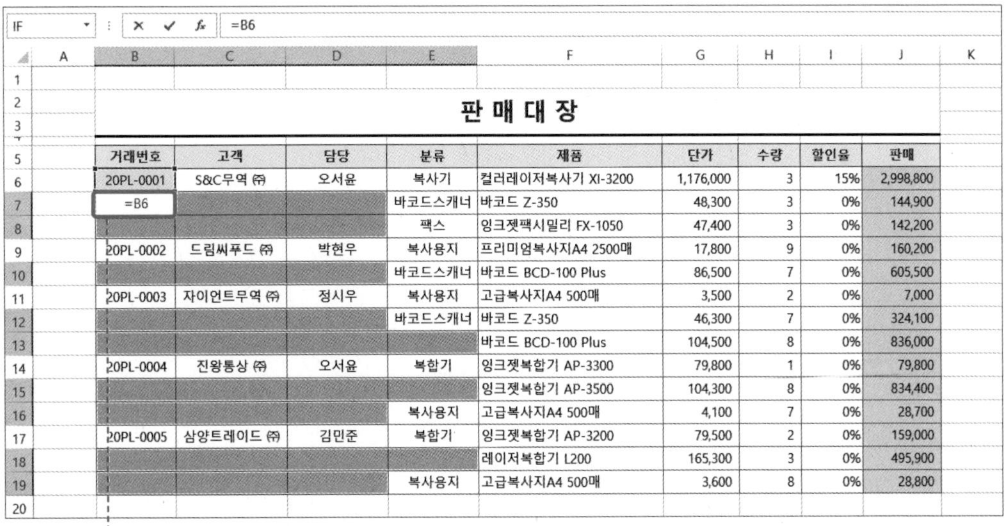

	A	B	C	D	E	F	G	H	I	J	K
5		거래번호	고객	담당	분류	제품	단가	수량	할인율	판매	
6		20PL-0001	S&C무역 ㈜	오서윤	복사기	컬러레이저복사기 XI-3200	1,176,000	3	15%	2,998,800	
7		=B6			바코드스캐너	바코드 Z-350	48,300	3	0%	144,900	
8					팩스	잉크젯팩시밀리 FX-1050	47,400	3	0%	142,200	
9		20PL-0002	드림씨푸드 ㈜	박현우	복사용지	프리미엄복사지A4 2500매	17,800	9	0%	160,200	
10					바코드스캐너	바코드 BCD-100 Plus	86,500	7	0%	605,500	
11		20PL-0003	자이언트무역 ㈜	정시우	복사용지	고급복사지A4 500매	3,500	2	0%	7,000	
12					바코드스캐너	바코드 Z-350	46,300	7	0%	324,100	
13						바코드 BCD-100 Plus	104,500	8	0%	836,000	
14		20PL-0004	진왕통상 ㈜	오서윤	복합기	잉크젯복합기 AP-3300	79,800	1	0%	79,800	
15						잉크젯복합기 AP-3500	104,300	8	0%	834,400	
16					복사용지	고급복사지A4 500매	4,100	7	0%	28,700	
17		20PL-0005	삼양트레이드 ㈜	김민준	복합기	잉크젯복합기 AP-3200	79,500	2	0%	159,000	
18						레이저복합기 L200	165,300	3	0%	495,900	
19					복사용지	고급복사지A4 500매	3,600	8	0%	28,800	

선택된 범위 내 색상이 흰색으로 표시되는 셀이 활성 셀로 수식을 입력받는 셀입니다. 이 셀에서 복사할 데이터를 갖는 셀을 참조하고 Ctrl+Enter를 누르면 전체 범위에 해당 수식이 복사됩니다.

[B6] 셀을 참조했지만, 이 셀은 상대 참조 방식으로 참조되었으므로, 수식을 복사할 때 주소가 변경됩니다. 그러므로 [B6] 셀의 주소보다는 바로 위의 셀을 참조하는 수식으로 보아야 이번 작업이 쉽게 이해됩니다.

LINK 상대 참조 방식에 대해서는 이 책의 65페이지를 참고합니다.

이름 정의

02 07 데이터 범위를 이름으로 정의하기

예제 파일 PART 01 \ CHAPTER 02 \ 이름 정의-범위.xlsx

이름이란?

셀에 다른 셀 값을 가져와 사용하려면 참조를 사용합니다. 참조를 할 경우 엑셀에서는 해당 셀의 주소를 다음과 같이 표시해줍니다.

=A1

참조는 매우 편리한 방법이지만, 사용자를 불편하게 만드는 문제가 하나 존재합니다. 바로 해당 셀에 어떤 데이터가 입력되어 있는지 수식만으로는 알 수가 없다는 점입니다. 따라서 엑셀에서는 셀 주소 대신 해당 셀을 지칭할 수 있는 기능을 지원해주는데, 그것이 바로 **이름**입니다. 사용자는 참조할 셀(또는 범위)을 원하는 이름(별칭)으로 부르는 것이 가능합니다. 따라서 다음과 같은 수식을 작성하는 것이 가능합니다.

=급여

이름 명명 규칙

이름을 지을 때는 다음과 같은 규칙에 따라야 합니다.

- **첫째, 이름은 한글이나 영어 문자 또는 밑줄(_)로 시작해야 합니다.**
  숫자로 시작할 수 없으며 $, #과 같은 특수 문자를 사용할 수 없습니다. 예를 들면 '2020년급여'와 같은 이름으로 정의할 수 없습니다.
- **둘째, 이름을 정의할 때 단어와 단어 사이에 띄어쓰기를 사용할 수 없습니다.**
  단어를 구분하려면 밑줄(_)이나 마침표(.) 등을 사용합니다.
- **셋째, 이름은 255자 이내로 구성해야 합니다.**
- **넷째, 셀 주소(예를 들면 A1, TAX2020)를 이름으로 명명할 수 없습니다.**

이름 규칙에 벗어난 이름을 정의해 사용하려면 다음과 같은 경고 메시지를 만나게 됩니다.

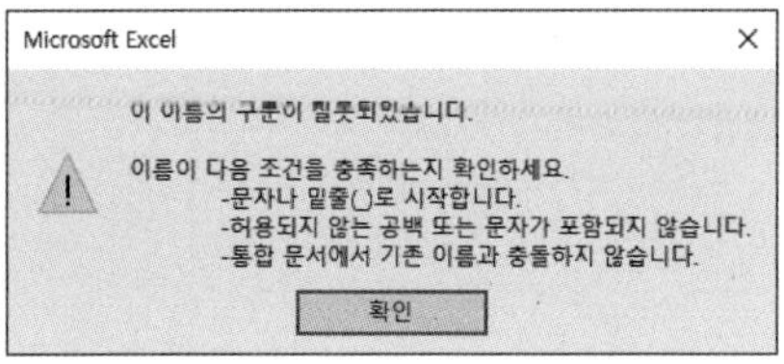

원하는 셀(또는 범위)의 이름 정의

특정 셀(또는 범위)을 이름으로 정의할 때 가장 쉬운 방법은 바로 이름 상자를 이용하는 방법입니다. 이름 상자를 이용하는 방법은 아래 과정을 참고합니다.

01 예제를 열고 [E6] 셀을 선택하면 아래 수식을 확인할 수 있습니다.

[E6] 셀 : =(C6+D6)*$G$6

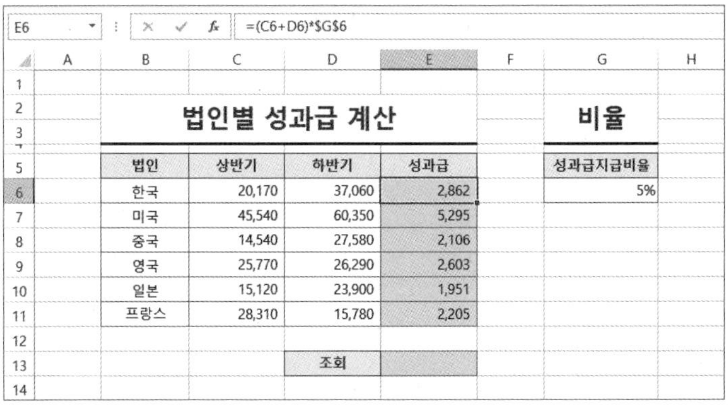

법인	상반기	하반기	성과급
한국	20,170	37,060	2,862
미국	45,540	60,350	5,295
중국	14,540	27,580	2,106
영국	25,770	26,290	2,603
일본	15,120	23,900	1,951
프랑스	28,310	15,780	2,205

02 수식 내에서 참조하는 모든 셀을 이름으로 정의해 수식을 이해하기 쉽게 변경합니다.

03 먼저 [E6] 셀의 수식에서 참조하는 셀 중 [G6] 셀을 이름 정의합니다.

04 ❶ [G6] 셀을 선택하고 ❷ 이름 상자에 **성과급지급비율**을 입력한 후 Enter를 누릅니다.

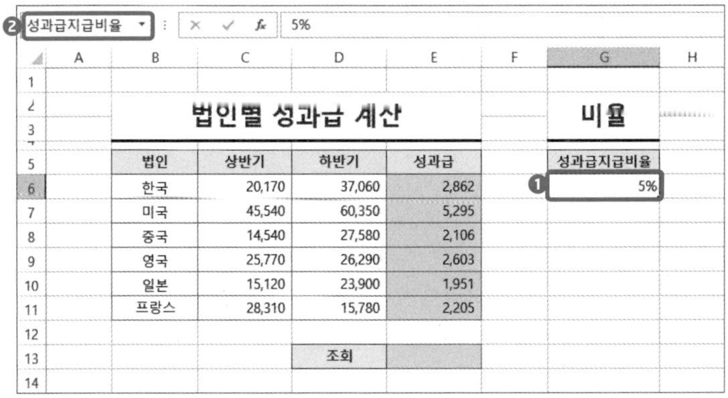

법인	상반기	하반기	성과급
한국	20,170	37,060	2,862
미국	45,540	60,350	5,295
중국	14,540	27,580	2,106
영국	25,770	26,290	2,603
일본	15,120	23,900	1,951
프랑스	28,310	15,780	2,205

05 E열의 수식에 정의된 이름을 사용하도록 변경합니다.

06 [E6] 셀의 수식을 다음과 같이 수정하고 [E6] 셀의 채우기 핸들을 [E11] 셀까지 드래그합니다.

[E6] 셀 : =(C6+D6)*성과급지급비율

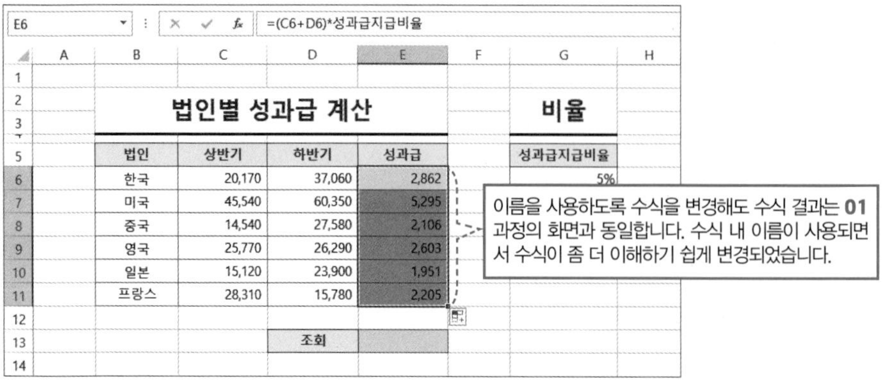

머리글을 이용해 이름 정의

이름 상자를 이용하면 한 번에 하나의 셀(또는 범위)에 이름을 정의할 수 있어 여러 범위의 이름을 하나씩 정의하려면 불편합니다. 만약 [B5:E11] 범위의 표에서 각각의 머리글을 하나씩 이름 정의하려면 선택 영역에서 만들기 기능을 이용하는 것이 편리합니다. 아래 과정을 참고합니다.

01 이름을 정의할 표 범위(B5:E11)를 선택합니다.

02 리본 메뉴의 [수식] 탭–[정의된 이름] 그룹–[선택 영역에서 만들기]를 클릭합니다.

03 [선택 영역에서 이름 만들기] 대화상자에서 [첫 행]과 [왼쪽 열]에 체크하고 [확인]을 클릭합니다.

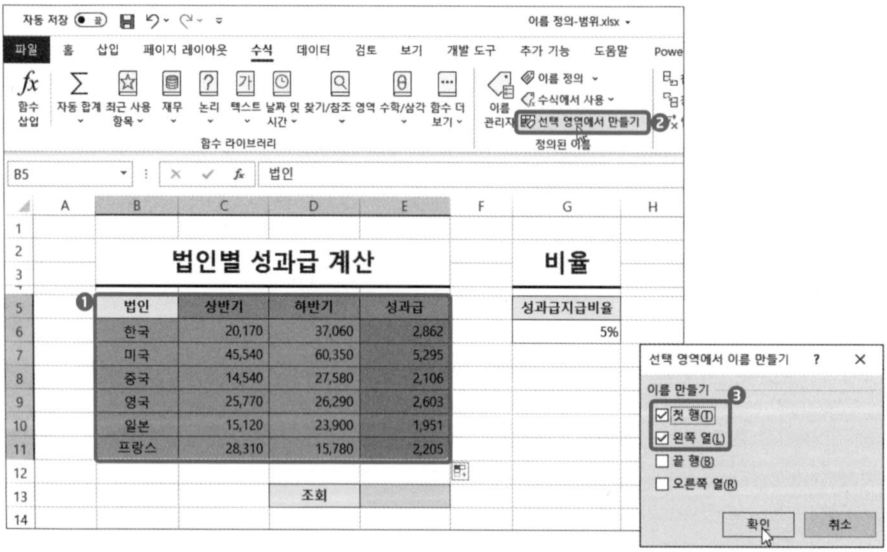

더 알아보기 [선택 영역에서 이름 만들기] 대화상자 설정 이해하기

대화상자를 잘 설정하기 위해서는 각 옵션의 역할을 정확하게 이해해야 합니다. 아래 설명을 참고합니다.

- **첫 행**

  선택한 범위의 첫 행이므로 [B5:E5] 범위가 됩니다. 이 옵션에 체크하면 첫 행의 값(머리글)으로 아래쪽 데이터 범위를 참조하는 이름이 정의됩니다. 예를 들어 [B6:B11] 범위는 [법인]이란 이름으로 정의됩니다.

- **왼쪽 열**

  선택한 범위의 왼쪽 열이므로 [B5:B11] 범위가 됩니다. 이 옵션을 체크하면 왼쪽 열 범위의 값(머리글)으로 오른쪽 데이터 범위를 참조하는 이름이 정의됩니다. 예를 들어 [C6:E6] 범위는 [한국]이란 이름으로 정의됩니다. 참고로 [첫 행]을 함께 체크한 경우에는 첫 행 범위인 [B5:E5] 범위는 이 옵션에서는 제외됩니다.

- **끝 행**

  선택한 범위의 끝 행이므로 [B11:E11] 범위가 됩니다. 이 옵션을 체크하면 끝 행 범위의 값으로 위쪽 데이터 범위를 참조하는 이름이 정의됩니다.

- **오른쪽 열**

  선택한 범위의 오른쪽 열이므로 [E5:E11] 범위가 됩니다. 이 옵션을 체크하면 오른쪽 열 범위의 값으로 왼쪽 데이터 범위를 참조하는 이름이 정의됩니다.

정의된 이름을 빠르게 확인하려면 이름 상자 오른쪽의 더 보기[▾]를 클릭합니다. 이름을 하나씩 선택해보면 해당 이름이 어느 범위를 참조하는지 바로 확인할 수 있습니다.

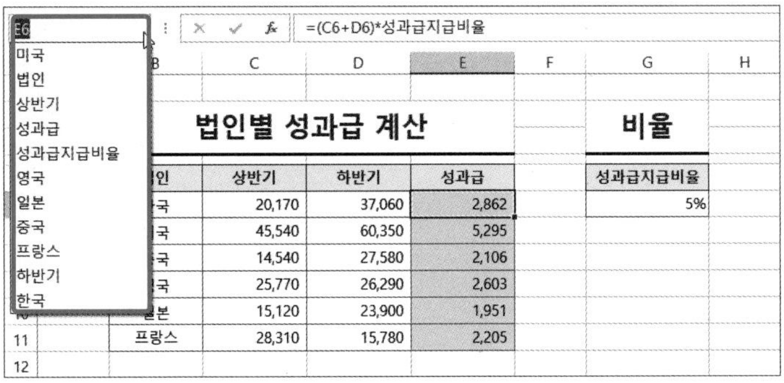

04 정의된 이름을 수식에 반영합니다.

05 [E6] 셀의 수식을 다음과 같이 수정합니다.

[E6] 셀 : =(상반기+하반기)*성과급지급비율

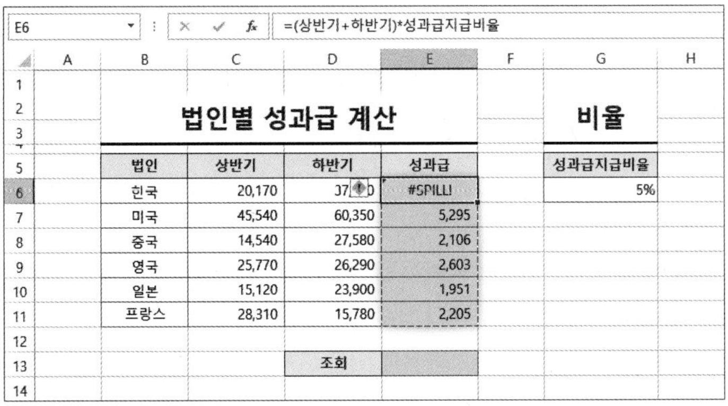

더 알아보기 마이크로소프트 365 버전과 엑셀 2019 하위 버전의 차이

마이크로소프트 365 버전의 경우 화면에서 확인할 수 있는 것처럼 #SPILL! 에러가 발생합니다. #SPILL! 에러는 마이크로소프트 365 버전의 동적 배열을 사용할 때 발생하는 새로운 에러 유형입니다.

LINK #SPILL! 에러에 대한 자세한 설명은 이 책의 200페이지를 참고합니다.

마이크로소프트 365 버전에서 이 에러가 발생하지 않도록 하려면 수식을 다음과 같이 수정할 필요가 있습니다.

```
=(@상반기+@하반기)*성과급지급비율
```

@는 동적 배열을 사용할 때 같은 행 데이터만 참조합니다. 상반기 이름은 [C6:C11] 범위를 참조하므로 **@상반기**와 같이 사용하면 [E6] 셀에서는 같은 행에 위치한 [C6] 셀만 참조하게 됩니다.

다만 엑셀 2019 버전을 포함한 하위 버전에서는 에러가 발생하지 않고, [E6] 셀에 제대로 된 결과가 반환됩니다. 그러므로 [E6] 셀에 수식을 입력하고 [E6] 셀의 채우기 핸들을 [E11] 셀까지 드래그해 수식을 복사합니다.

06 수식을 수정하지 않고 동적 배열을 사용하려면 에러가 발생한 셀의 아래쪽 범위를 지워줍니다.

07 [E7:E11] 범위를 선택하고 Delete 를 눌러 삭제하면 [E6] 셀의 #SPILL! 에러가 사라집니다.

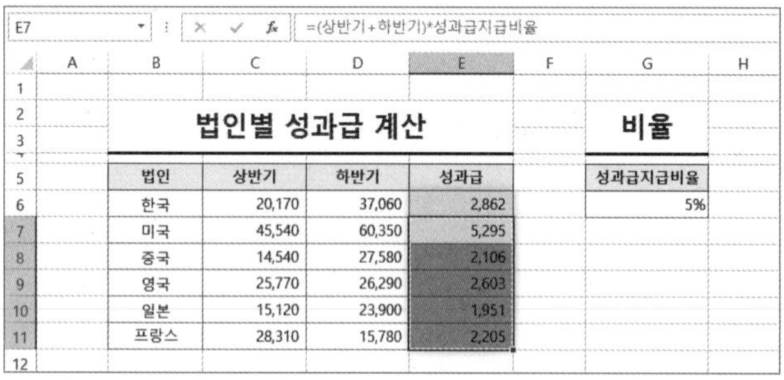

08 표의 머리글을 이용해 이름으로 정의하면 새로운 참조 방식을 사용할 수 있습니다.

09 [E13] 셀을 선택하고 다음 수식을 입력합니다.

[E13] 셀 : =중국 하반기

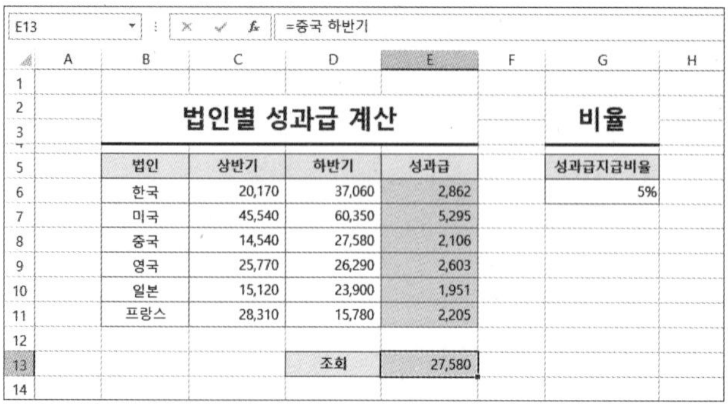

더 알아보기 수식 이해하기

이번 수식은 공백(" ") 연산자를 사용한 것으로, [중국]으로 이름 정의된 범위(C8:E8)와 [하반기]로 이름 정의된 범위(D6:D11)에서 서로 겹치는 셀(D8)이 참조됩니다. [선택 영역에서 만들기]를 이용하면 이름을 정의하는 방법도 편리할 뿐만 아니라 다양한 방법으로 참조를 할 수 있습니다.

이름 정의

02 08 계산에 사용할 값을 이름으로 정의해 사용하기

예제 파일 PART 01 \ CHAPTER 02 \ 이름 정의-상수.xlsx

상수를 이름으로 정의

셀(또는 범위)뿐만 아니라 다양한 숫자나 텍스트와 같은 상수도 이름을 정의해 사용할 수 있습니다. 수식에서 자주 사용하는 숫자나 텍스트를 이름으로 정의해 사용하면 계산에 필요한 여러 값을 효율적으로 관리할 수 있어 매우 편리합니다. 다음 과정을 참고합니다.

01 예제의 [F14] 셀을 보면 다음 수식을 확인할 수 있습니다.

[F14] 셀 : =과세급여*3.2%

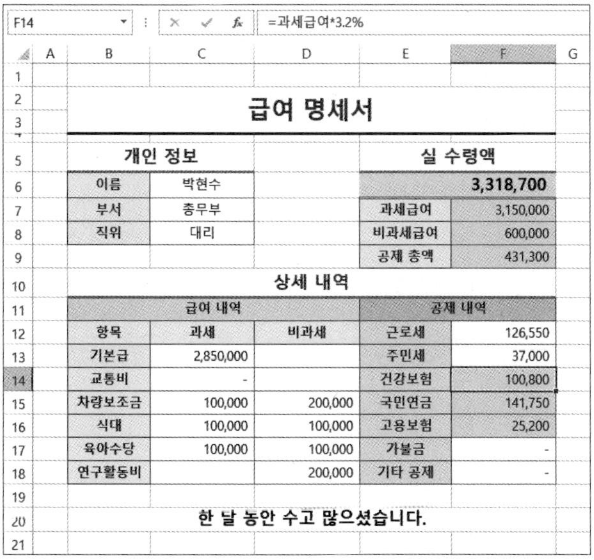

F14
=과세급여*3.2%
급여 명세서
개인 정보
실 수령액
이름 박현수
3,318,700
부서 총무부 과세급여 3,150,000
직위 대리 비과세급여 600,000
공제 총액 431,300
상세 내역
급여 내역
공제 내역
항목 과세 비과세 근로세 126,550
기본급 2,850,000 주민세 37,000
교통비 - 건강보험 100,800
차량보조금 100,000 200,000 국민연금 141,750
식대 100,000 100,000 고용보험 25,200
육아수당 100,000 100,000 가불금 -
연구활동비 200,000 기타 공제 -
한 날 동안 수고 많으셨습니다.

TIP 이 예제에서 [F7] 셀의 이름은 [과세급여]로 정의되어 있습니다.

02 건강보험료 계산에서 사용한 **3.2%**를 이해하기 쉬운 이름으로 정의해 사용합니다.

03 리본 메뉴의 [수식] 탭-[정의된 이름] 그룹-[이름 정의]를 클릭합니다.

04 [새 이름] 대화상자가 표시되면 다음과 같이 이름을 정의하고 [확인]을 클릭합니다.

이름 : 건강보험요율

참조 대상 : =3.2%

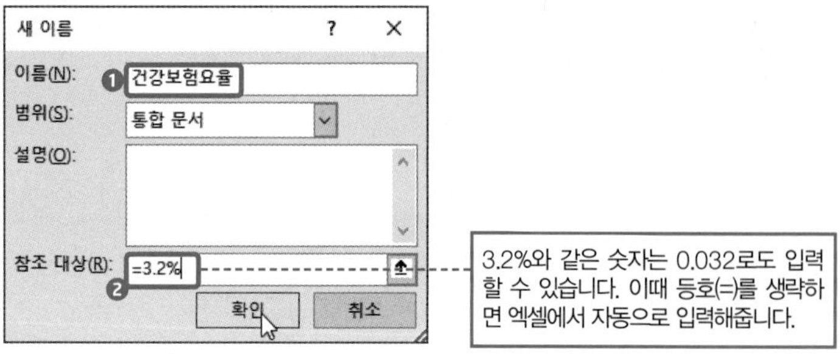

참조 대상(R):

3.2%와 같은 숫자는 0.032로도 입력할 수 있습니다. 이때 등호(=)를 생략하면 엑셀에서 자동으로 입력해줍니다.

05 정의된 이름을 사용하도록 [F14] 셀의 수식을 다음과 같이 수정합니다.

[F14] 셀 : =과세급여*건강보험요율

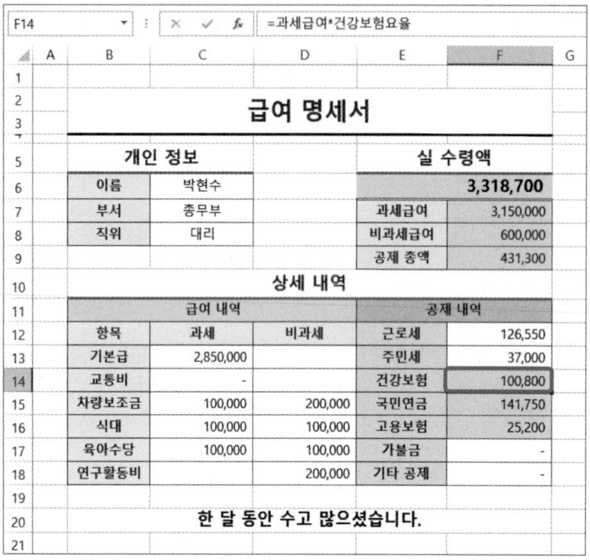

F14
=과세급여*건강보험요율
급여 명세서
개인 정보
실 수령액
이름 박현수
부서 총무부
직위 대리
3,318,700
과세급여 3,150,000
비과세급여 600,000
공제 총액 431,300
상세 내역
급여 내역
공제 내역
항목 과세 비과세
기본급 2,850,000
교통비 -
차량보조금 100,000 200,000
식대 100,000 100,000
육아수당 100,000 100,000
연구활동비 200,000
근로세 126,550
주민세 37,000
건강보험 100,800
국민연금 141,750
고용보험 25,200
가불금 -
기타 공제 -
한 달 동안 수고 많으셨습니다.

정의된 이름 수정

정의된 이름을 수정하면 해당 이름을 참고해 계산하는 모든 수식이 자동으로 재계산됩니다. 다음 과정을 참고합니다.

01 리본 메뉴의 [수식] 탭–[정의된 이름] 그룹–[이름 관리자]를 클릭합니다.

02 [이름 관리자] 대화상자에서 수정할 이름(예제에서는 [건강보험요율])을 선택합니다.

03 [참조 대상]의 값을 다음과 같이 수정하고 Enter 를 눌러 입력합니다.

참조 대상 : =3.4%

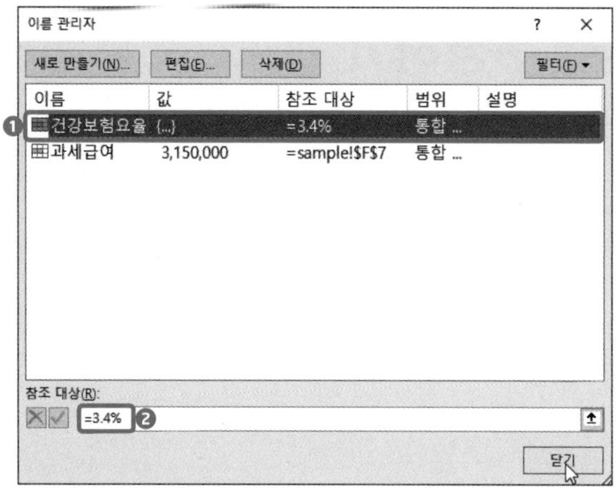

TIP 정의된 이름 삭제

[이름 관리자] 대화상자에서 더 이상 사용하지 않을 이름을 삭제하려면 삭제할 이름을 선택하고 상단의 [삭제]를 클릭합니다.

04 [닫기]를 클릭해 [이름 관리자] 대화상자를 닫으면 [F14] 셀의 결과가 달라집니다.

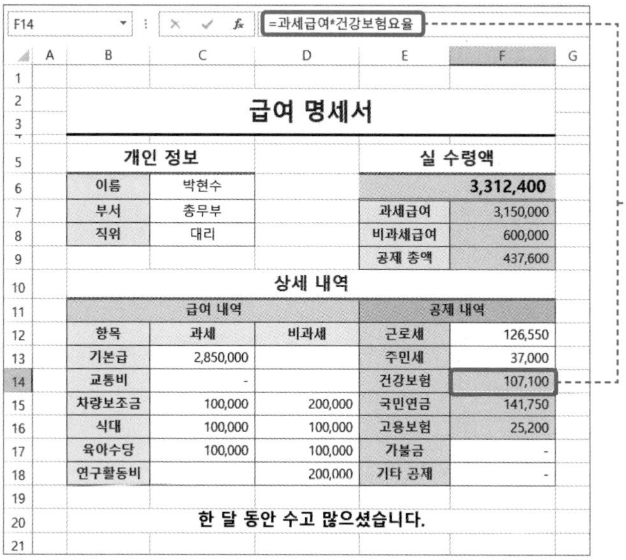

[F14] 셀의 수식을 고치지 않았지만 [건강보험요율] 이름에 연결한 값이 달라졌으므로, [F14] 셀의 결과는 이전에 비해 증가됩니다.

02 09 단축 문자 구성하기

예제 파일 PART 01 \ CHAPTER 02 \ 이름 정의-단축문자.xlsx

단축 문자

엑셀에서는 긴 문자열을 반복적으로 입력해야 하는 경우 이를 좀 더 짧게 입력하고 싶다면 해당 문자열의 **단축 문자**를 만들어 사용합니다. 예를 들면 '마이크로소프트'와 같은 회사명을 '마소'나 'MS' 등으로 짧게 줄인 단축 문자만 입력해도 '마이크로소프트'와 같은 전체 이름이 입력되도록 할 수 있습니다.

이런 작업을 하려면 자동 고침 기능이나 이름 정의를 이용합니다. 두 방법은 장단점이 분명하기 때문에 필요한 상황에 맞게 사용하면 좋습니다.

자동 고침

자동 고침 기능을 사용해 단축 문자를 만들면 엑셀 프로그램에 저장되어 현재 PC 내의 모든 파일에서 사용 가능합니다. 다만 다른 PC에서 사용하려면 다시 등록해야 합니다. 수식 내에서 사용할 때는 단축 문자를 큰따옴표(" ") 안에 입력해야 합니다. 아래 과정을 참고합니다.

01 예제를 열고, 리본 메뉴의 [파일] 탭-[옵션]을 클릭합니다.

02 [Excel 옵션] 대화상자에서 [언어 교정]을 선택하고 [자동 고침 옵션]을 클릭합니다.

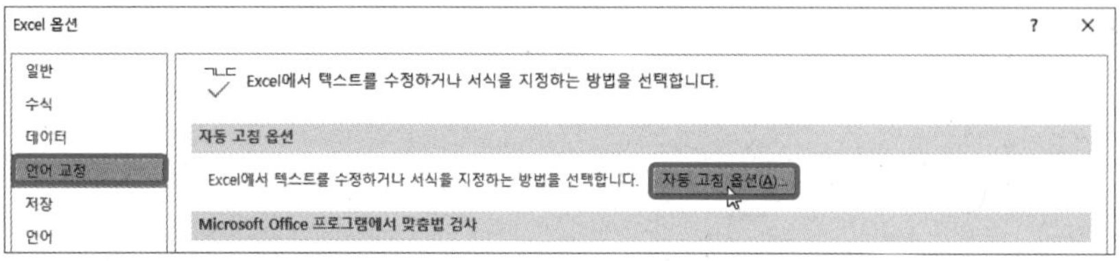

03 [자동 고침] 대화상자가 표시되면 다음과 같이 단축 문자를 등록하고 [추가]를 클릭합니다.

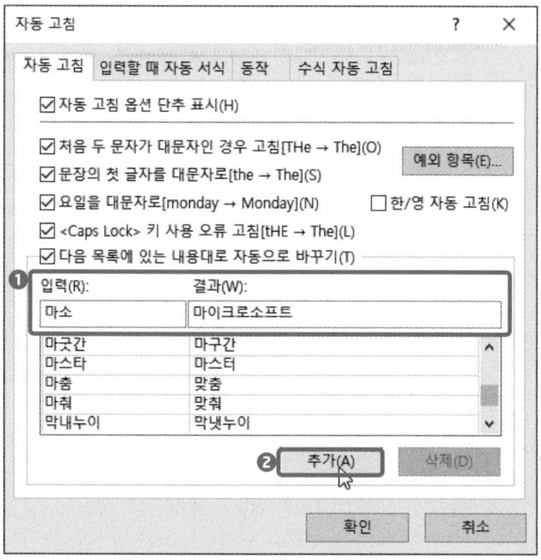

04 [확인]을 클릭해 [자동 고침] 대화상자를 닫고 [Excel 옵션] 대화상자도 닫습니다.

05 자동 고침 목록에 등록된 단축 문자를 사용하려면 다음 셀에 아래와 같이 입력해보세요!

[C6] 셀 : 마소

[C7] 셀 : ="마소 엑셀"

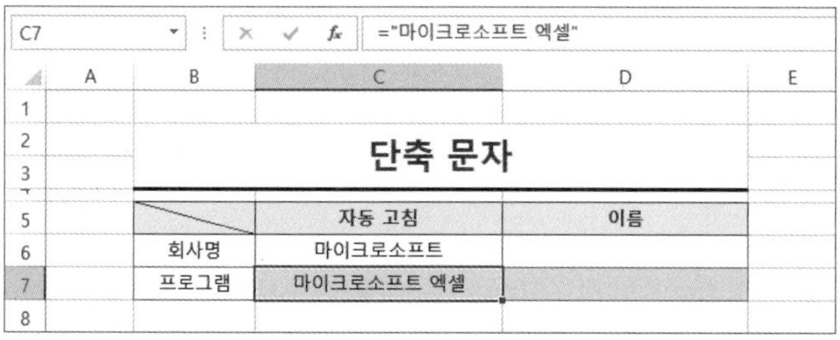

TIP [C7] 셀의 수식과 같이 '마소'를 입력하면 자동으로 '마이크로소프트'로 변경됩니다.

이름 정의

이름 정의를 사용해 단축 문자를 만들면 현재 파일에만 저장되므로 다른 파일에서는 단축 문자를 사용할 수 없습니다. 하지만 단축 문자가 정의된 파일을 복사한다면 다른 PC에서도 동일한 단축 문자를 사용할 수 있습니다. 또한 수식 내에서 사용할 경우에도 큰따옴표 없이 바로 입력해 사용할 수 있습니다.

01 리본 메뉴의 [수식] 탭–[정의된 이름] 그룹–[이름 정의]를 클릭합니다.

02 [새 이름] 대화상자가 표시되면 다음과 같이 설정하고 [확인]을 클릭합니다.

이름 : MS

참조 대상 : ="마이크로소프트"

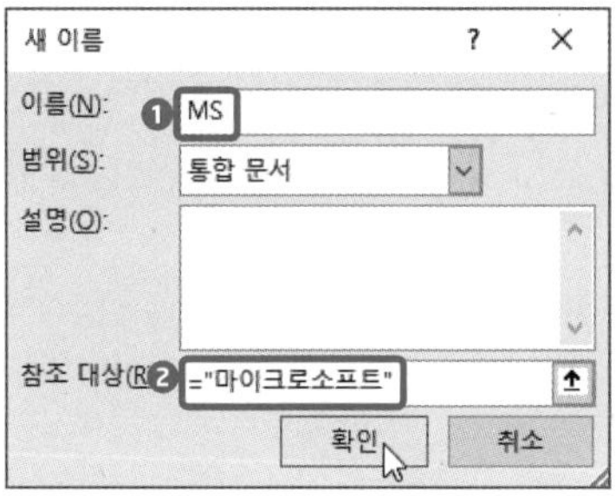

03 정의된 이름을 사용하려면 다음 셀에 아래와 같이 입력해보세요!

[D6] 셀 : =MS

[D7] 셀 : =MS & " 엑셀"

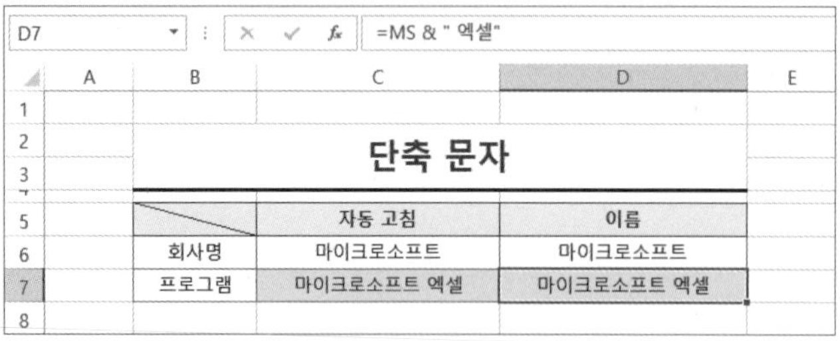

더 알아보기 | 이름 정의와 자동 고침 기능의 차이

이름 정의된 단축 문자는 등호(=) 없이 입력하면 그냥 입력된 문자열만 셀에 입력됩니다. 즉, 셀에 'MS'라고 입력하면 그냥 'MS' 단어만 입력됩니다. 이것은 장점이 될 수도 있습니다. 등호(=) 입력 여부에 따라 'MS'와 '마이크로소프트' 두 개의 단어를 구분해 입력할 수 있기 때문입니다. 그에 반해 자동 고침 기능을 사용하면 셀에 '마소'라고 입력했을 때 항상 '마이크로소프트'로 변경되므로 두 문자열을 구분해 입력할 수 없습니다.

이름 정의

02 10 수식을 이름으로 정의하기

예제 파일 PART 01 \ CHAPTER 02 \ 이름 정의–수식.xlsx

수식을 왜 이름으로 정의해야 할까?

긴 수식은 이해하기 어려울 뿐만 아니라 반복해서 사용하려면 수식을 입력하는 것 자체가 너무 비효율적입니다. 이 문제는 엑셀에서 새로운 함수를 제공해주면 해결될 수 있겠지만 당장에 필요한 함수가 제공될 가능성은 낮습니다. 이런 경우 사용자가 만든 수식을 이름으로 정의해 사용한다면 긴 수식을 짧게 줄여 함수처럼 간단하게 사용할 수 있습니다.

예를 들어 나이를 계산하는 수식은 다음과 같습니다.

```
=YEAR(TODAY())-YEAR(생년월일)+1
```

이것을 나이라고 이름 정의한다면 다음과 같은 수식으로 변경할 수 있습니다.

```
=나이
```

어떤 방법이 더 간단한지는 위 수식만 보더라도 쉽게 구분이 가능합니다.

따라 하기

긴 수식을 이름으로 정의할 경우에는 주의가 필요합니다. 함수처럼 인수를 받아 계산하는 방식이 아니기 때문에 항상 참조해야 할 위치가 일정해야 합니다. 아래 과정을 참고합니다.

01 예제를 열고 [H6] 셀을 선택합니다.

02 [H6] 셀에는 G열의 생년월일을 참고해 나이를 계산하는 수식이 입력되어 있습니다.

[H6] 셀 : =YEAR(TODAY())-YEAR(G6)+1

사번	이름	직위	주민등록번호	입사일	생년월일	나이
1	박지훈	부장	771115-10167909	2006-02-01	1977-11-15	44
2	유준혁	차장	841128-10832600	2010-07-01	1984-11-28	37
3	이서연	과장	870904-20602980	2015-01-01	1987-09-04	34
4	김민준	대리	900526-10479673	2018-11-01	1990-05-26	31
5	최서현	주임	930615-20849116	2018-01-01	1993-06-15	28
6	박현우	주임	910329-10149561	2017-06-01	1991-03-29	30
7	정시우	사원	950223-10436364	2018-10-01	1995-02-23	26

LINK 나이를 계산하는 수식에 대한 자세한 설명은 이 책의 595페이지를 참고합니다.

03 나이를 계산하는 수식을 이름으로 정의합니다.

04 나이를 계산한 수식이 입력된 [H6] 셀을 선택해야 합니다.

TIP 이름은 계산에 필요한 값을 참조할 수 없으므로 반드시 이름 정의 전에 수식이 입력된 정확한 셀을 선택하고 있어야 합니다.

05 리본 메뉴의 [수식] 탭–[정의된 이름] 그룹–[이름 정의]를 클릭합니다.

06 [새 이름] 대화상자에 다음 부분을 입력하고 [확인]을 클릭합니다.

이름 : 나이

참조 대상 : =YEAR(TODAY())-YEAR(G6)+1

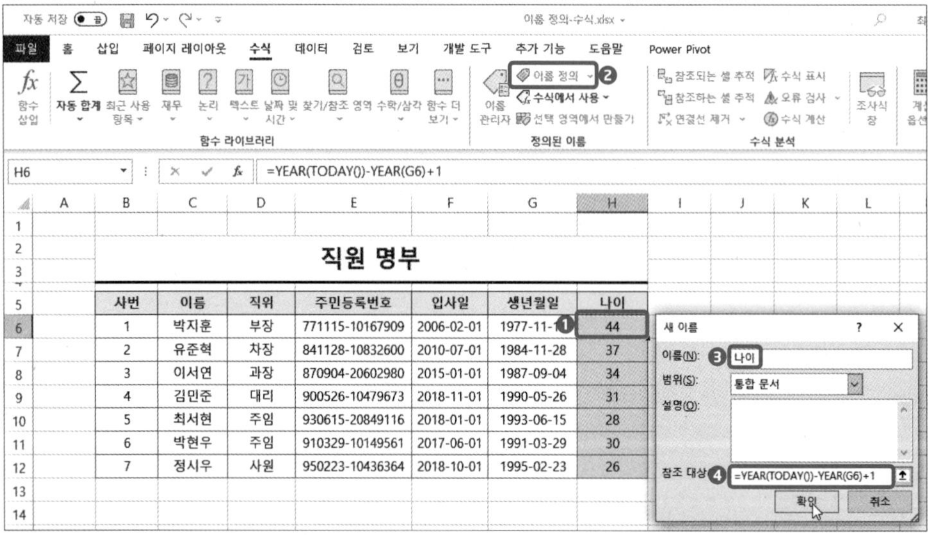

07 정의된 이름으로 기존 수식을 대체합니다.

08 [H6] 셀의 수식을 다음과 같이 수정하고, [H6] 셀의 채우기 핸들⊞을 [H12] 셀까지 드래그합니다.

[H6] 셀 : =나이

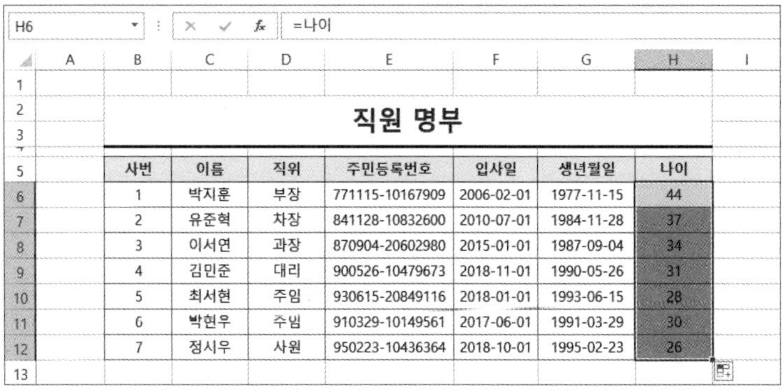

H6 =나이

직원 명부

사번	이름	직위	주민등록번호	입사일	생년월일	나이
1	박지훈	부장	771115-10167909	2006-02-01	1977-11-15	44
2	유준혁	차장	841128-10832600	2010-07-01	1984-11-28	37
3	이서연	과장	870904-20602980	2015-01-01	1987-09-04	34
4	김민준	대리	900526-10479673	2018-11-01	1990-05-26	31
5	최서현	주임	930615-20849116	2018-01-01	1993-06-15	28
6	박현우	주임	910329-10149561	2017-06-01	1991-03-29	30
7	정시우	사원	950223-10436364	2018-10-01	1995-02-23	26

더 알아보기 정의된 이름이 기억나지 않는다면?

수식에서 정의된 이름을 사용하려고 할 때 정의된 이름이 기억나지 않는다면 F3 을 누릅니다. 이번 예제에선 [H6] 셀에서 등호(=)를 입력하고 F3 을 누르면 [이름 붙여넣기] 대화상자가 표시됩니다. 목록에서 사용할 이름을 선택합니다.

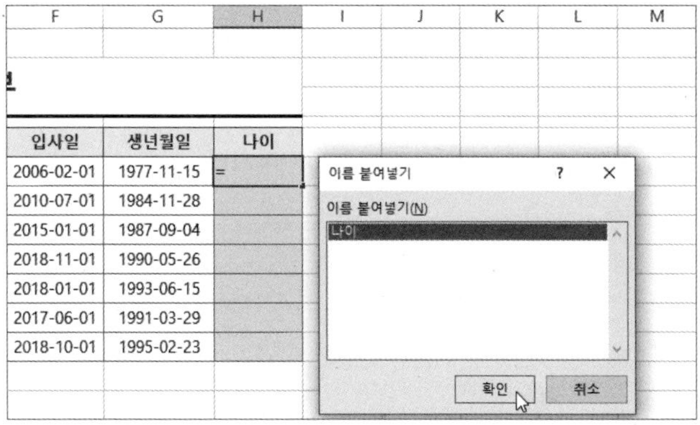

이름 정의

02 11 파일, 시트 관련 이름 정의 방법

예제 파일 PART 01 \ CHAPTER 02 \ 이름 정의-파일,시트.xlsx

이름 정의 방법

파일을 사용하다 보면 관리해야 할 시트수가 늘어나 필연적으로 파일이나 시트에 대한 정보를 알아야만 합니다. 이럴 때 파일명이나 시트명을 반환해주는 함수가 있다면 좋겠지만 딱 원하는 결과를 반환해주는 함수는 없으므로 조금 복잡한 수식을 사용해야 합니다. 앞에서 설명한 것과 같이 복잡한 수식을 이름으로 정의해 사용하면 좀 더 편리하게 사용할 수 있습니다.

CELL 함수를 사용한 기본 정보

원하는 정보를 얻기 위해 반복적으로 사용해야 하는 부분을 먼저 이름으로 정의합니다.

이름	참조 대상
_파일정보	=CELL("filename")
_1ST	=FIND("[", _파일정보)
_2ND	=FIND("]", _파일정보)

LINK 수식을 이름으로 정의하는 방법은 115페이지를 참고합니다.

위에서 정의한 이름을 가지고 현재경로, 현재파일, 현재시트의 정보를 반환하는 수식을 다음과 같이 이름 정의해 사용합니다.

이름	참조 대상
현재경로	=LEFT(_파일정보, _1ST-1)
현재파일	=MID(_파일정보, _1ST+1, _2ND-_1ST-1)
현재시트	=MID(_파일정보, _2ND+1, 100)

LINK 위에서 사용한 CELL, FIND, LEFT, MID 함수 등은 이 책의 292페이지에서 자세하게 설명합니다.

GET.WORKBOOK 함수를 사용한 상세 정보

기본 정보 이외에 왼쪽이나 오른쪽 시트의 이름을 알아야 한다면 좀 더 어렵습니다. 일단 파일 내 전체 시트 이름을 반환하는 함수가 제공되지 않으므로 과거 엑셀 4.0 버전 때 사용하던 매크로 함수를 사용합니다.

이번에 사용할 **GET.WORKBOOK 함수**는 매크로 함수로, 현재는 하위 버전과의 호환을 유지하기 위해 사용되지만 다음과 같은 사항에 주의해 사용해야 합니다.

- **첫째, 셀에 직접 입력해 사용할 수 없고 반드시 이름 정의를 통해서만 사용할 수 있습니다.**
- **둘째, 파일을 [매크로 사용 통합 문서] 형식으로 저장해야 합니다.**

  만약 [기본 통합 문서] 형식으로 저장하려는 경우에는 다음과 같은 경고 메시지 창이 표시됩니다.

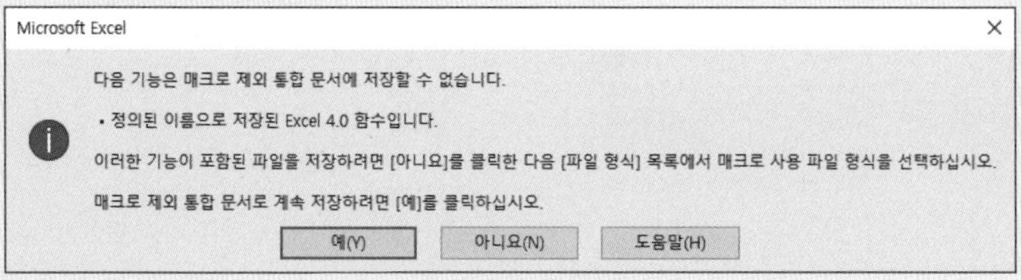

정의된 이름을 사용하려면 반드시 [아니오]를 클릭한 후 [매크로 사용 통합 문서] 형식으로 저장합니다.

GET.WORKBOOK 함수에 인수로 1을 넣어 사용하면 현재 파일의 모든 시트명을 반환해줍니다. 이 함수를 이용해 왼쪽 시트와 오른쪽 시트의 이름을 반환받으려면 수식에서 반복적으로 사용하는 다음 이름을 먼저 정의합니다.

이름	참조 대상
_전체목록	=GET.WORKBOOK(1)
_현재위치	=MATCH("*" & 현재시트, _전체목록, 0)
_이후시트	=INDEX(_전체목록, _현재위치+1)
_이전시트	=INDEX(_전체목록, _현재위치-1)

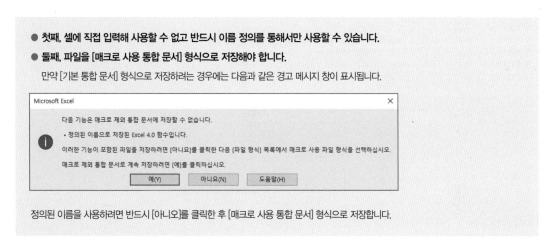

그런 다음 왼쪽과 오른쪽 시트명을 반환하는 이름을 다음과 같이 정의합니다.

이름	참조 대상
왼쪽시트	=IF(_현재위치=1, "없음", MID(_이전시트, FIND("]", _이전시트)+1, 100))
오른쪽시트	=IF(_현재위치=SHEETS(), "없음", MID(_이후시트, FIND("]", _이후시트)+1, 100))

예제에는 현재 설명한 모든 이름이 미리 정의되어 있습니다. 리본 메뉴의 [수식] 탭-[정의된 이름] 그룹-[이름 관리자]를 클릭하면 정의된 이름을 모두 확인할 수 있습니다.

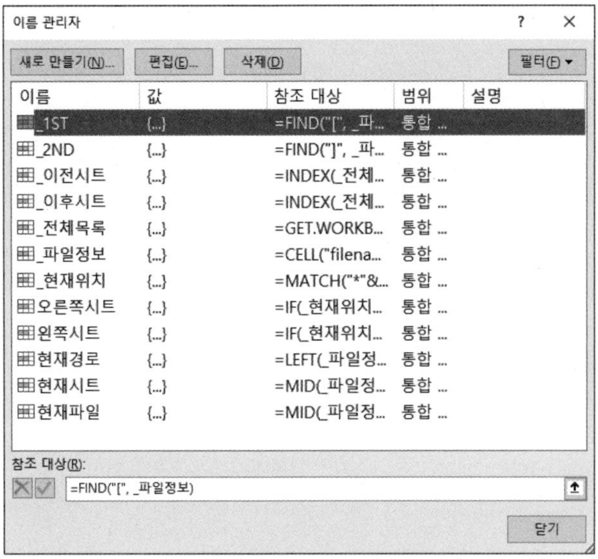

따라 하기

01 예제를 열면 수식 입력줄 상단에 노란색 [보안 경고] 메시지 줄이 표시됩니다.

02 [콘텐츠 사용]을 클릭해 예제를 엽니다.

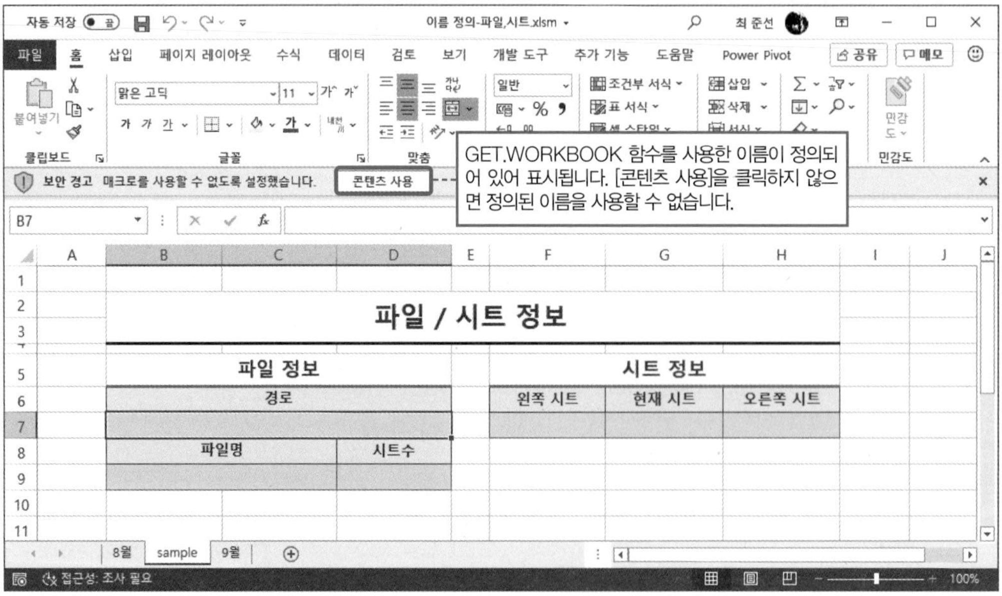

03 다음 각 셀에 아래 수식을 입력하면 화면과 같은 결과를 얻을 수 있습니다.

[B7] 셀 : =현재경로

[B9] 셀 : =현재파일

[D9] 셀 : =SHEETS( ) 또는 =COUNTA(_전체목록)

[F7] 셀 : =왼쪽시트

[G7] 셀 : =현재시트

[H7] 셀 : =오른쪽시트

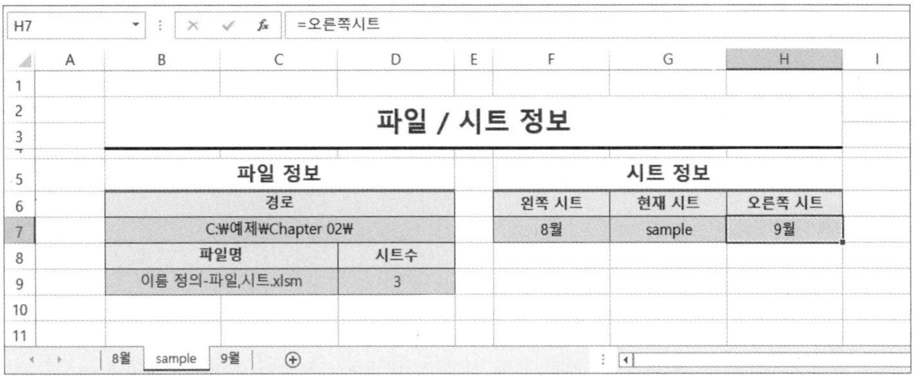

TIP [D9] 셀에서 사용할 SHEETS 함수는 엑셀 2013 이후 버전에서만 사용 가능하며, 현재 파일의 시트수를 반환합니다. 하위 버전 사용자라면 **=COUNTA(_전체목록)**를 사용합니다.

더 알아보기 **[왼쪽시트]와 [오른쪽시트] 이름**

이 이름은 왼쪽과 오른쪽 방향에 시트가 존재할 경우에만 이름이 반환되고 만약 시트가 존재하지 않으면 '없음'을 반환합니다. 다른 값이 반환되도록 하려면 리본 메뉴의 [수식] 탭-[정의된 이름] 그룹-[이름 관리자]를 클릭하고 [왼쪽시트]와 [오른쪽시트] 이름을 수정합니다.

참고로 이 이름들은 시트를 숨기도록 설정한 경우에도 숨겨진 시트의 이름을 반환합니다.

이름 정의

02 12

상대 참조로 이름 정의해 활용하기

예제 파일 PART 01 \ CHAPTER 02 \ 이름 정의–상대.xlsx

이름 정의와 참조 방식

이름 정의는 셀(또는 범위)을 참조할 때 기본적으로 **절대 참조 방식**으로 범위를 참조하지만, 필요에 따라서는 **상대 참조 방식**으로 이름을 정의할 수 있습니다. 다만 상대 참조 방식으로 이름을 정의할 경우에는 셀 주소가 아니라 활성 셀을 기준으로 상하좌우 셀 개념으로 이해를 해야 큰 무리 없이 상대 참조를 활용할 수 있습니다.

참고로 **활성 셀**은 키보드로 수식 등을 입력할 때 입력 대상이 되는 셀을 의미하는 표현입니다. 예를 들어 시트에서 특정 범위를 선택했을 때 하얀 배경으로 표시되는 셀이 바로 활성 셀입니다. 다양한 색상이 적용된 표라서 활성 셀을 구분하기 어려운 경우에는 **이름 상자**에 표시되는 셀 주소로 활성 셀을 구분할 수 있습니다. 다음 화면과 같이 [B2:D4] 범위를 선택했다면 [B2] 셀이 활성 셀입니다.

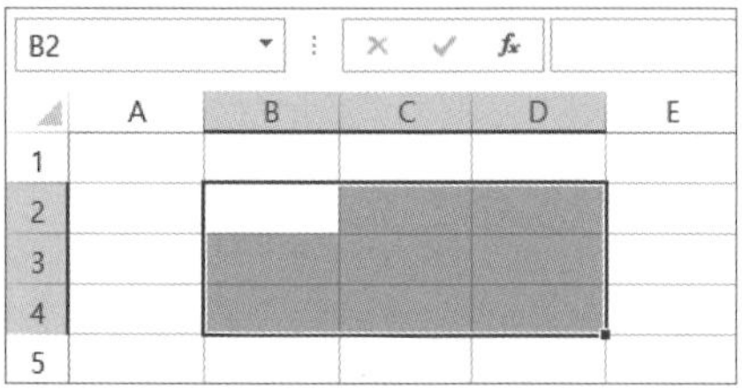

범위가 선택된 상태에서 키보드로 아무 값(또는 수식)이나 입력하면 항상 활성 셀에 입력됩니다. 상대 참조 방식으로 이름을 정의하면 활성 셀을 기준으로 상하좌우 위치의 셀이 상대 참조됩니다.

절대 참조와 상대 참조 이름 정의 방식의 차이

절대 참조 방식은 이름 정의의 기본 참조 방식입니다. 셀을 하나 참조하면 이름 정의에서는 다음과 같은 방식으로 참조됩니다.

```
=sample!$A$1
```

즉, 이름 정의의 기본 참조 방식에서는 시트명이 포함되고 셀 주소는 절대 참조 방식으로 참조됩니다.

이에 반해 상대 참조 방식으로 이름을 정의하려면 시트명은 생략하고 다음과 같은 방식으로 참조합니다.

```
=!A1
```

시트명은 생략해야 하고 시트명과 셀 주소를 구분하는 느낌표(!) 구분 문자는 생략하면 안 됩니다. 활성 셀에 따라 늘 참조하는 셀이 달라지게 되므로, 이때 [A1] 셀은 활성 셀을 기준으로 [A1] 셀의 위치를 참조하라는 의미입니다.

만약 [B1] 셀을 선택한 상태에서 **=!A1**과 같이 상대 참조 방식으로 참조했다면 [A1] 셀이 아니라 왼쪽 셀의 의미로 이해하는 것이 더 정확합니다.

따라 하기

상대 참조 방식으로 이름을 정의하고 이를 활용하는 작업을 진행합니다. 아래 과정을 참고합니다.

01 예제를 열고 [E7] 셀을 보면 나이를 계산하는 다음과 같은 수식을 확인할 수 있습니다.

[E7] 셀 : =YEAR(TODAY())−YEAR(D7)+1

사번	이름	생년월일	나이		사번	이름	생년월일	나이
CS-180268	박지훈	1977-11-15	44		CS-180104	한경수	1997-07-23	
CS-170135	유준혁	1984-11-28	37		CS-190359	강호연	1986-11-28	
CS-180144	이서연	1987-09-04	34		CS-190652	허영원	1988-04-16	
CS-180534	김민준	1990-05-26	31		CS-180638	서보연	1997-05-30	
CS-180920	최서현	1993-06-15	28		CS-170631	천보람	1994-08-19	
CS-170278	박현우	1991-03-29	30					
CS-180452	정시우	1995-02-23	26					

02 [E7] 셀의 수식에서 참조한 [D7] 셀을 이름으로 정의해 수식에서 사용합니다.

03 [E7] 셀이 선택된 상태에서 리본 메뉴의 [수식] 탭−[정의된 이름] 그룹−[이름 정의]를 클릭합니다.

04 [새 이름] 대화상자가 표시되면 다음과 같이 입력하고 [확인]을 클릭합니다.

이름 : 왼쪽셀

참조 대상 : =!D7

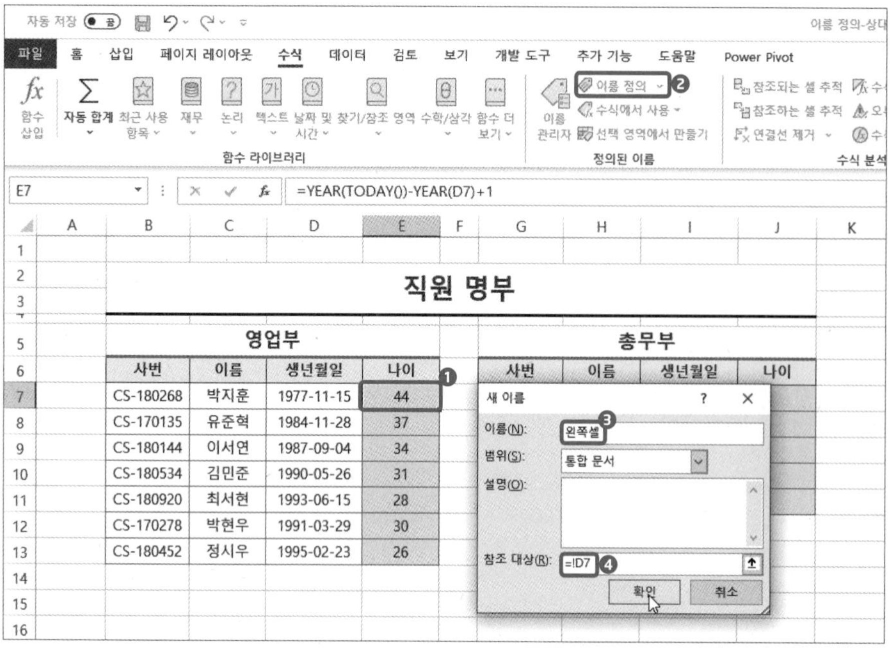

더 알아보기 **정의된 이름 이해하기**

이번에 이름 정의한 왼쪽셀은 **=![D7]** 수식으로 셀의 위치를 참조합니다. 이런 참조 방식에선 다음 두 가지 의미를 정확하게 이해할 필요가 있습니다.

- **첫째, 느낌표(!) 앞에 시트명이 생략되었습니다.**
  느낌표 앞의 시트명을 생략하면 이름을 사용한 시트가 자동으로 적용됩니다. 만약 느낌표(!)를 생략하고 **=D7**과 같이 참조하면 [D7] 셀 앞에 현재 시트가 자동으로 입력되어 **=sample!D7**로 변경됩니다. 이렇게 되면 항상 [sample] 시트의 셀만 참조하므로 다른 시트에서는 정의된 이름을 사용할 수 없습니다.
- **둘째, [D7] 셀 주소의 정확한 의미입니다.**
  이름을 정의할 때 [E7] 셀을 선택하고 있었으므로 [D7] 셀은 [E7] 셀의 왼쪽 셀을 의미합니다. 그러므로 **=!D7**의 의미는 항상 수식을 입력하는 셀의 바로 왼쪽 셀을 참조하라는 의미가 됩니다.

05 [E7] 셀의 수식을 다음과 같이 수정합니다.

[E7] 셀 : =YEAR(TODAY())–YEAR(왼쪽셀)+1

06 [E7] 셀의 채우기 핸들을 [E13] 셀까지 드래그해 수식을 복사합니다.

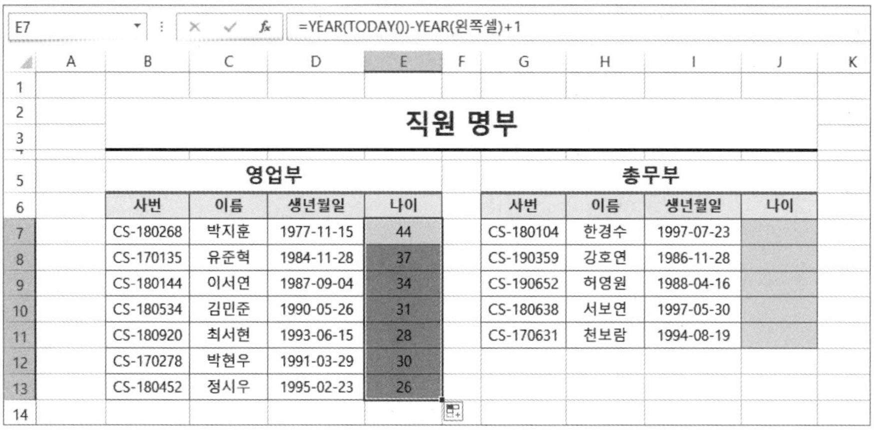
E7
=YEAR(TODAY())-YEAR(왼쪽셀)+1
직원 명부
영업부
총무부

사번	이름	생년월일	나이	사번	이름	생년월일	나이
CS-180268	박지훈	1977-11-15	44	CS-180104	한경수	1997-07-23	
CS-170135	유준혁	1984-11-28	37	CS-190359	강호연	1986-11-28	
CS-180144	이서연	1987-09-04	34	CS-190652	허영원	1988-04-16	
CS-180534	김민준	1990-05-26	31	CS-180638	서보연	1997-05-30	
CS-180920	최서현	1993-06-15	28	CS-170631	천보람	1994-08-19	
CS-170278	박현우	1991-03-29	30				
CS-180452	정시우	1995-02-23	26				

07 오른쪽 총무부 표도 동일한 구조이므로 E열의 수식을 복사할 수 있습니다.

08 [E7] 셀을 선택하고 복사(Ctrl+C)한 후 [J7:J11] 범위를 선택하고 붙여넣기(Ctrl+V)합니다.

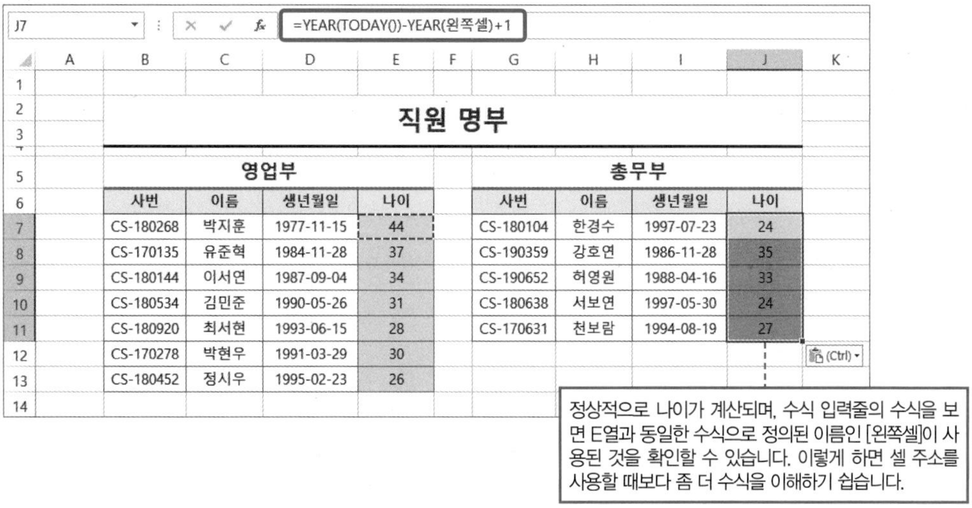
J7
=YEAR(TODAY())-YEAR(왼쪽셀)+1
직원 명부
영업부
총무부
정상적으로 나이가 계산되며, 수식 입력줄의 수식을 보면 E열과 동일한 수식으로 정의된 이름인 [왼쪽셀]이 사용된 것을 확인할 수 있습니다. 이렇게 하면 셀 주소를 사용할 때보다 좀 더 수식을 이해하기 쉽습니다.

사번	이름	생년월일	나이	사번	이름	생년월일	나이
CS-180268	박지훈	1977-11-15	44	CS-180104	한경수	1997-07-23	24
CS-170135	유준혁	1984-11-28	37	CS-190359	강호연	1986-11-28	35
CS-180144	이서연	1987-09-04	34	CS-190652	허영원	1988-04-16	33
CS-180534	김민준	1990-05-26	31	CS-180638	서보연	1997-05-30	24
CS-180920	최서현	1993-06-15	28	CS-170631	천보람	1994-08-19	27
CS-170278	박현우	1991-03-29	30				
CS-180452	정시우	1995-02-23	26				

02 13 3차원 참조를 이름 정의해 설문지 집계하기

예제 파일 PART 01 \ CHAPTER 02 \ 이름 정의-3차원 참조.xlsx

3차원 참조란?

참조는 다른 위치의 셀 데이터를 가져다 사용하는 방법인데, 엑셀에서는 **여러 시트의 동일한 위치**를 참조할 수 있습니다. 예를 들어 [Sheet1], [Sheet2], [Sheet3] 시트의 [A1] 셀을 모두 더해야 한다면 수식을 다음과 같이 구성합니다.

```
=SUM(Sheet1!A1, Sheet2!A1, Sheet3!A1)
```

위 수식의 참조는 각각의 시트만 다르고 모두 [A1] 셀을 참조합니다. [A1:A10] 범위처럼 연속된 범위를 참조할 때 사용하는 콜론(:)을 시트를 참조하는 데 적용한 개념이 **3차원 참조**입니다.

즉, 연속된 모든 시트의 동일한 셀(또는 범위)을 참조하려면 다음 방법을 사용할 수 있습니다.

```
=첫번째시트:마지막시트!셀 주소
```

그러므로 위에서 설명한 수식은 다음과 같이 변경할 수 있습니다.

```
=SUM(Sheet1:Sheet3!A1)
```

이렇게 하면 수식을 좀 더 간결하고 이해하기 쉽게 작성할 수 있습니다. 3차원 참조 역시 이름으로 정의해 사용할 수 있으며, 이름으로 정의하면 좀 더 간결하게 수식을 작성할 수 있어 편리합니다.

따라 하기

3차원 참조를 이용해 여러 시트의 설문지를 간단하게 집계해보겠습니다.

01 예제를 열고, [설문지1] 시트 탭을 선택하면 다음과 같은 설문 결과를 확인할 수 있습니다.

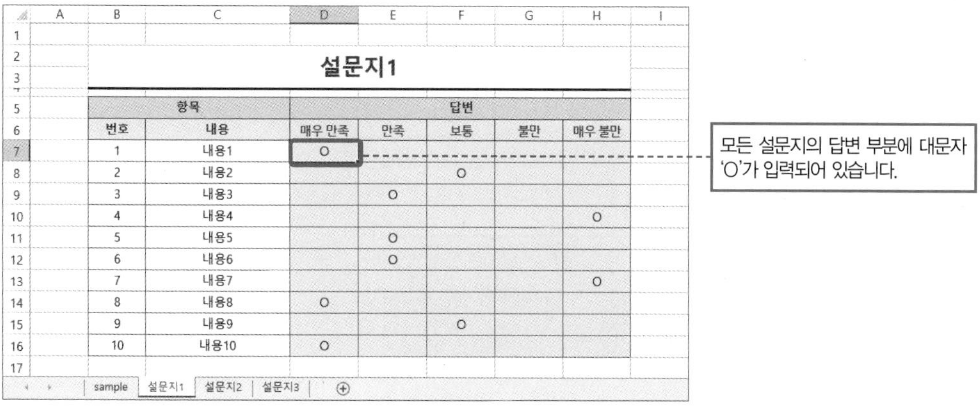

TIP [설문지2], [설문지3] 시트에도 동일한 양식이며 답변 부분만 다릅니다.

02 [sample] 시트 탭을 선택하고 설문 결과를 집계합니다.

03 설문지 시트의 양식은 모두 동일하므로 집계할 범위를 3차원 방식으로 이름을 정의합니다.

04 [D7] 셀을 선택하고, 리본 메뉴의 [수식] 탭–[정의된 이름] 그룹–[이름 정의]를 클릭합니다.

05 [새 이름] 대화상자가 표시되면 아래와 같이 설정하고 [확인]을 클릭합니다.

이름 : 선택항목

참조 대상 : =설문지1:설문지3!D7

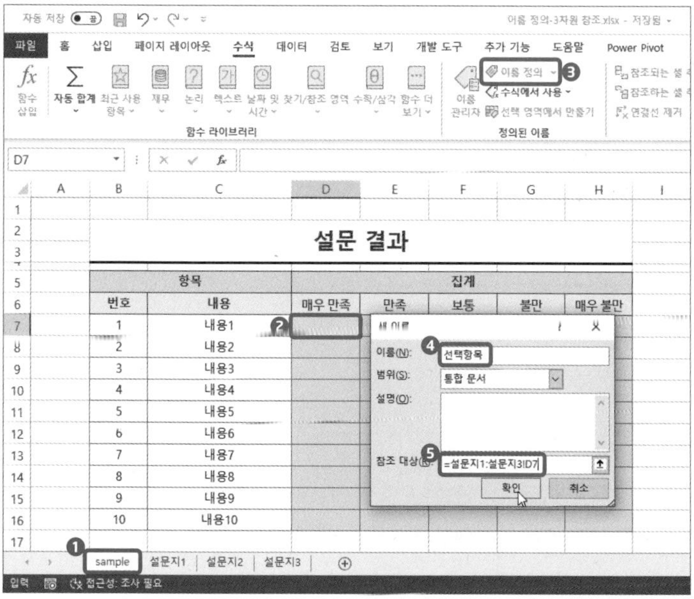

06 정의된 이름을 사용해 설문 결과를 집계합니다.

07 [D7] 셀에 다음 수식을 입력합니다.

[D7] 셀 : =COUNTA(선택항목)

08 [D7] 셀의 채우기 핸들을 [H7] 셀까지 드래그합니다.

09 바로 채우기 핸들을 16행까지 드래그해 수식을 복사합니다.

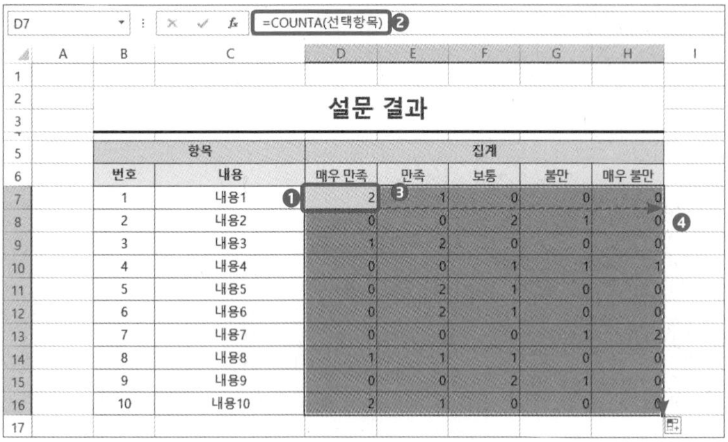
D7
=COUNTA(선택항목)
설문 결과
항목
집계
번호 내용 매우 만족 만족 보통 불만 매우 불만
1 내용1 2 1 0 0 0
2 내용2 0 0 2 1 0
3 내용3 1 2 0 0 0
4 내용4 0 0 1 1 1
5 내용5 0 2 1 0 0
6 내용6 0 2 1 0 0
7 내용7 0 0 0 1 2
8 내용8 1 1 1 0 0
9 내용9 0 0 2 1 0
10 내용10 2 1 0 0 0

10 집계 결과를 백분율로 변경하려면 [D7] 셀의 수식을 다음과 같이 수정합니다.

[D7] 셀 : =COUNTA(선택항목)/SHEETS(선택항목)

11 **08–09** 과정을 참고해 수식을 그대로 복사합니다.

12 리본 메뉴의 [홈] 탭–[표시 형식] 그룹–[백분율 스타일%]을 클릭해 백분율로 확인합니다.

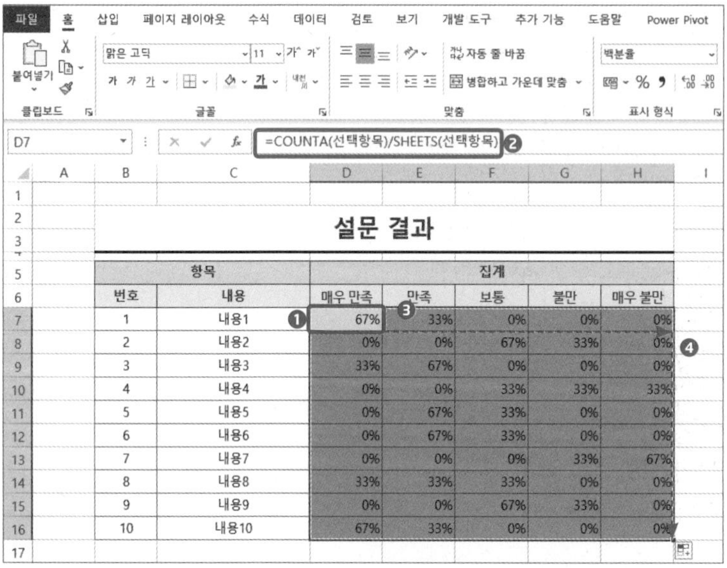

13 백분율을 시각적으로 확인하려면 [조건부 서식]을 이용하면 편리합니다.

14 [D7:H16] 범위를 선택하고, 리본 메뉴의 [홈] 탭–[스타일] 그룹–[조건부 서식]을 클릭합니다.

15 [색조]–[녹색–흰색 색조]를 선택합니다.

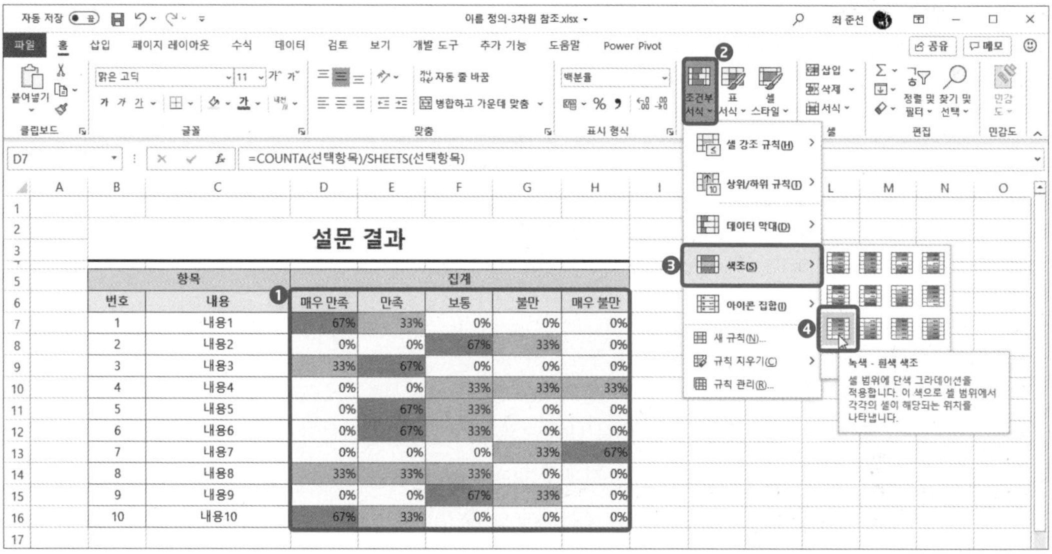

이름 정의

02 14 에러가 발생한 이름 찾아 삭제하기

예제 파일 PART 01 \ CHAPTER 02 \ 이름 정의-에러.xlsx

이름에는 왜 에러가 발생할까?

대부분 이름을 정의할 때 특정 셀(또는 범위)을 대상으로 참조합니다. 이렇게 이름 정의해 사용하는 수식은 처음엔 아무런 문제가 없지만 시간이 흐르고 사용자가 바뀌면 문제가 하나씩 발생할 수 있습니다. 예를 들어 전임자가 참조를 위해 만들어놓은 시트나 입력해놓은 데이터를 후임자가 어디서 사용하는지 모르고 삭제하는 경우가 종종 있습니다.

만약 이름에서 참조하는 시트(또는 셀)를 삭제하면 정의한 이름에 #REF! 에러가 발생하게 됩니다. 이름은 워크시트에서 바로 확인이 되지 않으므로, 사용자는 파일에 어떤 문제가 발생하는지 알 수 없게 됩니다.

문제가 발생한 이름이 엑셀 파일에 쌓이게 되면 이름 정의 기능을 지속적으로 활용하기 어려워지고 프로그램 속도도 떨어집니다. 그러므로 에러가 발생한 이름이 존재한다면 이를 수정하거나 깔끔하게 삭제하고 다시 이름을 정의해 사용하는 것이 좋습니다.

따라 하기

파일 내 에러가 발생한 이름을 확인하고 이를 삭제하는 작업을 진행합니다. 아래 과정을 참고합니다.

01 예제를 열고, 리본 메뉴의 [수식] 탭-[정의된 이름] 그룹-[이름 관리자]를 클릭합니다.

02 [이름 관리자] 대화상자에서 #REF! 에러가 발생한 몇몇 이름을 바로 확인할 수 있습니다.

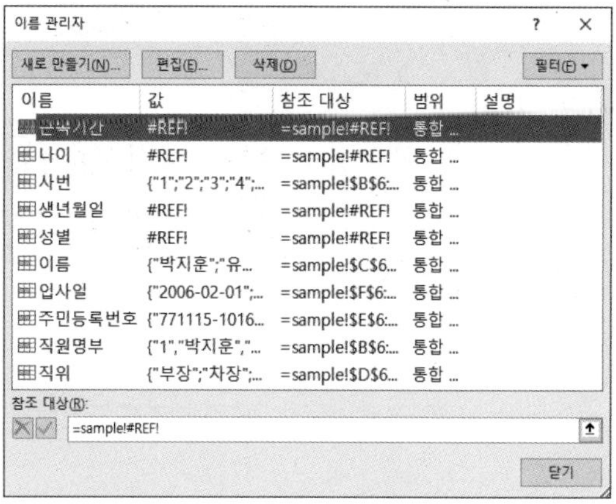

03 [이름 관리자] 대화상자에서 에러가 발생한 이름만 표시되도록 합니다.

04 [이름 관리자] 대화상자의 [필터]를 클릭하고 [오류가 있는 이름]을 선택합니다.

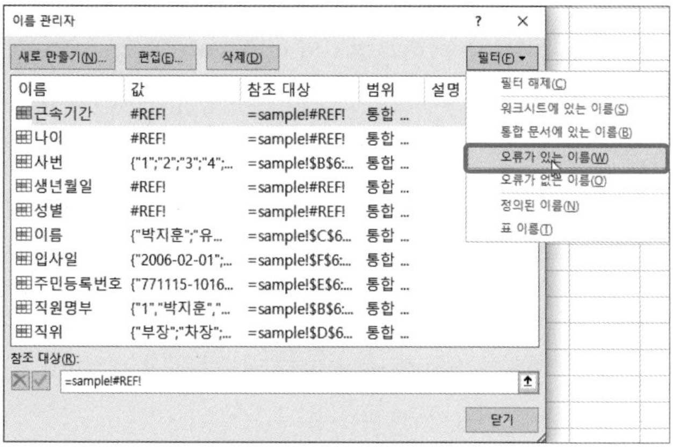

05 수식 에러가 발생한 이름만 목록에 표시됩니다.

06 목록의 첫 번째 이름을 선택하고 Shift 를 누른 상태에서 마지막 이름을 선택합니다.

07 [삭제]를 클릭하면 에러가 발생한 이름이 모두 삭제됩니다.

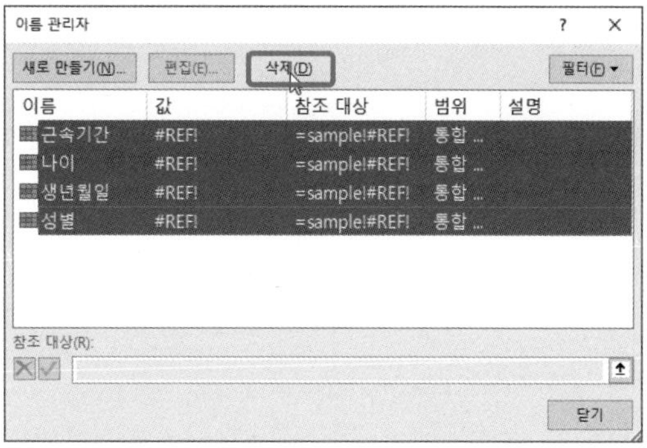

08 [닫기]를 클릭해 [이름 관리자] 대화상자를 닫습니다.

이름 정의

02 15

이름 중복이 발생하는 원인과 해결 방법

예제 파일 PART 01 \ CHAPTER 02 \ 이름 정의–중복.xlsx

이름 중복 원인

엑셀에서는 시트를 복사해 사용할 수 있습니다. 만약 복사할 시트에 이름이 정의되어 있고, 동일한 파일 내에서 시트를 복사할 경우 정의되어 있는 이름도 함께 복사됩니다. 이때 복사된 이름은 기존 이름과 동일한 이름을 사용하게 되어 이름이 중복됩니다. 이때 중복된 이름은 복사된 시트에서만 사용할 수 있도록 사용 범위가 제한됩니다.

엑셀 사용자가 시트를 여러 번 반복해서 복사하면 중복된 이름이 계속해서 쌓이게 되어 처리 속도가 떨어집니다. 또한 사용하지 않는 시트를 지우는 과정에서 에러가 발생하는 이름이 생기는 등 악순환이 일어납니다.

그러므로 이름을 사용 중인 시트를 복사해 사용하려면 시트를 직접 복사하기보다 시트를 새로 생성하고 원본 시트에서 사용하려는 범위만 복사/붙여넣기를 사용하는 것이 좋습니다.

따라 하기

시트를 복사하면 이름이 중복되는지 확인합니다.

01 예제를 열고 이름 상자 우측의 더 보기[▾]를 클릭하면 [급여] 이름을 확인할 수 있습니다.

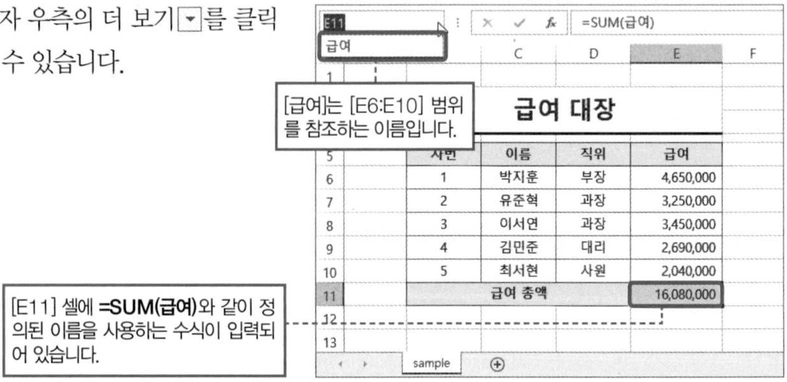
E11
급여
=SUM(급여)
[급여]는 [E6:E10] 범위를 참조하는 이름입니다.
급여 대장
사번 이름 직위 급여
1 박지훈 부장 4,650,000
2 유준혁 과장 3,250,000
3 이서연 과장 3,450,000
4 김민준 대리 2,690,000
5 최서현 사원 2,040,000
급여 총액 16,080,000
[E11] 셀에 =SUM(급여)와 같이 정의된 이름을 사용하는 수식이 입력되어 있습니다.
sample

02 이름이 포함된 시트를 복사하고 이름이 중복되는지 확인합니다.

03 시트 탭에서 마우스 오른쪽 버튼을 클릭하고 [이동/복사]를 선택합니다.

04 [이동/복사] 대화상자에서 [복사본 만들기]를 체크하고 [확인]을 클릭합니다.

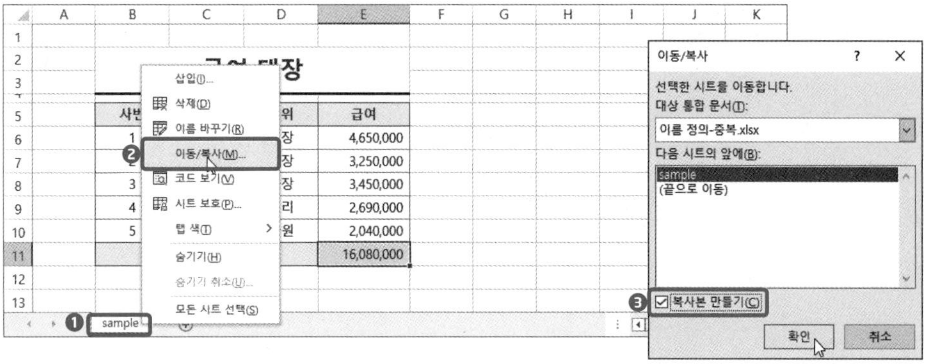

05 [이동/복사] 대화상자가 닫히면 [sample (2)] 복사본 시트가 생성됩니다.

06 리본 메뉴의 [수식] 탭–[정의된 이름] 그룹–[이름 관리자]를 클릭합니다.

07 목록에 [급여] 이름이 두 개 존재합니다.

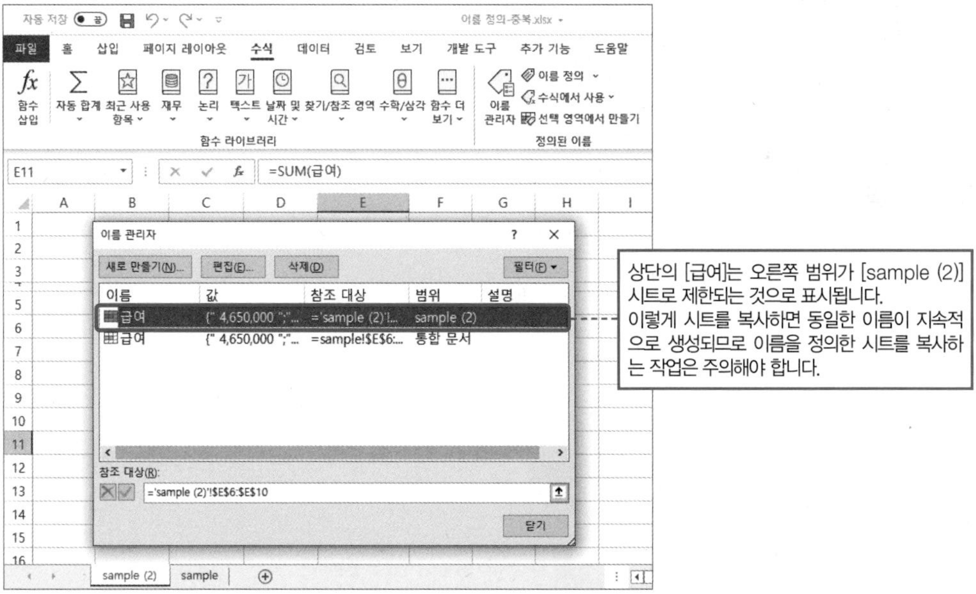

08 [닫기]를 클릭해 [이름 관리자] 대화상자를 닫습니다.

09 [sample (2)] 시트의 [급여] 범위를 임의의 값으로 모두 수정합니다.

10 [E11] 셀을 선택해 수식을 확인합니다.

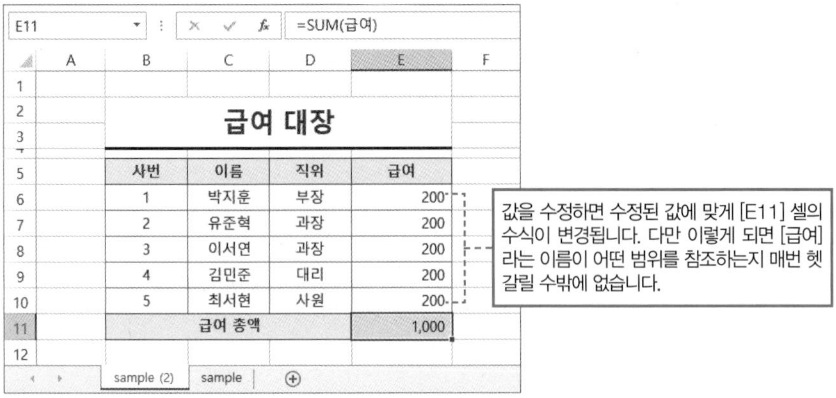

E11
=SUM(급여)
급여 대장
사번 이름 직위 급여
1 박지훈 부장 200
2 유준혁 과장 200
3 이서연 과장 200
4 김민준 대리 200
5 최서현 사원 200
급여 총액 1,000
sample (2) sample
값을 수정하면 수정된 값에 맞게 [E11] 셀의 수식이 변경됩니다. 다만 이렇게 되면 [급여]라는 이름이 어떤 범위를 참조하는지 매번 헷갈릴 수밖에 없습니다.

11 시트 탭에서 [새 시트⊕]를 클릭해 빈 시트를 하나 추가합니다.

12 [sample] 시트 탭을 선택한 후 [모두 선택◢]을 클릭해 시트 전체를 선택합니다.

13 단축키 Ctrl+C를 눌러 복사합니다.

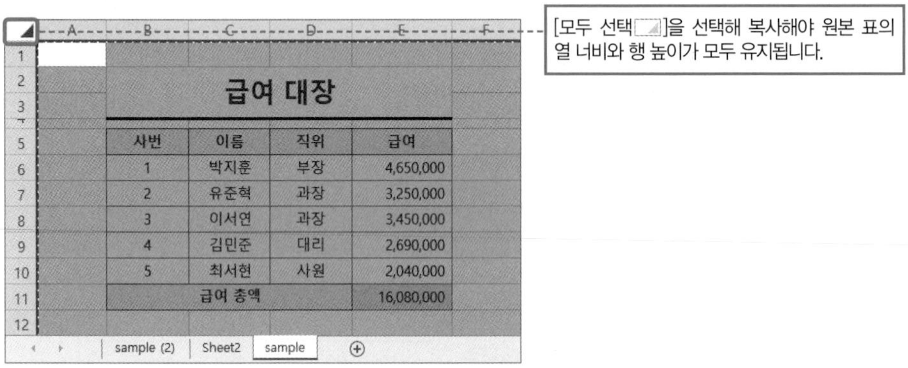

급여 대장
사번 이름 직위 급여
1 박지훈 부장 4,650,000
2 유준혁 과장 3,250,000
3 이서연 과장 3,450,000
4 김민준 대리 2,690,000
5 최서현 사원 2,040,000
급여 총액 16,080,000
sample (2) Sheet2 sample
[모두 선택◢]을 선택해 복사해야 원본 표의 열 너비와 행 높이가 모두 유지됩니다.

14 추가된 [Sheet2] 시트의 [A1] 셀을 선택하고 Ctrl+V를 눌러 붙여 넣습니다.

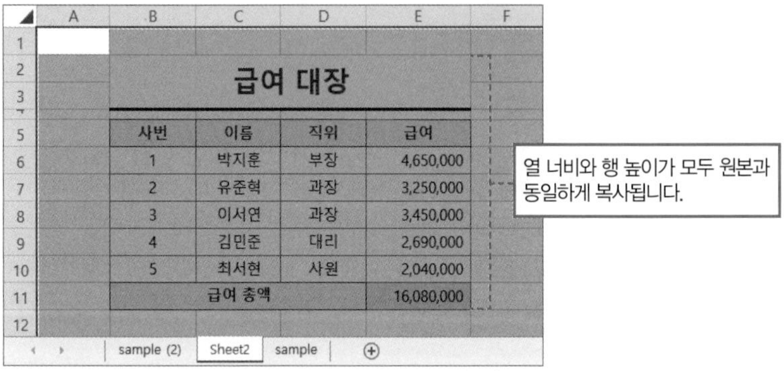

15 [E6:E10] 범위의 값을 고쳐도 [E11] 셀의 수식은 변경되지 않습니다.

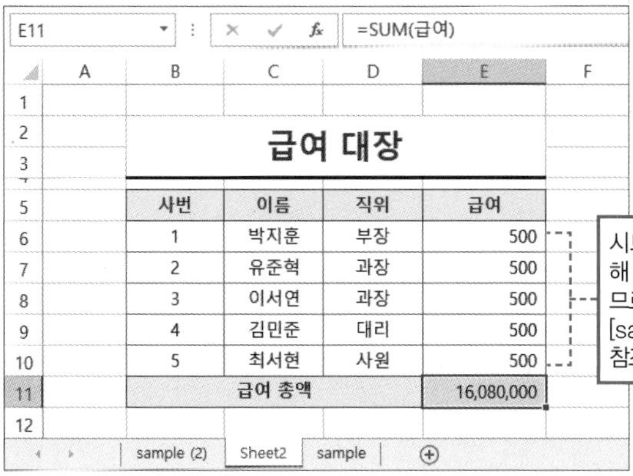
E11
=SUM(급여)
급여 대장
사번
이름
직위
급여
1 박지훈 부장 500
2 유준혁 과장 500
3 이서연 과장 500
4 김민준 대리 500
5 최서현 사원 500
급여 총액 16,080,000
sample (2)
Sheet2
sample

시트를 새로 생성하고 데이터 범위를 복사해 사용하면 이름이 복사되지 않습니다. 그러므로 [E11] 셀의 수식에서 [급여]라는 이름은 [sample] 시트의 [E6:E10] 범위를 계속해서 참조하게 됩니다.

엑셀 표

02 16 엑셀 표로 변환하기

예제 파일 PART 01 \ CHAPTER 02 \ 엑셀 표.xlsx

엑셀 표 변환

사용자가 만든 표의 관리를 엑셀이 하도록 만든 기능이 바로 **엑셀 표**입니다. 사용자가 만든 표를 엑셀 표로 변환하면 표에 추가하는 새로운 데이터를 엑셀이 자동으로 인식하여 표에 등록합니다. 인식한다는 표현이 아직 잘 이해되지 않는다면 다음 과정을 참고해 표를 변환해보세요!

01 예제 파일을 열고 [B5:D11] 범위의 표를 엑셀 표로 등록한 후 새로운 데이터를 추가합니다.

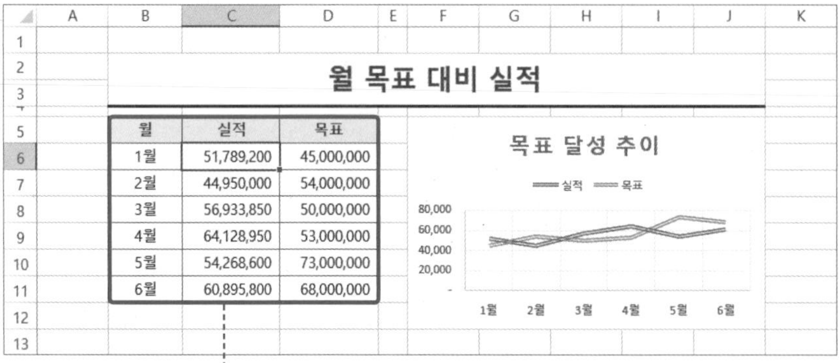

우리가 표라고 부르는 영역은 사용자가 임의로 관리해줘야 합니다. 데이터를 추가하면 배경 및 테두리 등 셀 서식을 다시 설정해야 하고, 오른쪽과 같은 차트를 생성해놓은 경우 차트의 범위를 새로 조정해 추가된 데이터 범위를 포함시켜야 차트에 추가된 데이터가 표시됩니다. 엑셀 표로 등록하면 이런 불편한 문제를 모두 해결할 수 있습니다.

02 엑셀 표로 변환하기 위해 표 내부의 셀을 하나 선택(화면에서는 [C6] 셀)합니다.

03 리본 메뉴의 [삽입] 탭-[표] 그룹-[표]를 클릭합니다.

04 [표 만들기] 대화상자가 표시되면 표 범위와 옵션을 확인하고 [확인]을 클릭합니다.

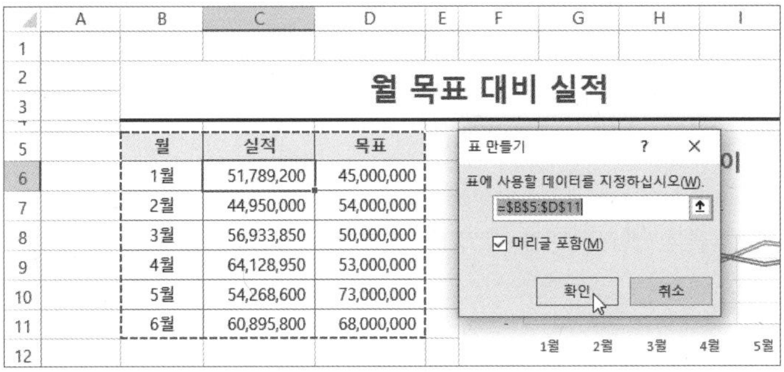

더 알아보기 [표 만들기] 대화상자 옵션 이해하기

[표 만들기] 대화상자는 표로 변환할 주소가 표시되는 영역과 [머리글 포함] 옵션이 제공됩니다. [머리글 포함]은 변환할 표 범위의 첫 번째 행에 입력된 값이 머리글(열의 제목)인지 확인하는 옵션입니다. 엑셀 표는 **머리글**을 이용해 범위를 참조하므로 열의 제목이 존재하는지가 매우 중요합니다.

변환할 표의 [B5:D11] 범위에서 [B5:D5] 범위는 각 열의 제목(머리글)이 입력되어 있으므로 [머리글 포함] 옵션을 반드시 체크해야 합니다. 만약 체크되지 않은 상태에서 [확인]을 클릭하면 다음과 같이 머리글이 강제로 삽입됩니다.

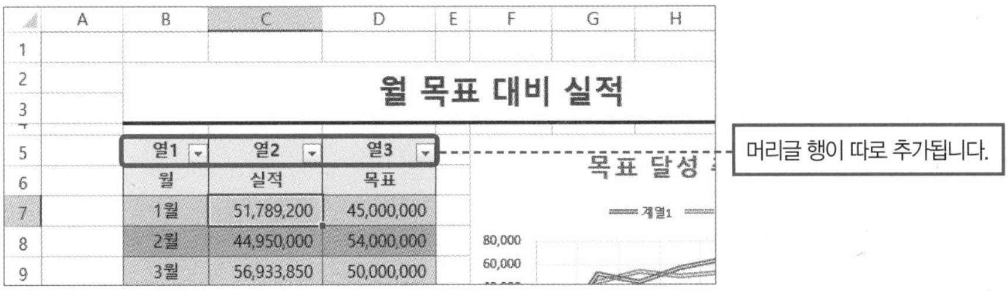

05 [표 만들기] 대화상자가 닫히면 표가 엑셀 표로 변환됩니다.

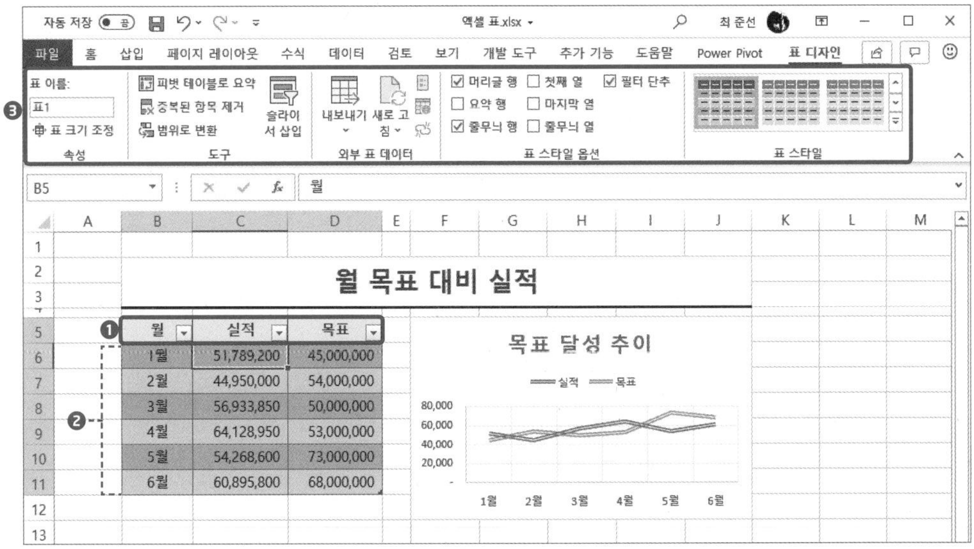

더 알아보기 **엑셀 표의 특징**

엑셀 표로 변환하게 되면 다음과 같은 세 가지 특징이 바뀝니다.

- 첫째, ❶에서 확인할 수 있는 것처럼 [자동 필터]가 적용됩니다.
- 둘째, ❷에서 확인할 수 있는 것처럼 표에 새로운 표 스타일이 적용됩니다.
- 셋째, ❸에서 확인할 수 있는 것처럼 리본 메뉴에 [표 디자인] 확장 탭이 표시됩니다.

  [표 디자인] 탭에는 엑셀 표에서 사용할 수 있는 다양한 명령이 제공됩니다. 엑셀 버전에 따라서 [표 도구]-[디자인] 탭으로 표시되기도 합니다.

06 다음 셀에 새로운 데이터를 입력하면 차트에 바로 반영됩니다.

[B12] 셀 : 7월

[C12] 셀 : 55000000

[D12] 셀 : 70000000

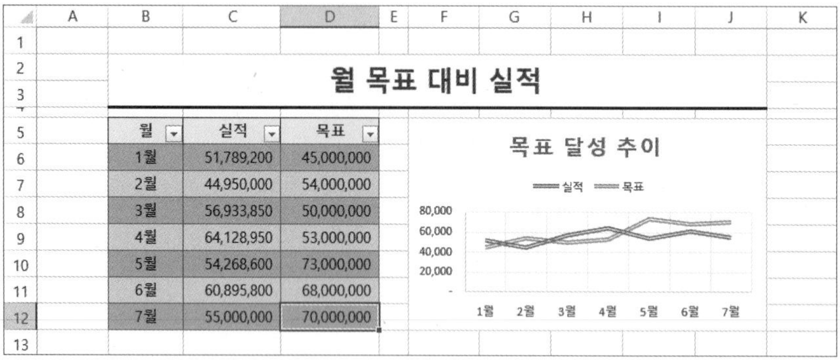

더 알아보기 **엑셀 표의 확장**

엑셀 표는 표 하단과 우측에 데이터를 추가하면 새로운 데이터를 자동으로 인식합니다. 따라서 추가된 데이터가 차트에 자동으로 표시됩니다. 만약 엑셀 표를 등록한 후 데이터를 추가해도 표 범위가 자동으로 확장되지 않는다면 이 책의 161페이지를 참고해 문제를 해결합니다.

엑셀 표 스타일

엑셀 표로 변환하면 표에 별도의 서식이 적용되는데, 이런 서식을 [표 스타일]이라고 합니다. 표를 엑셀 표로 변환하면 기본 표 스타일이 적용되고, 원한다면 다른 표 스타일로 변경할 수 있습니다. 엑셀 표를 선택하고 리본 메뉴의 [표 디자인] 탭–[표 스타일] 그룹–[빠른 갤러리]에서 원하는 표 스타일을 선택합니다.

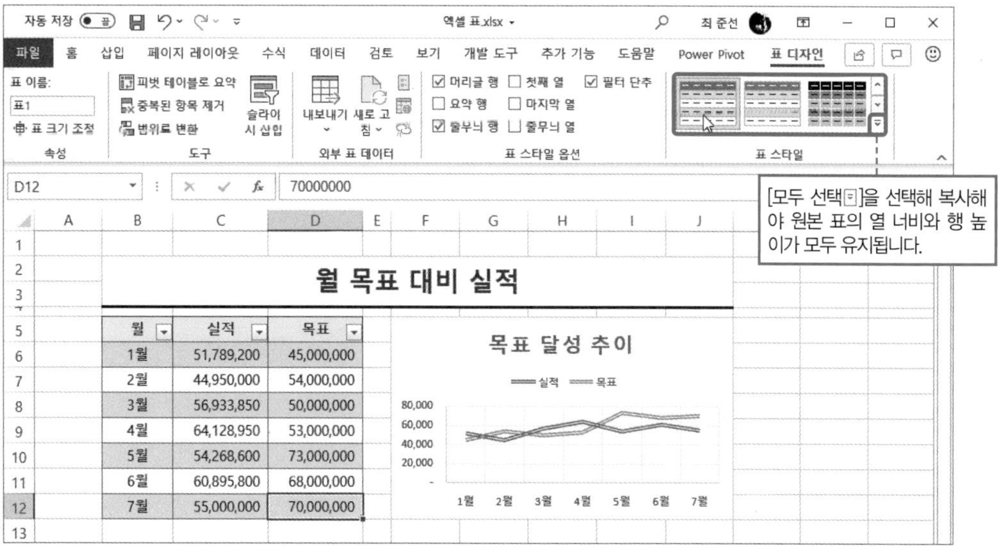

원하는 표 스타일을 다양하게 선택해보세요! 표 스타일은 사용자가 표에 새로운 데이터를 추가할 때 자동으로 표와 동일한 서식을 적용하여 표에 데이터가 추가되었다는 것을 시각적으로 표시해줍니다.

엑셀 표 스타일 제대로 적용하기

엑셀 표 스타일은 기존 표에 사용자가 서식을 지정하지 않은 부분에만 적용되므로 표 스타일이 깔끔하지 않게 느껴질 수 있습니다. 표 스타일만 적용하려면 사용자가 적용한 표 서식(테두리, 배경색)을 제거해줍니다. 가장 쉬운 방법은 표 내부 셀의 [셀 스타일]을 **[표준]**으로 변경하는 겁니다. ❶ [B5:D12] 범위를 선택하고 ❷ 리본 메뉴의 [홈] 탭-[스타일] 그룹-[셀 스타일]을 클릭한 후 ❸ [표준]을 클릭합니다.

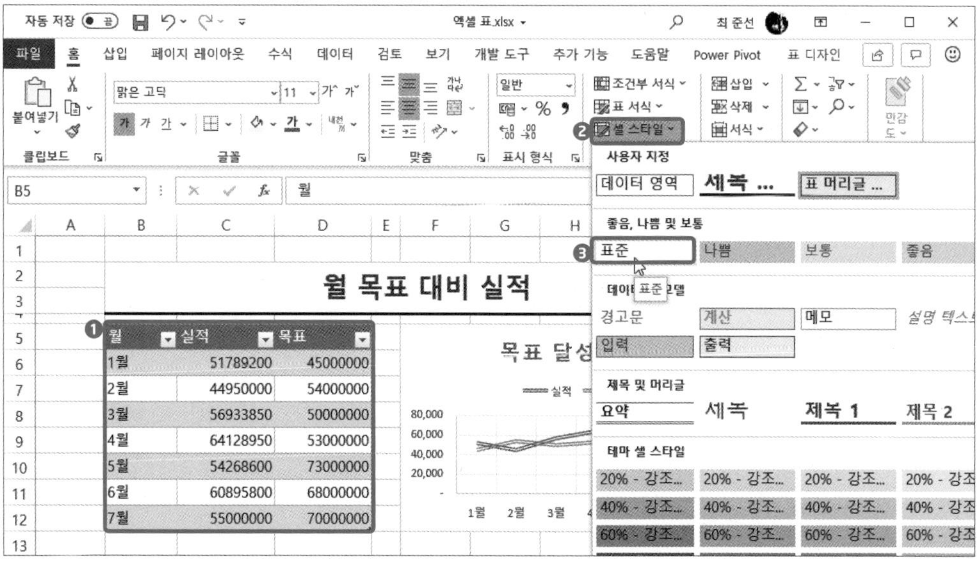

엑셀 표 스타일 적용하지 않기

엑셀 표 스타일을 적용하지 않으려면 [표 디자인] 탭–[표 스타일] 그룹–[빠른 갤러리]에서 [없음]을 선택합니다.

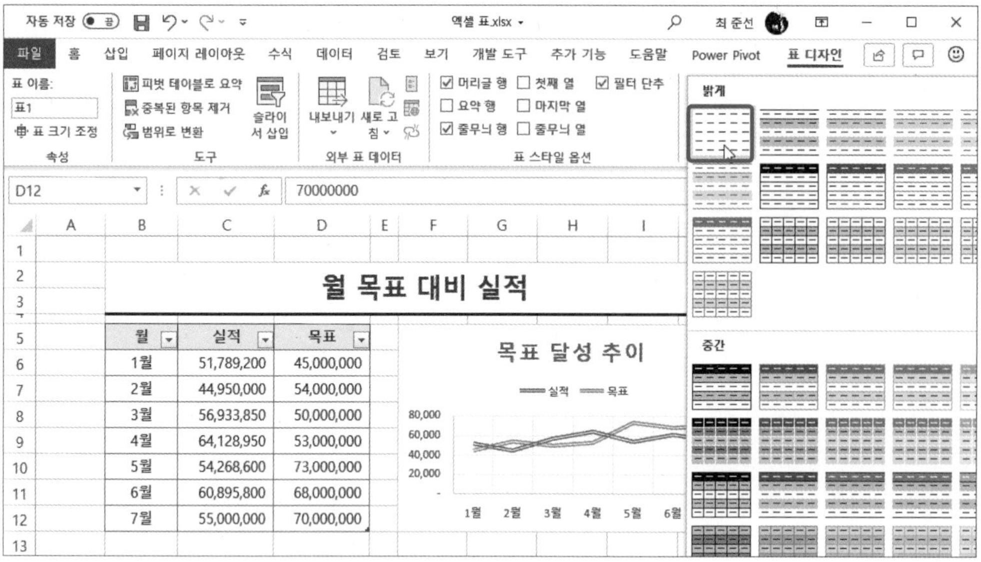

엑셀 표 변환 해제하기

엑셀 표로 변환한 후 엑셀 표를 다시 일반 표로 복원하는 방법은 간단합니다. 다음의 과정을 참고합니다. ❶ 표 내부의 셀을 하나 선택하고 ❷ 리본 메뉴의 [표 디자인] 탭–[도구] 그룹–[범위로 변환]을 클릭한 후 ❸ 메시지 창에서 [예]를 클릭합니다.

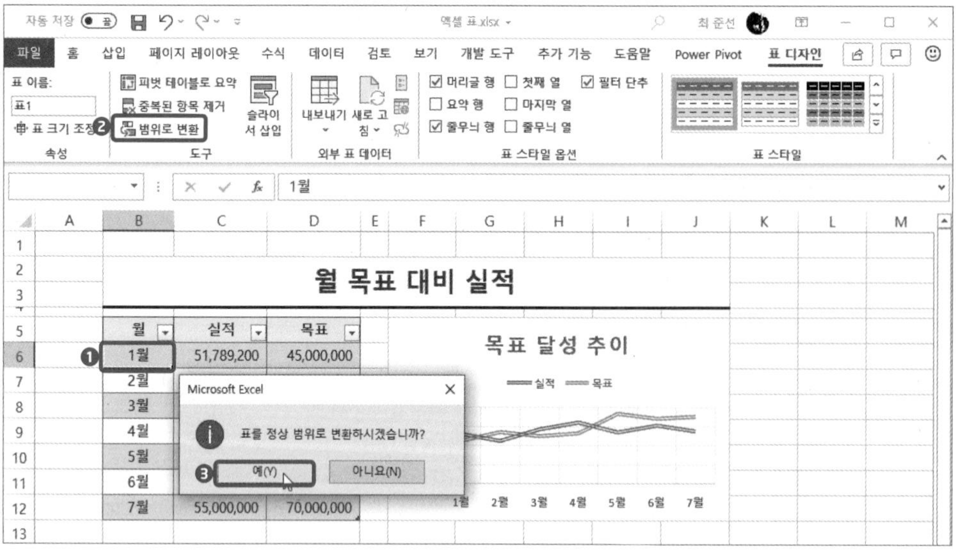

엑셀 표

02 17 계산된 열과 구조적 참조 이해

예제 파일 PART 01 \ CHAPTER 02 \ 구조적 참조.xlsx

계산된 열과 구조적 참조

엑셀 표로 변환하면 기존과 다른 몇 가지 특징적인 기능이 제공됩니다. 바로 계산된 열과 구조적 참조입니다.

계산된 열

엑셀 표에서 수식을 사용해 계산한 열을 **계산된 열**이라고 합니다. 계산된 열은 다음과 같은 특징을 갖습니다.

첫째, 첫 번째 셀에 수식을 입력하면 수식이 자동 복사됩니다.

둘째, 엑셀 표에 데이터를 추가하면 수식이 자동 복사됩니다.

구조적 참조

엑셀 표의 데이터 범위를 참조할 때는 셀 주소를 이용한 참조 방식이 사용되지 않습니다. 엑셀 표의 이름과 머리글을 이용해 반환됩니다.

일반 표	엑셀 표
A1:A10	[월]

이렇게 머리글과 표 이름을 이용한 참조 방식을 **구조적 참조**라고 합니다. 구조적 참조의 구문은 다음과 같습니다.

구문	설명
[열 머리글]	엑셀 표 내부에서 다른 열의 데이터 범위를 참조합니다.
[@열 머리글]	엑셀 2010 버전부터 지원되는 구조적 참조 구문으로, 참조할 열에서 수식을 입력하는 동일한 행 데이터만 참조합니다.
표 이름[열 머리글]	엑셀 표 외부에서 엑셀 표의 특정 열 데이터 범위를 참조합니다.

LINK 좀 더 자세한 구문 설명은 이 책의 147페이지를 참고합니다.

엑셀 표 이름

엑셀 표는 변환되면 바로 표 이름이 자동으로 부여됩니다. 표 이름은 변환한 순서대로 [표1], [표2], …와 같은 이름이 붙습니다. 표 이름은 리본 메뉴의 [표 디자인] 탭-[속성] 그룹-[표 이름]에서 확인하고 수정할 수 있습니다. 표 이름을 수정할 경우에는 이름 정의 규칙과 동일한 규칙의 영향을 받습니다.

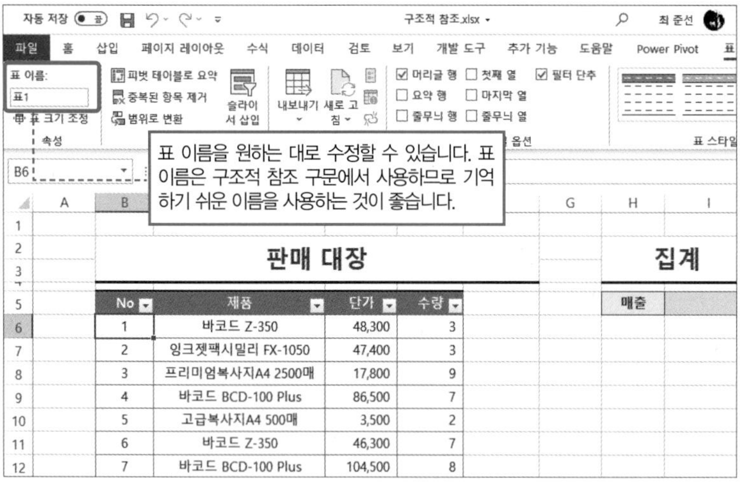

TIP 표 이름을 잊지 않으려면 표 이름을 시트 탭의 이름과 동일하게 설정하는 것이 좋습니다.

LINK 이 책의 104페이지에서 이름 정의 시 지켜야 할 규칙을 확인 할 수 있습니다.

따라 하기

엑셀 표에서 새로운 열을 추가하고 수식을 사용해 계산된 열을 추가합니다. 다음의 과정을 통해 계산된 열을 사용하는 방법과 구조적 참조에 대해 이해할 수 있습니다.

01 예제를 열고, 왼쪽의 표에 새로운 계산 열을 추가한 후 오른쪽 열에서 계산된 열을 집계합니다.

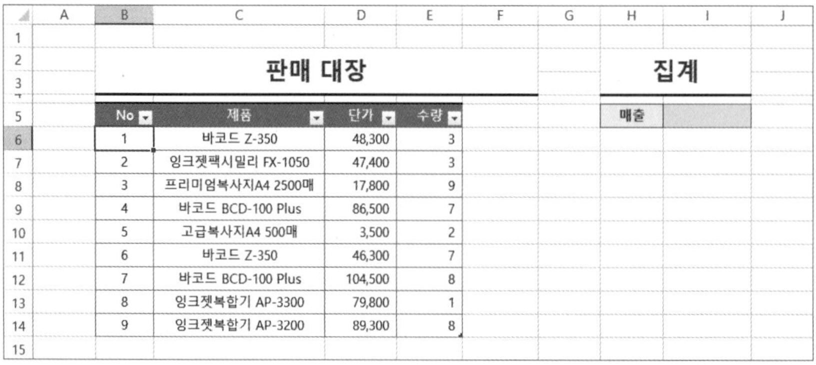

판매 대장
집계
No
제품
단가
수량
매출
1 바코드 Z-350 48,300 3
2 잉크젯팩시밀리 FX-1050 47,400 3
3 프리미엄복사지A4 2500매 17,800 9
4 바코드 BCD-100 Plus 86,500 7
5 고급복사지A4 500매 3,500 2
6 바코드 Z-350 46,300 7
7 바코드 BCD-100 Plus 104,500 8
8 잉크젯복합기 AP-3300 79,800 1
9 잉크젯복합기 AP-3200 89,300 8

02 먼저 엑셀 표의 이름을 변경하기 위해 엑셀 표 내부의 셀을 하나 선택(예제에서는 [B6] 셀)합니다.

03 리본 메뉴의 [표 디자인] 탭–[속성]–[표 이름]을 **판매대장**으로 변경합니다.

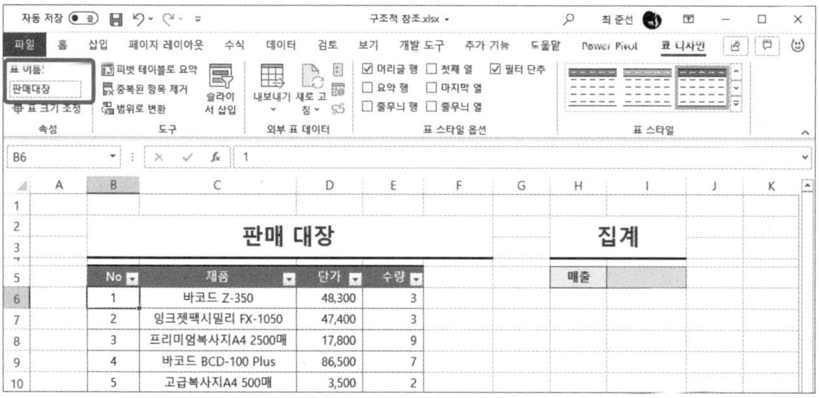
구조적 참조.xlsx
표 이름:
판매대장
B6
판매 대장
집계
No
제품
단가
수량
매출
1 바코드 Z-350 48,300 3
2 잉크젯팩시밀리 FX-1050 47,400 3
3 프리미엄복사지A4 2500매 17,800 9
4 바코드 BCD-100 Plus 86,500 7
5 고급복사지A4 500매 3,500 2

04 단가와 수량을 곱해 [판매가] 열을 추가합니다.

05 [F5] 셀에 머리글을 입력하고 [F6] 셀에 다음 수식을 입력합니다.

[F5] 셀 : 판매가

[F6] 셀 : =[@단가]*[@수량]

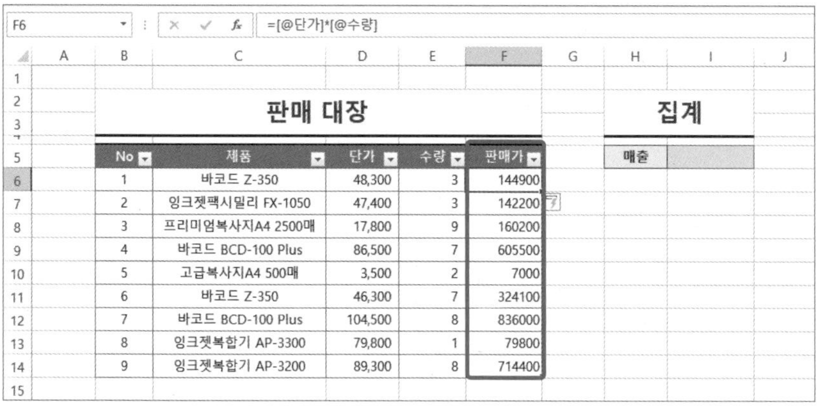
F6
=[@단가]*[@수량]
판매 대장
집계
No
제품
단가
수량
판매가
매출
1 바코드 Z-350 48,300 3 144900
2 잉크젯팩시밀리 FX-1050 47,400 3 142200
3 프리미엄복사지A4 2500매 17,800 9 160200
4 바코드 BCD-100 Plus 86,500 7 605500
5 고급복사지A4 500매 3,500 2 7000
6 바코드 Z-350 46,300 7 324100
7 바코드 BCD-100 Plus 104,500 8 836000
8 잉크젯복합기 AP-3300 79,800 1 79800
9 잉크젯복합기 AP-3200 89,300 8 714400

더 알아보기 **계산된 열과 구조적 참조**

[F6] 셀의 수식을 입력하는 과정에서 다른 열을 참조할 때 참조할 셀을 클릭하면 구조적 참조 구문이 자동으로 입력됩니다. [F6] 셀에 등호(=)를 입력하고 [D6] 셀을 마우스로 클릭하면 **=[@단가]**가 수식으로 입력됩니다.

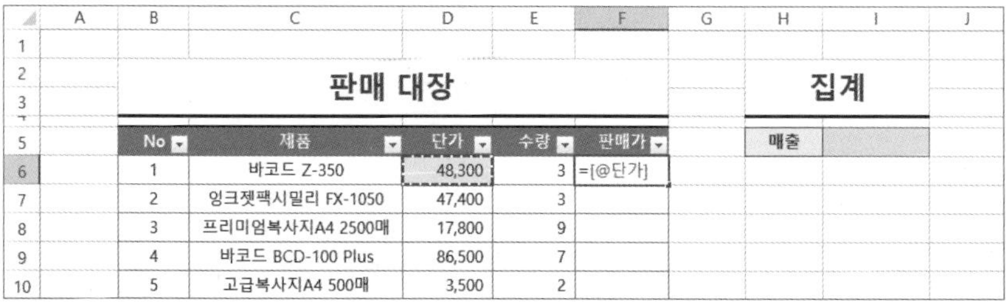

Ver. 엑셀 2007 버전에서는 다르게 입력됩니다. 해당 내용은 148페이지 설명을 참고합니다.

또는 등호(=)를 입력하고 **대괄호([)**를 입력하면 목록에서 현재 표의 머리글 중 하나를 선택할 수 있습니다.

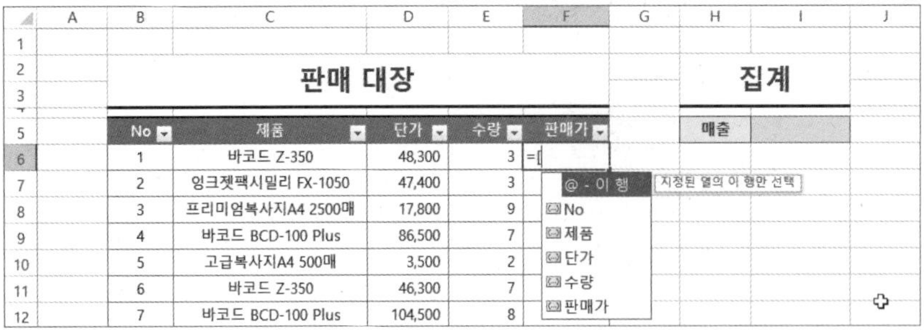

목록에서 [단가]를 선택하고 Tab 을 누르면 수식에 **=[단가**와 같이 참조됩니다. 대괄호를 닫아 참조를 완료합니다. 다만 이 방법은 엑셀 2019 버전까지는 문제가 없지만 마이크로소프트 365 버전에서는 다음과 같은 메시지 창이 표시됩니다.

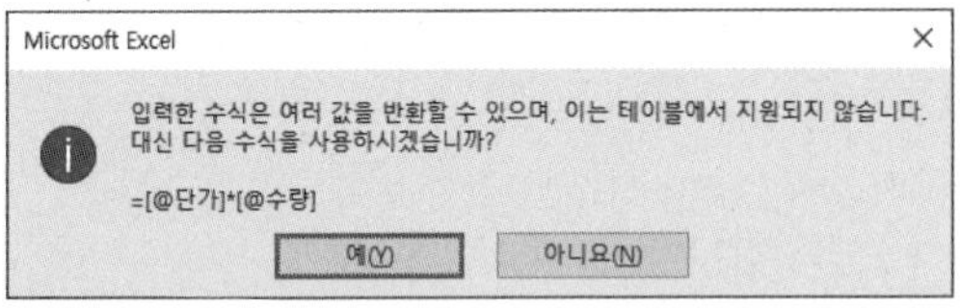

마이크로소프트 365 버전에서는 동적 배열을 지원하기 때문에 **=[단가]**와 같이 열 범위를 참조하는 방식은 지원하지 않습니다. 따라서 [예]를 클릭하면 **=[@단가]**와 같은 참조 방식으로 자동 변경됩니다.

참고로 계산된 열은 수식을 자동으로 복사해주므로 사용자가 별도로 수식을 복사하지 않아도 됩니다. 수식이 전체 열에 채워지면 자동 고침 옵션이 셀 우측 하단에 표시됩니다. 클릭하여 메뉴를 확인할 수 있습니다.

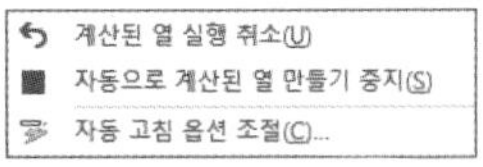

위 메뉴를 사용하는 방법은 아래 설명을 참고합니다.

메뉴	설명
계산된 열 실행 취소	수식이 자동으로 복사된 부분을 모두 취소하고, 현재 셀(F6)에만 수식을 유지시켜줍니다. 하나의 열에 여러 개의 수식을 넣어 사용하고 싶은 경우 사용합니다.
자동으로 계산된 열 만들기 중지	엑셀 표에서 수식을 입력할 때 자동으로 전체 열에 동일한 수식을 넣어주는 옵션을 해제합니다. 다시 계산된 열이 만들어지도록 하려면 [자동 고침 옵션 조절]을 클릭하고 [표에 수식을 채워 계산된 열 만들기]를 체크합니다.
자동 고침 옵션 조절	계산된 열이 동작되는 방식을 결정할 수 있습니다. 클릭하면 [자동 고침] 대화상자가 표시됩니다. 아래 옵션을 체크하거나 체크 해제합니다. 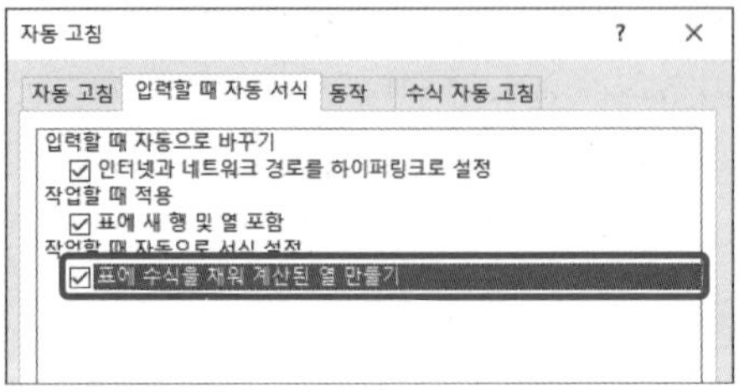

06 엑셀 표 외부에서 엑셀 표 내부의 열 데이터 범위를 집계합니다.

07 [I5] 셀을 선택하고 다음 수식을 입력합니다.

[I5] 셀 : =SUM(판매대장[판매가])

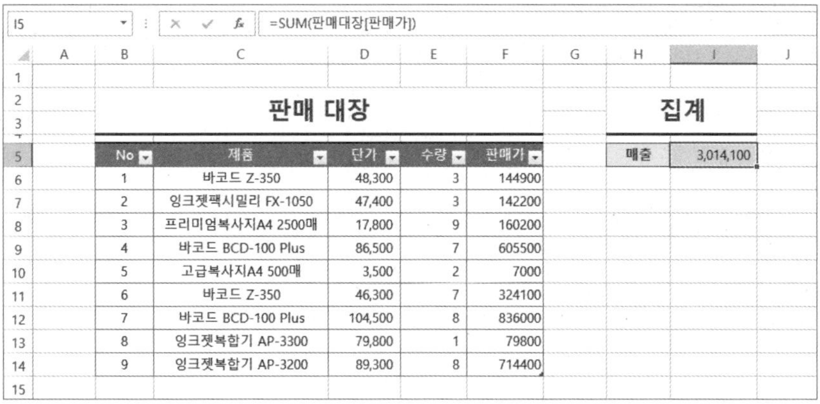

TIP =SUM(판매대장[판매가]) 수식은 [판매대장] 표에서 [판매가] 열의 숫자를 모두 더하라는 의미입니다.

더 알아보기 다른 표에서 엑셀 표 범위를 참조할 때 방법

엑셀 표 바깥에서 엑셀 표 내부의 범위를 참조할 때는 엑셀 표 이름을 먼저 입력해야 합니다. 다음 화면처럼 등호(=) 뒤에 **표 이름(판매대장)**을 입력하고 **대괄호([)**를 입력하면 해당 표에서 참조할 열을 고를 수 있습니다.

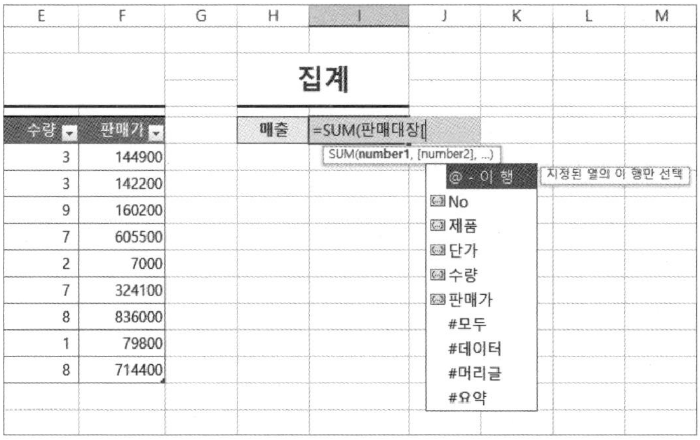

목록에서 [판매가] 열을 고른 다음 Tab 을 누르고 대괄호(])를 닫으면 쉽게 참조할 수 있습니다.

08 엑셀 표에 새로운 데이터를 추가해 계산된 열과 [I5] 셀의 수식 결과를 확인합니다.

09 [B15:E15] 범위에 임의의 값을 입력합니다.

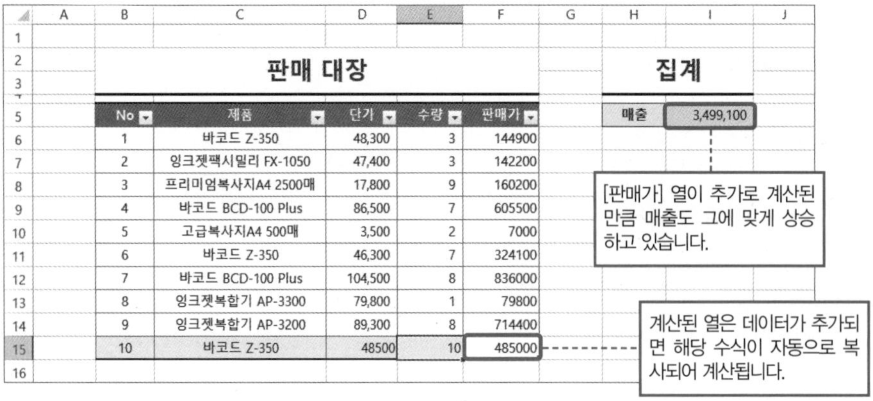

	A	B	C	D	E	F	G	H	I	J
1										
2		판매 대장						집계		
3										
5		No	제품	단가	수량	판매가		매출	3,499,100	
6		1	바코드 Z-350	48,300	3	144900				
7		2	잉크젯팩시밀리 FX-1050	47,400	3	142200				
8		3	프리미엄복사지A4 2500매	17,800	9	160200				
9		4	바코드 BCD-100 Plus	86,500	7	605500				
10		5	고급복사지A4 500매	3,500	2	7000				
11		6	바코드 Z-350	46,300	7	324100				
12		7	바코드 BCD-100 Plus	104,500	8	836000				
13		8	잉크젯복합기 AP-3300	79,800	1	79800				
14		9	잉크젯복합기 AP-3200	89,300	8	714400				
15		10	바코드 Z-350	48500	10	485000				
16										

[판매가] 열이 추가로 계산된 만큼 매출도 그에 맞게 상승하고 있습니다.
계산된 열은 데이터가 추가되면 해당 수식이 자동으로 복사되어 계산됩니다.

엑셀 표

02 18

다양한 구조적 참조 구문 이해

예제 파일 PART 01 \ CHAPTER 02 \ 구조적 참조-구문.xlsx

표 영역과 구조적 참조

구조적 참조는 엑셀 표의 범위를 **표 이름**과 **열 머리글**로 참조할 수 있도록 해줍니다. 단순하게 표의 열 데이터 범위를 참조하는 방법 외에도 다양한 표 범위를 참조할 수 있는 구문을 제공합니다.

엑셀 표는 다음과 같은 세 개의 영역으로 구성되어 있습니다.

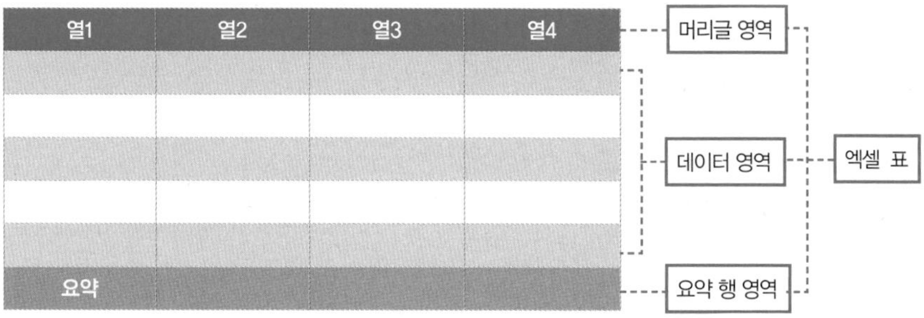

요약 행은 처음부터 표시되진 않습니다. 요약 행을 추가하려면 엑셀 표 내부의 셀을 하나 선택하고 리본 메뉴의 [표 디자인] 탭-[표 스타일 옵션] 그룹-[요약 행]에 체크해야 합니다.

엑셀 표의 구조적 참조 구문 중 자주 사용하는 구문은 아래 표에 정리되어 있습니다.

참조 영역	구문	설명
표 전체	표 이름[#모두]	엑셀 표 전체 범위를 참조합니다.
머리글 영역	표 이름[[#머리글], [열 머리글]]	엑셀 표의 머리글 영역에서 지정한 머리글이 입력된 셀을 참조합니다.
데이터 영역	[열 머리글]	엑셀 표에서 특정 열의 데이터 범위를 참조합니다.
	표 이름[열 머리글]	다른 표에서 엑셀 표의 특정 열 데이터 범위를 참조합니다.
	표 이름	다른 표에서 엑셀 표의 데이터 영역을 모두 참조합니다.
	[열 머리글]:[열 머리글]	엑셀 표에서 지정한 시작 열부터 마지막 열까지의 데이터 범위를 참조합니다.

참조 영역	구문	설명
데이터 영역	[@열 머리글]	[열 머리글] 구문과 유사하지만, 전체 데이터 범위를 참조하지 않고 수식이 입력된 같은 행의 셀 하나만 참조합니다. 이 구문은 엑셀 2010 버전부터 제공되며, 엑셀 2007 버전에서는 '표 이름[[#이 행], [열 머리글]]' 구문을 사용합니다.
요약 행	표 이름[[#요약], [열 머리글]]	엑셀 표의 요약 행 영역에서 지정한 열의 셀을 참조합니다.

TIP [#머리글], [#요약], [#모두] 구문은 항상 표 이름과 함께 사용해야 합니다.

따라 하기

01 예제를 열고 표 내부의 셀을 하나 선택(예제에서는 [B6] 셀)하고 Ctrl+A를 누릅니다.

02 이름 상자에서 표 이름(계약대장)을 확인할 수 있습니다.

03 요약 행을 추가하기 위해 [표 디자인] 탭–[표 스타일 옵션] 그룹–[요약 행]을 체크합니다.

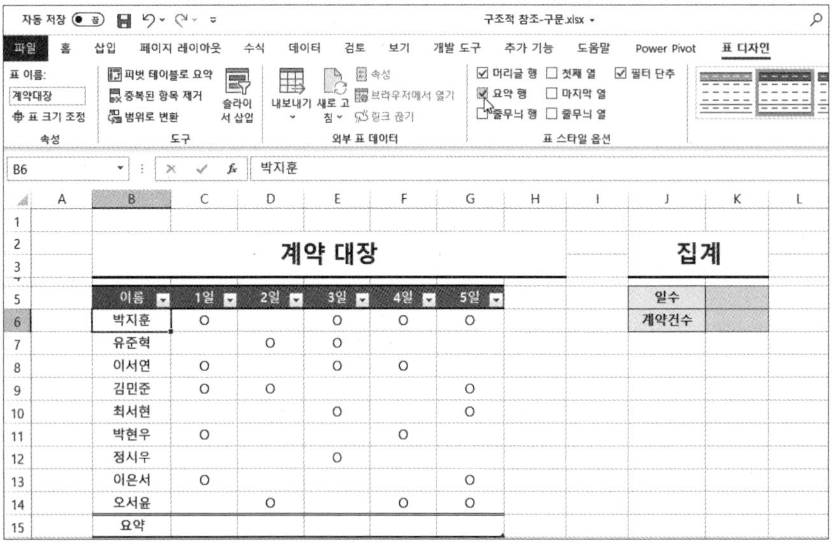

04 [C15] 셀을 선택하고 더 보기[▾]를 클릭한 후 집계 방법 중에서 [개수]를 선택합니다.

C15 =SUBTOTAL(103,[1일])

이름	1일	2일	3일	4일	5일
박지훈	O		O	O	O
유준혁		O	O		
이서연	O		O	O	
김민준	O	O			O
최서현			O		O
박현우	O			O	
정시우			O		
이은서	O				O
오서윤		O		O	O
요약	5				

더 알아보기 요약 행의 수식

[C15] 셀의 수식을 확인하면 SUBTOTAL 함수를 사용해 값을 요약합니다. SUBTOTAL 함수는 부분합을 계산할 때나 엑셀 표의 요약 행 등에서 사용되는 함수로, 화면에 표시된 데이터 범위의 집계 결과를 반환해줍니다.

LINK SUBTOTAL 함수의 자세한 사용 방법은 이 책의 511페이지에서 확인할 수 있습니다.

05 [C15] 셀의 채우기 핸들을 [G15] 셀까지 드래그해 일별 계약건수를 모두 구합니다.

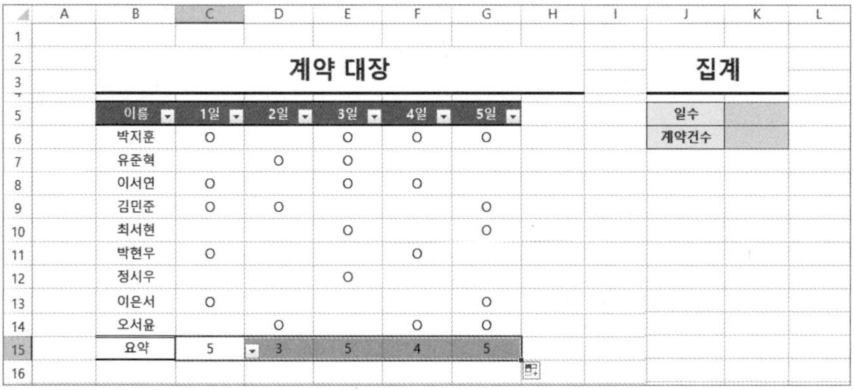

이름	1일	2일	3일	4일	5일
박지훈	O		O	O	O
유준혁		O	O		
이서연	O		O	O	
김민준	O	O			O
최서현			O		O
박현우	O			O	
정시우			O		
이은서	O				O
오서윤		O		O	O
요약	5	3	5	4	5

더 알아보기 복사된 수식과 참조 방식

[C15] 셀의 수식을 [G15] 셀까지 복사하면 해당 열의 계약건수가 제대로 집계됩니다. [G15] 셀을 더블클릭하면 다음 수식이 확인됩니다.

```
=SUBTOTAL(103,[5일])
```

[C15] 셀에서는 [1일] 열을 참조했는데, 수식을 열 방향(오른쪽)으로 복사하면 [1일]부터 [5일]까지로 참조되는 열이 바뀝니다.

06 영업사원별 계약건수를 집계하기 위해 새로운 계산 열을 추가합니다.

07 다음 각 셀에 머리글과 수식을 입력합니다.

[H5] 셀 : 계약

[H6] 셀 : =COUNTA([@1일]:[@5일])

더 알아보기 수식 이해하기

1일부터 5일까지 범위에서 문자가 입력된 개수를 세기 위해 COUNTA 함수를 사용합니다. COUNTA 함수에 사용된 구조적 참조 구문은 **[@1일]:[@5일]**로, [C6:G6] 범위를 의미합니다. 엑셀 2007 버전이라면 @을 사용하지 못하므로 **=COUNTA (계약대장[#이 행], [1일]:[5일])**과 같은 수식을 사용해야 합니다.

만약 [C6:G6] 범위를 드래그해 참조하면 참조 수식은 다음과 같습니다.

계약대장[@[1일]:[5일] 구문은 [계약대장] 엑셀 표에서 [1일]부터 [5일] 열까지의 범위에서 같은 행(@) 위치의 범위만 참조하라는 의미입니다. 이런 참조 방법에는 반드시 표 이름을 추가해야 합니다.

08 계약된 전체 건수를 요약 행에 표시합니다.

09 [H15] 셀을 선택하고 더 보기[▾]를 클릭한 후 합계를 선택합니다.

10 [K5:K6] 범위에 진행 일수와 계약건수를 집계합니다. 다음 각 셀에 수식을 입력합니다.

[K5] 셀 : =COUNTA(계약대장[#머리글])-2

[K6] 셀 : =계약대장[[#요약],[계약]]

이름	1일	2일	3일	4일	5일	계약
박지훈	O		O	O	O	4
유준혁		O	O			2
이서연	O		O	O		3
김민준	O	O			O	3
최서현			O		O	2
박현우	O			O		2
정시우			O			1
이은서	O				O	2
오서윤		O		O	O	3
요약	5	3	5	4	5	22

집계	
일수	5
계약건수	22

더 알아보기 수식 이해하기

- **[K5] 셀 : =COUNTA(계약대장[#머리글])-2**
  진행 일수를 알려면 [계약대장] 엑셀 표에서 [이름] 열과 [계약] 열만 빼면 되므로 전체 머리글 행에 입력된 셀 개수에서 2를 뺀 결과를 구합니다. 이렇게 해야 추후 추가되는 6일, 7일, …과 같은 일수를 정확하게 집계할 수 있습니다.
- **[K6] 셀 : =계약대장[[#요약],[계약]]**
  전체 계약건수는 **09** 과정에서 요약 행에 집계했으므로 이 값을 그대로 가져다 사용합니다. 만약 요약 행을 사용하지 않았다면 **=SUM(계약대장[계약])** 수식으로 대체합니다.

엑셀 표

02 19 구조적 참조와 참조 방식

예제 파일 PART 01 \ CHAPTER 02 \ 구조적 참조-혼합.xlsx

구조적 참조와 참조 방식

엑셀 표 범위를 참조할 때 구조적 참조를 사용합니다.

표 이름[급여]

구조적 참조 구문을 사용한 수식을 열 방향으로 복사하면 구조적 참조 구문에서 참조한 열이 변경됩니다. 수식을 행 방향으로 복사할 때는 참조한 열이 변경되지 않습니다. 이것으로 열 주소는 변경될 수 있고, 행 주소는 변경될 수 없는 혼합 참조 방식으로 참조된다는 것을 알 수 있습니다.

A$1:A$10

행 주소도 데이터가 추가되면 엑셀 표에 의해 강제로 변경되지만 기본적으로 혼합 참조 방식이라고 생각해야 수식을 복사할 때 문제가 발생하지 않습니다.

따라 하기

구조적 참조를 이용해 표 범위를 참조하고 이를 요약하는 작업을 통해 구조적 참조 구문의 참조 방식과 활용법에 대해 이해할 수 있습니다.

01 예제를 열고 왼쪽 엑셀 표를 참고해 제품별 입출고 현황을 집계합니다.

02 먼저 엑셀 표 이름을 확인합니다. [B6] 셀을 선택하고 Ctrl+A를 누릅니다.

03 이름 상자에서 표 이름(입출고대장)을 확인합니다.

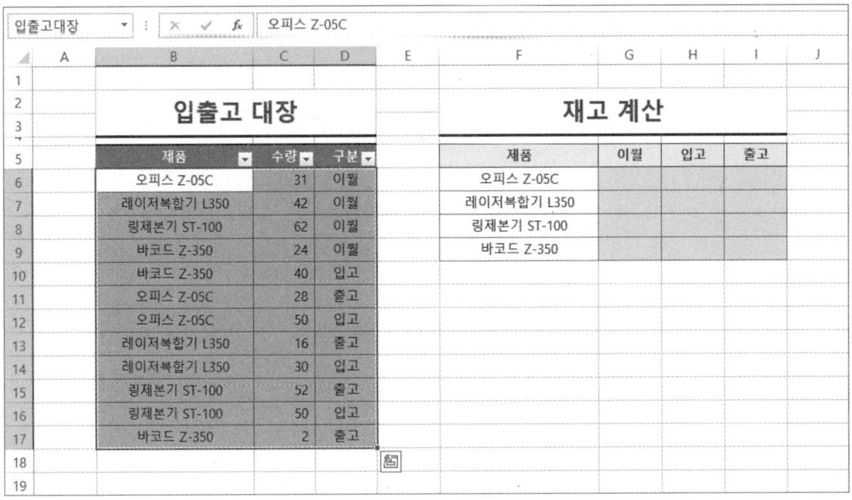

04 먼저 제품별 이월 수량을 집계합니다.

05 [G6] 셀을 선택하고 다음 수식을 입력합니다.

[G6] 셀 : =SUMIFS(입출고대장[수량], 입출고대장[제품], $F6, 입출고대장[구분], G$5)

LINK SUMIFS 함수에 대한 자세한 설명은 이 책의 414페이지를 참고합니다.

06 [G6] 셀의 채우기 핸들을 [G9] 셀까지 드래그해 복사합니다.

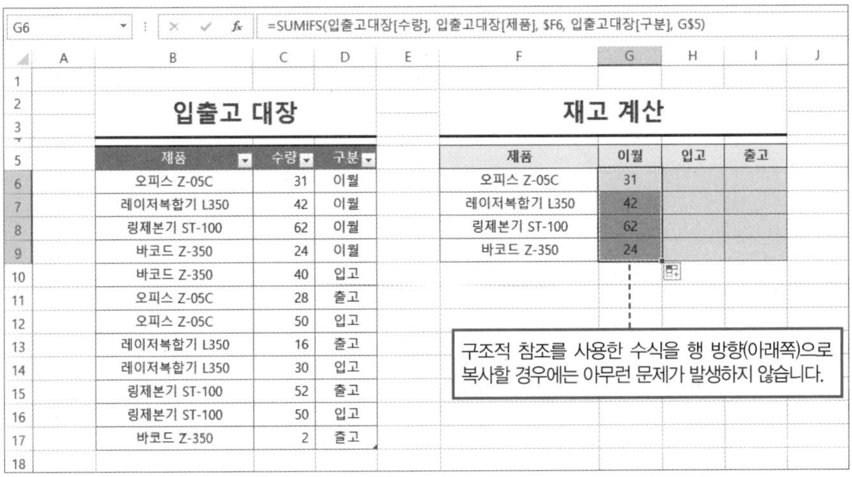

07 [G6:G9] 범위가 선택된 상태에서 채우기 핸들[ ]을 I열까지 드래그합니다.

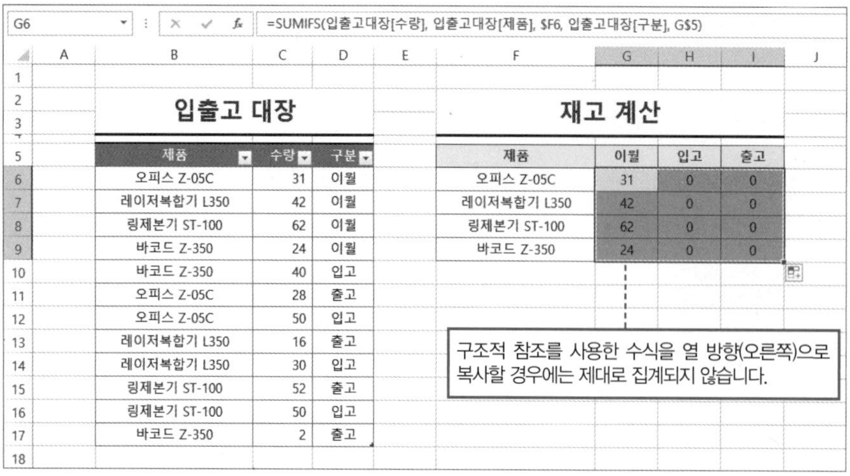
G6
=SUMIFS(입출고대장[수량], 입출고대장[제품], $F6, 입출고대장[구분], G$5)
입출고 대장
제품
수량
구분
오피스 Z-05C 31 이월
레이저복합기 L350 42 이월
링제본기 ST-100 62 이월
바코드 Z-350 24 이월
바코드 Z-350 40 입고
오피스 Z-05C 28 출고
오피스 Z-05C 50 입고
레이저복합기 L350 16 출고
레이저복합기 L350 30 입고
링제본기 ST-100 52 출고
링제본기 ST-100 50 입고
바코드 Z-350 2 출고
재고 계산
제품 이월 입고 출고
오피스 Z-05C 31 0 0
레이저복합기 L350 42 0 0
링제본기 ST-100 62 0 0
바코드 Z-350 24 0 0
구조적 참조를 사용한 수식을 열 방향(오른쪽)으로
복사할 경우에는 제대로 집계되지 않습니다.

더 알아보기 구조적 참조의 문제

복사된 수식의 결과가 0인 이유를 확인하기 위해 수식이 복사된 셀 중 [H6] 셀의 수식을 확인합니다.

```
=SUMIFS(입출고대장[구분], 입출고대장[수량], $F6, 입출고대장[제품], H$5)
```

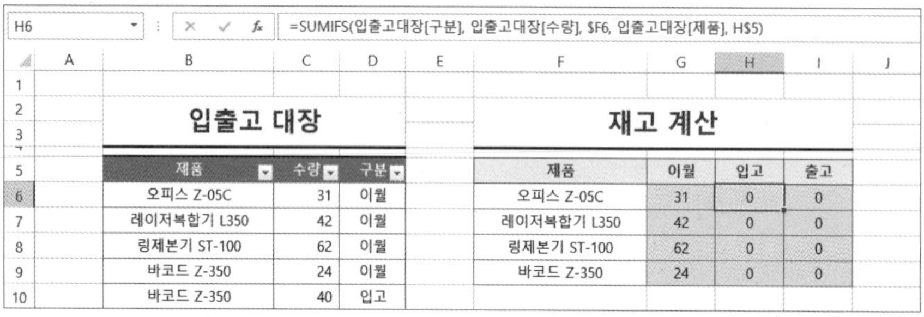
H6
=SUMIFS(입출고대장[구분], 입출고대장[수량], $F6, 입출고대장[제품], H$5)
입출고 대장
제품
수량
구분
오피스 Z-05C 31 이월
레이저복합기 L350 42 이월
링제본기 ST-100 62 이월
바코드 Z-350 24 이월
바코드 Z-350 40 입고
재고 계산
제품 이월 입고 출고
오피스 Z-05C 31 0 0
레이저복합기 L350 42 0 0
링제본기 ST-100 62 0 0
바코드 Z-350 24 0 0

위 수식을 살펴보면 [G6] 셀에서 작성한 수식에서 참조한 열 위치가 변경된 것을 확인할 수 있습니다. 정확하게는 SUMIFS 함수의 첫 번째 인수가 **[입출고대장[수량]]**이었다가 **[입출고대장[구분]]**으로 변경되었습니다. [구분] 열은 [수량] 열의 오른쪽 열로, 수식을 복사한 방향에 따라 변경된 것입니다. 수식을 복사하면 구조적 참조로 참조한 열이 고정되지 않고 변경됩니다. 그러므로 구조적 참조는 열 주소는 변경되고 행 주소만 고정되는 혼합 참조 방식(A$1)을 사용한다는 것을 이해할 수 있습니다.

08 구조적 참조를 하는 수식을 오른쪽으로 복사할 때 열 위치가 변경되지 않도록 합니다.

09 수식이 입력된 전체 범위(G6:I9)를 선택합니다.

10 [F2]를 눌러 셀을 편집 모드로 전환한 후 [Ctrl]+[Enter]를 눌러 수식을 입력합니다.

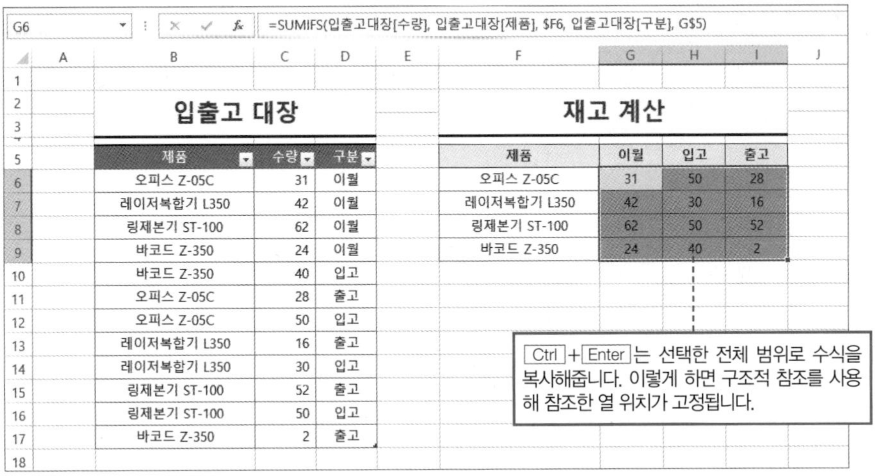

엑셀 표

0220 구조적 참조의 호환성 문제 해결 방법

예제 파일 PART 01 \ CHAPTER 02 \ 구조적 참조-호환.xlsx

구조적 참조를 사용하지 못하는 엑셀 기능

엑셀 표의 구조적 참조는 엑셀 2007 버전부터 제공되며, 엑셀의 모든 기능과 함께 사용할 수는 없습니다. 호환되지 않는 대표적인 엑셀 기능으로 데이터 유효성 검사가 있습니다. 이 기능을 사용할 경우에는 엑셀 표의 구조적 참조 구문을 사용해 범위를 참조할 수 없습니다.

구조적 참조 구문을 사용해 범위를 참조할 수 없다면 참조할 엑셀 표 범위를 이름으로 다시 정의해 사용합니다. 이름은 엑셀의 모든 기능에서 사용할 수 있으며, 엑셀 표 범위를 이름으로 정의하면 구조적 참조 구문을 사용해 참조되므로 엑셀 표의 장점을 그대로 활용할 수 있습니다.

따라 하기

구조적 참조를 이용해 엑셀 표 범위를 참조할 때 생기는 문제를 확인하고 이를 해결하는 방법을 배울 수 있습니다.

01 예제를 열고 오른쪽 신청자 명단을 왼쪽 표에 입력해보겠습니다.

더 알아보기 데이터 입력 작업 방법

전산을 이용하는 사용자라면 대부분 데이터 입력 작업을 할 때 콤보 상자 컨트롤과 같은 목록에서 값을 선택하는 방식을 선호합니다. 그러나 콤보 상자 컨트롤을 제대로 활용하려면 알아야 하는 내용이 많습니다.

그러므로 이번 예제에서는 엑셀에서 가장 쉽게 이런 작업을 할 수 있는 데이터 유효성 검사를 이용하는 방법에 대해 안내합니다. 다만 데이터 유효성 검사에 대한 자세한 내용은 이 책의 주제와는 맞지 않으므로, 데이터 입력 작업을 처리하는 방법에 대해서만 간략하게 설명합니다.

데이터 유효성 검사에 대해 자세하게 공부하려면 이 책의 시리즈인 《엑셀 바이블》(한빛미디어,2019)을 참고하시길 바랍니다.

02 오른쪽 엑셀 표의 이름을 확인하기 위해 [H6] 셀을 선택하고 단축키 Ctrl + A 를 누릅니다.

03 이름 상자에서 표 이름(신청자명단)을 확인할 수 있습니다.

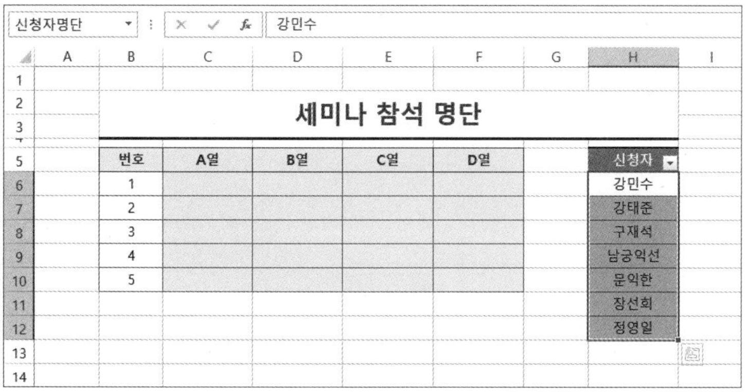

04 유효성 검사를 적용할 [C6:F10] 범위를 선택합니다.

05 [데이터] 탭–[데이터 도구] 그룹–[데이터 유효성 검사]를 클릭합니다.

06 [데이터 유효성] 대화상자의 [설정] 탭을 다음과 같이 설정하고 [확인]을 클릭합니다.

제한 대상 : 목록

원본 : =신청자명단[신청자]

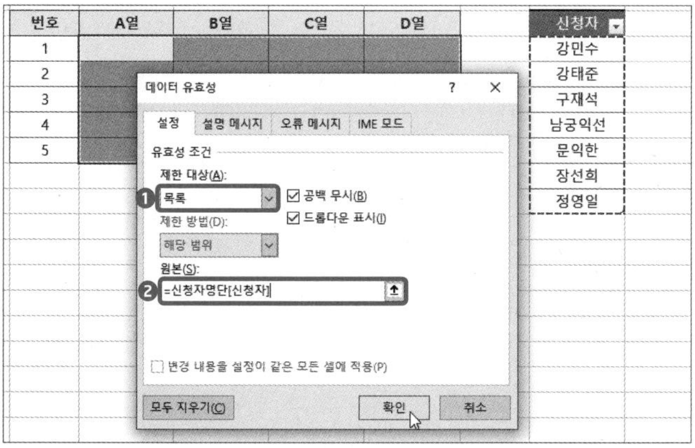

07 그러면 다음과 같은 에러 메시지 창이 표시됩니다.

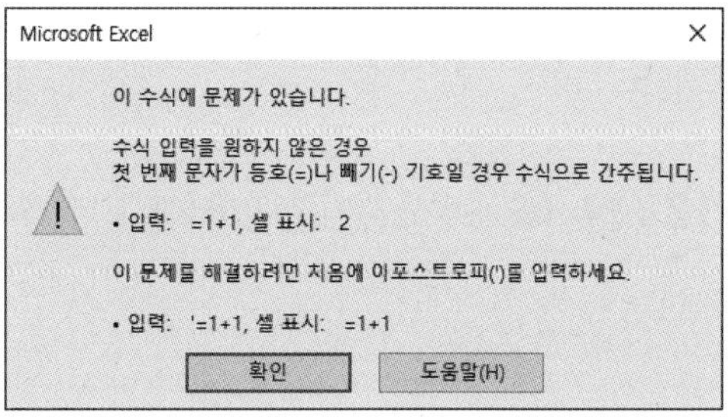

TIP 데이터 유효성 검사, 조건부 서식 등에서는 구조적 참조 구문을 인식하지 못합니다.

08 [확인]을 클릭해 에러 메시지 창을 닫습니다.

09 [취소]를 클릭해 [데이터 유효성] 대화상자도 닫습니다.

10 엑셀 표에서 참조할 범위를 이름으로 정의하기 위해 [H6:H12] 범위를 선택합니다.

11 이름 상자에 **신청자**를 입력하고 Enter 를 눌러 이름을 정의합니다.

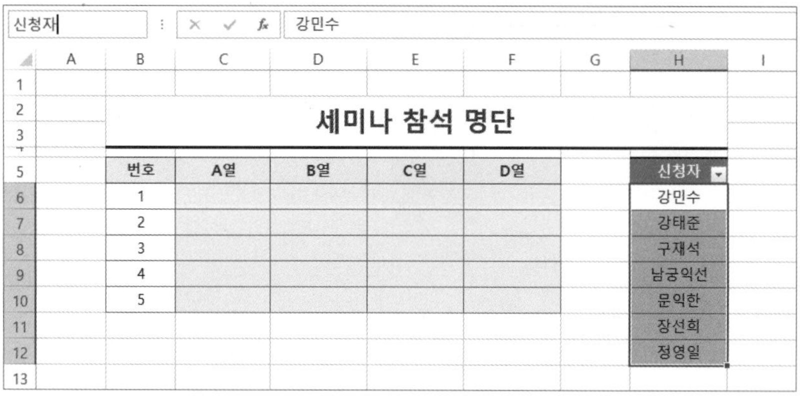

더 알아보기 정의된 이름 확인하기

이번 예제에서 엑셀 표는 하나의 열만 가지고 있기 때문에 [H6:H12] 범위를 선택했을 때 이름 상자에 엑셀 표 이름(신청자명단)이 표시되지만, 그와 상관없이 원하는 이름을 입력하면 이름이 정의됩니다.

엑셀 표로 변환된 범위를 이름으로 정의하면 구조적 참조 구문을 사용해 이름을 정의하게 됩니다. 이름이 잘 정의됐는지 확인하고 싶다면 리본 메뉴의 [수식] 탭-[정의된 이름] 그룹-[이름 관리자]를 클릭합니다. ❶ [신청자] 이름을 선택하고 ❷ [참조 대상]을 확인합니다.

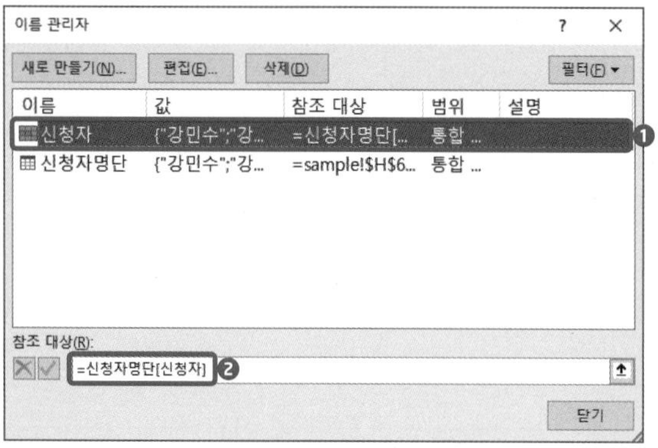

12 **04-05** 과정을 다시 참고해 [C6:F10] 범위에 유효성 검사 설정 작업을 다시 진행합니다.

13 [데이터 유효성] 대화상자는 다음과 같이 설정하고 [확인]을 클릭합니다.

제한 대상 : 목록

원본 : =신청자

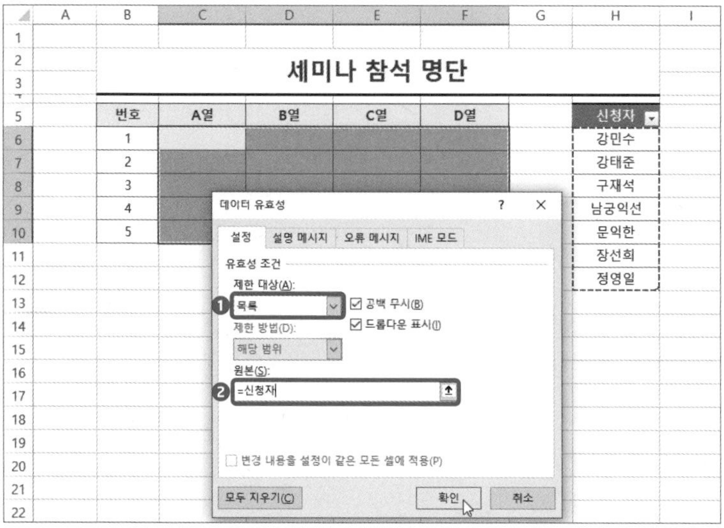

14 이제 데이터를 입력합니다.

15 [C6] 셀을 선택하면 셀 오른쪽에 더 보기▾가 표시됩니다.

16 더 보기▾를 클릭하고 목록에서 이름을 하나 선택합니다.

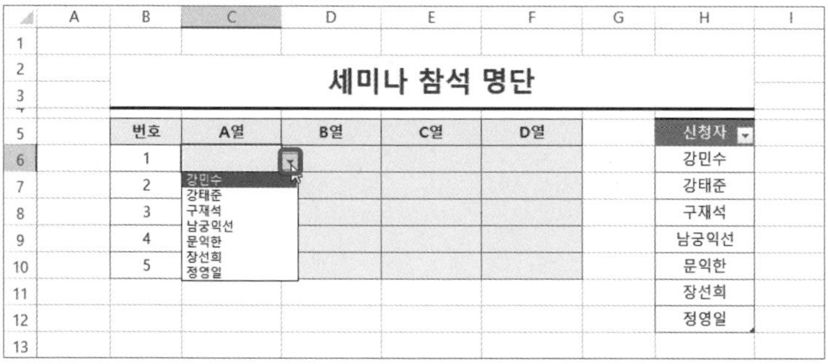

17 이름으로 정의된 참조가 신청자를 추가하여 표시할 수 있는지 확인합니다.

18 [H13] 셀에 자신의 이름을 입력합니다.

19 [D6] 셀의 더 보기▾를 다시 클릭합니다.

20 [H13] 셀에 입력한 이름이 목록 맨 하단에 나타납니다.

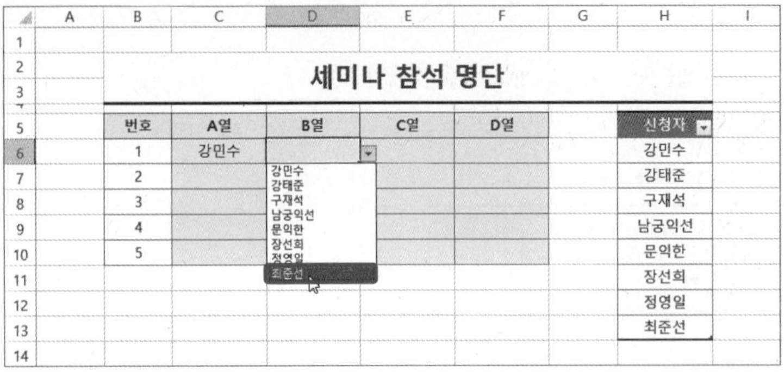

세미나 참석 명단
번호
A열
B열
C열
D열
1
2
3
4
5
강민수
강민수
강태준
구재석
남궁익선
문익한
장선희
정영일
최준선
신청자
강민수
강태준
구재석
남궁익선
문익한
장선희
정영일
최준선

TIP 구조적 참조를 사용하지 못하는 경우

엑셀 표의 구조적 참조는 동적 범위를 매우 쉽게 참조할 수 있어 편리하지만, 일부 기능과 호환이 되지 않는 문제가 있습니다. 그러므로 구조적 참조 구문을 사용하지 못할 때는 이름 정의 기능을 이용하여 구조적 참조를 사용하는 것과 같은 효과를 얻을 수 있습니다.

02 21 엑셀 표 범위가 자동으로 확장되지 않는 문제 해결하기

예제 파일 없음

엑셀 표는 표 하단과 오른쪽 열 위치에 새로운 데이터를 추가하면 자동으로 엑셀 표 데이터로 인식합니다.

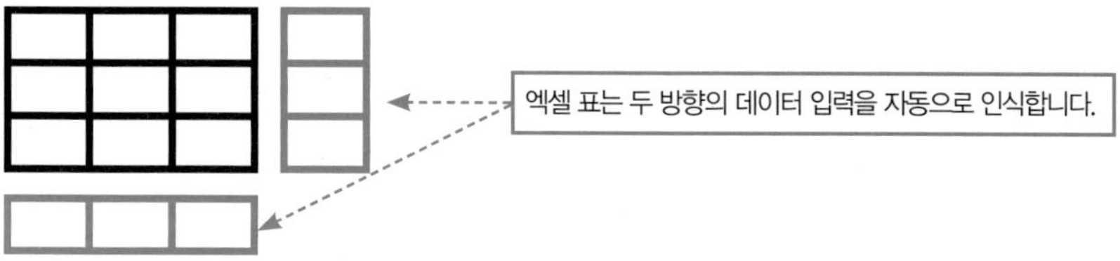

만약 엑셀 표 범위가 자동으로 확장되지 않는다면 엑셀의 옵션이 변경되어 있는 것입니다. 아래 과정을 참고해 수정합니다.

01 [파일] 탭–[옵션]을 클릭하면 [Excel 옵션] 대화상자가 표시됩니다.

02 [언어 교정] 탭을 선택하고 [자동 고침 옵션]–[자동 고침 옵션]을 클릭합니다.

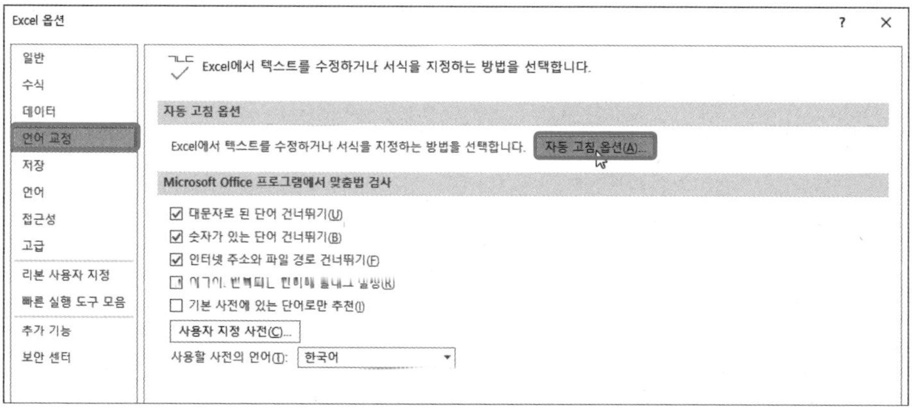

03 [자동 고침] 대화상자가 표시되면 [입력할 때 자동 서식] 탭을 선택합니다.

04 [표에 새 행 및 열 포함]을 체크하고 [확인]을 클릭합니다.

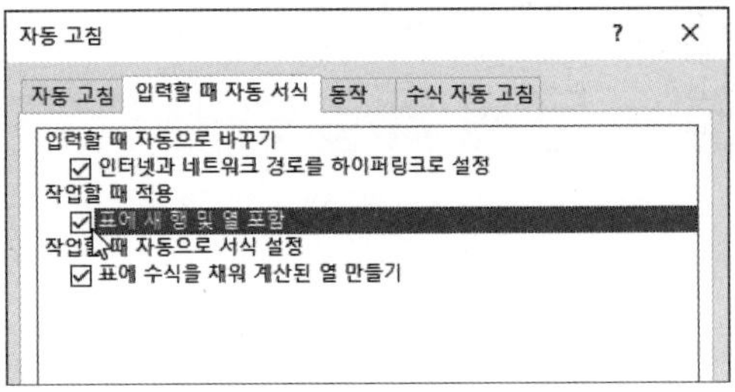

05 [Excel 옵션] 대화상자도 [확인]을 클릭해 닫습니다.

02 22 수식 숨기기

수식 보호

예제 파일 PART 01 \ CHAPTER 02 \ 수식 보호.xlsx

셀에 입력된 수식을 다른 사람이 보지 못하도록 숨기고 싶다면 시트 보호 기능을 이용합니다. 아래 과정을 참고합니다.

01 예제를 열고 F열에 입력된 상여금 계산 수식이 수식 입력줄에 표시되지 않도록 작업합니다.

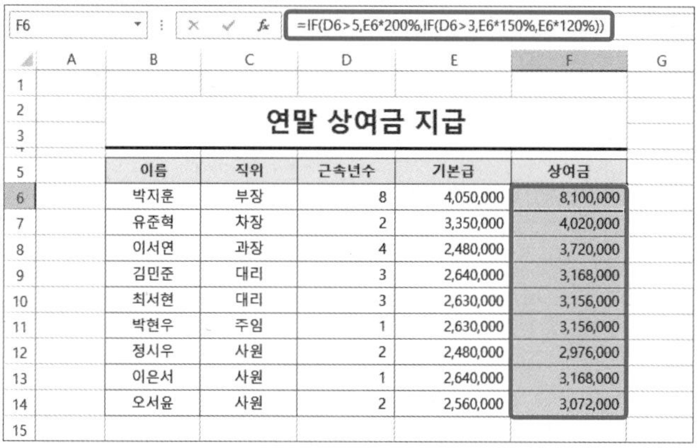
F6 =IF(D6>5,E6*200%,IF(D6>3,E6*150%,E6*120%))

연말 상여금 지급

이름	직위	근속년수	기본급	상여금
박지훈	부장	8	4,050,000	8,100,000
유준혁	차장	2	3,350,000	4,020,000
이서연	과장	4	2,480,000	3,720,000
김민준	대리	3	2,640,000	3,168,000
최서현	대리	3	2,630,000	3,156,000
박현우	주임	1	2,630,000	3,156,000
정시우	사원	2	2,480,000	2,976,000
이은서	사원	1	2,640,000	3,168,000
오서윤	사원	2	2,560,000	3,072,000

02 시트 내 모든 셀을 선택하기 위해 [모두 선택]을 클릭합니다.

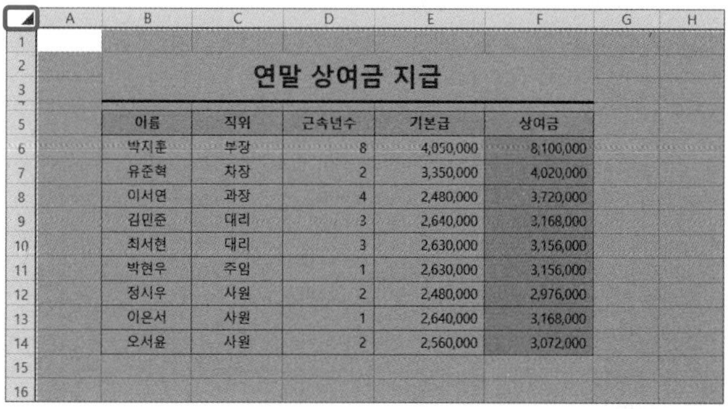
연말 상여금 지급

이름	직위	근속년수	기본급	상여금
박지훈	부장	8	4,050,000	8,100,000
유준혁	차장	2	3,350,000	4,020,000
이서연	과장	4	2,480,000	3,720,000
김민준	대리	3	2,640,000	3,168,000
최서현	대리	3	2,630,000	3,156,000
박현우	주임	1	2,630,000	3,156,000
정시우	사원	2	2,480,000	2,976,000
이은서	사원	1	2,640,000	3,168,000
오서윤	사원	2	2,560,000	3,072,000

03 단축키 Ctrl+1을 눌러 [셀 서식] 대화상자를 호출합니다.

TIP 단축키 대신 마우스 오른쪽 버튼을 클릭하고 [셀 서식] 메뉴를 클릭해도 됩니다.

04 [보호] 탭을 선택하고 [잠금]의 체크를 해제한 후 [확인]을 클릭합니다.

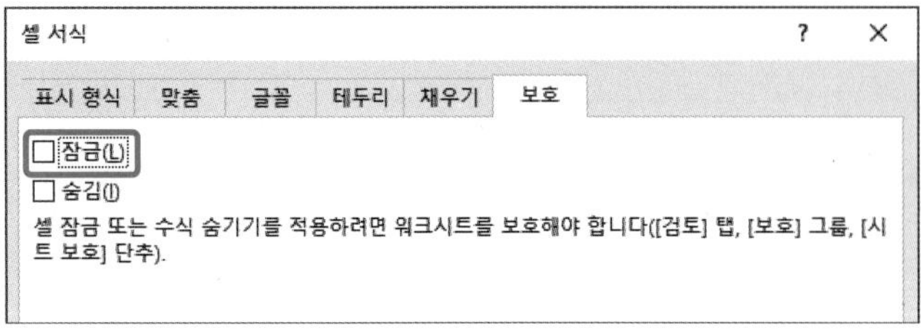

더 알아보기 [보호] 탭의 옵션 이해하기

[셀 서식] 대화상자의 [보호] 탭은 엑셀의 시트 보호 기능과 연동됩니다. [보호] 탭의 기본값으로는 [잠금] 옵션은 체크, [숨김] 옵션은 체크 해제입니다. 두 옵션은 시트를 보호할 때 각각 다음과 같은 역할을 합니다.

- [잠금] 옵션이 체크되면 시트 보호가 설정된 후에는 셀 값을 수정할 수 없습니다.
- [숨김] 옵션이 체크되면 시트 보호가 설정된 후에는 셀의 수식을 확인할 수 없습니다.

05 숨기려는 수식이 입력된 [F6:F14] 범위를 선택하고, 단축키 Ctrl+1을 누릅니다.

더 알아보기 수식이 입력된 범위를 한번에 선택하는 방법

수식이 입력된 범위를 빠르게 선택하고 싶다면 [이동]을 이용합니다.

01 리본 메뉴의 [홈] 탭-[편집] 그룹-[찾기 및 선택]을 클릭합니다.

02 하위 메뉴에서 [수식]을 클릭합니다.

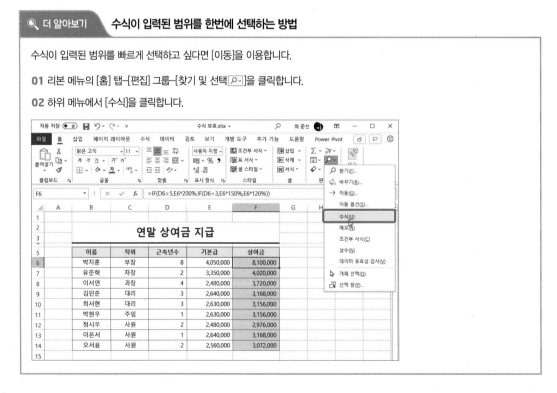

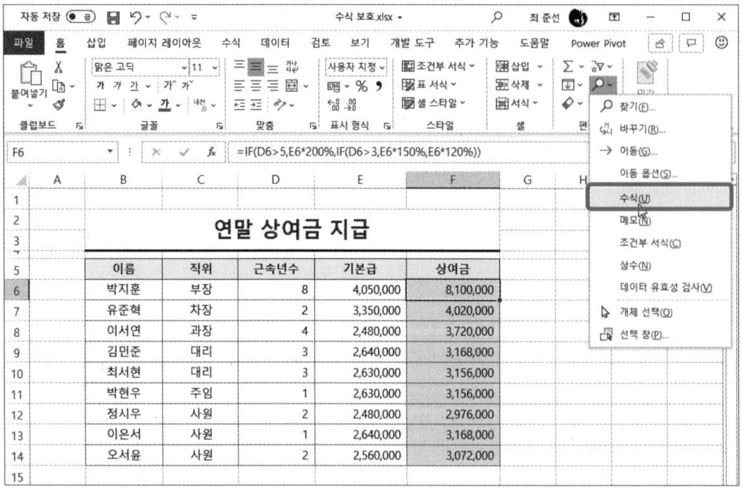

06 [셀 서식] 대화상자의 [보호] 탭에 있는 [잠금]과 [숨김]을 모두 체크합니다.

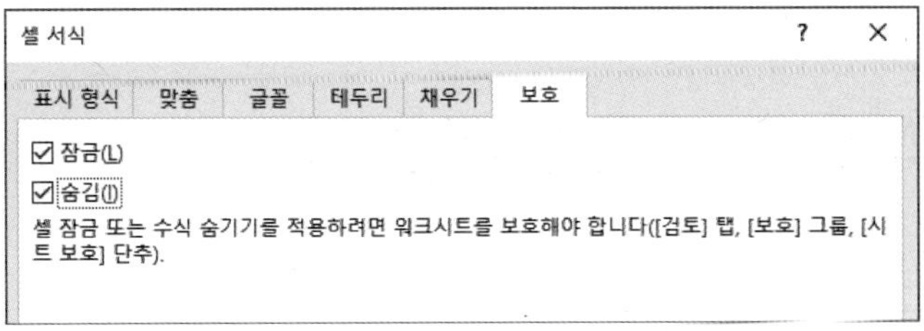

07 이제 시트를 보호하면 수식을 숨길 수 있습니다. [검토] 탭–[보호] 그룹–[시트 보호]를 클릭합니다.

08 [시트 보호] 대화상자가 표시되면 암호를 입력하고 [확인]을 클릭합니다.

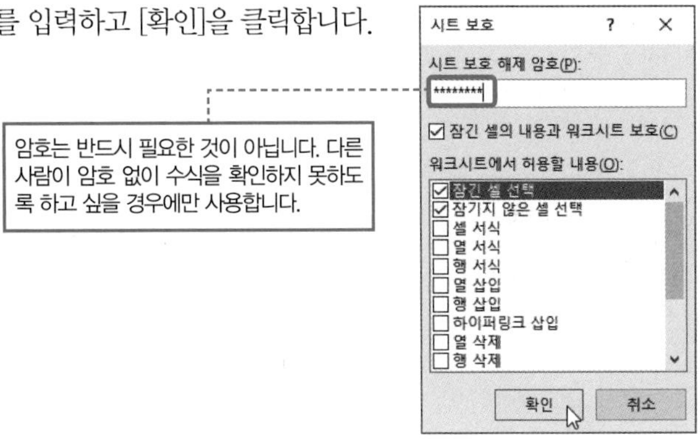

09 [암호 확인] 대화상자에는 **08** 과정과 동일한 암호를 입력하고 [확인]을 클릭합니다.

10 [F6:F14] 범위 내 셀을 선택해도 수식 입력줄에 수식이 표시되지 않습니다.

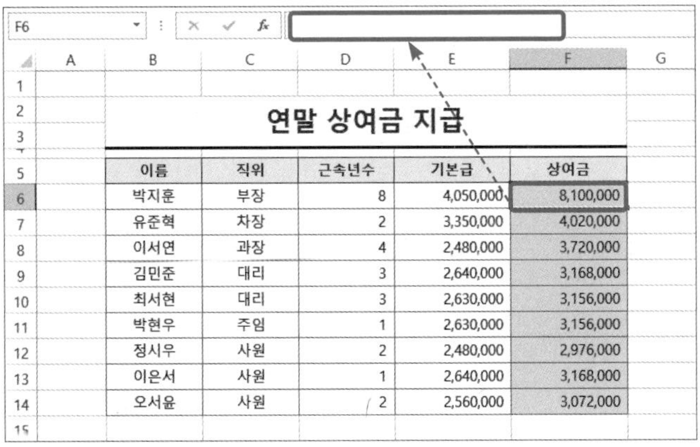

연말 상여금 지급

이름	직위	근속년수	기본급	상여금
박지훈	부장	8	4,050,000	8,100,000
유준혁	차장	2	3,350,000	4,020,000
이서연	과장	4	2,480,000	3,720,000
김민준	대리	3	2,640,000	3,168,000
최서현	대리	3	2,630,000	3,156,000
박현우	주임	1	2,630,000	3,156,000
정시우	사원	2	2,480,000	2,976,000
이은서	사원	1	2,640,000	3,168,000
오서윤	사원	2	2,560,000	3,072,000

11 [F6:F14] 범위 내 셀을 더블클릭하거나 F2 를 누르면 경고 메시지 창이 표시됩니다.

수식 보호

02 23 수식을 값으로 변환하기

예제 파일 PART 01 \ CHAPTER 02 \ 값 변환.xlsx

수식 재계산

수식은 처음 입력할 때 한 번만 계산되는 것이 아니라 수식 내에서 참조한 셀(또는 범위)의 값이 변경되거나 파일을 열 때, 그 외에도 함수마다 정해진 규칙에 따라 지속적으로 재계산됩니다. 따라서 수식을 많이 사용하는 파일은 처리 속도가 늦어질 수밖에 없습니다.

수식이 재계산되는 것은 엑셀의 옵션과 연관이 있습니다. 수식 재계산 관련 옵션은 [수식] 탭–[계산] 그룹–[계산 옵션]을 클릭해보면 확인할 수 있습니다.

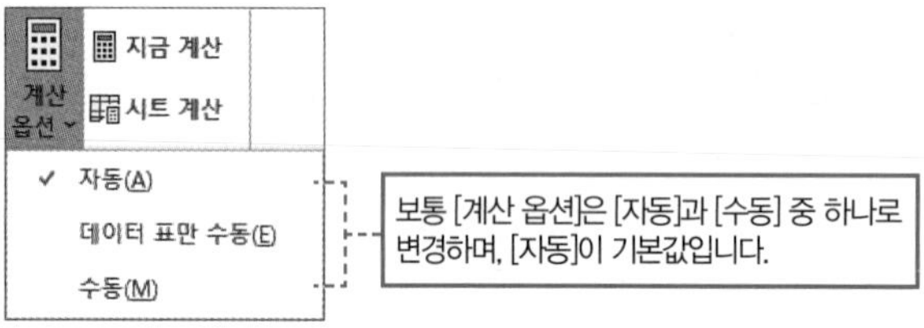

이 옵션이 [자동]으로 체크되어 있으면 위에서 언급한 시점에서 계속 재계산이 이뤄지게 됩니다. 그러므로 수식이 많은 파일을 사용하는 경우라면 이 옵션을 [수동]으로 변경해놓고 수식이 재계산되어야 할 때 [계산 옵션] 오른쪽의 [지금 계산]이나 F9 를 눌러 수식을 재계산할 수 있습니다.

다만, [수동]으로 옵션을 변경하면 사용자가 잊어버렸을 경우 수식이 재계산되지 않아 불편할 수 있습니다. 따라서 [계산 옵션]은 [자동]을 사용하고, 한 번 계산한 결과를 변경하고 싶지 않다면 수식을 값으로 변환해 사용하는 것이 여러모로 효율적입니다.

선택하여 붙여넣기

수식을 값으로 변환하는 가장 일반적인 방법으로, ❶ 수식이 입력된 셀(또는 범위)을 복사(Ctrl + C)한 후 ❷ [홈] 탭–[클립보드] 그룹–[붙여넣기]를 클릭하고 ❸ [값 붙여넣기]를 클릭합니다.

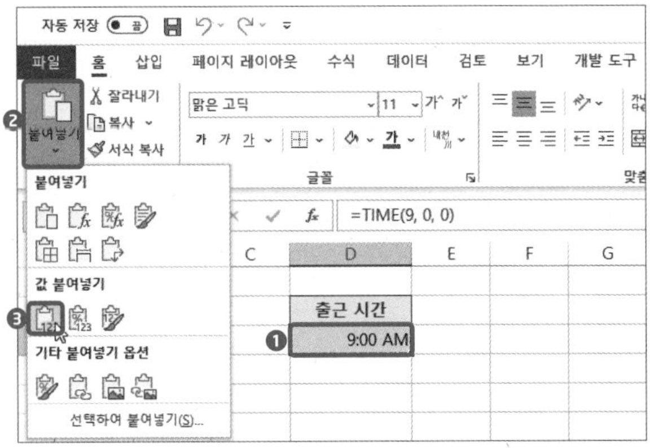

마우스 오른쪽 버튼으로 드래그&드롭하는 방법

수식이 입력된 셀(또는 범위)을 마우스 오른쪽 버튼으로 드래그해 동일한 위치에 드롭하면 [선택하여 붙여넣기] 기능을 이용할 수 있습니다. 처음에는 불편할 수 있어도 익숙해지면 [선택하여 붙여넣기]보다 더 빠르게 수식을 값으로 변환할 수 있습니다.

01 수식이 입력된 셀(또는 범위)을 선택합니다.

02 선택 영역 테두리에 마우스 포인터를 가져다 놓으면 마우스 포인터가 ⊹모양으로 변경됩니다.

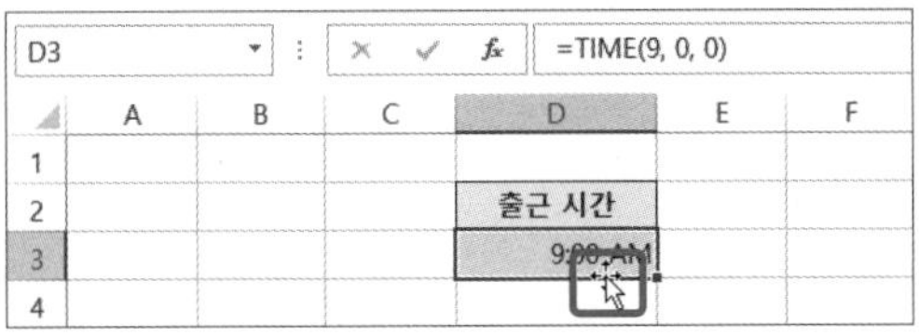

03 이때 마우스 오른쪽 버튼을 클릭해 다른 셀 위치로 드래그했다가 원래 셀에서 드롭합니다.

04 그러면 단축 메뉴가 표시되는데 [값으로 여기에 복사] 메뉴를 선택합니다.

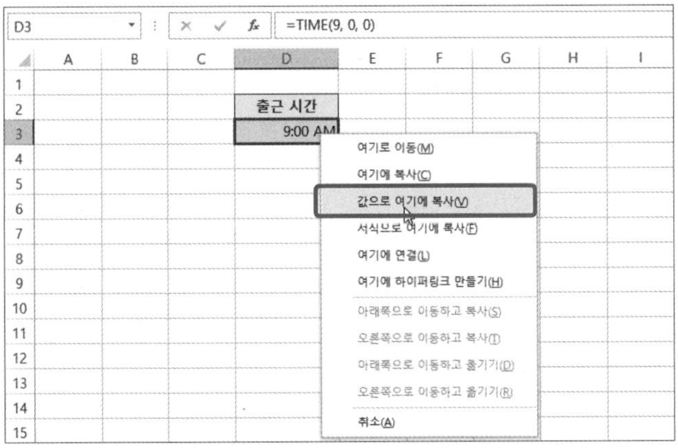

더 알아보기 **셀 드래그&드롭 단축 메뉴 이해하기**

셀 드래그&드롭 단축 메뉴에 표시되는 명령은 다음과 같습니다.

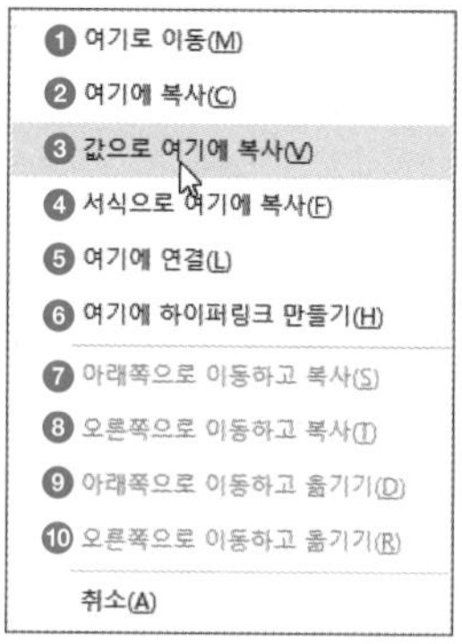

❶ **여기로 이동**

드래그한 셀을 드롭한 셀로 잘라서 붙여 넣습니다.

❷ **여기에 복사**

드래그한 셀을 드롭한 셀로 복사합니다.

❸ **값으로 여기에 복사**

드래그한 셀의 값만 드롭한 셀로 복사합니다.

❹ **서식으로 여기에 복사**

드래그한 셀의 서식만 드롭한 셀로 복사합니다.

❺ **여기에 연결**

드롭한 셀에 드래그한 셀을 참조하는 수식이 입력됩니다.

❻ **여기에 하이퍼링크 만들기**

드롭한 셀에 드래그한 셀로 이동할 수 있는 하이퍼링크가 생성됩니다.

아래 네 개의 메뉴는 드래그한 셀에 수식이 아닌 값이 입력된 경우에 사용할 수 있습니다.

❼ **아래쪽으로 이동하고 복사**

드롭한 위치의 셀을 아래쪽으로 이동시킨 후 드래그한 셀의 값을 복사합니다.

❽ **오른쪽으로 이동하고 복사**

드롭한 위치의 셀을 오른쪽으로 이동시킨 후 드래그한 셀의 값을 복사합니다.

❾ **아래쪽으로 이동하고 옮기기**

드롭한 위치의 셀을 아래쪽으로 이동시킨 후 드래그한 셀을 잘라서 붙여 넣습니다.

❿ **오른쪽으로 이동하고 옮기기**

드롭한 위치의 셀을 오른쪽으로 이동시킨 후 드래그한 셀을 잘라서 붙여 넣습니다.

CHAPTER 03

수식 문제 해결하기

수식을 사용하다 보면 다양한 문제가 발생할 수 있습니다. 하지만 사용자가 수식에서 발생하는 문제를 해결할 수 있다면 수식 사용이 어렵거나 불편하지 않을 겁니다. CHAPTER 03에서는 수식을 사용하면서 겪게 되는 다양한 문제 상황을 알아보고 이를 해결하는 방법에 대해 알아보겠습니다.

수식 에러

03 01 오류 표식에 대한 이해 및 설정

예제 파일 없음

오류 표식이란?

셀에 값이나 수식을 입력하다 보면 셀 좌측 상단에 녹색 삼각형이 표시되는 경우가 있습니다. 이 녹색 삼각형 단추◤를 **오류 표식**이라고 합니다. 오류 표식은 엑셀에서 지정한 오류가 발생할 수 있는 상황을 사용자에게 알리는 역할을 합니다. 오류 표식이 나타나도록 간단하게 몇 가지 작업을 진행해보겠습니다.

01 엑셀을 실행하고 빈 엑셀 파일을 하나 생성합니다.

02 아무 셀에서 다음 수식을 입력하면 #DIV/0! 에러가 발생하면서 오류 표식◤이 나타납니다.

[C2] 셀 : =1/0

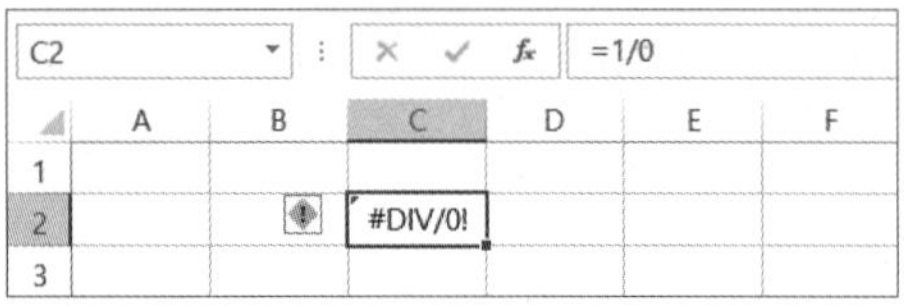

LINK #DIV/0! 에러에 대해서는 이 책의 173페이지를 참고합니다.

03 수식 에러가 발생하는 상황뿐만 아니라 다양한 상황에 오류 표식◤이 나타납니다.

04 다른 빈 셀에 **작은따옴표(')**를 입력하고 **1**을 입력해도 오류 표식◤을 확인할 수 있습니다.

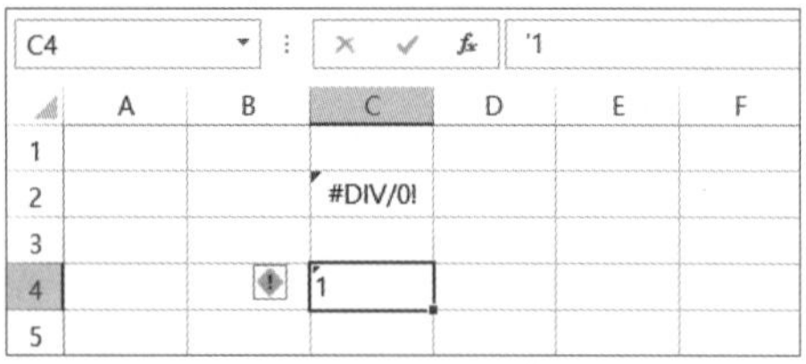

오류 표식이 표시되는 규칙 이해

오류 표식은 엑셀 옵션에서 정해놓은 규칙에 따라 다양한 상황에 표시됩니다. 오류 표식이 어떤 상황에 표시되는지 확인하려면 아래 과정을 참고합니다.

01 리본 메뉴의 [파일] 탭–[옵션]을 클릭합니다.

TIP 오류 표식이 나타난 셀에서 단축키 Alt+Menu+O를 눌러도 됩니다.

02 [Excel 옵션] 대화상자에서 [수식] 탭을 선택합니다.

03 [오류 검사 규칙] 그룹의 옵션을 확인하면 오류 표식이 표시되는 상황을 확인할 수 있습니다.

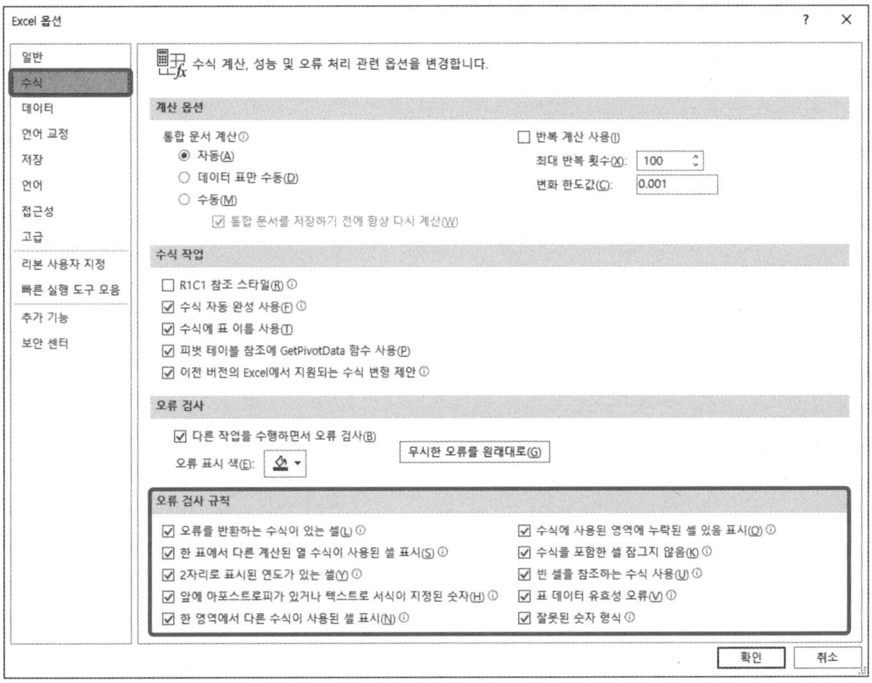

더 알아보기 오류 검사 규칙 이해하기

[오류 검사 규칙] 그룹의 옵션 항목 우측에 보면 원 문자ⓘ를 확인할 수 있는데, 해당 아이콘에 마우스 포인터를 위치시키면 옵션의 상세 규칙을 확인할 수 있습니다.

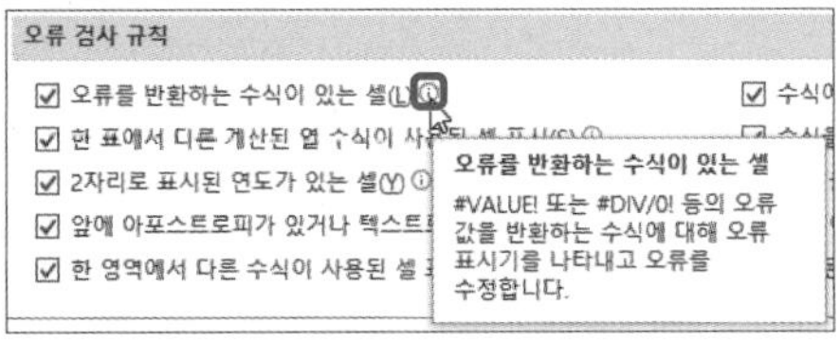

자신에게 필요치 않다고 생각되는 옵션을 체크 해제하면 그 항목은 더 이상 검사하지 않으므로 오류 표식이 표시되는 상황을 제어할 수 있습니다.

오류 표식 숨기는 방법

오류 표식은 에러가 발생할 수 있는 상황을 사용자가 쉽게 인지할 수 있도록 옵션에 따라 셀에 표시됩니다. 만약 오류 표식이 불편하다면 나타나지 않도록 설정할 수 있습니다.

01 [Excel 옵션] 대화상자의 [수식] 탭을 선택합니다.

02 [오류 검사] 그룹의 [다른 작업을 수행하면서 오류 검사]를 체크 해제합니다.

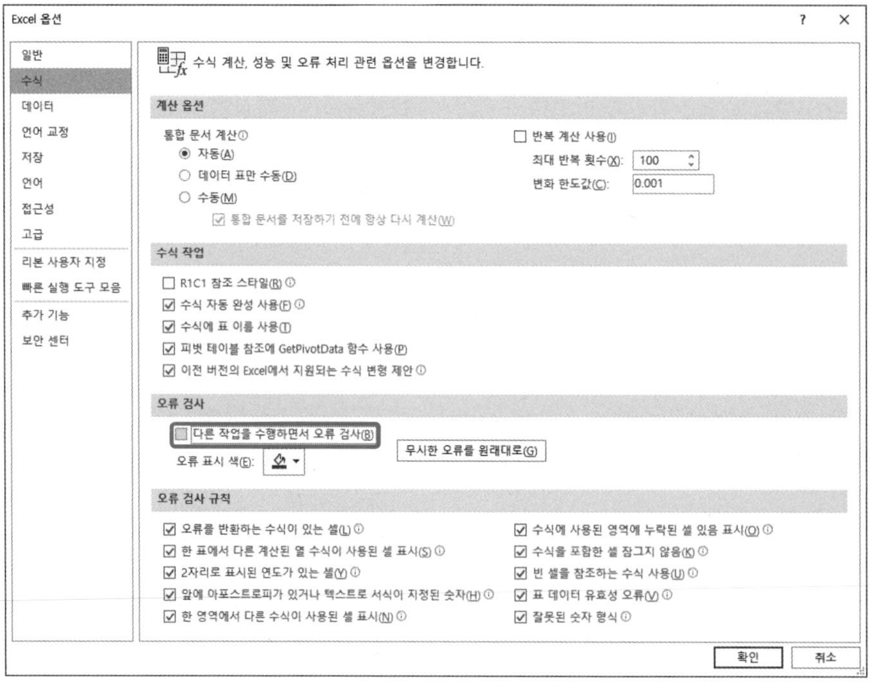

수식 에러

03 02 #DIV/0! 에러 발생 원인과 해결 방법

예제 파일 PART 01 \ CHAPTER 03 \ 수식 에러-DIV.xlsx

#DIV/0! 에러

#DIV/0! 에러에서 DIV는 나눗셈을 의미하는 Division의 약어입니다. 슬래시(/)는 나눗셈 연산자를 의미하고 '0'은 숫자 0입니다. 즉, 이 에러는 수식에서 나눗셈 연산을 하는데 분모의 값이 0인 경우에 발생하는 에러입니다.

엑셀에는 드러나지 않게 나눗셈을 이용하는 함수들이 많습니다. 대표적으로는 QUOTIENT, MOD 함수와 같은 나눗셈 함수가 있습니다. AVERAGE 함수와 같이 평균을 구하는 함수도 나눗셈 연산을 이용하므로 #DIV/0! 에러가 발생할 수 있습니다.

따라 하기

#DIV/0! 에러가 발생하는 상황을 확인하고 해결 방법을 소개합니다.

01 예제를 열어 F열에는 달성율을 구하고 [E13] 셀에서는 [B13] 셀의 직위에 맞는 실적 평균을 구합니다.

	A	B	C	D	E	F	G
1							
2		수식 에러 - #DIV/0!					
3							
5		영업사원	직위	목표	실적	달성율	
6		이서연	과장	8,500	8,500		
7		김빈순	대리	8,000	6,200		
8		최서현(신입)	주임		4,500		
9		박현우	주임	7,500	7,500		
10		정시우	사원	7,000	8,400		
11		이은서	사원	6,500	6,200		
13		차장					
14							

02 달성율을 계산하기 위해 [F6] 셀에 다음 수식을 입력합니다.

[F6] 셀 : =E6/D6

03 [F6] 셀의 채우기 핸들을 [F11] 셀까지 드래그해 수식을 복사합니다.

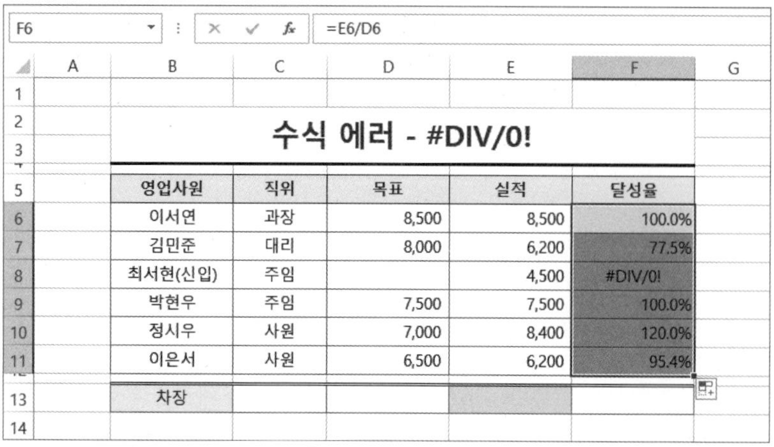

F6 =E6/D6

수식 에러 - #DIV/0!

영업사원	직위	목표	실적	달성율
이서연	과장	8,500	8,500	100.0%
김민준	대리	8,000	6,200	77.5%
최서현(신입)	주임		4,500	#DIV/0!
박현우	주임	7,500	7,500	100.0%
정시우	사원	7,000	8,400	120.0%
이은서	사원	6,500	6,200	95.4%
차장				

더 알아보기 **#DIV/0! 에러가 발생한 이유**

달성율은 실적을 목표로 나누면 간단하게 계산할 수 있습니다. 다만 [D8] 셀에는 목표가 입력되어 있지 않으므로 [D8] 셀을 참조하면 엑셀은 0을 반환합니다. 따라서 [F8] 셀에 반환된 #DIV/0! 에러는 4500(실적)을 0으로 나누기 때문에 발생합니다.

에러가 표시되지 않도록 하려면 IFERROR 함수를 사용하도록 수식을 다음과 같이 수정합니다.

```
=IFERORR(E6/D6, "")
```

위 수식은 **E6/D6** 계산식을 이용해 달성율을 계산하고, 에러가 발생하면 빈 문자("")를 반환해 화면이 빈 셀처럼 보이도록 해줍니다.

LINK IFERROR 함수에 대해서는 이 책의 239페이지에서 자세하게 설명합니다.

04 [E13] 셀에 직위에 맞는 실적 평균을 구하기 위해 [E13] 셀에 다음 수식을 입력합니다.

[E13] 셀 : =AVERAGEIF(C6:C11, B13, E6:E11)

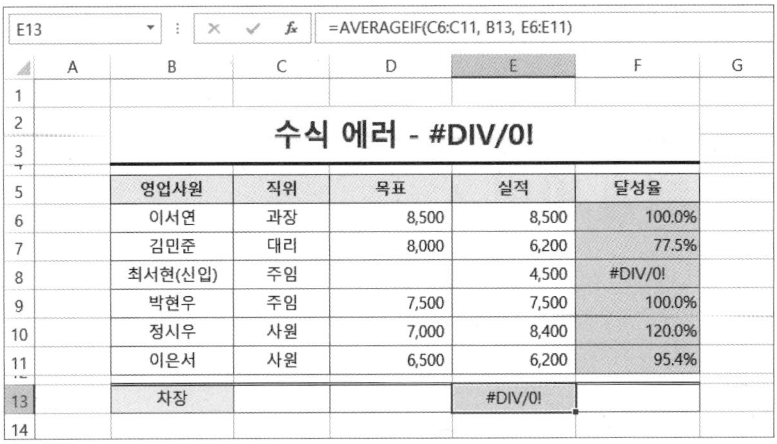

E13 =AVERAGEIF(C6:C11, B13, E6:E11)

수식 에러 - #DIV/0!

영업사원	직위	목표	실적	달성율
이서연	과장	8,500	8,500	100.0%
김민준	대리	8,000	6,200	77.5%
최서현(신입)	주임		4,500	#DIV/0!
박현우	주임	7,500	7,500	100.0%
정시우	사원	7,000	8,400	120.0%
이은서	사원	6,500	6,200	95.4%
차장			#DIV/0!	

더 알아보기 AVERAGEIF 함수와 #DIV/0! 에러

AVERAGE 함수는 평균을 계산하는 함수이고, AVERAGEIF 함수는 원하는 조건에 맞는 데이터의 평균만 구해줍니다. 이번에 작성한 수식은 [C6:C11] 범위(직위) 내 값 중에서 [B13] 셀의 직위와 같은 데이터를 찾아 [E6:E11] 범위(실적)의 평균을 구합니다. AVERAGEIF 함수의 구성에는 아무런 문제가 없지만 [C6:C11] 범위 내에는 차장이란 직위가 존재하지 않습니다. 따라서 #DIV/0! 에러가 반환된 것입니다.

찾는 직위가 없는 경우에 '없음'과 같은 문자열을 표시하려면 수식을 다음과 같이 변경합니다.

```
=IFERORR(AVERAGEIF(C6:C11, B13, E6:E11), "없음")
```

LINK AVERAGEIF 함수에 대해서는 이 책의 430페이지에서 자세하게 설명합니다.

05 [E13] 셀의 #DIV/0! 에러가 발생되지 않도록 [B13] 셀의 값을 **차장**에서 **사원**으로 변경합니다.

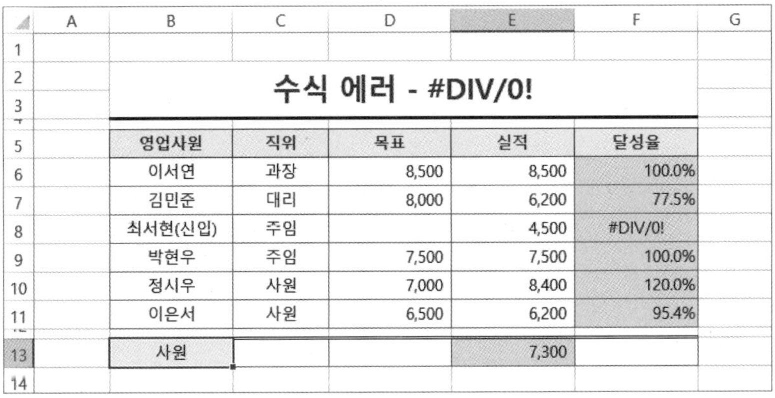

수식 에러 - #DIV/0!

영업사원	직위	목표	실적	달성율
이서연	과장	8,500	8,500	100.0%
김민준	대리	8,000	6,200	77.5%
최서현(신입)	주임		4,500	#DIV/0!
박현우	주임	7,500	7,500	100.0%
정시우	사원	7,000	8,400	120.0%
이은서	사원	6,500	6,200	95.4%
사원			7,300	

수식 에러

03 03 #N/A 에러 발생 원인과 해결 방법

예제 파일 PART 01 \ CHAPTER 03 \ 수식 에러–NA.xlsx

#N/A 에러

#N/A 에러는 Not Available의 약어로, 직역하자면 '사용할 수 없다'는 뜻입니다. 이 에러는 특정 값의 위치를 찾는 함수에서 주로 발생합니다. VLOOKUP, HLOOKUP, LOOKUP 함수와 같은 참조 함수와 MATCH 함수와 같은 값을 찾는 함수에서 사용자가 찾는 값이 존재하지 않는 경우에 발생합니다.
값을 찾으려면 동일한 값이 찾을 범위 내에 존재해야 하는데, 다음 두 가지 조건이 모두 일치해야 합니다.

첫째, 두 값은 동일해야 합니다.
예를 들어 **"가"**와 **"가 "**는 다른 값입니다.

둘째, 두 값의 데이터 형식은 동일해야 합니다.
예를 들어 숫자 **1000**과 텍스트 데이터인 **"1000"**은 다른 값입니다.

따라 하기

VLOOKUP 함수로 다른 표의 값을 원하는 위치로 참조해오겠습니다. 이를 통해 #N/A 에러가 언제 발생하고 무엇이 원인인지 파악합니다.

01 예제에서 왼쪽 표의 11행에 위치한 데이터 중 판매액을 오른쪽 표에 참조합니다.

	A	B	C	D	E	F	G	H	I
1									
2		수식 에러 - #N/A							
3									
5		회사명	단가	수량	판매액		찾는 회사	판매액	
6		한영상사	182,500	10	1,825,000		S&C무역		
7		송현식품	78,000	10	780,000				
8		힐링교역	67,500	16	1,080,000				
9		가림상사	155,000	14	2,170,000				
10		화성식품	512,000	7	3,584,000				
11		S&C무역	128,500	12	1,542,000				
12		송월무역	58,000	19	1,102,000				
13		학영식품	6,000	16	96,000				
14		유리식품	83,000	18	1,494,000				
15		자이언트무역	24,000	18	432,000				

02 회사명이 동일한 경우의 판매액을 참조하기 위해 [H6] 셀에 다음 수식을 입력합니다.

[H6] 셀 : =VLOOKUP(G6, B6:E15, 4, FALSE)

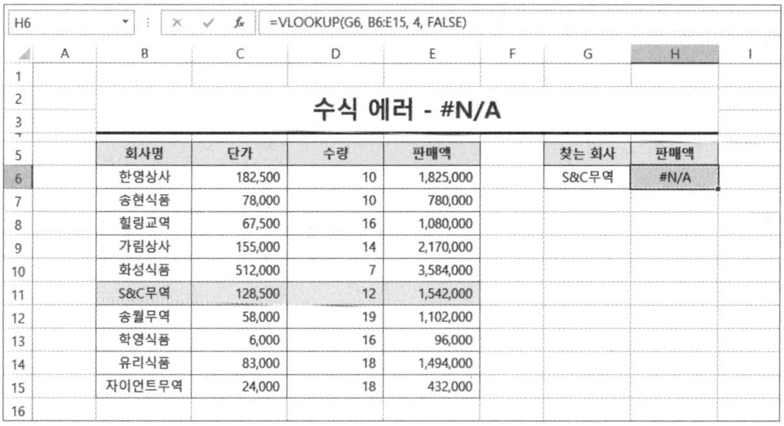

H6 =VLOOKUP(G6, B6:E15, 4, FALSE)

수식 에러 - #N/A

회사명	단가	수량	판매액		찾는 회사	판매액
한영상사	182,500	10	1,825,000		S&C무역	#N/A
송현식품	78,000	10	780,000			
힐링교역	67,500	16	1,080,000			
가림상사	155,000	14	2,170,000			
화성식품	512,000	7	3,584,000			
S&C무역	128,500	12	1,542,000			
송월무역	58,000	19	1,102,000			
학영식품	6,000	16	96,000			
유리식품	83,000	18	1,494,000			
자이언트무역	24,000	18	432,000			

더 알아보기 #N/A 에러가 발생한 이유

VLOOKUP 함수는 특정 값을 표의 첫 번째 열에서 찾아 오른쪽에 있는 열의 값을 반환합니다. 이번 수식은 VLOOKUP 함수를 사용해 [G6] 셀의 값을 [B6:E15] 범위 내 첫 번째 열에서 찾아 오른쪽 네 번째 열의 값을 참조해오란 의미입니다.

화면에서 확인할 수 있는 것처럼 [G6] 셀의 회사명은 [B11] 셀에 존재합니다. 수식에 문제가 없다면 판매액을 가져와야 하는데 #N/A 에러가 발생했습니다. 이것은 [G6] 셀의 회사명이 [B6:B15] 범위 내에 존재하지 않는다는 것을 의미합니다.

LINK VLOOKUP 함수에 대한 자세한 설명은 이 책의 632페이지를 참고합니다.

03 회사명은 텍스트 데이터이므로 문자 개수를 확인합니다. [G7] 셀에 다음 수식을 입력합니다.

[G7] 셀 : =LEN(G6)

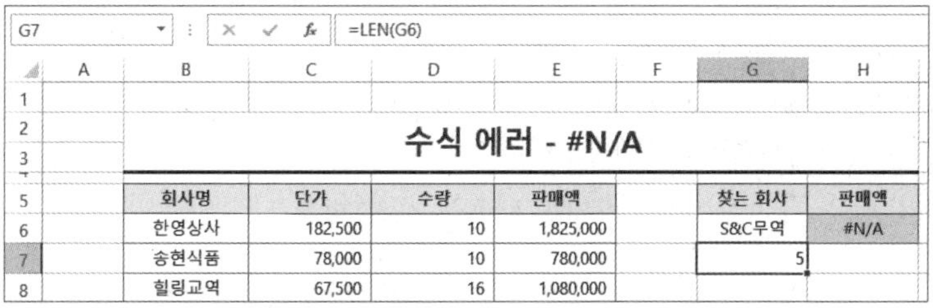

G7 =LEN(G6)

수식 에러 - #N/A

회사명	단가	수량	판매액		찾는 회사	판매액
한영상사	182,500	10	1,825,000		S&C무역	#N/A
송현식품	78,000	10	780,000		5	
힐링교역	67,500	16	1,080,000			

더 알아보기 LEN 함수 이해하기

LEN 함수는 문자열의 문자 개수를 세어 반환하는 함수입니다. 따라서 이번 수식은 [G6] 셀에 입력된 문자의 개수를 반환합니다. 5가 반환되었으므로 5개의 문자로 구성되어 있다는 것을 확인할 수 있습니다.

S	&	C	무	역
1	2	3	4	5

LINK LEN 함수에 대한 자세한 설명은 이 책의 282페이지를 참고합니다.

04 [B11] 셀의 문자 개수를 확인하기 위해 [B16] 셀에 다음 수식을 입력합니다.

[B16] 셀 : =LEN(B11)

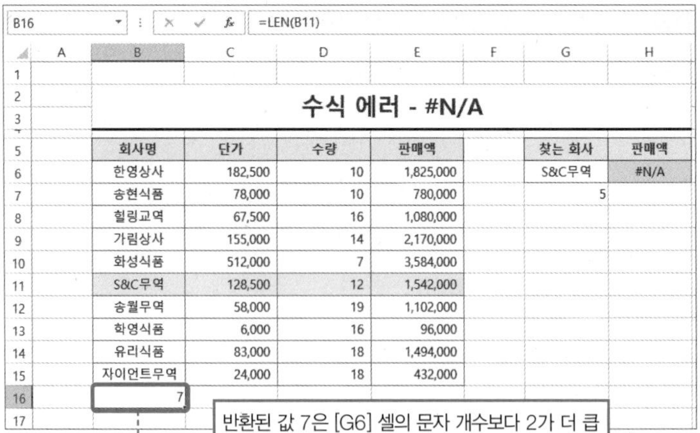

반환된 값 7은 [G6] 셀의 문자 개수보다 2가 더 큽니다. 눈에 보이진 않지만 [B11] 셀에 보이는 값보다 2개의 문자가 더 존재한다는 것을 의미합니다.

05 #N/A 에러를 해결하려면 두 값을 동일하게 변경합니다.

06 [G6] 셀을 복사(Ctrl + C)하고, [B11] 셀을 선택한 후 Ctrl + V 를 눌러 붙여 넣습니다.

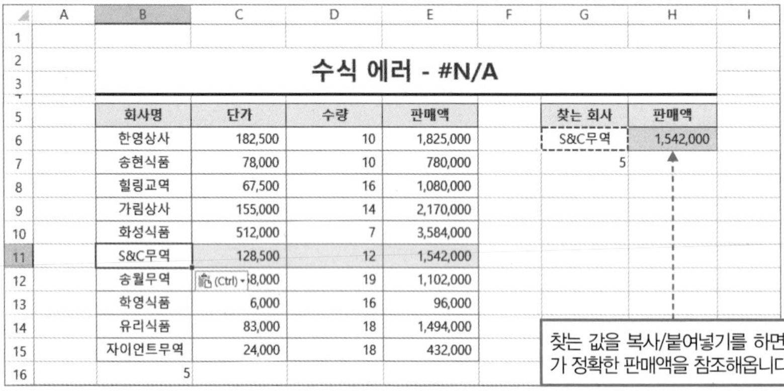

찾는 값을 복사/붙여넣기를 하면 VLOOKUP 함수가 정확한 판매액을 참조해옵니다.

더 알아보기 #N/A 에러를 해결하는 다양한 방법

복사/붙여넣기를 이용하지 않고 [H6] 셀의 수식을 수정해 해결하려면 수식을 다음과 같이 변경합니다.

```
=VLOOKUP("*" & G6 & "*", B6:E15, 4, FALSE)
```

VLOOKUP 함수는 '*', '?'와 같은 와일드카드 문자를 사용할 수 있는 함수입니다. 따라서 수식을 위와 같이 수정하면 올바른 결과를 돌려받을 수 있습니다.

LINK VLOOKUP 함수에서 와일드카드 문자를 사용하는 방법은 이 책의 670페이지를 참고합니다.

또한 VLOOKUP 함수에서 찾는 값이 없을 때 #N/A 에러 대신 메시지를 반환하려면 IFERROR 함수를 사용합니다.

```
=IFERROR(VLOOKUP(G6, B6:E15, 4, FALSE), "찾는 값 없음")
```

LINK IFERROR 함수에 대해서는 이 책의 239페이지를 참고합니다.

수식 에러

03 04

#NAME? 에러 발생 원인과 해결 방법

예제 파일 PART 01 \ CHAPTER 03 \ 수식 오류-NAME.xlsx

#NAME? 에러

#NAME? 에러는 NAME, 즉 이름과 관련한 에러입니다. #NAME? 에러가 발생되는 유형은 다음과 같은 세 가지 경우입니다.

첫째, 수식에서 사용된 이름 중 엑셀이 식별할 수 없는 이름이 포함된 경우에 발생합니다.

수식에서 사용되는 이름은 주로 다음 중 하나입니다. 이 이름 중에서 오타가 발생하는 경우에 에러가 발생합니다.

- 함수명
- 이름 정의
- 표 이름

둘째, 수식에서 텍스트 값을 큰따옴표(" ") 없이 입력한 경우에도 발생합니다.

셋째, 상위 버전 함수를 사용한 수식이 포함된 파일을 하위 버전에서 열 때 발생합니다.

다음은 엑셀 2007 버전부터 최근 마이크로소프트 365 버전까지 새로 추가된 함수 중 일반적으로 자주 사용하는 함수를 정리해놓은 표입니다.

버전	함수	설명
2007	IFERROR SUMIFS COUNTIFS AVERAGEIF AVERAGEIFS	주로 다중 조건을 처리하는 함수들이 추가되었습니다.
2010	RANK.EQ RANK.AVG NETWORKDAYS.INTL WORKDAY.INTL AGGREGATE	기본 함수명에 마침표(.)를 입력하고 함수의 역할을 의미하는 약어가 붙는 방식으로 함수명을 제공합니다. 이런 함수들은 대부분 엑셀 2010 버전부터 제공된 함수입니다.
2013	ISFORMULA FORMULATEXT DAYS	수식을 처리하는 데 필요한 함수들이 추가되었습니다.

버전	함수	설명
2019	IFS SWITCH TEXTJOIN CONCAT MAXIFS MINIFS	엑셀 2016 버전에서 업데이트를 통해 제공되었다가 배포를 중단하고, 공식적으로 엑셀 2019 버전에서 다시 제공된 함수입니다.
365	UNIQUE FILTER SORT SORTBY SEQUENCE XLOOKUP XMATCH	2019년 7월 업데이트를 통해 배포된 배열 함수로, 2020년 현재 마이크로소프트 365 버전 사용자만 가능합니다. 이 함수들을 사용할 때 문제가 생기면 #SPILL! 에러나 #CALC! 에러가 발생합니다. LINK 이 에러들에 대한 설명은 이 책의 200, 203페이지를 참고합니다.

이렇게 #NAME? 에러가 발생하는 상황이 다양한 만큼 #NAME? 에러가 발생하면 수식에서 어느 부분에 오류가 있는지 주의 깊게 살펴볼 필요가 있습니다.

따라 하기

다음 예제를 통해 #NAME? 에러가 발생하는 상황을 경험하고 이를 어떻게 해결할 수 있는지 확인합니다.

01 예제를 열고 정의된 이름을 먼저 확인합니다.

02 이름 상자의 더 보기▾를 클릭하고 [공급가]를 클릭하면 [F8:F12] 범위가 선택됩니다.

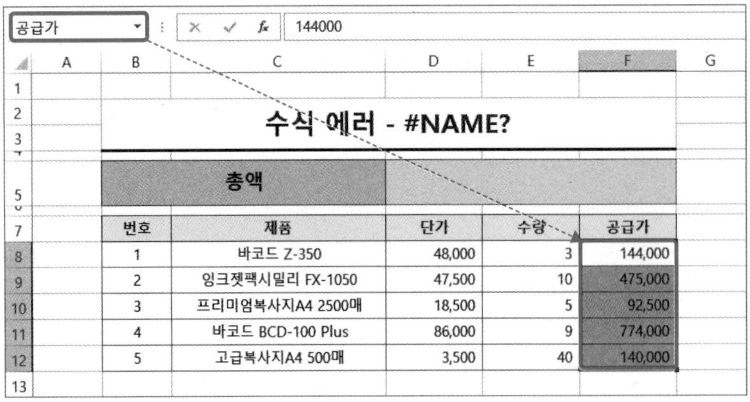

LINK [공급가] 이름은 미리 정의된 것으로, 이름 정의에 대한 설명은 104페이지를 참고합니다.

03 [D5] 병합 셀에 다음 수식을 입력합니다.

[D5] 셀 : =SUN(F8:F12)

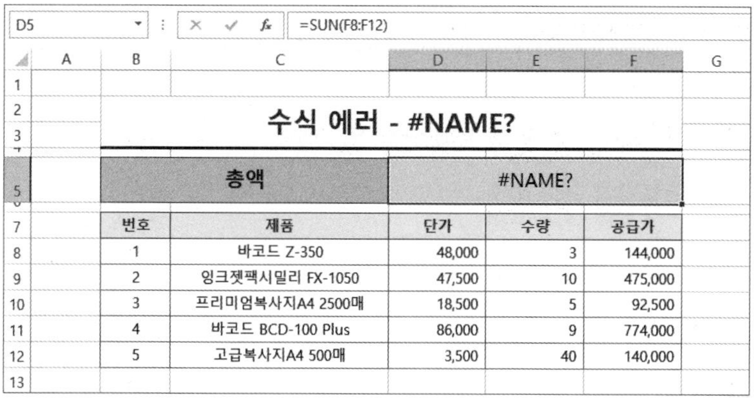

D5 =SUN(F8:F12)

	A	B	C	D	E	F	G
1							
2		수식 에러 - #NAME?					
3							
5		총액		#NAME?			
7		번호	제품	단가	수량	공급가	
8		1	바코드 Z-350	48,000	3	144,000	
9		2	잉크젯팩시밀리 FX-1050	47,500	10	475,000	
10		3	프리미엄복사지A4 2500매	18,500	5	92,500	
11		4	바코드 BCD-100 Plus	86,000	9	774,000	
12		5	고급복사지A4 500매	3,500	40	140,000	
13							

더 알아보기 **#NAME? 에러 발생 원인 이해하기**

위 수식에서 **SUN**은 SUM 함수의 오타입니다. 이렇게 함수명을 잘못 입력하면 #NAME? 에러가 발생합니다.

04 [D5] 셀의 수식이 정의된 이름을 사용하도록 다음과 같이 수정합니다.

[D5] 셀 : =SUM(공급가액)

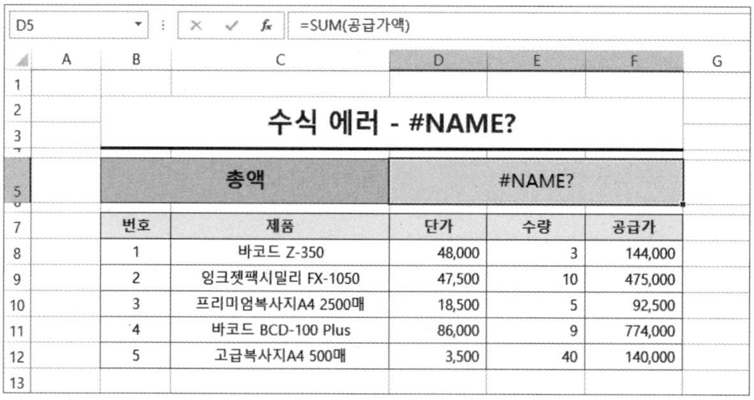

D5 =SUM(공급가액)

	A	B	C	D	E	F	G
1							
2		수식 에러 - #NAME?					
3							
5		총액		#NAME?			
7		번호	제품	단가	수량	공급가	
8		1	바코드 Z-350	48,000	3	144,000	
9		2	잉크젯팩시밀리 FX-1050	47,500	10	475,000	
10		3	프리미엄복사지A4 2500매	18,500	5	92,500	
11		4	바코드 BCD-100 Plus	86,000	9	774,000	
12		5	고급복사지A4 500매	3,500	40	140,000	
13							

더 알아보기 **#NAME? 에러 발생 원인 이해하기**

위 수식에서 인수로 입력한 **[공급가액]**이란 이름은 정의되지 않은 이름입니다. **[공급가]**가 정확한 이름이므로, 수식을 다음과 같이 수정합니다.

```
=SUM(공급가)
```

03 05

#NULL! 에러 발생 원인과 해결 방법

예제 파일 PART 01 \ CHAPTER 03 \ 수식 에러-NULL.xlsx

#NULL! 에러

#NULL! 에러의 NULL은 비어 있다는 의미입니다. 엑셀에서는 참조할 대상이 없다는 의미로 사용됩니다. 이 에러는 주로 참조 연산자 중에서 Spacebar 를 눌러 입력하는 공백(" ") 연산자를 사용할 때 발생합니다.

공백 연산자는 두 범위의 교집합 범위를 참조하는데, #NULL! 에러가 발생하면 교집합 범위가 존재하지 않는다는 의미로 이해합니다.

따라 하기

다음 예제를 통해 #NULL! 에러가 발생하는 상황과 해결 방법에 대해 안내합니다.

01 예제의 표에서 원하는 위치의 값을 참조하는 작업을 진행합니다.

수식 에러 - #NULL!

법인	1사분기	2사분기	3사분기	4사분기		참조
한국	1,445,000	2,921,000	4,144,900	5,726,400		
독일	2,125,000	2,548,750	1,707,000	2,482,000		
미국	21,042,600	11,983,200	18,843,250	26,608,680		
영국	1,581,200	1,731,200	2,545,300	7,336,500		
일본	2,454,000	3,662,300	6,376,900	3,609,700		
중국	4,872,100	5,307,200	5,536,000	3,010,200		
프랑스	4,519,250	2,161,150	4,764,100	4,669,720		

02 미국의 2사분기 실적을 참조하기 위해 [H6] 셀에 다음 수식을 입력합니다.

[H6] 셀 : =C8:F8 D6:D12

H6 =C8:F8 D6:D12

	A	B	C	D	E	F	G	H	I
1									
2		수식 에러 - #NULL!							
3									
5		법인	1사분기	2사분기	3사분기	4사분기		참조	
6		한국	1,445,000	2,921,000	4,144,900	5,726,400		11,983,200	
7		독일	2,125,000	2,548,750	1,707,000	2,482,000			
8		미국	21,042,600	11,983,200	18,843,250	26,608,680			
9		영국	1,581,200	1,731,200	2,545,300	7,336,500			
10		일본	2,454,000	3,662,300	6,376,900	3,609,700			
11		중국	4,872,100	5,307,200	5,536,000	3,010,200			
12		프랑스	4,519,250	2,161,150	4,764,100	4,669,720			
13									

TIP 왼쪽 표의 서식은 참조 범위에 대한 이해를 돕기 위해 표시한 것입니다.

더 알아보기 수식 이해하기

[C8:F8] 범위와 [D6:D12] 범위에서 겹치는 셀은 [D8] 셀이며, 정상적으로 [D8] 셀의 값이 참조되었습니다. 이번 수식은 공백(" ") 연산자를 사용해 참조한 작업으로, 다음 수식과 동일합니다.

```
=D8
```

LINK 공백 연산자에 대한 설명은 81페이지를 참고합니다.

03 한국과 미국의 실적을 참조하기 위해 [H6] 셀의 수식을 다음과 같이 수정합니다.

[H6] 셀 : =C6:F6 C8:F8

H6 =C6:F6 C8:F8

	A	B	C	D	E	F	G	H	I
1									
2		수식 에러 - #NULL!							
3									
5		법인	1사분기	2사분기	3사분기	4사분기		참조	
6		한국	1,445,000	2,921,000	4,144,900	5,726,400		#NULL!	
7		독일	2,125,000	2,548,750	1,707,000	2,482,000			
8		미국	21,042,600	11,983,200	18,843,250	26,608,680			
9		영국	1,581,200	1,731,200	2,545,300	7,336,500			
10		일본	2,454,000	3,662,300	6,376,900	3,609,700			
11		중국	4,872,100	5,307,200	5,536,000	3,010,200			
12		프랑스	4,519,250	2,161,150	4,764,100	4,669,720			

더 알아보기 #NULL! 에러 발생 원인 이해하기

[C6:F6] 범위와 [C8:F8] 범위는 겹치는 범위(또는 셀)가 존재하지 않습니다. 그러므로 #NULL! 에러가 발생합니다.

04 한국과 미국의 실적을 모두 더하려면 [H6] 셀의 수식을 다음과 같이 수정합니다.

[H6] 셀 : =SUM(C6:F6, C8:F8)

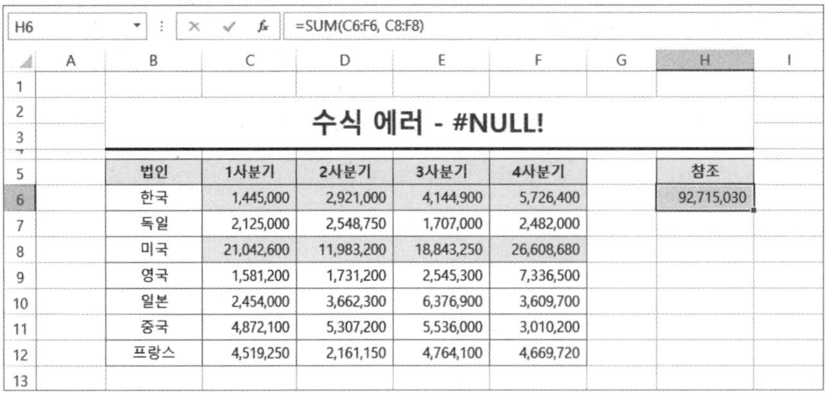

H6 =SUM(C6:F6, C8:F8)

수식 에러 - #NULL!

법인	1사분기	2사분기	3사분기	4사분기		참조
한국	1,445,000	2,921,000	4,144,900	5,726,400		92,715,030
독일	2,125,000	2,548,750	1,707,000	2,482,000		
미국	21,042,600	11,983,200	18,843,250	26,608,680		
영국	1,581,200	1,731,200	2,545,300	7,336,500		
일본	2,454,000	3,662,300	6,376,900	3,609,700		
중국	4,872,100	5,307,200	5,536,000	3,010,200		
프랑스	4,519,250	2,161,150	4,764,100	4,669,720		

더 알아보기 **수식 이해하기**

이번 수식은 SUM 함수를 사용해 [C6:F6] 범위의 숫자와 [C8:F8] 범위의 숫자를 모두 더해 반환합니다. 이때 [C6:F6] 범위와 [C8:F8] 범위 사이에 쉼표(,) 연산자를 사용했습니다. 쉼표(,) 연산자는 떨어진 범위를 참조할 때 사용합니다.

05 [H6] 셀의 수식을 다시 다음과 같이 수정하면 #NULL! 에러가 발생합니다.

[H6] 셀 : =SUM(C6:F6 C8:F8)

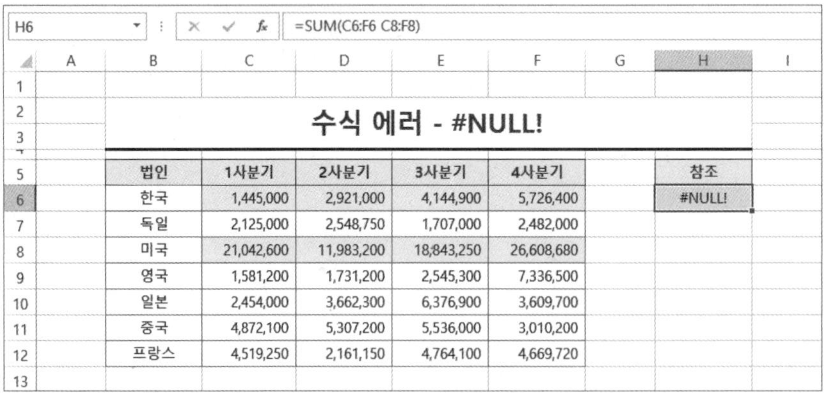

H6 =SUM(C6:F6 C8:F8)

수식 에러 - #NULL!

법인	1사분기	2사분기	3사분기	4사분기		참조
한국	1,445,000	2,921,000	4,144,900	5,726,400		#NULL!
독일	2,125,000	2,548,750	1,707,000	2,482,000		
미국	21,042,600	11,983,200	18,843,250	26,608,680		
영국	1,581,200	1,731,200	2,545,300	7,336,500		
일본	2,454,000	3,662,300	6,376,900	3,609,700		
중국	4,872,100	5,307,200	5,536,000	3,010,200		
프랑스	4,519,250	2,161,150	4,764,100	4,669,720		

더 알아보기 **#NULL! 에러 발생 원인 이해하기**

이번 수식이 **04** 과정 수식과 다른 점은 [C6:F6] 범위와 [C8:F8] 범위 사이의 쉼표(,) 연산자를 삭제하고, 공백(" ") 연산자를 사용했다는 점입니다. 이렇게 하면 [C6:F6] 범위와 [C8:F8] 범위에서 겹치는 범위의 합계를 구하란 의미입니다. 하지만 겹치는 범위가 존재하지 않기 때문에 #NULL! 에러가 반환됩니다.

수식 에러

03 06

#NUM! 에러 발생 원인과 해결 방법

예제 파일 PART 01 \ CHAPTER 03 \ 수식 에러-NUM.xlsx

#NUM! 에러

#NUM! 에러에서 NUM은 NUMBER의 약어입니다. 즉, 숫자 데이터에 의한 에러가 발생했다는 의미입니다. 이 에러는 보통 숫자의 계산 결과가 −1E−307~1E+307 범위를 벗어날 때 발생합니다.

다만 엑셀에서 데이터를 계산할 때 반환할 값이 최대 범위를 넘기는 상황은 거의 없습니다. 수식 내에서 괄호를 잘못 열고 닫은 경우, 거듭제곱(^) 연산자나 POWER, SQRT 함수 등을 사용하는 경우, 또는 IRR, RATE 함수와 같은 재무 함수를 사용하는 경우에 주로 발생합니다.

따라 하기

다음 예제를 통해 #NUM! 에러가 발생하는 다양한 상황을 확인하고, 이 에러는 왜 발생하는지 알아보겠습니다.

01 예제를 열고, 여러 연산자와 함수를 사용해 #NUM! 에러가 발생하는 상황을 확인합니다.

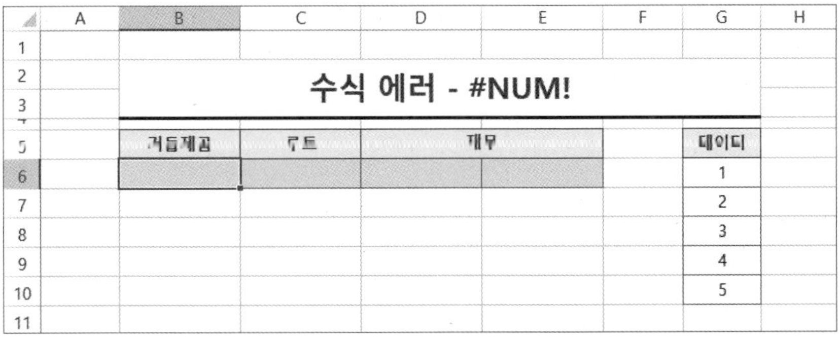

02 [B6] 셀을 선택하고 거듭제곱(^) 연산자를 이용해 다음과 같은 수식을 입력합니다.

[B6] 셀 : =123^456

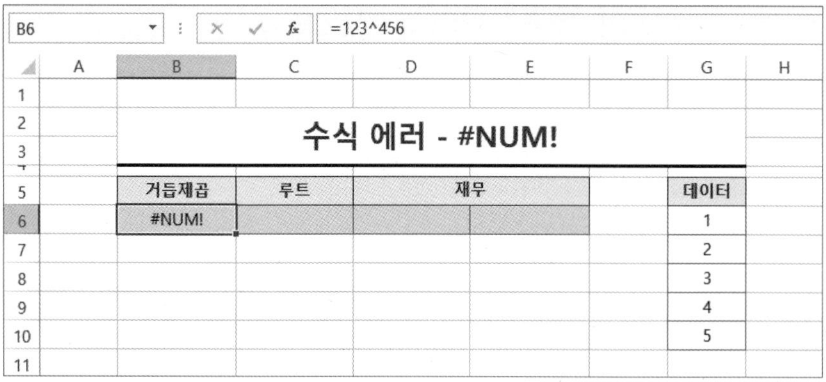

더 알아보기 #NUM! 에러가 발생하는 이유

이번 수식은 거듭제곱(^) 연산자 대신 다음과 같이 POWER 함수를 사용한 수식으로 대체할 수 있습니다.

```
=POWER(123, 456)
```

POWER 함수는 거듭제곱 연산값을 반환하는 함수로, 보통은 연산자를 이용한 계산식을 사용합니다. 이번 수식의 결과는 10^307(1E+307)을 넘어서는 계산 결과가 반환되므로 #NUM! 에러가 발생한 것입니다.

보통 이렇게 큰 숫자를 결과로 반환하는 경우는 많지 않습니다. 따라서 거듭제곱(^) 연산자나 POWER 함수를 사용한 경우에 에러가 반환됐다면 괄호를 열고 닫는 부분에서 실수한 것은 아닌가 확인해봐야 합니다.

참고로 이번 수식은 다음과 같이 작성하면 정상적으로 계산됩니다.

```
=(123^4)+56
```

이렇게 사소한 실수로 #NUM! 에러가 자주 발생할 수 있습니다.

03 [C6] 셀에 −1의 루트값을 계산하기 위해 다음 수식을 입력합니다.

[C6] 셀 : =SQRT(−1)

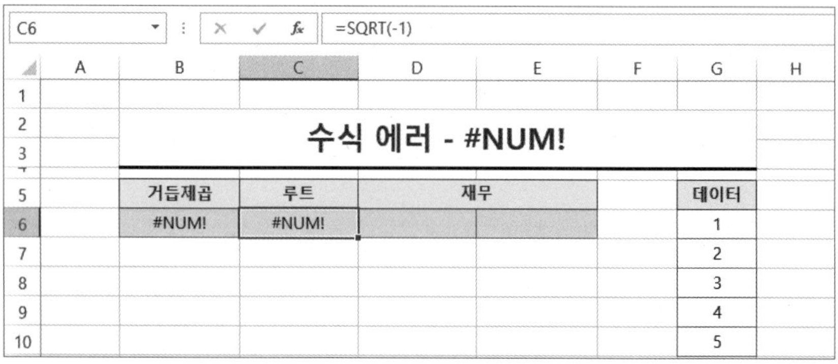

더 알아보기 **결과를 반환할 수 없는 계산식**

a라는 숫자를 거듭제곱했을 때 x라는 값을 얻었다면 x의 루트값이 a입니다. SQRT 함수가 바로 x의 루트값을 반환해주는 함수입니다. 즉, 이번 수식은 SQRT 함수의 인수인 –1의 루트값을 구하는 계산식입니다.

음수의 루트값은 계산할 수 없습니다. 거듭제곱한다는 것은 해당 숫자를 두 번 곱한다는 의미입니다. 즉 10^2의 결괏값은 100으로, 10*10의 연산 결과와 동일합니다. 그렇다면 –1^2는 –1*–1과 동일하고, 이 연산은 1이 됩니다.

위와 같이 음수는 거듭제곱하면 양수로 바뀌므로 거듭제곱한 값은 음수가 나올 수 없습니다. 따라서 음수의 루트값은 계산할 수 없는 것입니다.

이렇게 숫자를 계산하는 계산식에서 결과를 반환할 수 없는 경우에 #NUM! 에러가 반환됩니다.

04 이번에는 재무 함수 중에서 내부수익률 계산에 사용하는 IRR 함수를 사용해보겠습니다.

05 [D6] 셀에 다음 수식을 입력합니다.

[D6] 셀 : =IRR(G6:G10)

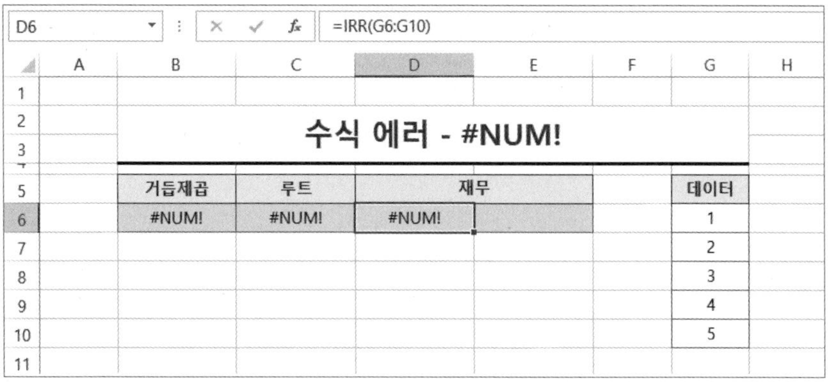

더 알아보기 **수식 이해하기**

IRR 함수는 주기적인 현금 흐름에 대한 내부수익률을 반환하는 함수로, 반드시 범위 내에 음수(지출)와 양수(수입)의 값이 함께 존재해야 합니다. 또한 첫 번째 값은 반드시 음수(지출 내역)여야 합니다.

이번 수식에서 IRR 함수가 참조한 [G6:G10] 범위에는 양숫값만 존재하므로 내부 수익률을 계산할 수 없어 #NUM! 에러가 발생한 것입니다. [G6] 셀의 값을 **–1**로 변경해주면 #NUM! 에러를 해결할 수 있습니다.

06 재무 함수 중에서 이자율 계산에 사용하는 RATE 함수를 사용해보겠습니다.

07 [E6] 셀에 다음 수식을 입력합니다.

[E6] 셀 : =RATE(10, −10000, 1000)

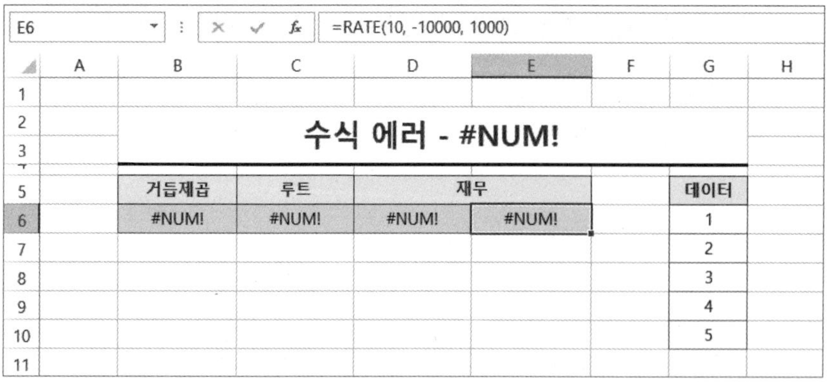

더 알아보기 수식 이해하기

RATE 함수는 이자율을 계산하기 위해 최대 20번을 반복 계산한 후 0.00000001보다 크거나 같은 값이 반환되지 않으면 #NUM! 에러가 발생합니다. 이번 수식에서 사용한 RATE 함수는 10개월 동안 1만 원을 지출해 1천 원이 되기 위한 이자율을 계산합니다.

이 계산 작업이 정상적으로 진행되려면 1만 원씩 지출해 1천 원이 되어야 하므로 마이너스 이자율이 발생해야 합니다. 하지만 마이너스 이자율은 반환할 수 없기 때문에 RATE 함수에서 #NUM! 에러가 발생합니다.

#NUM! 에러가 발생하지 않도록 하려면 두 번째 인수와 세 번째 인수의 값을 다음과 같이 수정합니다.

```
=RATE(10, −1000, 10000)
```

그러면 10개월 동안 1천 원을 지출해 1만 원(현재 가치)이 되기 위한 이자율(0%)을 반환해줍니다.

수식 에러

03 07 #VALUE! 에러 발생 원인과 해결 방법

예제 파일 PART 01 \ CHAPTER 03 \ 수식 에러–VALUE.xlsx

#VALUE! 에러

#VALUE! 에러에서 VALUE는 값(데이터)을 의미합니다. 엑셀에서는 데이터를 계산할 수 있는 값(숫자, 날짜/시간, 논릿값)과 계산할 수 없는 값(텍스트)으로 구분합니다. 만약 계산할 수 없는 값을 사용해 계산하면 #VALUE! 에러가 발생합니다.

예를 들어 수식 내에서 숫자와 텍스트 데이터를 산술 연산하거나 함수의 인수에 숫자를 넣어야 하는데 텍스트 데이터를 전달하는 경우 #VALUE! 에러가 발생합니다.

따라 하기

다음 예제를 통해 #VALUE 에러가 발생하는 상황과 이를 해결하는 방법에 대해 이해할 수 있습니다.

01 예제를 열고, G열에 공급가액(F열)의 10%에 해당하는 부가세를 계산해 넣습니다.

수식 오류 - #VALUE!

번호	제품	단가	수량	공급가액	부가세
1	바코드 Z-350	48,000	3	144,000	
2	잉크젯팩시밀리 FX-1050	47,500	10	475,000	
3	[illegible]A4 2500매	18,500	5	92,500	
4	바코드 BCD-100 Plus	86,000	9	774,000	
5	고급복사지A4 500매	3,500	40	140,000	
6	잉크젯복합기 AP-3300	79,800	10	798,000	
7	링 제본기 ST-100	125,000	5	625,000	

02 [G6] 셀을 선택하고 다음 수식을 입력합니다.

[G6] 셀 : =F6*10%

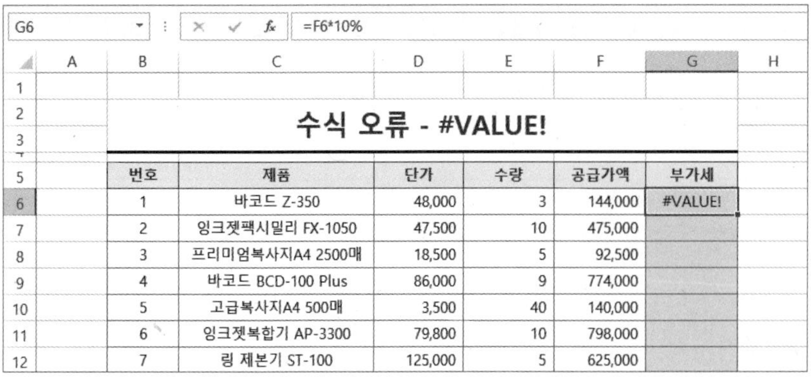

03 #VALUE! 에러가 발생하므로 F열의 데이터 형식을 확인합니다.

04 [F6] 셀을 선택하고 리본 메뉴의 [홈] 탭–[맞춤] 그룹에서 맞춤 설정을 확인합니다.

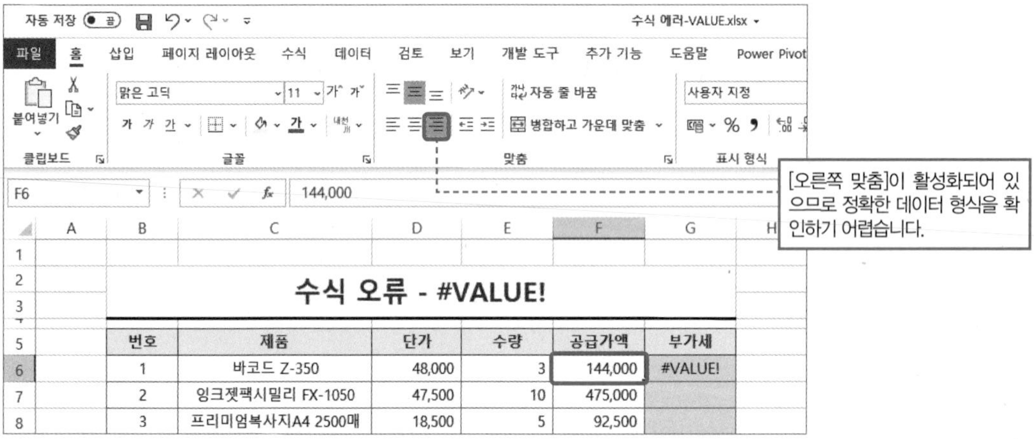

05 [오른쪽 맞춤]을 클릭해 맞춤 설정을 해제합니다.

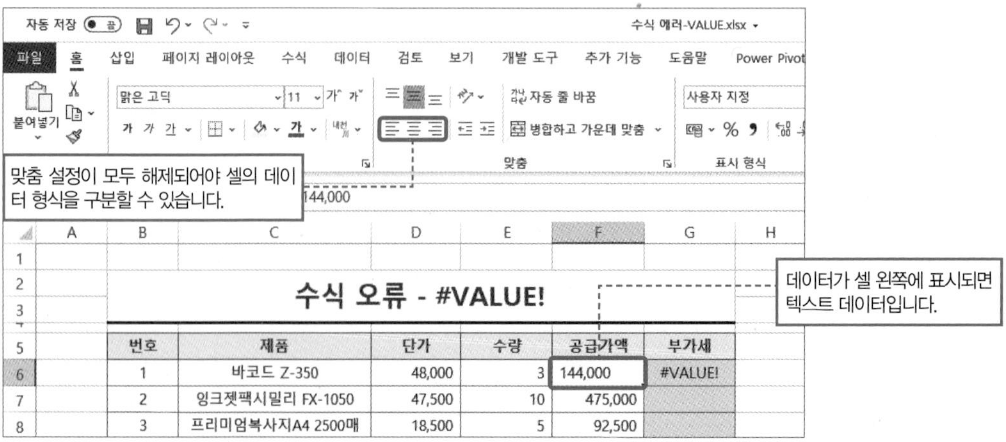

06 [F6] 셀의 데이터에서 눈에 보이지 않는 문자를 제거해 계산합니다.

07 [G6] 셀의 수식을 다음과 같이 수정합니다.

[G6] 셀 : =CLEAN(F6)*10%

더 알아보기 **CLEAN 함수 이해하기**

CLEAN 함수는 인쇄할 수 없는(눈에 보이지 않는) 문자를 제거해주는 함수입니다. 엑셀에서는 이런 문자를 유령 문자라고 부릅니다. 주로 웹에서 숫자를 복사해올 때 유령 문자가 섞여 있는 경우가 많은데, 이런 경우 사용하면 유용합니다.

08 [G6] 셀의 채우기 핸들을 [G12] 셀까지 드래그해 수식을 복사합니다.

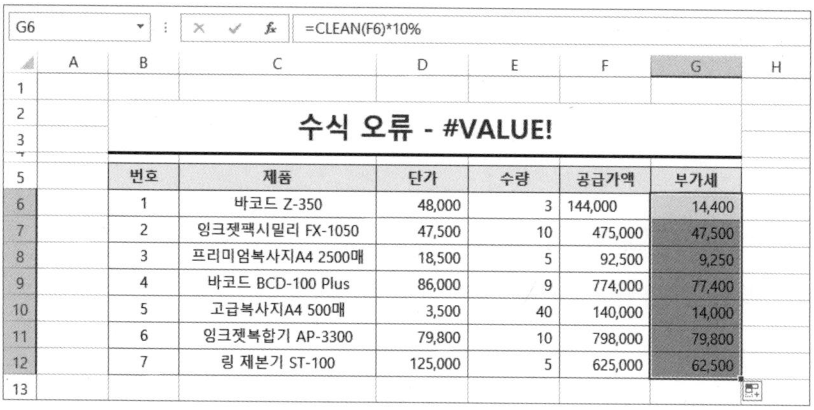

번호	제품	단가	수량	공급가액	부가세
1	바코드 Z-350	48,000	3	144,000	14,400
2	잉크젯팩시밀리 FX-1050	47,500	10	475,000	47,500
3	프리미엄복사지A4 2500매	18,500	5	92,500	9,250
4	바코드 BCD-100 Plus	86,000	9	774,000	77,400
5	고급복사지A4 500매	3,500	40	140,000	14,000
6	잉크젯복합기 AP-3300	79,800	10	798,000	79,800
7	링 제본기 ST-100	125,000	5	625,000	62,500

수식 에러

03 08 #REF! 에러 발생 원인과 해결 방법

예제 파일 PART 01 \ CHAPTER 03 \ 수식 에러-REF.xlsx

#REF! 에러

#REF! 에러에서 REF는 Reference의 약어입니다. 이름에서 알 수 있듯 #REF! 에러는 참조와 연관된 에러라고 할 수 있습니다. 정확하게는 수식에서 참조한 셀이 존재하지 않는 경우에 발생하는 에러입니다. 참조한 셀이 존재하지 않는 경우는 다음 두 가지 상황입니다.

첫째, 참조한 셀(또는 범위)이 삭제된 경우입니다.

둘째, 수식을 복사할 때 워크시트의 범위를 넘어간 위치를 참조하게 되면 발생합니다.

두 번째 경우가 잘 이해되지 않을 수 있습니다. 예를 들어 [A1] 셀에 A열의 마지막 셀을 참조하는 **=A1048576** 수식을 입력한 후 [A1] 셀의 채우기 핸들을 아래쪽 방향으로 드래그하면 참조할 셀이 존재하지 않아 #REF! 에러가 발생합니다.

#REF! 에러가 발생하면 수식 내에서 참조한 셀 주소가 삭제되어 과거에 어떤 셀을 참조했는지 알지 못하게 되므로 주의가 필요합니다. 따라서 특정 셀(또는 범위)을 삭제하고 싶다면 해당 셀(또는 범위)을 참조하는 수식이 존재하는지 확인해야 합니다.

셀 삭제와 #REF! 에러

#REF! 에러를 발생시키는 가장 주된 원인인 셀 삭제 작업을 통해 #REF! 에러가 발생하는 상황을 확인할 수 있습니다. 다음 과정을 참고합니다.

01 예제를 열고, [D6] 셀을 선택하면 [B6] 셀을 참조하고 있는 것을 확인할 수 있습니다.

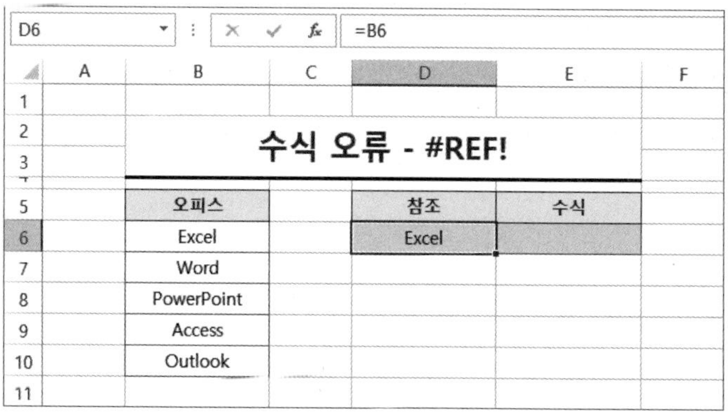

02 [D6] 셀에서 참조하고 있는 [B6] 셀을 삭제합니다.

03 [B6] 셀을 선택하고 리본 메뉴의 [홈] 탭–[셀] 그룹–[삭제]를 클릭합니다.

더 알아보기 **삭제 명령과 지우기 명령**

리본 메뉴의 [홈] 탭–[셀] 그룹과 [편집] 그룹에는 각각 [삭제]와 [지우기]가 제공됩니다. 이 두 명령은 용어만 다른 것이 아니라 동작 방법에도 차이가 있습니다.

우리가 많이 사용하는 방법인 셀을 선택하고 Delete 를 누르는 방법은 해당 셀의 값만 지워집니다. 다시 말해 Delete 를 누르면 [지우기] 중 값만 지우는 [값 지우기]가 실행됩니다. 하지만 리본 메뉴의 [홈] 탭–[셀] 그룹–[삭제]를 클릭하면 셀 자체가 삭제됩니다. 해당 위치는 아래쪽 셀(기본값) 또는 오른쪽 셀이 차지하게 됩니다.

#REF! 에러는 [삭제]를 실행한 경우에 발생합니다.

참조 위치 확인

셀(또는 범위)을 삭제하기 전에 해당 위치를 참조하는 셀이 존재하는지 확인할 수 있습니다. 다음 과정을 참고합니다.

01 Ctrl+Z를 눌러 이전 작업을 취소합니다.

02 [B6] 셀을 삭제하기 전에 먼저 해당 셀을 참조하고 있는 셀이 존재하는지 확인합니다.

03 [B6] 셀(삭제할 셀)을 선택합니다.

04 리본 메뉴의 [수식] 탭–[수식 분석] 그룹–[참조하는 셀 추적]을 클릭합니다.

TIP 연결선을 통해 [B6] 셀을 참조하는 셀이 [D6] 셀인 것을 확인할 수 있습니다.

05 참조 위치를 확인했으므로 표시된 연결선을 삭제합니다.

06 리본 메뉴의 [수식] 탭–[수식 분석] 탭–[연결선 제거]를 클릭합니다.

수식 복사와 #REF! 에러

수식을 복사할 경우에도 #REF! 에러가 발생할 수 있습니다. 다음 과정을 참고합니다.

01 [E6] 셀에 다음 수식을 입력합니다.

[E6] 셀 : =A1048576

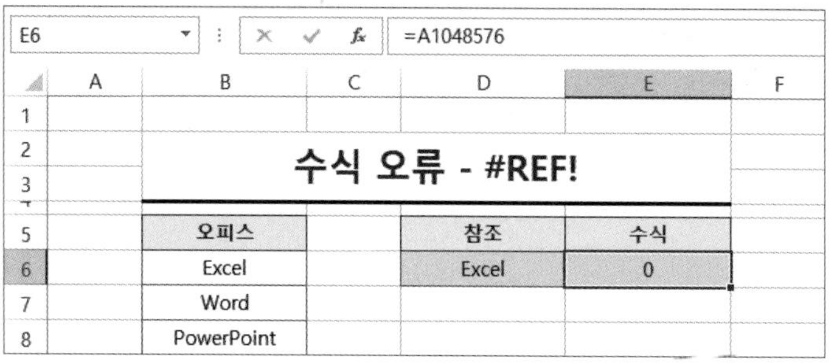

더 알아보기 열의 마지막 셀

이번 수식은 A열의 마지막 셀을 참조하는 수식입니다. 해당 셀에는 아무 값도 입력되어 있지 않아 0이 반환됩니다. 엑셀은 참조한 셀이 빈 셀이면 0을 반환합니다.

만약 엑셀 2003 이하 버전을 사용하고 있거나 파일 형식이 XLS 형식이라면 마지막 셀이 다르므로 수식을 다음과 같이 수정해야 합니다.

```
=A65536
```

02 [E6] 셀의 채우기 핸들을 [E10] 셀까지 드래그하면 모든 셀에 #REF! 에러가 반환됩니다.

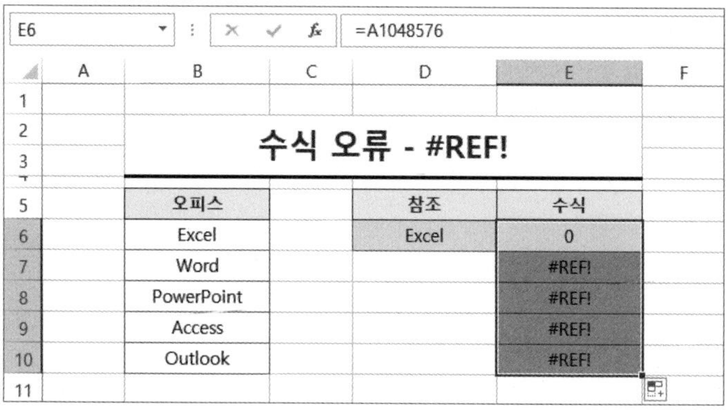

더 알아보기 #REF! 에러가 발생한 이유

[E6] 셀에서 [A1048576] 셀을 참조했기 때문에 아래로 수식을 복사하면 행 주소가 증가하게 됩니다. 예를 들어 [E7] 셀의 경우는 [A1048577] 셀을 참조해야 합니다. 하지만 엑셀 워크시트는 1048576번째 행이 마지막 행이므로 참조할 셀이 존재하지 않아 #REF! 에러가 발생하는 것입니다.

수식 에러

03 09 ######### 에러 발생 원인과 해결 방법

예제 파일 PART 01 \ CHAPTER 03 \ 수식 에러-#####.xlsx

에러

######## 에러는 엑셀에서 수식 에러로 구분하지 않습니다. 그럼에도 ######## 에러라고 표현하는 것은 셀에 수식의 결과가 표시되지 않고 ########이 표시되어 많은 사람들이 수식 에러로 인식하기 때문입니다. 그러므로 이 책에서도 ########을 수식 에러 중 하나로 설명하겠습니다.

######## 에러는 여러 가지 이유로 셀 값을 표시할 수 없는 경우에 발생합니다. 셀 값을 제대로 표시하지 못하는 대표적인 경우는 다음과 같습니다.

첫째, 셀 값을 표시하기에 열 너비가 충분하지 않은 경우에 발생합니다.
단, 이 경우에는 텍스트 데이터를 제외한 숫자, 날짜/시간, 논릿값과 같은 계산 가능한 데이터의 경우에만 ######## 에러가 발생합니다.

둘째, 셀 표시 형식이 날짜 또는 시간인 경우에 셀 값이 음수가 되면 발생합니다.

셋째, 셀 표시 형식이 날짜인 경우에는 셀 값이 2,958,465보다 큰 경우에도 발생합니다.
엑셀에서 날짜의 최댓값은 9999년 12월 31일로, 이 날짜는 날짜 일련번호로 2,958,465와 동일한 값입니다. 그러므로 이보다 큰 숫자는 날짜로 표시할 수 없습니다.

따라 하기

다음 예제를 통해 ######## 에러가 발생하는 상황을 이해하고 이를 해결하는 방법에 대해 알아보겠습니다.

01 예제를 열고, E열의 근무시간을 계산합니다.

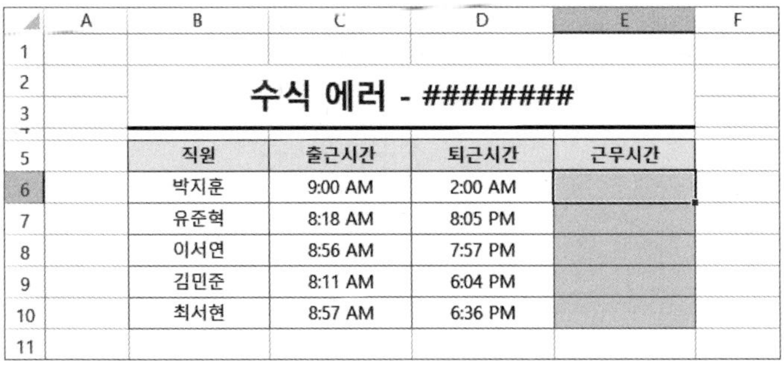

수식 에러 - ########
직원
출근시간
퇴근시간
근무시간
박지훈
9:00 AM
2:00 AM
유준혁
8:18 AM
8:05 PM
이서연
8:56 AM
7:57 PM
김민준
8:11 AM
6:04 PM
최서현
8:57 AM
6:36 PM

02 먼저 표의 열 너비를 작게 조정합니다.

03 [B:E] 열을 모두 선택합니다.

04 B열과 C열 주소 사이 열 구분선에 마우스 포인터를 위치시킨 후 왼쪽으로 드래그합니다.

더 알아보기 **######## 에러가 표시된 이유**

열 너비를 줄였을 때 해당 열의 셀이 값을 표시하기에 너비가 충분하지 않은 경우 ########이 표시됩니다. 이 문제를 해결하는 가장 쉬운 방법은 열 구분선을 더블클릭해서 열 너비를 자동 조정하거나 열 구분선을 오른쪽으로 드래그해 열 너비를 넓히는 것입니다.

05 Ctrl+Z를 눌러 **04** 과정의 작업을 취소합니다.

06 수식을 사용해 근무시간을 계산합니다.

07 [E6] 셀에 다음 수식을 입력합니다.

[E6] 셀 : =D6−C6

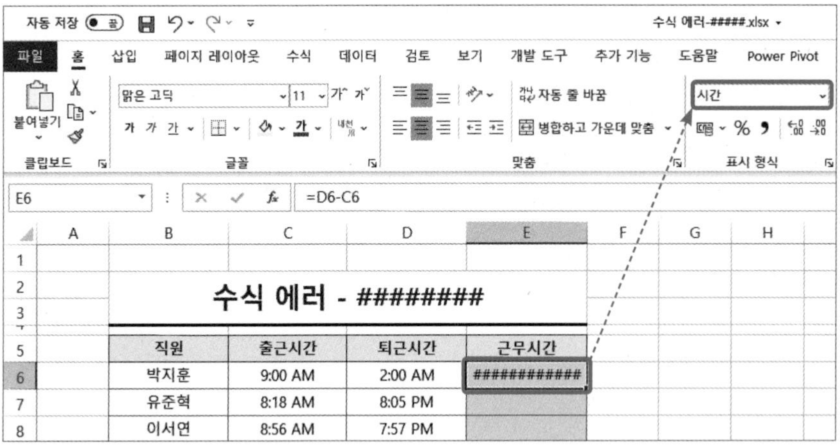

더 알아보기 **######## 에러가 표시된 이유**

[E6] 셀에 ######## 에러가 표시되는 이유는 [D6] 셀의 퇴근시간(2:00 AM)에서 [C6] 셀의 출근시간(9:00 AM)을 뺀 값으로 음수가 반환되기 때문입니다. 엑셀의 날짜와 시간 데이터는 숫자로 관리되고 음수라는 개념 자체가 없습니다. 따라서 [표시 형식]이 [날짜] 또는 [시간]인 경우에 계산 결과로 음숫값이 반환되면 ######## 에러가 표시됩니다.

08 ######## 에러가 표시되지 않도록 [표시 형식]을 변경합니다.

09 [E6] 셀이 선택된 상태에서 리본 메뉴의 [홈] 탭–[표시 형식] 그룹–[표시 형식]을 [일반]으로 변경합니다.

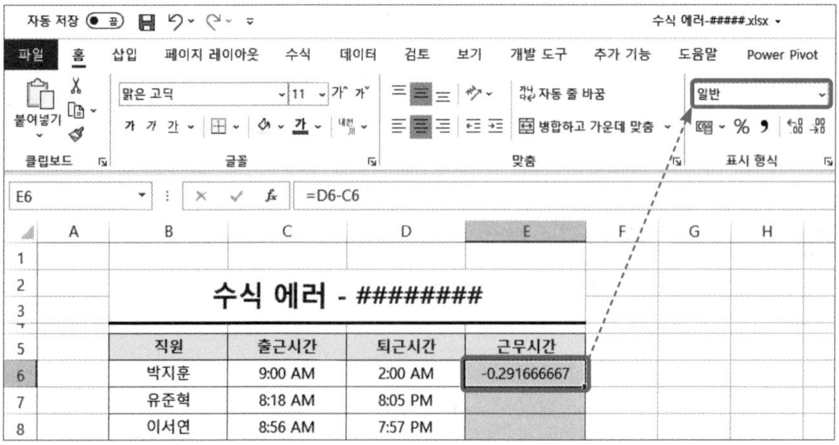

10 음수가 반환되지 않도록 [E6] 셀의 수식을 다음과 같이 수정합니다.

[E6] 셀 : =IF(C6>D6, 1, 0)+D6-C6

TIP 숫자 1은 날짜로 치면 하루입니다. 출근시간(C6)이 퇴근시간(D6)보다 뒤면 퇴근시간이 하루 뒤의 시간이라는 의미입니다.

11 계산된 결과는 표시 형식에 맞게 숫자로 표시됩니다.

12 단축키 Ctrl + 1 를 눌러 [셀 서식] 대화상자를 화면에 표시합니다.

13 [표시 형식] 탭의 [범주]에서 [시간]을 선택하고, [형식]에서 [13:30]을 선택합니다.

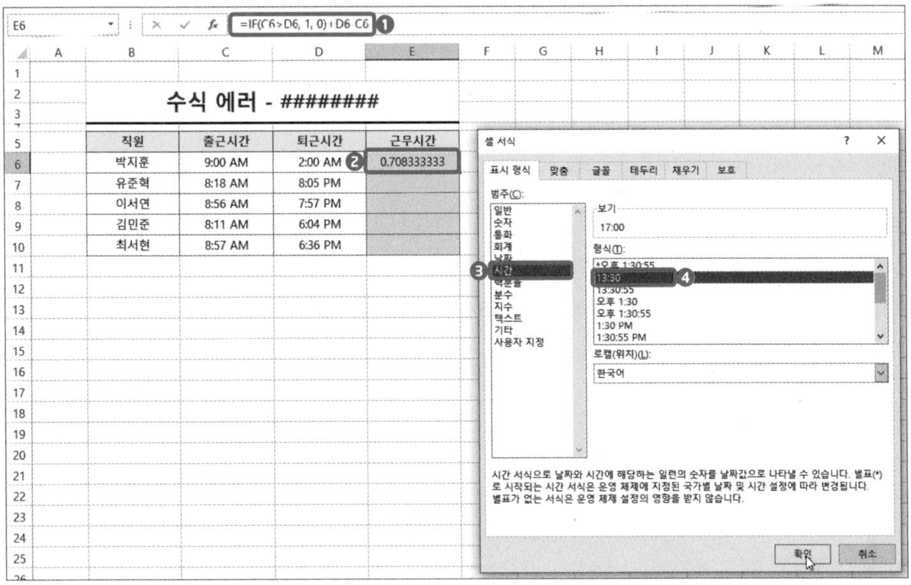

TIP [13:30] 형식은 시간을 24시간제로 표시해줍니다.

14 [확인]을 클릭해 [셀 서식] 대화상자를 닫습니다.

15 [E6] 셀의 채우기 핸들을 [E10] 셀까지 드래그해 수식을 복사합니다.

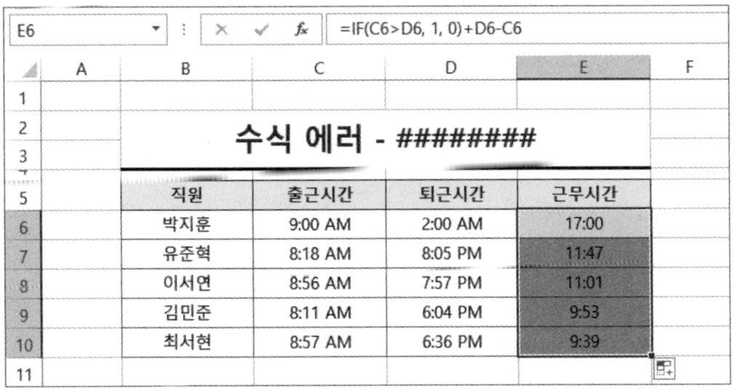

03 10 #SPILL! 에러 발생 원인과 해결 방법

예제 파일 PART 01 \ CHAPTER 03 \ 수식 에러-SPILL.xlsx

#SPILL! 에러

#SPILL! 에러는 마이크로소프트 365 버전에 새로 추가된 FILTER, UNIQUE, RANDARRAY, SEQUENCE 함수를 사용하거나 동적 배열을 이용하는 수식을 사용하는 상황에서 발생하는 에러입니다. 기존 엑셀의 함수는 계산된 결괏값 하나를 반환했지만, 마이크로소프트 365 버전부터는 동적 배열을 이용해 여러 개 계산 결과를 한번에 반환할 수 있도록 지원합니다.

이 신규 에러가 가장 많이 발생할 수 있는 상황은 배열 함수가 여러 개의 값을 반환할 때 반환할 범위 내에 이미 다른 데이터가 존재하는 경우입니다.

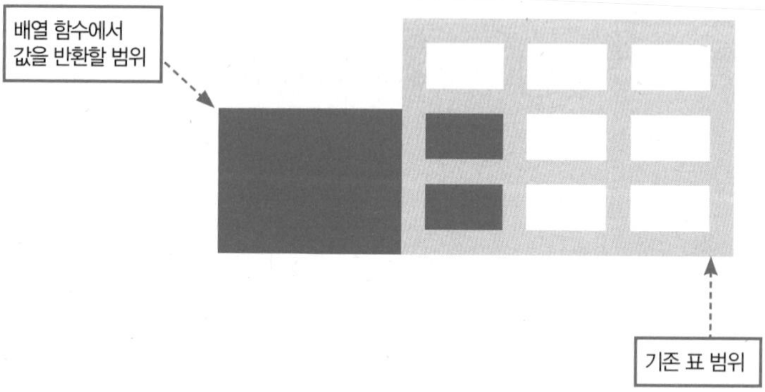

다음으로 많이 발생되는 상황은 엑셀 표를 이용하는 경우입니다. 마이크로소프트 365 버전의 신규 함수들은 엑셀 표에서는 사용할 수 없습니다. 엑셀 표에서 신규 함수를 사용하면 #SPILL! 에러가 발생합니다.

따라 하기

다음 예제를 통해 여러 개 값을 반환하는 함수를 사용해보고 #SPILL! 에러가 발생하는 상황과 이를 해결하는 방법에 대해 이해합니다.

01 예제를 열고, C열의 이름을 I열에 정렬해 반환하는 수식을 작성합니다.

	A	B	C	D	E	F	G	H	I	J
1										
2		직원 명부							정렬	
3										
5		사번	이름	직위	입사일	근속기간	핸드폰		이름	
6		1	박지훈	부장	2005-05-01	14년 10개월	010-7212-1234			
7		2	유준혁	차장	2009-10-01	10년 5개월	010-5321-4225			
8		3	이서연	과장	2014-05-01	5년 10개월	010-4102-8345			
9		4	김민준	대리	2018-04-01	1년 11개월	010-6844-2313			
10		5	최서현	주임	2017-05-01	2년 10개월	010-3594-5034			
11		6	박현우	주임	2016-10-01	3년 5개월	010-9155-2242			
12		7	정시우	사원	2018-01-01	2년 2개월	010-7237-1123			
13		8	이은서	사원	2018-03-01	2년 0개월	010-4115-1352			
14		9	오서윤	사원	2019-11-01	0년 4개월	010-7253-9721			
15										

02 [I6] 셀에 다음 수식을 입력합니다.

[I6] 셀 : =SORT(C6:C14)

I6 =SORT(C6:C14)

	A	B	C	D	E	F	G	H	I	J
1										
2		직원 명부							정렬	
3										
5		사번	이름	직위	입사일	근속기간	핸드폰		이름	
6		1	박지훈	부장	2005-05-01	14년 10개월	010-7212-1234		김민준	
7		2	유준혁	차장	2009-10-01	10년 5개월	010-5321-4225		박지훈	
8		3	이서연	과장	2014-05-01	5년 10개월	010-4102-8345		박현우	
9		4	김민준	대리	2018-04-01	1년 11개월	010-6844-2313		오서윤	
10		5	최서현	주임	2017-05-01	2년 10개월	010-3594-5034		유준혁	
11		6	박현우	주임	2016-10-01	3년 5개월	010-9155-2242		이서연	
12		7	정시우	사원	2018-01-01	2년 2개월	010-7237-1123		이은서	
13		8	이은서	사원	2018-03-01	2년 0개월	010-4115-1352		정시우	
14		9	오서윤	사원	2019-11-01	0년 4개월	010-7253-9721		최서현	
15										

SORT 함수는 정렬된 결과를 반환하므로 값을 여러 개 반환합니다. 수식을 복사할 필요 없이 Enter 를 눌러 입력하면 자동으로 정렬된 여러 값을 순서대로 반환해줍니다.

Ver. SORT 함수는 마이크로소프트 365 버전에서 사용 가능합니다.

LINK SORT 함수에 대한 설명은 이 책의 790페이지를 참고합니다.

03 [I6] 셀의 수식을 Delete 를 눌러 지웁니다.

04 SORT 함수에서 반환할 범위 내 다른 값을 넣어두기 위해 복사/붙여넣기를 이용합니다.

05 [D5] 셀을 복사(Ctrl + C)해서 [I12] 셀에 Ctrl + V 를 눌러 붙여 넣습니다.

	A	B	C	D	E	F	G	H	I	J
1										
2		직원 명부							정렬	
3										
5		사번	이름	직위	입사일	근속기간	핸드폰		이름	
6		1	박지훈	부장	2005-05-01	14년 10개월	010-7212-1234			
7		2	유준혁	차장	2009-10-01	10년 5개월	010-5321-4225			
8		3	이서연	과장	2014-05-01	5년 10개월	010-4102-8345			
9		4	김민준	대리	2018-04-01	1년 11개월	010-6844-2313			
10		5	최서현	주임	2017-05-01	2년 10개월	010-3594-5034			
11		6	박현우	주임	2016-10-01	3년 5개월	010-9155-2242			
12		7	정시우	사원	2018-01-01	2년 2개월	010-7237-1123		직위	
13		8	이은서	사원	2018-03-01	2년 0개월	010-4115-1352			(Ctrl)
14		9	오서윤	사원	2019-11-01	0년 4개월	010-7253-9721			
15										

06 다시 [I6] 셀에 **02** 과정의 수식을 입력하면 #SPILL! 에러가 발생합니다.

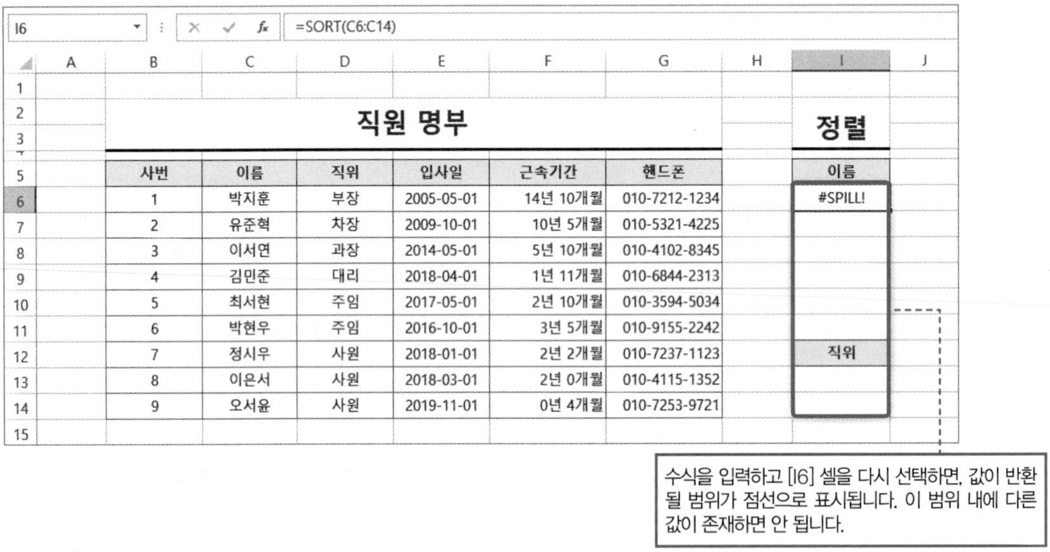

I6 =SORT(C6:C14)

	A	B	C	D	E	F	G	H	I	J
1										
2		직원 명부							정렬	
3										
5		사번	이름	직위	입사일	근속기간	핸드폰		이름	
6		1	박지훈	부장	2005-05-01	14년 10개월	010-7212-1234		#SPILL!	
7		2	유준혁	차장	2009-10-01	10년 5개월	010-5321-4225			
8		3	이서연	과장	2014-05-01	5년 10개월	010-4102-8345			
9		4	김민준	대리	2018-04-01	1년 11개월	010-6844-2313			
10		5	최서현	주임	2017-05-01	2년 10개월	010-3594-5034			
11		6	박현우	주임	2016-10-01	3년 5개월	010-9155-2242			
12		7	정시우	사원	2018-01-01	2년 2개월	010-7237-1123		직위	
13		8	이은서	사원	2018-03-01	2년 0개월	010-4115-1352			
14		9	오서윤	사원	2019-11-01	0년 4개월	010-7253-9721			
15										

수식을 입력하고 [I6] 셀을 다시 선택하면, 값이 반환될 범위가 점선으로 표시됩니다. 이 범위 내에 다른 값이 존재하면 안 됩니다.

07 #SPILL! 에러를 없애려면 [I12] 셀을 선택하고 Delete 를 눌러 데이터를 지워줍니다.

03 11 #CALC! 에러 발생 원인과 해결 방법

예제 파일 PART 01 \ CHAPTER 03 \ 수식 에러–CALC.xlsx

#CALC! 에러

마이크로소프트 365 버전에서 새로 추가된 에러입니다. 마이크로소프트 365 버전에 새로 추가된 FILTER, UNIQUE, RANDARRAY, SEQUENCE 함수 등을 사용할 때 발생합니다. CALC는 Calculation의 약어로, 반환할 동적 배열이 없는 경우 #CALC! 에러가 발생합니다. 그러므로 #CALC! 에러를 해결하려면 조건에 맞는 값이 존재하는지 확인하거나 함수의 인수를 추가해야 합니다.

따라 하기

다음 예제를 통해 여러 개의 값을 반환하는 함수를 사용해보고, #CALC! 에러가 발생하는 상황과 이를 해결하는 방법에 대해 이해합니다.

01 예제 파일에서 사원 이름을 [I6] 셀에 모두 추출합니다.

	A	B	C	D	E	F	G	H	I	J
1										
2		직원 명부							추출	
3										
4										
5		사번	이름	직위	입사일	근속기간	핸드폰		사원 이름	
6		1	박지훈	부장	2005-05-01	14년 10개월	010-7212-1234			
7		2	유준혁	차장	2009-10-01	10년 5개월	010-5321-4225			
8		3	이서연	과장	2014-05-01	5년 10개월	010-4102-8345			
9		4	김민준	대리	2018-04-01	1년 11개월	010-6844-2313			
10		5	최서현	주임	2017-05-01	2년 10개월	010-3594-5034			
11		6	박현우	주임	2016-10-01	3년 5개월	010-9155-2242			
12		7	정시우	사원	2018-01-01	2년 2개월	010-7237-1123			
13		8	이은서	사원	2018-03-01	2년 0개월	010-4115-1352			
14		9	오서윤	사원	2019-11-01	0년 4개월	010-7253-9721			
15										

02 [I6] 셀에 다음 수식을 입력합니다.

[I6] 셀 : =FILTER(C6:C14, D6:D14="사원")

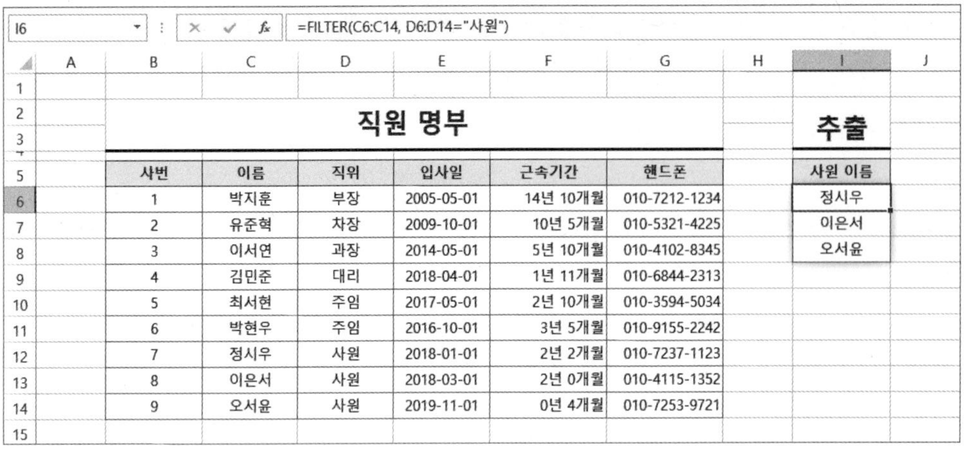

I6 | =FILTER(C6:C14, D6:D14="사원")

직원 명부							추출
사번	이름	직위	입사일	근속기간	핸드폰		사원 이름
1	박지훈	부장	2005-05-01	14년 10개월	010-7212-1234		정시우
2	유준혁	차장	2009-10-01	10년 5개월	010-5321-4225		이은서
3	이서연	과장	2014-05-01	5년 10개월	010-4102-8345		오서윤
4	김민준	대리	2018-04-01	1년 11개월	010-6844-2313		
5	최서현	주임	2017-05-01	2년 10개월	010-3594-5034		
6	박현우	주임	2016-10-01	3년 5개월	010-9155-2242		
7	정시우	사원	2018-01-01	2년 2개월	010-7237-1123		
8	이은서	사원	2018-03-01	2년 0개월	010-4115-1352		
9	오서윤	사원	2019-11-01	0년 4개월	010-7253-9721		

더 알아보기 수식 이해하기

이번 수식에서 FILTER 함수는 [D6:D14] 범위 내 데이터가 '사원'인 경우에 [C6:C14] 범위의 같은 행 데이터를 반환합니다. 왼쪽 표에 사원이 세 명 존재하므로 세 명의 이름이 반환됩니다.

LINK FILTER 함수에 대한 자세한 설명은 이 책의 784페이지를 참고합니다.

03 인턴의 이름을 확인하기 위해 [I6] 셀의 수식을 다음과 같이 수정합니다.

[I6] 셀 : =FILTER(C6:C14, D6:D14="인턴")

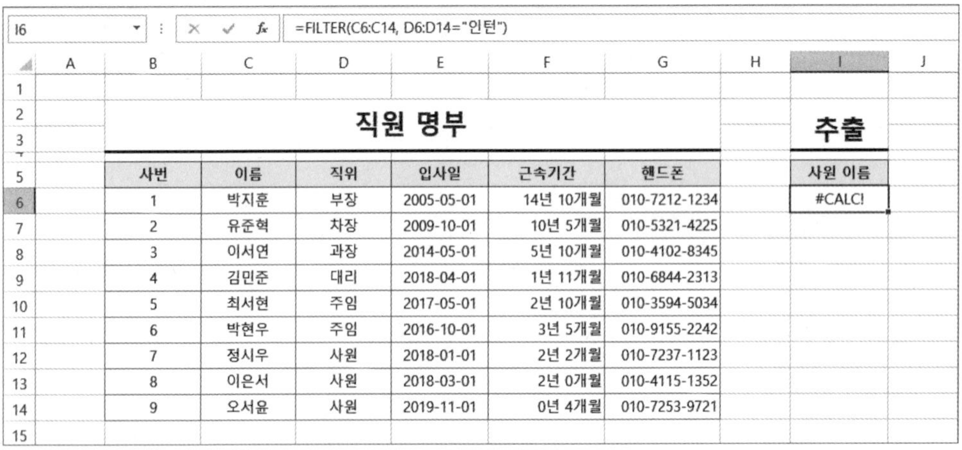

I6 | =FILTER(C6:C14, D6:D14="인턴")

직원 명부							추출
사번	이름	직위	입사일	근속기간	핸드폰		사원 이름
1	박지훈	부장	2005-05-01	14년 10개월	010-7212-1234		#CALC!
2	유준혁	차장	2009-10-01	10년 5개월	010-5321-4225		
3	이서연	과장	2014-05-01	5년 10개월	010-4102-8345		
4	김민준	대리	2018-04-01	1년 11개월	010-6844-2313		
5	최서현	주임	2017-05-01	2년 10개월	010-3594-5034		
6	박현우	주임	2016-10-01	3년 5개월	010-9155-2242		
7	정시우	사원	2018-01-01	2년 2개월	010-7237-1123		
8	이은서	사원	2018-03-01	2년 0개월	010-4115-1352		
9	오서윤	사원	2019-11-01	0년 4개월	010-7253-9721		

TIP 왼쪽 표에 인턴은 존재하지 않으므로 #CALC! 에러가 반환됩니다.

04 이 에러를 해결하려면 [I6] 셀의 수식을 다음과 같이 수정합니다.

[I6] 셀 : =FILTER(C6:C14, D6:D14="인턴", "없음")

I6 | =FILTER(C6:C14, D6:D14="인턴", "없음")

	A	B	C	D	E	F	G	H	I	J
1										
2		직원 명부							추출	
3										
5		사번	이름	직위	입사일	근속기간	핸드폰		사원 이름	
6		1	박지훈	부장	2005-05-01	14년 10개월	010-7212-1234		없음	
7		2	유준혁	차장	2009-10-01	10년 5개월	010-5321-4225			
8		3	이서연	과장	2014-05-01	5년 10개월	010-4102-8345			
9		4	김민준	대리	2018-04-01	1년 11개월	010-6844-2313			
10		5	최서현	주임	2017-05-01	2년 10개월	010-3594-5034			
11		6	박현우	주임	2016-10-01	3년 5개월	010-9155-2242			
12		7	정시우	사원	2018-01-01	2년 2개월	010-7237-1123			
13		8	이은서	사원	2018-03-01	2년 0개월	010-4115-1352			
14		9	오서윤	사원	2019-11-01	0년 4개월	010-7253-9721			
15										

더 알아보기 #CALC! 에러 해결 방법

FILTER 함수는 두 번째 인수에 원하는 데이터가 없을 때 반환할 값을 지정할 수 있습니다. 그러므로 이번 수식에서 FILTER 함수는 인턴의 이름을 반환하고 인턴이 없다면 '없음'을 반환하게 됩니다.

물론 모든 배열 함수가 FILTER 함수와 같이 반환할 배열이 존재하지 않을 때의 값을 지정할 수는 없습니다. 그런 경우에는 IFERROR 함수를 사용해 다음과 같이 수식을 구성해도 됩니다.

```
=IFERROR(FILTER(C6:C14, D6:D14="인턴"), "없음")
```

LINK FILTER 함수에 대한 자세한 설명은 이 책의 784페이지를 참고합니다.

수식 에러

03 12 순환 참조 발생 원인과 문제 해결 방법

예제 파일 PART 01 \ CHAPTER 03 \ 순환 참조.xlsx

순환 참조란?

순환 참조란 참조가 순환된다는 의미로, 수식을 계산하기 위해 참조한 셀(또는 범위)에서 다시 수식을 사용할 셀을 참조하는 경우를 말합니다. 다음 다이어그램을 확인합니다.

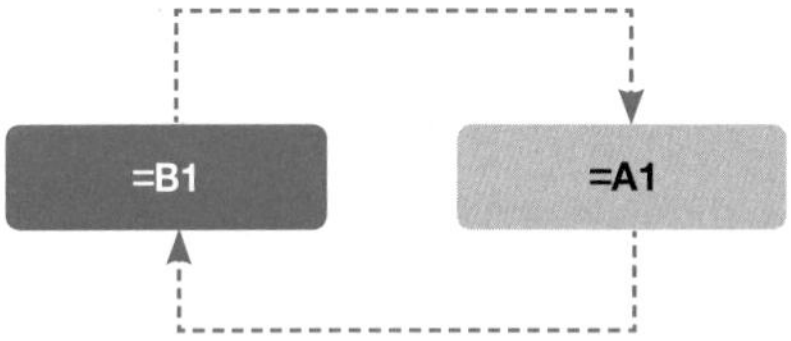

순환 참조는 아직 엑셀에 익숙하지 않은 사용자가 수식을 작성하다 참조할 셀을 착각하는 경우나 너무 많은 참조가 반복되는 시트에서 작업하는 경우에 주로 발생합니다. 순환 참조를 해결하기 전에는 지속적으로 경고 메시지 창이 나타나기 때문에 순환 참조가 발생했다면 수식을 확인해 문제를 빠르게 해결하는 것이 좋습니다.

TIP 수식을 확인해도 문제를 찾을 수 없다면?

문제가 해결되지 않는다면 저자의 카페에 접속해 [질문/답변] 게시판을 이용해주세요!

- 엑셀..하루에하나씩 (https://cafe.naver.com/excelmaster)

따라 하기

순환 참조가 발생 중인 파일을 확인하고 문제를 해결하는 방법에 대해 이해합니다.

01 예제를 열면 다음과 같은 순환 참조 경고 메시지 창이 표시됩니다.

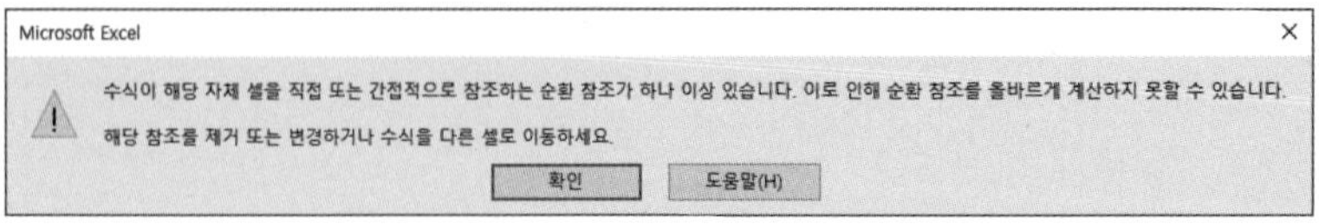

02 [확인]을 클릭해 닫습니다.

03 순환 참조된 셀끼리 파란색 연결선이 표시됩니다.

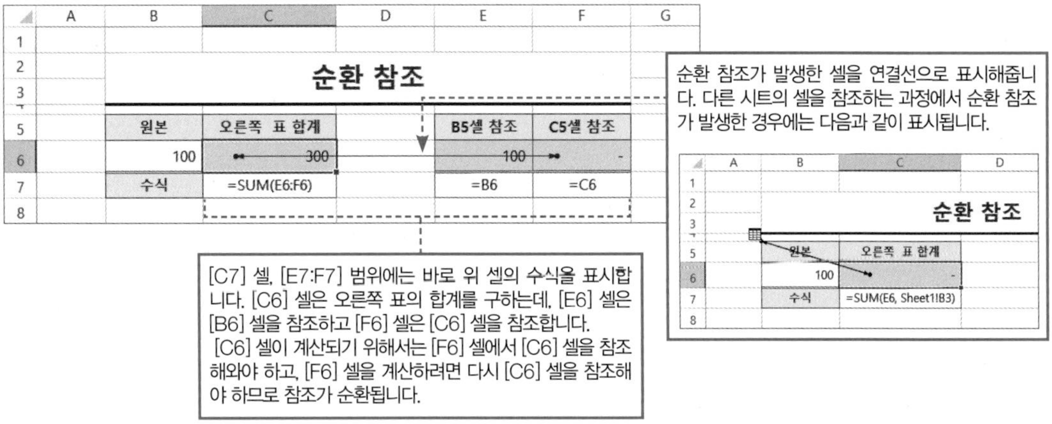

순환 참조
원본
오른쪽 표 합계
B5셀 참조
C5셀 참조
100
300
100
수식
=SUM(E6:F6)
수식을 고쳐 순환 참조가 해결되면 자동으로 연결선이 삭제됩니다.
=B6
=C6
순환 참조가 발생한 셀을 연결선으로 표시해줍니다. 다른 시트의 셀을 참조하는 과정에서 순환 참조가 발생한 경우에는 다음과 같이 표시됩니다.
=SUM(E6, Sheet1!B3)
[C7] 셀, [E7:F7] 범위에는 바로 위 셀의 수식을 표시합니다. [C6] 셀은 오른쪽 표의 합계를 구하는데, [E6] 셀은 [B6] 셀을 참조하고 [F6] 셀은 [C6] 셀을 참조합니다. [C6] 셀이 계산되기 위해서는 [F6] 셀에서 [C6] 셀을 참조해와야 하고, [F6] 셀을 계산하려면 다시 [C6] 셀을 참조해야 하므로 참조가 순환됩니다.

04 순환 참조를 해결하기 위해 [F6] 셀의 수식을 다음과 같이 수정합니다.

[F6] 셀 : =B6

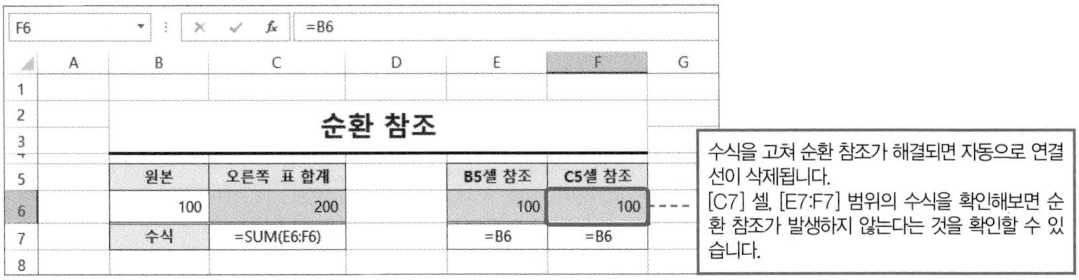

순환 참조가 발생한 위치를 빠르게 확인

순환 참조가 발생해도 순환 참조가 발생된 셀 위치를 한번에 확인할 수는 없습니다. 만약 순환 참조가 발생한 모든 셀을 한번에 확인하고 싶다면 리본 메뉴에서 [수식] 탭–[수식 분석] 그룹–[오류 검사]의 더 보기를 클릭합니다.

그런 다음 마우스 포인터를 [순환 참조]에 위치시키면 하위 메뉴에 현재 파일 내 순환 참조가 발생한 모든 셀 위치를 표시해줍니다.

수식 분석

03 13

참조 위치 확인하고 빠르게 해당 위치로 이동하기

예제 파일 PART 01 \ CHAPTER 03 \ 셀 추적.xlsx

참조한 셀 위치 확인

수식을 작성하다 보면 계산에 필요한 데이터를 다양한 셀(또는 범위)에서 참조하게 됩니다. 이렇게 참조를 광범위하게 사용하는 경우 여러 셀들끼리 얽히고설키는 모습이 연출됩니다. 이러한 엑셀 시트에서는 수식을 분석하기가 어렵다고 느껴지는 것이 어찌 보면 당연합니다.

엑셀은 수식에서 참조하거나 현재 셀을 참조하는 셀(또는 범위)을 추적할 수 있는 기능을 제공합니다. 리본 메뉴의 [수식] 탭–[수식 분석] 그룹 내에 제공되는 명령은 다음과 같습니다.

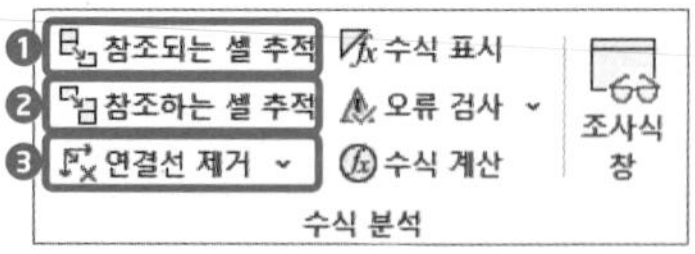

❶ **참조되는 셀 추적** : 현재 셀의 수식에서 참조하는 셀 위치를 연결선으로 표시합니다.

❷ **참조하는 셀 추적** : 현재 셀(또는 범위)을 참조하여 수식을 사용하는 셀을 연결선으로 표시합니다.

❸ **연결선 제거** : 표시된 연결선을 모두 제거합니다.

따라 하기

입력한 수식에서 참조하는 셀의 위치를 파악해 엑셀 시트를 분석해보겠습니다.

01 예제를 열고 [실적(Q)] 시트를 선택한 후 [F8] 셀을 선택합니다.

02 [F8] 셀에는 수식이 입력되어 있는데, 수식 결과가 어떤 셀들을 참조하여 계산되는지 확인합니다.

03 리본 메뉴의 [수식] 탭–[수식 분석] 그룹–[참조되는 셀 추적]을 클릭합니다.

04 그러면 [D8:E8] 범위에서 [F8] 셀로 파란색 연결선이 표시됩니다.

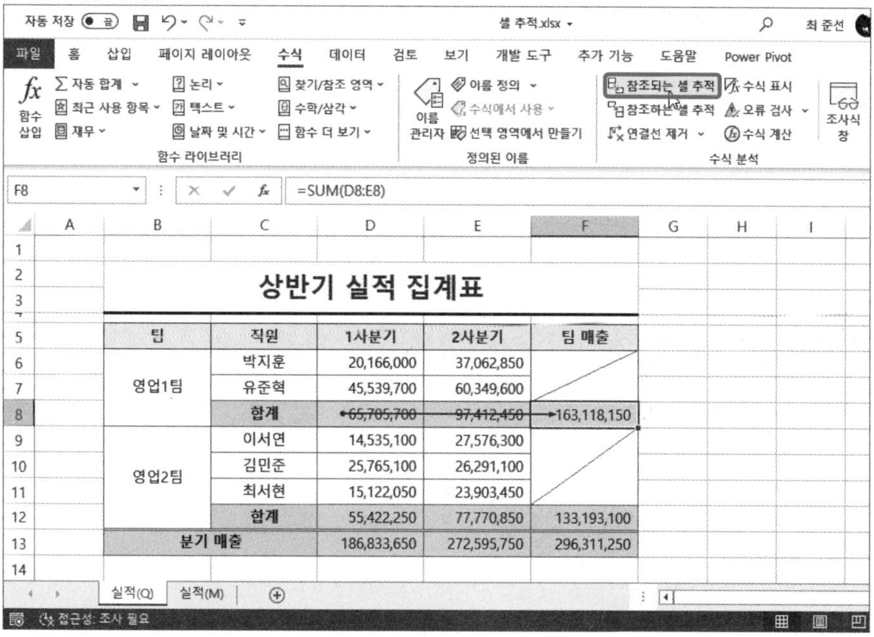

05 바로 리본 메뉴의 [수식] 탭–[수식 분석] 그룹–[참조되는 셀 추적]을 한 번 더 클릭합니다.

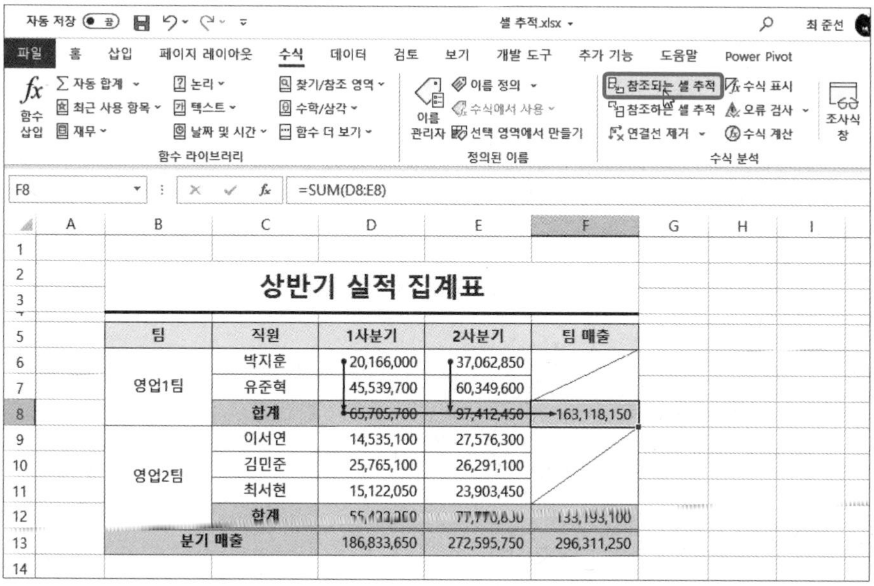

06 또 한 번 리본 메뉴의 [수식] 탭–[수식 분석] 그룹–[참조되는 셀 추적]을 클릭합니다.

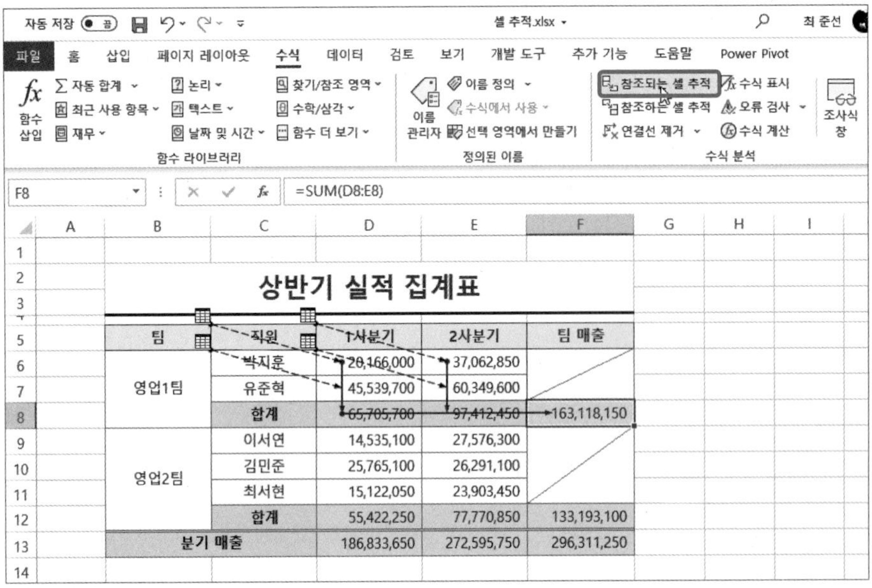

더 알아보기 **표 아이콘은 왜 나타날까?**

[D6:E7] 범위 내 셀을 선택하면 [실적(M)] 시트 내 셀을 참조하고 있다는 것을 확인할 수 있습니다. 이렇게 다른 워크시트의 셀을 참조하는 경우 다른 시트에서부터 연결선(파란색)을 표시할 수 없으므로, 표 아이콘을 표시하고 해당 셀 방향으로 연결선(검은색)을 표시해줍니다.

07 외부 시트를 참조하는 연결선의 경우 해당 시트로 이동할 수 있는 연결 기능이 있습니다.

08 [E6] 셀에 표시되는 검은색 연결선을 더블클릭하면 [이동] 대화상자가 표시됩니다.

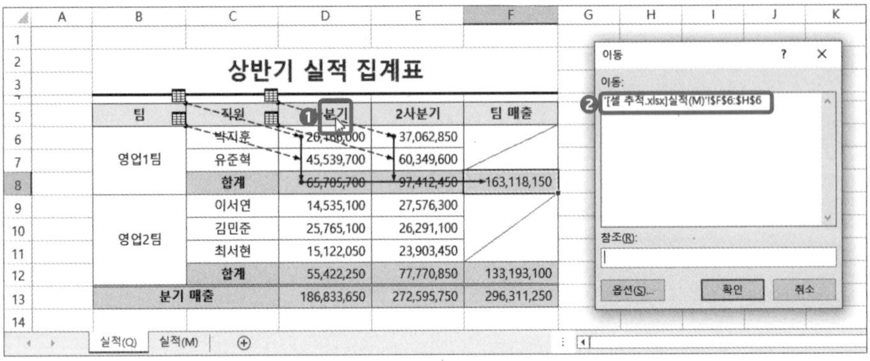

09 [이동] 대화상자 내 참조 수식을 선택하고 [확인]을 클릭합니다.

TIP [이동] 목록에 표시되는 셀 주소를 더블클릭해도 됩니다.

10 그러면 [E6] 셀에서 참조하는 [실적(M)] 시트 내 [F6:H6] 범위로 바로 이동합니다.

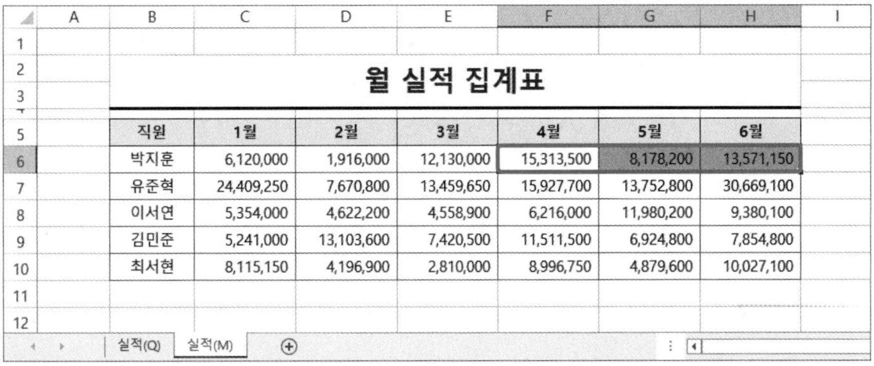

11 수식이 아닌 데이터가 입력된 셀도 어느 셀에서 참조하는지 확인할 수 있습니다.

12 박지훈 직원의 1사분기 실적 범위(C6:E6)를 선택합니다.

13 리본 메뉴의 [수식] 탭-[수식 분석] 그룹-[참조하는 셀 추적]을 클릭합니다.

14 [C6:E6] 범위를 참조하는 셀이 어디인지 연결선이 표시됩니다.

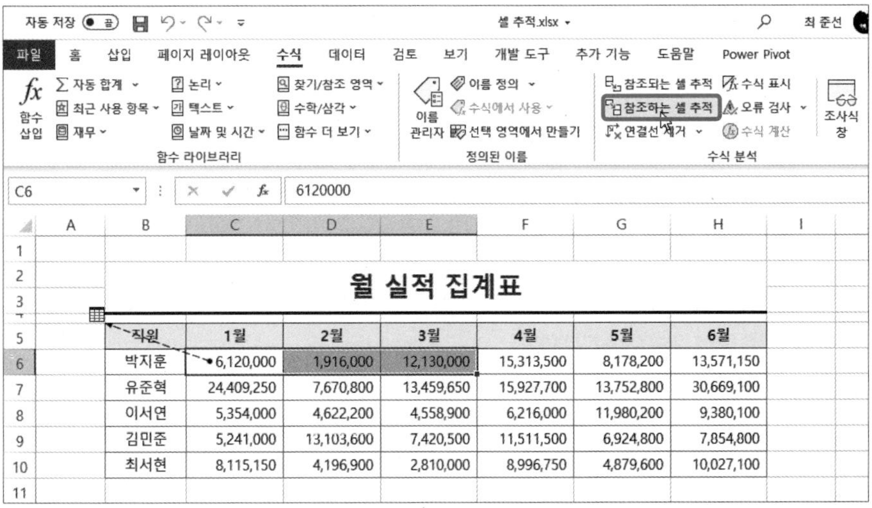

TIP 검은색 연결선은 외부 시트에서 현재 시트 내 범위를 참조하고 있다는 것을 알려줍니다.

더 알아보기 **연결선 삭제하기**

셀 추적 기능에 의해 나타나는 연결선이 더 이상 필요 없는 경우에는 리본 메뉴의 [수식] 탭-[수식 분석] 그룹-[연결선 제거]를 클릭합니다. 참고로 이 명령은 현재 시트의 연결선만 삭제해주므로, 여러 시트에서 연결선이 표시되고 있다면 해당 시트별로 실행시켜줘야 합니다.

수식 분석

03 14 복잡한 수식의 단계별 계산 진행 과정 살펴보기

예제 파일 PART 01 \ CHAPTER 03 \ 수식 계산.xlsx

수식을 고치기 위해 무엇이 필요할까?

엑셀 사용자는 자신이 만든 수식보다 다른 사람이 만들어놓은 수식을 사용하는 경우가 더 많습니다. 그러므로 수식을 고쳐야 하는 상황이 발생하면 어디서부터 손대야 할지 난감할 수 있습니다. 다른 사람이 만든 수식을 수정하려면 먼저 해당 수식이 어떻게 계산되는지 이해할 필요가 있습니다.

엑셀의 **수식 계산 기능**은 수식의 계산 과정을 사용자에게 단계별로 보여줍니다. 이 과정을 통해 사용자는 수식을 더 잘 이해하고 에러가 왜 발생하는지 파악할 수 있습니다.

따라 하기

01 예제를 열고, [N10] 셀을 선택하면 다음 수식을 확인할 수 있습니다.

[N10] 셀 : =IF(MOD(MID(H10,8,1), 2)=1, "남", "여")

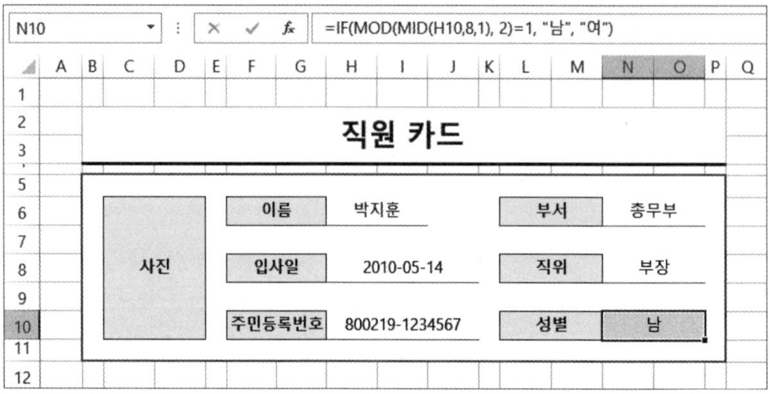

TIP 수식 계산 기능을 이용하기 전에 수식 내 함수에 대한 도움말을 먼저 참고하는 것이 좋습니다.

02 리본 메뉴의 [수식] 탭–[수식 분석] 그룹–[수식 계산]을 클릭합니다. [수식 계산] 대화상자가 호출됩니다.

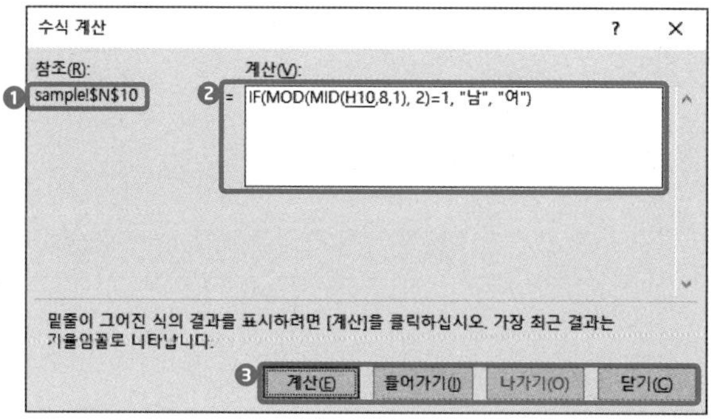

[수식 계산] 대화상자 이해하기

더 알아보기

[수식 계산] 대화상자의 영역별 설명은 아래를 참고합니다.

❶ **참조** : 수식이 입력되어 있는 셀 주소를 표시합니다.

❷ **계산** : 수식을 표시하며, 이 영역을 사용해 단계별 계산 과정을 확인할 수 있습니다. [계산]을 누르면 수식에 밑줄(_)이 표시된 부분부터 순서대로 계산됩니다.

❸ **명령 단추** : 다음과 같은 네 개의 버튼을 사용할 수 있습니다.

버튼	설명
계산	❶ 영역 내 밑줄(_)로 표시된 부분을 계산합니다.
들어가기	❷ 영역 수식에서 밑줄(_)로 표시된 부분이 셀 주소(참조)인 경우 아래에 해당 셀 값을 반환해줍니다.
나가기	[들어가기]를 클릭한 경우에만 활성화되며, [들어가기]로 반환된 셀 값을 수식 내 참조 위치에 직접 써줍니다.
닫기	[수식 계산] 대화상자를 닫습니다.

[수식 계산] 대화상자를 이용한 수식 분석 방법은 초보자들이 수식을 이해하는 데 큰 도움이 되므로 수식을 잘 활용하고 싶은 사용자라면 자주 사용하는 것을 권합니다.

03 [수식 계산] 대화상자의 [계산] 영역 내 밑줄(_)이 표시된 셀 값을 확인합니다.

04 [들어가기]를 클릭하면 [H10] 셀이 셀 값이 하단에 표시됩니다.

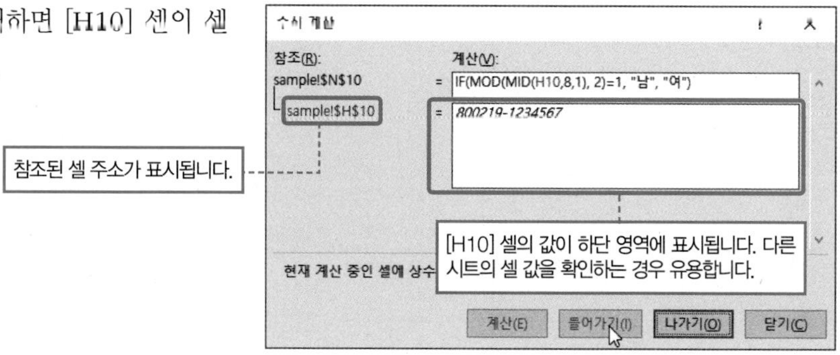

05 [나가기]를 클릭해 하단 영역의 셀 값이 수식에 반환되도록 합니다.

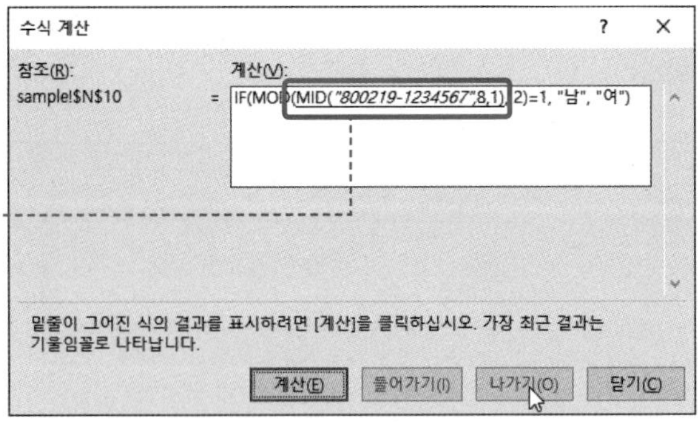

[H10] 셀의 값이 수식 내에 표시되며, 다음에 계산될 부분(MID 함수 부분)에 밑줄(_)이 표시됩니다.

LINK MID 함수에 대한 자세한 설명은 이 책의 268페이지를 참고합니다.

06 [계산]을 클릭하면 MID 함수 부분을 계산한 결과가 [계산] 영역에 반환됩니다.

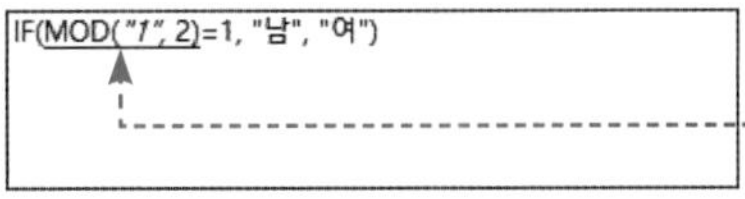

MID 함수의 결과는 1이고, MOD 함수 부분에 밑줄(_)이 표시됩니다.

LINK MOD 함수에 대한 자세한 설명은 이 책의 460페이지를 참고합니다.

07 [계산]을 클릭하면 MOD 함수 부분을 계산한 결과가 [계산] 영역에 반환됩니다.

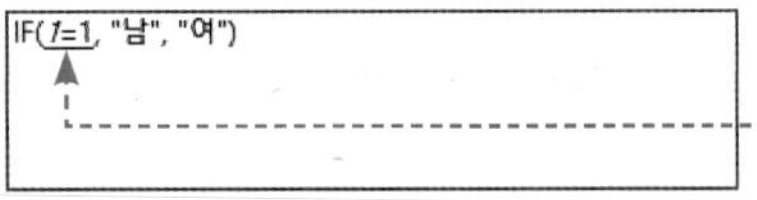

MOD 함수의 결과는 1이고, **1=1** 계산식 부분에 밑줄(_)이 표시됩니다.

LINK 조건식에 대한 자세한 설명은 이 책의 78페이지를 참고합니다.

08 [계산]을 클릭하면 IF 함수 내 조건식의 결과가 [계산] 영역에 반환됩니다.

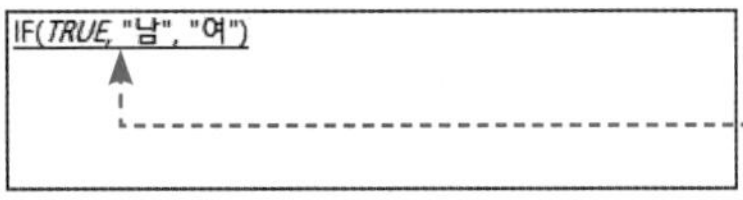

조건식의 결과는 TRUE이고, IF 함수 부분에 밑줄(_)이 표시됩니다.

LINK IF 함수에 대한 자세한 설명은 이 책의 234페이지를 참고합니다.

09 [계산]을 클릭하면 전체 계산 결과가 반환됩니다.

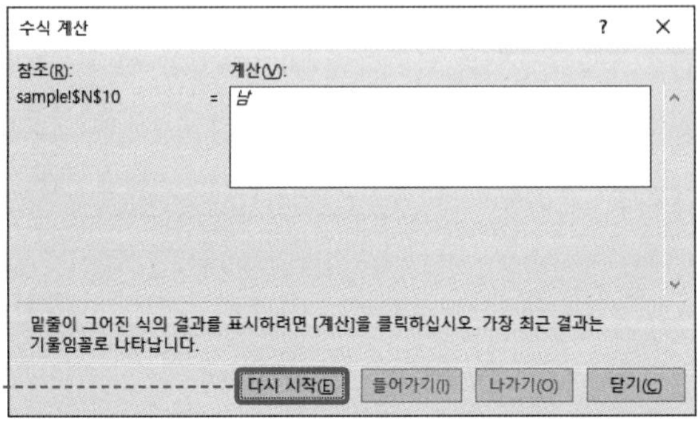

계산이 모두 완료되면 [계산] 버튼이 [다시 시작] 버튼으로 변경됩니다. 클릭하면 초기 화면부터 다시 시작합니다.

수식 분석

03 15 수식이 자동으로 계산되지 않을 경우 계산 옵션 확인하기

예제 파일 PART 01 \ CHAPTER 03 \ 계산 옵션.xlsx

수식이 자동으로 재계산 되는 이유

엑셀은 자신이 참조한 셀의 값이 변경되면 자동으로 재계산을 합니다. 이런 계산 방식은 계산 옵션에 따라 달라질 수 있습니다. 리본 메뉴의 [수식] 탭–[계산] 그룹–[계산 옵션]을 클릭하면 자신의 설정 값을 확인할 수 있습니다.

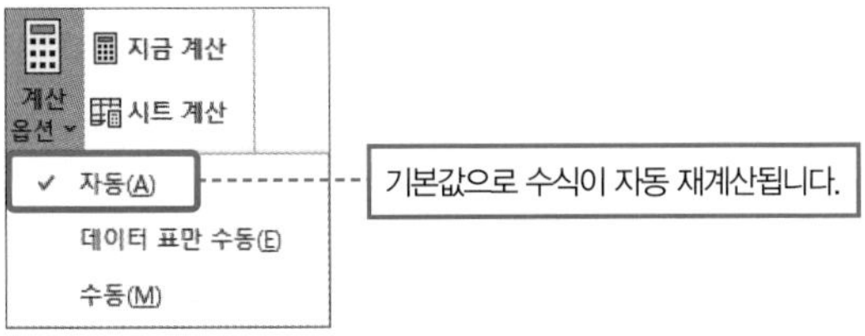

01 예제를 열고, [F6] 셀을 선택하면 왼쪽 [B6] 셀과 [D6] 셀을 참조한 계산식을 확인할 수 있습니다.

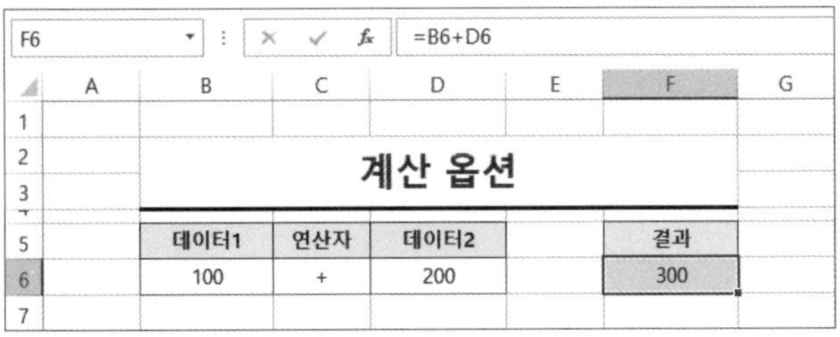

02 [D6] 셀의 값을 **300**으로 변경하면 [F6] 셀의 계산식이 재계산되어 결과가 **400**으로 변경됩니다.

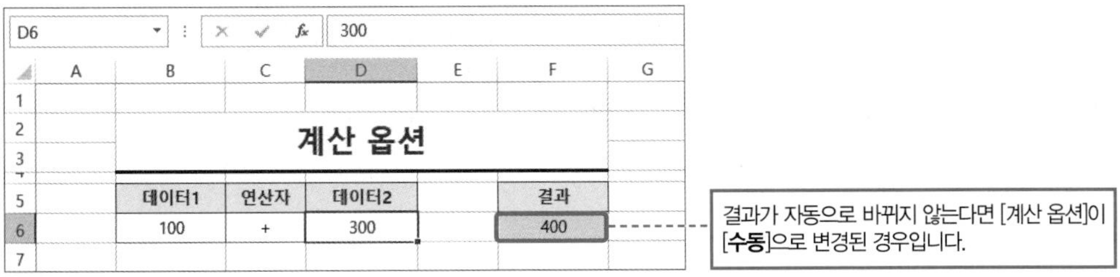

수식을 원할 때만 재계산하는 방법

시트 내 복잡한 수식을 사용한 셀이 많을수록 수식을 재계산하는 시간이 오래 소요됩니다. 만약 필요한 경우에만 수식을 재계산하고 싶다면 리본 메뉴의 [수식] 탭–[계산] 그룹–[계산 옵션]을 클릭하고 [수동]으로 변경합니다.

01 예제에서 [D6] 셀을 선택하고 숫자를 **200**으로 변경합니다.

02 [F6] 셀의 수식은 재계산되지 않습니다.

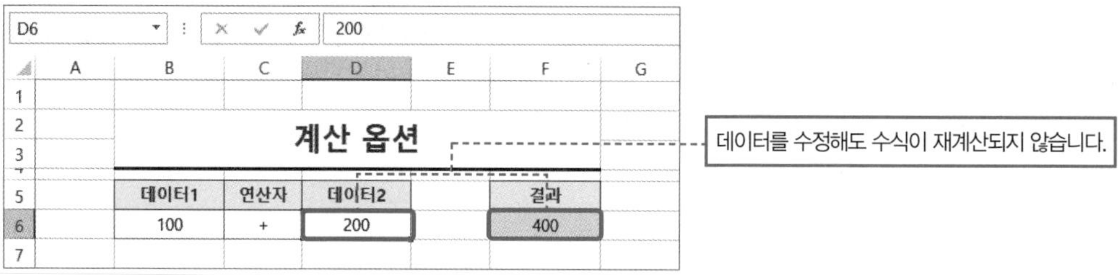

03 F9 를 누르면 수식이 재계산됩니다.

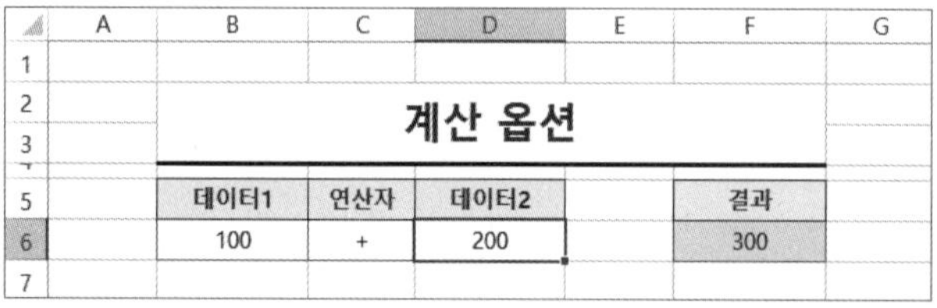

더 알아보기 수식 재계산 단축키

수식을 재계산할 때 사용하는 단축키는 다음과 같습니다.

단축키	명령 위치	아이콘	설명
F9	리본 메뉴의 [수식] 탭–[계산] 그룹–[지금 계산]		현재 열려 있는 모든 파일의 수식 중에서 변경된 수식을 재계산합니다.
Shift + F9	리본 메뉴의 [수식] 탭–[계산] 그룹–[시트 계산]		현재 시트의 수식 중에서 변경된 수식만 재계산합니다. (다른 워크시트의 수식은 재계산 불가능)
Ctrl + Art + F9			현재 열려 있는 모든 파일의 수식을 재계산합니다.

수식 계산 옵션을 빠르게 확인하는 설정

수식이 자동으로 재계산되지 않는다면 리본 메뉴의 [수식] 탭-[계산] 그룹-[계산 옵션▦]을 확인해야 하는데, 이 과정 자체가 불편할 수도 있습니다.

그러므로 [계산 옵션▦]을 바로 확인할 수 있도록 [빠른 실행 도구 모음]에 등록하면 편리합니다. 다음 과정을 참고합니다.

01 리본 메뉴의 [파일] 탭-[옵션]을 클릭합니다.

02 [Excel 옵션] 대화상자에서 [빠른 실행 도구 모음] 탭을 클릭합니다.

03 [명령 선택]에서 [수식 탭]을 선택합니다.

04 하위 목록에서 [수동]과 [자동]을 찾아 [추가]를 클릭합니다.

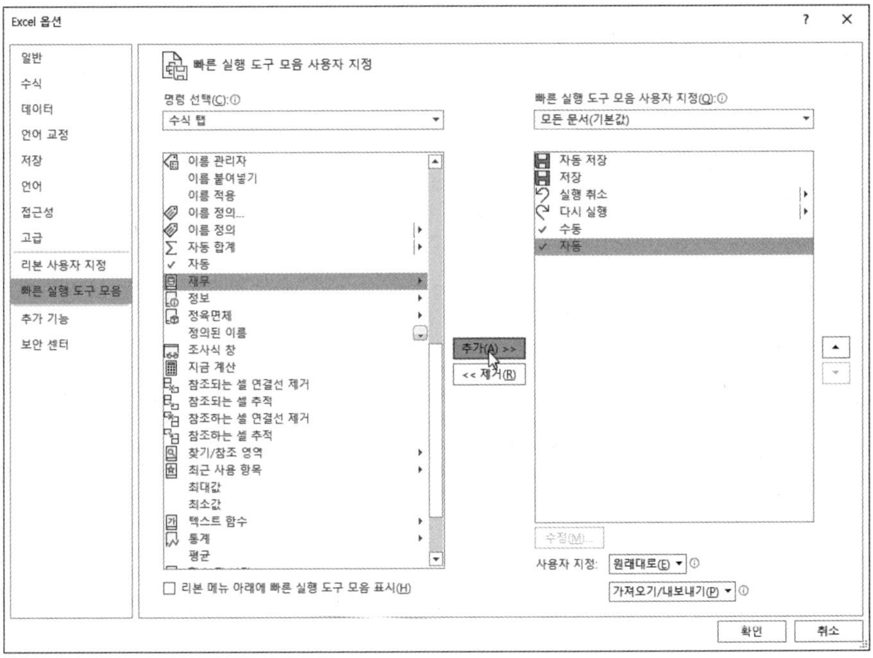

05 [확인]을 클릭해 [Excel 옵션] 대화상자를 닫습니다.

06 [빠른 실행 도구 모음]에 등록된 명령을 확인할 수 있습니다.

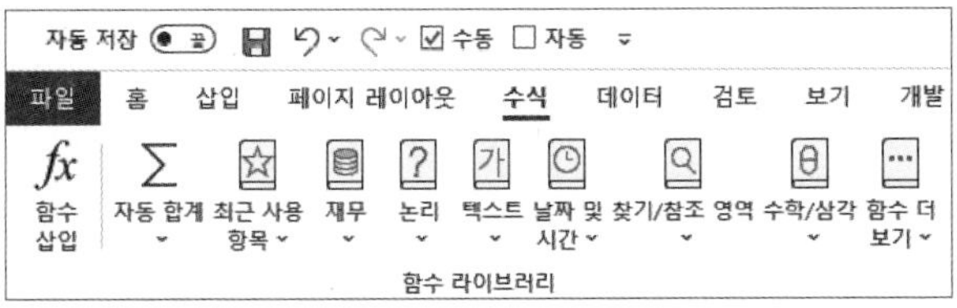

수식 결과 수정 방법

03 16 목표값 찾기로 수식 결과를 내가 원하는 값으로 변경하기

예제 파일 PART 01 \ CHAPTER 03 \ 목표값 찾기.xlsx

목표값 찾기 기능 이해

다음과 같은 계산 결과가 있다고 가정합니다.

A+B=C

위 식에서 C를 다른 값인 D로 변경하고 싶다면 A 또는 B의 값을 적절하게 변경해야 합니다. 예를 들어 2+3=5 계산식에서 계산 결과로 얻은 5를 7로 변경하려면 2가 4가 되거나 또는 3이 5가 되어야 합니다. 이렇게 간단한 계산식이야 사용자가 쉽게 수정하겠지만 복잡한 계산식에서는 답을 쉽게 얻지 못할 때가 많습니다.

이런 경우에 사용자가 원하는 결괏값(목표값)을 얻을 수 있도록 도와주는 기능이 [목표값 찾기]입니다.

따라 하기

간단한 견적서 예제로 목표값 찾기 기능을 이용해 할인율을 조정함으로써 견적금액을 원하는 금액으로 수정해보겠습니다.

01 예제를 열면 화면과 같은 견적서를 확인할 수 있습니다.

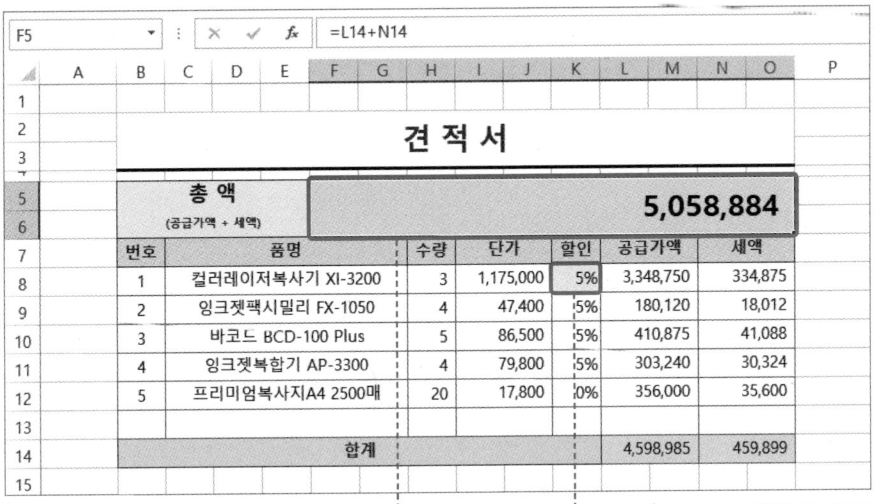

견적서 총액은 하단의 [공급가액] 열의 합계와 [세액] 열의 합계를 더해 계산합니다. 계산된 방법은 정확하지만 금액을 500만 원에 맞춰야 한다고 가정합니다.

구입한 제품 중 단가가 제일 높은 '컬러레이저복사기 XI-3200' 제품의 할인율을 5%에서 변경해 500만 원을 맞춰야 합니다.

02 총액(F5)이 500만 원이 되도록 [K8] 셀의 할인율을 조정합니다.

03 리본 메뉴의 [데이터] 탭–[예측] 그룹–[가상 분석]을 클릭합니다.

04 하위 메뉴에서 [목표값 찾기]를 클릭합니다.

05 [목표값 찾기] 대화상자를 다음과 같이 설정하고 [확인]을 클릭합니다.

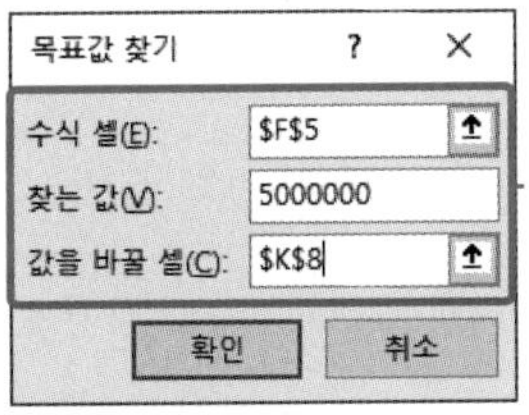

다음과 같이 설정합니다.

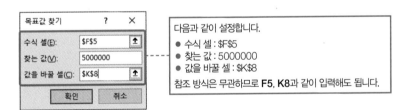

- 수식 셀 : $F$5
- 찾는 값 : 5000000
- 값을 바꿀 셀 : $K$8

참조 방식은 무관하므로 **F5**, **K8**과 같이 입력해도 됩니다.

더 알아보기 **[목표값 찾기] 대화상자 설정 이해하기**

다음 설명을 참고합니다.

- **수식 셀**

  [수식 셀]은 반드시 계산식이 입력된 셀을 설정합니다.

- **찾는 값**

  [수식 셀]의 결과가 얼마가 되어야 하는지 결괏값을 입력합니다.

- **값을 바꿀 셀**

  [수식 셀]에서 계산 결과를 얻기 위해 사용한 값 중 하나로, 수식으로 입력된 셀은 안 되고 데이터로 입력된 셀만 가능합니다. 또한 [A1:A10]과 같은 범위를 선택할 수 없으며 [A1] 셀과 같이 하나의 셀만 선택 가능합니다.

06 원하는 값을 찾았다면 [확인]을 클릭합니다.

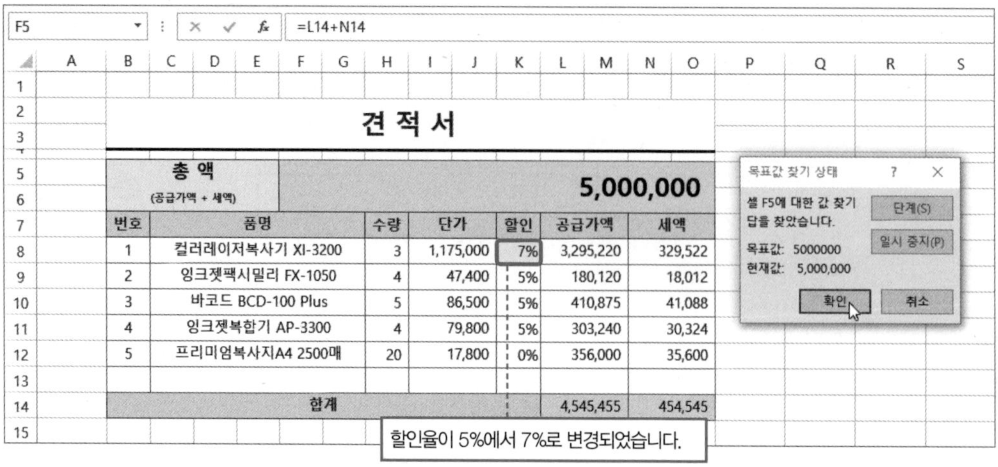
F5
=L14+N14
견 적 서
총 액
(공급가액 + 세액)
5,000,000
번호
품명
수량
단가
할인
공급가액
세액
1 컬러레이저복사기 XI-3200 3 1,175,000 7% 3,295,220 329,522
2 잉크젯팩시밀리 FX-1050 4 47,400 5% 180,120 18,012
3 바코드 BCD-100 Plus 5 86,500 5% 410,875 41,088
4 잉크젯복합기 AP-3300 4 79,800 5% 303,240 30,324
5 프리미엄복사지A4 2500매 20 17,800 0% 356,000 35,600
합계 4,545,455 454,545
목표값 찾기 상태
셀 F5에 대한 값 찾기
답을 찾았습니다.
목표값: 5000000
현재값: 5,000,000
단계(S)
일시 중지(P)
확인
취소
할인율이 5%에서 7%로 변경되었습니다.

더 알아보기 **[목표값 찾기]를 실행해도 답을 얻지 못하는 경우**

[목표값 찾기]로 원하는 결과를 얻지 못하는 경우도 있습니다. 이는 하나의 셀을 바꾸는 것만으로는 원하는 목표값을 얻을 수 없다는 의미입니다. 이러한 경우 이후에 설명할 해 찾기 기능을 이용하는 것이 좋습니다.

수식 결과 수정 방법

03 17 해 찾기 추가 기능 설치하기

예제 파일 없음

해 찾기 기능 설치

목표값 찾기 기능이 유용하긴 하지만 한 번에 하나의 값만 변경이 가능하므로 제한적인 방식으로 동작한다고 할 수 있습니다. 여러 개의 값을 원하는 조건에 맞춰 변경해 결괏값을 수정하려면 해 찾기 기능을 이용해야 합니다.

해 찾기 기능은 수식의 결과를 원하는 값으로 얻기 위해 여러 개의 값을 지정한 조건 범위에 맞춰 변경할 수 있습니다. 따라서 해 찾기 기능은 다양한 상황에서 최적의 값을 알아내는 용도로 활용됩니다. 예를 들면 비용이 최소화되는 프로젝트 계획 수립, 매출을 극대화할 수 있는 인원/가격 정책 수립, 재고를 최소화할 수 있는 생산 계획 수립 등 다양하게 활용할 수 있습니다.

해 찾기 기능을 제대로 활용하기 위해서는 표에 필요한 변수를 입력하고, 해당 변수로 계산된 결괏값을 갖는 모형을 알맞게 설계하는 것이 중요합니다.

TIP 더 자세한 내용은 2021년에 출간될 《엑셀 실무 데이터 분석 바이블》 참고해보세요!

참고로 해 찾기 기능은 엑셀의 기본 기능이 아니라 추가 기능이므로 설치하지 않으면 사용할 수 없습니다. 설치 방법은 아래 과정을 참고합니다.

리본 메뉴에 [개발 도구] 탭이 존재하는 경우

리본 메뉴의 [개발 도구] 탭-[추가 기능] 그룹-[Excel 추가 기능]을 클릭합니다.

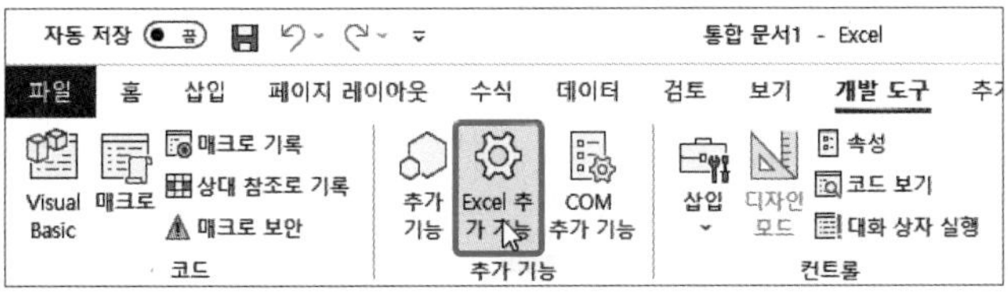

리본 메뉴에 [개발 도구] 탭이 존재하지 않는 경우

01 리본 메뉴의 [파일] 탭–[옵션]을 클릭합니다.

02 [Excel 옵션] 대화상자의 [추가 기능] 탭–[관리] 항목에서 [Excel 추가 기능]이 선택되어 있는 것을 확인하고 [이동]을 클릭합니다.

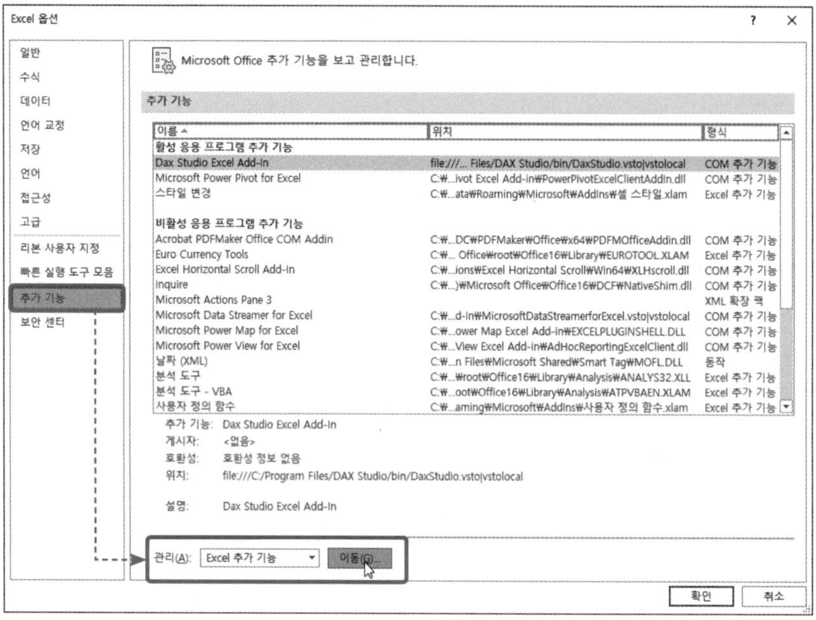

[해 찾기 추가 기능] 설치 및 확인

01 [추가 기능] 대화상자에서 [해 찾기 추가 기능]에 체크하고 [확인]을 클릭합니다.

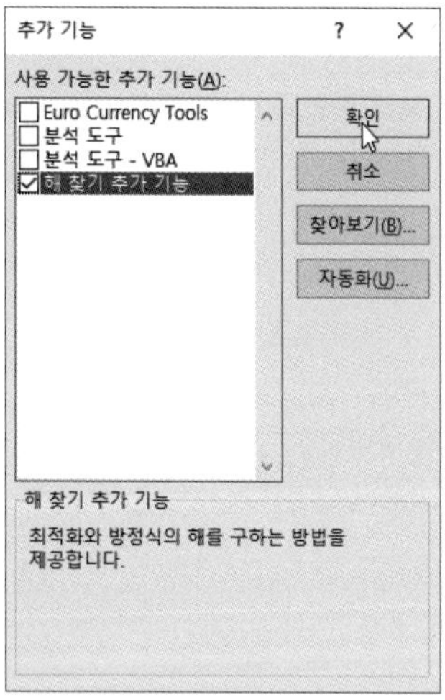

02 리본 메뉴의 [데이터] 탭에 [분석] 그룹이 표시되고 [해 찾기]가 표시됩니다.

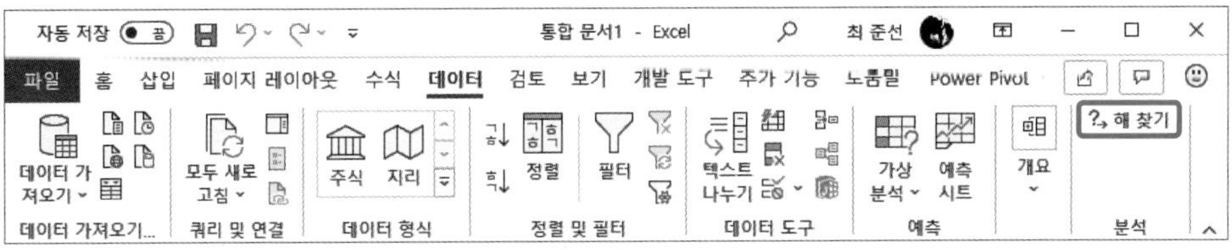

[해 찾기] 대화상자의 이해

[해 찾기] 대화상자는 [목표값 찾기] 대화상자보다 복잡한 구성을 갖습니다. 리본 메뉴의 [데이터] 탭–[분석] 그룹–[해 찾기]를 클릭하면 다음 대화상자를 확인할 수 있습니다.

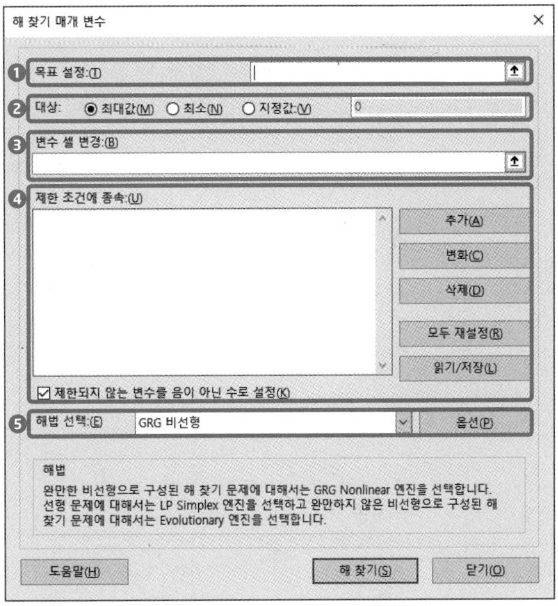

더 알아보기 **[해 찾기] 대화상자 설정 방법 이해하기**

❶ 목표 설정

원하는 해를 찾기 위해 수식이 입력된 셀을 지정합니다. 셀 참조 또는 정의된 이름을 사용할 수 있습니다

❷ 대상

목표 셀이 최적의 값이 되기 위한 조건을 지정합니다.

옵션	설명
최대값	[목표 설정] 셀의 값이 제한 조건을 모두 만족하는 **가장 큰 값**을 찾습니다. 예를 들면 최대 매출을 달성하기 위한 계획을 수립할 때 사용합니다.
최소값	[목표 설정] 셀의 값이 제한 조건을 모두 만족하는 **가장 작은 값**을 찾습니다. 예를 들어 비용을 최소화하는 운영 계획을 수립할 때 사용합니다.
지정값	[목표 설정] 셀의 값이 **특정 값**이 되어야 할 때 사용합니다. 예를 들어 매출 10억 원을 달성하기 위한 지원 계획을 수립할 때 사용합니다.

❸ 변수 셀 변경

[목표 설정] 셀이 지정한 조건에 맞는 값을 가지도록 변경해야 할 값이 입력된 데이터 범위를 의미합니다. 셀 참조 또는 정의된 이름을 사용할 수 있고 최대 200개의 셀을 지정할 수 있습니다. 목표 셀과 직간접적으로 연결된 범위를 지정해야 합니다.

❹ 제한 조건에 종속

목표 셀, 값을 바꿀 셀 그리고 지정된 셀과 연관된 셀이 꼭 지켜야 하는 규칙을 지정합니다. 최대 100개의 조건을 적용할 수 있습니다. 엑셀 2010 버전의 경우 [해법 선택] 목록에서 [단순 LP]를 선택하면 조건 개수의 영향을 받지 않습니다. 하지만 조건이 많으면 최적의 값을 찾는 과정이 길어질 수 있습니다.

❺ 해법 선택

해를 찾는 방법을 선택합니다.

해법	설명
GRG 비선형	완만한 비선형으로 구성된 문제를 해결할 때 사용합니다.
단순 LP	선형 문제를 해결할 때 사용합니다.
Evolutionary	완만하지 않은 비선형 문제를 해결할 때 사용합니다.

TIP 해 찾기 추가 기능은 'Frontline Systems' 사에서 개발한 것으로, 자세한 사항은 'https://solver.com/'을 참고하세요.

해를 찾는 방법에 따라 다양한 답이 반환됩니다. 어떤 해법을 사용해야 할지 모르는 경우엔 해법을 각각 선택해 해를 구해보고, 반환된 결과 중 하나를 선택해 사용하는 것이 좋습니다.

수식 결과 수정 방법

03 18 해 찾기로 목표값 찾기의 단점 보완하기

예제 파일 PART 01 \ CHAPTER 03 \ 해 찾기.xlsx

이번에는 **Section 03-16**의 견적서 예시에서 해 찾기 기능을 이용해 원하는 답을 구해보겠습니다. 이 예제를 통해 해 찾기 기능이 목표값 찾기 기능보다 상대적으로 어떤 부분에서 강점이 있는지 확인할 수 있습니다.

01 예제를 열고 견적서 총액을 제시된 기준에 맞춰 500만 원으로 변경합니다.

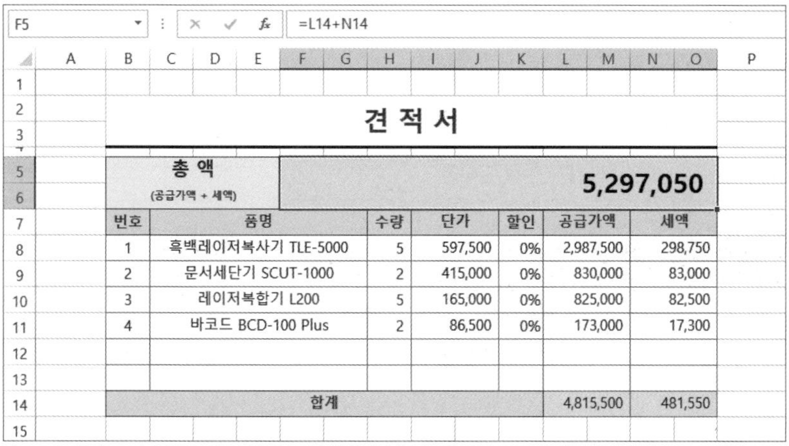
F5 =L14+N14

견 적 서

총 액 (공급가액 + 세액)					5,297,050	
번호	품명	수량	단가	할인	공급가액	세액
1	흑백레이저복사기 TLE-5000	5	597,500	0%	2,987,500	298,750
2	문서세단기 SCUT-1000	2	415,000	0%	830,000	83,000
3	레이저복합기 L200	5	165,000	0%	825,000	82,500
4	바코드 BCD-100 Plus	2	86,500	0%	173,000	17,300
합계					4,815,500	481,550

더 알아보기 **500만 원을 얻기 위한 기준 이해하기**

현재 견적서에는 할인율이 적용되어 있지 않습니다. 구매 관련한 제품의 단가(I:J)에 따라 할인율을 차등 적용할 수 있으며, 이것은 영업 담당자의 재량에 맡긴다고 가정합니다.

단가	할인율
10만 원 ~ 50만 원	0%에서 최대 5%까지 담당자 재량에 맞게 할인
50만 원 초과	5%에서 최대 10%까지 담당자 재량에 맞게 할인

02 [F5] 병합 셀을 선택하고, 리본 메뉴의 [데이터] 탭-[분석] 그룹-[해 찾기]를 클릭합니다.

03 [해 찾기 매개 변수] 대화상자가 표시되면 다음 세 가지 항목을 먼저 설정합니다.

목표 설정 : $F$5

대상 : [지정값] 옵션 선택 후 5000000 입력

변수 셀 변경 : $K$8:$K$10

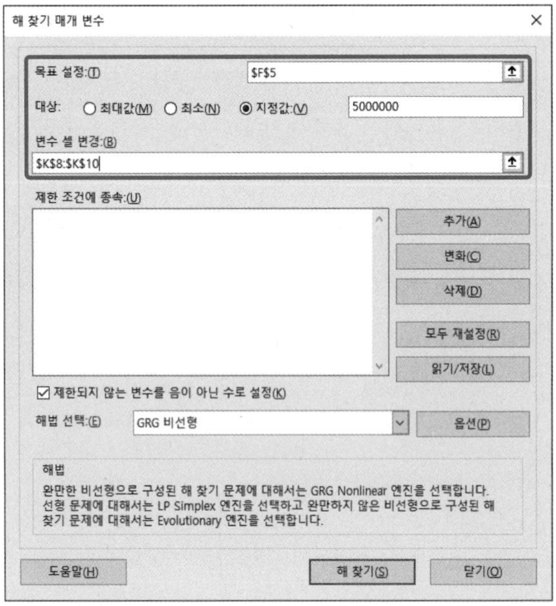

더 알아보기 **[변수 셀 변경]에서 [K8:K10] 범위가 선택된 이유**

'변수 셀'이란 용어는 바뀔 수 있는 값을 갖고 있는 셀이라는 의미입니다. 즉, 이번 예제에선 견적서의 총액(F5)이 500만 원이 되기 위해 값을 수정할 수 있는 셀 범위를 의미합니다.

01에서 단가가 10만 원 이상인 경우부터 할인해준다고 전제했으므로 견적서 내에서 할인율을 적용할 수 있는 제품은 단가가 10만 원 이상인 [8:10] 행 사이의 제품입니다. 11행은 86500원이므로 할인 대상이 아닙니다. 따라서 [변수 셀]은 할인율 범위 중 [K8:K10] 범위가 대상이 됩니다.

04 [변수 셀]의 할인율을 변경할 [제한 조건]을 추가합니다.

05 [제한 조건에 종속] 우측에 있는 [추가]를 클릭합니다.

06 [제한 조건 추가] 대화상자가 표시되면 아래 순서로 조건을 추가합니다.

더 알아보기 제한 조건 추가하기

● **첫째, 단가가 50만 원을 초과하는 제품은 5%~10% 이내 할인율을 적용합니다.**

이 조건의 대상이 되는 제품은 8행에 위치하고 있습니다.

01 [셀 참조]는 [K8] 셀을 선택하고, 비교 연산자는 [>=]를, 제한 조건은 **5%**로 입력한 후 [추가]를 클릭합니다.

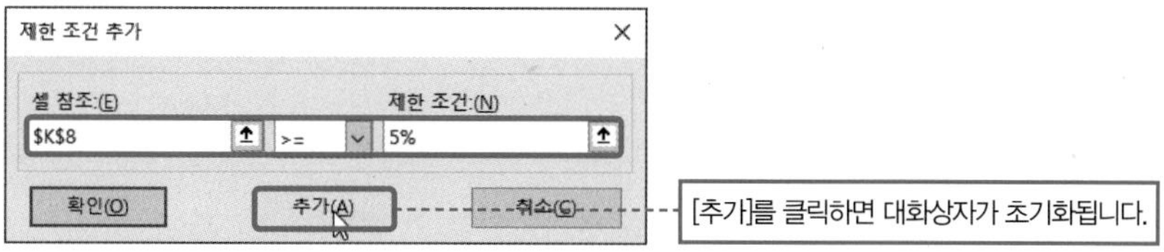

02 [제한 조건 추가] 대화상자에 최대 **10%** 이하 제한 조건을 설정하고 [추가]를 클릭합니다.

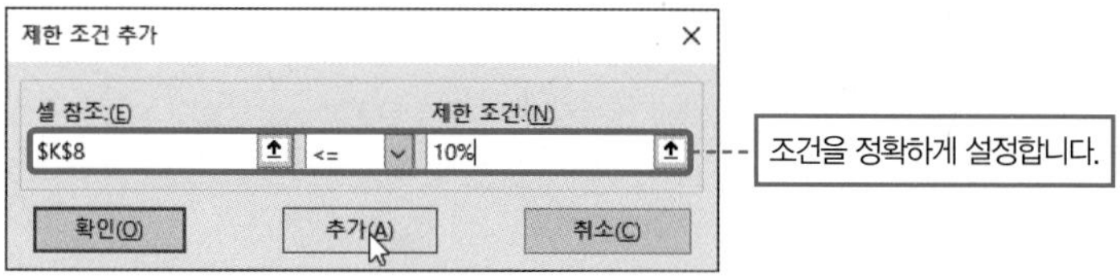

● **둘째, 단가가 10만 원에서 50만 원 사이인 제품은 0%에서 최대 5%까지 할인이 가능합니다.**

이 조건의 대상이 되는 제품은 [9:10] 행에 위치하고 있습니다.

01 [셀 참조]에는 [K9:K10] 범위를 선택하고, 비교 연산자는 [>=]를, 제한 조건은 **0%**를 입력한 후 [추가]를 클릭합니다.

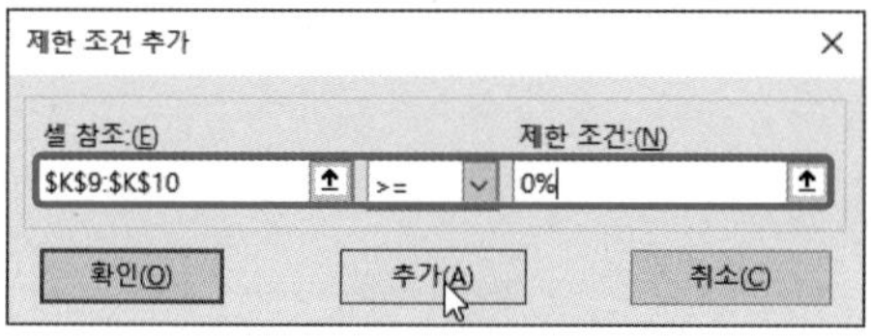

02 [K9:K10] 범위 내 셀의 최대 할인율인 **5%** 이하 제한 조건을 설정하고 [추가]를 클릭합니다.

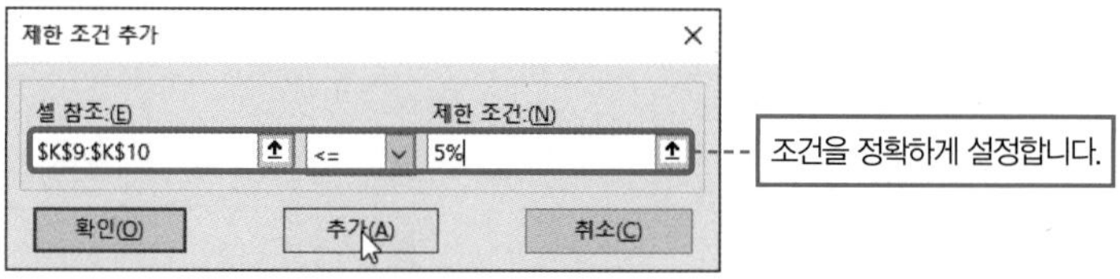

모든 조건을 추가한 후 [확인]을 클릭하면 [제한 조건 추가] 대화상자가 닫힙니다.

07 [제한 조건에 종속] 목록에 추가한 모든 조건이 나타납니다.

08 [해 찾기]를 클릭해 조건에 맞는 결과를 반환하는지 확인합니다.

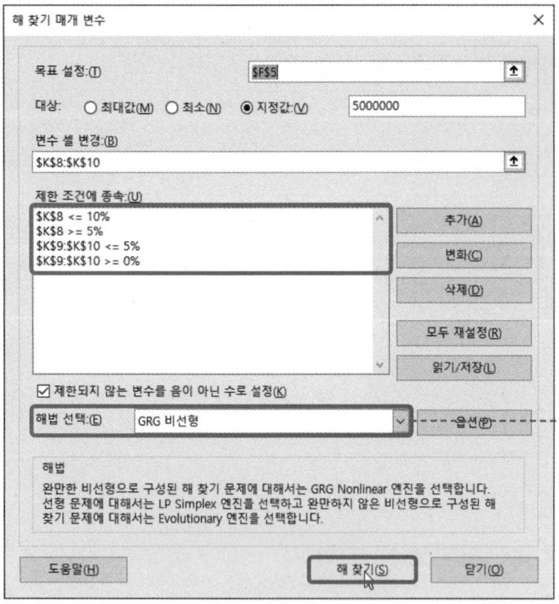

[해법 선택]은 답을 찾기 위한 문제 풀이 방법입니다. 기본값은 [GRG 비선형]입니다.

09 [해 찾기 결과] 대화상자가 표시되면 결과를 확인하고 [확인]을 클릭합니다.

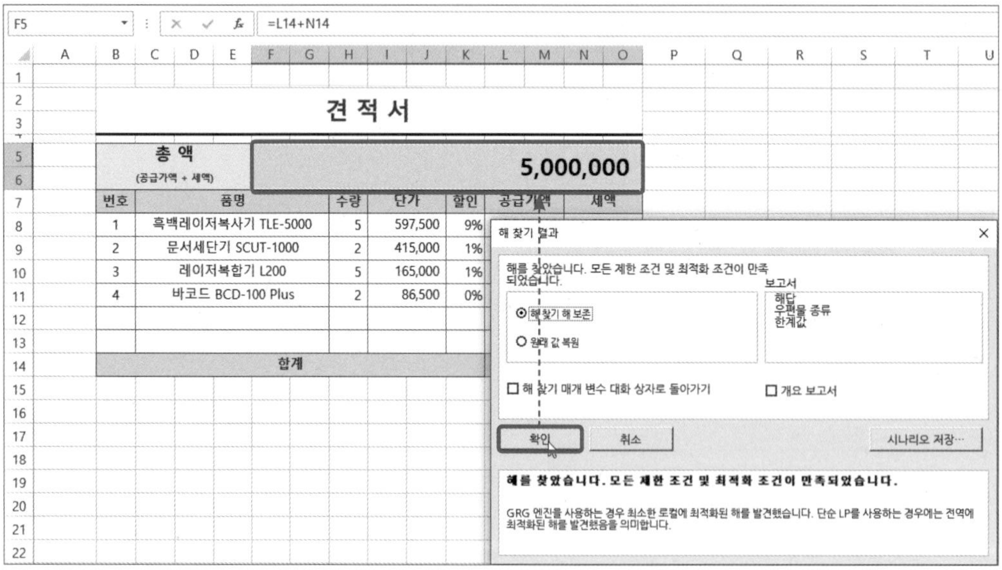

TIP [K8:K10] 범위를 보면 지정한 조건에 맞게 할인율이 변경되어 있습니다.

10 [해 찾기]의 해법은 여러 가지이므로 다른 해법을 이용해 답을 찾아보겠습니다.

11 Ctrl + Z 를 눌러 이전 작업을 취소합니다.

12 리본 메뉴의 [데이터] 탭–[분석] 그룹– [해 찾기]를 클릭합니다.

13 [해법 선택]에서 [단순 LP]를 선택하고 [해 찾기]를 클릭합니다.

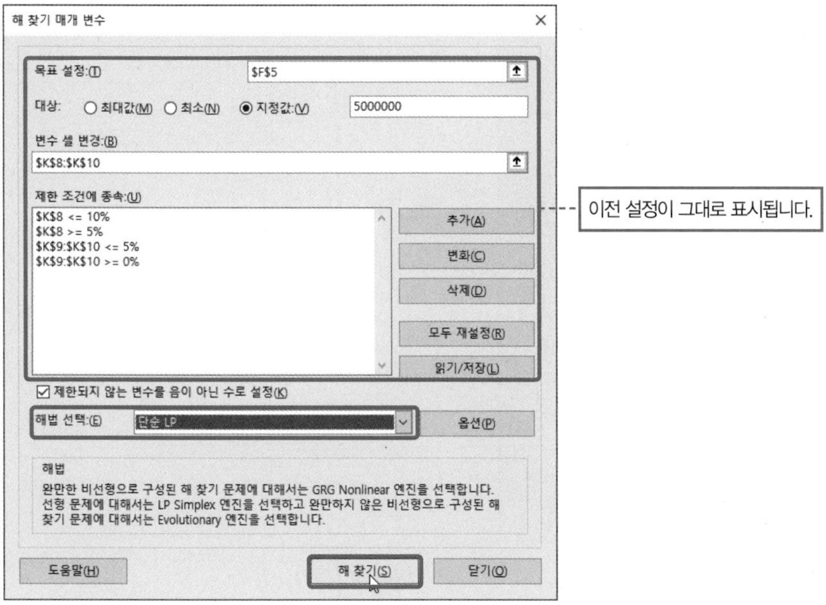

14 [해 찾기 결과] 대화상자가 표시되면 결과를 확인하고 [확인]을 클릭합니다.

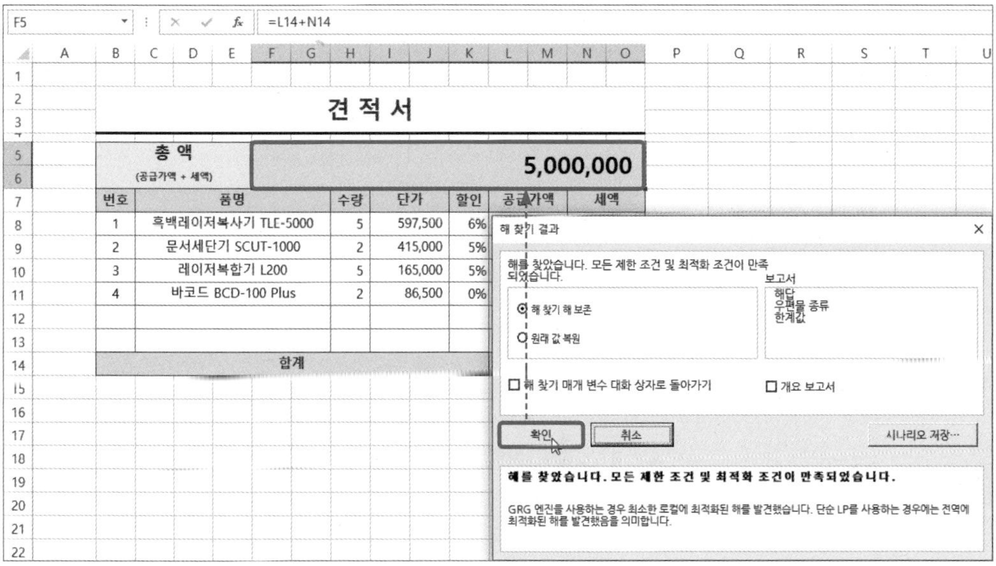

TIP [K8:K10] 범위의 할인율이 변경되었습니다.

15 다른 해법을 사용해 해답을 찾아보겠습니다.

16 **11-12** 과정을 참고해 이전 작업을 취소하고 해 찾기 기능을 실행합니다.

17 [해법 선택]에서 [Evolutionary]를 선택하고 [해 찾기]를 클릭합니다.

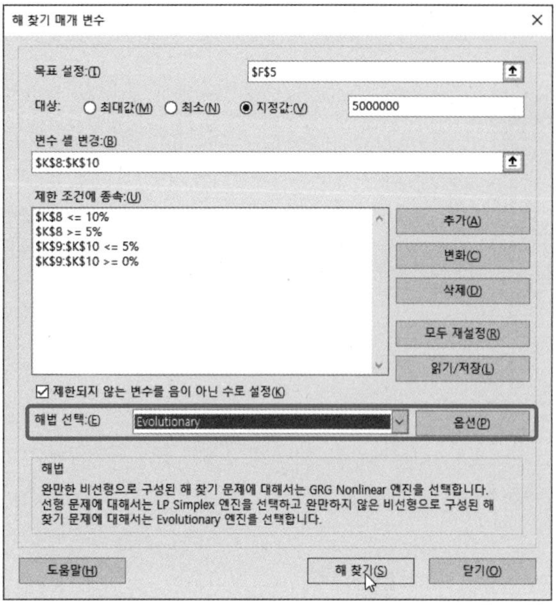

18 [해 찾기 결과] 대화상자가 표시되면 결과를 확인하고 [확인]을 클릭합니다.

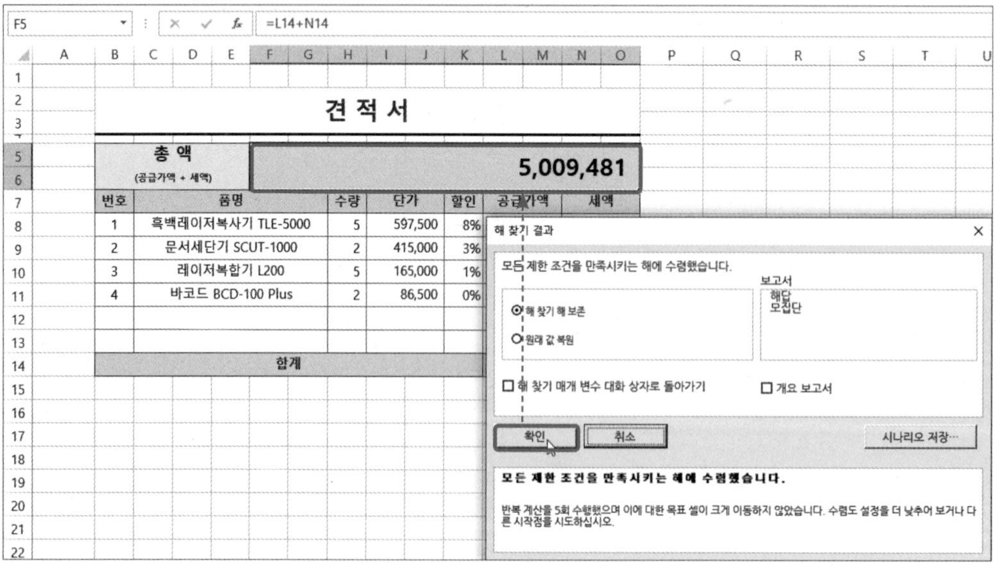

더 알아보기 **[EVOLUTIONARY] 해법은 왜 답이 틀릴까?**

[Evolutionary] 해법을 선택하고 [해 찾기]를 눌렀을 때, [해 찾기 결과] 대화상자에는 [모든 제한 조건을 만족시키는 해에 수렴했습니다.]라는 메시지가 표시됩니다.

09. 14 과정의 [해 찾기 결과] 대화상자에는 [해를 찾았습니다. 모든 제한 조건 및 최적화 조건이 만족되었습니다.]라는 메시지가 표시됐습니다.

일단 메시지가 다른 것을 알 수 있습니다. [Evolutionary] 해법에 표시된 '수렴했다'는 표현은 말 그대로 결과를 찾진 못했지만 결과에 근접한 값을 찾아 반환한다는 의미로 이해하면 됩니다. 반환된 총액은 5009481원으로 [Evolutionary] 해법으로 찾은 값 중에서 500만 원에 가장 근접한 결과입니다.

이것만 보면 [Evolutionary] 해법이 다른 [GRG 비선형] 해법이나 [단순 LP] 해법에 비해 해를 정확하게 구하지 못한다고 생각할 수 있지만 문제에 사용한 견적서 예제에서는 [GRG 비선형] 해법이나 [단순 LP] 해법이 좀 더 잘 맞는다고 생각해야 합니다. 다른 예제의 경우에는 다른 결과가 반환될 수 있습니다.

그러므로 해 찾기를 이용할 경우에는 모든 해법으로 답을 구해본 후 그중 원하는 것을 골라 사용하는 것이 좋습니다.

PART 02

엑셀 실무 함수

엑셀에는 다양한 목적으로 사용할 수 있는 500여 개 함수가 제공됩니다. 이 함수를 모두 잘 이해하고 사용할 수 있다면 좋겠지만 일반적인 사용자는 평균 5~10개 정도의 함수만 사용하고 있습니다. 그렇다면 업무를 능숙하게 하기 위해서는 몇 개 정도의 함수를 이해해야 할까요? 보통 수식 작성에 능통하려면 100~200개 정도를, 일반적인 업무에서라면 50개 정도만 다룰 수 있어도 충분합니다. PART 02에서는 수식 작성에 필요한 100여 개의 함수에 대해 상세하게 설명하고 해당 함수를 활용하여 다양한 수식을 작성하는 방법을 집중적으로 알아봅니다.

CHAPTER 04

판단 함수

판단이란 맞는지 틀린지를 구분하는 동작을 의미합니다. 마찬가지로 특정 조건에 따라 데이터를 구분하는 경우에 사용하는 함수를 판단 함수라고 부릅니다. 사람의 판단은 복잡하고 구분하기 어려운 경우가 많지만, 엑셀에서는 데이터를 구분하여 논릿값(TRUE, FALSE) 중 하나만 반환하므로 매우 간단합니다. 그리고 논릿값을 반환하는 수식을 조건식이라고 합니다. 데이터를 판단하는 방법을 조건식으로 구성할 수 있다면 조건식의 결과에 따라 데이터를 원하는 방식으로 처리할 수 있습니다.

하나의 조건 판정하기

04 01

조건 일치 여부에 따라 원하는 결과 반환하기 – IF 함수

예제 파일 PART 02 \ CHAPTER 04 \ IF 함수.xlsx

IF 함수

여러 데이터에서 원하는 데이터를 판별하려면 논릿값(TRUE, FALSE)을 반환하는 조건식을 구성할 수 있어야 합니다. **IF 함수**는 조건식에서 반환한 논릿값을 원하는 결과로 바꿔줍니다. IF 함수는 반드시 알아야 할 필수 함수 중의 하나입니다. 구문 설명은 다음을 참고합니다.

IF (❶ 조건식, ❷ 반환_TRUE, ❸ 반환_FALSE)

조건식의 결과를 TRUE일 때와 FALSE일 때로 구분해 원하는 값을 반환합니다.

구문	❶ **조건식** : TRUE, FALSE 값을 반환하는 수식 ❷ **반환_TRUE** : **조건식**의 결과가 TRUE일 때 반환할 값 또는 수식 ❸ **반환_FALSE** : **조건식**의 결과가 FALSE일 때 반환할 값 또는 수식

사용 예

```
=IF(A1>=70, "합격", "불합격")
```

TIP [A1] 셀의 값이 70점 이상이면 '합격' 문자열을, 아니면 '불합격' 문자열을 반환합니다.

즉, IF 함수는 조건식의 결과에 따라 다음과 같이 처리하는 함수입니다.

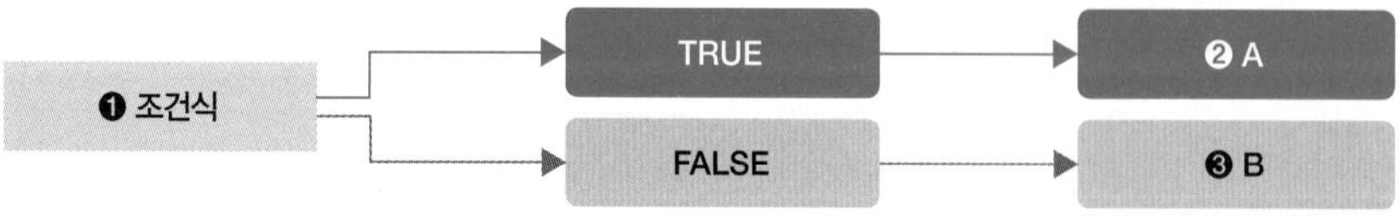

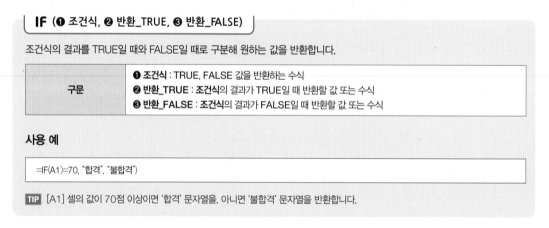

조건식은 보통 비교 연산자를 사용해 원하는 데이터인지 판정하는 작업을 합니다. 다음과 같은 경우가 대부분입니다.

=내 데이터 = 비교할 데이터

앞의 수식에서 가장 왼쪽의 등호(=)는 수식을 시작하는 기호이고, 두 번째 등호(=)는 왼쪽과 오른쪽 데이터가 같은지 비교하는 연산자입니다. 비교 연산자는 결과를 항상 논릿값으로 반환합니다.

따라 하기

영업사원 실적의 목표 달성 여부를 반환하는 수식을 IF 함수로 처리합니다.

01 예제의 D열에는 목표가, E열에는 실적 데이터가 입력되어 있습니다.

02 영업사원의 목표 달성 여부와 10% 초과 달성 여부를 [F:G] 열에 반환합니다.

	A	B	C	D	E	F	G	H
1								
2		영업 사원 목표 대비 실적 평가						
3								
5		사번	이름	목표	실적	달성 여부	10%이상 초과 달성	
6		1	박지훈	8,200	9,348			
7		2	유준혁	6,900	5,589			
8		3	최서현	7,700	8,393			
9		4	박현우	9,900	9,108			
10		5	정시우	6,500	7,345			
11		6	이은서	9,700	7,954			
12		7	오서윤	9,800	11,368			
13								

03 먼저 목표를 달성했는지를 조건식으로 구성합니다.

04 [F6] 셀에 다음 수식을 입력하고 [F6] 셀의 채우기 핸들을 [F12] 셀까지 드래그합니다.

[F6] 셀 : =E6>=D6

F6 | =E6>=D6

	A	B	C	D	E	F	G	H
1								
2		영업 사원 목표 대비 실적 평가						
3								
5		사번	이름	목표	실적	달성 여부	10%이상 초과 달성	
6		1	박지훈	8,200	9,348	TRUE		
7		2	유준혁	6,900	5,589	FALSE		
8		3	최서현	7,700	8,393	TRUE		
9		4	박현우	9,900	9,108	FALSE		
10		5	정시우	6,500	7,345	TRUE		
11		6	이은서	9,700	7,954	FALSE		
12		7	오서윤	9,800	11,368	TRUE		
13								

더 알아보기 수식 이해하기

이번 수식은 E열의 실적이 D열의 목표보다 크거나 같은지 확인합니다. 즉, 실적이 목표를 달성했는지 확인해 논릿값(TRUE, FALSE)으로 결과를 반환합니다. IF 함수를 사용하기 위해서는 내가 원하는 데이터만 논릿값으로 구분하는 조건식을 제대로 구성할 수 있어야 합니다.

05 [F6] 셀의 수식을 다음과 같이 수정하고 [F12] 셀까지 복사합니다.

[F6] 셀 : =IF(E6>=D6, "달성", "")

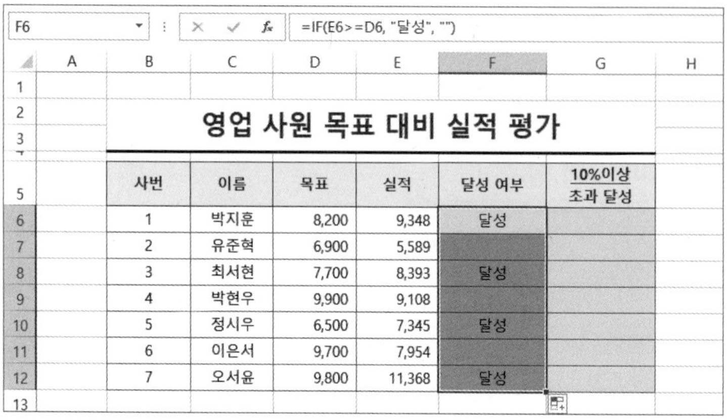

F6 =IF(E6>=D6, "달성", "")

영업 사원 목표 대비 실적 평가

사번	이름	목표	실적	달성 여부	10%이상 초과 달성
1	박지훈	8,200	9,348	달성	
2	유준혁	6,900	5,589		
3	최서현	7,700	8,393	달성	
4	박현우	9,900	9,108		
5	정시우	6,500	7,345	달성	
6	이은서	9,700	7,954		
7	오서윤	9,800	11,368	달성	

더 알아보기 IF 함수로 논릿값을 원하는 값으로 바꾸기

IF 함수는 논릿값(TRUE, FALSE)을 원하는 값으로 바꿔 반환할 수 있습니다. 이번 수식에서 사용한 IF 함수는 **E6>=D6**의 결과가 TRUE면 목표를 달성했다는 의미이므로 '달성' 문자열을 화면에 표시하고, FALSE면 목표를 달성하지 못했다는 의미이므로 빈 셀("")을 화면에 표시하도록 구성되어 있습니다.

참고로 큰따옴표("")는 수식 내에서 텍스트 형식의 데이터를 입력할 때 사용합니다. 큰따옴표는 화면에 표시되지 않으므로 IF 함수의 두 번째 인수에 입력한 **"달성"**은 화면에서는 '달성'만 표시되고, 세 번째 인수로 입력한 **""**는 화면에 빈 셀처럼 표시됩니다.

06 목표를 10% 이상 초과 달성했는지 여부를 확인하려면 증감률을 먼저 계산해야 합니다.

07 [G6] 셀에 다음 수식을 입력하고 [G6] 셀의 채우기 핸들을 [G12] 셀까지 드래그합니다.

[G6] 셀 : =(E6–D6)/D6

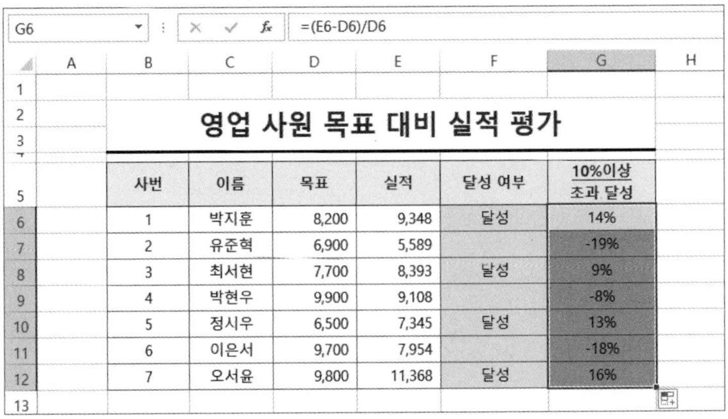

G6 =(E6-D6)/D6

영업 사원 목표 대비 실적 평가

사번	이름	목표	실적	달성 여부	10%이상 초과 달성
1	박지훈	8,200	9,348	달성	14%
2	유준혁	6,900	5,589		-19%
3	최서현	7,700	8,393	달성	9%
4	박현우	9,900	9,108		-8%
5	정시우	6,500	7,345	달성	13%
6	이은서	9,700	7,954		-18%
7	오서윤	9,800	11,368	달성	16%

더 알아보기 **비율을 계산하는 방법**

목표를 얼마나 초과하여 달성했는지 알려면 목표보다 실적이 얼마나 증가(또는 감소)했는지 알아야 합니다. 증감률과 같은 비율 계산 작업은 주로 다음과 같은 공식을 사용합니다.

```
=계산할 값/기준값
```

위에서 **계산할 값**은 증감값입니다. 이번 수식에서는 실적이 목표보다 얼마나 증가(또는 감소)했는지 알기 위해 실적에서 목표를 뺍니다.

```
=실적–목표
```

그리고 **기준값**은 목표 대비 실적이 얼마나 증가했는지 구해야 하므로 목표가 기준이 됩니다. 이와 같은 계산 방법을 통해 증감률을 얻을 수 있습니다.

증감률을 계산할 때 자주 사용하는 연도, 분기, 월 등의 단위를 사용해야 한다면 증감률은 다음과 같은 계산식을 사용하게 됩니다.

```
=(금년–전년)/전년
```

TIP 단위는 상황에 맞게 구분해 사용합니다.

08 10% 이상 초과 달성 여부를 알려면 값을 10%와 비교해야 합니다.

09 [G6] 셀의 수식을 다음과 같이 수정하고 [G6] 셀의 채우기 핸들을 [G12] 셀까지 드래그합니다.

[G6] 셀 : =(E6–D6)/D6>=10%

G6 : =(E6-D6)/D6>=10%

영업 사원 목표 대비 실적 평가

사번	이름	목표	실적	달성 여부	10%이상 초과 달성
1	박지훈	8,200	9,348	달성	TRUE
2	유준혁	6,900	5,589		FALSE
3	최서현	7,700	8,393	달성	FALSE
4	박현우	9,900	9,108		FALSE
5	정시우	6,500	7,345	달성	TRUE
6	이은서	9,700	7,954		FALSE
7	오서윤	9,800	11,368	달성	TRUE

더 알아보기 **수식 이해하기**

이번 수식은 실적이 목표대비 초과 달성한 비율이 10% 이상인지 확인하기 위한 수식입니다. 논릿값을 반환하는 수식은 IF 함수로 원하는 결과를 화면에 표시할 수 있습니다.

10 IF 함수를 사용해 논릿값을 원하는 결과로 반환합니다.

11 [G6] 셀의 수식을 다음과 같이 수정하고 [G6] 셀의 채우기 핸들을 [G12] 셀까지 드래그합니다.

[G6] 셀 : =IF((E6–D6)/D6>=10%, "10% 이상", "")

G6 : =IF((E6-D6)/D6>=10%, "10% 이상", "")

영업 사원 목표 대비 실적 평가

사번	이름	목표	실적	달성 여부	10%이상 초과 달성
1	박지훈	8,200	9,348	달성	10% 이상
2	유준혁	6,900	5,589		
3	최서현	7,700	8,393	달성	
4	박현우	9,900	9,108		
5	정시우	6,500	7,345	달성	10% 이상
6	이은서	9,700	7,954		
7	오서윤	9,800	11,368	달성	10% 이상

04 02 IS 계열 함수로 데이터 판정하기 – IFERROR 함수

예제 파일 PART 02 \ CHAPTER 04 \ IS 계열 함수.xlsx

IS 계열 함수

비교 연산자로는 내가 원하는 데이터인지 판정하기 어려운 경우가 종종 있습니다. 예를 들어 셀에 입력된 값이 숫자인지, 텍스트값인지를 구분해야 하거나 수식에서 #N/A, #REF!와 같은 에러가 발생하는지를 판단해야 하는 경우입니다. 이렇게 비교 연산자를 사용해 판단하기 어려운 경우에는 IS로 시작하는 **IS 계열 함수**를 사용해 조건식을 구성합니다.

ISERROR (❶ 수식)

수식에서 에러가 발생하면 TRUE, 아니면 FALSE를 반환합니다.

<table>
<tr><th>구문</th><td>❶ 수식 : 값 또는 계산식</td></tr>
<tr><th>유사 함수</th><td>
● 전체 IS 계열 함수는 아래 표를 참고해 처리합니다.
<table>
<tr><th>IS 계열 함수</th><th>설명</th></tr>
<tr><td>ISBLANK</td><td>빈 셀이면 TRUE, 아니면 FALSE</td></tr>
<tr><td>ISERR</td><td>수식에서 #N/A 에러를 제외한 나머지 에러가 발생하면 TRUE, 아니면 FALSE</td></tr>
<tr><td>ISNA</td><td>수식에서 #N/A 에러가 발생하면 TRUE, 아니면 FALSE</td></tr>
<tr><td>ISEVEN</td><td>숫자값이 짝수면 TRUE, 아니면 FALSE</td></tr>
<tr><td>ISODD</td><td>숫자값이 홀수면 TRUE, 아니면 FALSE</td></tr>
<tr><td>ISLOGICAL</td><td>값이 논릿값이면 TRUE, 아니면 FALSE</td></tr>
<tr><td>ISNONTEXT</td><td>값이 텍스트가 아니면 TRUE, 아니면 FALSE</td></tr>
<tr><td>ISTEXT</td><td>값이 텍스트면 TRUE, 아니면 FALSE</td></tr>
<tr><td>ISNUMBER</td><td>값이 숫자면 TRUE, 아니면 FALSE</td></tr>
<tr><td>ISREF</td><td>다른 셀을 참조하면 TRUE, 아니면 FALSE</td></tr>
<tr><td>ISFORMULA</td><td>값이 수식이면 TRUE, 아니면 FALSE</td></tr>
</table>
</td></tr>
<tr><th>버전</th><td>ISFORMULA 함수는 엑셀 2013 버전부터 지원</td></tr>
</table>

주의 사항

- 마이크로소프트 365 버전에서 새로 추가된 동적 배열을 사용할 때 발생하는 #SPILL! 에러나 #CALC! 에러는 ISERROR 함수, ISERR 함수로 확인할 수 없습니다.

사용 예

```
=ISERROR(A1)
```

TIP [A1] 셀에 수식 에러가 발생하면 TRUE, 아니면 FALSE가 반환됩니다.

IFERROR (❶ 수식, ❷ 반환_에러) 2007 이상

수식에서 에러가 발생할 때 이를 대체할 값을 반환합니다.

구문	❶ **수식** : 값 또는 계산식 ❷ **반환_에러** : [수식]에서 에러가 발생할 때 반환할 값 또는 계산식
버전	엑셀 2007 버전부터 지원

사용 예

```
=IFERROR(A1, 0)
```

TIP [A1] 셀에서 에러가 발생하면 0을 반환하고, 그렇지 않으면 [A1] 셀의 값을 반환합니다.

자주 나오는 수식 패턴

아래 패턴은 사용하는 수식에서 에러가 발생할 경우 이를 해결하기 위한 구성입니다.

수식	특이사항
=IF(ISERROR(수식), 에러인 경우 반환, 수식)	엑셀 2003 이하 버전과의 호환성을 유지
=IFERROR(수식, 에러인 경우 반환)	엑셀 2007 이상 버전에서 사용 가능

따라 하기

01 예제를 열고, E열에 법인별 증감률을 계산합니다.

02 [E6] 셀에 다음 수식을 입력하고 [E6] 셀의 채우기 핸들[+]을 [E10] 셀까지 드래그합니다.

[E6] 셀 : =(D6−C6)/C6

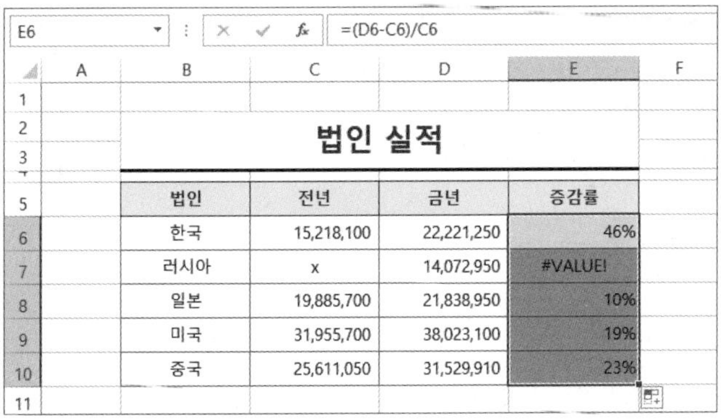

E6 : =(D6-C6)/C6

법인 실적

법인	전년	금년	증감률
한국	15,218,100	22,221,250	46%
러시아	x	14,072,950	#VALUE!
일본	19,885,700	21,838,950	10%
미국	31,955,700	38,023,100	19%
중국	25,611,050	31,529,910	23%

LINK 증감률 계산 방법에 대한 설명은 이 책의 237페이지를 참고합니다.

03 에러 발생 여부를 판정할 수 있는지 확인하기 위해 수식을 수정합니다.

04 [E6] 셀의 수식을 다음과 같이 수정하고 [E6] 셀의 채우기 핸들을 [E10] 셀까지 드래그합니다.

[E6] 셀 : =(D6–C6)/C6="#VALUE!"

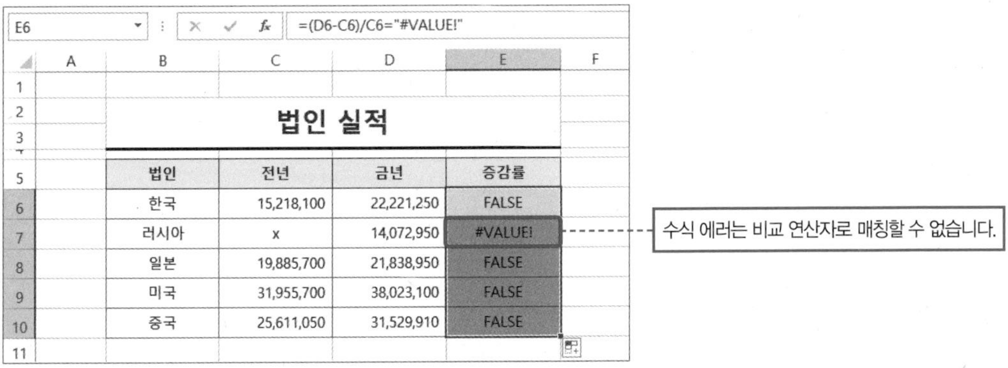

E6 : =(D6-C6)/C6="#VALUE!"

법인 실적

법인	전년	금년	증감률
한국	15,218,100	22,221,250	FALSE
러시아	x	14,072,950	#VALUE!
일본	19,885,700	21,838,950	FALSE
미국	31,955,700	38,023,100	FALSE
중국	25,611,050	31,529,910	FALSE

수식 에러는 비교 연산자로 매칭할 수 없습니다.

05 에러 발생 여부를 IS 계열 함수를 사용해 확인합니다.

06 [E6] 셀의 수식을 다음과 같이 수정하고 [E6] 셀의 채우기 핸들을 [E10] 셀까지 드래그합니다.

[E6] 셀 : =ISERROR((D6–C6)/C6)

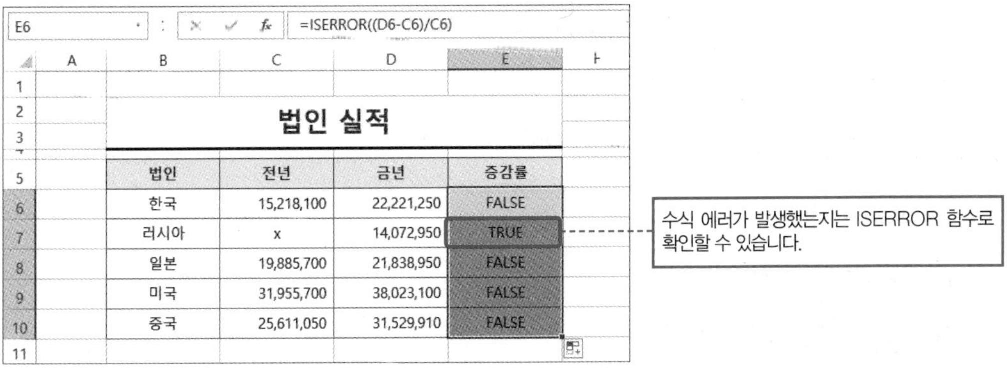

E6 : =ISERROR((D6-C6)/C6)

법인 실적

법인	전년	금년	증감률
한국	15,218,100	22,221,250	FALSE
러시아	x	14,072,950	TRUE
일본	19,885,700	21,838,950	FALSE
미국	31,955,700	38,023,100	FALSE
중국	25,611,050	31,529,910	FALSE

수식 에러가 발생했는지는 ISERROR 함수로
확인할 수 있습니다.

더 알아보기 ISERROR 함수와 ISERR 함수의 차이

04 과정 수식에서 확인할 수 있는 것처럼 수식 에러가 발생한 상황에서는 비교 연산자를 사용할 수 없습니다. 이렇게 비교 연산자로 판단이 어려운 부분은 IS로 시작하는 함수 중 하나를 사용합니다. ISERROR 함수는 수식 에러가 발생하면 TRUE나 FALSE를 반환해주는 함수이므로 이런 상황에 가장 적합한 함수입니다.

만약 #VALUE! 에러가 발생하는 상황만 판단한다면 ISERROR 함수 대신 ISERR 함수를 사용해도 됩니다.

```
=ISERR((D6-C6)/C6)
```

참고로 ISERROR 함수와 ISERR 함수의 차이는 #N/A 에러의 발생을 확인할 수 있는지(ISERROR) 또는 없는지(ISERR)로 구분할 수 있습니다.

이번 에러는 C열의 데이터 중 숫자가 아닌 텍스트 데이터가 존재하고 있기 때문에 발생했습니다. 따라서 C열의 데이터가 숫자인지 판단하는 다음 수식을 사용할 수도 있습니다.

```
=ISNUMBER(C6)
```

반대로 C열의 데이터가 텍스트 형식인지 판단해도 됩니다.

```
=ISTEXT(C6)
```

이렇게 에러가 발생하는 원인을 이해할 수 있다면 다양한 IS 계열 함수를 사용해 내가 원하는 데이터인지 판단할 수 있습니다.

07 에러가 발생한 셀에 **0**을 반환하도록 **IF 함수**를 추가로 사용합니다.

08 [E6] 셀의 수식을 다음과 같이 수정하고 [E6] 셀의 채우기 핸들을 [E10] 셀까지 드래그합니다.

[E6] 셀 : =IF(ISERROR((D6-C6)/C6), 0, (D6-C6)/C6)

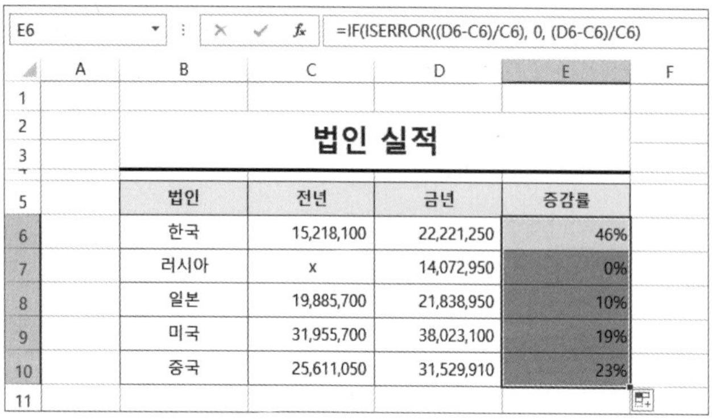
E6 =IF(ISERROR((D6-C6)/C6), 0, (D6-C6)/C6)

법인 실적

법인	전년	금년	증감률
한국	15,218,100	22,221,250	46%
러시아	x	14,072,950	0%
일본	19,885,700	21,838,950	10%
미국	31,955,700	38,023,100	19%
중국	25,611,050	31,529,910	23%

더 알아보기 **수식 이해하기**

이번 수식은 아래 조건식에서 반환하는 결과를 0과 **(D6–C6)/C6**의 결괏값으로 구분해 반환하는 역할을 합니다.

```
=ISERROR((D6–C6)/C6)
```

즉 에러가 발생했다면 0, 아니면 증감률이 계산됩니다.

09 **IF**, **ISERROR 함수**의 조합 대신 **IFERROR 함수**를 사용하도록 수정합니다.

10 [E6] 셀의 수식을 다음과 같이 수정하고, [E6] 셀의 채우기 핸들을 [E10] 셀까지 드래그합니다.

[E6] 셀 : =IFERROR((D6–C6)/C6, 0)

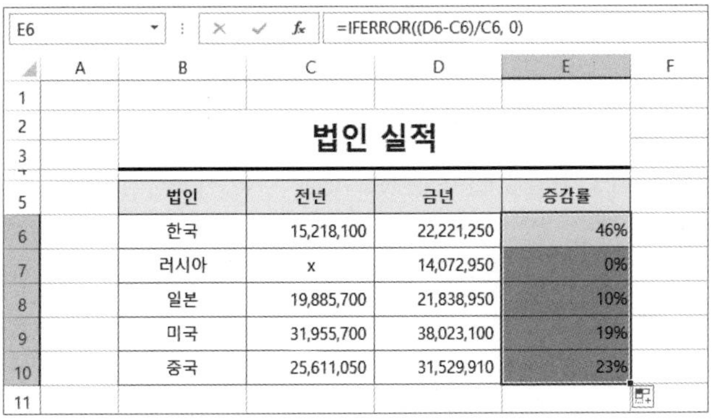
E6 | =IFERROR((D6-C6)/C6, 0)

법인 실적

법인	전년	금년	증감률
한국	15,218,100	22,221,250	46%
러시아	x	14,072,950	0%
일본	19,885,700	21,838,950	10%
미국	31,955,700	38,023,100	19%
중국	25,611,050	31,529,910	23%

더 알아보기 **IFERROR 함수**

IFERROR 함수는 IF 함수와 ISERROR 함수를 함께 사용하는 수식을 대체할 목적으로, 엑셀 2007 버전부터 사용할 수 있는 함수입니다. IF 함수와 ISERROR 함수의 조합을 사용할 때보다 수식의 길이를 줄일 수 있어 편리합니다.

하나의 조건 판정하기

04 03 엑셀 버전을 판정하는 조건식 구성하기 – INFO 함수

예제 파일 PART 02 \ CHAPTER 04 \ INFO 함수.xlsx

INFO 함수

엑셀은 버전이 올라갈 때마다 항상 새로운 함수가 제공되며, 상위 버전에서 제공된 함수는 하위 버전에서 사용할 수 없습니다. 따라서 함수를 사용할 때는 해당 파일을 열어 볼 수도 있는 다른 사용자의 엑셀 버전을 감안해야 합니다. 이와 같이 엑셀 버전 및 다양한 정보를 확인할 필요가 있을 때는 **INFO 함수**가 유용합니다. 구문은 다음과 같습니다.

INFO (❶ 옵션)

현재 PC 환경에 대한 정보를 텍스트로 반환합니다.

구문

❶ **옵션** : 알고 싶은 정보를 의미하는 값으로, 다음 중 하나를 사용합니다.

옵션	설명
directory	현재 파일의 경로를 반환합니다.
numfile	열려 있는 모든 파일의 워크시트 개수를 반환합니다.
origin	엑셀 창의 첫 번째 셀 주소에 '$A:'를 붙여 반환합니다. 'Lotus 1-2-3'과 호환을 위해 제공되는 옵션입니다.
osversion	운영체제 버전을 반환합니다.
recalc	수식 계산 모드를 자동 또는 수동으로 반환합니다.
release	엑셀 버전을 텍스트로 반환합니다.
system	운영체제 이름을 반환합니다. 맥은 'mac'을, 윈도우는 'pcdos'를 반환합니다.

TIP 옵션은 대/소문자를 구분하지 않습니다.

사용 예

```
=INFO("release")
```

Ver. 엑셀 2016 이상 버전 사용자는 16.0이 반환됩니다.

release 옵션

- release 옵션을 사용하면 다음과 같은 값이 반환되며 의미는 다음과 같습니다.

반환	엑셀 버전
11.0	엑셀 2003
12.0	엑셀 2007
14.0	엑셀 2010
15.0	엑셀 2013
16.0	엑셀 2016 이상

TIP INFO 함수의 결과로 반환된 값은 숫자가 아닌 텍스트값입니다.

TIP 13.0은 반환되지 않습니다.

엑셀 버전에 따라 다른 함수로 계산하도록 수식 작성하기

01 예제를 열고, [B7:B12] 범위의 평균 점수를 계산합니다.

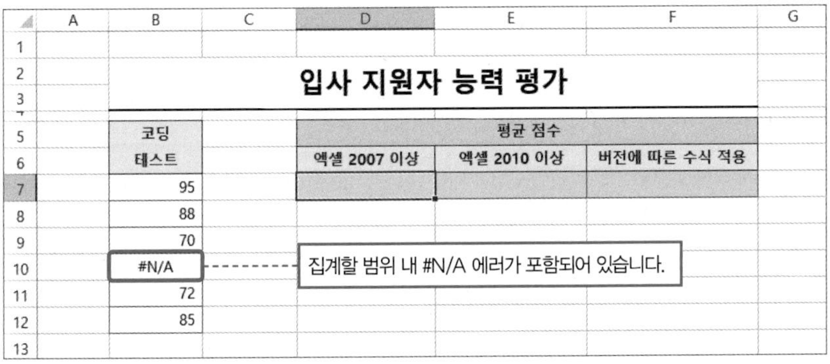

02 [D7] 셀에 AVERAGE 함수를 사용하는 수식을 입력합니다.

[D7] 셀 : =AVERAGE(B7:B12)

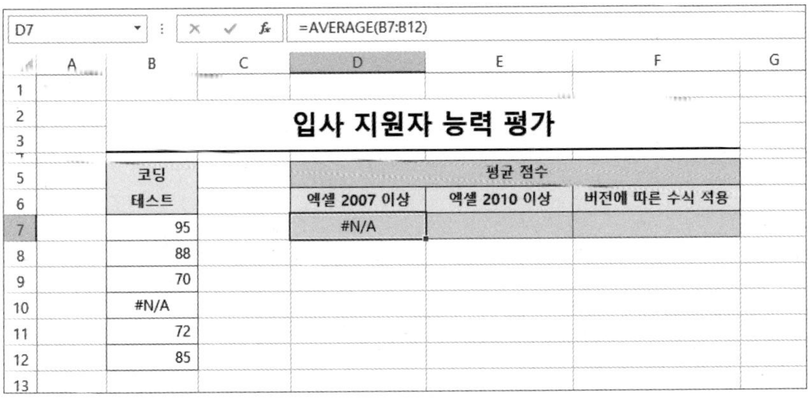

더 알아보기 #N/A 에러가 발생한 이유

엑셀 함수는 참조 범위 내 에러가 발생하면 결과를 돌려주지 못하고 참조 범위 내 발생된 에러를 그대로 반환합니다.

03 #N/A 에러는 제외하고 평균을 계산하기 위해 [D7] 셀의 수식을 다음과 같이 수정합니다.

[D7] 셀 : =AVERAGEIF(B7:B12, ">0")

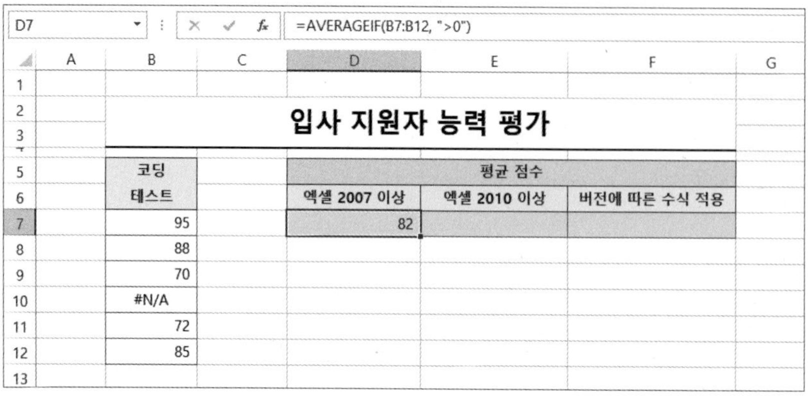

D7
=AVERAGEIF(B7:B12, ">0")
입사 지원자 능력 평가
코딩 테스트
평균 점수
엑셀 2007 이상
엑셀 2010 이상
버전에 따른 수식 적용
95
82
88
70
#N/A
72
85

더 알아보기 AVERAGEIF 함수

AVERAGEIF 함수는 조건에 맞는 데이터의 평균을 구하는 함수입니다. 이번 수식은 0보다 큰 숫자의 평균을 구해 반환하라는 의미입니다.

LINK AVERAGEIF 함수에 대한 자세한 설명은 이 책의 430페이지를 참고합니다.

04 엑셀 2010 이상 버전 사용자라면 AGGREGATE 함수를 사용할 수 있습니다.

05 [E7] 셀에 다음 수식을 입력해 평균 점수를 계산합니다.

[E7] 셀 : =AGGREGATE(1, 6, B7:B12)

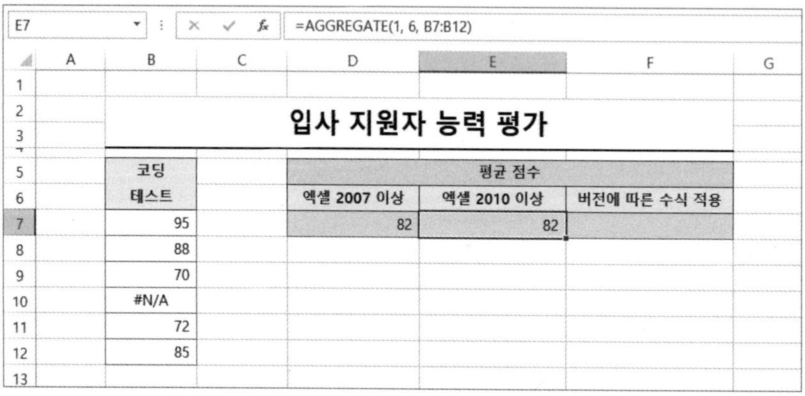

E7
=AGGREGATE(1, 6, B7:B12)
입사 지원자 능력 평가
코딩 테스트
평균 점수
엑셀 2007 이상
엑셀 2010 이상
버전에 따른 수식 적용
95
82
82
88
70
#N/A
72
85

더 알아보기 AGGREGATE 함수

AGGREGATE 함수는 SUBTOTAL 함수를 보완하기 위해 엑셀 2010 버전부터 제공되는 함수로, 참조 범위 내 에러값을 제외한 계산 작업을 할 수 있습니다. 이번 수식은 AVERAGE 함수(첫 번째 인수 1의 의미)로 수식 에러를 제외하고(두 번째 인수 6의 의미) [B7:B12] 범위의 평균을 구하란 의미입니다.

LINK AGGREGATE 함수에 대한 자세한 설명은 이 책의 515페이지를 참고합니다.

06 AVERAGEIF 함수와 AGGREGATE 함수를 버전에 맞춰 동작시키기 위해 버전을 확인합니다.

07 [F7] 셀에 다음 수식을 입력합니다.

[F7] 셀 : =INFO("RELEASE")

더 알아보기 수식 이해하기

INFO 함수에서 반환된 결과를 보면 예제에 사용된 엑셀 프로그램이 엑셀 2016 이상 버전이라는 것을 알 수 있습니다. INFO 함수에서 반환한 결과는 텍스트 데이터이므로 셀 왼쪽에 표시됩니다.

08 버전에 맞게 서로 다른 함수가 사용되도록 [F7] 셀의 수식을 다음과 같이 수정합니다.

[F7] 셀 : =IF(INFO("RELEASE")>="14.0",

AGGREGATE(1, 6, B7:B12),

AVERAGEIF(B7:B12, ">0"))

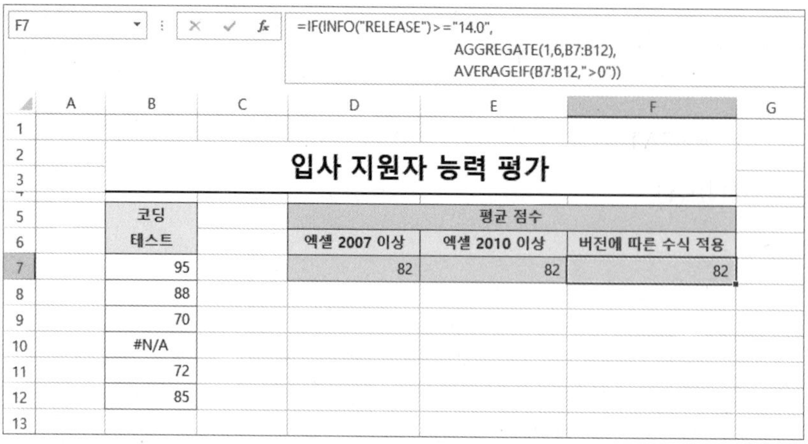

더 알아보기 **수식 이해하기**

이번 수식은 INFO 함수의 반환값이14.0 이상인 경우(엑셀 2010 이상 버전)는 AGGREGATE 함수를 사용해 평균을 계산하고, 하위 버전(엑셀 2007 버전)의 경우는 AVERAGEIF 함수를 사용하도록 구성되었습니다.

여러 개 조건을 판정하기

04 04 함수의 중첩 문제 해결하기 - AND, OR, NOT, XOR 함수

예제 파일 PART 02 \ CHAPTER 04 \ AND, OR, NOT, XOR 함수.xlsx

중첩

함수 내에 함수를 넣어 계산하는 방식을 **중첩**이라고 합니다. 특히 IF 함수는 중첩이 많이 발생하는데, 한 번에 하나의 데이터만 판정할 수 있기 때문입니다. 여러 데이터를 동시에 판정해야 하는 경우 IF 함수 안에 IF 함수를 중첩해 사용할 수밖에 없습니다.

예를 들어 원하는 데이터가 30대 남자라면 표에 연령대와 성별을 구분하는 열이 존재해야 하며, 수식은 다음과 같이 구성해야 합니다.

=IF(연령대="30대", IF(성별="남", 원하는 데이터, ""), "")

이렇게 다양한 조건이 존재하는 경우 함수 안에 함수를 중첩하는 횟수가 늘어날 수 있으며 엑셀 함수는 최대 64회의 중첩을 지원합니다.

AND, OR, NOT 함수와 XOR 함수

IF 함수를 중첩 사용하면 수식을 이해하기 어려워집니다. 엑셀에는 IF 함수의 중첩을 줄이기 위해 여러 조건을 한번에 판정하고 그 결과를 논릿값을 반환해주는 AND, OR, XOR 등의 함수를 제공합니다. 여러 판정이 필요한 경우에 이와 같은 함수를 적절하게 사용하는 것이 좋습니다. 함수의 구문은 다음과 같습니다.

AND (❶ 조건1, ❷ 조건2, …)

조건이 모두 참(TRUE)인 경우에만 TRUE를 반환, 그 외에는 FALSE를 반환합니다.

구문	❶ **조건** : TRUE, FALSE를 반환하는 값 또는 계산식
특이사항	● 모든 조건을 만족하는 판단이 필요한 경우에 주로 사용 ● 엑셀 2003 버전에서는 30개의 조건을, 엑셀 2007 버전에서는 255개의 조건을 처리할 수 있습니다.

사용 예

```
=AND(A1<>"", B1<>"")
```

TIP [A1] 셀과 [B1] 셀의 값이 빈 문자("")가 아닌 경우, 즉 데이터가 모두 입력되면 TRUE, 아니면 FALSE를 반환합니다.

OR (❶ 조건1, ❷ 조건2, …)

조건이 모두 거짓(FALSE)인 경우에만 FALSE를 반환, 그 외에는 TRUE를 반환합니다.

구문	❶ **조건** : TRUE, FALSE를 반환하는 값 또는 계산식
특이사항	● 조건 중에서 하나만 맞아도 되는 판단에 주로 사용 ● 엑셀 2003 버전에서는 30개의 조건을, 엑셀 2007 버전에서는 255개의 조건을 처리 가능

사용 예

```
=OR(A1="", B1="")
```

TIP [A1] 셀이나 [B1] 셀이 빈 셀이면 TRUE, 아니면 FALSE를 반환합니다.

NOT (❶ 조건)

조건 결과와 반대되는 값(TRUE면 FALSE를, FALSE면 TRUE)을 반환합니다.

구문	❶ **조건** : TRUE, FALSE를 반환하는 값 또는 계산식

사용 예

```
=NOT(A1="")
```

TIP [A1] 셀이 빈 셀이 아니면 TRUE, 빈 셀이면 FALSE를 반환합니다.

XOR (❶ 조건1, ❷ 조건2, …) 2013 이상

조건 중에서 TRUE를 반환하는 경우가 홀수면 TRUE, 짝수면 FALSE를 반환합니다.

구문	❶ **조건** : TRUE, FALSE를 반환하는 값 또는 계산식
버전	엑셀 2013 버전에서 새로 제공되는 함수

사용 예

```
=XOR(A1<>"", B1<>"", C1<>"")
```

TIP [A1], [B1], [C1] 셀 중 하나만 입력되거나 세 개가 모두 입력된 경우에 TRUE, 아니면 FALSE를 반환합니다.

따라 하기

01 예제를 열고, 다양한 조건에 맞는 직원을 선발할 조건을 I열에 입력합니다.

	A	B	C	D	E	F	G	H	I	J
1										
2		대상자 선정								
3										
5		사원	성별	나이	근속년수	외국어	엑셀	파포	대상	
6		김호영	남	31	5	영어	O			
7		정수희	여	25	2	일어		O		
8		민소영	여	26	4	중국어	O	O		
9		박동희	남	35	3	영어		O		
10		박영광	남	28	2	중국어	O			
11		최은서	여	28	4	영어		O		
12		최승희	여	31	3	중국어				
13		박영원	남	24	5	영어	O	O		
14		김영재	남	26	4	일어		O		
15										

02 성별이 남자면서 나이가 30 이상이고 영어가 능숙한 직원을 선발합니다.

03 [I6] 셀에 다음 수식을 입력하고 [I6] 셀의 채우기 핸들을 [I14] 셀까지 드래그합니다.

[I6] 셀 : =AND(C6="남", D6>=30, F6="영어")

I6 =AND(C6="남", D6>=30, F6="영어")

	A	B	C	D	E	F	G	H	I	J
1										
2		대상자 선정								
3										
5		사원	성별	나이	근속년수	외국어	엑셀	파포	대상	
6		김호영	남	31	5	영어	O		TRUE	
7		정수희	여	25	2	일어		O	FALSE	
8		민소영	여	26	4	중국어	O	O	FALSE	
9		박동희	남	35	3	영어		O	TRUE	
10		박영광	남	28	2	중국어	O		FALSE	
11		최은서	여	28	4	영어		O	FALSE	
12		최승희	여	31	3	중국어			FALSE	
13		박영원	남	24	5	영어	O	O	FALSE	
14		김영재	남	26	4	일어		O	FALSE	
15										

더 알아보기 　조건식 이해하기

성별이 남자인 조건은 C열에서, 나이가 30 이상인 조건은 D열에서, 영어가 능숙한 조건은 F열에서 확인해야 합니다. 조건이 모두 세 개이고 모든 조건을 만족해야 하므로 AND 함수를 사용합니다. 화면을 보면 6행과 9행의 직원이 대상자임을 확인할 수 있습니다.

해당 조건을 모두 만족하는 대상 직원에 '선발' 문자열을 화면에 표시하려면 다음 수식을 사용합니다.

```
=IF(AND(C6="남", D6>=30, F6="영어"), "선발", "")
```

만약 AND 함수를 사용하지 않는다면 다음과 같이 IF 함수를 중첩해 사용해야 합니다.

```
=IF(C6="남",
        IF(D6>=30,
                IF(F6="영어", "선발", ""), ""), "")
```

또한 나이가 30 이상이 아니라 30대라면 조건이 30 이상이면서 40 미만으로 변경되어야 합니다.

```
=AND(C6="남", D6>=30, D6<40, F6="영어")
```

이렇게 여러 조건을 한번에 판단해야 하는 상황에서는 AND, OR 함수가 유용합니다.

04 남자 직원은 중국어 능통자, 여자 직원은 일어 능통자인 직원을 선발합니다.

05 [I6] 셀에 다음 수식을 입력하고 [I6] 셀의 채우기 핸들을 [I14] 셀까지 드래그합니다.

[I6] 셀 : =OR(AND(C6="남", F6="중국어"), AND(C6="여", F6="일어"))

사원	성별	나이	근속년수	외국어	엑셀	파포	대상
김호영	남	31	5	영어	O		FALSE
정수희	여	25	2	일어		O	TRUE
민소영	여	26	4	중국어	O	O	FALSE
박동희	남	35	3	영어		O	FALSE
박영광	남	28	2	중국어	O		TRUE
최은서	여	28	4	영어		O	FALSE
최승희	여	31	3	중국어			FALSE
박영원	남	24	5	영어	O	O	FALSE
김영재	남	26	4	일어		O	FALSE

더 알아보기 　수식 이해하기

직원 성별에 따라 다른 외국어 구사 능력을 원하므로 C열과 F열에서 조건을 판단해야 합니다. 먼저 남자는 중국어가 능통해야 한다고 했으니 수식은 다음과 같습니다.

```
=AND(C6="남", F6="중국어")
```

여자는 일어가 능통해야 한다고 했으니 수식은 다음과 같습니다.

```
=AND(C6="여", F6="일어")
```

둘 다 선발하는 것이므로 두 수식 중 하나만 만족해도 되는 OR 함수로 처리한 것입니다.

```
=OR(남자 선발 조건, 여자 선발 조건)
```

이 수식을 IF 함수만으로만 처리하려면 다음과 같습니다.

```
=IF(C6="남",
          IF(F6="중국어", "선발", ""),
                              IF(F6="일어", "선발", ""))
```

AND, OR 함수가 함께 사용되어 조금 복잡하지만 IF 함수만 사용하는 수식에 비하면 이해하기가 훨씬 쉽습니다.

06 나이가 30 이상이거나 근속년수가 3년 이내인 직원을 선발합니다.

07 [I6] 셀에 다음 수식을 입력하고 [I6] 셀의 채우기 핸들을 [I14] 셀까지 드래그합니다.

[I6] 셀 : =NOT(OR(D6〈30, E6〉3))

I6 | =NOT(OR(D6<30, E6>3))

대상자 선정

사원	성별	나이	근속년수	외국어	엑셀	파포	대상
김호영	남	31	5	영어	O		FALSE
정수희	여	25	2	일어		O	FALSE
민소영	여	26	4	중국어	O	O	FALSE
박동희	남	35	3	영어		O	TRUE
박영광	남	28	2	중국어	O		FALSE
최은서	여	28	4	영어		O	FALSE
최승희	여	31	3	중국어			TRUE
박영원	남	24	5	영어	O	O	FALSE
김영재	남	26	4	일어		O	FALSE

더 알아보기 **수식 이해하기**

이번 수식은 제외할 인원에 대한 조건을 판별한 후 NOT 함수로 이를 부정해 원하는 결과를 얻은 것입니다. 만약 선발할 조건에만 맞춰 수식을 구성하면 다음과 같습니다.

```
=OR(D6>=30, E6<=3)
```

NOT 함수는 기존 판단을 부정합니다. 따라서 선발하는 조건이 아니라 제외할 조건을 생각하는 편이 더 간단하다면 편리하게 사용할 수 있습니다. 나이가 30 이상이면 30 미만의 직원은 제외가 되며, 근속년수가 3년 이내라면 근속년수가 3년을 초과하는 직원은 제외됩니다. 이런 식으로 조건을 판단할 수 있다면 NOT 함수가 유용합니다. 그렇지 않다면 AND 함수나 OR 함수를 사용하는 것이 편리합니다.

08 엑셀이나 파워포인트 교육 중 하나만 받은 직원을 대상으로 다음 교육 대상자를 선발합니다.

09 [I6] 셀에 다음 수식을 입력하고 [I6] 셀의 채우기 핸들을 [I14] 셀까지 드래그합니다.

[I6] 셀 : =XOR(G6="O", H6="O")

I6 =XOR(G6="O", H6="O")

대상자 선정

사원	성별	나이	근속년수	외국어	엑셀	파포	대상
김호영	남	31	5	영어	O		TRUE
정수희	여	25	2	일어		O	TRUE
민소영	여	26	4	중국어	O	O	FALSE
박동희	남	35	3	영어		O	TRUE
박영광	남	28	2	중국어	O		TRUE
최은서	여	28	4	영어		O	TRUE
최승희	여	31	3	중국어			FALSE
박영원	남	24	5	영어	O	O	FALSE
김영재	남	26	4	일어		O	TRUE

더 알아보기 수식 이해하기

XOR 함수는 엑셀 2013 버전부터 지원되는 함수로, 여러 조건식 중에서 홀수 개의 조건을 만족하는 경우에 TRUE, 아니면 FALSE를 반환합니다. 그러므로 이번과 같이 두 교육 중 하나만 받은 직원을 선발하려는 경우에 사용할 수 있습니다.

이 수식을 IF 함수로만 처리하려면 다음과 같은 수식을 사용합니다.

```
=IF(G6="O",
        IF(H6="", "선발", ""),
                IF(H6="O", "선발", ""))
```

만약 XOR 함수를 AND, OR, NOT 함수로 대체하려면 조금 복잡해도 다음과 같이 변경할 수 있습니다.

```
=AND(OR(G6="O", H6="O"), NOT(AND(G6="O", H6="O")))
```

위에서 변경한 수식은 AND 함수 안에 OR 함수와 NOT 함수 부분을 나눠 이해하면 쉽습니다.

- **OR(G6="O", H6="O")**는 엑셀이나 파워포인트 교육을 받은 직원
- **NOT(AND(G6="O", H6="O"))**는 엑셀이나 파워포인트 교육을 모두 받은 직원 제외

그러므로 두 조건을 AND 함수로 판단하면 엑셀이나 파워포인트 교육을 받은 직원 중 모두 받은 직원은 제외하라는 의미가 되어 XOR 함수와 동일한 결과를 반환하게 됩니다.

물론 NOT 함수를 사용하지 않고 다음과 같이 변경해도 됩니다.

```
=AND(OR(G6="O", H6="O"), OR(G6="", H6=""))
```

이렇게 XOR 함수는 특정 상황에서 유용하게 사용할 수 있는 함수이므로 AND, OR 함수와 함께 이해하는 것이 좋습니다.

여러 개 조건을 판정하기

04 05 인덱스 번호를 원하는 값으로 변환하기 - CHOOSE 함수

예제 파일 PART 02 \ CHAPTER 04 \ CHOOSE 함수.xlsx

CHOOSE 함수

1, 2, 3,…과 같이 일정한 순서로 나열된 숫자를 인덱스 번호, 일련번호, 색인 번호라고 부릅니다. 우리가 사용하는 여러 코드값에는 대부분 인덱스 번호가 포함됩니다. 인덱스 번호는 어떤 의미를 내포하고 있는 경우가 많습니다.

엑셀 함수 중에는 인덱스 번호를 원하는 값으로 변환해주는 **CHOOSE 함수**가 있습니다. 이 함수는 일반적으로 많이 사용되진 않지만 인덱스 번호에 따른 변환 결과를 반환하고자 할 때는 IF 함수를 중첩 사용하는 것보다 효율적입니다. CHOOSE 함수의 구문은 다음과 같습니다.

CHOOSE (❶ 인덱스, ❶ 값1, ❶ 값2, …)

인덱스 번호에 따른 변환값을 반환합니다.

구문	❶ **인덱스** : 1, 2, 3, … 등의 인덱스 번호나 동일한 결과를 반환하는 수식 ❷ **값** : 인덱스 번호를 변환할 값으로 최대 244개까지 지정할 수 있습니다. **인덱스+1** 번째 인수의 값이 반환됩니다.

사용 예

```
=CHOOSE(3, "가", "나", "다")
```

TIP [인덱스] 인수가 3이므로 네 번째 인수인 '다'가 반환됩니다.

따라 하기

주민등록번호 뒷자리 두 번째 숫자는 출생 지역 코드입니다. 주민등록번호에서 해당 번호로 출생 지역을 반환하는 수식을 작성합니다.

01 예제를 열고 [K9] 셀에 입력된 인덱스 번호로 해당 출생지를 반환하도록 수식을 구성합니다.

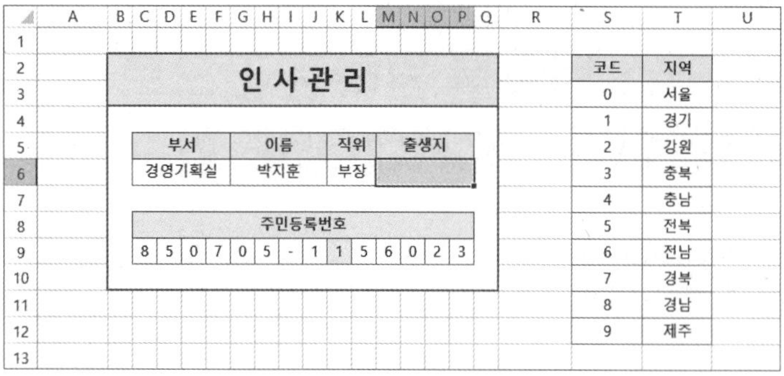

인 사 관 리
부서
이름
직위
출생지
경영기획실
박지훈
부장
주민등록번호
8 5 0 7 0 5 - 1 1 5 6 0 2 3
코드
지역
0 서울
1 경기
2 강원
3 충북
4 충남
5 전북
6 전남
7 경북
8 경남
9 제주

02 IF 함수를 사용해 출생지를 반환합니다. [M6] 병합 셀에 다음 수식을 입력합니다.

[M6] 병합 셀 : =IF(K9=0, "서울", IF(K9=1, "경기", IF(K9=2, "강원", IF(K9=3, "충북", IF(K9=4, "충남", IF(K9=5, "전북", IF(K9=6, "전남", IF(K9=7, "경북", IF(K9=8, "경남", "제주")))))))))

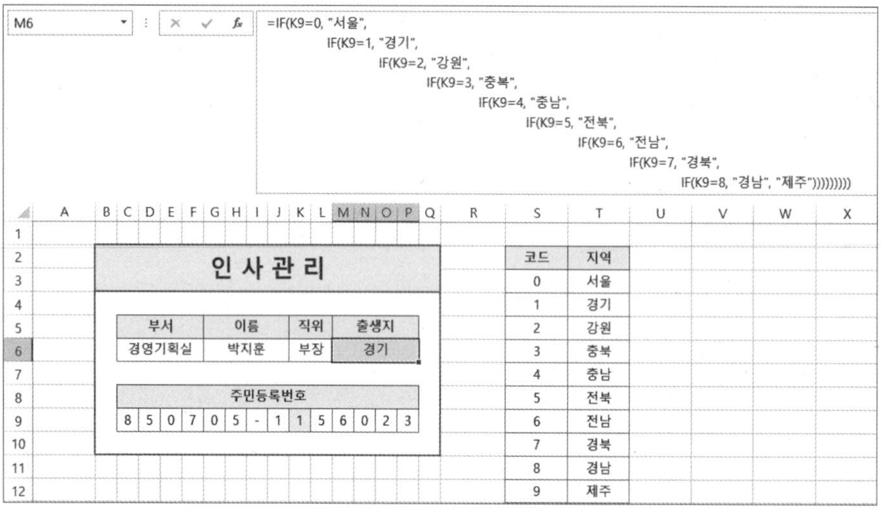

더 알아보기 **수식 이해하기**

주민등록번호 뒷자리 두 번째 숫자는 0에서 9까지 숫자를 가질 수 있으며, 각각 출생 지역이 다르기 때문에 IF 함수를 사용하면 여러 번 중첩해야 합니다. IF 함수를 사용한 수식 자체는 어렵지 않지만 IF 함수를 여러 번 중첩하면 수식을 작성하고 관리하기가 쉽지 않습니다.

LINK 수식 입력줄에 여러 줄로 수식을 입력하는 방법은 이 책의 96페이지에 자세하게 설명되어 있습니다.

03 [M6] 병합 셀의 수식을 CHOOSE 함수를 사용하여 다음과 같이 변경합니다.

[M6] 병합 셀 : =CHOOSE(K9+1, "서울", "경기", "강원", "충북", "충남", "전북", "전남", "경북", "경남", "제주")

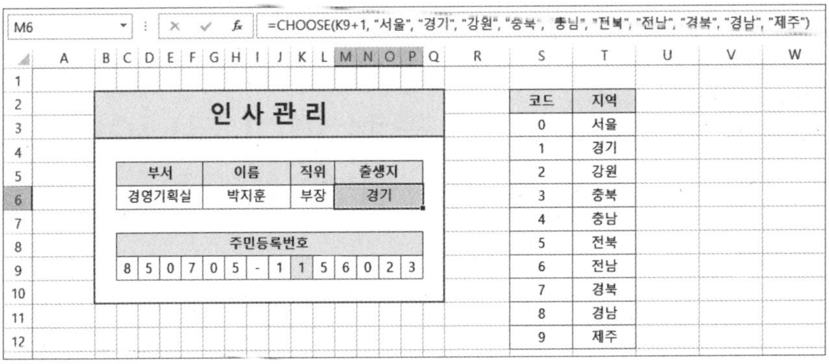
M6
=CHOOSE(K9+1, "서울", "경기", "강원", "충북", "충남", "전북", "전남", "경북", "경남", "제주")
인 사 관 리
부서 이름 직위 출생지
경영기획실 박지훈 부장 경기
주민등록번호
8 5 0 7 0 5 - 1 1 5 6 0 2 3
코드 지역
0 서울
1 경기
2 강원
3 충북
4 충남
5 전북
6 전남
7 경북
8 경남
9 제주

더 알아보기 **CHOOSE 함수는 어떤 경우에 사용할까?**

주민등록번호 뒷자리 두 번째 숫자는 0~9 사이의 숫자를 사용하므로 이 숫자에 1을 더하면 1~10까지의 인덱스 번호가 됩니다. 이 경우 IF 함수를 사용하는 것보다는 CHOOSE 함수를 사용하는 것이 더 좋은 선택이 됩니다.

04 오른쪽 코드 표(S2:T12)를 참조하는 방법을 사용한다면 더 쉽게 수식을 만들 수 있습니다.

05 [M6] 병합 셀의 수식을 다음과 같이 수정합니다.

[M6] 병합 셀 : =INDEX(T3:T12, K9+1)

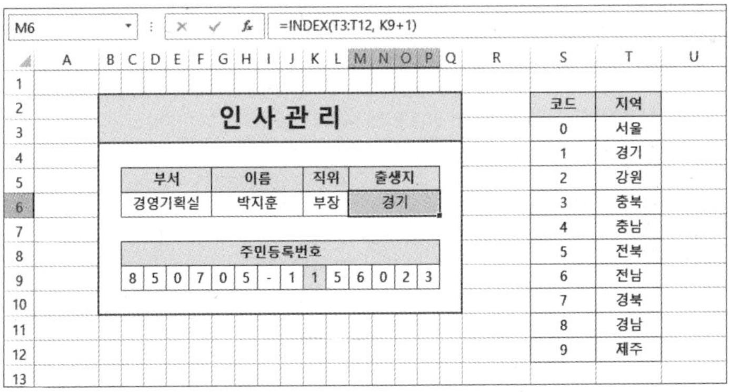

더 알아보기 **특정 범위에서 값을 참조해오는 방법**

이번 수식에서 사용된 INDEX 함수는 [T3:T12] 범위에서 **K9+1**번째 위치의 값을 반환하도록 합니다. INDEX 함수는 특정 범위에서 해당 인덱스 위치의 값을 참조해오는 함수입니다. 예제와 같이 코드에 따른 지역이 따로 정리된 표가 있다면 CHOOSE 함수보다 효율적으로 사용할 수 있습니다.

LINK INDEX 함수에 대한 설명은 이 책의 645페이지를 참고합니다.

만약 엑셀 사용자들이 선호하는 VLOOKUP 함수를 사용하려면 수식을 다음과 같이 구성합니다.

```
=VLOOKUP(K9, S3:T12, 2, FALSE)
```

LINK VLOOKUP 함수에 대한 설명은 이 책의 632페이지를 참고합니다.

여러 개 조건을 판정하기

04 06 여러 조건을 중첩 없이 하나의 함수로 처리하기 – IFS 함수

예제 파일 PART 02 \ CHAPTER 04 \ IFS 함수.xlsx

IFS 함수

엑셀 2019 이상 버전에서는 **IFS 함수**를 사용할 수 있습니다. IFS 함수는 함수명이 의미하듯 IF 함수의 복수형입니다. IF 함수는 한 번에 하나의 조건만 판정할 수 있지만 IFS 함수는 여러 개의 조건을 판정해 원하는 결과를 반환합니다. IFS 함수의 구문은 다음과 같습니다.

IFS (❶ 조건식1, ❷ 반환_TRUE1, ❸ 조건식2, ❹ 반환_TRUE2, …) 2019 이상

여러 개의 조건을 판정해 조건이 TRUE인 경우 대체할 값을 반환합니다.

구문	❶ **조건식** : TRUE, FALSE를 반환하는 계산식 ❷ **반환_TRUE** : 조건의 값이 TRUE일 때 반환할 값 또는 계산식
버전	이 함수는 엑셀 2019 이상 버전이나 마이크로소프트 365 버전 사용자가 사용할 수 있는 함수입니다. IFS 함수를 사용한 파일을 하위 버전에서 열면 #NAME? 에러가 발생합니다.

사용 예

```
=IFS(A1>=90, "성과급", A1>=70, "수료", TRUE, "재수강")
```

TIP [A1] 셀의 값이 90점 이상이면 '성과급', 70점~89점은 '수료', 70점 미만은 '재수강'을 반환합니다.

따라 하기

IF 함수의 복수형인 IFS 함수를 사용해 원하는 결과를 돌려받는 수식을 작성합니다.

01 예제를 열고, 직원의 보너스 지급 기준표에 맞는 보너스 비율을 F열에 반환합니다.

보너스 계산 (근속년수 기준)

이름	직위	근속년수	급여	보너스
박지훈	부장	8	5,350,000	
유준혁	차장	4	4,000,000	
이서연	과장	2	2,500,000	
김민준	대리	3	3,300,000	
최서현	대리	5	2,650,000	
박현우	대리	1	3,250,000	
정시우	주임	3	2,750,000	
이은서	사원	1	2,500,000	
오서윤	사원	2	2,480,000	

보너스 지급 기준표

근속년수	보너스비율
2년 이하	100%
3-5년	150%
6년 이상	200%

02 먼저 IF 함수를 사용해 근속년수에 맞는 비율을 반환합니다.

03 [F6] 셀에 다음 수식을 입력하고 [F6] 셀의 채우기 핸들을 [F14] 셀까지 드래그합니다.

[F6] 셀 : =IF(D6<=2, 100%, IF(D6<=5, 150%, 200%))

F6 | =IF(D6<=2, 100%, IF(D6<=5, 150%, 200%))

보너스 계산 (근속년수 기준)

이름	직위	근속년수	급여	보너스
박지훈	부장	8	5,350,000	200%
유준혁	차장	4	4,000,000	150%
이서연	과장	2	2,500,000	100%
김민준	대리	3	3,300,000	150%
최서현	대리	5	2,650,000	150%
박현우	대리	1	3,250,000	100%
정시우	주임	3	2,750,000	150%
이은서	사원	1	2,500,000	100%
오서윤	사원	2	2,480,000	100%

보너스 지급 기준표

근속년수	보너스비율
2년 이하	100%
3-5년	150%
6년 이상	200%

더 알아보기 수식 이해하기

이번 예제에서 보너스 비율을 반환할 조건이 세 개(2년 이하, 3–5년, 6년 이상)입니다. IF 함수를 사용하려면 IF 함수를 한 번 중첩해 작성합니다.

```
=IF(D6<=2, 100%,
         IF(D6<=5, 150%, 200%))
```

[D6] 셀(근속년수)의 값이 2년 이하면 100%, 5년 이하(2년 초과)는 150%, 나머지(5년 초과)는 모두 200%를 반환하도록 되어 있습니다. IF 함수가 한 번 중첩되어 복잡한 수식이라고 할 수는 없지만, 이런 수식은 조건이 늘어날수록 IF 함수의 중첩도 계속해서 발생하게 됩니다. 예를 들어 10년 이상인 경우에 300% 보너스 지급 조건이 발생한다면 수식은 다음과 같이 변경되어야 합니다.

```
=IF(D6<=2, 100%,
         IF(D6<=5, 150%,
                  IF(D6<=9, 200%, 300%)))
```

위 식에서 IF 함수의 조건은 모두 작거나 같은(<=) 조건인데, 이것을 크거나 작은(>=) 조건으로 변경하려면 다음과 같이 변경할 수 있습니다.

```
=IF(D6>=10, 300%,
          IF(D6>=6, 200%,
                IF(D6>=3, 150%, 100%)))
```

이렇게 IF 함수는 한 번에 하나의 조건만 판정할 수 있으므로 조건이 늘어나면 중첩이 발생합니다. 이 문제는 249페이지에서 설명한 AND, OR 함수로는 중첩 문제를 해결할 수 없습니다.

04 IFS 함수를 사용하도록 [F6] 셀의 수식을 다음과 같이 수정합니다.

[F6] 셀 : =IFS(D6<=2, 100%, D6<=5, 150%, TRUE, 200%)

05 [F6] 셀의 채우기 핸들을 [F14] 셀까지 드래그하면 **03** 과정과 동일한 결과를 얻을 수 있습니다.

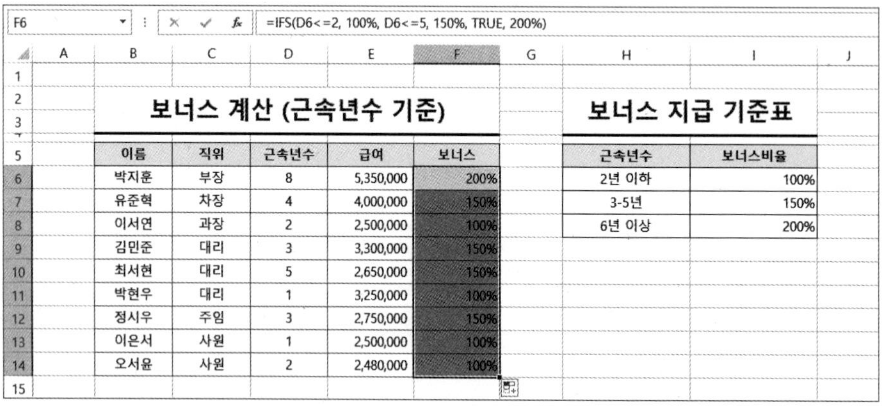
F6 =IFS(D6<=2, 100%, D6<=5, 150%, TRUE, 200%)

보너스 계산 (근속년수 기준)

이름	직위	근속년수	급여	보너스
박지훈	부장	8	5,350,000	200%
유준혁	차장	4	4,000,000	150%
이서연	과장	2	2,500,000	100%
김민준	대리	3	3,300,000	150%
최서현	대리	5	2,650,000	150%
박현우	대리	1	3,250,000	100%
정시우	주임	3	2,750,000	150%
이은서	사원	1	2,500,000	100%
오서윤	사원	2	2,480,000	100%

보너스 지급 기준표

근속년수	보너스비율
2년 이하	100%
3-5년	150%
6년 이상	200%

더 알아보기 **수식 이해하기**

IF 함수는 판정 결과가 TRUE, FALSE인 경우에 각각 원하는 값을 반환할 수 있습니다. 그에 반해 IFS 함수는 판정 결과가 TRUE인 경우에만 값을 반환할 수 있으므로 IF 함수와 IFS 함수는 다음과 같은 상관 관계를 갖게 됩니다.

```
IF(조건, 반환_TRUE, 반환_FALSE) = IFS(조건, 반환_TRUE, NOT(조건), 반환_FALSE)
```

그러므로 이번 수식에서 5번째 인수에 정확한 조건을 입력하면 다음과 같습니다.

```
=IFS(D6<=2, 100%, D6<=5, 150%, D6>5, 200%)
```

이렇게 매번 조건을 정확하게 입력하는 것은 불편하므로 이번 수식에서는 **D6>5** 조건식을 TRUE로 바꿔 사용했습니다. 어차피 **D6>5**는 앞의 두 개 조건이 모두 만족되지 않는 경우에만 확인합니다. 따라서 이 식을 앞의 두 조건이 모두 TRUE가 아닌 경우 처리하는 식으로 바꾸면 조건을 따로 확인할 필요가 없어집니다.

그러므로 IFS 함수의 마지막 조건이 TRUE로 반환되는 경우는 앞의 조건이 모두 만족되지 않는 경우(IF 함수의 FALSE 부분)라고 생각하면 틀리지 않습니다.

참고로 IFS 함수를 사용하면 IF 함수를 중첩하지 않고도 다양한 조건을 판단할 수 있으며, IFS 함수는 IF 함수를 중첩해 사용하는 수식보다 계산 속도가 빠릅니다.

다만 이번 예제와 같은 작업이라면 IF 함수나 IFS 함수보다 VLOOKUP 함수를 사용하는 것이 더 효율적입니다.

LINK VLOOKUP 함수를 사용하는 방법은 이 책의 632페이지를 참고합니다.

04 07 여러 코드값을 원하는 값으로 변환하기 – SWITCH 함수

예제 파일 PART 02 \ CHAPTER 04 \ SWITCH 함수.xlsx

SWITCH 함수

CHOOSE 함수는 1, 2, 3, …과 같은 인덱스값을 원하는 값으로 변환할 때 편리합니다. 만약 인덱스 번호를 포함한 다양한 문자를 원하는 값으로 변환하려면 **SWITCH 함수**를 사용하는 것이 좋습니다. SWITCH 함수는 엑셀 2019 이상 버전이나 마이크로소프트 365 버전에서 사용할 수 있습니다. SWITCH 함수의 구문은 다음과 같습니다.

SWITCH (❶ 수식, ❷ 결과1, ❸ 반환1, ❹ 결과2, ❺ 반환2, …) 2019 이상

수식의 결과가 여러 개(최대 126개)일 때 결괏값을 원하는 값으로 대체해 반환합니다.

구문	❶ **수식** : TRUE, FALSE를 반환하는 값 또는 계산식 ❷ **결과** : 조건의 값이 TRUE일 때 반환할 값 또는 계산식 ❸ **반환** : [수식]의 값이 [결과]와 동일할 때 반환할 값 또는 계산식
버전	이 함수는 엑셀 2016 버전이나 마이크로소프트 365 버전에서 사용할 수 있는 함수이며, 엑셀 2016 버전 사용자는 반드시 [Office 업데이트]를 통해 업데이트해야 사용할 수 있습니다. 정확하게는 엑셀 16.0.6568.2025 이상 버전에서만 사용할 수 있습니다. 업데이트하지 않은 엑셀 2016 버전이나 엑셀 2013, 2010 등의 하위 버전에서 SWITCH 함수를 사용하면 #NAME? 에러가 발생합니다.

사용 예

```
=SWITCH(A1, 1, "남자", 2, "여자")
```

TIP [A1] 셀의 값이 1이면 '남자', 2면 '여자'를 반환합니다.

따라 하기

01 예제의 B열 품번에서 왼쪽 두 개의 문자를 오른쪽 코드 표를 참고해 분류로 변환합니다.

제품 관리 대장

품번	품명	분류
X1-0322	잉크젯복합기 AP-5500	
D1-6093	오피스 Z-05C	
Z1-1091	링제본기 ST-100	
C1-4013	컬러레이저복사기 XI-2000	
X1-3031	레이저복합기 L350	
D1-0072	와이어제본기 WC-5100	
D1-1042	문서세단기 SCUT-1500B	

코드 표

코드	분류
X1	복합기
C1	복사기
Z1	제본기
D1	문서세단기

02 먼저 [품번] 열(B열)에서 앞 2자리 문자열을 잘라냅니다.

03 [D6] 셀에 다음 수식을 입력하고 [D6] 셀의 채우기 핸들을 [D12] 셀까지 드래그합니다.

[D6] 셀 : =LEFT(B6, 2)

D6 =LEFT(B6, 2)

제품 관리 대장

품번	품명	분류
X1-0322	잉크젯복합기 AP-5500	X1
D1-6093	오피스 Z-05C	D1
Z1-1091	링제본기 ST-100	Z1
C1-4013	컬러레이저복사기 XI-2000	C1
X1-3031	레이저복합기 L350	X1
D1-0072	와이어제본기 WC-5100	D1
D1-1042	문서세단기 SCUT-1500B	D1

코드 표

코드	분류
X1	복합기
C1	복사기
Z1	제본기
D1	문서세단기

더 알아보기 **수식 이해하기**

이번 수식은 LEFT 함수를 사용해 [B6] 셀의 왼쪽부터 두 개의 문자를 잘라내 반환합니다.

LINK LEFT 함수에 대한 자세한 사용 방법은 이 책의 268페이지를 참고합니다.

04 반환된 코드값을 IF 함수를 사용해 분류로 변경합니다

05 [D6] 셀의 수식을 다음과 같이 수정하고 [D6] 셀의 채우기 핸들[+]을 [D12] 셀까지 드래그합니다.

[D6] 셀 : =IF(LEFT(B6, 2)="X1", "복합기",
IF(LEFT(B6, 2)="C1", "복사기",
IF(LEFT(B6, 2)="Z1", "제본기", "문서세단기")))

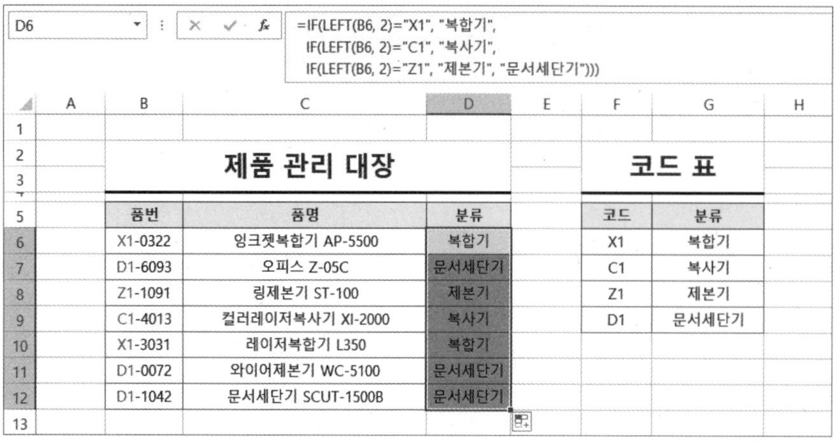

```
=IF(LEFT(B6, 2)="X1", "복합기",
  IF(LEFT(B6, 2)="C1", "복사기",
  IF(LEFT(B6, 2)="Z1", "제본기", "문서세단기")))
```

제품 관리 대장

품번	품명	분류
X1-0322	잉크젯복합기 AP-5500	복합기
D1-6093	오피스 Z-05C	문서세단기
Z1-1091	링제본기 ST-100	제본기
C1-4013	컬러레이저복사기 XI-2000	복사기
X1-3031	레이저복합기 L350	복합기
D1-0072	와이어제본기 WC-5100	문서세단기
D1-1042	문서세단기 SCUT-1500B	문서세단기

코드 표

코드	분류
X1	복합기
C1	복사기
Z1	제본기
D1	문서세단기

더 알아보기 **IF 함수의 중첩 활용**

이번 수식은 IF 함수의 중첩을 사용해 LEFT 함수로 잘라낸 문자열이 'X1', 'C1', 'Z1'일 경우에 지정된 [분류] 열의 값을 반환하고, 그 이외에는 '문서세단기'를 반환합니다.

06 IF 함수를 중첩하지 않기 위해 IFS 함수를 사용합니다.

07 [D6] 셀의 수식을 다음과 같이 수정하고 [D6] 셀의 채우기 핸들[+]을 [D12] 셀까지 드래그합니다.

[D6] 셀 : =IFS(LEFT(B6, 2)="X1", "복합기",
LEFT(B6, 2)="C1", "복사기",
LEFT(B6, 2)="Z1", "제본기",
TRUE, "문서세단기")

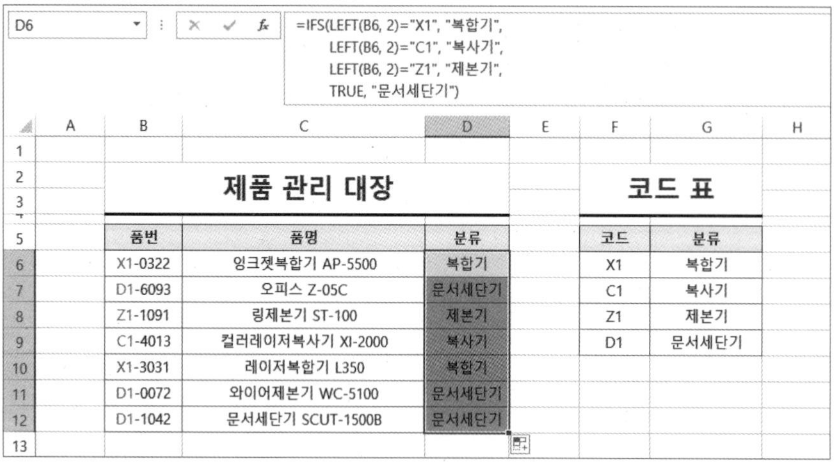

```
=IFS(LEFT(B6, 2)="X1", "복합기",
      LEFT(B6, 2)="C1", "복사기",
      LEFT(B6, 2)="Z1", "제본기",
      TRUE, "문서세단기")
```

제품 관리 대장

품번	품명	분류
X1-0322	잉크젯복합기 AP-5500	복합기
D1-6093	오피스 Z-05C	문서세단기
Z1-1091	링제본기 ST-100	제본기
C1-4013	컬러레이저복사기 XI-2000	복사기
X1-3031	레이저복합기 L350	복합기
D1-0072	와이어제본기 WC-5100	문서세단기
D1-1042	문서세단기 SCUT-1500B	문서세단기

코드 표

코드	분류
X1	복합기
C1	복사기
Z1	제본기
D1	문서세단기

더 알아보기 **IFS 함수 수식 이해하기**

이번 수식은 IFS 함수를 사용한 것으로, IF 함수를 중첩해 작성한 수식과 동일합니다. IFS 함수의 7번째 인수인 TRUE를 정확한 조건식으로 변경하려면 다음과 같이 작성합니다.

```
=IFS(LEFT(B6, 2)="X1", "복합기",
     LEFT(B6, 2)="C1", "복사기",
     LEFT(B6, 2)="Z1", "제본기",
     LEFT(B6, 2)="D1", "문서세단기")
```

IFS 함수를 사용한 수식은 IF 함수를 중첩한 수식보다는 좋은 선택이지만, IFS 함수 내에서 LEFT 함수를 여러 번 사용해야 하므로 효율성이 높다고 얘기하긴 어렵습니다.

08 SWITCH 함수를 사용해 수식을 더 단순화시킵니다.

09 [D6] 셀의 수식을 다음과 같이 수정하고 [D6] 셀의 채우기 핸들을 [D12] 셀까지 드래그합니다.

[D6] 셀 : =SWITCH(LEFT(B6, 2), "X1", "복합기",
"C1", "복사기",
"Z1", "제본기",
"D1", "문서세단기")

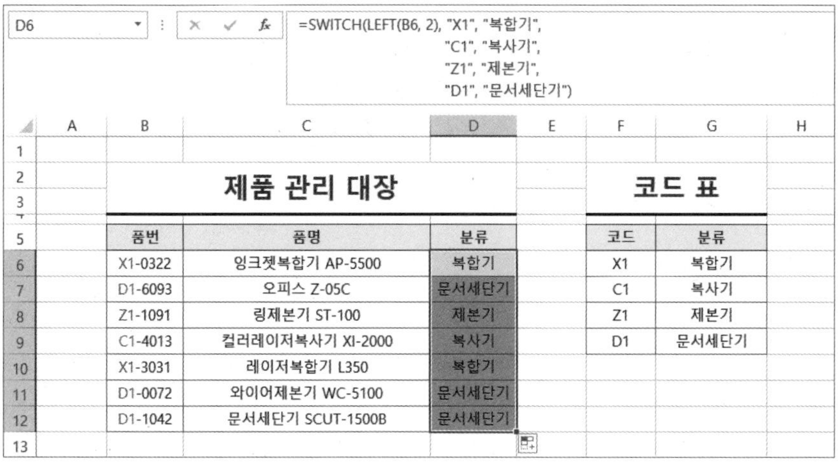

더 알아보기 **SWITCH 함수가 효율적인 경우**

이번 수식은 SWITCH 함수를 사용해 코드값을 원하는 값으로 변환합니다. SWITCH 함수는 첫 번째 인수의 값을 2, 4, 6, 8번째 인수의 값과 비교해 매칭된 경우 그 다음 3, 5, 7, 9번째 인수의 값을 반환합니다. 이렇게 하나의 계산식에서 서로 다른 결괏값을 원하는 값으로 변환할 때는 SWITCH 함수를 사용하는 것이 IF 함수나 IFS 함수를 사용하는 것보다 더 효율적입니다.

10 이번 예제와 같이 코드 표가 입력된 경우라면 SWITCH 함수보다는 VLOOKUP 함수를 사용하는 것이 더 좋습니다.

11 [D6] 셀의 수식을 다음과 같이 수정하고 [D6] 셀의 채우기 핸들을 [D12] 셀까지 드래그합니다.

[D6] 셀 : =VLOOKUP(LEFT(B6, 2), $F$6:$G$9, 2, FALSE)

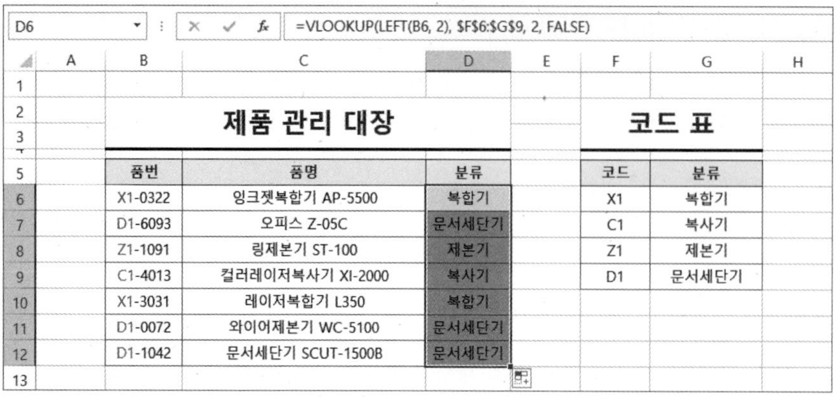

D6 =VLOOKUP(LEFT(B6, 2), $F$6:$G$9, 2, FALSE)

	A	B	C	D	E	F	G	H
1								
2		제품 관리 대장				코드 표		
3								
5		품번	품명	분류		코드	분류	
6		X1-0322	잉크젯복합기 AP-5500	복합기		X1	복합기	
7		D1-6093	오피스 Z-05C	문서세단기		C1	복사기	
8		Z1-1091	링제본기 ST-100	제본기		Z1	제본기	
9		C1-4013	컬러레이저복사기 XI-2000	복사기		D1	문서세단기	
10		X1-3031	레이저복합기 L350	복합기				
11		D1-0072	와이어제본기 WC-5100	문서세단기				
12		D1-1042	문서세단기 SCUT-1500B	문서세단기				
13								

더 알아보기 VLOOKUP 함수가 효율적인 경우

이번 수식은 SWITCH 함수 대신 VLOOKUP 함수를 사용한 것으로, 결과만 보면 앞서 IF, IFS, SWITCH 함수를 사용한 수식과 동일합니다. 다만 VLOOKUP 함수를 사용하면 수식의 길이를 짧게 줄일 수 있습니다.

LINK VLOOKUP 함수에 대한 자세한 설명은 이 책의 632페이지를 참고합니다.

이번 예제와 같이 코드 표가 작성되어 있다면 VLOOKUP 함수를 사용하는 것이 가장 좋습니다. 표가 없는 경우에는 SWITCH 함수를, SWITCH 함수를 사용할 수 없는 경우에는 IFS 함수를 사용하거나 IF 함수를 중첩하는 방법으로 수식을 구성합니다.

CHAPTER 05

편집 함수

수식을 입력할 때 셀 값을 그대로 사용할 수 있으면 좋겠지만, 상황에 따라서 셀 값의 일부만 사용하거나 셀 값을 고쳐 사용해야 하는 경우가 많습니다. 이럴 때 사용하는 함수를 편집 함수라고 합니다. 실무에서 사용하는 데이터는 일반적인 업무를 처리하기에 적합하지만 사소한 문제도 많습니다. 따라서 이번 CHAPTER에서 소개하는 편집 함수를 사용해 데이터를 원하는 형태로 가공할 수 있다면 효과적으로 업무를 진행해나갈 수 있습니다.

문자열 분리하기(잘라내기)

05 01 셀 값에서 원하는 부분만 얻기 – LEFT, MID, RIGHT 함수

예제 파일 PART 02 \ CHAPTER 05 \ LEFT, MID, RIGHT 함수.xlsx

LEFT, MID, RIGHT 함수

셀에 입력한 데이터에서 일부 문자(열)만 원한다면 해당 셀에서 필요한 부분만 잘라내야 합니다. 셀 값 중 일부를 잘라내는 데 사용하는 함수가 **LEFT, MID, RIGHT 함수**입니다. 다음과 같은 문자열이 있다고 가정하면 '가'부터 시작해서 오른쪽 방향으로 문자를 잘라내는 함수가 **LEFT 함수**이고, 중간(예를 들면 '바')부터 시작해서 오른쪽 방향으로 잘라내는 함수가 **MID 함수**, '하'부터 시작해서 왼쪽 방향으로 문자를 잘라내는 함수가 **RIGHT 함수**입니다.

가나다라마바사아자차카타파하
- - - - - - - - - - - - - - ->
LEFT

가나다라마바사아자차카타파하
          - - - - - - - - ->
          MID

가나다라마바사아자차카타파하
<- - - - - - - - - - - - - - -
RIGHT

각 함수의 구문은 다음과 같습니다.

LEFT (❶ 문자열, ❷ 문자 개수)

셀의 왼쪽에서부터 오른쪽 방향으로 지정된 문자 개수만큼 잘라 반환합니다.

구문	❶ **문자열** : 잘라낼 부분이 포함된 문자열 또는 셀 ❷ **문자 개수** : 텍스트의 왼쪽부터 잘라낼 문자의 개수로 생략하면 첫 번째 문자만 반환

사용 예

```
=LEFT("마이크로소프트 엑셀", 4)
```

TIP '마이크로소프트 엑셀' 문자열에서 앞 네 개 문자(마이크로)를 잘라 반환합니다.

MID (❶ 문자열, ❷ 시작 위치, ❸ 문자 개수)

셀의 왼쪽 N번째 위치부터 지정된 문자 개수만큼 잘라 반환합니다.

구문	❶ **문자열** : 잘라낼 부분이 포함된 문자열 또는 셀 ❷ **시작 위치** : 문자열에서 잘라낼 첫 번째 문자의 위치 인덱스 번호 ❸ **문자 개수** : 문자열에서 잘라낼 문자의 개수로, 이 숫자가 남아 있는 문자 개수 보다 크면 시작 위치 다음부터 끝까지 잘라냅니다.

사용 예

```
=MID("마이크로소프트 엑셀", 5, 3)
```

TIP '마이크로소프트 엑셀' 문자열에서 5번째 문자(소)부터 세 개의 문자(소프트)를 잘라 반환합니다.

RIGHT (❶ 문자열, ❷ 문자 개수)

셀의 오른쪽에서 왼쪽 방향으로 지정된 문자 개수만큼 잘라 반환합니다.

구문	❶ **문자열** : 잘라낼 부분이 포함된 문자열 또는 셀 ❷ **문자 개수** : 텍스트에서 잘라낼 문자의 개수로, 생략하면 마지막 문자만 반환

사용 예

```
=RIGHT("마이크로소프트 엑셀", 2)
```

TIP '마이크로소프트 엑셀' 문자열의 끝에서 두 개의 문자(엑셀)를 잘라 반환합니다.

따라 하기

셀에 입력한 데이터에서 원하는 부분만 잘라 사용하는 작업을 진행합니다.

01 예제의 [C:E] 열에 입력된 주민등록번호에서 생년월일과 성별을 구분합니다.

직 원 명 부

이름	주민등록번호			출생연도	출생월	출생일	성별
박시훈	790219	-	1234567				
유준혁	820304	-	1234567				
이서연	851208	-	2134567				
김민준	880830	-	1234567				
최서현	920919	-	2134567				
박현우	900702	-	1234567				
정시우	950529	-	1234567				
이은서	930109	-	2134567				
오서윤	940127	-	2134567				

02 C열에 입력된 주민등록번호 앞 6자리 숫자에서 출생연도 2자리를 F열에 반환합니다.

출생연도		출생월		출생일	
7	9	0	2	1	9

03 [F6] 셀에 다음 수식을 입력하고 [F6] 셀의 채우기 핸들을 [F14] 셀까지 드래그합니다.

[F6] 셀 : =LEFT(C6, 2)

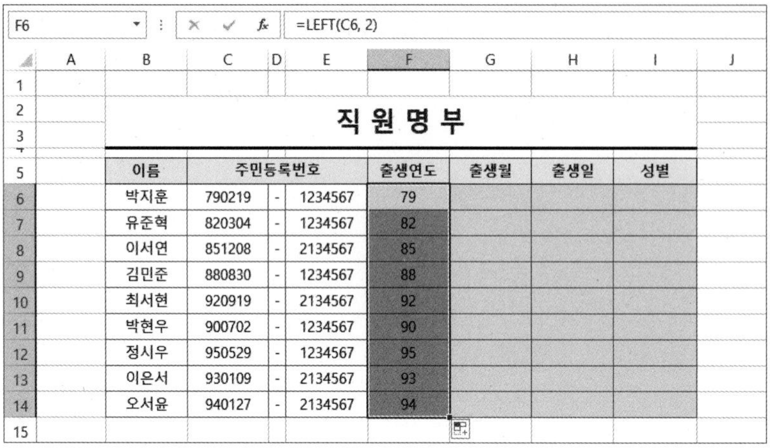

F6 =LEFT(C6, 2)

직 원 명 부

이름	주민등록번호			출생연도	출생월	출생일	성별
박지훈	790219	-	1234567	79			
유준혁	820304	-	1234567	82			
이서연	851208	-	2134567	85			
김민준	880830	-	1234567	88			
최서현	920919	-	2134567	92			
박현우	900702	-	1234567	90			
정시우	950529	-	1234567	95			
이은서	930109	-	2134567	93			
오서윤	940127	-	2134567	94			

더 알아보기 수식 이해하기

LEFT 함수는 문자열의 왼쪽부터 지정된 문자 개수만 잘라내는 함수입니다. 이번 수식에서는 주민등록번호 앞 6자리에서 출생연도만 가져오기 위해 앞 2자리 문자를 잘라 반환합니다. 만약 4자리 연도로 반환하고 싶다면 수식을 다음과 같이 수정합니다.

```
=1900 + LEFT(C6, 2)
```

2000년 이후 출생자가 존재한다고 가정할 경우 주민등록번호 뒷자리의 첫 번째 숫자가 1 또는 2면 1900년대 출생자, 3 또는 4면 2000년대 출생자입니다. 따라서 수식을 다음과 같이 수정합니다.

```
=CHOOSE(LEFT(E6), 1900, 1900, 2000, 2000) + LEFT(C6, 2)
```

위 수식에서 LEFT 함수의 두 번째 인수인 [문자 개수]를 생략하면 첫 번째 문자만 잘라냅니다. 따라서 1, 2, 3, 4와 같은 인덱스 번호를 반환하며, CHOOSE 함수에 의해 1900과 2000이 반환됩니다.

CHOOSE 함수 대신 IF 함수를 사용해 다음과 같은 수식을 사용해도 됩니다.

```
=IF(LEFT(E6)<"3", 1900, 2000) + LEFT(C6, 2)
```

참고로 LEFT 함수는 반환값을 텍스트 형식으로 되돌려주므로 3을 큰따옴표(“”) 안에 넣어 사용해야 합니다.

04 주민등록번호 앞 6자리 숫자에서 생년월일의 월 부분만 잘라 G열에 반환합니다.

05 [G6] 셀에 다음 수식을 입력하고 [G6] 셀의 채우기 핸들을 [G14] 셀까지 드래그합니다.

[G6] 셀 : =MID(C6, 3, 2)

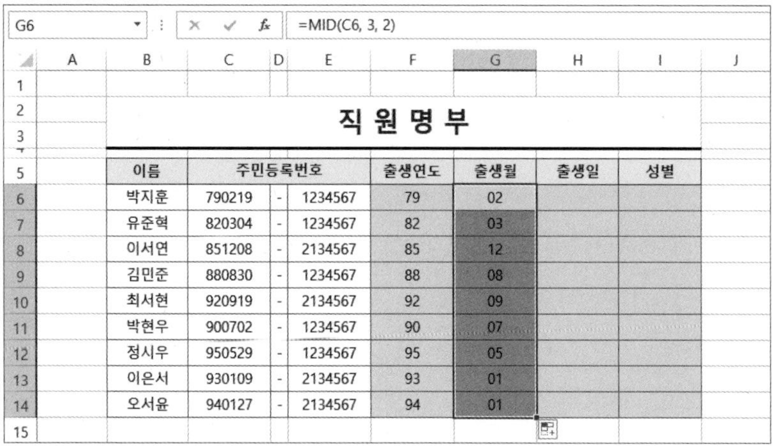
G6 =MID(C6, 3, 2)

직원명부

이름	주민등록번호			출생연도	출생월	출생일	성별
박지훈	790219	-	1234567	79	02		
유준혁	820304	-	1234567	82	03		
이서연	851208	-	2134567	85	12		
김민준	880830	-	1234567	88	08		
최서현	920919	-	2134567	92	09		
박현우	900702	-	1234567	90	07		
정시우	950529	-	1234567	95	05		
이은서	930109	-	2134567	93	01		
오서윤	940127	-	2134567	94	01		

더 알아보기 수식 이해하기

MID 함수는 문자열의 N번째 위치에서 k개의 문자를 잘라냅니다. 주민등록번호의 앞 6자리 중 출생월은 세 번째 위치부터 두 개의 문자를 잘라내야 합니다.

06 주민등록번호 앞 6자리 숫자에서 생년월일의 일부분을 잘라 H열에 반환합니다.

07 [H6] 셀에 다음 수식을 입력하고 [H6] 셀의 채우기 핸들을 [H14] 셀까지 드래그해 복사합니다.

[H6] 셀 : =RIGHT(C6, 2)

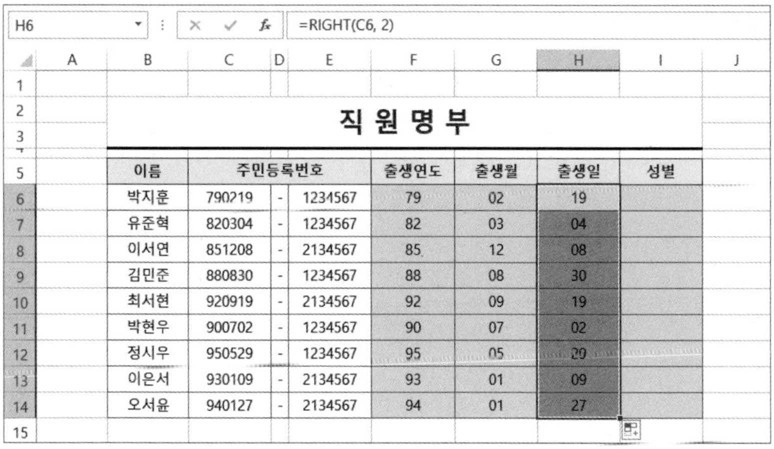
H6 =RIGHT(C6, 2)

직원명부

이름	주민등록번호			출생연도	출생월	출생일	성별
박지훈	790219	-	1234567	79	02	19	
유준혁	820304	-	1234567	82	03	04	
이서연	851208	-	2134567	85	12	08	
김민준	880830	-	1234567	88	08	30	
최서현	920919	-	2134567	92	09	19	
박현우	900702	-	1234567	90	07	02	
정시우	950529	-	1234567	95	05	29	
이은서	930109	-	2134567	93	01	09	
오서윤	940127	-	2134567	94	01	27	

더 알아보기 **수식 이해하기**

RIGHT 함수는 문자열의 오른쪽에서 왼쪽 방향으로 지정된 문자 개수만큼 잘라낼 때 사용합니다. LEFT 함수와 작동 방식이 동일하며, 잘라낼 문자의 시작 위치와 진행 방향만 다릅니다.

보통 RIGHT 함수는 LEFT, MID 함수보다 활용도가 떨어지지만 MID 함수 대신 사용하는 경우가 있습니다. 이번 수식도 아래 수식으로 변경할 수 있습니다.

```
=MID(C6, 5, 2)
```

08 주민등록번호 뒤 6자리 숫자를 이용해 성별을 구분합니다.

TIP 성별은 주민등록번호 뒷자리 첫 번째 숫자가 홀수면 남자, 짝수면 여자입니다.

09 [I6] 셀에 다음 수식을 입력하고 [I6] 셀의 채우기 핸들을 [I14] 셀까지 드래그해 복사합니다.

[I6] 셀 : =LEFT(E6)

I6 | =LEFT(E6)

직 원 명 부

이름	주민등록번호			출생연도	출생월	출생일	성별
박지훈	790219	-	1234567	79	02	19	1
유준혁	820304	-	1234567	82	03	04	1
이서연	851208	-	2134567	85	12	08	2
김민준	880830	-	1234567	88	08	30	1
최서현	920919	-	2134567	92	09	19	2
박현우	900702	-	1234567	90	07	02	1
정시우	950529	-	1234567	95	05	29	1
이은서	930109	-	2134567	93	01	09	2
오서윤	940127	-	2134567	94	01	27	2

10 반환된 숫자가 홀수인지 짝수인지 확인하려면 ISODD 함수나 ISEVEN 함수를 사용합니다.

11 [I6] 셀의 수식을 다음과 같이 수정하고, [I6] 셀의 채우기 핸들을 [I14] 셀까지 드래그합니다.

[I6] 셀 : =ISODD(LEFT(E6))

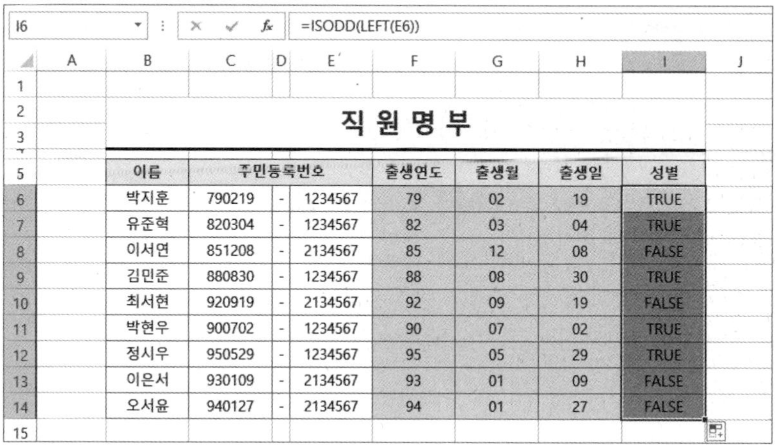

I6 =ISODD(LEFT(E6))

직원명부

이름	주민등록번호			출생연도	출생월	출생일	성별
박지훈	790219	-	1234567	79	02	19	TRUE
유준혁	820304	-	1234567	82	03	04	TRUE
이서연	851208	-	2134567	85	12	08	FALSE
김민준	880830	-	1234567	88	08	30	TRUE
최서현	920919	-	2134567	92	09	19	FALSE
박현우	900702	-	1234567	90	07	02	TRUE
정시우	950529	-	1234567	95	05	29	TRUE
이은서	930109	-	2134567	93	01	09	FALSE
오서윤	940127	-	2134567	94	01	27	FALSE

더 알아보기 **수식 이해하기**

IS 계열 함수 중 하나로, ISODD 함수는 홀수를 판단해 TRUE, FALSE를 반환해줍니다. ISODD 함수의 반환값이 TRUE면 홀수고 FALSE면 짝수입니다. 반대되는 함수는 짝수인지 판단하는 ISEVEN 함수입니다.

TRUE, FALSE를 성별로 반환하려면 IF 함수를 사용합니다.

```
=IF(ISODD(LEFT(E6)), "남", "여")
```

만약 ISEVEN 함수를 사용해 짝수인지 확인했다면 성별을 반환하는 수식은 다음과 같아야 합니다.

```
=IF(ISEVEN(LEFT(E6)), "여", "남")
```

문자열 분리하기(잘라내기)

05 02 구분 문자 위치에서 좌/우 분리하기 – FIND, SEARCH 함수

예제 파일 PART 02 \ CHAPTER 05 \ FIND, SEARCH 함수.xlsx

FIND 함수와 SEARCH 함수

일정한 자릿수를 갖는 문자열에서 원하는 부분을 잘라내는 작업은 비교적 간단하게 처리할 수 있습니다. 하지만 잘라낼 위치나 문자 개수가 일정하지 않다면 LEFT, MID, RIGHT 함수만으로는 수식을 구성하기 어렵습니다. 이 경우에 잘라내려는 위치에 구분 문자가 존재하고 구분 문자의 위치를 찾을 수 있는지 확인해야 합니다. 구분 문자가 존재한다면 구분 문자의 위치를 찾아 잘라내는 방법을 사용합니다.

엑셀은 셀에 저장된 데이터에서 특정 문자(열)의 위치를 찾을 수 있는 함수를 제공합니다. **FIND 함수**와 **SEARCH 함수**입니다. 구문은 다음과 같습니다.

FIND (❶ 찾는 문자, ❷ 문자열, ❸ 시작 위치)

지정한 셀에서 문자를 찾아 해당 문자의 위치에 해당하는 인덱스 번호를 반환합니다.

구문	**❶ 찾는 문자** : ❷에서 찾으려고 하는 문자(열) **❷ 문자열** : ❶이 포함된 전체 문자열 또는 셀 **❸ 시작 위치** : ❷에서 ❶을 찾기 시작할 문자 위치로, 생략하면 처음부터 찾습니다.
특이사항	[찾는 문자] 인수에 입력된 문자(열)는 영어의 대/소문자를 구분합니다.

사용 예

```
=FIND("E", "Microsoft Excel")
```

TIP 'E' 대문자 위치를 'Microsoft Excel'에서 찾습니다. 위칫값 11이 반환됩니다.

SEARCH (❶ 찾는 문자, ❷ 텍스트, ❸ 시작 위치)

지정한 셀에서 문자를 찾아 해당 문자의 위치에 해당하는 인덱스 번호를 반환합니다.

구문	❶ **찾는 문자** : ❷에서 찾으려고 하는 문자(열) ❷ **문자열** : ❶을 포함하는 전체 문자열 또는 셀 ❸ **시작 위치** : ❷에서 ❶을 찾기 시작할 문자 위치로, 생략하면 처음부터 찾습니다.
특이사항	[찾는 문자]에 와일드카드 문자(*, ?, ~)를 사용할 수 있으므로 [찾는 문자]를 모두 몰라도 위치를 확인할 수 있습니다.
참고	와일드카드 문자란 전체 문자 중에서 하나 또는 여러 개의 문자를 알지 못할 때 해당 문자를 대신해 사용하는 문자로, ?, *, ~ 등이 있습니다.

와일드카드 문자	설명
?	한 개의 문자를 대체하며, 'EXCEL'인지 'EXCEK'인지 모를 때 'EXCE?'과 같이 사용합니다.
*	여러 개의 문자를 대체하며, 'EXCEL'인지 'EXCELLENT'인지 모를 때 'EXCEL*'와 같이 사용합니다.
~	?, * 등을 와일드카드 문자가 아니라 일반 문자로 인식시킬 때 사용하며 ?나 * 바로 앞에 사용합니다. 예를 들어 '3*4'를 찾고 싶다면 '3~*4'와 같이 사용합니다.

사용 예

```
=SEARCH("엑셀", "마이크로소프트 엑셀")
```

TIP '마이크로소프트 엑셀' 문자열에서 '엑셀' 문자열의 위치를 찾습니다. 위칫값 9가 반환됩니다.

구분 문자 위치를 찾아 좌/우 분리하기

구분 문자 위치를 기준으로 좌/우를 분리해 원하는 값을 서로 다른 열에 정리합니다.

01 예제 파일을 열고 B열의 제품에서 제조사와 모델명을 구분해 [C:D] 열에 각각 입력합니다.

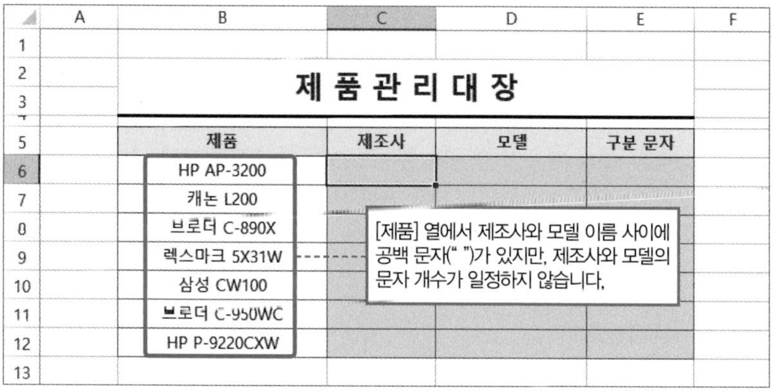

제 품 관 리 대 장
제품
제조사
모델
구분 문자
HP AP-3200
캐논 L200
브로더 C-890X
렉스마크 5X31W
삼성 CW100
브로더 C-950WC
HP P-9220CXW
[제품] 열에서 제조사와 모델 이름 사이에 공백 문자(" ")가 있지만, 제조사와 모델의 문자 개수가 일정하지 않습니다.

02 B열의 [제품] 열에서 제조사와 모델명을 구분하는 첫 번째 공백 문자(" ") 위치를 찾습니다.

03 [E6] 셀에 다음 수식을 입력하고 [E6] 셀의 채우기 핸들을 [E12] 셀까지 드래그합니다.

[E6] 셀 : =FIND(" ", B6)

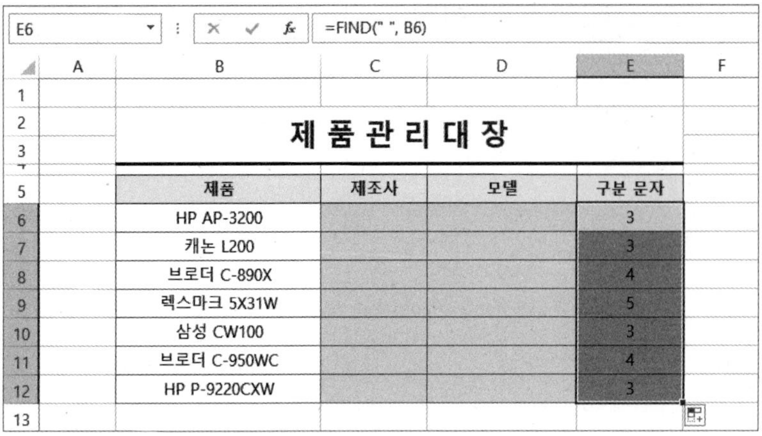

E6 =FIND(" ", B6)

	A	B	C	D	E	F
1						
2		제 품 관 리 대 장				
3						
5		제품	제조사	모델	구분 문자	
6		HP AP-3200			3	
7		캐논 L200			3	
8		브로더 C-890X			4	
9		렉스마크 5X31W			5	
10		삼성 CW100			3	
11		브로더 C-950WC			4	
12		HP P-9220CXW			3	
13						

더 알아보기 구분 문자를 활용하는 방법

[E6] 셀에 입력한 수식의 결과는 [B6] 셀의 첫 번째 공백 문자(" ") 위치를 반환합니다. 이 수식에서 FIND 함수는 SEARCH 함수로 변경해도 동일한 결과를 얻을 수 있습니다.

=SEARCH(" ", B6)

이렇게 자릿수가 일정하지 않은 문자열을 잘라내고 싶을 때, 잘라낼 두 값을 구분할 수 있는 구분 문자가 중간에 추가되어 있다면 해당 위치를 기준으로 좌/우를 쉽게 분리할 수 있습니다.

제조사
모델
구분 문자는 문자열 중간에 입력되어 있는 것이 좋으며, FIND 함수나 SEARCH 함수로 구분 문자의 위치를 찾은 다음 LEFT 함수와 MID 함수를 사용해 값을 분리합니다.

04 E열에서 찾은 구분 문자 위치를 참고해 제조사를 잘라냅니다.

05 [C6] 셀에 다음 수식을 입력하고 [C6] 셀의 채우기 핸들을 [C12] 셀까지 드래그해 복사합니다.

[C6] 셀 : =LEFT(B6, E6-1)

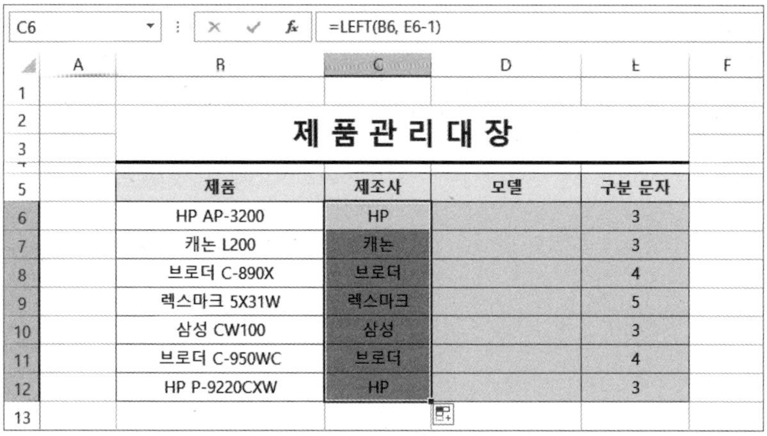
C6
=LEFT(B6, E6-1)
제 품 관 리 대 장
제품
제조사
모델
구분 문자
HP AP-3200
HP
3
캐논 L200
캐논
3
브로더 C-890X
브로더
4
렉스마크 5X31W
렉스마크
5
삼성 CW100
삼성
3
브로더 C-950WC
브로더
4
HP P-9220CXW
HP
3

더 알아보기 **구분 문자 위치에서 1을 빼는 이유**

[제품] 열에서 첫 번째 단어가 제조사이므로 LEFT 함수를 사용해 값을 잘라냅니다. 다만 잘라낼 문자 개수가 두 개에서 네 개로 다양합니다. 이런 경우 E열에서 먼저 찾은 구분 문자 위칫값을 사용해 계산합니다. 다음과 같은 공식을 이용할 수 있습니다.

```
=LEFT(텍스트, 구분 문자 위치-1)
```

잘라낼 문자 개수를 입력할 때 FIND 함수로 찾은 구분 문자 위치에서 1을 빼는 부분이 이해가 가지 않을 수 있습니다. [C6] 셀의 경우 1을 빼지 않으면 [B6] 셀에서 왼쪽부터 세 개의 문자를 다음과 같이 자르게 됩니다.

H	P	

마지막 문자로 공백 문자(" ")가 포함되는데, 이것은 구분 문자가 포함된다는 의미입니다. 구분 문자는 필요하지 않으므로 1을 빼 구분 문자 바로 앞까지 잘라낸 것입니다.

06 제조사를 제외한 모델명을 D열에 잘라 넣습니다.

07 [D6] 셀에 다음 수식을 입력하고 [D6] 셀의 채우기 핸들을 [D12] 셀까지 드래그합니다.

[D6] 셀 : =MID(B6, E6+1, 10)

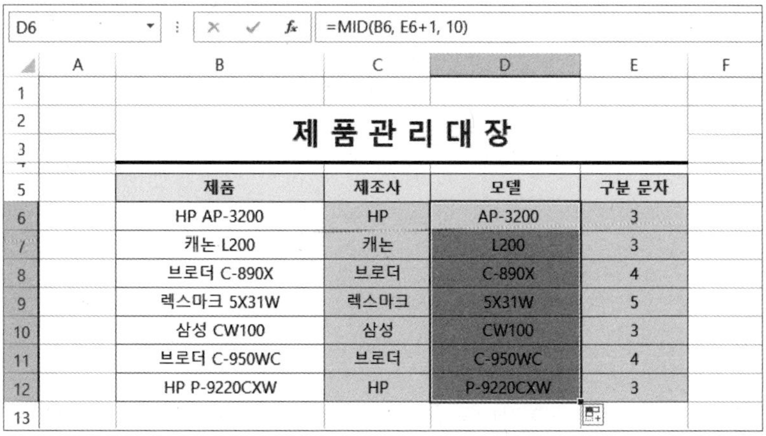
D6
=MID(B6, E6+1, 10)
제 품 관 리 대 장
제품
제조사
모델
구분 문자
HP AP-3200
HP
AP-3200
3
캐논 L200
캐논
L200
3
브로더 C-890X
브로더
C-890X
4
렉스마크 5X31W
렉스마크
5X31W
5
삼성 CW100
삼성
CW100
3
브로더 C-950WC
브로더
C-950WC
4
HP P-9220CXW
HP
P-9220CXW
3

더 알아보기 **수식 이해하기**

[제품] 열에서 모델명은 두 번째 단어입니다. 이 경우 MID 함수나 RIGHT 함수를 사용할 수 있습니다. 다만 RIGHT 함수보다는 MID 함수가 수식을 구성하기 쉬우므로 MID 함수를 사용합니다.

이전에 살펴본 LEFT 함수와 마찬가지로 구분 문자 오른쪽을 잘라낼 경우에는 다음과 같은 수식을 공식처럼 사용합니다.

```
=MID(텍스트, 구분 문자 위치+1, 10)
```

[B6] 셀에서는 'AP-3200'을 잘라내야 하므로 잘라낼 문자의 시작 위칫값은 4가 됩니다. [E6] 셀에 구해놓은 구분 문자의 위칫값 3에 1을 더해 4 위칫값부터 잘라낸 것입니다. MID 함수의 세 번째 인숫값인 10은 끝까지 잘라내라는 의미로 사용하는 상용구입니다.

10은 정확하게 10개의 문자를 잘라내라는 의미이지만 [B6] 셀에 10개의 문자는 없으므로 끝까지 모든 문자가 반환됩니다. 잘라낼 문자열이 더 크다면 100을 사용합니다.

만약 이번 수식을 RIGHT 함수를 사용해 구성하려면 다음과 같이 수식을 작성해야 합니다.

```
=RIGHT(B6, LEN(B6)-LEN(C6)-1)
```

RIGHT 함수를 사용하려면 잘라낼 문자 개수를 계산할 수 있어야 합니다. 그러려면 LEN 함수를 사용해 [B6] 셀의 문자 개수에서 [C6] 셀의 문자 개수를 빼고 구분 문자의 개수까지 1을 더 빼는 계산을 해야 합니다. 이렇듯 RIGHT 함수를 사용하면 수식이 더 복잡해지기 때문에 가급적 MID 함수를 이용하는 것을 권합니다.

여러 열에 나눠 입력한 수식을 하나로 합치기

수식에 능숙하지 않은 사용자는 함수 안에 다른 함수를 넣어 사용하는 것이 쉽지 않습니다. 그러므로 이번 예제와 같이 먼저 여러 열에 걸쳐 수식을 나눠 입력하고 수식을 복사/붙여넣기해 열 사용을 줄이도록 합니다. 다음 과정을 참고합니다.

01 원하는 방법대로 열이 분리됐다면 E열은 더 이상 필요하지 않습니다.

TIP 필요 없다고 E열을 삭제하면 [C:D] 열의 수식에 #REF! 에러가 발생하니 주의합니다.

02 [E6] 셀을 선택하고 수식 입력줄에서 등호(=) 뒤 계산식 부분을 드래그해 선택합니다.

03 리본 메뉴의 [홈] 탭-[클립보드] 그룹-[복사]를 클릭합니다.

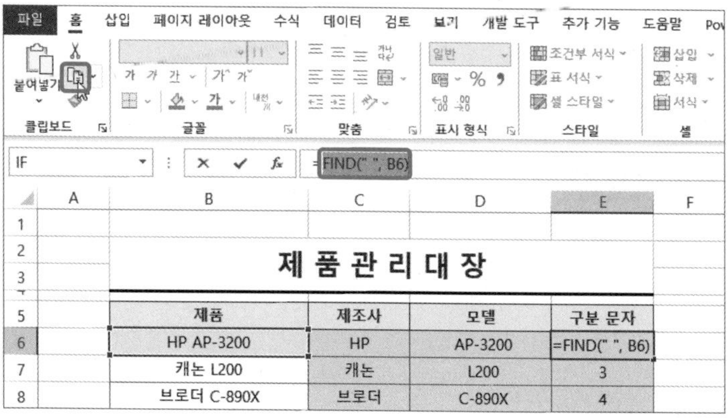

04 바로 ESC를 눌러 편집 모드를 해제합니다.

05 [C6] 셀을 선택하고 수식 입력줄에서 [E6] 셀 주소 부분을 드래그해 선택합니다.

06 리본 메뉴의 [홈] 탭–[클립보드] 그룹–[붙여넣기]를 클릭해 복사한 수식을 붙여 넣습니다.

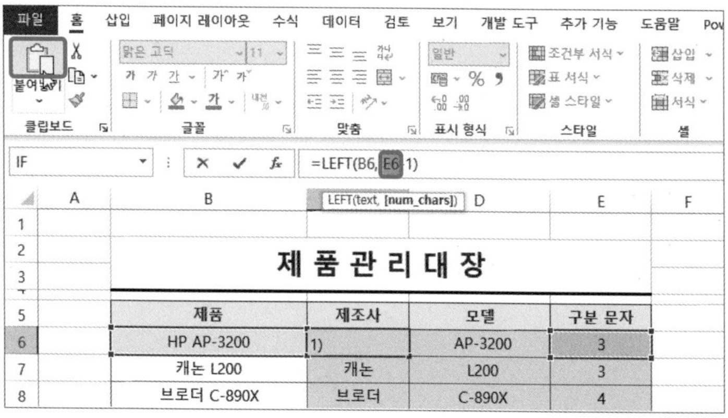

07 Enter를 눌러 수식을 입력합니다.

08 [C6] 셀의 채우기 핸들을 [C12] 셀까지 드래그해 수식을 복사합니다.

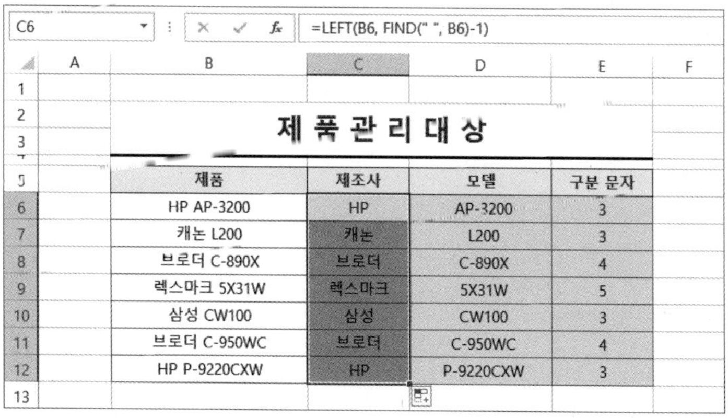

09 D열의 수식도 동일한 방법으로 작업한 후에 E열은 삭제해도 됩니다.

수식 없이 빠른 채우기로 결과 얻기 2013 이상

수식으로 값을 분리하는 방법은 꼭 이해해둘 필요가 있지만 수식이 익숙하지 않다면 엑셀 2013 버전부터 제공되는 빠른 채우기(Ctrl+E)를 이용해 동일한 결과를 얻을 수 있습니다. 다음 과정을 참고합니다.

01 [C6:E12] 범위를 선택하고 Delete를 눌러 지웁니다.

02 [C6] 셀에 첫 번째 제조사인 **HP**를 입력합니다.

03 [C7] 셀에 제조사 첫 번째 문자인 **캐**를 입력하면 빠른 채우기 목록이 표시됩니다.

제 품 관 리 대 장
제품
제조사
모델
구분 문자
HP AP-3200
HP
캐논 L200
캐논
브로더 C-890X
브로더
렉스마크 5X31W
렉스마크
삼성 CW100
삼성
브로더 C-950WC
브로더
HP P-9220CXW
HP

04 Enter를 누르면 한번에 제조사가 입력됩니다.

05 D열의 모델명도 빠른 채우기 기능을 이용해 얻을 수 있습니다.

06 [D6] 셀에 첫 번째 모델명인 **AP-3200**을 정확하게 입력합니다.

07 [D7] 셀에 두 번째 모델명의 첫 번째 문자인 **L**을 입력하면 빠른 채우기 목록이 표시됩니다.

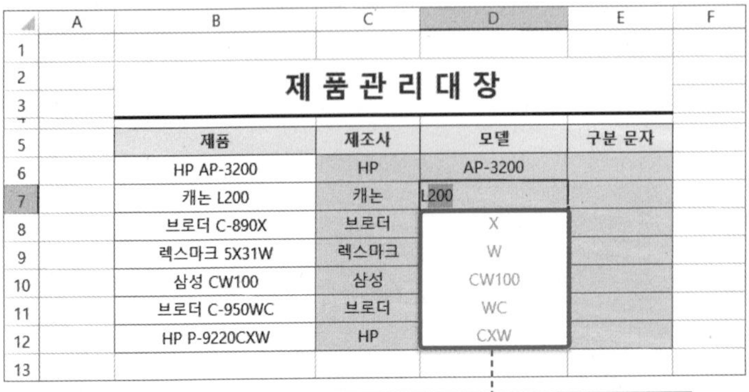
제 품 관 리 대 장
제품
제조사
모델
구분 문자
HP AP-3200
HP
AP-3200
캐논 L200
캐논
L200
브로더 C-890X
브로더
X
렉스마크 5X31W
렉스마크
W
삼성 CW100
삼성
CW100
브로더 C-950WC
브로더
WC
HP P-9220CXW
HP
CXW

[제조사] 열과 달리 [모델] 열은 정확한 모델명이 반환되지 않는 것을 확인할 수 있습니다.

08 일단 Enter 를 눌러 빠른 채우기 목록의 값을 입력합니다.

09 [D8] 셀에 세 번째 제품명인 **C-890X**를 입력하면 다시 정확한 모델명이 반환됩니다.

더 알아보기 **D열에 빠른 채우기 목록이 정확하게 반환되지 않은 이유**

D열에 반환될 모델 명은 다음과 같은 네 개의 패턴이 존재합니다.

조합	세부	예
구분 문자가 있는 경우	숫자로 끝나는	AP-3200
	영문자로 끝나는	C-890X, C-950WC, P-9220CXW
구분 문자가 없는 경우	숫자로 끝나는	L200, CW100
	영문자로 끝나는	5X31W

위 표에서 볼 수 있듯, 빠른 채우기는 사용자가 입력한 패턴을 인식해 나머지값을 자동으로 채워주는 역할을 합니다. **07** 과정에서 빠른 채우기 목록에 제대로 된 결과가 반환되지 않은 것은 앞의 두 셀의 입력 데이터만으로는 아래 데이터를 어떻게 채워야 하는지 알 수 없기 때문입니다.

따라서 **09** 과정에서 추가 패턴을 입력한 후 나머지 모델명이 제대로 입력된 것입니다. 엑셀 2013, 2016 버전의 경우 빠른 채우기 목록이 표시되지 않을 수 있습니다. 그런 경우에는 [D6:D8] 범위까지 모델명을 정확하게 입력하고 [D9] 셀에서 빠른 채우기의 단축키 Ctrl+E를 누릅니다.

문자열 분리하기(잘라내기)

05 03 구분 문자가 없는 셀에서 좌/우 분리하기 – LEN 함수

예제 파일 PART 02 \ CHAPTER 05 \ LEN 함수.xlsx

LEN 함수

셀에 입력한 데이터를 필요에 따라 구분하고 싶은데 구분 문자가 존재하지 않는 경우가 종종 있습니다. 이런 경우 입력한 데이터에서 패턴을 찾을 수 있다면 계산식을 만들어 좌/우를 구분해 잘라낼 수 있습니다.

특히 구분 문자가 존재하지 않는 경우에는 문자의 개수를 확인해야 원하는 결과를 돌려받을 수 있습니다. 문자의 개수를 셀 때는 **LEN 함수**를 사용합니다. 구문은 다음과 같습니다.

LEN (❶ 문자열)

셀의 문자 개수를 반환합니다.

구문	❶ **문자열** : 전체 문자열

사용 예

=LEN("마이크로소프트 엑셀")

TIP '마이크로소프트 엑셀' 문자열의 문자 개수로 10이 반환됩니다. 참고로 띄어쓰기에 사용된 공백 문자(" ")도 하나의 문자입니다.

따라 하기

다양한 패턴의 이름에서 성을 분리하는 작업을 진행합니다. 다음 과정을 참고합니다.

01 예제를 열고, C열의 이름에서 성과 이름을 분리합니다.

TIP 한글 이름 이해하기

한글은 성과 이름으로 구분되어 있습니다. 성은 대부분 한 글자지만 두 글자인 성도 존재합니다. 이를 복성이라고 하는데, 대표적인 복성은 H열에 입력해두었습니다. 한글 이름은 한 글자부터 세 글자까지 다양합니다.

02 C열의 문자 개수를 세어 2로 나눈 값을 구합니다.

03 [F6] 셀에 다음 수식을 입력하고 [F6] 셀의 채우기 핸들을 [F10] 셀까지 드래그합니다.

[F6] 셀 : =LEN(C6)/2

F6
=LEN(C6)/2
이름 편집
복성
사번
이름
성
이름
구분 위치
복성
1 한서연 1.5 남궁
2 김별다미 2 황보
3 최민준 1.5 선우
4 한호 1 독고
5 황보지훈 2

더 알아보기 수식 이해하기

C열의 이름은 2~4개의 문자로 구성되어 있습니다.

그러므로 문자 개수가 2와 3일 땐 1을 반환하고 4일 땐 1 또는 2를 반환해야 합니다. 성을 얻기 위한 모든 경우를 한 번의 수식으로는 해결할 수 없으므로, 일단 2로 나눈 결과를 구한 것입니다.

반환값에는 1.5와 같은 실숫값이 포함되어 있습니다. 하지만 LEFT, MID, RIGHT 함수의 문자 개수 인수는 정수 부분만 사용하므로 굳이 실수를 정수로 변환할 필요가 없습니다.

문자 개수	성	예
2	1	'한호'의 성은 '한'
3	1	'한서현'의 성은 '한'
4	1 or 2	'김별다미'의 성은 '김' '황보지훈'의 성은 '황보'

04 F열에 반환한 숫자를 가지고 성을 구분합니다.

05 [D6] 셀에 다음 수식을 입력하고 [D6] 셀의 채우기 핸들을 [D10] 셀까지 드래그합니다.

[D6] 셀 : =LEFT(C6, F6)

더 알아보기 **수식 이해하기**

이름에서 성만 분리하려면 왼쪽부터 잘라야 하므로 LEFT 함수를 사용해야 합니다. LEFT 함수의 두 번째 인수에 1이나 1.5가 들어가면 모두 한 개의 문자만 잘라주고, 2는 두 개의 문자를 잘라줍니다.

LEFT 함수로 성을 반환한 결과는 나쁘지 않지만 [D7] 셀의 경우 '김별다미'의 성은 '김'이므로, 이런 부분은 잘못된 결과를 반환한 것입니다. 이 부분을 고쳐보겠습니다.

06 [D6] 셀의 수식을 다음과 같이 수정하고 [D6] 셀의 채우기 핸들을 [D10] 셀까지 드래그합니다.

[D6] 셀 : =COUNTIF($H$6:$H$9, LEFT(C6, F6))

D6 =COUNTIF($H$6:$H$9, LEFT(C6, F6))

	A	B	C	D	E	F	G	H	I
1									
2			이름 편집					복성	
3									
5		사번	이름	성	이름	구분 위치		복성	
6		1	한서연	0		1.5		남궁	
7		2	김별다미	0		2		황보	
8		3	최민준	0		1.5		선우	
9		4	한호	0		1		독고	
10		5	황보지훈	1		2			
11									

더 알아보기 **수식 이해하기**

05 과정에서 반환한 성이 복성인지 확인하기 위해 COUNTIF 함수를 사용합니다. COUNTIF 함수는 [H6:H9] 범위에서 D열에 반환된 성을 찾아 개수를 반환해줍니다. 0은 없는 것이니 복성이 아니란 의미이고, 1은 있는 것이니 복성이란 의미로 이해할 수 있습니다.

LINK COUNTIF 함수에 대해서는 이 책의 369페이지를 참고합니다.

07 IF 함수로 0과 1을 구분해 성을 반환하는 수식을 작성합니다.

08 [D6] 셀의 수식을 다음과 같이 수정하고 [D6] 셀의 채우기 핸들을 [D10] 셀까지 드래그합니다.

[D6] 셀 : =IF(COUNTIF($H$6:$H$9, LEFT(C6, F6)), LEFT(C6, F6), LEFT(C6, 1))

D6 =IF(COUNTIF($H$6:$H$9, LEFT(C6, F6)), LEFT(C6, F6), LEFT(C6, 1))

	A	B	C	D	E	F	G	H	I
1									
2			이름 편집					복성	
3									
5		사번	이름	성	이름	구분 위치		복성	
6		1	한서연	한		1.5		남궁	
7		2	김별다미	김		2		황보	
8		3	최민준	최		1.5		선우	
9		4	한호	한		1		독고	
10		5	황보지훈	황보		2			
11									

더 알아보기 수식 이해하기

이 수식은 크게 다음과 같은 3단계로 구성되어 있습니다.

단계	수식	설명
❶	LEFT(C6, F6)	**05** 과정의 결과를 돌려받습니다.
❷	COUNTIF(H6:H9, ❶)	❶의 결과를 [H6:H9] 범위에서 셉니다.
❸	IF(❷, LEFT(C6, F6), LEFT(C6, 1))	❷의 결과가 1이면 TRUE이므로, **05** 과정 결과를 그대로 사용합니다. 반대로 0이면 FALSE이므로 이름(C6)에서 첫 번째 문자만 반환합니다.

논릿값인 TRUE와 FALSE를 숫자로 표시하면 1과 0이므로 위와 같은 수식 구성이 가능합니다. 이렇게 하면 복성인 경우(황보, [D10] 셀)와 단성(김, [D7] 셀)을 구분하는 것이 가능합니다.

09 나머지 이름을 분리하기 위해 MID 함수를 사용합니다.

10 [E6] 셀에 다음 수식을 입력하고 [E6] 셀의 채우기 핸들을 [E10] 셀까지 드래그합니다.

[E6] 셀 : =MID(C6, LEN(D6)+1, 10)

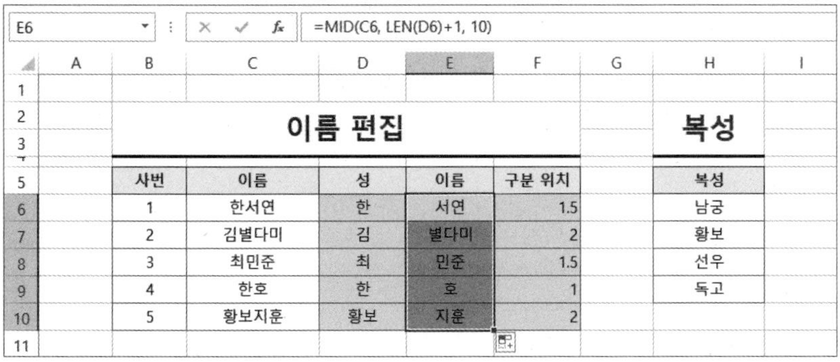

E6
=MID(C6, LEN(D6)+1, 10)
이름 편집
복성
사번 이름 성 이름 구분 위치
1 한서연 한 서연 1.5
2 김별다미 김 별다미 2
3 최민준 최 민준 1.5
4 한호 한 호 1
5 황보지훈 황보 지훈 2
복성
남궁
황보
선우
독고

더 알아보기 수식 이해하기

이번 수식은 C열의 이름에서 성을 제외한 나머지 이름을 얻기 위한 것입니다. MID 함수를 사용해 D열에서 구한 성의 문자 개수를 세어 그 다음 위치부터 잘라냅니다.

RIGHT 함수를 사용한다면 이름의 전체 문자 개수를 센 다음 D열에서 성의 문자 개수를 빼는 방법으로 계산할 수 있습니다.

```
=RIGHT(C6, LEN(C6)-LEN(D6))
```

문자열 분리하기(잘라내기)

05 04 동일한 구분 문자 위치에서 열 분리하기

예제 파일 PART 02 \ CHAPTER 05 \ FIND 함수–구분 문자.xlsx

동일한 구분 문자가 여러 개 있는 데이터의 열 분리 방법

데이터에 구분 문자가 존재하고 이를 기준으로 열을 구분해야 한다면 항상 구분 문자의 위치를 찾는 작업부터 진행해야 합니다. 즉 다음과 같은 데이터가 존재할 경우 구분 문자의 위치만 찾을 수 있으면 데이터를 구분하는 것은 쉽습니다.

데이터1	구분 문자	데이터2	구분 문자	데이터3

특정 구분 문자의 위치를 찾으려면 FIND 함수 또는 SEARCH 함수를 사용해야 합니다.

LINK FIND 함수와 SEARCH 함수의 사용 방법에 대해서는 이 책의 274페이지를 참고합니다.

따라 하기

셀에 입력한 주소를 시/도, 구/군, 도로명으로 구분하는 작업 방식에 대해 설명합니다.

01 예제의 C열에는 주소가 입력되어 있습니다. 주소에서 시/도, 구/군, 도로명을 분리합니다.

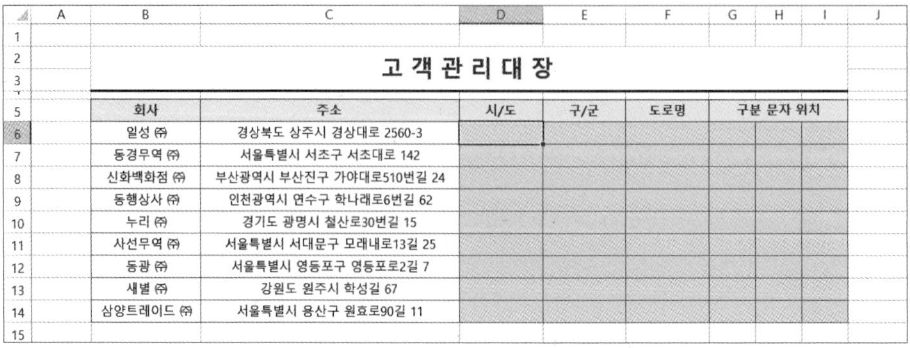

고 객 관 리 대 장

회사	주소	시/도	구/군	도로명	구분 문자 위치		
일성 ㈜	경상북도 상주시 경상대로 2560-3						
동경무역 ㈜	서울특별시 서초구 서초대로 142						
신화백화점 ㈜	부산광역시 부산진구 가야대로510번길 24						
동행상사 ㈜	인천광역시 연수구 학나래로6번길 62						
누리 ㈜	경기도 광명시 철산로30번길 15						
사선무역 ㈜	서울특별시 서대문구 모래내로13길 25						
동광 ㈜	서울특별시 영등포구 영등포로2길 7						
새별 ㈜	강원도 원주시 학성길 67						
삼양트레이드 ㈜	서울특별시 용산구 원효로90길 11						

더 알아보기 주소 데이터 이해하기

주소는 시/도, 구/군, 도로명이 띄어쓰기(공백 문자)로 구분되어 있으므로 주소에서 원하는 데이터를 구분하려면 각 공백 문자(" ")의 위치를 파악할 필요가 있습니다.

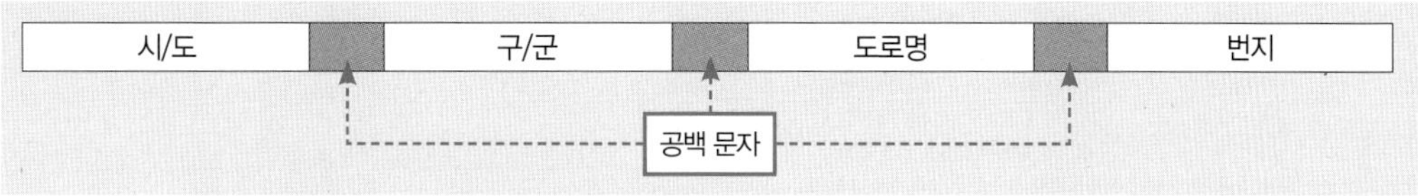

위에서 확인할 수 있는 것처럼 주소에서 분리할 시/도, 구/군, 도로명이 모두 공백 문자로 구분되어 있습니다. 따라서 각 단어 사이의 공백 문자 위치를 찾아 LEFT, MID 함수로 잘라냅니다.

02 먼저 첫 번째 공백 문자(" ") 위치를 찾습니다.

03 [G6] 셀에 다음 수식을 입력하고 [G6] 셀의 채우기 핸들을 [G14] 셀까지 드래그합니다.

[G6] 셀 : =FIND(" ", C6)

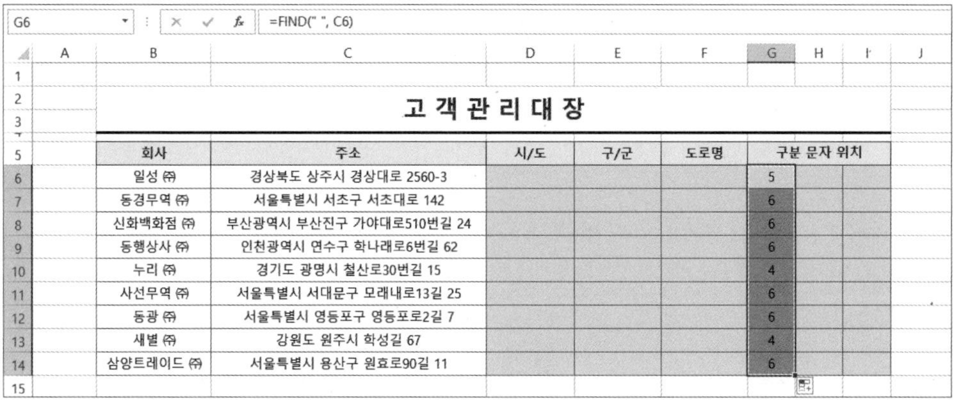

회사	주소	시/도	구/군	도로명	구분 문자 위치		
일성 ㈜	경상북도 상주시 경상대로 2560-3				5		
동경무역 ㈜	서울특별시 서초구 서초대로 142				6		
신화백화점 ㈜	부산광역시 부산진구 가야대로510번길 24				6		
동행상사 ㈜	인천광역시 연수구 학나래로6번길 62				6		
누리 ㈜	경기도 광명시 철산로30번길 15				4		
사선무역 ㈜	서울특별시 서대문구 모래내로13길 25				6		
동광 ㈜	서울특별시 영등포구 영등포로2길 7				6		
새별 ㈜	강원도 원주시 학성길 67				4		
삼양트레이드 ㈜	서울특별시 용산구 원효로90길 11				6		

더 알아보기 특정 문자 위치 찾기

FIND(또는 SEARCH) 함수를 사용하면 문자열에서 특정 문자의 위치를 찾을 수 있습니다. 이번에 사용한 수식은 공백 문자(" ")가 [C6] 셀에서 처음으로 나타나는 위치를 반환합니다.

04 두 번째 공백 문자(" ") 위치를 찾습니다.

05 [H6] 셀에 다음 수식을 입력하고, [H6] 셀의 채우기 핸들을 [H14] 셀까지 드래그합니다.

[H6] 셀 : =FIND(" ", C6, G6+1)

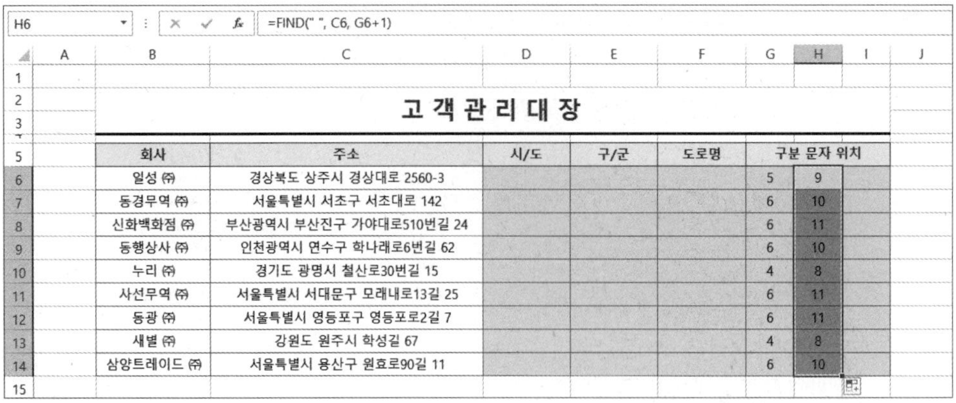

H6 =FIND(" ", C6, G6+1)

고 객 관 리 대 장

회사	주소	시/도	구/군	도로명	구분 문자 위치	
일성 ㈜	경상북도 상주시 경상대로 2560-3				5	9
동경무역 ㈜	서울특별시 서초구 서초대로 142				6	10
신화백화점 ㈜	부산광역시 부산진구 가야대로510번길 24				6	11
동행상사 ㈜	인천광역시 연수구 학나래로6번길 62				6	10
누리 ㈜	경기도 광명시 철산로30번길 15				4	8
사선무역 ㈜	서울특별시 서대문구 모래내로13길 25				6	11
동광 ㈜	서울특별시 영등포구 영등포로2길 7				6	11
새별 ㈜	강원도 원주시 학성길 67				4	8
삼양트레이드 ㈜	서울특별시 용산구 원효로90길 11				6	10

더 알아보기 FIND 함수의 세 번째 인수 이해하기

이번에 찾으려는 공백 문자(" ")는 다음과 같이 주소에서 구/군 다음의 위치를 찾으려고 합니다.

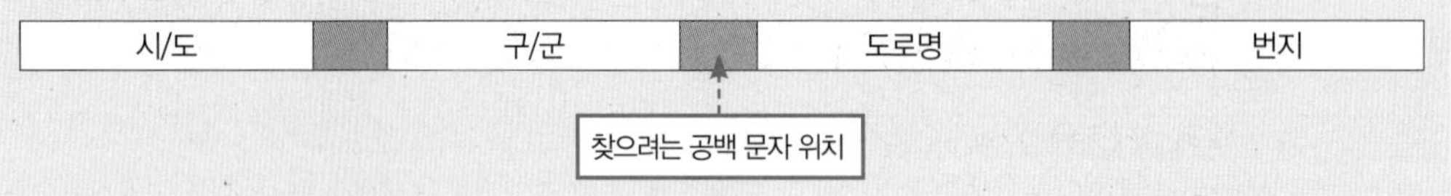

FIND 함수는 항상 찾는 문자가 처음에 나타나는 위치를 반환해줍니다. 따라서 찾는 문자가 여러 개인 경우 두 번째 위치를 찾으려면 FIND 함수의 세 번째 인수를 이용해야 합니다. FIND 함수의 세 번째 인수는 전체 문자열에서 찾기 시작할 부분을 지정합니다.

이번에 사용한 수식에서 FIND 함수의 세 번째 인수는 **G6+1**입니다. 이것은 [G6] 셀에서 찾은 첫 번째 공백 문자 위치 다음부터 찾으라는 의미입니다. 따라서 두 번째 공백 문자가 첫 번째 위치가 됩니다.

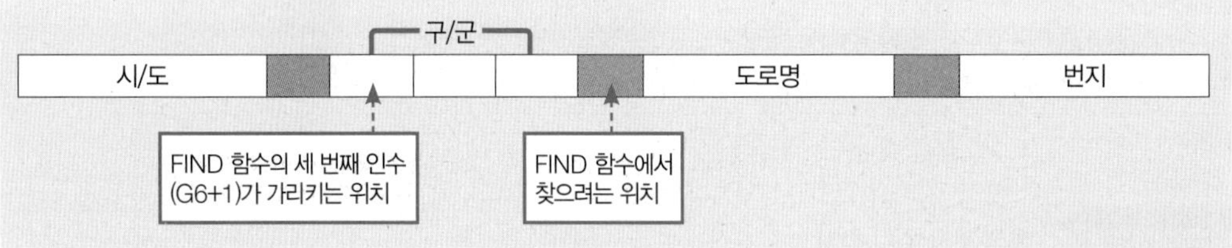

이렇게 FIND 함수를 중첩하면 동일한 구분 문자의 두 번째, 세 번째 위치를 모두 찾을 수 있습니다. **02–05** 과정의 수식을 하나로 합치면 다음과 같은 수식이 됩니다.

```
=FIND(" ", C6, FIND(" ", C6)+1)
```

06 마지막 공백 문자(" ") 위치를 찾습니다.

07 [I6] 셀에 다음 수식을 입력하고 [I6] 셀의 채우기 핸들을 [I14] 셀까지 드래그합니다.

[I6] 셀 : =FIND(" ", C6, H6+1)

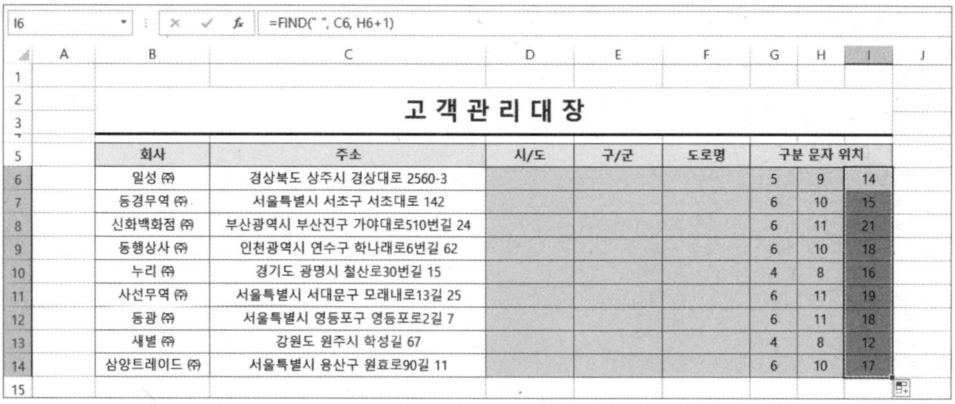

회사	주소	시/도	구/군	도로명	구분 문자 위치		
일성 ㈜	경상북도 상주시 경상대로 2560-3				5	9	14
동경무역 ㈜	서울특별시 서초구 서초대로 142				6	10	15
신화백화점 ㈜	부산광역시 부산진구 가야대로510번길 24				6	11	21
동행상사 ㈜	인천광역시 연수구 학나래로6번길 62				6	10	18
누리 ㈜	경기도 광명시 철산로30번길 15				4	8	16
사선무역 ㈜	서울특별시 서대문구 모래내로13길 25				6	11	19
동광 ㈜	서울특별시 영등포구 영등포로2길 7				6	11	18
새별 ㈜	강원도 원주시 학성길 67				4	8	12
삼양트레이드 ㈜	서울특별시 용산구 원효로90길 11				6	10	17

더 알아보기 **수식 이해하기**

이번에 찾는 공백 문자(" ")는 다음과 같이 주소에서 도로명 다음의 위치를 찾으려고 합니다.

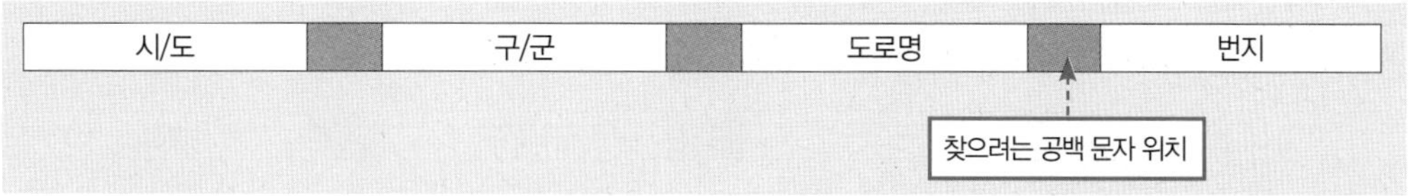

이번 역시 **05** 과정과 같이 FIND 함수의 세 번째 인수를 이용해 구/군 뒤에서 처음 나오는 공백 문자 위치를 찾습니다.

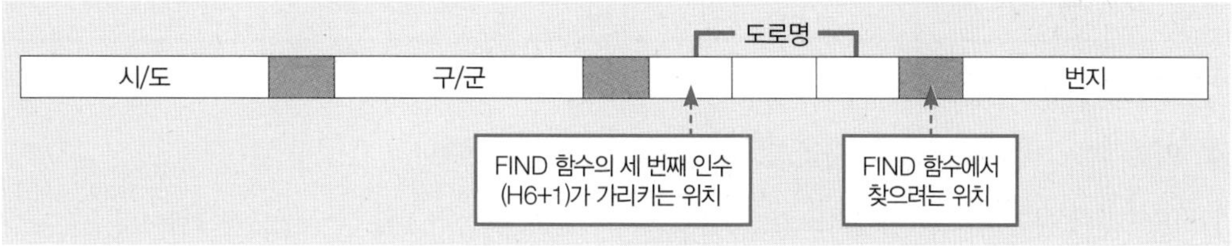

이번 수식을 [G:I] 열로 나눠 입력하지 않는다면 아래와 같이 하나의 수식으로 구성할 수 있습니다.

=FIND(" ", C6, FIND(" ", C6, FIND(" ", C6)+1)+1)

❶ [G6] 셀의 수식 부분

❷ [H6] 셀의 수식 부분

08 모든 공백 문자(" ") 위치를 확인했으므로 주소에서 시/도 부분을 반환하도록 수식을 구성합니다.

09 [D6] 셀에 다음 수식을 입력하고 [D6] 셀의 채우기 핸들을 [D14] 셀까지 드래그합니다.

[D6] 셀 : =LEFT(C6, G6–1)

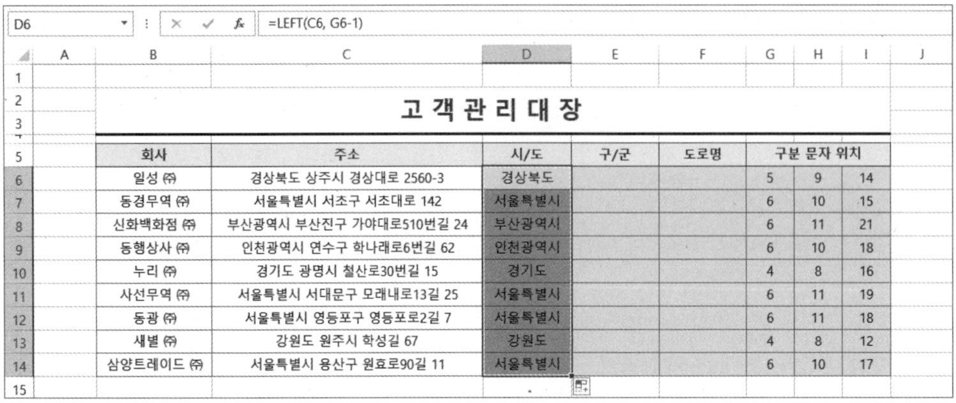

D6 | =LEFT(C6, G6-1)

고 객 관 리 대 장

회사	주소	시/도	구/군	도로명	구분 문자 위치		
일성 ㈜	경상북도 상주시 경상대로 2560-3	경상북도			5	9	14
동경무역 ㈜	서울특별시 서초구 서초대로 142	서울특별시			6	10	15
신화백화점 ㈜	부산광역시 부산진구 가야대로510번길 24	부산광역시			6	11	21
동행상사 ㈜	인천광역시 연수구 학나래로6번길 62	인천광역시			6	10	18
누리 ㈜	경기도 광명시 철산로30번길 15	경기도			4	8	16
사선무역 ㈜	서울특별시 서대문구 모래내로13길 25	서울특별시			6	11	19
동광 ㈜	서울특별시 영등포구 영등포로2길 7	서울특별시			6	11	18
새별 ㈜	강원도 원주시 학성길 67	강원도			4	8	12
삼양트레이드 ㈜	서울특별시 용산구 원효로90길 11	서울특별시			6	10	17

더 알아보기 **구분 문자 위치로 문자열 변환하기**

공백 문자(" ") 위치를 모두 찾았으므로, 시/도는 주소의 첫 번째 문자부터 첫 번째 공백 문자 위치 바로 전까지 잘라야 합니다. LEFT 함수를 사용하여 FIND 함수로 찾은 첫 번째 공백 문자 위치(G6) 바로 전까지 잘라 반환합니다.

10 이번에는 주소에서 구/군 부분을 반환하도록 수식을 구성합니다.

11 [E6] 셀에 다음 수식을 입력하고 [E6] 셀의 채우기 핸들을 [E14] 셀까지 드래그합니다.

[E6] 셀 : =MID(C6, G6+1, H6–G6–1)

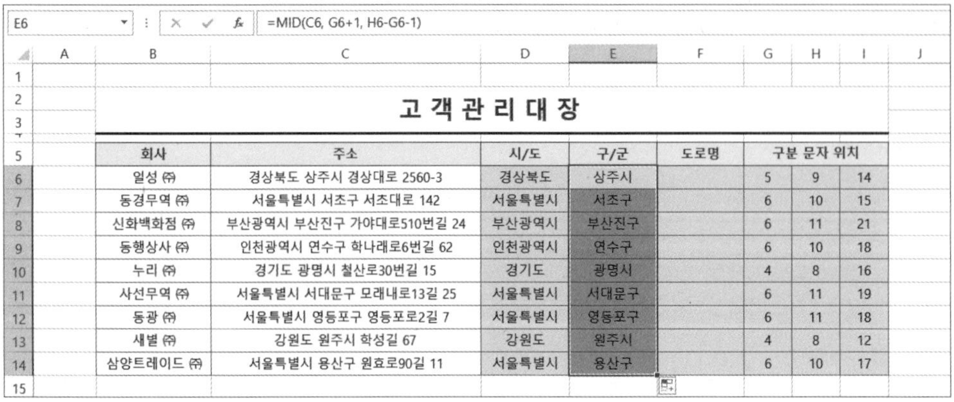

E6 | =MID(C6, G6+1, H6-G6-1)

고 객 관 리 대 장

회사	주소	시/도	구/군	도로명	구분 문자 위치		
일성 ㈜	경상북도 상주시 경상대로 2560-3	경상북도	상주시		5	9	14
동경무역 ㈜	서울특별시 서초구 서초대로 142	서울특별시	서초구		6	10	15
신화백화점 ㈜	부산광역시 부산진구 가야대로510번길 24	부산광역시	부산진구		6	11	21
동행상사 ㈜	인천광역시 연수구 학나래로6번길 62	인천광역시	연수구		6	10	18
누리 ㈜	경기도 광명시 철산로30번길 15	경기도	광명시		4	8	16
사선무역 ㈜	서울특별시 서대문구 모래내로13길 25	서울특별시	서대문구		6	11	19
동광 ㈜	서울특별시 영등포구 영등포로2길 7	서울특별시	영등포구		6	11	18
새별 ㈜	강원도 원주시 학성길 67	강원도	원주시		4	8	12
삼양트레이드 ㈜	서울특별시 용산구 원효로90길 11	서울특별시	용산구		6	10	17

더 알아보기 수식 이해하기

주소에서 구/군은 첫 번째 공백 문자(" ") 위치 다음부터 두 번째 공백 문자 위치 전까지 잘라야 합니다. 그러므로 MID 함수를 사용해야 합니다.

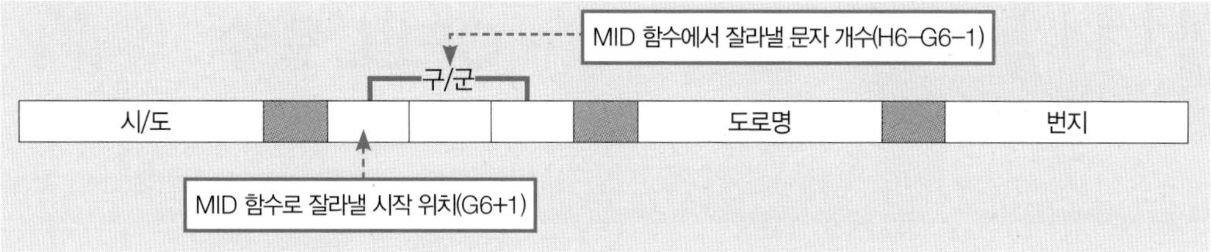

이번 수식에서 MID 함수의 세 번째 인수에는 **H6–G6–1** 계산식이 사용되었습니다. 이 계산식은 주소에서 구/군에 해당하는 문자 개수를 계산합니다. 풀어서 설명하자면 두 번째 공백 문자 위치에서 첫 번째 공백 문자 위치를 뺀 다음 1을 추가로 빼라는 의미입니다. [H6] 셀과 [G6] 셀의 값을 각각 확인하면 9와 5이므로 **=9–5–1**과 같은 연산의 결과인 3이 반환되는 걸 확인할 수 있습니다.

이렇게 원하는 부분의 앞뒤 구분 문자 위치를 찾으면 잘라낼 문자 개수를 계산할 수 있습니다. 공식과 같이 계산식을 정리하면 다음과 같이 사용할 수 있습니다.

```
=다음 구분 문자 위치–이전 구분 문자 위치–1
```

12 이번에는 주소에서 도로명 부분을 반환하도록 수식을 구성합니다.

13 [F6] 셀에 다음 수식을 입력하고 [F6] 셀의 채우기 핸들을 [F14] 셀까지 드래그합니다.

[F6] 셀 : =MID(C6, H6+1, I6–H6–1)

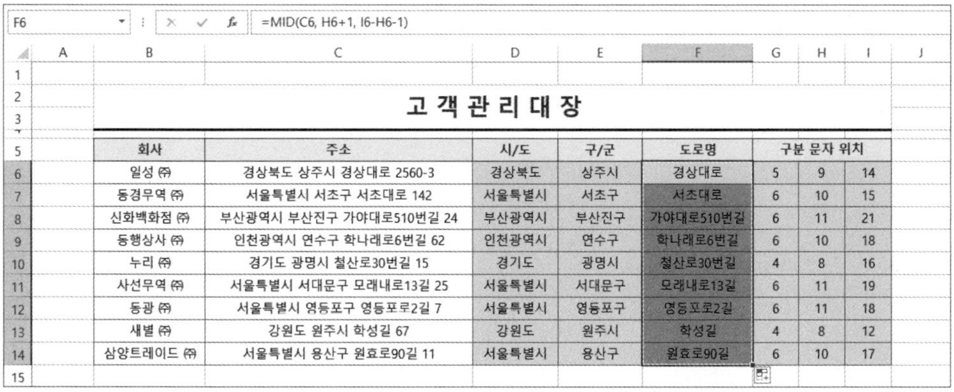

F6 =MID(C6, H6+1, I6-H6-1)

고 객 관 리 대 장

회사	주소	시/도	구/군	도로명	구분 문자 위치		
일성 ㈜	경상북도 상주시 경상대로 2560-3	경상북도	상주시	경상대로	5	9	14
동경무역 ㈜	서울특별시 서초구 서초대로 142	서울특별시	서초구	서초대로	6	10	15
신화백화점 ㈜	부산광역시 부산진구 가야대로510번길 24	부산광역시	부산진구	가야대로510번길	6	11	21
동행상사 ㈜	인천광역시 연수구 학나래로6번길 62	인천광역시	연수구	학나래로6번길	6	10	18
누리 ㈜	경기도 광명시 철산로30번길 15	경기도	광명시	철산로30번길	4	8	16
사선무역 ㈜	서울특별시 서대문구 모래내로13길 25	서울특별시	서대문구	모래내로13길	6	11	19
동광 ㈜	서울특별시 영등포구 영등포로2길 7	서울특별시	영등포구	영등포로2길	6	11	18
새별 ㈜	강원도 원주시 학성길 67	강원도	원주시	학성길	4	8	12
삼양트레이드 ㈜	서울특별시 용산구 원효로90길 11	서울특별시	용산구	원효로90길	6	10	17

더 알아보기 수식 이해하기

이번 수식은 기본적으로 **11** 과정 수식과 동일하므로 자세한 설명은 **11** 과정의 [더 알아보기]를 참고합니다.

문자열 분리하기(잘라내기)

05 05

현재 파일 경로, 파일명, 시트명 알아내기 – CELL 함수

예제 파일 PART 02 \ CHAPTER 05 \ CELL 함수.xlsx

CELL 함수

현재 작업 중인 파일의 경로, 파일명, 시트명 등이 필요한 경우에는 **CELL 함수**를 사용합니다. CELL 함수는 참조한 셀의 다양한 정보를 반환해주는데, 경로, 파일명, 시트명을 한번에 반환해주는 옵션이 제공됩니다. 다만, 경로, 파일명, 시트명을 연결해 반환하므로 여기에서 필요한 부분만 잘라 사용해야 합니다. CELL 함수의 구문은 다음과 같습니다.

CELL (❶ 옵션, ❷ 셀)

셀에서 확인 가능한 여러 정보를 반환합니다.

구문

❶ **옵션** : 셀에서 얻고 싶은 정보를 의미하는 옵션으로, 다음 표를 참고합니다.

옵션	설명
address	셀 주소를 반환합니다.
col	셀의 열 번호를 반환합니다.
color	음숫값에 대한 색상 서식이 지정된 경우는 1, 아니면 0을 반환합니다.
contents	셀의 값을 반환합니다.
filename	현재 파일의 전체 경로를 포함한 파일 이름을 반환합니다.
format	셀에 지정된 숫자 서식을 의미하는 코드값을 반환합니다.
parentheses	셀에 지정된 숫자 서식에 괄호를 사용한 경우는 1, 아니면 0을 반환합니다.
prefix	셀에 적용된 맞춤 설정의 코드값을 반환합니다.
protect	셀에 잠금 속성이 체크되어 있으면 1, 아니면 0을 반환합니다.
row	셀의 행 번호를 반환합니다.
type	셀에 입력된 데이터 형식에 해당하는 코드를 **l**(텍스트)과 **v**(숫자, 날짜/시간, 논릿값)로 반환하며 빈 셀인 경우에는 **b**가 반환됩니다.
width	셀의 열 너비를 반올림 처리한 정숫값으로 반환합니다.

TIP type 옵션은 인수 목록에서는 [종류]로 표시됩니다.

❷ **셀** : 정보를 얻으려는 셀로, 생략하면 수식이 입력된 셀의 정보를 반환합니다.

사용 예

```
=CELL("col", B1)
```

TIP [B1] 셀의 열 번호인 2가 반환됩니다.

따라 하기

CELL 함수를 사용해 예제 파일의 경로, 파일명, 시트명을 확인합니다. 다음 과정을 참고합니다.

01 예제를 열고, 파일 내에서 다음 위치를 확인합니다.

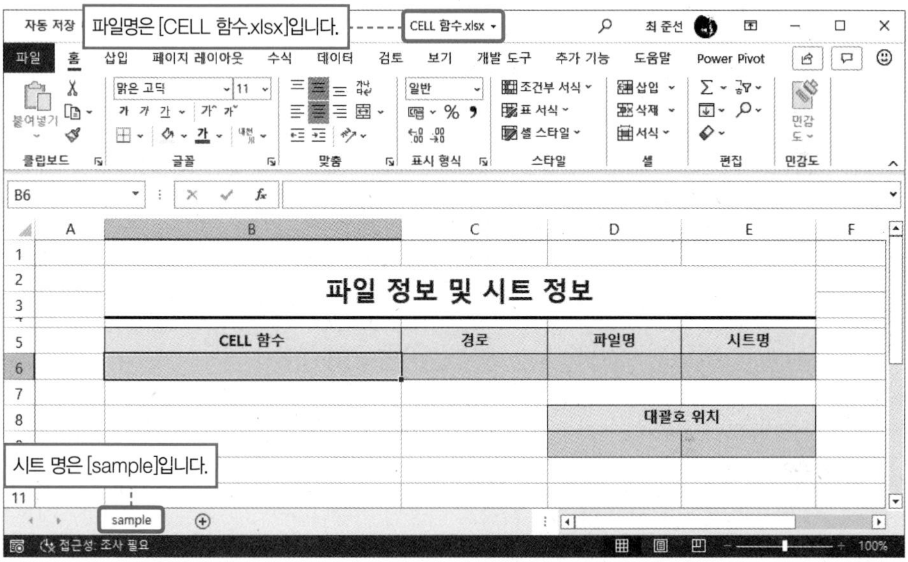

TIP 예제에서는 반환되는 경로를 줄이기 위해 파일을 C드라이브의 [예제] 폴더에 저장해놓았습니다.

02 [B6] 셀에 다음 수식을 입력합니다.

[B6] 셀 : =CELL("filename", A1)

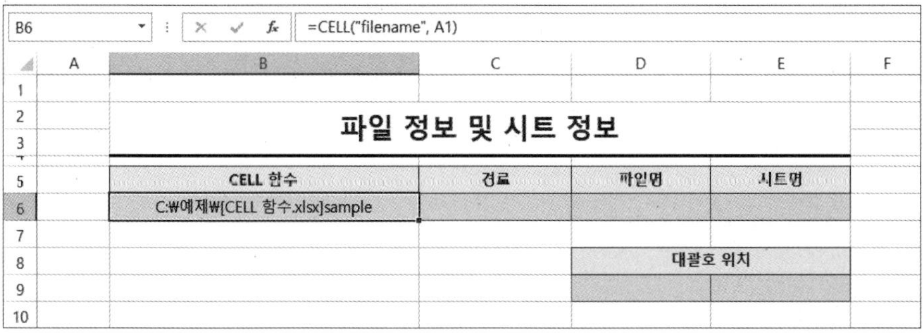

더 알아보기 수식 이해하기

CELL 함수의 첫 번째 인수가 'filename'이므로 두 번째 인수의 셀이 속한 파일의 경로, 파일명, 시트명을 반환합니다. 두 번째 인수를 생략하면 수식을 입력한 [B6] 셀을 대상으로 동작하며, [A1] 셀이 아니라 워크시트 내 다른 셀을 참조해도 동일한 결과가 반환됩니다. 반환된 값은 다음과 같은 구조를 갖습니다.

경로	[	파일명.확장자	]	시트명

그러므로 대괄호 문자([])의 위치만 파악하면 경로, 파일명, 시트명을 분리할 수 있습니다.

LINK 구분 문자가 여러 개 존재하는 경우에 원하는 부분을 잘라내는 방법은 이 책의 **Section 05-04**(286페이지)에서 설명한 방법과 동일합니다.

03 먼저 대괄호([ ]) 문자의 위치를 찾습니다.

04 '[' 문자 위치를 찾기 위해 [D9] 셀에 다음 수식을 입력합니다.

[D9] 셀 : =FIND("[", B6)

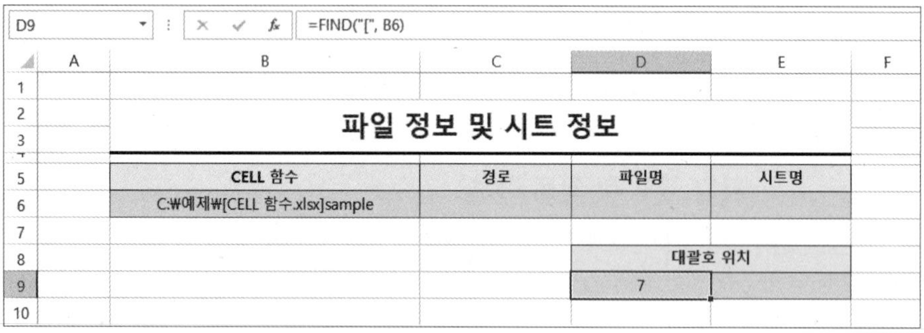

05 이번에는 ']' 문자 위치를 찾기 위해 [E9] 셀에 다음 수식을 입력합니다.

[E9] 셀 : =FIND("]", B6)

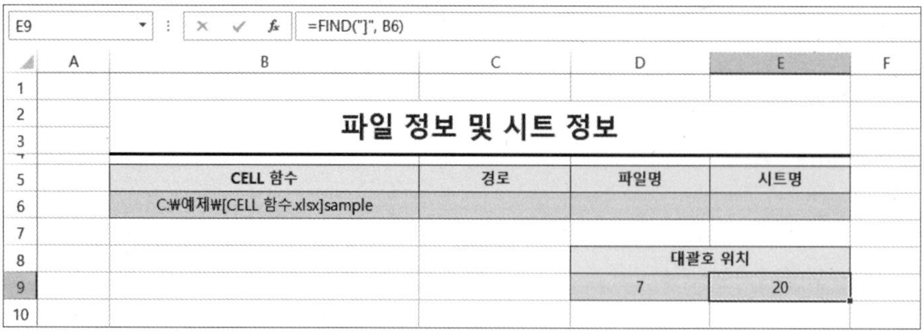

06 이제 [B6] 셀의 반환값에서 경로를 [C6] 셀에 분리합니다. [C6] 셀에 다음 수식을 입력합니다.

[C6] 셀 : =LEFT(B6, D9-1)

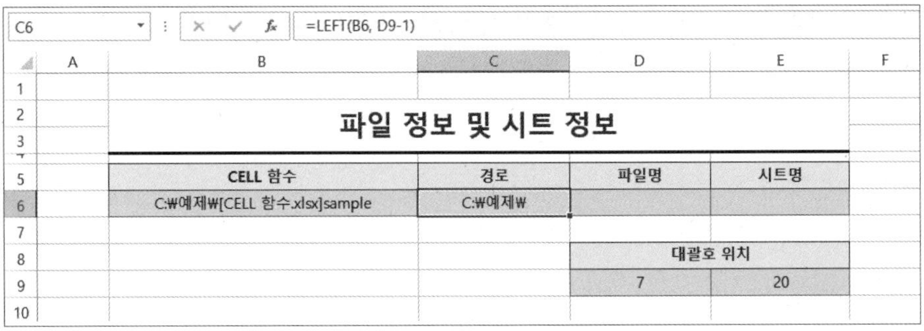

07 [B6] 셀에서 파일명만 [D6] 셀에 분리합니다. [D6] 셀에 다음 수식을 입력합니다.

[D6] 셀 : =MID(B6, D9+1, E9–D9–1)

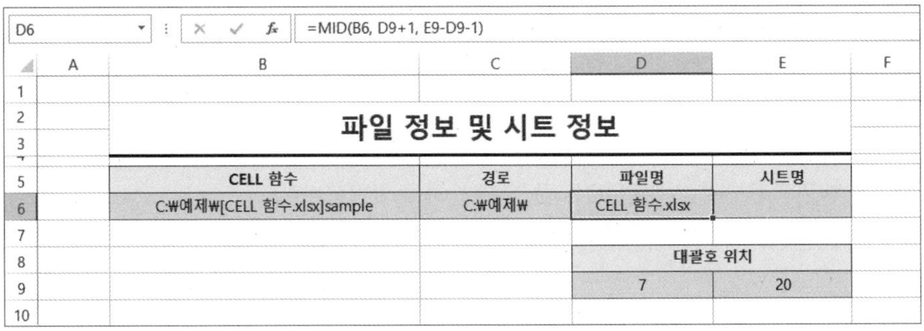

08 마지막으로 [E6] 셀에 다음 수식을 입력해 [B6] 셀의 반환값에서 시트명을 분리해 얻습니다.

[E6] 셀 : =MID(B6, E9+1, 10)

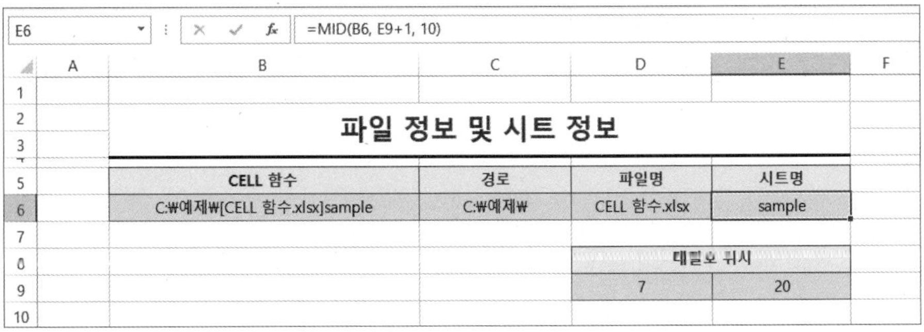

문자열 분리하기(잘라내기)

05 06

특정 단어 포함 여부에 따라 원하는 결과 반환하기

예제 파일 PART 02 \ CHAPTER 05 \ FIND 함수–포함.xlsx

특정 문자열 포함 여부 확인

여러 개의 데이터가 입력되어 있는 셀에서 내가 원하는 문자열이 포함되어 있는지를 확인해야 할 때가 있습니다. 이런 경우 해당 셀에 특정 문자열이 존재하는지 찾아야 하므로 FIND, SEARCH 함수 중 하나를 사용합니다.

01 예제를 열고, C열에 입력된 선호 지역을 [D:I] 열에 **O** 문자로 입력합니다.

	A	B	C	D	E	F	G	H	I	J
1										
2		직 원 선 호 지역								
3										
5		이름	선호 지역	용인	수원	김포	청라	송도	하남	
6		박지훈	용인, 수원							
7		유준혁	김포, 청라							
8		이서연	송도, 김포							
9		김민준	수원, 하남							
10		최서현	청라, 송도							
11		박현우	용인, 송도							
12		정시우	수원, 청라							
13										

02 먼저 [D5:I5] 범위의 지역이 C열에 존재하는지 찾습니다.

03 [D6] 셀에 다음 수식을 입력하고 [D6] 셀의 채우기 핸들을 [I6] 셀까지 드래그합니다.

[D6] 셀 : =FIND(D$5, $C6)

04 바로 채우기 핸들[+]을 12행까지 드래그하면 다음과 같은 결과를 얻을 수 있습니다.

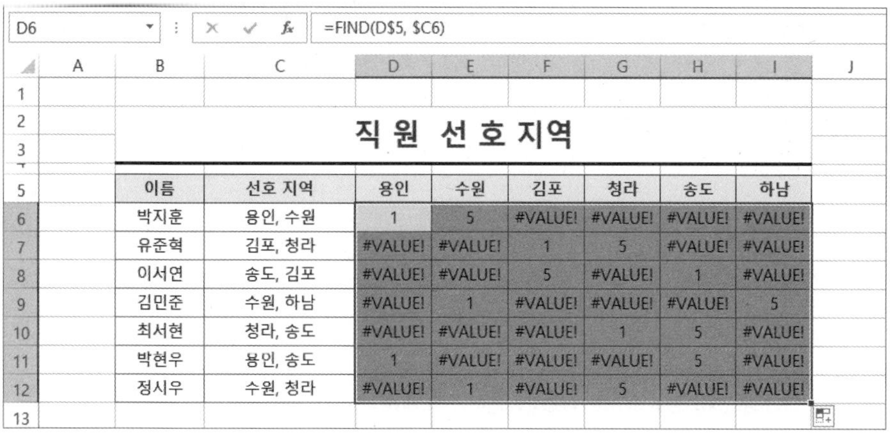

D6 =FIND(D$5, $C6)

직원 선호 지역

이름	선호 지역	용인	수원	김포	청라	송도	하남
박지훈	용인, 수원	1	5	#VALUE!	#VALUE!	#VALUE!	#VALUE!
유준혁	김포, 청라	#VALUE!	#VALUE!	1	5	#VALUE!	#VALUE!
이서연	송도, 김포	#VALUE!	#VALUE!	5	#VALUE!	1	#VALUE!
김민준	수원, 하남	#VALUE!	1	#VALUE!	#VALUE!	#VALUE!	5
최서현	청라, 송도	#VALUE!	#VALUE!	#VALUE!	1	5	#VALUE!
박현우	용인, 송도	1	#VALUE!	#VALUE!	#VALUE!	5	#VALUE!
정시우	수원, 청라	#VALUE!	1	#VALUE!	5	#VALUE!	#VALUE!

더 알아보기 **#VALUE! 에러가 발생한 이유**

FIND 함수는 [찾는 문자] 인수의 값을 [문자열] 인수에서 찾는데, 찾은 위치를 인덱스 번호로 반환하고 찾지 못하면 #VALUE! 에러가 발생합니다. 그러므로 에러가 발생하지 않는 부분이 C열에 입력된 '선호 지역' 위치라는 것을 이해할 수 있습니다.

이번 수식은 수식을 열 방향(오른쪽)과 행 방향(아래쪽)으로 모두 복사하므로 혼합 참조를 사용했습니다.

LINK 혼합 참조에 대해서는 이 책의 71페이지에 자세하게 설명해놓았으니, 해당 위치를 다시 한 번 확인해보는 것을 권합니다.

05 #VALUE! 에러가 발생했는지 여부를 확인합니다.

06 [D6] 셀의 수식을 다음과 같이 수정하고, **03-04** 과정을 참고해 [D6:I12] 범위에 모두 복사합니다.

[D6] 셀 : =ISERR(FIND(D$5, $C6))

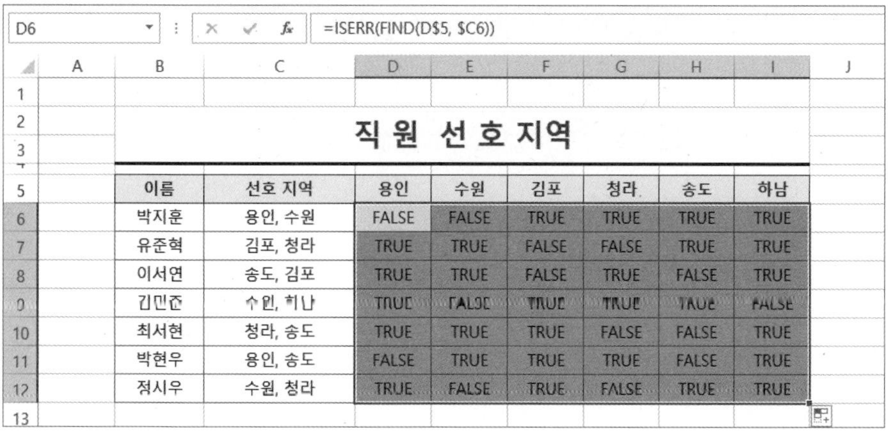

D6 =ISERR(FIND(D$5, $C6))

직원 선호 지역

이름	선호 지역	용인	수원	김포	청라	송도	하남
박지훈	용인, 수원	FALSE	FALSE	TRUE	TRUE	TRUE	TRUE
유준혁	김포, 청라	TRUE	TRUE	FALSE	FALSE	TRUE	TRUE
이서연	송도, 김포	TRUE	TRUE	FALSE	TRUE	FALSE	TRUE
김민준	수원, 하남	TRUE	FALSE	TRUE	TRUE	TRUE	FALSE
최서현	청라, 송도	TRUE	TRUE	TRUE	FALSE	FALSE	TRUE
박현우	용인, 송도	FALSE	TRUE	TRUE	TRUE	FALSE	TRUE
정시우	수원, 청라	TRUE	FALSE	TRUE	FALSE	TRUE	TRUE

더 알아보기 IS 계열 함수로 오류 판정하는 방법

이번에 사용한 ISERR 함수는 ISERROR 함수처럼 수식 에러가 발생했는지 여부를 판정할 수 있습니다. 두 함수의 차이는 #N/A 에러의 발생 여부를 판정하는 데 있습니다. ISERR 함수는 #N/A 에러를 제외한 다른 에러가 발생했는지 판정하고, ISERROR 함수는 #N/A 에러를 포함한 전체 에러가 발생했는지 판정할 수 있습니다.

그러므로 ISERR 함수보다는 ISERROR 함수가 더 범용적이지만, 이번과 같이 #VALUE! 에러만 발생할 수 있는 상황에서는 수식의 길이를 줄이기 위해 가끔 사용됩니다.

이번 수식은 ISERR 함수를 사용해 FIND 함수에서 #VALUE! 에러가 발생했는지 여부를 판정하지만, 숫자 반환 여부를 확인하려면 ISNUMBER 함수를 사용해도 됩니다.

```
=ISNUMBER(FIND(D$5, $C6))
```

이렇게 IS 계열 함수들은 다양한 상황을 판정할 수 있는 함수이므로 어떤 IS 계열 함수들이 제공되는지 확인해두면 수식을 다양한 방법으로 응용할 수 있습니다.

LINK IS 계열 함수에 대해서는 이 책의 239페이지를 참고합니다.

07 에러가 발생되지 않은 부분에 **O** 문자가 표시되도록 합니다.

08 [D6] 셀의 수식을 다음과 같이 수정하고, **03–04** 과정을 참고해 [D6:I12] 범위에 모두 복사합니다.

[D6] 셀 : =IF(ISERR(FIND(D$5, $C6)), "", "O")

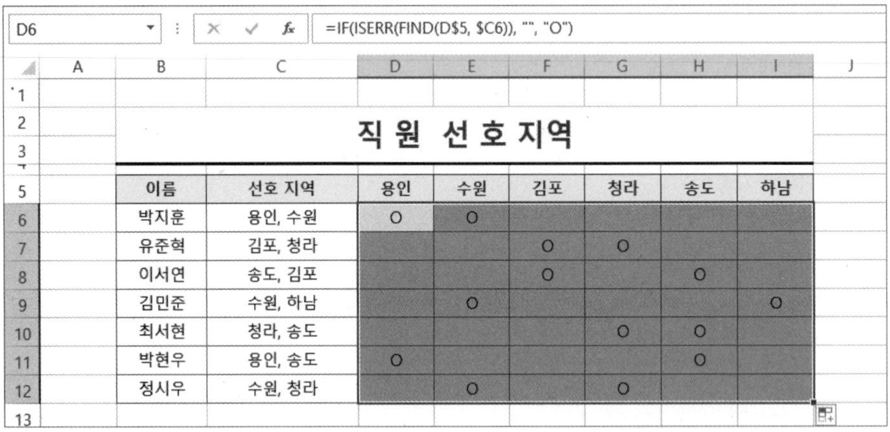

문자열 분리하기(잘라내기)

05 07 자릿수에 맞게 숫자 분리하기 – TEXT, REPT 함수

예제 파일 PART 02\CHAPTER 05\REPT 함수.xlsx

TEXT, COLUMN, ROW 함수, 그리고 REPT 함수

세금 계산서와 같은 양식은 계산한 숫자를 하나씩 지정된 금액 단위 칸에 나눠 입력해야 합니다. 이런 작업을 하려면 계산한 숫자를 양식의 금액 단위에 맞게 자릿수를 변환한 후 MID 함수로 숫자를 하나씩 잘라 입력합니다.

숫자를 지정한 금액 단위에 맞게 변환할 때는 TEXT 함수를 먼저 사용하고, 숫자를 하나씩 자를 때 MID 함수를 사용합니다. 추가적으로 ROW, COLUMN 함수나 REPT 함수를 사용할 수 있으면 편리합니다. 다음은 이번 예제를 제대로 실습하기 위해 알고 있어야 할 함수들의 구문 설명입니다.

TEXT (❶ 값, ❷ 서식 코드)

셀 값을 지정한 서식 코드에 맞게 변환한 값을 반환합니다.

구문	❶ **값** : 변환할 값 또는 셀 ❷ **서식 코드** : [값]을 변환할 서식 코드로, 셀 서식의 [사용자 지정]을 선택했을 때 확인할 수 있는 서식 코드와 동일합니다.

LINK 서식 코드에 대한 자세한 설명은 이 책의 44페이지를 참고합니다.

COLUMN (❶ 참조)

참조된 셀의 열 번호를 반환합니다.

구문	❶ **참조** : 열 번호를 확인할 셀로, 생략하면 수식이 입력된 셀을 의미합니다.

사용 예

```
=COLUMN(A1)
```

TIP [A1] 셀의 열 번호인 1이 반환됩니다.

ROW (❶ 참조)

참조된 셀의 행 번호를 반환합니다.

구문	❶ **참조** : 행 번호를 확인할 셀로, 생략하면 수식이 입력된 셀을 의미합니다.

사용 예

```
=ROW(A1)
```

TIP [A1] 셀의 행 번호인 1이 반환됩니다.

REPT (❶ 문자열, ❷ 반복 횟수)

특정 문자(열)를 지정된 횟수로 반복해 반환합니다.

구문	❶ **문자열** : 반복할 문자(열) ❷ **반복 횟수** : ❶을 반복 표시할 횟수

사용 예

```
=REPT("-", 5)
```

TIP '-' 문자가 5회 반복된 '-----' 문자열이 반환됩니다.

따라 하기

세금 계산서에 계산된 금액을 자릿수에 맞춰 입력하는 작업을 진행합니다. 다음 과정을 참고합니다.

01 예제를 열고, [G5] 병합 셀의 금액을 [I9:AC9] 범위의 금액 칸에 맞게 분리하여 입력합니다.

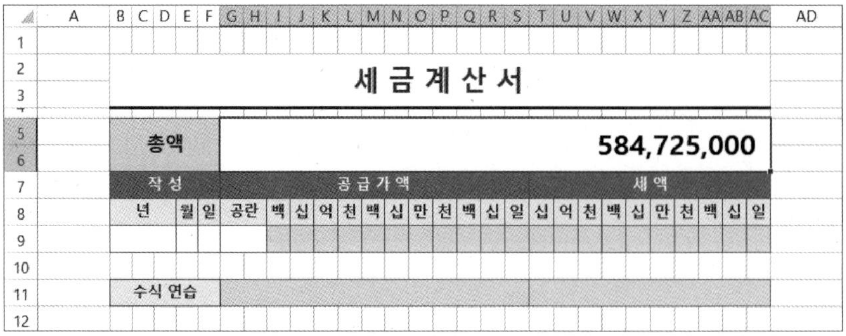

세 금 계 산 서
총액
584,725,000
작 성
공 급 가 액
세 액
년 월 일 공란 백 십 억 천 백 십 만 천 백 십 일 십 억 천 백 십 만 천 백 십 일
수식 연습

02 예제의 양식은 백억까지 금액을 표시하므로 [G5] 병합 셀의 단위를 그에 맞출 필요가 있습니다.

03 [G11] 셀에 다음 수식을 입력합니다.

[G11] 셀 : =TEXT(G5, "00000000000")

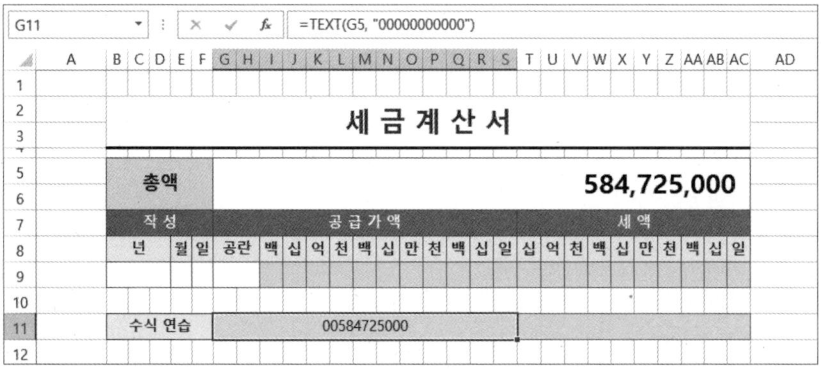

더 알아보기 수식 이해하기

세금 계산서 양식에 표시될 금액 단위는 백억([I8] 셀 참조)이며, 백억은 11자리 숫자이므로 [G5] 병합 셀의 금액을 11자리 숫자로 변환합니다. 그래야 숫자를 하나씩 잘라 양식에 넣기 쉽기 때문입니다.

TEXT 함수는 값을 원하는 형태로 변환해주는 함수입니다. [G5] 병합 셀의 숫자를 11자리로 맞추기 위해 서식 코드인 '0'을 11번 입력해 사용했습니다.

03 과정의 화면을 보면 [G11] 셀에 제대로 된 결과가 반환되지만, 앞 자리에 표시된 '00'은 양식에는 표시되지 않아야 하므로 이런 변환 결과는 세금 계산서 양식에서 사용하기에 부적합합니다.

04 서식 코드인 0을 11번 입력하기가 불편하므로 **REPT 함수**를 사용하도록 수식을 수정합니다.

05 [G11] 셀의 수식을 다음과 같이 수정합니다.

[G11] 셀 : =TEXT(G5, REPT("0", 11))

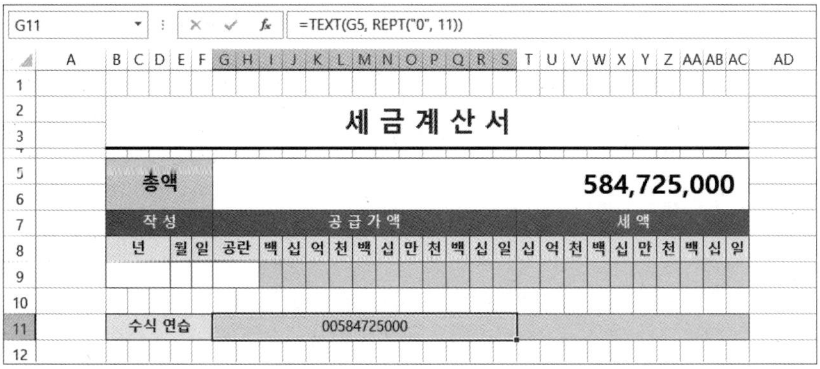

더 알아보기 REPT 함수로 반복 입력하기

TEXT 함수의 두 번째 인수에 입력해야 할 서식 코드인 '00000000000' 문자열을 실수 없이 입력하기는 쉽지 않으므로, REPT 함수를 사용해 '0'을 11번 입력하도록 수식을 변경한 것입니다.

06 숫자 서식 코드인 **0**을 **?**로 변경합니다.

더 알아보기 서식 코드 0과 ?의 차이

엑셀의 숫자 서식 코드에는 0, #, ? 이렇게 세 종류가 주로 사용됩니다. 세 개의 서식 코드는 각각 숫자에 대응된다는 점에서 공통점이 있지만 다음과 같은 차이가 존재합니다.

<table>
<tr><th>서식 코드</th><th>설명</th></tr>
<tr><td>0</td><td>0은 숫자와 매칭할 때 숫자가 존재하지 않으면 0이 화면에 표시됩니다.
<table>
<tr><th>셀</th><th>서식 코드</th><th>화면</th></tr>
<tr><td>0</td><td>0</td><td>0</td></tr>
<tr><td>100</td><td>0</td><td>100</td></tr>
<tr><td>123</td><td>0000</td><td>0123</td></tr>
</table></td></tr>
<tr><td>#</td><td>#은 숫자와 매칭할 때 숫자가 존재하지 않으면 아무 값도 표시하지 않습니다.
<table>
<tr><th>셀</th><th>서식 코드</th><th>화면</th></tr>
<tr><td>0</td><td>#</td><td></td></tr>
<tr><td>100</td><td>#</td><td>100</td></tr>
<tr><td>123</td><td>####</td><td>123</td></tr>
</table></td></tr>
<tr><td>?</td><td>?은 숫자와 매칭할 때 숫자가 존재하지 않으면 공백 문자(" ")를 표시합니다.
<table>
<tr><th>셀</th><th>서식 코드</th><th>화면</th></tr>
<tr><td>0</td><td>?</td><td>_</td></tr>
<tr><td>100</td><td>?</td><td>100</td></tr>
<tr><td>123</td><td>????</td><td>_123</td></tr>
</table>
TIP [화면]의 밑줄은 실제 표시되는 것은 아니고 해당 위치에 공백 문자(띄어쓰기)가 표시됨을 의미합니다.</td></tr>
</table>

그러므로 금액 단위가 맞으면서 해당 위치에 아무것도 나타나지 않도록 하려면 ? 서식 코드를 이용하는 것이 좋습니다.

07 [G11] 셀의 수식을 다음과 같이 변경합니다.

[G11] 셀 : =TEXT(G5, REPT("?", 11))

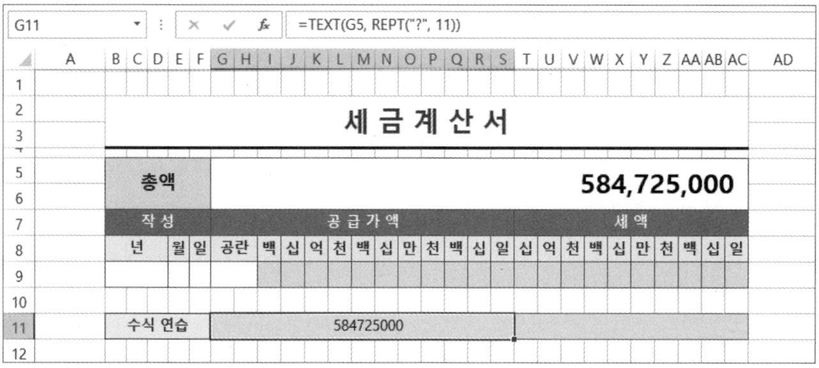

08 정확한 자릿수가 반환됐는지 확인하기 위해 [T11] 병합 셀에 다음 수식을 입력합니다.

[T11] 병합 셀 : =LEN(G11)

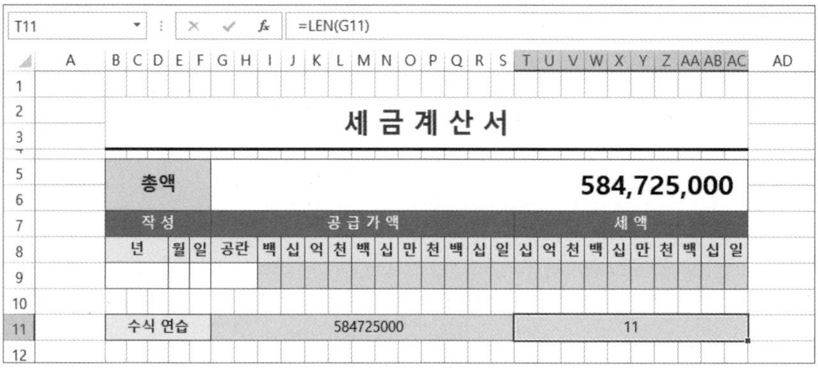

TIP 반환된 문자수는 '11'로, [G11] 셀에 눈에 보이지 않는 공백 문자(" ")가 포함되었다고 생각할 수 있습니다.

09 [G11] 병합 셀의 문자를 하나씩 잘라 [I9:S9] 범위에 반환합니다.

10 [I9] 셀에 다음 수식을 입력하고 [I9] 셀의 채우기 핸들을 [S9] 셀까지 드래그합니다.

[I9] 셀 : =MID($G$11, COLUMN(A1), 1)

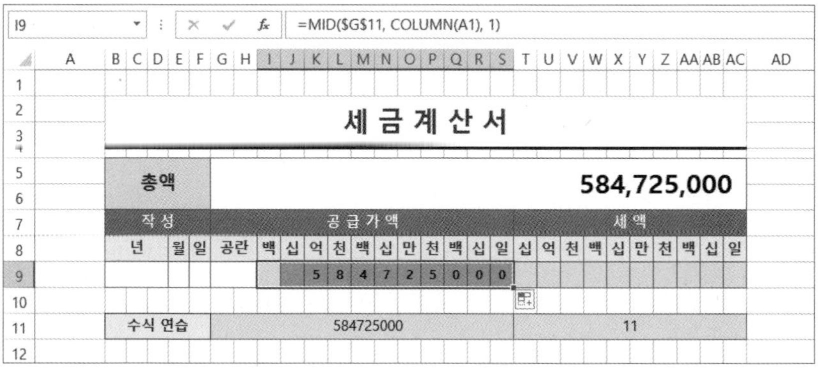

더 알아보기 단위에 따라 인수를 증가시키는 방법

이번 수식에서 MID 함수는 오른쪽으로 복사될 때마다 [G11] 셀의 문자를 하나씩 순서대로 잘라야 합니다. 그러기 위해서는 MID 함수의 두 번째 인수가 1로 시작해 1씩 증가되어야 합니다. 오른쪽으로 수식을 복사할 때 1부터 1씩 증가되는 결과를 얻고 싶다면 COLUMN 함수를 사용해 [A1] 셀을 참조합니다. 그러면 수식을 복사할 때 참조한 [A1] 셀이 [B1], [C1], …과 같이 참조 위치가 달라지면서 열 번호 1, 2, 3, … 을 돌려받을 수 있기 때문입니다.

만약 수식을 행 방향(아래쪽)으로 복사해야 한다면 COLUMN 함수 대신 ROW 함수를 사용합니다. 이번 수식에서 [G11] 셀을 참조하지 않고, 하나의 수식으로 결과를 얻으려면 다음 수식을 사용합니다.

```
=MID(TEXT($G$5, REPT("?", 11)), COLUMN(A1), 1)
```

이렇게 수식을 분리해 작성한 후 하나로 합치는 연습을 해보면 함수를 중첩 사용하는 방법에 대해 감을 잡을 수 있게 됩니다.

11 오른쪽 세액은 10%이므로 한 단위 위의 숫자를 참조합니다.

12 [T9] 셀에 다음 수식을 입력하고 [T9] 셀의 채우기 핸들을 [AC9] 셀까지 드래그합니다.

[T9] 셀 : =I9

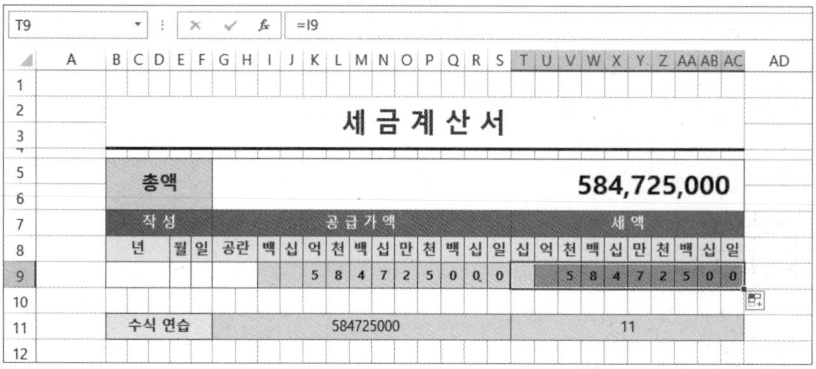
T9
=I9
세 금 계 산 서
총액
584,725,000
작 성
공 급 가 액
세 액
년 월 일 공란 백 십 억 천 백 십 만 천 백 십 일 십 억 천 백 십 만 천 백 십 일
5 8 4 7 2 5 0 0 0
5 8 4 7 2 5 0 0
수식 연습
584725000
11

문자열 연결하기(붙이기)

05 08

다양한 데이터 연결 방법

예제 파일 PART 02 \ CHAPTER 05 \ CONCATENATE 함수.xlsx

CONCATENATE, CHAR, CODE 함수

& 연산자를 사용하면 문자열이나 여러 셀 값을 하나로 연결해 붙일 수 있습니다. & 연산자와 동일한 역할을 하는 함수가 바로 **CONCATENATE 함수**입니다. 이 함수는 간단한 작업을 할 때는 좋지만 이름이 길고 활용할 수 있는 범위가 좁아 자주 사용되지 않습니다. CONATENATE 함수의 구문은 다음과 같습니다.

CONCATENATE (❶ 문자열1, ❷ 문자열2, …)

인수로 전달된 모든 텍스트를 하나로 연결한 값을 반환합니다.

구문	❶ **문자열** : 연결한 값 또는 해당 문자열이 입력된 셀

사용 예

=CONCATENATE("마이크로소프트", "엑셀")

TIP '마이크로소프트' 문자열과 '엑셀' 문자열을 붙여 '마이크로소프트엑셀' 문자열을 반환합니다.

="마이크로소프트" & "엑셀"

TIP CONCATENATE 함수 대신 & 연산자를 사용할 수 있으며 위의 사용 예와 동일한 결과를 반환합니다.

="마이크로소프트" & " " & "엑셀"

TIP 단어를 연결할 때 공백 문자(" ")를 중간에 넣어 '마이크로소프트 엑셀'과 같이 띄어 쓴 결과를 반환합니다.

다양한 셀 값을 연결하는 중에 줄을 바꾸고 싶다면 줄 바꿈 문자(Line Feed)를 입력할 수 있어야 합니다. 수식에서 작업하려면 해당 문자의 ANSI 코드를 이용해 문자를 반환해주는 **CHAR 함수**를 사용합니다. 구문은 다음과 같습니다.

CHAR (❶ ANSI 코드)

문자 코드에 할당된 문자를 반환합니다.

구문	❶ **ANSI 코드** : 1~255 사이의 숫자로 컴퓨터에서 사용하는 문자 집합

사용 예

```
=CHAR(65)
```

TIP 영어 대문자 'A'를 반환합니다.

일반 문자의 코드를 반환해주는 함수로는 **CODE 함수**가 있습니다. CHAR 함수를 사용할 때 함께 알아두면 좋을 함수입니다. 구문은 다음과 같습니다.

CODE (❶ 문자)

텍스트 문자열의 첫 번째 문자에 할당된 ANSI 코드를 반환합니다.

구문	❶ **문자** : 컴퓨터에 부여된 문자 코드를 확인할 문자(열)로, 문자열을 사용하면 첫 번째 문자의 문자 코드를 반환

사용 예

```
=CODE("A")
```

TIP 대문자 'A'의 ANSI 코드인 65를 반환합니다.

연결, 띄어쓰기, 줄 바꿈

여러 셀에 나눠 입력한 데이터를 연결할 때 가장 기본적인 연결 방법으로 & 연산자만 사용해도 되지만 띄어쓰기 방법과 여러 줄에 나눠 표시되도록 연결하는 방법 등은 이해하고 있는 것이 좋습니다.

01 6행에 입력된 데이터를 하단의 표에 필요한 값을 연결해 표시합니다.

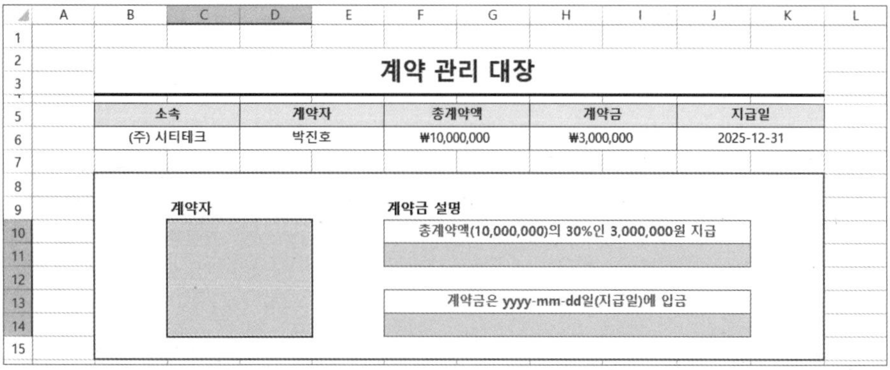
계약 관리 대장
소속
계약자
총계약액
계약금
지급일
(주) 시티테크
박진호
₩10,000,000
₩3,000,000
2025-12-31
계약자
계약금 설명
총계약액(10,000,000)의 30%인 3,000,000원 지급
계약금은 yyyy-mm-dd일(지급일)에 입금

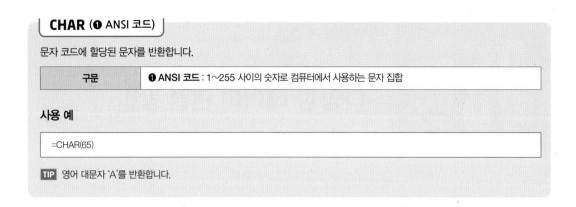

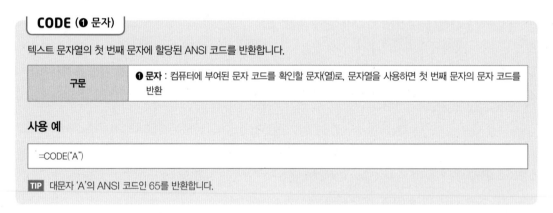

02 [C10] 병합 셀에 [B6:E6] 범위에 입력된 소속과 계약자 이름을 연결해 반환합니다.

03 [C10] 병합 셀에 다음 수식을 입력합니다.

[C10] 병합 셀 : =B6 & " " & D6

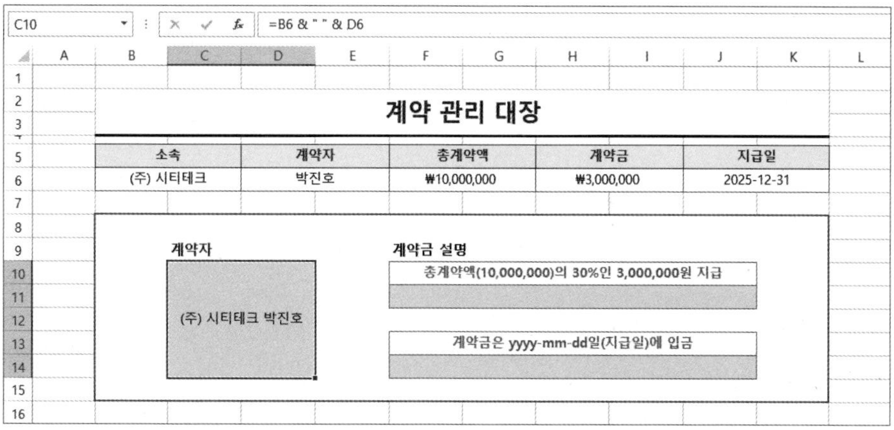

더 알아보기 & 연산자와 CONCATENATE 함수의 차이

& 연산자는 왼쪽과 오른쪽 데이터를 하나로 연결해줍니다. 이번과 같이 & 연산자를 사용하면 다음과 같은 순서로 연결됩니다.

=B6 & " " ❶	[B6] 셀과 공백 문자(" ")가 서로 연결됩니다.
= ❶ & D6	❶과 [D6] 셀이 서로 연결됩니다.

& 연산자 대신 CONCATENATE 함수를 사용한 수식은 다음과 같습니다.

```
=CONCATENATE(B6, " ", D6)
```

위 수식에서 CONCATENATE 함수명을 삭제하고 쉼표(,)를 & 연산자로 바꾸면 **03** 예제의 수식과 동일한 결과를 얻을 수 있습니다. 따라서 굳이 함수명이 긴 CONCATENATE 함수를 사용할 이유가 없는 것입니다.

04 띄어쓰기가 아니라 줄을 바꿔 쓰려면 줄 바꿈 문자(Line Feed)를 입력해야 합니다.

05 [C10] 병합 셀의 수식을 다음과 같이 수정합니다.

[C10] 병합 셀 : =B6 & CHAR(10) & D6

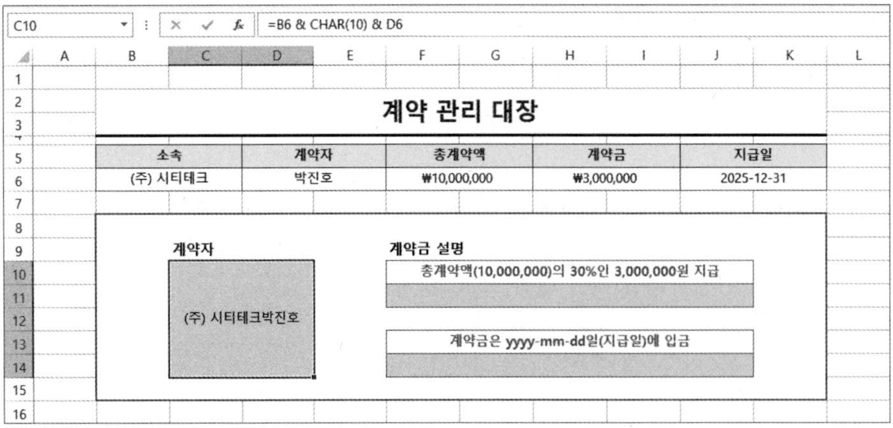

🔍 더 알아보기 줄 바꿈 문자(Line Feed)를 입력하는 방법

CHAR(10)는 눈에 보이지 않는 줄 바꿈 문자(LineFeed)를 반환합니다. 줄 바꿈 문자는 셀에서 Alt+Enter를 눌렀을 때 입력되는 문자로, 셀 안에서 줄이 바뀌도록 만들어줍니다.

수식을 제대로 입력했는데도 [C10] 병합 셀이 두 줄로 표시되지 않고 바로 연결되어 표시됩니다. 이것은 해당 옵션이 변경되어 있지 않기 때문입니다. **06** 과정에서 옵션을 변경하면 줄이 바뀌어 표시됩니다.

06 [C10] 병합 셀이 선택된 상태에서 리본 메뉴의 [홈] 탭–[맞춤] 그룹–[자동 줄 바꿈]을 클릭합니다.

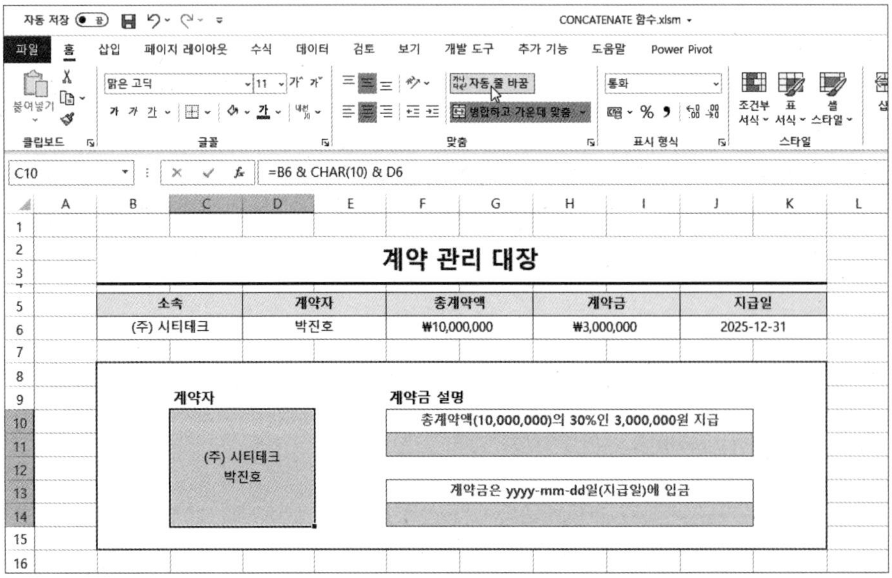

07 소속과 계약자를 한 줄 더 아래 표시하고 싶다면 [C10] 병합 셀의 수식을 다음과 같이 변경합니다.

[C10] 병합 셀 : =B6 & CHAR(10) & CHAR(10) & D6

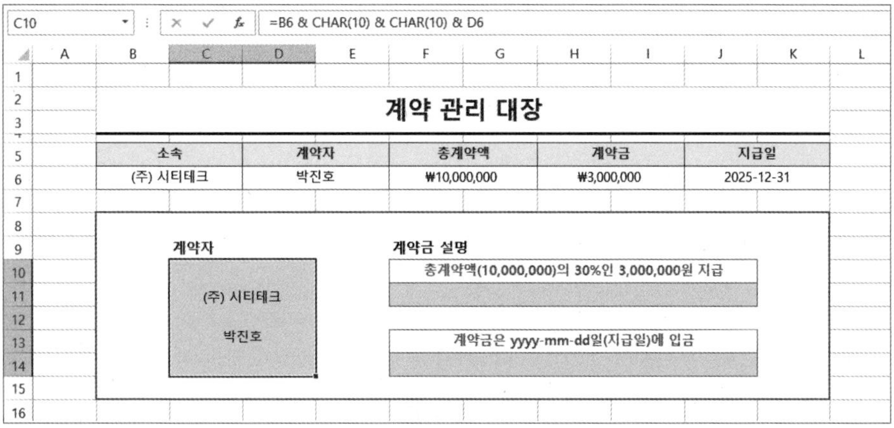

문자열 연결 및 셀 서식 변경

셀 데이터와 문자열을 연결해 함께 표시할 수 있습니다. 이렇게 하면 셀에 저장된 데이터를 더 잘 이해할 수 있습니다. 다만 이 경우 참조한 셀의 데이터만 참조되고 해당 셀에 적용된 서식(표시 형식)은 함께 적용되지 않습니다. 따라서 추가로 TEXT 함수 등을 사용해 원하는 서식을 적용할 필요가 있습니다. 다음 과정을 참고합니다.

01 [F11] 병합 셀에 [F10] 셀을 참고해 다음과 같은 수식을 입력합니다.

[F11] 병합 셀 : ="총계약액(" & F6 & ")의 30%인 " & H6 & "원 지급"

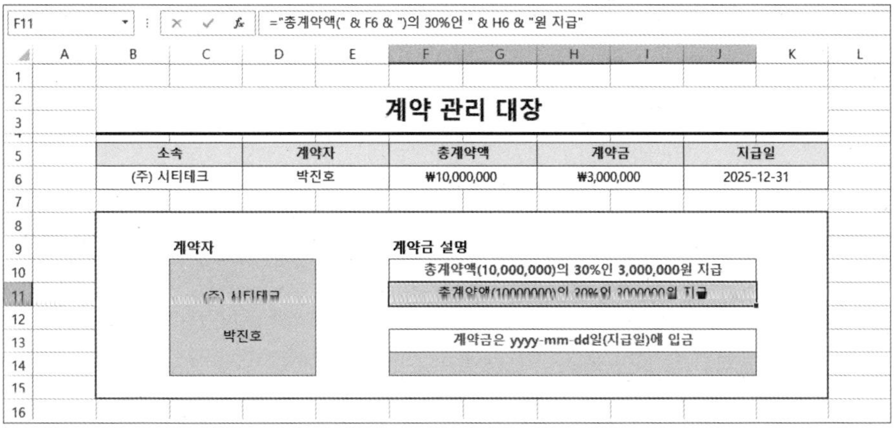

더 알아보기 **함수로 문자열 연결하기**

이번 수식은 문자열과 셀을 연결합니다. 연결은 제대로 됐지만 수식 내에서 참조한 [F6] 셀과 [H6] 셀의 서식(통화)은 적용되지 않았습니다. 문자열과 연결된 셀의 서식을 따로 적용하려면 TEXT 함수를 사용해야 합니다.

이번 수식을 CONCATENATE 함수를 사용하도록 수정하면 다음과 같은 결과를 얻을 수 있습니다.

```
=CONCATENATE("총계약액(", F6, ")의 30%인 ", H6, "원 지급")
```

문자열과 셀 참조를 연결할 때 & 연산자 사용이 어렵다면 CONCATENATE 함수를 사용한 수식으로 사용합니다. 만약 계약금이 항상 30%가 아니고 직접 비율을 계산한 결과를 돌려받으려면 다음과 같이 수식을 수정합니다.

```
=CONCATENATE("총계약액(", F6, ")의 ", H6/F6, "인 ", H6, "원 지급")
```

이렇게 다양한 방식으로 문자열과 셀, 계산식 등을 & 연산자나 CONCATENATE 함수로 연결할 수 있습니다.

02 [F11] 병합 셀의 수식을 다음과 같이 수정합니다.

[F11] 병합 셀 : ="총계약액(" & TEXT(F6, "#,###") & ")의 30%인 " & TEXT(H6, "#,###") & "원 지급"

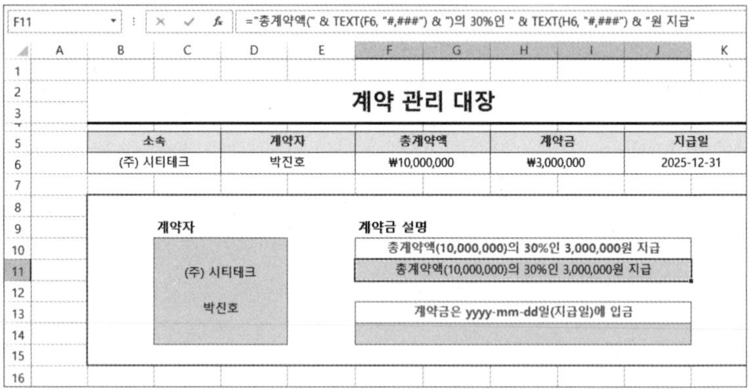

더 알아보기 **TEXT 함수로 셀 서식 적용하기**

이번 수식은 [F6] 셀과 [H6] 셀에 TEXT 함수를 적용해 천 단위 구분 기호(,)가 표시되도록 합니다.

```
TEXT(F6, "#,###")
```

만약 통화 기호도 넣고 싶다면 다음과 같이 통화 기호(₩)를 서식 코드와 함께 넣어줍니다.

```
TEXT(F6, "₩#,###")
```

만약 **H6/F6**과 같은 비율을 계산하는 부분을 넣었다면 TEXT 함수를 사용해 백분율 서식을 지정해줍니다.

```
TEXT(H6/F6, "0%")
```

이와 같이 수식에서 참조한 셀의 표시 형식을 원하는 대로 적용하려면 TEXT 함수를 사용합니다.

LINK TEXT 함수의 서식 코드에 대한 자세한 설명은 이 책의 44페이지를 참고합니다.

03 [F14] 병합 셀에도 [F13] 셀을 참고해 다음과 같은 수식을 입력합니다.

[F14] 병합 셀 : =" 계약금은 " & J6 & "일(지급일)에 입금"

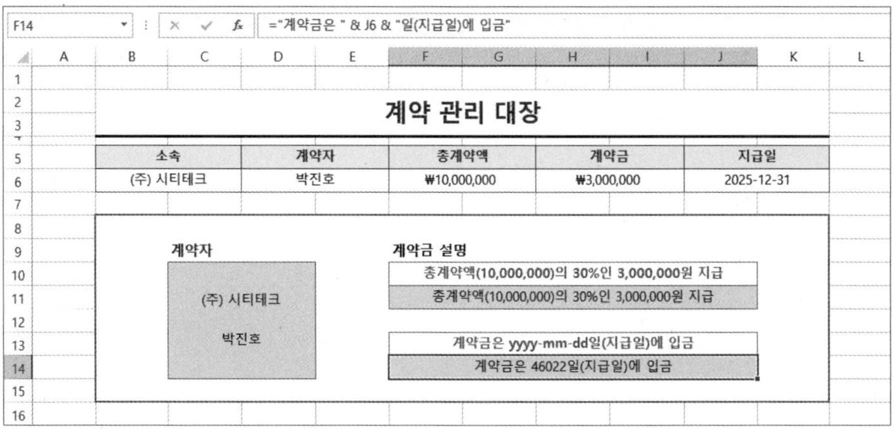

더 알아보기 날짜 일련번호가 표시된 이유

엑셀은 날짜를 날짜 일련번호로 관리합니다. 따라서 날짜가 입력된 셀을 참조하면 날짜 형식(yyyy-mm-dd)으로 표시되지 않고 날짜 일련번호가 표시됩니다. 이런 문제도 TEXT 함수를 사용해 날짜 서식을 지정해줄 수 있습니다.

LINK TEXT 함수의 서식 코드에 대한 자세한 설명은 이 책의 44페이지를 참고합니다.

04 [F14] 병합 셀의 수식을 다음과 같이 수정합니다.

[F14] 병합 셀 : ="계약금은 " & TEXT(J6, "yyyy-mm-dd") & "일(지급일)에 입금"

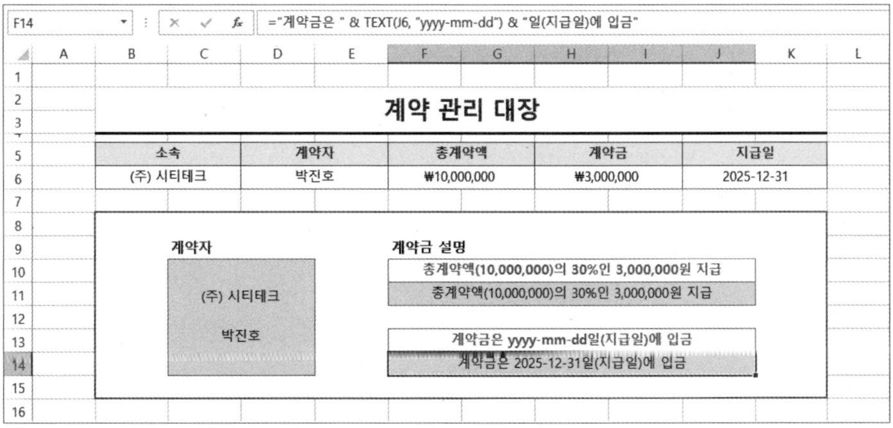

문자열 연결하기(붙이기)

05 09 범위 내 텍스트를 하나로 연결하기 – PHONETIC 함수

예제 파일 PART 02 \ CHAPTER 05 \ PHONETIC 함수.xlsx

PHONETIC 함수

& 연산자나 CONCATENATE 함수는 셀을 하나씩은 연결할 수 있지만 여러 셀의 집합인 범위를 참조해 연결할 수는 없습니다.

=A1 & A2	**가능**
=A1:A10 & B1:B10	**불가능**

그러므로 범위를 참조해 한번에 연결하고 싶다면 엑셀 2019 이상 버전을 사용 중이라면 CONCAT 함수나 TEXTJOIN 함수를 사용하고, 엑셀 2016 이하 버전까지는 PHONETIC 함수를 사용합니다. 다만 **PHONETIC 함수**는 텍스트 형식의 데이터만 연결할 수 있습니다. PHONETIC 함수의 구문은 다음과 같습니다.

PHONETIC (❶ 참조)

참조한 범위 내 셀 값의 윗주 문자를 반환합니다.

구문	❶ **참조** : 윗주 문자를 포함하는 텍스트 데이터가 입력된 셀 또는 범위
특이사항	PHONETIC 함수는 지정한 범위에 반환할 윗주가 없고 데이터가 텍스트 형식일 때, 참조한 범위 내 셀 데이터를 모두 연결해 반환합니다. 만약 셀 데이터가 숫자나 수식인 경우에는 공백 문자(" ")가 반환됩니다.
참고	윗주 문자는 본문의 위쪽에 표시하는 주해 또는 참조값을 의미합니다.

따라 하기

특정 범위 내 텍스트 데이터를 한번에 연결하는 작업을 진행합니다. 다음 과정을 참고합니다.

01 예제를 열고, 이메일 주소(E열)를 모두 연결해 [C12] 병합 셀에 반환합니다.

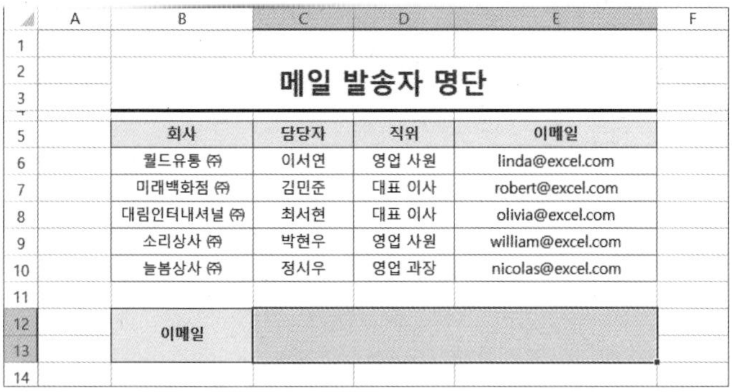

	A	B	C	D	E	F
1						
2–3		메일 발송자 명단				
5		회사	담당자	직위	이메일	
6		월드유통 ㈜	이서연	영업 사원	linda@excel.com	
7		미래백화점 ㈜	김민준	대표 이사	robert@excel.com	
8		대림인터내셔널 ㈜	최서현	대표 이사	olivia@excel.com	
9		소리상사 ㈜	박현우	영업 사원	william@excel.com	
10		늘봄상사 ㈜	정시우	영업 과장	nicolas@excel.com	
11						
12–13		이메일				
14						

02 & 연산자를 이용하려면 [C12] 병합 셀에 다음 수식을 입력합니다.

[C12] 병합 셀 : =E6 & ";" & E7 & ";" & E8 & ";" & E9 & ";" & E10

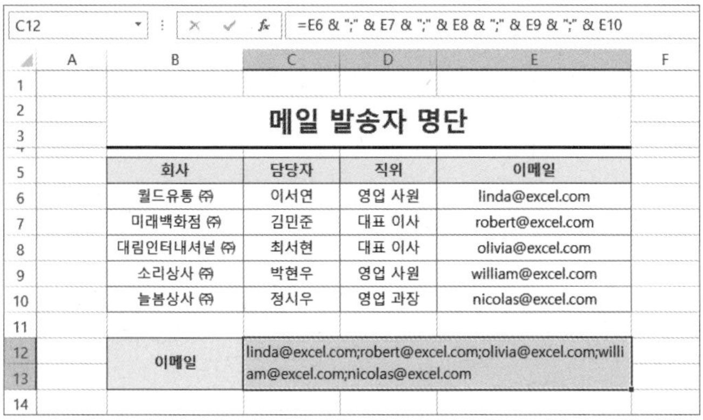

C12 =E6 & ";" & E7 & ";" & E8 & ";" & E9 & ";" & E10

	A	B	C	D	E	F
1						
2–3		메일 발송자 명단				
5		회사	담당자	직위	이메일	
6		월드유통 ㈜	이서연	영업 사원	linda@excel.com	
7		미래백화점 ㈜	김민준	대표 이사	robert@excel.com	
8		대림인터내셔널 ㈜	최서현	대표 이사	olivia@excel.com	
9		소리상사 ㈜	박현우	영업 사원	william@excel.com	
10		늘봄상사 ㈜	정시우	영업 과장	nicolas@excel.com	
11						
12–13		이메일	linda@excel.com;robert@excel.com;olivia@excel.com;william@excel.com;nicolas@excel.com			
14						

TIP 이메일 주소는 세미콜론(;)으로 구분하며, 앰퍼샌드 연산자로는 한 번에 하나씩만 연결할 수 있습니다.

03 PHONETIC 함수로 이메일 주소를 한번에 연결합니다.

04 [C12] 병합 셀의 수식을 다음과 같이 수정합니다.

[C12] 병합 셀 : =PHONETIC(E6:E10)

C12 =PHONETIC(E6:E10)

	A	B	C	D	E	F
1						
2–3		메일 발송자 명단				
5		회사	담당자	직위	이메일	
6		월드유통 ㈜	이서연	영업 사원	linda@excel.com	
7		미래백화점 ㈜	김민준	대표 이사	robert@excel.com	
8		대림인터내셔널 ㈜	최서현	대표 이사	olivia@excel.com	
9		소리상사 ㈜	박현우	영업 사원	william@excel.com	
10		늘봄상사 ㈜	정시우	영업 과장	nicolas@excel.com	
11						
12–13		이메일	linda@excel.comrobert@excel.comolivia@excel.comwilliam@excel.comnicolas@excel.com			
14						

더 알아보기 PHONETIC 함수의 특성 활용하기

PHONETIC 함수는 텍스트 데이터의 윗주를 반환해주는 함수입니다. 윗주는 글자 위에 작은 크기로 주석(설명글)을 다는 기능으로, 보통 외국어의 발음을 표시하는 용도로 사용됩니다. 다음 화면의 [B2] 셀의 위에 작게 표시된 '대한민국'이 바로 윗주입니다.

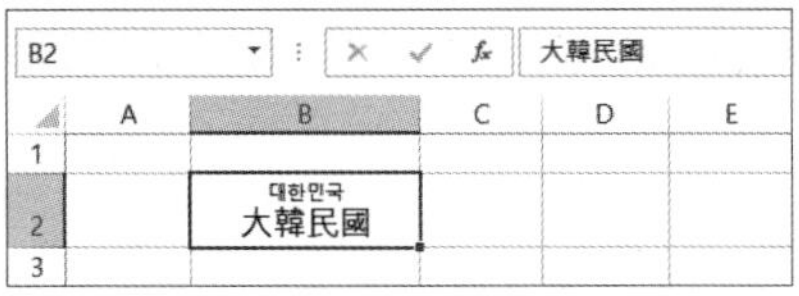

PHONETIC 함수는 윗주를 반환하는 함수이지만 윗주가 삽입되지 않은 경우에는 셀 데이터를 그대로 반환해줍니다. 따라서 PHONETIC 함수에 [E6:E10]과 같은 범위를 전달하면 범위 내 셀 데이터를 모두 연결해 반환해줍니다. 이러한 특성은 범위 내 셀 데이터를 연결할 때 유용하게 사용할 수 있습니다.

다만 수식에서 반환된 데이터와 숫자 데이터는 참조하지 못하기 때문에 사용에 제한이 있습니다. 별도의 구분 문자를 사용하지 못한다는 점 역시 제한 사항이라고 할 수 있습니다.

05 이메일 주소를 구분할 구분 문자를 오른쪽 빈 열에 입력합니다.

06 [F6:F9] 범위를 선택하고 세미콜론(;)을 입력한 후 Ctrl + Enter 를 누릅니다.

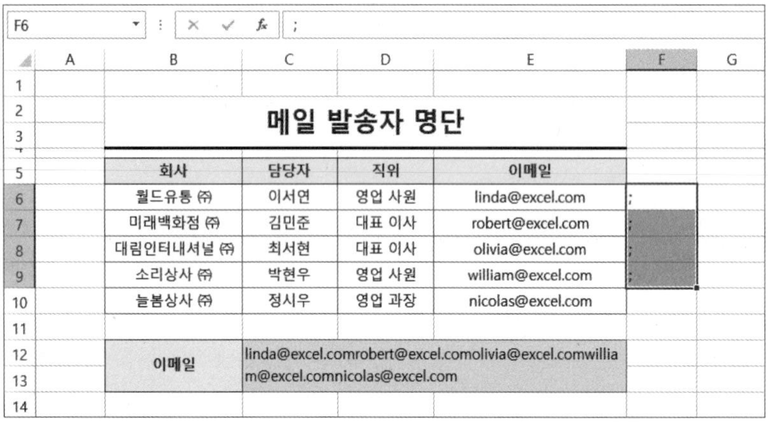

더 알아보기 수식 이해하기

PHONETIC 함수에서 반환된 결과에 구분 문자가 표시되도록 하려면 구분 문자를 미리 입력해둬야 합니다. 예제와 같이 우측 빈 열에 세미콜론(;)을 입력합니다. 이때 구분 문자를 입력하는 열은 연결할 범위와 연속되어야 하고(데이터가 E열에 있다면 구분 문자는 F열에 입력) 마지막 이메일 주소 옆에는 세미콜론을 붙일 필요가 없으므로 [F6:F9] 범위에만 값을 입력합니다.

07 [C12] 병합 셀의 수식을 다음과 같이 수정합니다.

[C12] 병합 셀 : =PHONETIC(E6:F10)

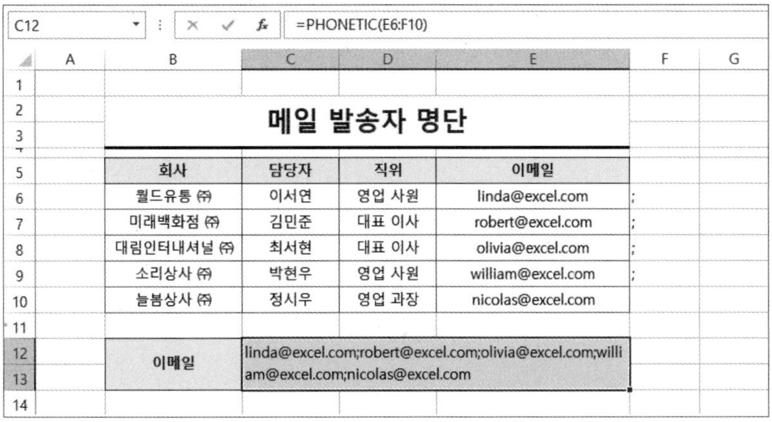
C12
=PHONETIC(E6:F10)
메일 발송자 명단
회사
담당자
직위
이메일
월드유통 ㈜
이서연
영업 사원
linda@excel.com
미래백화점 ㈜
김민준
대표 이사
robert@excel.com
대림인터내셔널 ㈜
최서현
대표 이사
olivia@excel.com
소리상사 ㈜
박현우
영업 사원
william@excel.com
늘봄상사 ㈜
정시우
영업 과장
nicolas@excel.com
이메일
linda@excel.com;robert@excel.com;olivia@excel.com;william@excel.com;nicolas@excel.com

더 알아보기 **수식 이해하기**

PHONETIC 함수에 세미콜론(;)을 입력한 F열까지의 범위를 전달하면 이메일 주소가 세미콜론(;)으로 하나씩 연결됩니다. PHONETIC 함수가 데이터를 연결하는 방향은 화살표와 같습니다.

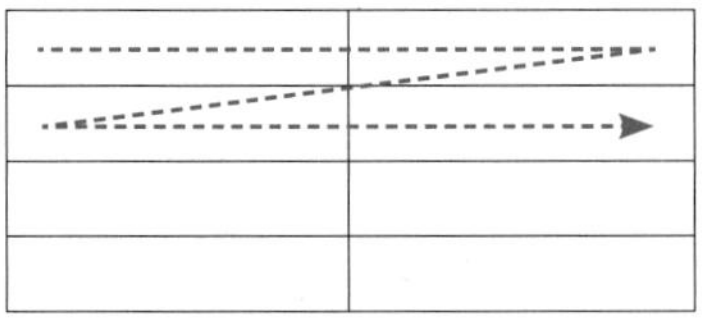

이렇게 하면 편리하게 여러 개의 값을 구분 문자로 구분해 연결할 수 있습니다. 참고로 엑셀 2019 이상 버전을 사용하고 있다면 TEXTJOIN 함수를 사용해 다음과 같은 수식을 사용할 수 있습니다.

```
=TEXTJOIN(";", TRUE, E6:E10)
```

LINK TEXTJOIN 함수에 대해서는 이 책의 320페이지를 참고합니다.

문자열 연결하기(붙이기)

05 10 특정 범위 내 모든 데이터를 연결하기 – CONCAT 함수

예제 파일 PART 02 \ CHAPTER 05 \ CONCAT 함수.xlsx

CONCAT 함수

엑셀 2019 버전부터는 CONCAT 함수를 사용해 특정 범위 내 데이터를 한번에 연결할 수 있습니다. 이 함수는 텍스트 데이터만 연결할 수 있는 PHONETIC 함수와는 달리 데이터 형식에 제약이 없고, 수식에서 반환하는 결과도 모두 연결해줄 수 있습니다.

다만 연결된 데이터 사이에 별도의 구분 문자를 넣을 수는 없습니다. 구분 문자를 사용하려면 CONCAT 함수 대신 TEXTJOIN 함수를 사용해야 합니다. CONCAT 함수의 구문은 다음과 같습니다.

CONCAT (❶ 값1, ❷ 값2, …) 2019 이상

인수로 전달된 값을 모두 연결해 반환합니다.

구문	❶ **값** : 서로 연결할 값 또는 값을 갖고 있는 셀(또는 범위)
특이사항	CONCAT 함수와 유사한 함수인 CONCATENATE 함수는 값을 하나씩만 전달해 사용하는 데에 반해, CONCAT 함수는 범위를 한번에 참조해 값을 연결할 수 있습니다. 예를 들어 [A1:A3] 범위 내 셀 값을 모두 연결하고 싶을 때 CONCATENATE 함수와 CONCAT 함수는 다음과 같은 차이가 있습니다. =CONCATENATE(A1, A2, A3) =CONCAT(A1:A3)
버전	이 함수는 엑셀 2019 이상 버전에서 사용할 수 있으며, 하위 버전에서 사용하면 #NAME? 에러가 발생합니다.

사용 예

```
=CONCAT(A1:A10)
```

TIP [A1:A10] 범위 내 셀 값을 모두 연결해 반환합니다.

따라 하기

다양한 데이터 형식의 문자를 하나로 연결하는 작업을 진행합니다. CONCAT 함수를 사용하지 못하는 하위 버전 사용자들을 위한 수식도 안내합니다.

01 예제를 열고 [B6:K6] 범위 내 셀 데이터를 모두 연결해 [M6] 병합 셀에 코드를 완성합니다.

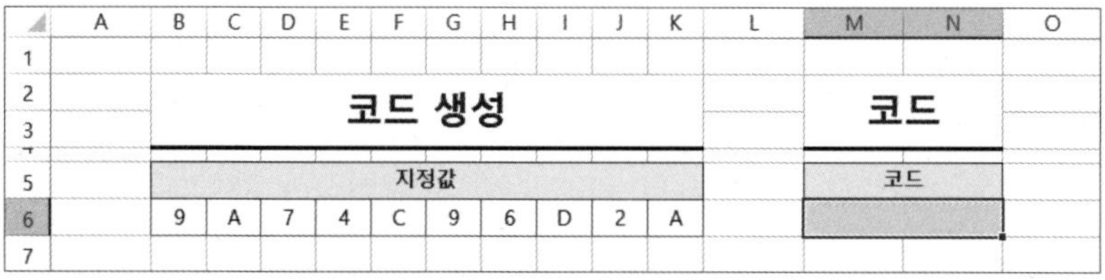

02 먼저 PHONETIC 함수를 사용해 [B6:K6] 범위 내 셀 데이터를 연결합니다.

03 [M6] 병합 셀에 다음 수식을 입력합니다.

[M6] 병합 셀 : =PHONETIC(B6:K6)

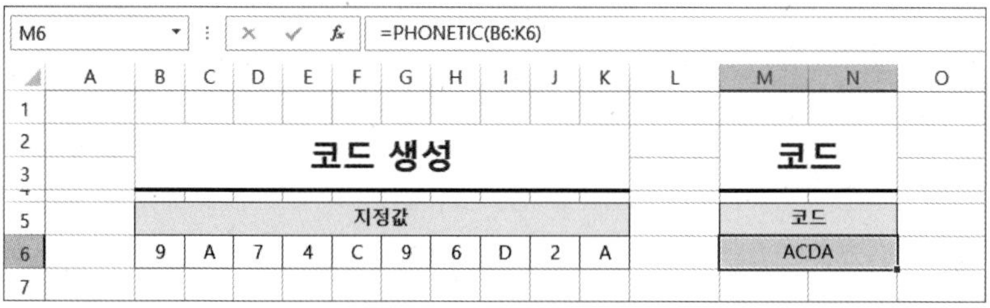

더 알아보기 **수식 이해하기**

PHONETIC 함수는 텍스트 데이터만 연결해주므로 이번 수식은 [B6:K6] 범위 내 텍스트 데이터만 연결하여 반환합니다.

LINK PHONETIC 함수에 대한 자세한 설명은 이 책의 312페이지를 참고합니다.

04 PHONETIC 함수로는 원하는 결과를 얻을 수 없으므로 CONCAT 함수를 사용합니다.

05 [M6] 병합 셀의 수식을 다음과 같이 수정합니다.

[M6] 병합 셀 : =CONCAT(B6:K6)

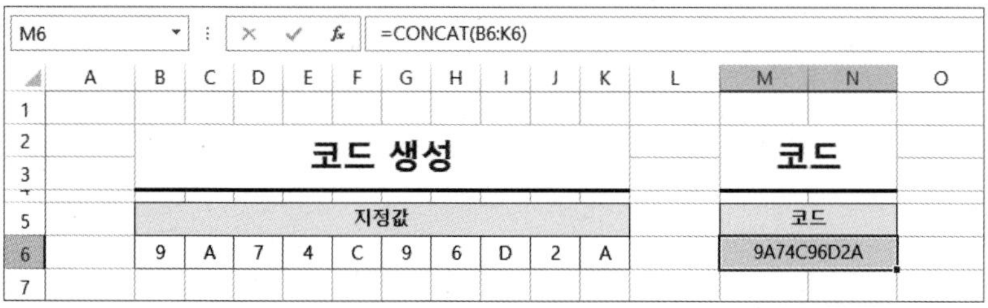

더 알아보기 **CONCAT 함수의 장점**

CONCAT 함수는 인수로 전달된 범위 내 모든 셀 데이터를 연결해 반환합니다. 그러므로 CONCATENATE 함수나 & 연산자를 사용하는 것보다 편리합니다. 이번 수식을 & 연산자나 CONCATENATE 함수로 대체하면 다음과 같은 수식이 됩니다.

```
=B6 & C6 & D6 & E6 & F6 & G6 & H6 & I6 & J6 & K6
=CONCATENATE(B6, C6, D6, E6, F6, G6, H6, I6, J6, K6)
```

Ver. CONCAT 함수는 엑셀 2016 이하 버전에서는 사용할 수 없습니다.

06 하위 버전에서 사용할 수 있도록 [M6] 병합 셀의 수식을 다음과 같이 수정합니다.

[M6] 병합 셀 : =CONCATENATE(B6:K6)

더 알아보기 **#SPILL! 에러가 발생한 이유**

CONCATENATE 함수는 [B6:K6] 범위 내 셀을 연결할 수 없습니다. 마이크로소프트 365 버전에서는 새로운 동적 배열 때문에 #SPILL! 에러가 발생하지만 하위 버전에서는 #VALUE! 에러가 발생합니다.

07 [M6] 병합 셀을 선택하고, 수식 입력줄에서 [B6:K6] 범위를 드래그해 선택합니다.

08 범위가 선택된 상태에서 F9를 누릅니다.

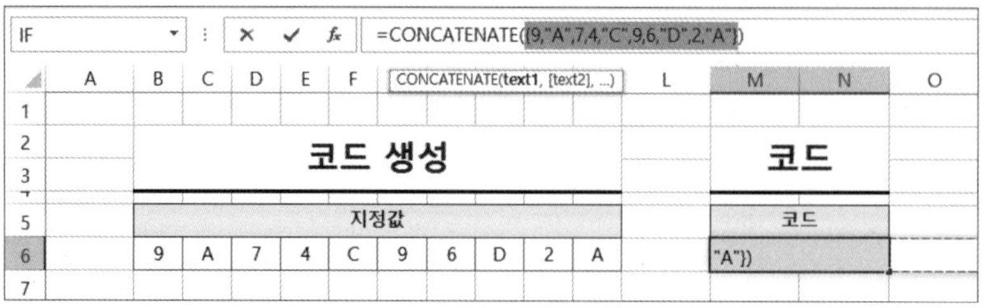

더 알아보기 **상황에 맞게 수식 변경하기**

범위를 참조하고 F9 를 누르면 참조할 범위 내 셀 데이터를 배열로 반환해줍니다. 배열 내 데이터는 중괄호({}) 안에 표시되고 열 구분에는 쉼표(,)를, 행 구분에는 세미콜론(;)을 사용합니다.

이 방법은 범위 데이터를 개별 셀 데이터로 수정하여 CONCATENATE 함수의 인수로 사용하는 것이 목적입니다. 따라서 중괄호 안의 데이터는 쉼표로 반드시 구분되어야 합니다. 만약 이번 예제와 같이 열 방향 데이터가 아닌 행 방향 데이터인 경우에는 행과 열 범위를 바꿔주는 TRANSPOSE 함수를 추가로 사용해야 합니다.

즉, 다음과 같이 TRANSPOSE 함수를 추가한 후 변경할 범위를 선택하고 F9 를 눌러야 합니다.

```
=TRANSPOSE(A1:A10)
```

LINK TRANSPOSE 함수에 대한 자세한 설명은 이 책의 767페이지를 참고합니다.

09 수식 내 중괄호({ }) 문자를 지우고 Enter 를 눌러 수식을 입력합니다.

[M6] 병합 셀 : =CONCATENATE(9, “A”, 7, 4, “C”, 9, 6, “D”, 2, “A”)

더 알아보기 **수식 이해하기**

배열로 반환된 값의 중괄호({ })를 지우면 **9, “A”, 7, 4,** …와 같이 쉼표(,)로 구분된 데이터가 됩니다. 이것을 CONCATENATE 함수에 전달하면 해당 데이터를 모두 연결한 결과를 반환합니다.

문자열 연결하기(붙이기)

05 11 특정 범위 내 데이터를 구분 문자로 연결하기 – TEXTJOIN 함수

예제 파일 PART 02 \ CHAPTER 05 \ TEXTJOIN 함수.xlsx

TEXTJOIN 함수

CONCAT 함수는 범위 내 셀 데이터를 빠르게 연결해주지만 연결할 데이터 사이에 구분 문자를 넣을 수는 없습니다. 연결할 데이터를 구분 문자로 구분하고 싶다면 엑셀 2019 이상 버전에서 새로 제공된 **TEXTJOIN 함수**를 사용합니다.

TEXTJOIN 함수는 구분 문자를 지정할 수 있고, 범위 내 빈 셀이 포함되어 있는 경우 이를 무시할 수 있는 옵션도 제공하는 등 데이터를 하나로 연결하는 작업에서는 최상의 효율을 보여줍니다.

TEXTJOIN (❶ 구분 문자, ❷ 빈 셀 제외 여부, ❸ 값1, ❹ 값2, …) 2019 이상

인수로 전달한 값을 구분 문자로 값을 구분해 모두 연결한 값을 반환합니다.

구문	**❶ 구분 문자** : 값을 연결할 때 값과 값을 구분하기 위한 문자 **❷ 빈 셀 제외 여부** : 데이터를 연결할 때 빈 셀이 있는 경우 이를 무시할지 여부를 결정 빈 셀 제외 여부 / 설명 TRUE / 빈 셀을 제외하고 연결합니다. FALSE / 빈 셀을 포함해 연결합니다. **❸ 값** : 연결할 데이터 또는 범위
버전	이 함수는 엑셀 2019 이상 버전이나 마이크로소프트 365 버전에서만 사용할 수 있는 함수이며, 하위 버전(엑셀 2016 이하 버전)에서 사용하면 #NAME? 에러가 발생합니다.

빈 셀 제외 여부	설명
TRUE	빈 셀을 제외하고 연결합니다.
FALSE	빈 셀을 포함해 연결합니다.

사용 예

```
=TEXTJOIN(",", TRUE, A1:A10)
```

TIP [A1:A10] 범위 내 값을 쉼표(,) 구분 문자로 연결해 반환합니다. 예를 들어 [A1:A10] 범위 내 1월부터 10월까지의 값이 입력되어 있다면 수식의 결과는 '1월,2월,3월,4월,…,10월'이 반환됩니다.

따라 하기

다양한 데이터를 구분 문자로 연결하는 작업을 진행합니다.

01 예제를 열고 [B:D] 열에 입력된 데이터를 하나로 연결합니다.

	A	B	C	D	E	F
1						
2		주문 처리				
3						
5		시도	구군	도로명	주소	
6		서울특별시	중구	창경궁로1길		
7		서울특별시	성북구	장위로32길		
8		서울특별시	서초구	반포대로10길		
9						
10		사은품1	사은품2	사은품3	선택 사은품	
11		보조배터리		블루투스 스피커		
12			HDMI	USB 256G		
13		무선충전기	USB Type-C			
14						

02 첫 번째 표의 주소를 공백 문자(" ")로 구분해 연결합니다.

03 [E6] 셀에 다음 수식을 입력하고 [E6] 셀의 채우기 핸들을 [E8] 셀까지 드래그합니다.

[E6] 셀 : =TEXTJOIN(" ", FALSE, B6:D6)

E6 | =TEXTJOIN(" ", FALSE, B6:D6)

	A	B	C	D	E	F
1						
2		주문 처리				
3						
5		시도	구군	도로명	주소	
6		서울특별시	중구	창경궁로1길	서울특별시 중구 창경궁로1길	
7		서울특별시	성북구	장위로32길	서울특별시 성북구 장위로32길	
8		서울특별시	서초구	반포대로10길	서울특별시 서초구 반포대로10길	
9						
10		사은품1	사은품2	사은품3	선택 사은품	
11		보조배터리		블루투스 스피커		
12			HDMI	USB 256G		
13		무선충전기	USB Type-C			
14						

더 알아보기 **수식 이해하기**

주소는 공백 문자(" ")로 구분해(띄어쓰기) 연결해야 하므로 TEXTJOIN 함수의 첫 번째 인수를 공백 문자로 지정합니다. 주소로 연결할 [B6:D6] 범위에는 빈 셀이 존재하지 않기 때문에 TEXTJOIN 함수의 두 번째 인수는 TRUE, FALSE 중 아무 것이나 입력해도 상관없습니다.

이번 수식을 & 연산자를 사용하는 것으로 변경하면 다음과 같은 수식이 됩니다.

```
=B6 & " " & C6 & " " & D6
```

04 두 번째 표에서 선택한 사은품을 쉼표(,)로 연결합니다.

05 [E11] 셀에 다음 수식을 입력하고 [E11] 셀의 채우기 핸들⊞을 [E13] 셀까지 드래그합니다.

[E11] 셀 : =TEXTJOIN(", ", TRUE, B11:D11)

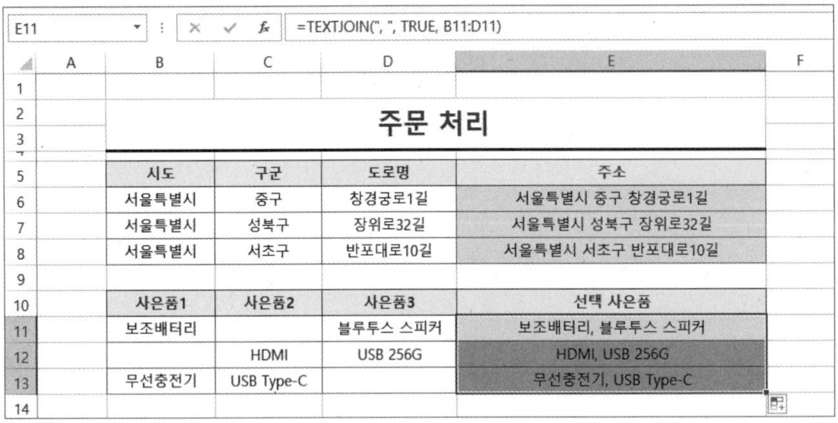
E11 =TEXTJOIN(", ", TRUE, B11:D11)

주문 처리

시도	구군	도로명	주소
서울특별시	중구	창경궁로1길	서울특별시 중구 창경궁로1길
서울특별시	성북구	장위로32길	서울특별시 성북구 장위로32길
서울특별시	서초구	반포대로10길	서울특별시 서초구 반포대로10길

사은품1	사은품2	사은품3	선택 사은품
보조배터리		블루투스 스피커	보조배터리, 블루투스 스피커
	HDMI	USB 256G	HDMI, USB 256G
무선충전기	USB Type-C		무선충전기, USB Type-C

더 알아보기 **수식 이해하기**

이번 수식은 **03** 과정과 거의 동일하지만 다음 두 가지 부분에서 차이가 납니다.

- **첫 번째 인수는 공백 문자(" ")에서 쉼표(,)로 변경되었습니다.**
  데이터를 연결할 때 쉼표(,)로 데이터를 구분합니다.
- **두 번째 인수는 FALSE에서 TRUE로 변경되었습니다.**
  빈 셀이 포함된 경우 이를 무시하고 데이터가 존재하는 셀만 연결합니다.

만약 TEXTJOIN 함수의 두 번째 인수를 FALSE로 변경하면 다음과 같은 결과를 얻게 됩니다.

```
=TEXTJOIN(", ", FALSE, B11:D11)
```

사은품1	사은품2	사은품3	선택 사은품
보조배터리		블루투스 스피커	보조배터리, , 블루투스 스피커
	HDMI	USB 256G	, HDMI, USB 256G
무선충전기	USB Type-C		무선충전기, USB Type-C,

그러므로 빈 셀이 존재할 경우에는 TEXTJOIN 함수의 두 번째 인수를 반드시 TRUE로 설정해야 합니다.

05 12 셀의 일부를 수정 및 삭제하기 – SUBSTITUTE, REPLACE 함수

예제 파일 PART 02 \ CHAPTER 05 \ SUBSTITUTE, REPLACE 함수.xlsx

SUBSTITUTE 함수와 REPLACE 함수

셀에 입력된 데이터를 고쳐 사용해야 한다면 바꾸기 기능(Ctrl+H)을 이용하거나 **SUBSTITUTE 함수** 또는 **REPLACE 함수**를 사용합니다. 셀 데이터를 직접 고쳐도 되는 경우라면 바꾸기 기능을 이용하는 것이 좋고, 수정된 결과를 다른 위치에 얻고 싶다면 함수를 사용합니다. 두 함수의 구문은 다음과 같습니다.

SUBSTITUTE (❶ 문자열, ❷ 찾는 문자(열), ❸ 바꿀 문자(열), ❹ 인덱스)

텍스트에서 바꿀 문자(열)를 찾아 새 문자(열)로 수정한 결과를 반환합니다.

구문	❶ **문자열** : 변경할 값을 포함하고 있는 텍스트 또는 셀 ❷ **찾는 문자(열)** : ❶에서 변경할 부분에 해당하는 문자(열) ❸ **바꿀 문자(열)** : ❷를 대체할 문자(열) ❹ **인덱스** : ❷가 ❶에서 여러 번 나오는 경우 몇 번째 문자(열)를 변경할 것인지 지정할 인덱스값으로, 생략하면 모두 변경합니다.

사용 예

```
=SUBSTITUTE("마이크로소프트 엑셀", "엑셀", "아웃룩")
```

TIP '마이크로소프트 엑셀' 문자열에서 '엑셀' 문자열을 '아웃룩'으로 변경해 '마이크로소프트 아웃룩' 문자열이 반환됩니다.

```
=SUBSTITUTE("마이크로소프트 엑셀", " 엑셀", "")
```

TIP '마이크로소프트 엑셀' 문자열에서 '엑셀' 문자열을 삭제해 '마이크로소프트' 문자열이 반환됩니다.

REPLACE (❶ 문자열, ❷ 시작 위치, ❸ 문자 개수, ❹ 바꿀 문자(열))

문자열의 시작 위치에서 지정된 문자 개수 부분을 수정한 결과를 반환합니다.

구문	❶ **문자열** : 변경할 값을 포함하고 있는 텍스트 또는 셀 ❷ **시작 위치** : ❶에서 변경할 문자(열)의 시작 위치 ❸ **문자 개수** : ❷ 위치에서 바꾸려는 문자열의 문자 개수 ❹ **바꿀 문자(열)** : ❶의 ❷ 위치에서 ❸개에 해당하는 문자열을 바꿀 문자(열)
참고	REPLACE 함수는 SUBSTITUTE 함수에 MID 함수의 방식을 결합시켜놓은 함수입니다.

사용 예

```
=REPLACE("마이크로소프트 엑셀", 9, 2, "아웃룩")
```

TIP '마이크로소프트 엑셀' 문자열에서 9번째 문자 위치(엑)에서 두 개의 문자(엑셀)를 '아웃룩'으로 변경해 '마이크로소프트 아웃룩' 문자열을 반환합니다.

따라 하기

여러 데이터에서 원하는 부분만 빠르게 수정하는 작업을 진행합니다. 다음 과정을 참고합니다.

01 예제를 열고, **부서명**과 **핸드폰 번호**를 수정하는 작업을 진행합니다.

	A	B	C	D	E	F	G	H	I
1									
2		직 원 변 동 사 항 정 리							
3									
5		사번	부서	신규부서	이름	핸드폰	번호 수정	번호 보호	
6		1	인사부		박지훈	010-3722-1234			
7		2	인사부		유준혁	010-5521-4222			
8		3	기획실		이서연	010-7312-1345			
9		4	총무부		김민준	010-9364-2313			
10		5	인사부		최서현	010-8349-1234			
11		6	총무부		박현우	010-4395-2011			
12		7	인사부		정시우	010-5937-1123			
13		8	기획실		이은서	010-7415-1234			
14		9	기획실		오서윤	011-3783-1234			
15									

02 먼저 새 부서명을 반환하는데, **기획실**이 **전략기획실**로 변경되었다고 가정합니다.

03 [D6] 셀에 다음 수식을 입력하고 [D6] 셀의 채우기 핸들⊞을 [D14] 셀까지 드래그합니다.

[D6] 셀 : =SUBSTITUTE(C6, "기획", "전략기획")

D6 | =SUBSTITUTE(C6, "기획", "전략기획")

	A	B	C	D	E	F	G	H	I
1									
2–3		직 원 변 동 사 항 정 리							
5		사번	부서	신규부서	이름	핸드폰	번호 수정	번호 보호	
6		1	인사부	인사부	박지훈	010-3722-1234			
7		2	인사부	인사부	유준혁	010-5521-4222			
8		3	기획실	전략기획실	이서연	010-7312-1345			
9		4	총무부	총무부	김민준	010-9364-2313			
10		5	인사부	인사부	최서현	010-8349-1234			
11		6	총무부	총무부	박현우	010-4395-2011			
12		7	인사부	인사부	정시우	010-5937-1123			
13		8	기획실	전략기획실	이은서	010-7415-1234			
14		9	기획실	전략기획실	오서윤	011-3783-1234			
15									

더 알아보기 셀을 수정하는 다양한 방법

이번 수식 내 SUBSTITUTE 함수는 첫 번째 인수에 전달된 셀에서 두 번째 인수의 문자열을 찾아, 세 번째 인수의 문자열로 변경해줍니다. 이 방법은 다음과 같이 바꾸기 기능을 이용하는 것과 동일합니다.

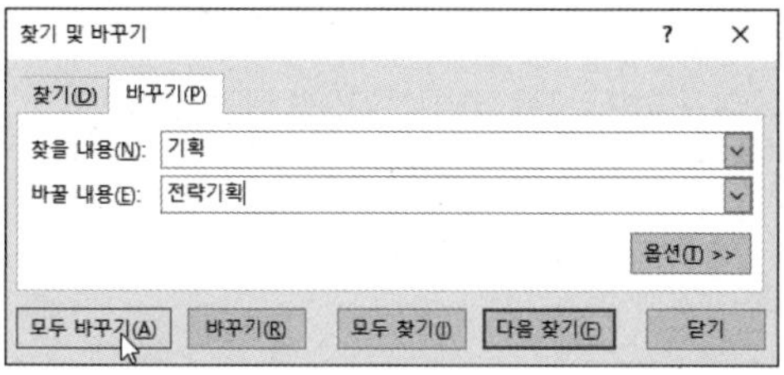

물론 이 작업은 다양한 다른 함수로도 처리가 가능한데, 다음과 같이 IF 함수를 사용해도 됩니다.

```
=IF(C6="기획실", "전략기획실", C6)
```

수식의 목적은 자신이 원하는 결과를 반환하는 데 있으므로 다양한 함수를 이용해 원하는 결과를 만들 수 있습니다.

04 이번엔 F열의 핸드폰 번호의 식별 번호를 **010**으로 통합합니다.

05 [G6] 셀에 다음 수식을 입력하고 [G6] 셀의 채우기 핸들을 [G14] 셀까지 드래그합니다.

[G6] 셀 : =SUBSTITUTE(F6, "011", "010")

G6 | =SUBSTITUTE(F6, "011", "010")

직 원 변 동 사 항 정 리

사번	부서	신규부서	이름	핸드폰	번호 수정	번호 보호
1	인사부	인사부	박지훈	010-3722-1234	010-3722-1234	
2	인사부	인사부	유준혁	010-5521-4222	010-5521-4222	
3	기획실	전략기획실	이서연	010-7312-1345	010-7312-1345	
4	총무부	총무부	김민준	010-9364-2313	010-9364-2313	
5	인사부	인사부	최서현	010-8349-1234	010-8349-1234	
6	총무부	총무부	박현우	010-4395-2011	010-4395-2010	
7	인사부	인사부	정시우	010-5937-1123	010-5937-1123	
8	기획실	전략기획실	이은서	010-7415-1234	010-7415-1234	
9	기획실	전략기획실	오서윤	011-3783-1234	010-3783-1234	

더 알아보기 **변경 결과에 문제가 발생한 이유**

SUBSTITUTE 함수는 한 번에 하나의 셀만 수정할 수 있으며, 셀 안의 두 번째 인수와 동일한 부분은 모두 변경이 됩니다. 수식 결과가 반환된 [G6:G14] 범위를 보면 식별 번호가 제대로 '010'으로 변경되었습니다. 그런데 [G11] 셀을 보면 마지막 번호 4자리도 '2011'에서 '2010'으로 변경된 것을 확인할 수 있습니다.

그러므로 이렇게 동일한 부분이 여러 군데 있다면 SUBSTITUTE 함수의 두 번째 인수를 정확하게 지정할 필요가 있습니다.

06 식별 번호만 변경되도록 [G6] 셀의 수식을 다음과 같이 수정하고 [G14] 셀까지 수식을 복사합니다.

[G6] 셀 : =SUBSTITUTE(F6, "011–", "010–")

G6 | =SUBSTITUTE(F6, "011-", "010-")

직 원 변 동 사 항 정 리

사번	부서	신규부서	이름	핸드폰	번호 수정	번호 보호
1	인사부	인사부	박지훈	010-3722-1234	010-3722-1234	
2	인사부	인사부	유준혁	010-5521-4222	010-5521-4222	
3	기획실	전략기획실	이서연	010-7312-1345	010-7312-1345	
4	총무부	총무부	김민준	010-9364-2313	010-9364-2313	
5	인사부	인사부	최서현	010-8349-1234	010-8349-1234	
6	총무부	총무부	박현우	010-4395-2011	010-4395-2011	
7	인사부	인사부	정시우	010-5937-1123	010-5937-1123	
8	기획실	전략기획실	이은서	010-7415-1234	010-7415-1234	
9	기획실	전략기획실	오서윤	011-3783-1234	010-3783-1234	

더 알아보기 **수식 이해하기**

수정된 수식으로 [G11] 셀의 결과가 제대로 반환되는 것을 확인할 수 있습니다. 이렇게 SUBSTITUTE 함수의 두 번째 인수에 하이픈(–)을 추가해 정확하게 식별 번호 부분만 수정되도록 입력하면 원하는 부분만 정확하게 고칠 수 있습니다.

07 F열의 핸드폰 번호에서 뒤 4자리 숫자를 * 문자로 숨깁니다.

08 [H6] 셀에 다음 수식을 입력하고 [H6] 셀의 채우기 핸들을 [D14] 셀까지 드래그합니다.

[H6] 셀 : =REPLACE(F6, 10, 4, "**")**

사번	부서	신규부서	이름	핸드폰	번호 수정	번호 보호
1	인사부	인사부	박지훈	010-3722-1234	010-3722-1234	010-3722-****
2	인사부	인사부	유준혁	010-5521-4222	010-5521-4222	010-5521-****
3	기획실	전략기획실	이서연	010-7312-1345	010-7312-1345	010-7312-****
4	총무부	총무부	김민준	010-9364-2313	010-9364-2313	010-9364-****
5	인사부	인사부	최서현	010-8349-1234	010-8349-1234	010-8349-****
6	총무부	총무부	박현우	010-4395-2011	010-4395-2011	010-4395-****
7	인사부	인사부	정시우	010-5937-1123	010-5937-1123	010-5937-****
8	기획실	전략기획실	이은서	010-7415-1234	010-7415-1234	010-7415-****
9	기획실	전략기획실	오서윤	011-3783-1234	010-3783-1234	011-3783-****

더 알아보기 다양한 방법으로 수식 변경하기

REPLACE 함수는 MID 함수처럼 문자열 내의 일부만 원하는 문자열로 변경할 수 있습니다. 쓰임새는 SUBSTITUTE 함수에 비해 적을 수밖에 없지만 특정 상황에서는 유용하게 사용할 수 있습니다. 이번 수식은 LEFT 함수를 사용하는 다음 수식으로 변경할 수 있습니다.

```
=LEFT(F6, 9) & "****"
```

또는 REPT 함수를 사용해 다음과 같이 고칠 수 있습니다.

```
=LEFT(F6, 9) & REPT("*", 4)
```

TIP 가급적 다양한 함수를 사용하여 수식을 변경해본다면 함수를 더 잘 사용할 수 있습니다.

문자열 수정/삭제하기(고치기)

05 13 텍스트 문자가 포함된 숫자를 고쳐서 계산하기

예제 파일 PART 02 \ CHAPTER 05 \ SUBSTITUTE 함수–텍스트 계산.xlsx

SUBSTITUTE 함수 활용

SUBSTITUTE 함수는 셀 데이터를 고칠 수 있어 여러 부분에 활용할 수 있습니다. 예를 들어 텍스트 문자가 포함된 숫자는 계산할 수 없기 때문에 #VALUE! 에러가 발생합니다. 이런 데이터를 계산에 사용하려면 SUBSTITUTE 함수로 텍스트 문자를 지우고 계산해야 합니다. 다음 과정을 참고합니다.

01 예제의 견적서에서 단가와 수량을 곱해 판매 금액을 계산합니다.

02 판매 금액의 계산을 위해 [F7] 셀에 다음 수식을 입력합니다.

[F7] 셀 : =D7*E7

F7 | =D7*E7

	A	B	C	D	E	F	G
1							
2		견 적 서					
3							
5		총 액		#VALUE!			
6		번호	제품	단가	수량	판매	
7		1	지문인식 FPIN-1000+	132,500	5 EA	#VALUE!	
8		2	도트 TIC-1A	3,500	10 EA		
9		3	바코드 BCD-200 Plus	94,500	5 EA		
10		4	레이저복합기 L200	165,000	9 EA		
11		5	복사지A4 5000매	24,500	20 EA		
12							

더 알아보기 **#VALUE! 에러가 발생한 이유**

E열의 데이터는 수량이 입력되어 있지만 숫자 데이터는 아닙니다. 숫자 뒤에 텍스트 문자에 해당하는 'EA' 단위가 함께 입력되어 있기 때문입니다.

03 F열의 값에서 텍스트 문자 부분인 EA 단위를 삭제합니다.

04 [F7] 셀에 다음 수식을 입력하고 [F7] 셀의 채우기 핸들을 [F11] 셀까지 드래그합니다.

[F7] 셀 : =SUBSTITUTE(E7, " EA", "")

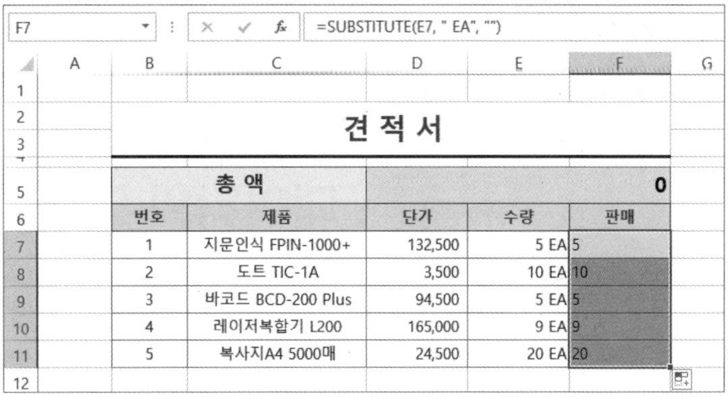

F7
=SUBSTITUTE(E7, " EA", "")
견 적 서
총 액
0
번호
제품
단가
수량
판매
1 지문인식 FPIN-1000+ 132,500 5 EA 5
2 도트 TIC-1A 3,500 10 EA 10
3 바코드 BCD-200 Plus 94,500 5 EA 5
4 레이저복합기 L200 165,000 9 EA 9
5 복사지A4 5000매 24,500 20 EA 20

더 알아보기 **수식 이해하기**

E열의 값에서 텍스트 부분은 ' EA'입니다. 수식을 구성할 때 주의할 점은 'EA' 앞에 공백 문자(" ")가 있으므로 정확하게 **' EA'** 로 입력해야 합니다. 이번 수식은 ' EA'를 찾아 빈 문자("")로 변경하는 것이므로, ' EA'를 지운 데이터를 반환합니다. 다만 F열의 SUBSTITUTE 함수에서 반환된 값이 셀의 왼쪽에 맞춰 표시됩니다. 이것은 숫자에 해당하는 문자만 남았지만 데이터 형식은 텍스트라는 의미입니다.

05 SUBSTITUTE 함수로 얻은 결과에 단가(D열)을 곱해 판매 금액을 구합니다.

06 [F7] 셀의 수식을 다음과 같이 수정하고, [F7] 셀의 채우기 핸들을 [F11] 셀까지 드래그합니다.

[F7] 셀 : =SUBSTITUTE(E7, " EA", "") * D7

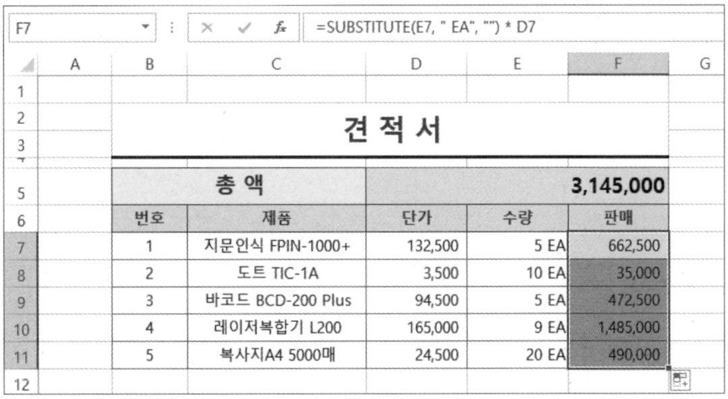

F7
=SUBSTITUTE(E7, " EA", "") * D7
견 적 서
총 액
3,145,000
번호
제품
단가
수량
판매
1 지문인식 FPIN-1000+ 132,500 5 EA 662,500
2 도트 TIC-1A 3,500 10 EA 35,000
3 바코드 BCD-200 Plus 94,500 5 EA 472,500
4 레이저복합기 L200 165,000 9 EA 1,485,000
5 복사지A4 5000매 24,500 20 EA 490,000

더 알아보기 **텍스트 형식의 숫자 계산하기**

이번 수식은 기존 수식에 D열의 단가를 곱해 판매 금액을 계산합니다. SUBSTITUTE 함수에서 반환된 데이터는 텍스트 형식이라 SUM 함수를 사용하면 집계가 되지 않지만, D열의 단가와 곱하는 연산은 #VALUE! 에러가 발생하지 않고 제대로 된 계산 결과가 반환됩니다. 이런 차이에 대해서는 아래 설명을 참고합니다.

- 첫째, LEFT, MID, RIGHT, SUBSTITUTE 함수에서 반환하는 데이터는 텍스트 형식의 데이터입니다.
- 둘째, SUM 함수와 같은 집계 함수는 텍스트 형식의 데이터는 집계할 수 없습니다.
- 셋째, 텍스트 형식의 숫자를 숫자와 연산(+, -, *, /)하면 텍스트 형식의 숫자가 숫자 형식으로 변환되어 계산되므로 정확한 연산 결과를 얻을 수 있습니다.

05 14 동일한 구분 문자가 존재하는 데이터의 일부만 분리하기

예제 파일 PART 02 \ CHAPTER 05 \ SUBSTITUTE 함수–분리.xlsx

구분 문자를 활용해 분리하기

셀 데이터가 동일한 구분 문자 여러 개로 구성되어 있을 때 이 중 일부만 필요하다면 해당 위치의 구분 문자를 다른 구분 문자로 변경한 후 잘라냅니다. 다음 과정을 참고합니다.

01 예제를 열고, C열의 주소에서 도로명에 해당하는 주소만 D열에 분리합니다.

02 먼저 도로명 앞의 공백 구분 문자를 슬래시(/)로 변경합니다.

03 [E6] 셀에 다음 수식을 입력합니다.

[E6] 셀 : =SUBSTITUTE(C6, " ", "/")

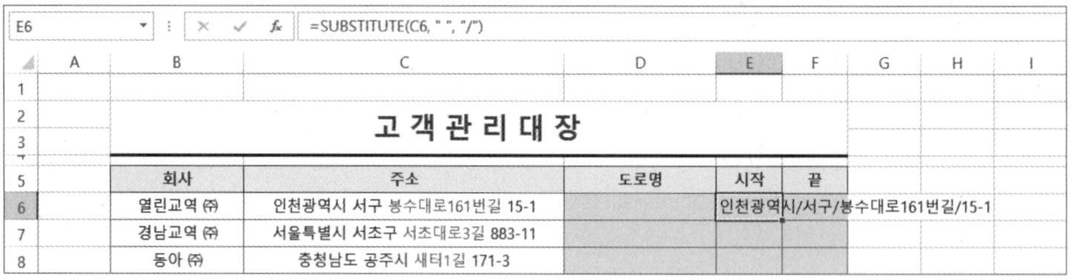
E6
=SUBSTITUTE(C6, " ", "/")
고 객 관 리 대 장
회사
주소
도로명
시작
끝
열린교역 ㈜
인천광역시 서구 봉수대로161번길 15-1
인천광역시/서구/봉수대로161번길/15-1
경남교역 ㈜
서울특별시 서초구 서초대로3길 883-11
동아 ㈜
충청남도 공주시 새터1길 171-3

더 알아보기 수식 이해하기

SUBSTITUE 함수를 사용하면 주소를 입력할 때 사용하는 공백 문자(" ")를 원하는 값으로 변경할 수 있습니다. 따라서 예제에서 사용한 슬래시(/)를 반드시 사용해야 하는 것은 아니며, C열의 주소에서 사용하지 않은 문자면 어떤 것도 가능합니다.

04 두 번째 공백 문자(" ")만 **슬래시(/)**로 변경합니다.

05 [E6] 셀의 수식을 다음과 같이 수정합니다.

[E6] 셀 : =SUBSTITUTE(C6, " ", "/", 2)

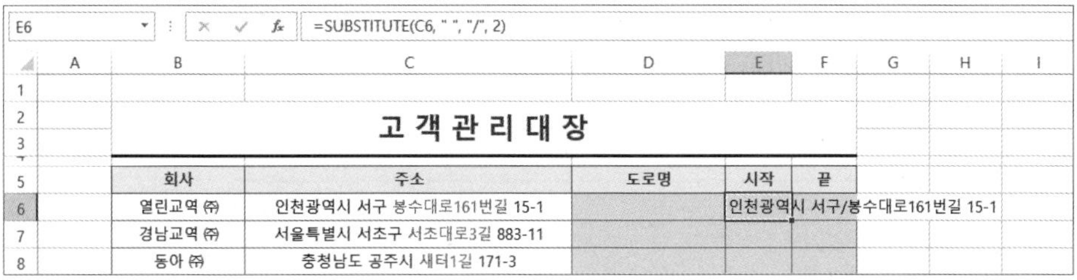

더 알아보기 **지정한 위치의 문자열만 고치는 방법**

SUBSTITUTE 함수는 찾아진 모든 문자열을 다 고치지만 네 번째 인수를 지정하면 N번째 위치의 문자열만 고칠 수 있습니다. 이번 수식은 모든 공백 문자(" ")를 고치지 않고 두 번째 공백 문자 위치만 슬래시(/)로 변경해줍니다.

06 FIND 함수로 슬래시(/)의 위치를 찾습니다.

07 [E6] 셀의 수식을 다음과 같이 수정하고, [E6] 셀의 채우기 핸들을 [E12] 셀까지 드래그합니다.

[E6] 셀 : =FIND("/", SUBSTITUTE(C6, " ", "/", 2))

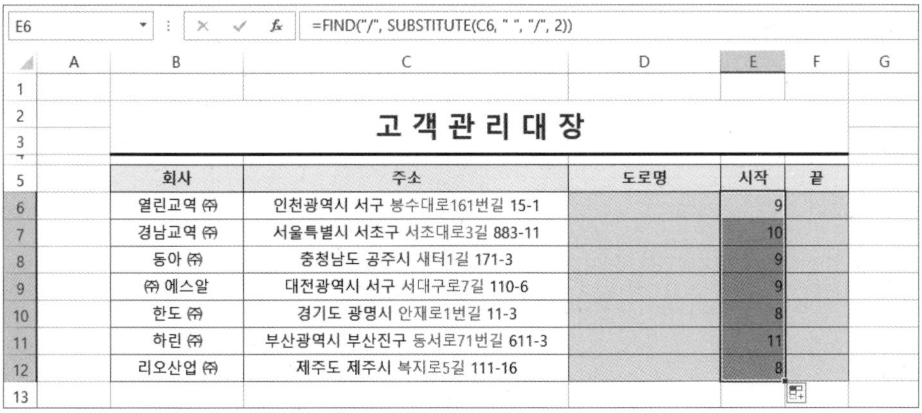

더 알아보기 **수식 이해하기**

SUBSTITUTE 함수로 두 번째 공백 문자(" ")를 슬래시(/)로 바꾼 다음, FIND 함수로 슬래시(/)의 위치를 찾으면 주소에서 잘라낼 첫 번째 문자 위치를 확인할 수 있습니다. 이런 방식을 이용하면 동일한 구분 문자가 여러 개 입력되어 있을 때 N번째 위치를 FIND 함수로 쉽게 찾아낼 수 있습니다.

08 동일한 방법으로 주소의 세 번째 공백 문자(" ") 위치를 FIND 함수로 찾습니다.

09 [F6] 셀에 다음 수식을 입력하고, [F6] 셀의 채우기 핸들을 [F12] 셀까지 드래그합니다.

[F6] 셀 : =FIND("/", SUBSTITUTE(C6, " ", "/", 3))

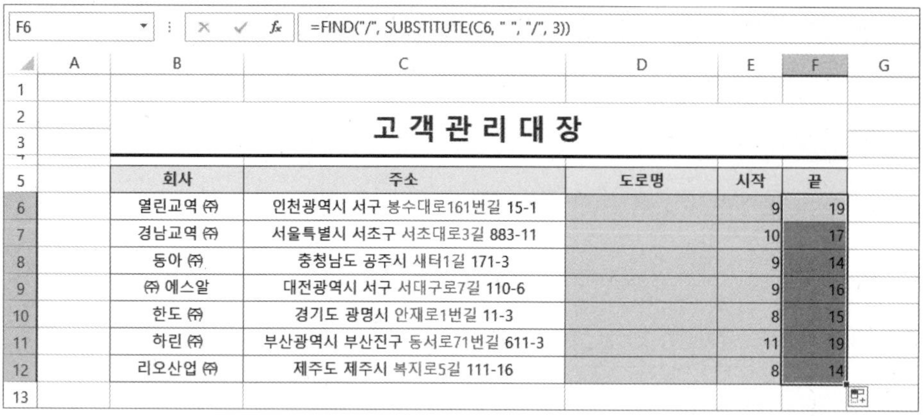
F6 | =FIND("/", SUBSTITUTE(C6, " ", "/", 3))

고 객 관 리 대 장

회사	주소	도로명	시작	끝
열린교역 ㈜	인천광역시 서구 봉수대로161번길 15-1		9	19
경남교역 ㈜	서울특별시 서초구 서초대로3길 883-11		10	17
동아 ㈜	충청남도 공주시 새터1길 171-3		9	14
㈜ 에스알	대전광역시 서구 서대구로7길 110-6		9	16
한도 ㈜	경기도 광명시 안재로1번길 11-3		8	15
하린 ㈜	부산광역시 부산진구 동서로71번길 611-3		11	19
리오산업 ㈜	제주도 제주시 복지로5길 111-16		8	14

10 D열에 도로명 주소만 반환합니다.

11 [D6] 셀에 다음 수식을 입력하고, [D6] 셀의 채우기 핸들을 [D12] 셀까지 드래그합니다.

[D6] 셀 : =MID(C6, E6+1, F6–E6–1)

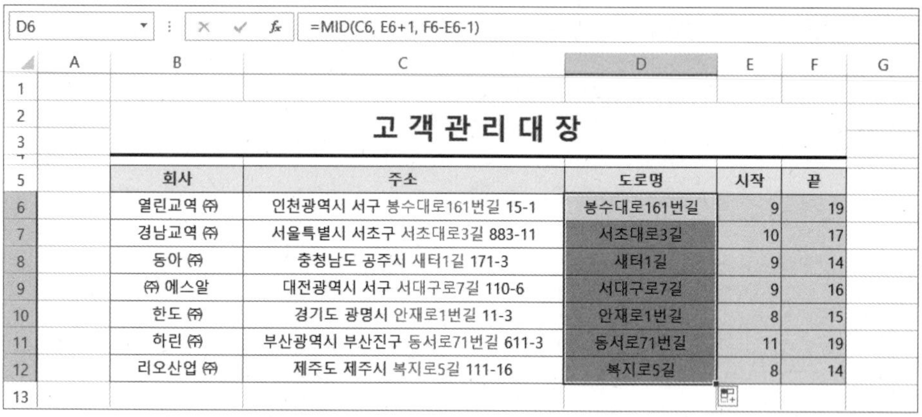
D6 | =MID(C6, E6+1, F6-E6-1)

고 객 관 리 대 장

회사	주소	도로명	시작	끝
열린교역 ㈜	인천광역시 서구 봉수대로161번길 15-1	봉수대로161번길	9	19
경남교역 ㈜	서울특별시 서초구 서초대로3길 883-11	서초대로3길	10	17
동아 ㈜	충청남도 공주시 새터1길 171-3	새터1길	9	14
㈜ 에스알	대전광역시 서구 서대구로7길 110-6	서대구로7길	9	16
한도 ㈜	경기도 광명시 안재로1번길 11-3	안재로1번길	8	15
하린 ㈜	부산광역시 부산진구 동서로71번길 611-3	동서로71번길	11	19
리오산업 ㈜	제주도 제주시 복지로5길 111-16	복지로5길	8	14

더 알아보기 **단계별로 수식을 작성하는 이유**

이번 예제에서와 같이 단계를 밟아가면 어려운 수식도 손쉽게 작성할 수 있게 됩니다. 이번 수식에서 [E:F] 열을 사용하지 않고 셀 주소를 바로 입력하려면 [D6] 셀에 입력될 수식은 다음과 같습니다.

```
=MID(C6, FIND("/", SUBSTITUTE(C6, " ", "/", 2))+1,
        FIND("/", SUBSTITUTE(C6, " ", "/", 3))–FIND("/", SUBSTITUTE(C6, " ", "/", 2))–1)
```

처음부터 이런 식으로 수식을 구성하는 것은 쉽지 않으므로 이번 예제에서 설명한 것처럼 하나씩 차근차근 수식을 작성해나가는 것을 권합니다.

문자열 수정/삭제하기(고치기)

05 15 여러 구분 문자가 포함된 데이터를 모두 분리하기

예제 파일 PART 02 \ CHAPTER 05 \ SUBSTITUTE 함수–구분 문자.xlsx

구분 문자를 통일한 후 분리하기

셀에 여러 데이터를 서로 다른 구분 문자로 구분해 입력한 경우에는 열을 분리해내는 것이 쉽지 않습니다. 이런 경우 SUBSTITUTE 함수를 사용해 각 구분 문자를 하나의 구분 문자로 통일시킨 다음 텍스트 나누기 기능으로 열을 분리합니다. 다음 과정을 참고하세요!

01 예제를 열고, B열의 데이터를 업체명, 대표이사, 사업자등록번호, 주소 등으로 구분합니다.

	A	B	C	D	E	F
1						
2		데이터 분리				
3						
5		데이터	업체명	대표이사	사업자등록번호	주소
6		동오무역 ㈜(조규현,003-90-03950) 인천광역시 연수구 센트럴로 15-1				
7		누리 ㈜(김명석,004-99-03922) 서울특별시 동대문구 전농로3길 72-3				
8		사선 무역 ㈜(허청일,001-31-04610) 경기도 수원시 권선구 오목천로27번길 11-6				
9		한정교역 ㈜(황영신,002-72-00112) 서울특별시 서초구 양재대로2길 10-2				
10		반디상사 ㈜(김재균,006-65-07692) 경기도 부천시 심곡로82번길 14-6				
11		삼양상사 ㈜(감성동,005-61-08765) 서울특별시 용산구 효창원로40길 120-5				
12		한남상사 ㈜(김혜령,006-24-08715) 인천광역시 서구 청라사파이어로 11-15				

02 B열의 각 데이터를 구분하는 구분 문자가 다르므로 구분 문자를 **슬래시(/)**로 통일시킵니다.

03 업체명과 대표이사 이름 사이의 구분 문자를 먼저 변경합니다.

04 [C6] 셀에 다음 수식을 입력합니다.

[C6] 셀 : =SUBSTITUTE(B6, "(", "/")

C6 | =SUBSTITUTE(B6, "(", "/")

	A	B	C	D	E	F
1						
2		데이터 분리				
3						
5		데이터	업체명	대표이사	사업자등록번호	주소
6		동오무역 ㈜(조규현,003-90-03950) 인천광역시 연수구 센트럴로 15-1	동오무역 ㈜/조규현,003-90-03950) 인천광역시 연수구 센트럴로 15-1			
7		누리 ㈜(김명석,004-99-03922) 서울특별시 동대문구 전농로3길 72-3				
8		사선 무역 ㈜(허청일,001-31-04610) 경기도 수원시 권선구 오목천로27번길 11-6				

🔍 더 알아보기	여러 구분 문자 통일하기

B열의 데이터는 다음과 같은 패턴으로 입력되어 있습니다.

```
업체명(대표이사,사업자등록번호) 주소
```

TIP 사업자등록번호와 주소는 괄호 끝 문자())와 공백 문자(" ")로 구분되어 있습니다.

그러므로 업체명과 대표이사 이름 사이에 입력된 괄호 시작 문자(()를 새로운 구분 문자(/)로 대체합니다. 만약 괄호 시작 문자(() 가 B열에 여러 번 사용되고 있다면 SUBSTITUTE 함수의 네 번째 인수를 사용해 첫 번째 위치의 문자만 변경합니다.

```
=SUBSTITUTE(B6, "(", "/", 1)
```

TIP 위 수식에서 SUBSTITUTE 함수의 네 번째 인수가 1인 것은 [B6] 셀의 '(' 문자 중에서 첫 번째 나온 문자만 '/'로 변경하라는 의미입니다.

05 대표이사명과 사업자등록번호 사이의 구분 문자인 **쉼표(,)**를 **슬래시(/)**로 변경합니다.

06 [C6] 셀의 수식을 다음과 같이 수정합니다.

[C6] 셀 : =SUBSTITUTE(SUBSTITUTE(B6, "(", "/"), ",", "/")

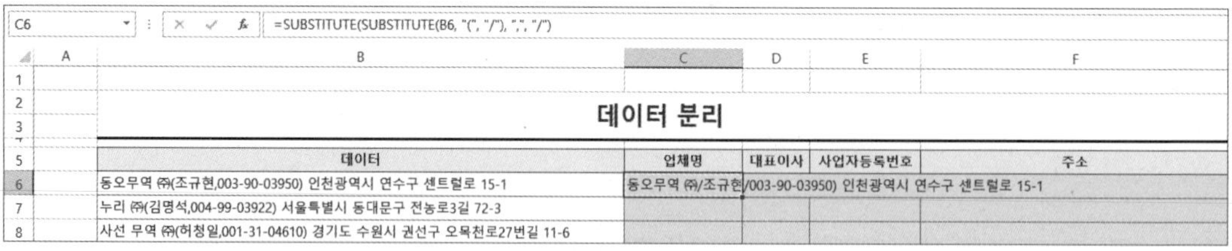

C6 | =SUBSTITUTE(SUBSTITUTE(B6, "(", "/"), ",", "/")

	A	B	C	D	E	F
1						
2-3			데이터 분리			
5		데이터	업체명	대표이사	사업자등록번호	주소
6		동오무역 ㈜(조규현,003-90-03950) 인천광역시 연수구 센트럴로 15-1	동오무역 ㈜/조규현/003-90-03950) 인천광역시 연수구 센트럴로 15-1			
7		누리 ㈜(김명석,004-99-03922) 서울특별시 동대문구 전농로3길 72-3				
8		사선 무역 ㈜(허청일,001-31-04610) 경기도 수원시 권선구 오목천로27번길 11-6				

07 마지막으로 사업자등록번호와 주소를 구분하는 구분 문자를 **슬래시(/)**로 변경합니다.

08 [C6] 셀의 수식을 다음과 같이 변경하고 [C6] 셀의 채우기 핸들을 [C17] 셀까지 드래그합니다.

[C6] 셀 : =SUBSTITUTE(SUBSTITUTE(SUBSTITUTE(B6, "(", "/"), ",", "/"), ") ", "/")

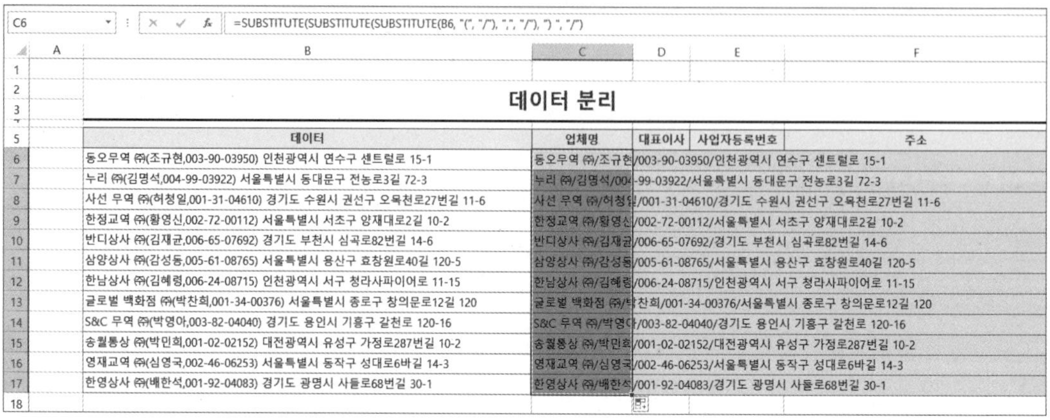

C6 | =SUBSTITUTE(SUBSTITUTE(SUBSTITUTE(B6, "(", "/"), ",", "/"), ") ", "/")

	A	B	C	D	E	F
1						
2-3			데이터 분리			
5		데이터	업체명	대표이사	사업자등록번호	주소
6		동오무역 ㈜(조규현,003-90-03950) 인천광역시 연수구 센트럴로 15-1	동오무역 ㈜/조규현/003-90-03950/인천광역시 연수구 센트럴로 15-1			
7		누리 ㈜(김명석,004-99-03922) 서울특별시 동대문구 전농로3길 72-3	누리 ㈜/김명석/004-99-03922/서울특별시 동대문구 전농로3길 72-3			
8		사선 무역 ㈜(허청일,001-31-04610) 경기도 수원시 권선구 오목천로27번길 11-6	사선 무역 ㈜/허청일/001-31-04610/경기도 수원시 권선구 오목천로27번길 11-6			
9		한정교역 ㈜(황영신,002-72-00112) 서울특별시 서초구 양재대로2길 10-2	한정교역 ㈜/황영신/002-72-00112/서울특별시 서초구 양재대로2길 10-2			
10		반디상사 ㈜(김재균,006-65-07692) 경기도 부천시 심곡로82번길 14-6	반디상사 ㈜/김재균/006-65-07692/경기도 부천시 심곡로82번길 14-6			
11		삼양상사 ㈜(감성동,005-61-08765) 서울특별시 용산구 효창원로40길 120-5	삼양상사 ㈜/감성동/005-61-08765/서울특별시 용산구 효창원로40길 120-5			
12		한남상사 ㈜(김혜령,006-24-08715) 인천광역시 서구 청라사파이어로 11-15	한남상사 ㈜/김혜령/006-24-08715/인천광역시 서구 청라사파이어로 11-15			
13		글로벌 백화점 ㈜(박찬희,001-34-00376) 서울특별시 종로구 창의문로12길 120	글로벌 백화점 ㈜/박찬희/001-34-00376/서울특별시 종로구 창의문로12길 120			
14		S&C 무역 ㈜(박영아,003-82-04040) 경기도 용인시 기흥구 갈천로 120-16	S&C 무역 ㈜/박영아/003-82-04040/경기도 용인시 기흥구 갈천로 120-16			
15		송월통상 ㈜(박민희,001-02-02152) 대전광역시 유성구 가정로287번길 10-2	송월통상 ㈜/박민희/001-02-02152/대전광역시 유성구 가정로287번길 10-2			
16		영재교역 ㈜(심영국,002-46-06253) 서울특별시 동작구 성대로6바길 14-3	영재교역 ㈜/심영국/002-46-06253/서울특별시 동작구 성대로6바길 14-3			
17		한영상사 ㈜(배한석,001-92-04083) 경기도 광명시 사들로68번길 30-1	한영상사 ㈜/배한석/001-92-04083/경기도 광명시 사들로68번길 30-1			
18						

TIP 함수 내에 함수를 사용하는 중첩은 최대 64회까지 허용됩니다.

09 구분 문자가 통일되었으므로, 텍스트 나누기 기능을 이용해 열을 구분합니다.

10 텍스트 나누기 기능을 이용하려면 수식을 값으로 변경해야 합니다.

11 [C6:C17] 범위를 선택하고 복사(Ctrl + C)합니다.

12 리본 메뉴의 [홈] 탭–[클립보드] 그룹–[붙여넣기]–[값 붙여넣기]를 클릭합니다.

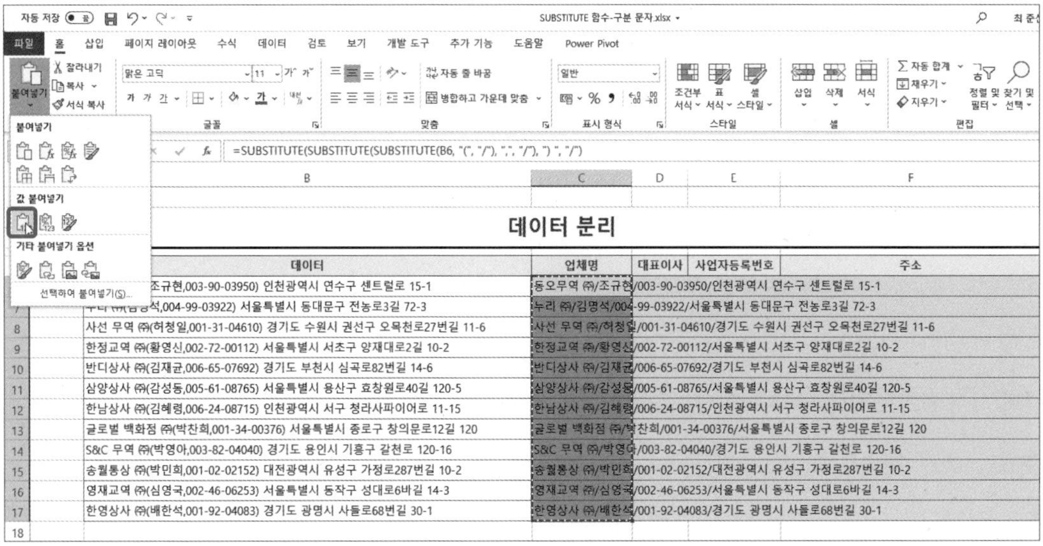

13 바로 리본 메뉴의 [데이터] 탭–[데이터 도구] 그룹–[텍스트 나누기]를 클릭합니다.

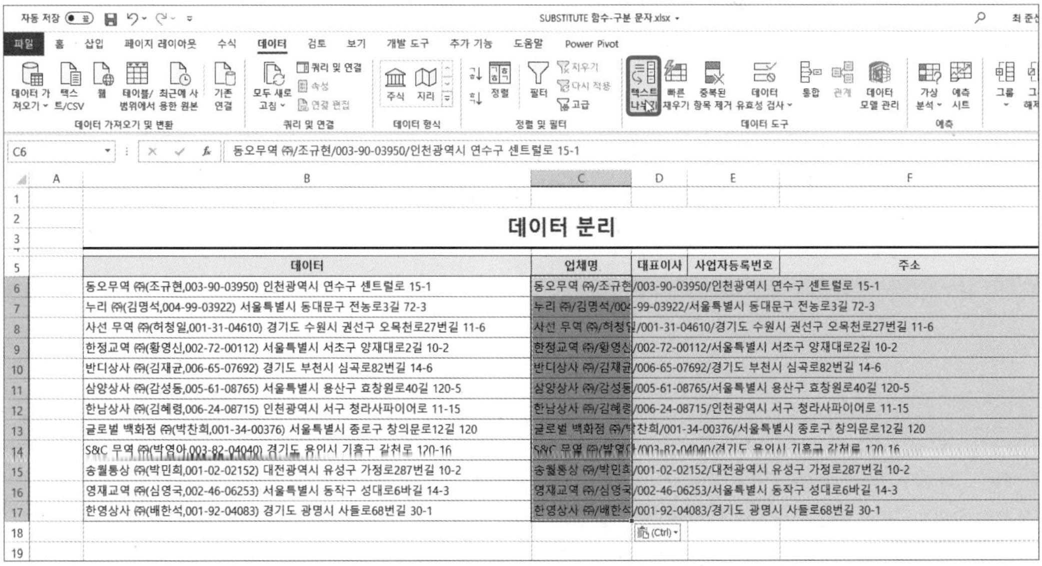

14 [텍스트 마법사] 대화상자에서 [구분 기호로 분리됨] 옵션이 선택된 상태에서 [다음]을 클릭합니다.

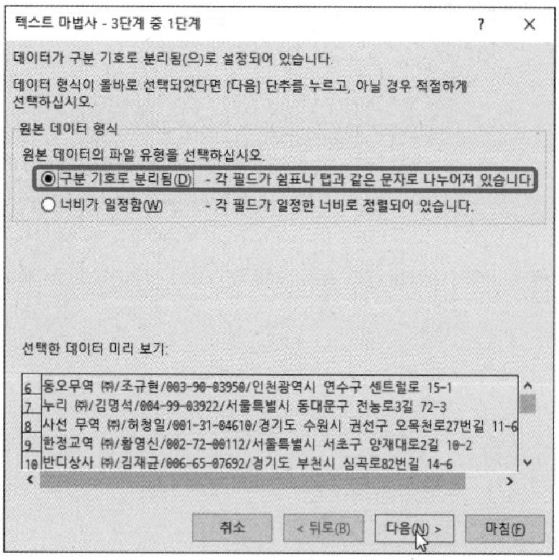

15 [구분 기호] 그룹에서 모든 옵션을 초기화하고 [기타]만 선택합니다.

16 오른쪽 텍스트 상자에 슬래시(/)를 입력하고 [마침]을 클릭합니다.

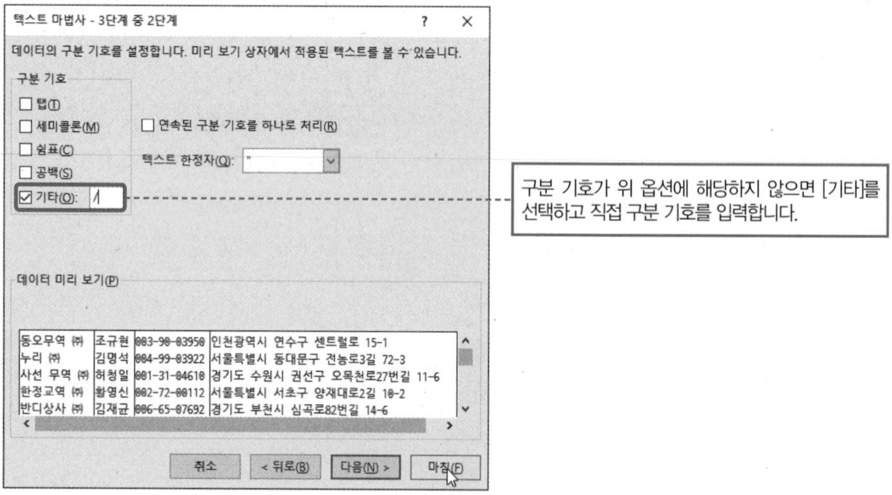

더 알아보기 **[텍스트 마법사] 대화상자를 사용할 때 주의할 점**

텍스트 나누기 기능을 이용해 구분된 데이터는 오른쪽 빈 열에 들어가게 됩니다. 오른쪽 열이 비어 있지 않고 데이터가 입력되어 있다면 값을 덮어 씌웁니다. 이 경우 다음과 같은 경고 메시지 창이 표시됩니다.

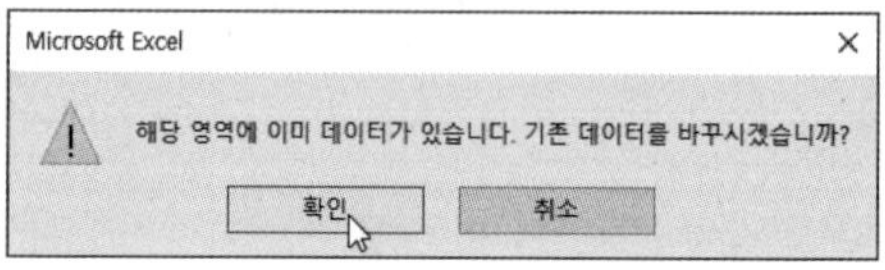

이번 예제는 [D:F] 열에 데이터는 없지만 표 서식을 구성해놓았기 때문에 해당 위치가 사용되고 있다고 인식합니다. 이번 예제에서는 [확인]을 클릭하면 되는데, 예제와 달리 실제 다른 데이터가 입력된 경우에는 [취소]를 클릭하고 필요한 수만큼 빈 열을 삽입한 후 다시 텍스트 나누기 기능을 이용합니다.

17 다음과 같이 깔끔하게 분리된 결과를 얻을 수 있습니다.

데이터 분리

데이터	업체명	대표이사	사업자등록번호	주소
동오무역 ㈜(조규현,003-90-03950) 인천광역시 연수구 센트럴로 15-1	동오무역 ㈜	조규현	003-90-03950	인천광역시 연수구 센트럴로 15-1
누리 ㈜(김명석,004-99-03922) 서울특별시 동대문구 전농로3길 72-3	누리 ㈜	김명석	004-99-03922	서울특별시 동대문구 전농로3길 72-3
사선 무역 ㈜(허청일,001-31-04610) 경기도 수원시 권선구 오목천로27번길 11-6	사선 무역 ㈜	허청일	001-31-04610	경기도 수원시 권선구 오목천로27번길 11-6
한정교역 ㈜(황영신,002-72-00112) 서울특별시 서초구 양재대로2길 10-2	한정교역 ㈜	황영신	002-72-00112	서울특별시 서초구 양재대로2길 10-2
반디상사 ㈜(김재균,006-65-07692) 경기도 부천시 심곡로82번길 14-6	반디상사 ㈜	김재균	006-65-07692	경기도 부천시 심곡로82번길 14-6
삼양상사 ㈜(감성동,005-61-08765) 서울특별시 용산구 효창원로40길 120-5	삼양상사 ㈜	감성동	005-61-08765	서울특별시 용산구 효창원로40길 120-5
한남상사 ㈜(김혜령,006-24-08715) 인천광역시 서구 청라사파이어로 11-15	한남상사 ㈜	김혜령	006-24-08715	인천광역시 서구 청라사파이어로 11-15
글로벌 백화점 ㈜(박찬희,001-34-00376) 서울특별시 종로구 창의문로12길 120	글로벌 백화점 ㈜	박찬희	001-34-00376	서울특별시 종로구 창의문로12길 120
S&C 무역 ㈜(박영아,003-82-04040) 경기도 용인시 기흥구 갈천로 120-16	S&C 무역 ㈜	박영아	003-82-04040	경기도 용인시 기흥구 갈천로 120-16
송월통상 ㈜(박민희,001-02-02152) 대전광역시 유성구 가정로287번길 10-2	송월통상 ㈜	박민희	001-02-02152	대전광역시 유성구 가정로287번길 10-2
영재교역 ㈜(심영국,002-46-06253) 서울특별시 동작구 성대로6바길 14-3	영재교역 ㈜	심영국	002-46-06253	서울특별시 동작구 성대로6바길 14-3
한영상사 ㈜(배한석,001-92-04083) 경기도 광명시 사들로68번길 30-1	한영상사 ㈜	배한석	001-92-04083	경기도 광명시 사들로68번길 30-1

문자열 수정/삭제하기(고치기)

05 16

문자열 내 특정 단어 개수 세기

예제 파일 PART 02 \ CHAPTER 05 \ SUBSTITUTE 함수–단어.xlsx

문자열 내 특정 단어/문자 세는 공식

셀에 입력된 문자열에서 필요한 단어의 개수를 세고 싶다면 문자 개수를 세는 방법을 사용합니다. 다음과 같은 공식이 보통 사용됩니다.

=(LEN(문자열) - LEN(SUBSTITUTE(문자열, 단어, "")))/LEN(단어)

위 수식은 SUBSTITUTE 함수로 문자열 내에서 해당 단어를 지운 다음 LEN 함수로 문자의 개수를 세어 반환하는 방식입니다. 수식이 복잡해 보이지만, 단어가 하나의 문자로 되어 있다면 LEN(단어)로 나눌 필요가 없어져 수식은 다음과 같이 간소화될 수 있습니다.

=LEN(문자열) - LEN(SUBSTITUTE(문자열, 단어, ""))

이런 계산식은 이해할 수 있으면 좋지만 그냥 공식처럼 외워 사용해도 크게 무리가 없습니다.

따라 하기

문사열 내 필요한 난어(문사열)의 개수를 세는 방법을 이해합니다.

01 예제의 [C5] 병합 셀에는 이메일 주소가 여러 개 입력되어 있습니다. 전체 인원수를 확인합니다.

	A	B	C	D	E	F
1						
2		메일 발송자 명단				
3						
5		이메일	linda@excel.com ; robert@excel.com ; olivia@excel.com ;			
6			william@excel.com ; nicolas@excel.com			
7		인원수	전체문자	수정문자	인원수	
8						
9						

TIP 세미콜론(;)은 이메일 주소를 구분할 때 사용하는 문자이며 항상 인원수보다 한 개 적게 입력됩니다.

02 먼저 이메일 주소의 문자 개수를 세기 위해 [C8] 셀에 다음 수식을 입력합니다.

[C8] 셀 : =LEN(C5)

C8 =LEN(C5)

	A	B	C	D	E	F
1						
2		메일 발송자 명단				
3						
5		이메일	linda@excel.com ; robert@excel.com ; olivia@excel.com ;			
6			william@excel.com ; nicolas@excel.com			
7		인원수	전체문자	수정문자	인원수	
8			93			
9						

03 [C5] 병합 셀의 이메일 주소를 구분하는 세미콜론(;)을 지웁니다.

04 [D8] 셀에 다음 수식을 입력합니다.

[D8] 셀 : =SUBSTITUTE(C5, ";", "")

D8 =SUBSTITUTE(C5, ";", "")

	A	B	C	D	E	F	G
1							
2		메일 발송자 명단					
3							
5		이메일	linda@excel.com ; robert@excel.com ; olivia@excel.com ;				
6			william@excel.com ; nicolas@excel.com				
7		인원수	전체문자	수정문자	인원수		
8			93	olivia@excel.com william@excel.com nicolas@excel.com			
9							

05 세미콜론(;)을 지운 이메일의 문자 개수를 셉니다. [D8] 셀의 수식을 다음과 같이 변경합니다.

[D8] 셀 : =LEN(SUBSTITUTE(C5, ";", ""))

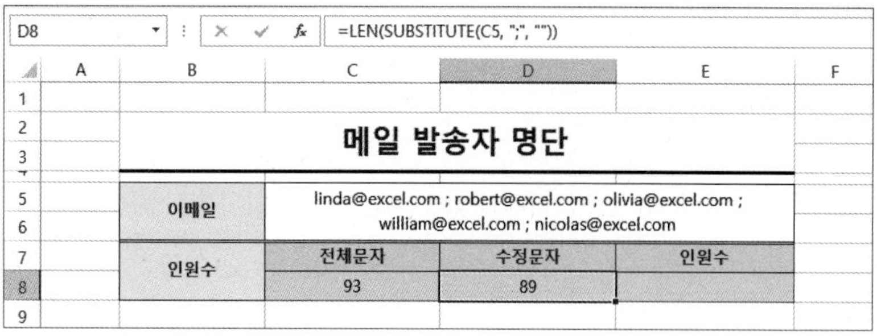

더 알아보기 **수식 이해하기**

SUBSTITUTE 함수로 특정 문자(;)를 제거한 뒤 LEN 함수로 문자 개수를 셉니다.

06 인원수를 세기 위해 [E8] 셀에 다음 수식을 입력합니다.

[E8] 셀 : =C8–D8+1

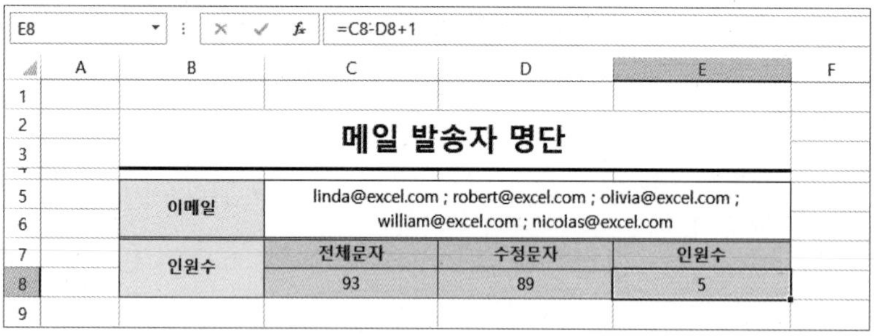

더 알아보기 **문자 개수에 1을 더한 이유**

이메일 주소는 세미콜론(;)으로 구별되어 있으므로 세미콜론(;) 개수에 1을 더한 값이 인원수가 됩니다.

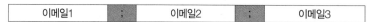

이메일1	;	이메일2	;	이메일3

그러므로 [C8] 셀의 전체 문자 개수에서 [D8] 셀의 세미콜론(;)을 제외한 문자 개수를 뺀 다음 1을 더하면 인원수를 계산할 수 있습니다.

참고로 세미콜론은 한 개의 문자이므로 위의 방식으로 수를 셀 수 있지만, 두 개 이상의 문자를 갖는 단어의 경우에는 단어의 문자 수를 나누는 연산이 추가로 필요합니다. 예를 들어 이메일 주소에 'excel'이란 단어가 몇 개 들어가 있는지 세려면 다음과 같은 수식을 작성해야 합니다.

```
=(LEN(C5)–LEN(SUBSTITUTE(C5, "excel", "")))/LEN("excel")
```

이메일 주소에서 'excel'이 5번 나왔으므로, LEN 함수로 계산한 문자열의 차이는 25개(5×5)의 문자 차이가 발생하게 됩니다. 이것을 'excel'의 문자 개수(5)로 나누면 총 5번 나왔다는 것을 확인할 수 있습니다.

05 17 안 보이는 유령 문자 삭제하기 – TRIM, CLEAN 함수

예제 파일 PART 02 \ CHAPTER 05 \ TRIM, CLEAN 함수.xlsx

TRIM 함수와 CLEAN 함수

웹 페이지 데이터를 워크시트로 복사해 사용하는 경우가 있습니다. 웹 페이지 데이터는 숫자나 날짜 데이터 등을 보기 좋도록 눈에는 보이지 않는 문자(유령 문자)가 포함되는 경우가 많습니다. 따라서 웹 페이지 데이터를 엑셀로 가져와 사용할 때 유령 문자 때문에 숫자 등이 제대로 계산되지 않는 문제가 발생합니다. 엑셀에는 눈에 보이지 않는 불필요한 문자를 제거할 때 사용할 수 있는 **TRIM 함수**와 **CLEAN 함수**가 제공됩니다. 구문은 다음과 같습니다.

TRIM (❶ 문자열)

문자열에서 단어 사이의 공백을 제외한 왼쪽, 오른쪽 공백 문자(" ")를 제거합니다.

구문	❶ **문자열** : 공백 문자가 포함된 문자열 또는 셀

사용 예

```
=TRIM(" 마이크로소프트 엑셀 ")
```

TIP " 마이크로소프트 엑셀 " 문자열의 첫 번째 공백 문자와 마지막 공백 문자만 제거된 '마이크로소프트 엑셀' 문자열이 반환됩니다.

주의 사항

- TRIM 함수는 공백 문자(아스키 코드로는 32번 문자)만 제거합니다.

CLEAN (❶ 문자열)

문자열에서 인쇄할 수 없는 문자를 모두 제거합니다.

구문	❶ **문자열** : 유령 문자가 포함된 문자열 또는 셀

주의 사항

- CLEAN 함수는 아스키 코드에서 인쇄되지 않는 0번부터 31까지의 문자를 제거합니다. 유니코드에서는 추가로 인쇄되지 않는 문자가 존재하기 때문에 CLEAN 함수로 모두 제거할 수 있는 것은 아닙니다.

따라 하기

셀에 입력된 눈에 보이지 않는 공백 문자(" ")와 인쇄되지 않는 문자를 제거합니다.

01 표의 D열과 F열에 입력되어 있는 눈에 보이지 않는 문자를 제거합니다.

판 매 대 장

번호	고객	제품	제품	판매처	판매처
1	뉴럴네트워크 ㈜	레이저복사기 XI-3200 바코드 Z-350		옥션	
2	길가온교역 ㈜	잉크젯팩시밀리 FX-1050		다음	
3	한성트레이딩 ㈜	복합기 AP-3200 링제본기 ST-100 복사지A4 1000매		네이버	
4	고려무역 ㈜	오피스 Z-03 문서세단기 SCUT-1000		Gsshop	
5	진왕통상 ㈜	RF OA-300 바코드 BCD-100 Plus		11번가	
6	삼성통상 ㈜	바코드 Z-350		쿠팡	

02 먼저 D열의 줄 바꿈을 제거해 한 줄로 표시하려면 CLEAN 함수를 사용합니다.

03 [E6] 셀을 선택하고 다음 수식을 입력한 후 [E6] 셀의 채우기 핸들[+]을 [E11] 셀까지 드래그합니다.

[E6] 셀 : =CLEAN(D6)

E6 =CLEAN(D6)

판 매 대 장

번호	고객	제품	제품	판매처	판매처
1	뉴럴네트워크 ㈜	레이저복사기 XI-3200 바코드 Z-350	레이저복사기 XI-3200바코드 Z-350	옥션	
2	길가온교역 ㈜	잉크젯팩시밀리 FX-1050	잉크젯팩시밀리 FX-1050	다음	
3	한성트레이딩 ㈜	복합기 AP-3200 링제본기 ST-100 복사지A4 1000매	복합기 AP-3200링제본기 ST-100복사지A4 1000매	네이버	
4	고려무역 ㈜	오피스 Z-03 문서세단기 SCUT-1000	오피스 Z-03문서세단기 SCUT-1000	Gsshop	
5	진왕통상 ㈜	RF OA-300 바코드 BCD-100 Plus	RF OA-300바코드 BCD-100 Plus	11번가	
6	삼성통상 ㈜	바코드 Z-350	바코드 Z-350	쿠팡	

더 알아보기 | 줄 바꿈 문자 이해하기

컴퓨터에서는 줄을 바꿀 때 캐리지 리턴(Carriage Return)과 줄 바꿈 문자(Line Feed)를 사용합니다. 이 두 문자는 타자기의 동작을 의미하는 다음 두 가지 역할을 합니다.

- 줄 바꿈 문자(Line Feed) : 커서를 아래 줄로 이동시킵니다.
- 캐리지 리턴(Carriage Return) : 커서를 맨 앞으로 이동시킵니다.

초창기에는 위 두 문자를 모두 사용했다면 이후에는 프로그램마다 특정 문자 하나만 사용해 줄을 구분하고 있습니다. 엑셀에서는 줄 바꿈 문자(Line Feed)를 사용하며, 이 문자는 CLEAN 함수를 사용해 제거합니다.

다만 줄이 한 줄로 바뀌면 아래 줄에 입력된 데이터가 첫 번째 줄 오른쪽에 붙어서 표시됩니다. 이런 부분이 불편하다면 줄 바꿈 문자(Line Feed)를 원하는 문자로 변경할 수 있어야 합니다.

04 줄 바꿈을 쉼표로 바꾸려면 CLEAN 함수 대신 SUBSTITUTE 함수를 사용합니다.

05 [E6] 셀의 수식을 다음과 같이 수정하고 [E6] 셀의 채우기 핸들을 [E11] 셀까지 드래그합니다.

[E6] 셀 : =SUBSTITUTE(D6, CHAR(10), ", ")

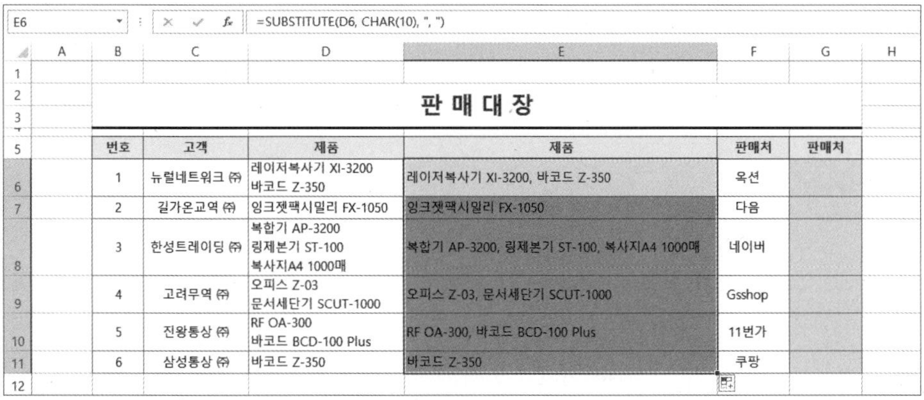

더 알아보기 수식 이해하기

먼저 **CHAR(10)**는 아스키 코드인 10을 문자로 변경해 반환해주는데, 이 문자가 바로 줄 바꿈 문자(Line Feed)입니다. 그러므로 CLEAN 함수의 동작은 다음과 같이 SUBSTITUTE 함수로 대체할 수 있습니다.

```
=SUBSTITUTE(D6, CHAR(10), "")
```

TIP 참고로 캐리지 리턴(Carriage Return)의 아스키 코드는 13입니다.

이번 수식은 줄 바꿈 문자(Line Feed)를 지우지 않고, 쉼표(,)와 같은 구분 문자로 변경합니다. 다만 쉼표(,)만 입력하면 구분은 되지만 너무 붙어서 표시되므로 쉼표(,) 뒤에 한 칸 띄어쓰기가 되도록(", ") 변경한 것입니다.

06 F열의 판매처에 입력된 공백 문자(" ")를 제거하기 위해 먼저 데이터를 확인합니다.

07 [F6] 셀을 선택하고 수식 입력줄을 선택하면 데이터 뒤에 공백 문자(" ")가 여러 개 입력된 것을 확인할 수 있습니다.

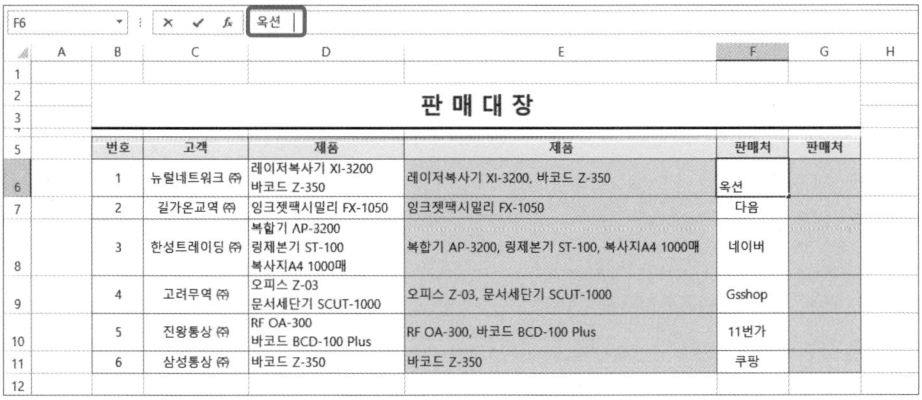

08 F열에 불필요하게 존재하는 공백 문자(" ")를 지웁니다.

09 [G6] 셀에 다음 수식을 입력하고 [G6] 셀의 채우기 핸들을 [G11] 셀까지 드래그합니다.

[G6] 셀 : =TRIM(F6)

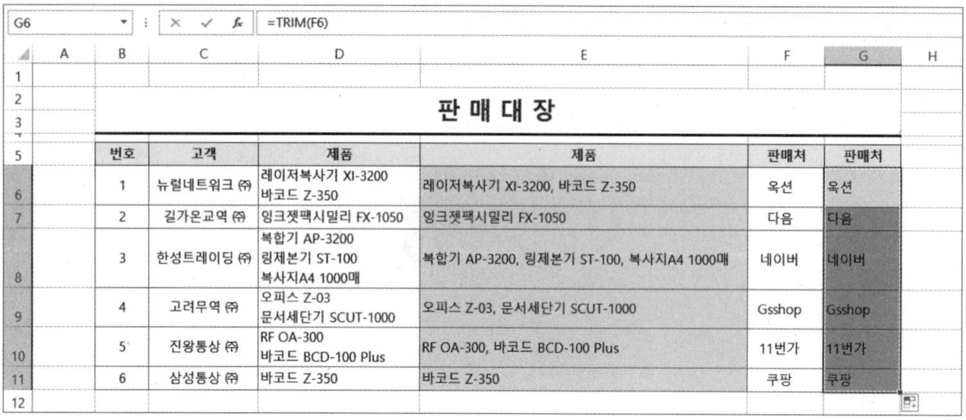

G6 | =TRIM(F6)

판 매 대 장

번호	고객	제품	제품	판매처	판매처
1	뉴럴네트워크 ㈜	레이저복사기 XI-3200 바코드 Z-350	레이저복사기 XI-3200, 바코드 Z-350	옥션	옥션
2	길가온교역 ㈜	잉크젯팩시밀리 FX-1050	잉크젯팩시밀리 FX-1050	다음	다음
3	한성트레이딩 ㈜	복합기 AP-3200 링제본기 ST-100 복사지A4 1000매	복합기 AP-3200, 링제본기 ST-100, 복사지A4 1000매	네이버	네이버
4	고려무역 ㈜	오피스 Z-03 문서세단기 SCUT-1000	오피스 Z-03, 문서세단기 SCUT-1000	Gsshop	Gsshop
5	진왕통상 ㈜	RF OA-300 바코드 BCD-100 Plus	RF OA-300, 바코드 BCD-100 Plus	11번가	11번가
6	삼성통상 ㈜	바코드 Z-350	바코드 Z-350	쿠팡	쿠팡

더 알아보기 **수식 이해하기**

TRIM 함수는 단어 사이의 공백 문자(" ")를 제외한 좌우 공백 문자를 제거해줍니다. 결과가 제대로 반환되는지 확인이 되지 않는다면 H열에 다음과 같은 수식을 입력해 문자 개수를 확인해보세요!

```
=LEN(G6) or =LEN(F6)
```

이번과 같이 F열의 단어에 띄어쓰기가 없는 경우에는 SUBSTITUTE 함수를 사용하는 다음 수식으로 대체할 수도 있습니다.

```
=SUBSTITUTE(F6, " ", "")
```

데이터 형식 변환하기

05 18 텍스트형 숫자를 숫자 데이터로 변환하기 – VALUE 함수

예제 파일 PART 02 \ CHAPTER 05 \ VALUE, NUMBERVALUE 함수.xlsx

텍스트형 숫자란?

엑셀에는 다양한 형식의 데이터가 존재합니다. 그중 숫자 데이터는 보통 0~9까지의 문자로 구성된 데이터로 셀 오른쪽에 표시됩니다. 엑셀 함수는 계산된 결과를 반환할 때 반환하는 데이터 형식이 미리 정해져 있습니다. 예를 들어 LEFT, MID, RIGHT 함수나 SUBSTITUTE, TEXT 함수는 반환하는 모든 데이터가 텍스트 형식으로 구분됩니다. 따라서 해당 함수에서 반환되는 데이터가 123과 같은 숫자 문자만 가지고 있다고 해도 이는 텍스트 형식의 데이터로 구분됩니다.

이렇게 숫자 데이터로 인식될 수 있는 문자로 구성된 텍스트 형식의 데이터를 **텍스트형 숫자**라고 합니다.

VALUE 함수와 NUMBERVALUE 함수

엑셀 함수 중에는 텍스트형 숫자를 숫자 데이터로 반환해주는 **VALUE 함수**와 **NUMBERVALUE 함수**가 제공됩니다. VALUE 함수에 비해 나중에 제공된 NUMBERVALUE 함수는 중간에 공백 문자 등이 포함되어 있어도 제대로 된 숫자 데이터를 반환합니다. 두 함수의 구문은 다음과 같습니다.

VALUE (❶ 텍스트형 숫자)

텍스트 형식의 숫자를 숫자 데이터 형식으로 변환합니다.

인수	❶ **텍스트형 숫자** : 텍스트 형식으로 구성된 날짜, 시간, 숫자 데이터
특이사항	VALUE 함수를 사용하지 않고 다음과 같은 계산식으로 대체할 수 있습니다. **계산식** / **설명** =1*텍스트형 숫자 / 엑셀은 산술 연산자를 사용해 연산하면 텍스트형 숫자를 바로 숫자 데이터로 변환합니다. 이번 계산식은 이런 특성을 이용한 것으로 **=0+텍스트형 숫자** 계산식으로 변경해도 동일한 결과를 얻을 수 있습니다. =--텍스트형 숫자 / -(마이너스) 기호를 사용하면 엑셀은 -1을 곱하는 연산을 합니다. 그러므로 **=--텍스트형 숫자** 계산식은 **=-1*-1*텍스트형 숫자** 계산식과 동일합니다.

NUMBERVALUE (❶ 텍스트형 숫자 ❷ 마침표 기호 ❸ 천 단위 구분 기호) 2013 이상

텍스트 형식의 숫자를 계산할 수 있는 숫자값으로 변환합니다.

인수	❶ **텍스트형 숫자** : 텍스트 형식으로 구성된 날짜, 시간, 숫자 데이터 ❷ **마침표 기호** : 정수와 소수 부분을 구분하는 기호로, 기본값은 마침표(.) ❸ **천 단위 구분 기호** : 천, 백만 단위를 구분하는 기호로, 기본값은 쉼표(,)

따라 하기

다양한 텍스트형 숫자 데이터를 확인하고 이를 올바른 데이터 형식으로 변환합니다.

01 예제를 열고, [C6:H7] 범위 내 숫자의 합계를 I열에 구합니다.

02 먼저 [C6:H7] 범위의 데이터 형식을 확인하기 위해 범위를 선택합니다.

03 리본 메뉴의 [홈] 탭-[맞춤] 그룹을 확인하면 [오른쪽 맞춤]이 설정되어 있습니다.

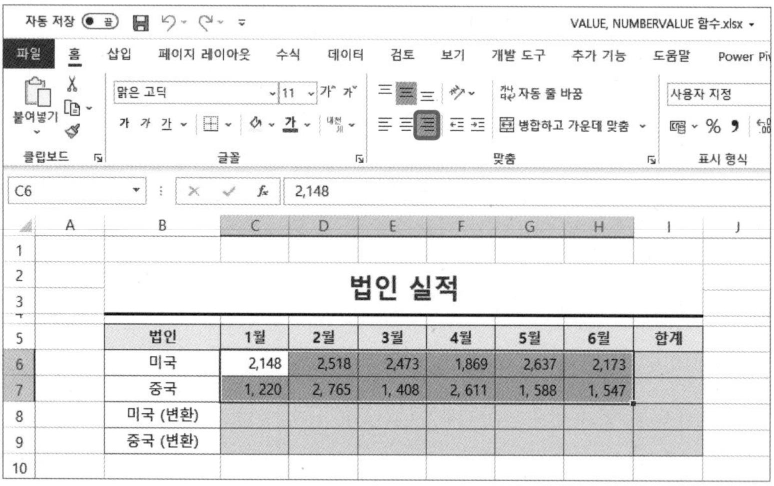

더 알아보기 맞춤 설정으로 데이터 형식 확인하기

[오른쪽 맞춤]을 다시 클릭해 설정을 해제하면 [C6:H7] 범위의 데이터가 모두 셀 왼쪽에 맞춰 표시됩니다. 이것으로 [C6:H7] 범위의 숫자는 모두 텍스트 형식인 것을 확인할 수 있습니다.

04 데이터가 집계가 가능한지 확인합니다.

05 [I6] 셀에 다음 수식을 입력하고 [I6] 셀의 채우기 핸들을 [I9] 셀까지 드래그합니다.

[I6] 셀 : =SUM(C6:H6)

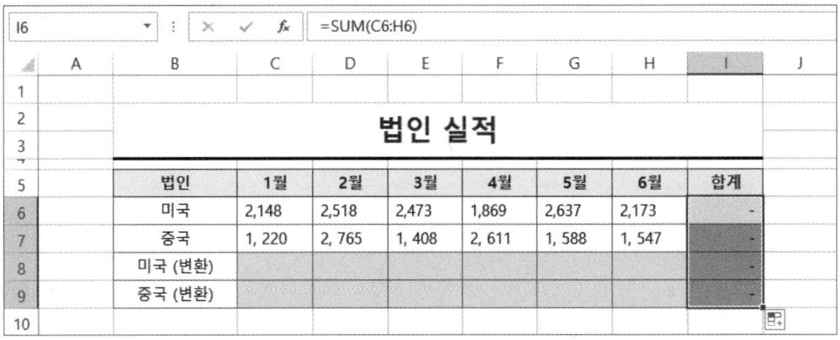

TIP SUM 함수는 숫자 데이터의 합계만 구할 수 있습니다.

06 미국 법인의 월별 실적인 [C6:H6] 범위의 데이터를 숫자로 변환합니다.

07 [C8] 셀에 다음 수식을 입력한 후 [C8] 셀의 채우기 핸들을 [H8] 셀까지 드래그합니다.

[C8] 셀 : =VALUE(C6)

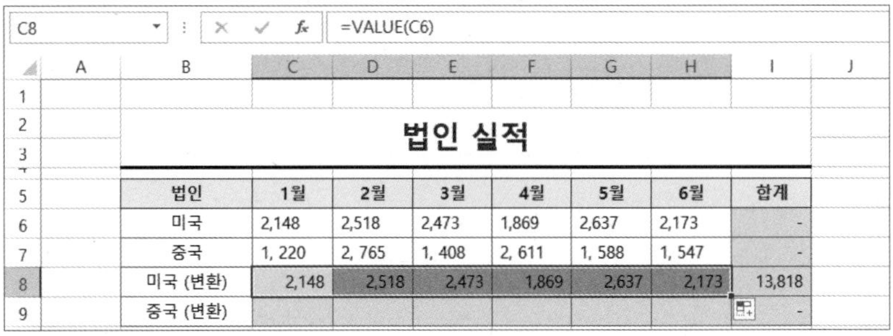

더 알아보기 텍스트형 숫자를 숫자로 변환하기

VALUE 함수는 다음과 같은 데이터를 숫자 데이터로 변경할 수 있습니다.

- 첫째, 작은따옴표(') 뒤에 입력된 숫자 데이터
- 둘째, 셀 표시 형식을 텍스트로 변경한 후 입력된 숫자 데이터
- 셋째, LEFT, MID, RIGHT 함수 등에 의해 반환된 텍스트 형식의 숫자 데이터

[C8:H8] 범위에서 볼 수 있는 것처럼 VALUE 함수에서 반환한 값은 모두 셀 오른쪽에 맞춰 표시되며, [I8] 셀의 합계도 제대로 구해집니다. 만약 이렇게 숫자를 변환하지 않고 [I6] 셀에 바로 합계를 구하고 싶다면 다음과 같은 수식을 이용합니다.

```
=SUM(VALUE(C6:H6))
또는
=SUM(--C6:H6)
```

Ver. 위 수식은 엑셀 2019 버전까지는 Ctrl+Shift+Enter를 눌러 입력해야 하며, 마이크로소프트 365 버전에서는 Enter를 눌러 입력해도 됩니다. 이런 차이는 **PART 03**의 배열 수식 부분에서 자세하게 설명합니다.

08 중국 법인의 월별 실적인 [C7:H7] 범위의 데이터도 숫자로 변환합니다.

09 [C9] 셀에 다음 수식을 입력하면 숫자로 변환되지 않고 #VALUE! 에러가 반환됩니다.

[C9] 셀 : =VALUE(C7)

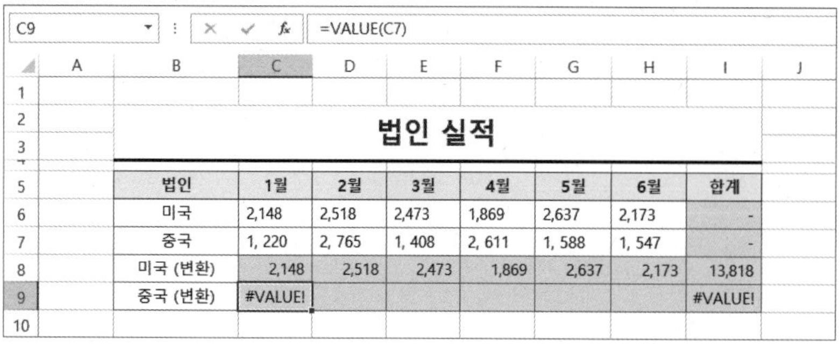

C9 | =VALUE(C7)

법인 실적

법인	1월	2월	3월	4월	5월	6월	합계
미국	2,148	2,518	2,473	1,869	2,637	2,173	-
중국	1, 220	2, 765	1, 408	2, 611	1, 588	1, 547	-
미국 (변환)	2,148	2,518	2,473	1,869	2,637	2,173	13,818
중국 (변환)	#VALUE!						#VALUE!

더 알아보기 **#VALUE! 에러가 발생한 이유**

[C7] 셀의 실적은 [C6] 셀의 실적과 달리 천 단위 구분 기호(,) 뒤에 공백 문자(" ")가 존재합니다. VALUE 함수는 이런 데이터를 숫자로 변환할 수 없습니다.

10 [C9] 셀의 수식에서 **VALUE 함수**를 **NUMBERVALUE 함수**로 변경합니다.

TIP NUMBERVALUE 함수는 VALUE 함수와 달리 공백 문자(" ")가 포함된 텍스트형 숫자 데이터도 변환할 수 있습니다.

11 [C9] 셀의 수식을 다음과 같이 수정하고 [C9] 셀의 채우기 핸들을 [H9] 셀까지 드래그합니다.

[C9] 셀 : =NUMBERVALUE(C7)

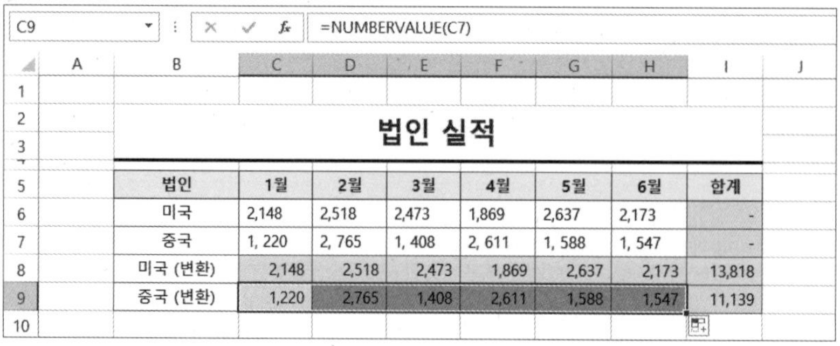

C9 | =NUMBERVALUE(C7)

법인 실적

법인	1월	2월	3월	4월	5월	6월	합계
미국	2,148	2,518	2,473	1,869	2,637	2,173	-
중국	1, 220	2, 765	1, 408	2, 611	1, 588	1, 547	-
미국 (변환)	2,148	2,518	2,473	1,869	2,637	2,173	13,818
중국 (변환)	1,220	2,765	1,408	2,611	1,588	1,547	11,139

더 알아보기 수식 이해하기

NUMBERVALUE 함수를 사용한 수식은 숫자 데이터로 변환되며, [I9] 셀의 합계도 제대로 구해지는 것을 확인할 수 있습니다. 이전과 마찬가지로 이런 변환 작업 없이 [I7] 셀에서 바로 결과를 얻고 싶다면 다음과 같은 수식을 사용합니다.

```
=SUM(NUMBERVALUE(C7:H7))
```

Ver. 위 수식은 엑셀 2019 버전까지는 Ctrl+Shift+Enter로 수식을 입력하고, 마이크로소프트 365 버전에서는 Enter만 눌러 입력해도 됩니다.

NUMBERVALUE 함수는 엑셀 2013 버전에서 새롭게 제공되었기 때문에 하위 버전(엑셀 2003, 2007, 2010 버전)에서는 사용할 수 없습니다. 따라서 하위 버전에서 동일한 결과를 얻으려면 SUBSTITUTE 함수를 사용해 공백 문자(" ")를 지워줘야 합니다. 다음과 같은 수식을 사용합니다.

```
=SUM(VALUE(SUBSTITUTE(C7, " ", "")))
또는
=SUM(--SUBSTITUTE(C7, " ", ""))
```

위 수식은 모두 Ctrl+Shift+Enter를 눌러 입력해야 합니다.

더 알아보기 숫자를 텍스트형 숫자로 변환하기

반대로 숫자 데이터를 텍스트 형식으로 변환하려면 숫자값 뒤에 빈 문자("")를 연결하는 방법이 가장 쉽습니다. 예를 들어 [A1] 셀에 숫자가 입력되어 있는 경우에 다음과 같은 수식을 사용하면 텍스트 형식의 데이터로 변환이 가능합니다.

```
=A1&""
```

05 19 텍스트형 날짜를 날짜 데이터로 변환하기 - DATEVALUE 함수

예제 파일 PART 02 \ CHAPTER 05 \ DATEVALUE 함수.xlsx

DATEVALUE 함수

날짜 데이터는 엑셀에서 숫자 데이터만큼 자주 사용되는 데이터입니다. 하지만 잘못된 형식으로 관리되는 경우가 많아 제대로 된 계산 작업에 사용할 수 없는 때가 많습니다. 예를 들어 엑셀은 텍스트 형식의 날짜를 올바른 날짜 데이터 형식으로 변환할 때 사용하는 **DATEVALUE 함수**를 제공하는데, 구분 문자와 년, 월, 일의 순서에 따라 변환되지 않는 데이터도 존재합니다.

DATEVALUE 함수는 yyyy-mm-dd 형식의 텍스트 데이터나 yyyy/mm/dd 형식의 텍스트 데이터를 날짜 데이터로 변환하기 때문에 DATEVALUE 함수를 사용하기 전에 데이터를 고쳐야 하는 상황이 생길 수 있습니다. DATEVALUE 함수의 구문은 다음과 같습니다.

DATEVALUE (❶ 텍스트형 날짜)

텍스트형 날짜를 올바른 날짜 데이터 형식으로 변환합니다.

인수	**❶ 텍스트형 날짜** : 날짜로 변환 가능한 텍스트 문자열
특이사항	날짜로 변환할 수 없다면 #VALUE! 에러가 반환됩니다. 변환할 수 있는 값은 다음과 같은 형식 중 하나여야 합니다. • yyyy-mm-dd • yyyy/mm/dd(mm/dd/yy는 #VALUE! 에러가 발생) 위 형식 중 연도(yyyy)는 2자리(yy)만 입력해도 상관없으며, 그 경우 00~29까지는 2000년대로, 30~99는 1900년대로 추정합니다.
참고	DATEVALUE 함수와 유사한 함수로 TIMEVALUE 함수가 제공됩니다. TIMEVALUE 함수는 텍스트형 시간을 올바른 시간 데이터로 변환해줍니다.

따라 하기

다양한 형식으로 입력된 날짜 데이터를 올바른 날짜 데이터 형식으로 변환합니다.

01 예제를 열고, C, E, G, I열의 다양한 날짜 데이터를 올바른 날짜 데이터 형식으로 변환합니다.

직 원 명 부

이름	생년월일 yyyy-mm-dd	날짜변환	생년월일 yy.mm.dd	날짜변환	생년월일 yy/mm/dd	날짜변환	생년월일 mm/dd/yy	날짜변환
박지훈	1979-02-19		79.02.19		79/02/19		02/19/79	
유준혁	1986-03-04		86.03.04		86/03/04		03/04/86	
이서연	1988-12-08		88.12.08		88/12/08		12/08/88	
최서현	1995-09-19		95.09.19		95/09/19		09/19/95	
오서윤	1992-01-27		92.01.27		92/01/27		01/27/92	

TIP C, E, G, I열의 데이터는 모두 셀 왼쪽에 표시되며, 텍스트 형식의 데이터입니다.

02 C열의 날짜 데이터는 **yyyy-mm-dd** 형식이므로 DATEVALUE 함수를 사용할 수 있습니다.

03 [D6] 셀에 다음 수식을 입력하고 [D6] 셀의 채우기 핸들을 [D10] 셀까지 드래그합니다.

[D6] 셀 : =DATEVALUE(C6)

D6 =DATEVALUE(C6)

직 원 명 부

이름	생년월일 yyyy-mm-dd	날짜변환	생년월일 yy.mm.dd	날짜변환	생년월일 yy/mm/dd	날짜변환
박지훈	1979-02-19	1979-02-19	79.02.19		79/02/19	
유준혁	1986-03-04	1986-03-04	86.03.04		86/03/04	
이서연	1988-12-08	1988-12-08	88.12.08		88/12/08	
최서현	1995-09-19	1995-09-19	95.09.19		95/09/19	
오서윤	1992-01-27	1992-01-27	92.01.27		92/01/27	

더 알아보기 수식 이해하기

이번 수식은 DATEVALUE 함수를 사용해 C열의 날짜를 올바른 날짜 데이터 형식으로 변환했습니다. 변환된 데이터는 모두 셀 오른쪽에 표시됩니다.

04 D열에 작성한 수식을 F, H, J열에 복사해 변환 가능한 형식을 확인합니다.

05 [D6] 셀을 복사(Ctrl+C)하고 [F6], [H6], [J6] 셀을 각각 선택한 후 Ctrl+V로 붙여 넣습니다.

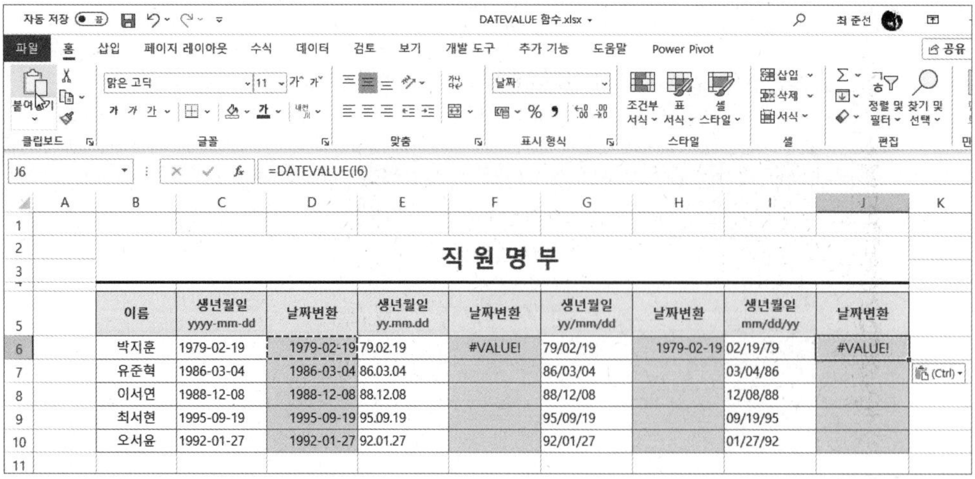
J6 =DATEVALUE(I6)

직 원 명 부

이름	생년월일 yyyy-mm-dd	날짜변환	생년월일 yy.mm.dd	날짜변환	생년월일 yy/mm/dd	날짜변환	생년월일 mm/dd/yy	날짜변환
박지훈	1979-02-19	1979-02-19	79.02.19	#VALUE!	79/02/19	1979-02-19	02/19/79	#VALUE!
유준혁	1986-03-04	1986-03-04	86.03.04		86/03/04		03/04/86	
이서연	1988-12-08	1988-12-08	88.12.08		88/12/08		12/08/88	
최서현	1995-09-19	1995-09-19	95.09.19		95/09/19		09/19/95	
오서윤	1992-01-27	1992-01-27	92.01.27		92/01/27		01/27/92	

더 알아보기 복사된 수식 이해하기

[D6] 셀의 수식은 다음과 같습니다.

```
=DATEVALUE(C6)
```

위 수식에서는 [C6] 셀을 상대 참조 방식으로 참조했으므로, [C6] 셀 자체를 참조하고 있는 것이 아니라 [D6] 셀의 왼쪽 셀을 참조하는 수식입니다. 오른쪽 열들 역시 왼쪽 셀의 날짜를 날짜 데이터로 변환해야 하므로 이 수식을 복사해 사용할 수 있습니다.

복사된 수식은 모두 제대로 왼쪽 셀을 참조하면서 날짜 데이터 변환 작업을 합니다. 그런데 [F6] 셀과 [J6] 셀은 #VALUE! 에러가 발생하고 [H6] 셀만 제대로 날짜 데이터가 반환되는 것을 확인할 수 있습니다.

이와 같이 DATEVALUE 함수는 C열의 yyyy-mm-dd 형식과 G열의 yy/mm/dd 형식의 데이터는 제대로 된 날짜 데이터로 변환해주지만, E열의 yy.mm.dd 형식과 I열의 mm/dd/yy 형식의 데이터는 날짜 데이터로 변환해주지 못한다는 사실을 이해할 수 있습니다.

06 날짜 변환이 되지 않는 E열의 **yy.mm.dd** 형식 데이터를 변환합니다.

07 [F6] 셀의 수식을 다음과 같이 수정하고 [F6] 셀의 채우기 핸들을 [F10] 셀까지 드래그합니다.

[F6] 셀 : =DATEVALUE(SUBSTITUTE(E6, ".", "–"))

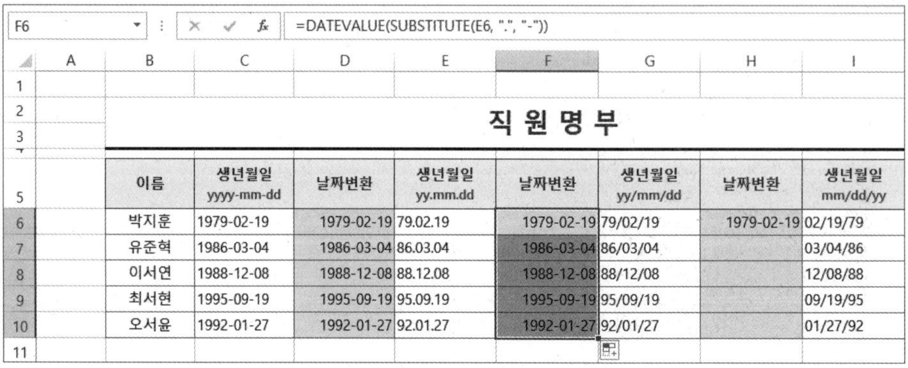
F6 =DATEVALUE(SUBSTITUTE(E6, ".", "-"))

직 원 명 부

이름	생년월일 yyyy-mm-dd	날짜변환	생년월일 yy.mm.dd	날짜변환	생년월일 yy/mm/dd	날짜변환	생년월일 mm/dd/yy
박지훈	1979-02-19	1979-02-19	79.02.19	1979-02-19	79/02/19	1979-02-19	02/19/79
유준혁	1986-03-04	1986-03-04	86.03.04	1986-03-04	86/03/04		03/04/86
이서연	1988-12-08	1988-12-08	88.12.08	1988-12-08	88/12/08		12/08/88
최서현	1995-09-19	1995-09-19	95.09.19	1995-09-19	95/09/19		09/19/95
오서윤	1992-01-27	1992-01-27	92.01.27	1992-01-27	92/01/27		01/27/92

더 알아보기 수식 이해하기

yy.mm.dd 형식은 잘못된 날짜 구분 문자(.)를 사용해서 날짜 데이터로 변환되지 않는 것이므로, SUBSTITUTE 함수로 마침표(.)를 하이픈(–)으로 변경한 후 DATEVALUE 함수를 사용해 날짜 데이터로 변환한 것입니다.

08 이번에 I열의 **mm/dd/yy** 형식의 데이터를 변환합니다.

09 [J6] 셀의 수식을 다음과 같이 수정합니다.

[J6] 셀 : =RIGHT(I6, 2) & "–" & LEFT(I6, 2) & "–" & MID(I6, 4, 2)

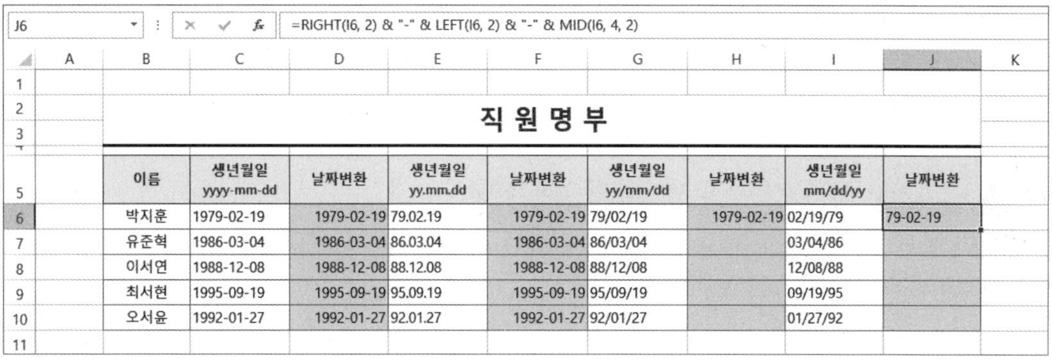
J6 | =RIGHT(I6, 2) & "-" & LEFT(I6, 2) & "-" & MID(I6, 4, 2)

직 원 명 부

이름	생년월일 yyyy-mm-dd	날짜변환	생년월일 yy.mm.dd	날짜변환	생년월일 yy/mm/dd	날짜변환	생년월일 mm/dd/yy	날짜변환
박지훈	1979-02-19	1979-02-19	79.02.19	1979-02-19	79/02/19	1979-02-19	02/19/79	79-02-19
유준혁	1986-03-04	1986-03-04	86.03.04	1986-03-04	86/03/04		03/04/86	
이서연	1988-12-08	1988-12-08	88.12.08	1988-12-08	88/12/08		12/08/88	
최서현	1995-09-19	1995-09-19	95.09.19	1995-09-19	95/09/19		09/19/95	
오서윤	1992-01-27	1992-01-27	92.01.27	1992-01-27	92/01/27		01/27/92	

더 알아보기 수식 이해하기

mm/dd/yy 형식은 월이 먼저 표시되었으므로 날짜 변환 작업이 되지 않습니다. 따라서 년, 월, 일 순서로 날짜 데이터를 다시 표시하기 위해 LEFT, MID, RIGHT 함수를 사용했습니다. 반환된 데이터는 왼쪽에 표시되므로 이 데이터는 텍스트 데이터입니다.

10 [J6] 셀의 수식을 다음과 같이 수정하고 [J6] 셀의 채우기 핸들을 [J10] 셀까지 드래그합니다.

[J6] 셀 : =DATEVALUE(RIGHT(I6, 2) & "–" & LEFT(I6, 2) & "–" & MID(I6, 4, 2))

J6 | =DATEVALUE(RIGHT(I6, 2) & "-" & LEFT(I6, 2) & "-" & MID(I6, 4, 2))

직 원 명 부

이름	생년월일 yyyy-mm-dd	날짜변환	생년월일 yy.mm.dd	날짜변환	생년월일 yy/mm/dd	날짜변환	생년월일 mm/dd/yy	날짜변환
박지훈	1979-02-19	1979-02-19	79.02.19	1979-02-19	79/02/19	1979-02-19	02/19/79	1979-02-19
유준혁	1986-03-04	1986-03-04	86.03.04	1986-03-04	86/03/04		03/04/86	1986-03-04
이서연	1988-12-08	1988-12-08	88.12.08	1988-12-08	88/12/08		12/08/88	1988-12-08
최서현	1995-09-19	1995-09-19	95.09.19	1995-09-19	95/09/19		09/19/95	1995-09-19
오서윤	1992-01-27	1992-01-27	92.01.27	1992-01-27	92/01/27		01/27/92	1992-01-27

더 알아보기 기타 날짜 변환하기

이번 예제에서 설명하지 않았지만 구분 문자 없이 숫자로만 날짜를 입력하는 경우가 있습니다.

```
yymmdd
```

이런 경우 **09** 과정의 수식처럼 LEFT, MID, RIGHT 함수를 사용합니다.

```
=DATEVALUE(LEFT(A1, 2) & "-" & MID(A1, 3, 2) & "-" & RIGHT(A1, 2))
```

하지만 이런 수식은 수식이 길어지기 때문에 숫자인 경우에는 TEXT 함수를 사용해 간단하게 날짜로 변환할 수 있습니다.

```
=DATEVALUE(TEXT(A1, "00-00-00"))
```

더 알아보기 DATEVALUE 함수를 사용하지 않고 변환하기

텍스트형 날짜를 날짜 데이터로 변경할 때 DATEVALUE 함수를 사용하지만, 수식을 좀 더 간결하게 사용하고 싶다면 다음과 같은 방법으로 수식을 간결하게 사용할 수 있습니다.

```
=--텍스트형 날짜
```

즉, 이번에 설명한 모든 수식에서 DATEVALUE 함수는 모두 마이너스 연산자를 두 번 사용하는 방법으로 대체할 수 있습니다. **03** 과정의 수식은 다음과 같이 변경할 수 있습니다.

```
=--C6
```

07 과정의 수식은 다음과 같이 변경이 가능합니다.

```
=--SUBSTITUTE(C6, ".", "-")
```

LINK 마이너스 연산자를 두 번 사용하는 연산에 대한 설명은 이 책의 345페이지를 참고합니다.

더 알아보기 시간 변환하기

잘못된 시간 데이터도 올바른 시간 데이터로 변환할 수 있습니다. 다음 사례를 참고합니다.

- **첫째, 시간 구분 기호가 없고 숫자만 입력된 경우**

시간이 '**830**'과 같이 입력되어 있는 경우에는 TEXT 함수를 사용해 변환할 수 있습니다. 시간을 '830'으로 [A1] 셀에 입력했다면 다음과 같은 변환 수식을 사용할 수 있습니다.

```
=TIMEVALUE(TEXT(A1, "0!:00"))
```

콜론(:) 구분 문자는 시간을 구분하는 문자로, '8:30'과 같은 결과를 반환하기 위해 사용합니다. 하지만 콜론(:)만 사용하면 #VALUE! 에러가 발생하므로 반드시 느낌표(!) 문자와 함께 사용해야 합니다.

● **둘째, 시간 구분 기호(:)가 제대로 사용되지 않는 경우**

시간이 '**8.30**'과 같이 정확하지 않은 구분 문자가 사용된 경우에는 다음과 같은 수식을 이용합니다.

```
=TIMEVALUE(SUBSTITUTE(TEXT(A1, "0.00"), ".", ":"))
```

위 수식은 다음 순서로 계산됩니다.

❶ TEXT(A1, "0.00")

[A1] 셀의 값에서 소수점 두 번째 자리까지 표시합니다. 이렇게 되면 '8.3'이 '8.30'이 됩니다. 이 작업을 거치지 않으면 '8.3'은 '8시 03분'이 됩니다.

❷ SUBSTITUTE(❶, ".", ":")

마침표(.)를 콜론(:)으로 변경합니다. 이 과정에서 '8.30'이 '8:30'이 됩니다.

❸ TIMEVALUE(❷)

반환된 값을 시간 데이터로 변환합니다.

데이터 형식 변환하기

05 20

숫자를 한글이나 한자로 변환하기 – NUMBERSTRING 함수

예제 파일 PART 02 \ CHAPTER 05 \ NUMBERSTRING 함수.xlsx

NUMBERSTRING 함수

셀에 저장된 숫자(1234)가 금액인 경우 숫자의 가독성을 높이기 위해 셀 서식을 이용하면 한글(일천이백삼십사)이나 한자(壹阡貳百參拾四)로 표시할 수 있습니다. 이런 표시 결과를 실제 데이터로 변환하려면 **NUMBERSTRING 함수**를 사용합니다.

참고로 NUMBERSTRING 함수는 마이크로소프트사에서 공식적으로 지원하는 함수가 아니기 때문에 도움말 등에서 해당 함수에 대한 정보를 확인할 수 없습니다. 구문은 다음과 같습니다.

NUMBERSTRING (❶ 숫자, ❷ 변환 옵션)

숫자를 지정한 변환 옵션에 맞게 변환합니다.

<table>
<tr><td>구문</td><td>
❶ 숫자 : 변환할 숫자값
❷ 변환 옵션 : ❶을 변환하는 옵션으로 1, 2, 3 중 하나를 사용할 수 있습니다.
<table>
<tr><th>옵션</th><th>설명</th><th>사용 예</th></tr>
<tr><td>1</td><td>한글 금액</td><td>1,234 → 일천이백삼십사</td></tr>
<tr><td>2</td><td>한문 금액</td><td>1,234 → 壹阡貳百參拾四</td></tr>
<tr><td>3</td><td>한글 숫자</td><td>1,234 → 일이삼사</td></tr>
</table>
</td></tr>
<tr><td>특이사항</td><td>
● 엑셀에서 정식으로 제공해주지 않는 함수로, 도움말이 제공되지 않습니다.
● NUMBERSTING 함수는 다음과 같이 TEXT 함수로 대체할 수 있습니다.
NUMBERSTRING(1234, 1) = TEXT(1234, "[DBNUM4]")
NUMBERSTRING(1234, 2) = TEXT(1234, "[DBNUM2]")
NUMBERSTRING(1234, 3) = TEXT(1234, "[DBNUM4]#")
</td></tr>
</table>

따라 하기

NUMBERSTRING 함수를 사용해 숫자를 한글 또는 한자로 변환합니다.

01 예제의 견적서의 [F5] 병합 셀의 금액을 한글 또는 한자로 표시합니다.

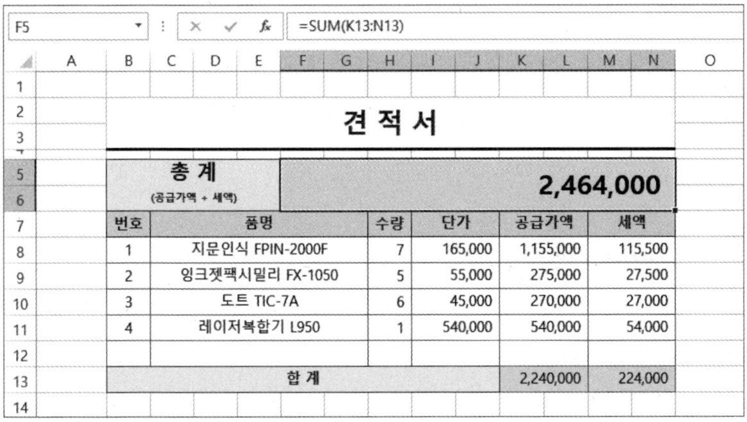
F5
=SUM(K13:N13)
견 적 서
총 계
(공급가액 + 세액)
2,464,000
번호
품명
수량
단가
공급가액
세액
1
지문인식 FPIN-2000F
7
165,000
1,155,000
115,500
2
잉크젯팩시밀리 FX-1050
5
55,000
275,000
27,500
3
도트 TIC-7A
6
45,000
270,000
27,000
4
레이저복합기 L950
1
540,000
540,000
54,000
합 계
2,240,000
224,000

02 견적서 총액을 한글로 변환합니다.

03 [F5] 병합 셀의 수식을 다음과 같이 수정합니다.

[F5] 병합 셀 : =NUMBERSTRING(SUM(K13:N13), 1)

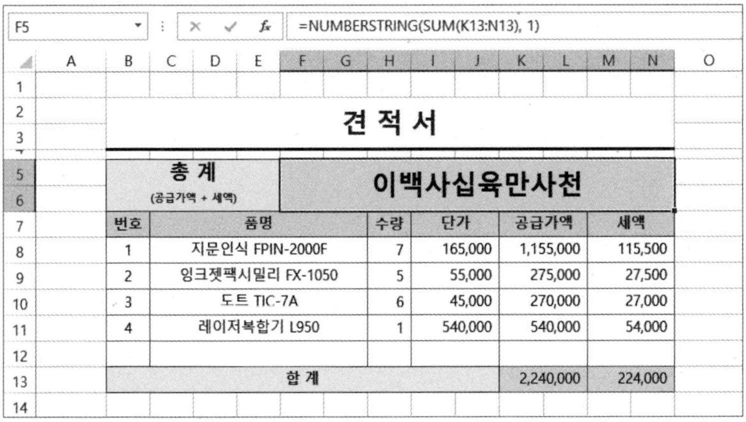
F5
=NUMBERSTRING(SUM(K13:N13), 1)
견 적 서
총 계
(공급가액 + 세액)
이백사십육만사천
번호
품명
수량
단가
공급가액
세액
1
지문인식 FPIN-2000F
7
165,000
1,155,000
115,500
2
잉크젯팩시밀리 FX-1050
5
55,000
275,000
27,500
3
도트 TIC-7A
6
45,000
270,000
27,000
4
레이저복합기 L950
1
540,000
540,000
54,000
합 계
2,240,000
224,000

더 알아보기 **수식 이해하기**

견적 총액을 한글로 표시하기 위해 NUMBERSTRING 함수를 사용했습니다. 한글로 표시된 금액 앞에 '일금'이나 마지막에 '원 정'과 같은 문자열을 추가하고 싶다면 NUMBERSTRING 함수 앞뒤에 해당 문자열을 다음과 같이 연결합니다.

```
="일금 " & NUMBERSTRING(SUM(K13:N13), 1) & "원 정"
```

NUMBERSTRING 함수는 TEXT 함수로 대체할 수 있습니다.

=TEXT(SUM(K13:N13), "[DBNUM4]")

데이터를 변환하는 것이 아니라 표시만 한글로 나타내고 싶은 것이라면 [셀 서식] 대화상자(Ctrl+1)의 [범주] 목록에서 [기타]를 선택하고 [형식]에서 [숫자(한글)]를 선택합니다.

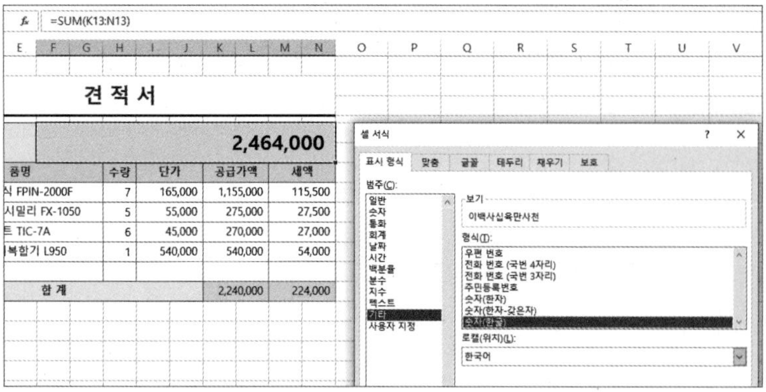

04 금액을 한자로 표시합니다. [F5] 병합 셀의 수식을 다음과 같이 수정합니다.

[F5] 병합 셀 : =NUMBERSTRING(SUM(K13:N13), 2)

F5
=NUMBERSTRING(SUM(K13:N13), 2)
견 적 서
총 계
(공급가액 + 세액)
貳百四拾六萬四阡
번호
품명
수량
단가
공급가액
세액
1
지문인식 FPIN-2000F
7
165,000
1,155,000
115,500
2
잉크젯팩시밀리 FX-1050
5
55,000
275,000
27,500
3
도트 TIC-7A
6
45,000
270,000
27,000
4
레이저복합기 L950
1
540,000
540,000
54,000
합 계
2,240,000
224,000

더 알아보기 **TEXT 함수로 대체하기**

NUMBERSTRING 함수를 TEXT 함수로 대체해 사용하려면 수식을 다음과 같이 수정합니다.

=TEXT(SUM(K13:N13), "[DBNUM2]")

05 21

계산식 문자열 반환 및 계산하기

100+200과 같은 문자열을 계산하는 방법 - EVALUATE 함수

예제 파일 PART 02 \ CHAPTER 05 \ EVALUATE 함수.xlsx

EVALUATE 함수

100+200+300과 같은 계산식이 문자열로 입력된 경우 계산 결과를 얻고 싶다면 **EVALUATE 함수**를 사용합니다. 다만 EVALUATE 함수는 엑셀 4.0 매크로 함수이기 때문에 셀에서는 입력할 수 없고 이름을 정의해서만 사용할 수 있습니다.

또한 EVALUATE 매크로 함수를 사용하면 파일을 [매크로 사용 통합 문서(XLSM)] 파일로 저장해야 합니다. EVALUATE 함수의 구문은 다음을 참고합니다.

EVALUATE (❶ 수식 문자열)

100+200과 같은 수식 문자열의 계산 결괏값을 반환합니다.

구문	**❶ 수식 문자열** : 등호 없이 입력된 계산식이나 계산식이 입력된 셀 TIP 수식 문자열은 최대 256개의 문자를 넘을 수 없습니다.

따라 하기

등호 없이 입력된 계산식 문자열의 계산 결과를 반환합니다.

01 예제의 [F6:F7] 범위의 계산식 결과를 [G6:G7] 범위에 반환합니다.

	A	B	C	D	E	F	G	H
1								
2		EVALUATE 함수						
3								
5		측정값1	수량	측정값2	수량	계산식	결과	
6		8.5	4	44.2	5	B6*C6+D6*E6		
7						(8.5x4)+(44.2x5)		
8								

02 EVALUATE 함수를 사용하기 위해 이름을 정의합니다.

03 수식을 입력할 [G6] 셀을 선택합니다.

TIP EVALUATE 함수를 이름으로 정의할 경우에는 수식을 입력할 셀을 정확하게 선택해야 합니다.

04 리본 메뉴의 [수식] 탭–[정의된 이름] 그룹–[이름 정의]를 클릭합니다.

05 [새 이름] 대화상자가 표시되면 아래를 참고해 설정하고 [확인]을 클릭합니다.

이름 : 계산

참조 대상 : =EVALUATE(F6)

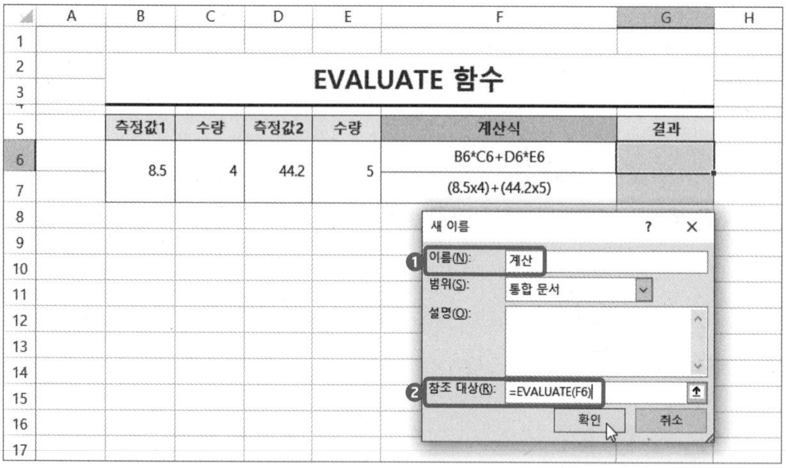

더 알아보기 EVALUATE 함수를 이름 정의할 때 주의할 점

EVALUATE 함수를 이름으로 정의할 때는 다음 두 가지 사항에 주의가 필요합니다.

- 첫째, 수식을 입력할 셀을 정확하게 선택하고 이름을 정의해야 합니다.
- 둘째, EVALUATE 함수에 계산식이 입력된 셀을 상대 참조 방식으로 참조합니다.

이번에 작성한 수식에서도 [F6] 셀을 상대 참조 방식으로 참조하므로 [F6] 셀 주소가 아니라 수식을 입력할 [G6] 셀의 왼쪽 셀을 참조한다고 이해하는 것이 좋습니다.

06 정의된 이름을 사용해 계산 결과를 구합니다.

07 [G6] 셀에 다음 수식을 입력하고, [G6] 셀의 채우기 핸들[+]을 [G7] 셀까지 드래그합니다.

[G6] 셀 : =계산

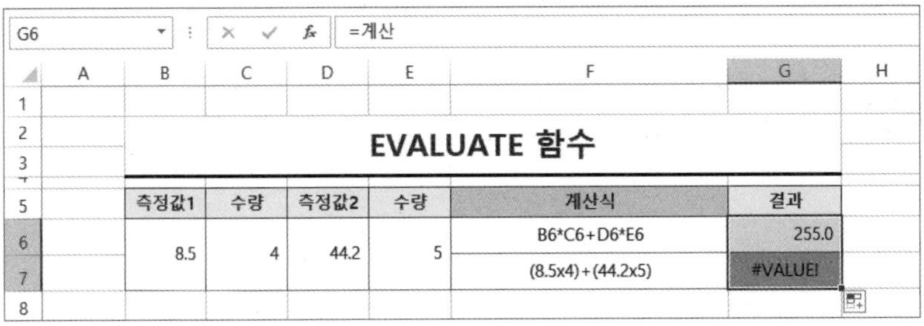

더 알아보기 **#VALUE! 에러가 발생한 이유**

[G6] 셀은 제대로 된 계산 결과를 반환하지만, [G7] 셀은 #VALUE! 에러가 발생합니다. #VALUE! 에러가 발생한 이유는 [F7] 셀의 계산식에 곱셈 연산자(*)를 사용하지 않고 영문자 'x'를 사용했기 때문입니다. 그러므로 계산이 제대로 이뤄지려면 영문자(x)를 곱셈 연산자(*)로 바꿔야 합니다.

08 [F7] 셀의 계산식을 수정하지 않고 계산 결과를 얻기 위해 이름을 수정합니다.

09 리본 메뉴의 [수식] 탭–[정의된 이름] 그룹–[이름 관리자]를 클릭합니다.

TIP 이 명령을 실행하기 전에 [G6] 셀 또는 [G6:G7] 범위가 선택되어 있어야 합니다.

10 [계산] 이름을 선택하고 [참조 대상]의 수식을 다음과 같이 수정한 후 Enter를 눌러 변경합니다.

참조 대상 : =EVALUATE(SUBSTITUTE(sample!F6, "x", "*"))

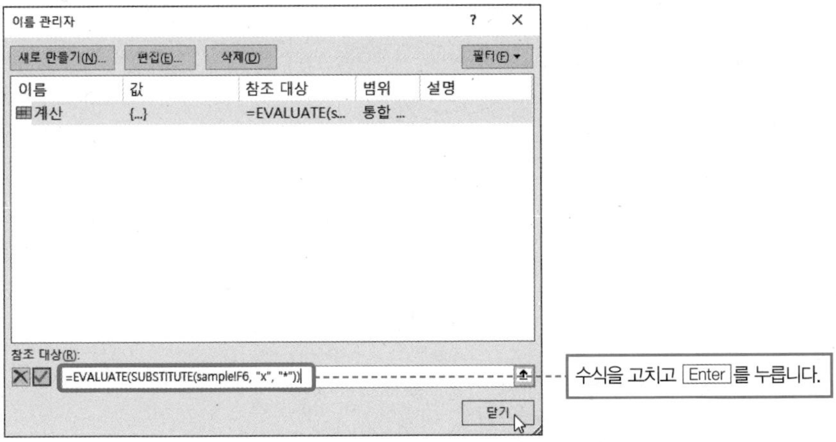

더 알아보기 수식 이해하기

이번 수식은 EVALUATE 함수에 전달한 [F6] 셀의 계산식에서 영문자(x)를 곱셈 연산자(*)로 변경하고 계산합니다. 이번 작업을 할 때는 다음 두 가지 사항에 주의합니다.

- **첫째, 09 과정에서 설명한 것처럼 [G6] 셀 또는 [G6:G7] 범위가 선택되어 있어야 합니다.**

그렇지 않으면 [참조 대상]의 수식에서 참조 위치가 [F6] 셀이 아니라 현재 선택된 셀의 왼쪽 셀 주소로 표시됩니다. 셀 주소가 달라도 그대로 두고 나머지 수식을 수정하면 정상 동작합니다.

```
=EVALUATE(SUBSTITUTE(sample!셀주소, "x", "*"))
```

- **둘째, 이름을 정의할 때 셀 주소만 입력하면 위와 같이 앞에 시트명(sample)이 자동으로 표시됩니다.**

이 경우 정의된 이름은 현재 시트에서만 동작합니다. 모든 시트에서 정의된 이름을 이용해 계산식의 결과를 돌려받고 싶다면 셀 주소에서 시트명만 지우고 **!F6**과 같이 참조합니다.

11 [닫기]를 클릭해 [이름 관리자] 대화상자를 닫으면 [G7] 셀의 계산 결과가 제대로 반환됩니다.

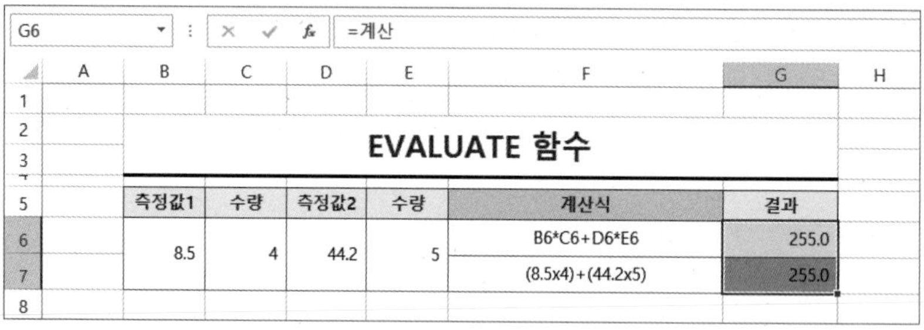
G6
=계산
EVALUATE 함수
측정값1
수량
측정값2
수량
계산식
결과
8.5
4
44.2
5
B6*C6+D6*E6
255.0
(8.5x4)+(44.2x5)
255.0

12 EVALUATE 함수는 매크로 함수이므로 저장할 파일 형식을 변경해야 합니다.

13 단축키 F12를 눌러 [다른 이름으로 저장] 대화상자를 호출합니다.

14 [파일 형식]에서 [Excel 매크로 사용 통합 문서(*.xlsm)]를 선택하고 [저장]을 클릭합니다.

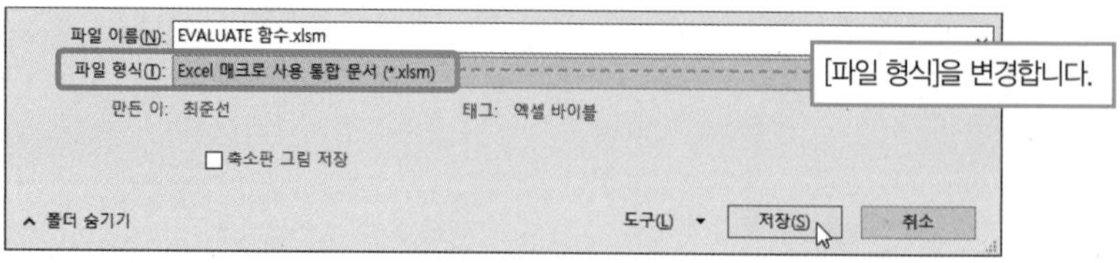

15 단축키 Ctrl+S를 눌러 파일을 저장하고 닫습니다.

16 예제 폴더에서 저장된 [EVALUATE 함수.xlsm]을 더블클릭해 엽니다.

17 [보안 경고] 메시지 줄이 표시되면 [콘텐츠 사용]을 클릭해줍니다.

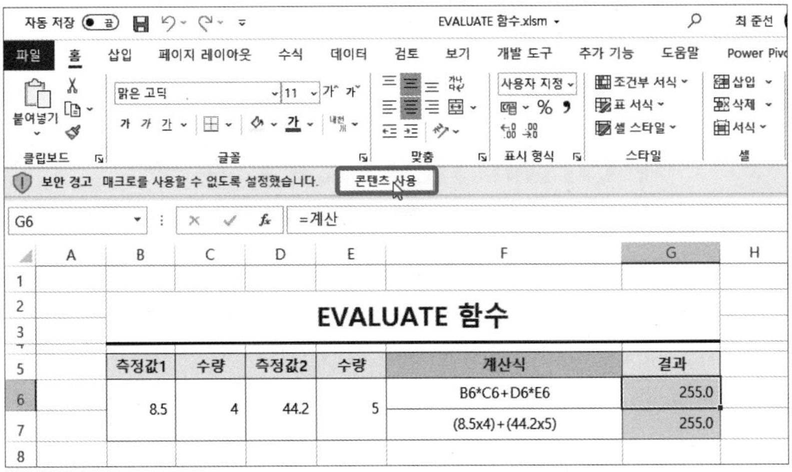

더 알아보기 [보안 경고] 메시지 줄

[매크로 사용 통합 문서(XLSM)] 형식의 파일을 처음 열 때 표시되는 경고 메시지 줄로, 파일 내 매크로(매크로 함수를 사용한 경우 포함)를 사용하도록 허용할지 여부를 결정합니다.

[콘텐츠 사용]을 클릭하면 매크로(매크로 함수 포함)를 사용할 수 있도록 해주며, 이번 예제에서는 EVALUATE 함수를 사용해 정의된 이름을 사용할 수 있도록 해줍니다.

[보안 경고] 메시지 줄은 엑셀 2010 버전부터는 파일을 열 때 최초 1회만 표시됩니다. [콘텐츠 사용]을 클릭하면 다음부터는 파일을 열 때 [보안 경고] 메시지 줄이 표시되지 않습니다.

계산식 문자열 반환 및 계산하기

05 22 셀에 사용된 수식 문자열 반환하기 - FORMULATEXT 함수

예제 파일 PART 02 \ CHAPTER 05 \ FORMULATEXT 함수.xlsx

FORMULATEXT 함수

특정 양식에서는 셀에 입력한 수식을 별도 셀에 표시해주어야 합니다. 이런 경우 사용할 수 있는 함수가 **FORMULATEXT 함수**입니다. FORMULATEXT 함수는 셀에 입력한 계산식을 그대로 문자열로 반환해줍니다. 이 함수는 엑셀 2013 버전부터 지원됩니다. 구문은 다음과 같습니다.

FORMULATEXT (❶ 참조) 2013 이상

참조한 셀의 수식 문자열을 반환합니다.

구문	❶ **참조** : 수식이 입력된 셀

사용 예

```
=FORMULATEXT(A1)
```

TIP [A1] 셀의 수식이 반환됩니다. 수식이 없다면 #N/A 에러가 반환됩니다.

따라 하기

셀에 입력한 값이 수식에 의해 계산되었는지 여부를 빠르게 확인합니다. 다음 과정을 참고합니다.

01 예제 파일 내 [M7] 병합 셀에는 다음 수식으로 계산된 성별이 표시됩니다.

[M7] 병합 셀 : =IF(ISODD(O11), "남", "여")

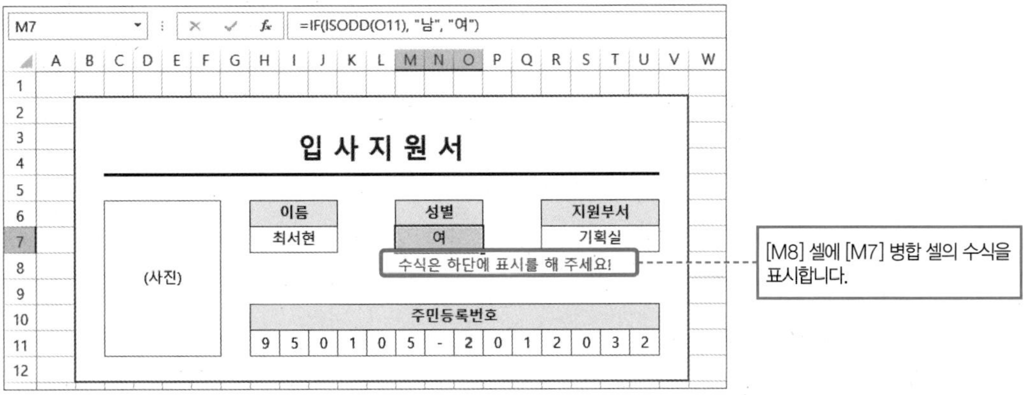

더 알아보기 **수식 이해하기**

[M7] 병합 셀에 입력된 수식은 [O11] 셀(주민등록번호 뒤쪽 첫 번째 숫자)의 값이 홀수(ISODD)면 '남' 문자열을, 짝수면 '여' 문자열을 반환합니다.

LINK ISODD 함수는 이 책의 239페이지에 설명되어 있습니다.

02 양식의 [M8] 셀에 쓰여 있는 것처럼 [M7] 병합 셀의 계산식 문자열을 반환합니다.

03 [M8] 셀을 선택하고 다음 수식을 입력합니다.

[M8] 셀 : =FORMULATEXT(M7)

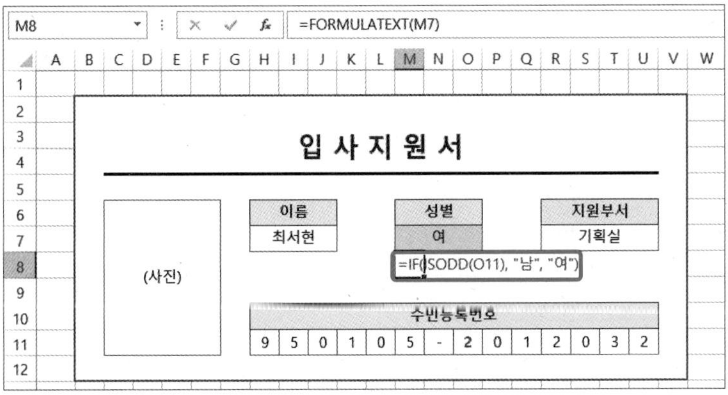

더 알아보기 **수식 이해하기**

FORMULATEXT 함수는 참조한 셀의 계산식을 문자열로 반환해주므로 셀에 표시된 값이 어떤 수식으로 계산되는지 확인할 수 있도록 해줍니다. 다만 수식이 입력되어 있지 않으면 #N/A 에러가 발생하기 때문에 이런 문제를 해결할 방법이 필요합니다.

04 수식이 입력된 경우와 아닌 경우를 구분해 처리하도록 [M8] 셀의 수식을 다음과 같이 변경합니다.

[M8] 셀 : =IF(ISFORMULA(M7), FORMULATEXT(M7), "직접 입력")

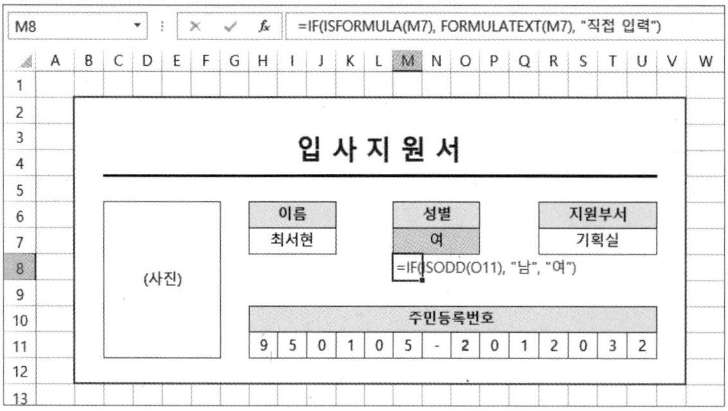

더 알아보기 **수식 이해하기**

이번 수식에서 사용된 ISFORMULA 함수는 엑셀 2013 버전에서 처음 제공된 함수입니다. 이 함수는 셀에 수식이 입력되어 있는지 여부를 TRUE, FALSE로 반환합니다. 그러므로 이번 수식은 수식이 입력되어 있다면 FORMULATEXT 함수를 사용해 계산식 문자열을 반환하고, 수식이 입력되어 있지 않다면 '직접 입력' 문자열을 반환하라는 의미입니다.

05 [M7] 병합 셀에 직접 **여**를 입력하면 [M8] 셀에 **직접 입력** 문자열이 표시됩니다.

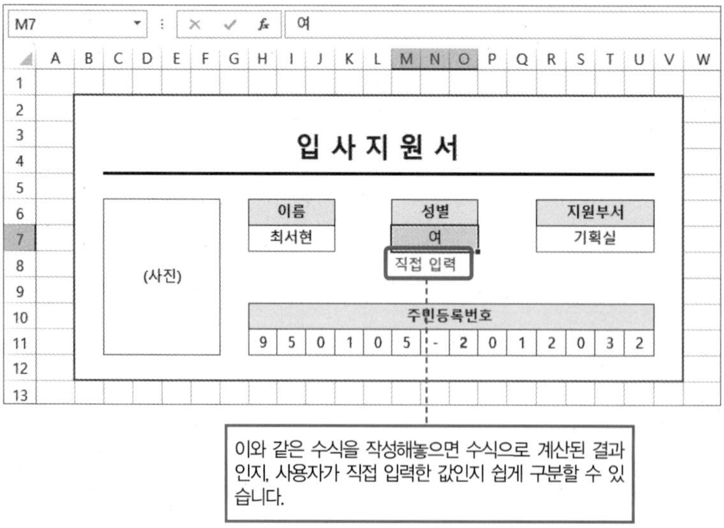

CHAPTER 06

집계, 통계 함수

엑셀에서 가장 빈번하게 발생하는 작업이 바로 표 데이터를 집계하고 분석하는 작업일 겁니다. 집계(Summary)는 데이터를 월별, 분기별, 연도별, 제품별, 고객별로 요약하는 등의 작업을 의미하고, 통계(Statistic)는 집계된 데이터를 의사 결정권자가 쉽게 이해할 수 있도록 평균, 최대, 최소, 순위 등을 구하는 작업을 의미합니다. 이번에는 엑셀에서 제공하는 집계, 통계 함수 중에서 가장 사용 빈도가 많은 함수들에 대해 설명합니다.

개수 세기

06 01 다양한 조건의 데이터 개수 세기

예제 파일 PART 02 \ CHAPTER 06 \ COUNT 계열 함수.xlsx

COUNT 계열 함수

'지난달 A 제품이 몇 번이나 거래되었지?'와 같은 질문에 답을 하기 위해서는 판매 내역이 기록된 표에서 A 제품이 거래된 횟수가 몇 건인지 세어야 합니다. 이렇게 개수를 세는 작업을 할 때 엑셀에서 사용할 수 있는 함수는 대부분 COUNT로 시작하는 함수명을 갖고 있습니다. 이 책에서는 이런 함수들을 **COUNT 계열 함수**라고 지칭하며, 각 함수의 구문은 다음과 같습니다.

COUNT (❶ 값1, ❷ 값2, …)

인수로 전달된 값 중에 숫자가 몇 개인지 세어 반환합니다.

구문	❶ **값** : 개수를 셀 데이터 범위는 최대 255개까지 지정할 수 있습니다.

사용 예

```
=COUNT(A1:A10)
```

TIP [A1:A10] 범위 내에서 숫자가 입력된 셀의 개수를 셉니다.

COUNTA (❶ 값1, ❷ 값2, …)

인수로 전달된 값 중에 빈 셀을 제외한 셀의 개수를 세어 반환합니다.

구문	❶ **값** : 개수를 셀 데이터 범위는 최대 255개까지 지정할 수 있습니다.

사용 예

```
=COUNTA(A1:A10)
```

TIP [A1:A10] 범위 내에서 값이 입력된 셀의 개수를 셉니다.

COUNTBLANK (❶ 범위)

인수로 전달된 데이터 범위 중 빈 셀의 개수를 세어 반환합니다.

구문	❶ **범위** : 개수를 셀 데이터 범위

사용 예

```
=COUNTBLANK(A1:A10)
```

TIP [A1:A10] 범위 내에서 빈 셀의 개수를 셉니다.

COUNTIF (❶ 범위, ❷ 조건)

범위에서 조건에 해당하는 셀의 개수를 세어 반환합니다.

구문	❶ **범위** : 개수를 셀 데이터 범위 ❷ **조건** : ❶에서 매칭할 조건 문자열로, 비교 연산자와 비교할 값을 큰따옴표에 넣어 사용합니다. **LINK** 조건 인수에 대한 자세한 설명은 **Section 06-02**(375페이지)를 참고합니다.

사용 예

```
=COUNTIF(A1:A10, ">=70")
```

TIP [A1:A10] 범위 내에서 70점 이상인 셀의 개수를 셉니다.

COUNTIFS (❶ 범위1, ❷ 조건1, ❸ 범위2, ❹ 조건2, …) 2007 이상

여러 개 데이터 범위에서 지정한 조건을 모두 만족하는 셀의 개수를 세어 반환합니다.

구문	❶ **범위** : 개수를 셀 데이터 범위 ❷ **조건** : ❶에서 매칭할 조건 문자열로 비교 연산자와 비교할 값을 큰따옴표에 넣어 사용합니다. **LINK** 조건 인수에 대한 자세한 설명은 **Section 06-02**(375페이지)를 참고합니다.
버전	엑셀 2007 버전부터 제공되는 함수로 하위 버전에서는 다음 수식으로 대체합니다. =SUMPRODUCT((범위1=조건1)*(범위2=조건2)*…)

사용 예

```
=COUNTIFS(A1:A10, ">=70", B1:B10, "남")
```

TIP [A1:A10] 범위 내에서 70점 이상이고, [B1:B10] 범위의 값이 '남'인 개수를 셉니다.

COUNT 계열 함수의 선택

개수를 세고 싶을 때 상황에 따라 어떤 COUNT 계열 함수를 선택할지 다이어그램을 통해 알아봅니다.

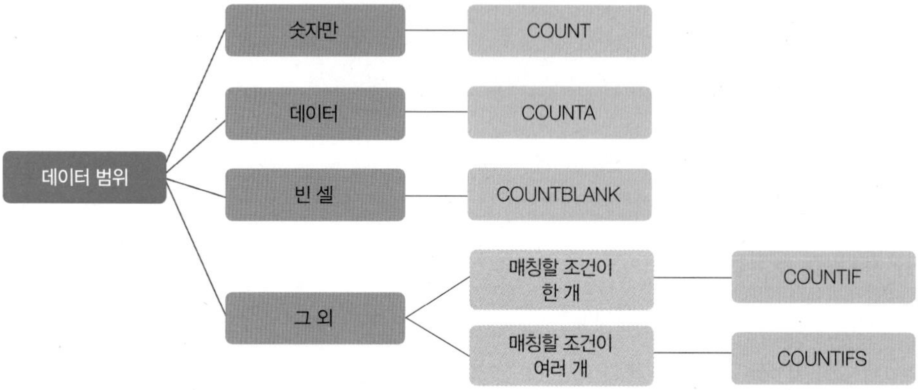

COUNTIF 함수와 COUNTIFS 함수

두 함수는 모두 사용자가 지정한 조건에 맞는 셀의 개수를 세어주지만 COUNTIF 함수는 조건을 하나만 설정할 수 있고, COUNTIFS 함수는 조건을 여러 개 설정할 수 있습니다. COUNTIFS 함수를 사용하여 조건을 하나만 설정하는 것도 가능합니다. 즉, 다음은 동일한 수식입니다.

COUNTIF(범위, 조건) = COUNTIFS(범위1, 조건1)

따라 하기

COUNT 계열 함수를 사용해 다양한 조건에 맞는 데이터 개수를 셉니다.

01 예제를 열고 이름 상자의 더 보기[▾]를 클릭해 이름 정의된 범위를 확인합니다.

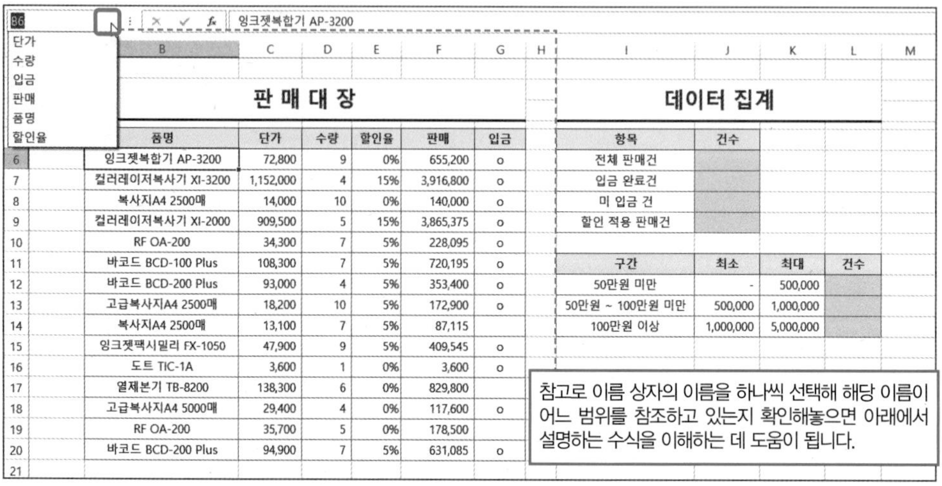

B6 | 잉크젯복합기 AP-3200

단가
수량
입금
판매
품명
할인율

판 매 대 장

품명	단가	수량	할인율	판매	입금
잉크젯복합기 AP-3200	72,800	9	0%	655,200	o
컬러레이저복사기 XI-3200	1,152,000	4	15%	3,916,800	o
복사지A4 2500매	14,000	10	0%	140,000	o
컬러레이저복사기 XI-2000	909,500	5	15%	3,865,375	o
RF OA-200	34,300	7	5%	228,095	o
바코드 BCD-100 Plus	108,300	7	5%	720,195	o
바코드 BCD-200 Plus	93,000	4	5%	353,400	o
고급복사지A4 2500매	18,200	10	5%	172,900	o
복사지A4 2500매	13,100	7	5%	87,115	
잉크젯팩시밀리 FX-1050	47,900	9	5%	409,545	o
도트 TIC-1A	3,600	1	0%	3,600	o
열제본기 TB-8200	138,300	6	0%	829,800	
고급복사지A4 5000매	29,400	4	0%	117,600	o
RF OA-200	35,700	5	0%	178,500	
바코드 BCD-200 Plus	94,900	7	5%	631,085	o

데이터 집계

항목	건수
전체 판매건	
입금 완료건	
미 입금 건	
할인 적용 판매건	

구간	최소	최대	건수
50만원 미만	-	500,000	
50만원 ~ 100만원 미만	500,000	1,000,000	
100만원 이상	1,000,000	5,000,000	

참고로 이름 상자의 이름을 하나씩 선택해 해당 이름이 어느 범위를 참조하고 있는지 확인해놓으면 아래에서 설명하는 수식을 이해하는 데 도움이 됩니다.

TIP [B6:G20] 범위는 모두 5행의 머리글로 이름 정의되어 있으며, 이름 정의는 이 책의 104페이지를 참고합니다.

TIP [B5:G20] 범위의 표에 데이터가 추가될 수 있다면 엑셀 표로 변환하는 것이 좋으며, 엑셀 표는 이 책의 136페이지를 참고합니다.

02 전체 판매건을 B열의 데이터를 참고해 집계합니다. [J6] 셀에 다음 수식을 입력합니다.

[J6] 셀 : =COUNTA(품명)

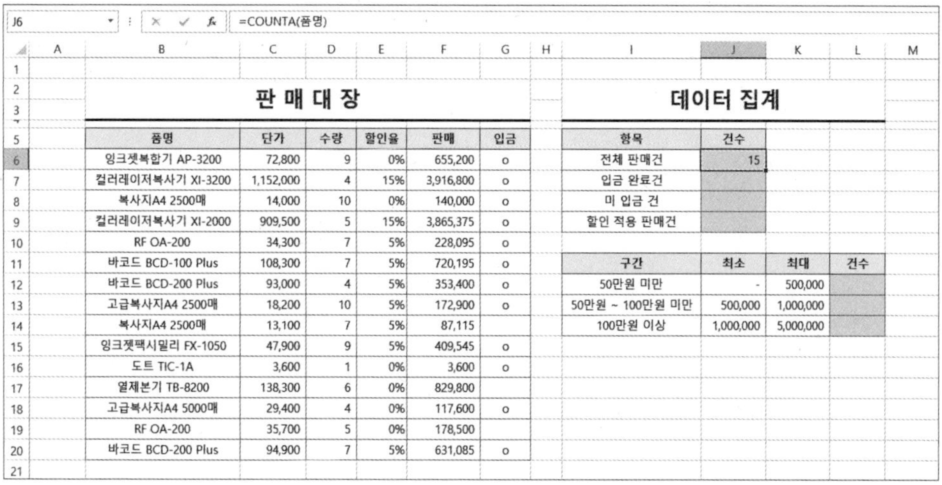
J6 =COUNTA(품명)

판 매 대 장

품명	단가	수량	할인율	판매	입금
잉크젯복합기 AP-3200	72,800	9	0%	655,200	o
컬러레이저복사기 XI-3200	1,152,000	4	15%	3,916,800	o
복사지A4 2500매	14,000	10	0%	140,000	o
컬러레이저복사기 XI-2000	909,500	5	15%	3,865,375	o
RF OA-200	34,300	7	5%	228,095	o
바코드 BCD-100 Plus	108,300	7	5%	720,195	o
바코드 BCD-200 Plus	93,000	4	5%	353,400	o
고급복사지A4 2500매	18,200	10	5%	172,900	o
복사지A4 2500매	13,100	7	5%	87,115	
잉크젯팩시밀리 FX-1050	47,900	9	5%	409,545	o
도트 TIC-1A	3,600	1	0%	3,600	o
열제본기 TB-8200	138,300	6	0%	829,800	
고급복사지A4 5000매	29,400	4	0%	117,600	o
RF OA-200	35,700	5	0%	178,500	
바코드 BCD-200 Plus	94,900	7	5%	631,085	o

데이터 집계

항목	건수
전체 판매건	15
입금 완료건	
미 입금 건	
할인 적용 판매건	

구간	최소	최대	건수
50만원 미만	-	500,000	
50만원 ~ 100만원 미만	500,000	1,000,000	
100만원 이상	1,000,000	5,000,000	

더 알아보기 상황에 맞는 COUNT 계열 함수 사용하기

'전체 판매건'은 [판매대장] 표의 개별 건수를 모두 세어줍니다. 이때 개수를 어느 열에서 셀 것인지가 중요한데, 빈 셀을 포함하지 않는 열을 세야 합니다. 숫자만 입력된 열인 경우에는 COUNT 함수를, 텍스트가 포함된 열인 경우에는 COUNTA 함수를 사용합니다. COUNT 함수와 COUNTA 함수를 모두 사용할 수 있는 경우라면 COUNTA 함수가 더 좋습니다.

이번 수식을 정의된 이름 대신 데이터 범위로 변경하면 다음과 같은 수식을 사용해야 합니다.

```
=COUNTA(B6:B20)
```

03 이번에는 입금이 완료된 판매건수를 셉니다. [J7] 셀에 다음 수식을 입력합니다.

[J7] 셀 : =COUNTIF(입금, "=o")

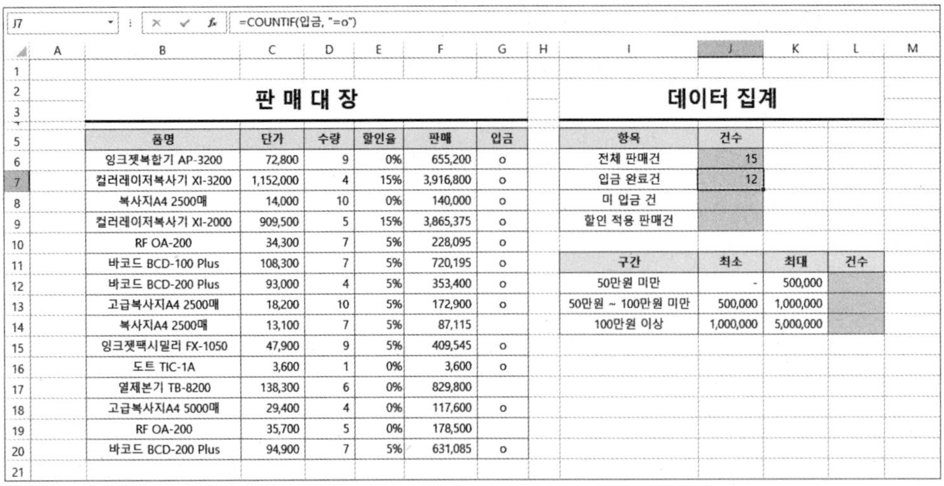

J7 | =COUNTIF(입금, "=o")

판 매 대 장

품명	단가	수량	할인율	판매	입금
잉크젯복합기 AP-3200	72,800	9	0%	655,200	o
컬러레이저복사기 XI-3200	1,152,000	4	15%	3,916,800	o
복사지A4 2500매	14,000	10	0%	140,000	o
컬러레이저복사기 XI-2000	909,500	5	15%	3,865,375	o
RF OA-200	34,300	7	5%	228,095	o
바코드 BCD-100 Plus	108,300	7	5%	720,195	o
바코드 BCD-200 Plus	93,000	4	5%	353,400	o
고급복사지A4 2500매	18,200	10	5%	172,900	o
복사지A4 2500매	13,100	7	5%	87,115	
잉크젯팩시밀리 FX-1050	47,900	9	5%	409,545	o
도트 TIC-1A	3,600	1	0%	3,600	o
열제본기 TB-8200	138,300	6	0%	829,800	
고급복사지A4 5000매	29,400	4	0%	117,600	o
RF OA-200	35,700	5	0%	178,500	
바코드 BCD-200 Plus	94,900	7	5%	631,085	o

데이터 집계

항목	건수
전체 판매건	15
입금 완료건	12
미 입금 건	
할인 적용 판매건	

구간	최소	최대	건수
50만원 미만	-	500,000	
50만원 ~ 100만원 미만	500,000	1,000,000	
100만원 이상	1,000,000	5,000,000	

더 알아보기 | 수식 이해하기

[입금] 열(G열)에 입력된 데이터는 입금 여부를 표시합니다. 영어 소문자 'o'는 입금 완료를 의미하며, 빈 셀은 미입금을 의미합니다. 그러므로 COUNTA 함수를 사용해 [입금] 열에 데이터가 입력된 셀을 세거나 COUNTIF 함수를 사용해 'o' 문자가 입력된 셀의 개수를 세면 입금 여부를 알 수 있습니다.

이 경우 COUNTIF 함수를 사용해 'o' 문자의 개수를 세는 것이 좋습니다. [입금] 열에 잘못된 데이터가 입력될 경우에 집계가 잘못될 수 있는 상황을 예방할 수 있기 때문입니다.

COUNTIF 함수는 입금으로 이름 정의된 [G6:G20] 범위에서 조건인 **"=o"**와 매칭되어 **G6:G20="o"**와 같은 조건이 됩니다. 그러므로 [G6:G20] 범위 내에서 소문자 'o' 가 입력된 셀의 개수를 세어 정확하게 입금된 거래 건수가 몇 건인지 반환해줍니다.

04 미입금된 판매건수를 세기 위해 [J8] 셀에 다음 수식을 입력합니다.

[J8] 셀 : =J6–J7

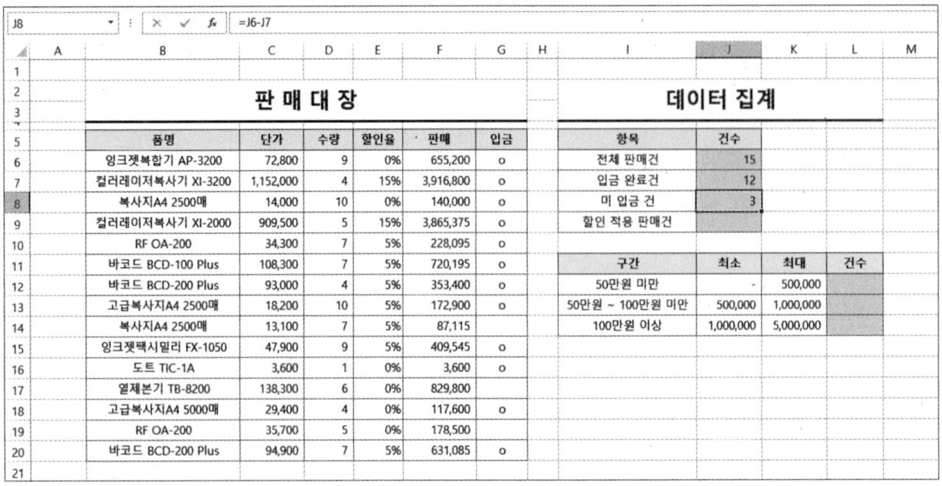

J8 | =J6-J7

판 매 대 장

품명	단가	수량	할인율	판매	입금
잉크젯복합기 AP-3200	72,800	9	0%	655,200	o
컬러레이저복사기 XI-3200	1,152,000	4	15%	3,916,800	o
복사지A4 2500매	14,000	10	0%	140,000	o
컬러레이저복사기 XI-2000	909,500	5	15%	3,865,375	o
RF OA-200	34,300	7	5%	228,095	o
바코드 BCD-100 Plus	108,300	7	5%	720,195	o
바코드 BCD-200 Plus	93,000	4	5%	353,400	o
고급복사지A4 2500매	18,200	10	5%	172,900	o
복사지A4 2500매	13,100	7	5%	87,115	
잉크젯팩시밀리 FX-1050	47,900	9	5%	409,545	o
도트 TIC-1A	3,600	1	0%	3,600	o
열제본기 TB-8200	138,300	6	0%	829,800	
고급복사지A4 5000매	29,400	4	0%	117,600	o
RF OA-200	35,700	5	0%	178,500	
바코드 BCD-200 Plus	94,900	7	5%	631,085	o

데이터 집계

항목	건수
전체 판매건	15
입금 완료건	12
미 입금 건	3
할인 적용 판매건	

구간	최소	최대	건수
50만원 미만	-	500,000	
50만원 ~ 100만원 미만	500,000	1,000,000	
100만원 이상	1,000,000	5,000,000	

더 알아보기 수식 이해하기

[J6] 셀에는 전체 판매건수를 셌고 [J7] 셀에는 입금된 판매건수를 셌으므로, 굳이 함수를 사용할 필요 없이 두 값의 차이만 구해도 미입금된 판매건수를 셀 수 있습니다. 만약 함수를 이용해 집계하고 싶다면 COUNTIF 함수를 사용해 다음과 같은 수식을 입력해도 됩니다.

```
=COUNTIF(입금, "〈〉o")
```

05 이번에는 할인해준 판매건수를 셉니다. [J9] 셀에 다음 수식을 입력합니다.

[J9] 셀 : =COUNTIF(할인율, "〉0")

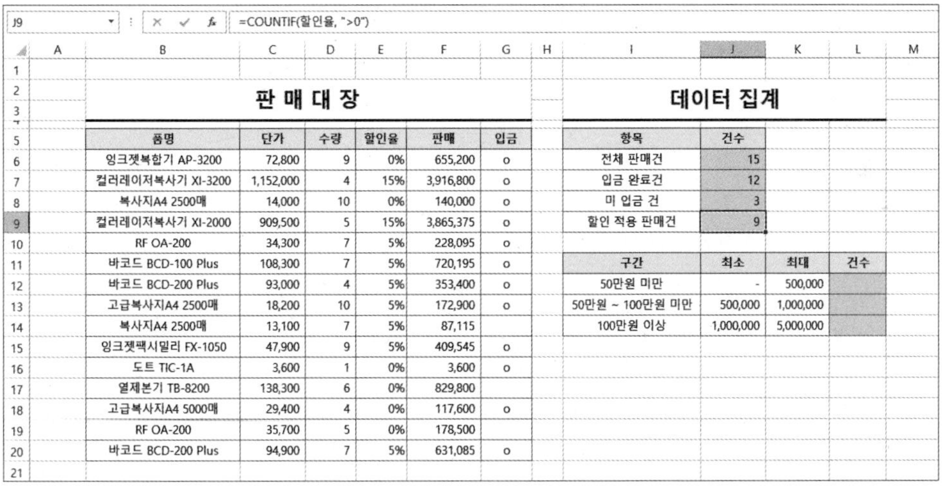

품명	단가	수량	할인율	판매	입금
잉크젯복합기 AP-3200	72,800	9	0%	655,200	o
컬러레이저복사기 XI-3200	1,152,000	4	15%	3,916,800	o
복사지A4 2500매	14,000	10	0%	140,000	o
컬러레이저복사기 XI-2000	909,500	5	15%	3,865,375	o
RF OA-200	34,300	7	5%	228,095	o
바코드 BCD-100 Plus	108,300	7	5%	720,195	o
바코드 BCD-200 Plus	93,000	4	5%	353,400	o
고급복사지A4 2500매	18,200	10	5%	172,900	o
복사지A4 2500매	13,100	7	5%	87,115	
잉크젯팩시밀리 FX-1050	47,900	9	5%	409,545	o
도트 TIC-1A	3,600	1	0%	3,600	o
열제본기 TB-8200	138,300	6	0%	829,800	
고급복사지A4 5000매	29,400	4	0%	117,600	o
RF OA-200	35,700	5	0%	178,500	
바코드 BCD-200 Plus	94,900	7	5%	631,085	o

항목	건수
전체 판매건	15
입금 완료건	12
미 입금 건	3
할인 적용 판매건	9

구간	최소	최대	건수
50만원 미만	-	500,000	
50만원 ~ 100만원 미만	500,000	1,000,000	
100만원 이상	1,000,000	5,000,000	

더 알아보기 조건에 맞는 셀 개수만 세기

[할인율] 열(E열)에는 다양한 숫자가 입력되어 있습니다. 따라서 할인해준 판매건수를 구하고 싶다면 0보다 큰 숫자를 조건으로 확인합니다. 이런 조건은 COUNT, COUNTA, COUNTBLANK 함수로는 셀 수 없으므로 COUNTIF 함수를 사용한 것입니다.

이번 수식의 COUNTIF 함수 구성은 [할인율] 범위(E6:E20)에서 0보다 큰 숫자를 갖는 셀의 개수를 셉니다. COUNTIF 함수의 두 인수를 붙여보면 조건을 이해하기 쉽습니다.

06 판매된 금액을 기준으로 원하는 구간별로 몇 건의 판매건수가 존재하는지 집계합니다.

07 [L12] 셀에 다음 수식을 입력하고 [L12] 셀의 채우기 핸들⊞을 [L14] 셀까지 드래그합니다.

[L12] 셀 : =COUNTIFS(판매, “〉=” & J12, 판매, “〈” & K12)

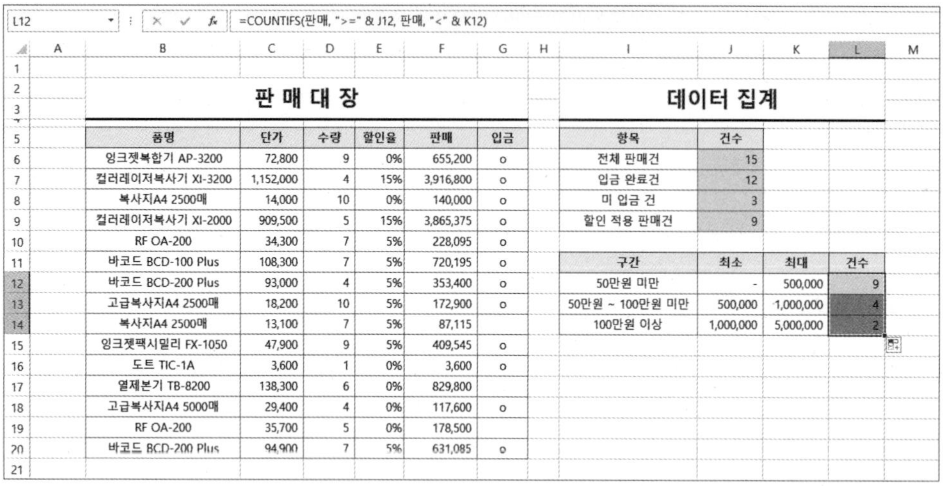

L12 =COUNTIFS(판매, ">=" & J12, 판매, "<" & K12)

판 매 대 장

품명	단가	수량	할인율	판매	입금
잉크젯복합기 AP-3200	72,800	9	0%	655,200	o
컬러레이저복사기 XI-3200	1,152,000	4	15%	3,916,800	o
복사지A4 2500매	14,000	10	0%	140,000	o
컬러레이저복사기 XI-2000	909,500	5	15%	3,865,375	o
RF OA-200	34,300	7	5%	228,095	o
바코드 BCD-100 Plus	108,300	7	5%	720,195	o
바코드 BCD-200 Plus	93,000	4	5%	353,400	o
고급복사지A4 2500매	18,200	10	5%	172,900	o
복사지A4 2500매	13,100	7	5%	87,115	
잉크젯팩시밀리 FX-1050	47,900	9	5%	409,545	o
도트 TIC-1A	3,600	1	0%	3,600	o
열제본기 TB-8200	138,300	6	0%	829,800	
고급복사지A4 5000매	29,400	4	0%	117,600	o
RF OA-200	35,700	5	0%	178,500	
바코드 BCD-200 Plus	94,900	7	5%	631,085	o

데이터 집계

항목	건수
전체 판매건	15
입금 완료건	12
미 입금 건	3
할인 적용 판매건	9

구간	최소	최대	건수
50만원 미만	-	500,000	9
50만원 ~ 100만원 미만	500,000	1,000,000	4
100만원 이상	1,000,000	5,000,000	2

더 알아보기 여러 개의 조건에 맞는 셀 개수만 세기

이번 작업은 수식을 이해하기 전에 먼저 [I11:K14] 범위에 입력된 표를 먼저 이해해야 합니다. [I11:I14] 범위에는 판매액의 구간에 해당하는 조건이 입력되어 있습니다. 사람은 이런 조건을 이해하는 것이 어렵지 않지만, 입력된 그대로 함수의 조건 인수가 될 수는 없습니다.

그러므로 구간(범위)을 조건으로 사용하려면 구간 내 최소, 최대에 해당하는 값을 따로 입력해둬야 합니다. 해당 값이 입력되어 있지 않으면 이런 식의 집계 작업은 처리하기가 쉽지 않습니다.

COUNTIFS 함수는 여러 개의 조건을 모두 만족하는 셀의 개수를 셀 수 있는 함수로, 인수를 두 개씩 연결해 조건을 완성하면 이해하기가 쉽습니다. 이번 수식에서 [L12] 셀에 입력된 수식은 다음과 같이 이해합니다.

- 조건1 : **판매〉=0**
- 조건2 : **판매〈500000**

그러면 [판매] 범위(F6:F20)의 숫자가 0보다 크거나 같으면서(0 이상), 50만 원보다 작아야(50만 원 미만) 한다는 것을 의미합니다.

참고로 COUNTIFS 함수는 엑셀 2007 버전부터 제공되는 함수이므로, 그 이하 버전에서 작업해야 한다면 이번 수식은 SUMPRODUCT 함수를 사용해 다음과 같이 수정할 수 있습니다.

```
=SUMPRODUCT((판매〉=J12)*(판매〈=K12))
```

개수 세기

06 02 IF가 붙는 함수의 조건 구성 패턴

예제 파일 없음

조건 구성 패턴 1 - 비교 연산자

Section 06-01 예제에서도 확인할 수 있는 것처럼 개수를 세는 작업을 할 때 가장 많이 사용되는 함수는 COUNTA 함수와 COUNTIF 함수입니다. 특히 COUNTIF 함수는 사용자가 지정한 조건에 맞는 개수를 셀 수 있기 때문에 반드시 알아야 할 필수 함수 중 하나입니다.

기본 패턴

COUNTIF 함수의 구성은 다음과 같은 경우가 가장 일반적인 수식 패턴입니다.

```
=COUNTIF(A1:A10, ">=70"))
```

TIP [A1:A10] 범위에서 70점 이상인 셀 개수를 셉니다.

COUNTIFS 함수의 조건 인수에는 비교 연산자와 비교할 값을 큰따옴표(" ")로 묶어 사용합니다. 이때 비교 연산자가 '같다'를 의미하는 등호(=)인 경우에는 생략할 수 있습니다.

```
=COUNTIF(A1:A10, "합격")
```

TIP [A1:A10] 범위에서 '합격' 문자열을 갖는 셀 개수를 셉니다.

만약 비교 연산자를 생략하고 남은 값이 숫자인 경우에는 큰따옴표(" ")도 생략할 수 있습니다.

```
=COUNTIF(A1:A10, 0)
```

TIP [A1:A10] 범위에서 0 값을 갖는 셀 개수를 셉니다.

응용 패턴 - 참조와 수식을 이용한 조건

비교할 값을 다른 셀의 값을 참조해 사용하려면 비교 연산자와 참조할 셀을 & 연산자로 연결해줘야 합니다.

```
=COUNTIF(A1:A10, “>=” & B1)
```

TIP [A1:A10] 범위에서 [B1] 셀의 값과 같거나 큰 셀 개수를 셉니다.

COUNTIF 함수의 조건을 다른 함수의 결과로 대체할 수 있습니다. 이 경우 참조와 마찬가지로 비교 연산자와 함수로 계산된 결과를 & 연산자로 연결해줘야 합니다.

```
=COUNTIF(A1:A10, “>=” & AVERAGE(A1:A10))
```

TIP [A1:A10] 범위에서 평균값 이상인 셀 개수를 셉니다.

비교 연산자가 생략됐다면 등호(=) 비교 연산자가 생략된 것입니다.

```
=COUNTIF(A1:A10, TODAY())
```

TIP [A1:A10] 범위에서 오늘 날짜를 갖는 셀 개수를 셉니다.

조건 구성 패턴 2 - 와일드카드

COUNTIF 함수와 같이 함수명 끝에 IF가 붙는 함수들은 와일드카드 문자(*, ?, ~)를 사용할 수 있습니다. 와일드카드 문자에 대한 설명은 아래를 참고합니다.

와일드카드 문자	설명
?	찾을 값 중에서 모르는 문자 하나를 지정할 때 사용합니다. 예를 들어 '엑셀'이 입력된 셀 개수를 세려고 할 때 '엑'으로 시작한다는 것과 단어가 두 글자로 구성된다는 사실만 안다면 조건 문자열에 다음과 같이 구성할 수 있습니다. `=COUNTIF(A1:A10, “엑?”)` **TIP** [A1:A10] 범위에서 '엑' 문자로 시작하고 문자가 두 개 입력된 셀 개수를 셉니다.
*	찾을 값의 일부만 알고 나머지 문자를 알 수 없을 때 사용합니다. 예를 들어 '마이크로소프트'가 입력된 셀 개수를 세려고 하는데 '마이크로'만 안다고 가정하면 다음과 같은 수식을 구성할 수 있습니다. `=COUNTIF(A1:A10, “마이크로*”)` **TIP** [A1:A10] 범위에서 '마이크로' 문자로 시작하는 셀 개수를 셉니다.

~	?, * 와일드카드 문자를 일반 문자로 인식시킬 때 사용합니다. 예를 들어 ?, * 문자가 셀 값에 포함되어 있고, 이 문자가 포함된 범위에서 셀 개수를 세려면 다음과 같이 수식을 구성합니다. =COUNTIF(A1:A10, "A~*B") TIP [A1:A10] 범위에서 'A*B' 문자열이 입력된 셀 개수를 셉니다.

와일드카드 문자를 사용하면 조건을 좀 더 쉽게 구성할 수 있습니다.

개수 세기

06 03 COUNTIFS 함수로 AND, OR 조건 구성하기

예제 파일 PART 02 \ CHAPTER 06 \ COUNTIFS 함수.xlsx

COUNTIFS 함수 활용

COUNTIFS 함수는 COUNTIF 함수와 사용 방법이 동일하며, COUNTIF 함수의 인수를 여러 번 반복해서 사용한다는 점만 다릅니다. 예제를 열면 다음과 같은 표를 확인할 수 있습니다. 이름 상자를 클릭하면 정의된 이름을 모두 확인할 수 있습니다.

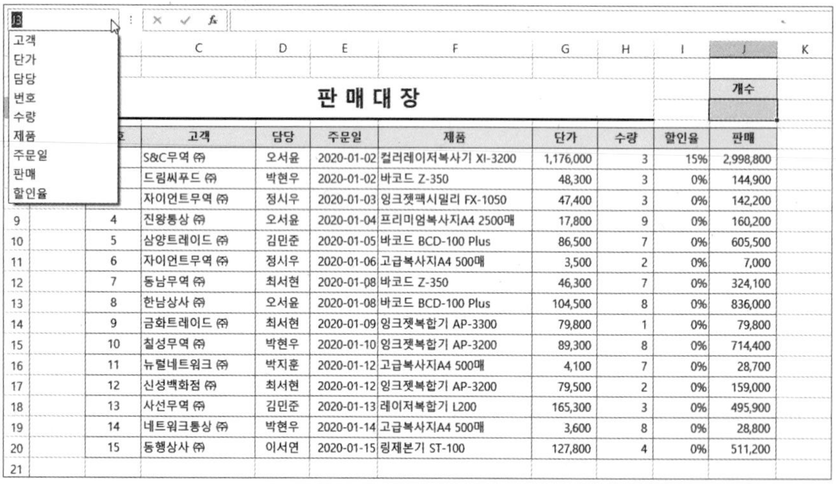

	호	고객	담당	주문일	제품	단가	수량	할인율	판매
		S&C무역 ㈜	오서윤	2020-01-02	컬러레이저복사기 XI-3200	1,176,000	3	15%	2,998,800
		드림씨푸드 ㈜	박현우	2020-01-02	바코드 Z-350	48,300	3	0%	144,900
		자이언트무역 ㈜	정시우	2020-01-03	잉크젯팩시밀리 FX-1050	47,400	3	0%	142,200
9	4	진왕통상 ㈜	오서윤	2020-01-04	프리미엄복사지A4 2500매	17,800	9	0%	160,200
10	5	삼양트레이드 ㈜	김민준	2020-01-05	바코드 BCD-100 Plus	86,500	7	0%	605,500
11	6	자이언트무역 ㈜	정시우	2020-01-06	고급복사지A4 500매	3,500	2	0%	7,000
12	7	동남무역 ㈜	최서현	2020-01-08	바코드 Z-350	46,300	7	0%	324,100
13	8	한남상사 ㈜	오서윤	2020-01-08	바코드 BCD-100 Plus	104,500	8	0%	836,000
14	9	금화트레이드 ㈜	최서현	2020-01-09	잉크젯복합기 AP-3300	79,800	1	0%	79,800
15	10	칠성무역 ㈜	박현우	2020-01-10	잉크젯복합기 AP-3200	89,300	8	0%	714,400
16	11	뉴럴네트워크 ㈜	박지훈	2020-01-12	고급복사지A4 500매	4,100	7	0%	28,700
17	12	신성백화점 ㈜	최서현	2020-01-12	잉크젯복합기 AP-3200	79,500	2	0%	159,000
18	13	사선무역 ㈜	김민준	2020-01-13	레이저복합기 L200	165,300	3	0%	495,900
19	14	네트워크통상 ㈜	박현우	2020-01-14	고급복사지A4 500매	3,600	8	0%	28,800
20	15	동행상사 ㈜	이서연	2020-01-15	링제본기 ST-100	127,800	4	0%	511,200
21									

TIP [B6:J20] 범위는 모두 5행의 머리글로 이름 정의되어 있으며, 이름 정의는 이 책의 104페이지를 참고합니다.

TIP [B5:J20] 범위의 표에 데이터가 추가될 수 있다면 엑셀 표로 변환하는 것이 좋으며, 엑셀 표는 이 책의 136페이지를 참고합니다.

참고로 이름 상자의 이름을 하나씩 선택해 해당 이름이 어느 범위를 참조하고 있는지 확인해놓으면 아래에서 설명하는 수식을 이해하는 데 도움이 됩니다.

날짜 구간에 속한 개수 세기

만약 2020년 1월 5일부터 2020년 1월 10일까지의 판매건수를 세려면 다음 수식을 구성합니다. 결과는 6이 반환됩니다.

[J3] 셀 : =COUNTIFS(주문일, “>=2020-01-05”, 주문일, “<=2020-01-10”)

TIP 예제의 [J3] 셀에 수식을 입력해 확인합니다.

위 수식에 맞는 데이터는 아래에서 확인할 수 있습니다.

J3 =COUNTIFS(주문일, ">=2020-01-05", 주문일, "<=2020-01-10")

판 매 대 장

개수
6

번호	고객	담당	주문일	제품	단가	수량	할인율	판매
1	S&C무역 ㈜	오서윤	2020-01-02	컬러레이저복사기 XI-3200	1,176,000	3	15%	2,998,800
2	드림씨푸드 ㈜	박현우	2020-01-02	바코드 Z-350	48,300	3	0%	144,900
3	자이언트무역 ㈜	정시우	2020-01-03	잉크젯팩시밀리 FX-1050	47,400	3	0%	142,200
4	진왕통상 ㈜	오서윤	2020-01-04	프리미엄복사지A4 2500매	17,800	9	0%	160,200
5	삼양트레이드 ㈜	김민준	2020-01-05	바코드 BCD-100 Plus	86,500	7	0%	605,500
6	자이언트무역 ㈜	정시우	2020-01-06	고급복사지A4 500매	3,500	2	0%	7,000
7	동남무역 ㈜	최서현	2020-01-08	바코드 Z-350	46,300	7	0%	324,100
8	한남상사 ㈜	오서윤	2020-01-08	바코드 BCD-100 Plus	104,500	8	0%	836,000
9	금화트레이드 ㈜	최서현	2020-01-09	잉크젯복합기 AP-3300	79,800	1	0%	79,800
10	칠성무역 ㈜	박현우	2020-01-10	잉크젯복합기 AP-3200	89,300	8	0%	714,400
11	뉴럴네트워크 ㈜	박지훈	2020-01-12	고급복사지A4 500매	4,100	7	0%	28,700
12	신성백화점 ㈜	최서현	2020-01-12	잉크젯복합기 AP-3200	79,500	2	0%	159,000
13	사선무역 ㈜	김민준	2020-01-13	레이저복합기 L200	165,300	3	0%	495,900
14	네트워크통상 ㈜	박현우	2020-01-14	고급복사지A4 500매	3,600	8	0%	28,800
15	동행상사 ㈜	이서연	2020-01-15	링제본기 ST-100	127,800	4	0%	511,200

TIP [E10:E15] 범위에서 셀의 개수를 셉니다. 화면은 이해를 돕기 위해 표시해놓은 것입니다.

위 수식처럼 COUNTIF 함수로는 다음과 같이 처리할 수 있습니다.

[J3] 셀 : =COUNTIF(주문일, “>=2020-01-05”)-COUNTIF(주문일, “>2020-01-10”)

위 수식처럼 2020년 1월 5일 이후 건수를 센 다음 2020년 1월 10일 이후(정확하게는 1월 11일부터) 건수를 빼면 동일한 결과를 얻을 수 있습니다.

이렇게 날짜 데이터를 처리하는 방법은 기본적으로 숫자 데이터를 처리하는 방법과 동일합니다. 숫자 데이터 역시 동일한 방법으로 조건을 적용할 수 있습니다.

세 개 이상의 복합 조건 처리하기

조건이 더 많아진다면 인수를 추가해 사용합니다. COUNTIFS 함수는 총 127개의 조건을 넣어 모든 조건에 해당하는 셀의 개수를 셀 수 있습니다. 예를 들어 '삼양트레이드 ㈜'에게 1월 10일까지 판매한 제품 중 판매액이 50만 원 이상인 경우의 개수를 세어야 한다면 다음과 같은 수식을 사용합니다.

[J3] 셀 : =COUNTIFS(고객, “삼양*”, 주문일, “<=2020-01-10”, 판매, “>=500000”)

이 수식을 보면 COUNTIFS 함수의 조건은 총 세 개이며 다음과 같습니다.

첫째 : [고객] 범위(C6:C20)에서 '삼양'으로 시작하는 회사 중에

둘째 : [주문일] 범위(E6:E20)에서 2020년 1월 10일보다 작거나 같은(이전인)

셋째 : [판매] 범위(J6:J20)에서 50만 원보다 크거나 같은(이상인) 개수를 셉니다.

TIP 좀 더 정확하게 조건을 입력하려면 두 번째 인수를 '삼양트레이드 ㈜'와 같이 입력합니다.

이 수식을 [J3] 셀에 입력하면 한 개의 결과를 반환받을 수 있습니다.

J3 =COUNTIFS(고객, "삼양*", 주문일, "<=2020-01-10", 판매, ">=500000")

판 매 대 장

개수
1

번호	고객	담당	주문일	제품	단가	수량	할인율	판매
1	S&C무역 ㈜	오서윤	2020-01-02	컬러레이저복사기 XI-3200	1,176,000	3	15%	2,998,800
2	드림씨푸드 ㈜	박현우	2020-01-02	바코드 Z-350	48,300	3	0%	144,900
3	자이언트무역 ㈜	정시우	2020-01-03	잉크젯팩시밀리 FX-1050	47,400	3	0%	142,200
4	진왕통상 ㈜	오서윤	2020-01-04	프리미엄복사지A4 2500매	17,800	9	0%	160,200
5	삼양트레이드 ㈜	김민준	2020-01-05	바코드 BCD-100 Plus	86,500	7	0%	605,500
6	자이언트무역 ㈜	정시우	2020-01-06	고급복사지A4 500매	3,500	2	0%	7,000
7	동남무역 ㈜	최서현	2020-01-08	바코드 Z-350	46,300	7	0%	324,100
8	한남상사 ㈜	오서윤	2020-01-08	바코드 BCD-100 Plus	104,500	8	0%	836,000
9	금화트레이드 ㈜	최서현	2020-01-09	잉크젯복합기 AP-3300	79,800	1	0%	79,800
10	칠성무역 ㈜	박현우	2020-01-10	잉크젯복합기 AP-3200	89,300	8	0%	714,400
11	뉴럴네트워크 ㈜	박지훈	2020-01-12	고급복사지A4 500매	4,100	7	0%	28,700
12	신성백화점 ㈜	최서현	2020-01-12	잉크젯복합기 AP-3200	79,500	2	0%	159,000
13	사선무역 ㈜	김민준	2020-01-13	레이저복합기 L200	165,300	3	0%	495,900
14	네트워크통상 ㈜	박현우	2020-01-14	고급복사지A4 500매	3,600	8	0%	28,800
15	동행상사 ㈜	이서연	2020-01-15	링제본기 ST-100	127,800	4	0%	511,200

OR 조건 구성하기

COUNTIFS 함수는 기본적으로 모든 조건을 만족하는 개수를 세므로 AND 조건입니다. 사용한 조건 중에 어느 것 하나만 맞아도 되는 OR 조건으로 수식을 구성하려면 개별 조건을 COUNTIF 함수나 COUNTIFS 함수로 구한 후 해당 값을 다시 더해야 합니다.

예를 들어 판매된 제품 중 이름에 '복사기'와 '복합기'가 포함된 판매건수를 세려면 다음과 같은 수식을 사용합니다.

[J3] 셀 : =COUNTIF(제품, "*복사기*")+COUNTIF(제품, "*복합기*")

위 수식에 맞는 결과를 확인하려면 [J3] 셀에 수식을 입력하고 결과를 확인합니다.

J3 | =COUNTIF(제품, "*복사기*")+COUNTIF(제품, "*복합기*")

판 매 대 장

개수
5

번호	고객	담당	주문일	제품	단가	수량	할인율	판매
1	S&C무역 ㈜	오서윤	2020-01-02	컬러레이저복사기 XI-3200	1,176,000	3	15%	2,998,800
2	드림씨푸드 ㈜	박현우	2020-01-02	바코드 Z-350	48,300	3	0%	144,900
3	자이언트무역 ㈜	정시우	2020-01-03	잉크젯팩시밀리 FX-1050	47,400	3	0%	142,200
4	진왕통상 ㈜	오서윤	2020-01-04	프리미엄복사지A4 2500매	17,800	9	0%	160,200
5	삼양트레이드 ㈜	김민준	2020-01-05	바코드 BCD-100 Plus	86,500	7	0%	605,500
6	자이언트무역 ㈜	정시우	2020-01-06	고급복사지A4 500매	3,500	2	0%	7,000
7	동남무역 ㈜	최서현	2020-01-08	바코드 Z-350	46,300	7	0%	324,100
8	한남상사 ㈜	오서윤	2020-01-08	바코드 BCD-100 Plus	104,500	8	0%	836,000
9	금화트레이드 ㈜	최서현	2020-01-09	잉크젯복합기 AP-3300	79,800	1	0%	79,800
10	칠성무역 ㈜	박현우	2020-01-10	잉크젯복합기 AP-3200	89,300	8	0%	714,400
11	뉴럴네트워크 ㈜	박지훈	2020-01-12	고급복사지A4 500매	4,100	7	0%	28,700
12	신성백화점 ㈜	최서현	2020-01-12	잉크젯복합기 AP-3200	79,500	2	0%	159,000
13	사선무역 ㈜	김민준	2020-01-13	레이저복합기 L200	165,300	3	0%	495,900
14	네트워크통상 ㈜	박현우	2020-01-14	고급복사지A4 500매	3,600	8	0%	28,800
15	동행상사 ㈜	이서연	2020-01-15	링제본기 ST-100	127,800	4	0%	511,200

확인해야 할 단어가 몇 개 되지 않을 경우에는 이와 같은 수식을 사용하는 것이 나쁘지는 않지만, 좀 더 간단하게 처리하려면 다음과 같은 수식을 사용합니다.

[J3] 셀 : =SUMPRODUCT(COUNTIF(제품, {"*복사기*", "*복합기*"}))

Ver. 마이크로소프트 365 버전 사용자라면 SUMPRODUCT 함수 대신 SUM 함수를 사용합니다.

LINK 만약 확인해야 할 단어가 많다면 이 책의 **Section 06-07**(395페이지)을 참고합니다.

복사기나 복합기 제품 중에서 1월 10일 이전에 판매한 건수를 세고 싶다면 수식을 다음과 같이 구성합니다.

[J3] 셀 : =COUNTIFS(제품, "*복사기*", 주문일, "<=2020-01-10")+
COUNTIFS(제품, "*복합기*", 주문일, "<=2020-01-10")

위 수식을 예제의 [J3] 셀에 입력하면 다음과 같은 결과를 얻을 수 있습니다.

J3 | =COUNTIFS(제품, "*복사기*", 주문일, "<=2020-01-10")+COUNTIFS(제품, "*복합기*", 주문일, "<=2020-01-10")

판 매 대 장

개수
3

번호	고객	담당	주문일	제품	단가	수량	할인율	판매
1	S&C무역 ㈜	오서윤	2020-01-02	컬러레이저복사기 XI-3200	1,176,000	3	15%	2,998,800
2	드림씨푸드 ㈜	박현우	2020-01-02	바코드 Z-350	48,300	3	0%	144,900
3	자이언트무역 ㈜	정시우	2020-01-03	잉크젯팩시밀리 FX-1050	47,400	3	0%	142,200
4	진왕통상 ㈜	오서윤	2020-01-04	프리미엄복사지A4 2500매	17,800	9	0%	160,200
5	삼양트레이드 ㈜	김민준	2020-01-05	바코드 BCD-100 Plus	86,500	7	0%	605,500
6	자이언트무역 ㈜	정시우	2020-01-06	고급복사지A4 500매	3,500	2	0%	7,000
7	동남무역 ㈜	최서현	2020-01-08	바코드 Z-350	46,300	7	0%	324,100
8	한남상사 ㈜	오서윤	2020-01-08	바코드 BCD-100 Plus	104,500	8	0%	836,000
9	금화트레이드 ㈜	최서현	2020-01-09	잉크젯복합기 AP-3300	79,800	1	0%	79,800
10	칠성무역 ㈜	박현우	2020-01-10	잉크젯복합기 AP-3200	89,300	8	0%	714,400
11	뉴럴네트워크 ㈜	박지훈	2020-01-12	고급복사지A4 500매	4,100	7	0%	28,700
12	신성백화점 ㈜	최서현	2020-01-12	잉크젯복합기 AP-3200	79,500	2	0%	159,000
13	사선무역 ㈜	김민준	2020-01-13	레이저복합기 L200	165,300	3	0%	495,900
14	네트워크통상 ㈜	박현우	2020-01-14	고급복사지A4 500매	3,600	8	0%	28,800
15	동행상사 ㈜	이서연	2020-01-15	링제본기 ST-100	127,800	4	0%	511,200

개수 세기

06 04 구간에 속한 개수를 한번에 세기 – FREQUENCY 함수

예제 파일 PART 02 \ CHAPTER 06 \ FREQUENCY 함수.xlsx

FREQUENCY 함수

COUNTIF 함수나 COUNTIFS 함수로 구간별 값을 구할 수는 있지만, 하나의 구간이 아닌 여러 개의 구간별 값을 한번에 구하려면 불편한 작업을 해야 합니다. 이때 COUNT 계열 함수 대신 FREQUENCY 함수를 사용하면 보다 쉽게 구간별 건수를 셀 수 있습니다. 다만 이 함수는 배열 함수이므로 Ctrl+Shift+Enter를 눌러 입력해야 합니다.

FREQUENCY (❶ 데이터 범위, ❷ 구간 범위)

데이터 범위 내에서 구간 범위를 속한 개수를 세어 배열로 반환합니다.

구문	❶ **데이터 범위** : 건수를 셀 데이터 범위 ❷ **구간 범위** : 구간의 대푯값이 입력된 범위로, 대푯값은 구간의 최댓값이 입력되어 있어야 합니다.
특이사항	FREQUENCY 함수는 배열을 이용하는 함수로, 전체 구간의 개수를 한번에 배열로 반환합니다. 따라서 개수를 구할 전체 범위를 선택하고 Ctrl+Shift+Enter로 수식을 입력합니다. 참고로 마이크로소프트 365 버전은 동적 배열을 사용하므로, 첫 번째 셀에 수식을 입력하면 알아서 배열을 적용해 계산 결과를 반환합니다. LINK 이런 차이는 이 책의 **PART 03**을 통해 자세하게 학습할 수 있습니다.

따라 하기

FREQUENCY 함수를 사용할 때 알아야 할 내용 및 COUNTIFS 함수와 차이점을 다음 따라 하기 과정을 통해 이해할 수 있습니다.

01 예제를 열고, 이름 상자를 클릭하면 정의된 이름 범위를 확인할 수 있습니다.

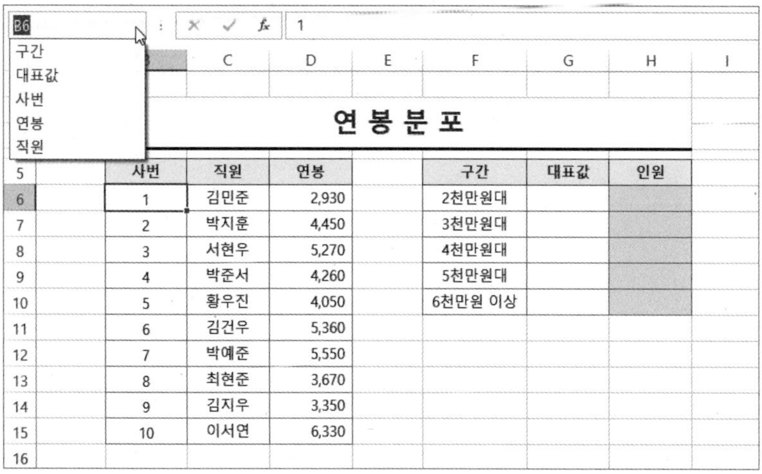

사번	직원	연봉		구간	대표값	인원
1	김민준	2,930		2천만원대		
2	박지훈	4,450		3천만원대		
3	서현우	5,270		4천만원대		
4	박준서	4,260		5천만원대		
5	황우진	4,050		6천만원 이상		
6	김건우	5,360				
7	박예준	5,550				
8	최현준	3,670				
9	김지우	3,350				
10	이서연	6,330				

TIP [B6:D15] 범위와 [F6:G10] 범위는 모두 5행의 머리글로 이름 정의되어 있습니다.

02 먼저 COUNTIFS 함수로 2천만 원대 연봉을 받는 인원수를 구합니다.

03 [H6] 셀을 선택하고 다음 수식을 입력합니다.

[H6] 셀 : =COUNTIFS(연봉, “〉=2000”, 연봉, “〈3000”)

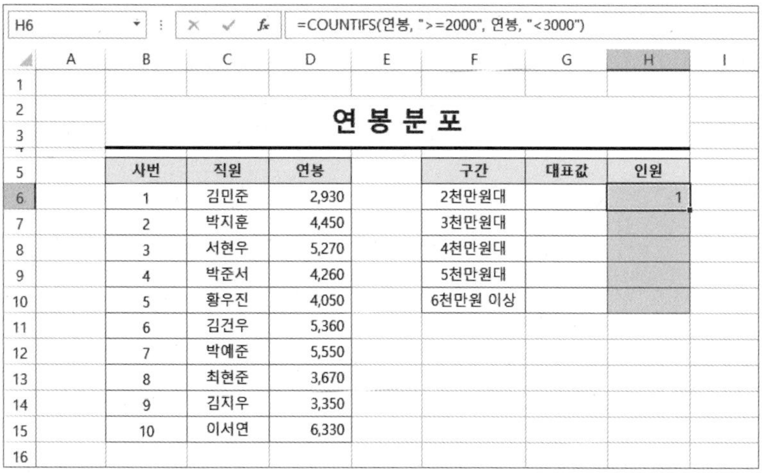

사번	직원	연봉		구간	대표값	인원
1	김민준	2,930		2천만원대		1
2	박지훈	4,450		3천만원대		
3	서현우	5,270		4천만원대		
4	박준서	4,260		5천만원대		
5	황우진	4,050		6천만원 이상		
6	김건우	5,360				
7	박예준	5,550				
8	최현준	3,670				
9	김지우	3,350				
10	이서연	6,330				

더 알아보기 **수식 이해하기**

2천만 원대 연봉을 받는 인원수를 세어야 하므로 연봉이 2000보다는 크거나 같고, 3000보다는 작은 조건을 설정해야 합니다. 이렇게 구간별 건수를 셀 때 COUNTIFS 함수를 사용하면 구간의 최솟값(2000), 최댓값(3000)을 모두 입력해야 합니다.

04 구간별 대푯값을 G열에 입력합니다. 구간별 대푯값은 구간의 최댓값을 입력해야 합니다.

05 [G6:G10] 범위에 순서대로 **2999, 3999, 4999, 5999, 9999**를 입력합니다.

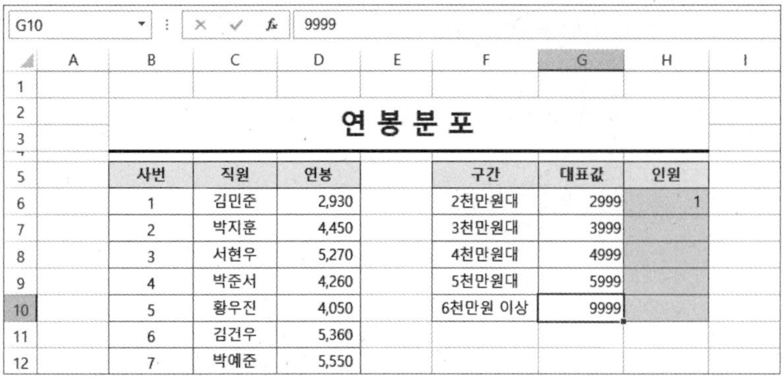

G10 | 9999

	A	B	C	D	E	F	G	H	I
1									
2		연 봉 분 포							
3									
5		사번	직원	연봉		구간	대표값	인원	
6		1	김민준	2,930		2천만원대	2999	1	
7		2	박지훈	4,450		3천만원대	3999		
8		3	서현우	5,270		4천만원대	4999		
9		4	박준서	4,260		5천만원대	5999		
10		5	황우진	4,050		6천만원 이상	9999		
11		6	김건우	5,360					
12		7	박예준	5,550					

더 알아보기 **FREQUENCY 함수와 대푯값**

COUNTIFS 함수는 비교 연산자를 직접 입력할 수 있습니다. 따라서 구간의 최댓값을 입력할 때 2천만 원대의 경우 **3000**을 입력하고 이보다 작은 경우로 조건을 설정할 수 있습니다.

하지만 FREQUENCY 함수는 비교 연산자를 직접 입력할 수 없으므로 대신 작거나 같은(<=) 조건에 부합하는 최댓값을 구간의 대푯값으로 설정해야 합니다. 예를들어 2천만 원대의 경우 **2999**와 같이 입력해야 합니다. 물론 만 원 단위로 딱 떨어지지 않는다면 **2999.99**와 같은 대푯값을 입력해야 합니다.

[G10] 셀의 대푯값이 9999인 것은 [F10] 셀의 구간이 6천만 원 이상이라고만 설정되어 있어 1억 원 미만의 조건으로 설정해놓은 것입니다. 좀 더 큰 연봉도 처리하려면 [G10] 셀의 값을 **59999**와 같이 입력하여 6천만 원 이상 6억 원 미만의 조건으로 설정할 수 있습니다.

06 FREQUENCY 함수는 한번에 개수를 세어 결과를 모두 반환해줍니다.

07 [H6:H10] 범위를 선택하고 다음 수식을 입력한 후 Ctrl + Shift + Enter 를 누릅니다.

[H6:H10] 범위 : =FREQUENCY(연봉, 대표값)

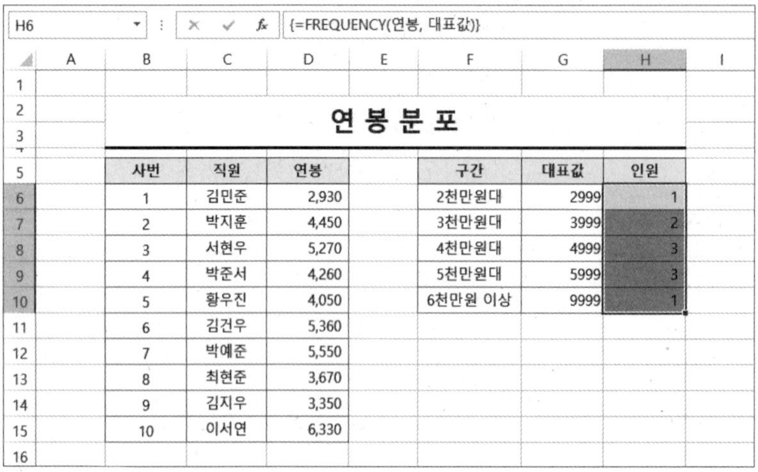

H6 | {=FREQUENCY(연봉, 대표값)}

	A	B	C	D	E	F	G	H	I
1									
2		연 봉 분 포							
3									
5		사번	직원	연봉		구간	대표값	인원	
6		1	김민준	2,930		2천만원대	2999	1	
7		2	박지훈	4,450		3천만원대	3999	2	
8		3	서현우	5,270		4천만원대	4999	3	
9		4	박준서	4,260		5천만원대	5999	3	
10		5	황우진	4,050		6천만원 이상	9999	1	
11		6	김건우	5,360					
12		7	박예준	5,550					
13		8	최현준	3,670					
14		9	김지우	3,350					
15		10	이서연	6,330					
16									

더 알아보기 배열 함수 이해하기

FREQUENCY 함수는 한번에 하나의 결과를 얻는 함수가 아니라 배열 함수입니다. 따라서 값을 되돌려받을 전체 범위를 선택하고 수식을 작성해야 하며, 입력은 Ctrl+Shift+Enter로 입력해야 합니다. Ctrl+Shift+Enter는 배열 수식을 입력할 때 사용하는 키로, 배열 수식에 대해서는 이 책의 **PART 03**에서 자세하게 설명합니다.

마이크로소프트 365 버전이라면 이번 작업을 [H6] 셀에만 입력해도 되고, Ctrl+Shift+Enter 대신 Enter로 수식을 입력할 수 있습니다. 다음 화면은 마이크로소프트 365 버전에서 동일한 수식을 입력한 결과입니다.

H6 : =FREQUENCY(연봉, 대표값)

	A	B	C	D	E	F	G	H	I
1									
2		연 봉 분 포							
3									
5		사번	직원	연봉		구간	대표값	인원	
6		1	김민준	2,930		2천만원대	2999	1	
7		2	박지훈	4,450		3천만원대	3999	2	
8		3	서현우	5,270		4천만원대	4999	3	
9		4	박준서	4,260		5천만원대	5999	3	
10		5	황우진	4,050		6천만원 이상	9999	1	
11		6	김건우	5,360				0	
12		7	박예준	5,550					
13		8	최현준	3,670					
14		9	김지우	3,350					
15		10	이서연	6,330					
16									

결과는 제대로 반환되지만 [H11] 셀에 0이 하나 더 반환되는 차이가 있습니다. FREQUENCY 함수는 사용자가 지정한 구간을 벗어나는 결과를 하나 더 반환해주기 때문입니다. 마이크로소프트 365 버전이라면 다음과 같이 수식을 작성하는 것이 맞습니다.

```
=FREQUENCY(연봉, G6:G9)
```

그러면 [H10] 셀에 6천만 원 이상의 결과가 자동으로 반환됩니다. 물론 [G10] 셀의 값도 입력할 필요가 없습니다.

H6 : =FREQUENCY(연봉, G6:G9)

	A	B	C	D	E	F	G	H	I
1									
2		연 봉 분 포							
3									
5		사번	직원	연봉		구간	대표값	인원	
6		1	김민준	2,930		2천만원대	2999	1	
7		2	박지훈	4,450		3천만원대	3999	2	
8		3	서현우	5,270		4천만원대	4999	3	
9		4	박준서	4,260		5천만원대	5999	3	
10		5	황우진	4,050		6천만원 이상		1	
11		6	김건우	5,360					
12		7	박예준	5,550					
13		8	최현준	3,670					
14		9	김지우	3,350					
15		10	이서연	6,330					
16									

06 05

다양한 상황에서 표에 일련번호 넣기

예제 파일 PART 02 \ CHAPTER 06 \ 일련번호.xlsx

입력된 데이터에 맞춰 일련번호 넣기

일련번호는 1, 2, 3, …과 같은 일정한 간격(보통 1씩)으로 증가하는 숫자를 의미합니다. 사용자가 그냥 입력해도 별 무리는 없지만 입력된 데이터에 맞춰 자동으로 일련번호가 부여되어야 한다면 다음 방법을 참고합니다.

01 예제를 열고 [sample1] 시트에서 B열에 1, 2, 3, …과 같은 일련번호를 넣는 수식을 작성합니다.

	A	B	C	D	E	F	G	H
1								
2		견 적 서						
3								
5		번호	품명	단가	수량	공급가액	세액	
6			잉크젯팩시밀리 FX-1050	47,900	9	431,100	43,110	
7			도트 TIC-1A	3,600	1	3,600	360	
8			열제본기 TB-8200	138,300	6	829,800	82,980	
9			고급복사지A4 5000매	29,400	4	117,600	11,760	
10			RF OA-200	35,700	5	178,500	17,850	
11								
12								
13								
14								

sample1 | sample2

02 C열의 품명이 입력된 경우에만 일련번호를 부여합니다.

03 [B6] 셀에 다음 수식을 입력하고 [B6] 셀의 채우기 핸들을 [B12] 셀까지 드래그합니다.

[B6] 셀 : =COUNTA($C$6:C6)

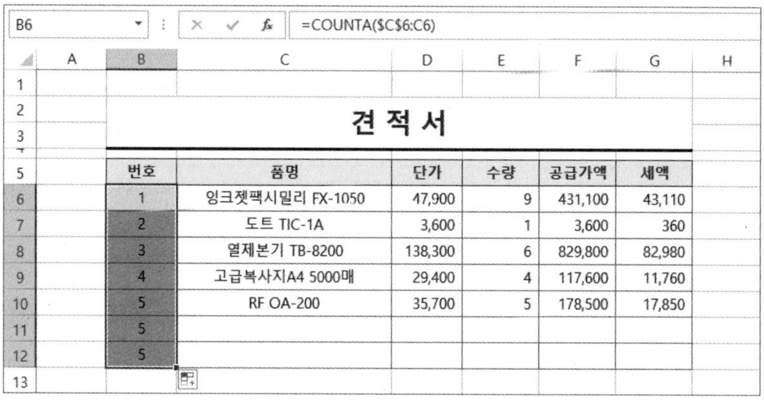

B6 | =COUNTA($C$6:C6)

견 적 서

번호	품명	단가	수량	공급가액	세액
1	잉크젯팩시밀리 FX-1050	47,900	9	431,100	43,110
2	도트 TIC-1A	3,600	1	3,600	360
3	열제본기 TB-8200	138,300	6	829,800	82,980
4	고급복사지A4 5000매	29,400	4	117,600	11,760
5	RF OA-200	35,700	5	178,500	17,850
5					
5					

더 알아보기 **일련번호를 반환하는 참조 방법**

이번 수식에서는 셀을 참조하는 방법이 가장 중요합니다. COUNTA 함수는 데이터가 입력된 셀의 개수를 세는데, **$C$6:C6**처럼 범위를 참조하면 수식을 아래로 복사할 때 다음과 같이 참조 위치가 달라지게 됩니다.

셀	참조 위치
B6	$C$6:C6
B7	$C$6:C7
B8	$C$6:C8
...	...

절대 참조 방식으로 참조한 [$C$6] 셀은 위치가 변하지 않지만, 상대 참조 방식으로 참조한 [C6] 셀은 수식을 복사할 때마다 참조 위치가 변경됩니다. 이렇게 하면 COUNTA 함수가 집계할 범위를 하나씩 증가시키므로 입력된 데이터에 맞춰 1씩 증가된 결과를 돌려받을 수 있습니다.

04 C열에 품명이 입력된 경우에만 일련번호가 표시되도록 수식을 수정합니다.

05 [B6] 셀에 다음 수식을 입력하고 [B6] 셀의 채우기 핸들을 [B12] 셀까지 드래그합니다.

[B6] 셀 : =IF(C6<>“”, COUNTA($C$6:C6), “”)

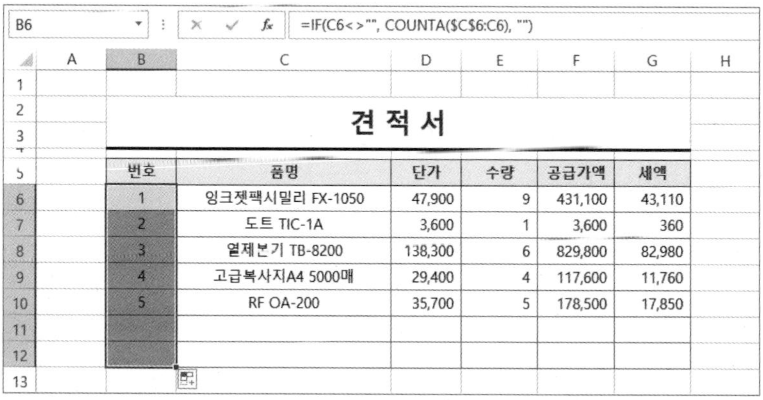

B6 | =IF(C6<>"", COUNTA($C$6:C6), "")

견 적 서

번호	품명	단가	수량	공급가액	세액
1	잉크젯팩시밀리 FX-1050	47,900	9	431,100	43,110
2	도트 TIC-1A	3,600	1	3,600	360
3	열제본기 TB-8200	138,300	6	829,800	82,980
4	고급복사지A4 5000매	29,400	4	117,600	11,760
5	RF OA-200	35,700	5	178,500	17,850

더 알아보기 수식 이해하기

이번 수식은 품명이 입력된 셀(C6)이 빈 문자("")가 아니면(빈 셀이 아니면) COUNTA 함수로 개수를 세어 일련번호를 반환하라는 의미입니다.

조건에 맞는 데이터에 일련번호 넣기

조건에 맞는 값에 일련번호를 넣고 싶다면 COUNTIF 함수를 사용합니다. 기본적인 방법은 COUNTA 함수를 사용하는 것과 동일합니다.

01 [sample2] 시트 탭을 선택하고 [C6:C16] 범위에 부서별로 일련번호를 넣습니다.

응용 사례1 : 조건

부서	번호	이름
기획부		박민준
기획부		이지은
기획부		박주원
기획부		최하준
총무부		최우진
총무부		이민서
총무부		김지민
C/S팀		박서연
C/S팀		김정훈
C/S팀		김동현
C/S팀		박은주

응용 사례2 : 병합

번호	고객
	S&C무역 ㈜
	자이언트무역 ㈜
	진왕통상 ㈜
	한남상사 ㈜

02 [C6] 셀에 다음 수식을 입력하고 [C6] 셀의 채우기 핸들을 [C16] 셀까지 드래그합니다.

[C6] 셀 : =COUNTIF($B$6:B6, B6)

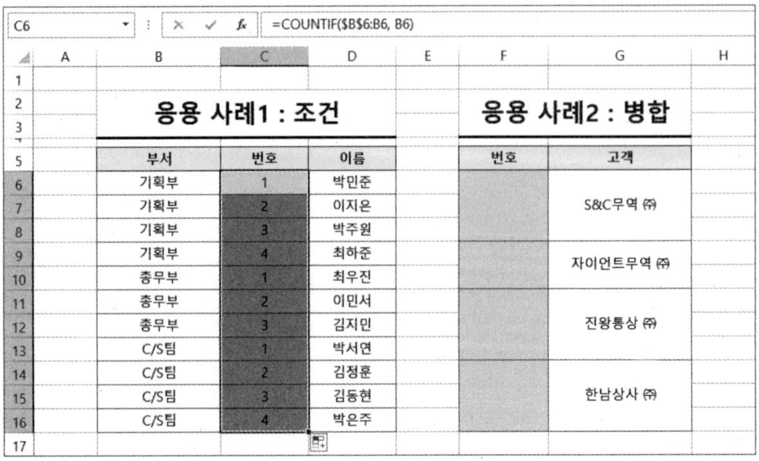

응용 사례1 : 조건

부서	번호	이름
기획부	1	박민준
기획부	2	이지은
기획부	3	박주원
기획부	4	최하준
총무부	1	최우진
총무부	2	이민서
총무부	3	김지민
C/S팀	1	박서연
C/S팀	2	김정훈
C/S팀	3	김동현
C/S팀	4	박은주

응용 사례2 : 병합

번호	고객
	S&C무역 ㈜
	자이언트무역 ㈜
	진왕통상 ㈜
	한남상사 ㈜

더 알아보기 **수식 이해하기**

COUNTIF 함수의 첫 번째 인수에 입력한 범위 참조 방식은 일련번호를 구할 때 COUNTA 함수를 사용한 경우와 동일합니다. 부서별 일련번호를 부여하려면 부서가 몇 번 나오는지를 세어줍니다. COUNTIF 함수의 두 번째 인수를 생략 없이 입력하면 다음과 같습니다.

```
=COUNTIF($B$6:B6, "=" & B6)
```

[B6:B6] 범위 내에서 [B6] 셀과 값이 같은 개수를 세므로 동일한 부서의 개수를 하나씩 세어 일련번호를 반환해준다고 이해할 수 있습니다. 기본적인 원리는 COUNTA 함수와 동일합니다. 조건이 한 개가 아니라 여러 개인 경우에는 COUNTIFS 함수를 사용합니다.

병합된 셀이 포함된 범위에 일련번호 넣기

병합된 셀이 포함된 범위에서 일련번호를 넣으려는 경우 어려운 점은 수식을 채우기 핸들만으로 복사하기가 어렵다는 것입니다.

01 병합된 셀에 일련번호를 넣습니다.

02 [F6] 셀에 다음 수식을 입력하고 [F6] 셀의 채우기 핸들을 [F16] 셀까지 드래그합니다.

[F6] 셀 : =COUNTA($G$6:G6)

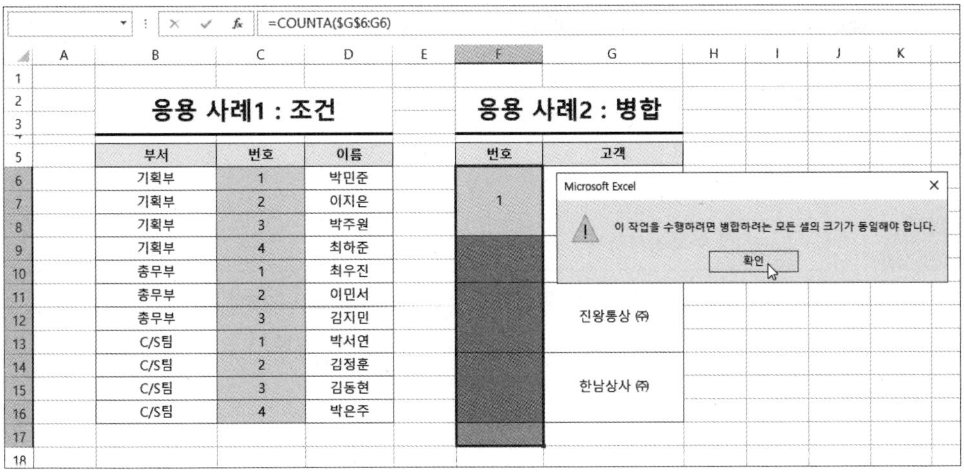

더 알아보기 병합된 셀에 수식 복사

수식 자체는 이전에 사용한 수식과 동일합니다. 하지만 수식이 제대로 복사되지 않습니다. 병합된 셀의 수식을 채우기 핸들을 이용해 복사하는 것은 병합되지 않은 셀을 복사하는 것과 다릅니다. 병합된 셀의 수식을 복사하려면 모든 병합 셀의 크기가 동일해야 합니다.

예제의 [F6:F16] 범위에는 네 개의 병합된 셀이 존재하는데 각 병합 셀이 병합한 셀은 3개, 2개, 3개, 3개로, 병합된 셀의 크기가 다른 셀([F9] 병합 셀)이 존재합니다. 따라서 자동 채우기 기능을 이용해서 수식을 복사할 수 없습니다. 수식을 복사하면 끝에 한 개의 셀이 더 선택되고 경고 메시지 창이 표시됩니다.

03 크기가 다른 병합 셀이 포함된 범위에 수식을 복사하려면 범위를 선택하고 Ctrl+Enter로 수식을 복사해야 합니다.

04 [F6:F16] 범위를 선택하고 F2를 눌러 수식 편집 모드로 전환한 후 Ctrl+Enter를 눌러 수식을 입력합니다.

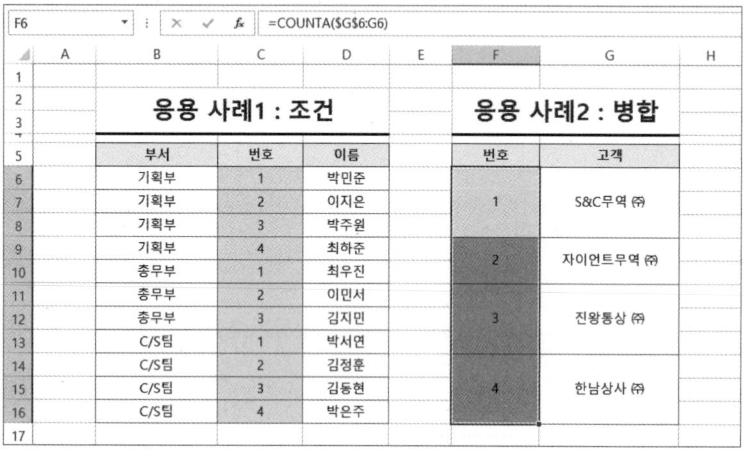
F6
=COUNTA($G$6:G6)
응용 사례1 : 조건
부서
번호
이름
기획부
박민준
이지은
박주원
최하준
총무부
최우진
이민서
김지민
C/S팀
박서연
김정훈
김동현
박은주
응용 사례2 : 병합
고객
S&C무역 ㈜
자이언트무역 ㈜
진왕통상 ㈜
한남상사 ㈜

더 알아보기 Ctrl+Enter로 수식 복사하기

셀 하나에 수식을 입력할 때는 Enter를 사용하지만 선택된 범위에 수식을 복사하려면 Ctrl+Enter를 사용합니다. 범위를 선택하고 F2를 누른 이유는 첫 번째 병합 셀에 수식이 이미 입력되어 있기 때문입니다. **02** 과정에서 수식을 입력하지 않았다면 [F6:F16] 범위 선택하고 수식을 입력한 후 Ctrl+Enter를 눌러 수식을 복사합니다.

06 중복 확인 및 처리하기 – COUNTIFS 함수

예제 파일 PART 02 \ CHAPTER 06 \ 중복.xlsx

중복 데이터 위치 확인

중복이란 동일한 값이 두 개 이상 있는 경우를 의미합니다. 중복 데이터가 있는지 확인할 때는 **COUNTIF 함수**를 사용할 수 있습니다. 다음 과정을 참고합니다.

01 예제를 열고, 이름 상자의 아래 화살표를 클릭하면 정의된 이름을 확인할 수 있습니다.

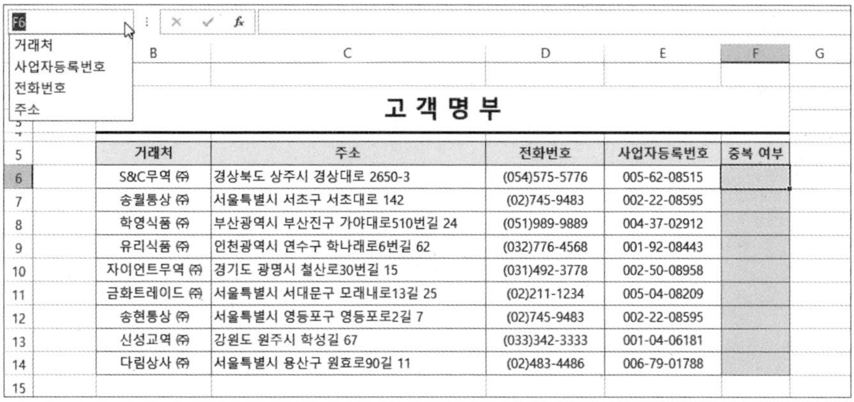

거래처	주소	전화번호	사업자등록번호	중복 여부
S&C무역 ㈜	경상북도 상주시 경상대로 2650-3	(054)575-5776	005-62-08515	
송월통상 ㈜	서울특별시 서초구 서초대로 142	(02)745-9483	002-22-08595	
학영식품 ㈜	부산광역시 부산진구 가야대로510번길 24	(051)989-9889	004-37-02912	
유리식품 ㈜	인천광역시 연수구 학나래로6번길 62	(032)776-4568	001-92-08443	
자이언트무역 ㈜	경기도 광명시 철산로30번길 15	(031)492-3778	002-50-08958	
금화트레이드 ㈜	서울특별시 서대문구 모래내로13길 25	(02)211-1234	005-04-08209	
송현통상 ㈜	서울특별시 영등포구 영등포로2길 7	(02)745-9483	002-22-08595	
신성교역 ㈜	강원도 원주시 학성길 67	(033)342-3333	001-04-06181	
다림상사 ㈜	서울특별시 용산구 원효로90길 11	(02)483-4486	006-79-01788	

TIP [B6:E14] 범위는 5행의 머리글로 이름 정의되어 있습니다. 이름을 클릭하면 해당 범위가 선택됩니다.

02 E열의 사업자등록번호에 중복된 번호가 있는지 확인합니다.

03 [F6] 셀에 다음 수식을 입력하고 [F6] 셀의 채우기 핸들을 [F15] 셀까지 드래그합니다.

[F6] 셀 : =COUNTIF(사업자등록번호, E6)

F6 =COUNTIF(사업자등록번호, E6)

고 객 명 부

거래처	주소	전화번호	사업자등록번호	중복 여부
S&C무역 ㈜	경상북도 상주시 경상대로 2650-3	(054)575-5776	005-62-08515	1
송월통상 ㈜	서울특별시 서초구 서초대로 142	(02)745-9483	002-22-08595	2
학영식품 ㈜	부산광역시 부산진구 가야대로510번길 24	(051)989-9889	004-37-02912	1
유리식품 ㈜	인천광역시 연수구 학나래로6번길 62	(032)776-4568	001-92-08443	1
자이언트무역 ㈜	경기도 광명시 철산로30번길 15	(031)492-3778	002-50-08958	1
금화트레이드 ㈜	서울특별시 서대문구 모래내로13길 25	(02)211-1234	005-04-08209	1
송현통상 ㈜	서울특별시 영등포구 영등포로2길 7	(02)745-9483	002-22-08595	2
신성교역 ㈜	강원도 원주시 학성길 67	(033)342-3333	001-04-06181	1
다림상사 ㈜	서울특별시 용산구 원효로90길 11	(02)483-4486	006-79-01788	1

더 알아보기 중복 확인과 조건부 서식

COUNTIF 함수를 이용해 사업자등록번호로 이름 정의된 범위(E6:E14)에서 [E6] 셀의 값과 동일한 값을 갖는 셀의 개수를 셉니다. 반환된 숫자 중 2 이상의 값이 나오는 위치가 중복 데이터가 입력된 위치입니다.

중복 데이터 위치만 확인할 때는 COUNTIF 함수 대신 조건부 서식 기능을 이용하면 편리합니다. 조건부 서식 기능을 사용하려면 ❶ 중복 데이터가 위치한 [E6:E14] 범위를 선택하고, ❷ 리본 메뉴의 [홈] 탭–[스타일] 그룹–[조건부 서식]을 클릭한 후 ❸ 하위 메뉴에서 [셀 강조 규칙]–[중복 값]을 클릭합니다.

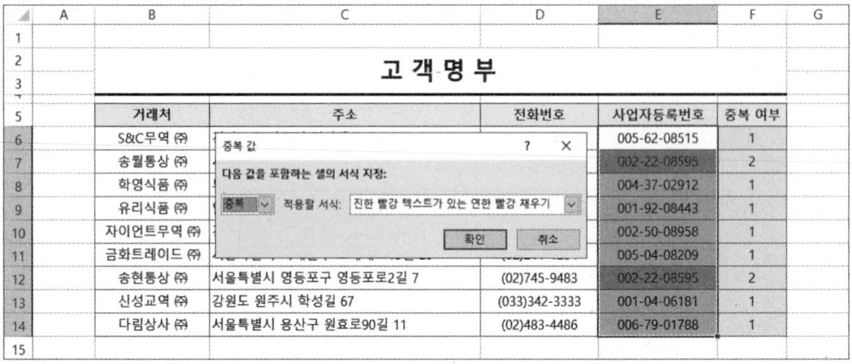

거래처	주소	전화번호	사업자등록번호	중복 여부
S&C무역 ㈜			005-62-08515	1
송월통상 ㈜			002-22-08595	2
학영식품 ㈜			004-37-02912	1
유리식품 ㈜			001-92-08443	1
자이언트무역 ㈜			002-50-08958	1
금화트레이드 ㈜			005-04-08209	1
송현통상 ㈜	서울특별시 영등포구 영등포로2길 7	(02)745-9483	002-22-08595	2
신성교역 ㈜	강원도 원주시 학성길 67	(033)342-3333	001-04-06181	1
다림상사 ㈜	서울특별시 용산구 원효로90길 11	(02)483-4486	006-79-01788	1

COUNTIF 함수의 결과가 2인 위치의 사업자등록번호 서식이 정확하게 변경됩니다. 위치를 확인했다면 [중복 값] 대화상자는 [취소]를 클릭해 닫습니다.

참고로 중복 조건이 둘 이상이라면 COUNTIF 함수 대신 COUNTIFS 함수를 사용합니다. 예를 들어 사업자등록번호뿐만이 아니라 전화번호도 동일한 경우를 확인하고 싶다면 수식은 다음과 같아야 합니다.

```
=COUNTIFS(사업자등록번호, E6, 전화번호, D6)
```

삭제할 데이터 표시

중복된 데이터 중 하나만 삭제하고자 한다면 맨 처음 또는 맨 마지막 데이터만 보관하고 나머지는 삭제합니다. 이런 결과를 수식으로 얻으려면 **Section 06-05**에서 설명한 일련번호 방식을 응용합니다.

01 중복 데이터 중에서 첫 번째 데이터만 남겨놓기 위해 중복 데이터 중 두 번째 이후 데이터를 구분합니다.

02 [F6] 셀의 수식을 다음과 같이 변경하고, [F6] 셀의 채우기 핸들을 [F14] 셀까지 드래그합니다.

[F6] 셀 : =COUNTIF($E$6:E6, E6)

F6 =COUNTIF($E$6:E6, E6)

고 객 명 부

거래처	주소	전화번호	사업자등록번호	중복 여부
S&C무역 ㈜	경상북도 상주시 경상대로 2650-3	(054)575-5776	005-62-08515	1
송월통상 ㈜	서울특별시 서초구 서초대로 142	(02)745-9483	002-22-08595	1
학영식품 ㈜	부산광역시 부산진구 가야대로510번길 24	(051)989-9889	004-37-02912	1
유리식품 ㈜	인천광역시 연수구 학나래로6번길 62	(032)776-4568	001-92-08443	1
자이언트무역 ㈜	경기도 광명시 철산로30번길 15	(031)492-3778	002-50-08958	1
금화트레이드 ㈜	서울특별시 서대문구 모래내로13길 25	(02)211-1234	005-04-08209	1
송현통상 ㈜	서울특별시 영등포구 영등포로2길 7	(02)745-9483	002-22-08595	2
신성교역 ㈜	강원도 원주시 학성길 67	(033)342-3333	001-04-06181	1
다림상사 ㈜	서울특별시 용산구 원효로90길 11	(02)483-4486	006-79-01788	1

더 알아보기 **수식 이해하기**

이번 수식은 일련번호를 넣는 **Section 06-05**에서 사용해 보았습니다. 즉, 사업자등록번호가 동일한 경우에 순서대로 1, 2, 3, …과 같은 번호를 반환해준다고 생각하면 쉽습니다. 그러면 중복 데이터의 두 번째 데이터부터는 2, 3, …과 같은 번호가 나올 수밖에 없으므로, 자동 필터 등을 이용해 2 이상의 숫자가 나온 행 위치를 삭제합니다.

이번 수식에서 반환된 결과는 1, 2, 3, …과 같은 숫자로 표시되므로 이해하기 쉬운 형태로 변경하려면 IF 함수를 중첩 사용합니다.

```
=IF(COUNTIF($E$6:E6, E6)=1, "", "삭제 대상")
```

03 반대로 마지막 데이터만 보관하려면 앞에서 나온 중복 데이터를 구분할 수 있어야 합니다.

04 [F14] 셀의 수식을 다음과 같이 수정하고 [F14] 셀의 채우기 핸들을 [F6] 셀까지 드래그합니다.

[F14] 셀 : =COUNTIF($E$14:E14, E14)

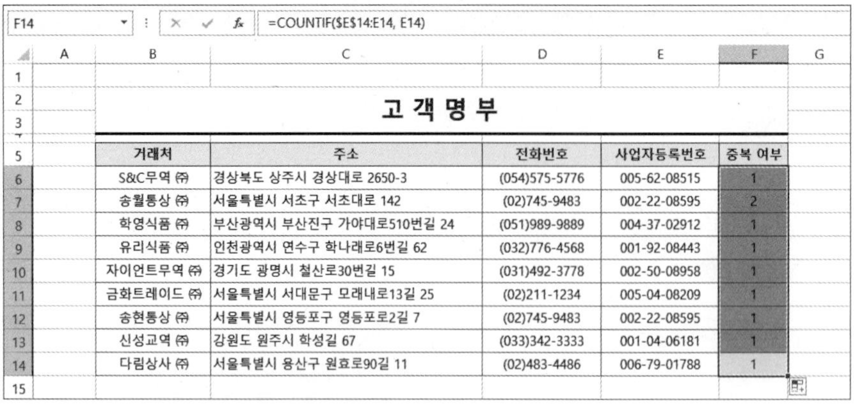

거래처	주소	전화번호	사업자등록번호	중복 여부
S&C무역 ㈜	경상북도 상주시 경상대로 2650-3	(054)575-5776	005-62-08515	1
송월통상 ㈜	서울특별시 서초구 서초대로 142	(02)745-9483	002-22-08595	2
학영식품 ㈜	부산광역시 부산진구 가야대로510번길 24	(051)989-9889	004-37-02912	1
유리식품 ㈜	인천광역시 연수구 학나래로6번길 62	(032)776-4568	001-92-08443	1
자이언트무역 ㈜	경기도 광명시 철산로30번길 15	(031)492-3778	002-50-08958	1
금화트레이드 ㈜	서울특별시 서대문구 모래내로13길 25	(02)211-1234	005-04-08209	1
송현통상 ㈜	서울특별시 영등포구 영등포로2길 7	(02)745-9483	002-22-08595	1
신성교역 ㈜	강원도 원주시 학성길 67	(033)342-3333	001-04-06181	1
다림상사 ㈜	서울특별시 용산구 원효로90길 11	(02)483-4486	006-79-01788	1

더 알아보기 **수식 이해하기**

02 과정에서 작성한 수식과 동일한 수식이지만, 수식을 처음 입력하는 위치와 수식을 복사하는 방향만 다릅니다. [F14] 셀에서 입력한 수식을 [F6] 셀 방향으로 복사해 사용하면 정확하게 반대 결과를 돌려받을 수 있습니다.

개수 세기

06 07 셀에 입력된 문자열 내 특정 단어 개수 세기

예제 파일 PART 02 \ CHAPTER 06 \ 단어 개수.xlsx

공식처럼 사용할 수 있는 수식

셀에서 단어 개수 세기

셀에 입력된 문자열에서 특정 단어의 개수를 세어야 하는 경우가 있습니다. 다만 엑셀의 함수는 데이터 범위 내에서 특정 조건에 맞는 셀의 개수를 세어주는 함수만 제공하므로, 이런 작업을 어떻게 해야 할지 난감한 경우가 많습니다. 만약 함수가 제공되지 않으면 필요한 수식을 만들 수 있어야 합니다. 이번 경우는 다음과 같은 수식을 사용합니다.

COUNT(FIND(단어 범위, 셀))

- **단어 범위** : 찾으려는 단어가 입력된 데이터 범위
- **셀** : 해당 단어가 입력된 셀

Ver. 이 수식은 엑셀 2019 버전까지는 Ctrl+Shift+Enter로 입력해야 하며, 마이크로소프트 365 버전에서는 Enter로 입력해도 됩니다.

따라 하기

셀에 입력된 문자열 내 포함된 단어로 프로그램 교육에 대한 수요를 구분합니다.

01 예제를 열고, 이름 상자의 더보기[▼]를 클릭하면 정의된 이름을 확인할 수 있습니다.

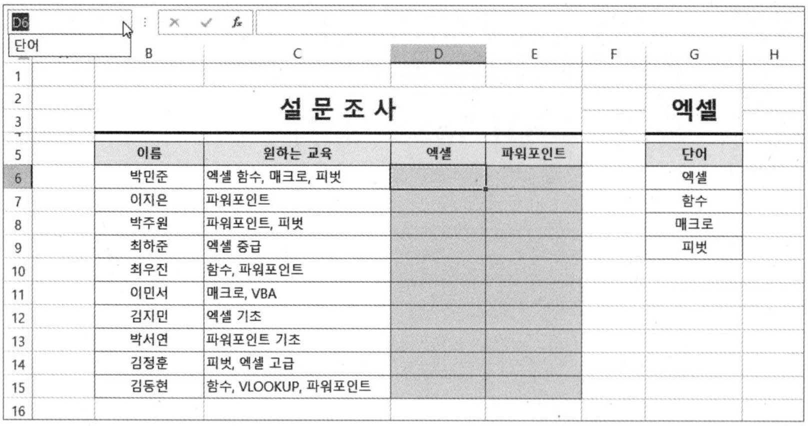
D6
단어
B
C
D
E
F
G
H
설 문 조 사
엑셀
이름
원하는 교육
엑셀
파워포인트
단어
박민준
엑셀 함수, 매크로, 피벗
이지은
파워포인트
박주원
파워포인트, 피벗
최하준
엑셀 중급
최우진
함수, 파워포인트
이민서
매크로, VBA
김지민
엑셀 기초
박서연
파워포인트 기초
김정훈
피벗, 엑셀 고급
김동현
함수, VLOOKUP, 파워포인트
엑셀
함수
매크로
피벗

TIP [G6:G9] 범위는 [G5] 셀의 머리글로 이름 정의되어 있습니다. 이름을 클릭하면 해당 범위가 선택됩니다.

더 알아보기 **예제 확인하기**

C열에는 직원들이 원하는 교육 내용이 작성되어 있습니다. D열과 E열에 어떤 프로그램에 대한 교육인지 수요를 조사하고자 합니다. 그런데 엑셀 프로그램의 경우 다양한 주제로 입력되어 있습니다. 따라서 [G6:G9] 범위에 입력된 단어가 포함된 경우 엑셀 프로그램에 대한 교육 수요라고 분류합니다.

02 엑셀에 대한 교육 니즈를 조사하기 위해 [G6:G9] 범위 내 단어 개수를 확인합니다.

03 [D6] 셀에 다음 수식을 [Ctrl]+[Shift]+[Enter]로 입력하고 [D6] 셀의 채우기 핸들[+]을 [D15] 셀까지 드래그합니다.

[D6] 셀 : =COUNT(FIND(단어, C6))

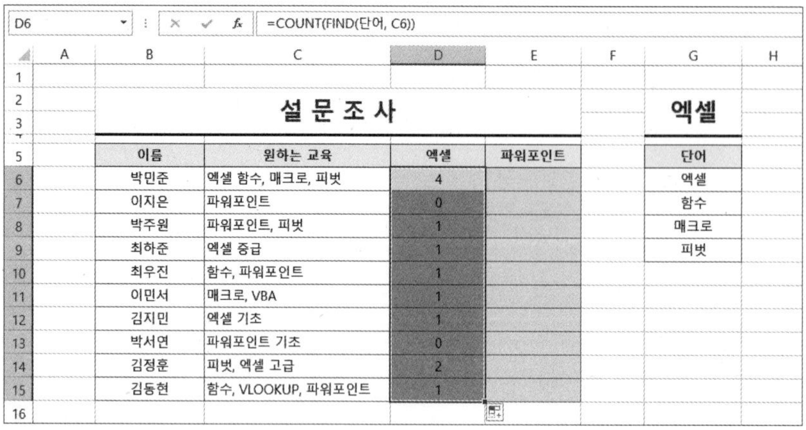
D6
=COUNT(FIND(단어, C6))
A
B
C
D
E
F
G
H
설 문 조 사
엑셀
이름
원하는 교육
엑셀
파워포인트
단어
박민준
엑셀 함수, 매크로, 피벗
4
이지은
파워포인트
0
박주원
파워포인트, 피벗
1
최하준
엑셀 중급
1
최우진
함수, 파워포인트
1
이민서
매크로, VBA
1
김지민
엑셀 기초
1
박서연
파워포인트 기초
0
김정훈
피벗, 엑셀 고급
2
김동현
함수, VLOOKUP, 파워포인트
1
엑셀
함수
매크로
피벗

Ver. 마이크로소프트 365 버전에서는 [Ctrl]+[Shift]+[Enter] 대신 [Enter]만 입력해도 됩니다.

더 알아보기 수식 이해하기

이번 수식은 FIND 함수가 먼저 계산되고 COUNT 함수가 계산됩니다.

먼저 FIND 함수는 단어로 이름 정의된 범위(G6:G9)의 값을 [C6] 셀에 찾습니다. 그러면 찾아야 할 값이 여러 개이므로 찾은 결과를 배열로 반환됩니다. 예를 들어 [D6] 셀의 경우는 {1, 4, 8, 13}이, [D7] 셀에는 {#VALUE!, #VALUE!, #VALUE!, #VALUE!}가 반환됩니다.

여기서 COUNT 함수로 숫자가 몇 개 있는지 세어보면 [D6] 셀은 4가 되고, [D7] 셀은 0이 됩니다. 즉, [G6:G9] 범위 내 단어가 포함된 경우에는 COUNT 함수로 센 결과가 1 이상이 나온다는 사실을 이해할 수 있습니다.

04 반환된 개수로 엑셀 프로그램에 대한 교육을 원하는 사람에 **O** 문자를 표시합니다.

05 [D6] 셀의 수식을 다음과 같이 수정하고, [D6] 셀의 채우기 핸들을 [D15] 셀까지 드래그합니다.

[D6] 셀 : =IF(COUNT(FIND(단어, C6))>0, "O", "")

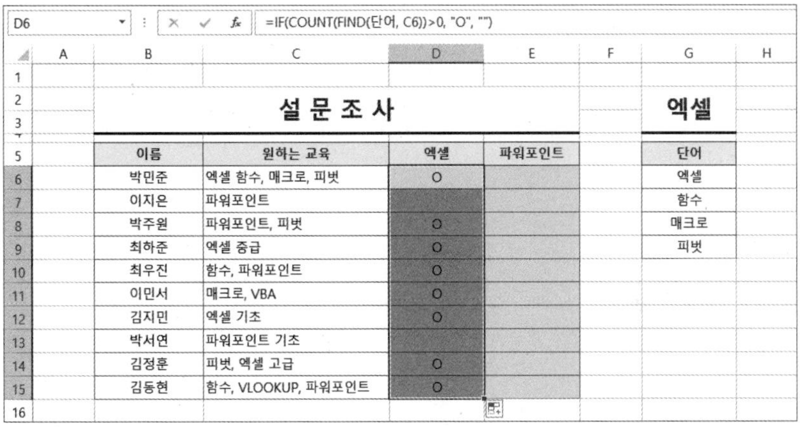

더 알아보기 수식 이해하기

COUNT 함수에서 반환된 결과가 0보다 크다면 C열의 문자열에 [G6:G9] 범위 내 단어가 포함되어 있다는 것을 의미합니다. 따라서 IF 함수를 사용해 0보다 큰 경우 대문자 'O'를 반환하도록 한 것입니다.

06 E열의 파워포인트 교육을 원하는 사람에 **O** 문자를 표시합니다.

TIP 파워포인트의 경우는 C열에 파워포인트 프로그램 이름이 포함된 경우를 확인합니다.

07 [E6] 셀에 다음 수식을 입력하고 [E6] 셀의 채우기 핸들을 [E15] 셀까지 드래그합니다.

[E6] 셀 : =IF(COUNTIF(C6, "*파워포인트*")>0, "O", "")

E6 =IF(COUNTIF(C6, "*파워포인트*")>0, "O", "")

설 문 조 사

이름	원하는 교육	엑셀	파워포인트
박민준	엑셀 함수, 매크로, 피벗	O	
이지은	파워포인트		O
박주원	파워포인트, 피벗	O	O
최하준	엑셀 중급	O	
최우진	함수, 파워포인트	O	O
이민서	매크로, VBA	O	
김지민	엑셀 기초	O	
박서연	파워포인트 기초		O
김정훈	피벗, 엑셀 고급	O	
김동현	함수, VLOOKUP, 파워포인트	O	O

엑셀

단어
엑셀
함수
매크로
피벗

더 알아보기 와일드 카드 문자로 조건 구하기

파워포인트의 경우 C열의 설문 조사 내용에서 해당 프로그램 이름이 있는지 확인합니다. 이런 경우라면 COUNTIF 함수의 조건을 와일드카드 문자로 처리하는 것이 더 편리합니다. 이번 수식에서 COUNTIF 함수는 [C6] 셀에 '파워포인트' 문자가 포함되었는지 세어보는데, 포함하면 1을 반환하고 아니면 0을 반환합니다. 그러므로 IF 함수를 사용해 0보다 큰 경우에는 대문자 'O'를 반환하도록 합니다.

06 08 SUM 함수와 SUMIF 함수로 합계 구하기

예제 파일 PART 02 \ CHAPTER 06 \ SUM 함수.xlsx

SUM, SUMIF 함수

SUM 함수는 덧셈 연산을 하는 함수로, 인수로 전달된 숫자의 합계를 구해 반환합니다.

SUM (❶ 숫자1, ❷ 숫자2, …)

인수로 전달된 숫자값의 합계를 반환합니다.

구문	❶ **숫자** : 합계를 구할 숫자값 또는 범위로, 최대 255개까지 지정할 수 있습니다.

사용 예

=SUM(A1:A10)

TIP [A1:A10] 범위 내에서 숫자값의 합계를 구합니다.

SUMIF 함수는 기본적으로 COUNTIF 함수와 동일하지만, [합계 범위] 인수가 하나 더 제공되어 조건에 맞는 숫자의 합계를 구한다는 점만 차이가 있습니다.

SUMIF (❶ 범위, ❷ 조건, ❸ 합계 범위)

범위 내에서 조건에 맞는 값을 찾아 합계 범위에서 같은 행에 위치한 숫자를 더합니다.

구문	❶ **범위** : [조건]을 확인할 데이터 범위 ❷ **조건** : ❶에서 매칭할 조건으로 비교 연산자와 비교할 값을 큰따옴표에 넣어 사용합니다. LINK [조건] 인수에 대한 자세한 설명은 **Section 06-02**(375페이지)를 참고합니다. ❸ **합계 범위** : 합계를 구할 범위로, [조건]을 만족하는 범위와 같은 행에 있는 숫자 합계를 구합니다. [합계 범위] 인수는 생략할 수 있으며 생략하면 범위 내 숫자 합계를 구합니다.

TIP COUNTIF 함수와는 세 번째 인수가 존재한다는 점만 다르며 사용 방법이 동일합니다.

따라 하기

SUM 함수와 SUMIF 함수를 사용해 원하는 숫자의 합계를 구해보겠습니다.

01 예제를 열고 이름 상자의 아래 화살표를 클릭해 예제에 정의된 이름을 확인합니다.

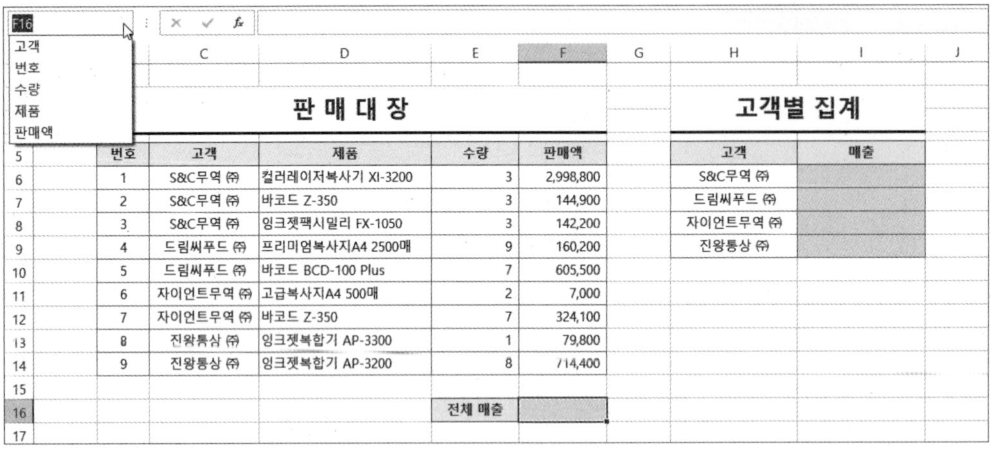

번호	고객	제품	수량	판매액
1	S&C무역 ㈜	컬러레이저복사기 XI-3200	3	2,998,800
2	S&C무역 ㈜	바코드 Z-350	3	144,900
3	S&C무역 ㈜	잉크젯팩시밀리 FX-1050	3	142,200
4	드림씨푸드 ㈜	프리미엄복사지A4 2500매	9	160,200
5	드림씨푸드 ㈜	바코드 BCD-100 Plus	7	605,500
6	자이언트무역 ㈜	고급복사지A4 500매	2	7,000
7	자이언트무역 ㈜	바코드 Z-350	7	324,100
8	진왕통상 ㈜	잉크젯복합기 AP-3300	1	79,800
9	진왕통상 ㈜	잉크젯복합기 AP-3200	8	714,400
			전체 매출	

고객	매출
S&C무역 ㈜	
드림씨푸드 ㈜	
자이언트무역 ㈜	
진왕통상 ㈜	

TIP [B6:F14] 범위는 [B5:F5] 범위 내 머리글로 이름 정의되어 있습니다. 이름을 클릭하면 해당 범위가 선택됩니다.

02 전체 매출액을 구하기 위해 [F16] 셀에 다음 수식을 입력합니다.

[F16] 셀 : =SUM(판매액)

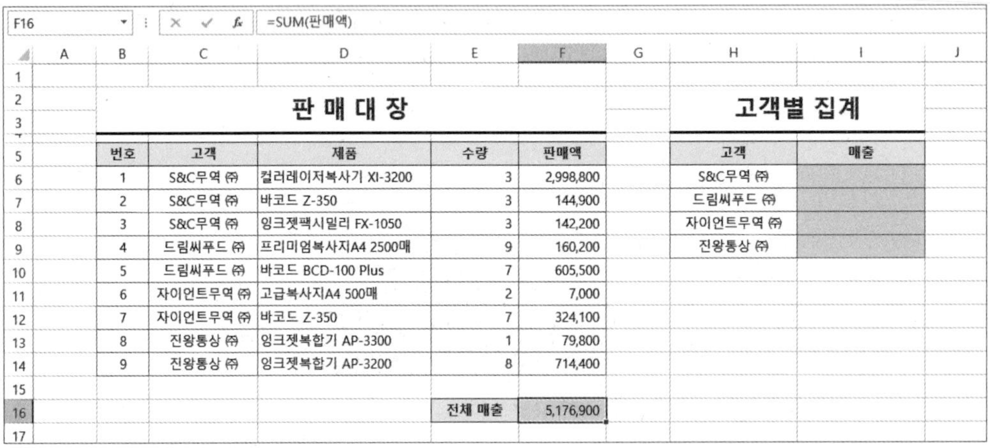

번호	고객	제품	수량	판매액
1	S&C무역 ㈜	컬러레이저복사기 XI-3200	3	2,998,800
2	S&C무역 ㈜	바코드 Z-350	3	144,900
3	S&C무역 ㈜	잉크젯팩시밀리 FX-1050	3	142,200
4	드림씨푸드 ㈜	프리미엄복사지A4 2500매	9	160,200
5	드림씨푸드 ㈜	바코드 BCD-100 Plus	7	605,500
6	자이언트무역 ㈜	고급복사지A4 500매	2	7,000
7	자이언트무역 ㈜	바코드 Z-350	7	324,100
8	진왕통상 ㈜	잉크젯복합기 AP-3300	1	79,800
9	진왕통상 ㈜	잉크젯복합기 AP-3200	8	714,400
			전체 매출	5,176,900

고객	매출
S&C무역 ㈜	
드림씨푸드 ㈜	
자이언트무역 ㈜	
진왕통상 ㈜	

TIP [F6:F14] 범위 내 숫자를 모두 더하면 전체 매출을 구할 수 있습니다.

03 고객별 매출을 집계합니다.

04 [I6] 셀에 다음 수식을 입력하고 [I6] 셀의 채우기 핸들을 [I9] 셀까지 드래그합니다.

[I6] 셀 : =SUMIF(고객, H6, 판매액)

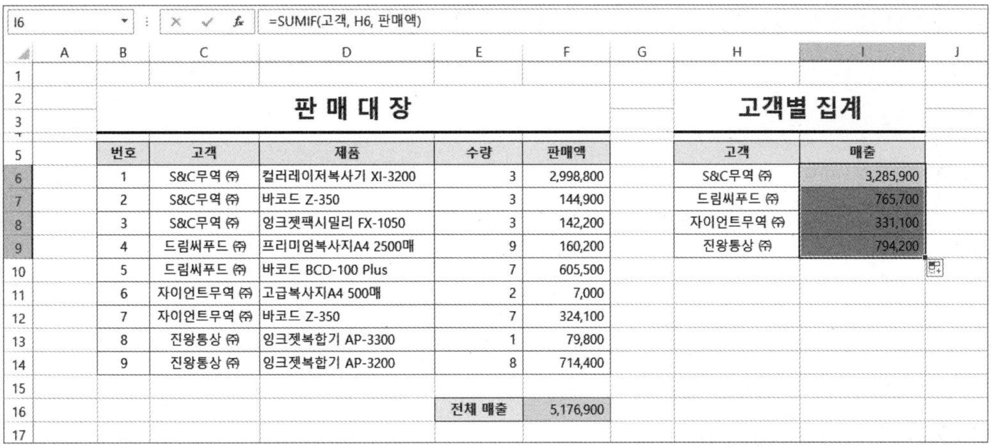

I6 =SUMIF(고객, H6, 판매액)

	A	B	C	D	E	F	G	H	I	J
1										
2		판 매 대 장						고객별 집계		
3										
5		번호	고객	제품	수량	판매액		고객	매출	
6		1	S&C무역 ㈜	컬러레이저복사기 XI-3200	3	2,998,800		S&C무역 ㈜	3,285,900	
7		2	S&C무역 ㈜	바코드 Z-350	3	144,900		드림씨푸드 ㈜	765,700	
8		3	S&C무역 ㈜	잉크젯팩시밀리 FX-1050	3	142,200		자이언트무역 ㈜	331,100	
9		4	드림씨푸드 ㈜	프리미엄복사지A4 2500매	9	160,200		진왕통상 ㈜	794,200	
10		5	드림씨푸드 ㈜	바코드 BCD-100 Plus	7	605,500				
11		6	자이언트무역 ㈜	고급복사지A4 500매	2	7,000				
12		7	자이언트무역 ㈜	바코드 Z-350	7	324,100				
13		8	진왕통상 ㈜	잉크젯복합기 AP-3300	1	79,800				
14		9	진왕통상 ㈜	잉크젯복합기 AP-3200	8	714,400				
15										
16					전체 매출	5,176,900				
17										

더 알아보기 **수식 이해하기**

SUMIF 함수는 조건 하나를 만족하는 숫자의 합계를 구할 수 있습니다. 이번 수식을 비교 연산자의 생략 없이 제대로 입력하면 다음과 같습니다.

```
=SUMIF(고객, "=" & H6, 판매액)
```

즉, [고객] 범위(C6:C14)에서 [H6] 셀의 고객과 동일한 위치에 있는 [판매액] 범위(F6:F14)의 합계를 구하라는 의미입니다.

합계 구하기

06 09 COUNTIF 함수와 SUMIF 함수의 관계

예제 파일 PART 02 \ CHAPTER 06 \ SUMIF 함수.xlsx

COUNTIF 함수와 SUMIF 함수의 관계

조건에 맞는 개수를 세는 COUNTIF 함수의 구문은 다음과 같습니다.

=COUNTIF(범위, 조건)

조건에 맞는 합계를 구하는 SUMIF 함수의 구문은 다음과 같습니다.

=SUMIF(범위, 조건, 합계 범위)

두 함수의 첫 번째, 두 번째 인수는 동일하며, SUMIF 함수만 마지막에 [합계 범위] 인수가 존재합니다. 이것은 SUMIF 함수가 합계를 구하는 함수여서 반드시 더할 숫자가 포함된 범위가 필요하기 때문입니다. 그러므로 COUNTIF 함수로 개수를 센 후 함수 이름만 SUMIF 함수로 변경하고 더할 숫자가 포함된 범위를 [합계 범위]로 지정하면 쉽게 함수를 바꿀 수 있습니다.

다양한 응용 사례

예제를 열면 다음과 같은 표를 확인할 수 있습니다. 이름 상자를 클릭하면 예제에 정의된 이름을 확인할 수 있습니다.

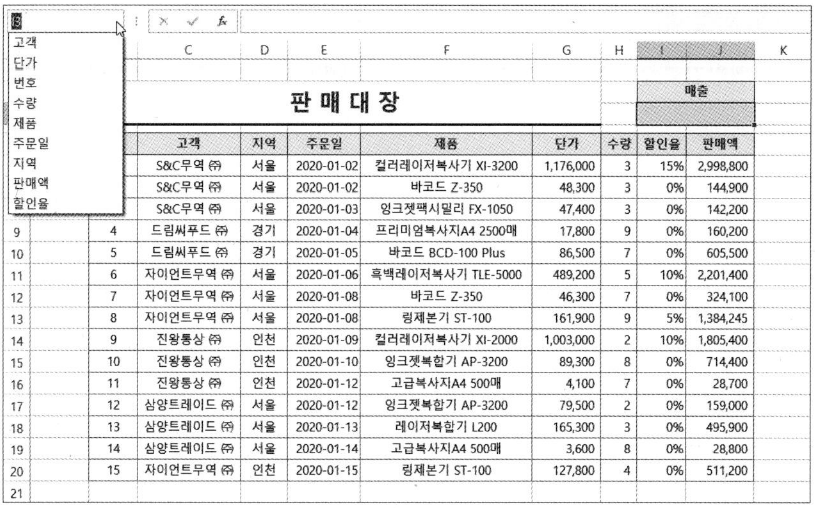

번호	고객	지역	주문일	제품	단가	수량	할인율	판매액
	S&C무역 ㈜	서울	2020-01-02	컬러레이저복사기 XI-3200	1,176,000	3	15%	2,998,800
	S&C무역 ㈜	서울	2020-01-02	바코드 Z-350	48,300	3	0%	144,900
	S&C무역 ㈜	서울	2020-01-03	잉크젯팩시밀리 FX-1050	47,400	3	0%	142,200
4	드림씨푸드 ㈜	경기	2020-01-04	프리미엄복사지A4 2500매	17,800	9	0%	160,200
5	드림씨푸드 ㈜	경기	2020-01-05	바코드 BCD-100 Plus	86,500	7	0%	605,500
6	자이언트무역 ㈜	서울	2020-01-06	흑백레이저복사기 TLE-5000	489,200	5	10%	2,201,400
7	자이언트무역 ㈜	서울	2020-01-08	바코드 Z-350	46,300	7	0%	324,100
8	자이언트무역 ㈜	서울	2020-01-08	링제본기 ST-100	161,900	9	5%	1,384,245
9	진왕통상 ㈜	인천	2020-01-09	컬러레이저복사기 XI-2000	1,003,000	2	10%	1,805,400
10	진왕통상 ㈜	인천	2020-01-10	잉크젯복합기 AP-3200	89,300	8	0%	714,400
11	진왕통상 ㈜	인천	2020-01-12	고급복사지A4 500매	4,100	7	0%	28,700
12	삼양트레이드 ㈜	서울	2020-01-12	잉크젯복합기 AP-3200	79,500	2	0%	159,000
13	삼양트레이드 ㈜	서울	2020-01-13	레이저복합기 L200	165,300	3	0%	495,900
14	삼양트레이드 ㈜	서울	2020-01-14	고급복사지A4 500매	3,600	8	0%	28,800
15	자이언트무역 ㈜	인천	2020-01-15	링제본기 ST-100	127,800	4	0%	511,200

TIP [B6:J20] 범위는 5행의 머리글로 이름 정의되어 있습니다. 이름을 클릭하면 해당 범위가 선택됩니다.

사례 1 : 판매액 조건으로 개수 및 합계 세기

위 표에서 100만 원 이상의 매출을 보인 판매건수만 몇 건인지 세어보고 싶다면 다음 수식을 사용할 수 있습니다.

[I3] 병합 셀 : =COUNTIF(판매액, "〉=1000000")

TIP 판매액 범위(J6:J20) 범위에서 100만 원 이상인 셀을 셉니다.

위 수식에서 함수명만 **SUMIF 함수**로 변경하면 100만 원 이상 판매된 매출액을 집계할 수 있습니다.

[I3] 병합 셀 : =SUMIF(J6:J22, "〉=1000000")

TIP [합계 범위] 인수가 없는 COUNTIF 함수와 동일한 구성이면 [J6:J22] 범위에서 100만 원 이상인 판매액만 모두 더합니다.

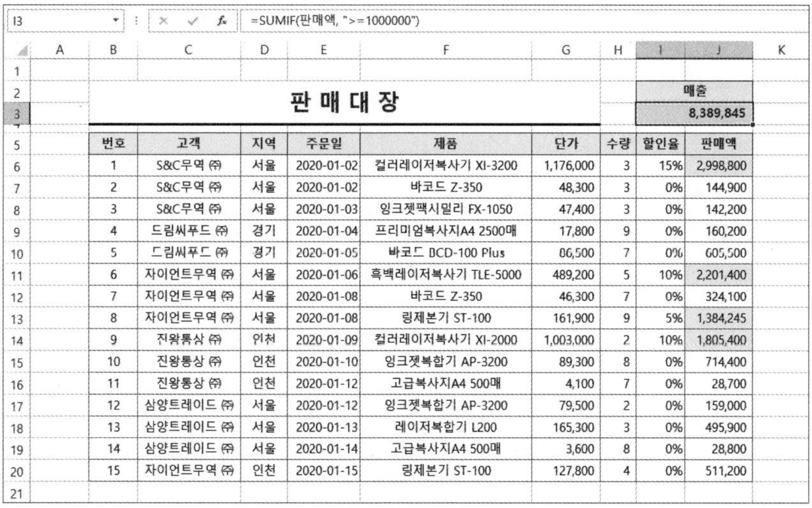

번호	고객	지역	주문일	제품	단가	수량	할인율	판매액
1	S&C무역 ㈜	서울	2020-01-02	컬러레이저복사기 XI-3200	1,176,000	3	15%	2,998,800
2	S&C무역 ㈜	서울	2020-01-02	바코드 Z-350	48,300	3	0%	144,900
3	S&C무역 ㈜	서울	2020-01-03	잉크젯팩시밀리 FX-1050	47,400	3	0%	142,200
4	드림씨푸드 ㈜	경기	2020-01-04	프리미엄복사지A4 2500매	17,800	9	0%	160,200
5	드림씨푸드 ㈜	경기	2020-01-05	바코드 BCD-100 Plus	86,500	7	0%	605,500
6	자이언트무역 ㈜	서울	2020-01-06	흑백레이저복사기 TLE-5000	489,200	5	10%	2,201,400
7	자이언트무역 ㈜	서울	2020-01-08	바코드 Z-350	46,300	7	0%	324,100
8	자이언트무역 ㈜	서울	2020-01-08	링제본기 ST-100	161,900	9	5%	1,384,245
9	진왕통상 ㈜	인천	2020-01-09	컬러레이저복사기 XI-2000	1,003,000	2	10%	1,805,400
10	진왕통상 ㈜	인천	2020-01-10	잉크젯복합기 AP-3200	89,300	8	0%	714,400
11	진왕통상 ㈜	인천	2020-01-12	고급복사지A4 500매	4,100	7	0%	28,700
12	삼양트레이드 ㈜	서울	2020-01-12	잉크젯복합기 AP-3200	79,500	2	0%	159,000
13	삼양트레이드 ㈜	서울	2020-01-13	레이저복합기 L200	165,300	3	0%	495,900
14	삼양트레이드 ㈜	서울	2020-01-14	고급복사지A4 500매	3,600	8	0%	28,800
15	자이언트무역 ㈜	인천	2020-01-15	링제본기 ST-100	127,800	4	0%	511,200

사례 2 : 지역 조건으로 개수 및 합계 세기

서울 지역에 판매한 건수가 몇 건인지 확인하고 싶다면 다음 수식을 사용할 수 있습니다.

[I3] 병합 셀 : =COUNTIF(지역, "서울")

TIP 조건 문자열에 비교 연산자가 생략되어 있으므로 **=서울**로 이해합니다. 서울 지역의 판매건수인 9가 반환되어야 합니다.

위 수식 역시 COUNTIF 함수를 SUMIF 함수로 바꾸면 에러는 발생하지 않지만 결과가 집계되진 않습니다.

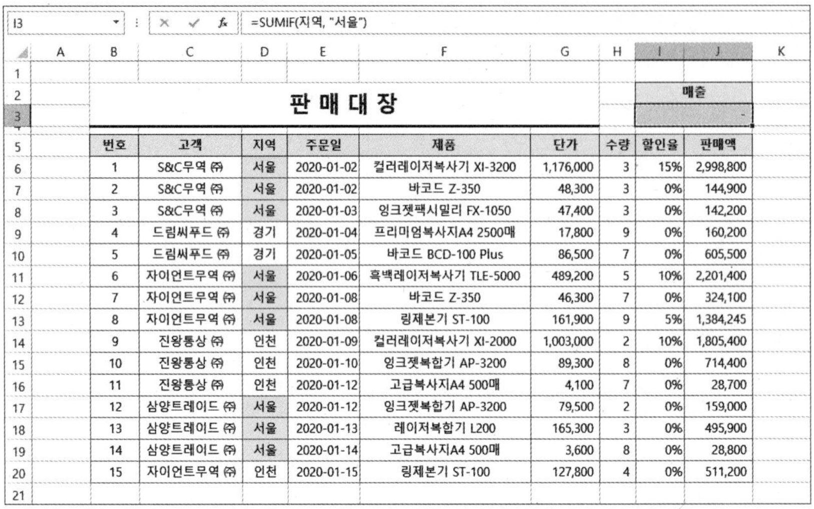
I3 =SUMIF(지역, "서울")

판 매 대 장

매출: (빈 셀)

번호	고객	지역	주문일	제품	단가	수량	할인율	판매액
1	S&C무역 ㈜	서울	2020-01-02	컬러레이저복사기 XI-3200	1,176,000	3	15%	2,998,800
2	S&C무역 ㈜	서울	2020-01-02	바코드 Z-350	48,300	3	0%	144,900
3	S&C무역 ㈜	서울	2020-01-03	잉크젯팩시밀리 FX-1050	47,400	3	0%	142,200
4	드림씨푸드 ㈜	경기	2020-01-04	프리미엄복사지A4 2500매	17,800	9	0%	160,200
5	드림씨푸드 ㈜	경기	2020-01-05	바코드 BCD-100 Plus	86,500	7	0%	605,500
6	자이언트무역 ㈜	서울	2020-01-06	흑백레이저복사기 TLE-5000	489,200	5	10%	2,201,400
7	자이언트무역 ㈜	서울	2020-01-08	바코드 Z-350	46,300	7	0%	324,100
8	자이언트무역 ㈜	서울	2020-01-08	링제본기 ST-100	161,900	9	5%	1,384,245
9	진왕통상 ㈜	인천	2020-01-09	컬러레이저복사기 XI-2000	1,003,000	2	10%	1,805,400
10	진왕통상 ㈜	인천	2020-01-10	잉크젯복합기 AP-3200	89,300	8	0%	714,400
11	진왕통상 ㈜	인천	2020-01-12	고급복사지A4 500매	4,100	7	0%	28,700
12	삼양트레이드 ㈜	서울	2020-01-12	잉크젯복합기 AP-3200	79,500	2	0%	159,000
13	삼양트레이드 ㈜	서울	2020-01-13	레이저복합기 L200	165,300	3	0%	495,900
14	삼양트레이드 ㈜	서울	2020-01-14	고급복사지A4 500매	3,600	8	0%	28,800
15	자이언트무역 ㈜	인천	2020-01-15	링제본기 ST-100	127,800	4	0%	511,200

조건 자체에 오류는 없지만 [지역] 범위(D6:D20)에는 SUMIF 함수가 합계를 구할 숫자값이 존재하지 않기 때문입니다. 그러므로 [범위] 인수에 숫자가 존재하지 않는 경우에는 [합계 범위]를 다음과 같이 정해줘야 합니다.

[I3] 병합 셀 : =SUMIF(지역, "서울", 판매액)

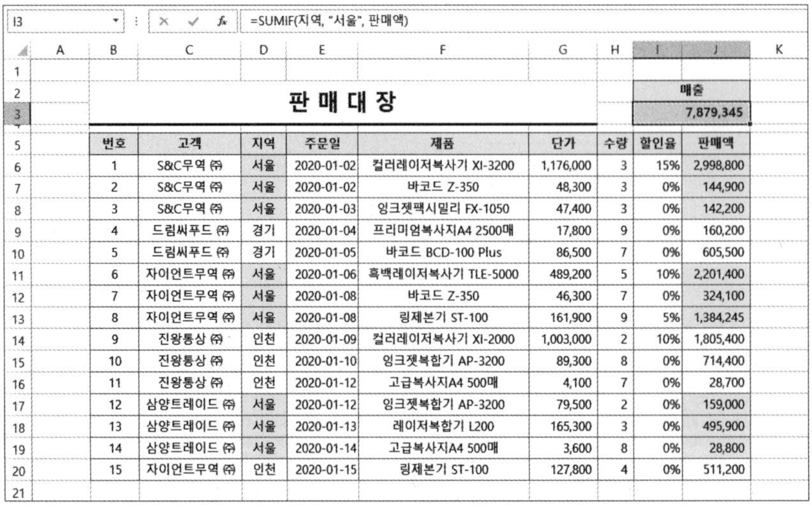
I3 =SUMIF(지역, "서울", 판매액)

판 매 대 장

매출: 7,879,345

번호	고객	지역	주문일	제품	단가	수량	할인율	판매액
1	S&C무역 ㈜	서울	2020-01-02	컬러레이저복사기 XI-3200	1,176,000	3	15%	2,998,800
2	S&C무역 ㈜	서울	2020-01-02	바코드 Z-350	48,300	3	0%	144,900
3	S&C무역 ㈜	서울	2020-01-03	잉크젯팩시밀리 FX-1050	47,400	3	0%	142,200
4	드림씨푸드 ㈜	경기	2020-01-04	프리미엄복사지A4 2500매	17,800	9	0%	160,200
5	드림씨푸드 ㈜	경기	2020-01-05	바코드 BCD-100 Plus	86,500	7	0%	605,500
6	자이언트무역 ㈜	서울	2020-01-06	흑백레이저복사기 TLE-5000	489,200	5	10%	2,201,400
7	자이언트무역 ㈜	서울	2020-01-08	바코드 Z-350	46,300	7	0%	324,100
8	자이언트무역 ㈜	서울	2020-01-08	링제본기 ST-100	161,900	9	5%	1,384,245
9	진왕통상 ㈜	인천	2020-01-09	컬러레이저복사기 XI-2000	1,003,000	2	10%	1,805,400
10	진왕통상 ㈜	인천	2020-01-10	잉크젯복합기 AP-3200	89,300	8	0%	714,400
11	진왕통상 ㈜	인천	2020-01-12	고급복사지A4 500매	4,100	7	0%	28,700
12	삼양트레이드 ㈜	서울	2020-01-12	잉크젯복합기 AP-3200	79,500	2	0%	159,000
13	삼양트레이드 ㈜	서울	2020-01-13	레이저복합기 L200	165,300	3	0%	495,900
14	삼양트레이드 ㈜	서울	2020-01-14	고급복사지A4 500매	3,600	8	0%	28,800
15	자이언트무역 ㈜	인천	2020-01-15	링제본기 ST-100	127,800	4	0%	511,200

TIP [지역] 범위(D6:20)에서 '서울'인 셀 위치와 동일한 [판매액] 범위(J6:J20)의 합계를 구합니다.

서울 지역 이외의 모든 매출을 집계하고자 한다면 다음과 같이 수식을 구성합니다.

[I3] 병합 셀 : =SUMIF(지역, "<>서울", 판매액)

TIP <>는 다르다는 비교 연산자이므로 서울 이외 지역의 매출액을 구합니다. [I3] 병합 셀에 위 수식을 입력하면 3,825,400이 반환되어야 합니다.

사례 3 : 날짜 조건으로 합계 구하기

만약 2020년 1월 10일까지의 매출액만 필요하다면 다음과 같은 수식을 구성합니다.

[I3] 병합 셀 : =SUMIF(주문일, "<=2020-01-10", 판매액)

TIP 두 번째 조건 문자열의 작거나 같다(<=)는 비교 연산자와 2020-01-10 날짜를 사용했으므로 2020년 1월 10일까지의 매출을 집계합니다. [I3] 병합 셀에 위 수식을 입력하면 10,481,145가 반환되어야 합니다.

또는 오늘 날짜를 기준으로 항상 어제 날짜까지의 매출액만 구하려면 TODAY 함수를 사용해 다음과 같은 수식을 구성합니다.

[I3] 병합 셀 : =SUMIF(주문일, "<" & TODAY(), 판매액)

TIP 두 번째 인수의 작다(<)는 비교 연산자와 TODAY 함수를 붙여 사용했으므로 오늘 날짜 이전의 매출액만 집계됩니다. 예제의 데이터는 과거 데이터이므로 위 수식을 입력하면 전체 합계인 11,704,745가 반환됩니다.

합계 구하기

06 10 누계 계산하기

예제 파일 PART 02 \ CHAPTER 06 \ 누계.xlsx

공식처럼 사용할 수 있는 수식

누계 계산 수식

누계는 숫자의 합계를 계속해서 누적해 합산하는 방법을 의미합니다. 이 방법은 일련번호와 유사한데, 일련번호는 지난 숫자에 1씩 계속해서 누적 합산하는 방법을 사용합니다.

누계를 구할 때 사용하는 수식에는 크게 두 가지 계산 방법이 사용됩니다. 첫 번째 수식은 다음과 같습니다.

첫 번째 셀 : =A1
두 번째 셀 : =A2+이전 누계

- **A1** : 누계를 구할 첫 번째 셀
- **A2** : 누계를 구할 두 번째 셀
- **이전 누계** : 이전에 누계를 구한 셀

위 수식은 간단하지만 수식을 두 번 이상 입력해야 하므로, 한번에 계산 결과를 얻고 싶다면 다음과 같은 수식을 사용합니다.

=SUM(시작 셀:시작 셀)

- **시작 셀** : 누계를 구할 데이터 범위 내 첫 번째 셀로, 예를 들어 시작 셀이 [A1] 셀이면 왼쪽 시작 셀은 절대 참조 방식($A$1)으로 참조해야 하며 오른쪽 시작 셀은 상대 참조 방식(A1)으로 참조해야 합니다.

따라 하기

누계와 누계 비율을 구하는 작업을 진행합니다.

01 예제를 열면 화면과 같은 표를 확인할 수 있습니다.

누 계
월
매출
누계1
누계2
누계 비율
1월 1,000,000
2월 1,100,000
3월 1,200,000
4월 1,300,000
5월 1,400,000
6월 1,500,000

02 D열에 참조를 이용해 누계를 구합니다.

03 다음 각 셀에 수식을 입력하고 [D7] 셀의 채우기 핸들을 [D11] 셀까지 드래그합니다.

[D6] 셀 : =C6

[D7] 셀 : =C7+D6

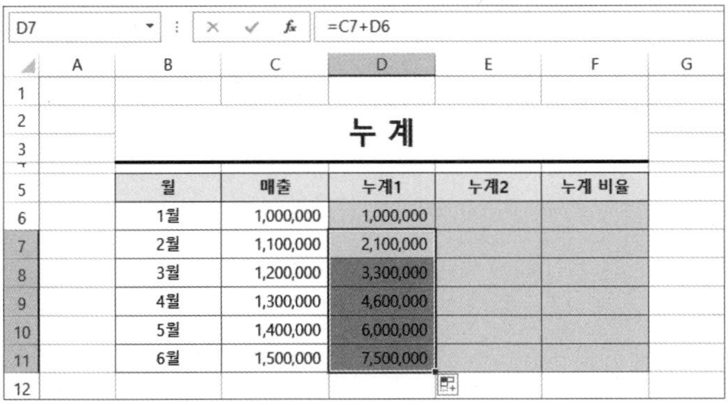

D7
=C7+D6
누 계
월
매출
누계1
누계2
누계 비율
1월 1,000,000 1,000,000
2월 1,100,000 2,100,000
3월 1,200,000 3,300,000
4월 1,300,000 4,600,000
5월 1,400,000 6,000,000
6월 1,500,000 7,500,000

더 알아보기 **누계 계산식 이해하기**

이번 수식에서 [D6] 셀과 [D7:D11] 범위의 계산식에는 약간의 차이가 있습니다.

- **[D6] 셀** : 누계의 첫 번째 값으로, 이 값은 항상 첫 번째 매출과 동일하므로 [C6] 셀을 참조합니다.
- **[D7:D11] 범위** : 누계의 두 번째 값부터는 누계를 구할 값(C7)에 이전 누계(D6)를 더해줍니다. 이 패턴은 아래 셀에도 모두 동일하게 적용 가능하므로, 참조할 셀 모두를 상대 참조 방식으로 참조해 계산합니다.

04 E열에 SUM 함수를 사용해 누계를 집계합니다.

05 [E6] 셀에 다음 수식을 입력하고 [E6] 셀의 채우기 핸들을 [E11] 셀까지 드래그합니다.

[E6] 셀 : =SUM($C$6:C6)

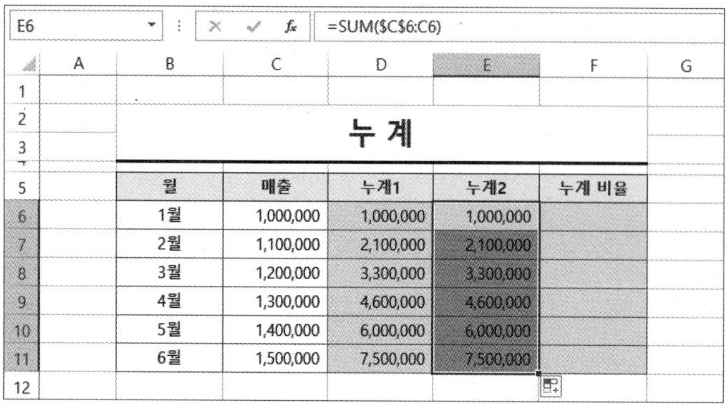

E6 =SUM($C$6:C6)

	A	B	C	D	E	F	G
1							
2–3		누 계					
5		월	매출	누계1	누계2	누계 비율	
6		1월	1,000,000	1,000,000	1,000,000		
7		2월	1,100,000	2,100,000	2,100,000		
8		3월	1,200,000	3,300,000	3,300,000		
9		4월	1,300,000	4,600,000	4,600,000		
10		5월	1,400,000	6,000,000	6,000,000		
11		6월	1,500,000	7,500,000	7,500,000		
12							

더 알아보기 SUM 함수로 누계 계산하기

이번 수식은 [C6:C6] 범위를 참조하는데, 첫 번째 셀 주소를 고정($C$6)했으므로 수식을 복사할 때마다 집계할 셀이 아래와 같이 하나씩 늘어나게 됩니다.

```
=SUM($C$6:C6)
=SUM($C$6:C7)
=SUM($C$6:C8)
...
=SUM($C$6:C11)
```

이렇게 하면 쉽게 누계를 구할 수 있습니다.

06 F열의 누계 비율을 구합니다.

07 [F6] 셀에 다음 수식을 입력하고 [F6] 셀의 채우기 핸들을 [F11] 셀까지 드래그합니다.

[F6] 셀 : =E6/SUM($C$6:$C$11)

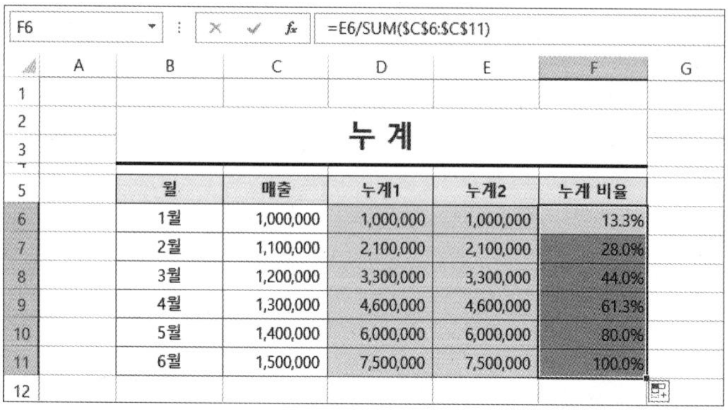

F6 =E6/SUM($C$6:$C$11)

	A	B	C	D	E	F	G
1							
2–3		누 계					
5		월	매출	누계1	누계2	누계 비율	
6		1월	1,000,000	1,000,000	1,000,000	13.3%	
7		2월	1,100,000	2,100,000	2,100,000	28.0%	
8		3월	1,200,000	3,300,000	3,300,000	44.0%	
9		4월	1,300,000	4,600,000	4,600,000	61.3%	
10		5월	1,400,000	6,000,000	6,000,000	80.0%	
11		6월	1,500,000	7,500,000	7,500,000	100.0%	
12							

더 알아보기 누계 비율 계산하기

누계 비율은 누계의 비율을 의미하는 값으로, 누계를 전체 합계로 나눠 계산합니다. 이번 수식에서 전체 합계를 구하는 부분인 **SUM ($C$6:$C$11)**는 [E11] 셀의 마지막 누계와 동일할 수밖에 없으므로 수식은 다음과 같이 대체가 가능합니다.

```
=E6/$E$11
```

다만 결과는 같아도 추후 데이터가 늘어나 누계가 추가되는 경우 E열의 마지막 셀 주소가 바뀌어 참조하기가 쉽지 않습니다. 따라서 이번과 같이 기존 데이터의 합계를 구하는 방법을 사용하는 것이 좀 더 안전합니다.

06 11 조건에 맞는 누계 구하기

예제 파일 PART 02 \ CHAPTER 06 \ 누계-조건.xlsx

공식처럼 사용할 수 있는 수식

조건에 맞는 누계를 구하는 수식

조건에 맞는 누계를 구해야 한다면 SUMIF 함수를 사용하는 다음과 같은 수식을 사용합니다.

=SUMIF($A$1:A1, 조건, $B$1:B1)

- **$A$1:A1** : 조건을 확인할 범위로, **A1**은 해당 범위 내 첫 번째 셀을 의미합니다. 참조 범위의 왼쪽 셀은 절대 참조, 오른쪽 셀은 상대 참조로 설정합니다.
- **조건** : [$A$1:A1] 범위에서 확인할 조건 문자열
- **$B$1:B1** : 누계를 구할 범위로, **B1**은 해당 범위 내 첫 번째 셀을 의미합니다.

만약 조건을 여러 개 설정하고 싶다면 SUMIF 함수 대신 SUMIFS 함수를 사용합니다.

따라 하기

은행의 입출고 내역을 가지고 은행 잔고를 계산하는 작업을 누계를 구해 진행합니다.

01 예제를 열면 화면과 같은 표를 확인할 수 있습니다. F열과 I열에 각각 잔액을 계산합니다.

은행 잔고

날짜	은행	입금	출금	잔액
2020-01-01	국민	3,000,000		
2020-01-01	우리	3,000,000		
2020-01-01	신한	3,500,000		
2020-01-01	국민		1,700,000	
2020-01-01	국민		500,000	
2020-01-02	신한		600,000	
2020-01-03	우리		1,000,000	
2020-01-04	신한	1,000,000		
2020-01-04	우리		700,000	
2020-01-05	우리	1,500,000		

은행	잔액
국민	
신한	
우리	

TIP 예제는 각 날짜별로 은행의 입금액과 출금액이 기록되어 있습니다.

02 잔액 계산을 하기 위해 은행별 입금액 누계를 먼저 구합니다.

TIP 잔액은 해당 날짜까지의 입금액 합계에서 출금액 합계를 빼서 구합니다.

03 [F6] 셀에 다음 수식을 입력하고 [F6] 셀의 채우기 핸들을 [F15] 셀까지 드래그합니다.

[F6] 셀 : =SUMIF($C$6:C6, C6, $D$6:D6)

F6 | =SUMIF($C$6:C6, C6, $D$6:D6)

은행 잔고

날짜	은행	입금	출금	잔액
2020-01-01	국민	3,000,000		3,000,000
2020-01-01	우리	3,000,000		3,000,000
2020-01-01	신한	3,500,000		3,500,000
2020-01-01	국민		1,700,000	3,000,000
2020-01-01	국민		500,000	3,000,000
2020-01-02	신한		600,000	3,500,000
2020-01-03	우리		1,000,000	3,000,000
2020-01-04	신한	1,000,000		4,500,000
2020-01-04	우리		700,000	3,000,000
2020-01-05	우리	1,500,000		4,500,000

은행	잔액
국민	
신한	
우리	

더 알아보기 수식 이해하기

SUMIF 함수의 첫 번째, 세 번째 인수를 각각 **$C$6:C6**, **$D$6:D6**와 같이 지정해 수식을 복사할 때마다 참조하는 셀이 하나씩 늘어나도록 구성합니다. 이런 참조 방법은 누계를 구할 때 핵심적인 부분입니다. 계산이 올바로 됐는지 [신한] 데이터만 필터해보면 D열의 입금액 누계가 F열에 제대로 계산되는지 확인할 수 있습니다.

	A	B	C	D	E	F	G
1							
2		은행 잔고					
3							
5		날짜	은행	입금	출금	잔액	
8		2020-01-01	신한	3,500,000		3,500,000	
11		2020-01-02	신한		600,000	3,500,000	
13		2020-01-04	신한	1,000,000		4,500,000	
16							

SUMIF 함수의 수식은 [$C$6:C6] 범위에서 [C6] 셀과 같은 값(동일한 은행)을 가진 [$D$6:D6] 범위의 입금액을 모두 더하라는 의미입니다. 이렇게 하면 은행별로 해당 날짜의 입금액과 잔액을 확인할 수 있습니다.

04 입금 누계에서 출금 누계액을 빼면 건별 잔액을 계산할 수 있습니다.

05 [F6] 셀의 수식을 다음과 같이 수정하고 [F6] 셀의 채우기 핸들[+]을 [F15] 셀까지 드래그합니다.

[F6] 셀 : =SUMIF($C$6:C6, C6, $D$6:D6)–SUMIF($C$6:C6, C6, $E$6:E6)

F6 =SUMIF($C$6:C6, C6, $D$6:D6)-SUMIF($C$6:C6, C6, $E$6:E6)

	A	B	C	D	E	F	G	H	I	J
1										
2		은행 잔고								
3										
5		날짜	은행	입금	출금	잔액		은행	잔액	
6		2020-01-01	국민	3,000,000		3,000,000		국민		
7		2020-01-01	우리	3,000,000		3,000,000		신한		
8		2020-01-01	신한	3,500,000		3,500,000		우리		
9		2020-01-01	국민		1,700,000	1,300,000				
10		2020-01-01	국민		500,000	800,000				
11		2020-01-02	신한		600,000	2,900,000				
12		2020-01-03	우리		1,000,000	2,000,000				
13		2020-01-04	신한	1,000,000		3,900,000				
14		2020-01-04	우리		700,000	1,300,000				
15		2020-01-05	우리	1,500,000		2,800,000				
16										

더 알아보기 누계로 잔액 계산하기

이번 수식은 **=입금 누계–출금 누계**입니다. 입금 누계는 **03** 과정에서 작성했으므로 출금 누계를 빼는 부분만 추가됐습니다. 계산 방식은 동일하며, [신한] 데이터만 확인해보면 잔액이 제대로 구해지는 것을 확인할 수 있습니다.

	A	B	C	D	E	F	G
1							
2		은행 잔고					
3							
5		날짜	은행	입금	출금	잔액	
8		2020-01-01	신한	3,500,000		3,500,000	
11		2020-01-02	신한		600,000	2,900,000	
13		2020-01-04	신한	1,000,000		3,900,000	
16							

이런 수식 작성 방법은 SUMIF 함수를 두 번 사용해야 하고, SUMIF 함수의 첫 번째, 두 번째 인수가 동일하므로 불편할 수 있습니다. 수식을 좀 더 짧게 줄여 쓰려면 다음과 같은 수식을 사용합니다.

```
=SUM(IF($C$6:C6=C6, $D$6:D6-$E$6:E6))
```

Ver. 위 수식은 배열을 이용한 수식이므로 엑셀 2019 버전까지는 [Ctrl]+[Shift]+[Enter]로 수식을 입력해야 하며, 마이크로소프트 365 버전의 경우는 [Enter]로 수식을 입력해도 됩니다.

06 이제 은행별 잔액을 오른쪽 표에 구합니다.

07 [I6] 셀에 다음 수식을 입력하고 [I6] 셀의 채우기 핸들을 [I8] 셀까지 드래그합니다.

[I6] 셀 : =SUMIF($C$6:$C$15, H6, $D$6:$D$15) - SUMIF($C$6:$C$15, H6, $E$6:$E$15)

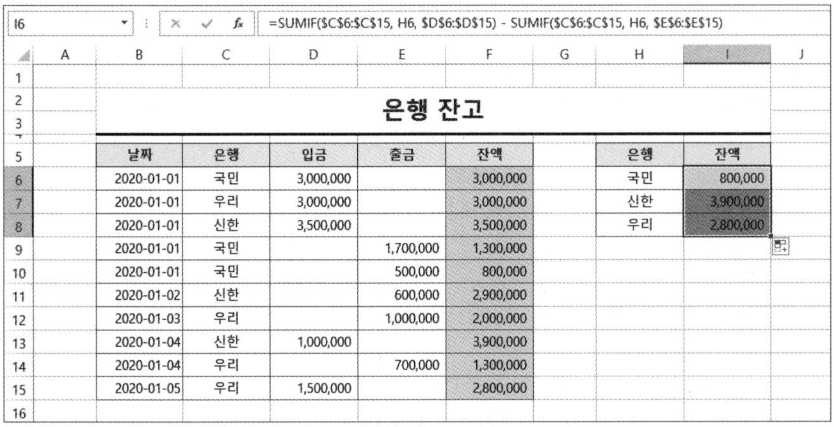

	A	B	C	D	E	F	G	H	I	J
5		날짜	은행	입금	출금	잔액		은행	잔액	
6		2020-01-01	국민	3,000,000		3,000,000		국민	800,000	
7		2020-01-01	우리	3,000,000		3,000,000		신한	3,900,000	
8		2020-01-01	신한	3,500,000		3,500,000		우리	2,800,000	
9		2020-01-01	국민		1,700,000	1,300,000				
10		2020-01-01	국민		500,000	800,000				
11		2020-01-02	신한		600,000	2,900,000				
12		2020-01-03	우리		1,000,000	2,000,000				
13		2020-01-04	신한	1,000,000		3,900,000				
14		2020-01-04	우리		700,000	1,300,000				
15		2020-01-05	우리	1,500,000		2,800,000				

더 알아보기 수식 이해하기

왼쪽 표에서 잔액을 구할 때는 건별(행별)로 잔액을 구하느라 SUMIF 함수에서 범위를 [$C$6:C6]와 같이 지정했습니다. 이번에는 전체 표를 대상으로 최종 잔액을 구해야 하므로 SUMIF 함수에서 참조하는 범위가 전체 범위($C$6:$C$15)로 지정된 점만 다르고 계산 방법은 이전과 동일(입금액-출금액)합니다.

이번 수식 역시 **05** 과정에서 입력한 수식과 동일하게 다음과 같이 짧게 줄여 쓸 수 있습니다.

```
=SUM(IF($C$6:$C$15=H6, $D$6:$D$15-$E$6:$E$15))
```

Ver. 위 수식은 배열을 이용한 수식이므로 엑셀 2019 버전까지는 [Ctrl]+[Shift]+[Enter]로 수식을 입력해야 하며, 마이크로소프트 365 버전의 경우는 [Enter]로 수식을 입력해도 됩니다.

06 12 SUMIFS 함수로 다중 조건에 맞는 합계 구하기

예제 파일 PART 02 \ CHAPTER 06 \ SUMIFS 함수.xlsx

SUMIFS 함수

SUMIFS 함수는 SUMIF 함수와 같이 조건에 해당하는 숫자의 합계를 구할 수 있는 함수인데, 조건을 여러 개 설정할 수 있습니다. SUMIFS 함수의 구문은 다음을 참고합니다.

SUMIFS (❶ 합계 범위, ❷ 범위1, ❸ 조건1, ❹ 범위2, ❺ 조건2, …) 2007 이상

범위 내에서 여러 조건을 모두 만족하는 위치를 찾아 합계 범위에서 같은 행에 위치한 숫자를 더합니다.

구문	**❶ 합계 범위** : 합계를 구할 데이터 범위로, 생략할 수 없습니다. **❷, ❹ 범위** : [조건]을 확인할 데이터 범위 **❸, ❺ 조건** : 범위에서 매칭할 조건으로 비교 연산자와 비교할 값을 큰따옴표에 넣어 사용합니다. LINK [조건] 인수에 대한 자세한 설명은 **Section 06-02**(375페이지)를 참고합니다.

COUNTIFS 함수와 SUMIFS 함수는 인수 구성이 동일하며, 사용 방법 역시 동일합니다. 유일한 차이는 SUMIFS 함수에 [합계 범위] 인수가 있다는 점입니다.

=COUNTIFS(범위1, 조건1, 범위2, 조건2, …)
=SUMIFS(합계 범위, 범위1, 조건1, 범위2, 조건2, …)

또한 SUMIF 함수와 SUMIFS 함수에는 모두 [합계 범위] 인수가 존재하지만, 해당 인수의 위치가 다르므로 주의가 필요합니다.

=SUMIF(범위, 조건, 합계 범위)
=SUMIFS(합계 범위, 범위1, 조건1, 범위2, 조건2, …)

SUMIF 함수의 경우 조건을 하나만 설정할 수 있기 때문에 [합계 범위] 인수가 마지막에 나옵니다. 반면 SUMIFS 함수는 조건을 여러 개 설정할 수 있기 때문에 [합계 범위] 인수가 처음에 나올 수밖에 없습니다.

SUMIFS 함수에도 조건을 하나만 입력할 수 있으며, 이 경우 SUMIF 함수와 동일한 결과가 반환됩니다.

SUMIF(범위, 조건, 합계 범위) = SUMIFS(합계 범위, 범위1, 조건1)

따라 하기

01 예제의 입출고대장을 확인해 재고가 얼마 남았는지 계산합니다.

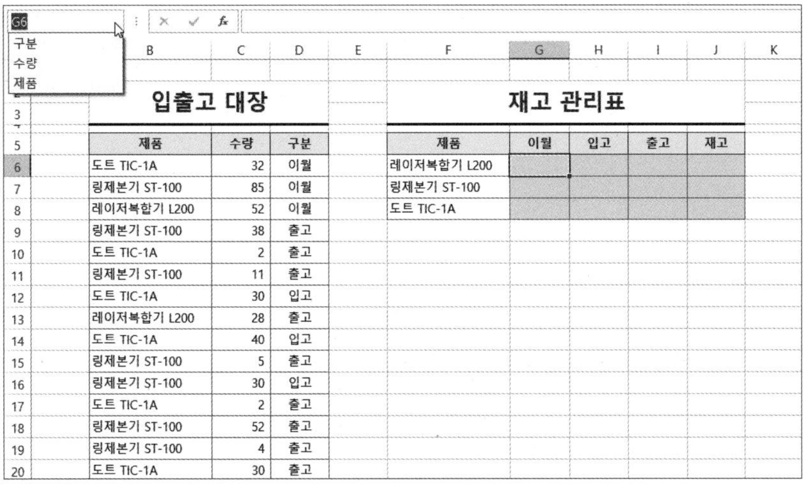

TIP [B6:D20] 범위는 [B5:D5] 범위의 머리글로 이름 정의되어 있습니다. 이름을 클릭하면 해당 범위가 선택됩니다.

02 제품별 이월 항목이 존재하는지 개수를 먼저 확인합니다.

03 [G6] 셀에 다음 수식을 입력하고 [G6] 셀의 채우기 핸들을 [G8] 셀까지 드래그합니다.

[G6] 셀 : =COUNTIFS(제품, F6, 구분, $G$5)

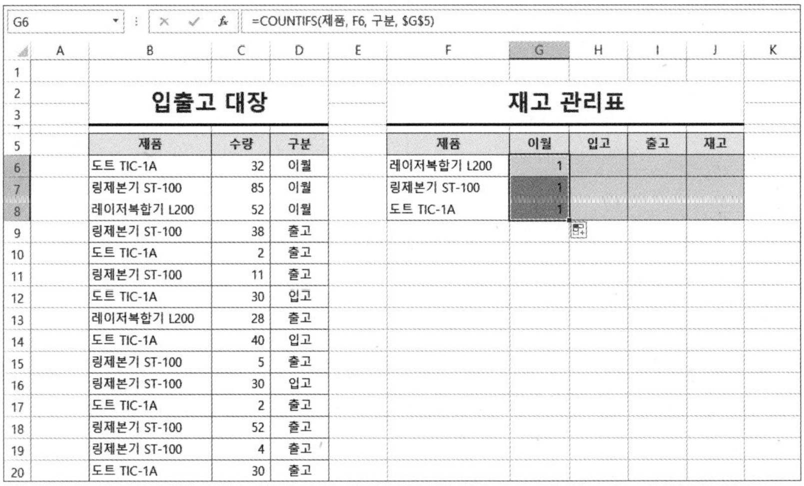

더 알아보기 수식 이해하기

COUNTIFS 함수는 [범위]와 [조건] 인수가 반복되므로 인수를 두 개씩 짝을 이뤄 구성하면 이해가 쉽습니다.

- **제품=F6**
  [제품] 범위(B6:B20)에서 [F6] 셀의 값과 동일하면서
- **구분=$G$5**
  [구분] 범위(D6:D20)에서 [$G$5] 셀의 값과 동일한 개수

수식에서 참조한 셀 중 [G5] 셀은 수식을 복사해도 위치가 변경되지 않아야 하므로 절대 참조 방식으로 참조합니다.

04 이월된 수량의 합계를 구합니다.

05 [G6] 셀의 수식을 다음과 같이 변경하고 [G6] 셀의 채우기 핸들⊞을 [G8] 셀까지 드래그합니다.

[G6] 셀 : =SUMIFS(수량, 제품, F6, 구분, $G$5)

G6 | =SUMIFS(수량, 제품, F6, 구분, $G$5)

	A	B	C	D	E	F	G	H	I	J	K
1											
2–3		입출고 대장				재고 관리표					
5		제품	수량	구분		제품	이월	입고	출고	재고	
6		도트 TIC-1A	32	이월		레이저복합기 L200	52				
7		링제본기 ST-100	85	이월		링제본기 ST-100	85				
8		레이저복합기 L200	52	이월		도트 TIC-1A	32				
9		링제본기 ST-100	38	출고							
10		도트 TIC-1A	2	출고							
11		링제본기 ST-100	11	출고							
12		도트 TIC-1A	30	입고							
13		레이저복합기 L200	28	출고							
14		도트 TIC-1A	40	입고							
15		링제본기 ST-100	5	출고							
16		링제본기 ST-100	30	입고							
17		도트 TIC-1A	2	출고							
18		링제본기 ST-100	52	출고							
19		링제본기 ST-100	4	출고							
20		도트 TIC-1A	30	출고							
21											

더 알아보기 [합계 범위] 인수의 위치

COUNTIFS 함수를 SUMIFS 함수로 대체할 때 [합계 범위] 인수를 첫 번째 인수에 넣어줍니다. SUMIF 함수와 SUMIFS 함수는 다음과 같이 [합계 범위] 인수의 위치가 다르므로 주의가 필요합니다.

- **=SUMIF(범위, 조건 문자열, 합계 범위)**
- **=SUMIFS(합계 범위, 범위1, 조건1, 범위2, 조건2, …)**

이렇게 하면 조건에 맞는 [수량] 범위(C6:C20)의 숫자 합계가 반환됩니다.

05 이월, 입고, 출고는 모두 같은 방식으로 계산할 수 있으므로 [G6] 셀의 수식을 오른쪽 방향으로 복사할 수 있도록 참조 방식을 변경합니다.

06 [G6] 셀의 수식을 다음과 같이 변경하고 채우기 핸들을 [G8] 셀로 드래그합니다.

[G6] 셀 : =SUMIFS(수량, 제품, $F6, 구분, G$5)

07 바로 채우기 핸들을 I열까지 드래그합니다.

G6 =SUMIFS(수량, 제품, $F6, 구분, G$5)

입출고 대장

제품	수량	구분
도트 TIC-1A	32	이월
링제본기 ST-100	85	이월
레이저복합기 L200	52	이월
링제본기 ST-100	38	출고
도트 TIC-1A	2	출고
링제본기 ST-100	11	출고
도트 TIC-1A	30	입고
레이저복합기 L200	28	출고
도트 TIC-1A	40	입고
링제본기 ST-100	5	출고
링제본기 ST-100	30	입고
도트 TIC-1A	2	출고
링제본기 ST-100	52	출고
링제본기 ST-100	4	출고
도트 TIC-1A	30	출고

재고 관리표

제품	이월	입고	출고	재고
레이저복합기 L200	52	-	28	
링제본기 ST-100	85	30	110	
도트 TIC-1A	32	70	34	

더 알아보기 **수식 이해하기**

이월, 입고, 출고 수식을 개별적으로 작성하면 다음과 같은 수식을 각각 작성해야 합니다.

[G6] 셀 : =SUMIFS(수량, 제품, F6, 구분, $G$5)
[H6] 셀 : =SUMIFS(수량, 제품, F6, 구분, $H$5)
[I6] 셀 : =SUMIFS(수량, 제품, F6, 구분, $I$5)

위 수식을 모두 확인해보면 SUMIFS 함수의 구성은 동일하지만 마지막 인수의 [G5] 셀이 [H5] 셀과 [I5] 셀로 변경되는 점만 다릅니다. 그리고 세 번째 인수의 [F6] 셀만 상대 참조 방식으로 참조됩니다. 이런 수식을 한번에 입력하려면 3번째와 5번째 인수의 참조 방식을 다음과 같이 변경합니다.

- **3번째 : $F6**
  행 방향으로 수식을 복사할 때 [F6] 셀의 주소는 [F6], [F7], [F8]과 같이 참조 위치가 변경되어야 합니다. 반면 열 방향으로 복사할 때는 [F6], [F6], [F6]과 같이 참조 위치가 변경되면 안 됩니다. 그러므로 열 주소만 고정되도록 **$F6**과 같이 참조합니다.
- **5번째 : G$5**
  행 방향으로 수식을 복사할 때 [G5] 셀의 주소는 [G5], [G5], [G5]와 같이 참조 위치가 변경되면 안 되고, 열 방향으로 복사할 때는 [G5], [H5], [I5]와 같이 참조 위치가 변경되어야 합니다. 그러므로 행 주소만 고정되도록 **G$5**와 같이 참조합니다.

08 계산된 이월, 입고, 출고를 이용해 재고를 계산합니다.

09 [J6] 셀에 다음 수식을 입력하고 [J6] 셀의 채우기 핸들 을 [J8] 셀까지 드래그합니다.

[J6] 셀 : =SUM(G6:H6)–I6

J6 =SUM(G6:H6)-I6

입출고 대장

제품	수량	구분
도트 TIC-1A	32	이월
링제본기 ST-100	85	이월
레이저복합기 L200	52	이월
링제본기 ST-100	38	출고
도트 TIC-1A	2	출고
링제본기 ST-100	11	출고
도트 TIC-1A	30	입고
레이저복합기 L200	28	출고
도트 TIC-1A	40	입고
링제본기 ST-100	5	출고
링제본기 ST-100	30	입고
도트 TIC-1A	2	출고
링제본기 ST-100	52	출고
링제본기 ST-100	4	출고
도트 TIC-1A	30	출고

재고 관리표

제품	이월	입고	출고	재고
레이저복합기 L200	52	-	28	24
링제본기 ST-100	85	30	110	5
도트 TIC-1A	32	70	34	68

더 알아보기 **수식 이해하기**

재고는 **=이월+입고–출고** 계산식으로 계산할 수 있으므로 이번과 같이 이월과 입고를 더한 값에 출고를 빼주는 계산식을 만들 수 있습니다. 이 계산식은 SUM 함수 내에서 다음과 같이 구성될 수 있습니다.

```
=SUM(G6:H6, –I6)
```

합계 구하기

06 13 배경색이나 글꼴 색 조건으로 합계 구하기

예제 파일 PART 02 \ CHAPTER 06 \ 색상.xlsm

GET.CELL 매크로 함수

엑셀의 함수 중에는 색상을 조건으로 사용할 수 있는 함수가 제공되지 않습니다. 다만 엑셀 4.0 버전까지 사용하던 매크로 함수 중에 GET.CELL 함수가 글꼴 색과 배경색 번호를 반환해주므로 이 함수를 사용하면 배경색이나 글꼴 색을 구분해 처리할 수 있습니다.

GET.CELL (❶ 옵션, ❷ 셀)

셀의 옵션에 해당하는 정보를 반환합니다.

<table>
<tr><td>구문</td><td>
❶ 옵션 : 셀에서 확인할 정보를 의미하는 옵션 번호로, 1에서 66까지 사용할 수 있습니다. 그중 많이 사용하는 옵션은 다음과 같습니다.
<table>
<tr><th>옵션 번호</th><th>반환값</th><th>엑셀의 대체 함수</th></tr>
<tr><td>1</td><td>셀 주소</td><td>ADDRESS</td></tr>
<tr><td>2</td><td>행 번호</td><td>ROW</td></tr>
<tr><td>3</td><td>열 번호</td><td>COLUMN</td></tr>
<tr><td>4</td><td>데이터 형식
<table>
<tr><th>반환값</th><th>의미</th></tr>
<tr><td>1</td><td>숫자</td></tr>
<tr><td>2</td><td>텍스트</td></tr>
<tr><td>4</td><td>논릿값</td></tr>
<tr><td>16</td><td>에러</td></tr>
</table></td><td>TYPE</td></tr>
<tr><td>6</td><td>수식 문자열을 반환</td><td>FORMULATEXT</td></tr>
<tr><td>24</td><td>글꼴 색상을 1~56 사이의 숫자로 반환
<table>
<tr><th>반환값</th><th>의미</th></tr>
<tr><td>1</td><td>검정</td></tr>
<tr><td>2</td><td>흰색</td></tr>
<tr><td>3</td><td>빨강</td></tr>
<tr><td>5</td><td>파랑</td></tr>
<tr><td>6</td><td>노랑</td></tr>
</table></td><td></td></tr>
<tr><td>32</td><td>파일 이름과 시트 이름</td><td>CELL</td></tr>
<tr><td>38</td><td>배경 색상을 1~56 사이의 숫자로 반환</td><td></td></tr>
</table>
</td></tr>
</table>

구문	41	수식을 문자열로 반환	FORMULATEXT
	46	메모가 삽입됐는지 여부	
	48	수식을 사용했는지 여부	ISFORMULA
	62	파일 이름과 시트 이름	CELL
	66	파일 이름	CELL
주의 사항	● 이 함수는 매크로 함수로, 셀에서 바로 사용할 순 없고 이름 정의를 통해 사용할 수 있습니다. ● 이 함수를 사용한 파일은 [매크로 사용 통합 문서(XLSM)] 형식으로 저장해야 합니다.		

셀에 적용된 배경색이나 글꼴 색을 조건으로 합계를 구해야 한다면 먼저 셀 배경색 번호를 반환하는 다음 수식을 사용할 수 있어야 합니다.

```
=GET.CELL(38, 셀)
```

글꼴 색 번호를 반환하도록 하려면 **38**을 **24**로 변경해 사용합니다.

```
=GET.CELL(24, 셀)
```

따라 하기

셀에 적용된 배경색을 조건으로 합계를 구합니다.

01 예제를 열고, 왼쪽 표에 적용된 배경색을 조건으로 판매량 집계 작업을 진행합니다.

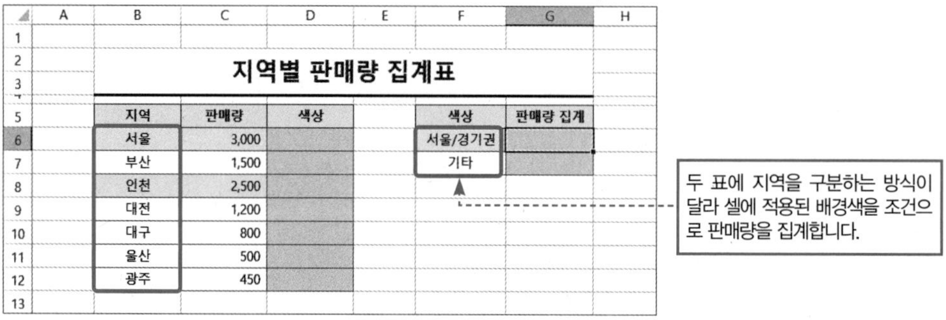

TIP 이번 예제는 [매크로 사용 통합 문서(XLSM)] 형식으로 저장되어 있습니다.

02 배경색 번호를 반환받기 위해 GET.CELL 매크로 함수를 이름으로 정의합니다.

03 [D6] 셀을 선택하고 리본 메뉴의 [수식] 탭-[정의된 이름] 그룹-[이름 정의]를 클릭합니다.

04 [새 이름] 대화상자가 표시되면 다음을 참고해 대화상자를 구성하고 [확인]을 클릭합니다.

이름 : 왼쪽셀배경색

참조 대상 : =GET.CELL(38, C6)

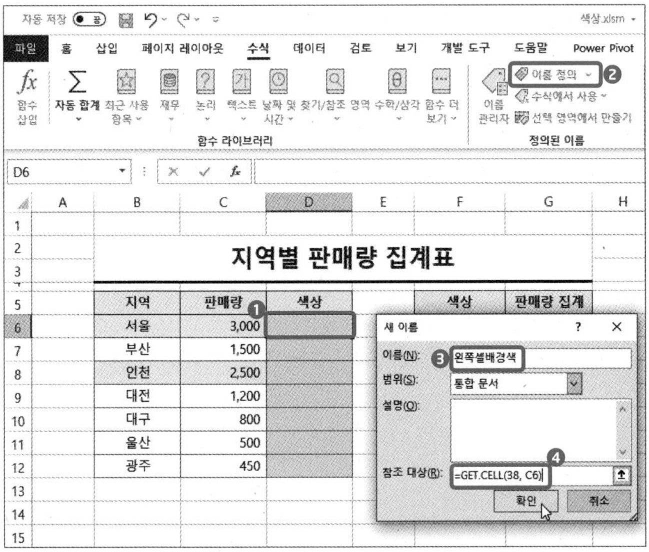

더 알아보기 수식 이해하기

GET.CELL 매크로 함수는 엑셀 4.0 버전까지 매크로 개발을 위해 사용된 함수입니다. 엑셀 5.0 버전부터 VBA가 제공되면서 호환성 문제로 계속 지원되고 있습니다. 현재는 매크로 함수를 매크로 개발에 사용하지 않고 있기 때문에 매크로 함수는 이름 정의를 통해서만 사용할 수 있습니다. 이번에 사용한 **=GET.CELL(38, C6)** 수식에 대한 설명은 다음을 참고합니다.

- **첫 번째 인수 : 38**
  GET.CELL 함수의 첫 번째 인수를 38로 지정하면 두 번째 인수에 지정한 셀의 배경색 번호를 반환합니다. 만약 글꼴 색의 번호를 반환하려면 첫 번째 인수를 24로 변경합니다.

- **두 번째 인수 : C6**
  [D6] 셀을 선택하고 [이름 정의]를 실행한 후 [C6] 셀을 상대 참조 방식으로 참조했습니다. 따라서 [C6] 셀은 [D6] 셀의 왼쪽 셀로 처리됩니다. 즉, 이번에 이름으로 정의한 [왼쪽셀배경색] 이름은 수식에서 사용될 때 수식의 왼쪽 셀 배경색 번호를 반환하게 됩니다.

05 C열에 적용된 배경색 번호를 D열에 반환하도록 합니다.

06 [D6] 셀에 다음 수식을 입력하고 [D6] 셀의 채우기 핸들을 [D12] 셀까지 드래그합니다.

[D6] 셀 : =왼쪽셀배경색

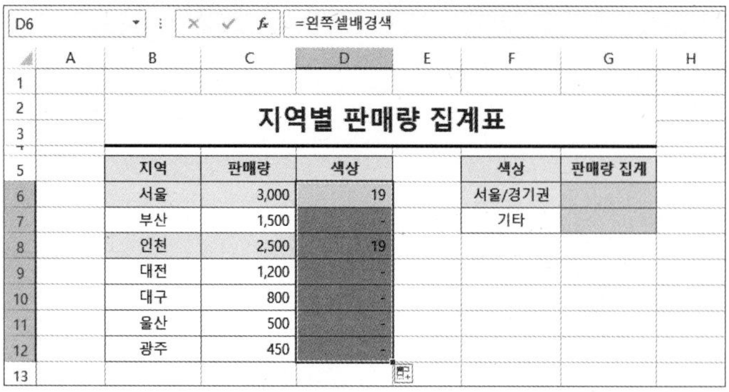
D6
=왼쪽셀배경색
지역별 판매량 집계표
지역
판매량
색상
서울
3,000
19
부산
1,500
인천
2,500
19
대전
1,200
대구
800
울산
500
광주
450
색상
판매량 집계
서울/경기권
기타

더 알아보기 **수식 이해하기**

04 과정에서 진행한 이름 정의가 제대로 되었다면 C열의 배경색 번호가 반환됩니다. 0은 흰색, 19는 황금색을 의미합니다.

07 오른쪽 표에서 배경색을 조건으로 판매량을 집계합니다.

08 [G6] 셀에 다음 수식을 입력하고 [G6] 셀의 채우기 핸들을 [G7] 셀까지 드래그합니다.

[G6] 셀 : =SUMIF($D$6:$D$12, 왼쪽셀배경색, $C$6:$C$12)

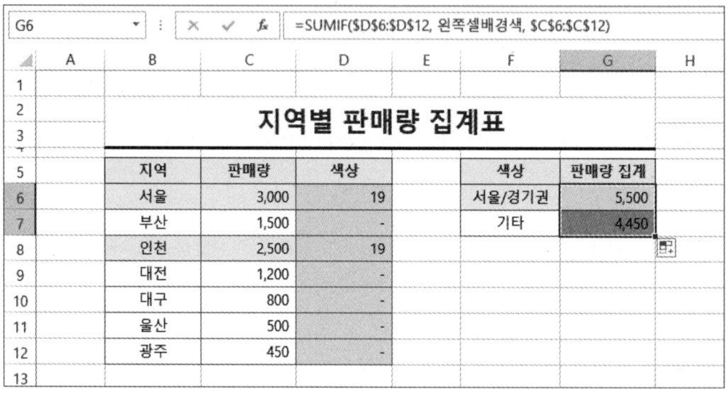
G6
=SUMIF($D$6:$D$12, 왼쪽셀배경색, $C$6:$C$12)
지역별 판매량 집계표
지역
판매량
색상
서울
3,000
19
부산
1,500
인천
2,500
19
대전
1,200
대구
800
울산
500
광주
450
색상
판매량 집계
서울/경기권
5,500
기타
4,450

더 알아보기 **수식 이해하기**

G열에 입력되는 수식은 SUMIF 함수이므로 [D6:D12] 범위에서 F열의 배경색과 동일한 값의 위치를 찾아 [C6:C12] 범위에서 동일한 행에 있는 숫자의 합계를 반환합니다.

06 14 평균과 중앙값, 그리고 최빈값 - AVERAGE 함수

예제 파일 PART 02 \ CHAPTER 06 \ AVERAGE, MEDIAN, MODE 함수.xlsx

AVERAGE 함수

평균은 여러 종류가 있습니다. 우리가 흔하게 사용하는 평균은 **산술 평균**을 의미하며, 합계를 개수로 나눠 계산합니다. 엑셀 함수로는 **AVERAGE 함수**가 제공됩니다. 함수의 인수는 다음과 같습니다.

AVERAGE (❶ 값1, ❷ 값2, …)

지정한 숫자값의 산술 평균을 구합니다.

구문	❶ **값** : 평균을 구할 숫자값 또는 범위로 최대 255개까지 지정 가능
계산식	AVERAGE=SUM/COUNT

사용 예

```
=AVERAGE(A1:A10)
```

TIP [A1:A10] 범위의 숫자값의 평균을 구합니다.

중앙값과 최빈값

평균을 계산하는 이유는 전체 데이터를 대표하는 값을 통해 데이터를 빠르게 이해하기 위한 것입니다. 이런 값을 대푯값이라고 하는데, 대푯값에는 평균 이외에 중앙값과 최빈값 등이 존재합니다. **중앙값**은 데이터 범위를 정렬했을 때 가장 가운데에 있는 값을 의미하며, **최빈값**은 데이터 범위에서 출현 빈도가 가장 높은 값을 의미합니다.

중앙값을 구할 때 사용하는 MEDIAN 함수의 구문은 다음과 같습니다.

MEDIAN (❶ 숫자1, ❷ 숫자2, …)

인수로 전달된 숫자의 중앙값을 반환합니다.

구문	❶ **숫자** : 중앙값을 구할 숫자값 또는 범위로 최대 255개까지 지정 가능
참고	인수로 전달된 숫자를 정렬해 가운데 숫자를 반환합니다. 만약 숫자 개수가 짝수이면 가운데 두 개 값의 평균이 반환됩니다.

사용 예

```
=MEDIAN(12, 2, 3, 1, 5)
```

TIP 인수로 전달된 값을 정렬할 때 가운데 있는 3이 반환됩니다.

최빈값을 구할 때 사용하는 MODE 함수의 구문은 다음과 같습니다.

MODE (❶ 숫자1, ❷ 숫자2, …)

인수로 전달된 숫자에서 가장 많이 나타나는 최빈값을 반환합니다.

구문	❶ **숫자** : 최빈값을 구할 숫자값 또는 범위로 최대 255개까지 지정 가능

사용 예

```
=MODE(1, 2, 3, 3, 3, 4, 5)
```

TIP 인수로 전달된 값 중에서 많이 나타나는 3이 반환됩니다.

엑셀 2010 이상 버전에서는 최빈값을 구하는 함수가 두 개 추가되었습니다. MODE.SNGL 함수와 MOD.MULT 함수입니다. 두 함수 중 최빈값이 여러 개 존재할 때 하나만 반환해주는 함수가 MODE.SNGL이고, 모두 반환하는 함수가 MODE.MULT입니다. 두 함수의 구문은 아래를 참고합니다.

MODE.SNGL (❶ 숫자1, ❷ 숫자2,…) 2010 이상

인수로 전달된 숫자에서 가장 많이 나타나는 최빈값을 반환합니다.

구문	❶ **숫자** : 최빈값을 구할 숫자값 또는 범위로 최대 255개까지 지정 가능
참고	MODE 함수와 동일하게 최빈값 숫자 한 개만 반환합니다.

MODE.MULT (❶ 숫자1, ❷ 숫자2,…) 2010 이상

인수로 전달된 숫자에서 가장 많이 나타나는 최빈값을 반환합니다.

구문	❶ **숫자** : 최빈값을 구할 숫자값 또는 범위로 최대 255개까지 지정 가능
참고	최빈값이 여러 개 존재할 때 여러 개 값을 배열로 반환하는 함수로, 배열 수식(Ctrl+Shift+Enter)으로 입력해야 합니다.

따라 하기

직원의 연봉 평균을 포함한 대푯값을 계산해 전체 급여 현황을 파악합니다.

01 예제를 열고, 이름 상자를 클릭하면 예제에 정의된 이름을 확인할 수 있습니다.

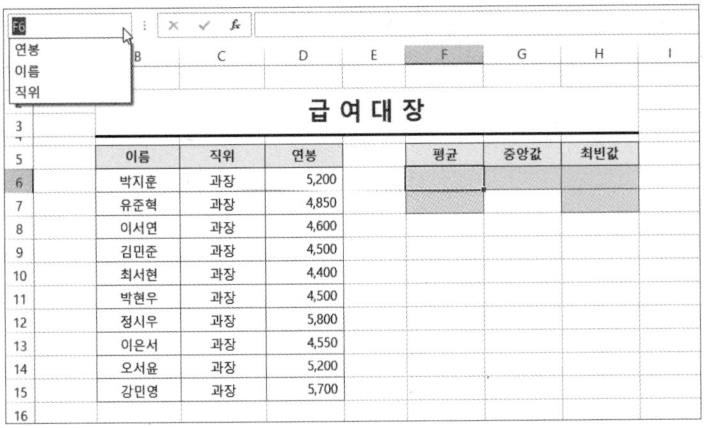

이름	직위	연봉		평균	중앙값	최빈값
박지훈	과장	5,200				
유준혁	과장	4,850				
이서연	과장	4,600				
김민준	과장	4,500				
최서현	과장	4,400				
박현우	과장	4,500				
정시우	과장	5,800				
이은서	과장	4,550				
오서윤	과장	5,200				
강민영	과장	5,700				

TIP [B6:D15] 범위는 [B5:D5] 범위의 머리글로 이름 정의되어 있습니다. 이름을 클릭하면 해당 범위가 선택됩니다.

02 [F6] 셀에 평균을 구합니다. [F6] 셀에 다음 수식을 입력합니다.

[F6] 셀 : =AVERAGE(연봉)

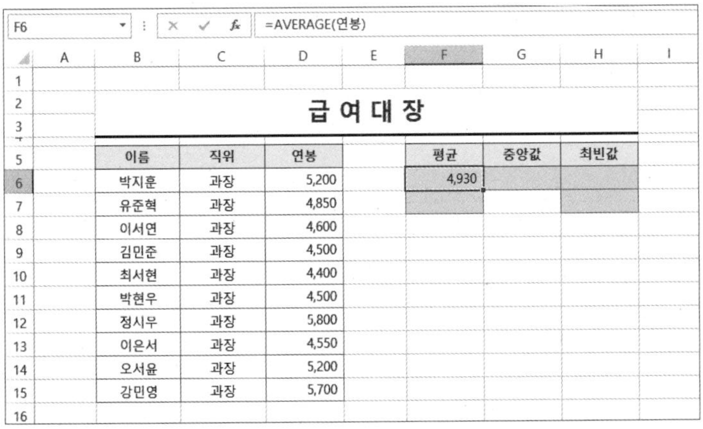

이름	직위	연봉		평균	중앙값	최빈값
박지훈	과장	5,200		4,930		
유준혁	과장	4,850				
이서연	과장	4,600				
김민준	과장	4,500				
최서현	과장	4,400				
박현우	과장	4,500				
정시우	과장	5,800				
이은서	과장	4,550				
오서윤	과장	5,200				
강민영	과장	5,700				

더 알아보기 **수식 이해하기**

AVERAGE 함수를 사용해 [연봉] 범위(D6:D15)의 평균을 구합니다. AVERAGE 함수는 기본적으로 SUM 함수와 사용 방법이 동일합니다.

03 SUM 함수와 COUNT 함수를 사용해 평균을 구합니다. [F7] 셀에 다음 수식을 입력합니다.

[F7] 셀 : =SUM(연봉)/COUNT(연봉)

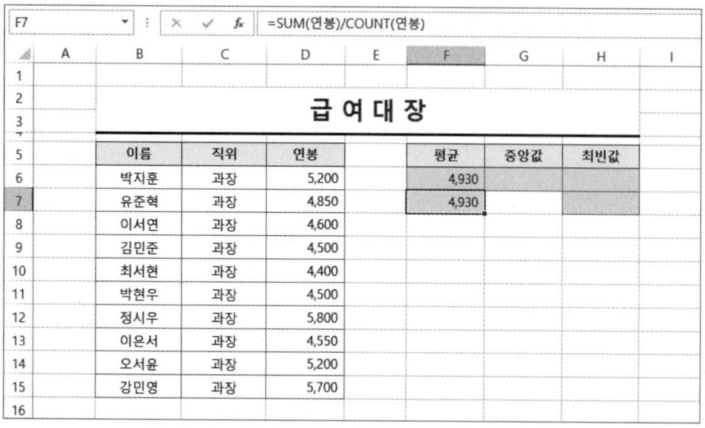

더 알아보기 **수식 이해하기**

AVERAGE 함수는 산술 평균을 구하므로 합계를 개수로 나눈 값입니다. 엑셀에서는 SUM 함수를 COUNT 함수로 나눈 값과 동일합니다.

04 대푯값 중에서 중앙값을 계산합니다. [G6] 셀에 다음 수식을 입력합니다.

[G6] 셀 : =MEDIAN(연봉)

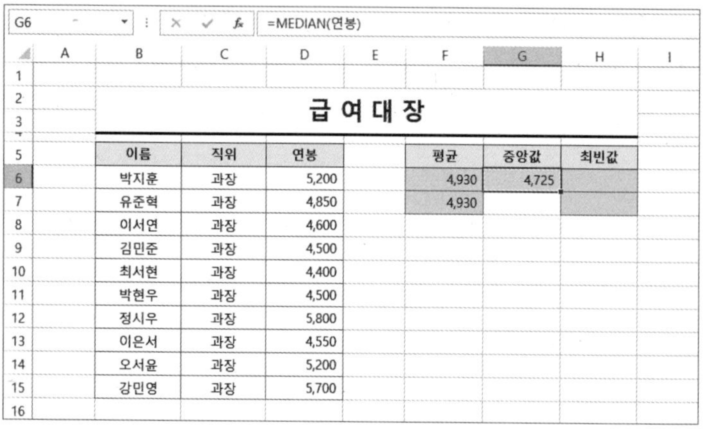

더 알아보기 **중앙값과 평균의 관계**

중앙값은 값의 중간에 위치한 값입니다. 그런데 [연봉] 범위(D6:D15)는 10개의 셀이므로 다섯 개씩 나누면 딱 두 개의 그룹으로 나눠집니다. 이 경우 가운데 두 개의 평균을 구합니다. 즉, 데이터가 홀수면 가운데 값이 하나가 되지만, 짝수인 경우에는 가운데 값이 없기 때문에 가운데 두 개의 평균을 구한 값이 중앙값이 됩니다.

반환된 중앙값은 4725로 평균(4930)보다 낮게 나옵니다. 이것은 평균을 높이는 값이 존재한다는 의미로, [연봉] 범위(D6:D15)를 분산형 차트로 생성해 확인해보면 다음과 같습니다.

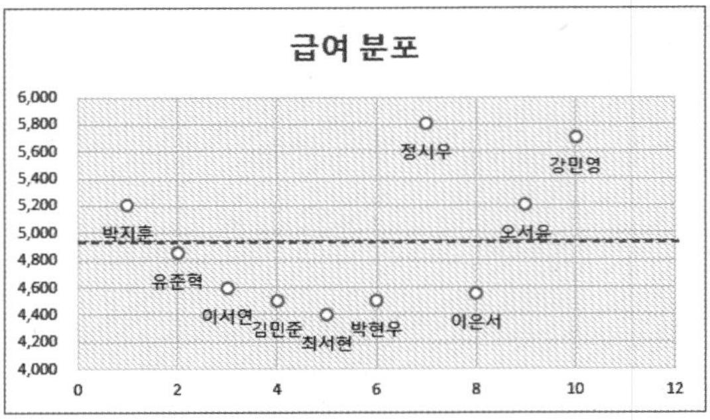

위 차트 가운데의 점선이 평균의 위치입니다. 평균보다 낮은 연봉을 받는 사람이 더 많지만 평균보다 높은 연봉을 받는 사람은 상대적으로 평균선에서 더 많이 떨어져 있는 것을 확인할 수 있습니다.

이 같은 데이터에서는 평균이 중앙값보다 높게 나옵니다.

그렇다면 중앙값은 누구의 급여(또는 급여의 평균)일까요? 현재 데이터 상에서 점선으로 이루어진 원 안에 위치한 연봉이 가운데에 있는 두 개의 값이므로 유준혁과 이서연 과장의 연봉 평균이 중앙값인 것을 확인할 수 있습니다.

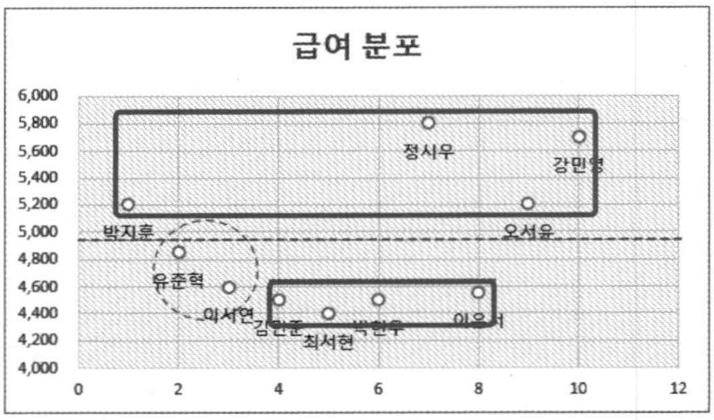

유준혁과 이서연 과장의 연봉은 [D7:D8] 범위에 있습니다. 이 값의 평균을 구해보면 [G6] 셀의 중앙값과 일치하는 것을 확인해 볼 수 있습니다.

이렇게 중앙값과 평균의 관계를 이해하려면 숫자값을 분산형 차트로 생성해보는 것이 좋습니다.

05 연봉에서 반복적으로 나오는 연봉을 구합니다. [H6] 셀에 다음 수식을 입력합니다.

[H6] 셀 : =MODE(연봉)

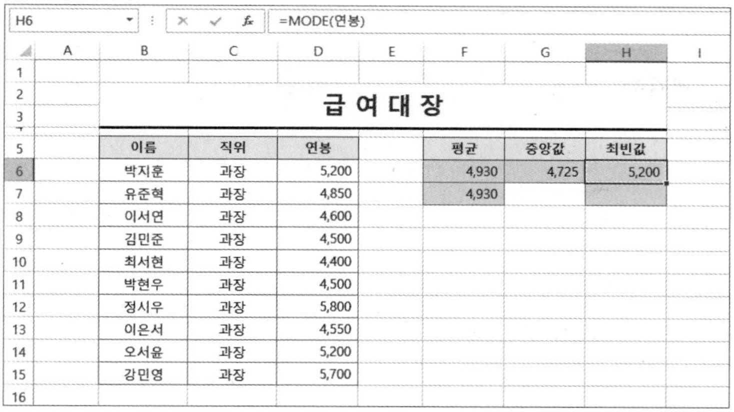

🔍 더 알아보기 **최빈값 이해하기**

최빈값은 숫자 범위에서 가장 자주 출현되는 값으로, 개수를 세었을 때 가장 큰 값이 반환되는 값이라고 이해합니다. 이번 수식에서 사용된 MODE 함수와 MODE.SNGL 함수는 동일한 계산 결과를 반환하므로 이번 수식은 다음과 같이 대체할 수 있습니다.

=MODE.SNGL(연봉)

06 최빈값 위치를 확인합니다.

07 [D6:D15] 범위를 선택하고 리본 메뉴의 [홈] 탭-[스타일] 그룹-[조건부 서식]을 클릭합니다.

08 하위 메뉴에서 [셀 강조 규칙]-[중복 값]을 클릭합니다.

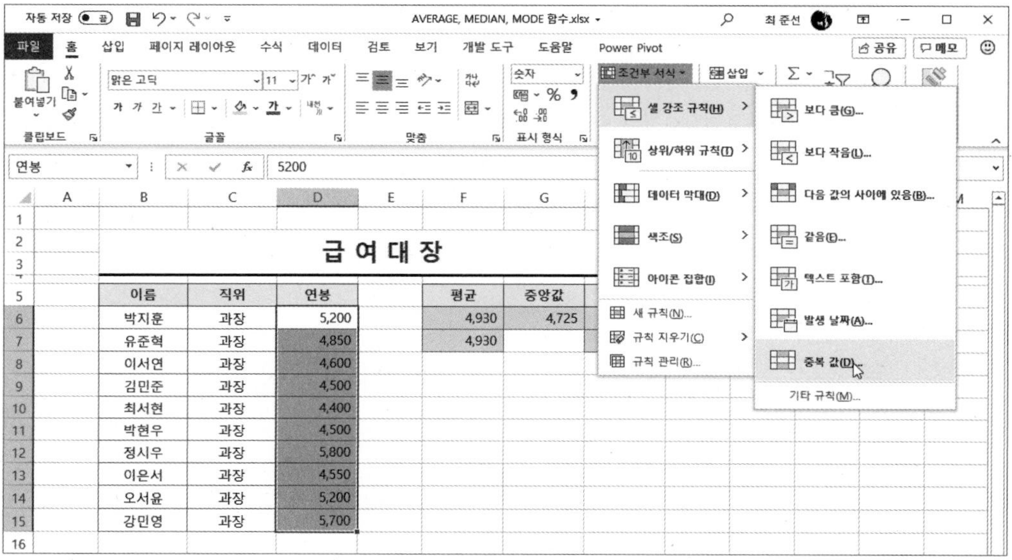

09 [중복 값] 대화상자가 표시되면 중복된 데이터 위치를 확인할 수 있습니다.

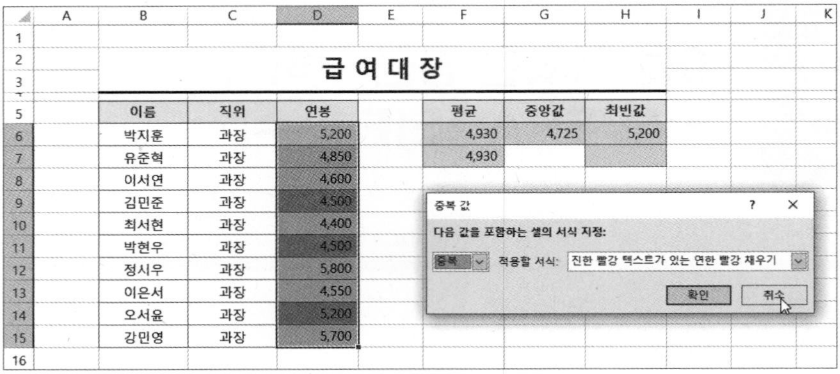
급 여 대 장
이름
직위
연봉
평균
중앙값
최빈값
박지훈
유준혁
이서연
김민준
최서현
박현우
정시우
이은서
오서윤
강민영
과장
5,200
4,850
4,600
4,500
4,400
4,500
5,800
4,550
5,200
5,700
4,930
4,725
5,200
4,930
중복 값
다음 값을 포함하는 셀의 서식 지정:
중복
적용할 서식:
진한 빨강 텍스트가 있는 연한 빨강 채우기
확인
취소

TIP 색상이 변경된 셀을 확인하면 5200과 4500이 각각 두 개씩 존재하는 것을 알 수 있습니다.

10 [취소]를 클릭해 닫습니다.

TIP 조건부 서식은 중복 데이터 위치를 확인하기 위해 사용한 것이므로 [취소]를 눌러 기능을 해제합니다.

11 최빈값이 여러 개 있다는 것이 확인했으므로 MODE.MULT 함수를 사용해 모두 반환합니다.

12 [H6] 셀의 수식을 다음과 같이 수정합니다.

[H6] 셀 : =MODE.MULT(연봉)

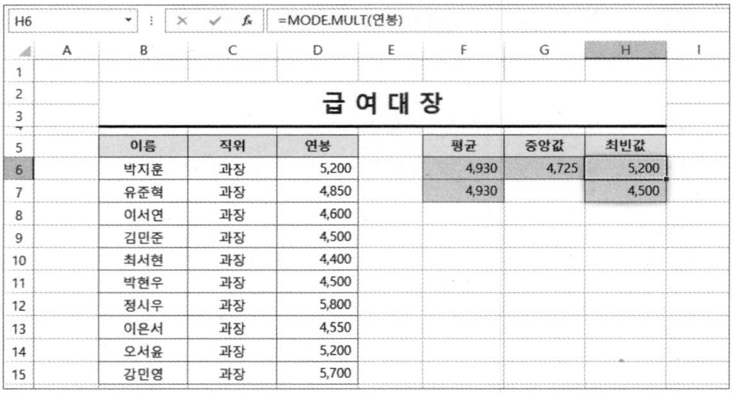
H6
=MODE.MULT(연봉)
급 여 대 장
이름
직위
연봉
평균
중앙값
최빈값
박지훈
유준혁
이서연
김민준
최서현
박현우
정시우
이은서
오서윤
강민영
과장
5,200
4,850
4,600
4,500
4,400
4,500
5,800
4,550
5,200
5,700
4,930
4,725
5,200
4,930
4,500

더 알아보기 MODE.MULT 함수를 사용할 때 주의할 점

마이크로소프트 365 버전에서는 [H6] 셀의 수식만 고쳐도 화면과 같은 결과가 반환되지만 엑셀 2019 버전을 포함한 이하 버전을 사용하고 있다면 ❶ [H6:H7] 범위를 선택하고 ❷ 이번 수식을 작성한 후 ❸ Ctrl+Shift+Enter를 눌러 수식을 입력해야 정확한 결과를 돌려받을 수 있습니다.

MODE.MULT 함수를 사용할 때 엑셀 2019 이하 버전을 사용할 경우에는 반환되는 데이터 개수에 따라 수식을 입력할 범위를 다르게 선택해야 하므로 **06–08** 과정을 이용해 중복 데이터 개수를 확인해보는 것이 중요합니다.

06 15 0을 제외한 평균 구하기 - AVERAGEIF 함수

예제 파일 PART 02 \ CHAPTER 06 \ AVERAGEIF 함수.xlsx

AVERAGEIF 함수

평균을 구할 때 대상 범위 내 0이 포함되어 있다면 평균이 작게 계산되어 나옵니다. 평균은 합계를 개수로 나누기 때문에 0 또한 하나의 개수로 처리되므로 평균이 작게 구해질 수밖에 없습니다. 이 경우 0을 제외하고 평균을 구할 필요가 있는데, 이렇게 조건을 처리해 평균을 구할 때는 **AVERAGEIF 함수**를 사용합니다. AVERAGEIF 함수의 구문은 다음과 같습니다.

AVERAGEIF (❶ 범위, ❷ 조건, ❸ 평균 범위) 2007 이상

지정한 조건을 만족하는 범위와 같은 행에 위치한 평균 범위 내 숫자값의 평균을 구합니다.

구문	❶ **범위** : 조건을 확인할 데이터 범위 ❷ **조건** : ❶에서 매칭할 조건으로 비교 연산자와 비교할 값을 큰따옴표에 넣어 사용합니다. LINK [조건] 인수에 대한 자세한 설명은 **Section 06-02**(375페이지)를 참고합니다. ❸ **평균 범위** : 평균을 구할 범위로 조건을 만족하는 범위와 같은 행에 있는 값의 평균을 구합니다. [평균 범위]는 생략할 수 있으며, 생략하면 [범위]의 숫자 평균을 구합니다.
계산식	엑셀 2007 버전부터 제공되는 함수로 엑셀 2003 버전을 포함한 하위 버전에서는 다음과 같은 수식을 이용합니다. =SUMIF(범위, 조건, 합계 범위)/COUNTIF(범위, 조건)

공식처럼 사용할 수 있는 수식

0을 제외한 숫자 평균을 구하는 수식

0을 제외한 숫자 평균을 구할 경우 다음과 같은 수식을 사용합니다.

=AVERAGEIF(평균 범위, "<>0")

- **평균 범위** : 평균을 구할 숫자 데이터 범위

AVERAGEIF 함수를 사용하지 못한다면 다음과 같은 수식을 사용합니다.

=SUM(평균 범위)/COUNTIF(평균 범위, "<>0")

- **평균 범위** : 평균을 구할 숫자 데이터 범위

위 수식에서 SUM(평균 범위) 부분은 원래 SUMIF(평균 범위, "<>0")와 같아야 하지만, SUM 함수는 0을 더해도 결과가 바뀌지 않으므로 굳이 조건을 넣을 필요는 없습니다.

따라 하기

평균을 구할 때 0이 포함된 경우 0을 제외하고 평균을 구합니다.

01 예제를 열면 화면과 같은 표를 확인할 수 있습니다. 평균과 0을 제외한 평균을 구합니다.

영업 사원 월 판매 실적

직원	1월	2월	3월	4월	5월	6월	7월	8월	9월	10월	11월	12월	평균	
													산술	0 제외
박지훈	4	2	5	7	5	3	6	-	-	-	-	-		
유준혁	9	4	9	4	3	10	4	-	-	-	-	-		
이서연	8	8	10	4	9	1	5	-	-	-	-	-		
김민준	9	5	4	3	7	2	1	-	-	-	-	-		
최서현	8	9	4	6	9	2	7	-	-	-	-	-		
박현우	2	5	1	6	1	8	4	-	-	-	-	-		
정시우	7	3	2	8	5	8	7	-	-	-	-	-		
이은서	7	9	7	2	10	4	7	-	-	-	-	-		
오서윤	8	7	12	8	8	9	6	-	-	-	-	-		

02 1월부터 12월까지의 산술 평균을 구합니다.

03 [O7] 셀에 다음 수식을 입력하고 [O7] 셀의 채우기 핸들을 [O15] 셀까지 드래그합니다.

[O7] 셀 : =AVERAGE(C7:N7)

O7 | =AVERAGE(C7:N7)

영업 사원 월 판매 실적

직원	1월	2월	3월	4월	5월	6월	7월	8월	9월	10월	11월	12월	평균 산술	평균 0 제외
박지훈	4	2	5	7	5	3	6	-	-	-	-	-	2.7	
유준혁	9	4	9	4	3	10	4	-	-	-	-	-	3.6	
이서연	8	8	10	4	9	1	5	-	-	-	-	-	3.8	
김민준	9	5	4	3	7	2	1	-	-	-	-	-	2.6	
최서현	8	9	4	6	9	2	7	-	-	-	-	-	3.8	
박현우	2	5	1	6	1	8	4	-	-	-	-	-	2.3	
정시우	7	3	2	8	5	8	7	-	-	-	-	-	3.3	
이은서	7	9	7	2	10	4	7	-	-	-	-	-	3.8	
오서윤	8	7	12	8	8	9	6	-	-	-	-	-	4.8	

더 알아보기 | 수식 이해하기

평균은 AVERAGE 함수를 사용해 구할 수 있는데, 이번 예제와 같이 범위 내 0이 포함되어 있으면 평균이 작게 구해집니다.

04 0을 빼고 평균을 구합니다.

05 [P7] 셀에 다음 수식을 입력하고 [P7] 셀의 채우기 핸들을 [P15] 셀까지 드래그합니다.

[P7] 셀 : =AVERAGEIF(C7:N7, "<>0")

P7 | =AVERAGEIF(C7:N7, "<>0")

영업 사원 월 판매 실적

직원	1월	2월	3월	4월	5월	6월	7월	8월	9월	10월	11월	12월	평균 산술	평균 0 제외
박지훈	4	2	5	7	5	3	6	-	-	-	-	-	2.7	4.6
유준혁	9	4	9	4	3	10	4	-	-	-	-	-	3.6	6.1
이서연	8	8	10	4	9	1	5	-	-	-	-	-	3.8	6.4
김민준	9	5	4	3	7	2	1	-	-	-	-	-	2.6	4.4
최서현	8	9	4	6	9	2	7	-	-	-	-	-	3.8	6.4
박현우	2	5	1	6	1	8	4	-	-	-	-	-	2.3	3.9
정시우	7	3	2	8	5	8	7	-	-	-	-	-	3.3	5.7
이은서	7	9	7	2	10	4	7	-	-	-	-	-	3.8	6.6
오서윤	8	7	12	8	8	9	6	-	-	-	-	-	4.8	8.3

더 알아보기 수식 이해하기

AVERAGEIF 함수는 기본적으로 SUMIF 함수와 사용 방법이 동일합니다. AVERAGEIF 함수와 SUMIF 함수의 구문은 다음과 같습니다.

```
=SUMIF(범위, 조건, 합계 범위)
=AVERAGEIF(범위, 조건, 평균 범위)
```

[합계 범위]와 [평균 범위]는 모두 합계 또는 평균을 구할 데이터 범위입니다. 이번 수식에서는 세 번째 인수인 [평균 범위] 인수가 생략되었으므로 [C7:N7] 범위에서 0이 아닌 숫자 평균을 구하게 됩니다. 이때 집계할 범위에 음수가 없다면 두 번째 인수인 [조건]은 **">0"**와 같이 변경할 수 있습니다.

06 AVERAGEIF 함수를 사용하지 못할 경우 대체 수식을 작성해 계산합니다.

07 [P7] 셀의 수식을 다음과 같이 변경하고 [P7] 셀의 채우기 핸들⊞을 [P15] 셀까지 드래그합니다.

[P7] 셀 : =SUM(C7:N7)/COUNTIF(C7:N7, "<>0")

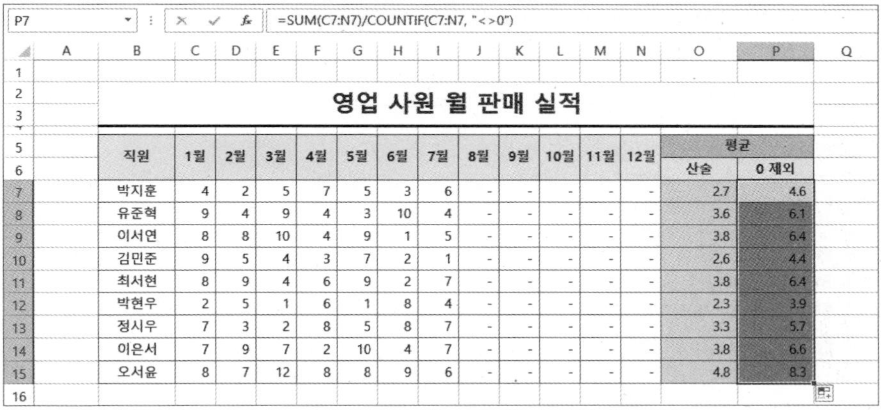

영업 사원 월 판매 실적

직원	1월	2월	3월	4월	5월	6월	7월	8월	9월	10월	11월	12월	평균	
													산술	0 제외
박지훈	4	2	5	7	5	3	6	-	-	-	-	-	2.7	4.6
유준혁	9	4	9	4	3	10	4	-	-	-	-	-	3.6	6.1
이서연	8	8	10	4	9	1	5	-	-	-	-	-	3.8	6.4
김민준	9	5	4	3	7	2	1	-	-	-	-	-	2.6	4.4
최서현	8	9	4	6	9	2	7	-	-	-	-	-	3.8	6.4
박현우	2	5	1	6	1	8	4	-	-	-	-	-	2.3	3.9
정시우	7	3	2	8	5	8	7	-	-	-	-	-	3.3	5.7
이은서	7	9	7	2	10	4	7	-	-	-	-	-	3.8	6.6
오서윤	8	7	12	8	8	9	6	-	-	-	-	-	4.8	8.3

더 알아보기 AVERAGEIF 함수를 대체하는 방법

AVERAGEIF 함수는 엑셀 2007 버전부터 제공됐습니다. 따라서 엑셀 2003 버전 호환 형식으로 파일을 저장해 사용하는 경우에는 SUMIF 함수와 COUNTIF 함수를 사용하는 계산식으로 변경할 필요가 있습니다. 이번 수식은 원래 다음과 같아야 합니다.

```
=SUMIF(C7:N7, "<>0")/COUNTIF(C7:N7, "<>0")
```

하지만 이번 조건은 0을 제외하는 조건이므로 **SUM(C7:N7)**나 **SUMIF(C7:N7, "<>0")** 수식은 모두 동일한 결과를 반환합니다. 따라서 SUMIF 함수 대신 SUM 함수를 사용한 것입니다.

06 16 최대/최솟값을 제외한 평균 구하기

예제 파일 PART 02 \ CHAPTER 06 \ AVERAGEIFS 함수.xlsx

AVERAGEIFS 함수와 MAX, MIN 함수

평균을 구할 범위 내 특별히 큰 값이나 너무 작은 값이 포함되어 있다면 평균이 너무 커지거나 작아질 수 있습니다. 그러므로 평균을 구할 때 가장 큰 값과 작은 값을 제외하고 평균을 구하는 경우가 많습니다. 이때는 조건이 많아질 수밖에 없으므로 최대 127개의 조건까지 설정할 수 있는 **AVERAGEIFS 함수**를 사용하는 것이 좋습니다. AVERAGEIFS 함수의 구문은 다음과 같습니다.

AVERAGEIFS (❶ 평균 범위, ❷ 범위1, ❸ 조건1, ❹ 범위2, ❺ 조건2, …) 2007 이상

여러 조건을 모두 만족하는 범위와 같은 평균 범위의 숫자 평균을 구합니다.

구문	❶ **평균 범위** : 평균을 구할 범위로 생략할 수 없습니다. ❷, ❹ **범위** : [조건]을 확인할 데이터 범위 ❸, ❺ **조건** : ❷, ❹에서 매칭할 조건으로 비교 연산자와 비교할 값을 큰따옴표에 넣어 사용합니다. LINK [조건] 인수에 대한 자세한 설명은 **Section 06-02**(375페이지)를 참고합니다.

데이터 범위 내 최대/최솟값을 구하려면 **MAX, MIN 함수**를 사용합니다. 구문은 다음과 같습니다.

MAX (❶ 숫자1, ❷ 숫자2,…)

지정한 숫자값에서 가장 큰 값을 반환합니다.

구문	❶ **숫자** : 최댓값을 구할 숫자 또는 데이터 범위로, 최대 255개까지 지정할 수 있습니다.

사용 예

```
=MAX(10, 20, 15, 16)
```

TIP 인수로 전달된 숫자에서 가장 큰 값인 20이 반환됩니다.

MIN (❶ 숫자1, ❷ 숫자2,…)

지정한 숫자값에서 가장 작은 값을 반환합니다.

구문	❶ **숫자** : 최솟값을 구할 숫자 또는 데이터 범위로, 최대 255개까지 지정할 수 있습니다.

사용 예

```
=MIN(10, 20, 15, 16)
```

TIP 인수로 전달된 숫자에서 가장 작은 값인 10이 반환됩니다.

공식처럼 사용할 수 있는 수식

최대/최솟값을 제외한 숫자 평균을 구하는 수식

최대/최솟값을 제외한 숫자 평균을 구할 경우 다음과 같은 수식을 사용합니다.

=AVERAGEIFS(평균 범위, 평균 범위, "〈" & MAX(평균 범위), 평균 범위, "〉" & MIN(평균 범위))

- **평균 범위** : 평균을 구할 숫자 데이터 범위

TIP 작다(〈)와 크다(〉) 연산자는 모두 다르다(〈〉) 연산자로 변경할 수 있습니다.

따라 하기

최대/최솟값을 제외한 평균을 구합니다.

01 예제를 열고, 각 분기별 평균을 구합니다.

대리점 판매 실적표

분기	서울	부산	인천	대구	대전	평균	
						산술	최대/최소 제외
1사분기	6,420	4,015	1,677	1,408	1,430		
2사분기	4,915	5,906	2,770	1,357	1,637		
3사분기	6,258	6,235	3,586	2,487	2,456		
4사분기	8,292	6,646	2,315	2,285	1,637		

TIP [C7:D10] 범위에서 배경색이 들어간 셀 값은 해당 분기의 최댓값을 의미하고, [F7:G10] 범위에서 배경색이 들어간 셀 값은 해당 분기의 최솟값을 의미합니다.

02 분기별 평균을 구합니다.

03 [H7] 셀에 다음 수식을 입력하고 [H7] 셀의 채우기 핸들을 [H10] 셀까지 드래그합니다.

[H7] 셀 : =AVERAGE(C7:G7)

H7 | =AVERAGE(C7:G7)

대리점 판매 실적표

분기	서울	부산	인천	대구	대전	평균	
						산술	최대/최소 제외
1사분기	6,420	4,015	1,677	1,408	1,430	2,990	
2사분기	4,915	5,906	2,770	1,357	1,637	3,317	
3사분기	6,258	6,235	3,586	2,487	2,456	4,204	
4사분기	8,292	6,646	2,315	2,285	1,637	4,235	

더 알아보기 **평균과 편차**

이번에 실적을 구한 결과를 [H7:H10] 범위에서 보면 2990, 3317, 4204, 4235로, 매 분기 실적이 상승한 것을 확인할 수 있습니다. 다만, 평균을 구한 범위의 숫자를 보면 최댓값이 6000~8000대이고 최솟값이 1000~2000대로 편차가 심한 편입니다. 이렇게 편차가 크면 평균만으로 전체 흐름을 파악하기가 쉽지 않아 가장 큰 값과 작은 값을 제한 후 평균을 구하는 경우가 많습니다.

04 최대/최솟값을 제외한 평균을 구하기에 앞서 분기별 최댓값을 먼저 구합니다.

05 [I7] 셀에 다음 수식을 입력하고 [I7] 셀의 채우기 핸들을 [I10] 셀까지 드래그합니다.

[I7] 셀 : =MAX(C7:G7)

I7 | =MAX(C7:G7)

대리점 판매 실적표

분기	서울	부산	인천	대구	대전	평균	
						산술	최대/최소 제외
1사분기	6,420	4,015	1,677	1,408	1,430	2,990	6,420
2사분기	4,915	5,906	2,770	1,357	1,637	3,317	5,906
3사분기	6,258	6,235	3,586	2,487	2,456	4,204	6,258
4사분기	8,292	6,646	2,315	2,285	1,637	4,235	8,292

더 알아보기 **수식 이해하기**

MAX 함수는 지정된 범위에서 가장 큰 숫자를 반환하는 함수입니다. 따라서 [C7:G10] 범위 내 최댓값이 정확하게 반환됩니다. 참고로 MIN 함수는 반대로 가장 작은 숫자를 반환합니다.

06 MAX, MIN 함수로 구한 최대/최솟값을 제외한 평균을 구합니다.

07 [I7] 셀의 수식을 다음으로 수정하고 [I7] 셀의 채우기 핸들을 [I10] 셀까지 드래그합니다.

[I7] 셀 : =AVERAGEIFS(C7:G7, C7:G7, "<" & MAX(C7:G7), C7:G7, ">" & MIN(C7:G7))

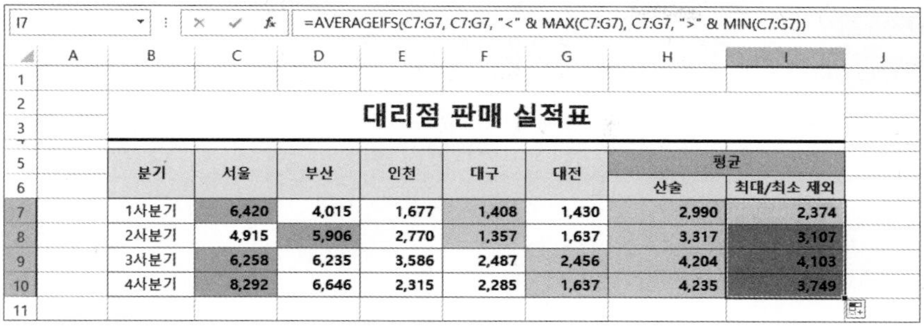

더 알아보기 **최대/최솟값을 평균에서 제외하기**

최대/최솟값을 평균에서 제외하려면 두 개의 값을 제외한 결과를 얻어야 합니다. 엑셀 함수는 한 번에 하나의 조건만 처리할 수 있으므로, 두 개의 값을 모두 제외하려면 AVERAGEIFS 함수를 사용해야 합니다.

AVERAGEIFS 함수는 SUMIFS 함수와 사용 방법이 동일합니다. 첫 번째 인수에서 평균을 구하고, 나머지 인수는 두 개씩 짝을 이뤄 하나의 조건을 구성합니다. 이번 수식에서 AVERAGEIFS 함수의 구문은 다음과 같이 이해합니다.

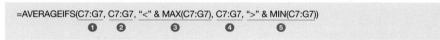

```
=AVERAGEIFS(C7:G7, C7:G7, "<" & MAX(C7:G7), C7:G7, ">" & MIN(C7:G7))
            ❶      ❷      ❸                 ❹      ❺
```

인수		설명
❶	C7:G7	평균을 구할 범위입니다.
❷❸	C7:G7 〈 MAX(C7:G7)	[C7:G7] 범위의 최댓값보다 작은 숫자만 대상으로 합니다.
❹❺	C7:G7 〉 MIN(C7:G7)	[C7:G7] 범위의 최솟값보다 큰 숫자만 대상으로 합니다.

TIP 작다(〈)와 크다(〉) 연산자는 모두 다르다(〈〉) 연산자로 변경할 수 있습니다.

평균과 최대/최소

06 17

상/하위 N%(개)를 제외한 평균 구하기 - TRIMMEAN 함수

예제 파일 PART 02 \ CHAPTER 06 \ TRIMMEAN 함수.xlsx

TRIMMEAN 함수

평균을 구하는 함수는 대부분 AVERAGE 함수만 생각합니다. 그런데 엑셀에는 특별한 평균을 계산해주는 **TRIMMEAN 함수도** 제공됩니다. TRIMMEAN 함수는 상/하위 N%(개)의 데이터를 제외하고 평균을 구할 수 있습니다. 구문은 다음과 같습니다.

TRIMMEAN (❶ 배열, ❷ 퍼센트)

숫자 데이터 범위의 양 끝부분에서 N퍼센트의 데이터를 제외한 평균을 구합니다.

구문	❶ **배열** : 평균을 구할 숫자 데이터 범위 ❷ **퍼센트** : 평균을 구할 때 제외할 데이터의 비율

사용 예

=TRIMMEAN(A1:A10, 20%)

TIP [A1:A10] 범위에서 상위 10%와 하위 10% 데이터를 제외한 숫자값의 평균을 반환합니다.

공식처럼 사용할 수 있는 수식

TRIMMEAN 함수를 사용하려면 두 번째 인수인 [퍼센트] 인수를 잘 구성할 수 있어야 합니다. 상/하위 N%를 제외한 평균을 구하려면 수식을 다음과 같이 설정합니다.

=TRIMMEAN(평균 범위, 제외 비율*2)

- **평균 범위** : 평균을 구할 숫자 데이터 범위
- **제외 비율** : 상/하위에서 제외할 비율로 상/하위에서 10% 비율을 제외하고 싶다면 제외 비율은 10%입니다.

상/하위 비율이 아니라 제외 개수를 직접 지정해 평균을 구하고 싶다면 다음 수식을 사용합니다.

=TRIMMEAN(평균 범위, (제외 개수*2)/COUNT(평균 범위))

- **평균 범위** : 평균을 구할 숫자 데이터 범위
- **제외 개수** : 상/하위에서 제외할 숫자 개수로, 상/하위에서 한 개씩 제외하고 싶다면 제외 개수는 1입니다.

따라 하기

상위(또는 하위) N% 또는 N개를 제외한 평균을 계산합니다.

01 예제를 열고, 이름 상자를 클릭하면 예제에 정의된 이름을 확인할 수 있습니다.

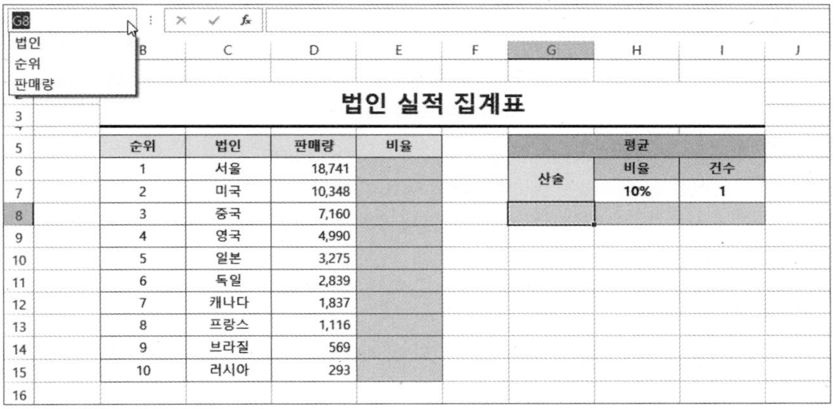

순위	법인	판매량	비율
1	서울	18,741	
2	미국	10,348	
3	중국	7,160	
4	영국	4,990	
5	일본	3,275	
6	독일	2,839	
7	캐나다	1,837	
8	프랑스	1,116	
9	브라질	569	
10	러시아	293	

평균		
산술	비율	건수
	10%	1

TIP [B6:D15] 범위는 [B5:D5] 범위의 머리글로 이름 정의되어 있습니다. 이름을 클릭하면 해당 범위가 선택됩니다.

TIP [H7] 셀은 상/하위 제외 비율을 의미하고, [I7] 셀은 상/하위 제외 건수를 의미합니다.

02 판매량 평균을 계산합니다. [G8] 셀에 다음 수식을 입력합니다.

[G8] 셀 : =AVERAGE(판매량)

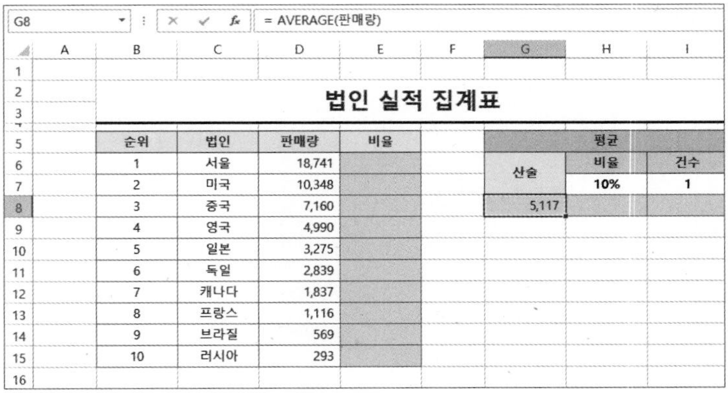

순위	법인	판매량	비율
1	서울	18,741	
2	미국	10,348	
3	중국	7,160	
4	영국	4,990	
5	일본	3,275	
6	독일	2,839	
7	캐나다	1,837	
8	프랑스	1,116	
9	브라질	569	
10	러시아	293	

평균		
산술	비율	건수
	10%	1
5,117		

03 이번에는 상/하위 10% 비율을 제외한 평균을 구합니다. [H8] 셀에 다음 수식을 입력합니다.

[H8] 셀 : =TRIMMEAN(판매량, H7)

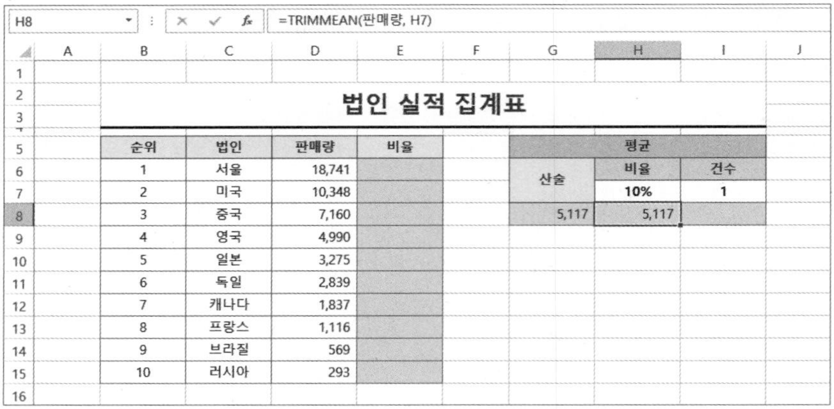

H8 =TRIMMEAN(판매량, H7)

법인 실적 집계표

순위	법인	판매량	비율
1	서울	18,741	
2	미국	10,348	
3	중국	7,160	
4	영국	4,990	
5	일본	3,275	
6	독일	2,839	
7	캐나다	1,837	
8	프랑스	1,116	
9	브라질	569	
10	러시아	293	

평균		
산술	비율	건수
	10%	1
5,117	5,117	

더 알아보기 평균값이 그대로인 이유

TRIMMEAN 함수는 첫 번째 인수 범위에서 두 번째 인수의 퍼센트를 제외한 평균을 반환합니다. 그런데 계산된 결과는 **02** 과정에서 구한 평균(G8)과 동일한 것을 확인할 수 있습니다. 이는 TRIMMEAN 함수의 두 번째 인수인 10% 비율을 제외하지 못했다는 의미인데, 이유는 다음과 같습니다.

TRIMMEAN 함수의 두 번째 인수인 퍼센트에 적용된 비율은 상/하위 비율로 바로 적용되는 것이 아니라 상/하위 비율을 더한 값입니다. 그러므로 [H7] 셀의 10%는 각각 상위 5%, 하위 5% 비율이 제외됩니다. 이렇게 제외했음에도 [G8] 셀의 평균과 같다는 것은 상위 5%, 하위 5%에 해당하는 값이 존재하지 않는다는 것을 의미합니다.

04 TRIMMEAN 함수의 결과를 이해하기 위해 각 판매량의 비율을 계산해봅니다.

05 [E6] 셀에 다음 수식을 입력하고 [E6] 셀의 채우기 핸들을 [E15] 셀까지 드래그합니다.

[E6] 셀 : =B6/COUNT(판매량)

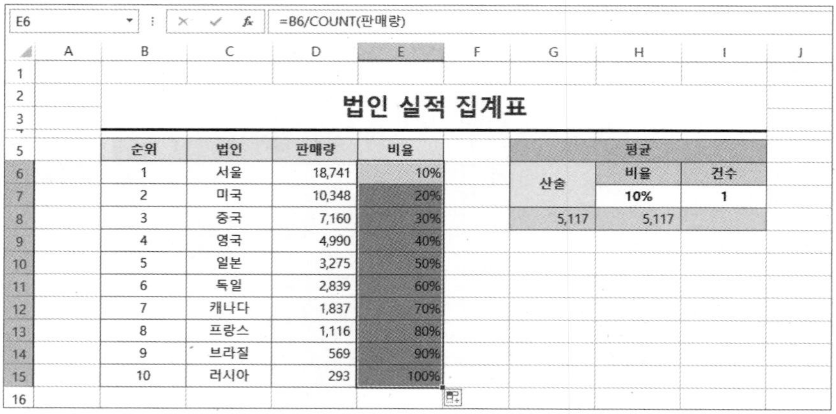

E6 =B6/COUNT(판매량)

법인 실적 집계표

순위	법인	판매량	비율
1	서울	18,741	10%
2	미국	10,348	20%
3	중국	7,160	30%
4	영국	4,990	40%
5	일본	3,275	50%
6	독일	2,839	60%
7	캐나다	1,837	70%
8	프랑스	1,116	80%
9	브라질	569	90%
10	러시아	293	100%

평균		
산술	비율	건수
	10%	1
5,117	5,117	

더 알아보기 순위로 상/하위 비율 구하는 방법

TRIMMEAN 함수에서 제외하는 데이터는 평균을 구할 범위의 순위를 건수로 나눈 비율로 계산할 수 있습니다. 반환된 값에서 상위 5%와 하위 5% 이내 데이터는 존재하지 않으므로 **03** 과정에서 얻은 [H8] 셀의 결과와 [G8] 셀의 평균이 같았던 것입니다.

이번 예제의 경우 D열의 판매량이 내림차순으로 정렬되어 있기 때문에 B열의 순위는 일련번호와 같다고 생각할 수 있지만, 내림차순으로 정렬되어 있지 않다면 이번 수식은 다음과 같아야 합니다.

```
=RANK(D6, 판매량)/COUNT(판매량)
```

LINK RANK 함수는 이 책의 487페이지에서 자세하게 설명합니다.

좀 더 간단한 수식을 원한다면 PERCENTRANK.EXC 함수를 사용하는 다음 수식을 사용합니다.

```
=1-PERCENTRANK.EXC(판매량, D6, 1)
```

LINK PERCENTRANK 함수에 대해서는 이 책의 506페이지에서 자세하게 설명합니다.

06 상/하위 10%를 제외하도록 [H8] 셀의 수식을 다음과 같이 수정합니다.

[H8] 셀 : =TRIMMEAN(판매량, H7*2)

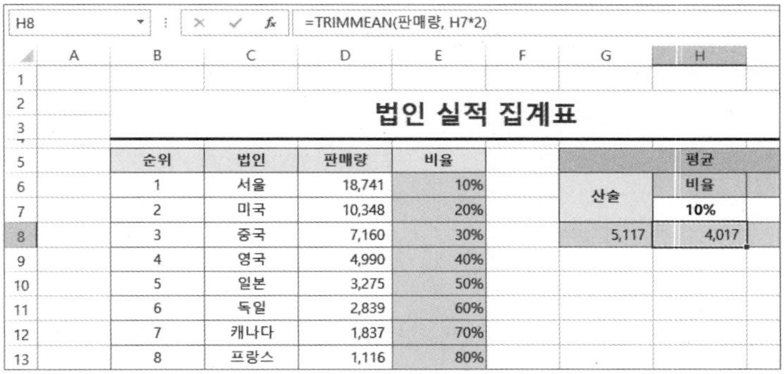
H8 | =TRIMMEAN(판매량, H7*2)

법인 실적 집계표

순위	법인	판매량	비율		평균 산술	평균 비율
						10%
1	서울	18,741	10%			
2	미국	10,348	20%			
3	중국	7,160	30%		5,117	4,017
4	영국	4,990	40%			
5	일본	3,275	50%			
6	독일	2,839	60%			
7	캐나다	1,837	70%			
8	프랑스	1,116	80%			

더 알아보기 수식 이해하기

[H8] 셀의 수식을 수정하면 [H8] 셀의 평균값이 [G8] 셀의 값보다 작아지게 됩니다. 화면과 같이 [D7:D14] 범위(상/하위 10% 비율 제외)를 선택하고 상태 표시줄의 자동 요약값 중 [평균]을 확인하면 [H8] 셀의 값과 동일한 것을 확인할 수 있습니다.

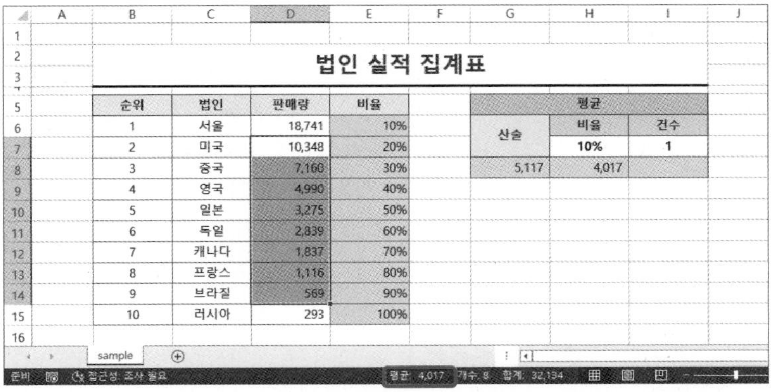
법인 실적 집계표

순위	법인	판매량	비율		평균 산술	평균 비율	평균 건수
						10%	1
1	서울	18,741	10%				
2	미국	10,348	20%				
3	중국	7,160	30%		5,117	4,017	
4	영국	4,990	40%				
5	일본	3,275	50%				
6	독일	2,839	60%				
7	캐나다	1,837	70%				
8	프랑스	1,116	80%				
9	브라질	569	90%				
10	러시아	293	100%				

sample

준비 접근성: 조사 필요 평균: 4,017 개수: 8 합계: 32,134

이렇게 TRIMMEAN 함수를 사용해 원하는 결과를 얻으려면 두 번째 인수인 [퍼센트] 인수에 상/하위 비율을 더한 값을 입력하거나 **비율*2** 계산식을 사용하는 것이 좋습니다.

07 상/하위 건수를 제외한 평균을 구합니다.

08 상/하위 각각 한 개씩을 제외한 평균을 구하고 싶다면 [I8] 셀에 다음 수식을 입력합니다.

[I8] 셀 : =TRIMMEAN(판매량, (I7*2)/COUNT(판매량)

I8 : =TRIMMEAN(판매량, (I7*2)/COUNT(판매량))

	A	B	C	D	E	F	G	H	I	J
1										
2		법인 실적 집계표								
3										
5		순위	법인	판매량	비율		평균			
6		1	서울	18,741	10%		산술	비율	건수	
7		2	미국	10,348	20%			10%	1	
8		3	중국	7,160	30%		5,117	4,017	4,017	
9		4	영국	4,990	40%					
10		5	일본	3,275	50%					
11		6	독일	2,839	60%					
12		7	캐나다	1,837	70%					
13		8	프랑스	1,116	80%					
14		9	브라질	569	90%					
15		10	러시아	293	100%					
16										

더 알아보기 **건수를 비율로 변경하는 방법**

이번 작업은 최대/최솟값을 제외한 평균을 구하는 방법과 동일한 결과를 반환합니다. TRIMMEAN 함수는 퍼센트로만 데이터를 제외할 수 있으므로 제외하고 싶은 건수가 있다면 해당 값을 퍼센트로 변환해줍니다. TRIMMEAN 함수의 두 번째 인수 부분만 보면 다음과 같습니다.

- **(I7*2)/COUNT(판매량)**
  즉, [I7] 셀(제외하고 싶은 데이터 건수)의 값에 2(상/하위 각각 한 개씩)를 곱한 후 [판매량] 범위의 개수로 나눕니다. 이렇게 하면 20%의 비율이 반환됩니다.

그러므로 [I8] 셀에서 구한 결과는 [H8] 셀의 결과와 동일합니다. 다양한 숫자를 입력해 원하는 결과가 반환되는지 확인해봅니다.

평균과 최대/최소

06 18 가중 평균 구하기 - SUMPRODUCT 함수

예제 파일 PART 02 \ CHAPTER 06 \ SUMPRODUCT 함수.xlsx

SUMPRODUCT 함수

평균은 기본적으로 동일한 가중치를 적용해 계산합니다. 예를 들어 숫자 10과 30의 평균은 20입니다. 숫자 두 개의 평균은 =10/2+30/2로 계산할 수 있습니다. 10과 30의 평균을 계산할 때 적용된 1/2, 즉 50%가 평균의 가중치입니다. 경우에 따라서는 가중치를 다르게 적용할 수 있습니다. 이런 경우는 **SUMPRODUCT 함수**를 사용해야 합니다.

SUMPRODUCT (❶ 배열1, ❷ 배열2, …)

배열의 각 요소를 서로 곱한 후 곱한 값을 모두 더해 반환합니다.

구문	**❶ 배열** : 숫자값 집합 또는 데이터 범위
참고	SUMPRODUCT 함수는 SUM 함수와 PRODUCT 함수가 결합된 함수입니다. SUM 함수는 덧셈을, PRODUCT는 곱셈 연산을 하는 함수입니다.

사용 예

```
=SUMPRODUCT(A1:A3, B1:B3)
```

TIP SUMPRODUCT 함수의 연산 과정

[A1:A3] 범위에는 1, 2, 3이 입력되어 있고 [B1:B3] 범위에는 4, 5, 6이 입력되어 있으면 다음 순서로 계산됩니다.

1	×	4	=	4	SUM	32
2	×	5	=	10		
3	×	6	=	18		

즉, 범위 내 숫자값끼리 곱하기 연산(PRODUCT)이 이뤄진 다음 곱해진 결과를 덧셈 연산(SUM)한 값 32가 반환됩니다.

공식처럼 사용할 수 있는 수식

가중치로 가중 평균을 구하는 수식

가중 평균을 구하려면 평균 계산에 필요한 가중치를 따로 입력해놓을 필요가 있습니다. 그리고 다음과 같은 계산식을 이용해 계산합니다.

=SUMPRODUCT(평균 범위, 가중치 범위)/SUM(가중치 범위)

- **평균 범위** : 평균을 구할 숫자 데이터 범위
- **가중치 범위** : 평균 계산에 적용할 가중치가 입력된 범위

위 수식에서 가중치의 합이 100%이면 분모 부분인 **SUM(가중치 범위)**는 생략해도 됩니다.

따라 하기

예제를 통해 가중치를 적용한 평균을 구합니다.

01 예제를 열고, [C6:F6] 범위의 가중치가 적용된 직원별 평균 성적을 구합니다.

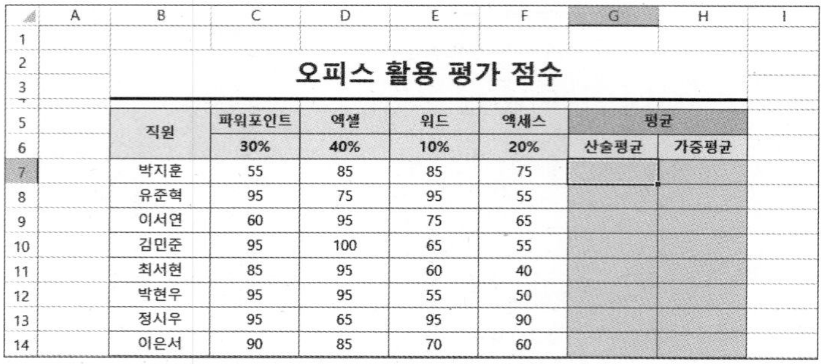

	A	B	C	D	E	F	G	H	I
1									
2		오피스 활용 평가 점수							
5		직원	파워포인트	엑셀	워드	액세스	평균		
6			30%	40%	10%	20%	산술평균	가중평균	
7		박지훈	55	85	85	75			
8		유준혁	95	75	95	55			
9		이서연	60	95	75	65			
10		김민준	95	100	65	55			
11		최서현	85	95	60	40			
12		박현우	95	95	55	50			
13		정시우	95	65	95	90			
14		이은서	90	85	70	60			

02 먼저 직원들의 평균 성적을 구합니다.

03 [G7] 셀에 다음 수식을 입력하고 [G7] 셀의 채우기 핸들을 [G14] 셀까지 드래그합니다.

[G7] 셀 : =AVERAGE(C7:F7)

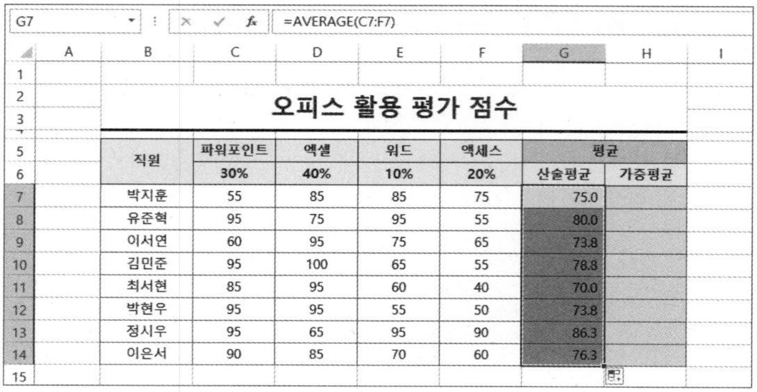

G7 =AVERAGE(C7:F7)

	A	B	C	D	E	F	G	H	I
1									
2		오피스 활용 평가 점수							
5		직원	파워포인트	엑셀	워드	액세스	평균		
6			30%	40%	10%	20%	산술평균	가중평균	
7		박지훈	55	85	85	75	75.0		
8		유준혁	95	75	95	55	80.0		
9		이서연	60	95	75	65	73.8		
10		김민준	95	100	65	55	78.8		
11		최서현	85	95	60	40	70.0		
12		박현우	95	95	55	50	73.8		
13		정시우	95	65	95	90	86.3		
14		이은서	90	85	70	60	76.3		
15									

더 알아보기 SUMPRODUCT 함수로 평균 구하기

이번 수식은 SUMPRODUCT 함수로도 계산할 수 있습니다.

```
=SUMPRODUCT(C7:F7, {0.25, 0.25, 0.25, 0.25})
```

위 수식에서 중괄호({}) 안의 **0.25**는 25%를 의미합니다. 평균을 구할 때 사용한 [C7:F7] 범위의 셀 개수가 네 개이므로 1/4의 가중치를 적용해 계산한 것입니다. 중괄호({}) 안에 입력하는 값을 배열 상수라고 하는데 배열 상수에 대한 설명은 이 책의 **PART 03**에서 자세하게 설명합니다.

04 가중치를 적용한 가중 평균을 계산합니다.

05 [H7] 셀에 다음 수식을 입력하고, [H7] 셀의 채우기 핸들[+]을 [H14] 셀까지 드래그합니다.

[H7] 셀 : =SUMPRODUCT(C7:F7, $C$6:$F$6)

H7 | =SUMPRODUCT(C7:F7, $C$6:$F$6)

오피스 활용 평가 점수

직원	파워포인트	엑셀	워드	액세스	평균	
	30%	40%	10%	20%	산술평균	가중평균
박지훈	55	85	85	75	75.0	74.0
유준혁	95	75	95	55	80.0	79.0
이서연	60	95	75	65	73.8	76.5
김민준	95	100	65	55	78.8	86.0
최서현	85	95	60	40	70.0	77.5
박현우	95	95	55	50	73.8	82.0
정시우	95	65	95	90	86.3	82.0
이은서	90	85	70	60	76.3	80.0

더 알아보기 SUMPRODUCT 함수로 가중 평균 구하기

SUMPRODUCT 함수는 인수로 전달한 범위 내 값을 하나씩 곱한 후 전체의 값을 더하는 연산을 합니다. 이번 수식은 다음과 같이 계산됩니다.

C6:F6		C6:F6				
55	×	30%	=	16.5	SUM	74
85	×	40%	=	34		
85	×	10%	=	8.5		
75	×	20%	=	15		

이렇게 SUMPRODUCT 함수를 사용하면 적정한 가중치를 적용한 평균을 구할 수 있습니다. 참고로 이번 수식에서는 다음과 같이 가중치의 합계 부분인 분모 부분을 생략했습니다.

```
=SUMPRODUCT(C7:F7, $C$6:$F$6)/SUM($C$6:$F$6)
```

분모를 생략한 이유는 가중치인 [C6:F6] 범위의 합계가 1이므로 굳이 이 부분을 계산에 넣을 필요가 없기 때문입니다. 하지만 만약 가중치가 1이 아닌 경우에는 분모 부분을 반드시 포함시켜야 합니다.

평균과 최대/최소

06 19 상/하위 N개 데이터 얻기

예제 파일 PART 02 \ CHAPTER 06 \ LARGE, SMALL 함수.xlsx

LARGE, SMALL 함수

전체 데이터에서 상위(또는 하위) N개 데이터를 따로 정리하려면 MAX, MIN 함수와 같은 최대/최솟값을 구하는 함수로는 원하는 결과를 얻을 수 없습니다. 이 경우 엑셀에서는 LARGE, SMALL 함수를 사용해 데이터에서 N번째로 큰 값이나 작은 값을 따로 정리할 수 있습니다.

LARGE (❶ 배열, ❷ 순위)

데이터 범위에서 지정된 순위에 해당하는 큰 값을 반환합니다.

구문	**❶ 배열** : 숫자값 집합 또는 데이터 범위 **❷ 순위** : 배열에서 반환할 값의 순위

사용 예

```
=LARGE(A1:A10, 2)
```

TIP [A1:A10] 범위에서 두 번째로 큰 값을 반환합니다.

SMALL (❶ 배열, ❷ 순위)

데이터 범위에서 지정된 순위에 해당하는 작은 값을 반환합니다.

구문	**❶ 배열** : 숫자값 집합 또는 데이터 범위 **❷ 순위** : 배열에서 반환할 값의 순위

사용 예

```
=SMALL(A1:A10, 2)
```

TIP [A1:A10] 범위에서 두 번째로 작은 값을 반환합니다.

공식처럼 사용할 수 있는 수식

LARGE, SMALL 함수의 반환값으로 다른 열의 값 참조

LARGE, SMALL 함수로 구한 값을 사용해 다른 열의 값을 참조하려면 INDEX, MATCH 함수를 사용하는 것이 좋습니다.

=INDEX(참조 범위, MATCH(반환값, 범위, 0))

- **참조 범위** : 참조할 데이터가 입력된 데이터 범위
- **반환값** : LARGE, SMALL 함수로 얻은 값
- **범위** : LARGE, SMALL 함수로 집계한 숫자 데이터 범위

만약 LARGE, SMALL 함수로 얻은 값에 중복이 있다면 위 수식만으로는 원하는 값을 돌려받을 수 없습니다. 그러므로 이 경우 다음과 같이 수식을 사용해야 합니다.

**=INDEX(참조열, 1/LARGE((범위=반환값)/ROW(범위),
COUNIF($A$1:A1, 반환값)))**

- **참조열** : 참조할 데이터가 입력된 열 주소로, [A:A]와 같은 방식
- **범위** : LARGE, SMALL 함수로 집계한 숫자 데이터 범위
- **반환값** : LARGE, SMALL 함수로 얻은 값
- **$A$1:A1** : 반환값 범위로, [A1] 셀은 반환값이 입력된 첫 번째 셀을 의미

Ver. 위 수식은 배열 수식으로 엑셀 2019 버전까지는 입력할 때 Ctrl+Shift+Enter로 입력해야 합니다. 마이크로소프트 365 버전부터는 Enter로 입력해도 됩니다.

마이크로소프트 365 버전

마이크로소프트 365 버전이라면 새로 제공된 함수를 이용해 좀 더 간결한 수식을 사용할 수 있습니다. 원하는 범위에서 상위 N개에 해당하는 값을 순서대로 참조하고 싶은 경우 다음 수식을 참고합니다.

=FILTER(참조 범위, 범위>=LARGE(범위, N))

- **참조 범위** : 참조할 데이터가 입력된 데이터 범위
- **범위** : 큰(또는 작은) 값을 구할 숫자 데이터 범위
- **N** : 상위 N번째에 해당하는 인덱스값

위 수식에서 작은 값 순서로 돌려받고 싶다면 다음과 같은 수식을 입력해야 합니다.

=FILTER(참조 범위, 범위<=SMALL(범위, N))

- **참조 범위** : 참조할 데이터가 입력된 데이터 범위
- **범위** : 큰(또는 작은) 값을 구할 숫자 데이터 범위
- **N** : 상위 N번째에 해당하는 인덱스값

따라 하기

상위(또는 하위) N번째 값을 LARGE, SMALL 함수로 얻고, 얻은 값으로 표에서 다른 열의 값을 참조해옵니다.

01 예제를 열고, 이름 상자를 선택하면 예제에 정의된 이름을 확인할 수 있습니다.

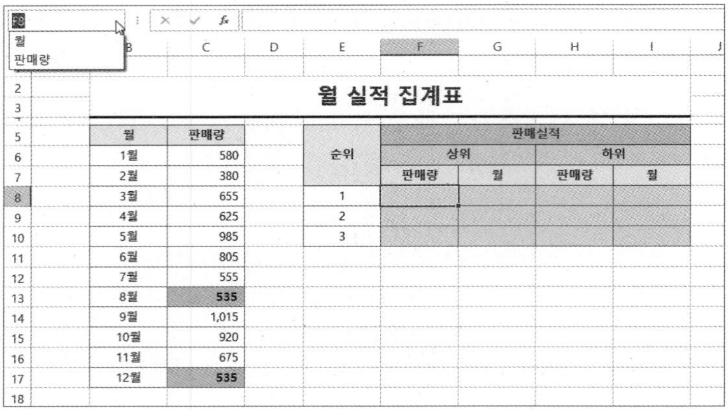
F8
월
판매량
월 실적 집계표
월 | 판매량
1월 580
2월 380
3월 655
4월 625
5월 985
6월 805
7월 555
8월 535
9월 1,015
10월 920
11월 675
12월 535
판매실적
순위
상위
하위
판매량 | 월 | 판매량 | 월
1
2
3

TIP [B6:C17] 범위는 [B5:C5] 범위의 머리글로 이름 정의되어 있습니다. 이름을 클릭하면 해당 범위가 선택됩니다.

02 [판매량] 범위에서 상위 세 개의 판매량을 F열에 구합니다.

03 [F8] 셀에 다음 수식을 입력하고 [F8] 셀의 채우기 핸들[+]을 [F10] 셀까지 드래그합니다.

[F8] 셀 : =LARGE(판매량, E8)

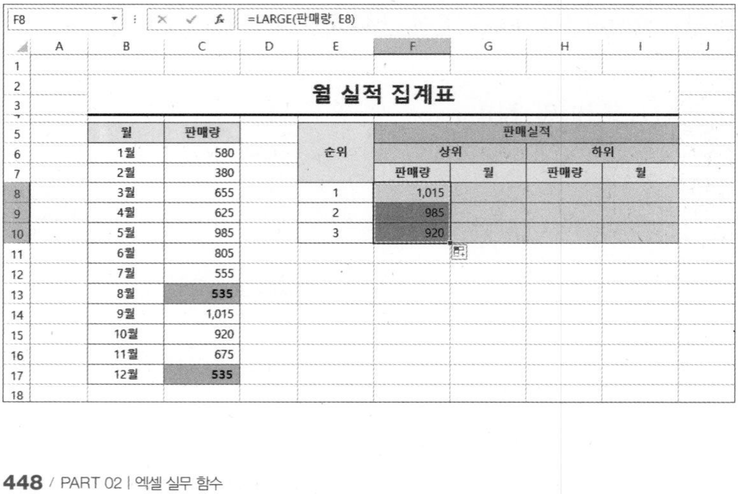
F8
=LARGE(판매량, E8)
월 실적 집계표
월 | 판매량
1월 580
2월 380
3월 655
4월 625
5월 985
6월 805
7월 555
8월 535
9월 1,015
10월 920
11월 675
12월 535
판매실적
순위
상위
하위
판매량 | 월 | 판매량 | 월
1 1,015
2 985
3 920

더 알아보기 　큰 순서대로 값을 구하는 방법

이번 수식은 [판매량] 범위(C6:C17)에서 [E8] 번째로 큰 값을 반환합니다. [E8] 셀의 값은 순위이므로 LARGE 함수에서 사용하면 순서대로, 1, 2, 3번째 큰 값을 얻을 수 있습니다. 만약 E열과 같이 순위를 따로 입력하지 않았다면 다음과 같은 ROW 함수를 사용합니다.

```
=LARGE(판매량, ROW(A1))
```

ROW 함수는 인수로 전달된 셀의 행 번호를 반환하므로 **ROW(A1)**와 같은 수식을 행 방향(아래쪽)으로 수식 복사하면 1, 2, 3, …과 같은 일련번호를 되돌려받을 수 있습니다. 다만, ROW 함수를 사용할 때 참조한 [A1] 셀이 삭제되면 #REF! 에러가 반환되므로 이런 문제를 해결하려면 수식을 다음과 같이 수정합니다.

```
=LARGE(판매량, ROW(1:1))
```

04 상위 N번째 판매량의 월을 G열에 참조합니다.

05 [G8] 셀에 다음 수식을 입력하고 [G8] 셀의 채우기 핸들을 [G10] 셀까지 드래그합니다.

[G8] 셀 : =INDEX(월, MATCH(F8, 판매량, 0))

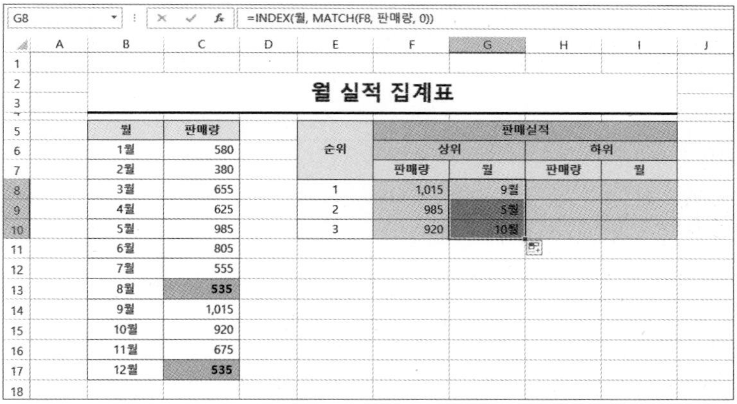

G8 | =INDEX(월, MATCH(F8, 판매량, 0))

월 실적 집계표

월	판매량
1월	580
2월	380
3월	655
4월	625
5월	985
6월	805
7월	555
8월	535
9월	1,015
10월	920
11월	675
12월	535

순위	판매실적			
	상위		하위	
	판매량	월	판매량	월
1	1,015	9월		
2	985	5월		
3	920	10월		

더 알아보기 　수식 이해하기

INDEX, MATCH 함수는 다른 위치의 값을 참조해올 때 사용하는 함수입니다. MATCH 함수로 [F8] 셀의 판매량을 [판매량] 범위(C6:C17)에서 찾은 다음, [월] 범위(B6:B17)에서 찾은 값과 같은 행에 위치한 셀을 참조해옵니다.

LINK INDEX, MATCH 함수에 대한 자세한 설명은 이 책의 645페이지를 참고합니다.

06 이번에는 판매량 범위에서 하위 세 개의 판매량을 H열에 구합니다.

07 [H8] 셀에 다음 수식을 입력하고 [H8] 셀의 채우기 핸들을 [H10] 셀까지 드래그합니다.

[H8] 셀 : =SMALL(판매량, E8)

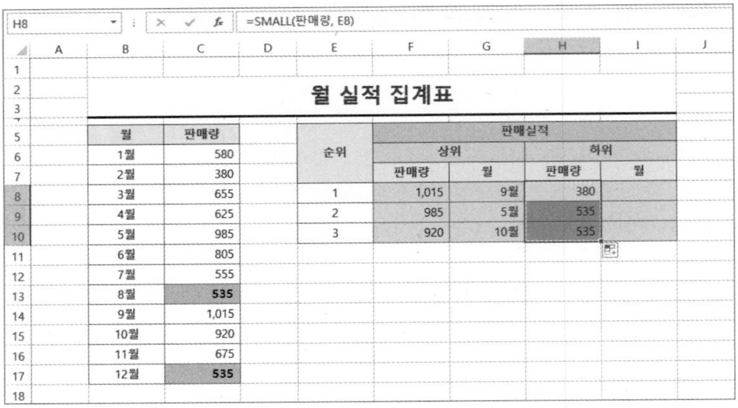

H8 | =SMALL(판매량, E8)

월 실적 집계표

월	판매량
1월	580
2월	380
3월	655
4월	625
5월	985
6월	805
7월	555
8월	535
9월	1,015
10월	920
11월	675
12월	535

순위	판매실적			
	상위		하위	
	판매량	월	판매량	월
1	1,015	9월	380	
2	985	5월	535	
3	920	10월	535	

더 알아보기 **수식 이해하기**

SMALL 함수는 LARGE 함수와 역할만 다르고 사용 방법은 같은 함수입니다. 이번 수식은 [판매량] 범위(C6:C17)에서 작은 순서로 1, 2, 3번째 값을 반환합니다. 다만 [H9:H10] 범위에는 535가 반복되어 표시됩니다. 이것은 [C13] 셀과 [C17] 셀에 동일한 판매량이 존재하기 때문입니다. SMALL 함수와 LARGE 함수는 중복된 데이터가 있으면 순서대로 값이 반환되므로 중복된 값이 나올 수 있습니다.

08 하위 N번째 판매량의 월을 I열에 참조합니다.

09 [I8] 셀에 다음 수식을 입력하고 [I8] 셀의 채우기 핸들을 [I10] 셀까지 드래그합니다.

[I8] 셀 : =INDEX(월, MATCH(H8, 판매량, 0))

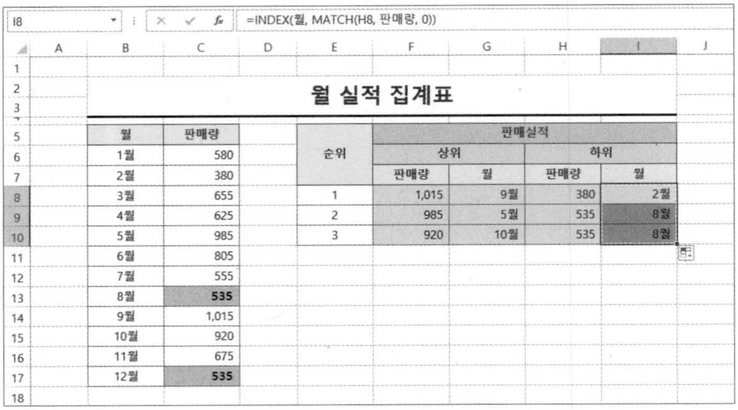

I8 | =INDEX(월, MATCH(H8, 판매량, 0))

월 실적 집계표

월	판매량
1월	580
2월	380
3월	655
4월	625
5월	985
6월	805
7월	555
8월	535
9월	1,015
10월	920
11월	675
12월	535

순위	판매실적			
	상위		하위	
	판매량	월	판매량	월
1	1,015	9월	380	2월
2	985	5월	535	8월
3	920	10월	535	8월

더 알아보기 중복된 값이 있을 때 사용할 수 있는 함수

수식 자체는 **05** 과정에서 사용한 수식과 동일하지만 VLOOKUP 함수나 INDEX, MATCH 함수는 범위 내에 중복 값이 있어도 항상 첫 번째 위치를 찾습니다. 따라서 [H9:H10] 범위에 중복된 값은 모두 첫 번째 월만 반환됩니다.

10 중복된 값이 있어도 순서대로 값을 참조해올 수 있도록 수식을 변경합니다.

11 [I8] 셀의 수식을 다음과 같이 수정하고 [I8] 셀의 채우기 핸들[+]을 [I10] 셀까지 드래그합니다.

[I8] 셀 : =INDEX(B:B, 1/LARGE((판매량=H8)/ROW(판매량),COUNTIF($H$8:H8, H8)))

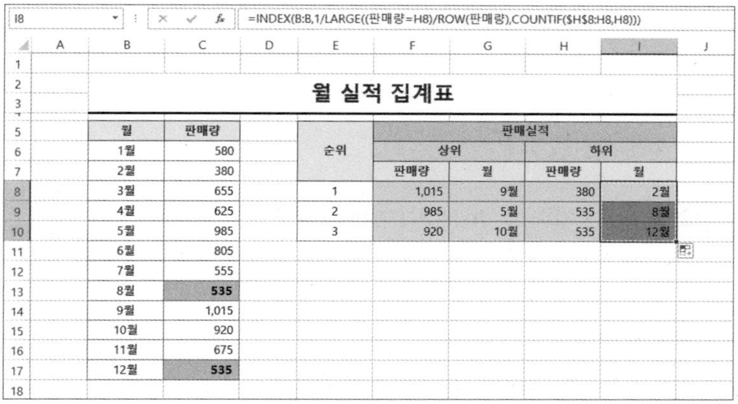
I8 =INDEX(B:B,1/LARGE((판매량=H8)/ROW(판매량),COUNTIF($H$8:H8,H8)))

월 실적 집계표

월	판매량
1월	580
2월	380
3월	655
4월	625
5월	985
6월	805
7월	555
8월	535
9월	1,015
10월	920
11월	675
12월	535

순위	판매실적			
	상위		하위	
	판매량	월	판매량	월
1	1,015	9월	380	2월
2	985	5월	535	8월
3	920	10월	535	12월

Ver. 엑셀 2019 버전까지는 Ctrl+Shift+Enter로 수식을 입력해야 합니다.

더 알아보기 수식 이해하기

수식을 변경하면 월이 제대로 반환됩니다. 다만, 이번 수식은 복잡한 계산 단계를 거치므로 다음과 같이 단계별로 이해하는 것이 좋습니다. 아래 다이어그램은 중복 값을 어떻게 불러오는지에 대한 이해를 돕기 위해 [I9] 셀과 [I10] 셀의 관점에서 설명을 진행합니다.

❶ (판매량=H9)/ROW(판매량)

판매량		H8		ROW(판매량)				결과
580	=			FALSE	/	6		0
380	=			FALSE	/	7		0
655	=			FALSE	/	8		0
…	=			…	/	…		…
535	=	535	→	TRUE	/	13	=	0.0769
1,015	=			FALSE	/	14		0
920	=			FALSE	/	15		0
675	=			FALSE	/	16		0
535	=			TRUE	/	17		0.0588

위 부분은 [판매량] 범위에서 [H9] 셀과 같은 위치의 행 번호로 1을 나눈 값을 얻습니다.

❷ LARGE(❶, COUNTIF($H$8:H9, H9))

먼저 COUNTIF($H$8:H9, H9)와 같은 수식은 조건에 맞는 일련번호를 반환합니다. 즉, [H9] 셀에서는 1, [H10] 셀에서는 2가 반환됩니다. 이런 수식은 이 책의 388페이지에 자세하게 설명되어 있습니다. 그런 다음 ❶ 결과에서 해당 일련번호에 해당하는 위치의 값을 반환합니다. [H9] 셀은 0.0769가 반환되고, [H10] 셀은 0.0588이 반환됩니다.

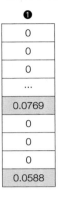

❶
0
0
0
…
0.0769
0
0
0
0.0588

❸ 1/❷

이번 수식은 **1/(1/행 번호)**와 같은 수식으로, 결국 해당 데이터가 있는 위치의 행 번호가 반환됩니다. 그러므로 [H9] 셀에는 13이, [H10] 셀에는 16이 각각 반환됩니다.

❹ INDEX(B:B, ❸)

❸에서 돌려받은 행 번호를 이용해 B열의 값을 참조합니다.

굳이 이런 번거로운 방식을 이용하는 이유는 SMALL 함수로는 행 번호 중 작은 번호를 돌려받을 수 없기 때문입니다. 순서대로 참조하려면 행 번호 중에서 작은 번호(13, 17)를 순서대로 받아야 합니다. 그런데 행 주소를 처리하는 방식에서 조건에 맞지 않으면 0이 반환되므로, 0을 제외한 행 번호 중에서 작은 번호를 반환받아야 합니다.

따라서 1을 행 번호로 나누어 큰 순서대로 값을 불러오고, 나중에 다시 1을 나누어 원래 행 번호로 돌아오도록 한 것입니다. 이해가 바로 되진 않을 수 있어도 이번 수식은 참조 위치만 정확하게 설정하면 안정적으로 동작합니다.

마이크로소프트 365 버전 사용자라면 새로 추가된 FILTER 함수를 사용해 [I8] 셀에 다음 수식을 입력하면 손쉽게 동일한 결과를 얻을 수 있습니다.

```
=FILTER(월, 판매량<=SMALL(판매량, 3))
```

LINK FILTER 함수에 대한 자세한 설명은 이 책의 784페이지를 참고하세요!

06 20 제한 조건이 있는 최대/최솟값 구하기

예제 파일 PART 02 \ CHAPTER 06 \ MAX, MIN 함수.xlsx

공식처럼 사용할 수 있는 수식

제한 조건이 있는 최솟값

최소 얼마를 보장해야 하는 경우 IF 함수를 사용하는 것보다는 MAX, MIN 함수를 사용하는 것이 편리합니다. 아래 수식은 최솟값을 보장하는 수식입니다.

=MAX(최솟값, 계산식)

- **최솟값** : 최소 보장되어야 하는 숫자
- **계산식** : 원하는 결과를 반환하는 계산식

제한 조건이 있는 최댓값

최대 얼마를 초과할 수 없다면 다음과 같은 수식을 사용합니다.

=MIN(최댓값, 계산식)

- **최댓값** : 최대로 보장되어야 하는 숫자
- **계산식** : 원하는 결과를 반환하는 계산식

따라 하기

제한 조건이 있는 최대/최솟값을 구합니다.

01 예제를 열고 직원 매출에 따른 성과급을 계산합니다. 제한 조건으로 성과급은 최소 50만 원에서 최대 500만 원까지 지급 가능합니다.

영업사원 성과급 계산표

영업	판매량	매출	성과급	성과급 제한조건 최소	성과급 제한조건 최대		성과급 지급비율
				50 만원	500 만원		4.8%
박지훈	121	48,279,000					
유준혁	12	4,788,000					
이서연	287	114,513,000					
김민준	65	25,935,000					
최서현	39	15,561,000					
박현우	222	88,578,000					
정시우	155	61,845,000					
이은서	166	66,234,000					

02 [I7] 셀의 성과급 지급비율에 따른 성과급을 계산합니다.

03 [E8] 셀에 다음 수식을 입력하고 [E8] 셀의 채우기 핸들을 [E15] 셀까지 드래그합니다.

[E8] 셀 : =D8*$I$7

E8 | =D8*$I$7

영업사원 성과급 계산표

영업	판매량	매출	성과급	성과급 제한조건 최소	성과급 제한조건 최대		성과급 지급비율
				50 만원	500 만원		4.8%
박지훈	121	48,279,000	2,317,392				
유준혁	12	4,788,000	229,824				
이서연	287	114,513,000	5,496,624				
김민준	65	25,935,000	1,244,880				
최서현	39	15,561,000	746,928				
박현우	222	88,578,000	4,251,744				
정시우	155	61,845,000	2,968,560				
이은서	166	66,234,000	3,179,232				

04 E열의 성과급이 최소 50만 원은 지급되도록 조정합니다.

05 [F8] 셀에 다음 수식을 입력하고 [F8] 셀의 채우기 핸들을 [F15] 셀까지 드래그합니다.

[F8] 셀 : =MAX(E8, 500000)

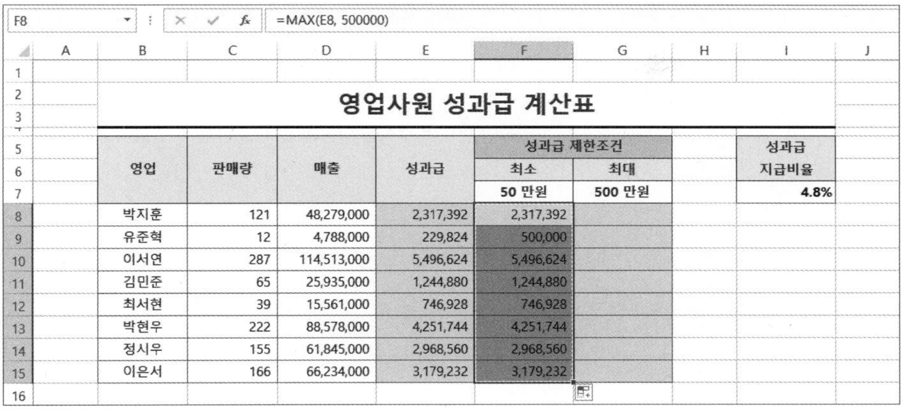

F8 | =MAX(E8, 500000)

영업사원 성과급 계산표

영업	판매량	매출	성과급	성과급 제한조건 최소	성과급 제한조건 최대		성과급 지급비율
				50 만원	500 만원		4.8%
박지훈	121	48,279,000	2,317,392	2,317,392			
유준혁	12	4,788,000	229,824	500,000			
이서연	287	114,513,000	5,496,624	5,496,624			
김민준	65	25,935,000	1,244,880	1,244,880			
최서현	39	15,561,000	746,928	746,928			
박현우	222	88,578,000	4,251,744	4,251,744			
정시우	155	61,845,000	2,968,560	2,968,560			
이은서	166	66,234,000	3,179,232	3,179,232			

더 알아보기 **최솟값 설정하기**

성과급이 적은 직원도 최소 50만 원은 지급받아야 합니다. E열의 성과급과 50만 원 중 큰 숫자가 반환되도록 수식을 구성합니다. 이 수식의 결과로 [E9] 셀의 성과급이 [F9] 셀에서는 50만 원으로 조정됩니다. 이 계산식은 간단한 원리지만 쉽게 떠올리지 못하는 경우가 많습니다. 이런 작업에서 가장 많이 사용하는 수식은 IF 함수를 사용한 다음과 같은 수식입니다.

```
=IF(E8>500000, E8, 500000)
```

다만 IF 함수를 사용한 수식보다 MAX 함수를 사용하는 것이 더욱 간결합니다.

06 이번에는 성과급이 최대 500만 원까지만 급여가 지급되도록 합니다.

07 [G8] 셀에 다음 수식을 입력하고 [G8] 셀의 채우기 핸들을 [G15] 셀까지 드래그합니다.

[G8] 셀 : =MIN(E8, 5000000)

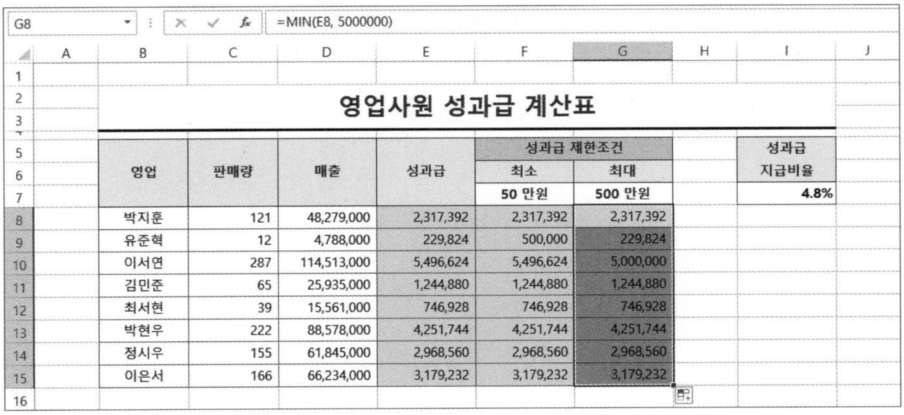

G8 | =MIN(E8, 5000000)

영업사원 성과급 계산표

영업	판매량	매출	성과급	성과급 제한조건 최소	성과급 제한조건 최대		성과급 지급비율
				50 만원	500 만원		4.8%
박지훈	121	48,279,000	2,317,392	2,317,392	2,317,392		
유준혁	12	4,788,000	229,824	500,000	229,824		
이서연	287	114,513,000	5,496,624	5,496,624	5,000,000		
김민준	65	25,935,000	1,244,880	1,244,880	1,244,880		
최서현	39	15,561,000	746,928	746,928	746,928		
박현우	222	88,578,000	4,251,744	4,251,744	4,251,744		
정시우	155	61,845,000	2,968,560	2,968,560	2,968,560		
이은서	166	66,234,000	3,179,232	3,179,232	3,179,232		

더 알아보기 최댓값 설정하기

성과급은 최대 500만 원까지만 지급된다고 했으니, E열의 성과급과 500만 원 중에서 최솟값을 구합니다. 수식의 결과로 [E10] 셀의 성과급이 [G10] 셀에서는 500만 원으로 조정됩니다. 이 수식 역시 다음과 같이 IF 함수로 대체할 수 있습니다.

```
=IF(E8>5000000, 5000000, E8)
```

만약 두 가지 제한 조건(최소 50만 원~최대 500만 원)을 모두 처리해야 한다면 수식을 다음과 같이 조정할 수 있습니다.

```
=MIN(MAX(E8, 500000), 5000000)
```

IF 함수를 사용한다면 다음과 같이 IF 함수를 중첩한 수식을 사용할 수 있습니다.

```
=IF(E8<500000, 500000, IF(E8>5000000, 5000000, E8))
```

06 21 조건을 만족하는 최대/최솟값 구하기

예제 파일 PART 02 \ CHAPTER 06 \ MAXIFS, MINIFS 함수.xlsx

MAXIFS, MINIFS 함수

최대/최솟값을 구하는 MAX, MIN 함수에 COUNTIF 함수처럼 사용자가 원하는 조건을 설정하려면 MAXIFS, MINIFS 함수를 사용합니다. 이 함수는 엑셀 2019, 마이크로소프트 365 버전에서만 제공되며, 하위 버전에서는 사용할 수 없습니다. MAX, MIN 함수는 COUNTIF 함수처럼 단일 조건을 설정하지 못하므로 MAXIFS, MINIFS 함수로 조건을 한 개 이상 설정하여 사용합니다. 구문은 다음과 같습니다.

MAXIFS (❶ 최댓값 범위, ❷ 범위1, ❸ 조건1, ❹ 범위2, ❺ 조건2, …) 2019 이상

여러 조건을 만족하는 숫자 중 가장 큰 숫자를 반환합니다.

구문	❶ **최댓값 범위** : 최댓값을 구할 데이터 범위 ❷, ❹ **범위** : [조건]을 확인할 데이터 범위 ❸, ❺ **조건** : ❷, ❹에서 매칭할 조건으로 비교 연산자와 비교할 값을 큰따옴표에 넣어 사용합니다. LINK [조건] 인수에 대한 자세한 설명은 **Section 06-02**(375페이지)를 참고합니다.

MINIFS (❶ 최솟값 범위, ❷ 범위1, ❸ 조건1, ❹ 범위2, ❺ 조건2, …) 2019 이상

여러 조건을 만족하는 숫자 중 가장 작은 숫자를 반환합니다.

구문	❶ **최솟값 범위** : 최솟값을 구할 데이터 범위 ❷, ❹ **범위** : [조건]을 확인할 데이터 범위 ❸, ❺ **조건** : ❷, ❹에서 매칭할 조건으로 비교 연산자와 비교할 값을 큰따옴표에 넣어 사용합니다. LINK [조건] 인수에 대한 자세한 설명은 **Section 06-02**(375페이지)를 참고합니다.

따라 하기

원하는 조건을 만족하는 최대/최솟값을 구합니다.

01 예제를 열고, 이름 상자를 클릭하면 예제에 정의된 이름을 확인할 수 있습니다.

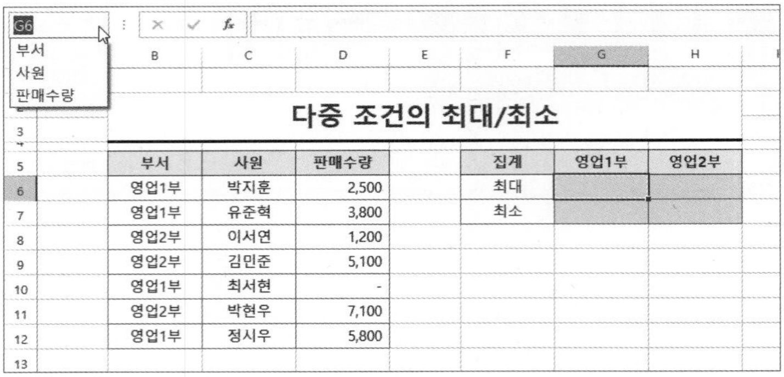

부서	사원	판매수량
영업1부	박지훈	2,500
영업1부	유준혁	3,800
영업2부	이서연	1,200
영업2부	김민준	5,100
영업1부	최서현	-
영업2부	박현우	7,100
영업1부	정시우	5,800

집계	영업1부	영업2부
최대		
최소		

TIP [B6:D12] 범위는 [B5:D5] 범위의 머리글로 이름 정의되어 있습니다. 이름을 클릭하면 해당 범위가 선택됩니다.

02 부서별 최대 판매수량을 구하기 위해 [G6] 셀에 다음 수식을 입력하고 [G6] 셀의 채우기 핸들을 [H6] 셀까지 드래그해 수식을 복사합니다.

[G6] 셀 : =MAXIFS(판매수량, 부서, G5)

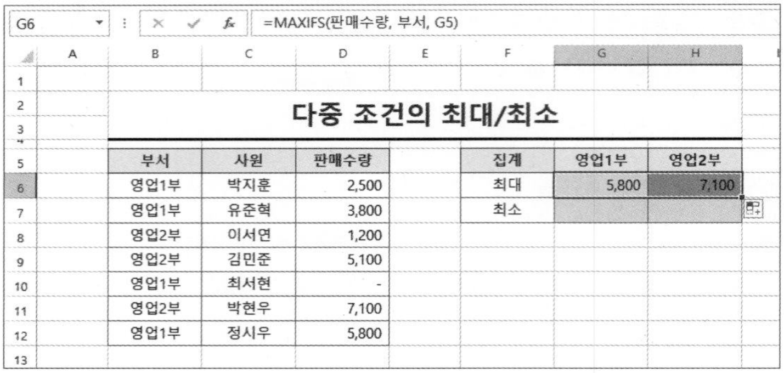

부서	사원	판매수량
영업1부	박지훈	2,500
영업1부	유준혁	3,800
영업2부	이서연	1,200
영업2부	김민준	5,100
영업1부	최서현	-
영업2부	박현우	7,100
영업1부	정시우	5,800

집계	영업1부	영업2부
최대	5,800	7,100
최소		

더 알아보기 수식 이해하기

부서별 최대 실적을 구하려면 최댓값을 구하기 전에 [G5] 셀의 부서와 동일한지 확인해야 합니다. 이것이 조건이 되어 MAXIFS 함수를 이용하면 간단하게 원하는 조건에 맞는 데이터 중에서 최댓값을 구할 수 있습니다.

이번 수식에서 MAXIFS 함수의 세 번째 인수는 다음과 같은 비교 연산자가 생략된 것입니다.

```
=MAXIFS(판매수량, 부서, "=" & G5)
```

이번 수식과 동일한 결과를 엑셀 2016 이하 버전에서 얻으려면 다음 수식을 사용합니다.

```
=MAX(IF(부서=G5, 판매수량))
```

Ver. 위 수식은 배열 수식으로 Ctrl+Shift+Enter로 입력해야 합니다. 참고로 마이크로소프트 365 사용자가 해당 수식을 입력할 때는 Enter로 입력해도 됩니다.

LINK 위 수식처럼 배열을 이용하는 수식 작성 방법에 대해서는 이 책의 **PART 03**을 참고합니다.

03 이번에는 부서별 최소 판매수량을 구합니다.

04 [G7] 셀에 다음 수식을 입력하고 [G7] 셀의 채우기 핸들을 [H7] 셀까지 드래그해 수식을 복사합니다.

[G7] 셀 : =MINIFS(판매수량, 부서, G5)

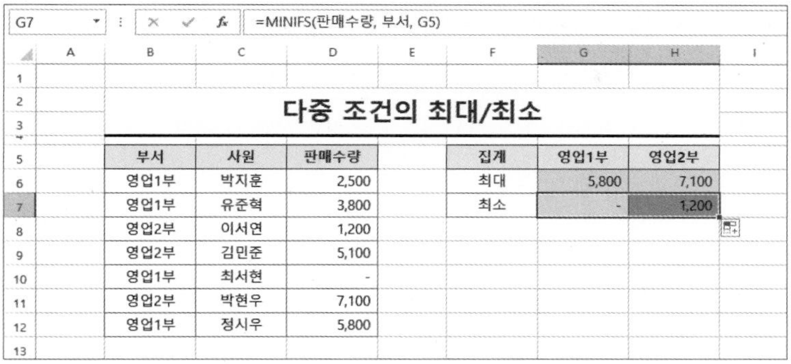

05 영업1부의 최소 실적이 0으로 나오므로 0은 제외하고 최소 실적을 구합니다.

06 [G7] 셀의 수식을 다음처럼 수정하고 [G7] 셀의 채우기 핸들을 [H7] 셀까지 드래그합니다.

[G7] 셀 : =MINIFS(판매수량, 부서, G5, 판매수량, "〉0")

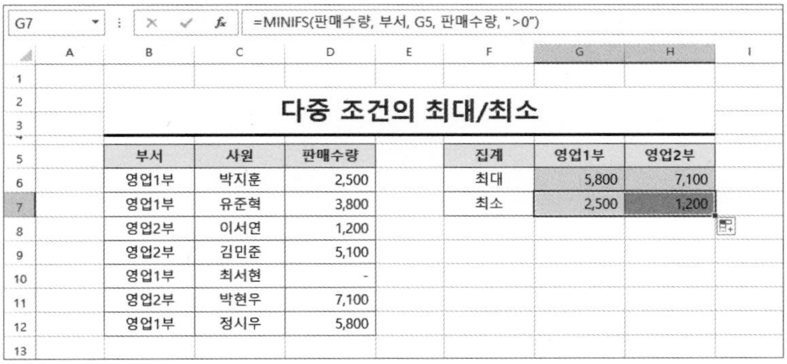

더 알아보기 **수식 이해하기**

이번 수식은 **04** 과정 수식에 조건을 하나 더 추가한 것입니다. 조건은 모두 두 개로, 첫 번째 조건은 **부서=G5**이고 두 번째 조건은 **판매수량〉0**입니다. 즉, 부서명이 [G5] 셀과 같고, 판매수량이 0보다 큰 값 중에서 판매수량의 최소 실적을 반환하라는 의미입니다.

나눗셈과 반올림

06 22 나눗셈의 몫과 나머지 구하기 – QUOTIENT, MOD 함수

예제 파일 PART 02 \ CHAPTER 06 \ QUOTIENT, MOD 함수.xlsx

QUOTIENT 함수와 MOD 함수

나눗셈의 몫과 나머지값은 수식을 능숙하게 사용하고 싶은 사용자들에게 매우 중요합니다. 엑셀에서는 QUOTIENT 함수와 MOD 함수로 나눗셈의 몫과 나머지를 얻을 수 있습니다. 두 함수의 구문은 다음과 같습니다.

QUOTIENT (❶ 피제수, ❷ 제수)

피제수를 제수로 나눴을 때 몫을 반환합니다.

구문	❶ **피제수** : 나누어지는 숫자값으로, 분수의 분자 부분 ❷ **제수** : 값을 나누는 숫자값으로, 분수의 분모 부분

사용 예

```
=QUOTIENT(10, 3)
```

TIP 10을 3으로 나눈 몫 3이 반환됩니다.

MOD (❶ 피제수, ❷ 제수)

피제수를 제수로 나누고 남은 나머지를 반환합니다.

구문	❶ **피제수** : 나누어지는 숫자값으로 분수의 분자 부분 ❷ **제수** : 값을 나누는 숫자값으로 분수의 분모 부분

사용 예

```
=MOD(10, 3)
```

TIP 10을 3으로 나누고 남은 1이 반환됩니다.

따라 하기

나눗셈을 이용해 급여를 화폐 단위에 맞춰 계산합니다.

01 예제를 열고, C열의 급여를 [D6:I6] 범위의 화폐 단위에 맞춰 지불해야 할 장수를 계산합니다.

급 여 지 급 대 장

이름	급여	화폐						검증
		1,000,000	100,000	50,000	10,000	5,000	1,000	
박지훈	4,763,000							
유준혁	4,418,000							
이서연	2,964,000							
김민준	3,042,000							
최서현	3,956,000							
박현우	3,328,000							
정시우	2,358,000							
이은서	2,976,000							

02 [D6] 셀의 100만 원짜리 수표가 몇 장 필요한지 계산합니다.

03 [D7] 셀에 다음 수식을 입력하고 [D7] 셀의 채우기 핸들을 [D14] 셀까지 드래그합니다.

[D7] 셀 : =QUOTIENT(C7, $D$6)

D7 =QUOTIENT(C7, $D$6)

급 여 지 급 대 장

이름	급여	화폐						검증
		1,000,000	100,000	50,000	10,000	5,000	1,000	
박지훈	4,763,000	4						
유준혁	4,418,000	4						
이서연	2,964,000	2						
김민준	3,042,000	3						
최서현	3,956,000	3						
박현우	3,328,000	3						
정시우	2,358,000	2						
이은서	2,976,000	2						

더 알아보기 나눗셈의 몫을 구하는 방법

C열의 급여에서 [D6] 셀의 100만 원 수표가 몇 장 필요한지 알려면 급여를 100만 원으로 나눈 몫을 구합니다. 몫은 QUOTIENT 함수로 구할 수 있습니다. 분수의 분자, 분모 순서로 인수에 전달해주면 정확하게 나눗셈의 몫을 구해줍니다. 나눗셈의 몫은 나눈 결괏값의 정수 부분이므로 이번 수식을 다음과 같이 구할 수 있습니다.

```
=INT(C7/$D$6)
```

LINK INT 함수는 실수에서 정수 부분을 반환하는 함수로 이 책의 466페이지에서 자세하게 설명합니다.

04 10만 원 수표가 몇 장 필요한지 계산하려면 급여에서 100만 원 수표를 지불하고 남은 급여를 먼저 계산해야 합니다.

05 [E7] 셀에 다음 수식을 입력하고 [E7] 셀의 채우기 핸들을 [E14] 셀까지 드래그합니다.

[E7] 셀 : =MOD(C7, $D$6)

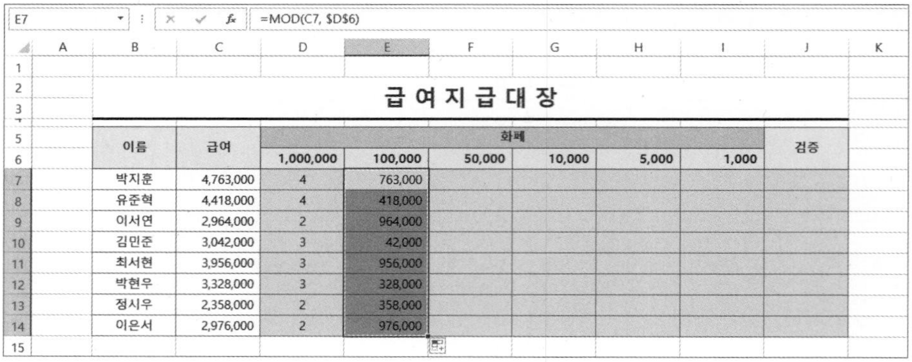

E7 =MOD(C7, $D$6)

급 여 지 급 대 장

이름	급여	화폐						검증
		1,000,000	100,000	50,000	10,000	5,000	1,000	
박지훈	4,763,000	4	763,000					
유준혁	4,418,000	4	418,000					
이서연	2,964,000	2	964,000					
김민준	3,042,000	3	42,000					
최서현	3,956,000	3	956,000					
박현우	3,328,000	3	328,000					
정시우	2,358,000	2	358,000					
이은서	2,976,000	2	976,000					

더 알아보기 수식 이해하기

D열에서 급여에 해당하는 100만 원권 개수를 구했으므로 100만 원권을 제외했을 때 급여가 얼마가 되는지 알아야 다시 10만 원권 개수를 구할 수 있습니다. 따라서 MOD 함수를 사용해 급여를 100만 원권으로 구하고 남은 나머지값을 계산한 것입니다.

06 계산된 급여를 10만 원으로 나눈 몫을 구합니다.

07 [E7] 셀의 수식을 다음과 같이 수정하고, [E7] 셀의 채우기 핸들을 [E14] 셀까지 드래그합니다.

[E7] 셀 : =QUOTIENT(MOD(C7, $D$6), $E$6)

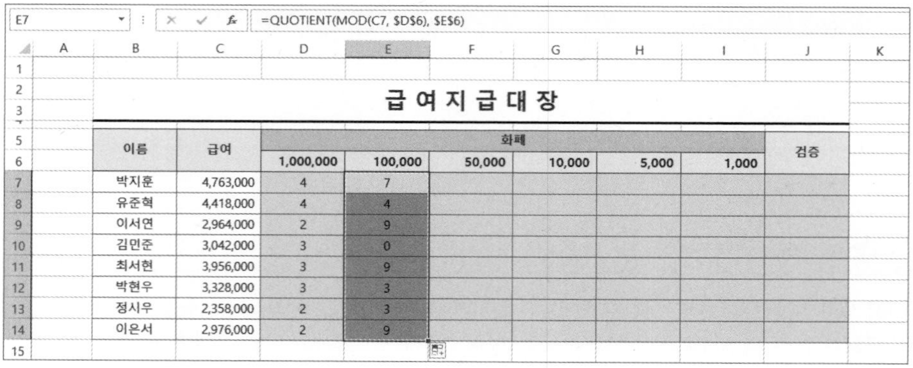

E7 =QUOTIENT(MOD(C7, $D$6), $E$6)

급 여 지 급 대 장

이름	급여	화폐						검증
		1,000,000	100,000	50,000	10,000	5,000	1,000	
박지훈	4,763,000	4	7					
유준혁	4,418,000	4	4					
이서연	2,964,000	2	9					
김민준	3,042,000	3	0					
최서현	3,956,000	3	9					
박현우	3,328,000	3	3					
정시우	2,358,000	2	3					
이은서	2,976,000	2	9					

더 알아보기 수식 이해하기

10만 원 수표를 몇 장 지불해야 하는지 알려면 100만 원 수표를 지불하고 남은 급여를 10만 원으로 나눈 몫을 구합니다. 이런 계산은 어렵지 않지만 한번에 이런 작업을 지원하는 함수를 찾으려고 하면 생각해내기가 쉽지 않습니다.

08 지불할 5만 원권 화폐도 10만 원 수표와 동일한 계산 방법을 사용해 계산합니다.

09 [F7] 셀에 다음 수식을 입력하고 [F7] 셀의 채우기 핸들을 [F14] 셀까지 드래그합니다.

[F7] 셀 : =QUOTIENT(MOD(C7, $E$6), $F$6)

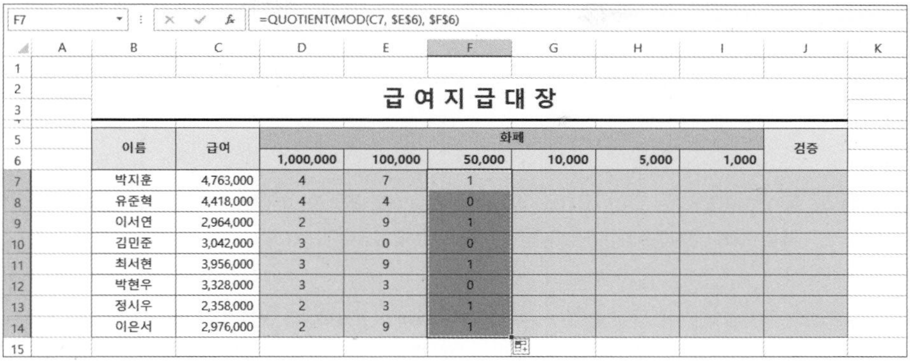
F7 | =QUOTIENT(MOD(C7, $E$6), $F$6)

급 여 지 급 대 장

이름	급여	화폐						검증
		1,000,000	100,000	50,000	10,000	5,000	1,000	
박지훈	4,763,000	4	7	1				
유준혁	4,418,000	4	4	0				
이서연	2,964,000	2	9	1				
김민준	3,042,000	3	0	0				
최서현	3,956,000	3	9	1				
박현우	3,328,000	3	3	0				
정시우	2,358,000	2	3	1				
이은서	2,976,000	2	9	1				

더 알아보기 수식 이해하기

100만 원권 수표는 10만 원권 수표로 나눴을 때 나머지값이 0이므로 급여를 100만 원으로 나눈 값과 10만 원으로 나눈 값은 동일합니다. 그러므로 이번 계산 작업 역시 10만 원으로 나눈 나머지를 구해 5만 원으로 나눈 몫을 구합니다.

04-08 과정을 보면 첫 번째 화폐 단위(100만 원권)만 계산 작업이 다릅니다. 나머지 화폐 단위는 모두 상위 화폐 단위로 나누고 남은 급여를 현재 화폐 단위로 나눈 몫을 구하는 방식을 사용합니다.

10 [E7] 셀의 수식을 다음과 같이 변경하고 [E7] 셀의 채우기 핸들을 [E14] 셀까지 드래그합니다.

11 바로 채우기 핸들을 I열까지 드래그해 수식을 복사합니다.

[E7] 셀 : =QUOTIENT(MOD($C7, D$6), E$6)

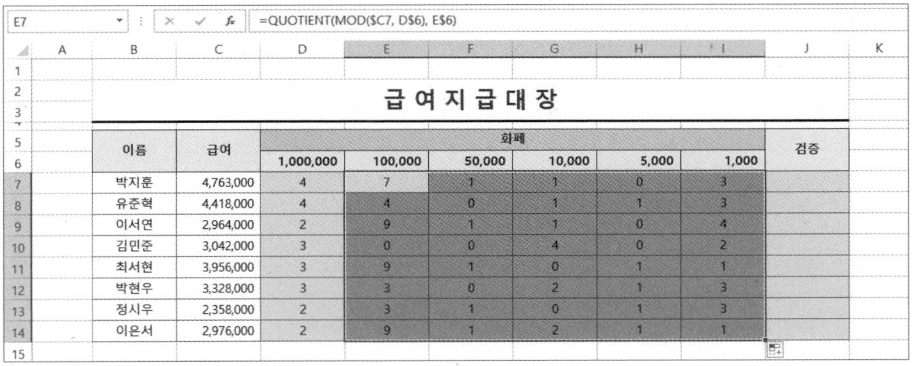
E7 | =QUOTIENT(MOD($C7, D$6), E$6)

급 여 지 급 대 장

이름	급여	화폐						검증
		1,000,000	100,000	50,000	10,000	5,000	1,000	
박지훈	4,763,000	4	7	1	1	0	3	
유준혁	4,418,000	4	4	0	1	1	3	
이서연	2,964,000	2	9	1	1	0	4	
김민준	3,042,000	3	0	0	4	0	2	
최서현	3,956,000	3	9	1	0	1	1	
박현우	3,328,000	3	3	0	2	1	3	
정시우	2,358,000	2	3	1	0	1	3	
이은서	2,976,000	2	9	1	2	1	1	

더 알아보기 혼합 참조로 화폐 단위별 장수 구하기

[D6:I6] 범위의 화폐 단위는 모두 상위 단위를 하위 단위로 나누었을 때 나누어 떨어집니다(나머지값이 0). 그러므로 100만 원을 제외한 나머지 화폐 단위는 모두 다음과 같은 계산식을 이용해 얻을 수 있습니다.

```
=QUOTIENT(MOD(급여, 상위 화폐 단위), 현재 화폐 단위)
```

수식을 여러 번에 걸쳐 입력하는 것보다 [E7] 셀의 참조 위치를 변경해 수식을 복사하는 방법을 사용하는 것이 더 편리합니다. [E7] 셀의 수식에서 참조하는 셀은 다음 세 개입니다.

- **[C7] 셀**
  급여로, 행 방향(아래쪽)으로 복사할 때는 [C8], [C9], [C10], …과 같이 위치가 변경되어야 하지만, 열 방향(오른쪽)으로 복사할 때는 [C7], [C7], [C7], …과 같이 위치가 고정되어야 하므로 열 주소(C)만 고정합니다.
- **[D6] 셀**
  상위 화폐 단위로, 행 방향으로 복사할 때는 [D6], [D6], [D6], …과 같이 위치가 고정되어야 하고, 열 방향으로 복사할 때는 [D6], [E6], [F6], …과 같이 위치가 변경되어야 하므로 행 주소(6)만 고정합니다.
- **[E6] 셀**
  현재 화폐 단위로, [D6] 셀과 마찬가지이므로 행 주소(6)만 고정합니다.

12 화폐 단위별로 제대로 계산이 이뤄졌는지 검증합니다.

13 [J7] 셀에 다음 수식을 입력하고 [J7] 셀의 채우기 핸들을 [J14] 셀까지 드래그합니다.

[J7] 셀 : =SUMPRODUCT(D7:I7, $D$6:$I$6)

이름	급여	화폐 1,000,000	100,000	50,000	10,000	5,000	1,000	검증
박지훈	4,763,000	4	7	1	1	0	3	4,763,000
유준혁	4,418,000	4	4	0	1	1	3	4,418,000
이서연	2,964,000	2	9	1	1	0	4	2,964,000
김민준	3,042,000	3	0	0	4	0	2	3,042,000
최서현	3,956,000	3	9	1	0	1	1	3,956,000
박현우	3,328,000	3	3	0	2	1	3	3,328,000
정시우	2,358,000	2	3	1	0	1	3	2,358,000
이은서	2,976,000	2	9	1	2	1	1	2,976,000

더 알아보기 수식 이해하기

각 급여에 맞는 화폐 단위가 제대로 구해졌는지 확인해보려면 구해진 값들을 각 화폐 단위로 곱한 후 모든 값을 더해줍니다. 단순 계산식으로 구하면 다음과 같은 계산식이 됩니다.

```
=D7*$D$6+E7*$E$6+F7*$F$6+G7*$G$6+H7*$H$6+I7*$I$6
```

위 수식은 곱셈 연산(PRODUCT)과 덧셈 연산(SUM)을 하는데, 엑셀에는 이런 계산 작업에서 사용할 수 있는 SUMPRODUCT 함수가 제공됩니다. 이 함수를 이용하면 각 화폐 단위별 장수가 제대로 구해졌는지 확인할 수 있습니다.

14 **13** 과정에서 구한 결과가 맞는지 수식으로 확인합니다.

15 [J7] 셀의 수식을 다음과 같이 수정하고 [J7] 셀의 채우기 핸들을 [J14] 셀까지 드래그합니다.

[J7] 셀 : =IF(SUMPRODUCT(D7:I7, $D$6:$I$6)=C7, "정상", "점검")

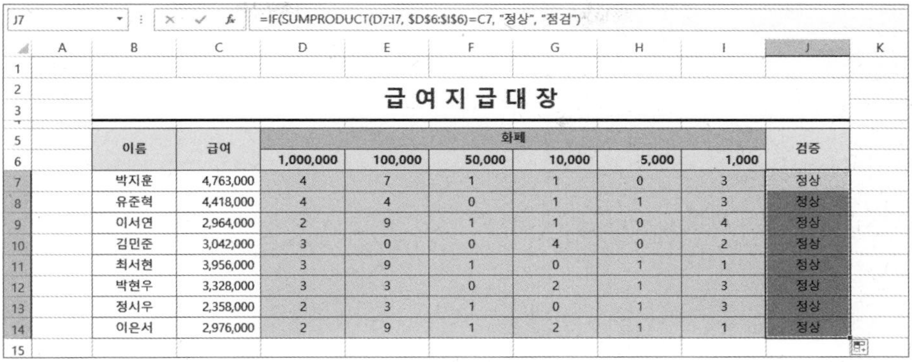

J7 =IF(SUMPRODUCT(D7:I7, $D$6:$I$6)=C7, "정상", "점검")

급 여 지 급 대 장

이름	급여	화폐						검증
		1,000,000	100,000	50,000	10,000	5,000	1,000	
박지훈	4,763,000	4	7	1	1	0	3	정상
유준혁	4,418,000	4	4	0	1	1	3	정상
이서연	2,964,000	2	9	1	1	0	4	정상
김민준	3,042,000	3	0	0	4	0	2	정상
최서현	3,956,000	3	9	1	0	1	1	정상
박현우	3,328,000	3	3	0	2	1	3	정상
정시우	2,358,000	2	3	1	0	1	3	정상
이은서	2,976,000	2	9	1	2	1	1	정상

06 23 MOD 함수의 계산 오류 해결하기

예제 파일 PART 02 \ CHAPTER 06 \ MOD 함수.xlsx

INT 함수

실수에서 정수만 반환하고자 할 때 사용할 수 있는 대표 함수가 INT 함수입니다. 구문은 다음과 같습니다.

INT (❶ 숫자)

소수점 아래 값을 버리고 0에 가장 가까운 정수로 내림합니다.

구문	❶ **숫자** : 정수로 내릴 실숫값

사용 예

```
=INT(12345.67)
```

TIP 12345.67에서 소수점 아래 값을 버린 12345가 반환됩니다.

공식처럼 사용할 수 있는 수식

QUOTIENT 함수 대체 계산식

QUOTIENT 함수는 유용하지만 함수명이 길어 외우기 쉽지 않고 수식을 복잡해 보이게 만드는 단점이 있습니다. 이런 경우 다음 수식으로 대체할 수 있습니다.

=INT(피제수/제수)

- **피제수** : 나눗셈 연산에서 나누어지는 숫자로, 분수로 치면 분자를 의미합니다.
- **제수** : 나눗셈 연산에서 나누는 숫자로, 분수로 치면 분모를 의미합니다.

MOD 함수 대체 계산식

나눗셈 작업에서 나머지를 구할 때 사용하는 MOD 함수에는 알려진 버그가 존재합니다. 큰 값의 나머지값을 구할 때 #NUM! 에러가 발생하는 경우 또는 소수점 이하 값이 포함된 숫자의 나머지값을 구할 때 잘못된 값을 반환하는 경우입니다. 이런 문제를 해결하려면 MOD 함수 대신 다음과 같은 계산식을 사용합니다.

=피제수-(INT(피제수/제수)*제수)

- **피제수** : 나눗셈 연산에서 나누어지는 숫자로, 분수로 치면 분자를 의미합니다.
- **제수** : 나눗셈 연산에서 나누는 숫자로, 분수로 치면 분모를 의미합니다.

따라 하기

MOD 함수를 사용했을 때 문제가 되는 부분을 확인하고 대체 수식을 연습합니다.

01 예제를 열고, B열의 값을 C열의 값으로 나눈 나머지를 구합니다.

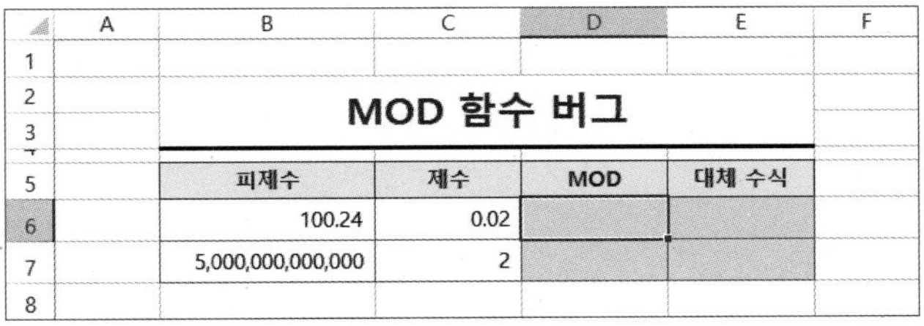

MOD 함수 버그
피제수
제수
MOD
대체 수식
100.24
0.02
5,000,000,000,000
2

TIP B열의 값은 모두 C열의 값으로 나누어 떨어지므로 MOD 함수의 결과는 모두 0이 반환되어야 합니다.

02 먼저 [D6] 셀에 다음 수식을 입력하고 [D6] 셀의 채우기 핸들을 [D7] 셀까지 드래그합니다.

[D6] 셀 : =MOD(B6, C6)

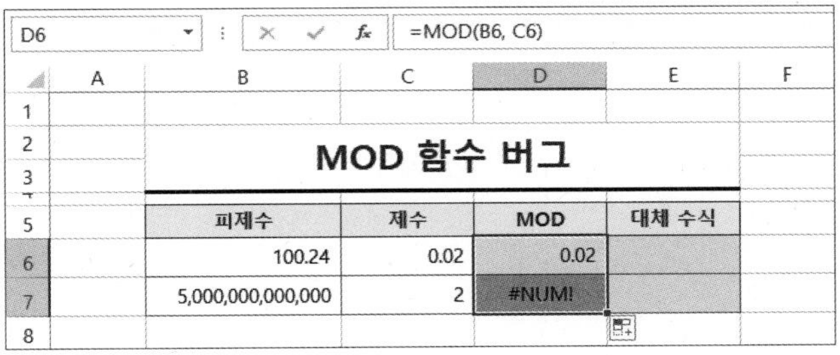

D6
=MOD(B6, C6)
MOD 함수 버그
피제수
제수
MOD
대체 수식
100.24
0.02
0.02
5,000,000,000,000
2
#NUM!

🔍 더 알아보기 MOD 함수의 버그

이번 수식의 결과로 [D6] 셀에는 0.02가, [D7] 셀에는 #NUM! 에러가 반환됩니다. [D6] 셀에 반환된 0.02는 MOD 함수가 잘못 계산한 값으로, MOD 함수는 소수점 이하 값이 존재하는 나머지값을 구할 때 이와 같은 버그가 발생합니다. 또한 [D7] 셀에 반환된 #NUM! 에러는 큰 피제수를 작은 제수로 나눌 경우에 나타나는 MOD 함수의 버그입니다.

03 MOD 함수의 버그를 해결합니다.

04 [E6] 셀에 다음 수식을 입력하고 [E6] 셀의 채우기 핸들⊞을 [E7] 셀까지 드래그합니다.

[E6] 셀 : =B6–(INT(B6/C6)*C6)

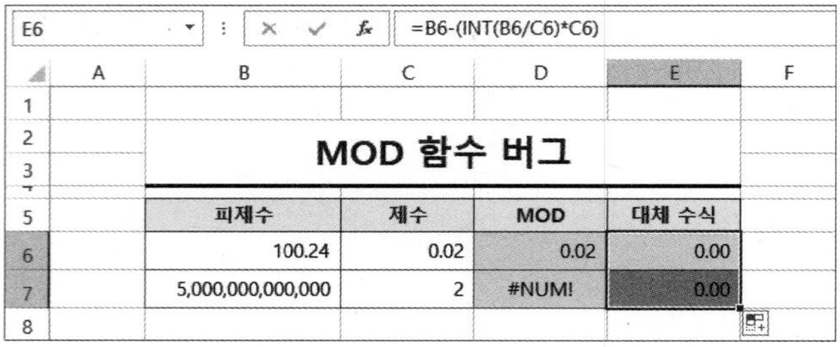

	A	B	C	D	E	F
5		피제수	제수	MOD	대체 수식	
6		100.24	0.02	0.02	0.00	
7		5,000,000,000,000	2	#NUM!	0.00	

🔍 더 알아보기 대체 수식 이해하기

10을 3으로 나눈다고 가정했을 때 이번 수식은 다음과 같습니다.

```
=10–(INT(10/3)*3)
```

즉, 10을 3으로 나눈 몫(INT(10/3))에 3을 곱하면 제수의 배수 부분에 해당하는 정수(9)가 반환됩니다. 이 값을 10에서 빼면 1이 반환되며, 이 값이 바로 나머지값입니다. [E6:E7] 범위를 보면 모두 0이 반환됐으므로 MOD 함수처럼 잘못 계산되지 않았음을 확인할 수 있습니다.

나눗셈과 반올림

06 24 반올림, 올림, 내림 처리하기 – ROUND 계열 함수

예제 파일 PART 02 \ CHAPTER 06 \ ROUND 계열 함수.xlsx

ROUND, ROUNDUP, ROUNDDOWN 함수 및 TRUNC 함수

다양한 숫자를 원하는 위치에서 반올림, 올림, 내림 처리하도록 하는 데 사용하는 함수가 **ROUND, ROUNDUP, ROUNDDOWN 함수**입니다. 구문은 다음과 같습니다.

ROUND (❶ 숫자, ❷ 자릿수)

숫자의 자릿수 위치에서 반올림한 값을 반환합니다.

<table>
<tr><td>구문</td><td>❶ 숫자 : 반올림할 숫자
❷ 자릿수 : 숫자 내에서 반올림 처리할 숫자 위치로, 소수점에서 N번째 위치를 의미합니다. 이 값이 양수이면 소수점 아랫자리(오른쪽)에서, 음수이면 소수점 윗자리(왼쪽)에서 반올림합니다.</td></tr>
<tr><td>특이사항</td><td>소수점 위칫값에 따라 다음과 같은 위치의 값이 반올림됩니다.
<table>
<tr><th colspan="2">음수</th><th colspan="2">양수</th></tr>
<tr><th>자릿수</th><th>반올림값</th><th>자릿수</th><th>반올림값</th></tr>
<tr><td>-1</td><td>십</td><td>0</td><td>일</td></tr>
<tr><td>-2</td><td>백</td><td>1</td><td>소수점 아래 첫째 숫자</td></tr>
<tr><td>-3</td><td>천</td><td>2</td><td>소수점 아래 둘째 숫자</td></tr>
<tr><td>-4</td><td>만</td><td>3</td><td>소수점 아래 셋째 숫자</td></tr>
<tr><td>-5</td><td>십만</td><td>4</td><td>소수점 아래 넷째 숫자</td></tr>
</table>
예를 들어 1234.5678 숫자를 [자릿수] 인수 –3으로 반올림하면 소수점 왼쪽 세 번째 위치에서 반올림합니다. 즉, 1이 반올림 대상이 되고 아래 2가 반올림 기준값(5보다 작으므로 내림)이 됩니다. 그러므로 1000.0000 숫자값이 반환됩니다.

1234.5678

다시 1234.5678 숫자를 [자릿수] 인수 3으로 반올림하면 소수점 오른쪽 세 번째 위치를 의미하므로, 7이 반올림 대상이 되고 아래 8이 반올림 기준값(5보다 크므로 올림)이 됩니다. 그러므로 1234.5680 숫자값이 반환됩니다.

1234.5678</td></tr>
</table>

사용 예

```
=ROUND(1234.5, 0)
```

TIP 1234.5를 소수점 위치에서 반올림합니다. 소수점 첫째 자리 값이 5이므로 1,235.0가 반환됩니다.

ROUNDUP (❶ 숫자, ❷ 자릿수)

숫자의 자릿수 위치에서 올림한 값을 반환합니다.

구문	❶ **숫자** : 올림할 숫자 ❷ **자릿수** : 숫자 내에서 올림할 숫자 위치로, 소수점에서 N번째 위치를 의미합니다. 이 값이 양수이면 소수점 아랫자리(오른쪽)에서, 음수이면 소수점 윗자리(왼쪽)에서 올림합니다.

사용 예

```
=ROUNDUP(1234.5, 0)
```

TIP 1234.5를 소수점 위치에서 올림합니다. 버릴 값이 0보다 크므로 1235.0가 반환됩니다.

ROUNDDOWN (❶ 숫자, ❷ 자릿수)

숫자의 자릿수 위치에서 내림(절사)한 값을 반환합니다.

구문	❶ **숫자** : 내림할 숫자 ❷ **자릿수** : 숫자 내에서 내림(절사)할 숫자 위치로, 소수점에서 N번째 위치를 의미합니다. 이 값이 양수이면 소수점 아랫자리(오른쪽)에서, 음수이면 소수점 윗자리(왼쪽)에서 내림합니다.

사용 예

```
=ROUNDDOWN(1234.5, 0)
```

TIP 1234.5를 소수점 위치에서 내림합니다. 소수점 이하 값을 버린 1234.0가 반환됩니다.

ROUNDDOWN 함수와 유사한 함수로 TRUNC 함수도 제공됩니다. 구문 설명은 다음과 같습니다.

TRUNC (❶ 숫자, ❷ 자릿수)

숫자의 자릿수 위치에서 내림(절사)한 값을 반환합니다.

구문	❶ **숫자** : 소수점 이하 값을 버릴 실수 ❷ **자릿수** : 숫자에서 버릴 값이 위치한 숫자 위치로, 0(기본값)인 경우에 소수점 이하 값을 버리기 때문에 INT 함수와 동일한 값을 반환합니다.

사용 예

```
=TRUNC(1234.5, 0)
```

TIP 1234.5에서 소수점 이하 값을 버립니다. 1234.0가 반환됩니다.

공식처럼 사용할 수 있는 수식

ROUNDDOWN 함수를 대체할 수 있는 수식

ROUNDDOWN 함수는 다음과 같은 계산식으로 대체가 가능합니다.

=TRUNC(숫자, 자릿수)

- 인수 설명은 위의 TRUNC 함수 설명을 참고합니다.

또한 아래의 수식으로도 대체가 가능합니다.

=INT(숫자/단위)*단위

- **숫자** : 내림할 숫자
- **단위** : 반올림할 자릿수에 해당하는 숫자 단위로 다음과 같은 관계를 갖습니다.

자릿수	단위	자릿수	단위
-3	10^3	0	1/10^2
-2	10^2	1	1/10^3
-1	10	2	1/10^4
0	1	3	1/10^5

따라 하기

제품의 개별 단가에 마진율을 곱한 판매가격을 산정합니다. 단, 판매가격은 적정 위치에서 반올림, 올림, 내림 등의 처리를 합니다.

01 예제를 열고, 마진율을 적용한 제품의 판매가격을 구합니다.

제품 단가 산정표

품명	단가	마진율	적용가격	판매가격		
				반올림	올림	내림
오피스 Z-05C	111,200	18%				
복사지A4 5000매	24,800	8%				
무한레이저복합기 L800C	568,800	28%				
잉크젯팩시밀리 FX-2000	80,600	5%				
바코드 BCD-200 Plus	91,000	10%				
무한잉크젯복합기 AP-5500W	169,000	25%				
레이저복합기 L350	244,200	26%				
지문인식 FPIN-2000F	145,400	11%				
링제본기 ST-100	140,600	28%				

02 E열에 마진율 적용 판매가격을 먼저 계산합니다.

03 [E7] 셀에 다음 수식을 입력하고 [E7] 셀의 채우기 핸들을 [E15] 셀까지 드래그합니다.

[E7] 셀 : =C7*(1+D7)

E7 | =C7*(1+D7)

제품 단가 산정표

품명	단가	마진율	적용가격	판매가격		
				반올림	올림	내림
오피스 Z-05C	111,200	18%	131,216			
복사지A4 5000매	24,800	8%	26,784			
무한레이저복합기 L800C	568,800	28%	728,064			
잉크젯팩시밀리 FX-2000	80,600	5%	84,630			
바코드 BCD-200 Plus	91,000	10%	100,100			
무한잉크젯복합기 AP-5500W	169,000	25%	211,250			
레이저복합기 L350	244,200	26%	307,692			
지문인식 FPIN-2000F	145,400	11%	161,394			
링제본기 ST-100	140,600	28%	179,968			

04 E열에 계산된 가격을 천 단위에서 반올림합니다.

05 [F7] 셀에 다음 수식을 입력하고 [F7] 셀의 채우기 핸들을 [F15] 셀까지 드래그합니다.

[F7] 셀 : =ROUND(E7, –3)

F7 | =ROUND(E7, -3)

제품 단가 산정표

품명	단가	마진율	적용가격	판매가격		
				반올림	올림	내림
오피스 Z-05C	111,200	18%	131,216	131,000		
복사지A4 5000매	24,800	8%	26,784	27,000		
무한레이저복합기 L800C	568,800	28%	728,064	728,000		
잉크젯팩시밀리 FX-2000	80,600	5%	84,630	85,000		
바코드 BCD-200 Plus	91,000	10%	100,100	100,000		
무한잉크젯복합기 AP-5500W	169,000	25%	211,250	211,000		
레이저복합기 L350	244,200	26%	307,692	308,000		
지문인식 FPIN-2000F	145,400	11%	161,394	161,000		
링제본기 ST-100	140,600	28%	179,968	180,000		

더 알아보기 수식 이해하기

ROUND 함수의 두 번째 [자릿수] 인수가 –3이므로 소수점에서 왼쪽으로 3칸 이동한 위치(천 단위 구분 기호 위치)에서 반올림한 결과를 반환합니다.

06 E열의 가격을 천 단위에서 올림합니다.

07 [G7] 셀에 다음 수식을 입력하고 [G7] 셀의 채우기 핸들을 [G15] 셀까지 드래그합니다.

[G7] 셀 : =ROUNDUP(E7, −3)

G7 | =ROUNDUP(E7, -3)

제품 단가 산정표

품명	단가	마진율	적용가격	판매가격		
				반올림	올림	내림
오피스 Z-05C	111,200	18%	131,216	131,000	132,000	
복사지A4 5000매	24,800	8%	26,784	27,000	27,000	
무한레이저복합기 L800C	568,800	28%	728,064	728,000	729,000	
잉크젯팩시밀리 FX-2000	80,600	5%	84,630	85,000	85,000	
바코드 BCD-200 Plus	91,000	10%	100,100	100,000	101,000	
무한잉크젯복합기 AP-5500W	169,000	25%	211,250	211,000	212,000	
레이저복합기 L350	244,200	26%	307,692	308,000	308,000	
지문인식 FPIN-2000F	145,400	11%	161,394	161,000	162,000	
링제본기 ST-100	140,600	28%	179,968	180,000	180,000	

TIP [F7] 셀과 [G7] 셀의 차이를 확인해보세요!

08 마지막으로 E열의 가격을 천 단위에서 내림한 결과를 반환합니다.

09 [H7] 셀에 다음 수식을 입력하고 [H7] 셀의 채우기 핸들을 [H15] 셀까지 드래그합니다.

[H7] 셀 : =ROUNDDOWN(E7, −3)

H7 | =ROUNDDOWN(E7, -3)

제품 단가 산정표

품명	단가	마진율	적용가격	판매가격		
				반올림	올림	내림
오피스 Z-05C	111,200	18%	131,216	131,000	132,000	131,000
복사지A4 5000매	24,800	8%	26,784	27,000	27,000	26,000
무한레이저복합기 L800C	568,800	28%	728,064	728,000	729,000	728,000
잉크젯팩시밀리 FX-2000	80,600	5%	84,630	85,000	85,000	84,000
바코드 BCD-200 Plus	91,000	10%	100,100	100,000	101,000	100,000
무한잉크젯복합기 AP-5500W	169,000	25%	211,250	211,000	212,000	211,000
레이저복합기 L350	244,200	26%	307,692	308,000	308,000	307,000
지문인식 FPIN-2000F	145,400	11%	161,394	161,000	162,000	161,000
링제본기 ST-100	140,600	28%	179,968	180,000	180,000	179,000

10 ROUNDDOWN 함수를 TRUNC 함수로 대체할 수 있습니다.

11 [H7] 셀의 수식을 다음과 같이 수정하고 [H7] 셀의 채우기 핸들을 [H15] 셀까지 드래그합니다.

[H7] 셀 : =TRUNC(E7, −3)

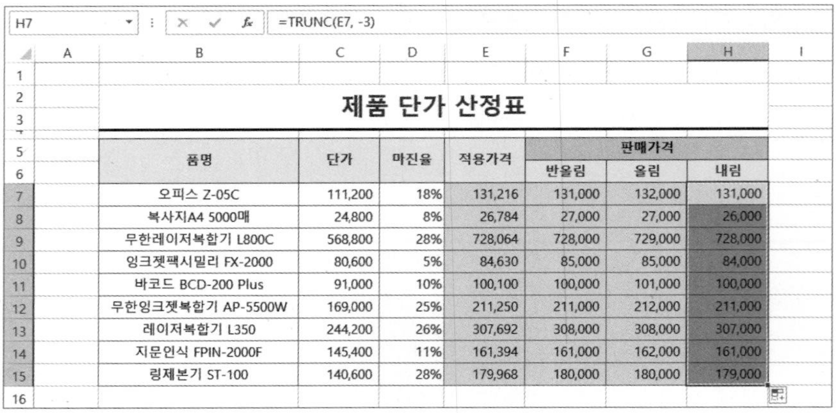

H7 =TRUNC(E7, -3)

	A	B	C	D	E	F	G	H
2–3		제품 단가 산정표						
5		품명	단가	마진율	적용가격	판매가격		
6						반올림	올림	내림
7		오피스 Z-05C	111,200	18%	131,216	131,000	132,000	131,000
8		복사지A4 5000매	24,800	8%	26,784	27,000	27,000	26,000
9		무한레이저복합기 L800C	568,800	28%	728,064	728,000	729,000	728,000
10		잉크젯팩시밀리 FX-2000	80,600	5%	84,630	85,000	85,000	84,000
11		바코드 BCD-200 Plus	91,000	10%	100,100	100,000	101,000	100,000
12		무한잉크젯복합기 AP-5500W	169,000	25%	211,250	211,000	212,000	211,000
13		레이저복합기 L350	244,200	26%	307,692	308,000	308,000	307,000
14		지문인식 FPIN-2000F	145,400	11%	161,394	161,000	162,000	161,000
15		링제본기 ST-100	140,600	28%	179,968	180,000	180,000	179,000

더 알아보기 **내림하는 여러 가지 방법**

ROUNDDOWN 함수는 TRUNC 함수로 대체할 수 있으며, 다음과 같은 INT 함수를 사용한 계산식으로도 대체할 수 있습니다.

```
=INT(E7/1000)*1000
```

위 수식에서 [E7] 셀의 값을 1000으로 나누면 131.216이 되고, 소숫값을 버린 후(131) 다시 1000을 곱하면 131000이 됩니다.

12 반올림 자릿수를 금액 단위에 따라 차등 적용하도록 수정합니다.

TIP 만 단위 가격은 천 단위에서, 십만 단위 가격은 만 단위에서 반올림합니다.

13 E열의 적용 가격의 단위를 확인하기 위해 문자 개수를 세어 작업합니다.

14 [F7] 셀의 수식을 다음과 같이 변경하고 [F7] 셀의 채우기 핸들을 [F15] 셀까지 드래그합니다.

[F7] 셀 : =LEN(E7)

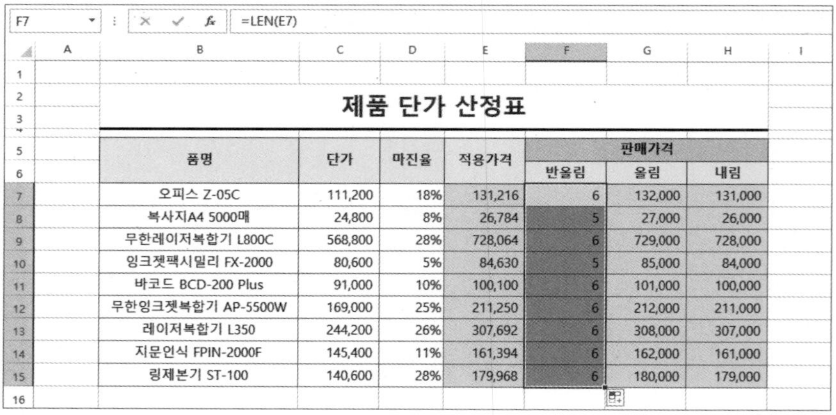

F7 =LEN(E7)

	A	B	C	D	E	F	G	H
2–3		제품 단가 산정표						
5		품명	단가	마진율	적용가격	판매가격		
6						반올림	올림	내림
7		오피스 Z-05C	111,200	18%	131,216	6	132,000	131,000
8		복사지A4 5000매	24,800	8%	26,784	5	27,000	26,000
9		무한레이저복합기 L800C	568,800	28%	728,064	6	729,000	728,000
10		잉크젯팩시밀리 FX-2000	80,600	5%	84,630	5	85,000	84,000
11		바코드 BCD-200 Plus	91,000	10%	100,100	6	101,000	100,000
12		무한잉크젯복합기 AP-5500W	169,000	25%	211,250	6	212,000	211,000
13		레이저복합기 L350	244,200	26%	307,692	6	308,000	307,000
14		지문인식 FPIN-2000F	145,400	11%	161,394	6	162,000	161,000
15		링제본기 ST-100	140,600	28%	179,968	6	180,000	179,000

TIP 반환된 문자 개수가 5면 만 단위, 6이면 십만 단위입니다.

15 금액 단위를 확인했으므로 IF 함수를 사용해 반올림 위치를 조정합니다.

16 [F7] 셀의 수식을 다음과 같이 수정하고 [F7] 셀의 채우기 핸들을 [F15] 셀까지 드래그합니다.

[F7] 셀 : =IF(LEN(E7)=5, ROUND(E7, −3), ROUND(E7, −4))

F7 =IF(LEN(E7)=5, ROUND(E7, -3), ROUND(E7, -4))

제품 단가 산정표

품명	단가	마진율	적용가격	판매가격		
				반올림	올림	내림
오피스 Z-05C	111,200	18%	131,216	130,000	132,000	131,000
복사지A4 5000매	24,800	8%	26,784	27,000	27,000	26,000
무한레이저복합기 L800C	568,800	28%	728,064	730,000	729,000	728,000
잉크젯팩시밀리 FX-2000	80,600	5%	84,630	85,000	85,000	84,000
바코드 BCD-200 Plus	91,000	10%	100,100	100,000	101,000	100,000
무한잉크젯복합기 AP-5500W	169,000	25%	211,250	210,000	212,000	211,000
레이저복합기 L350	244,200	26%	307,692	310,000	308,000	307,000
지문인식 FPIN-2000F	145,400	11%	161,394	160,000	162,000	161,000
링제본기 ST-100	140,600	28%	179,968	180,000	180,000	179,000

더 알아보기 **수식 이해하기**

이번 수식은 LEN(E7) 셀의 결과가 5일 때와 아닐 때를 구별해 수식을 작성합니다.

- **5인 경우**에는 만 단위이므로 **ROUND(E7, −3)**을 사용해 천 단위에서 반올림합니다.
- **5가 아닌 경우**에는 십만 단위이므로(여기서는 5가 아닌 경우는 6밖에 없으므로), **ROUND(E7, −4)** 수식으로 만 단위에서 반올림합니다.

이번 수식에서 IF 함수를 먼저 입력하지 않고 ROUND 함수 안에 넣어 다음과 같이 구성할 수 있습니다.

```
=ROUND(E7, IF(LEN(E7)=5, −3, −4))
```

위와 같이 구성하면 ROUND 함수를 중복 적용하지 않아도 되므로 **16** 과정에서 작성한 수식보다 짧은 수식으로 동일한 결과를 얻을 수 있습니다.

17 IF 함수를 사용하지 않도록 수식을 변경합니다.

18 [F7] 셀의 수식을 다음과 같이 변경하고 [F7] 셀의 채우기 핸들을 [F15] 셀까지 드래그합니다.

[F7] 셀 : =ROUND(E7, 2–LEN(E7))

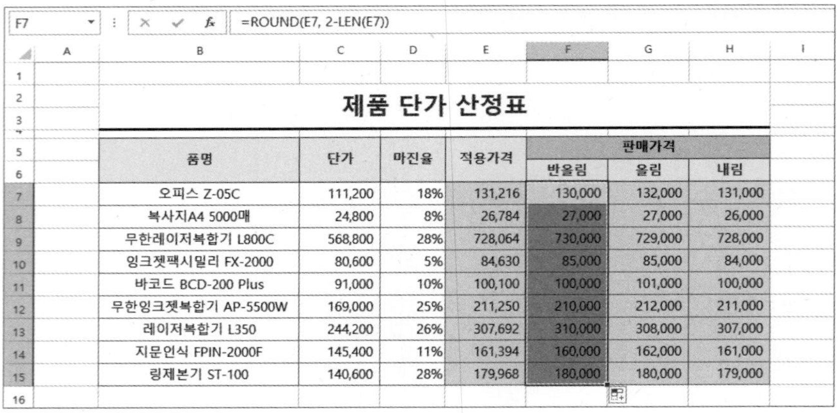

F7 =ROUND(E7, 2-LEN(E7))

제품 단가 산정표

품명	단가	마진율	적용가격	판매가격		
				반올림	올림	내림
오피스 Z-05C	111,200	18%	131,216	130,000	132,000	131,000
복사지A4 5000매	24,800	8%	26,784	27,000	27,000	26,000
무한레이저복합기 L800C	568,800	28%	728,064	730,000	729,000	728,000
잉크젯팩시밀리 FX-2000	80,600	5%	84,630	85,000	85,000	84,000
바코드 BCD-200 Plus	91,000	10%	100,100	100,000	101,000	100,000
무한잉크젯복합기 AP-5500W	169,000	25%	211,250	210,000	212,000	211,000
레이저복합기 L350	244,200	26%	307,692	310,000	308,000	307,000
지문인식 FPIN-2000F	145,400	11%	161,394	160,000	162,000	161,000
링제본기 ST-100	140,600	28%	179,968	180,000	180,000	179,000

더 알아보기 **수식 이해하기**

ROUND 함수의 두 번째 인수는 E열의 단위에 따라 반올림한다고 했으므로 다음과 같은 정리가 가능할 수 있습니다.

- **마진율 적용 가격(E열)이 만 단위(5자리)일 때 천 단위(3번째)에서 반올림**
- **마진율 적용 가격(E열)이 십만 단위(6자리)일 때 만 단위(4번째)에서 반올림**

자릿수(5 또는 6)에서 2를 빼면 3, 4가 각각 반환되므로 IF 함수 대신 이렇게 계산식을 넣을 수 있습니다. 다만, 자릿수 계산을 위해서 각각 –3, –4가 반환되어야 합니다. 따라서 2에서 자릿수를 빼도록 구성하면 원하는 결과를 얻을 수 있습니다.

이런 식의 결과는 백만 단위가 존재할 경우 십만 단위에서 반올림한 결과를 반환해주기 때문에 IF 함수를 사용할 때보다 더 효율적입니다.

06 25 반올림의 기준 변경하기

예제 파일 PART 02 \ CHAPTER 06 \ 반올림 기준.xlsx

공식처럼 사용할 수 있는 수식

반올림 기준 변경 수식

반올림은 구하려는 숫자의 1자리 아래 숫자가 5 이상이면 윗자리에 1을 더하는 방법을 사용합니다. 하지만 상황에 따라서는 5가 아니라 다른 숫자를 기준으로 반올림한 결과를 처리해야 할 때가 있습니다. 이런 경우에는 다음과 같은 수식을 사용해 처리합니다.

=ROUND(숫자–(새 반올림 기준–5)*단위, 자릿수)

- **숫자** : 반올림할 숫자
- **새 반올림 기준** : 새로 적용할 반올림 기준값
- **단위** : 반올림할 자릿수에 해당하는 숫자 단위로 다음과 같은 관계를 갖습니다.

자릿수	단위	자릿수	단위
-3	10^3	1	1/10^2
-2	10^2	2	1/10^3
-1	10	3	1/10^4
0	1	4	1/10^5

- **자릿수** : 숫자 내에서 반올림할 숫자 위치로, 소수점에서 N번째 위치를 의미합니다.

또한 다음의 수식으로도 대체가 가능합니다.

=ROUNDDOWN(숫자+(10−새 반올림 기준)*단위, 자릿수)

- **숫자** : 반올림할 숫자
- **새 반올림 기준** : 새로 적용할 반올림 기준값
- **단위** : 반올림할 자릿수에 해당하는 숫자 단위로, 다음과 같은 관계를 갖습니다.

자릿수	단위	자릿수	단위
-3	10^3	1	1/10^2
-2	10^2	2	1/10^3
-1	10	3	1/10^4
0	1	4	1/10^5

- **자릿수** : 숫자 내에서 반올림할 숫자 위치로, 소수점에서 N번째 위치를 의미합니다.

따라 하기

숫자를 원하는 반올림 기준값을 사용해 반올림합니다.

01 예제를 열고, D열과 E열의 숫자를 각각 8과 3을 기준으로 반올림합니다.

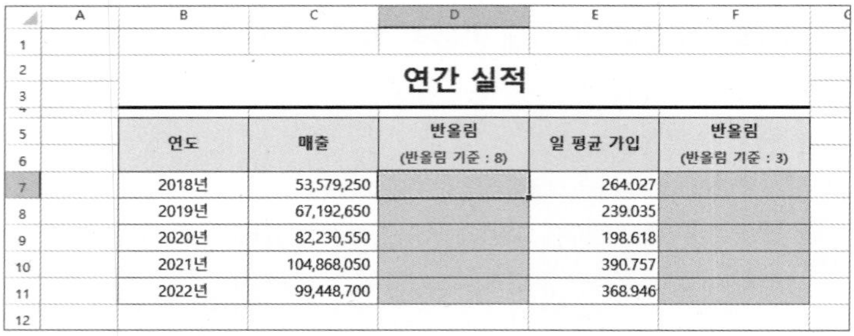

02 먼저 C열의 매출을 백만 단위에서 반올림한 결과를 얻습니다.

03 [D7] 셀에 다음 수식을 입력하고 [D7] 셀의 채우기 핸들을 [D11] 셀까지 드래그합니다.

[D7] 셀 : =ROUND(C7, −6)

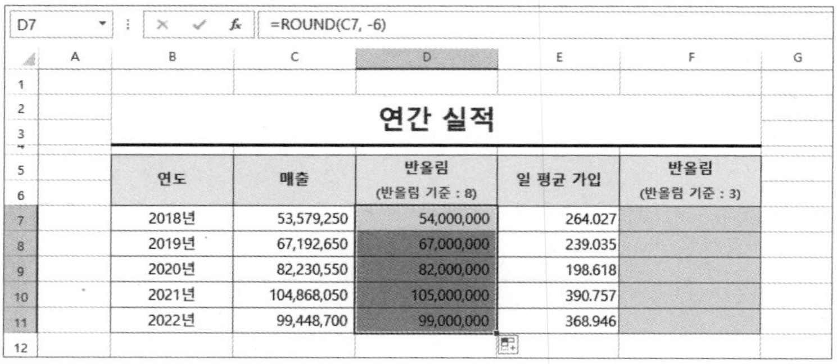

더 알아보기 **수식 이해하기**

ROUND 함수의 두 번째 [자릿수] 인수가 –6이므로, 소수점에서 왼쪽으로 6칸 이동한 위치(백만)에서 반올림한 결과를 반환합니다. [C7] 셀의 53579250은 579250이 버려질 때 앞자리가 5이므로, 윗자리 숫자(53)에 1이 더해진 54000000이 반환되었습니다.

04 반올림 기준을 **5**에서 **8**로 변경해 반올림합니다.

05 [D7] 셀의 수식을 다음과 같이 변경하고 [D7] 셀의 채우기 핸들을 [D11] 셀까지 드래그합니다.

[D7] 셀 : =ROUND(C7–(8–5)*100000, –6)

D7 | =ROUND(C7-(8-5)*100000, -6)

연간 실적

연도	매출	반올림 (반올림 기준 : 8)	일 평균 가입	반올림 (반올림 기준 : 3)
2018년	53,579,250	53,000,000	264.027	
2019년	67,192,650	67,000,000	239.035	
2020년	82,230,550	82,000,000	198.618	
2021년	104,868,050	105,000,000	390.757	
2022년	99,448,700	99,000,000	368.946	

더 알아보기 **반올림 기준 변경하기**

ROUND 함수에서 반올림 기준을 변경해줄 수 있는 인수는 제공되지 않으므로 새로운 반올림 기준값(여기서는 8)이 5가 되게 만들어줍니다. 8이 5가 되려면 8에서 3을 빼면 되는데, 3은 8에서 5를 뺀 값과 동일합니다. 즉 **8–5** 계산식을 사용하면 반올림 기준을 변경할 수 있습니다.

또한 이번 수식에서 반올림은 백만 단위를 기준으로 처리한다고 했으므로, 반올림 대상은 그보다 1자리 아래인 십만 단위가 됩니다. 그러므로 8에서 5를 뺀 계산식에 십만을 곱해 이 값을 반올림할 숫자에서 빼면 원하는 자리에서 반올림이 가능합니다.

예를 들어 10800000 숫자가 존재한다면 300000을 빼면 10500000이 되어 반올림 처리가 되지만, 10500000 숫자라면 300000을 뺐을 때 10200000이 되어 반올림되지 못한다고 생각합니다.

[D7] 셀을 보면 **03** 과정에서는 반올림되어 54000000과 같은 결과를 돌려받지만, 이번에는 53000000과 같은 숫자가 반환됩니다. [D7:D11] 범위에서 반올림된 값은 [D10] 셀밖에 없는데 [C10] 셀의 값은 104868050로, 십만 단위 숫자가 8이기 때문입니다.

06 같은 작업을 ROUNDDOWN 함수를 사용해서도 동일한 결과를 얻을 수 있습니다.

07 [D7] 셀의 수식을 다음과 같이 수정하고 [D7] 셀의 채우기 핸들을 [D11] 셀까지 드래그합니다.

[D7] 셀 : =ROUNDDOWN(C7+(10–8)*100000, –6)

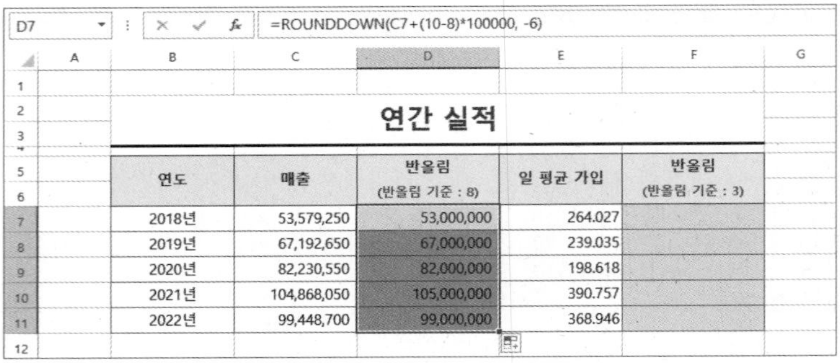

D7 | =ROUNDDOWN(C7+(10-8)*100000, -6)

연간 실적

연도	매출	반올림 (반올림 기준 : 8)	일 평균 가입	반올림 (반올림 기준 : 3)
2018년	53,579,250	53,000,000	264.027	
2019년	67,192,650	67,000,000	239.035	
2020년	82,230,550	82,000,000	198.618	
2021년	104,868,050	105,000,000	390.757	
2022년	99,448,700	99,000,000	368.946	

더 알아보기 ROUNDDOWN 함수로 반올림 기준 변경하기

반올림을 한다고 했는데 ROUNDDOWN 함수를 사용한 부분이 이상하다고 생각할 수 있습니다. 이번 수식은 반올림하지 않고 **(10–8)*100000** 계산식을 이용해 값을 증가시킨 후 필요 없는 부분을 잘라내는 방법으로 반올림 기준을 변경했습니다.

좀 더 자세하게 설명하면 반올림은 백만 자리에서 한다고 했으니, 10에서 8(새 반올림 기준값)을 뺀 값(2)에 십만을 곱한 후 그 값을 원 매출(C7)에 더하면 80만 이상일 때 20만이 더해져 올림 처리된 결과가 반환됩니다. 그런 다음 ROUNDDOWN 함수로 백만 단위에서 절사하면 반올림 기준을 변경한 것과 같은 효과를 얻을 수 있습니다.

08 이번에는 E열의 평균 가입자 수를 소수점 첫째 자리에서 반올림한 결과를 계산합니다.

09 [F7] 셀에 다음 수식을 입력하고 [F7] 셀의 채우기 핸들을 [F11] 셀까지 드래그합니다.

[F7] 셀 : =ROUND(E7, 1)

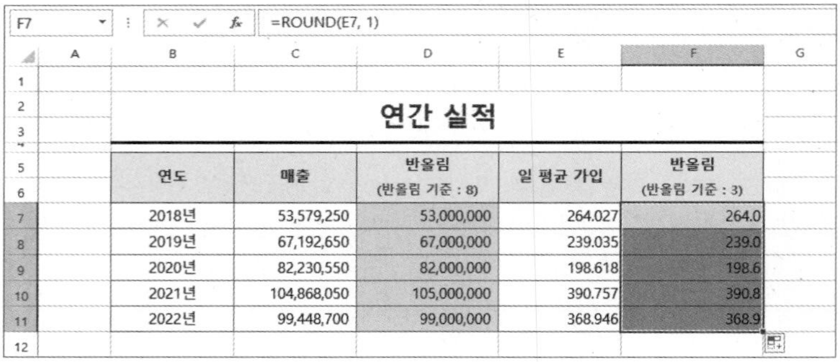

F7 | =ROUND(E7, 1)

연간 실적

연도	매출	반올림 (반올림 기준 : 8)	일 평균 가입	반올림 (반올림 기준 : 3)
2018년	53,579,250	53,000,000	264.027	264.0
2019년	67,192,650	67,000,000	239.035	239.0
2020년	82,230,550	82,000,000	198.618	198.6
2021년	104,868,050	105,000,000	390.757	390.8
2022년	99,448,700	99,000,000	368.946	368.9

더 알아보기 수식 이해하기

소수점 첫째 단위는 소수점에서 오른쪽으로 1칸 떨어진 위치이므로 ROUND 함수의 두 번째 인수가 1입니다. 이번 수식은 소수점 둘째 단위의 값의 5 이상이면 첫째 단위의 값이 1 증가하는 결과를 반환합니다.

10 F열의 수식에서 반올림 단위를 **5**에서 **3**으로 변경합니다.

11 [F7] 셀의 수식을 다음과 같이 수정하고 [F7] 셀의 채우기 핸들을 [F11] 셀까지 드래그합니다.

[F7] 셀 : =ROUND(E7–(3–5)/100, 1)

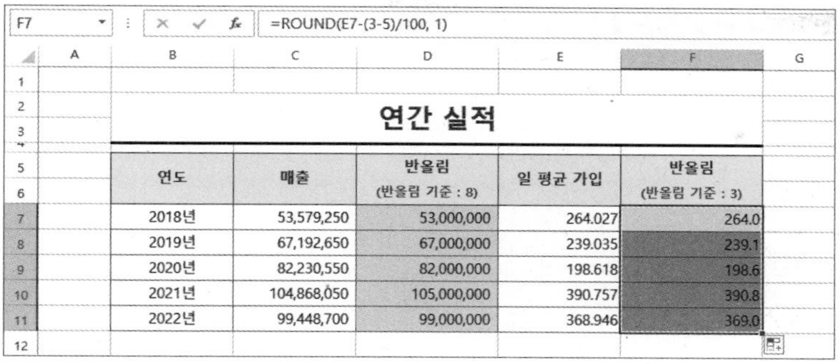

F7 | =ROUND(E7-(3-5)/100, 1)

연간 실적

연도	매출	반올림 (반올림 기준 : 8)	일 평균 가입	반올림 (반올림 기준 : 3)
2018년	53,579,250	53,000,000	264.027	264.0
2019년	67,192,650	67,000,000	239.035	239.1
2020년	82,230,550	82,000,000	198.618	198.6
2021년	104,868,050	105,000,000	390.757	390.8
2022년	99,448,700	99,000,000	368.946	369.0

더 알아보기 **수식 이해하기**

이 수식은 기본적으로 **05** 과정의 수식과 동일합니다. 다만 이번에는 소수점 첫째 자리에서 반올림된다고 했으니, 반올림 여부는 소수점 둘째 자릿값이 기준입니다. 그러므로 새 기준값이 3이고, 기존 기준값이 5가 되는 것만 차이가 있습니다.

계산 결과는 **09** 과정의 화면과 비교해보면 잘 이해할 수 있는데, [F8] 셀의 경우 **09** 과정의 화면에서는 소수점 둘째 자리의 값이 3이므로 반올림되지 않지만 **11** 과정의 화면에서는 반올림된 결과를 반환하는 것을 확인할 수 있습니다. 이 수식 역시 ROUNDDOWN 함수를 사용하는 다음 수식으로 대체할 수 있습니다.

```
=ROUNDDOWN(E7+(10–3)/100, 1)
```

나눗셈과 반올림

06 26 배수로 반올림, 올림, 내림 처리하기

예제 파일 PART 02 \ CHAPTER 06 \ MROUND, CEILING, FLOOR 함수.xlsx

MROUND, CEILING, FLOOR 함수

배수는 특정 숫자값의 N배가 되는 값을 의미합니다. 숫자를 반올림, 올림, 내림할 때 특정 숫자의 배수로 작업해야 하는 상황도 있습니다. 이런 경우에는 MROUND, CEILING, FLOOR 함수를 사용할 수 있으며 구문은 다음과 같습니다.

MROUND (❶ 숫자, ❷ 배수)

원하는 배수로 반올림한 값을 반환합니다.

인수	❶ **숫자** : 반올림할 숫자값 ❷ **배수** : 숫자를 반올림할 배수의 기준이 되는 값
특이사항	숫자를 배수로 나눈 나머지가 배수의 1/2보다 크거나 같으면 올림 처리합니다.

사용 예

```
=MROUND(13, 10)
```

TIP 13을 10으로 나눈 나머지 3이 5(10의 1/2 값)보다 작으므로 13을 10으로 내림 처리한 값을 반환합니다.

CEILING (❶ 숫자, ❷ 배수)

원하는 배수로 올림한 값을 반환합니다.

인수	❶ **숫자** : 올림할 숫자값 ❷ **배수** : 숫자를 올림할 배수의 기준이 되는 값
특이사항	음수인 경우에는 내림 처리된 결과를 반환합니다.

사용 예

```
=CEILING(13, 10)
```

TIP 13을 10으로 나눈 나머지가 0보다 크므로 10의 배수인 20으로 올림한 값을 반환합니다.

FLOOR (❶ 숫자, ❷ 배수)

원하는 배수로 내림한 값을 반환합니다.

인수	❶ **숫자** : 내림할 원본 숫자값 ❷ **배수** : 숫자를 내림할 배수의 기준이 되는 값
특이사항	음수인 경우에는 올림한 결과를 반환합니다.

사용 예

```
=FLOOR(13, 10)
```

TIP 13을 10으로 나눈 나머지(3)를 버리고 10을 반환합니다.

공식처럼 사용할 수 있는 수식

배수로 반올림

ROUND 함수로 다음과 같은 계산식을 이용하면 MROUND 함수와 같은 결과를 얻을 수 있습니다.

=ROUND(숫자/배수, 0)*배수

- **숫자** : 배수로 반올림할 숫자
- **배수** : 숫자를 반올림할 배수의 기준이 되는 값

배수로 올림

ROUNDUP 함수로 다음과 같은 계산식을 이용하면 CEILING 함수와 같은 결과를 얻을 수 있습니다.

=ROUNDUP(숫자/배수, 0)*배수

- **숫자** : 배수로 올림할 숫자
- **배수** : 숫자를 올림할 배수의 기준이 되는 값

배수로 내림

ROUNDDOWN 함수로 다음과 같은 계산식을 이용하면 FLOOR 함수와 같은 결과를 얻을 수 있습니다.

=ROUNDDOWN(숫자/배수, 0)*배수

- **숫자** : 배수로 내림 처리할 숫자
- **배수** : 숫자를 내림할 배수의 기준이 되는 값

따라 하기

금액을 원하는 숫자의 배수로 반올림, 올림, 내림 처리합니다.

01 예제를 열고, E열의 마진율 적용 가격을 5천 원의 배수로 반올림, 올림, 내림 처리합니다.

제품 단가 산정표

품명	단가	마진율	적용가격	판매가격 (기준 : 5,000원)		
				반올림	올림	내림
오피스 Z-05C	111,200	18%	131,216			
복사지A4 5000매	24,800	8%	26,784			
무한레이저복합기 L800C	568,800	28%	728,064			
잉크젯팩시밀리 FX-2000	80,600	5%	84,630			
바코드 BCD-200 Plus	91,000	10%	100,100			
무한잉크젯복합기 AP-5500W	169,000	25%	211,250			
레이저복합기 L350	244,200	26%	307,692			
지문인식 FPIN-2000F	145,400	11%	161,394			
링제본기 ST-100	140,600	28%	179,968			

TIP 5천 원의 배수면 5000, 10000, 15000, …과 같은 간격으로 판매가격을 결정하게 됩니다.

02 먼저 E열의 마진율 적용 가격을 5천 원의 배수로 반올림한 판매가격을 결정합니다.

03 [F7] 셀에 다음 수식을 입력하고 [F7] 셀의 채우기 핸들을 [F15] 셀까지 드래그합니다.

[F7] 셀 : =MROUND(E7, 5000)

F7 =MROUND(E7, 5000)

제품 단가 산정표

품명	단가	마진율	적용가격	판매가격 (기준 : 5,000원)		
				반올림	올림	내림
오피스 Z-05C	111,200	18%	131,216	130,000		
복사지A4 5000매	24,800	8%	26,784	25,000		
무한레이저복합기 L800C	568,800	28%	728,064	730,000		
잉크젯팩시밀리 FX-2000	80,600	5%	84,630	85,000		
바코드 BCD-200 Plus	91,000	10%	100,100	100,000		
무한잉크젯복합기 AP-5500W	169,000	25%	211,250	210,000		
레이저복합기 L350	244,200	26%	307,692	310,000		
지문인식 FPIN-2000F	145,400	11%	161,394	160,000		
링제본기 ST-100	140,600	28%	179,968	180,000		

더 알아보기 수식 이해하기

[E7] 셀의 값(131216)을 5000으로 나눈 나머지값은 1216으로 2500(5000원의 1/2)보다 작습니다 그러므로 1216이 버려진 130000으로 반올림된 결과가 반환됩니다. [F7:F15] 범위에 반환된 값은 모두 5000의 배수로 판매가격이 결정된 것을 확인할 수 있습니다.

04 MROUND 함수는 ROUND 함수로도 동일한 결과를 얻을 수 있습니다.

05 [F7] 셀의 수식을 다음과 같이 수정한 후 [F7] 셀의 채우기 핸들[+]을 [F15] 셀까지 드래그합니다.

[F7] 셀 : =ROUND(E7/5000, 0)*5000

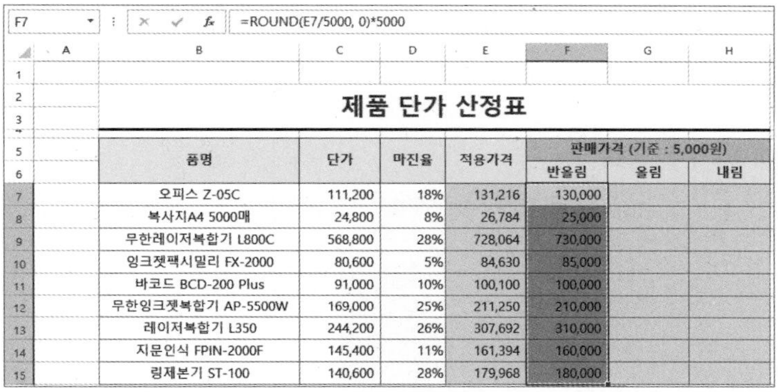

F7 =ROUND(E7/5000, 0)*5000

제품 단가 산정표

품명	단가	마진율	적용가격	판매가격 (기준 : 5,000원)		
				반올림	올림	내림
오피스 Z-05C	111,200	18%	131,216	130,000		
복사지A4 5000매	24,800	8%	26,784	25,000		
무한레이저복합기 L800C	568,800	28%	728,064	730,000		
잉크젯팩시밀리 FX-2000	80,600	5%	84,630	85,000		
바코드 BCD-200 Plus	91,000	10%	100,100	100,000		
무한잉크젯복합기 AP-5500W	169,000	25%	211,250	210,000		
레이저복합기 L350	244,200	26%	307,692	310,000		
지문인식 FPIN-2000F	145,400	11%	161,394	160,000		
링제본기 ST-100	140,600	28%	179,968	180,000		

더 알아보기 ROUND 함수로 MROUND 함수 대체하기

[E7] 셀의 값(131216)을 5000으로 나눈 값(26.2432)을 ROUND 함수로 소수점 위치에서 반올림하면 26이 됩니다. 이 값에 5000을 곱하면 130000이 됩니다. 이런 식으로 MROUND 함수의 결과를 ROUND 함수로 얻을 수 있습니다.

06 이번에는 E열의 마진율 적용 가격을 5천 원의 배수로 올림한 판매가격을 계산합니다.

07 [G7] 셀에 다음 수식을 입력하고 [G7] 셀의 채우기 핸들[+]을 [G15] 셀까지 드래그합니다.

[G7] 셀 : =CEILING(E7, 5000)

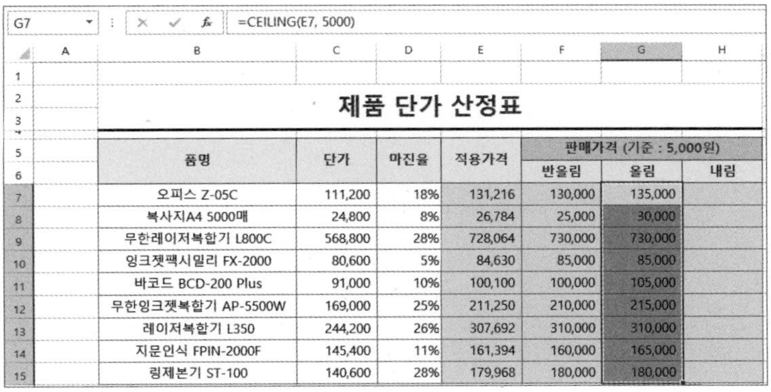

G7 =CEILING(E7, 5000)

제품 단가 산정표

품명	단가	마진율	적용가격	판매가격 (기준 : 5,000원)		
				반올림	올림	내림
오피스 Z-05C	111,200	18%	131,216	130,000	135,000	
복사지A4 5000매	24,800	8%	26,784	25,000	30,000	
무한레이저복합기 L800C	568,800	28%	728,064	730,000	730,000	
잉크젯팩시밀리 FX-2000	80,600	5%	84,630	85,000	85,000	
바코드 BCD-200 Plus	91,000	10%	100,100	100,000	105,000	
무한잉크젯복합기 AP-5500W	169,000	25%	211,250	210,000	215,000	
레이저복합기 L350	244,200	26%	307,692	310,000	310,000	
지문인식 FPIN-2000F	145,400	11%	161,394	160,000	165,000	
링제본기 ST-100	140,600	28%	179,968	180,000	180,000	

더 알아보기 **수식 이해하기**

[E7] 셀의 값(131216)을 5000으로 나눈 나머지값 1216이 0보다 크므로 135000으로 판매가격이 결정됩니다. CEILING 함수는 다음과 같은 ROUNDUP 함수를 사용한 수식으로 대체할 수 있습니다.

```
=ROUNDUP(E7/5000, 0)*5000
```

08 마지막으로 E열의 마진율 적용 가격을 5천 원의 배수로 내림한 판매가격을 계산합니다.

09 [H7] 셀에 다음 수식을 입력하고 [H7] 셀의 채우기 핸들을 [H15] 셀까지 드래그합니다.

[H7] 셀 : =FLOOR(E7, 5000)

H7 =FLOOR(E7, 5000)

제품 단가 산정표

품명	단가	마진율	적용가격	판매가격 (기준 : 5,000원)		
				반올림	올림	내림
오피스 Z-05C	111,200	18%	131,216	130,000	135,000	130,000
복사지A4 5000매	24,800	8%	26,784	25,000	30,000	25,000
무한레이저복합기 L800C	568,800	28%	728,064	730,000	730,000	725,000
잉크젯팩시밀리 FX-2000	80,600	5%	84,630	85,000	85,000	80,000
바코드 BCD-200 Plus	91,000	10%	100,100	100,000	105,000	100,000
무한잉크젯복합기 AP-5500W	169,000	25%	211,250	210,000	215,000	210,000
레이저복합기 L350	244,200	26%	307,692	310,000	310,000	305,000
지문인식 FPIN-2000F	145,400	11%	161,394	160,000	165,000	160,000
링제본기 ST-100	140,600	28%	179,968	180,000	180,000	175,000

더 알아보기 **수식 이해하기**

[E7] 셀의 값(131216)을 5000으로 나눈 나머지값(1216)을 버린 130000이 반환됩니다. FLOOR 함수는 다음과 같은 ROUNDDOWN 함수를 사용한 수식으로 대체할 수 있습니다.

```
=ROUNDDOWN(E7/5000, 0)*5000
```

순위

06 27 순위 계산하기 - RANK, RANK.EQ 함수

예제 파일 PART 02 \ CHAPTER 06 \ RANK 함수.xlsx

RANK, RANK.EQ 함수

엑셀에서 순위를 구할 때 사용할 수 있는 대표 함수가 바로 **RANK 함수**입니다. 다만, 엑셀 2010 버전부터는 동일한 계산 결과를 얻을 수 있는 **RANK.EQ 함수**가 제공됩니다. 두 함수의 구문은 다음과 같습니다.

RANK (❶ 숫자, ❷ 범위, ❸ 정렬 방법)

특정 숫자가 범위 내에서 몇 번째 값인지를 나타내는 순위를 반환합니다.

구문

❶ **숫자** : 순위를 구할 수
❷ **범위** : ❶이 포함된 데이터 범위
❸ **정렬 방법** : 순위 결정 방법을 지정하는 정렬 옵션

정렬 방법	설명
0 (또는 생략)	큰 값에서 작은 값 순서로 순위를 지정
0 이외의 값	작은 값에서 큰 값 순서로 순위를 지정

사용 예

```
=RANK(80, A1:A10)
```

TIP 80점이 [A1:A10] 범위에서 몇 번째로 큰 값인지 순위를 반환합니다.

RANK.EQ (❶ 숫자, ❷ 범위, ❸ 정렬 방법) 2010 이상

특정 숫자가 범위 내에서 몇 번째 값인지를 나타내는 순위를 반환합니다.

구문

❶ **숫자** : 순위를 구할 수
❷ **범위** : ❶이 포함된 데이터 범위
❸ **정렬 방법** : 순위 결정 방법을 지정하는 정렬 옵션

정렬 방법	설명
0 (또는 생략)	큰 값에서 작은 값 순서로 순위를 반환
0 이외의 값	작은 값에서 큰 값 순서로 순위를 반환. 옵션값으로 보통 1을 권장합니다.

사용 예

```
=RANK.EQ(80, A1:A10)
```

TIP 80점이 [A1:A10] 범위에서 몇 번째로 큰 값인지 순위를 반환합니다.

두 함수는 모두 중복된 숫자가 있을 때 동일한 순위를 반환하며 이는 후속 순위에 영향을 끼칩니다. 예를 들어 2등이 2명이면 3등은 반환되지 않고 바로 4등이 반환됩니다.

RANK 함수는 엑셀 2010 버전부터는 RANK.EQ 함수로 대체되었으며, RANK 함수는 하위 버전과의 호환성 때문에 계속 제공됩니다. 그러므로 엑셀 2010 이상 버전 사용자라면 RANK.EQ 함수를 사용하는 것이 좋고, 엑셀 2007 버전을 포함한 하위 버전 사용자와 파일을 함께 사용해야 한다면 RANK 함수를 사용하는 것이 좋습니다.

공식처럼 사용할 수 있는 수식

큰 값 우선순위

순위를 구하는 RANK, RANK.EQ 함수는 다음과 같은 수식으로 대체가 가능합니다.

=COUNTIF(범위, ">" & 숫자)+1

- **범위** : 순위를 구할 데이터 범위
- **숫자** : 순위를 구할 숫자

큰 값 우선순위는 결국 내 숫자보다 큰 값을 갖고 있는 셀을 세어, 그 값에다 1을 더한 결과와 동일합니다. RANK 또는 RANK.EQ 함수를 사용하면 다음과 같은 수식이 됩니다.

=RANK.EQ(숫자, 범위)

작은 값 우선순위

작은 값이 우선하도록 순위를 구하고 싶다면 아래 수식을 사용할 수 있습니다.

=COUNTIF(범위, "<" & 숫자)+1

- **범위** : 순위를 구할 데이터 범위
- **숫자** : 순위를 구할 숫자

작은 값 우선순위는 내 숫자보다 작은 값을 갖고 있는 셀을 세어, 그 값에다 1을 더한 결과와 동일합니다. RANK 또는 RANK.EQ 함수를 사용하면 다음과 같은 수식이 됩니다.

=RANK.EQ(숫자, 범위, 1)

따라 하기

예제를 통해 다양한 순위 구하는 방법에 대해 이해합니다.

01 예제를 열고, E열의 매출로 직원의 순위를 구합니다.

영업 사원 실적표

직원	매출		합계	순위	
	상반기	하반기		내림차순	오름차순
박지훈	58,351,900	55,531,500	113,883,400		
유준혁	58,589,800	28,316,400	86,906,200		
이서연	12,901,200	19,098,600	31,999,800		
김민준	50,831,450	21,278,900	72,110,350		
최서현	22,040,250	7,844,150	29,884,400		
박현우	38,049,050	41,454,250	79,503,300		
정시우	34,176,450	13,716,250	47,892,700		
이은서	93,741,250	46,078,000	139,819,250		
오서윤	79,428,750	38,454,650	117,883,400		

02 먼저 F열에 큰 값 순서로 순위를 구합니다.

03 [F7] 셀에 다음 수식을 입력하고 [F7] 셀의 채우기 핸들을 [F15] 셀까지 드래그합니다.

[F7] 셀 : =RANK(E7, $E$7:$E$15)

F7 =RANK(E7, $E$7:$E$15)

영업 사원 실적표

직원	매출		합계	순위	
	상반기	하반기		내림차순	오름차순
박지훈	58,351,900	55,531,500	113,883,400	3	
유준혁	58,589,800	28,316,400	86,906,200	4	
이서연	12,901,200	19,098,600	31,999,800	8	
김민준	50,831,450	21,278,900	72,110,350	6	
최서현	22,040,250	7,844,150	29,884,400	9	
박현우	38,049,050	41,454,250	79,503,300	5	
정시우	34,176,450	13,716,250	47,892,700	7	
이은서	93,741,250	46,078,000	139,819,250	1	
오서윤	79,428,750	38,454,650	117,883,400	2	

더 알아보기 **수식 이해하기**

RANK 함수의 세 번째 인수를 생략하면 큰 순서로 순위가 반환됩니다. [F7] 셀에 입력된 수식은 복사해 사용하므로 순위를 구할 전체 범위인 [E7:E15] 범위는 절대 참조 방식으로 참조해야 합니다.

04 순위가 제대로 반환됐는지 확인하기 위해 표를 정렬합니다.

05 [F7:B15] 범위를 선택하고 [B15] 셀까지 드래그합니다.

06 리본 메뉴의 [데이터] 탭-[편집] 그룹-[정렬 및 필터]-[오름차순 정렬]을 클릭합니다.

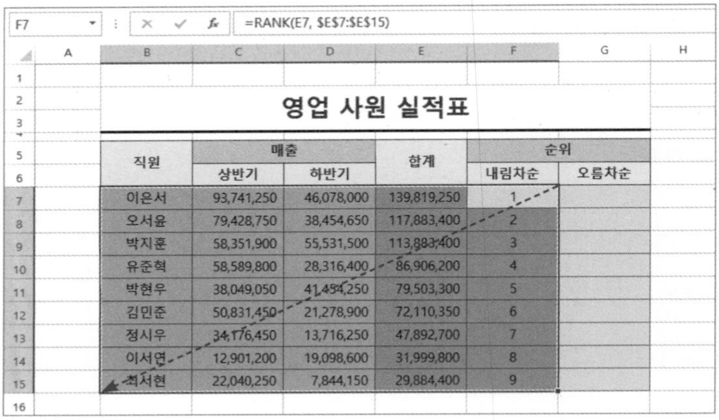

직원	매출		합계	순위	
	상반기	하반기		내림차순	오름차순
이은서	93,741,250	46,078,000	139,819,250	1	
오서윤	79,428,750	38,454,650	117,883,400	2	
박지훈	58,351,900	55,531,500	113,883,400	3	
유준혁	58,589,800	28,316,400	86,906,200	4	
박현우	38,049,050	41,454,250	79,503,300	5	
김민준	50,831,450	21,278,900	72,110,350	6	
정시우	34,176,450	13,716,250	47,892,700	7	
이서연	12,901,200	19,098,600	31,999,800	8	
최서현	22,040,250	7,844,150	29,884,400	9	

더 알아보기 **정렬 작업의 이해**

이번 예제와 같이 표의 머리글이 두 행(5:6)에 나눠 입력되어 있고, 셀 병합도 적용되어 있는 경우에는 [F7] 셀을 선택 후 정렬 작업을 하면 다음과 같은 메시지 창을 만나게 됩니다.

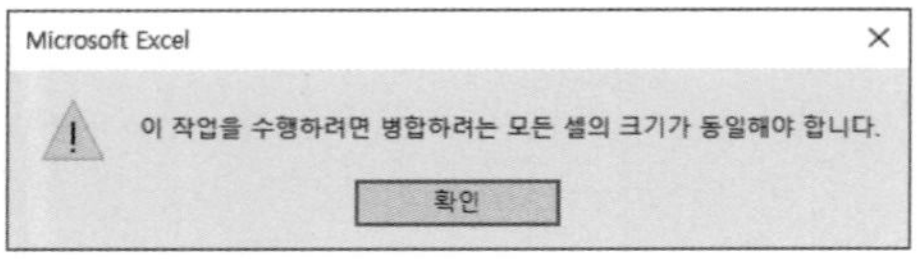

그러므로 이런 경우에는 표 범위를 선택할 때 정렬할 열의 첫 번째 셀(예제에서는 [F7] 셀)을 먼저 선택하고 나머지 데이터 범위를 선택한 후 [오름차순 정렬]이나 [내림차순 정렬]을 이용하는 것이 좋습니다.

참고로 정렬할 열이 [D7] 셀과 같이 범위 중간에 있다면 [B7:F15] 범위를 선택한 후 Tab 을 두 번 누르면 선택된 범위의 활성 셀이 [D7] 셀로 변경됩니다. 이때 정렬 작업을 진행합니다. 이렇게 선택된 범위 내에서 밝은 색으로 표시되는 셀을 활성 셀이라고 하며 모든 기능이 동작할 때 기준이 됩니다.

07 순위를 구하는 작업은 개수를 세는 작업과 동일하므로 COUNTIF 함수로 대체할 수 있습니다.

08 [F7] 셀의 수식을 다음과 같이 변경하고 [F7] 셀의 채우기 핸들을 [F15] 셀까지 드래그합니다.

[F7] 셀 : =COUNTIF($E$7:$E$15, ">" & E7)+1

F7 | =COUNTIF($E$7:$E$15, ">" & E7)+1

영업 사원 실적표

직원	매출		합계	순위	
	상반기	하반기		내림차순	오름차순
이은서	93,741,250	46,078,000	139,819,250	1	
오서윤	79,428,750	38,454,650	117,883,400	2	
박지훈	58,351,900	55,531,500	113,883,400	3	
유준혁	58,589,800	28,316,400	86,906,200	4	
박현우	38,049,050	41,454,250	79,503,300	5	
김민준	50,831,450	21,278,900	72,110,350	6	
정시우	34,176,450	13,716,250	47,892,700	7	
이서연	12,901,200	19,098,600	31,999,800	8	
최서현	22,040,250	7,844,150	29,884,400	9	

더 알아보기 수식 이해하기

순위는 집단(범위) 내에서의 자신의 값이 몇 번째로 큰 지 알려주므로 자신의 값보다 큰 값이 몇 개인지 세어 그 값에 1을 더한 결과와 동일할 수밖에 없습니다. 이번 수식은 다음과 같은 단계로 계산됩니다.

❶ COUNTIF($E$7:$E$15, "〉" & E7)

[E7:E15] 범위에서 [E7] 셀의 값보다 큰 값을 갖는 셀의 개수를 셉니다.

❷ ❶+1

큰 값이 두 개 있다면 나는 3등이 되므로 ❶ 계산식에 1을 더한 결과를 반환합니다.

09 RANK.EQ 함수를 사용해 작은 값 순서로 순위를 구합니다.

TIP RANK.EQ 함수와 RANK 함수는 인수 구성 및 사용 방법이 동일합니다.

10 [G7] 셀에 다음 수식을 입력하고 [G7] 셀의 채우기 핸들을 [G15] 셀까지 드래그합니다.

[G7] 셀 : =RANK.EQ(E7, $E$7:$E$15, 1)

G7 | =RANK.EQ(E7, $E$7:$E$15, 1)

영업 사원 실적표

직원	매출		합계	순위	
	상반기	하반기		내림차순	오름차순
이은서	93,741,250	46,078,000	139,819,250	1	9
오서윤	79,428,750	38,454,650	117,883,400	2	8
박지훈	58,351,900	55,531,500	113,883,400	3	7
유준혁	58,589,800	28,316,400	86,906,200	4	6
박현우	38,049,050	41,454,250	79,503,300	5	5
김민준	50,831,450	21,278,900	72,110,350	6	4
정시우	34,176,450	13,716,250	47,892,700	7	3
이서연	12,901,200	19,098,600	31,999,800	8	2
최서현	22,040,250	7,844,150	29,884,400	9	1

순위

06 28 동순위를 새로운 기준으로 분류해 순위 조정하기

예제 파일 PART 02 \ CHAPTER 06 \ 동순위 조정.xlsx

RANK.AVG 함수

RANK, RANK.EQ 함수는 순위를 구할 때 중복 숫자는 같은 순위로 표시됩니다. 동순위를 별도의 기준을 적용해 순위를 조정하고 싶어도 엑셀에는 동순위를 조정해주는 함수가 제공되지 않습니다. 다만 엑셀 2010 버전부터 동순위를 평균 순위로 반환해주는 RANK.AVG 함수가 제공됩니다. RANK.AVG 함수 구문은 다음과 같습니다.

RANK.AVG (❶ 숫자, ❷ 범위, ❸ 정렬 방법) 2010 이상

특정 숫자의 범위 내 순위를 반환하는데, 중복 숫자의 경우 평균 순위를 반환합니다.

<table>
<tr><td>구문</td><td>❶ 숫자 : 순위를 구할 수
❷ 범위 : ❶이 포함된 데이터 범위
❸ 정렬 방법 : 순위 결정 방법을 지정하는 정렬 옵션
<table>
<tr><th>정렬 방법</th><th>설명</th></tr>
<tr><td>0 (또는 생략)</td><td>큰 값에서 작은 값 순서로 순위를 지정</td></tr>
<tr><td>0 이외의 값</td><td>작은 값에서 큰 값 순서로 순위를 지정</td></tr>
</table></td></tr>
</table>

사용 예

```
=RANK.AVG(80, A1:A10)
```

TIP 80점이 [A1:A10] 범위 내에서 몇 번째로 큰 값인지 순위가 반환됩니다.

공식처럼 사용할 수 있는 수식

동순위 조정

동순위를 조정하려면 다음과 같이 수식을 사용합니다.

=RANK(숫자, 범위)+COUNTIFS(범위, 숫자, 기준 범위, "〉" & 기준 숫자)

- **범위** : 순위를 구할 데이터 범위
- **숫자** : 순위를 구할 숫자
- **기준 범위** : 동순위를 변경할 기준 데이터 범위
- **기준 숫자** : [기준 범위]에서 순위를 결정할 숫자

위 수식은 다음과 같이 SUMPRODUCT 함수를 사용하는 하나의 수식으로 변경할 수 있습니다.

=SUMPRODUCT((범위〉숫자)+((범위=숫자)*(기준 범위〉기준 숫자)))+1

따라 하기

순위를 구할 때 중복 순위가 존재하면 새로운 기준을 적용해 순위를 조정합니다.

01 예제를 열고, 직원 고과표의 점수로 순위를 구합니다.

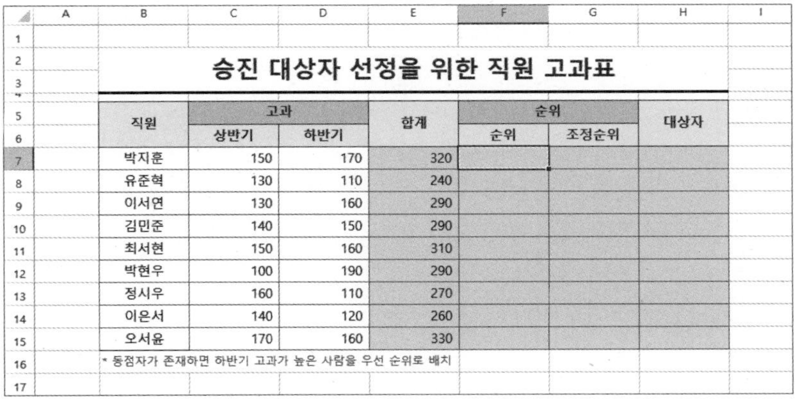

승진 대상자 선정을 위한 직원 고과표

직원	고과		합계	순위		대상자
	상반기	하반기		순위	조정순위	
박지훈	150	170	320			
유준혁	130	110	240			
이서연	130	160	290			
김민준	140	150	290			
최서현	150	160	310			
박현우	100	190	290			
정시우	160	110	270			
이은서	140	120	260			
오서윤	170	160	330			

* 동점자가 존재하면 하반기 고과가 높은 사람을 우선 순위로 배치

TIP 동점자가 존재하는 경우에는 하반기 고과(D열)가 더 높은 직원순으로 순위를 조정합니다.

02 먼저 E열의 고과 점수를 토대로 순위를 계산합니다.

03 [F7] 셀에 다음 수식을 입력하고 [F7] 셀의 채우기 핸들[+]을 [F15] 셀까지 드래그합니다.

[F7] 셀 : =RANK(E7, $E$7:$E$15)

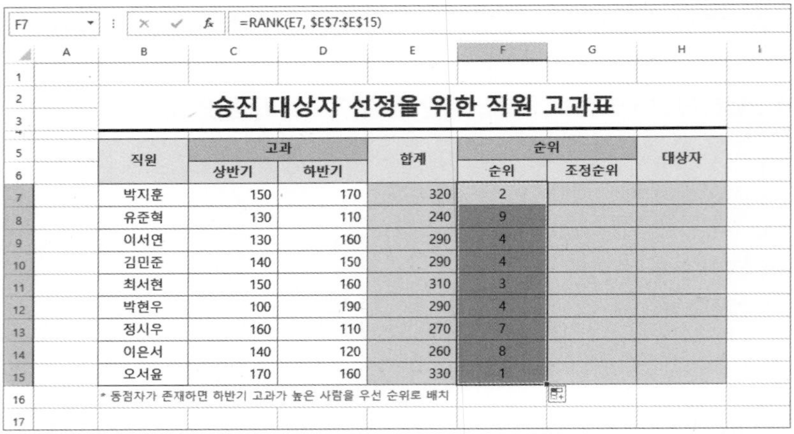

직원	고과		합계	순위		대상자
	상반기	하반기		순위	조정순위	
박지훈	150	170	320	2		
유준혁	130	110	240	9		
이서연	130	160	290	4		
김민준	140	150	290	4		
최서현	150	160	310	3		
박현우	100	190	290	4		
정시우	160	110	270	7		
이은서	140	120	260	8		
오서윤	170	160	330	1		

* 동점자가 존재하면 하반기 고과가 높은 사람을 우선 순위로 배치

TIP RANK 함수의 세 번째 인수가 생략됐으므로 고과 점수가 높은 순서로 순위가 반환됩니다.

04 구해진 순위 중에서 동순위가 존재하는지 시각적으로 표시합니다.

05 [F7:F15] 범위가 선택된 상태에서 리본 메뉴의 [홈] 탭–[스타일] 그룹–[조건부 서식]을 클릭합니다.

06 하위 메뉴에서 [셀 강조 규칙]–[중복 값]을 클릭합니다.

07 [중복 값] 대화상자가 표시되면 바로 [확인]을 클릭합니다.

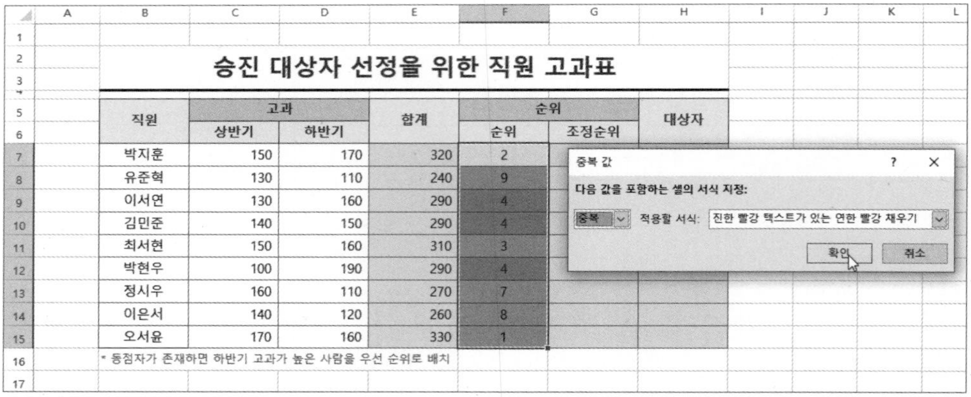

직원	고과		합계	순위		대상자
	상반기	하반기		순위	조정순위	
박지훈	150	170	320	2		
유준혁	130	110	240	9		
이서연	130	160	290	4		
김민준	140	150	290	4		
최서현	150	160	310	3		
박현우	100	190	290	4		
정시우	160	110	270	7		
이은서	140	120	260	8		
오서윤	170	160	330	1		

* 동점자가 존재하면 하반기 고과가 높은 사람을 우선 순위로 배치

TIP [중복 값] 조건은 범위 내에 동일한 값이 있으면 시각적으로 표시해줍니다.

08 평균 순위를 구해보기 위해 G열에 RANK.AVG 함수를 사용한 수식을 작성합니다.

09 [G7] 셀에 다음 수식을 입력하고 [G7] 셀의 채우기 핸들을 [G15] 셀까지 드래그합니다.

[G7] 셀 : =RANK.AVG(E7, $E$7:$E$15)

G7 =RANK.AVG(E7, $E$7:$E$15)

승진 대상자 선정을 위한 직원 고과표

직원	고과		합계	순위		대상자
	상반기	하반기		순위	조정순위	
박지훈	150	170	320	2	2	
유준혁	130	110	240	9	9	
이서연	130	160	290	4	5	
김민준	140	150	290	4	5	
최서현	150	160	310	3	3	
박현우	100	190	290	4	5	
정시우	160	110	270	7	7	
이은서	140	120	260	8	8	
오서윤	170	160	330	1	1	

* 동점자가 존재하면 하반기 고과가 높은 사람을 우선 순위로 배치

더 알아보기 평균 순위 이해하기

RANK.AVG 함수는 중복된 순위의 평균 순위를 반환합니다. F열에 4등이 3명 있는데, 이 순위의 중복되지 않는 순위는 각각 4, 5, 6등입니다. 이 순위의 평균은 (4+5+6)/3이므로 5가 됩니다. 그러므로 RANK.AVG 함수는 5등을 반환합니다. 이렇게 RANK.AVG 함수는 중복 순위를 조정해주진 않지만 평균 순위로 표시해줍니다.

10 RANK.AVG 함수 대신 하반기 고과가 더 높은 순서로 순위를 조정합니다.

11 [G7] 셀에 다음 수식을 입력하고 [G7] 셀의 채우기 핸들을 [G15] 셀까지 드래그합니다.

[G7] 셀 : =COUNTIFS($E$7:$E$15, "=" & E7, $D$7:$D$15, "〉" & D7)

G7 =COUNTIFS($E$7:$E$15, "=" & E7, $D$7:$D$15, ">" & D7)

승진 대상자 선정을 위한 직원 고과표

직원	고과		합계	순위		대상자
	상반기	하반기		순위	조정순위	
박지훈	150	170	320	2	0	
유준혁	130	110	240	9	0	
이서연	130	160	290	4	1	
김민준	140	150	290	4	2	
최서현	150	160	310	3	0	
박현우	100	190	290	4	0	
정시우	160	110	270	7	0	
이은서	140	120	260	8	0	
오서윤	170	160	330	1	0	

* 동점자가 존재하면 하반기 고과가 높은 사람을 우선 순위로 배치

더 알아보기 수식 이해하기

동순위일 때 하반기 고과가 우수한 사람이 우선순위가 되는 조건이므로 동순위(4위) 중에서 하반기 고과가 높은 사람이 있는지 확인해 순위를 조정합니다. 이 설명을 조건으로 구성하면 다음과 같습니다.

- 첫째, 고과 합계 점수가 동일해야 합니다.
  $E$7:$E$15=E7
- 둘째, 하반기 고과 점수가 나보다 큰 직원의 개수를 셉니다.
  $D$7:$D$15〉D7

이번 수식은 위 두 개 조건을 모두 만족하는 셀 개수를 세기 위해 COUNTIFS 함수를 사용한 것입니다. 그러면 동순위(4위)에서 하반기 고과가 저조한 사람은 자신 위에 몇 명이 있는지 1, 2, …와 같은 숫자가 반환됩니다.

12 이전 수식에 기존 순위를 더해 조정 순위를 완성합니다.

13 [G7] 셀의 수식을 다음처럼 수정하고 [G7] 셀의 채우기 핸들을 [G15] 셀까지 드래그합니다.

[G7] 셀 : =COUNTIFS($E$7:$E$15, “=” & E7, $D$7:$D$15, “〉” & D7)+F7

직원	고과		합계	순위		대상자
	상반기	하반기		순위	조정순위	
박지훈	150	170	320	2	2	
유준혁	130	110	240	9	9	
이서연	130	160	290	4	5	
김민준	140	150	290	4	6	
최서현	150	160	310	3	3	
박현우	100	190	290	4	4	
정시우	160	110	270	7	7	
이은서	140	120	260	8	8	
오서윤	170	160	330	1	1	

* 동점자가 존재하면 하반기 고과가 높은 사람을 우선 순위로 배치

TIP 기존 COUNTIFS 함수를 사용한 수식에 F열의 순위를 더하면 조정된 순위(G9:G10, G12)가 완성됩니다.

14 조정 순위 4등까지 승진 대상자임을 표시합니다.

15 [H7] 셀에 다음 수식을 입력하고 [H7] 셀의 채우기 핸들을 [H15] 셀까지 드래그합니다.

[H7] 셀 : =IF(G7〈=4, “승진대상”, “”)

H7 =IF(G7<=4, "승진대상", "")

승진 대상자 선정을 위한 직원 고과표

직원	고과		합계	순위		대상자
	상반기	하반기		순위	조정순위	
박지훈	150	170	320	2	2	승진대상
유준혁	130	110	240	9	9	
이서연	130	160	290	4	5	
김민준	140	150	290	4	6	
최서현	150	160	310	3	3	승진대상
박현우	100	190	290	4	4	승진대상
정시우	160	110	270	7	7	
이은서	140	120	260	8	8	
오서윤	170	160	330	1	1	승진대상

* 동점자가 존재하면 하반기 고과가 높은 사람을 우선 순위로 배치

TIP G열의 조정된 순위가 4위 이내인 경우에 '승진대상' 문자열을 표시합니다.

순위

06 29 여러 범위의 값으로 순위 구하기

예제 파일 PART 02 \ CHAPTER 06 \ RANK 함수-다중 범위.xlsx

공식처럼 사용할 수 있는 수식

순위를 구하는 작업은 보통 하나의 범위에서 구하는 경우가 많지만, 떨어진 여러 범위에서 순위를 구해야 하는 경우도 종종 있습니다. 이런 경우 RANK 함수나 RANK.EQ 함수를 사용하는 다음과 같은 수식을 사용합니다.

같은 시트 내 여러 범위에서 순위 구하기

RANK, RANK.EQ 함수를 사용할 때 순위를 구할 데이터 범위를 괄호로 묶어 다음과 같이 순위를 구합니다.

=RANK(숫자, (범위1 , 범위2, 범위3, …))

- **숫자** : 순위를 구할 숫자
- **범위** : 순위를 구할 데이터 범위

따라 하기

떨어진 여러 범위에서 순위를 구합니다.

01 예제를 열고, 두 대리점의 영업사원 매출을 기준으로 개별순위와 종합순위를 각각 구합니다.

서울 대리점별 직원 매출 현황

강남 대리점				논현 대리점			
영업사원	매출	순위	종합순위	영업사원	매출	순위	종합순위
민기용	5,956,000			임사랑	3,285,000		
이가을	8,786,000			조소연	5,186,750		
노이슬	15,351,450			정소라	5,996,850		
홍진우	4,940,750			이민영	2,763,000		
박다솜	1,120,000			구예찬	10,084,750		
최소라	3,815,100			조그림	9,102,000		
강단비	9,856,800			김연주	8,388,200		
구겨울	3,959,000			감용기	5,020,000		
최영원	8,629,000			강영광	4,274,750		
손은혜	5,490,000			문분홍	2,745,000		

02 강남 대리점과 논현 대리점의 영업사원별 순위를 구합니다.

03 다음 각 셀에 아래 수식을 넣고 자동 채우기 핸들[+]을 16행까지 드래그합니다.

[D7] 셀 : =RANK(C7, $C$7:$C$16)

[I7] 셀 : =RANK(H7, $H$7:$H$16)

I7 =RANK(H7, $H$7:$H$16)

서울 대리점별 직원 매출 현황

강남 대리점				논현 대리점			
영업사원	매출	순위	종합순위	영업사원	매출	순위	종합순위
민기용	5,956,000	5		임사랑	3,285,000	8	
이가을	8,786,000	3		조소연	5,186,750	5	
노이슬	15,351,450	1		정소라	5,996,850	4	
홍진우	4,940,750	7		이민영	2,763,000	9	
박다솜	1,120,000	10		구예찬	10,084,750	1	
최소라	3,815,100	9		조그림	9,102,000	2	
강단비	9,856,800	2		김연주	8,388,200	3	
구겨울	3,959,000	8		감용기	5,020,000	6	
최영원	8,629,000	4		강영광	4,274,750	7	
손은혜	5,490,000	6		문분홍	2,745,000	10	

TIP 계산된 결과를 보면 모두 대리점별로 순위가 1~10위까지 구해진 결과를 확인할 수 있습니다.

04 서울 두 개 대리점의 종합순위를 구합니다.

05 [E7] 셀에 다음 수식을 입력하고 [E7] 셀의 채우기 핸들[+]을 [E16] 셀까지 드래그합니다.

[E7] 셀 : =RANK(C7, ($C$7:$C$16, $H$7:$H$16))

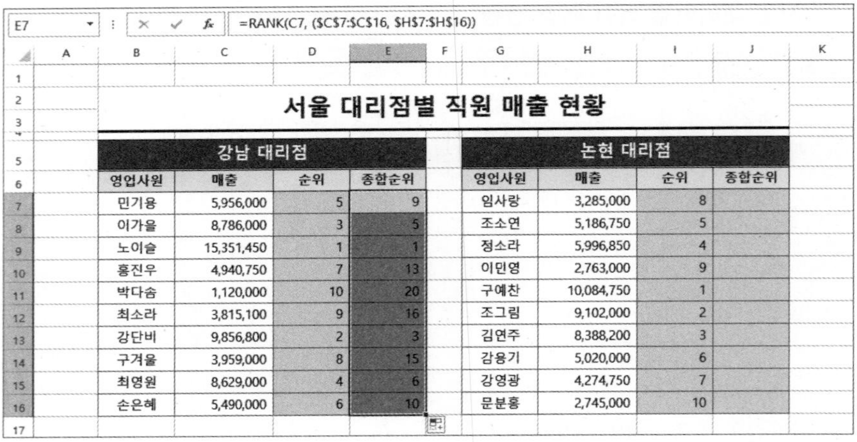

E7
=RANK(C7, ($C$7:$C$16, $H$7:$H$16))
서울 대리점별 직원 매출 현황
강남 대리점
논현 대리점
영업사원 매출 순위 종합순위
민기용 5,956,000 5 9
이가울 8,786,000 3 5
노이슬 15,351,450 1 1
홍진우 4,940,750 7 13
박다솜 1,120,000 10 20
최소라 3,815,100 9 16
강단비 9,856,800 2 3
구겨울 3,959,000 8 15
최영원 8,629,000 4 6
손은혜 5,490,000 6 10
임사랑 3,285,000 8
조소연 5,186,750 5
정소라 5,996,850 4
이민영 2,763,000 9
구예찬 10,084,750 1
조그림 9,102,000 2
김연주 8,388,200 3
강용기 5,020,000 6
강영광 4,274,750 7
문분홍 2,745,000 10

더 알아보기 수식 이해하기

RANK 함수의 두 번째 인수에서 괄호를 사용해 순위를 구할 범위를 모두 참조하면 참조한 범위 내의 순위를 반환합니다. 반환된 결과를 보면 D열에 반환된 순위와는 다른 1~20 사이의 순위가 반환된 것을 확인할 수 있습니다.

06 논현 대리점의 종합순위를 구합니다.

07 [E7:E16] 범위를 선택하고 복사(Ctrl+C)합니다.

TIP [E7] 셀만 복사해도 동일한 결과를 얻을 수 있습니다.

08 [J7:J16] 범위를 선택하고 Ctrl+V를 눌러 수식을 붙여 넣으면 순위가 구해집니다.

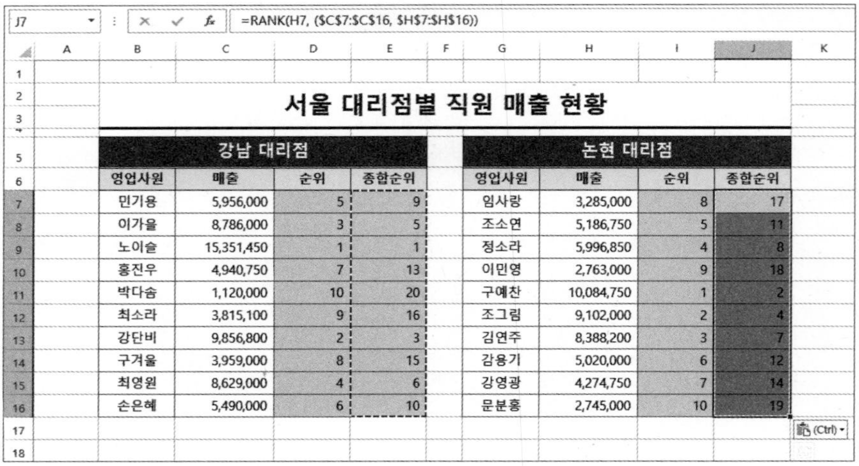

J7
=RANK(H7, ($C$7:$C$16, $H$7:$H$16))
서울 대리점별 직원 매출 현황
강남 대리점
논현 대리점
영업사원 매출 순위 종합순위
민기용 5,956,000 5 9
이가울 8,786,000 3 5
노이슬 15,351,450 1 1
홍진우 4,940,750 7 13
박다솜 1,120,000 10 20
최소라 3,815,100 9 16
강단비 9,856,800 2 3
구겨울 3,959,000 8 15
최영원 8,629,000 4 6
손은혜 5,490,000 6 10
임사랑 3,285,000 8 17
조소연 5,186,750 5 11
정소라 5,996,850 4 8
이민영 2,763,000 9 18
구예찬 10,084,750 1 2
조그림 9,102,000 2 4
김연주 8,388,200 3 7
강용기 5,020,000 6 12
강영광 4,274,750 7 14
문분홍 2,745,000 10 19
(Ctrl)

더 알아보기 **수식 이해하기**

강남 대리점과 논현 대리점은 표의 구조가 동일하므로 **05** 과정에서 작성한 수식을 그대로 복사해 사용하면 순위를 구할 수 있습니다. 그러면 RANK 함수의 첫 번째 인수의 셀 주소만 변경되고(상대 참조이므로 [C7] 셀이 [H7] 셀로 변경), 두 번째 인수의 범위는 변경되지 않아 종합순위를 간단하게 구할 수 있습니다. 복사된 수식은 다음과 같습니다.

```
=RANK(H7, ($C$7:$C$16, $H$7:$H$16))
```

순위

06 30 여러 시트에 입력된 동일한 구조의 표를 대상으로 순위 구하기

예제 파일 PART 02 \ CHAPTER 06 \ RANK 함수–여러 시트.xlsx

공식처럼 사용할 수 있는 수식

여러 시트에 흩어져 있는 표를 가지고 순위를 구할 때 순위를 구할 숫자 데이터 범위가 모두 동일한 위치에 존재한다면 3차원 참조를 이용해 순위를 구하는 것이 가능하지만, 그렇지 않다면 개별적으로 순위를 구해야 합니다. 다음은 동일한 양식을 사용하는 표가 여러 시트에 나누어 입력되어 있을 때 순위를 구하는 수식입니다.

다른 시트 내 동일한 범위에서 순위 구하기

여러 시트에 동일한 양식이 존재하고, 해당 표에서 구한 숫자를 가지고 전체 순위를 구해야 한다면 다음과 같은 수식을 사용합니다.

=RANK(숫자, 시트1:시트3!범위)

- **숫자** : 순위를 구할 숫자
- **범위** : 순위를 구할 데이터 범위로, 모든 시트에서 동일한 범위에 순위를 구할 숫자가 존재해야 합니다.
- **시트1**은 순위를 구할 첫 번째 시트이고, **시트3**은 마지막 시트입니다.

TIP **시트1:시트3!범위**와 같은 참조 방식을 3차원 참조라고 합니다.

따라 하기

여러 시트의 동일한 양식에 정리된 데이터의 순위를 구합니다.

01 예제를 열고, 시트 탭을 하나씩 클릭하면 다음과 같은 표를 확인할 수 있습니다.

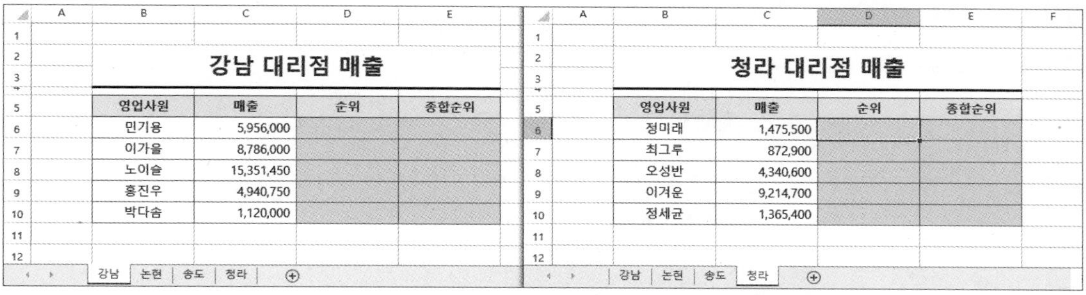
강남 대리점 매출
영업사원
매출
순위
종합순위
민기용 5,956,000
이가을 8,786,000
노이슬 15,351,450
홍진우 4,940,750
박다솜 1,120,000
강남
논현
송도
청라
청라 대리점 매출
정미래 1,475,500
최그루 872,900
오성반 4,340,600
이겨운 9,214,700
정세균 1,365,400

더 알아보기 **예제 이해하기**

예제의 표는 모두 구성이 동일합니다. B열에는 영업사원 이름이, C열에는 영업사원의 매출이 각각 입력되어 있습니다. 개별 시트에서 대리점별 영업사원 순위와 전체 시트 내 모든 대리점의 영업사원 종합순위를 구하는 작업을 진행합니다.

02 시트를 하나씩 작업하려면 불편하므로 시트를 그룹으로 묶어 작업합니다.

03 [강남] 시트 탭을 선택하고 Shift 를 누른 상태에서 [청라] 탭을 클릭합니다.

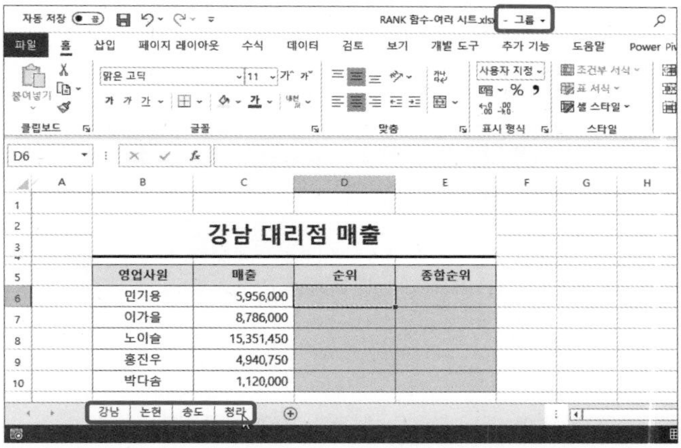

더 알아보기 **작업 이해하기**

이번 예제의 시트는 모두 동일한 구조의 표를 가지고 있습니다. 따라서 시트를 하나씩 작업하는 것보다는 여러 개 시트를 동시에 편집하는 것이 좋습니다. 이런 경우 작업할 시트들을 그룹으로 묶고 작업합니다.

방법은 위와 같이 시트 탭에서 첫 번째 시트를 선택한 상태에서 Shift 를 누르고 마지막 시트를 선택해줍니다. 그룹으로 시트가 묶이면 다음과 같은 두 가지 현상을 확인할 수 있습니다.

- 첫째, 시트 탭에서 선택한 시트들이 모두 흰색으로 표시됩니다.
- 둘째, 제목 표시줄의 파일명 옆에 [그룹]이라는 단어가 표시됩니다.

이런 방법은 편집할 여러 시트가 모두 동일한 위치에 동일한 양식으로 존재해야 가능합니다.

04 대리점별 직원 매출 순위를 집계합니다.

05 [D6] 셀에 다음 수식을 입력하고 [D6] 셀의 채우기 핸들을 [D10] 셀까지 드래그합니다.

[D6] 셀 : =RANK(C6, $C$6:$C$10)

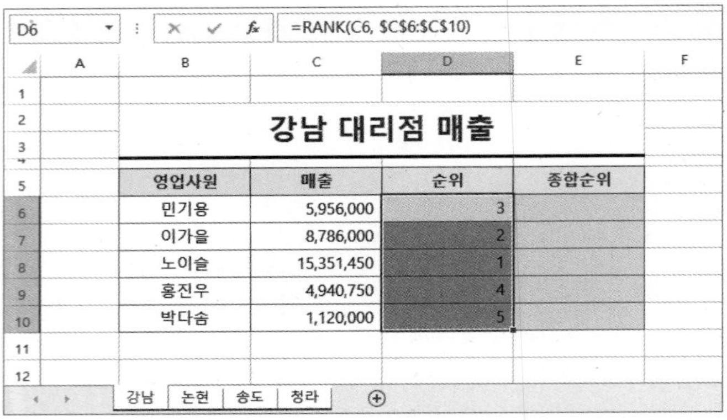

06 다른 시트도 순위가 구해졌는지 확인합니다.

07 시트 탭에서 [논현] 탭을 선택하면 순위가 제대로 구해져 있는 것을 확인할 수 있습니다.

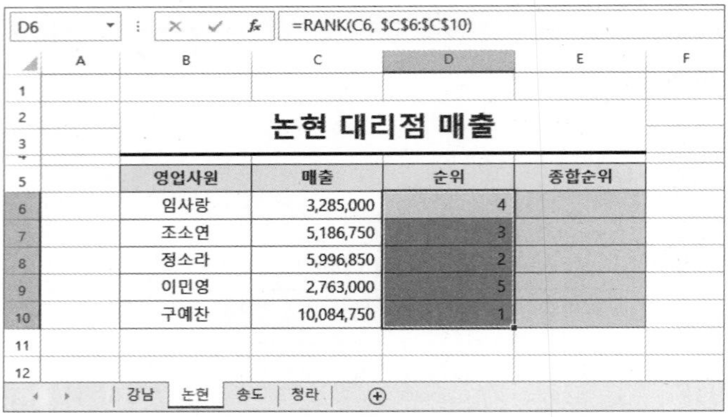

TIP 그룹 편집 중에 다른 시트 탭을 선택하면 그룹이 해제됩니다.

08 **03** 과정을 참고해 모든 시트를 다시 그룹으로 묶습니다.

09 모든 대리점 직원의 매출에 대한 종합순위를 계산합니다.

10 [E6] 셀에 다음 수식을 입력하고 [E6] 셀의 채우기 핸들을 [E10] 셀까지 드래그합니다.

[E6] 셀 : =RANK(C6, 강남:청라!$C$6:$C$10)

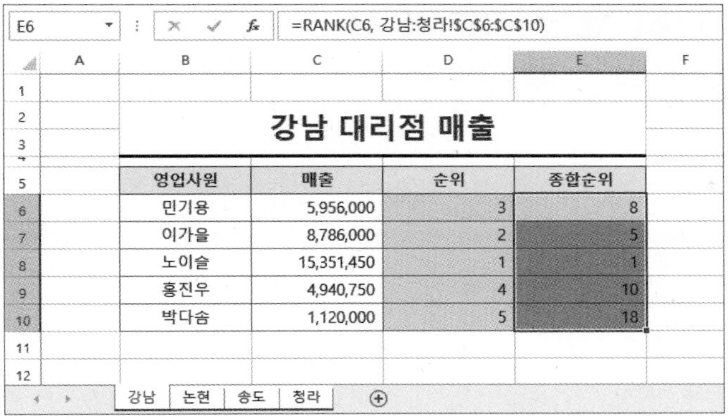

11 시트 탭의 다른 시트를 선택해 E열의 종합 순위가 제대로 구해졌는지 확인합니다.

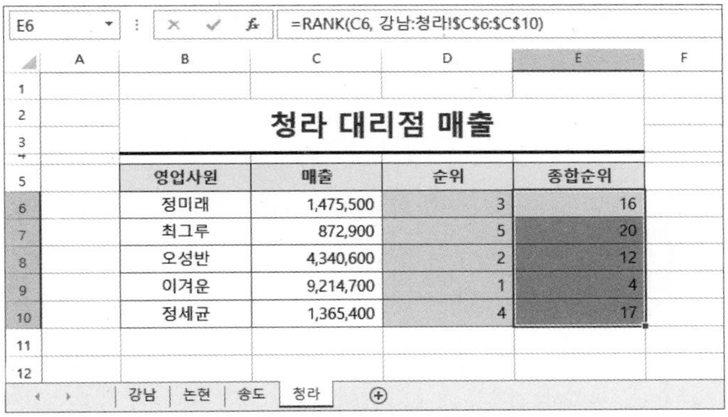

E6
=RANK(C6, 강남:청라!$C$6:$C$10)
청라 대리점 매출
영업사원 매출 순위 종합순위
정미래 1,475,500 3 16
최그루 872,900 5 20
오성반 4,340,600 2 12
이겨운 9,214,700 1 4
정세균 1,365,400 4 17
강남 논현 송도 청라

순위

06 31 백분율 순위 구하기 – PERCENTRANK 함수

예제 파일 PART 02 \ CHAPTER 06 \ PERCENTRANK 함수.xlsx

PERCENTRANK, PERCENTRANK.INC, PERCENTRANK.EXC 함수

순위는 특정 숫자가 전체 데이터 범위 내에서 몇 번째 값인지 절대 위치를 나타냅니다. 하지만 내신등급을 평가하는 것과 같이 절대 위치가 아닌 상대적 위치를 나타낼 필요가 있을 때는 백분율 순위를 구합니다. 백분율 순위는 다른 말로 백분위(百分位)라고 표현하기도 하며 엑셀에서는 **PERCENTRANK 함수**를 사용해 구합니다. 구문은 다음과 같습니다.

PERCENTRANK (❶ 범위, ❷ 숫자, ❸ 소수 자릿수)

지정한 범위 내에서 값의 백분위를 0~1 사이의 소수로 반환합니다. (0, 1 값을 포함)

인수	❶ **범위** : 백분율 순위를 구할 전체 데이터 범위 ❷ **숫자** : 백분율 순위를 구할 숫자 ❸ **소수 자릿수** : 반환된 백분율값의 소수점 이하 자릿수를 의미합니다. 이 값을 생략하면 소수점 이하 3자리 숫자가 반환됩니다.

사용 예

```
=PERCENTRANK(A1:A10, 80)
```

TIP [A1:A10] 범위에서 80점의 백분위를 반환합니다.

PERCENTRANK 함수는 엑셀 2010 버전부터는 PERCENTRANK.INC, PERCENTRANK.EXC 함수로 대체되었으며, PERCENTRANK 함수와 PERCENTRANK.INC 함수는 동일한 계산 결과를 반환합니다. PERCENTRANK 함수는 하위 버전과의 호환성 때문에 계속 제공됩니다. 그러므로 엑셀 2010 이상 버전 사용자라면 원하는 결과에 따라 PERCENTRANK.INC나 PERCENT.EXC 함수를 사용하는 것이 좋습니다.

PERCENTRANK.INC (❶ 범위, ❷ 숫자, ❸ 소수 자릿수) 2010 이상

지정한 범위 내에서 값의 백분위를 0~1 사이의 소수로 반환합니다. (0, 1 값을 포함)

인수	❶ **범위** : 백분율 순위를 구할 전체 데이터 범위 ❷ **숫자** : 백분율 순위를 구할 숫자 ❸ **소수 자릿수** : 반환된 백분율값의 소수점 이하 자릿수를 의미합니다. 이 값을 생략하면 소수점 이하 3자리 숫자가 반환됩니다.

사용 예

```
=PERCENTRANK.INC(A1:A10, 80)
```

PERCENTRANK.EXC (❶ 범위, ❷ 숫자, ❸ 소수 자릿수) 2010 이상

지정한 범위 내에서 값의 백분위를 0~1 사이의 소수로 반환합니다. (0, 1 값은 제외)

인수	❶ **범위** : 백분율 순위를 구할 전체 데이터 범위 ❷ **숫자** : 백분율 순위를 구할 숫자 ❸ **소수 자릿수** : 반환된 백분율값의 소수점 이하 자릿수를 의미합니다. 이 값을 생략하면 소수점 이하 3자리 숫자가 반환됩니다.

사용 예

```
=PERCENTRANK.EXC(A1:A10, 80)
```

공식처럼 사용할 수 있는 수식

PERCENTRANK, PERCENTRANK.INC 함수 대체 수식

PERCENTRANK 함수는 RANK와 COUNT 함수를 사용하는 다음 수식으로 대체할 수 있습니다.

```
=1-((RANK(숫자, 범위)-1)/(COUNT(범위)-1))
```

- **숫자** : 순위를 구할 숫자
- **범위** : 순위를 구할 데이터 범위

또는 다음과 같은 수식으로 대체가 가능합니다.

```
=COUNTIF(범위, "<" & 숫자)/(COUNT(범위)-1)
```

- **숫자** : 순위를 구할 숫자
- **범위** : 순위를 구할 데이터 범위

따라 하기

원하는 값을 백분위로 계산하고, 상위 N%에 해당하는 순위를 구해봅니다.

01 예제를 열고, F열 인사 고과 점수의 백분위를 구하고, 상위 30%를 승진 대상자로 선정합니다.

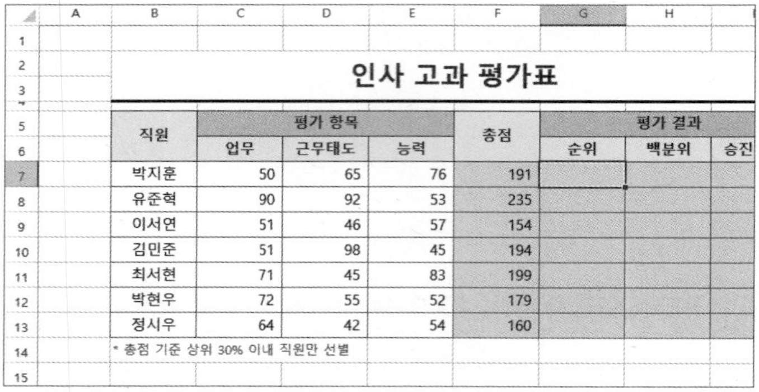

인사 고과 평가표

직원	평가 항목			총점	평가 결과		
	업무	근무태도	능력		순위	백분위	승진
박지훈	50	65	76	191			
유준혁	90	92	53	235			
이서연	51	46	57	154			
김민준	51	98	45	194			
최서현	71	45	83	199			
박현우	72	55	52	179			
정시우	64	42	54	160			

* 총점 기준 상위 30% 이내 직원만 선별

02 인사 고과 점수의 순위를 구합니다.

03 [G7] 셀에 다음 수식을 입력하고, [G7] 셀의 채우기 핸들을 [G13] 셀까지 드래그합니다.

[G7] 셀 : =RANK(F7, $F$7:$F$13)

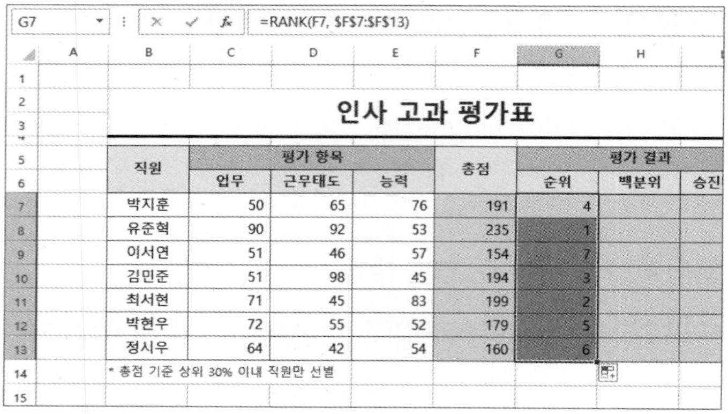

G7 =RANK(F7, $F$7:$F$13)

인사 고과 평가표

직원	평가 항목			총점	평가 결과		
	업무	근무태도	능력		순위	백분위	승진
박지훈	50	65	76	191	4		
유준혁	90	92	53	235	1		
이서연	51	46	57	154	7		
김민준	51	98	45	194	3		
최서현	71	45	83	199	2		
박현우	72	55	52	179	5		
정시우	64	42	54	160	6		

* 총점 기준 상위 30% 이내 직원만 선별

04 H열에 총점의 백분위(백분율 순위)를 구합니다.

05 [H7] 셀에 다음 수식을 입력하고, [H7] 셀의 채우기 핸들을 [H13] 셀까지 드래그합니다.

[H7] 셀 : =PERCENTRANK($F$7:$F$13, F7)

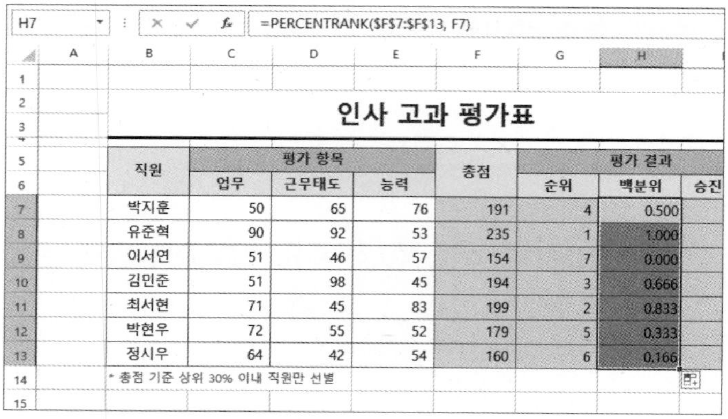

H7 =PERCENTRANK($F$7:$F$13, F7)

인사 고과 평가표

직원	평가 항목			총점	평가 결과		
	업무	근무태도	능력		순위	백분위	승진
박지훈	50	65	76	191	4	0.500	
유준혁	90	92	53	235	1	1.000	
이서연	51	46	57	154	7	0.000	
김민준	51	98	45	194	3	0.666	
최서현	71	45	83	199	2	0.833	
박현우	72	55	52	179	5	0.333	
정시우	64	42	54	160	6	0.166	

* 총점 기준 상위 30% 이내 직원만 선별

더 알아보기 **백분위를 구하는 여러 가지 방법**

PERCENTRANK 함수는 0~1 사이의 백분위를 반환해줍니다. 엑셀 2010 이상 버전 사용자라면 PERCENTRANK 함수와 PERCENTRANK.INC 함수의 결과가 동일하므로 이번 수식은 PERCENTRANK.INC 함수로 대체할 수 있습니다.

```
=PERCENTRANK.INC($F$7:$F$13, F7)
```

또는 다음과 같은 수식으로 대체가 가능합니다.

```
=1-((RANK(F7, $F$7:$F$13)-1)/(COUNT($F$7:$F$13)-1))
```

[G7] 셀처럼 순위가 4등이라면 위 수식은 다음과 같이 계산됩니다.

```
=1-((4-1)/(7-1))
```

즉 **=1-(3/6)**이 되므로 0.500이 반환됩니다. 또한 아래와 같은 수식으로도 대체가 가능합니다.

```
=COUNTIF($F$7:$F$13, "<" & F7)/(COUNT($F$7:$F$13)-1)
```

[G7] 셀의 경우를 예로 들면 전체 7명 중에서 4등이므로 이 직원보다 총점이 작은 직원은 3명이 됩니다. 그러므로 위 수식은 **=3/(7-1)**와 같이 계산되어 0.500이 반환됩니다.

06 PERCENTRANK.EXC 함수를 사용해 0과 1을 제외한 백분위를 반환받습니다.

TIP PERCENTRANK, PERCENTRANK.INC 함수는 0(H9)과 1(H8)을 반환합니다.

더 알아보기 **백분위의 0과 1**

백분위의 0은 0%, 1은 100%를 의미합니다. 백분위가 90%라는 것은 상위 10%에 속한다는 것을 의미하고, 99%는 상위 1%에 해당하는 것을 의미한다고 생각하는 경우가 많습니다. 그렇다면 100%는 상위 몇 퍼센트일까요? 이렇게 백분위를 구한 후 몇 퍼센트에 속하는지를 제대로 계산하려면 0과 1을 각각 제외하고 백분위를 구할 필요가 있습니다. 이때 사용할 수 있는 함수가 바로 PERCENTRANK.EXC 함수입니다.

07 [H7] 셀을 다음 수식으로 수정하고 [H7] 셀의 채우기 핸들을 [H13] 셀까지 드래그합니다.

[H7] 셀 : =PERCENTRANK.EXC($F$7:$F$13, F7)

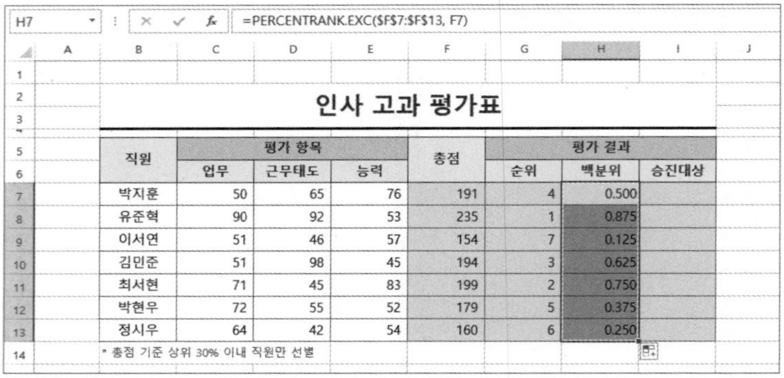
H7 | =PERCENTRANK.EXC($F$7:$F$13, F7)

인사 고과 평가표

직원	평가 항목			총점	평가 결과		
	업무	근무태도	능력		순위	백분위	승진대상
박지훈	50	65	76	191	4	0.500	
유준혁	90	92	53	235	1	0.875	
이서연	51	46	57	154	7	0.125	
김민준	51	98	45	194	3	0.625	
최서현	71	45	83	199	2	0.750	
박현우	72	55	52	179	5	0.375	
정시우	64	42	54	160	6	0.250	

* 총점 기준 상위 30% 이내 직원만 선별

더 알아보기 **0과 1을 제외한 백분위 구하기**

PERCENTRANK.EXC 함수는 PERCENTRANK나 PERCENTRANK.INC 함수와 마찬가지로 백분위를 계산해주지만, [H8:H9] 범위에서 확인할 수 있는 것처럼 0과 1이 반환되지 않습니다. 모든 백분위가 0 초과, 1 미만의 값으로 구해집니다. 잘 구분이 되지 않는다면 H열과 I열에 각각 PERCENTRANK.INC 함수와 PERCENTRANK.EXC 함수를 사용해 백분위를 각각 구하고 값을 비교해봅니다.

08 백분위의 상위 30%까지 승진대상자로 표시합니다.

09 [I7] 셀에 다음 수식을 입력하고 [I7] 셀의 채우기 핸들을 [I13] 셀까지 드래그합니다

[I7] 셀 : =IF(H7>=0.7, "승진대상", "")

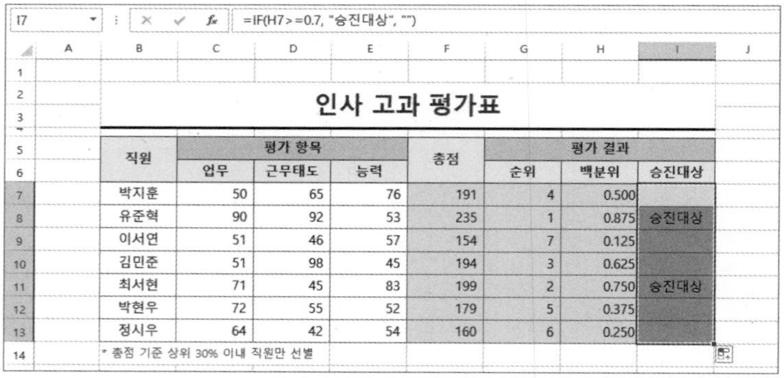
I7 | =IF(H7>=0.7, "승진대상", "")

인사 고과 평가표

직원	평가 항목			총점	평가 결과		
	업무	근무태도	능력		순위	백분위	승진대상
박지훈	50	65	76	191	4	0.500	
유준혁	90	92	53	235	1	0.875	승진대상
이서연	51	46	57	154	7	0.125	
김민준	51	98	45	194	3	0.625	
최서현	71	45	83	199	2	0.750	승진대상
박현우	72	55	52	179	5	0.375	
정시우	64	42	54	160	6	0.250	

* 총점 기준 상위 30% 이내 직원만 선별

더 알아보기 **수식 이해하기**

PERCENRANK(또는 PERCENTRANK.INC, PERCENTRANK.EXC) 함수는 모두 큰 값의 백분위가 1에 가까우므로 상위 30% 이내 값을 확인하려면 백분위가 70% 이내인 결과를 확인합니다.

기타 함수

06 32 화면에 보이는 데이터만 집계하기 - SUBTOTAL 함수

예제 파일 PART 02 \ CHAPTER 06 \ SUBTOTAL 함수.xlsx

SUBTOTAL 함수

엑셀에는 [필터]나 [숨기기]를 이용해 원하는 데이터만 화면에 표시할 수 있습니다. 이렇게 숨겨진 데이터를 계산에서 제외하려면 SUBTOTAL 함수를 사용합니다. SUBTOTAL 함수의 구문은 다음과 같습니다.

SUBTOTAL (❶ 함수 번호, ❷ 범위1, ❸ 범위2)

범위 내의 화면에 표시된 셀만 지정한 함수 번호로 집계한 값을 반환합니다.

<table>
<tr><td rowspan="2">구문</td><td>
❶ 함수 번호 : 집계할 함수를 의미하는 번호로, 1~11 또는 101~111 사이의 값을 선택합니다.
<table>
<tr><th colspan="2">함수 번호</th><th rowspan="2">함수</th></tr>
<tr><th>자동필터</th><th>자동필터, 숨기기</th></tr>
<tr><td>1</td><td>101</td><td>AVERAGE</td></tr>
<tr><td>2</td><td>102</td><td>COUNT</td></tr>
<tr><td>3</td><td>103</td><td>COUNTA</td></tr>
<tr><td>4</td><td>104</td><td>MAX</td></tr>
<tr><td>5</td><td>105</td><td>MIN</td></tr>
<tr><td>6</td><td>106</td><td>PRODUCT</td></tr>
<tr><td>7</td><td>107</td><td>STDEV</td></tr>
<tr><td>8</td><td>108</td><td>STDEVP</td></tr>
<tr><td>9</td><td>109</td><td>SUM</td></tr>
<tr><td>10</td><td>110</td><td>VAR</td></tr>
<tr><td>11</td><td>111</td><td>VARP</td></tr>
</table>
</td></tr>
<tr><td>❷ 범위 : SUBTOTAL 함수로 집계할 대상 범위</td></tr>
<tr><td>특이사항</td><td>101~111번의 함수 번호는 숨기기 명령으로 숨겨진 데이터 범위를 제외할 수 있습니다. 이 기능은 엑셀 2003 버전부터 제공되었습니다.</td></tr>
</table>

사용 예

```
=SUBSTOTAL(9, A1:A100)
```

TIP [A1:A100] 범위에서 자동 필터로 화면에 표시된 데이터의 합계만 반환합니다.

따라 하기

SUBTOTAL 함수와 COUNT, SUM 등 다른 함수들과의 차이를 이해합니다.

01 예제의 이름 상자를 클릭하면 정의된 이름을 확인할 수 있습니다.

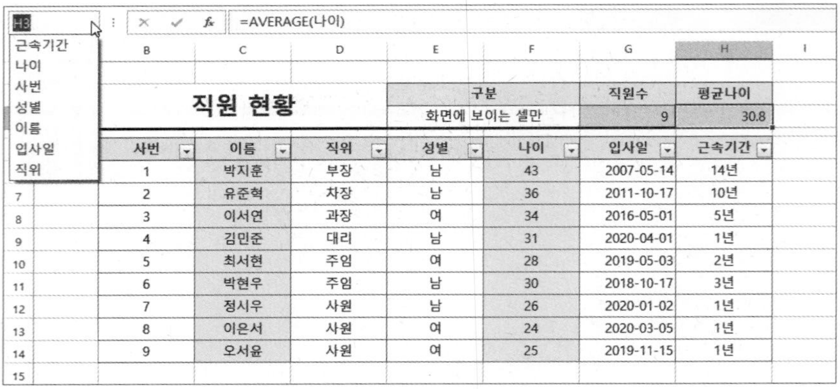
H3 | =AVERAGE(나이)

근속기간
나이
사번
성별
이름
입사일
직위

직원 현황			구분		직원수	평균나이
			화면에 보이는 셀만		9	30.8
사번	**이름**	**직위**	**성별**	**나이**	**입사일**	**근속기간**
1	박지훈	부장	남	43	2007-05-14	14년
2	유준혁	차장	남	36	2011-10-17	10년
3	이서연	과장	여	34	2016-05-01	5년
4	김민준	대리	남	31	2020-04-01	1년
5	최서현	주임	여	28	2019-05-03	2년
6	박현우	주임	남	30	2018-10-17	3년
7	정시우	사원	남	26	2020-01-02	1년
8	이은서	사원	여	24	2020-03-05	1년
9	오서윤	사원	여	25	2019-11-15	1년

TIP [B6:H14] 범위는 5행의 머리글로 이름 정의되어 있습니다. 이름을 클릭하면 해당 범위가 선택됩니다.

02 예제의 다음 각 셀에는 다음과 같은 수식이 입력되어 있습니다.

[G3] 셀 : =COUNTA(이름)

[H3] 셀 : =AVERAGE(나이)

03 자동 필터로 원하는 데이터만 화면에 표시할 때 수식의 결과가 변경되는지 확인합니다.

04 [E5] 셀의 더 보기[▼]를 클릭해 [남] 데이터만 화면에 표시합니다.

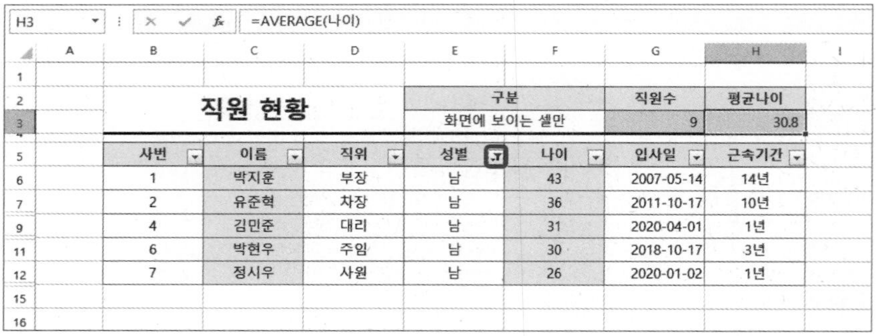
H3 | =AVERAGE(나이)

직원 현황			구분		직원수	평균나이
			화면에 보이는 셀만		9	30.8
사번	**이름**	**직위**	**성별**	**나이**	**입사일**	**근속기간**
1	박지훈	부장	남	43	2007-05-14	14년
2	유준혁	차장	남	36	2011-10-17	10년
4	김민준	대리	남	31	2020-04-01	1년
6	박현우	주임	남	30	2018-10-17	3년
7	정시우	사원	남	26	2020-01-02	1년

05 [G3:H3] 범위의 수식을 SUBTOTAL 함수를 사용하는 것으로 변경합니다.

06 다음 각 셀의 수식을 다음과 같이 변경합니다.

[G3] 셀 : =SUBTOTAL(3, 이름)

[H3] 셀 : =SUBTOTAL(1, 나이)

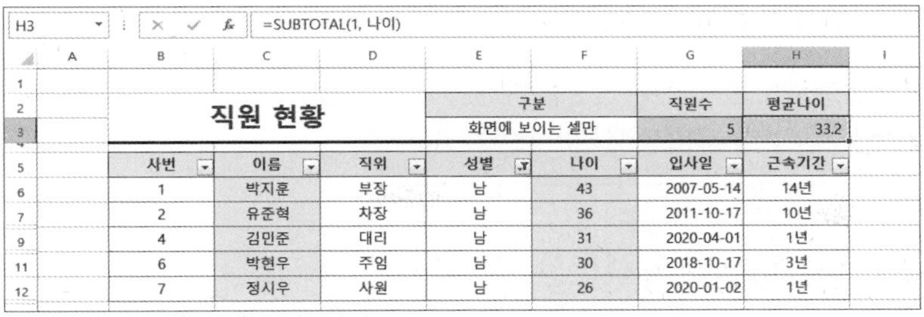

H3 =SUBTOTAL(1, 나이)

직원 현황		구분		직원수	평균나이	
		화면에 보이는 셀만		5	33.2	
사번	이름	직위	성별	나이	입사일	근속기간
1	박지훈	부장	남	43	2007-05-14	14년
2	유준혁	차장	남	36	2011-10-17	10년
4	김민준	대리	남	31	2020-04-01	1년
6	박현우	주임	남	30	2018-10-17	3년
7	정시우	사원	남	26	2020-01-02	1년

더 알아보기 SUBTOTAL 함수 이해하기

SUBTOTAL 함수는 화면에 표시된 데이터를 대상으로 COUNT, SUM, AVERAGE 등의 함수와 동일한 집계 작업을 할 수 있습니다. 첫 번째 인수의 3과 1은 각각 자동 필터를 통해 화면에 표시된 데이터를 대상으로 COUNTA 함수와 AVERAGE 함수처럼 계산하라는 의미가 됩니다.

[G3:H3] 범위의 수식 결과는 **04** 화면과 달리 화면에 표시된 데이터를 대상으로 변경되었음을 확인할 수 있습니다.

07 리본 메뉴의 [데이터] 탭–[편집] 그룹–[정렬 및 필터]–[지우기]를 이용해 필터를 해제합니다.

08 [H5] 셀의 더 보기를 클릭하고 [1년] 항목만 표시합니다. [G3:H3] 범위의 결과를 확인합니다.

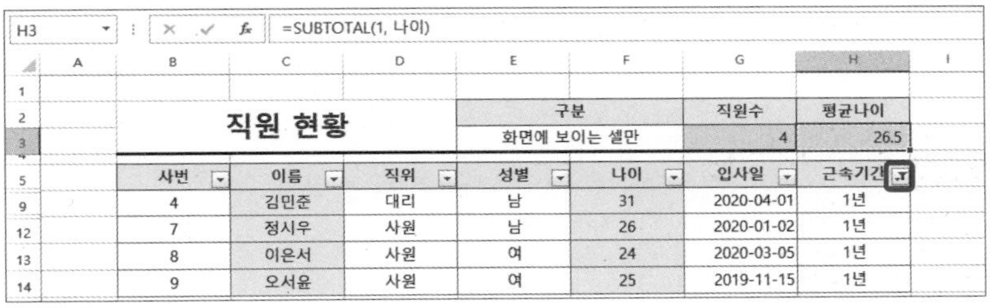

H3 =SUBTOTAL(1, 나이)

직원 현황		구분		직원수	평균나이	
		화면에 보이는 셀만		4	26.5	
사번	이름	직위	성별	나이	입사일	근속기간
4	김민준	대리	남	31	2020-04-01	1년
7	정시우	사원	남	26	2020-01-02	1년
8	이은서	사원	여	24	2020-03-05	1년
9	오서윤	사원	여	25	2019-11-15	1년

09 SUBTOTAL 함수의 옵션을 이해하기 위해 [숨기기]를 이용해 화면에 표시되는 데이터를 제한합니다.

10 먼저 리본 메뉴의 [데이터] 탭–[편집] 그룹–[정렬 및 필터]–[지우기]를 이용해 필터를 해제합니다.

11 [6:10] 행을 선택하고, 마우스 오른쪽 버튼을 클릭한 후 [숨기기]를 클릭합니다.

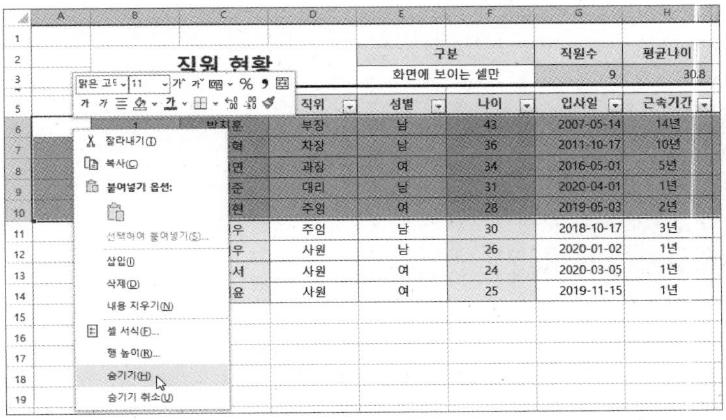

12 [G3:H3] 범위에 수식은 변경되지 않습니다.

	A	B	C	D	E	F	G	H	I
1									
2		직원 현황			구분		직원수	평균나이	
3					화면에 보이는 셀만		9	30.8	
5		사번	이름	직위	성별	나이	입사일	근속기간	
11		6	박현우	주임	남	30	2018-10-17	3년	
12		7	정시우	사원	남	26	2020-01-02	1년	
13		8	이은서	사원	여	24	2020-03-05	1년	
14		9	오서윤	사원	여	25	2019-11-15	1년	

TIP SUBTOTAL 함수의 1~11번 함수는 숨기기 명령에 연동되지 않습니다.

13 [G3:H3] 범위의 수식을 다음과 같이 수정합니다.

[G3] 셀 : =SUBTOTAL(103, 이름)

[H3] 셀 : =SUBTOTAL(101, 나이)

H3 =SUBTOTAL(101, 나이)

	A	B	C	D	E	F	G	H	I
1									
2		직원 현황			구분		직원수	평균나이	
3					화면에 보이는 셀만		4	26.3	
5		사번	이름	직위	성별	나이	입사일	근속기간	
11		6	박현우	주임	남	30	2018-10-17	3년	
12		7	정시우	사원	남	26	2020-01-02	1년	
13		8	이은서	사원	여	24	2020-03-05	1년	
14		9	오서윤	사원	여	25	2019-11-15	1년	

14 [5:11] 행을 선택하고, 마우스 오른쪽 버튼을 클릭한 후 [숨기기 취소]를 클릭합니다.

TIP 이 방법이 불편하면 실행 취소(Ctrl+Z)를 몇 번 눌러 이전 단계로 돌아갑니다.

15 [E5] 셀의 더 보기▾를 클릭해 [여] 데이터만 화면에 표시합니다.

B6 1

	A	B	C	D	E	F	G	H	I
1									
2		직원 현황			구분		직원수	평균나이	
3					화면에 보이는 셀만		4	27.8	
5		사번	이름	직위	성별	나이	입사일	근속기간	
8		3	이서연	과장	여	34	2016-05-01	5년	
10		5	최서현	주임	여	28	2019-05-03	2년	
13		8	이은서	사원	여	24	2020-03-05	1년	
14		9	오서윤	사원	여	25	2019-11-15	1년	

더 알아보기 **작업 이해하기**

13 과정 화면과 비교해보면 [G3:H3] 범위의 결과가 이전과 다르게 변경되었습니다. 즉, SUBTOTAL 함수는 숨기기 기능뿐만이 아니라 자동 필터 기능에도 대응하며 동작한다는 것을 알 수 있습니다. 따라서 어떤 기능을 사용해도 화면에 표시된 데이터만 대상으로 집계해야 한다면 100번대 함수 번호를 사용하는 것을 권합니다.

06 33 수식 에러를 제외하고 집계하기 – AGGREGATE 함수

예제 파일 PART 02 \ CHAPTER 06 \ AGGREGATE 함수.xlsx

AGGREGATE 함수

엑셀 2010 버전부터는 SUBTOTAL 함수를 대체할 수 있는 AGGREGATE 함수를 제공합니다. AGGREGATE 함수는 SUBTOTAL 함수보다 더 많은 함수를 사용할 수 있고 수식 에러를 집계에서 제외할 수 있는 옵션도 추가되어 매우 편리합니다. AGGREGATE 함수의 구문은 다음과 같습니다.

AGGREGATE (❶ 함수 번호, ❷ 옵션, ❸ 범위1, ❹ 범위2, …) 2010 이상

범위 내의 화면에 표시된 셀만 지정한 함수 번호로 집계한 값을 반환합니다.

구문

❶ **함수 번호** : 집계할 함수를 의미하는 번호로 다음과 같습니다.

함수 번호	함수	함수 설명
1	AVERAGE	평균
2	COUNT	개수(숫자)
3	COUNTA	개수(입력)
4	MAX	최댓값
5	MIN	최솟값
6	PRODUCT	곱하기
7	STDEV.S	표준편차(표본)
8	STDEV.P	표준편차(전체)
9	SUM	합계
10	VAR.S	분산(표본)
11	VAR.P	분산(전체)
12	MEDIAN	중간값
13	MODE.SNGL	최빈값
14	LARGE	N번째 큰 값
15	SMALL	N번째 작은 값
16	PERCENTILE.INC	N번째 백분위
17	QUARTILE.INC	사분위수
18	PERCENTILE.EXC	0과 1 사이의 N번째 백분위
19	QUARTILE.EXC	0과 1 사이의 사분위수

구문	
구문	❷ **옵션** : 범위 내에서 무시할 값을 의미하는 0~7 사이의 숫자로, 생략하면 0을 지정한 것과 동일합니다.

옵션	의미
0	중첩된 SUBTOTAL 및 AGGREGATE 함수 무시
1	숨겨진 행, 중첩된 SUBTOTAL, AGGREGATE 함수 무시
2	에러, 중첩된 SUBTOTAL, AGGREGATE 함수 무시
3	숨겨진 행, 에러, 중첩된 SUBTOTAL, AGGREGATE 함수 무시
4	아무것도 무시 안 함
5	숨겨진 행 무시
6	에러 무시
7	숨겨진 행 및 에러 무시

❸ **범위1** : AGGREGATE 함수로 집계할 대상 범위

❹ **범위2** : AGGREGATE 함수로 집계할 대상 범위, 또는 함수 번호가 14~19번 일 때 N번째 값을 지정합니다.

따라 하기

수식 에러를 제외한 집계 결과를 얻습니다.

01 예제를 열면 화면과 같은 표를 확인할 수 있습니다. 13행의 분기별 실적을 합산합니다.

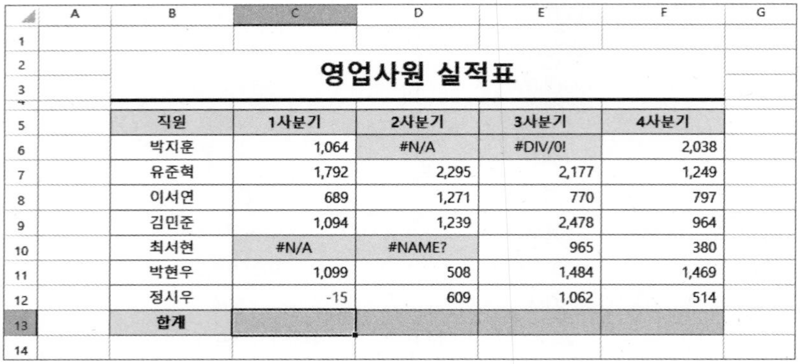

영업사원 실적표

직원	1사분기	2사분기	3사분기	4사분기
박지훈	1,064	#N/A	#DIV/0!	2,038
유준혁	1,792	2,295	2,177	1,249
이서연	689	1,271	770	797
김민준	1,094	1,239	2,478	964
최서현	#N/A	#NAME?	965	380
박현우	1,099	508	1,484	1,469
정시우	-15	609	1,062	514
합계				

02 SUM 함수를 이용해 집계합니다.

03 [C13] 셀에 다음 수식을 입력합니다.

[C13] 셀 : =SUM(C6:C12)

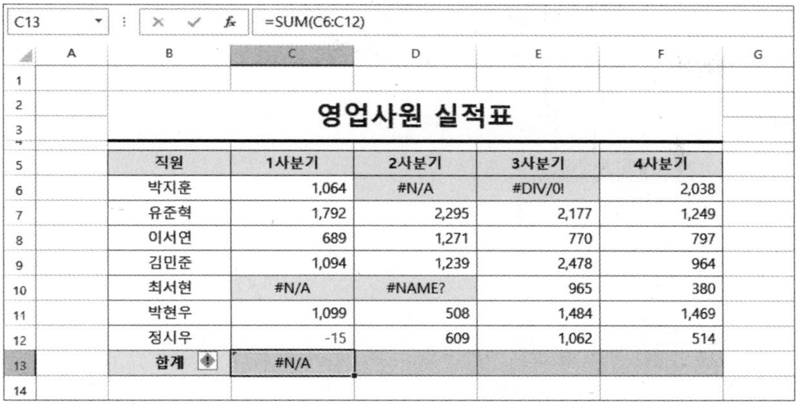
C13 =SUM(C6:C12)

직원	1사분기	2사분기	3사분기	4사분기
박지훈	1,064	#N/A	#DIV/0!	2,038
유준혁	1,792	2,295	2,177	1,249
이서연	689	1,271	770	797
김민준	1,094	1,239	2,478	964
최서현	#N/A	#NAME?	965	380
박현우	1,099	508	1,484	1,469
정시우	-15	609	1,062	514
합계	#N/A			

영업사원 실적표

더 알아보기 #N/A 에러가 발생한 이유

SUM 함수를 포함한 대부분의 엑셀 함수는 참조한 범위 내 #N/A와 같은 수식 에러가 존재하면 함수가 제대로 동작하지 않고 참조한 범위 내 수식 에러를 그대로 반환합니다.

04 AGGREGATE 함수를 사용해 수식 에러를 제외한 결과를 계산합니다.

05 [C13] 셀에 다음 수식을 입력하고 [C13] 셀의 채우기 핸들을 [F13] 셀까지 드래그합니다.

[C13] 셀 : =AGGREGATE(9, 6, C6:C12)

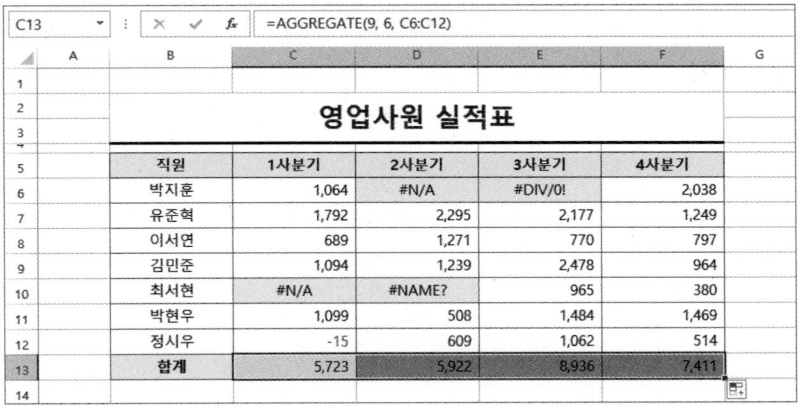
C13 =AGGREGATE(9, 6, C6:C12)

영업사원 실적표

직원	1사분기	2사분기	3사분기	4사분기
박지훈	1,064	#N/A	#DIV/0!	2,038
유준혁	1,792	2,295	2,177	1,249
이서연	689	1,271	770	797
김민준	1,094	1,239	2,478	964
최서현	#N/A	#NAME?	965	380
박현우	1,099	508	1,484	1,469
정시우	-15	609	1,062	514
합계	5,723	5,922	8,936	7,411

더 알아보기 AGGREGATE 함수 이해하기

이번 수식에서 AGGREGATE 함수는 총 세 개의 인수를 사용했습니다.

● **첫 번째 인수 : 9**

함수 번호로 9번은 SUM 함수를 의미합니다.

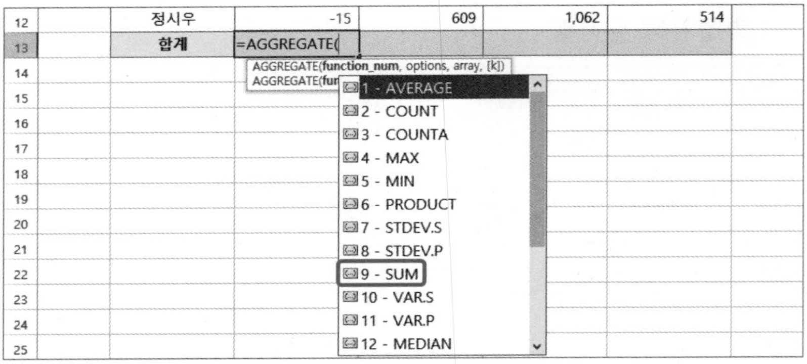

● **두 번째 인수 : 6**

옵션으로 6번은 수식 에러(오류)를 계산에서 제외하라는 의미입니다.

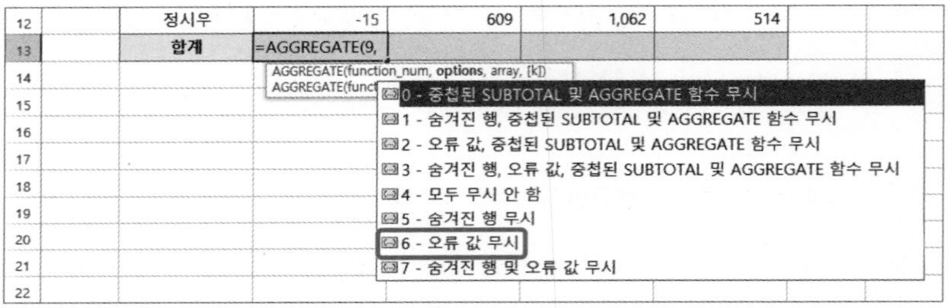

TIP 5번을 선택하면 SUBTOTAL 함수와 동일하게 동작합니다.

● **세 번째 인수 : C6:C12**

집계할 데이터 범위입니다.

06 34 화면에 표시된 데이터에 일련번호 부여하기

예제 파일 PART 02 \ CHAPTER 06 \ 일련번호-표시.xlsx

공식처럼 사용할 수 있는 수식

표에 일련번호를 부여할 때 ROW 함수나 COUNTA 함수를 사용할 수 있지만 화면에 표시된 데이터만을 대상으로 일련번호를 표시할 수는 없습니다. 그러므로 화면에 표시된 데이터에만 일련번호를 부여해야 한다면 SUBTOTAL 함수나 AGGREGATE 함수를 사용해야 합니다.

일련번호 반환 수식

화면에 표시된 데이터에 일련번호를 부여하려면 다음 수식을 사용합니다.

=SUBTOTAL(103, 시작 셀:시작 셀)

- **103** : COUNTA 함수와 동일하게 동작하며 화면에 표시된 데이터의 개수를 셉니다.
- **시작 셀:시작 셀** : 일련번호를 세기 위해 참조할 데이터 범위 내 첫 번째 셀을 지정합니다.

TIP 왼쪽 시작 셀은 절대 참조($A$1)로, 오른쪽 시작 셀은 상대 참조(A1)로 참조해야 합니다.

엑셀 2010 이상 버전 사용자라면 AGGREGATE 함수를 사용하는 다음 수식을 사용합니다.

=AGGREGATE(3, 5, 시작 셀:시작 셀)

- **3** : COUNTA 함수와 동일하게 동작하며, 화면에 표시된 데이터의 개수를 셉니다.
- **5** : 화면에 표시된 셀만 집계합니다.
- **시작 셀:시작 셀** : 일련번호를 세기 위해 참조할 데이터 범위 내 첫 번째 셀을 지정합니다.

TIP 왼쪽 시작 셀은 절대 참조($A$1)로, 오른쪽 시작 셀은 상대 참조(A1)로 참조해야 합니다.

따라 하기

화면에 표시된 데이터를 대상으로 일련번호를 반환하도록 합니다.

01 예제를 열고, [NO] 열(B열)에 일련번호를 반환하는 수식을 작성합니다.

TIP 예제에는 자동 필터가 적용되어 있습니다. 화면에 표시된 데이터에 맞춰 일련번호가 부여되도록 합니다.

02 [B6] 셀에 다음 수식을 입력하고 [B6] 셀의 채우기 핸들 을 더블클릭해 수식을 복사합니다.

[B6] 셀 : =SUBTOTAL(103, $C$6:C6)

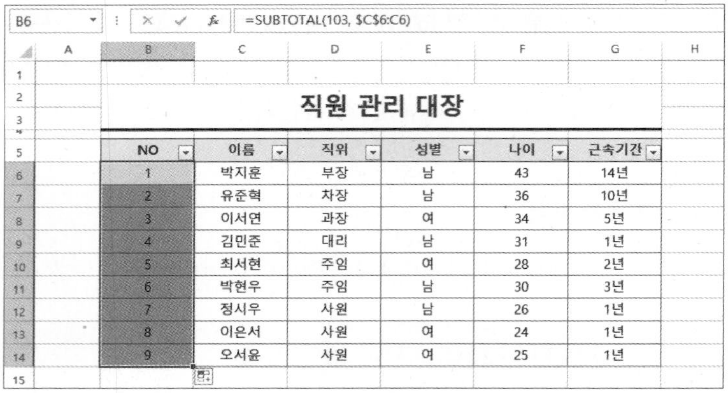

더 알아보기 수식 이해하기

이번 수식에서 SUBTOTAL 함수의 구성은 다음과 같습니다.

- **첫 번째 인수 : 103**
  103번은 COUNTA 함수를 의미합니다.
- **두 번째 인수 : $C$6:C6**
  범위를 참조할 때 **$C$6:C6**과 같은 참조 방식은 일련번호나 누계를 계산할 때 자주 사용하는 범위 참조 방식입니다.

LINK 누계를 구하는 참조 방식은 이 책의 406페이지에서도 설명한 적 있습니다.

이번 수식은 다음 수식과 동일한 수식입니다.

```
=COUNTA($C$6:C6)
```

이번 수식은 C열(이름)에서 값이 입력된 셀을 하나씩 세어 일련번호를 반환합니다. COUNTA 함수를 사용해도 동일한 결과를 얻을 수 있지만 자동 필터와 연계해서 화면에 표시된 데이터의 일련번호만 반환되도록 SUBTOTAL 함수를 사용한 것입니다.

03 자동 필터의 조건을 설정해 일련번호가 제대로 표시되는지 확인합니다.

04 [E5] 셀의 더 보기를 클릭하고 [남] 항목만 체크합니다.

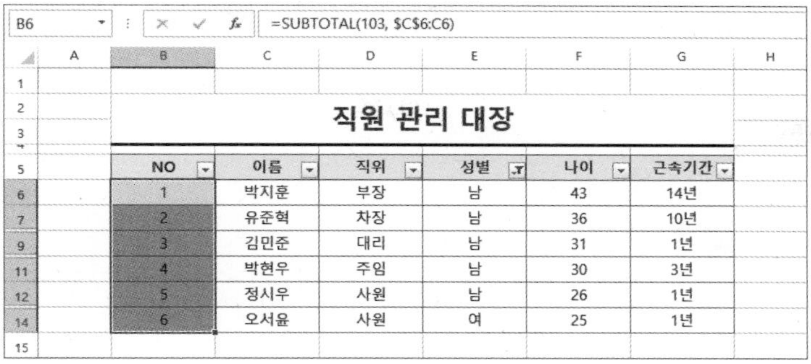
B6 =SUBTOTAL(103, $C$6:C6)

직원 관리 대장

NO	이름	직위	성별	나이	근속기간
1	박지훈	부장	남	43	14년
2	유준혁	차장	남	36	10년
3	김민준	대리	남	31	1년
4	박현우	주임	남	30	3년
5	정시우	사원	남	26	1년
6	오서윤	사원	여	25	1년

05 자동 필터가 적용되어도 B열의 일련번호가 제대로 표시됩니다.

06 다만 14행에 [여] 데이터도 표시됩니다.

TIP 이런 문제는 자동 필터 내 SUBTOTAL 함수를 사용하는 경우에 발생하는 엑셀의 버그 중 하나입니다.

07 문제를 해결하기 위해 **SUBTOTAL 함수** 대신 **AGGREGATE 함수**를 사용하도록 수식을 수정합니다.

08 먼저 필터 조건을 해제하기 위해 리본 메뉴의 [데이터] 탭–[정렬 및 필터] 그룹–[지우기]를 클릭합니다.

09 [B6] 셀의 수식을 다음과 같이 수정하고 [B6] 셀의 채우기 핸들을 더블클릭합니다.

[B6] 셀 : =AGGREGATE(3, 5, $C$6:C6)

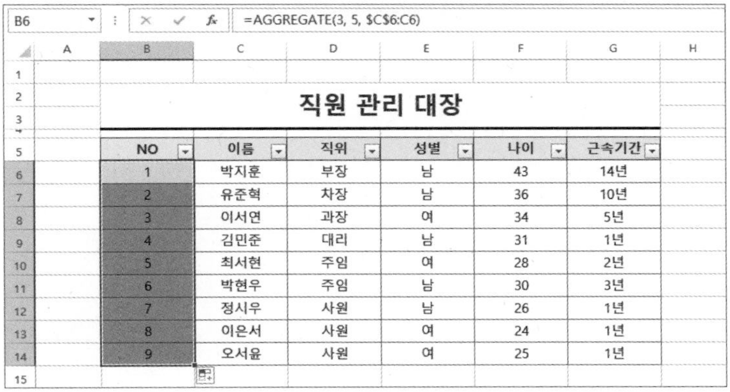
B6 =AGGREGATE(3, 5, $C$6:C6)

직원 관리 대장

NO	이름	직위	성별	나이	근속기간
1	박지훈	부장	남	43	14년
2	유준혁	차장	남	36	10년
3	이서연	과장	여	34	5년
4	김민준	대리	남	31	1년
5	최서현	주임	여	28	2년
6	박현우	주임	남	30	3년
7	정시우	사원	남	26	1년
8	이은서	사원	여	24	1년
9	오서윤	사원	여	25	1년

더 알아보기 수식 이해하기

이번 수식에서 AGGREGATE 함수의 구성은 다음과 같습니다.

- **첫 번째 : 3**
  3번은 COUNTA 함수를 의미합니다.
- **두 번째 : 5**
  5번은 숨겨진 행을 계산에서 제외하도록 하는 옵션입니다.
- **세 번째 : $C$6:C6**
  SUBTOTAL 함수와 동일하게 일련번호를 계산하기 위한 범위입니다.

10 다시 E열의 성별을 [남] 항목에만 체크합니다.

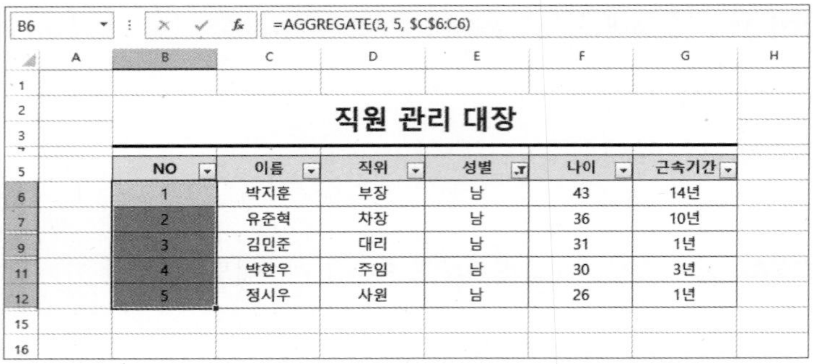
B6 =AGGREGATE(3, 5, $C$6:C6)

직원 관리 대장

NO	이름	직위	성별	나이	근속기간
1	박지훈	부장	남	43	14년
2	유준혁	차장	남	36	10년
3	김민준	대리	남	31	1년
4	박현우	주임	남	30	3년
5	정시우	사원	남	26	1년

TIP E열을 보면 정확하게 [남] 데이터만 표시되고, B열의 일련번호도 정확하게 반환됩니다.

CHAPTER 07

날짜, 시간 함수

엑셀의 계산 작업에는 다양한 날짜와 시간을 처리하는 함수가 제공됩니다. 예를 들어 근속기간이나 연차, 초과 근무 수당 등을 계산할 때 사용합니다. 이런 작업은 하나의 함수로 계산하는 경우도 있지만, 대부분 별도의 계산식을 만들어 계산해야 올바른 결과가 반환됩니다. 이번 CHAPTER에서는 엑셀의 날짜, 시간 계산에 사용하는 함수에 대해 알아보겠습니다.

날짜/시간의 기본

07 01 오늘 날짜와 현재 시간 기록하기 – NOW, TODAY 함수

예제 파일 없음

TODAY, NOW 함수

오늘 날짜와 현재 시간이 자동으로 계산되길 원한다면 **TODAY 함수**나 **NOW 함수**를 사용합니다. 두 함수의 구문은 다음과 같습니다.

TODAY

오늘 날짜를 yyyy-mm-dd 형식으로 반환합니다.

사용 예

```
=TODAY()
```

TIP 오늘 날짜를 2020-01-01 형식으로 반환합니다.

NOW

오늘 날짜와 현재 시간을 yyyy-mm-dd hh:mm 형식으로 반환합니다.

사용 예

```
=NOW()
```

TIP 오늘 날짜와 현재 시간을 2020-01-01 09:00 형식으로 반환합니다.

TIP 현재 시간만 반환해주는 함수는 제공되지 않습니다.

NOW 함수나 TODAY 함수는 인수가 없지만 수식을 입력할 때 반드시 괄호를 열고 닫아야 합니다. **=NOW**와 같이 괄호를 생략하면 #NAME! 오류가 반환됩니다.

	A	B	C	D
1				
2		결과	수식	
3		2020-06-08	=TODAY()	
4		#NAME?	=TODAY	
5				

TIP 빈 셀에 C열의 수식을 입력해 결과를 확인합니다. 반환되는 날짜는 수식을 입력하는 날짜가 됩니다.

이 함수들은 오늘 날짜와 현재 시간을 자동으로 계산해주므로 편리하다는 장점이 있습니다. 하지만 잦은 재계산으로 파일의 계산 속도를 떨어트릴 수 있다는 단점도 있습니다. 엑셀 수식은 다음과 같은 경우에 재계산됩니다.

- 첫째, 파일에서 참조하는 셀(또는 범위)의 값이 변경되는 경우
- 둘째, 파일을 새로 여는 경우

TODAY 함수나 NOW 함수같이 인수가 따로 사용되지 않는 함수들은 파일 내 셀 값이 변경되면 무조건 재계산되므로 파일의 계산 속도가 저하될 수 있습니다. 또한 엑셀은 파일을 열 때마다 파일 내 모든 수식을 재계산합니다. 따라서 TODAY 함수나 NOW 함수를 사용한 엑셀 파일을 열고 따로 수정하지 않아도 파일을 닫을 때 파일을 저장할지 묻는 대화상자가 표시됩니다.

공식처럼 사용할 수 있는 수식

현재 시간 반환

엑셀에는 현재 시간만 반환해주는 함수는 따로 제공되지 않으므로 다음과 같은 수식을 사용해야 합니다.

=NOW()-TODAY()

NOW 함수는 오늘 날짜와 현재 시간을 반환하고, TODAY 함수는 오늘 날짜만 반환합니다. 그러므로 NOW 함수에서 TODAY 함수를 빼면 현재 시간이 반환됩니다. 이 수식을 빈 셀에 입력하면 [B3:B4] 범위와 같은 값을 얻게 됩니다. 두 셀의 결과는 동일하지만 [B3] 셀은 [셀 서식]의 [표시 형식]이 [시간]으로 설정되어 있고, [B4] 셀은 [일반]으로 설정되어 있습니다.

	A	B	C	D
1				
2		결과	수식	
3		오전 10:36:04	=NOW()-TODAY()	
4		0.441718403	=NOW()-TODAY()	
5				

LINK 엑셀에서 날짜와 시간을 관리하는 방법에 대해서는 이 책의 38페이지를 참고합니다.

단축키

엑셀에서 오늘 날짜나 현재 시간을 입력할 때 다음과 같은 단축키를 사용합니다.

단축키	설명
Ctrl + ;	오늘 날짜를 셀에 입력합니다.
Ctrl + Shift + ;	현재 시간(h:m)을 셀에 입력합니다. 초는 제외됩니다.
Ctrl + ; Spacebar Ctrl + Shift + ;	오늘 날짜와 현재 시간을 셀에 입력합니다.

TIP 오늘 날짜와 현재 시간을 입력하려면 Ctrl + ;를 누르고 한 칸 띄어쓰기한 후 Ctrl + Shift + :를 눌러줍니다.

날짜와 시간을 매번 변경해 계산해야 한다면 TODAY 함수 또는 NOW 함수를 사용합니다. 날짜와 시간을 기록할 목적이라면 위의 단축키를 사용하는 것이 좋습니다.

07 02 날짜의 요일 반환하기 – WEEKDAY, TEXT 함수

예제 파일 PART 02 \ CHAPTER 07 \ 요일.xlsx

WEEKDAY 함수

날짜 데이터에서 요일을 확인하고 싶을 때 **WEEKDAY 함수**를 사용할 수 있습니다. WEEKDAY 함수의 구문은 다음과 같습니다.

WEEKDAY (❶ 날짜, ❷ 요일 옵션)

날짜값의 요일 인덱스 번호를 반환합니다.

인수

❶ **날짜** : 요일 인덱스 번호를 구할 날짜 일련번호입니다.

❷ **요일 옵션** : 주의 시작 요일을 의미하는 옵션으로, 1~3 사이의 값을 사용합니다.

요일 옵션	설명
1 또는 생략	일요일이 한 주의 시작일이며, 1(일)~7(토) 사이의 숫자를 반환합니다.
2	월요일이 한 주의 시작일이며, 1(월)~7(일) 사이의 숫자를 반환합니다.
3	월요일이 한 주의 시작일이며, 0(월)~6(일) 사이의 숫자를 반환합니다.
11	월요일이 한 주의 시작일이며, 1(월)~7(일) 사이의 숫자를 반환합니다.
12	화요일이 한 주의 시작일이며, 1(화)~7(월) 사이의 숫자를 반환합니다.
13	수요일이 한 주의 시작일이며, 1(수)~7(화) 사이의 숫자를 반환합니다.
14	목요일이 한 주의 시작일이며, 1(목)~7(수) 사이의 숫자를 반환합니다.
15	금요일이 한 주의 시작일이며, 1(금)~7(목) 사이의 숫자를 반환합니다.
16	토요일이 한 주의 시작일이며, 1(토)~7(금) 사이의 숫자를 반환합니다.
17	일요일이 한 주의 시작일이며, 1(일)~7(토) 사이의 숫자를 반환합니다.

TIP 1 옵션과 17 옵션이 동일하며, 2 옵션과 11 옵션이 동일합니다.

사용 예

```
=WEEKDAY(A1)
```

TIP [A1] 셀에 입력된 날짜값이 월요일이면 요일 번호 2를 반환합니다.

날짜/시간 서식 코드

WEEKDAY 함수는 요일 일련번호를 반환합니다. '월~일'과 같은 요일값을 바로 반환받고 싶을 때는 **TEXT 함수**를 사용하는 경우가 많습니다. TEXT 함수를 사용하려면 다음의 날짜 서식 코드에 대해 이해하고 있어야 합니다.

서식 코드	설명	반환
ddd	영어 요일을 짧게 표시합니다.	Mon~Sun
dddd	영어 요일을 풀 네임으로 표시합니다.	Monday~Sunday
aaa	한글 요일을 짧게 표시합니다.	월~일
aaaa	한글 요일을 풀 네임으로 표시합니다.	월요일~일요일

TIP 서식 코드는 대/소문자를 구분하지 않습니다.

LINK TEXT 함수를 사용하는 자세한 방법은 이 책의 299페이지를 참고합니다.

공식처럼 사용할 수 있는 수식

한글 요일 반환

요일을 반환하는 WEEKDAY 함수는 요일 인덱스 번호를 반환합니다. 따라서 한글 요일을 반환받으려면 다음과 같은 수식을 사용해야 합니다.

=CHOOSE(WEEKDAY(날짜), "일", "월", "화", "수", "목", "금", "토")

- **날짜** : 요일을 확인하고 싶은 날짜 데이터나 날짜가 입력된 셀

또는 다음과 같은 수식을 사용할 수 있습니다.

=TEXT(날짜, "aaa")

- **날짜** : 요일을 확인하고 싶은 날짜 데이터나 날짜가 입력된 셀

예제를 열고, [B6] 셀에 요일을 알고 싶은 날짜를 입력하면 [B9], [B10] 셀에 각각 해당 날짜의 요일값이 반환되는 것을 확인할 수 있습니다.

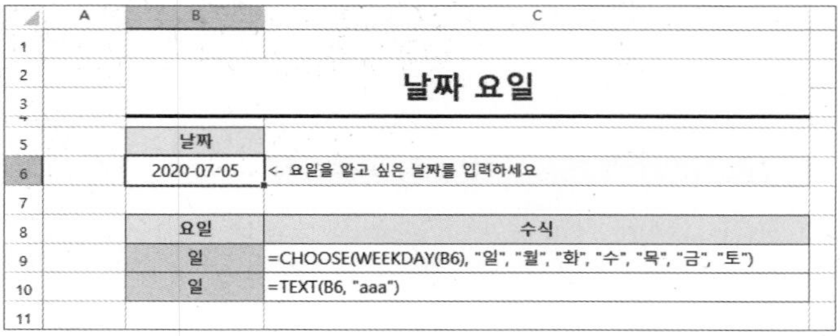

날짜 요일
날짜
2020-07-05
<- 요일을 알고 싶은 날짜를 입력하세요
요일
수식
일
=CHOOSE(WEEKDAY(B6), "일", "월", "화", "수", "목", "금", "토")
일
=TEXT(B6, "aaa")

07 03 데이터 입력 날짜, 시간을 자동 기록하기

예제 파일 PART 02 \ CHAPTER 07 \ 데이터 입력 날짜.xlsx

공식처럼 사용할 수 있는 수식

데이터 입력 날짜/시간 기록

엑셀은 데이터 입력 날짜(또는 시간)를 자동으로 기록해주진 않습니다. 따라서 매번 사용자가 해당 날짜와 시간을 기록해야 하는 불편함이 있습니다. 자동으로 데이터 입력 날짜(또는 시간)를 기록하고 싶다면 다음 수식을 사용합니다.

=IF(입력 셀="", "", IF(현재 셀="", TODAY( ), 현재 셀))

- **입력 셀** : 데이터를 입력하는 셀로, 만약 [B1] 셀에 데이터를 입력할 때 날짜가 자동으로 기록되길 원하면 [B1] 셀을 입력합니다.
- **현재 셀** : 수식을 입력하는 셀로, 만약 [A1] 셀에 수식을 입력하고 있다면 [A1] 셀을 입력합니다.
- **TODAY( )** : 데이터 입력 날짜를 기록합니다.

TIP 시간과 함께 기록하려면 NOW() 함수로 수정하고 시간만 기록하려면 NOW()–TODAY() 수식으로 대체합니다.

위 수식은 수식 내에서 수식을 작성 중인 현재 셀을 다시 참조합니다. 이런 참조 방식을 **순환 참조**라고 하며, 수식을 작성하는 현재 셀을 참조하는 경우 발생합니다.

또한 다음 그림과 같이 [A1] 셀에서 [B1] 셀을 참조하는데 [B1] 셀에서는 [C1] 셀을 참조하고, [C1] 셀에서는 다시 [A1] 셀을 참조하여 참조가 지속적으로 순환하는 경우에도 발생합니다.

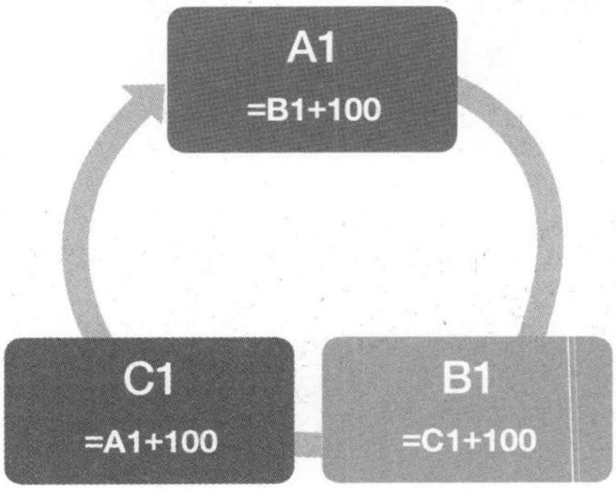

순환 참조를 이용해 수식을 재계산하고 싶다면 엑셀의 [반복 계산] 옵션을 활성화시켜야 합니다. 방법은 다음과 같습니다.

01 리본 메뉴의 [파일] 탭–[옵션]을 클릭합니다.

02 [Excel 옵션] 대화상자가 표시되면 [수식]을 선택합니다.

03 [계산 옵션] 그룹 내 [반복 계산 사용] 옵션을 체크하고 [확인]을 클릭합니다.

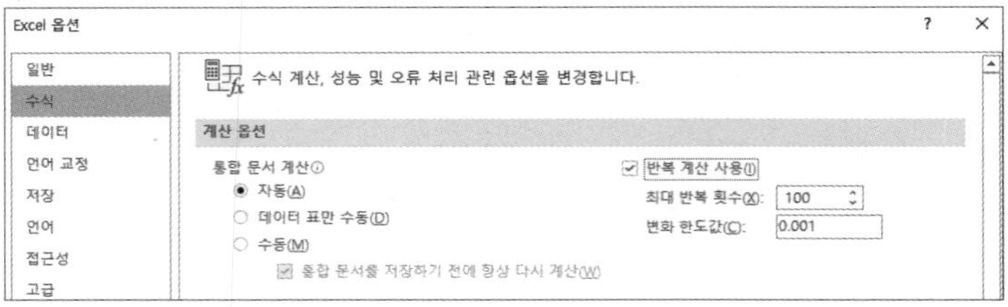

따라 하기

데이터를 입력하면 입력시간이 자동으로 기록되도록 작업합니다.

01 예제를 열고, B열의 계정과목이 기록될 때 **입력시간**이 E열에 자동 기록되도록 합니다.

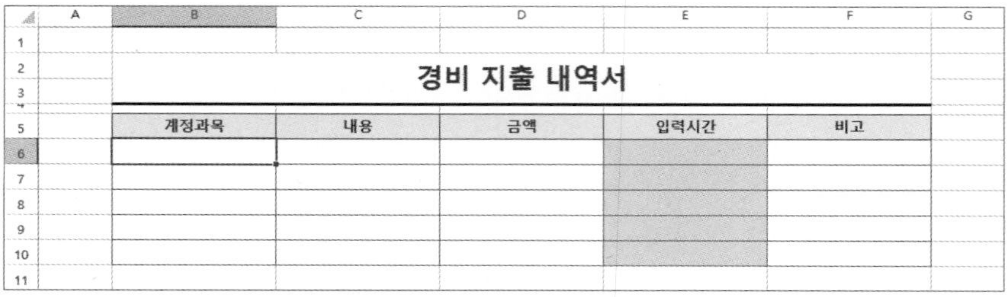

TIP 이 방법을 사용하기 전 [옵션] 내 [반복 계산] 옵션이 활성화되어야 합니다.

02 [E6] 셀에 다음 수식을 입력하고 [E6] 셀의 채우기 핸들을 [E10] 셀까지 드래그합니다.

[E6] 셀 : =IF(B6="", "", IF(E6="", NOW()–TODAY(), E6))

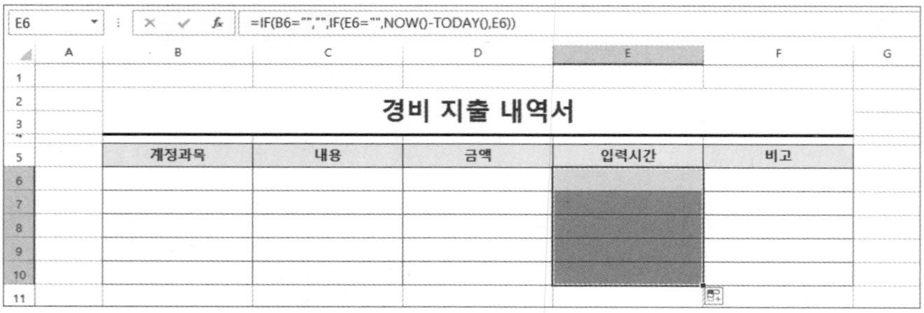

더 알아보기 수식 이해하기

이번 수식은 IF 함수를 중첩해 사용하고 있는데, 간단하게는 다음과 같이 이해할 수 있습니다.

```
=IF(B6="", "", ❶)
```

즉, [B6] 셀이 비어 있다면 아무 값도 표시하지 말고, [B6] 셀에 값이 입력되어 있다면 ❶ 동작을 하라는 의미입니다. 계정과목이 입력될 때 실행할 ❶의 동작은 다음과 같습니다.

```
IF(E6="", NOW()–TODAY(), E6))
```

[E6] 셀이 빈 셀이면(이전에 기록된 시간이 없다면), NOW 함수에서 TODAY 함수를 빼 현재 시간을 기록합니다. 반면 [E6] 셀에 이전에 기록된 시간이 있다면 [E6] 셀의 값을 바꾸지 말고 그대로 표시하란 의미입니다.

이 수식은 [E6] 셀에 입력되므로 [반복 계산] 옵션이 체크되어 있지 않으면 순환 참조 에러가 발생합니다. 따라서 반드시 옵션을 변경한 후 입력해야 합니다.

03 시간이 제대로 기록되는지 확인합니다.

04 [B6] 셀에 **주유비**를 입력하면 [E6] 셀에 현재 시간이 기록됩니다.

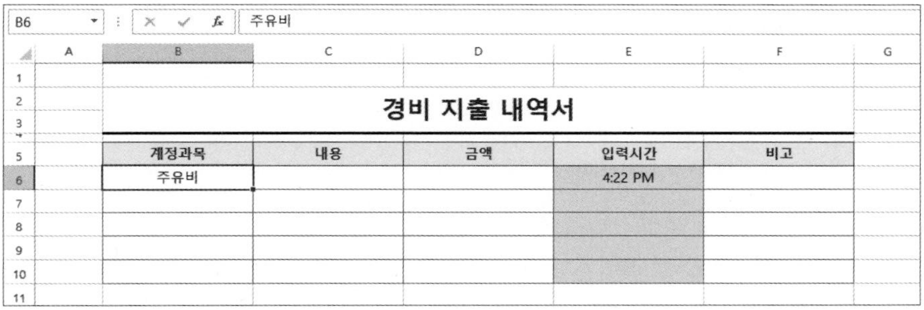
B6
주유비
경비 지출 내역서
계정과목
내용
금액
입력시간
비고
주유비
4:22 PM

TIP [E6] 셀에 사용자가 예제를 따라 하는 시간이 표시됩니다.

05 잠시 뒤에 [B7] 셀에 다른 계정과목을 입력해 **시간**이 어떻게 변경되는지 확인합니다.

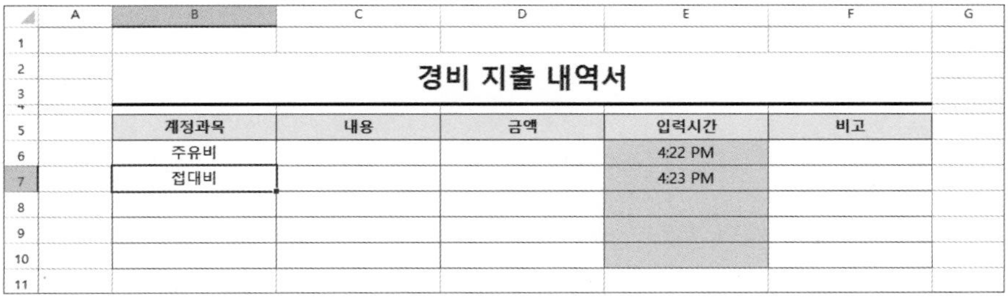
경비 지출 내역서
계정과목
내용
금액
입력시간
비고
주유비
4:22 PM
접대비
4:23 PM

TIP [E7] 셀에는 현재 시간이 표시되고, [E6] 셀의 시간은 변경되지 않아야 합니다.

07 04 월의 시작일과 종료일 계산하기

예제 파일 PART 02 \ CHAPTER 07 \ DATE, YEAR, MONTH, DAY 함수.xlsx

DATE, YEAR, MONTH, DAY, EOMONTH 함수

원하는 날짜를 계산해 얻으려면 엑셀에서는 **DATE 함수**를 사용하는 것이 가장 쉽습니다. DATE 함수의 구문은 다음과 같습니다.

DATE (❶ 연, ❷ 월, ❸ 일)

연, 월, 일의 값을 받아 날짜 일련번호를 반환합니다.

인수	❶ **연** : 0~9999 사이의 연도(年)를 의미하는 정수의 값입니다. 0~1899 사이의 값은 1900을 더한 연도가 계산되며, 1900~9999 사이의 값은 그대로 연도로 인식됩니다. ❷ **월** : 1~12 사이의 월(月)을 의미하는 양수 또는 음수의 값입니다. [월] 인수가 12보다 크면 12로 나눈 몫이 [연] 인수에 더해지고, 나머지값이 월이 됩니다. 참고로 나머지가 0인 경우에는 모두 12월이 됩니다. ❸ **일** : 1~31 사이의 일(日)을 의미하는 양수 또는 음수의 값입니다. [일] 인수가 지정된 [월]의 일 수보다 크면 차이가 나는 값을 날짜에 더하는 방식으로 계산합니다.
특이사항	[월], [일] 인수는 0과 음수를 사용할 수 있습니다. 지정한 값(예를 들어 월은 1~12 사이의 값)이 아닌 0 또는 음수를 사용하면 몇 개월 전([월] 인수의 경우) 또는 며칠 전과 같은 방식으로 인식해 날짜값을 계산합니다. 예를 들어 **=DATE(2020, 0, 1)**는 2020년 1월 1일의 한 달 전인 '2019년 12월 1일'을 반환합니다. 그리고 **=DATE(2020, 1, −1)**는 2020년 1월 1일에서 이틀(1에서 2를 빼야 −1이 되므로) 전인 '2019년 12월 30일'을 반환합니다.

사용 예

```
=DATE(2020, 1, 1)
```

TIP 2020-01-01 날짜값을 반환합니다.

DATE 함수는 날짜 데이터에서 연, 월, 일의 값을 각각 반환해주는 **YEAR, MONTH, DAY 함수**와 함께 사용됩니다. YEAR, MONTH, DAY 함수의 구문은 다음과 같습니다.

YEAR (❶ 날짜)

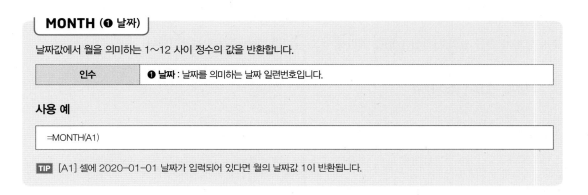

날짜값에서 년(年)을 의미하는 1900~9999 사이 정수의 값을 반환합니다.

인수	❶ **날짜** : 날짜를 의미하는 날짜 일련번호입니다.

사용 예

```
=YEAR(A1)
```

TIP [A1] 셀에 2020-01-01 날짜가 입력되어 있다면 연도의 날짜값 2020이 반환됩니다.

MONTH (❶ 날짜)

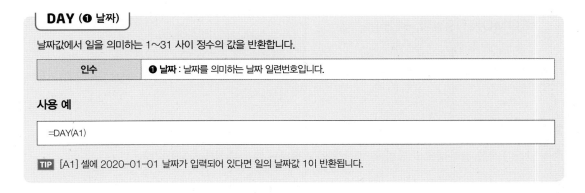

날짜값에서 월을 의미하는 1~12 사이 정수의 값을 반환합니다.

인수	❶ **날짜** : 날짜를 의미하는 날짜 일련번호입니다.

사용 예

```
=MONTH(A1)
```

TIP [A1] 셀에 2020-01-01 날짜가 입력되어 있다면 월의 날짜값 1이 반환됩니다.

DAY (❶ 날짜)

날짜값에서 일을 의미하는 1~31 사이 정수의 값을 반환합니다.

인수	❶ **날짜** : 날짜를 의미하는 날짜 일련번호입니다.

사용 예

```
=DAY(A1)
```

TIP [A1] 셀에 2020-01-01 날짜가 입력되어 있다면 일의 날짜값 1이 반환됩니다.

특정 날짜가 속한 월의 마지막 날짜를 반환해주는 함수가 EOMONTH 함수입니다. 이 함수는 특정 날짜 계산 작업에서 유용하게 사용할 수 있습니다. 구문은 다음과 같습니다.

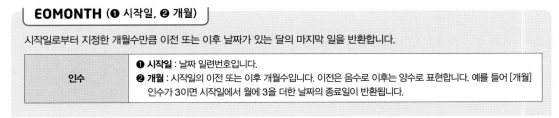

EOMONTH (❶ 시작일, ❷ 개월)

시작일로부터 지정한 개월수만큼 이전 또는 이후 날짜가 있는 달의 마지막 일을 반환합니다.

인수	❶ **시작일** : 날짜 일련번호입니다. ❷ **개월** : 시작일의 이전 또는 이후 개월수입니다. 이전은 음수로 이후는 양수로 표현합니다. 예를 들어 [개월] 인수가 3이면 시작일에서 월에 3을 더한 날짜의 종료일이 반환됩니다.

사용 예

```
=EOMONTH(A1, 3)
```

TIP [A1] 셀의 날짜에서 3개월 이후 날짜가 속한 월의 마지막 일을 반환합니다. 예를 들어 [A1] 셀에 2020-01-01 날짜가 입력되어 있다면 3개월 뒤인 4월 1일의 마지막 일 2020-04-30이 반환됩니다.

공식처럼 사용할 수 있는 수식

월 시작일 계산

특정 날짜가 속한 월의 시작일(1일)을 계산해 얻고 싶다면 다음 수식을 사용합니다.

=날짜 - DAY(날짜)+1

- **날짜** : 월 시작일을 구할 날짜 데이터

또는 다음과 같은 수식을 사용할 수 있습니다.

=EOMONTH(날짜, -1)+1

- **날짜** : 월 시작일을 구할 날짜 데이터

월 종료일 계산

특정 날짜가 속한 월의 종료일(말일)을 계산해 얻고 싶다면 다음 수식을 사용합니다.

=DATE(YEAR(날짜), MONTH(날짜)+1, 0)

- **날짜** : 월 종료일을 구할 날짜 데이터

또는 다음과 같은 수식을 사용할 수 있습니다.

=EOMONTH(날짜, 0)

- **날짜** : 월 종료일을 구할 날짜 데이터

따라 하기

01 예제를 열고, B열의 날짜가 속한 월의 시작일과 종료일을 구하는 작업을 진행합니다.

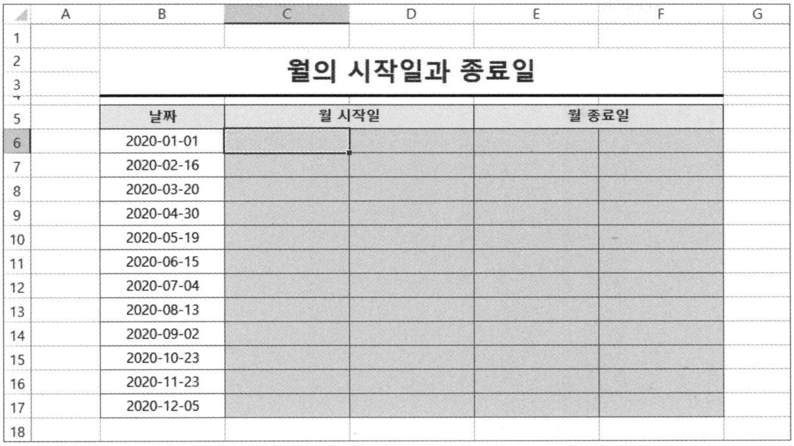

TIP TODAY 함수를 사용해 오늘 날짜를 기준으로 계산하는 것도 좋습니다.

02 B열의 날짜가 속한 월의 시작일을 DATE 함수를 사용해 계산합니다.

03 [C6] 셀에 다음 수식을 입력하고 [C6] 셀의 채우기 핸들을 [C17] 셀까지 드래그합니다.

[C6] 셀 : =DATE(YEAR(B6), MONTH(B6), 1)

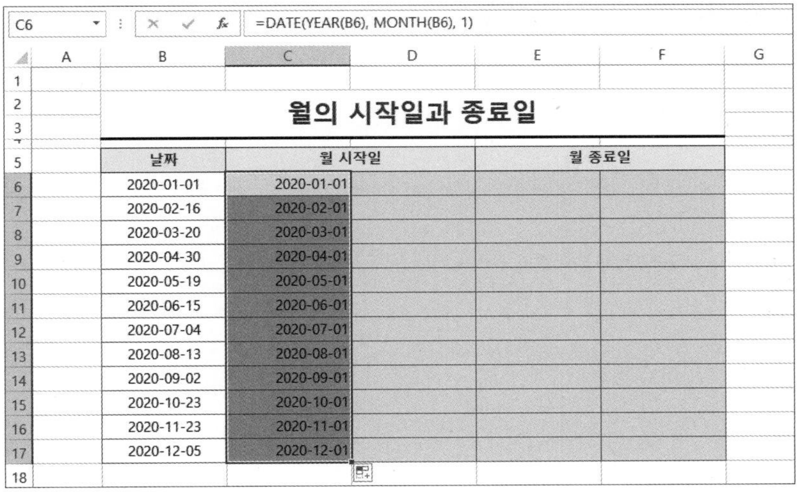

더 알아보기 **수식 이해하기**

B열에 날짜가 속한 월의 시작일은 같은 연도, 같은 월의 1일입니다. 따라서 DATE 함수에 YEAR, MONTH 함수를 중첩해 B열의 연도와 월의 값을 얻으면 쉽게 계산이 가능합니다.

04 B열의 날짜가 속한 월의 마지막 일을 계산합니다.

05 [E6] 셀에 다음 수식을 입력하고 [E6] 셀의 채우기 핸들을 [E17] 셀까지 드래그합니다.

[E6] 셀 : =DATE(YEAR(B6), MONTH(B6)+1, 1–1)

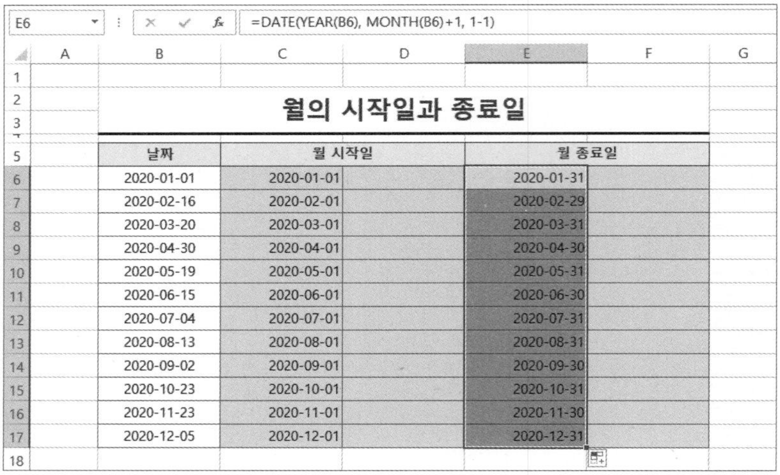
E6 =DATE(YEAR(B6), MONTH(B6)+1, 1-1)

월의 시작일과 종료일

날짜	월 시작일	월 종료일
2020-01-01	2020-01-01	2020-01-31
2020-02-16	2020-02-01	2020-02-29
2020-03-20	2020-03-01	2020-03-31
2020-04-30	2020-04-01	2020-04-30
2020-05-19	2020-05-01	2020-05-31
2020-06-15	2020-06-01	2020-06-30
2020-07-04	2020-07-01	2020-07-31
2020-08-13	2020-08-01	2020-08-31
2020-09-02	2020-09-01	2020-09-30
2020-10-23	2020-10-01	2020-10-31
2020-11-23	2020-11-01	2020-11-30
2020-12-05	2020-12-01	2020-12-31

더 알아보기 **1로 시작일과 종료일 구하기**

월의 마지막 일은 28, 29(윤년), 30, 31 등으로 다양합니다. 그러므로 다음 달 1일을 먼저 계산한 후 하루 전 날짜를 반환하도록 하는 것이 쉽습니다. 이번 수식은 **03** 과정의 수식과 유사하지만 월과 일 부분에 각각 1을 더하는 연산을 하거나 1을 빼주는 연산을 추가한 것입니다.

즉, 월은 1을 더해 다음 달 날짜를 계산하도록 했고, 일은 1을 빼서 하루 전 날짜를 계산하도록 했습니다. 이렇게 하면 B열의 날짜가 속한 월의 종료일을 정확하게 계산할 수 있습니다.

이번 수식은 당연히 다음과 같이 변경이 가능합니다.

```
=DATE(YEAR(B6), MONTH(B6)+1, 0)
```

DATE 함수의 세 번째 인수에 사용된 0은 날짜에서는 존재하지 못하는 값입니다. 하지만 숫자로는 1보다 하나 작은 숫자이므로, 1일의 하루 전이라는 의미로는 문제가 없습니다.

06 월 시작일을 계산하는 수식을 좀 더 간결하게 수정합니다.

07 [C6] 셀의 수식을 다음과 같이 수정하고, [C6] 셀의 채우기 핸들을 [C17] 셀까지 드래그합니다.

[C6] 셀 : =B6-DAY(B6)+1

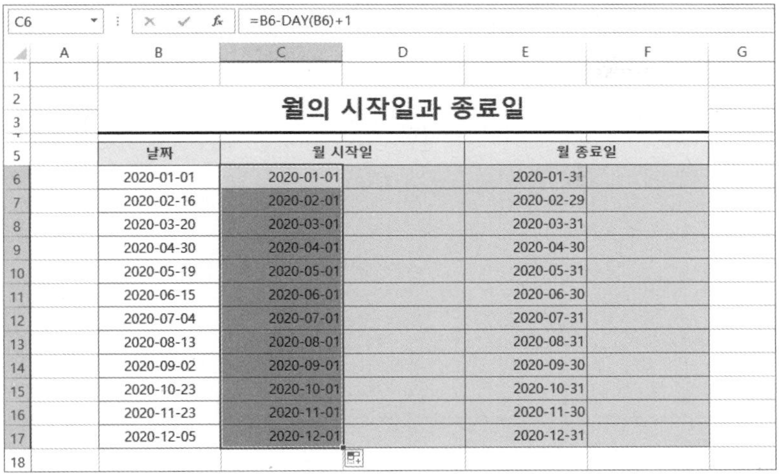

더 알아보기 **수식 이해하기**

[B6] 셀에서 일(日)의 값을 빼면 2020-01-00이 됩니다. 다만 이런 날짜는 존재하지 않으므로, 전월의 마지막 종료일(2019-12-31)이 반환됩니다. 여기에 1을 더하면 이번 달 1일이 반환됩니다.

08 월 종료일을 구하는 작업을 EOMONTH 함수를 사용해 계산합니다.

09 [F6] 셀에 다음 수식을 입력하고 [F6] 셀의 채우기 핸들을 [F17] 셀까지 드래그합니다.

[F6] 셀 : =EOMONTH(B6, 0)

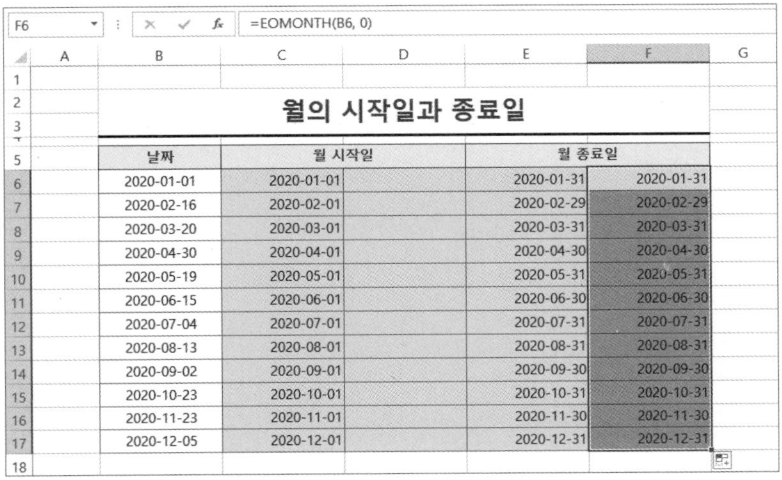

🔍 더 알아보기 EOMONTH 함수 이해하기

EOMONTH 함수는 첫 번째 인수의 날짜에서 두 번째 인수인 [N개월] 전후의 종료일을 반환해줍니다. 두 번째 인수가 0이면 현재 월을 의미합니다. 그러므로 B열이 속한 날짜의 종료일이 자동으로 계산됩니다.

10 월의 시작일도 EOMONTH 함수를 사용해 구할 수 있습니다.

11 [D6] 셀에 다음 수식을 입력하고 [D6] 셀의 채우기 핸들을 [D17] 셀까지 드래그합니다.

[D6] 셀 : =EOMONTH(B6, −1)+1

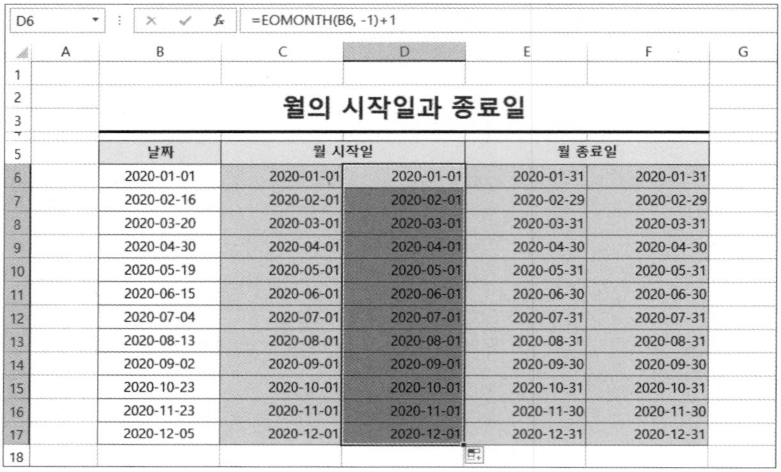

날짜	월 시작일		월 종료일	
2020-01-01	2020-01-01	2020-01-01	2020-01-31	2020-01-31
2020-02-16	2020-02-01	2020-02-01	2020-02-29	2020-02-29
2020-03-20	2020-03-01	2020-03-01	2020-03-31	2020-03-31
2020-04-30	2020-04-01	2020-04-01	2020-04-30	2020-04-30
2020-05-19	2020-05-01	2020-05-01	2020-05-31	2020-05-31
2020-06-15	2020-06-01	2020-06-01	2020-06-30	2020-06-30
2020-07-04	2020-07-01	2020-07-01	2020-07-31	2020-07-31
2020-08-13	2020-08-01	2020-08-01	2020-08-31	2020-08-31
2020-09-02	2020-09-01	2020-09-01	2020-09-30	2020-09-30
2020-10-23	2020-10-01	2020-10-01	2020-10-31	2020-10-31
2020-11-23	2020-11-01	2020-11-01	2020-11-30	2020-11-30
2020-12-05	2020-12-01	2020-12-01	2020-12-31	2020-12-31

🔍 더 알아보기 수식 이해하기

EOMONTH 함수로 [B6] 셀의 1개월 전 종료일을 구하라고 하면 직전 월의 종료일이 반환됩니다. 여기에 1을 더하면 하루 뒤 날짜가 반환되므로 [B6] 셀이 속한 날짜의 시작을 구할 수 있습니다.

날짜 계산

07 05 특정 날짜가 속한 주의 시작일과 종료일 계산하기

예제 파일 PART 02 \ CHAPTER 07 \ 주간 날짜.xlsx

공식처럼 사용할 수 있는 수식

날짜가 속한 주 시작일

특정 날짜가 속한 주의 시작일(월요일) 날짜를 얻고 싶다면 다음과 같은 수식을 사용합니다.

=날짜-WEEKDAY(날짜, 3)

- **날짜** : 한 주의 월요일을 계산할 날짜 데이터

주의 시작일을 일요일로 하고 싶다면 다음과 같은 수식을 사용합니다.

=날짜-WEEKDAY(날짜, 2)

- **날짜** : 한 주의 월요일을 계산할 날짜 데이터

날짜가 속한 주 종료일

주 시작일을 구한 후 원하는 종료일에 따라 4~5 사이의 숫자를 더합니다. 다음은 주 종료일을 금요일로 구하는 수식입니다.

=주 월요일+4

- **주 월요일** : 한 주의 월요일을 계산하는 수식

따라 하기

특정 날짜가 속한 주의 시작일과 종료일을 구합니다.

01 예제를 열고, [H4] 병합 셀의 날짜가 포함된 주간의 월요일~금요일 날짜를 계산합니다.

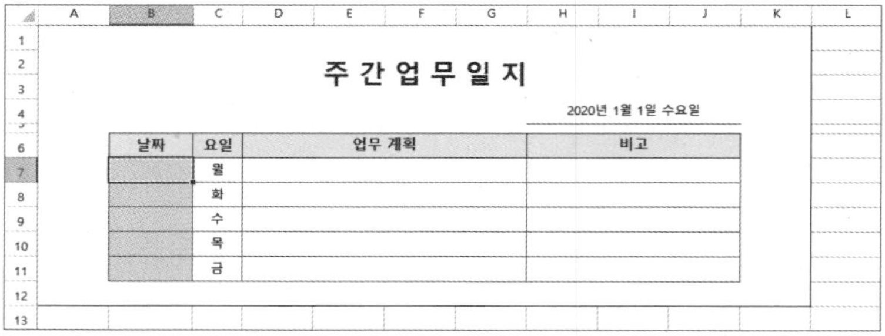

TIP 오늘 날짜를 기준으로 주간 날짜를 입력하려면 [H4] 병합 셀에 **=TODAY()** 수식을 입력합니다.

02 기준일이 속한 주의 월요일을 계산합니다. [B7] 셀에 다음 수식을 입력합니다.

[B7] 셀 : =H4–WEEKDAY(H4, 3)

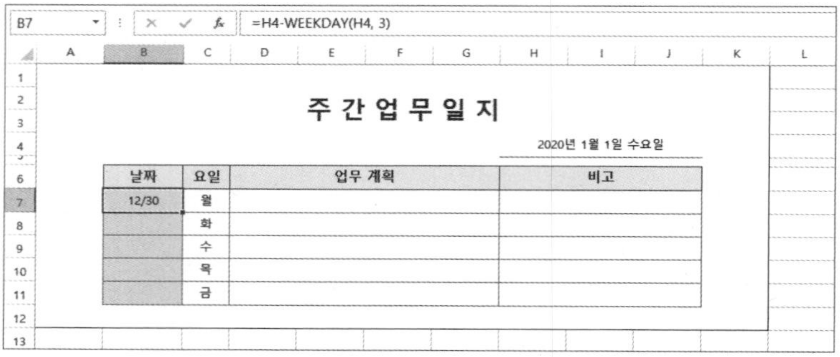

더 알아보기 **수식 이해하기**

이번 수식을 풀어 설명하면 다음과 같습니다.

=기준일–WEEKDAY(기준일, 3)

WEEKDAY 함수의 두 번째 인수를 3으로 설정하면 월요일부터 일요일까지 순서대로 0~6 사이의 값을 반환합니다. 그러므로 항상 기준일에서 기준일의 요일 인덱스 번호를 빼면 해당 기준일이 속한 주의 월요일 날짜가 반환됩니다.

[H4] 셀의 날짜는 2020–01–01로 수요일입니다. 이 날짜의 요일을 **WEEKDAY(H6, 3)**와 같이 구하면 2가 반환됩니다. 그러므로 이번 수식은 2020–01–01에서 2를 빼는 수식입니다. 아래 달력을 확인하면 1일에서 2일을 뺀 날짜는 12월 30일로, 이번 수식의 결과가 올바른 것을 확인할 수 있습니다.

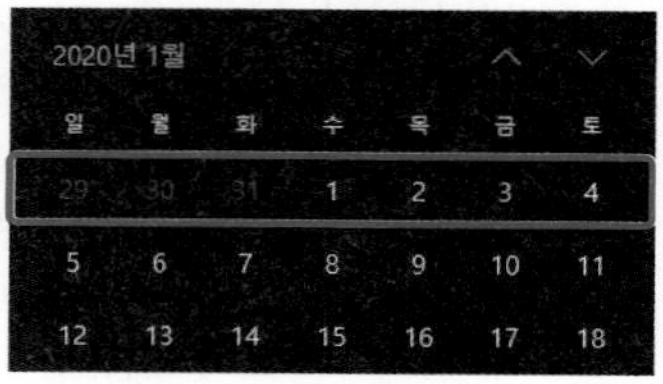

03 월요일이 제대로 계산됐다면 화요일~금요일은 월요일에 1씩 더합니다.

04 [B8] 셀에 다음 수식을 입력하고 [B8] 셀의 채우기 핸들을 [B11] 셀까지 드래그합니다.

[B8] 셀 : =B7+1

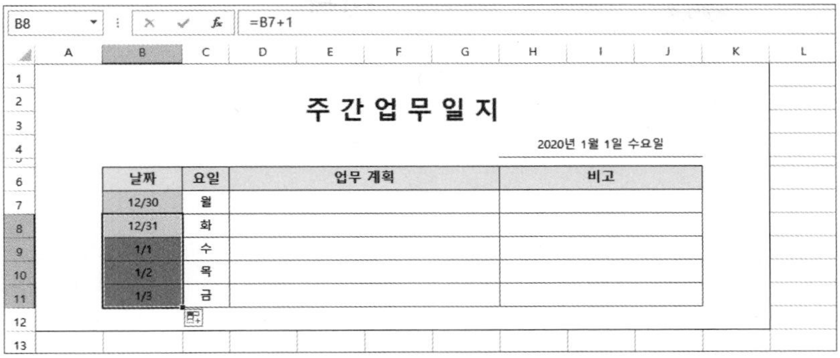

TIP 날짜에서 1은 하루이므로, 월요일의 날짜값에 1씩 더하면 하루가 지난 날짜가 반환되어 서식이 완성됩니다.

더 알아보기 수식 이해하기

날짜에서 1은 하루이므로, 월요일에 1씩 더해 계산하면 화요일~금요일 날짜를 계산할 수 있습니다. 만약 바로 금요일 날짜를 구해야 한다면 다음과 같은 수식을 사용합니다.

```
=기준일–WEEKDAY(기준일, 3)+4
```

월요일~금요일과 같은 방식으로 날짜를 표현하고 싶다면 다음과 같은 수식을 구성합니다.

```
=(기준일–WEEKDAY(기준일, 3)) & "~" & (기준일–WEEKDAY(기준일, 3)+4)
```

다만 결과가 날짜 일련번호(43829)로 반환되므로, TEXT 함수를 추가로 사용해야 원하는 날짜 표시 형식에 맞게 표시할 수 있습니다.

```
=TEXT(기준일–WEEKDAY(기준일, 3), "M/D") & "~" &
  TEXT(기준일–WEEKDAY(기준일, 3)+4, "M/D")
```

M/D 형식을 다른 형식으로 변경하려면 TEXT 함수의 두 번째 인수에 원하는 날짜 형식의 서식 코드를 입력합니다.

LINK TEXT 함수에 대한 자세한 설명은 299페이지를, 날짜 서식 코드에 대한 자세한 설명은 45페이지를 참고하세요!

07 06 만년 달력 만들기

예제 파일 PART 02 \ CHAPTER 07 \ 만년 달력.xlsx

만년 달력 이해

달력은 6×7 행렬(6개의 주와 7일)과 같은 일정한 패턴을 갖고 있습니다. 따라서 년과 월이 바뀔 때 첫 번째 일요일 날짜만 계산할 수 있다면 같은 주는 1씩 더하면 되고, 다음 주는 7씩 더하면 완성할 수 있습니다.

그러므로 만년 달력을 구현하려면 먼저 해당 월 첫 번째 주의 시작이 되는 일요일 날짜를 계산합니다.

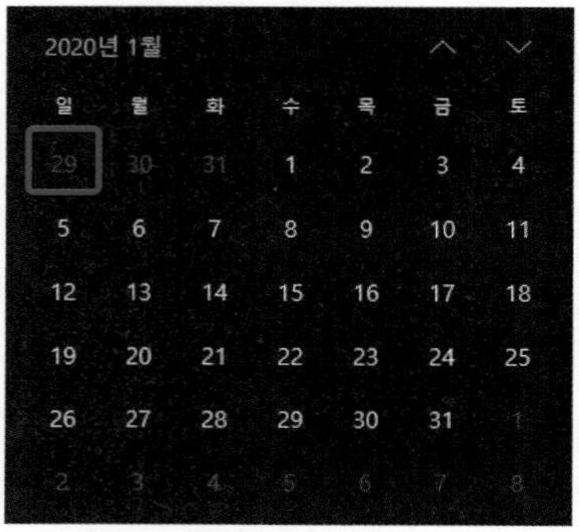

따라 하기

수식만으로 간단한 만년 달력을 만드는 작업을 진행합니다.

01 예제를 열고, [G3], [H3] 셀의 연도, 월의 값에 따른 달력을 [B6:H11] 범위에 표시합니다.

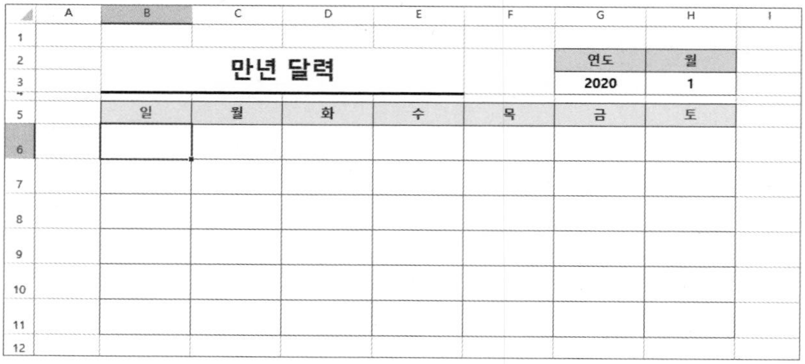

TIP 달력은 최대 6주까지 존재할 수 있습니다.

02 [G3:H3] 범위의 연도, 월로 시작일 날짜를 이름으로 정의해 사용합니다.

03 [B6] 셀을 선택하고, 리본 메뉴의 [수식] 탭–[정의된 이름] 그룹–[이름 정의]를 클릭합니다.

LINK [B6] 셀을 선택하지 않았다면 **04** 과정의 [참조 대상]의 참조 위치를 절대 참조 방식으로 참조합니다.

04 [새 이름] 대화상자가 표시되면 다음과 같이 설정하고 [확인]을 클릭합니다.

이름 : 시작일

참조 대상 : =DATE(G3, H3, 1)

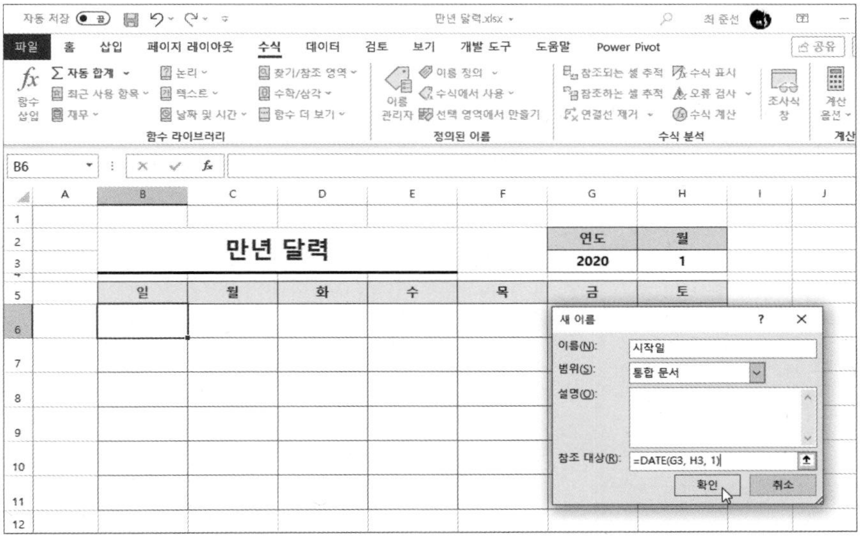

05 첫 번째 주의 일요일 날짜를 계산하기 위해 [B6] 셀에 다음 수식을 입력합니다.

[B6] 셀 : =시작일–WEEKDAY(시작일, 2)

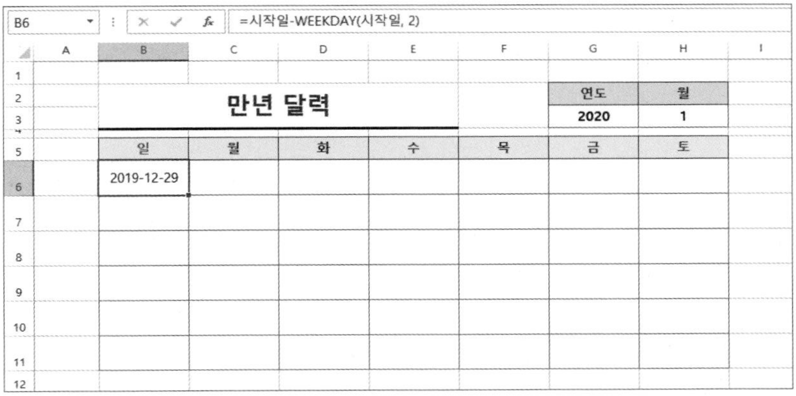

더 알아보기 **수식 이해하기**

이번 수식은 **04** 과정에서 정의한 이름을 사용하고 있습니다. 이름으로 정의된 [시작일]은 [G3], [H3] 셀에 각각 입력한 연도와 월의 시작일인 1일의 날짜를 계산합니다. 해당 날짜는 모든 달력에서 첫 번째 주에 표시되는 날짜이므로, 이 날짜가 속한 주의 일요일 날짜를 계산합니다.

WEEKDAY 함수의 두 번째 인수가 2면 월요일(1)~일요일(7)까지의 숫자를 반환합니다. 이 값을 1일 날짜에 빼면 항상 달력의 첫 번째 주의 일요일 날짜가 반환됩니다.

만약 [시작일] 이름을 정의하지 않고 [B6] 셀에 수식을 입력하려면 다음과 같은 수식을 사용해야 합니다.

```
=DATE(G3, H3, 1) - WEEKDAY(DATE(G3, H3, 1), 2)
```

06 달력의 첫 번째 주 날짜를 모두 계산합니다.

07 [C6] 셀에 다음 수식을 입력하고 [C6] 셀의 채우기 핸들을 [H6] 셀까지 드래그합니다.

[C6] 셀 : =B6+1

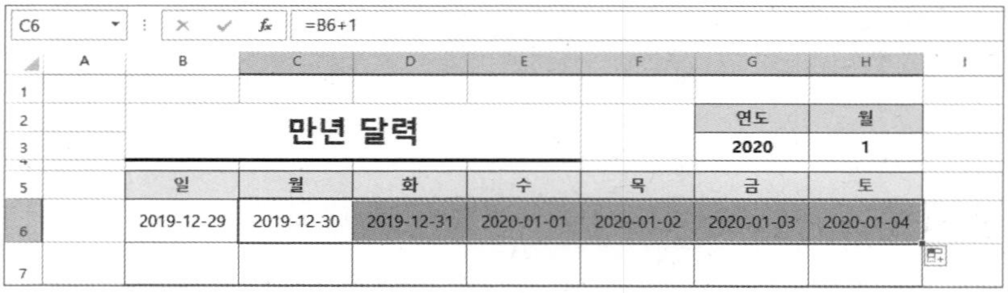

C6
=B6+1
만년 달력
연도
월
2020
1
일
월
화
수
목
금
토
2019-12-29
2019-12-30
2019-12-31
2020-01-01
2020-01-02
2020-01-03
2020-01-04

TIP 달력의 첫 번째 주 날짜는 일요일부터 1씩 증가합니다.

08 달력의 두 번째 주부터는 항상 전 주 날짜에서 7을 더해 계산합니다.

09 [B7] 셀에 다음 수식을 입력하고 [B7] 셀의 채우기 핸들을 [H7] 셀까지 드래그합니다.

10 바로 채우기 핸들을 [H11] 셀까지 드래그하면 달력 내 모든 날짜를 얻을 수 있습니다.

[B7] 셀 : =B6+7

B7
=B6+7
만년 달력
연도
월
2020
1
일
월
화
수
목
금
토
2019-12-29 2019-12-30 2019-12-31 2020-01-01 2020-01-02 2020-01-03 2020-01-04
2020-01-05 2020-01-06 2020-01-07 2020-01-08 2020-01-09 2020-01-10 2020-01-11
2020-01-12 2020-01-13 2020-01-14 2020-01-15 2020-01-16 2020-01-17 2020-01-18
2020-01-19 2020-01-20 2020-01-21 2020-01-22 2020-01-23 2020-01-24 2020-01-25
2020-01-26 2020-01-27 2020-01-28 2020-01-29 2020-01-30 2020-01-31 2020-02-01
2020-02-02 2020-02-03 2020-02-04 2020-02-05 2020-02-06 2020-02-07 2020-02-08

11 달력에 표시되는 날짜는 일(日) 부분만 표시해줍니다.

12 [B6:H11] 범위를 선택하고 리본 메뉴의 [홈] 탭–[표시 형식] 그룹의 표시 형식 옵션[⧉]을 클릭합니다.

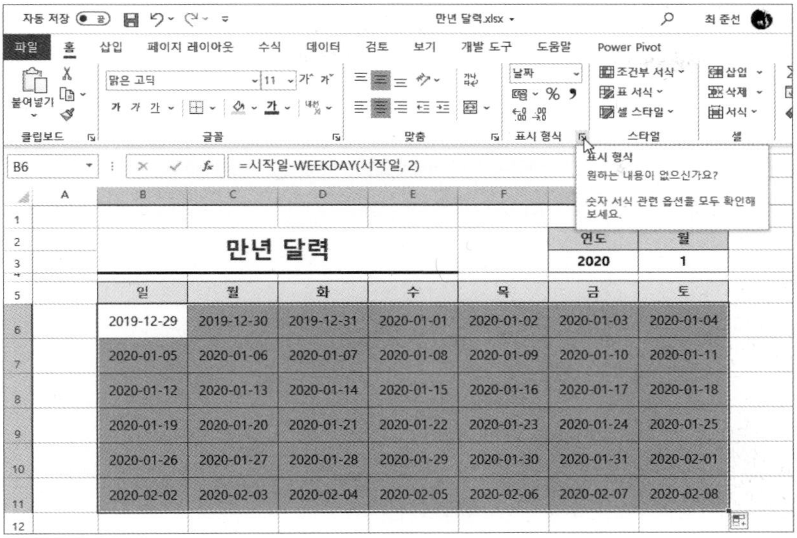

TIP 범위가 선택된 상태에서 단축키 Ctrl+1을 눌러도 됩니다.

13 [셀 서식] 대화상자의 [표시 형식] 탭의 [범주] 목록에서 [사용자 지정]을 선택합니다.

14 [형식] 입력상자에 **d** 서식 코드를 입력하고 [확인]을 클릭합니다.

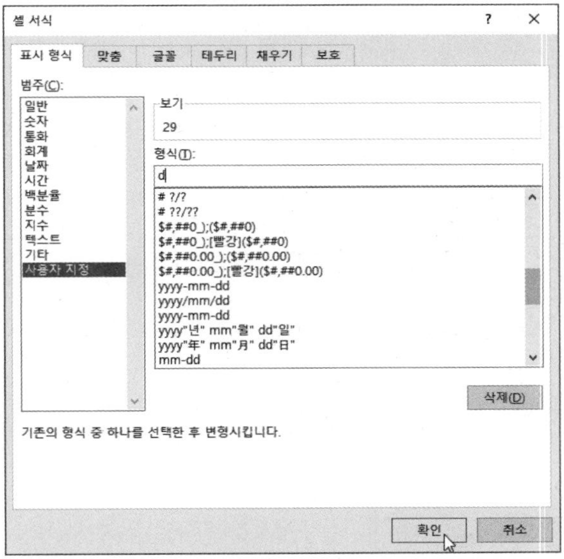

TIP 서식 코드 d는 날짜값에서 일(日) 부분을 의미합니다.

15 만년 달력에 표시된 날짜 중 [H3] 셀의 월과 다른 월의 날짜는 흐릿하게 표시되도록 합니다.

16 [B6:H11] 범위를 선택하고, 리본 메뉴의 [홈] 탭–[스타일] 그룹–[조건부 서식]을 클릭한 후 [새 규칙] 메뉴를 선택합니다.

TIP 조건부 서식을 이용하면 규칙에 맞는 값에만 원하는 서식을 지정할 수 있습니다.

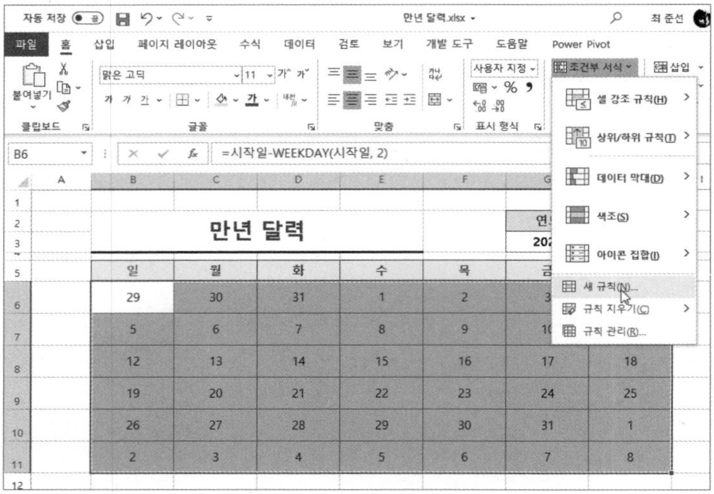

17 [새 서식 규칙] 대화상자에서 [수식을 사용하여 서식을 지정할 셀 결정]을 선택합니다.

18 [다음 수식이 참인 값의 서식 지정]에 다음 수식을 입력합니다.

=MONTH(B6)<>$H$3

더 알아보기 조건부 서식 적용하기

달력은 최대 6주까지 표시되므로, 항상 현재 월과 다른 월의 날짜가 함께 표시됩니다. 이번 수식 조건은 월이 다른 날짜의 글꼴 색을 연하게 표시하기 위한 것으로, [B6] 셀과 [H3] 셀의 월이 다른지 확인합니다.

수식에 사용된 조건 자체는 어렵지 않지만, 참조 방식까지 고려하면 조금 생각해야 할 부분이 있습니다. 조건부 서식의 수식 조건은 선택된 전체 범위(B6:H11)에서 활성 셀인 [B6] 셀에 적용되며, 나머지 셀([B6:H11] 범위에서 [B6] 셀을 제외한 나머지)은 현재 수식이 복사되어 적용됩니다. 따라서 달력 상의 날짜가 입력된 [B6] 셀은 상대 참조로, 달력의 기준이 되는 월이 입력된 [H3] 셀은 절대 참조로 지정해야 조건이 모든 날짜에 정확하게 적용됩니다.

19 조건에 맞는 값에 적용할 서식을 설정합니다. [서식]을 클릭합니다.

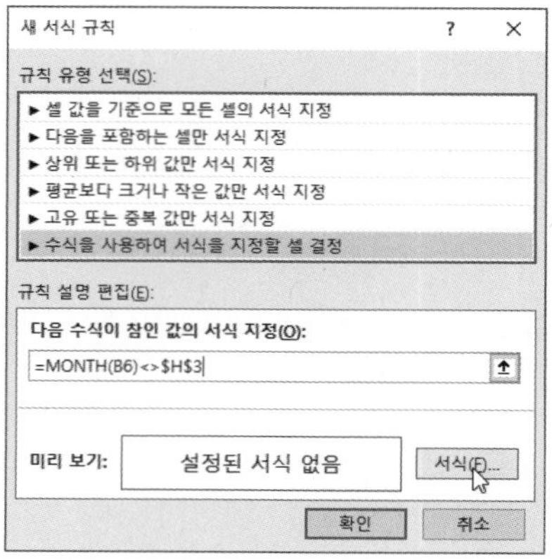

20 [셀 서식] 대화상자의 [글꼴] 탭–[색]에서 회색 계열 색상을 하나 선택하고 [확인]을 클릭합니다.

21 [새 서식 규칙] 대화상자도 [확인]을 클릭해 닫습니다.

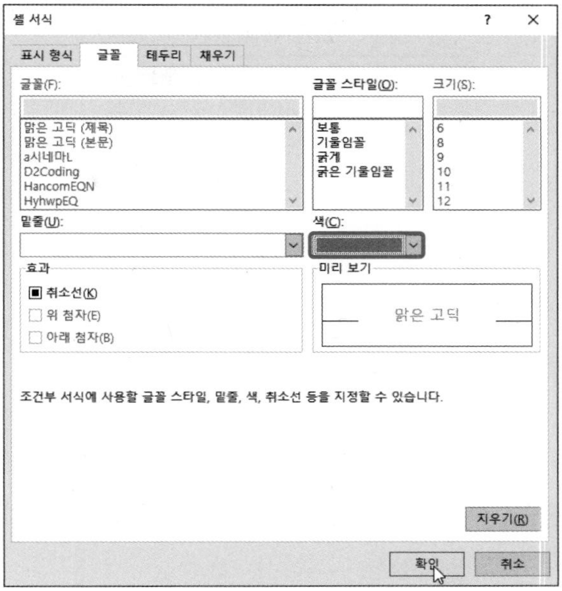

22 달력답게 표시되도록 몇 가지 서식을 적용합니다.

23 [B6:H11] 범위를 선택하고 단축키 Ctrl + B 를 눌러 글꼴을 굵게 표시합니다.

24 [B6:B11] 범위를 선택하고 리본 메뉴의 [홈] 탭–[글꼴] 그룹–[글꼴 색]에서 [빨강]을 적용합니다.

25 [H6:H11] 범위를 선택하고 리본 메뉴의 [홈] 탭–[글꼴] 그룹–[글꼴 색]에서 [파랑]을 적용합니다.

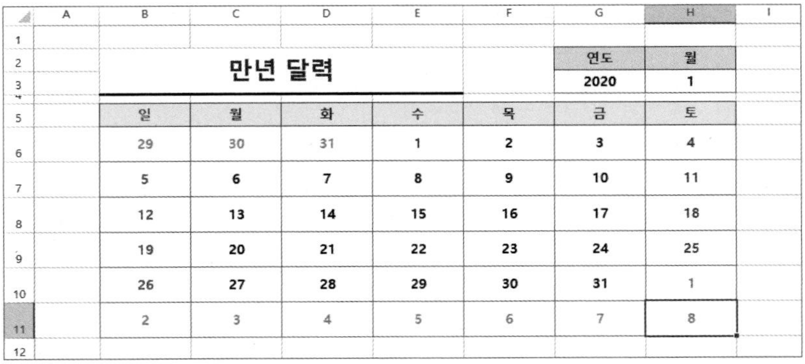

	A	B	C	D	E	F	G	H	I
1									
2		만년 달력					연도	월	
3							2020	1	
5		일	월	화	수	목	금	토	
6		29	30	31	1	2	3	4	
7		5	6	7	8	9	10	11	
8		12	13	14	15	16	17	18	
9		19	20	21	22	23	24	25	
10		26	27	28	29	30	31	1	
11		2	3	4	5	6	7	8	
12									

TIP 셀에는 조건부 서식이 우선 적용되므로, 주말 날짜에 적용된 글꼴 색은 현재 월의 날짜에만 적용됩니다.

26 만년 달력이 제대로 동작하는지 확인하기 위해 [H3] 셀의 값을 **2**로 변경합니다.

	A	B	C	D	E	F	G	H	I
1									
2			**만년 달력**				연도	월	
3							2020	2	
5		일	월	화	수	목	금	토	
6		26	27	28	29	30	31	1	
7		2	3	4	5	6	7	8	
8		9	10	11	12	13	14	15	
9		16	17	18	19	20	21	22	
10		23	24	25	26	27	28	29	
11		1	2	3	4	5	6	7	
12									

TIP [G3], [H3] 셀의 값을 원하는 연도와 월로 변경해보세요!

27 연도와 월을 컨트롤로 조정하는 방법에 대해 설명합니다.

28 리본 메뉴의 [개발 도구] 탭–[컨트롤] 그룹–[삽입圞]을 클릭하고 [양식 컨트롤]–[스핀 단추圐]를 클릭합니다.

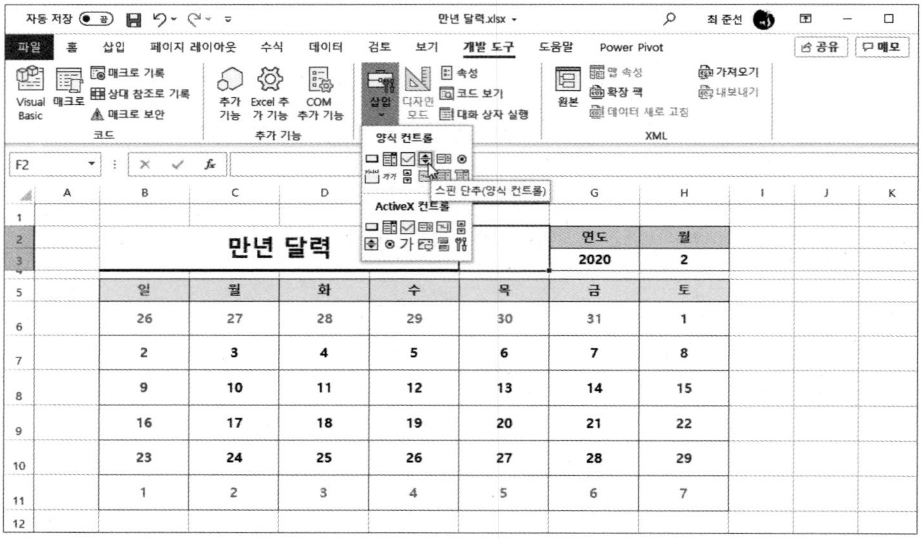

🔍 **더 알아보기**   **[개발 도구] 탭 표시하기**

리본 메뉴에 [개발 도구] 탭이 표시되지 않는다면 다음과 같이 작업합니다.

01 리본 메뉴의 [파일] 탭–[옵션]을 클릭합니다.

02 [Excel 옵션] 대화상자가 표시되면 [리본 메뉴 사용자 지정]을 클릭합니다.

03 [개발 도구]에 체크하고 [확인]을 클릭합니다.

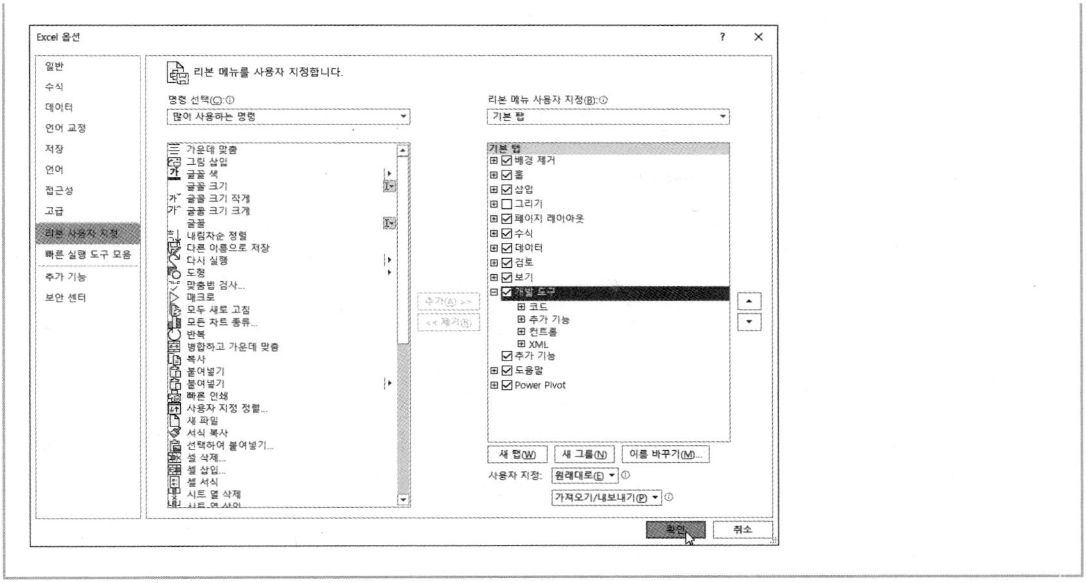

29 스핀 단추 컨트롤을 [F2] 병합 셀에 드래그해서 삽입합니다.

TIP 컨트롤을 셀에 맞춰 크기를 조정하려면 Alt 를 누르고 드래그합니다.

30 스핀 단추 컨트롤을 마우스 오른쪽 버튼으로 클릭한 후 [컨트롤 서식]을 클릭합니다.

31 [컨트롤 서식] 대화상자가 표시되면 [셀 연결]에서 [I2] 셀을 클릭하고 [확인]을 클릭합니다.

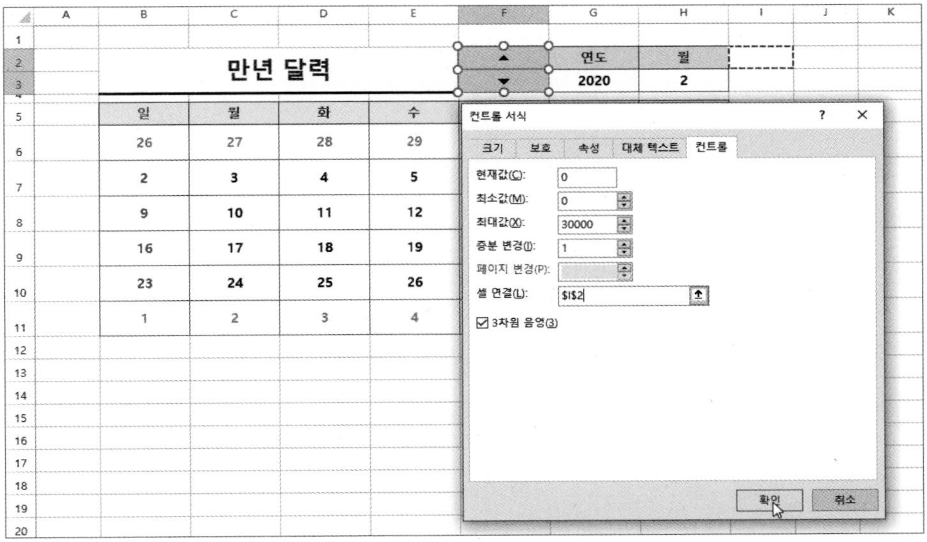

TIP [셀 연결]은 스핀 단추 컨트롤을 클릭할 때 증가 또는 감소될 숫자가 표시될 셀을 의미합니다.

32 빈 셀을 한 번 클릭한 후 스핀 단추 컨트롤의 아래 버튼을 클릭하면 [I2] 셀에 0이 나타납니다.

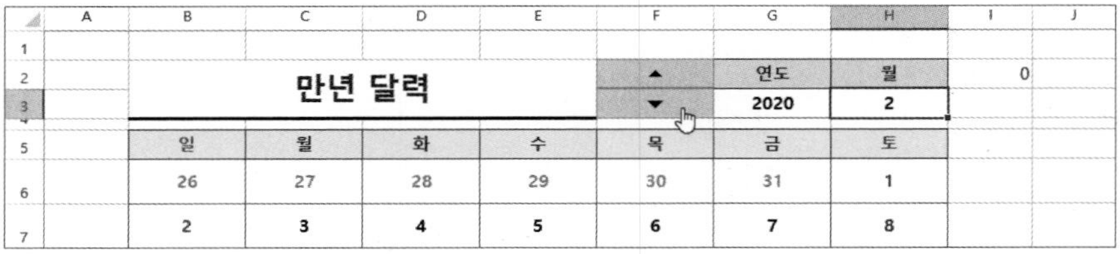

만년 달력
연도
월
2020
2
0
일 월 화 수 목 금 토
26 27 28 29 30 31 1
2 3 4 5 6 7 8

33 [I2] 셀의 값을 참고해 연도가 조정되도록 [G3] 셀에 다음과 같은 수식을 입력합니다.

[G3] 셀 : =2020+QUOTIENT(I2, 12)

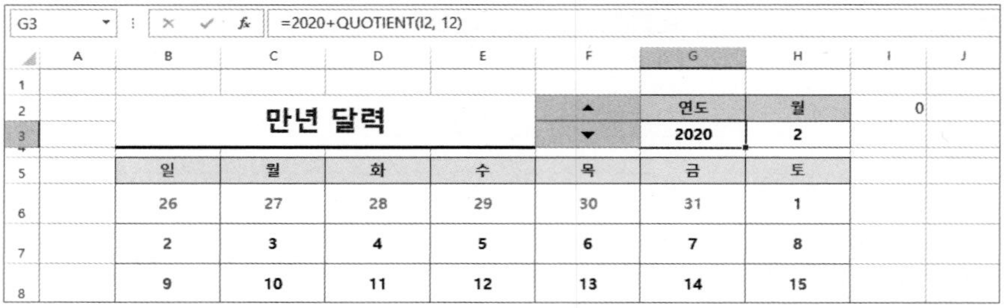

G3
=2020+QUOTIENT(I2, 12)
만년 달력
연도
월
2020
2
0
일 월 화 수 목 금 토
26 27 28 29 30 31 1
2 3 4 5 6 7 8
9 10 11 12 13 14 15

> **더 알아보기 　연도 증가시키기**
>
> 이번 수식의 **2020**은 만년 달력이 표시할 첫 번째 연도입니다. 그러므로 더 과거 연도부터 만년 달력이 조정되길 원한다면 2020을 1900과 같이 수정합니다.
>
> QUOTIENT 함수는 나눗셈의 몫을 반환해줍니다. 연도는 월이 12개월이 되면 1씩 증가해야 하므로, 스핀 단추 컨트롤의 값이 반환되는 [I2] 셀의 값이 0~11은 0, 12부터는 1, 24부터는 2가 증가되도록 해줍니다.

34 [I2] 셀의 참고해 월이 조정되도록 [H3] 셀에 다음 수식을 입력합니다.

[H3] 셀 : =1+MOD(I2, 12)

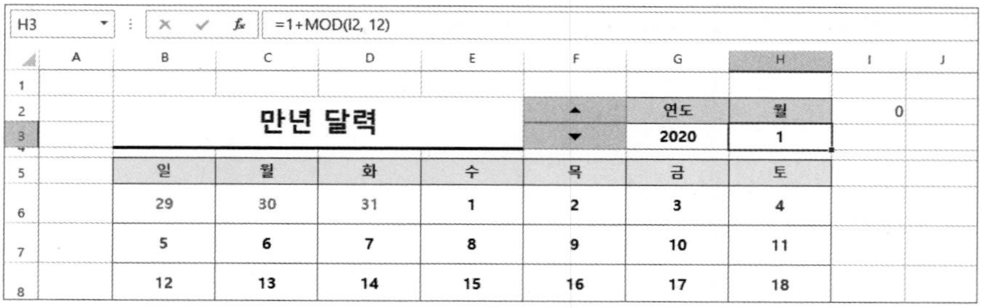

더 알아보기 월 반환하기

이번 수식은 기본적으로 **33** 과정의 수식과 동일하지만, 월은 1~12월이 계속 반복되어야 하고, 1월부터 시작되는 부분은 변경할 수 없습니다. MOD 함수는 나눗셈의 나머지값을 반환하므로 스핀 단추 컨트롤의 값이 반환되는 [I2] 셀의 값을 12로 나눈 나머지값을 구하면 0부터 11까지의 숫자가 반복됩니다. 이 값에 1을 더하면 1~12 사이의 값(월)을 반환합니다.

35 스핀 단추 컨트롤의 위 버튼을 클릭하면 월이 1(개월)씩 증가됩니다. 12월이 될 때까지 클릭합니다.

H3 =1+MOD(I2, 12)

만년 달력 | 연도 2020 | 월 12 | I2: 11

일	월	화	수	목	금	토
29	30	1	2	3	4	5
6	7	8	9	10	11	12
13	14	15	16	17	18	19
20	21	22	23	24	25	26
27	28	29	30	31	1	2
3	4	5	6	7	8	9

36 스핀 단추 컨트롤의 위 버튼을 한 번 더 클릭하면 연도가 2021(년)로, 월은 1(월)이 됩니다.

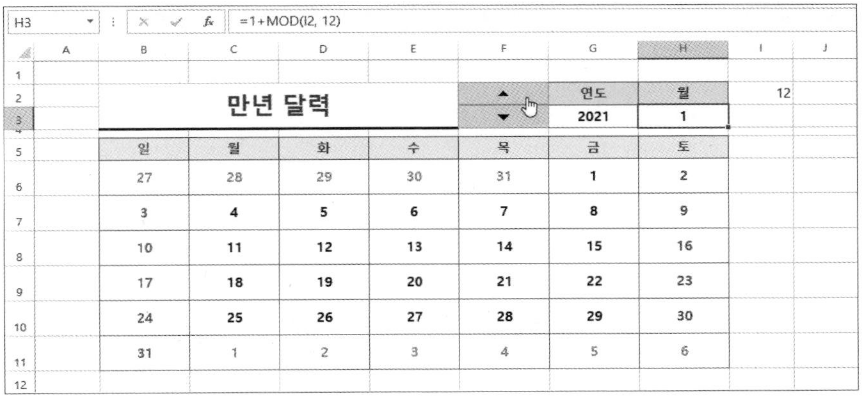

H3 =1+MOD(I2, 12)

만년 달력 | 연도 2021 | 월 1 | I2: 12

일	월	화	수	목	금	토
27	28	29	30	31	1	2
3	4	5	6	7	8	9
10	11	12	13	14	15	16
17	18	19	20	21	22	23
24	25	26	27	28	29	30
31	1	2	3	4	5	6

날짜 계산

07 날짜가 주말일 때 직전 평일 날짜 반환하기

예제 파일 PART 02 \ CHAPTER 07 \ 직전 평일.xlsx

WORKDAY 함수

특정 날짜가 주말인 경우에는 직전 평일(금요일)로 옮겨야 하는 경우가 있습니다. 주로 월급일 같은 날짜들을 계산하려고 할 때 이런 계산이 필요합니다. 이런 경우 주말과 휴일을 제외할 수 있는 **WORKDAY 함수**를 사용하는 것이 가장 좋습니다. WORKDAY 함수의 구문은 다음과 같습니다.

WORKDAY (❶ 시작일, ❷ 근무일, ❸ 휴일)

시작일로부터 주말과 휴일 날짜를 제외한 근무일수 이후(전)의 종료일을 구합니다.

인수	❶ **시작일** : 시작 날짜 ❷ **근무일** : 평일 근무일수 ❸ **휴일** : 날짜 계산에서 제외할 휴일 날짜가 기록되어 있는 데이터 범위로, 생략 가능하며 생략하면 주말만 제외한 날짜 계산을 합니다.
주의	WORKDAY 함수는 시작일에 근무일을 더해 계산된 날짜를 반환하므로 [시작일]을 포함해 계산해야 한다면 [시작일]에서 1을 빼야 합니다.

사용 예

```
=WORKDAY(A1, 3)
```

TIP [A1] 셀의 날짜부터 주말(토, 일)을 제외한 3일 뒤 날짜가 반환됩니다.

```
=WORKDAY(A1, -3)
```

TIP [A1] 셀의 날짜부터 주말(토, 일)을 제외한 3일 전 날짜가 반환됩니다.

공식처럼 사용할 수 있는 수식

휴일 없이 주말만 제외

주말(토, 일)만 제외한 금요일 날짜를 반환받고 싶다면 다음 수식을 사용할 수 있습니다.

=MIN(날짜-WEEKDAY(날짜, 2)+5, 날짜)

- **단어 범위** : 찾으려는 단어가 입력된 데이터 범위
- **셀** : 해당 단어가 입력된 셀

휴일 포함 직전 평일 계산

휴일과 주말을 모두 제외한 직전 평일 날짜를 반환받아야 한다면 휴일을 따로 기록하고, 다음 수식을 사용합니다.

=WORKDAY(날짜+1, -1, 휴일목록)

- **날짜** : 평일 날짜를 계산하려는 날짜 데이터
- **휴일목록** : 제외할 휴일 날짜가 기록된 데이터 범위

따라 하기

특정 날짜가 주말(또는 휴일)이라면 직전 평일 날짜로 변경하는 작업을 진행합니다.

01 예제를 열고, C열의 급여일이 **주말(토, 일)**인 경우에 **직전 평일 날짜**로 수정합니다.

연간 급여 계획표

월	급여일	요일	수정 급여일	요일
1월	2020-01-25	토		
2월	2020-02-25	화		
3월	2020-03-25	수		
4월	2020-04-25	토		
5월	2020-05-25	월		
6월	2020-06-25	목		
7월	2020-07-25	토		
8월	2020-08-25	화		
9월	2020-09-25	금		
10월	2020-10-25	일		
11월	2020-11-25	수		
12월	2020-12-25	금		

휴일

휴일	요일	설명
2020-01-01	수	새해
2020-01-24	금	설날
2020-01-25	토	설날
2020-01-26	일	설날
2020-01-27	월	설날(대체휴일)
2020-03-01	일	삼일절
2020-04-15	수	국회의원 선거
2020-04-30	목	부처님 오신 날
2020-05-05	화	어린이날
2020-06-06	토	현충일
2020-06-06	토	현충일
2020-08-15	토	광복절
2020-09-30	수	추석
2020-10-01	목	추석
2020-10-02	금	추석
2020-10-03	토	개천절
2020-10-09	금	한글날
2020-12-25	금	크리스마스

TIP D열에는 요일을 반환받은 TEXT 함수 수식이 입력되어 있습니다.

TIP 오른쪽 표는 엑셀 표로 등록되어 있으며, 표 이름은 [휴일]입니다.

02 먼저 급여일이 포함된 주간 날짜 중 금요일 날짜가 반환되도록 합니다.

03 [E6] 셀에 다음 수식을 입력하고 [E6] 셀의 채우기 핸들을 [E17] 셀까지 드래그합니다.

[E6] 셀 : =C6-WEEKDAY(C6, 2)+5

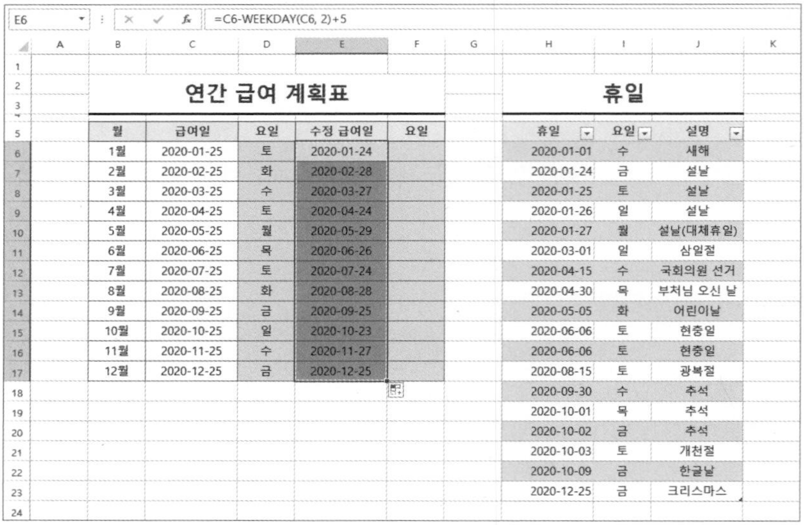
E6 =C6-WEEKDAY(C6, 2)+5

연간 급여 계획표

월	급여일	요일	수정 급여일	요일
1월	2020-01-25	토	2020-01-24	
2월	2020-02-25	화	2020-02-28	
3월	2020-03-25	수	2020-03-27	
4월	2020-04-25	토	2020-04-24	
5월	2020-05-25	월	2020-05-29	
6월	2020-06-25	목	2020-06-26	
7월	2020-07-25	토	2020-07-24	
8월	2020-08-25	화	2020-08-28	
9월	2020-09-25	금	2020-09-25	
10월	2020-10-25	일	2020-10-23	
11월	2020-11-25	수	2020-11-27	
12월	2020-12-25	금	2020-12-25	

휴일

휴일	요일	설명
2020-01-01	수	새해
2020-01-24	금	설날
2020-01-25	토	설날
2020-01-26	일	설날
2020-01-27	월	설날(대체휴일)
2020-03-01	일	삼일절
2020-04-15	수	국회의원 선거
2020-04-30	목	부처님 오신 날
2020-05-05	화	어린이날
2020-06-06	토	현충일
2020-06-06	토	현충일
2020-08-15	토	광복절
2020-09-30	수	추석
2020-10-01	목	추석
2020-10-02	금	추석
2020-10-03	토	개천절
2020-10-09	금	한글날
2020-12-25	금	크리스마스

04 E열에 계산된 날짜의 요일을 확인합니다.

05 [D6] 셀을 복사(Ctrl + C)하고, [F6:F17] 범위를 선택한 후 Ctrl + V 로 붙여 넣습니다.

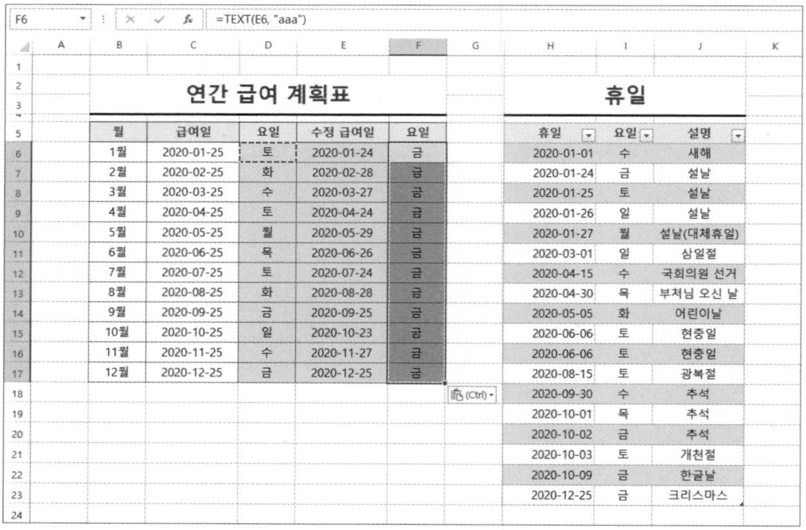
F6 =TEXT(E6, "aaa")

연간 급여 계획표

월	급여일	요일	수정 급여일	요일
1월	2020-01-25	토	2020-01-24	금
2월	2020-02-25	화	2020-02-28	금
3월	2020-03-25	수	2020-03-27	금
4월	2020-04-25	토	2020-04-24	금
5월	2020-05-25	월	2020-05-29	금
6월	2020-06-25	목	2020-06-26	금
7월	2020-07-25	토	2020-07-24	금
8월	2020-08-25	화	2020-08-28	금
9월	2020-09-25	금	2020-09-25	금
10월	2020-10-25	일	2020-10-23	금
11월	2020-11-25	수	2020-11-27	금
12월	2020-12-25	금	2020-12-25	금

휴일

휴일	요일	설명
2020-01-01	수	새해
2020-01-24	금	설날
2020-01-25	토	설날
2020-01-26	일	설날
2020-01-27	월	설날(대체휴일)
2020-03-01	일	삼일절
2020-04-15	수	국회의원 선거
2020-04-30	목	부처님 오신 날
2020-05-05	화	어린이날
2020-06-06	토	현충일
2020-06-06	토	현충일
2020-08-15	토	광복절
2020-09-30	수	추석
2020-10-01	목	추석
2020-10-02	금	추석
2020-10-03	토	개천절
2020-10-09	금	한글날
2020-12-25	금	크리스마스

06 월급일이 주말인 경우에만 금요일 날짜가 표시되도록 수식을 수정합니다.

07 [E6] 셀의 수식을 다음과 같이 수정하고, [E6] 셀의 채우기 핸들을 [E17] 셀까지 드래그합니다.

[E6] 셀 : =IF(WEEKDAY(C6, 2)>5, C6-WEEKDAY(C6, 2)+5, C6)

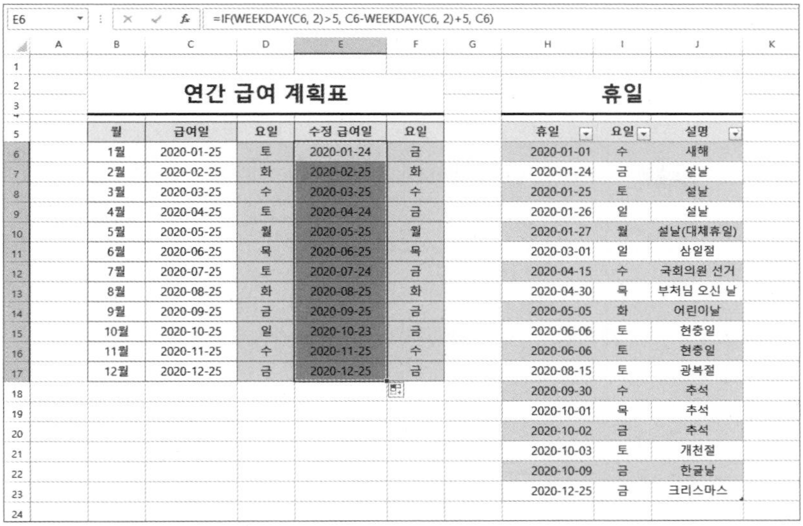

더 알아보기 **수식 이해하기**

이번 수식은 IF 함수를 사용해 주말인 경우에만 금요일 날짜가 반환되고, 평일엔 [C6] 셀의 급여일이 그대로 표시되도록 하는 수식입니다.

08 IF 함수를 MIN 함수로 수정해 수식을 좀 더 간결하게 표시합니다.

TIP **07** 과정의 수식은 직전 금요일과 급여일 중에서 작은 날짜를 선택하는 수식입니다.

09 [E6] 셀의 수식을 다음과 같이 수정하고, [E6] 셀의 채우기 핸들을 [E17] 셀까지 드래그합니다.

[E6] 셀 : =MIN(C6–WEEKDAY(C6, 2)+5, C6)

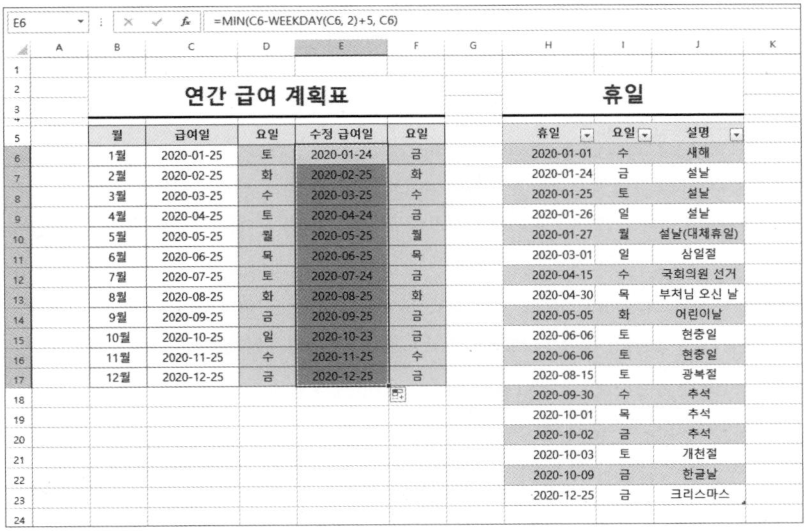

더 알아보기 MIN 함수로 IF 함수 대체하기

IF 함수가 처리하는 방식을 정확하게 이해할 수 있다면 MAX 또는 MIN 함수를 사용해 대체할 수 있습니다. **07** 과정에서 사용한 수식은 급여일이 주말이면 급여일이 속한 주의 금요일 날짜를 반환하고, 평일이면 급여일을 각각 반환합니다.

이 수식은 급여일이 속한 주의 금요일과 급여일 중에서 작은(빠른) 날짜를 반환하는 수식이므로 IF 함수를 MIN 함수로 대체할 수 있습니다.

10 WORKDAY 함수를 사용하여 휴일도 제외한 급여일 날짜를 얻습니다.

TIP [E6] 셀은 설날이며, [E17] 셀은 크리스마스입니다.

11 [E6] 셀의 수식을 다음처럼 수정하고, [E6] 셀의 채우기 핸들을 [E17] 셀까지 드래그합니다.

[E6] 셀 : =WORKDAY(C6+1, −1, 휴일[휴일])

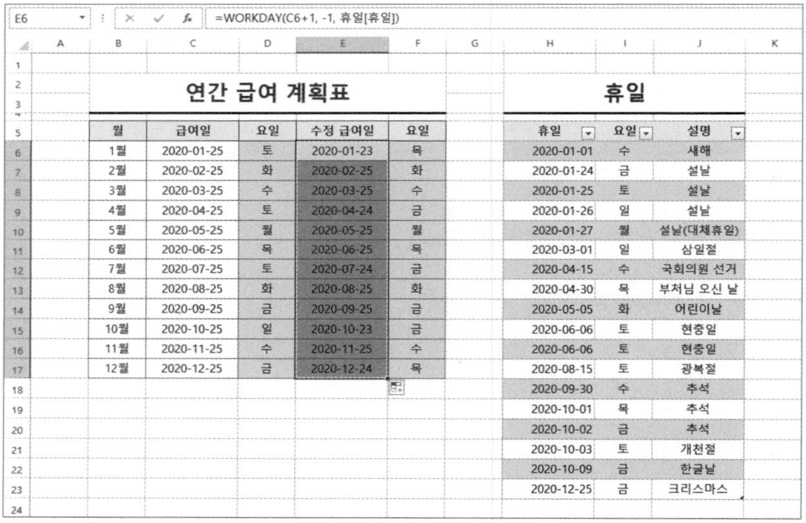
E6 | =WORKDAY(C6+1, -1, 휴일[휴일])

연간 급여 계획표

월	급여일	요일	수정 급여일	요일
1월	2020-01-25	토	2020-01-23	목
2월	2020-02-25	화	2020-02-25	화
3월	2020-03-25	수	2020-03-25	수
4월	2020-04-25	토	2020-04-24	금
5월	2020-05-25	월	2020-05-25	월
6월	2020-06-25	목	2020-06-25	목
7월	2020-07-25	토	2020-07-24	금
8월	2020-08-25	화	2020-08-25	화
9월	2020-09-25	금	2020-09-25	금
10월	2020-10-25	일	2020-10-23	금
11월	2020-11-25	수	2020-11-25	수
12월	2020-12-25	금	2020-12-24	목

휴일

휴일	요일	설명
2020-01-01	수	새해
2020-01-24	금	설날
2020-01-25	토	설날
2020-01-26	일	설날
2020-01-27	월	설날(대체휴일)
2020-03-01	일	삼일절
2020-04-15	수	국회의원 선거
2020-04-30	목	부처님 오신 날
2020-05-05	화	어린이날
2020-06-06	토	현충일
2020-06-06	토	현충일
2020-08-15	토	광복절
2020-09-30	수	추석
2020-10-01	목	추석
2020-10-02	금	추석
2020-10-03	토	개천절
2020-10-09	금	한글날
2020-12-25	금	크리스마스

더 알아보기 WORKDAY 함수로 휴일 제외하기

이번 수식에서는 WORKDAY 함수를 사용해 H열의 휴일 날짜를 모두 제외했습니다. WORKDAY 함수를 사용해 계산할 때 첫 번째 인수인 [시작일]에 1을 더하면 다음 날이 됩니다. 그런데 두 번째 인수인 [근무일]이 −1이므로 하루 전 날짜를 반환하라는 의미가 됩니다.

이렇게 되면 급여일이 금요일인 경우에는 토요일이 됐다가 다시 금요일이 됩니다(평일인 경우에는 원래 요일 반환). 토요일이나 일요일은 각각 일요일이나 월요일이 됐다가 하루 전 평일 날짜가 반환되므로 모두 금요일 날짜를 반환하게 됩니다.

특히 WORDAY 함수는 세 번째 인수를 사용해 휴일 날짜가 입력된 범위를 지정해 날짜 계산 작업에서 제외할 수 있습니다. [E6] 셀과 [E17] 셀이 모두 휴일이므로 직전 목요일 날짜로 이동한 결과를 얻을 수 있습니다.

날짜 계산

07 08 매월 N번째 주차의 특정 요일 날짜 계산하기

예제 파일 PART 02 \ CHAPTER 07 \WEEKDAY 함수-n번째 요일.xlsx

공식처럼 사용할 수 있는 수식

매월 N번째 주차의 요일 날짜 계산

'매월 셋째 주 금요일'과 같은 특정 날짜에 상환해야 하는 금액이 있거나 개인적인 약속이 있다면 달력에서 일일이 확인하지 않고 엑셀에서 해당 날짜를 계산해 얻을 수 있습니다. 계산 작업은 조금 복잡해 보일 수 있지만, 기본적인 계산 방법은 주간 날짜나 만년 달력을 만드는 방법과 유사합니다. 다음 수식을 사용합니다.

```
=(1일-WEEKDAY(1일, 2)+요일)+7*(주차-1)
```

- **1일** : 해당 월의 1일 날짜 계산 수식
- **요일** : 계산해 얻고 싶은 요일의 인덱스 번호로, 1(월요일)~7(일요일) 사이의 값을 입력합니다.
- **주차** : 계산해 얻고 싶은 요일이 속한 월의 주차

따라 하기

매월 N번째 주차의 특정 요일에 해당하는 날짜를 반환합니다.

01 예제를 열고 [C5:C7] 범위에 입력된 값을 참고해 매월 셋째 주 금요일 날짜를 J열에 구합니다.

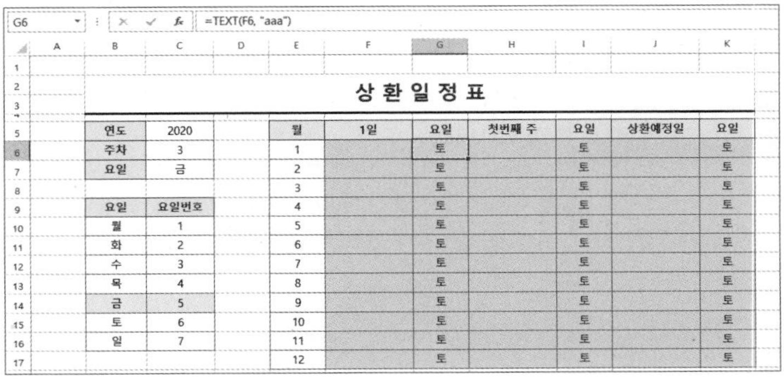

TIP G, I, K 열에는 왼쪽 셀의 요일을 계산하는 수식이 미리 입력되어 있습니다.

02 먼저 F열에 매월 1일에 해당하는 날짜를 계산합니다.

03 [F6] 셀에 다음 수식을 입력하고 [F6] 셀의 채우기 핸들을 [F17] 셀까지 드래그합니다.

[F6] 셀 : =DATE($C$5, E6, 1)

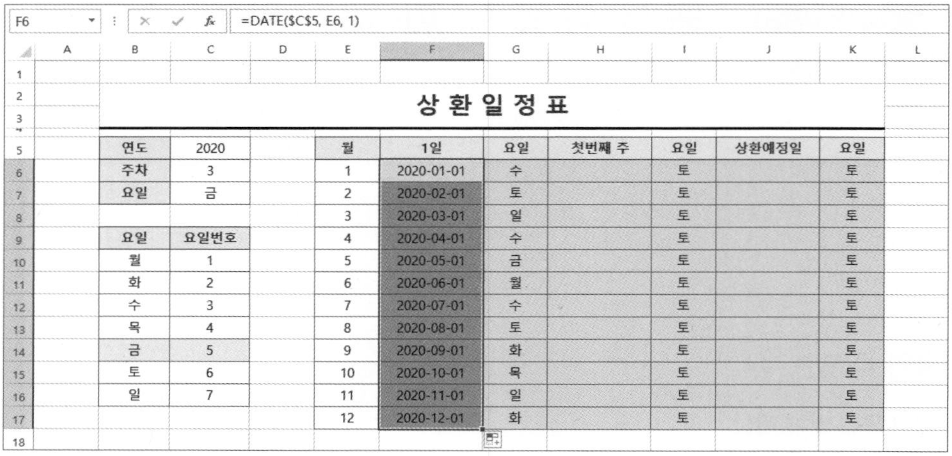

F6 | =DATE($C$5, E6, 1)

상환일정표

연도	2020	월	1일	요일	첫번째 주	요일	상환예정일	요일
주차	3	1	2020-01-01	수		토		토
요일	금	2	2020-02-01	토		토		토
		3	2020-03-01	일		토		토
요일	요일번호	4	2020-04-01	수		토		토
월	1	5	2020-05-01	금		토		토
화	2	6	2020-06-01	월		토		토
수	3	7	2020-07-01	수		토		토
목	4	8	2020-08-01	토		토		토
금	5	9	2020-09-01	화		토		토
토	6	10	2020-10-01	목		토		토
일	7	11	2020-11-01	일		토		토
		12	2020-12-01	화		토		토

04 H열에 첫째 주 금요일 날짜를 계산합니다.

05 [H6] 셀에 다음 수식을 입력하고 [H6] 셀의 채우기 핸들을 [H17] 셀까지 드래그합니다.

[H6] 셀 : =F6-WEEKDAY(F6, 2)+5

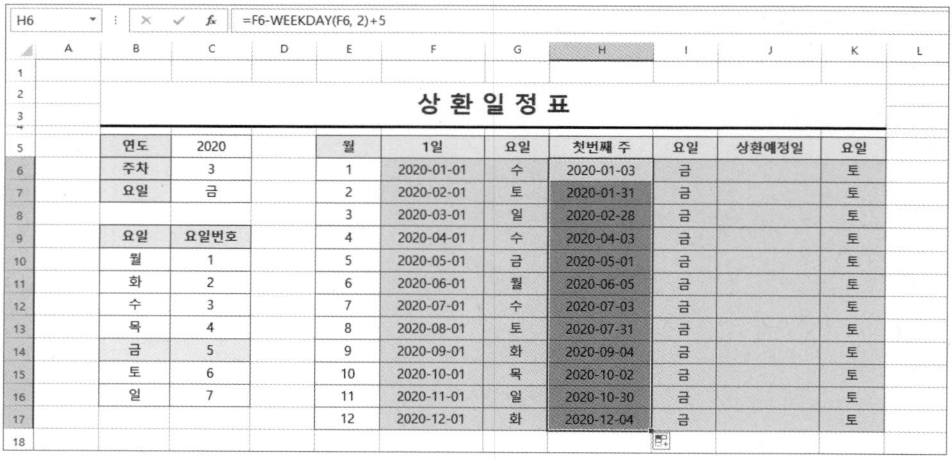

H6 | =F6-WEEKDAY(F6, 2)+5

상환일정표

연도	2020	월	1일	요일	첫번째 주	요일	상환예정일	요일
주차	3	1	2020-01-01	수	2020-01-03	금		토
요일	금	2	2020-02-01	토	2020-01-31	금		토
		3	2020-03-01	일	2020-02-28	금		토
요일	요일번호	4	2020-04-01	수	2020-04-03	금		토
월	1	5	2020-05-01	금	2020-05-01	금		토
화	2	6	2020-06-01	월	2020-06-05	금		토
수	3	7	2020-07-01	수	2020-07-03	금		토
목	4	8	2020-08-01	토	2020-07-31	금		토
금	5	9	2020-09-01	화	2020-09-04	금		토
토	6	10	2020-10-01	목	2020-10-02	금		토
일	7	11	2020-11-01	일	2020-10-30	금		토
		12	2020-12-01	화	2020-12-04	금		토

더 알아보기 수식 이해하기

이번 수식은 매월 1일이 속한 주의 금요일 날짜를 계산합니다. 매월 1일에서 요일 인덱스를 빼서 첫 주의 일요일 날짜를 구한 후 금요일에 해당하는 인덱스값인 5를 더해 반환합니다. F열을 사용하지 않고 한번에 원하는 결과를 얻으려면 다음과 같은 수식을 입력합니다.

```
=DATE($C$5, E6, 1) - WEEKDAY(DATE($C$5, E6, 1), 2)+5
```

06 첫째 주의 금요일 날짜를 구했다면 세 번째 주의 금요일은 14일 뒤입니다.

07 [J6] 셀에 다음 수식을 입력하고 [J6] 셀의 채우기 핸들[+]을 [J17] 셀까지 드래그합니다.

[J6] 셀 : =H6+7*($C$6−1)

J6 : =H6+7*($C$6-1)

상 환 일 정 표

	A	B	C	D	E	F	G	H	I	J	K
5		연도	2020		월	1일	요일	첫번째 주	요일	상환예정일	요일
6		주차	3		1	2020-01-01	수	2020-01-03	금	2020-01-17	금
7		요일	금		2	2020-02-01	토	2020-01-31	금	2020-02-14	금
8					3	2020-03-01	일	2020-02-28	금	2020-03-13	금
9		요일	요일번호		4	2020-04-01	수	2020-04-03	금	2020-04-17	금
10		월	1		5	2020-05-01	금	2020-05-01	금	2020-05-15	금
11		화	2		6	2020-06-01	월	2020-06-05	금	2020-06-19	금
12		수	3		7	2020-07-01	수	2020-07-03	금	2020-07-17	금
13		목	4		8	2020-08-01	토	2020-07-31	금	2020-08-14	금
14		금	5		9	2020-09-01	화	2020-09-04	금	2020-09-18	금
15		토	6		10	2020-10-01	목	2020-10-02	금	2020-10-16	금
16		일	7		11	2020-11-01	일	2020-10-30	금	2020-11-13	금
17					12	2020-12-01	화	2020-12-04	금	2020-12-18	금

더 알아보기 수식 이해하기

05 과정에서 구한 첫째 주 금요일 날짜는 1월 3일이므로, 세 번째 주 금요일의 날짜는 14일 뒤인 1월 17일입니다.

2020년 1월

일	월	화	수	목	금	토
29	30	31	1	2	3	4
5	6	7	8	9	10	11
12	13	14	15	16	17	18
19	20	21	22	23	24	25
26	27	28	29	30	31	1
2	3	4	5	6	7	8

그러므로 세 번째 주차라면 3에서 1을 뺀 값에 7을 곱해 14라는 숫자를 얻습니다. 이 값을 [H6] 셀의 날짜에 더하면 원하는 날짜를 모두 얻을 수 있습니다.

07 09 N개월(년) 이전(또는 이후) 날짜 계산하기

예제 파일 PART 02 \ CHAPTER 07 \ EDATE 함수.xlsx

EDATE 함수

특정 날짜로부터 N개월(또는 년) 이후 날짜를 계산해야 한다면 DATE 함수를 사용하는 것보다 **EDATE 함수**를 사용하는 것이 편리합니다. EDATE 함수는 N개월 이전(이후) 날짜를 반환해주는 함수입니다. 구문은 다음과 같습니다.

EDATE (❶ 시작일, ❷ 개월)

시작일로부터 지정한 개월수만큼의 이전 또는 이후 날짜값을 반환합니다.

인수	❶ **시작일** : 날짜 일련번호입니다. ❷ **개월** : [시작일]의 이전 또는 이후 개월수입니다. 이전은 음수로, 이후는 양수로 표현합니다. 예를 들어 [개월] 인수를 3으로 지정하면 [시작일]로부터 3개월 후 날짜를 반환하고, [개월] 인수를 -3으로 지정하면 [시작일]로부터 3개월 전 날짜를 반환합니다.
주의	EDATE 함수로 월의 종료일을 계산할 때는 주의가 필요합니다. 예를 들어 EDATE 함수로 2020-01-31의 한 달 뒤 날짜를 구하면 2020-02-29이 반환됩니다. 하지만 2020-02-29의 한 달 뒤 날짜를 구하면 2020-03-29이 반환됩니다. 그러므로 월의 종료일을 계산하려면 EDATE 함수보다 EOMONTH 함수를 사용하는 것이 좋습니다. LINK EOMONTH 함수에 대한 자세한 설명은 이 책의 533페이지를 참고합니다.

사용 예

```
=EDATE(A1, 3)
```

TIP [A1] 셀의 날짜에서 3개월 이후 날짜를 반환합니다.

따라 하기

EDATE 함수를 사용해 N개월(년) 이전(또는 이후) 날짜를 계산해 얻습니다.

01 예제를 열고, 판매된 제품의 AS 만료일을 G열에 계산합니다.

A / S 관 리 대 장

NO	시리얼번호	생산일	판매일	정품등록일	A/S 만료일
1	EQ0013050	2020-01-11	2020-03-23	2020-04-27	
2	EQ0018028	2020-01-07	2020-02-07		
3	EQ0019364	2020-01-12	2020-03-23	2020-03-31	
4	EQ0027340	2020-01-08	2020-03-17	2020-03-20	
5	EQ0048477	2020-01-09	2020-03-07		
6	EQ0061022	2020-01-03	2020-01-31		
7	EQ0075949	2020-01-03	2020-01-29	2020-02-07	

TIP AS 만료일은 판매일로부터 1년이며, 판매일로부터 한 달 이내 정품등록한 경우 3개월 연장됩니다.

02 정품등록 여부와 해당 날짜가 판매일로부터 1개월 이내인지 확인합니다.

03 [G6] 셀에 다음 수식을 입력하고 [G6] 셀의 채우기 핸들을 [G12] 셀까지 드래그합니다.

[G6] 셀 : =AND(F6>=E6, F6<=EDATE(E6, 1))

G6 =AND(F6>=E6, F6<=EDATE(E6, 1))

A / S 관 리 대 장

NO	시리얼번호	생산일	판매일	정품등록일	A/S 만료일
1	EQ0013050	2020-01-11	2020-03-23	2020-04-27	FALSE
2	EQ0018028	2020-01-07	2020-02-07		FALSE
3	EQ0019364	2020-01-12	2020-03-23	2020-03-31	TRUE
4	EQ0027340	2020-01-08	2020-03-17	2020-03-20	TRUE
5	EQ0048477	2020-01-09	2020-03-07		FALSE
6	EQ0061022	2020-01-03	2020-01-31		FALSE
7	EQ0075949	2020-01-03	2020-01-29	2020-02-07	TRUE

더 알아보기 수식 이해하기

F열에 정품등록일이 기록되어 있는데, 빈 셀 역시 포함되어 있습니다. 정품등록일은 입력된 날짜도 중요하지만 A/S 만료일을 계산하려면 판매일로부터 한 달 이내의 날짜인지 확인할 필요가 있습니다.

이번 수식은 AND 함수를 사용해 다음과 같은 두 가지 조건을 확인합니다.

첫째, 정품등록일이 판매일 이후인지 확인합니다.

```
=F6>=E6
```

위의 수식으로 정품등록이 됐는지와 정품등록일이 판매일 이후에 등록됐는지 확인할 수 있습니다. 만약 정품등록일이 입력됐는지만 확인하려면 다음과 같은 조건으로 변경할 수 있습니다.

```
=F6<>“”
```

둘째, 정품등록일이 판매일로부터 한 달 이내인지 확인합니다.

```
=F6<=EDATE(E6, 1)
```

위 조건에서 EDATE 함수 부분은 판매일(E6)로부터 한 달 이후 날짜를 반환하므로, 정품등록일(F6)이 해당 날짜보다 작거나 같으면 한 달 이내에 등록했다고 할 수 있습니다. 만약 판매일이 말일인 경우(28, 29, 30) 한 달 이후 날짜 계산이 잘못될 수 있으므로 이 수식은 다음과 같이 수정해야 합니다.

```
=IF(DAY(E6+1)=1, EOMONTH(E6, 1), EDATE(E6, 1))
```

즉, 판매일의 하루 뒤가 1일이면 말일이므로 EOMONTH 함수를 사용해 한 달 뒤 날짜를 계산하고, 그렇지 않다면(말일이 아닌 경우) EDATE 함수를 사용해 한 달 뒤 날짜를 계산합니다.

04 판단된 결과로 AS 만료일을 계산합니다.

05 [G6] 셀의 수식을 다음과 같이 수정하고 [G6] 셀의 채우기 핸들을 [G12] 셀까지 드래그합니다.

[G6] 셀 : =IF(AND(F6>=E6, F6<=EDATE(E6, 1)), EDATE(E6, 15), EDATE(E6, 12))

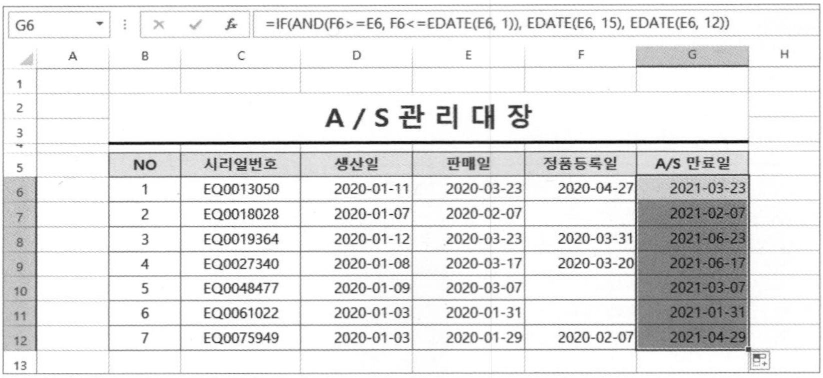

NO	시리얼번호	생산일	판매일	정품등록일	A/S 만료일
1	EQ0013050	2020-01-11	2020-03-23	2020-04-27	2021-03-23
2	EQ0018028	2020-01-07	2020-02-07		2021-02-07
3	EQ0019364	2020-01-12	2020-03-23	2020-03-31	2021-06-23
4	EQ0027340	2020-01-08	2020-03-17	2020-03-20	2021-06-17
5	EQ0048477	2020-01-09	2020-03-07		2021-03-07
6	EQ0061022	2020-01-03	2020-01-31		2021-01-31
7	EQ0075949	2020-01-03	2020-01-29	2020-02-07	2021-04-29

더 알아보기 **수식 이해하기**

이번 수식을 좀 더 짧게 변경하려면 IF 함수를 EDATE 함수 안에 중첩해 사용합니다.

```
=EDATE(E6, IF(AND(F6>=E6, F6<=EDATE(E6, 1)), 15, 12))
```

이번 수식을 **03** 과정 수식 설명에서 보완한 조건으로 처리한다면 수식은 다음과 같아야 합니다.

```
=EDATE(E6, IF(AND(F6<>"", F6<=IF(DAY(E6+1)=1, EOMONTH(E6, 1), EDATE(E6, 1))), 15, 12))
```

날짜 계산

07 10 주말과 휴일을 배제한 종료일 (배송 예정일) 계산하기

예제 파일 PART 02 \ CHAPTER 07 \ WORKDAY, NETWORKDAYS 함수.xlsx

WORKDAY.INTL, NETWORKDAYS, NETWORKDAYS.INTL 함수

원하는 날짜를 계산하려고 할 때 주말과 휴일을 빼고 계산해야 한다면 WORKDAY 함수를 사용해야 합니다. 단, 주말을 토요일이나 일요일이 아닌 특정 요일로 선택해야 한다면 **WORKDAY.INTL 함수**(엑셀 2010 버전 이상)를 사용해야 합니다. 구문은 다음과 같습니다.

WORKDAY.INTL (❶ 시작일, ❷ 근무일, ❸ 주말, ❹ 휴일) 2010 이상

시작일로부터 주말과 휴일을 제외한 근무일수 이후(또는 이전)의 날짜를 구합니다.

인수

❶ **시작일** : 시작 날짜

❷ **근무일** : 평일 근무일수로 시작일에 더해 계산합니다.

❸ **주말** : 주말을 의미하는 1~7, 11~17 사이의 숫자값입니다.

숫자	주말 요일
1 또는 생략	토요일, 일요일
2	일요일, 월요일
3	월요일, 화요일
4	화요일, 수요일
5	수요일, 목요일
6	목요일, 금요일
7	금요일, 토요일
11	일요일
12	월요일
13	화요일
14	수요일
15	목요일
16	금요일
17	토요일

❹ **휴일** : 날짜 계산에서 제외할 휴일이 기록된 데이터 범위입니다. 생략이 가능하고 생략하면 주말만 제외한 날짜를 계산합니다.

주의	WORKDAY.INTL 함수는 [시작일]에 [근무일]을 더해 계산하므로, [시작일]은 작업일에 포함되지 않습니다. [시작일]을 포함해 계산하려면 [시작일]에 1을 빼는 연산을 해줘야 합니다.
특이사항	이 함수는 WORKDAY 함수와 동일하며, 주말 요일을 따로 선택할 수 있다는 점만 다릅니다. LINK WORKDAY 함수에 대해서는 이 책의 552페이지를 참고합니다.

사용 예

```
=WORKDAY.INTL(A1, 3, 11)
```

TIP [A1] 셀의 날짜에서 3일 뒤(주말 제외) 날짜를 반환합니다. 일요일만 주말로 처리하므로 주 6일제 근무를 대상으로 한 종료일을 계산할 수 있습니다.

주말과 휴일을 배제한 두 날짜의 차이를 계산할 때는 NETWORKDAYS 함수를 사용합니다. 이 함수도 WORKDAY 함수와 마찬가지로 주말을 선택할 수 있는 NETWORKDAYS.INTL 함수를 제공해줍니다. 두 함수의 구문은 다음과 같습니다.

NETWORKDAYS (❶ 시작일, ❷ 종료일, ❸ 휴일)

두 날짜 사이의 주말(토, 일)과 휴일 날짜를 제외한 근무일수를 세어 반환합니다.

인수	❶ **시작일** : 시작 날짜로 [종료일]보다 과거 날짜여야 합니다. ❷ **종료일** : 종료 날짜로 [시작일]보다 미래 날짜여야 합니다. ❸ **휴일** : 날짜 계산에서 제외할 휴일 날짜가 기록된 데이터 범위로 생략하면 주말(토, 일)만 계산에서 제외합니다.

사용 예

```
=NETWORKDAYS(A1, B1)
```

TIP [A1] 셀과 [B1] 셀의 주말(토, 일)을 제외한 날짜 차이를 세어 반환합니다.

NETWORKDAYS.INTL (❶ 시작일, ❷ 종료일, ❸ 주말, ❹ 휴일) 2010 이상

두 날짜 사이의 주말과 휴일 날짜를 제외한 근무일수를 세어 반환합니다.

인수	❶ **시작일** : 날짜 차이를 구할 첫 번째 날짜로 [종료일]보다 과거 날짜여야 합니다. ❷ **종료일** : 날짜 차이를 구할 두 번째 날짜로 [시작일]보다 미래 날짜여야 합니다. ❸ **주말** : 주말을 의미하는 1~7, 11~17 사이의 숫자값으로 WORKDAY.INTL 함수와 동일합니다. ❹ **휴일** : 날짜 계산에서 제외할 휴일 날짜가 기록되어 있는 데이터 범위로, 생략 가능합니다.
특이사항	이 함수는 NETWORKDAYS 함수와 동일하며, 주말 요일을 따로 선택할 수 있다는 점만 다릅니다.

사용 예

```
=NETWORKDAYS.INTL(A1, B1, 11)
```

TIP [A1] 셀과 [B1] 셀의 주말(일)을 제외한 날짜 차이를 세어 반환합니다.

따라 하기

주말과 휴일을 배제한 두 날짜의 차이를 구하는 작업을 진행합니다.

01 예제를 열고, C열의 주문일에서 주 5일과 주 6일 배송일 때 배송 예정일을 계산합니다.

배송 예정일

주문번호	주문일		주 5일 배송			주 6일 배송		
	날짜	요일	날짜	요일	소요일	날짜	요일	소요일
10248	2020-01-01	수		토			토	
10249	2020-01-06	월		토			토	
10250	2020-01-11	토		토			토	
10251	2020-01-16	목		토			토	
10252	2020-01-21	화		토			토	
10253	2020-01-26	일		토			토	
10254	2020-01-31	금		토			토	
10255	2020-02-05	수		토			토	
10256	2020-02-10	월		토			토	
10257	2020-02-15	토		토			토	

휴일	요일	설명
2020-01-01	수	새해
2020-01-24	금	설날
2020-01-25	토	설날
2020-01-26	일	설날
2020-01-27	월	설날(대체휴일)
2020-03-01	일	삼일절
2020-04-15	수	국회의원 선거
2020-04-30	목	부처님 오신 날
2020-05-05	화	어린이날

TIP 오른쪽 범위의 표는 휴일 날짜를 정리해놓은 표로, 엑셀 표로 등록되어 있으며 표 이름은 [휴일]입니다.

TIP 배송 예정일은 주말과 휴일을 제외하고 3일이 걸린다고 가정합니다.

02 배송업체가 주 5일 근무를 하는 경우 배송 예정일을 먼저 계산합니다.

03 [E7] 셀에 다음 수식을 입력하고 [E7] 셀의 채우기 핸들을 [E16] 셀까지 드래그합니다.

[E7] 셀 : =WORKDAY(C7, 3, 휴일[휴일])

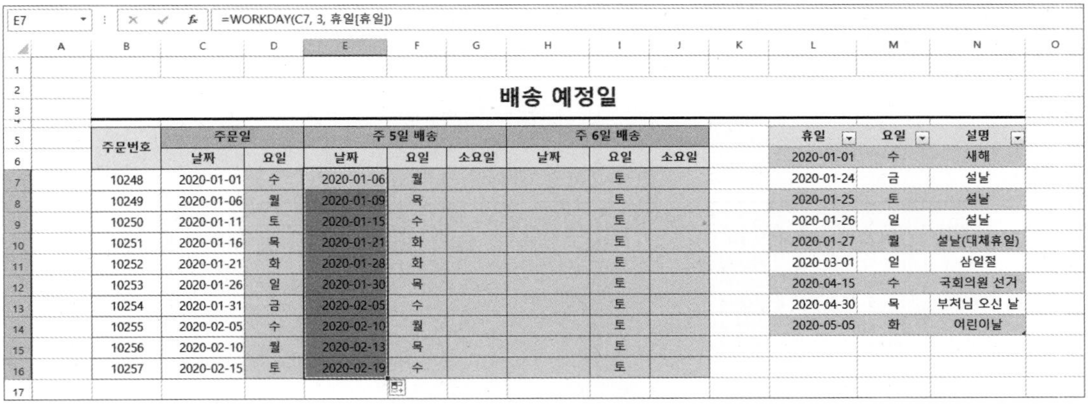

E7 =WORKDAY(C7, 3, 휴일[휴일])

배송 예정일

주문번호	주문일		주 5일 배송			주 6일 배송		
	날짜	요일	날짜	요일	소요일	날짜	요일	소요일
10248	2020-01-01	수	2020-01-06	월			토	
10249	2020-01-06	월	2020-01-09	목			토	
10250	2020-01-11	토	2020-01-15	수			토	
10251	2020-01-16	목	2020-01-21	화			토	
10252	2020-01-21	화	2020-01-28	화			토	
10253	2020-01-26	일	2020-01-30	목			토	
10254	2020-01-31	금	2020-02-05	수			토	
10255	2020-02-05	수	2020-02-10	월			토	
10256	2020-02-10	월	2020-02-13	목			토	
10257	2020-02-15	토	2020-02-19	수			토	

휴일	요일	설명
2020-01-01	수	새해
2020-01-24	금	설날
2020-01-25	토	설날
2020-01-26	일	설날
2020-01-27	월	설날(대체휴일)
2020-03-01	일	삼일절
2020-04-15	수	국회의원 선거
2020-04-30	목	부처님 오신 날
2020-05-05	화	어린이날

더 알아보기 수식 이해하기

이번 수식은 WORKDAY 함수로 시작일([C7] 셀의 1월 1일)에 근무일(3일)을 더해 종료일을 계산하는데, 오른쪽 [휴일] 표의 날짜는 계산에서 제외합니다. 1월 1일에서 3일이 걸릴 경우 [L6] 셀의 휴일인 1일과 주말인 4일, 5일을 제외해야 합니다. 따라서 1월 2일, 3일, 6일이 근무일로 계산되어 1월 6일(E7)이 반환됩니다.

이것만 보면 계산이 제대로 된 것 같습니다. 하지만 [C8] 셀의 1월 6일의 경우 6일, 7일, 8일 이렇게 3일이 걸리므로 8일이 반환되어야 하는데 [E8] 셀에는 1월 9일이 반환됐습니다.

왜 이렇게 계산이 맞았다 맞지 않았다 할까요? 사실 계산은 모두 맞습니다. WORKDAY 함수는 시작일에 근무일을 더하는 방법으로 종료일을 구하므로, 시작일이 계산에 포함되지 않습니다. 그러므로 1일은 3을 더한 후 주말을 제외하면 5일이 더해지게 되어 6일이 되고, 6일은 3을 더하면 9일이 반환되는 것입니다.

04 C열의 주문일과 E열의 배송 예정일로 소요일을 계산해봅니다.

05 [G7] 셀에 다음 수식을 입력하고 [G7] 셀의 채우기 핸들을 [G16] 셀까지 드래그합니다.

[G7] 셀 : =NETWORKDAYS(C7, E7, 휴일[휴일])

주문번호	주문일		주 5일 배송			주 6일 배송		
	날짜	요일	날짜	요일	소요일	날짜	요일	소요일
10248	2020-01-01	수	2020-01-06	월	3		토	
10249	2020-01-06	월	2020-01-09	목	4		토	
10250	2020-01-11	토	2020-01-15	수	3		토	
10251	2020-01-16	목	2020-01-21	화	4		토	
10252	2020-01-21	화	2020-01-28	화	4		토	
10253	2020-01-26	일	2020-01-30	목	3		토	
10254	2020-01-31	금	2020-02-05	수	4		토	
10255	2020-02-05	수	2020-02-10	월	4		토	
10256	2020-02-10	월	2020-02-13	목	4		토	
10257	2020-02-15	토	2020-02-19	수	3		토	

휴일	요일	설명
2020-01-01	수	새해
2020-01-24	금	설날
2020-01-25	토	설날
2020-01-26	일	설날
2020-01-27	월	설날(대체휴일)
2020-03-01	일	삼일절
2020-04-15	수	국회의원 선거
2020-04-30	목	부처님 오신 날
2020-05-05	화	어린이날

더 알아보기 NETWORKDAYS 함수와 WORKDAY 함수의 차이

NETWORKDAYS 함수는 시작일과 종료일의 차이를 개수로 계산합니다. WORKDAY 함수와 마찬가지로 주말(토,일)과 휴일을 제외할 수 있어 WORKDAY 함수의 결과를 확인하거나 두 날짜 사이의 근무일을 계산하는 용도로 자주 사용합니다.

그런데 NETWORKDAYS 함수는 시작일부터 종료일까지 일수를 모두 세는 방법을 사용하고, WORKDAY 함수는 시작일에서 근무일을 더해 계산하므로 두 함수의 계산 방법에는 차이가 있습니다.

[C8] 셀의 1월 6일에서 3일을 더해 배송 예정일을 구하면 9일이 됩니다(WORKDAY 함수의 방법). 하지만 두 날짜(6일~9일)의 차이를 세어보면 4일(NETWORKDAYS 함수의 방법)이 됩니다.

그러므로 두 함수가 동일한 계산 작업을 하려면 다음과 같은 수식을 사용해야 합니다.

WORKDAY 함수에서 시작일을 포함하려는 경우

```
=WORKDAY(시작일-1, 근무일, 휴일)
```

NETWORKDAYS 함수에서 시작일을 제외하려는 경우

```
=NETWORKDAYS(시작일+1, 종료일, 휴일)
```

이번과 같은 예제의 경우 주문일이 배송일에 포함되는 경우라면 WORKDAY 함수를 수정해야 합니다.

06 주문일부터 배송이 시작된다고 가정하고 E열의 배송 예정일 수식을 수정합니다.

07 [E7] 셀의 수식을 다음과 같이 수정하고, [E7] 셀의 채우기 핸들을 [E16] 셀까지 드래그합니다.

[E7] 셀 : =WORKDAY(C7-1, 3, 휴일[휴일])

E7 =WORKDAY(C7-1, 3, 휴일[휴일])

배송 예정일

주문번호	주문일		주 5일 배송			주 6일 배송		
	날짜	요일	날짜	요일	소요일	날짜	요일	소요일
10248	2020-01-01	수	2020-01-06	월	3		토	
10249	2020-01-06	월	2020-01-08	수	3		토	
10250	2020-01-11	토	2020-01-15	수	3		토	
10251	2020-01-16	목	2020-01-20	월	3		토	
10252	2020-01-21	화	2020-01-23	목	3		토	
10253	2020-01-26	일	2020-01-30	목	3		토	
10254	2020-01-31	금	2020-02-04	화	3		토	
10255	2020-02-05	수	2020-02-07	금	3		토	
10256	2020-02-10	월	2020-02-12	수	3		토	
10257	2020-02-15	토	2020-02-19	수	3		토	

휴일	요일	설명
2020-01-01	수	새해
2020-01-24	금	설날
2020-01-25	토	설날
2020-01-26	일	설날
2020-01-27	월	설날(대체휴일)
2020-03-01	일	삼일절
2020-04-15	수	국회의원 선거
2020-04-30	목	부처님 오신 날
2020-05-05	화	어린이날

TIP E열의 수식을 수정하면 G열의 NETWORKDAYS 함수를 사용한 결과도 모두 3이 반환됩니다.

08 이번에는 주 6일 근무를 하는 배송 업체의 배송 예정일을 계산합니다.

09 [H7] 셀의 다음 수식을 입력하고 [H7] 셀의 채우기 핸들을 [H16] 셀까지 드래그합니다.

[H7] 셀 : =WORKDAY.INTL(C7−1, 3, 11, 휴일[휴일])

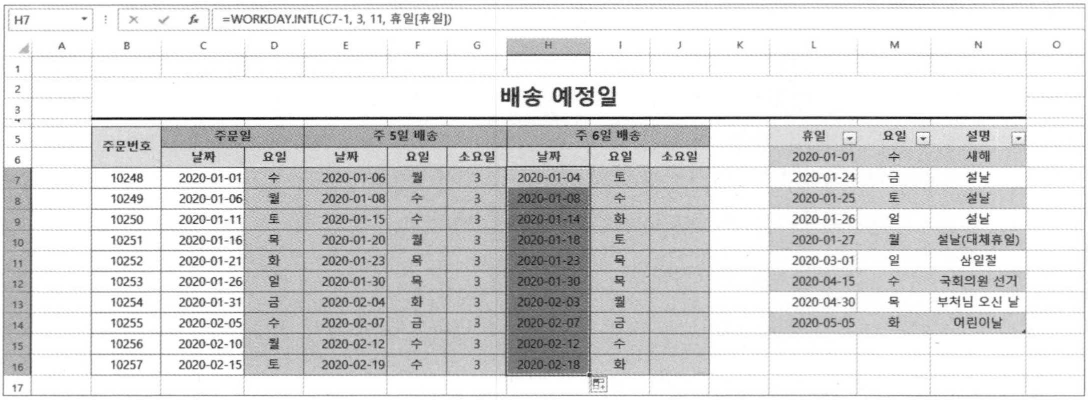

H7 =WORKDAY.INTL(C7-1, 3, 11, 휴일[휴일])

배송 예정일

주문번호	주문일		주 5일 배송			주 6일 배송		
	날짜	요일	날짜	요일	소요일	날짜	요일	소요일
10248	2020-01-01	수	2020-01-06	월	3	2020-01-04	토	
10249	2020-01-06	월	2020-01-08	수	3	2020-01-08	수	
10250	2020-01-11	토	2020-01-15	수	3	2020-01-14	화	
10251	2020-01-16	목	2020-01-20	월	3	2020-01-18	토	
10252	2020-01-21	화	2020-01-23	목	3	2020-01-23	목	
10253	2020-01-26	일	2020-01-30	목	3	2020-01-30	목	
10254	2020-01-31	금	2020-02-04	화	3	2020-02-03	월	
10255	2020-02-05	수	2020-02-07	금	3	2020-02-07	금	
10256	2020-02-10	월	2020-02-12	수	3	2020-02-12	수	
10257	2020-02-15	토	2020-02-19	수	3	2020-02-18	화	

휴일	요일	설명
2020-01-01	수	새해
2020-01-24	금	설날
2020-01-25	토	설날
2020-01-26	일	설날
2020-01-27	월	설날(대체휴일)
2020-03-01	일	삼일절
2020-04-15	수	국회의원 선거
2020-04-30	목	부처님 오신 날
2020-05-05	화	어린이날

더 알아보기 **수식 이해하기**

WORKDAY.INTL 함수는 WORKDAY 함수에 [주말] 인수가 추가된 함수로, WORKDAY.INTL 함수의 세 번째 인수가 11이면 일요일만 주말(주 6일제)로 처리해 계산합니다.

10 주 6일 배송의 경우도 동일하게 소요일을 계산합니다.

11 [J7] 셀에 다음 수식을 입력하고 [J7] 셀의 채우기 핸들을 [J16] 셀까지 드래그합니다.

[J7] 셀 : =NETWORKDAYS.INTL(C7, H7, 11, 휴일[휴일])

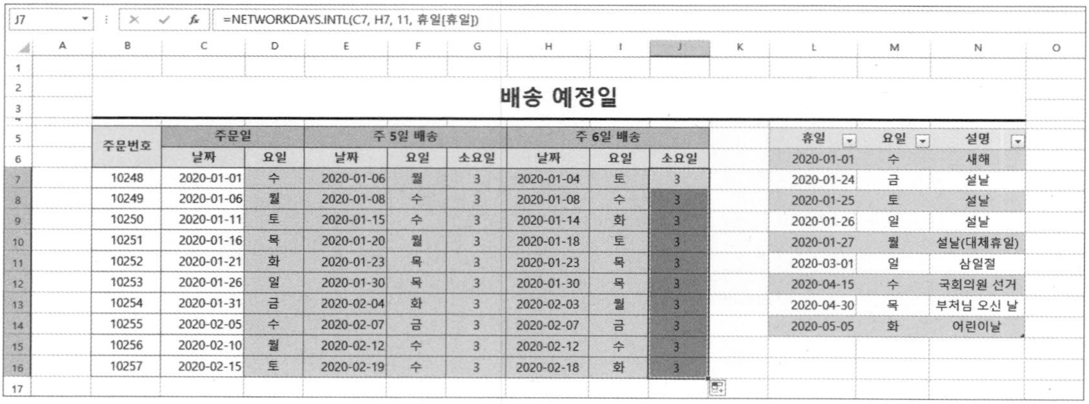

J7 =NETWORKDAYS.INTL(C7, H7, 11, 휴일[휴일])

배송 예정일

주문번호	주문일		주 5일 배송			주 6일 배송		
	날짜	요일	날짜	요일	소요일	날짜	요일	소요일
10248	2020-01-01	수	2020-01-06	월	3	2020-01-04	토	3
10249	2020-01-06	월	2020-01-08	수	3	2020-01-08	수	3
10250	2020-01-11	토	2020-01-15	수	3	2020-01-14	화	3
10251	2020-01-16	목	2020-01-20	월	3	2020-01-18	토	3
10252	2020-01-21	화	2020-01-23	목	3	2020-01-23	목	3
10253	2020-01-26	일	2020-01-30	목	3	2020-01-30	목	3
10254	2020-01-31	금	2020-02-04	화	3	2020-02-03	월	3
10255	2020-02-05	수	2020-02-07	금	3	2020-02-07	금	3
10256	2020-02-10	월	2020-02-12	수	3	2020-02-12	수	3
10257	2020-02-15	토	2020-02-19	수	3	2020-02-18	화	3

휴일	요일	설명
2020-01-01	수	새해
2020-01-24	금	설날
2020-01-25	토	설날
2020-01-26	일	설날
2020-01-27	월	설날(대체휴일)
2020-03-01	일	삼일절
2020-04-15	수	국회의원 선거
2020-04-30	목	부처님 오신 날
2020-05-05	화	어린이날

더 알아보기 **수식 이해하기**

NETWORKDAYS.INTL 함수는 NETWORKDAYS 함수에 [주말] 인수가 추가된 함수입니다. 이번 수식에서 반환된 값이 모두 3이므로, WORKDAY.INTL 함수와 NETWORKDAYS.INTL 함수는 모두 일수를 세는 방법으로 계산하며, 주문일부터 배송이 시작되는 것을 감안해 계산하고 있음을 알 수 있습니다.

날짜 단위

07 11 날짜에서 반기, 분기 그룹화하기

예제 파일 PART 02 \ CHAPTER 07 \반기, 분기.xlsx

공식처럼 사용할 수 있는 수식

반기 계산

날짜 데이터에서 반기나 분기와 같은 날짜 단위를 반환해주는 함수는 없습니다. 따라서 수식을 이용해 원하는 결과를 돌려받을 수 있어야 합니다. 반기는 1년을 6개월씩 묶어 상반기, 하반기로 구분하므로 다음과 같은 수식을 사용합니다.

=IF(MONTH(날짜)<7, "상반기", "하반기")

- **날짜** : 반기를 구할 날짜 데이터

분기 계산

분기는 1년을 3개월씩 묶어 1사분기, 2사분기, 3사분기, 4사분기로 구분합니다. 분기는 네 개로 구분해야 하므로 IF 함수를 사용하는 것이 쉽지 않습니다. 다음 수식을 사용합니다.

=ROUNDUP(MONTH(날짜)/3) & "분기"

- **날짜** : 분기를 구할 날짜 데이터

또는 다음과 같은 수식을 사용할 수 있습니다.

=INT((MONTH(날짜)−1)/3)+1 & "분기"

- **날짜** : 분기를 구할 날짜 데이터

=QUOTIENT(MONTH(날짜)-1, 3)+1 & "분기"

- **날짜** : 분기를 구할 날짜 데이터

따라 하기

날짜 데이터에서 반기와 분기 단위를 얻는 방법에 대해 알아보겠습니다.

01 예제를 열고 B열의 날짜 데이터에서 반기와 분기를 [D:G] 열에 반환합니다.

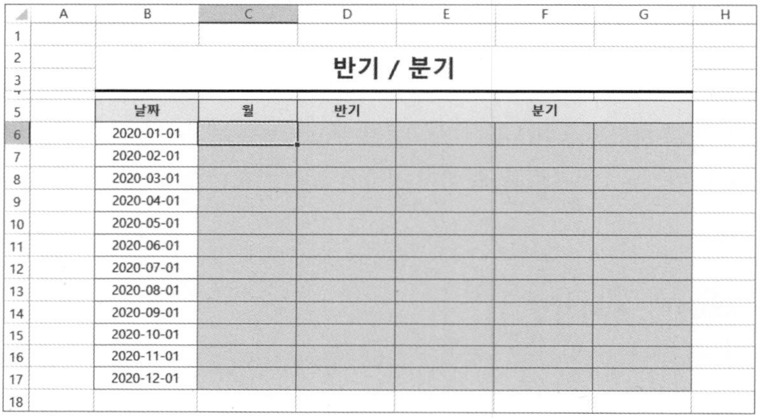

반기 / 분기

날짜	월	반기	분기		
2020-01-01					
2020-02-01					
2020-03-01					
2020-04-01					
2020-05-01					
2020-06-01					
2020-07-01					
2020-08-01					
2020-09-01					
2020-10-01					
2020-11-01					
2020-12-01					

02 날짜에서 월 데이터를 먼저 구합니다.

03 [C6] 셀에 다음 수식을 입력하고 [C6] 셀의 채우기 핸들을 [C17] 셀까지 드래그합니다.

[C6] 셀 : =MONTH(B6) & "월"

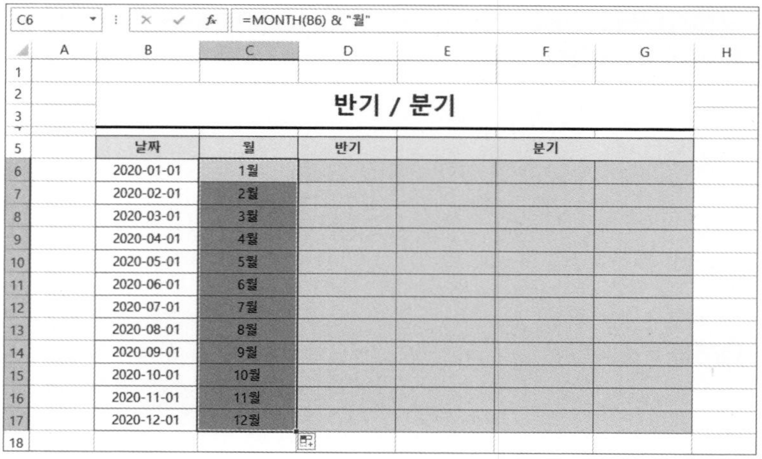

C6 =MONTH(B6) & "월"

반기 / 분기

날짜	월	반기	분기		
2020-01-01	1월				
2020-02-01	2월				
2020-03-01	3월				
2020-04-01	4월				
2020-05-01	5월				
2020-06-01	6월				
2020-07-01	7월				
2020-08-01	8월				
2020-09-01	9월				
2020-10-01	10월				
2020-11-01	11월				
2020-12-01	12월				

더 알아보기 **월일을 순서대로 표시하는 방법**

MONTH 함수는 날짜 데이터에서 월 부분의 숫자를 1~12로 반환해줍니다. 이 숫자를 이해하기 쉽게 표시하려면 단위(월)를 붙여주는 것이 좋습니다. 다만 단위를 붙이면 텍스트 데이터가 되므로 정렬할 때 10월, 11월, 12월, 1월, 2월, …과 같은 순서로 정렬됩니다.

정렬해도 월이 순서대로 표시되도록 하려면 월의 앞 숫자 부분을 모두 2자리로 맞춰줍니다. 수식을 다음과 같이 변경합니다.

```
=TEXT(B6, "mm월")
```

LINK TEXT 함수에 대한 자세한 설명은 이 책의 299페이지를 참고합니다.

04 **반기**를 계산해 얻습니다.

05 [D6] 셀에 다음 수식을 입력하고 [D6] 셀의 채우기 핸들을 [D17]셀까지 드래그합니다.

[D6] 셀 : =IF(MONTH(B6)<=6, "상반기", "하반기")

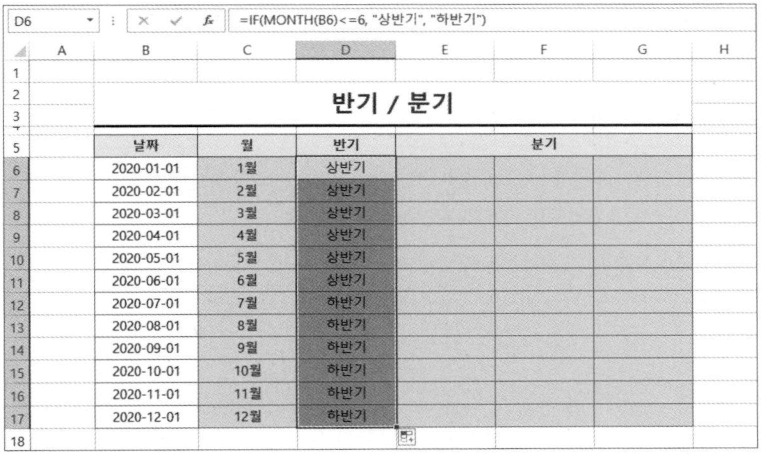

D6
=IF(MONTH(B6)<=6, "상반기", "하반기")
반기 / 분기
날짜
월
반기
분기
2020-01-01 1월 상반기
2020-02-01 2월 상반기
2020-03-01 3월 상반기
2020-04-01 4월 상반기
2020-05-01 5월 상반기
2020-06-01 6월 상반기
2020-07-01 7월 하반기
2020-08-01 8월 하반기
2020-09-01 9월 하반기
2020-10-01 10월 하반기
2020-11-01 11월 하반기
2020-12-01 12월 하반기

더 알아보기 **수식 이해하기**

상반기는 1월부터 6월까지이므로 MONTH 함수로 반환된 숫자가 6보다 작거나 같으면 '상반기'를 반환하고, 아니면 '하반기'를 반환합니다.

06 분기는 3개월씩 그룹으로 묶으면 되므로 월을 3으로 나눈 값을 가지고 계산합니다.

07 [E6] 셀에 다음 수식을 입력하고 [E6] 셀의 채우기 핸들을 [E17] 셀까지 드래그합니다.

[E6] 셀 : =MONTH(B6)/3

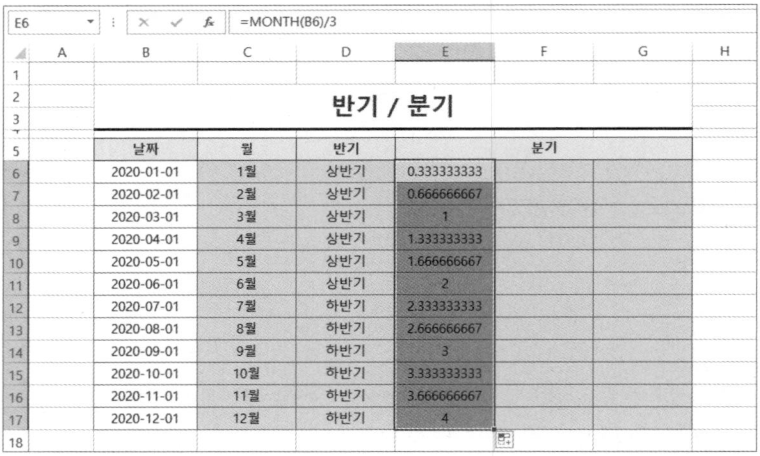
E6
=MONTH(B6)/3
반기 / 분기
날짜
월
반기
분기
2020-01-01 1월 상반기 0.333333333
2020-02-01 2월 상반기 0.666666667
2020-03-01 3월 상반기 1
2020-04-01 4월 상반기 1.333333333
2020-05-01 5월 상반기 1.666666667
2020-06-01 6월 상반기 2
2020-07-01 7월 하반기 2.333333333
2020-08-01 8월 하반기 2.666666667
2020-09-01 9월 하반기 3
2020-10-01 10월 하반기 3.333333333
2020-11-01 11월 하반기 3.666666667
2020-12-01 12월 하반기 4

TIP 수식의 결과가 날짜로 표시된다면 [표시 형식]을 [일반]으로 변경합니다.

더 알아보기 숫자를 일정한 간격으로 묶는 방법

숫자를 몇 개씩 일정한 간격으로 묶고 싶다면 해당 숫자를 간격으로 나누어줍니다. 이번 수식과 같이 MONTH 함수로 반환된 월을 3으로 나누면 매 3개월째에 해당하는 숫자가 1, 2, 3, 4와 같이 반환됩니다.

그러므로 1월의 0.3333과 2월의 0.6666을 모두 3월의 1과 같이 변경하면 원하는 분기 데이터를 얻을 수 있습니다.

08 월을 3으로 나눈 값을 소수점 위치에서 올림 처리해 분기 데이터를 얻습니다.

09 [E6] 셀의 수식을 다음과 같이 수정하고 [E6] 셀의 채우기 핸들을 [E17] 셀까지 드래그합니다.

[E6] 셀 : =ROUNDUP(MONTH(B6)/3, 0) & "사분기"

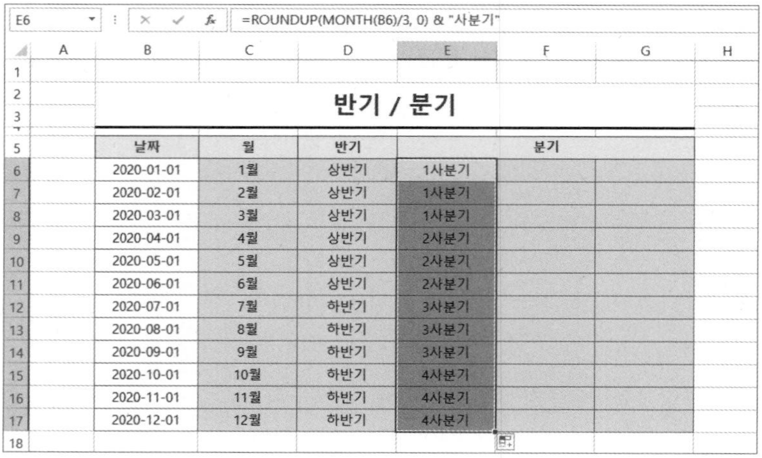
E6
=ROUNDUP(MONTH(B6)/3, 0) & "사분기"
반기 / 분기
날짜
월
반기
분기
2020-01-01 1월 상반기 1사분기
2020-02-01 2월 상반기 1사분기
2020-03-01 3월 상반기 1사분기
2020-04-01 4월 상반기 2사분기
2020-05-01 5월 상반기 2사분기
2020-06-01 6월 상반기 2사분기
2020-07-01 7월 하반기 3사분기
2020-08-01 8월 하반기 3사분기
2020-09-01 9월 하반기 3사분기
2020-10-01 10월 하반기 4사분기
2020-11-01 11월 하반기 4사분기
2020-12-01 12월 하반기 4사분기

더 알아보기 수식 이해하기

ROUNDUP 함수는 올림 처리하는 함수로, 0.3333과 0.6666, 1을 각각 소수점 위치에서 올림하면 1, 1, 1과 같이 동일한 숫자를 얻을 수 있습니다. 그런 다음 '사분기'와 같은 분기 단위를 붙여주면 분기 데이터를 얻을 수 있습니다.

10 이번에는 나눗셈의 몫을 계산해 얻는 방법으로 분기를 계산하겠습니다.

11 [F6] 셀에 다음 수식을 입력하고 [F6] 셀의 채우기 핸들을 [F17] 셀까지 드래그합니다.

[F6] 셀 : =INT(MONTH(B6)/3)

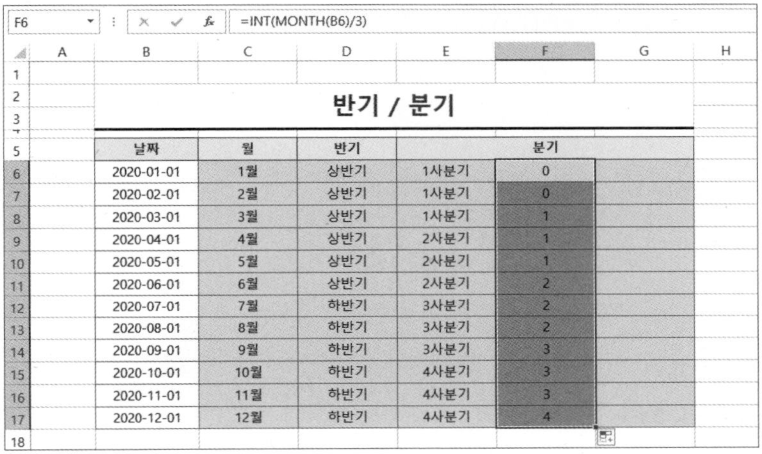

F6 =INT(MONTH(B6)/3)

반기 / 분기

날짜	월	반기	분기	
2020-01-01	1월	상반기	1사분기	0
2020-02-01	2월	상반기	1사분기	0
2020-03-01	3월	상반기	1사분기	1
2020-04-01	4월	상반기	2사분기	1
2020-05-01	5월	상반기	2사분기	1
2020-06-01	6월	상반기	2사분기	2
2020-07-01	7월	하반기	3사분기	2
2020-08-01	8월	하반기	3사분기	2
2020-09-01	9월	하반기	3사분기	3
2020-10-01	10월	하반기	4사분기	3
2020-11-01	11월	하반기	4사분기	3
2020-12-01	12월	하반기	4사분기	4

더 알아보기 수식 이해하기

이번 수식은 INT 함수를 사용해서 나눗셈의 정수 부분을 반환하므로, 나눗셈의 몫을 계산해 얻는다고 생각하면 쉽습니다. 수식에서 반환된 값 0, 0, 1, 1, 1, 2, 2, 2, 3, 3, 3, 4를 분기로 사용하려면 같은 숫자값이 세 개씩 반환되도록 해야 합니다. 수식을 다음과 같이 변경합니다.

```
=INT((MONTH(B6)-1)/3)
```

월에서 1을 빼면 월이 0~11 사이의 숫자가 되며, 이를 3으로 나눈 몫을 구하면 0, 0, 0, 1, 1, 1, 2, 2, 2, 3, 3, 3 값이 반환됩니다.

```
=INT((MONTH(B6)+2)/3)
```

월에서 2를 더하면 월이 3~14 사이의 숫자가 되며, 이를 3으로 나눈 몫을 구하면 1, 1, 1, 2, 2, 2, 3, 3, 3, 4, 4, 4 값이 반환됩니다.

두 수식은 모두 숫자를 세 개씩 묶어줍니다. 그런데 첫 번째 수식은 0, 0, 0과 같은 결과를 반환하므로 해당 수식에 1을 더하는 연산을 추가해줍니다. 반면 두 번째 수식은 1, 1, 1과 같이 바로 분기의 값이 반환되므로 다른 연산을 추가할 필요가 없습니다. 이렇게 보면 2를 더하는 연산을 더 많이 사용할 것 같지만, 실제로는 1을 빼는 연산을 더 자주 사용합니다.

12 F열의 수식을 수정해 분기가 반환되도록 합니다.

13 [F6] 셀의 수식을 다음과 같이 수정하고, [F6] 셀의 채우기 핸들을 [F17] 셀까지 드래그합니다.

[F6] 셀 : =INT((MONTH(B6)–1)/3)+1 & "사분기"

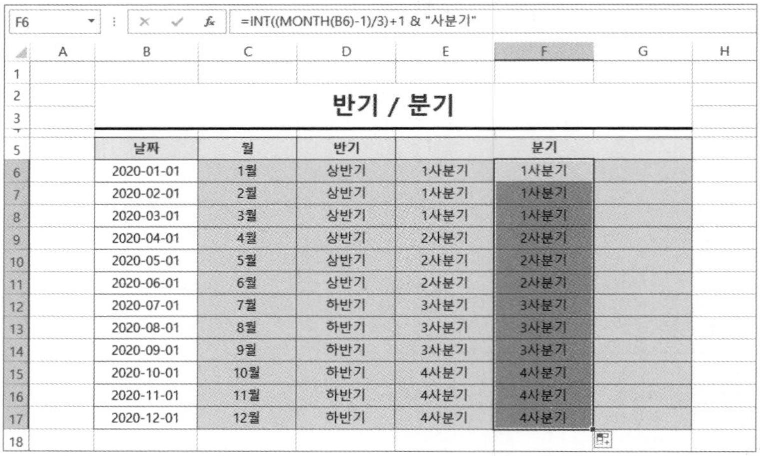

F6 =INT((MONTH(B6)-1)/3)+1 & "사분기"

반기 / 분기

날짜	월	반기	분기	
2020-01-01	1월	상반기	1사분기	1사분기
2020-02-01	2월	상반기	1사분기	1사분기
2020-03-01	3월	상반기	1사분기	1사분기
2020-04-01	4월	상반기	2사분기	2사분기
2020-05-01	5월	상반기	2사분기	2사분기
2020-06-01	6월	상반기	2사분기	2사분기
2020-07-01	7월	하반기	3사분기	3사분기
2020-08-01	8월	하반기	3사분기	3사분기
2020-09-01	9월	하반기	3사분기	3사분기
2020-10-01	10월	하반기	4사분기	4사분기
2020-11-01	11월	하반기	4사분기	4사분기
2020-12-01	12월	하반기	4사분기	4사분기

14 INT 함수를 나눗셈의 몫을 구하는 QUOTIENT 함수로 변경할 수 있습니다.

15 [G6] 셀에 다음 수식을 입력하고 [G6] 셀의 채우기 핸들을 [G17] 셀까지 드래그합니다.

[G6] 셀 : =QUOTIENT(MONTH(B6)–1, 3)+1 & "사분기"

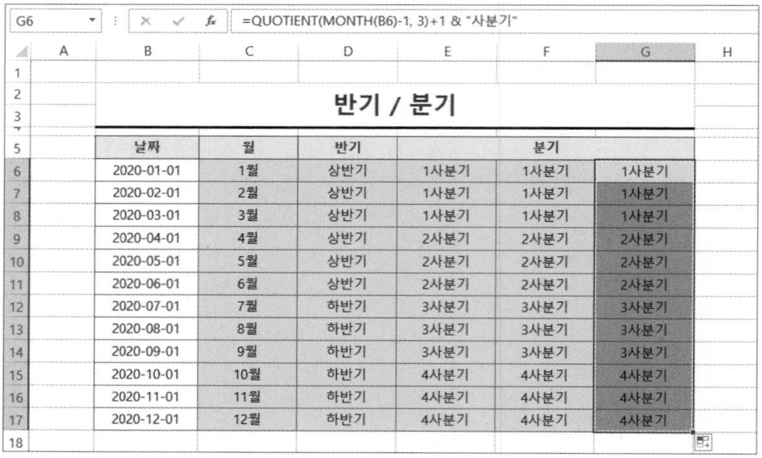

G6 =QUOTIENT(MONTH(B6)-1, 3)+1 & "사분기"

반기 / 분기

날짜	월	반기	분기		
2020-01-01	1월	상반기	1사분기	1사분기	1사분기
2020-02-01	2월	상반기	1사분기	1사분기	1사분기
2020-03-01	3월	상반기	1사분기	1사분기	1사분기
2020-04-01	4월	상반기	2사분기	2사분기	2사분기
2020-05-01	5월	상반기	2사분기	2사분기	2사분기
2020-06-01	6월	상반기	2사분기	2사분기	2사분기
2020-07-01	7월	하반기	3사분기	3사분기	3사분기
2020-08-01	8월	하반기	3사분기	3사분기	3사분기
2020-09-01	9월	하반기	3사분기	3사분기	3사분기
2020-10-01	10월	하반기	4사분기	4사분기	4사분기
2020-11-01	11월	하반기	4사분기	4사분기	4사분기
2020-12-01	12월	하반기	4사분기	4사분기	4사분기

LINK QUOTIENT 함수는 나눗셈의 몫을 반환해주는 함수로, 자세한 설명은 460페이지를 참고합니다.

날짜 단위

07 12 회계 연도와 회계 분기 계산하기

예제 파일 PART 02 \ CHAPTER 07 \ 회계 연도, 분기.xlsx

공식처럼 사용할 수 있는 수식

회계 연도 계산

회계상에서 예산이 집행되는 일정 기간(보통 1년)을 회계 연도라고 하며, 우리나라, 중국, 독일, 프랑스 등에서 1월 1일~12월 31일을 회계 연도로 처리합니다. 다만 우리와 거래가 빈번한 미국은 10월 1일~9월 31일을, 일본은 4월 1일~3월 31일을 회계 연도로 처리합니다. 회계 연도를 구하려면 다음 수식을 사용합니다.

=YEAR(EDATE(날짜, –(회계시작월–1))) & "년"

- **날짜** : 회계 연도를 구할 날짜 데이터
- **회계시작월** : 회계 장부상의 첫 번째 월을 의미하는 숫자

TIP 예를 들어 10월 1일부터 새로운 회계 연도가 시작된다면 회계시작월은 10입니다.

회계 분기 계산

회계 분기 역시 회계 연도상의 분기를 의미하므로, 다음과 같은 수식을 사용해 구합니다.

=ROUNDUP(MONTH(EDATE(날짜, –(회계시작월–1)))/3, 0) & "분기"

- **날짜** : 회계 연도를 구할 날짜 데이터
- **회계시작월** : 회계 장부상의 첫 번째 월을 의미하는 숫자

TIP 예를 들어 10월 1일부터 새로운 회계 연도가 시작된다면 회계시작월은 10입니다.

따라 하기

예제의 날짜를 참고해 회계 연도와 회계 분기를 구합니다.

01 예제를 열고, [G3] 셀에 입력된 4가 회계 연도의 시작월일 때 회계 연도와 분기를 계산합니다.

	A	B	C	D	E	F	G	H
1								
2		회계 연도 / 분기					회계시작월	
3							4	
5		날짜	연도	분기	수정 날짜	회계 연도	회계 분기	
6		2020-01-01	2020년	1사분기				
7		2020-02-01	2020년	1사분기				
8		2020-03-01	2020년	1사분기				
9		2020-04-01	2020년	2사분기				
10		2020-05-01	2020년	2사분기				
11		2020-06-01	2020년	2사분기				
12		2020-07-01	2020년	3사분기				
13		2020-08-01	2020년	3사분기				
14		2020-09-01	2020년	3사분기				
15		2020-10-01	2020년	4사분기				
16		2020-11-01	2020년	4사분기				
17		2020-12-01	2020년	4사분기				
18								

TIP C열에는 연도가, D열에는 분기가 각각 계산되어 있습니다.

02 회계 연도에 맞춰 B열의 날짜를 조정합니다.

03 [E6] 셀에 다음 수식을 입력하고 [E6] 셀의 채우기 핸들을 [E17] 셀까지 드래그합니다.

[E6] 셀 : =EDATE(B6, –($G$3–1))

E6 | =EDATE(B6, -($G$3-1))

	A	B	C	D	E	F	G	H
1								
2		회계 연도 / 분기					회계시작월	
3							4	
5		날짜	연도	분기	수정 날짜	회계 연도	회계 분기	
6		2020-01-01	2020년	1사분기	2019-10-01			
7		2020-02-01	2020년	1사분기	2019-11-01			
8		2020-03-01	2020년	1사분기	2019-12-01			
9		2020-04-01	2020년	2사분기	2020-01-01			
10		2020-05-01	2020년	2사분기	2020-02-01			
11		2020-06-01	2020년	2사분기	2020-03-01			
12		2020-07-01	2020년	3사분기	2020-04-01			
13		2020-08-01	2020년	3사분기	2020-05-01			
14		2020-09-01	2020년	3사분기	2020-06-01			
15		2020-10-01	2020년	4사분기	2020-07-01			
16		2020-11-01	2020년	4사분기	2020-08-01			
17		2020-12-01	2020년	4사분기	2020-09-01			
18								

더 알아보기 회계시작월에 맞춰 날짜 수정하기

이번 수식에서 [G3] 셀에는 회계 연도의 시작월이 입력되어 있으므로, 수식은 다음과 같습니다.

```
=EDATE(B6, -(회계시작월-1))
```

회계 연도의 시작월은 [G3] 셀의 4이므로 EDATE 함수의 두 번째 인수는 **-(4-1)**로 계산되어 다음과 같은 수식이 됩니다.

```
=EDATE(B6, -3)
```

즉, [B6] 셀의 날짜에서 3개월 전 날짜를 반환받은 수식이 됩니다. 이렇게 하면 4월부터 2020년 1월 1일이 시작되도록 할 수 있습니다.

04 E열을 참고해 회계 연도를 계산합니다.

05 [F6] 셀에 다음 수식을 입력하고 [F6] 셀의 채우기 핸들을 [F17] 셀까지 드래그합니다.

[F6] 셀 : =YEAR(E6) & "년"

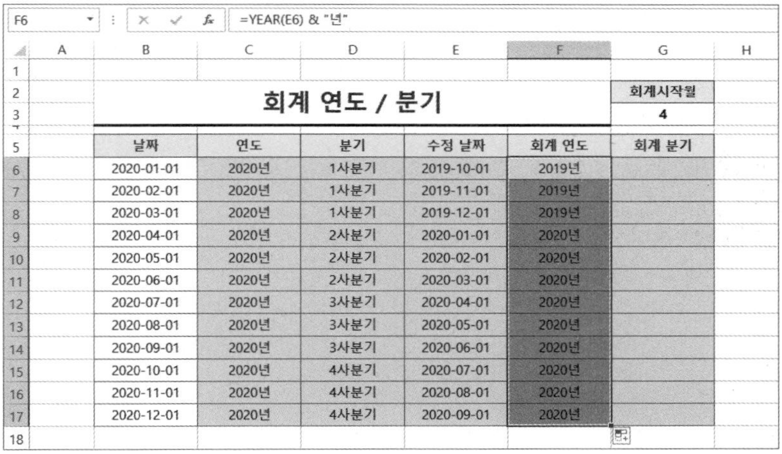

F6 | =YEAR(E6) & "년"

회계 연도 / 분기

회계시작월
4

날짜	연도	분기	수정 날짜	회계 연도	회계 분기
2020-01-01	2020년	1사분기	2019-10-01	2019년	
2020-02-01	2020년	1사분기	2019-11-01	2019년	
2020-03-01	2020년	1사분기	2019-12-01	2019년	
2020-04-01	2020년	2사분기	2020-01-01	2020년	
2020-05-01	2020년	2사분기	2020-02-01	2020년	
2020-06-01	2020년	2사분기	2020-03-01	2020년	
2020-07-01	2020년	3사분기	2020-04-01	2020년	
2020-08-01	2020년	3사분기	2020-05-01	2020년	
2020-09-01	2020년	3사분기	2020-06-01	2020년	
2020-10-01	2020년	4사분기	2020-07-01	2020년	
2020-11-01	2020년	4사분기	2020-08-01	2020년	
2020-12-01	2020년	4사분기	2020-09-01	2020년	

더 알아보기 수식 이해하기

이번 수식을 E열의 수식과 함께 결합하면 다음과 같은 수식이 됩니다.

```
=YEAR(EDATE(B6, -($G$3-1))) & "년"
```

즉, EDATE 함수로 날짜를 원하는 개월수 이전으로 돌린 다음, YEAR 함수로 연도만 반환받으면 정확한 회계 연도를 계산해 얻을 수 있습니다.

06 회계 분기 역시 회계 연도를 구할 때와 동일한 방법으로 계산합니다.

07 [G6] 셀에 다음 수식을 입력하고 [G6] 셀의 채우기 핸들[+]을 [G17] 셀까지 드래그합니다.

[G6] 셀 : =ROUNDUP(MONTH(E6)/3, 0) & "사분기"

G6 | =ROUNDUP(MONTH(E6)/3,0)&"사분기"

	A	B	C	D	E	F	G	H
1								
2		회계 연도 / 분기					회계시작월	
3							4	
5		날짜	연도	분기	수정 날짜	회계 연도	회계 분기	
6		2020-01-01	2020년	1사분기	2019-10-01	2019년	4사분기	
7		2020-02-01	2020년	1사분기	2019-11-01	2019년	4사분기	
8		2020-03-01	2020년	1사분기	2019-12-01	2019년	4사분기	
9		2020-04-01	2020년	2사분기	2020-01-01	2020년	1사분기	
10		2020-05-01	2020년	2사분기	2020-02-01	2020년	1사분기	
11		2020-06-01	2020년	2사분기	2020-03-01	2020년	1사분기	
12		2020-07-01	2020년	3사분기	2020-04-01	2020년	2사분기	
13		2020-08-01	2020년	3사분기	2020-05-01	2020년	2사분기	
14		2020-09-01	2020년	3사분기	2020-06-01	2020년	2사분기	
15		2020-10-01	2020년	4사분기	2020-07-01	2020년	3사분기	
16		2020-11-01	2020년	4사분기	2020-08-01	2020년	3사분기	
17		2020-12-01	2020년	4사분기	2020-09-01	2020년	3사분기	
18								

더 알아보기 **수식 이해하기**

이번 수식은 기본적으로 EDATE 함수를 사용해 날짜를 몇 개월 이전으로 돌린 다음, 분기 계산 수식을 적용해 원하는 회계 분기를 얻습니다. 이번 수식을 E열의 수식과 결합하면 다음과 같습니다.

```
=ROUNDUP(MONTH(EDATE(B6, -($G$3-1)))/3, 0) & "사분기"
```

이렇게 복잡한 수식을 작성해야 하는 경우, 한번에 계산하려면 실수가 발생할 수밖에 없습니다. 따라서 여러 계산 과정을 거쳐야 한다면 결과를 하나씩 눈으로 직접 확인해가면서 수식을 작성하는 것이 좋습니다.

날짜 단위

07 13 평년과 윤년 구별하기

예제 파일 PART 02 \ CHAPTER 07 \ 윤년.xlsx

공식처럼 사용할 수 있는 수식

윤년 계산

윤년은 보통 4년에 한 번씩 반복되며, 2월의 일수가 하루 증가합니다. 따라서 해당 년도의 2월 29일이 존재하는지 알아보면 윤년인지 확인할 수 있습니다. 다음과 같은 수식을 사용합니다.

=IF(MONTH(DATE(연도, 2, 29))=2, "윤년", "평년")

- **연도** : 윤년인지 확인할 1900~9999 사이의 숫자

또는 다음과 같은 수식으로도 확인이 가능합니다.

=IF(DAY(DATE(연도), 2, 29)=29, "윤년", "평년")

- **연도** : 윤년인지 확인할 1900~9999 사이의 숫자

1년은 365일이라고 알려져 있지만, 정확하게는 365.2422일입니다. 부족한 0.2422일을 채우기 위해 4년에 한 번씩 2월 29일을 두어 4년간의 연평균 일수가 365.25일이 되도록 했습니다. 물론 이렇게 하면 1년이 0.0078일씩 길어지게 되는데, 이 문제는 100으로 나누어 떨어지는 해를 윤년이 아닌 평년으로 처리해 해결합니다. 이 방법도 완전한 것은 아니어서 400년에 한 번씩은 다시 윤년으로 처리합니다. 여전히 오차는 존재하지만 무시할 수 있을 정도로 작은 수준이므로 이 원리에 맞춰 윤년을 판단합니다. 다음과 같은 수식을 사용합니다.

```
=IF(AND(MOD(연도, 4)=0,
        OR(MOD(연도, 100)>0, MOD(연도, 400)=0)),
        "윤년", "평년")
```

- **연도** : 윤년인지 확인할 1900~9999 사이의 숫자

따라 하기

특정 연도가 윤년인지 여부를 판단합니다.

01 예제를 열고, B열의 연도가 윤년인지 D열과 H열에 판정합니다.

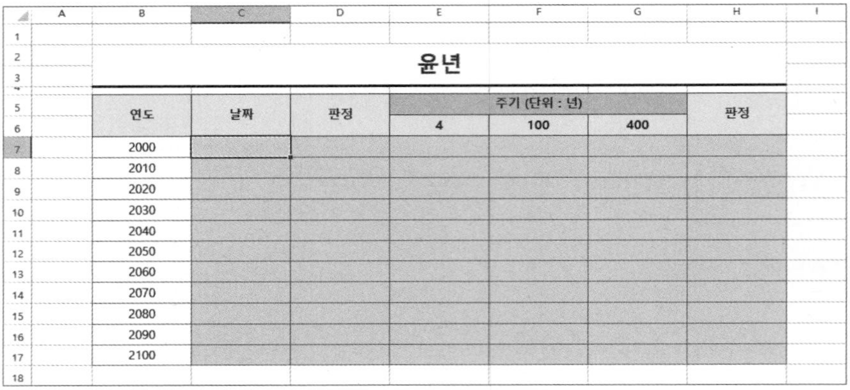

윤년

연도	날짜	판정	주기 (단위 : 년)			판정
			4	100	400	
2000						
2010						
2020						
2030						
2040						
2050						
2060						
2070						
2080						
2090						
2100						

02 B열의 연도에 2월 29일 날짜를 먼저 생성합니다.

03 [C7] 셀에 다음 수식을 입력하고 [C7] 셀의 채우기 핸들을 [C17] 셀까지 드래그합니다.

[C7] 셀 : =DATE(B7, 2, 29)

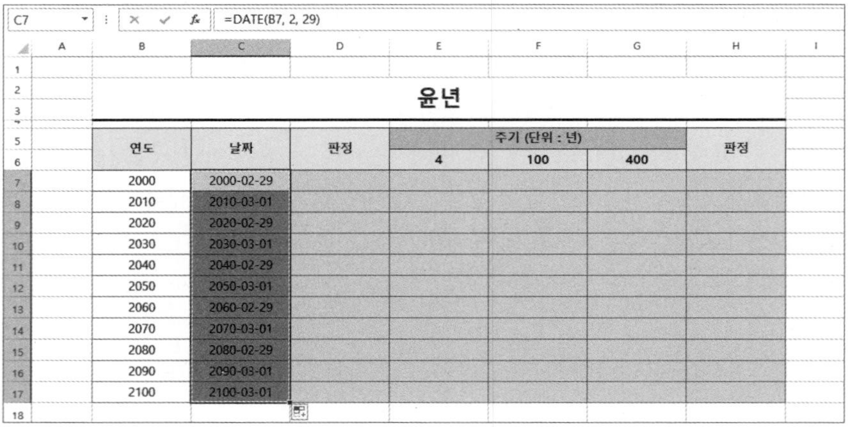

C7 =DATE(B7, 2, 29)

윤년

연도	날짜	판정	주기 (단위 : 년)			판정
			4	100	400	
2000	2000-02-29					
2010	2010-03-01					
2020	2020-02-29					
2030	2030-03-01					
2040	2040-02-29					
2050	2050-03-01					
2060	2060-02-29					
2070	2070-03-01					
2080	2080-02-29					
2090	2090-03-01					
2100	2100-03-01					

더 알아보기 3월 1일 날짜가 반환되는 이유

윤년은 2월 29일이 존재하는 해이므로, DATE 함수를 사용해 B열의 연도 내 2월 29일 날짜가 반환되도록 수식을 구성합니다. 그러면 2월 29일이 반환되는 해와 3월 1일이 반환되는 해로 나누어집니다. 엑셀에서 날짜는 미리 계산되어 있으므로, DATE 함수로 2월 29일 날짜를 반환하도록 하면 윤년인 경우에만 2월 29일이 반환됩니다.

04 반환된 날짜가 2월인지를 통해 윤년을 판정합니다.

05 [D7] 셀에 다음 수식을 입력하고 [D7] 셀의 채우기 핸들을 [D17] 셀까지 드래그합니다.

[D7] 셀 : =IF(MONTH(C7)=2, "윤년", "")

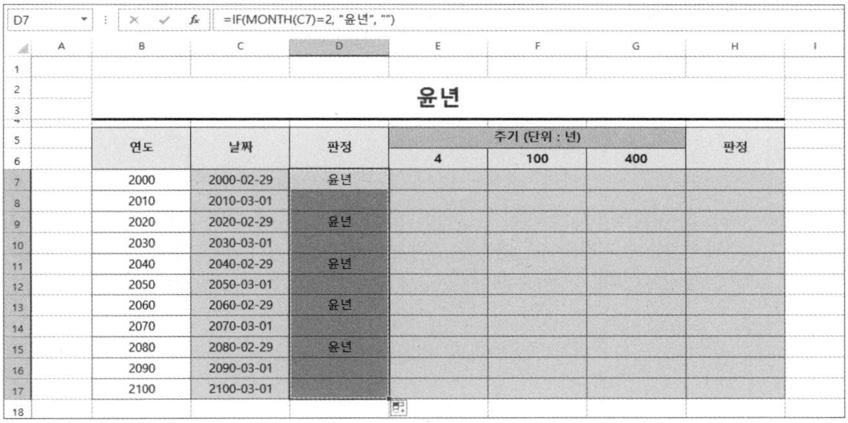

연도	날짜	판정	주기 (단위 : 년)			판정
			4	100	400	
2000	2000-02-29	윤년				
2010	2010-03-01					
2020	2020-02-29	윤년				
2030	2030-03-01					
2040	2040-02-29	윤년				
2050	2050-03-01					
2060	2060-02-29	윤년				
2070	2070-03-01					
2080	2080-02-29	윤년				
2090	2090-03-01					
2100	2100-03-01					

더 알아보기 수식 이해하기

C열에 반환된 날짜의 월이 2면 윤년을 반환하는 수식입니다. 이번 수식은 DAY 함수를 사용해 다음과 같이 변경해도 됩니다.

```
=IF(DAY(C7)=29, "윤년", "")
```

이런 방법으로 윤년을 판단하는 것이 가장 쉬운 방법입니다.

06 B열의 연도를 [E6:G6] 범위의 주기로 나눈 나머지를 계산해 윤년을 판정합니다.

07 [E7] 셀에 다음 수식을 입력하고 [E7] 셀의 채우기 핸들을 [G7] 셀까지 드래그합니다.

[E7] 셀 : =MOD($B7, E$6)

08 바로 채우기 핸들을 17행까지 드래그합니다.

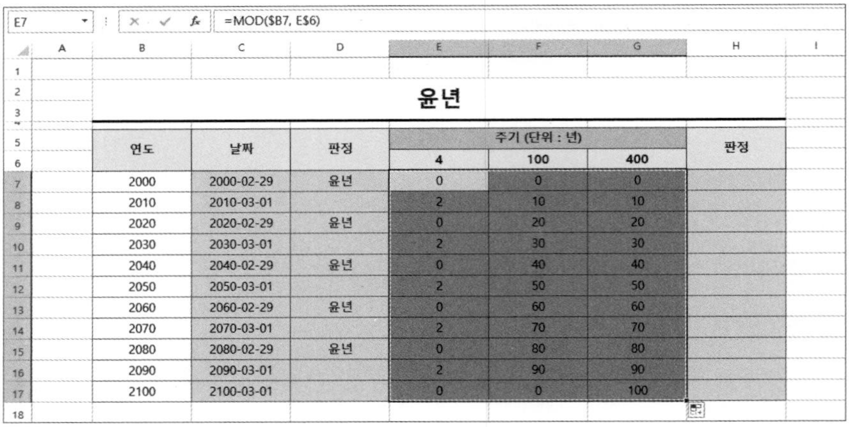
E7 | =MOD($B7, E$6)

연도	날짜	판정	주기 (단위 : 년)			판정
			4	100	400	
2000	2000-02-29	윤년	0	0	0	
2010	2010-03-01		2	10	10	
2020	2020-02-29	윤년	0	20	20	
2030	2030-03-01		2	30	30	
2040	2040-02-29	윤년	0	40	40	
2050	2050-03-01		2	50	50	
2060	2060-02-29	윤년	0	60	60	
2070	2070-03-01		2	70	70	
2080	2080-02-29	윤년	0	80	80	
2090	2090-03-01		2	90	90	
2100	2100-03-01		0	0	100	

더 알아보기 수식 이해하기

윤년은 4년 주기로 발생하며, 엑셀은 1900년도부터 날짜를 계산합니다. 1900년은 윤년이었으므로, 연도를 4로 나눈 나머지가 0이면 윤년입니다. 그런데 윤년은 100년에 한 번씩 사라지고, 400년에 한 번씩 부활합니다. 따라서 정확한 윤년 계산을 위해 4뿐만 아니라 100, 400으로 연도를 나눈 나머지 역시 구해야 합니다. 따라서 [E6:G6] 범위에 각각 **4, 100, 400**을 입력하고 연도를 나눈 나머지값을 구한 것입니다.

09 연도가 4년 주기인 경우에만(100년 주기인 경우는 제외) 윤년을 판단합니다.

10 [H7] 셀에 다음 수식을 입력하고 [H7] 셀의 채우기 핸들을 [H17] 셀까지 드래그합니다.

[H7] 셀 : =AND(E7=0, F7>0)

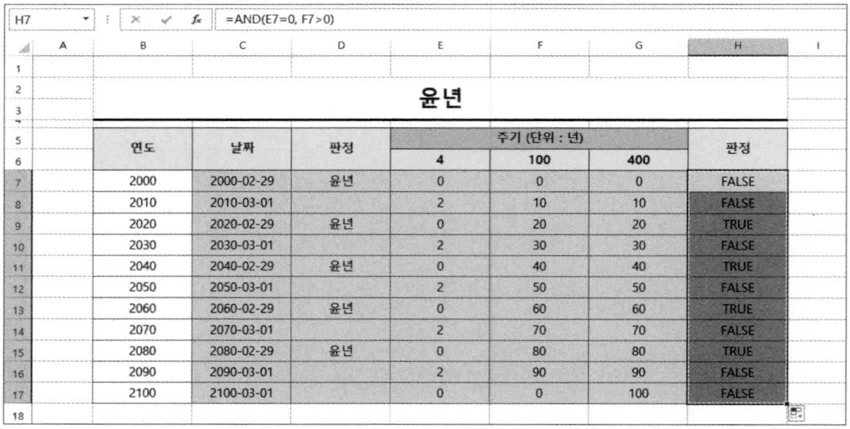
H7 | =AND(E7=0, F7>0)

연도	날짜	판정	주기 (단위 : 년)			판정
			4	100	400	
2000	2000-02-29	윤년	0	0	0	FALSE
2010	2010-03-01		2	10	10	FALSE
2020	2020-02-29	윤년	0	20	20	TRUE
2030	2030-03-01		2	30	30	FALSE
2040	2040-02-29	윤년	0	40	40	TRUE
2050	2050-03-01		2	50	50	FALSE
2060	2060-02-29	윤년	0	60	60	TRUE
2070	2070-03-01		2	70	70	FALSE
2080	2080-02-29	윤년	0	80	80	TRUE
2090	2090-03-01		2	90	90	FALSE
2100	2100-03-01		0	0	100	FALSE

더 알아보기 수식 이해하기

연도로 4년 주기라면 4로 나눈 나머지(E열)가 0이 되어야 합니다. 또한 100년 주기인 경우를 제외하려면 100으로 나눈 나머지가 0이 아니어야 합니다. 연도는 양수이므로 나머지 역시 양수입니다. 따라서 이번 수식은 4년 주기이면서(E7=0), 100년 주기는 아닌(F7>0) 조건 두 개를 모두 만족하는지 확인합니다.

다만 이 결과는 잘못된 결과를 포함하는데, 바로 2000년의 경우입니다. 2000년은 2월 29일이 존재(C7)하지만 [H7] 셀에는 FALSE(윤년이 아닌 연도)가 반환되어 있습니다. 이것은 100년에 한 번씩 윤년이 사라지다가 400년에 한 번씩 윤년이 부활하기 때문입니다.

11 400년에 한 번씩 윤년이 부활하는 것을 판정합니다.

12 [H7] 셀의 수식을 다음과 같이 수정하고, [H7] 셀의 채우기 핸들을 [H17] 셀까지 드래그합니다.

[H7] 셀 : =AND(E7=0, OR(F7>0, G7=0))

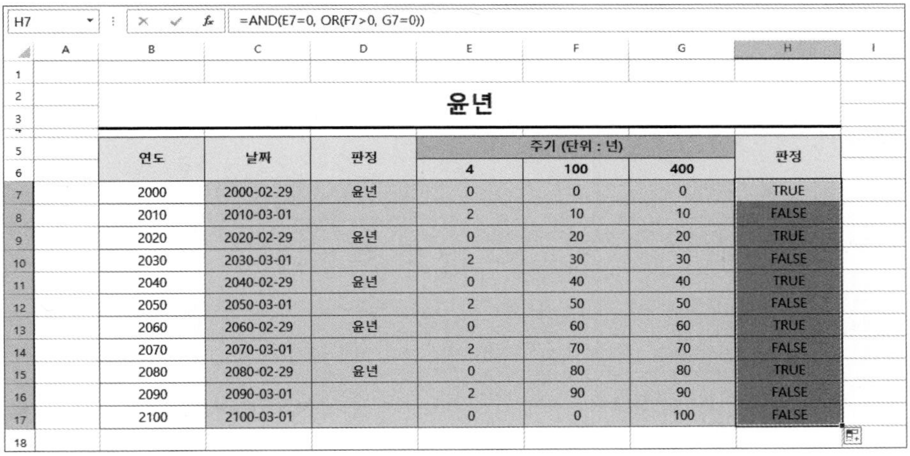
H7 =AND(E7=0, OR(F7>0, G7=0))

윤년

연도	날짜	판정	주기 (단위 : 년)			판정
			4	100	400	
2000	2000-02-29	윤년	0	0	0	TRUE
2010	2010-03-01		2	10	10	FALSE
2020	2020-02-29	윤년	0	20	20	TRUE
2030	2030-03-01		2	30	30	FALSE
2040	2040-02-29	윤년	0	40	40	TRUE
2050	2050-03-01		2	50	50	FALSE
2060	2060-02-29	윤년	0	60	60	TRUE
2070	2070-03-01		2	70	70	FALSE
2080	2080-02-29	윤년	0	80	80	TRUE
2090	2090-03-01		2	90	90	FALSE
2100	2100-03-01		0	0	100	FALSE

더 알아보기 수식 이해하기

이번 수식은 **09** 과정 수식과 비슷하지만, 100년 주기를 제외(F7>0)하는 조건과 400년 주기에 해당(G7=0)하는 조건을 확인해 둘 중에 하나만 해당되어도 윤년이라고 판정할 수 있습니다. 이 결과를 C열과 같이 문자열로 반환하려면 IF 함수를 사용해 다음과 같은 수식을 입력합니다.

```
=IF(AND(E7=0, OR(F7>0, G7=0)), "윤년", "")
```

날짜 단위

07 14 날짜가 속한 월의 주차 계산하기

예제 파일 PART 02 \ CHAPTER 07 \ 월의 주차.xlsx

WEEKNUM 함수

특정 날짜가 일년 중 몇 번째 주(1~54주)인지 확인하려면 **WEEKNUM 함수**를 사용합니다. WEEKNUM 함수의 구문은 다음과 같습니다.

WEEKNUM (❶ 날짜, ❷ 요일 옵션)

일년 중 날짜가 속한 주의 일련번호를 반환합니다.

인수

❶ **날짜** : 주 일련번호를 구할 날짜 일련번호입니다.

❷ **요일 옵션** : 주의 시작 요일을 결정할 옵션입니다.

요일	한 주의 시작 요일	주 구분 방식
1 (또는 생략)	일요일	1월 1일을 포함하는 주가 해당 연도의 첫째 주
2	월요일	
11	월요일	
12	화요일	
13	수요일	
14	목요일	
15	금요일	
16	토요일	
17	일요일	
21	월요일	목요일을 포함하는 주가 해당 연도의 첫째 주(유럽 방식))

사용 예

```
=WEEKNUM(A1, 1)
```

TIP [A1] 셀의 날짜가 속한 주(일요일이 주의 시작일)의 일련번호를 반환합니다.

공식처럼 사용할 수 있는 수식

월의 주차 계산

우리에게 익숙한 월의 주차를 반환해주는 함수는 없습니다. 따라서 별도의 계산식을 작성해 월의 주차를 계산해야 합니다. 여기서는 월의 주차를 계산하는 방법에 대해 알아보겠습니다.

=WEEKNUM(날짜)–WEEKNUM(날짜–DAY(날짜)+1)+1

- **날짜** : 월의 주차를 구할 날짜 데이터

또는 다음과 같은 수식을 사용할 수 있습니다.

=INT((DAY(날짜)+6–WEEKDAY(날짜))/7)+1

- **날짜** : 월의 주차를 구할 날짜 데이터

따라 하기

01 예제를 열고, B열과 H열의 날짜를 참고해 월의 주차를 반환하는 수식을 작성합니다.

	A	B	C	D	E	F	G	H	I	J	K
1											
2		월의 주차									
3											
5		날짜	요일	주 일련번호	1일	주 일련번호	주차	날짜	요일	주차	
6		2020-07-01	수					2020-08-01	토		
7		2020-07-02	목					2020-08-02	일		
8		2020-07-03	금					2020-08-03	월		
9		2020-07-04	토					2020-08-04	화		
10		2020-07-05	일					2020-08-05	수		
11		2020-07-06	월					2020-08-06	목		
30		2020-07-25	토					2020-08-25	화		
31		2020-07-26	일					2020-08-26	수		
32		2020-07-27	월					2020-08-27	목		
33		2020-07-28	화					2020-08-28	금		
34		2020-07-29	수					2020-08-29	토		
35		2020-07-30	목					2020-08-30	일		
36		2020-07-31	금					2020-08-31	월		
37											

02 B열의 날짜로 주 일련번호를 구합니다.

03 [D6] 셀에 다음 수식을 입력한 후 [D6] 셀의 채우기 핸들을 [D36] 셀까지 드래그합니다.

[D6] 셀 : =WEEKNUM(B6)

D6 | =WEEKNUM(B6)

월의 주차

날짜	요일	주 일련번호	1일	주 일련번호	주차	날짜	요일	주차
2020-07-01	수	27				2020-08-01	토	
2020-07-02	목	27				2020-08-02	일	
2020-07-03	금	27				2020-08-03	월	
2020-07-04	토	27				2020-08-04	화	
2020-07-05	일	28				2020-08-05	수	
2020-07-06	월	28				2020-08-06	목	
2020-07-25	토	30				2020-08-25	화	
2020-07-26	일	31				2020-08-26	수	
2020-07-27	월	31				2020-08-27	목	
2020-07-28	화	31				2020-08-28	금	
2020-07-29	수	31				2020-08-29	토	
2020-07-30	목	31				2020-08-30	일	
2020-07-31	금	31				2020-08-31	월	

TIP 채우기 핸들을 더블클릭하면 수식을 쉽게 복사할 수 있습니다.

더 알아보기 **WEEKNUM 함수에서 주의 시작일**

WEEKNUM 함수는 날짜의 주 일련번호를 반환합니다. 두 번째 인수를 생략하면 일요일이 주의 시작일이 됩니다. [D10] 셀을 보면 일요일에 새로운 주 일련번호가 시작된 것을 확인할 수 있습니다.

04 월의 주차를 계산하기 위해 먼저 B열의 날짜가 속한 월의 시작일을 계산합니다.

05 [E6] 셀에 다음 수식을 입력하고 [E6] 셀의 채우기 핸들을 [E36] 셀까지 드래그합니다.

[E6] 셀 : =B6−DAY(B6)+1

E6 | =B6-DAY(B6)+1

월의 주차

날짜	요일	주 일련번호	1일	주 일련번호	주차	날짜	요일	주차
2020-07-01	수	27	2020-07-01			2020-08-01	토	
2020-07-02	목	27	2020-07-01			2020-08-02	일	
2020-07-03	금	27	2020-07-01			2020-08-03	월	
2020-07-04	토	27	2020-07-01			2020-08-04	화	
2020-07-05	일	28	2020-07-01			2020-08-05	수	
2020-07-06	월	28	2020-07-01			2020-08-06	목	
2020-07-25	토	30	2020-07-01			2020-08-25	화	
2020-07-26	일	31	2020-07-01			2020-08-26	수	
2020-07-27	월	31	2020-07-01			2020-08-27	목	
2020-07-28	화	31	2020-07-01			2020-08-28	금	
2020-07-29	수	31	2020-07-01			2020-08-29	토	
2020-07-30	목	31	2020-07-01			2020-08-30	일	
2020-07-31	금	31	2020-07-01			2020-08-31	월	

06 월 시작일의 주 일련번호를 얻습니다.

07 [F6] 셀에 다음 수식을 입력하고 [F6] 셀의 채우기 핸들을 [F36] 셀까지 드래그합니다.

[F6] 셀 : =WEEKNUM(E6)

F6 =WEEKNUM(E6)

월의 주차

	날짜	요일	주 일련번호	1일	주 일련번호	주차	날짜	요일	주차
6	2020-07-01	수	27	2020-07-01	27		2020-08-01	토	
7	2020-07-02	목	27	2020-07-01	27		2020-08-02	일	
8	2020-07-03	금	27	2020-07-01	27		2020-08-03	월	
9	2020-07-04	토	27	2020-07-01	27		2020-08-04	화	
10	2020-07-05	일	28	2020-07-01	27		2020-08-05	수	
11	2020-07-06	월	28	2020-07-01	27		2020-08-06	목	
30	2020-07-25	토	30	2020-07-01	27		2020-08-25	화	
31	2020-07-26	일	31	2020-07-01	27		2020-08-26	수	
32	2020-07-27	월	31	2020-07-01	27		2020-08-27	목	
33	2020-07-28	화	31	2020-07-01	27		2020-08-28	금	
34	2020-07-29	수	31	2020-07-01	27		2020-08-29	토	
35	2020-07-30	목	31	2020-07-01	27		2020-08-30	일	
36	2020-07-31	금	31	2020-07-01	27		2020-08-31	월	

TIP 반환된 주 일련번호는 모두 27입니다.

08 D열에서 계산한 주 일련번호에서 F열의 주 일련번호를 빼고, 1을 더하면 월의 주차입니다.

09 [G6] 셀에 다음 수식을 입력하고 [G6] 셀의 채우기 핸들을 [G36] 셀까지 드래그합니다.

[G6] 셀 : =D6−F6+1

G6 =D6-F6+1

월의 주차

	날짜	요일	주 일련번호	1일	주 일련번호	주차	날짜	요일	주차
6	2020-07-01	수	27	2020-07-01	27	1	2020-08-01	토	
7	2020-07-02	목	27	2020-07-01	27	1	2020-08-02	일	
8	2020-07-03	금	27	2020-07-01	27	1	2020-08-03	월	
9	2020-07-04	토	27	2020-07-01	27	1	2020-08-04	화	
10	2020-07-05	일	28	2020-07-01	27	2	2020-08-05	수	
11	2020-07-06	월	28	2020-07-01	27	2	20-08-06	목	
30	2020-07-25	토	30	2020-07-01	27	4	2020-08-25	화	
31	2020-07-26	일	31	2020-07-01	27	5	2020-08-26	수	
32	2020-07-27	월	31	2020-07-01	27	5	2020-08-27	목	
33	2020-07-28	화	31	2020-07-01	27	5	2020-08-28	금	
34	2020-07-29	수	31	2020-07-01	27	5	2020-08-29	토	
35	2020-07-30	목	31	2020-07-01	27	5	2020-08-30	일	
36	2020-07-31	금	31	2020-07-01	27	5	2020-08-31	월	

더 알아보기 월의 주차를 구하는 방법

월의 주차를 계산할 때 가장 이해하기 쉬운 수식입니다. 날짜의 주 일련번호에서 해당 월 시작일의 주 일련번호를 빼면 0, 1, 2, 3, …과 같은 숫자가 반환됩니다. 이 숫자에 1을 더하면 이 값이 바로 월의 주차가 됩니다.

각 셀에 입력된 수식을 모두 조합하면 다음과 같은 수식이 됩니다.

```
=WEEKNUM(B6)–WEEKNUM(B6–DAY(B6)+1)+1
```

10 WEEKNUM 함수 대신 일자를 계산하는 방법으로 월의 주차를 구할 수도 있습니다.

11 H열의 날짜에 해당하는 월의 주차를 계산합니다.

12 [J6] 셀에 다음 수식을 입력하고 [J6] 셀의 채우기 핸들을 [J36] 셀까지 드래그합니다.

[J6] 셀 : =INT((DAY(H6)+7–WEEKDAY(H6)–1)/7)+1

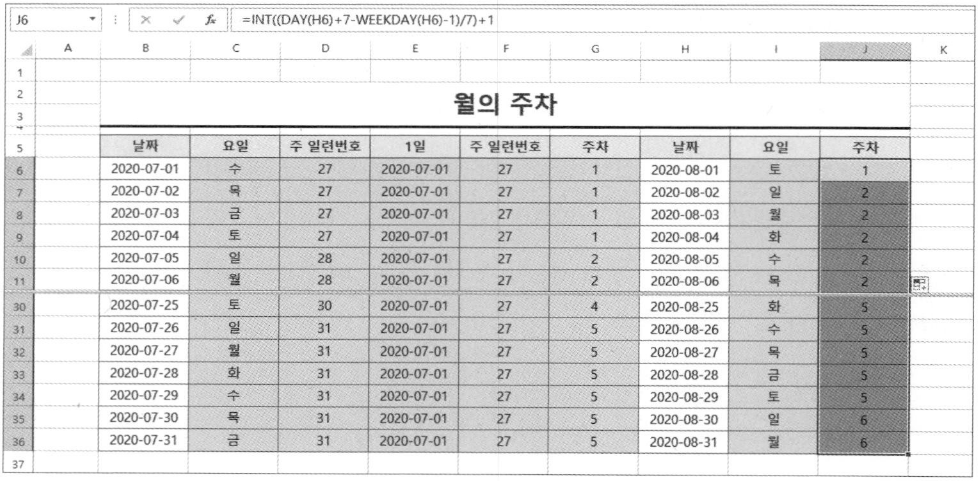

J6 =INT((DAY(H6)+7-WEEKDAY(H6)-1)/7)+1

월의 주차

행	날짜	요일	주 일련번호	1일	주 일련번호	주차	날짜	요일	주차
6	2020-07-01	수	27	2020-07-01	27	1	2020-08-01	토	1
7	2020-07-02	목	27	2020-07-01	27	1	2020-08-02	일	2
8	2020-07-03	금	27	2020-07-01	27	1	2020-08-03	월	2
9	2020-07-04	토	27	2020-07-01	27	1	2020-08-04	화	2
10	2020-07-05	일	28	2020-07-01	27	2	2020-08-05	수	2
11	2020-07-06	월	28	2020-07-01	27	2	2020-08-06	목	2
30	2020-07-25	토	30	2020-07-01	27	4	2020-08-25	화	5
31	2020-07-26	일	31	2020-07-01	27	5	2020-08-26	수	5
32	2020-07-27	월	31	2020-07-01	27	5	2020-08-27	목	5
33	2020-07-28	화	31	2020-07-01	27	5	2020-08-28	금	5
34	2020-07-29	수	31	2020-07-01	27	5	2020-08-29	토	5
35	2020-07-30	목	31	2020-07-01	27	5	2020-08-30	일	6
36	2020-07-31	금	31	2020-07-01	27	5	2020-08-31	월	6

더 알아보기 일자를 나눠 월의 주차 계산하기

이번 수식을 바로 이해하기는 어렵지만, 한 주는 7일이므로 날짜의 일을 7로 나눠 월의 주차를 계산한다고 생각하면 쉽습니다. 모든 달의 첫 번째 주를 극단적인 형태로 표시하면 다음과 같습니다.

패턴 1 – 첫 번째 주에 일요일 날짜부터 모두 있는 경우

일	월	화	수	목	금	토
1	2	3	4	5	6	7

패턴 2 – 첫 번째 주에 토요일 날짜만 하루 있는 경우

일	월	화	수	목	금	토
–	–	–	–	–	–	1

이 날짜를 7로 나눴을 때 모두 1이 나타나도록 하기 위해 먼저 6을 더하면(1에 6을 더하면 7이 되므로) 다음과 같습니다.

패턴 1 – 첫 번째 주에 일요일 날짜부터 모두 있는 경우

일	월	화	수	목	금	토
7	8	9	10	11	12	13

패턴 2 – 첫 번째 주에 토요일 날짜만 하루 있는 경우

일	월	화	수	목	금	토
						7
8	9	10	11	12	13	14

위 날짜를 7로 나누면 **패턴 1**의 몫은 모두 1이 됩니다. 하지만 **패턴 2**의 경우는 두 번째 주(8~13) 날짜도 나눗셈의 몫이 1이 될 수 있습니다. 그러므로 WEEKDAY 함수의 두 번째 인수를 생략하고 요일 번호(일요일 1~토요일 7)를 빼면 다음과 같은 결과를 얻게 됩니다.

패턴 1 – 첫 번째 주에 일요일 날짜부터 모두 있는 경우

일	월	화	수	목	금	토
7–1=6	8–2=6	9–3=6	10–4=6	11–5=6	12–6=6	13–7=6

패턴 2 – 첫 번째 주에 토요일 날짜만 하루 있는 경우

일	월	화	수	목	금	토
						7-7=0
8–1=7	9–2=7	10–3=7	11–4=7	12–5=7	13–6=7	14–7=7

위에서 계산된 값을 7로 나눈 몫에 1을 더하면 월의 주차가 계산됩니다.

수식이 쉽게 이해되지 않지만 이 수식을 사용하면 어떤 날짜에 사용해도 정확한 결과를 반환해줍니다.

날짜 차이

07 15 입사일에서 근속기간 구하기 - DATEDIF 함수

예제 파일 PART 02 \ CHAPTER 07 \ DATEDIF 함수.xlsx

DATEDIF 함수

근속기간 등을 계산하려면 두 날짜 사이의 차이를 계산해야 합니다. 엑셀에서는 **DATEDIF 함수**가 제공합니다. 이 함수는 'lotus 1-2-3'과의 호환성 때문에 제공되던 함수로, 현재까지도 엑셀에서 공식 지원하는 함수는 아닙니다. 따라서 도움말이나 함수 마법사에서는 해당 함수에 대한 정보를 찾을 수 없습니다. 함수의 구문은 다음과 같습니다.

DATEDIF (❶ 시작일, ❷ 종료일, ❸ 옵션)

시작일과 종료일의 날짜 차이를 [옵션] 인수에서 지정한 방식으로 계산합니다.

인수	❶ **시작일** : 날짜 일련번호로, [시작일]은 [종료일]보다 항상 과거 날짜여야 합니다. ❷ **종료일** : 날짜 일련번호로, [종료일]은 [시작일]보다 항상 미래 날짜여야 합니다. ❸ **옵션** : 두 날짜의 차이를 구할 방법을 지정하는 옵션으로 대/소문자를 구분하지 않습니다.
특이사항	두 날짜의 차이를 뺄셈으로 계산합니다. 따라서 세는 방법으로 연산을 해야 하는 경우에는 [시작일]에서 1을 빼거나 [종료일]에서 1을 더하는 연산이 필요합니다.

옵션	설명
y	두 날짜 사이의 연(年)의 차이를 반환합니다.
m	두 날짜 사이의 월(月)의 차이를 반환합니다.
d	두 날짜 사이의 일(日)의 차이를 반환합니다.
ym	두 날짜 사이의 연의 차이를 제외하고 남은 월의 차이를 반환합니다.
yd	두 날짜 사이의 연의 차이를 제외하고 남은 일의 차이를 반환합니다.
md	두 날짜 사이의 연, 월의 차이를 제외하고 남은 일의 차이를 반환합니다.

사용 예

```
=DATEDIF(A1, B1, "m")
```

TIP [A1] 셀에 입력된 날짜부터 [B1] 셀에 입력된 날짜 사이의 개월수를 반환합니다.

공식처럼 사용할 수 있는 수식

날짜 차이(뺄셈 계산)

두 날짜 사이의 차이를 뺄셈한 결과를 얻고 싶다면 다음과 같은 수식을 사용합니다.

=종료일-시작일

- **종료일** : 날짜 계산에 사용할 마지막 날짜 데이터
- **시작일** : 날짜 계산에 사용할 첫 번째 날짜 데이터

TIP 이 방법으로 1월 1일부터 1월 10일까지의 차이를 구하면 9가 반환됩니다.

DATEDIF 함수를 사용하면 다음과 같은 수식이 됩니다.

=DATEDIF(시작일, 종료일, "d")

- **종료일** : 날짜 계산에 사용할 마지막 날짜 데이터
- **시작일** : 날짜 계산에 사용할 첫 번째 날짜 데이터

날짜 차이(일수 계산)

두 날짜의 차이를 계산할 때 일수를 세는 방법으로 계산해야 한다면 다음 수식을 사용합니다.

=종료일-시작일+1

- **종료일** : 날짜 계산에 사용할 마지막 날짜 데이터
- **시작일** : 날짜 계산에 사용할 첫 번째 날짜 데이터

TIP 이 방법으로 1월 1일부터 1월 10일까지의 차이를 구하면 10이 반환됩니다.

DATEDIF 함수를 사용하면 다음과 같은 수식을 사용합니다.

=DATEDIF(시작일-1, 종료일, "d")

- **종료일** : 날짜 계산에 사용할 마지막 날짜 데이터
- **시작일** : 날짜 계산에 사용할 첫 번째 날짜 데이터

또는 다음과 같은 수식을 사용합니다.

=DATEDIF(시작일, 종료일+1, "d")

- **종료일** : 날짜 계산에 사용할 마지막 날짜 데이터
- **시작일** : 날짜 계산에 사용할 첫 번째 날짜 데이터

따라 하기

01 예제를 열고, D열의 입사일과 [H3] 셀의 기준일 사이의 근속기간을 [E:H] 열에 각각 계산합니다.

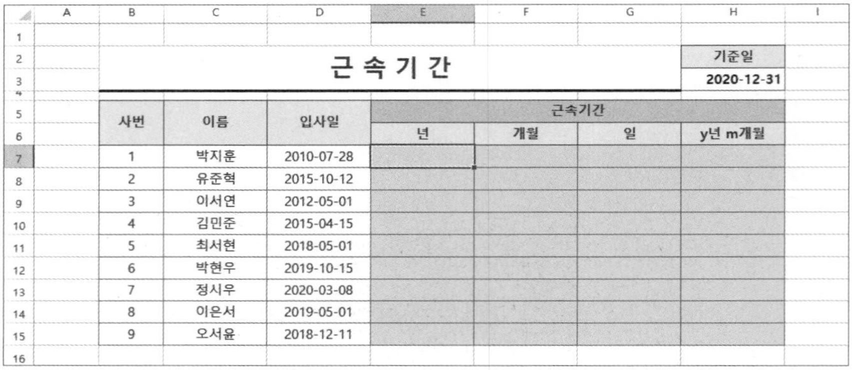

근 속 기 간

기준일
2020-12-31

사번	이름	입사일	근속기간			
			년	개월	일	y년 m개월
1	박지훈	2010-07-28				
2	유준혁	2015-10-12				
3	이서연	2012-05-01				
4	김민준	2015-04-15				
5	최서현	2018-05-01				
6	박현우	2019-10-15				
7	정시우	2020-03-08				
8	이은서	2019-05-01				
9	오서윤	2018-12-11				

02 두 날짜 사이 연의 차이를 구합니다.

03 [E7] 셀에 다음 수식을 입력하고 [E7] 셀의 채우기 핸들을 [E15] 셀까지 드래그합니다.

[E7] 셀 : =DATEDIF(D7, $H$3+1, "y") & "년"

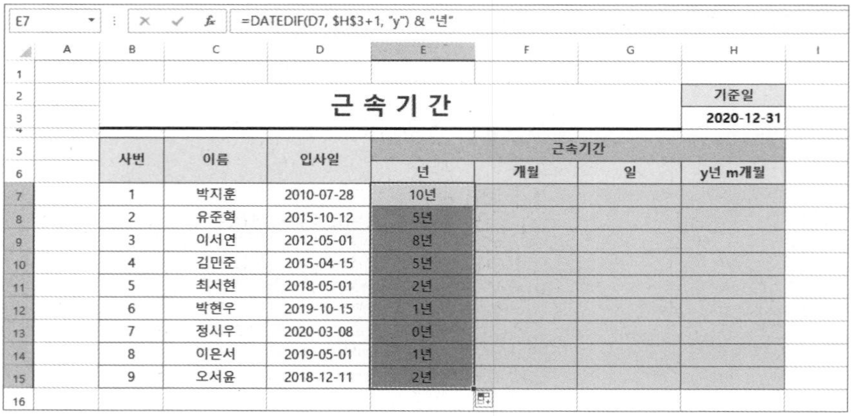

E7 =DATEDIF(D7, $H$3+1, "y") & "년"

근 속 기 간

기준일
2020-12-31

사번	이름	입사일	근속기간			
			년	개월	일	y년 m개월
1	박지훈	2010-07-28	10년			
2	유준혁	2015-10-12	5년			
3	이서연	2012-05-01	8년			
4	김민준	2015-04-15	5년			
5	최서현	2018-05-01	2년			
6	박현우	2019-10-15	1년			
7	정시우	2020-03-08	0년			
8	이은서	2019-05-01	1년			
9	오서윤	2018-12-11	2년			

더 알아보기 근속기간 구하기

근속기간은 시작일부터 종료일까지 근무한 날짜를 셉니다. 그러므로 DATEDIF 함수를 사용할 때는 시작일에서 1을 빼거나 종료일에 1을 더하는 연산을 해줘야 합니다. 이번엔 종료일에다 1을 더해 날짜 사이의 모든 날짜를 세는 작업을 진행했습니다. DATEDIF 함수의 세 번째 인수를 y(대/소문자를 구분하지 않음)로 설정했으므로, 두 날짜 사이의 연의 차이를 반환합니다.

참고로 근속기간을 계산할 때 기준일이 따로 존재하지 않는다면 TODAY 함수를 사용할 수 있습니다.

```
=DATEDIF(D7, TODAY( )+1, "y") & "년"
```

04 근속기간의 연의 차이를 구하고 남은 개월수와 일의 차이를 계산합니다.

05 다음 각 셀에 수식을 입력하고, 수식을 15행까지 복사합니다.

[F7] 셀 : =DATEDIF(D7, $H$3+1, "ym") & "개월"

[G7] 셀 : =DATEDIF(D7, $H$3+1, "md") & "일"

G7 =DATEDIF(D7, $H$3+1, "md") & "일"

근 속 기 간

기준일
2020-12-31

사번	이름	입사일	근속기간			
			년	개월	일	y년 m개월
1	박지훈	2010-07-28	10년	5개월	4일	
2	유준혁	2015-10-12	5년	2개월	20일	
3	이서연	2012-05-01	8년	8개월	0일	
4	김민준	2015-04-15	5년	8개월	17일	
5	최서현	2018-05-01	2년	8개월	0일	
6	박현우	2019-10-15	1년	2개월	17일	
7	정시우	2020-03-08	0년	9개월	24일	
8	이은서	2019-05-01	1년	8개월	0일	
9	오서윤	2018-12-11	2년	0개월	21일	

더 알아보기 서식 코드 변경하기

이번 수식은 **03** 과정의 수식에서 DATEDIF 함수의 세 번째 인수만 y에서 ym, md로 변경됐습니다. DATEDIF 함수의 마지막 인수의 서식 코드가 2자리면 첫 번째 서식 코드의 차이를 빼고 남은 두 번째 서식 코드의 차이를 반환합니다.

06 H열의 근속기간 차이를 y년 m개월과 같이 반환합니다.

07 [H7] 셀에 다음 수식을 입력하고 [H7] 셀의 채우기 핸들을 [H15] 셀까지 드래그합니다.

[H7] 셀 : =E7 & “ ” & F7

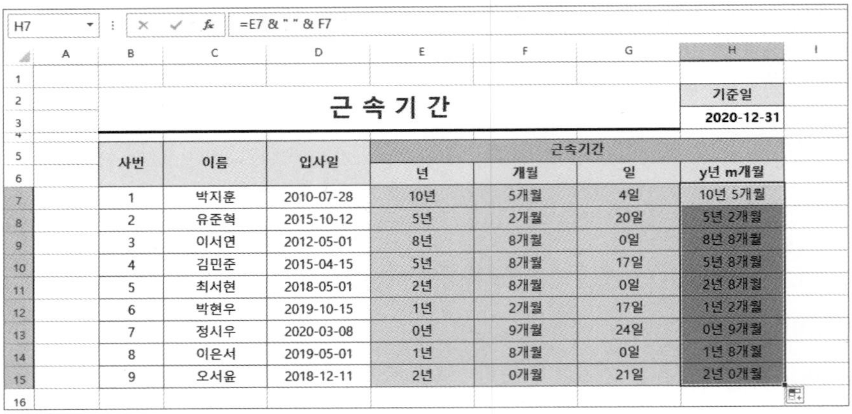

H7 | =E7 & " " & F7

	근 속 기 간						기준일
							2020-12-31
사번	이름	입사일	근속기간				
			년	개월	일	y년 m개월	
1	박지훈	2010-07-28	10년	5개월	4일	10년 5개월	
2	유준혁	2015-10-12	5년	2개월	20일	5년 2개월	
3	이서연	2012-05-01	8년	8개월	0일	8년 8개월	
4	김민준	2015-04-15	5년	8개월	17일	5년 8개월	
5	최서현	2018-05-01	2년	8개월	0일	2년 8개월	
6	박현우	2019-10-15	1년	2개월	17일	1년 2개월	
7	정시우	2020-03-08	0년	9개월	24일	0년 9개월	
8	이은서	2019-05-01	1년	8개월	0일	1년 8개월	
9	오서윤	2018-12-11	2년	0개월	21일	2년 0개월	

더 알아보기 — 수식 이해하기

[E7] 셀과 [F7] 셀의 수식을 그대로 복사해 사용하면 다음과 같은 수식이 됩니다.

```
=DATEDIF(D7, TODAY()+1, “y”) & “년 ” & DATEDIF(D7, TODAY()+1, “ym”) & “개월”
```

한번에 ‘y년 m개월’식의 결과를 반환해주는 함수가 제공되지 않으므로 수식이 길어지게 됩니다.

08 H열에 0년이나 0개월로 표시되는 부분을 감추고 싶다면 IF 함수를 추가로 사용합니다.

09 [H7] 셀의 수식을 다음과 같이 수정하고 [H7] 셀의 채우기 핸들을 [H15] 셀까지 드래그합니다.

[H7] 셀 : =IF(DATEDIF(D7, $H$3+1, “y”)>0, DATEDIF(D7, $H$3+1, “y”) & “년 ”, “”) &
IF(DATEDIF(D7, $H$3+1, “ym”)>0, DATEDIF(D7, $H$3+1, “ym”) & “개월”, “”)

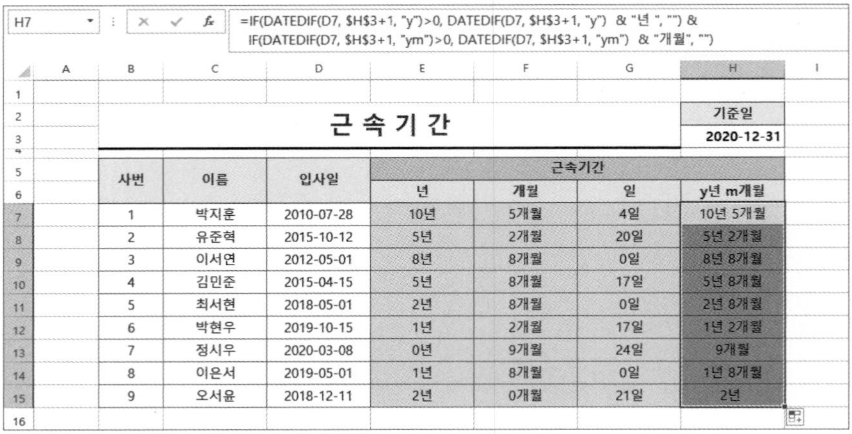

H7 | =IF(DATEDIF(D7, $H$3+1, "y")>0, DATEDIF(D7, $H$3+1, "y") & "년 ", "") & IF(DATEDIF(D7, $H$3+1, "ym")>0, DATEDIF(D7, $H$3+1, "ym") & "개월", "")

	근 속 기 간						기준일
							2020-12-31
사번	이름	입사일	근속기간				
			년	개월	일	y년 m개월	
1	박지훈	2010-07-28	10년	5개월	4일	10년 5개월	
2	유준혁	2015-10-12	5년	2개월	20일	5년 2개월	
3	이서연	2012-05-01	8년	8개월	0일	8년 8개월	
4	김민준	2015-04-15	5년	8개월	17일	5년 8개월	
5	최서현	2018-05-01	2년	8개월	0일	2년 8개월	
6	박현우	2019-10-15	1년	2개월	17일	1년 2개월	
7	정시우	2020-03-08	0년	9개월	24일	9개월	
8	이은서	2019-05-01	1년	8개월	0일	1년 8개월	
9	오서윤	2018-12-11	2년	0개월	21일	2년	

날짜 차이

07 16 나이, 만 나이, 보험 나이 계산하기

예제 파일 PART 02 \ CHAPTER 07 \ 나이, 만 나이, 보험 나이.xlsx

공식처럼 사용할 수 있는 수식

나이

일반 나이를 구하려면 다음 수식을 사용합니다.

=YEAR(TODAY())–YEAR(생년월일)+1

- YEAR(TODAY()) : 올해 연도
- YEAR(생년월일) : 출생 연도

만 나이

만 나이를 구하려면 다음 수식을 사용합니다.

=DATEDIF(생년월일, TODAY(), "y")

- **생년월일** : 만 나이를 계산할 사람의 출생일

보험 나이

보험 나이는 만 나이에서 개월수가 6개월까지는 만 나이를 사용하며, 7개월부터는 한 살 더 적용합니다. 보험 나이는 다음과 같은 수식으로 계산합니다.

=DATEDIF(EDATE(생년월일, –6), TODAY(), "y")

- **생년월일** : 보험 나이를 계산할 사람의 출생일

따라 하기

01 예제를 열고, E열의 주민등록번호로 다양한 나이를 계산하는 작업을 진행합니다.

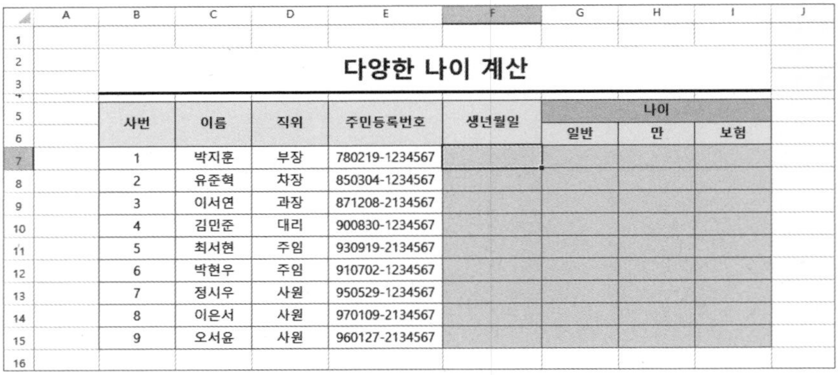

다양한 나이 계산

사번	이름	직위	주민등록번호	생년월일	나이		
					일반	만	보험
1	박지훈	부장	780219-1234567				
2	유준혁	차장	850304-1234567				
3	이서연	과장	871208-2134567				
4	김민준	대리	900830-1234567				
5	최서현	주임	930919-2134567				
6	박현우	주임	910702-1234567				
7	정시우	사원	950529-1234567				
8	이은서	사원	970109-2134567				
9	오서윤	사원	960127-2134567				

02 나이 계산을 위해 주민등록번호에서 생년월일을 반환받습니다.

03 [F7] 셀에 다음 수식을 입력하고 [F7] 셀의 채우기 핸들을 [F15] 셀까지 드래그합니다.

[F7] 셀 : =--TEXT(LEFT(E7, 6), "00-00-00")

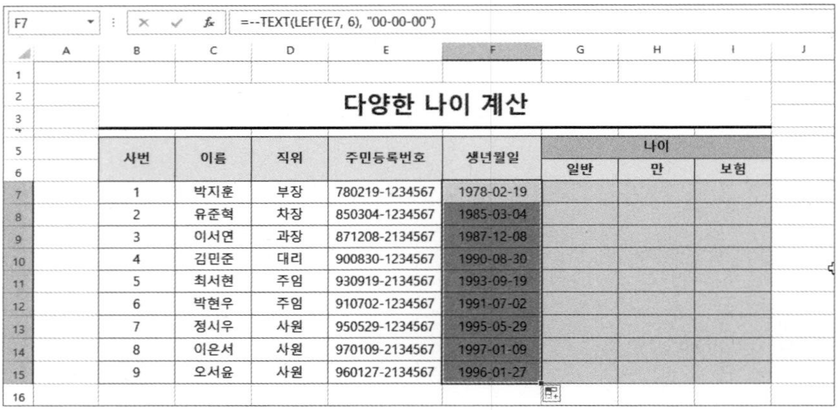

다양한 나이 계산

사번	이름	직위	주민등록번호	생년월일	나이		
					일반	만	보험
1	박지훈	부장	780219-1234567	1978-02-19			
2	유준혁	차장	850304-1234567	1985-03-04			
3	이서연	과장	871208-2134567	1987-12-08			
4	김민준	대리	900830-1234567	1990-08-30			
5	최서현	주임	930919-2134567	1993-09-19			
6	박현우	주임	910702-1234567	1991-07-02			
7	정시우	사원	950529-1234567	1995-05-29			
8	이은서	사원	970109-2134567	1997-01-09			
9	오서윤	사원	960127-2134567	1996-01-27			

더 알아보기 수식 이해하기

이번 수식은 다음 세 개의 구조로 구성되어 있습니다.

첫째, 주민등록번호의 앞 6자리 문자를 잘라내는 부분입니다.

```
LEFT(E7, 6)
```

둘째, 잘라낸 문자열을 날짜 형식(YY-MM-DD)으로 변환하기 위해 TEXT 함수를 사용합니다. LEFT 함수로 잘라낸 값은 숫자에 해당하는 문자입니다. YY-MM-DD 서식 코드를 사용하지 않고, 숫자 서식 코드인 0을 사용한 것에 주의합니다.

```
TEXT(LEFT(E7, 6), "00-00-00")
```

셋째, 이 값을 숫자로 변환하기 위해 TEXT 함수 앞에 마이너스 기호(-)를 두 번 사용합니다.

```
=--TEXT(LEFT(E7, 6), "00-00-00")
```

이렇게 하면 주민등록번호에서 제대로 된 날짜 데이터를 반환받을 수 있습니다.

04 일반 나이는 올해 연도에서 출생 연도를 빼고, 1을 더합니다.

05 [G7] 셀에 다음 수식을 입력하고 [G7] 셀의 채우기 핸들을 [G15] 셀까지 드래그합니다.

[G7] 셀 : =YEAR(TODAY())−YEAR(F7)+1

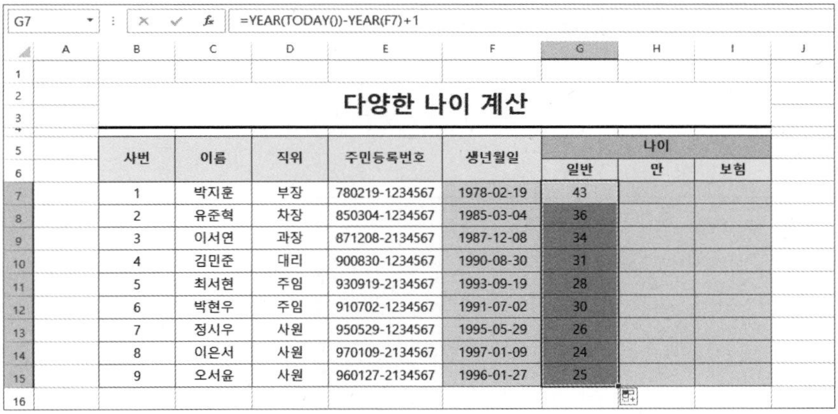

G7 =YEAR(TODAY())-YEAR(F7)+1

다양한 나이 계산

사번	이름	직위	주민등록번호	생년월일	나이 일반	만	보험
1	박지훈	부장	780219-1234567	1978-02-19	43		
2	유준혁	차장	850304-1234567	1985-03-04	36		
3	이서연	과장	871208-2134567	1987-12-08	34		
4	김민준	대리	900830-1234567	1990-08-30	31		
5	최서현	주임	930919-2134567	1993-09-19	28		
6	박현우	주임	910702-1234567	1991-07-02	30		
7	정시우	사원	950529-1234567	1995-05-29	26		
8	이은서	사원	970109-2134567	1997-01-09	24		
9	오서윤	사원	960127-2134567	1996-01-27	25		

TIP 나이 계산 작업에는 TODAY 함수를 사용해 계산했으므로 이 예제를 따라 하는 시기에 따라 계산된 결과는 다를 수 있습니다(이후 만 나이, 보험 나이 모두 공통).

06 만 나이는 생일이 지났는지 여부를 판단해 구합니다.

07 [H7] 셀에 다음 수식을 입력하고 [H7] 셀의 채우기 핸들을 [H15] 셀까지 드래그합니다.

[H7] 셀 : =DATEDIF(F7, TODAY(), "y")

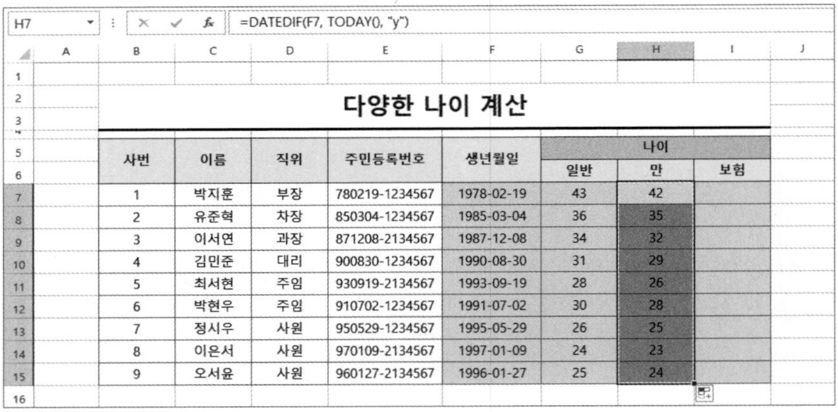

H7 | =DATEDIF(F7, TODAY(), "y")

다양한 나이 계산

사번	이름	직위	주민등록번호	생년월일	나이		
					일반	만	보험
1	박지훈	부장	780219-1234567	1978-02-19	43	42	
2	유준혁	차장	850304-1234567	1985-03-04	36	35	
3	이서연	과장	871208-2134567	1987-12-08	34	32	
4	김민준	대리	900830-1234567	1990-08-30	31	29	
5	최서현	주임	930919-2134567	1993-09-19	28	26	
6	박현우	주임	910702-1234567	1991-07-02	30	28	
7	정시우	사원	950529-1234567	1995-05-29	26	25	
8	이은서	사원	970109-2134567	1997-01-09	24	23	
9	오서윤	사원	960127-2134567	1996-01-27	25	24	

더 알아보기 만 나이를 구할 때 주의할 점

만 나이는 생년월일과 오늘 날짜(TODAY 함수)의 연도 차이를 구합니다. 이때 만 나이는 생일이 되면 바로 나이가 증가하므로, 날짜를 세는 연산이 아닌 뺄셈 연산으로 구해야 한다는 점에 주의합니다. 근속기간을 계산할 때와 달리 시작일(F7)이나 종료일(TODAY())에 1을 빼거나 더하면 안 됩니다.

08 보험사에서 사용하는 보험 나이를 계산합니다.

09 [I7] 셀에 다음 수식을 입력하고 [I7] 셀의 채우기 핸들[+]을 [I15] 셀까지 드래그합니다.

[I7] 셀 : =DATEDIF(EDATE(F7, −6), TODAY(), "y")

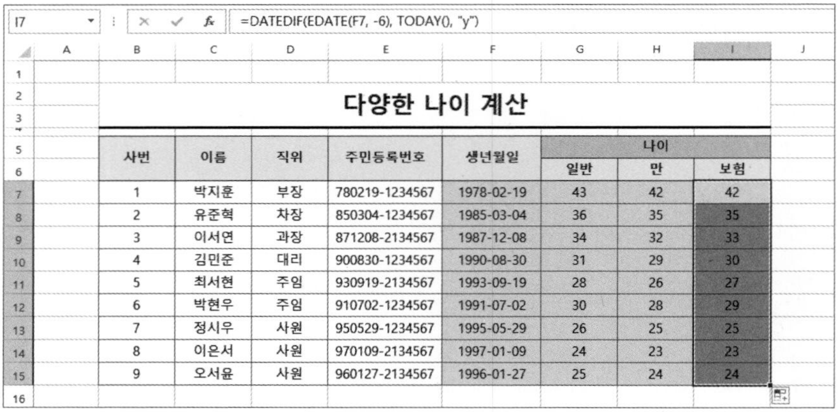

I7 | =DATEDIF(EDATE(F7, -6), TODAY(), "y")

다양한 나이 계산

사번	이름	직위	주민등록번호	생년월일	나이		
					일반	만	보험
1	박지훈	부장	780219-1234567	1978-02-19	43	42	42
2	유준혁	차장	850304-1234567	1985-03-04	36	35	35
3	이서연	과장	871208-2134567	1987-12-08	34	32	33
4	김민준	대리	900830-1234567	1990-08-30	31	29	30
5	최서현	주임	930919-2134567	1993-09-19	28	26	27
6	박현우	주임	910702-1234567	1991-07-02	30	28	29
7	정시우	사원	950529-1234567	1995-05-29	26	25	25
8	이은서	사원	970109-2134567	1997-01-09	24	23	23
9	오서윤	사원	960127-2134567	1996-01-27	25	24	24

더 알아보기 보험 나이를 구하는 방법

보험 나이는 나이를 근속기간처럼 y살 m개월로 구해 6개월까지는 해당 만 나이로, 7개월부터는 한 살이 늘어납니다. 그러므로 보험 나이를 계산할 때는 생년월일을 6개월 이전 날짜로 구해 만 나이를 구하는 방법을 적용하는 것이 쉽습니다.

이번 수식은 기본적으로 만 나이를 구하는 방법과 동일하며, 생년월일 대신 EDATE 함수를 사용해 생년월일의 6개월 이전 날짜를 구해 계산한다는 점만 차이가 있습니다.

07 17 근속기간의 합계, 평균 구하기

예제 파일 PART 02 \ CHAPTER 07 \ 근속기간의 합계, 평균.xlsx

공식처럼 사용할 수 있는 수식

여러 근속기간의 합계나 평균이 필요한 경우가 있습니다. 하지만 모든 경력 기간이 연속되어 있지 않다면 근속기간의 합계나 평균을 구하기는 쉽지 않습니다. 한 달의 일수가 28, 29, 30, 31일 등 다양한 패턴이 존재하기 때문입니다. 따라서 근속기간의 합계를 구할 때는 한 달을 30일로 고정하거나 최초 입사일로부터 날짜가 연속됐다는 전제로 구하는 방법밖에 없습니다.

이렇게 구한 값은 근삿값이 될 수밖에 없기 때문에, 근속기간의 합계나 평균을 구할 때는 이런 점을 감안해 작업해야 합니다.

근속기간의 합계(단순 합계)

한 달을 30일로 규정한 후 근속기간의 합계를 구하려면 다음 수식을 사용합니다. 다음은 근속기간의 연 합계를 구할 때 사용합니다.

```
=SUM(연)+QUOTIENT(SUM(개월)+QUOTIENT(SUM(일), 30), 12)
```

- **연** : 개별 경력 기간의 계산된 연도
- **개월** : 개별 경력 기간의 계산된 월

다음은 근속기간의 개월 합계를 구합니다.

```
=MOD(SUM(개월)+QUOTIENT(SUM(일), 30), 12)
```

- **개월** : 개별 경력 기간의 계산된 월
- **일** : 개별 경력 기간의 계산된 일

다음은 근속기간의 일 합계를 구합니다.

```
=MOD(SUM(일), 30)
```

- **일** : 개별 경력 기간의 계산된 일

근속기간의 합계(최초 입사일부터 연속)

최초 입사일부터 연속 근무했다고 가정하고 계산하는 방법으로, 마이크로소프트 365 버전을 이용 중이라면 SUMPRODUCT 함수 대신 SUM 함수를 사용할 수 있습니다.

다음은 근속기간 연의 합계를 구할 때 사용합니다.

```
=DATEDIF(최초 입사일,
         최초 입사일-1+SUMPRODUCT(퇴사일 범위-입사일 범위+1), "y"
```

- **최초 입사일** : 경력의 시작이 되는 첫 번째 입사일
- **퇴사일 범위** : 경력 기간 내 퇴사일이 입력된 데이터 범위
- **입사일 범위** : 경력 기간 내 입사일이 입력된 데이터 범위

다음은 근속기간 개월수의 합계를 구할 때 사용합니다.

```
=DATEDIF(최초 입사일,
         최초 입사일-1+SUMPRODUCT(퇴사일 범위-입사일 범위+1), "ym")
```

- **최초 입사일** : 경력의 시작이 되는 첫 번째 입사일
- **퇴사일 범위** : 경력 기간 내 퇴사일이 입력된 데이터 범위
- **입사일 범위** : 경력 기간 내 입사일이 입력된 데이터 범위

다음은 근속기간의 일 합계를 구할 때 사용합니다.

```
=DATEDIF(최초 입사일,
         최초 입사일-1+SUMPRODUCT(퇴사일 범위-입사일 범위+1), "md")
```

- **최초 입사일** : 경력의 시작이 되는 첫 번째 입사일
- **퇴사일 범위** : 경력 기간 내 퇴사일이 입력된 데이터 범위
- **입사일 범위** : 경력 기간 내 입사일이 입력된 데이터 범위

근속기간의 평균(최초 입사일부터 연속)

최초 입사일부터 연속으로 근무했다고 가정하고 계산하는 방법으로, 앞 수식에서 SUMPRODUCT 함수가 AVERAGE 함수로 바뀐 점만 차이가 있습니다. 이 수식은 배열을 이용한 수식 작성 방법이므로 엑셀 2019 버전까지는 [Ctrl]+[Shift]+[Enter]로 입력해야 합니다.

다음은 근속기간의 연 평균을 구할 때 사용합니다.

=DATEDIF(최초 입사일,
최초 입사일-1+AVERAGE(퇴사일 범위-입사일 범위+1), "y")

- **최초 입사일** : 경력의 시작이 되는 첫 번째 입사일
- **퇴사일 범위** : 경력 기간 내 퇴사일이 입력된 데이터 범위
- **입사일 범위** : 경력 기간 내 입사일이 입력된 데이터 범위

다음은 근속기간의 개월수 평균을 구할 때 사용합니다.

=DATEDIF(최초 입사일,
최초 입사일-1+AVERAGE(퇴사일 범위-입사일 범위+1), "ym")

- **최초 입사일** : 경력의 시작이 되는 첫 번째 입사일
- **퇴사일 범위** : 경력 기간 내 퇴사일이 입력된 데이터 범위
- **입사일 범위** : 경력 기간 내 입사일이 입력된 데이터 범위

다음은 근속기간의 일 평균을 구할 때 사용합니다.

=DATEDIF(최초 입사일,
최초 입사일-1+AVERAGE(퇴사일 범위-입사일 범위+1), "md")

- **최초 입사일** : 경력의 시작이 되는 첫 번째 입사일
- **퇴사일 범위** : 경력 기간 내 퇴사일이 입력된 데이터 범위
- **입사일 범위** : 경력 기간 내 입사일이 입력된 데이터 범위

따라 하기

01 예제를 열고, [G7:I9] 범위에 계산된 근속기간의 합계와 평균을 구하는 작업을 진행합니다.

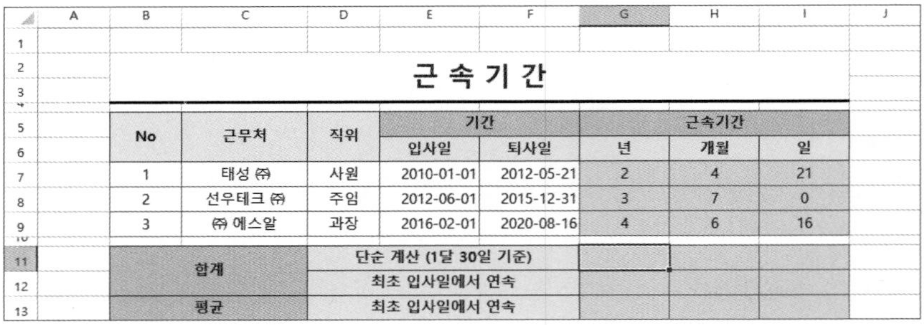

TIP [G7:I9] 범위에는 DATEDIF 함수를 사용한 수식이 입력되어 있습니다.

02 한 달을 30일로 가정한 근속기간의 합계를 구합니다.

03 근속기간 중 연의 합계를 구하기 위해 [G11] 셀에 다음 수식을 입력합니다.

[G11] 셀 : =SUM(G7:G9)

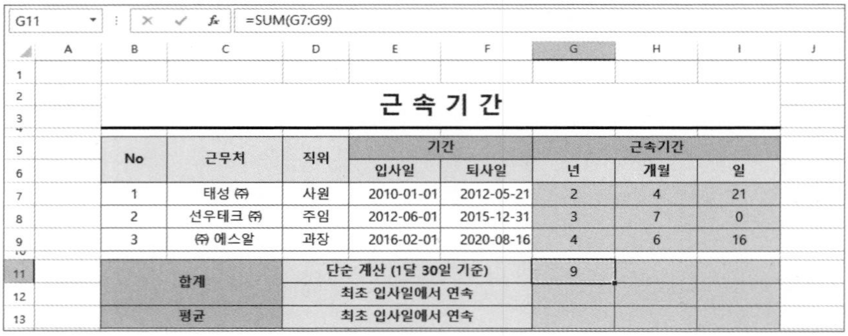

04 연의 합계를 구할 때 개월의 합계가 12개월이 넘는 경우를 반영해주어야 합니다.

05 [G11] 셀의 수식을 다음과 같이 수정합니다.

[G11] 셀 : =SUM(G7:G9)+QUOTIENT(SUM(H7:H9), 12)

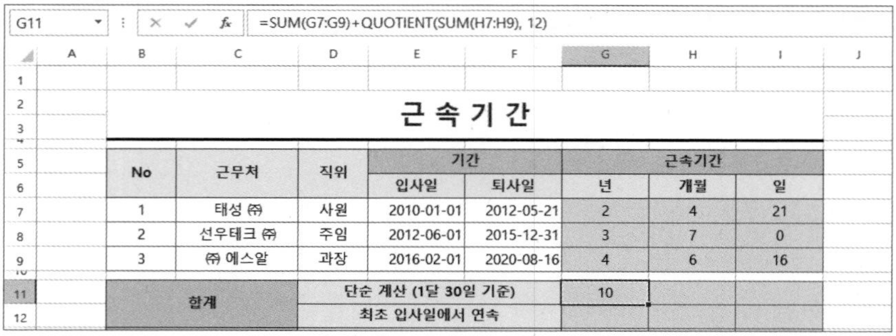

더 알아보기 수식 이해하기

이번 수식은 근속기간 중 개월의 합계를 12로 나눈 몫을 구해 연의 합계에 더한 수식입니다. 수식에서 사용한 QUOTIENT 함수는 나눗셈의 몫을 반환하는 함수로 INT 함수를 사용해 다음과 같이 좀 더 간결하게 표현할 수도 있습니다.

```
=SUM(G7:G9)+INT(SUM(H7:H9)/12)
```

개월의 합계를 12개월로 나눈 몫은 근속기간의 연에 해당하므로 이렇게 계산해줘야 올바른 결과를 얻을 수 있습니다.

06 만약 일의 합계가 30일을 초과한다면 개월에 이 값을 더해 계산해야 올바릅니다.

07 [G11] 셀의 수식을 다음과 같이 수정합니다.

[G11] 셀 : =SUM(G7:G9)+QUOTIENT(SUM(H7:H9)+QUOTIENT(SUM(I7:I9), 30), 12)

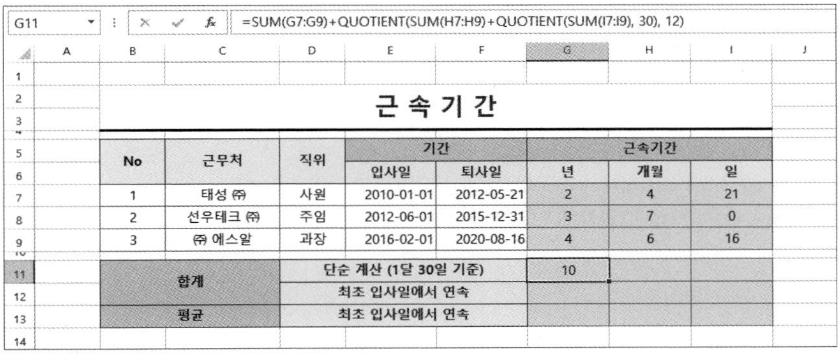

G11 =SUM(G7:G9)+QUOTIENT(SUM(H7:H9)+QUOTIENT(SUM(I7:I9), 30), 12)

근 속 기 간

No	근무처	직위	기간		근속기간		
			입사일	퇴사일	년	개월	일
1	태성 ㈜	사원	2010-01-01	2012-05-21	2	4	21
2	선우테크 ㈜	주임	2012-06-01	2015-12-31	3	7	0
3	㈜ 에스알	과장	2016-02-01	2020-08-16	4	6	16
합계		단순 계산 (1달 30일 기준)			10		
		최초 입사일에서 연속					
평균		최초 입사일에서 연속					

더 알아보기 수식 이해하기

이번 수식은 조금 복잡해 보이지만 연의 합계를 정확하게 구할 수 있습니다. 이번 수식은 다음과 같이 계산됩니다.

❶ 연의 합계 : **SUM(G7:G9)**

❷ 개월 반영 : **❶+QUOTIENT(SUM(H7:H9), 12)**

❸ 일수 반영 : **❶+QUOTIENT(SUM(H7:H9)+QUOTIENT(SUM(I7:I9), 30), 12)**

즉, 일수의 합계(**SUM(I7:I9)**)를 30으로 나눈 몫(QUOTIENT)을 구해 개월의 합계(**SUM(H7:H9)**)에 더합니다. 그리고 그 값을 12로 나눈 몫을 연의 합계에 더하는 수식입니다.

08 이번에는 개월의 합계를 구합니다.

09 [H11] 셀에 다음 수식을 입력합니다.

[H11] 셀 : =MOD(SUM(H7:H9)+QUOTIENT(SUM(I7:I9), 30), 12)

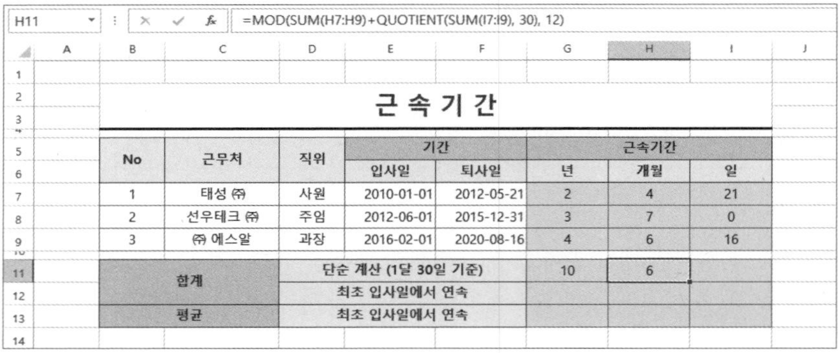

No	근무처	직위	기간		근속기간		
			입사일	퇴사일	년	개월	일
1	태성 ㈜	사원	2010-01-01	2012-05-21	2	4	21
2	선우테크 ㈜	주임	2012-06-01	2015-12-31	3	7	0
3	㈜ 에스알	과장	2016-02-01	2020-08-16	4	6	16
합계			단순 계산 (1달 30일 기준)		10	6	
			최초 입사일에서 연속				
평균			최초 입사일에서 연속				

더 알아보기 수식 이해하기

이번 수식은 **07** 과정의 수식에서 연의 합계를 구하는 부분만 빼고, QUOTIENT 함수(나눗셈의 몫을 반환)를 MOD 함수(나눗셈의 나머지 반환)로 바꾼 수식입니다.

- [G11] 셀 : **=SUM(G7:G9)+QUOTIENT(SUM(H7:H9)+QUOTIENT(SUM(I7:I9), 30), 12)**
- [H11] 셀 : **=MOD(SUM(H7:H9)+QUOTIENT(SUM(I7:I9), 30), 12)**

그러므로 이번 수식은 개월의 합계에 일수의 합계를 30(한 달)으로 나눈 몫을 더하고, 그 값을 12(1년)로 나눈 나머지값을 계산합니다. 이 값이 바로 근속기간 개월의 합계가 됩니다.

10 마지막으로 근속일수의 합계를 구하기 위해 [I11] 셀에 다음 수식을 입력합니다.

[I11] 셀 : =MOD(SUM(I7:I9), 30)

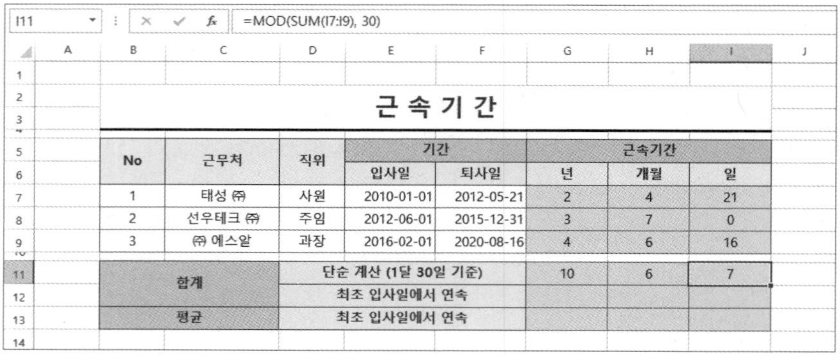

No	근무처	직위	기간		근속기간		
			입사일	퇴사일	년	개월	일
1	태성 ㈜	사원	2010-01-01	2012-05-21	2	4	21
2	선우테크 ㈜	주임	2012-06-01	2015-12-31	3	7	0
3	㈜ 에스알	과장	2016-02-01	2020-08-16	4	6	16
합계			단순 계산 (1달 30일 기준)		10	6	7
			최초 입사일에서 연속				
평균			최초 입사일에서 연속				

11 최초 입사일로부터 근속기간이 연속된다고 가정하고 근속기간의 합계를 구합니다.

12 [G12] 셀을 선택하고 다음 수식을 입력합니다.

[G12] 셀 : =DATEDIF(E7, E7−1+SUMPRODUCT(F7:F9−E7:E9+1), "y")

G12 =DATEDIF(E7, E7-1+SUMPRODUCT(F7:F9-E7:E9+1), "y")

근 속 기 간

No	근무처	직위	기간		근속기간		
			입사일	퇴사일	년	개월	일
1	태성 ㈜	사원	2010-01-01	2012-05-21	2	4	21
2	선우테크 ㈜	주임	2012-06-01	2015-12-31	3	7	0
3	㈜ 에스알	과장	2016-02-01	2020-08-16	4	6	16
합계		단순 계산 (1달 30일 기준)			10	6	7
		최초 입사일에서 연속			10		
평균		최초 입사일에서 연속					

더 알아보기 . 근속기간이 연속된다고 가정할 때 주의할 점

이 수식을 이해하기 위해서는 먼저 다음과 같은 두 가지 사실에 대해 알고 있어야 합니다.

- 엑셀에서 날짜는 숫자로 관리됩니다.
- 퇴사일과 다음 입사일 사이의 휴식 기간이 존재하는 경우 정확한 근속기간의 합계는 구하기가 어렵습니다.

이번 수식은 [G7:I9] 범위의 근속기간 계산을 필요로 하지 않으며, DATEDIF 함수를 사용해 최초 입사일로부터 총 근무일수 뒤의 날짜를 임의로 계산해 날짜 사이의 근속기간을 계산합니다.

이번 수식을 제대로 이해하기 위해서는 DATEDIF 함수의 두 번째 인수 부분을 제대로 이해합니다.

=DATEDIF(E7, E7−1+SUMPRODUCT(F7:F9−E7:E9+1), "y")

❶ SUMPRODUCT(F7:F9−E7:E9+1)

❷ E7−1+❶

❶ SUMPRODUCT(F7:F9−E7:E9+1)

이 부분은 총 근무일수를 구하기 위한 부분으로 퇴사일(F7:F9)에서 입사일(E7:E9)을 빼고, 1을 더하는 연산으로 각 경력 기간의 근무일수를 모두 더한(SUMPRODUCT) 결과를 반환합니다. 여기서 1을 더하는 연산은 두 날짜 사이를 세기 위한 것입니다. 1월 1일부터 1일 10일까지 근무했을 때 퇴사일에서 입사일을 빼면 9일(10일−1일)이므로, 1을 더해 10일을 만듭니다.

❷ E7−1+❶

[E7] 셀의 최초 입사일에서 총 근무일수를 더하면 최초 입사일로부터 해당 일수 이후의 종료일이 반환됩니다. 예를 들어 최초 입사일이 1월 1일이고 총 근무일수가 10일이라면 1월 10일이 나와야 합니다. 하지만 이번 수식은 두 날짜를 더하게 되므로 1월 11일이 반환됩니다. 그래서 1을 빼는 연산이 들어가 1월 10일이 반환되도록 구성한 것입니다.

그러므로 최초 입사일과 총 근무일수로 가상 퇴사일(연속된 근속으로 가정)을 구한 후 두 날짜의 연(y)의 차이를 구하는 수식입니다.

참고로 이번 수식에서 SUMPRODUCT 함수를 사용한 부분은 계산 작업에서 배열을 이용하기 위한 것입니다. 이 수식의 계산 방법을 정확하게 이해하기 위해서는 배열 수식에 대한 이해가 필요합니다. 다만 마이크로소프트 365 버전에서는 SUMPRODUCT 함수 대신 SUM 함수만 사용해도 동일한 결과를 얻을 수 있습니다.

LINK 배열을 이용한 함수나 수식 작성 방법에 대해서는 이 책의 **PART 03**에서 자세하게 설명합니다.

13 근속기간의 개월수와 일의 합계를 구합니다.

14 [H12:I12] 범위에 다음 수식을 입력하고 근속기간의 개월과 일의 합계를 구합니다.

[H12] 셀 : =DATEDIF(E7, E7−1+SUMPRODUCT(F7:F9−E7:E9+1), "ym")

[I12] 셀 : =DATEDIF(E7, E7−1+SUMPRODUCT(F7:F9−E7:E9+1), "md")

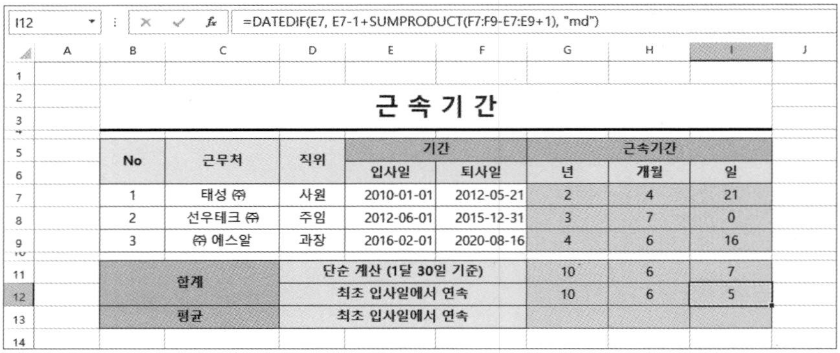

I12 =DATEDIF(E7, E7-1+SUMPRODUCT(F7:F9-E7:E9+1), "md")

근 속 기 간

No	근무처	직위	기간		근속기간		
			입사일	퇴사일	년	개월	일
1	태성 ㈜	사원	2010-01-01	2012-05-21	2	4	21
2	선우테크 ㈜	주임	2012-06-01	2015-12-31	3	7	0
3	㈜ 에스알	과장	2016-02-01	2020-08-16	4	6	16
합계		단순 계산 (1달 30일 기준)			10	6	7
		최초 입사일에서 연속			10	6	5
평균		최초 입사일에서 연속					

더 알아보기 근속기간 계산 방법의 차이

이번 수식은 기본적으로 **12** 과정의 수식과 동일하므로, 자세한 설명은 **12** 과정의 수식 설명을 참고합니다. 수식은 모두 동일하며, DATEDIF 함수의 두 번째 인수만 y에서 ym과 md로 변경된 것입니다.

계산 결과에서 [I11] 셀과 [I12] 셀의 근속일수의 합계가 같지 않다는 것을 확인할 수 있습니다. [I11] 셀은 한 달을 30일로 가정하고 계산한 결과이고, [I12] 셀은 최초 입사일(E7)로부터 계속 근속한 경우를 산정해 계산한 것이기 때문에 차이가 발생한 것입니다. 이 둘은 무엇이 옳다기보다 계산의 원칙을 어떻게 적용했는지에 대한 차이로 이해해야 합니다.

15 근속기간의 평균도 같은 방법으로 계산합니다.

16 [G13] 셀을 선택하고 다음 수식을 Ctrl + Shift + Enter 로 입력합니다.

[G13] 셀 : =DATEDIF(E7, E7−1+AVERAGE(F7:F9−E7:E9+1), "y")

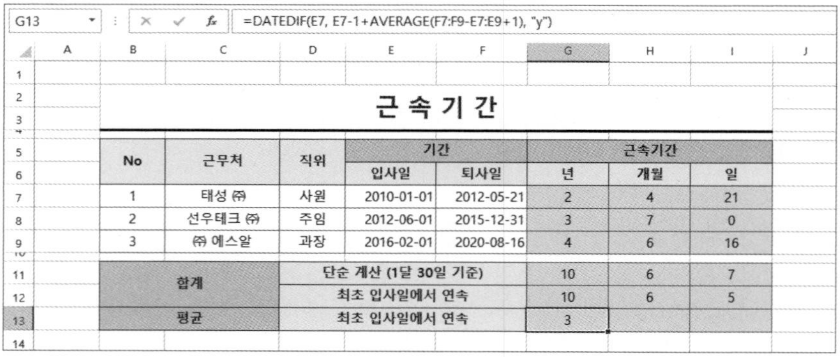

G13 =DATEDIF(E7, E7-1+AVERAGE(F7:F9-E7:E9+1), "y")

근 속 기 간

No	근무처	직위	기간		근속기간		
			입사일	퇴사일	년	개월	일
1	태성 ㈜	사원	2010-01-01	2012-05-21	2	4	21
2	선우테크 ㈜	주임	2012-06-01	2015-12-31	3	7	0
3	㈜ 에스알	과장	2016-02-01	2020-08-16	4	6	16
합계		단순 계산 (1달 30일 기준)			10	6	7
		최초 입사일에서 연속			10	6	5
평균		최초 입사일에서 연속			3		

더 알아보기 배열 수식 입력하기

이번 수식은 배열 수식이므로, 반드시 Ctrl+Shift+Enter로 입력해야 합니다. 하지만 마이크로소프트 365 버전에서는 Enter로 입력해도 됩니다. 이런 차이는 **PART 03**에서 자세하게 설명합니다.

엑셀 2019 버전까지는 Ctrl+Shift+Enter로 입력하면 수식 입력줄의 수식이 중괄호({})로 묶여 표시됩니다. 앞의 수식에서 SUMPRODUCT 함수는 자체적으로 배열을 이용해 계산하므로, Enter만 눌러 수식을 입력해도 됐습니다. 하지만 AVERAGE 함수는 자체적인 배열을 사용하지 않기 때문에 Ctrl+Shift+Enter를 눌러 수식에서 배열을 이용하도록 강제한 것입니다.

계산되는 부분은 모두 동일하므로, 전체 수식 설명은 **12** 과정 설명을 참고합니다.

17 근속기간의 개월수와 일수의 평균도 같은 방법으로 구합니다.

18 [H13] 셀과 [I13] 셀에 다음 수식을 Ctrl+Shift+Enter로 입력합니다.

[H13] 셀 : =DATEDIF(E7, E7−1+AVERAGE(F7:F9−E7:E9+1), "ym")

[I13] 셀 : =DATEDIF(E7, E7−1+AVERAGE(F7:F9−E7:E9+1), "md")

```
I13    =DATEDIF(E7, E7-1+AVERAGE(F7:F9-E7:E9+1), "md")
```

근 속 기 간

No	근무처	직위	기간		근속기간		
			입사일	퇴사일	년	개월	일
1	태성 ㈜	사원	2010-01-01	2012-05-21	2	4	21
2	선우테크 ㈜	주임	2012-06-01	2015-12-31	3	7	0
3	㈜ 에스알	과장	2016-02-01	2020-08-16	4	6	16
합계		단순 계산 (1달 30일 기준)			10	6	7
		최초 입사일에서 연속			10	6	5
평균		최초 입사일에서 연속			3	6	2

07 18 시간을 오전/오후로 구분하기

예제 파일 PART 02 \ CHAPTER 07 \ 오전, 오후.xlsx

공식처럼 사용할 수 있는 수식

AM/PM 반환

시간을 오전/오후로 구분해 데이터를 분석하고 싶다면 IF 함수를 사용할 수 있지만, 보통은 TEXT 함수를 사용해 원하는 값으로 변환하는 방법을 더 자주 사용합니다. AM/PM과 같은 영어 단위를 반환하도록 하려면 다음 수식을 사용합니다.

```
=TEXT(시간, "AM/PM")
```

- **시간** : 오전/오후를 구분하려는 시간 데이터

오전/오후 반환

오전/오후와 같은 한글 단위를 반환하도록 하려면 다음과 같은 수식을 사용합니다.

```
=TEXT(시간, "[$-412]AM/PM")
```

- **시간** : 오전/오후를 구분하려는 시간 데이터

TIP [$-412]는 한국 국가 코드로, 엑셀 2016 버전부터는 [$-ko-KR]로 변경이 가능합니다.

午前/午後 반환

午前/午後와 같은 한자 단위를 반환하도록 하려면 다음과 같은 수식을 사용합니다.

=TEXT(시간, "[$-411]AM/PM")

- **시간** : 오전/오후를 구분하려는 시간 데이터

TIP [$-411]는 일본 국가 코드로, 엑셀 2016 버전부터는 [$-ja-JP]로 변경이 가능합니다.

따라 하기

예제에는 오전/오후를 다양한 방법으로 반환하는 수식이 미리 입력되어 있으니, 파일을 열고 수식을 확인해보기 바랍니다.

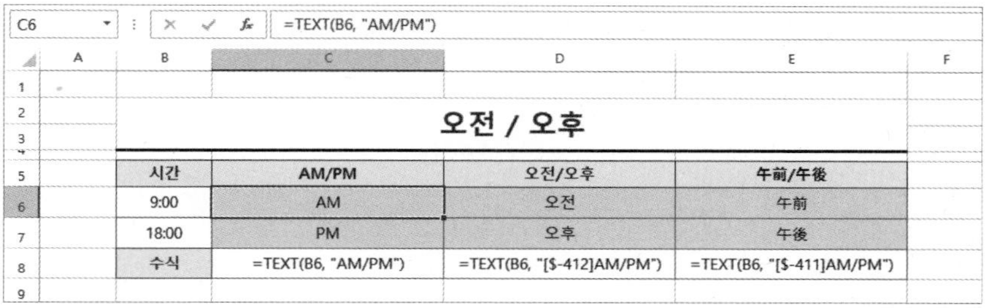
C6 =TEXT(B6, "AM/PM")

오전 / 오후

시간	AM/PM	오전/오후	午前/午後
9:00	AM	오전	午前
18:00	PM	오후	午後
수식	=TEXT(B6, "AM/PM")	=TEXT(B6, "[$-412]AM/PM")	=TEXT(B6, "[$-411]AM/PM")

07 19 시간에서 시, 분, 초 구분하기

예제 파일 PART 02 \ CHAPTER 07 \ HOUR, MINUTE, SECOND 함수.xlsx

HOUR, MINUTE, SECOND 함수

시간에서 시, 분, 초의 값만 정수로 반환받으려면 HOUR, MINUTE, SECOND 함수를 사용합니다. 함수의 구문은 다음을 참고합니다.

HOUR (❶ 시간)

시간값에서 시를 의미하는 0~23 사이의 정수를 반환합니다.

인수	❶ **시간** : 시간값을 의미하는 소숫값입니다.

사용 예

```
=HOUR(NOW( ))
```

TIP 현재 시간에서 시의 값이 24시간제 숫자로 반환됩니다. 예를 들어 현재 시간이 오후 5시라면 17이 반환됩니다.

MINUTE (❶ 시간)

시간값에서 분을 의미하는 0~59 사이의 정수를 반환합니다.

인수	❶ **시간** : 시간값을 의미하는 소숫값입니다.

사용 예

```
=MINUTE(NOW( ))
```

TIP 현재 시간에서 분의 값이 숫자로 반환됩니다. 예를 들어 현재 시간이 오후 5시 30분이라면 30이 반환됩니다.

SECOND (❶ 시간)

시간값에서 초를 의미하는 0~59 사이의 정수를 반환합니다.

인수	❶ **시간** : 시간값을 의미하는 소숫값입니다.

사용 예

```
=SECOND(NOW())
```

TIP 현재 시간에서 초의 값이 숫자로 반환됩니다. 예를 들어 현재 시간이 오후 5시 30분 28초라면 28이 반환됩니다.

공식처럼 사용할 수 있는 수식

시간을 12시간제로 반환

HOUR 함수는 시간의 시(時) 부분을 0~23 숫자로 반환합니다. 이것은 시간을 24시간제로 반환하는 것으로, 12시간제의 시로 반환받고 싶다면 다음 수식을 사용해야 합니다.

=--LEFT(TEXT(시간, "hh am/pm"), 2)

- **시간** : 12시간제의 시(時)를 얻으려는 시간 데이터

TIP 서식 코드는 대/소문자를 구분하지 않습니다.

따라 하기

01 예제를 열고, [B7] 셀의 시간에서 시, 분, 초에 해당하는 숫자를 반환받습니다.

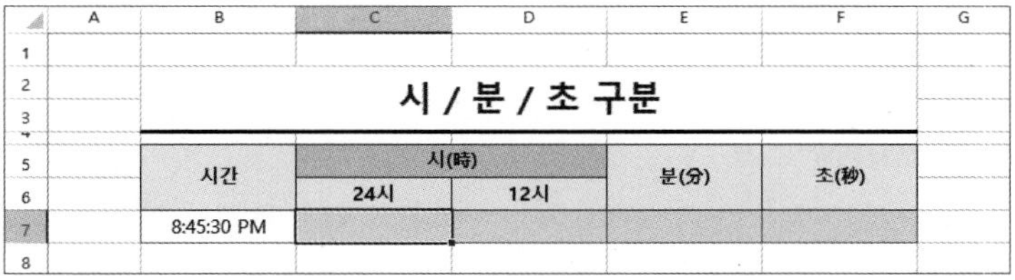

02 다음 각 셀에 아래 수식을 입력합니다.

[C7] 셀 : =HOUR(B7)

[E7] 셀 : =MINUTE(B7)

[F7] 셀 : =SECOND(B7)

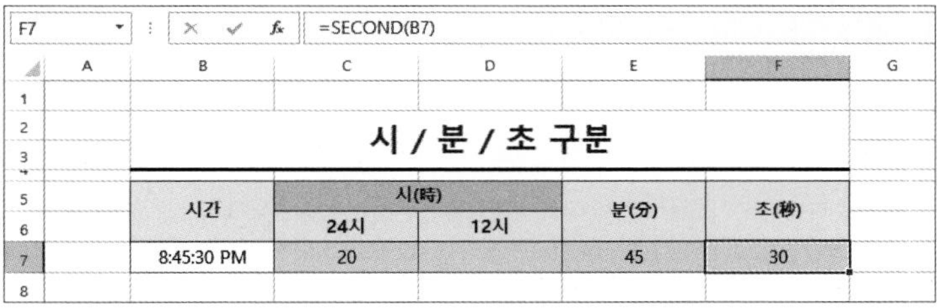

더 알아보기 엑셀에서의 시간 데이터

먼저 [C7] 셀에는 24시간제를 기준으로 오후 8시에 해당하는 시간값 20이 반환됩니다. 엑셀의 시간은 하루를 의미하는 1을 24로 나눈 값에 해당합니다. 따라서 시간의 시 부분을 반환받은 [C7] 셀의 수식은 다음과 같이 변경할 수 있습니다.

```
=INT(B7*24)
```

참고로 수식을 위와 같이 변경한 후 결과가 12:00 AM과 같이 표시되면 리본 메뉴의 [홈] 탭-[표시 형식] 그룹-[표시 형식] 목록에서 [일반]으로 변경합니다.

03 시간에서 시(時) 부분을 12시간제의 시간으로 반환받기 위해 [D7] 셀에 다음 수식을 입력합니다.

[D7] 셀 : =TEXT(B7, "HH AM/PM")

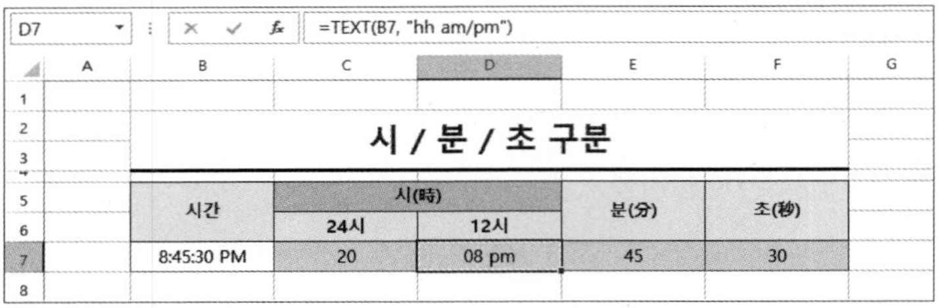

D7
=TEXT(B7, "hh am/pm")
시 / 분 / 초 구분
시간
시(時)
24시
12시
분(分)
초(秒)
8:45:30 PM
20
08 pm
45
30

더 알아보기 시간제 변환하기

엑셀 함수 중에는 12시간제로 시간을 반환해주는 함수는 제공되지 않으므로, TEXT 함수를 사용해 12시간제로 변환합니다. 08을 8과 같이 1자리 시간으로 반환받으려면 HH 대신 H 서식 코드를 사용합니다.

04 오전/오후(AM/PM) 단위는 필요하지 않으므로, 시 부분만 얻도록 수식을 수정합니다.

05 [D7] 셀의 수식을 다음과 같이 수정합니다.

[D7] 셀 : =--LEFT(TEXT(B7, "HH AM/PM"), 2)

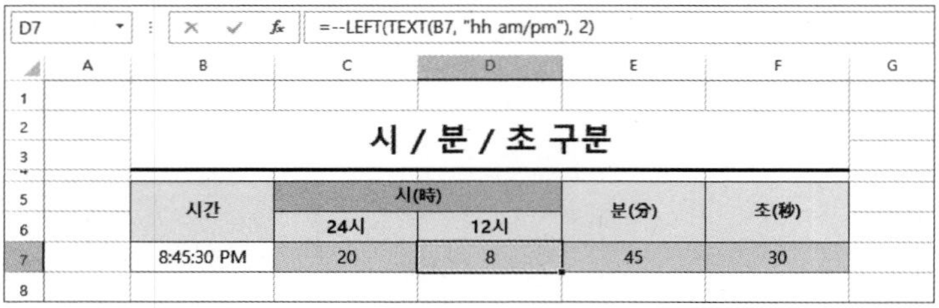

더 알아보기 수식 이해하기

TEXT 함수에서 반환된 값의 앞 2자리가 12시간제의 시(時) 부분이므로 LEFT 함수를 사용해 앞 2자리만 잘라낸 것입니다. LEFT 함수 앞에 사용된 마이너스 기호(-) 두 개는 08을 숫자로 변환하기 위한 부분입니다.

LINK 마이너스 기호를 사용해 데이터 형식을 변환하는 방법에 대해서는 이 책의 345페이지를 참고합니다.

시간 처리

07 20 시간을 30분, 1시간 간격으로 조정하기

예제 파일 PART 02 \ CHAPTER 07 \ TIME 함수.xlsx

TIME 함수

특정 시간부터 일정 간격으로 시간이 자동 증가(또는 감소)하도록 입력해야 한다면 **TIME 함수**를 사용하는 것이 좋습니다. TIME 함수의 구문은 다음과 같습니다.

TIME (❶ 시, ❷ 분, ❸ 초)

시, 분, 초를 의미하는 정수의 값을 받아 시간을 의미하는 소숫값을 반환합니다.

인수	❶ **시** : 0~32,767 사이의 시(時)를 의미하는 정수의 값입니다. 0~23 사이의 값은 그대로 시로 인식하고 24 이상의 숫자는 24로 나눈 나머지값을 시로 사용합니다. ❷ **분** : 0~32,767 사이의 분(分)을 의미하는 정수의 값입니다. 0~59 사이의 값은 그대로 분으로 인식하고 60 이상의 숫자는 60으로 나눈 나머지값을 분으로 사용합니다. ❸ **초** : 0~32,767 사이의 초(秒)를 의미하는 정수의 값입니다. 0~59 사이의 값은 그대로 초로 인식하고 60 이상의 숫자는 60으로 나눈 나머지값을 초로 사용합니다.

사용 예

```
=TIME(12, 30, 0)
```

TIP 오후 12:30의 시간값을 반환합니다.

공식처럼 사용할 수 있는 수식

일정 간격 뒤의 시간 계산

특정 시간으로부터 일정 간격 뒤의 시간을 계산하려면 다음과 같은 수식을 사용합니다.

=시작시간+TIME(0, 30, 0)

- **시작시간** : 최초 시간

TIP **TIME(0, 30, 0)**는 오전 12시 30분을 의미하기도 하지만, 30분을 의미하기도 합니다. 이런 방법을 이용해 시간 간격을 조정할 수 있습니다. 1시간 간격은 **TIME(1, 0, 0)**와 같이 변경합니다.

따라 하기

01 예제를 열고, E열에 [C5] 셀의 시작시간부터 30분 간격으로 시간을 입력합니다.

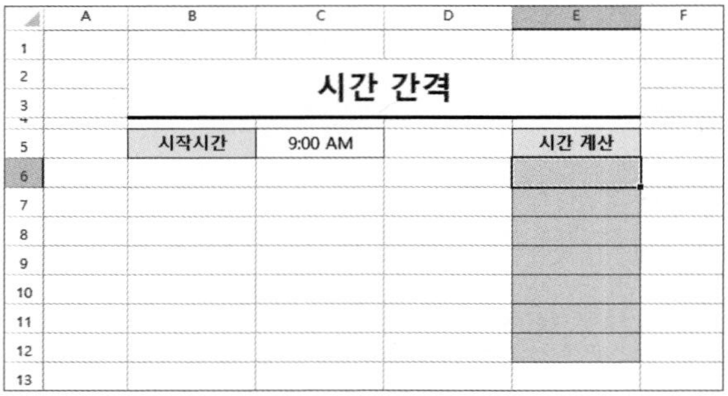

02 다음 각 셀에 수식을 입력하고, [E7] 셀의 채우기 핸들을 [E15] 셀까지 드래그합니다.

[E6] 셀 : =C5

[E7] 셀 : =E6 + TIME(0, 30, 0)

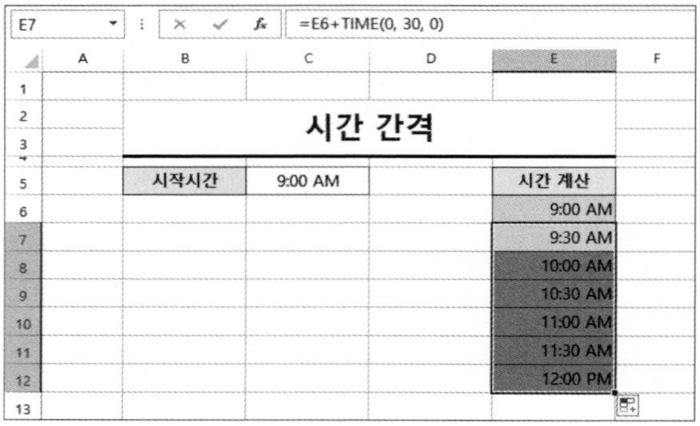

더 알아보기 수식 이해하기

[E6] 셀은 시작시간인 [C5] 셀과 동일하므로 참조만 합니다. [E7] 셀에는 [E6] 셀(상대 참조이므로 바로 위의 셀)에 30분을 더해 시간을 반환하도록 합니다. [E7] 셀의 수식을 복사하면 계속해서 이전 시간에 30분이 더해지면서 시간이 자동으로 계산됩니다.

시간의 간격을 1시간으로 변경하려면 [E7] 셀의 수식을 다음과 같이 변경합니다.

```
=E6+TIME(1, 0, 0)
또는
=E6+(1/24)
```

이런 식의 수식은 두 셀에 각각 서로 다른 수식을 넣어야 한다는 점만 불편하고, 이해하기는 쉬운 수식입니다.

03 수식을 나눠 입력하지 않고 한 번만 입력하도록 변경합니다.

04 [E6] 셀의 수식을 다음과 같이 변경하고 [E6] 셀의 채우기 핸들을 [E15] 셀까지 드래그합니다.

[E6] 셀 : =$C$5 + TIME(0, 30*(ROW(A1)–1), 0)

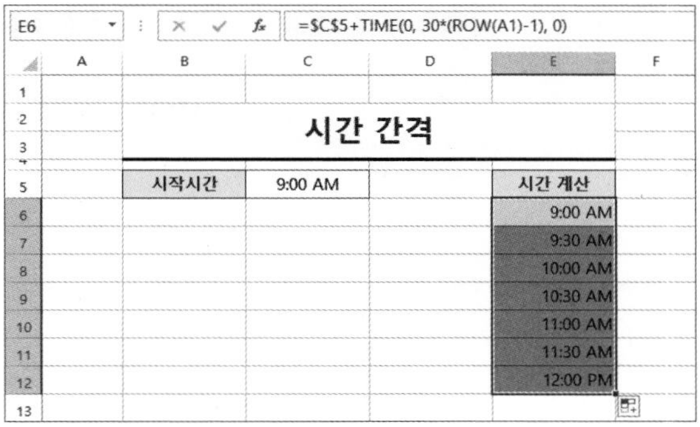

더 알아보기 수식 이해하기

이번 수식이 **02** 과정의 수식과 다른 점은 다음 두 가지입니다.

- 첫째, [C5] 셀을 참조하는 방식이 상대 참조에서 절대 참조 방식으로 변경되었습니다.
- 둘째, TIME 함수의 두 번째 인수 부분이 변경되었습니다.

한번에 30분 간격의 시간 계산을 하려면 다음과 같은 구조의 계산이 이뤄져야 합니다.

```
[E6] 셀 : =시작시간+0분
[E7] 셀 : =시작시간+30분
[E8] 셀 : =시작시간+60분
[E9] 셀 : =시작시간+90분
…
```

위의 모든 수식에서 시작시간이 필요합니다. 따라서 [C5] 셀(시작시간)을 절대 참조 방식으로 변경했습니다. 뒷부분에 0분, 30분, 60분, 90분, …과 같은 시간이 더해지도록 하기 위해 TIME 함수의 두 번째 인수 부분을 변경했습니다.

TIME 함수의 두 번째 인수는 **30*(ROW(A1)–1)**으로, **ROW(A1)** 부분은 행 방향으로 수식을 복사할 때 1, 2, 3, …과 같은 일련번호를 얻기 위해 사용합니다. 이 값에 1을 빼면 0, 1, 2, 3, …과 같은 값을 얻게 됩니다. 앞에서 구한 일련번호에 30(분)을 곱하게 되면 0, 30, 60, 90, …과 같은 값이 완성되어 시작시간에서 0분, 30분, 60분, 90분 후의 시간이 각각 반환됩니다.

계산 방법을 1시간 간격으로 변경하려면 다음과 같은 수식을 사용합니다.

```
=$C$5+TIME(1*(ROW(A1)–1), 0, 0)
또는
=$C$5+(1/24)*(ROW(A1)–1)
```

위 수식에서 파란색 숫자를 변경하면 각각 N시간 간격으로 시간이 반환됩니다.

시간 처리

07 21 근무시간으로 아르바이트 급여 계산하기

예제 파일 PART 02 \ CHAPTER 07 \ 시급 계산.xlsx

공식처럼 사용할 수 있는 수식

기업은 한시적으로 급한 일을 처리하기 위해 시간제 근로자(아르바이트)를 고용하기도 합니다. 이 경우 급여는 근무한 시간을 시급으로 곱해 지급합니다. 아르바이트 급여는 보통 식사시간 등의 휴식시간을 제외한 근무시간만으로 계산됩니다.

시급 계산

다음은 근무한 시간 단위로 시급을 계산하는 수식입니다.

=TEXT(SUM(근무시간), "[h]")*시급

- **근무시간** : 일별 근무시간이 계산된 데이터 범위
- **[h]** : 24 이상의 시간을 표현할 수 있도록 지원된 서식 코드

다음은 근무한 분 단위로 시급을 계산하는 수식입니다.

=TEXT(SUM(근무시간), "[m]")*(시급/60)

- **근무시간** : 일별 근무시간이 계산된 데이터 범위
- **[m]** : 60분 이상의 시간을 표현할 수 있도록 지원된 서식 코드

위 수식에서 사용한 시간 서식 코드에 대한 자세한 설명은 다음을 참고합니다.

더 알아보기 시간 서식 코드

시간은 기본적으로 24시간, 60분, 60초를 넘는 시간은 표현할 수 없습니다. 하지만 급여를 계산하기 위해서는 총 몇 시간을 근무했는지 계산할 수 있어야 합니다. 이런 경우 하단의 서식 코드를 사용하면 각자 자신의 단위를 초과하는 시간을 표현할 수 있습니다.

서식 코드	설명
[H]	24시간이 넘는 시를 반환합니다.
[M]	60분이 넘는 분을 표현합니다.
[S]	60초가 넘는 초를 표현합니다.

참고로 서식 코드는 대/소문자를 구분하지 않습니다.

따라 하기

01 예제를 열고, 아르바이트 급여를 계산합니다.

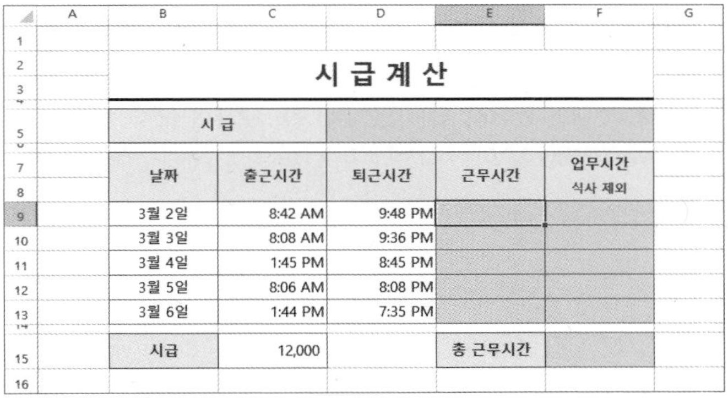

TIP 점심식사 시간은 오후 12시~1시입니다.

02 먼저 근무시간(E열)을 계산하기 위해 퇴근시간에서 출근시간을 뺍니다.

03 [E9] 셀에 다음 수식을 입력하고 [E9] 셀의 채우기 핸들을 [E13] 셀까지 드래그합니다.

[E9] 셀 : =D9−C9

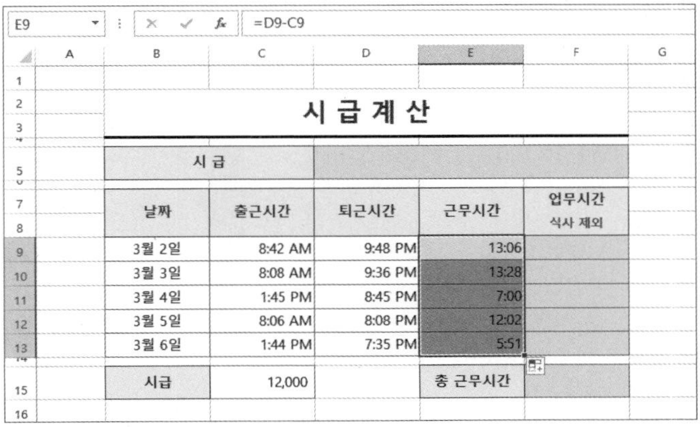

04 출근시간과 퇴근시간 사이에 점심시간이 존재했는지 확인합니다.

05 [F9] 셀에 다음 수식을 입력하고 [F9] 셀의 채우기 핸들을 [F13] 셀까지 드래그합니다.

[F9] 셀 : =AND(C9<=TIME(12,0,0), D9>=TIME(13,0,0))

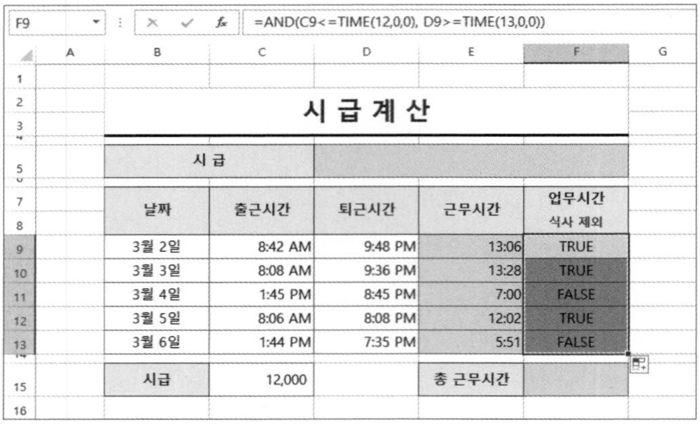

F9
=AND(C9<=TIME(12,0,0), D9>=TIME(13,0,0))
시 급 계 산
시 급
날짜 | 출근시간 | 퇴근시간 | 근무시간 | 업무시간 식사 제외
3월 2일 | 8:42 AM | 9:48 PM | 13:06 | TRUE
3월 3일 | 8:08 AM | 9:36 PM | 13:28 | TRUE
3월 4일 | 1:45 PM | 8:45 PM | 7:00 | FALSE
3월 5일 | 8:06 AM | 8:08 PM | 12:02 | TRUE
3월 6일 | 1:44 PM | 7:35 PM | 5:51 | FALSE
시급 | 12,000 | 총 근무시간

더 알아보기 수식 이해하기

근무시간 내 점심시간을 빼려면 출근시간과 퇴근시간 사이에 점심시간이 있었는지를 확인해야 합니다. 그러려면 다음과 같은 조건을 만족해야 합니다.

- **C9<=TIME(12,0,0)** : 출근시간(C9)이 오후 12시 이전인지
- **D9>=TIME(13,0,0)** : 퇴근시간(D9)이 오후 1시(13시) 이후인지 확인합니다.

위 두 개 조건이 모두 만족되어야 하므로, AND 함수를 사용해 판단하면 근무시간에 점심시간이 포함되어 있는지 확인할 수 있습니다.

06 점심식사 시간은 1시간이므로 **논릿값**을 **시간**으로 변경합니다.

07 [F9] 셀의 수식을 다음과 같이 수정하고 [F9] 셀의 채우기 핸들을 [F13] 셀까지 드래그합니다.

[F9] 셀 :

=IF(AND(C9<=TIME(12,0,0), D9>=TIME(13,0,0)), TIME(1,0,0), 0)

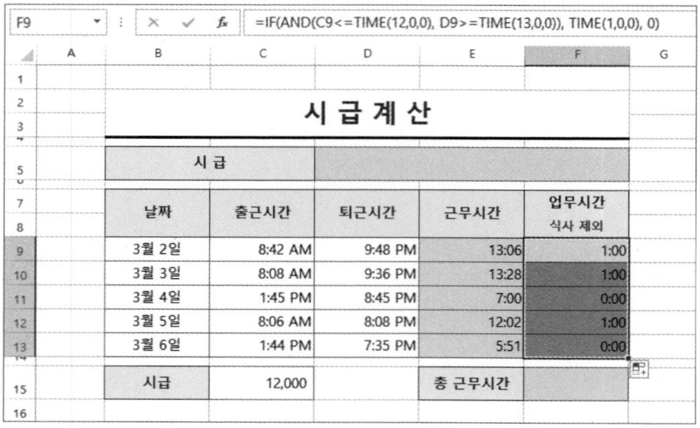

08 근무시간에서 점심시간을 뺀 업무시간을 계산합니다.

09 [F9] 셀의 수식을 다음과 같이 수정하고, [F9] 셀의 채우기 핸들⊞을 [F13] 셀까지 드래그합니다.

[F9] 셀 : =E9–IF(AND(C9<=TIME(12,0,0), D9>=TIME(13,0,0)), TIME(1,0,0), 0)

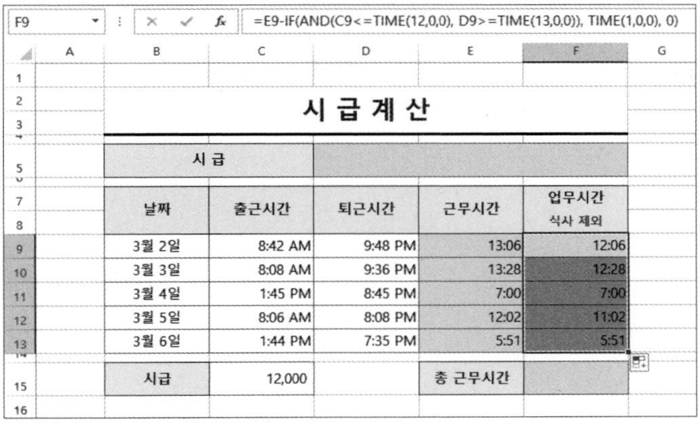

F9 | =E9-IF(AND(C9<=TIME(12,0,0), D9>=TIME(13,0,0)), TIME(1,0,0), 0)

시 급 계 산

시 급				
날짜	출근시간	퇴근시간	근무시간	업무시간 식사 제외
3월 2일	8:42 AM	9:48 PM	13:06	12:06
3월 3일	8:08 AM	9:36 PM	13:28	12:28
3월 4일	1:45 PM	8:45 PM	7:00	7:00
3월 5일	8:06 AM	8:08 PM	12:02	11:02
3월 6일	1:44 PM	7:35 PM	5:51	5:51
시급	12,000		총 근무시간	

10 총 업무시간을 집계합니다. [F15] 셀에 다음 수식을 입력합니다.

[F15] 셀 : =SUM(F9:13)

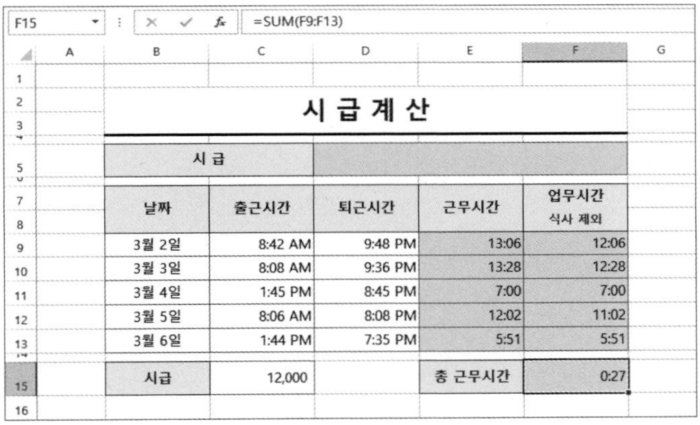

F15 | =SUM(F9:F13)

시 급 계 산

시 급				
날짜	출근시간	퇴근시간	근무시간	업무시간 식사 제외
3월 2일	8:42 AM	9:48 PM	13:06	12:06
3월 3일	8:08 AM	9:36 PM	13:28	12:28
3월 4일	1:45 PM	8:45 PM	7:00	7:00
3월 5일	8:06 AM	8:08 PM	12:02	11:02
3월 6일	1:44 PM	7:35 PM	5:51	5:51
시급	12,000		총 근무시간	0:27

더 알아보기 **시간을 계산할 때 주의할 점**

시간은 0과 1 사이의 소숫값이므로 SUM 함수를 사용하면 쉽게 집계할 수 있습니다. 다만, 합계는 2.32439556과 같은 값이 되기 때문에 정수 부분은 날짜로 인식되고, 소숫값만 시간으로 인식됩니다. 합계를 시간으로 표시하는 한 23:59:59를 넘는 시간을 표시할 수 없습니다. 이 설명이 제대로 이해되지 않는다면 [F15] 셀의 표시 형식을 리본 메뉴의 [홈] 탭–[표시 형식] 그룹–[표시 형식] 목록에서 [일반]으로 변경합니다.

11 [F15] 셀에 집계된 결과가 **시간 단위**로 표시될 수 있도록 변경합니다.

12 [F15] 셀의 수식을 다음과 같이 수정합니다.

[F15] 셀 : =TEXT(SUM(F9:F13), "[h]:mm")

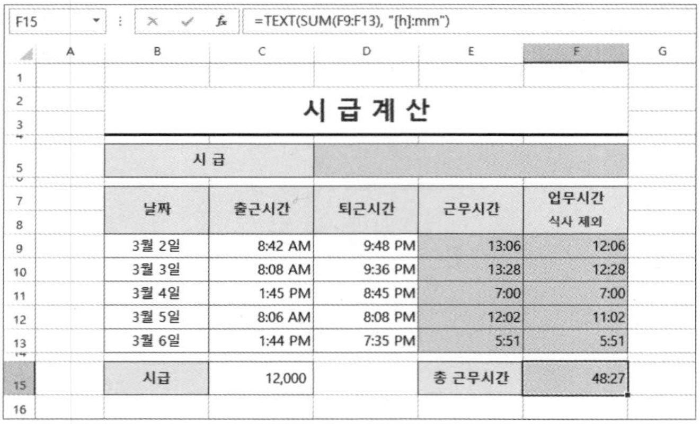

TIP h 서식 코드는 24시간 이상을 표시할 수 있습니다.

13 시급을 계산하기 위해 총 업무시간에서 시(時) 부분만 잘라냅니다.

14 [D5] 병합 셀에 다음과 같은 수식을 입력합니다.

[D5] 병합 셀 : =LEFT(F15, FIND(":", F15)–1)

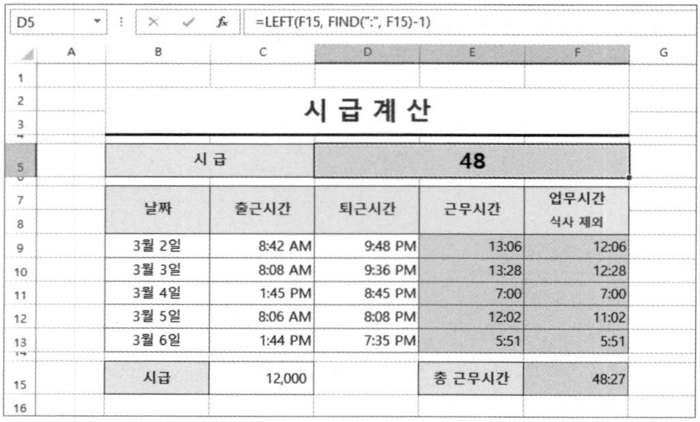

TIP 이번 수식은 [F15] 셀의 콜론(:) 앞부분을 잘라 반환합니다.

15 시급을 계산합니다. [D5] 병합 셀에 다음 수식을 입력합니다.

[D5] 병합 셀 : =LEFT(F15, FIND(":", F15)–1) * C15

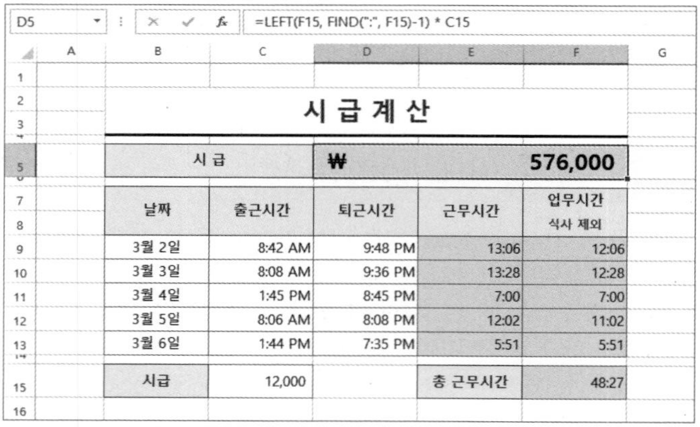

TIP 이번 수식은 [F15] 셀의 콜론(:) 앞부분을 잘라 반환합니다.

16 27분 근무한 것까지 급여에 포함시키려면 업무시간을 분으로 변환합니다.

17 [D5] 병합 셀의 수식을 다음과 같이 변경합니다.

[D5] 병합 셀 : =TEXT(SUM(F9:F13), "[m]")

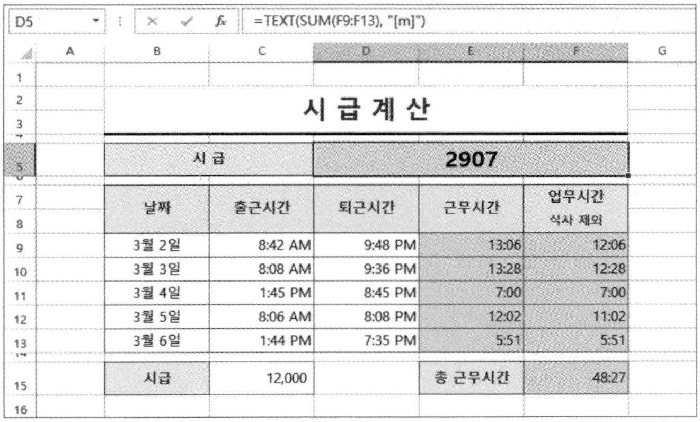
D5 =TEXT(SUM(F9:F13), "[m]")

시 급 계 산					
시 급		2907			
날짜	출근시간	퇴근시간	근무시간	업무시간 식사 제외
3월 2일	8:42 AM	9:48 PM	13:06	12:06
3월 3일	8:08 AM	9:36 PM	13:28	12:28
3월 4일	1:45 PM	8:45 PM	7:00	7:00
3월 5일	8:06 AM	8:08 PM	12:02	11:02
3월 6일	1:44 PM	7:35 PM	5:51	5:51
시급	12,000		총 근무시간	48:27

TIP 12 과정 수식과 동일하지만, 시간을 총 근무한 분(分)의 값으로 변환한 결과를 반환합니다.

18 다시 시급을 계산하기 위해 [D5] 병합 셀의 수식을 다음으로 수정합니다.

[D5] 병합 셀 : =TEXT(SUM(F9:F13), "[m]") * (C15/60)

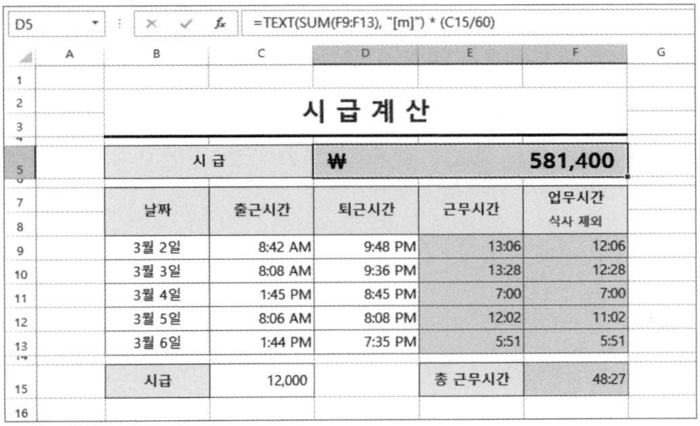
D5 =TEXT(SUM(F9:F13), "[m]") * (C15/60)

시 급 계 산				
시 급		₩ 581,400		
날짜	출근시간	퇴근시간	근무시간	업무시간 식사 제외
3월 2일	8:42 AM	9:48 PM	13:06	12:06
3월 3일	8:08 AM	9:36 PM	13:28	12:28
3월 4일	1:45 PM	8:45 PM	7:00	7:00
3월 5일	8:06 AM	8:08 PM	12:02	11:02
3월 6일	1:44 PM	7:35 PM	5:51	5:51
시급	12,000		총 근무시간	48:27

더 알아보기 수식 이해하기

근무시간은 총 48시간 27분입니다. 27분에 해당하는 시간을 모두 포함한 급여를 계산하려면 총 근무시간을 분으로 변환하고, 시급을 60(분)으로 나눠 곱합니다.

시간 처리

07 22 근무시간에서 휴식시간 제외하고 계산하기

예제 파일 PART 02 \ CHAPTER 07 \ 근무 시간.xlsx

공식처럼 사용할 수 있는 수식

아르바이트의 시급 같은 시간제 근로자의 근무시간을 계산할 때 식사시간 및 휴식시간을 제외할 필요가 있습니다. 다음과 같은 수식을 참고합니다.

휴식시간 계산

휴식시간이 출퇴근시간 사이에 포함되는지 확인하고 해당 휴식시간을 반환해주는 수식을 사용합니다. 다음 수식을 참고합니다.

=IF(AND(출근시간<=휴식 시작, 퇴근시간>=휴식 종료), 휴식시간, 0)

- **출근시간** : 정규출근시간
- **퇴근시간** : 정규퇴근시간
- **휴식 시작** : 제외할 식사시간 또는 휴식시간의 시작시간
- **휴식 종료** : 제외할 식사시간 또는 휴식시간의 종료시간
- **휴식시간** : 제외할 식사시간 또는 휴식시간

근무시간 계산

휴식시간을 제외한 근무시간 계산은 다음과 같은 수식을 사용합니다.

=퇴근시간–출근시간–SUM(휴식시간)

- **출근시간** : 정규출근시간
- **퇴근시간** : 정규퇴근시간
- **휴식시간** : 제외할 휴식시간이 계산된 범위

따라 하기

01 파일을 열고, 직원의 휴식시간을 제외한 근무시간을 계산합니다.

근 무 시 간

구분	사번	출근시간	퇴근시간	근무시간	점심시간 12:30 ~ 1:30	오전휴식 10:00 ~ 10:20	오후휴식 16:00 ~ 16:20	저녁시간 18:30 ~ 19:30
오전	00223	7:03 AM	3:40 PM					
	00372	8:28 AM	2:18 PM					
	00208	7:47 AM	1:02 PM					
	00180	7:23 AM	12:24 PM					
	00437	8:04 AM	3:17 PM					
	00478	8:09 AM	3:05 PM					
오후	00458	1:57 PM	6:57 PM					
	00009	1:36 PM	9:57 PM					
	00326	1:52 PM	10:24 PM					
	00243	2:58 PM	10:42 PM					
	00007	2:39 PM	9:30 PM					
	00123	1:38 PM	8:05 PM					

02 제외할 시간 중 점심시간을 계산합니다.

03 [G7] 셀에 다음 수식을 입력하고 [G7] 셀의 채우기 핸들을 [G18] 셀까지 드래그합니다.

[G7] 셀 : =IF(AND(D7〈=TIME(12,30,0), E7〉=TIME(13,30,0)), TIME(1,0,0), 0)

G7 =IF(AND(D7<=TIME(12,30,0), E7>=TIME(13,30,0)), TIME(1,0,0), 0)

근 무 시 간

구분	사번	출근시간	퇴근시간	근무시간	점심시간 12:30 ~ 1:30	오전휴식 10:00 ~ 10:20	오후휴식 16:00 ~ 16:20	저녁시간 18:30 ~ 19:30
오전	00223	7:03 AM	3:40 PM		1:00			
	00372	8:28 AM	2:18 PM		1:00			
	00208	7:47 AM	1:02 PM		0:00			
	00180	7:23 AM	12:24 PM		0:00			
	00437	8:04 AM	3:17 PM		1:00			
	00478	8:09 AM	3:05 PM		1:00			
오후	00458	1:57 PM	6:57 PM		0:00			
	00009	1:36 PM	9:57 PM		0:00			
	00326	1:52 PM	10:24 PM		0:00			
	00243	2:58 PM	10:42 PM		0:00			
	00007	2:39 PM	9:30 PM		0:00			
	00123	1:38 PM	8:05 PM		0:00			

더 알아보기 수식 이해하기

점심시간은 [G6] 셀에서 확인할 수 있는 것처럼 오후 12시 30분~오후 1시 30분입니다. 그러므로 출근시간과 퇴근시간 사이에 점심시간이 속해 있는지 확인해 점심시간인 1시간을 반환하도록 수식을 구성합니다.

점심시간이 포함되었는지는 AND 함수를 사용해 확인합니다. 출근시간이 점심시간 시작 전인지, 그리고 퇴근시간이 점심시간 종료 후인지를 판단합니다.

❶ AND(D7〈=TIME(12,30,0), E7〉=TIME(13,30,0))

위 조건식이 TRUE면 근무시간 내 점심시간이 포함된 것입니다. 따라서 근무시간에서 뺄 1시간을 반환합니다. FALSE면 0이 반환되도록 구성합니다.

❷ =IF(❶, TIME(1,0,0), 0)

TIME 함수를 사용하는 모든 부분은 시간/24로 나눠 표시할 수 있습니다. 12시 30분은 **=12.5/24**로, 1시간은 **=1/24**로 바꿔 사용합니다.

04 오전 휴식시간이 포함되었는지 확인하고 시간을 반환합니다.

05 [H7] 셀에 다음 수식을 입력하고 [H7] 셀의 채우기 핸들을 [H18] 셀까지 드래그합니다.

[H7] 셀 : =IF(AND(D7〈=TIME(10,0,0), E7〉=TIME(10,20,0)), TIME(0,20,0), 0)

H7 =IF(AND(D7<=TIME(10,0,0), E7>=TIME(10,20,0)), TIME(0,20,0), 0)

근 무 시 간

구분	사번	출근시간	퇴근시간	근무시간	점심시간 12:30 ~ 1:30	오전휴식 10:00 ~ 10:20	오후휴식 16:00 ~ 16:20	저녁시간 18:30 ~ 19:30
오전	00223	7:03 AM	3:40 PM		1:00	0:20		
	00372	8:28 AM	2:18 PM		1:00	0:20		
	00208	7:47 AM	1:02 PM		0:00	0:20		
	00180	7:23 AM	12:24 PM		0:00	0:20		
	00437	8:04 AM	3:17 PM		1:00	0:20		
	00478	8:09 AM	3:05 PM		1:00	0:20		
오후	00458	1:57 PM	6:57 PM		0:00	0:00		
	00009	1:36 PM	9:57 PM		0:00	0:00		
	00326	1:52 PM	10:24 PM		0:00	0:00		
	00243	2:58 PM	10:42 PM		0:00	0:00		
	00007	2:39 PM	9:30 PM		0:00	0:00		
	00123	1:38 PM	8:05 PM		0:00	0:00		

TIP 오전 휴식시간은 오전 10시~10시 20분으로, 20분입니다. 점심시간과 동일하게 계산합니다.

06 오후 휴식시간과 저녁시간 역시 같은 방법으로 계산합니다.

07 [I7] 셀과 [J7] 셀에 다음 수식을 입력하고 [I7:J7] 범위의 채우기 핸들을 [J18] 셀까지 드래그합니다.

[I7] 셀 : =IF(AND(D7〈=TIME(16,0,0), E7〉=TIME(16,20,0)), TIME(0,20,0), 0)

[J7] 셀 : =IF(AND(D7〈=TIME(18,30,0), E7〉=TIME(19,30,0)), TIME(1,0,0), 0)

I7 | =IF(AND(D7<=TIME(16,0,0), E7>=TIME(16,20,0)), TIME(0,20,0), 0)

근 무 시 간

구분	사번	출근시간	퇴근시간	근무시간	점심시간 12:30 ~ 1:30	오전휴식 10:00 ~ 10:20	오후휴식 16:00 ~ 16:20	저녁시간 18:30 ~ 19:30
오전	00223	7:03 AM	3:40 PM		1:00	0:20	0:00	0:00
	00372	8:28 AM	2:18 PM		1:00	0:20	0:00	0:00
	00208	7:47 AM	1:02 PM		0:00	0:20	0:00	0:00
	00180	7:23 AM	12:24 PM		0:00	0:20	0:00	0:00
	00437	8:04 AM	3:17 PM		1:00	0:20	0:00	0:00
	00478	8:09 AM	3:05 PM		1:00	0:20	0:00	0:00
오후	00458	1:57 PM	6:57 PM		0:00	0:00	0:20	0:00
	00009	1:36 PM	9:57 PM		0:00	0:00	0:20	1:00
	00326	1:52 PM	10:24 PM		0:00	0:00	0:20	1:00
	00243	2:58 PM	10:42 PM		0:00	0:00	0:20	1:00
	00007	2:39 PM	9:30 PM		0:00	0:00	0:20	1:00
	00123	1:38 PM	8:05 PM		0:00	0:00	0:20	1:00

TIP 수식은 이전과 동일하므로 제외할 시간이 제대로 계산됐는지 확인합니다.

08 이제 제외할 시간을 뺀 근무시간을 계산합니다.

09 [F7] 셀에 다음 수식을 입력하고 [F7] 셀의 채우기 핸들을 [F18] 셀까지 드래그합니다.

[F7] 셀 : =E7–D7–SUM(G7:J7)

F7 | =E7-D7-SUM(G7:J7)

근 무 시 간

구분	사번	출근시간	퇴근시간	근무시간	점심시간 12:30 ~ 1:30	오전휴식 10:00 ~ 10:20	오후휴식 16:00 ~ 16:20	저녁시간 18:30 ~ 19:30
오전	00223	7:03 AM	3:40 PM	7:17	1:00	0:20	0:00	0:00
	00372	8:28 AM	2:18 PM	4:30	1:00	0:20	0:00	0:00
	00208	7:47 AM	1:02 PM	4:55	0:00	0:20	0:00	0:00
	00180	7:23 AM	12:24 PM	4:41	0:00	0:20	0:00	0:00
	00437	8:04 AM	3:17 PM	5:53	1:00	0:20	0:00	0:00
	00478	8:09 AM	3:05 PM	5:36	1:00	0:20	0:00	0:00
오후	00458	1:57 PM	6:57 PM	4:40	0:00	0:00	0:20	0:00
	00009	1:36 PM	9:57 PM	7:01	0:00	0:00	0:20	1:00
	00326	1:52 PM	10:24 PM	7:12	0:00	0:00	0:20	1:00
	00243	2:58 PM	10:42 PM	6:24	0:00	0:00	0:20	1:00
	00007	2:39 PM	9:30 PM	5:31	0:00	0:00	0:20	1:00
	00123	1:38 PM	8:05 PM	5:07	0:00	0:00	0:20	1:00

TIP 근무시간은 **=퇴근시간–출근시간–SUM(제외할 시간)** 수식으로 구할 수 있습니다.

07 23 초과근무시간 계산하기

예제 파일 PART 02 \ CHAPTER 07 \ 초과근무시간.xlsx

공식처럼 사용할 수 있는 수식

주 52시간 근무제를 지키기 위해 주 단위로 직원들의 근무시간을 점검할 필요가 있습니다. 초과근무수당이 존재하는 경우 연장근무와 야간근무를 구분해 시간을 계산해야 하므로 다음과 같은 수식을 사용합니다.

연장근무시간 계산

연장근무시간은 정규퇴근시간부터 오후 10시까지의 근무시간을 의미합니다. 다음과 같은 수식으로 계산할 수 있습니다.

=IF(퇴근시간>정규퇴근시간, MIN(퇴근시간, 연장근무 종료시간)–정규퇴근시간, 0)

- **퇴근시간** : 실제 퇴근한 시간
- **정규퇴근시간** : 회사 사규에 정의된 퇴근시간
- **연장근무 종료시간** : 출근일의 22시(오후 10시)

야간근무시간 계산

야간근무시간은 연장근무 종료시간인 오후 10시부터 다음날 오전 6시까지의 근무시간을 의미합니다. 다음과 같은 수식으로 계산할 수 있습니다.

=IF(퇴근시간>연장근무 종료시간,
MIN(퇴근시간, 야간근무 종료시간)–연장근무 종료시간, 0)

- **퇴근시간** : 실제 퇴근한 시간
- **연장근무 종료시간** : 출근일의 22시(오후 10시)
- **야간근무 종료시간** : 출근일의 다음날 6시(오전 6시)

따라 하기

01 예제를 열고, [C:D] 열의 출퇴근시간에서 총 근무시간을 계산합니다.

출근일	출근시간 9:00 AM	퇴근시간 6:00 PM	총 근무시간	연장근무 18:00 ~ 22:00	야간근무 22:00 ~ 6:00	주간 근무시간 (주 52시간)
2020-06-29	8:15 AM	6:15 PM				
2020-06-30	8:22 AM	7:01 PM				
2020-07-01	8:28 AM	6:42 PM				
2020-07-02	8:53 AM	11:37 PM				
2020-07-03	8:37 AM	7:18 PM				

초 과 근 무 시 간

* 근무시간은 30분 단위로 인정

02 근무시간을 먼저 계산합니다.

03 [E7] 셀에 다음 수식을 입력하고 [E7] 셀의 채우기 핸들을 [E11] 셀까지 드래그합니다.

[E7] 셀 : =D7-C7-TIME(1,0,0)

E7 =D7-C7-TIME(1, 0, 0)

출근일	출근시간 9:00 AM	퇴근시간 6:00 PM	총 근무시간	연장근무 18:00 ~ 22:00	야간근무 22:00 ~ 6:00	주간 근무시간 (주 52시간)
2020-06-29	8:15 AM	6:15 PM	9:00			
2020-06-30	8:22 AM	7:01 PM	9:39			
2020-07-01	8:28 AM	6:42 PM	9:14			
2020-07-02	8:53 AM	11:37 PM	13:44			
2020-07-03	8:37 AM	7:18 PM	9:41			

초 과 근 무 시 간

* 근무시간은 30분 단위로 인정

더 알아보기 **근무시간 계산하기**

이번 수식은 **=퇴근시간-출근시간-1시간**입니다. 즉, 퇴근시간에서 출근시간을 빼고 1시간(점심시간)을 뺀 수식입니다. 출퇴근시간 사이에 점심시간이 포함되었는지를 확인하고 수식을 작성해야 한다는 점에 주의합니다.

TIP 이 작업은 앞에 **Section 07-22**에서 자세하게 설명했으므로, 해당 내용을 참고합니다.

04 총 근무시간을 30분 단위로 시간이 계산되도록 조정합니다.

05 [E7] 셀의 수식을 다음과 같이 수정하고, [E7] 셀의 채우기 핸들을 [E11] 셀까지 드래그합니다.

[E7] 셀 : =FLOOR(D7−C7−TIME(1,0,0), TIME(0,30,0))

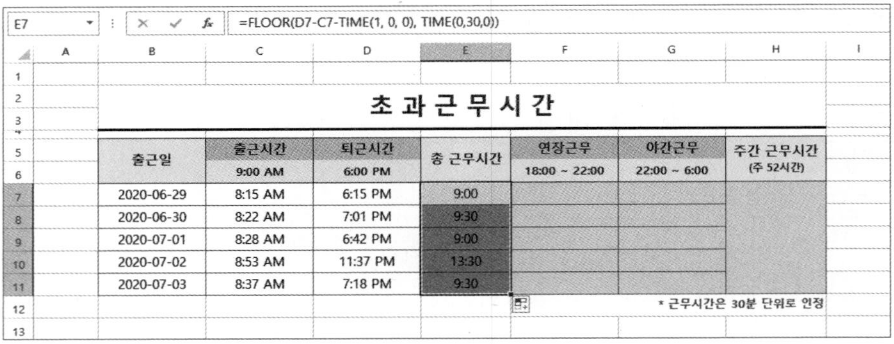
E7 =FLOOR(D7-C7-TIME(1, 0, 0), TIME(0,30,0))

출근일	출근시간 9:00 AM	퇴근시간 6:00 PM	총 근무시간	연장근무 18:00 ~ 22:00	야간근무 22:00 ~ 6:00	주간 근무시간 (주 52시간)
2020-06-29	8:15 AM	6:15 PM	9:00			
2020-06-30	8:22 AM	7:01 PM	9:30			
2020-07-01	8:28 AM	6:42 PM	9:00			
2020-07-02	8:53 AM	11:37 PM	13:30			
2020-07-03	8:37 AM	7:18 PM	9:30			

* 근무시간은 30분 단위로 인정

더 알아보기 특정 간격으로 시간 조정하기

FLOOR 함수는 지정한 숫자의 배수로 내림하는 함수입니다. 특정 간격의 시간만 인정하고자 할 때 사용하면 유용합니다. 이번 수식에서 FLOOR 함수의 두 번째 인수가 **TIME(0,30,0)**이므로 시간을 30분 간격으로 내림 처리합니다. E열에 반환된 결과를 **03** 과정 화면과 비교하면 정확하게 30분 간격으로만 근무시간이 조정된 것을 확인할 수 있습니다.

06 주의 총 근무시간을 계산합니다.

07 [H7] 병합 셀에 다음 수식을 입력합니다.

[H7] 병합 셀 : =TEXT(SUM(E7:E11), "[h]:mm")

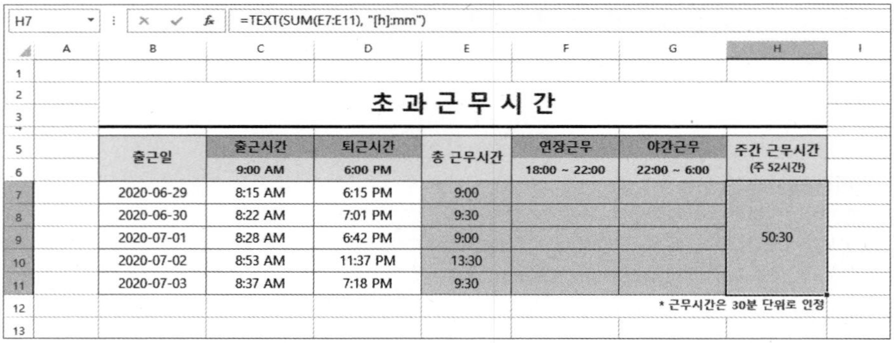
H7 =TEXT(SUM(E7:E11), "[h]:mm")

출근일	출근시간 9:00 AM	퇴근시간 6:00 PM	총 근무시간	연장근무 18:00 ~ 22:00	야간근무 22:00 ~ 6:00	주간 근무시간 (주 52시간)
2020-06-29	8:15 AM	6:15 PM	9:00			50:30
2020-06-30	8:22 AM	7:01 PM	9:30			
2020-07-01	8:28 AM	6:42 PM	9:00			
2020-07-02	8:53 AM	11:37 PM	13:30			
2020-07-03	8:37 AM	7:18 PM	9:30			

* 근무시간은 30분 단위로 인정

LINK 시간이 24시간으로 표시되도록 하는 방법은 Section 07-21 내용을 참고합니다.

08 연장근무시간을 계산합니다.

09 [F7] 셀에 다음 수식을 입력하고 [F7] 셀의 채우기 핸들을 [F11] 셀까지 드래그합니다.

[F7] 셀 : =FLOOR(IF(D7>$D$6, MIN(D7, TIME(22,0,0))–$D$6, 0), TIME(0,30,0))

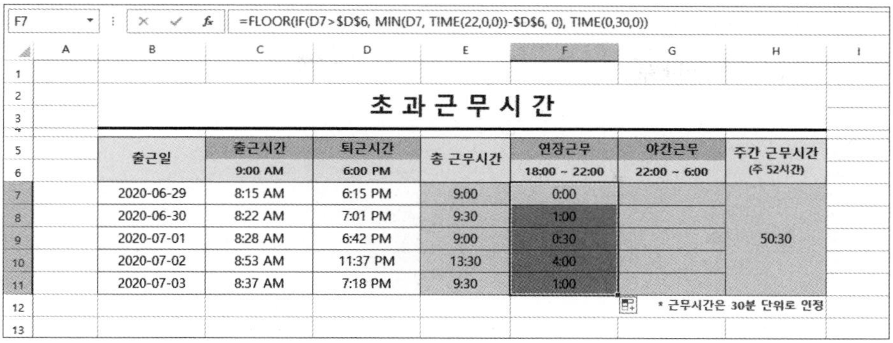

출근일	출근시간 9:00 AM	퇴근시간 6:00 PM	총 근무시간	연장근무 18:00 ~ 22:00	야간근무 22:00 ~ 6:00	주간 근무시간 (주 52시간)
2020-06-29	8:15 AM	6:15 PM	9:00	0:00		
2020-06-30	8:22 AM	7:01 PM	9:30	1:00		
2020-07-01	8:28 AM	6:42 PM	9:00	0:30		50:30
2020-07-02	8:53 AM	11:37 PM	13:30	4:00		
2020-07-03	8:37 AM	7:18 PM	9:30	1:00		

더 알아보기 수식 이해하기

먼저 초과근무시간을 이해할 때 다음 내용을 머릿속에 정리하고, 수식을 확인하면 도움이 됩니다.

정규근무시간	연장근무시간	야간근무시간
오전 9시~오후 6시	오후 6시~오후 10시	오후 10시~오전 6시(다음날)

연장근무시간을 계산하려면 정규퇴근시간(오후 6시) 이후부터 오후 10시 사이의 근무시간을 계산합니다. 제일 먼저 정규퇴근시간 이후의 근무시간이 있는지 확인해야 하므로 다음과 같은 구조로 수식을 구성합니다.

```
IF(D7>정규퇴근시간, ❶, 0)
```

위 수식에서 [D7] 셀은 직원의 퇴근시간이 입력된 셀이고, 정규퇴근시간은 [D6] 셀에 입력되어 있습니다. 그러므로 [C7] 셀의 퇴근시간이 정규퇴근시간보다 크다면 퇴근시간이 오후 6시를 넘었다는 것을 의미합니다. 이 경우 연장근무시간을 계산해야 하고, 그렇지 않다면 연장근무시간은 없는 것이므로 0이 반환되도록 합니다.

위 수식에서 연장근무시간을 계산하는 ❶ 부분 수식은 다음과 같습니다.

```
MIN(D7, 연장근무 종료시간)–정규퇴근시간
```

연장근무시간은 오후 10시까지이므로, 퇴근시간(D7)과 연장근무 종료 시간(오후 10시) 중에서 더 이른(MIN) 시간을 구해 정규퇴근시간(오후 6시)을 빼면 연장근무시간을 계산할 수 있습니다.

마지막으로 FLOOR 함수를 사용해 30분 간격으로 시간을 조정한 것이 이번 수식입니다.

10 야간근무시간도 연장근무시간과 동일한 방법으로 계산합니다.

11 [G7] 셀에 다음 수식을 입력하고 [G7] 셀의 채우기 핸들을 [G11] 셀까지 드래그합니다.

[G7] 셀 : =FLOOR(IF(D7>TIME(22,0,0), MIN(D7,1+TIME(6,0,0))–TIME(22,0,0), 0), TIME(0,30, 0))

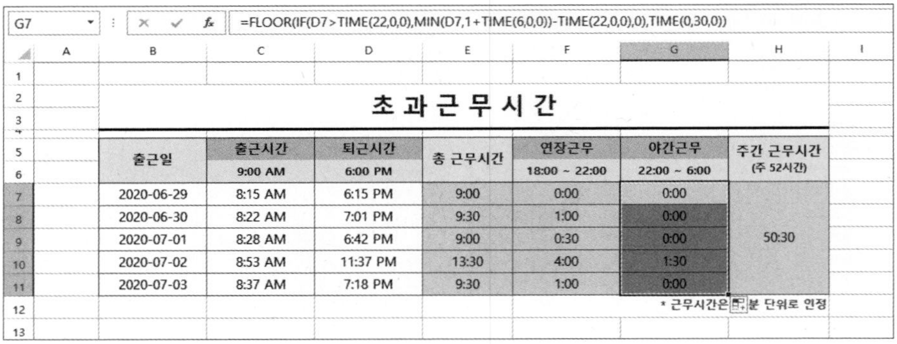

G7 =FLOOR(IF(D7>TIME(22,0,0),MIN(D7,1+TIME(6,0,0))-TIME(22,0,0),0),TIME(0,30,0))

초 과 근 무 시 간

출근일	출근시간 9:00 AM	퇴근시간 6:00 PM	총 근무시간	연장근무 18:00 ~ 22:00	야간근무 22:00 ~ 6:00	주간 근무시간 (주 52시간)
2020-06-29	8:15 AM	6:15 PM	9:00	0:00	0:00	50:30
2020-06-30	8:22 AM	7:01 PM	9:30	1:00	0:00	
2020-07-01	8:28 AM	6:42 PM	9:00	0:30	0:00	
2020-07-02	8:53 AM	11:37 PM	13:30	4:00	1:30	
2020-07-03	8:37 AM	7:18 PM	9:30	1:00	0:00	

* 근무시간은 분 단위로 인정

더 알아보기 **수식 이해하기**

기본적으로 이번 수식은 **09** 과정 수식과 유사합니다. 먼저 퇴근시간이 연장근무 종료시간(오후 10시)보다 더 뒤인지 판단한 후 야간근무시간을 구하거나 0이 반환되도록 합니다.

IF(D7>연장근무 종료시간, ❶, 0)

❶에 해당하는 야간근무시간을 구하는 방법 역시 퇴근시간과 야간근무 종료시간(다음날 오전 6시) 중에서 이른(MIN) 시간에서 연장근무 종료시간(출근일의 오후 10시)을 뺍니다.

MIN(C8, 야간근무 종료시간)–연장근무 종료시간

이때 야간근무 종료시간은 다음날 오전 6시가 되어야 합니다. 따라서 오전 6시(**TIME(6,0,0)**)에 하루(1)를 더해 계산한 것입니다.

마지막으로 FLOOR 함수를 사용해 시간을 30분 간격으로 조정한 것이 이번 수식의 결과입니다.

CHAPTER 08

참조 함수

다른 표에 입력된 데이터 중 조건에 맞는 값을 내 표로 가져와 사용하려면 VLOOKUP, INDEX, MATCH와 같은 함수를 사용할 수 있습니다. 또한 마이크로소프트 365 버전부터는 XLOOKUP 함수나 XMATCH 함수 등을 추가로 제공해 더 많은 상황에서 원하는 값을 손쉽게 참조할 수 있도록 지원합니다. 다른 표의 값을 가져오는 작업을 할 경우에는 몇 가지 주의할 점이 있습니다.

- 첫째, 병합은 되도록이면 사용하지 않습니다.
  병합을 사용한 표에서 값을 찾고 참조해오는 것은 쉽지 않습니다. 따라서 가급적 병합은 이용하지 않는 것이 좋습니다.
- 둘째, VLOOKUP 함수를 사용하기 쉽게 표를 구성합니다.
  VLOOKUP 함수는 가장 대중적이며, 쉽게 사용할 수 있는 참조 함수입니다. 그런데 이 함수는 표의 구성이 정해진 형태가 아니면 사용할 수 없습니다. 초보자라면 되도록 VLOOKUP 함수를 사용하기 쉽게 표를 구성하는 것이 좋습니다.

참조 함수의 이해와 활용

08 01 VLOOKUP 함수로 다른 표의 값을 참조하기

예제 파일 PART 02 \ CHAPTER 08 \ VLOOKUP 함수.xlsx

VLOOKUP 함수

VLOOKUP 함수는 가장 대표적인 참조 함수입니다. VLOOKUP 함수는 값을 왼쪽 열에서 찾아 오른쪽 열의 값을 참조해옵니다. 구문은 다음과 같습니다.

VLOOKUP (❶ 찾을 값, ❷ 표, ❸ 열 번호, ❹ 찾는 방법)

표의 왼쪽 첫 번째 열에서 값을 찾아 오른쪽 열에서 같은 행에 위치한 값을 참조합니다.

<table>
<tr><td rowspan="1">인수</td><td>

❶ **찾을 값** : 찾으려는 값
❷ **표** : 찾는 값을 갖고 있는 열부터 참조할 값이 포함된 열까지의 데이터 범위
❸ **열 번호** : [표] 범위에서 참조할 값이 위치한 열의 인덱스 번호
❹ **찾는 방법** : 값을 찾는 방법을 지정한 옵션으로 다음과 같습니다.

<table>
<tr><th>찾는 방법</th><th>설명</th></tr>
<tr><td>TRUE
또는 생략</td><td>표의 첫 번째 열이 오름차순으로 정렬되어 있다고 가정하고 값을 찾습니다. [찾을 값]보다 큰 값을 만날 때까지 동일한 값을 찾지 못하면 작은 값 중에서 가장 큰 값의 위치를 찾습니다.</td></tr>
<tr><td>FALSE</td><td>[찾을 값]과 정확하게 일치하는 첫 번째 위치를 찾습니다.</td></tr>
</table>

</td></tr>
</table>

사용 예

```
=VLOOKUP("엑셀", A1:C10, 3, FALSE)
```

TIP '엑셀'을 [A1:A10] 범위에서 찾아 세 번째 열(C1:C10) 범위에서 같은 행에 위치한 값을 참조합니다.

따라 하기

01 예제를 열고, VLOOKUP 함수를 사용해 다양한 상황에서 원하는 값을 참조합니다.

직원명부

사번	이름	직위	입사일	핸드폰		찾을 값	참조
1	박지훈	부장	2008-05-14	010-7212-1234			
2	유준혁	차장	2012-10-17	010-5321-4225			
3	이서연	과장	2017-05-01	010-4102-8345			
4	김민준	대리	2021-04-01	010-6844-2313			
5	최서현	주임	2020-05-03	010-3594-5034			
6	박현우	주임	2019-10-17	010-9155-2242			
7	정시우	사원	2021-01-02	010-7237-1123			
8	이은서	사원	2021-03-05	010-4115-1352			
9	오서윤	사원	2020-11-15	010-7253-9721			

02 사번을 알고 있을 때 직원 이름을 참조해옵니다.

03 [H6] 셀에 **5**를 입력하고 [I6] 셀에 다음 수식을 입력합니다.

[I6] 셀 : =VLOOKUP(H6, B6:C14, 2, FALSE)

I6 =VLOOKUP(H6, B6:C14, 2, FALSE)

직원명부

사번	이름	직위	입사일	핸드폰		찾을 값	참조
1	박지훈	부장	2008-05-14	010-7212-1234		5	최서현
2	유준혁	차장	2012-10-17	010-5321-4225			
3	이서연	과장	2017-05-01	010-4102-8345			
4	김민준	대리	2021-04-01	010-6844-2313			
5	최서현	주임	2020-05-03	010-3594-5034			
6	박현우	주임	2019-10-17	010-9155-2242			
7	정시우	사원	2021-01-02	010-7237-1123			
8	이은서	사원	2021-03-05	010-4115-1352			
9	오서윤	사원	2020-11-15	010-7253-9721			

더 알아보기 VLOOKUP 함수 이해하기

이번 수식은 사번으로 이름을 참조하는 수식입니다. [H6] 셀에 사번을 따로 입력하지 않는다면 이번 수식은 다음과 같습니다.

```
=VLOOKUP(5, B6:C14, 2, FALSE)
```

즉, [H6] 셀의 사번을 B열에서 찾아 C열의 이름을 참조해오면 됩니다. 참조해올 값이 찾을 값의 오른쪽에 존재하므로 VLOOKUP 함수를 사용할 수 있습니다. VLOOKUP 함수는 반드시 참조해올 값이 찾을 값의 오른쪽에 위치해야 합니다. 그렇지 않다면 INDEX, MATCH 함수 또는 XLOOKUP 함수(마이크로소프트 365 버전 함수)를 사용해야 합니다.

이번 수식의 VLOOKUP 함수는 [H6] 셀의 사번(5)과 동일한 값을 [B6:B14] 범위(표 범위 내 첫 번째 열)에서 찾아 두 번째 열의 값을 반환하는 수식입니다. [I6] 셀을 보면 결과가 제대로 반환됩니다.

04 이번에는 이름을 알고 있을 때 입사일을 참조해옵니다.

05 [H6] 셀의 값을 **최서현**으로 수정하고 [I6] 셀에 다음 수식을 입력합니다.

[I6] 셀 : =VLOOKUP(H6, C6:E14, 3, FALSE)

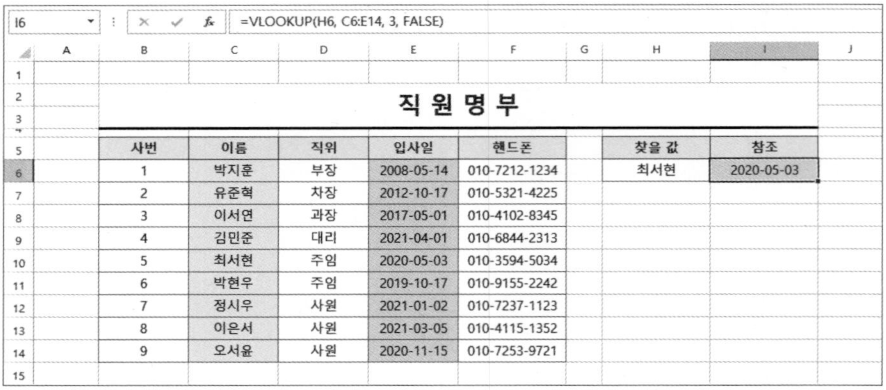

더 알아보기 수식 이해하기

이번 수식 역시 이름(왼쪽 열)을 찾아 입사일(오른쪽 열)을 참조하는 수식이므로 VLOOKUP 함수를 사용할 수 있으며, 결과 역시 정확합니다.

06 직위가 주임인 직원의 전화번호를 참조합니다.

TIP 주임인 직원은 [10:11] 행에 두 명이 존재합니다.

07 [H6] 셀의 값을 **주임**으로 수정하고 [I6] 셀에 다음 수식을 입력합니다.

[I6] 셀 : =VLOOKUP(H6, D6:F14, 3, FALSE)

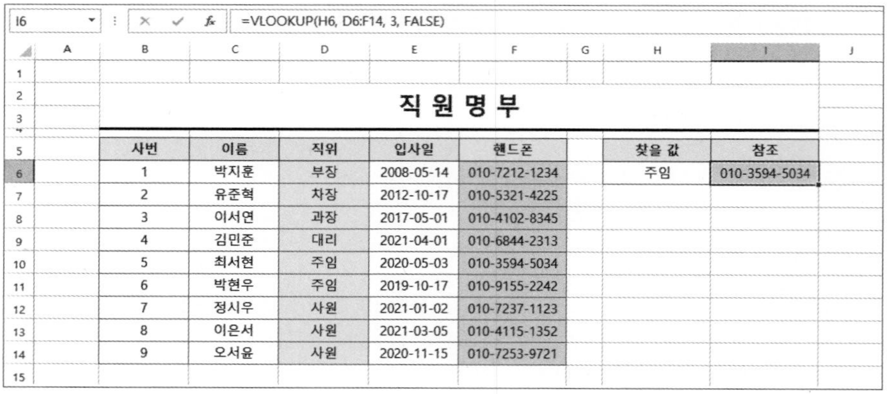

더 알아보기 수식 이해하기

이번 수식도 직위(왼쪽 열)를 찾아 핸드폰 번호(오른쪽 열)를 참조하는 수식이므로 VLOOKUP 함수는 아무런 문제없이 동작합니다.

다만, VLOOKUP 함수는 찾을 값이 여러 개 있어도(중복이 존재해도) 항상 첫 번째 위치의 셀만 찾을 수 있습니다. 그러므로 [I6] 셀의 결과는 첫 번째 주임인 10행의 '최서현' 주임의 핸드폰 번호가 반환됩니다.

모든 주임의 전화번호를 돌려받으려면 마이크로소프트 365 버전에서 새로 추가된 FILTER 함수를 사용해야 합니다.

LINK FILTER 함수에 대한 자세한 설명은 이 책의 784페이지를 참고합니다.

08 핸드폰 번호로 직원의 이름을 참조해봅니다.

09 [H6] 셀의 값을 **010-3594-5034**로 변경하고 [I6] 셀에 다음 수식을 입력합니다.

[I6] 셀 : =VLOOKUP(H6, C6:F14, 1, FALSE)

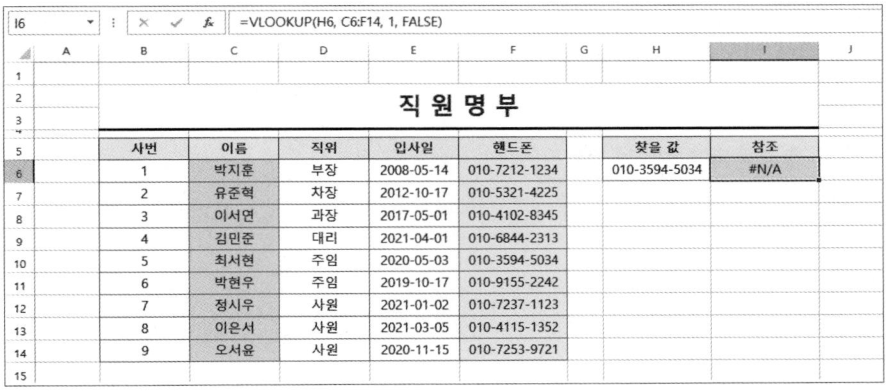

I6 =VLOOKUP(H6, C6:F14, 1, FALSE)

사번	이름	직위	입사일	핸드폰		찾을 값	참조
1	박지훈	부장	2008-05-14	010-7212-1234		010-3594-5034	#N/A
2	유준혁	차장	2012-10-17	010-5321-4225			
3	이서연	과장	2017-05-01	010-4102-8345			
4	김민준	대리	2021-04-01	010-6844-2313			
5	최서현	주임	2020-05-03	010-3594-5034			
6	박현우	주임	2019-10-17	010-9155-2242			
7	정시우	사원	2021-01-02	010-7237-1123			
8	이은서	사원	2021-03-05	010-4115-1352			
9	오서윤	사원	2020-11-15	010-7253-9721			

더 알아보기 VLOOKUP 함수의 사용 조건

이번 수식은 핸드폰 번호(오른쪽 열)로, 이름(왼쪽 열)을 참조하는 수식입니다. VLOOKUP 함수를 사용할 수 없어 #N/A 에러가 반환됐습니다.

LINK #N/A 에러에 대한 자세한 설명은 이 책의 176페이지를 참고합니다.

VLOOKUP 함수는 무조건 표의 첫 번째 열(C6:C14)에서 값(H6)을 찾으며, 이 설정은 변경할 수 없습니다. 그러므로 핸드폰 번호로 이름을 참조하는 작업은 VLOOKUP 함수로 처리할 수 없습니다.

이런 방식으로 참조하려면 INDEX, MATCH 함수 조합을 사용합니다.

```
=INDEX(C6:C14, MATCH(H6, F6:F14, 0))
```

LINK INDEX, MATCH 함수에 대한 설명은 이 책의 645페이지를 참조합니다.

또는 마이크로소프트 365 버전에 새로 추가된 XLOOKUP 함수를 사용해도 됩니다.

```
=XLOOKUP(H6, F6:F14, C6:C14)
```

LINK XLOOKUP 함수에 대한 설명은 이 책의 659페이지를 참조합니다.

참조 함수의 이해와 활용

08 02 오름차순으로 정렬된 구간에서 값 찾기

예제 파일 PART 02 \ CHAPTER 08 \ VLOOKUP 함수-구간.xlsx

LOOKUP 함수

LOOKUP 함수는 열이나 행에서 모두 값을 찾을 수 있고, 찾을 범위와 참조할 범위를 구분해 지정할 수 있습니다. 따라서 함수에 대해 이해만 할 수 있다면 VLOOKUP 함수보다 편리하게 사용할 수 있습니다. LOOKUP 함수의 구문은 다음과 같습니다.

LOOKUP (❶ 찾을 값, ❷ 찾을 범위, ❸ 참조 범위)

찾을 범위에서 값을 찾아 참조 범위에서 같은 위치에 있는 값을 참조해옵니다.

인수	❶ **찾을 값** : 찾으려는 값 ❷ **찾을 범위** : 값을 찾으려고 하는 단일 열(또는 행) 데이터 범위로, 찾을 범위는 반드시 오름차순으로 정렬되어 있어야 합니다. 찾을 값보다 큰 값을 만날 때까지 값을 찾지 못하면 작은 값 중에서 가장 큰 값의 위치를 찾습니다. ❸ **참조 범위** : 참조할 값을 갖고 있는 단일 열(또는 행) 데이터 범위
특이사항	LOOKUP 함수는 구문이 두 가지입니다. 위에서 설명한 것처럼 세 개의 인수를 사용할 수도 있고 VLOOKUP 함수처럼 [찾을 범위]와 [참조 범위]가 결합된 [표] 범위를 사용할 수도 있습니다. =LOOKUP(찾을 값, 표) 이 경우 [표] 인수는 찾을 값과 반환할 값을 모두 아우르는 데이터 범위여야 합니다. 또한 [찾을 값]은 표의 왼쪽 첫 번째 열에, 참조할 값은 표의 마지막 열에 위치해야 합니다. 참고로 이 구문은 다른 스프레드시트 프로그램과의 호환성을 위해 제공되며, 이런 형태로 사용할 때는 VLOOKUP 함수를 사용하는 것이 더 좋습니다.

사용 예

```
=LOOKUP("엑셀", A1:A10, C1:C10)
```

TIP '엑셀'을 [A1:A10] 범위에서 찾아 [C1:C10] 범위 내 같은 행에 위치한 값을 반환합니다.

공식처럼 사용할 수 있는 수식

오름차순으로 정렬된 구간별 표에서 값 참조

VLOOKUP 함수를 사용해 최솟값~최댓값 사이 구간에 속한 값을 찾으려면 구간이 오름차순으로 정렬되어 있어야 합니다. 또한 구간의 최솟값은 숫자로 입력되어 있어야 합니다.

=VLOOKUP(찾을 값, 표, 열 번호, TRUE)

- **TRUE** : VLOOKUP 함수의 마지막 인수가 TRUE거나 생략되어야 합니다.

또는 다음과 같은 수식을 사용할 수 있습니다.

=LOOKUP(찾을 값, 찾을 범위, 참조 범위)

- **찾을 범위** : VLOOKUP 함수의 [표] 인수의 첫 번째 열 데이터 범위
- **참조 범위** : VLOOKUP 함수의 [표] 인수에서 [열 번호] 위치의 데이터 범위

따라 하기

01 예제를 열고, 오른쪽 표에서 근속년수에 맞는 보너스 지급 비율을 참조해 보너스를 계산합니다.

보너스 계산

이름	직위	근속년수	급여	보너스
박지훈	부장	14	5,550,000	
유준혁	차장	10	4,200,000	
이서연	과장	5	2,700,000	
김민준	대리	1	3,500,000	
최서현	주임	2	2,850,000	
박현우	주임	3	3,450,000	
정시우	사원	1	2,950,000	
이은서	사원	1	2,700,000	
오서윤	사원	2	2,680,000	

보너스 지급 비율표

근속년수	구간		보너스비율
	최소	최대	
3년 미만			100%
3년 ~ 9년			150%
10년 이상			200%

02 H열에 입력된 구간 설명은 엑셀이 인식하지 못하므로, **최소/최댓값**을 숫자로 입력합니다.

03 [I7:J9] 범위에 각 구간의 최소/최댓값인 **0, 2, 3, 9, 10, 100**을 입력합니다.

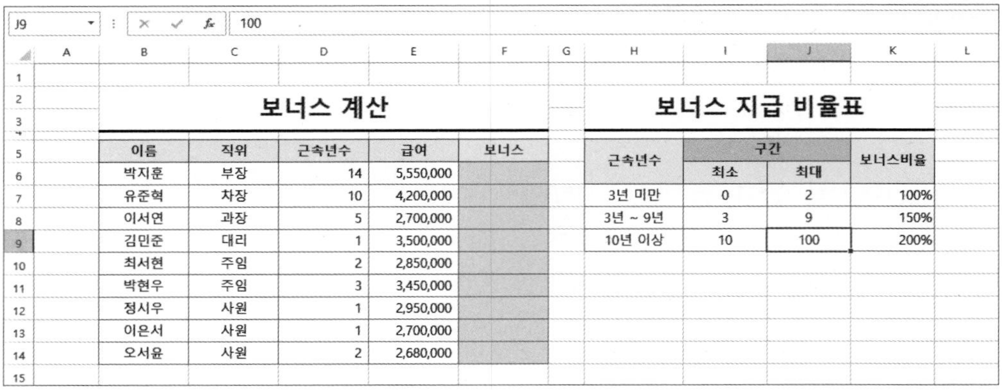

J9
100
보너스 계산
이름 | 직위 | 근속년수 | 급여 | 보너스
박지훈 | 부장 | 14 | 5,550,000
유준혁 | 차장 | 10 | 4,200,000
이서연 | 과장 | 5 | 2,700,000
김민준 | 대리 | 1 | 3,500,000
최서현 | 주임 | 2 | 2,850,000
박현우 | 주임 | 3 | 3,450,000
정시우 | 사원 | 1 | 2,950,000
이은서 | 사원 | 1 | 2,700,000
오서윤 | 사원 | 2 | 2,680,000
보너스 지급 비율표
근속년수 | 구간 | 보너스비율
최소 | 최대
3년 미만 | 0 | 2 | 100%
3년 ~ 9년 | 3 | 9 | 150%
10년 이상 | 10 | 100 | 200%

더 알아보기 참조 함수의 사용 조건

이번과 같이 구간에 속한 값을 LOOKUP 함수로 참조하려면 표가 먼저 오름차순으로 정리되어 있어야 합니다. [H7:H9] 범위를 보면 작은 값(3년 미만)이 먼저 입력되고 큰 값(10년 이상)이 마지막에 입력되어 있으므로 오름차순입니다.

이러면 VLOOKUP 함수나 LOOKUP 함수를 사용할 수 있습니다. 만약 내림차순이면 INDEX, MATCH 함수 또는 마이크로소프트 365 버전부터 제공된 XLOOKUP 함수를 사용해야 합니다.

또한 구간을 설명하는 '3년 미만'과 같은 표현은 사람만 이해할 수 있고 엑셀과 같은 프로그램은 인식하지 못합니다. 따라서 구간의 값을 최솟값~최댓값으로 구분해 입력해야 하며, 둘 중 하나의 값만 입력할 때는 최솟값을 정확하게 입력해야 합니다.

최소/최댓값은 참조하려는 K열의 왼쪽에 입력되어야 VLOOKUP 함수가 사용 가능합니다. 물론 LOOKUP 함수는 열의 순서와는 무관합니다.

04 근속년수에 해당하는 보너스 지급 비율을 오른쪽 표에서 참조합니다.

05 [F6] 셀에 다음 수식을 입력하고 [F6] 셀의 채우기 핸들을 [F14] 셀까지 드래그합니다.

[F6] 셀 : =VLOOKUP(D6, $I$7:$K$9, 3, TRUE)

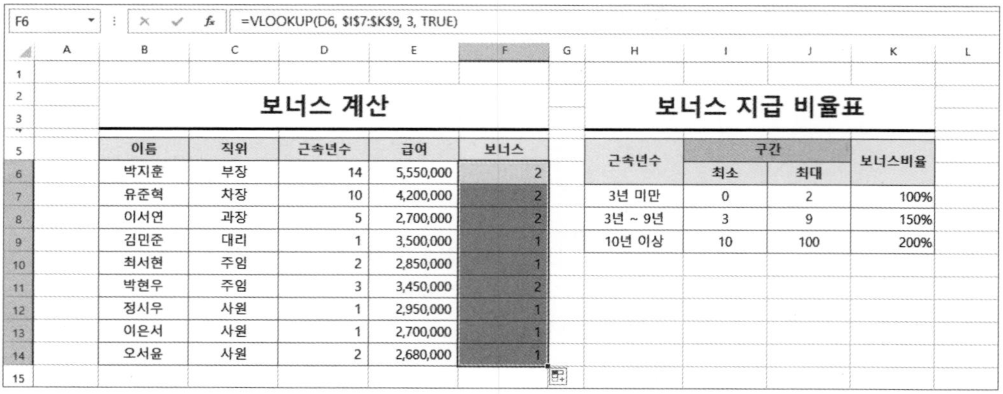

F6
=VLOOKUP(D6, $I$7:$K$9, 3, TRUE)
보너스 계산
이름 | 직위 | 근속년수 | 급여 | 보너스
박지훈 | 부장 | 14 | 5,550,000 | 2
유준혁 | 차장 | 10 | 4,200,000 | 2
이서연 | 과장 | 5 | 2,700,000 | 2
김민준 | 대리 | 1 | 3,500,000 | 1
최서현 | 주임 | 2 | 2,850,000 | 1
박현우 | 주임 | 3 | 3,450,000 | 2
정시우 | 사원 | 1 | 2,950,000 | 1
이은서 | 사원 | 1 | 2,700,000 | 1
오서윤 | 사원 | 2 | 2,680,000 | 1
보너스 지급 비율표
근속년수 | 구간 | 보너스비율
최소 | 최대
3년 미만 | 0 | 2 | 100%
3년 ~ 9년 | 3 | 9 | 150%
10년 이상 | 10 | 100 | 200%

더 알아보기 **수식 이해하기**

이번 수식은 근속년수(왼쪽 열)를 찾아 보너스비율(오른쪽 열)을 참조하는 수식입니다. 구간이 오름차순으로 정렬되어 있고 구간의 최솟값이 왼쪽 열에 입력되어 있으므로 VLOOKUP 함수를 사용할 수 있습니다.

VLOOKUP 함수는 먼저 찾을 값(D6)을 표(I7:K9)의 왼쪽 첫 번째 열(I7:I9)에서 찾습니다. 찾는 값보다 큰 값을 만날 때까지 동일한 값을 찾지 못하면 작은 값 중에서 가장 큰 값의 위치를 찾습니다. [F6] 셀의 경우 찾은 셀의 위치는 [I9] 셀이 됩니다. 그런 다음 표의 세 번째 열(K7:K9)에서 같은 행에 위치한 [K9] 셀의 값이 참조됩니다.

다만, K열은 백분율로 숫자를 표시하지만 F열은 표시 형식이 달라 정수로 숫자가 표시됩니다.

06 참조한 값이 정확한지 F열의 범위를 백분율로 설정합니다.

07 [F6:F14] 범위가 선택된 상태에서 리본 메뉴의 [홈] 탭-[표시 형식] 그룹-[백분율]을 클릭합니다.

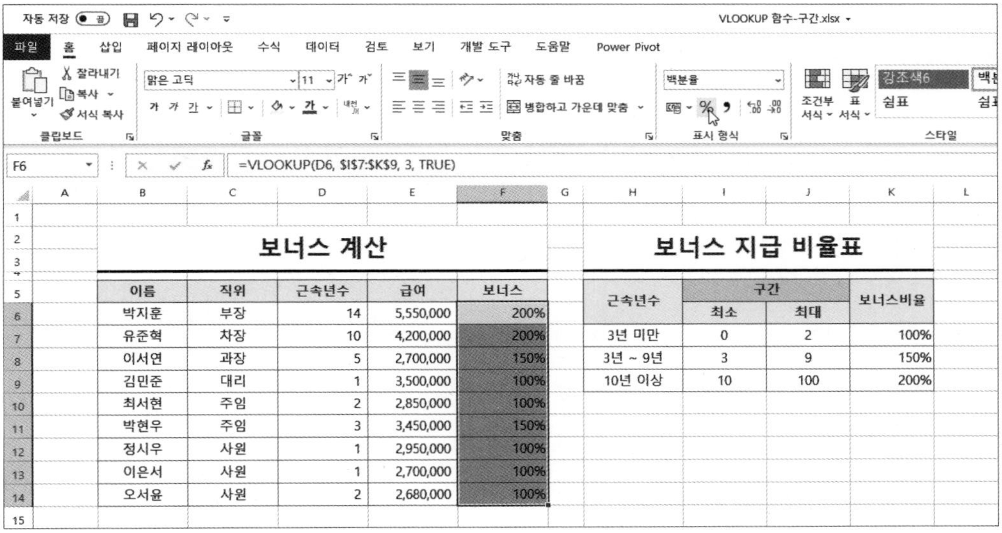

TIP VLOOKUP 함수와 같은 참조 함수는 셀에 적용된 서식까지 복사해오진 않습니다.

08 오름차순으로 정렬된 구간의 값을 찾을 경우에는 LOOKUP 함수가 더 편리합니다.

09 [F6] 셀의 수식을 다음과 같이 수정하고 [F6] 셀의 채우기 핸들⊞을 [F14] 셀까지 드래그합니다.

[F6] 셀 : =LOOKUP(D6, $I$7:$K$9)

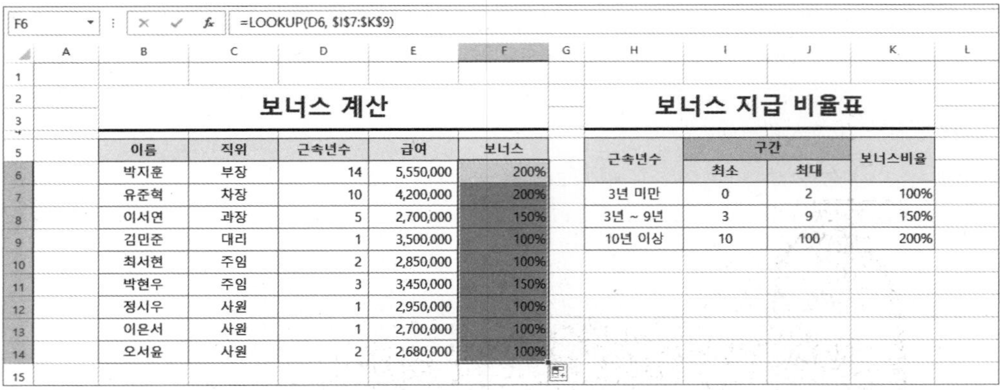

F6 | =LOOKUP(D6, $I$7:$K$9)

보너스 계산

이름	직위	근속년수	급여	보너스
박지훈	부장	14	5,550,000	200%
유준혁	차장	10	4,200,000	200%
이서연	과장	5	2,700,000	150%
김민준	대리	1	3,500,000	100%
최서현	주임	2	2,850,000	100%
박현우	주임	3	3,450,000	150%
정시우	사원	1	2,950,000	100%
이은서	사원	1	2,700,000	100%
오서윤	사원	2	2,680,000	100%

보너스 지급 비율표

근속년수	구간		보너스비율
	최소	최대	
3년 미만	0	2	100%
3년 ~ 9년	3	9	150%
10년 이상	10	100	200%

더 알아보기 수식 이해하기

LOOKUP 함수는 VLOOKUP 함수의 네 번째 인수가 TRUE로 설정된 것과 동일하게, 오름차순으로 정렬된 구간에서 값을 참조해올 수 있습니다. 이번 수식과 같이 VLOOKUP 함수를 사용할 수 있는 경우에는 LOOKUP 함수로 훨씬 간단하게 수식을 작성할 수 있습니다.

물론, LOOKUP 함수는 왼쪽 열에서 찾아 오른쪽 열의 값만 반환할 수 있는 것은 아니므로 열 순서와 무관하게 값을 참조하려면 LOOKUP 함수를 다음과 같이 사용하는 것이 좋습니다.

```
=LOOKUP(D6, $I$7:$I$9, $K$7:$K$9)
```

참조 함수의 이해와 활용

08 03 행에서 값을 찾아 아래의 셀 참조하기 – HLOOKUP 함수

예제 파일 PART 02 \ CHAPTER 08 \ HLOOKUP 함수.xlsx

HLOOKUP 함수

VLOOKUP 함수는 열에서 값을 찾습니다. 만약 행에서 값을 찾아야 한다면 **HLOOKUP 함수**를 사용합니다. 기본적인 사용 방법은 VLOOKUP 함수와 동일합니다. 구문은 다음과 같습니다.

HLOOKUP (❶ 찾을 값, ❷ 표, ❸ 행 번호, ❹ 찾는 방법)

표의 첫 번째 행에서 값을 찾아 아래 행 번호 위치의 값을 반환합니다.

인수	❶ **찾을 값** : 찾으려는 값 ❷ **표** : 찾는 값을 갖고 있는 행부터 참조할 값이 포함된 행까지의 데이터 범위 ❸ **행 번호** : 표에서 참조할 값이 위치한 행의 인덱스 번호 ❹ **찾는 방법** : 값을 찾는 방법을 지정한 옵션으로 다음과 같습니다.

찾는 방법	설명
TRUE 또는 생략	표의 첫 번째 행이 오름차순으로 정렬되어 있다고 가정하고 값을 찾습니다. 찾을 값보다 큰 값을 만날 때까지 동일한 값이 없다면 작은 값 중에서 가장 큰 값의 위치를 찾습니다.
FALSE	찾을 값과 정확하게 일치하는 첫 번째 값의 위치를 찾습니다.

사용 예

```
=HLOOKUP("엑셀", A1:Z3, 3, FALSE)
```

TIP '엑셀'을 [A1:Z1] 범위에서 정확하게 일치하는 첫 번째 값의 위치를 찾아 같은 열에 있는 값 중에서 세 번째 행(A3:Z3) 범위의 값을 반환합니다.

공식처럼 사용할 수 있는 수식

오름차순으로 정렬된 구간별 표에서 값 참조

HLOOKUP 함수 역시 VLOOKUP 함수처럼 오름차순으로 정렬된 구간에서 값을 찾을 수 있습니다. 구간은 오름차순으로 정렬되어 있어야 하고, 구간의 최솟값이 입력되어 있어야 합니다.

=HLOOKUP(찾을 값, 표, 행 번호, TRUE)

- **TRUE** : HLOOKUP 함수의 마지막 인수가 TRUE거나 생략되어야 합니다.

또는 다음과 같은 수식을 사용할 수 있습니다.

=LOOKUP(찾을 값, 찾을 범위, 참조 범위)

- **찾을 범위** : HLOOKUP 함수의 [표] 인수에서 첫 번째 행 데이터 범위
- **참조 범위** : HLOOKUP 함수의 [표] 인수에서 [행 번호] 위치의 데이터 범위

따라 하기

01 예제를 열고, 오른쪽 표를 참고해 기준에 맞는 할인율을 참조해옵니다.

할인율 적용

No	분류	제품	수량	할인율	
				분류	판매수량
1	복합기	잉크젯복합기 AP-3300	4		
2	복합기	레이저복합기 L500	6		
3	복합기	흑백복사기 TLE-8100C	11		
4	복합기	컬러복사기 XI-4400	9		
5	제본기	와이어제본기 WC-5500	8		
6	제본기	열제본기 TB-8200	10		
7	바코드	바코드 Z-750	14		
8	바코드	바코드 BCD-100 Plus	2		

기준표

분류

분류	복합기	제본기	바코드
할인율	5%	10%	3%

판매수량

수량	5개 이하	5~10개	10개 초과
대표값			
할인율	0%	3%	5%

TIP 왼쪽 표의 분류(C열)와 판매수량(E열)을 오른쪽 표에서 찾아 할인율을 참조합니다.

02 먼저 분류(C열)에 맞는 할인율을 참조해옵니다.

03 [F7] 셀에 다음 수식을 입력하고 [F7] 셀의 채우기 핸들[+]을 [F14] 셀까지 드래그합니다.

[F7] 셀 : =HLOOKUP(C7, $J$6:$L$7, 2, FALSE)

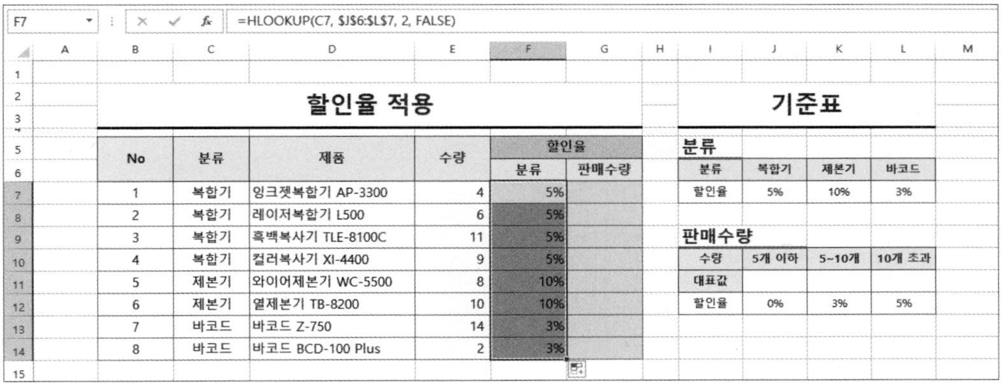

더 알아보기 **수식 이해하기**

분류(C열)에 맞는 할인율을 참조해와야 하는데, 오른쪽 표에서 분류는 [J6:L6] 범위에 입력되어 있습니다. 이 범위는 행이고 참조할 값 역시 아래 [J7:L7] 범위에 입력되어 있으므로, VLOOKUP 함수 대신 HLOOKUP 함수를 사용해야 합니다.

이번 수식은 분류(C7)를 표(J6:L7)의 첫 번째 행(J6:L6)에서 찾아 두 번째 행(J7:L7)의 값을 참조해옵니다.

04 이번에는 판매수량에 맞는 할인율을 참조해옵니다.

05 판매수량은 [J10:L10] 범위에 구간별로 입력되어 있으니 구간의 최솟값을 먼저 입력합니다.

06 [J11:L11] 범위에 구간의 대푯값(최솟값)인 **1, 5, 11**을 순서대로 입력합니다.

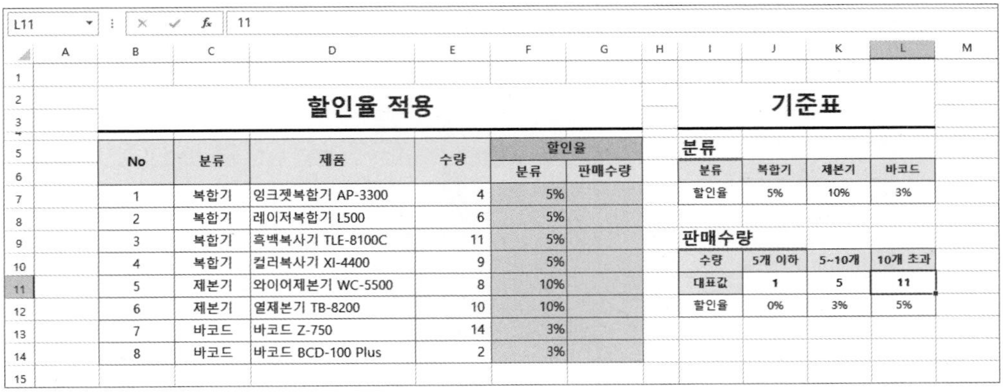

TIP [J10:L10] 범위 내 구간은 오름차순으로 정리되어 있으므로 HLOOKUP 함수를 사용할 수 있습니다.

07 [G7] 셀에 다음 수식을 입력하고 [G7] 셀의 채우기 핸들을 [G14] 셀까지 드래그합니다.

[G7] 셀 : =HLOOKUP(E7, $J$11:$L$12, 2, TRUE)

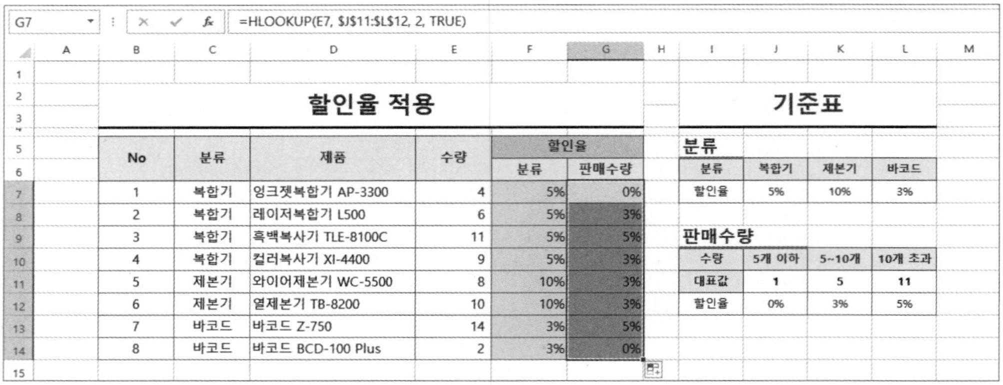

G7 =HLOOKUP(E7, $J$11:$L$12, 2, TRUE)

할인율 적용

No	분류	제품	수량	할인율	
				분류	판매수량
1	복합기	잉크젯복합기 AP-3300	4	5%	0%
2	복합기	레이저복합기 L500	6	5%	3%
3	복합기	흑백복사기 TLE-8100C	11	5%	5%
4	복합기	컬러복사기 XI-4400	9	5%	3%
5	제본기	와이어제본기 WC-5500	8	10%	3%
6	제본기	열제본기 TB-8200	10	10%	3%
7	바코드	바코드 Z-750	14	3%	5%
8	바코드	바코드 BCD-100 Plus	2	3%	0%

기준표

분류

분류	복합기	제본기	바코드
할인율	5%	10%	3%

판매수량

수량	5개 이하	5~10개	10개 초과
대표값	1	5	11
할인율	0%	3%	5%

더 알아보기 수식 이해하기

이번 수식은 **03** 과정 수식과 유사하지만, 마지막 인수가 FALSE가 아니라 TRUE라는 점이 중요합니다. VLOOKUP 함수나 HLOOKUP 함수의 마지막 인수가 TRUE면 구간이 오름차순이어야 합니다. 구간의 최솟값이 입력되어 있다면 원하는 값을 참조해옵니다.

08 HLOOKUP 함수의 마지막 인수가 TRUE이므로, LOOKUP 함수로 대체합니다.

09 [G7] 셀의 수식을 다음과 같이 수정하고 [G7] 셀의 채우기 핸들을 [G14] 셀까지 드래그합니다.

[G7] 셀 : =LOOKUP(E7, $J$11:$L$11, $J$12:$L$12)

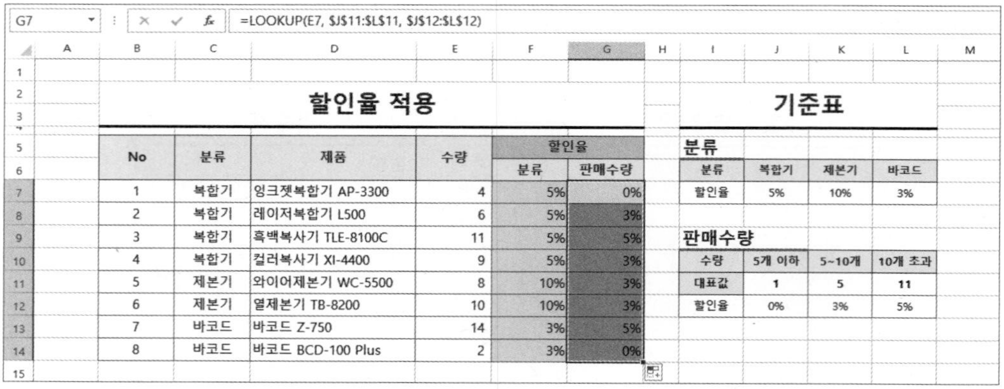

G7 =LOOKUP(E7, $J$11:$L$11, $J$12:$L$12)

할인율 적용

No	분류	제품	수량	할인율	
				분류	판매수량
1	복합기	잉크젯복합기 AP-3300	4	5%	0%
2	복합기	레이저복합기 L500	6	5%	3%
3	복합기	흑백복사기 TLE-8100C	11	5%	5%
4	복합기	컬러복사기 XI-4400	9	5%	3%
5	제본기	와이어제본기 WC-5500	8	10%	3%
6	제본기	열제본기 TB-8200	10	10%	3%
7	바코드	바코드 Z-750	14	3%	5%
8	바코드	바코드 BCD-100 Plus	2	3%	0%

기준표

분류

분류	복합기	제본기	바코드
할인율	5%	10%	3%

판매수량

수량	5개 이하	5~10개	10개 초과
대표값	1	5	11
할인율	0%	3%	5%

더 알아보기 LOOKUP 함수로 대체하기

LOOKUP 함수는 열이나 행에서 모두 값을 찾을 수 있습니다. 따라서 VLOOKUP 함수와 HLOOKUP 함수의 마지막 인수가 TRUE인 경우를 대체할 수 있습니다.

참조 함수의 이해와 활용

08 04

VLOOKUP 함수를 INDEX, MATCH 함수로 전환하기

예제 파일 PART 02 \ CHAPTER 08 \ INDEX, MATCH 함수.xlsx

INDEX, MATCH 함수

VLOOKUP 함수나 HLOOKUP 함수는 표가 특정한 구조여야 사용할 수 있습니다. 그러므로 표에 따라 VLOOKUP 함수, HLOOKUP 함수를 사용할 수 없는 경우가 있습니다. 이런 제약이 불편하다면 **INDEX, MATCH 함수** 조합을 사용합니다. INDEX 함수는 값을 참조할 때 사용하는 함수로, 구문은 다음과 같습니다.

INDEX (❶ 표, ❷ 행 번호, ❸ 열 번호, ❹ 영역 번호)

표의 행 번호, 열 번호 위치에 있는 셀 값을 참조합니다.

인수	❶ **표** : 참조할 값을 포함하고 있는 데이터 범위 ❷ **행 번호** : 표에서 참조할 값이 위치한 행의 인덱스 번호 ❸ **열 번호** : 표에서 참조할 값이 위치한 열의 인덱스 번호, 생략하면 1입니다. ❹ **영역 번호** : [표] 인수에 괄호를 사용해 다중 범위를 지정한 경우, 참조할 [표] 범위의 인덱스 번호입니다. [표] 범위가 하나라면 사용하지 않습니다.

사용 예

```
=INDEX(A1:C10, 5, 2)
```

TIP [A1:C10] 범위에서 5번째 행과 2번째 열 위치의 셀 값(B5)을 참조합니다.

MATCH 함수는 원하는 값의 위치를 찾는 함수로 구문은 다음과 같습니다.

MATCH (❶ 찾을 값, ❷ 찾을 범위, ❸ 찾는 방법)

찾을 범위 내 찾는 값이 몇 번째 위치에 있는지 찾아 해당 인덱스 번호를 반환합니다.

인수	❶ **찾을 값** : 찾으려는 값 ❷ **찾을 범위** : 단일 열(또는 행) 데이터 범위 ❸ **찾는 방법** : 값을 찾는 방법을 지정하는 옵션으로 다음과 같습니다.

	찾는 방법	설명
	1 또는 생략	[찾을 범위]의 값이 오름차순으로 정렬된 표에서 값을 찾습니다. [찾을 값]보다 큰 값을 만날 때까지 동일한 값을 찾지 못하면 [찾을 값]보다 작은 값 중에서 가장 큰 값의 위치를 찾습니다.
	0	[찾을 범위]에서 [찾을 값]이 위치한 첫 번째 위치를 찾습니다.
	-1	[찾을 범위]의 값이 내림차순으로 정렬된 표에서 값을 찾습니다. [찾을 값]보다 작은 값을 만날 때까지 동일한 값을 찾지 못하면 [찾을 값]보다 큰 값 중에서 가장 작은 값의 위치를 찾습니다.

사용 예

```
=MATCH("엑셀", A1:A10, 0)
```

TIP [A1:A10] 범위에서 '엑셀' 값이 처음 입력된 셀의 인덱스 번호를 반환합니다.

공식처럼 사용할 수 있는 수식

VLOOKUP 함수와 INDEX, MATCH 함수

VLOOKUP 함수로 사용된 수식은 모두 INDEX, MATCH 함수로 전환이 가능합니다.

=VLOOKUP(찾을 값, 표, 열 번호, 찾는 방법)

이와 같은 수식은 다음과 같은 INDEX, MATCH 함수 조합으로 전환할 수 있습니다.

=INDEX(표, MATCH(찾을 값, 찾을 범위, 찾는 방법))

- **표** : VLOOKUP 함수의 [표] 인수에서 [열 번호] 위치의 데이터 범위
- **찾을 범위** : VLOOKUP 함수의 [표] 인수에서 첫 번째 열 데이터 범위
- **찾는 방법** : VLOOKUP 함수의 TRUE는 1이고, FALSE는 0입니다.

HLOOKUP 함수 역시 INDEX, MATCH 함수로 전환이 가능합니다.

=INDEX(표, 1, MATCH(찾을 값, 찾을 범위, 찾는 방법))

- **표** : HOOKUP 함수의 [표] 인수에서 [행 번호] 위치의 데이터 범위
- **찾을 범위** : HLOOKUP 함수의 [표] 인수에서 첫 번째 행 데이터 범위
- **찾는 방법** : HLOOKUP 함수의 TRUE는 1이고, FALSE는 0입니다.

따라 하기

01 예제를 열고 [F:G] 열에 사용된 VLOOKUP 함수를 INDEX, MATCH 함수로 전환합니다.

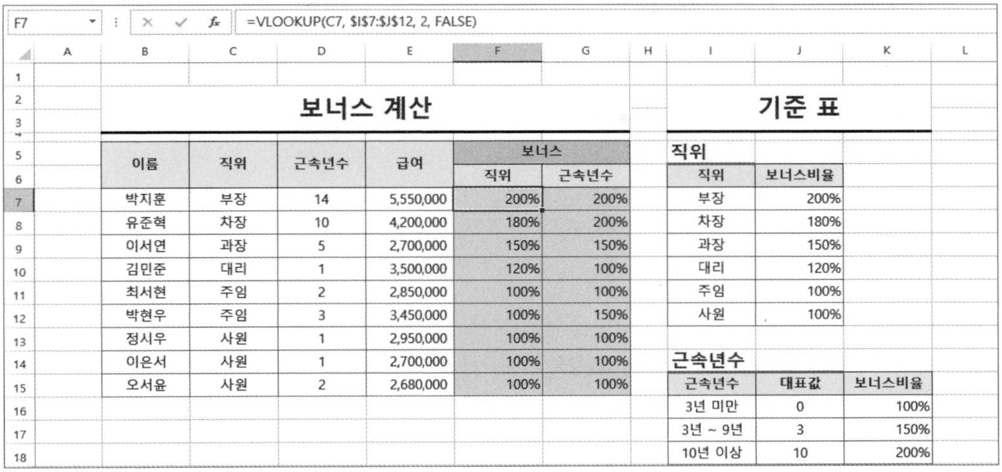
F7 =VLOOKUP(C7, $I$7:$J$12, 2, FALSE)

보너스 계산

이름	직위	근속년수	급여	보너스 직위	보너스 근속년수
박지훈	부장	14	5,550,000	200%	200%
유준혁	차장	10	4,200,000	180%	200%
이서연	과장	5	2,700,000	150%	150%
김민준	대리	1	3,500,000	120%	100%
최서현	주임	2	2,850,000	100%	100%
박현우	주임	3	3,450,000	100%	150%
정시우	사원	1	2,950,000	100%	100%
이은서	사원	1	2,700,000	100%	100%
오서윤	사원	2	2,680,000	100%	100%

기준 표

직위

직위	보너스비율
부장	200%
차장	180%
과장	150%
대리	120%
주임	100%
사원	100%

근속년수

근속년수	대표값	보너스비율
3년 미만	0	100%
3년 ~ 9년	3	150%
10년 이상	10	200%

02 F열의 직위에 맞는 보너스 비율을 참조하는 수식을 INDEX, MATCH 함수로 전환합니다.

03 [F7] 셀을 선택하고, 수식 입력줄을 세 줄로 확장합니다.

LINK 수식 입력줄을 확장하는 방법에 대해서는 이 책의 95페이지를 참고합니다.

04 수식 입력줄의 마지막에서 Alt + Enter 를 눌러 줄 바꿈을 하고 아래 수식 부분을 추가합니다.

[F7] 셀 : =VLOOKUP(C7, $I$7:$J$12, 2, FALSE)

찾기 : MATCH(C7, $I$7:$I$12, 0)

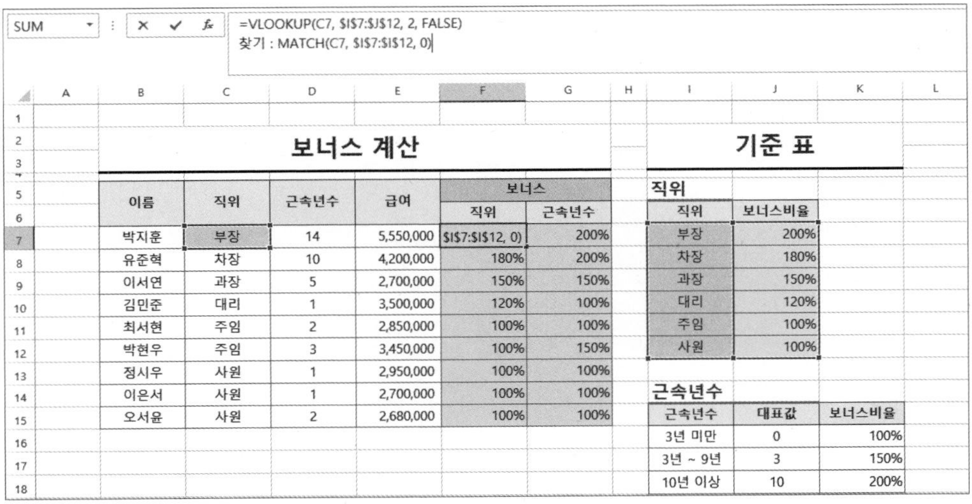
SUM =VLOOKUP(C7, $I$7:$J$12, 2, FALSE)
찾기 : MATCH(C7, $I$7:$I$12, 0)

보너스 계산

이름	직위	근속년수	급여	보너스 직위	보너스 근속년수
박지훈	부장	14	5,550,000	$I$7:$I$12, 0)	200%
유준혁	차장	10	4,200,000	180%	200%
이서연	과장	5	2,700,000	150%	150%
김민준	대리	1	3,500,000	120%	100%
최서현	주임	2	2,850,000	100%	100%
박현우	주임	3	3,450,000	100%	150%
정시우	사원	1	2,950,000	100%	100%
이은서	사원	1	2,700,000	100%	100%
오서윤	사원	2	2,680,000	100%	100%

기준 표

직위

직위	보너스비율
부장	200%
차장	180%
과장	150%
대리	120%
주임	100%
사원	100%

근속년수

근속년수	대표값	보너스비율
3년 미만	0	100%
3년 ~ 9년	3	150%
10년 이상	10	200%

TIP 수식은 계속해서 편집할 것이므로 Enter 를 누르지 말고 입력만 합니다.

더 알아보기 MATCH 함수로 찾기 동작 대체하기

수식 입력줄에서 VLOOKUP 함수 밑부분에 입력된 수식은 다음과 같습니다.

```
찾기 : MATCH(C7, $I$7:$I$12, 0)
```

이것은 VLOOKUP 함수의 찾기 동작을 MATCH 함수로 전환한 것입니다. VLOOKUP 함수의 인수와 매칭해보면 다음과 같습니다.

VLOOKUP 함수		MATCH 함수	
찾을 값	C7	찾을 값	C7
표	I7:J12	찾을 범위	I7:I12
찾는 방법	FALSE	찾는 방법	0

위 표를 보면 VLOOKUP 함수의 구성과 MATCH 함수의 구성이 거의 동일한 것을 확인할 수 있습니다. VLOOKUP 함수의 [표] 인수 범위의 첫 번째 열 범위가 MATCH 함수의 [찾을 범위] 인수가 되는 부분만 다릅니다. 참고로 [찾는 방법] 인수가 VLOOKUP 함수에서는 FALSE이고 MATCH 함수에서는 0인데, 엑셀에서 FALSE는 숫자로 0이므로 [찾는 방법] 인수는 동일한 것입니다.

이렇게 하면 VLOOKUP 함수에서 값을 찾는 부분을 MATCH 함수로 대체할 수 있습니다.

05 VLOOKUP 함수의 참조 부분을 INDEX 함수로 변환합니다.

06 [F7] 셀의 수식 입력줄에서 Alt + Enter 를 누르고 INDEX 함수 부분을 추가합니다.

[F7] 셀 : =VLOOKUP(C7, $I$7:$J$12, 2, FALSE)

찾기 : MATCH(C7, $I$7:$I$12, 0)

참조 : INDEX($J$7:$J$12, ?, 1)

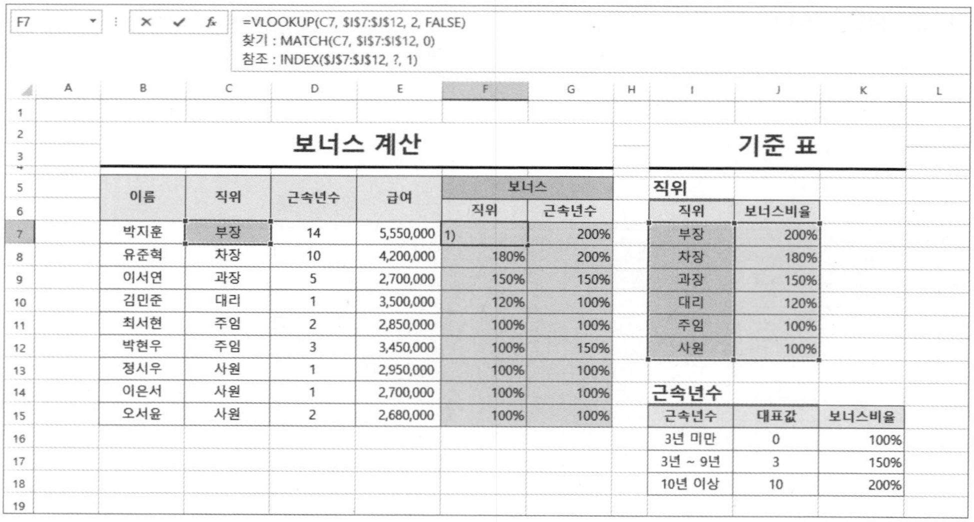

TIP 수식은 계속해서 편집할 것이므로 Enter 를 누르지 말고 입력만합니다.

더 알아보기 INDEX 함수로 참조 동작 대체하기

수식 입력줄에 추가된 부분은 다음과 같습니다.

```
참조 : INDEX($J$7:$J$12, ?, 1)
```

INDEX 함수 부분은 VLOOKUP 함수의 참조 동작을 대체하기 위한 것입니다. VLOOKUP 함수의 인수 구성에서 참조 동작과 관련된 부분은 다음과 같습니다.

VLOOKUP 함수		INDEX 함수	
표	I7:J12	표	J7:J12
		행 번호	?
열 번호	2	열 번호	1

먼저 VLOOKUP 함수의 [표] 인수는 [I7:J12] 범위입니다. 값은 J열에서 참조하므로, INDEX 함수의 [표] 범위는 [J7:J12] 범위가 됩니다. 또한 VLOOKUP 함수의 [표] 범위는 열이 두 개이므로 두 번째 열의 값을 참조하라는 의미에서 [열 번호] 인수가 2가 됩니다. 반면 INDEX 함수의 [표] 범위는 열이 하나이므로 [열 번호]는 1이 됩니다.

이렇게 VLOOKUP 함수를 INDEX, MATCH 함수로 변경하게 되면 INDEX 함수의 [열 번호]는 무조건 1이 됩니다. 이 경우 [열 번호]는 생략하거나 그대로 1을 사용할 수 있습니다.

```
INDEX($J$7:$J$12, 행 번호, 1)
또는
INDEX($J$7:$J$12, 행 번호)
```

다만 INDEX 함수에서 참조할 데이터가 위치한 [행 번호] 인수는 INDEX 함수에서는 알 수 없기 때문에 MATCH 함수를 사용합니다. 앞에서 사용한 MATCH 함수 부분을 INDEX 함수의 [행 번호] 인수 위치에 복사하면 대체 수식을 완성할 수 있습니다.

07 수식 입력줄에서 **MATCH(C7, $I$7:$I$12, 0)** 부분을 선택해 복사(Ctrl+C)합니다.

08 INDEX 함수의 두 번째 인수 부분인 물음표(?) 부분에 붙여넣기(Ctrl+V)합니다.

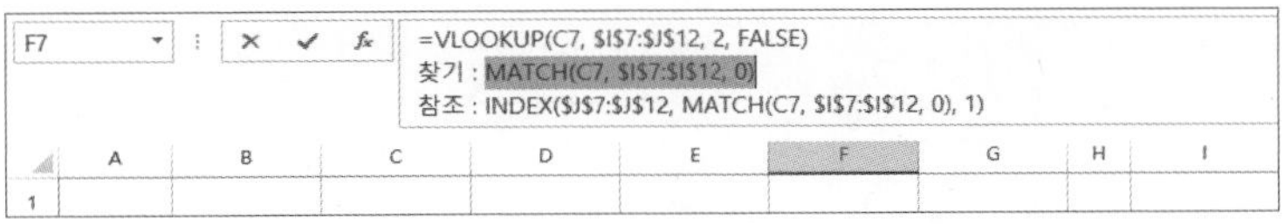

TIP 붙여 넣은 결과가 **INDEX($J$7:$J$12, MATCH(C7, $I$7:$I$12, 0), 1)**와 같아야 합니다.

09 이제 등호(=) 뒤부터 INDEX 앞부분까지 모두 지우면 다음과 같은 수식이 됩니다.

[F7] 셀 : =INDEX($J$7:$J$12, MATCH(C7, $I$7:$I$12, 0), 1)

10 Enter를 눌러 수식을 입력하고 [F7] 셀의 채우기 핸들을 [F15] 셀까지 드래그합니다.

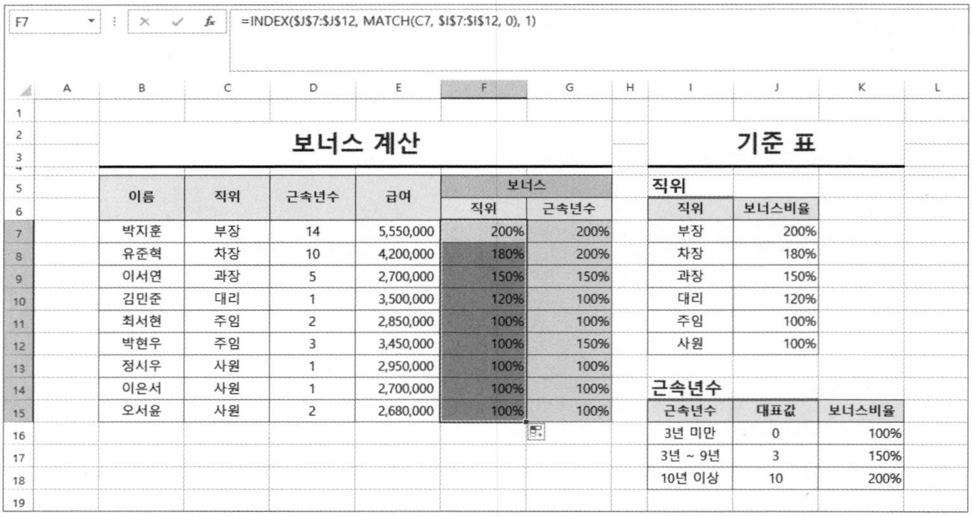
F7
=INDEX($J$7:$J$12, MATCH(C7, $I$7:$I$12, 0), 1)
보너스 계산
기준 표
이름
직위
근속년수
급여
보너스
직위
근속년수
박지훈 부장 14 5,550,000 200% 200%
유준혁 차장 10 4,200,000 180% 200%
이서연 과장 5 2,700,000 150% 150%
김민준 대리 1 3,500,000 120% 100%
최서현 주임 2 2,850,000 100% 100%
박현우 주임 3 3,450,000 100% 150%
정시우 사원 1 2,950,000 100% 100%
이은서 사원 1 2,700,000 100% 100%
오서윤 사원 2 2,680,000 100% 100%
직위
직위 보너스비율
부장 200%
차장 180%
과장 150%
대리 120%
주임 100%
사원 100%
근속년수
근속년수 대표값 보너스비율
3년 미만 0 100%
3년 ~ 9년 3 150%
10년 이상 10 200%

11 같은 방법으로 G열의 VLOOKUP 함수를 INDEX, MATCH 함수로 분할합니다.

12 [G7] 셀의 수식 입력줄을 선택하고 수식을 다음과 같이 수정합니다.

[G7] 셀 : =VLOOKUP(D7, $J$16:$K$18, 2, TRUE)

찾기 : MATCH(D7, $J$16:$J$18, 1)

참조 : INDEX($K$16:$K$18, ?, 1)

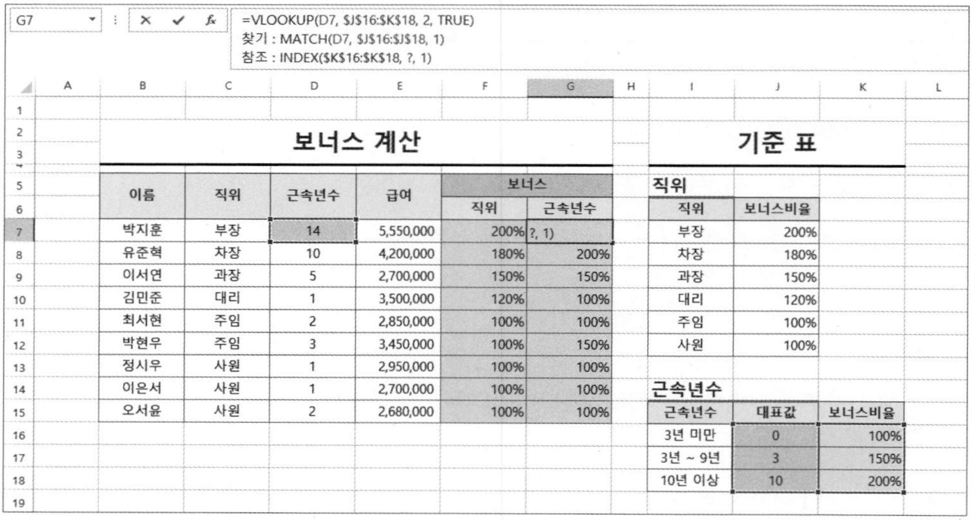
G7
=VLOOKUP(D7, $J$16:$K$18, 2, TRUE)
찾기 : MATCH(D7, $J$16:$J$18, 1)
참조 : INDEX($K$16:$K$18, ?, 1)
보너스 계산
기준 표
이름
직위
근속년수
급여
보너스
직위
근속년수
박지훈 부장 14 5,550,000 200% ?, 1)
유준혁 차장 10 4,200,000 180% 200%
이서연 과장 5 2,700,000 150% 150%
김민준 대리 1 3,500,000 120% 100%
최서현 주임 2 2,850,000 100% 100%
박현우 주임 3 3,450,000 100% 150%
정시우 사원 1 2,950,000 100% 100%
이은서 사원 1 2,700,000 100% 100%
오서윤 사원 2 2,680,000 100% 100%
직위
직위 보너스비율
부장 200%
차장 180%
과장 150%
대리 120%
주임 100%
사원 100%
근속년수
근속년수 대표값 보너스비율
3년 미만 0 100%
3년 ~ 9년 3 150%
10년 이상 10 200%

TIP 수식은 계속해서 편집해야 하므로 Enter를 누르지 말고 입력만 합니다.

더 알아보기 수식 이해하기

수식 입력줄의 VLOOKUP 함수 밑부분에 입력된 수식은 다음과 같습니다.

찾기 : MATCH(D7, $J$16:$J$18, 1)

참조 : INDEX($K$16:$K$18, ?, 1)

먼저 VLOOKUP 함수의 [찾기] 동작을 MATCH 함수로 변환하고, [참조] 부분을 INDEX 함수로 변환했습니다. MATCH 함수로 변환된 부분은 다음과 같습니다.

VLOOKUP 함수		MATCH 함수	
찾을 값	D7	찾을 값	D7
표	J16:K18	찾을 범위	J16:J18
찾는 방법	TRUE	찾는 방법	1

INDEX 함수로 변환된 부분은 다음과 같습니다.

VLOOKUP 함수		INDEX 함수	
표	J16:K18	표	K16:K18
–	–	행 번호	?
열 번호	3	열 번호	1

상세 설명은 **06** 과정의 설명을 참고합니다.

13 MATCH 함수 부분을 INDEX 함수의 물음표(?) 부분에 복사해 붙여 넣습니다.

14 등호(=)와 INDEX 함수 사이의 모든 수식을 지우고 Enter 를 눌러 수식을 입력합니다.

15 [G7] 셀의 채우기 핸들을 [G15] 셀까지 드래그해 수식을 복사합니다.

[G7] 셀 : =INDEX($K$16:$K$18, MATCH(D7, $J$16:$J$18, 1), 1)

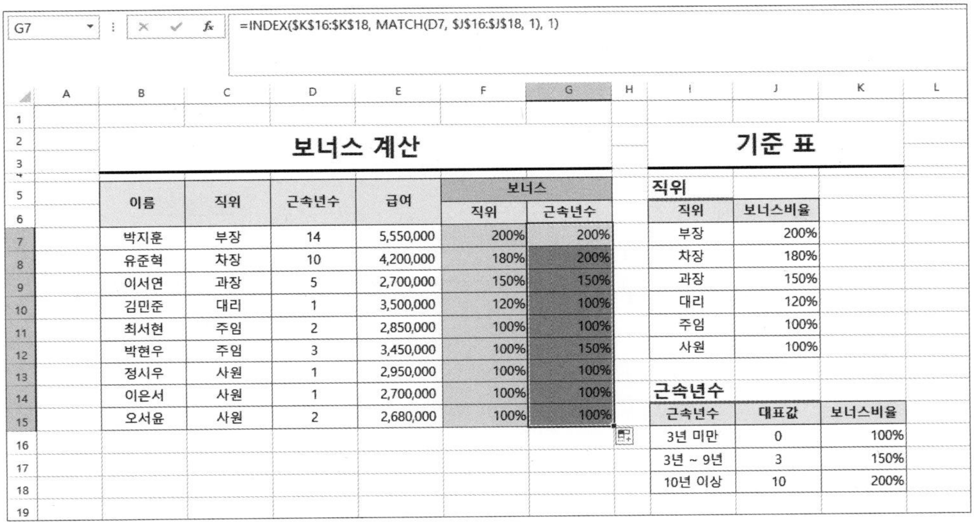
G7
=INDEX($K$16:$K$18, MATCH(D7, $J$16:$J$18, 1), 1)
보너스 계산
기준 표
이름
직위
근속년수
급여
보너스
직위
근속년수
박지훈 부장 14 5,550,000 200% 200%
유준혁 차장 10 4,200,000 180% 200%
이서연 과장 5 2,700,000 150% 150%
김민준 대리 1 3,500,000 120% 100%
최서현 주임 2 2,850,000 100% 100%
박현우 주임 3 3,450,000 100% 150%
정시우 사원 1 2,950,000 100% 100%
이은서 사원 1 2,700,000 100% 100%
오서윤 사원 2 2,680,000 100% 100%
직위
직위 보너스비율
부장 200%
차장 180%
과장 150%
대리 120%
주임 100%
사원 100%
근속년수
근속년수 대표값 보너스비율
3년 미만 0 100%
3년 ~ 9년 3 150%
10년 이상 10 200%

08 05 찾는 값의 왼쪽 열에 있는 값 참조하기

예제 파일 PART 02 \ CHAPTER 08 \INDEX, MATCH 함수–왼쪽 열.xlsx

왼쪽 열에 있는 값 참조

VLOOKUP 함수는 값을 찾는 열에서 오른쪽 열의 값만 참조할 수 있습니다. 찾을 값과 참조해올 값을 갖는 열의 위치가 다르다면 INDEX, MATCH 함수를 사용하거나 마이크로소프트 365 버전에서 새로 추가된 XLOOKUP 함수를 사용합니다.

01 예제 파일의 [G7:G9] 범위에는 왼쪽 표의 판매량 상위 세 개 실적이 집계되어 있습니다.

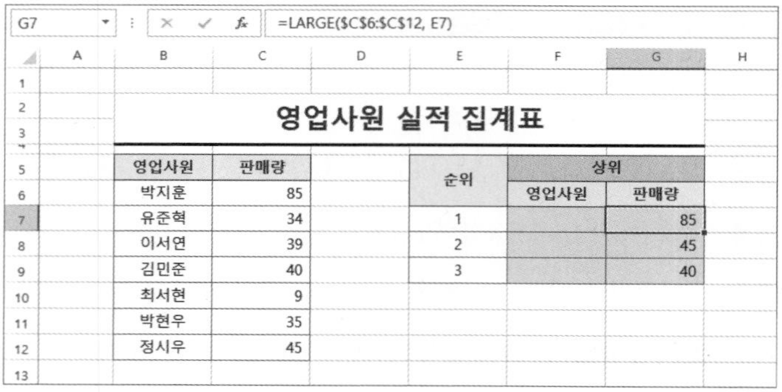

G7
=LARGE($C$6:$C$12, E7)
영업사원 실적 집계표
영업사원 | 판매량
박지훈 85
유준혁 34
이서연 39
김민준 40
최서현 9
박현우 35
정시우 45
순위 | 상위 | 영업사원 | 판매량
1 85
2 45
3 40

02 G열에 집계된 판매량으로 영업사원 이름을 F열에 참조해옵니다.

03 VLOOKUP 함수를 사용할 수 있는지 확인하기 위해 [F7] 셀에 다음 수식을 입력합니다.

[F7] 셀 : =VLOOKUP(G7, $B$6:$C$12, 1, FALSE)

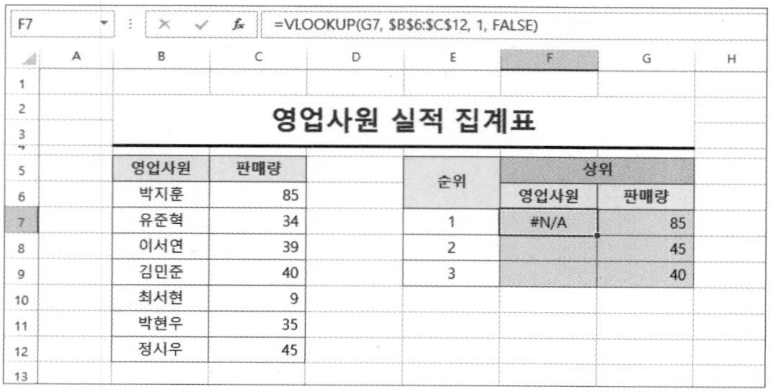

F7
=VLOOKUP(G7, $B$6:$C$12, 1, FALSE)
영업사원 실적 집계표
영업사원 | 판매량
박지훈 85
유준혁 34
이서연 39
김민준 40
최서현 9
박현우 35
정시우 45
순위 | 상위 | 영업사원 | 판매량
1 #N/A 85
2 45
3 40

더 알아보기 #N/A 에러가 발생한 이유

[F7] 셀에 입력된 수식은 구성 자체는 문제가 없는데도 #N/A 에러가 반환됐습니다. 이것은 VLOOKUP 함수의 구조적 문제로, VLOOKUP 함수는 왼쪽 열에서 값을 찾아 오른쪽 열의 값을 참조해야만 합니다. 그러므로 이번과 같이 C열에서 값을 찾는다면 B열의 값은 참조해올 수 없습니다.

04 VLOOKUP 함수를 사용하려면 B열의 영업사원이 C열의 오른쪽 열에 위치해야 합니다.

05 [D6] 셀에 다음 수식을 입력하고 [D6] 셀의 채우기 핸들[+]을 [D12] 셀까지 드래그합니다.

[D6] 셀 : =B6

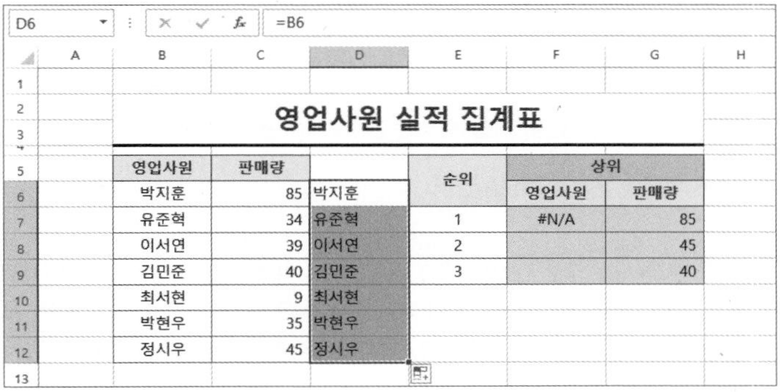

D6 =B6

	B	C	D	E	F	G
2	영업사원 실적 집계표					
5	영업사원	판매량		순위	상위	
6	박지훈	85	박지훈		영업사원	판매량
7	유준혁	34	유준혁	1	#N/A	85
8	이서연	39	이서연	2		45
9	김민준	40	김민준	3		40
10	최서현	9	최서현			
11	박현우	35	박현우			
12	정시우	45	정시우			

06 [F7] 셀의 수식을 다음과 같이 수정하고 [F7] 셀의 채우기 핸들[+]을 [F12] 셀까지 드래그합니다.

[F7] 셀 : =VLOOKUP(G7, $C$6:$D$12, 2, FALSE)

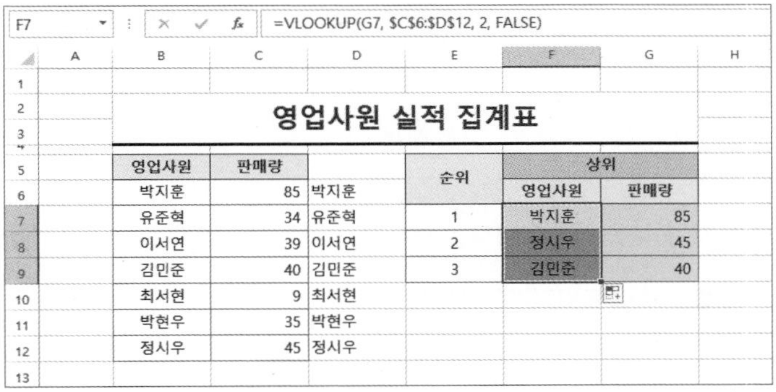

F7 =VLOOKUP(G7, $C$6:$D$12, 2, FALSE)

	B	C	D	E	F	G
2	영업사원 실적 집계표					
5	영업사원	판매량		순위	상위	
6	박지훈	85	박지훈		영업사원	판매량
7	유준혁	34	유준혁	1	박지훈	85
8	이서연	39	이서연	2	정시우	45
9	김민준	40	김민준	3	김민준	40
10	최서현	9	최서현			
11	박현우	35	박현우			
12	정시우	45	정시우			

더 알아보기 수식 이해하기

05 과정에서 이미 B열의 영업사원 이름을 D열에 참조해놓았습니다. 따라서 VLOOKUP 함수를 사용해 C열에서 원하는 판매량을 참조한 후 D열의 이름을 참조해올 수 있습니다. 하지만 D열의 데이터가 보기 좋진 않으므로 글꼴 색을 흰색으로 변경하거나 다음 과정에서 설명할 INDEX, MATCH 함수를 사용합니다.

07 INDEX, MATCH 함수를 사용해 원하는 값을 참조해옵니다.

08 기존 작업을 초기화하기 위해 [D6:D12] 범위와 [F7:F9] 범위를 선택하고 Delete 를 누릅니다.

09 먼저 INDEX 함수를 사용해 원하는 값을 참조합니다. [F7] 셀에 다음 수식을 입력합니다.

[F7] 셀 : =INDEX($B$6:$B$12, ?)

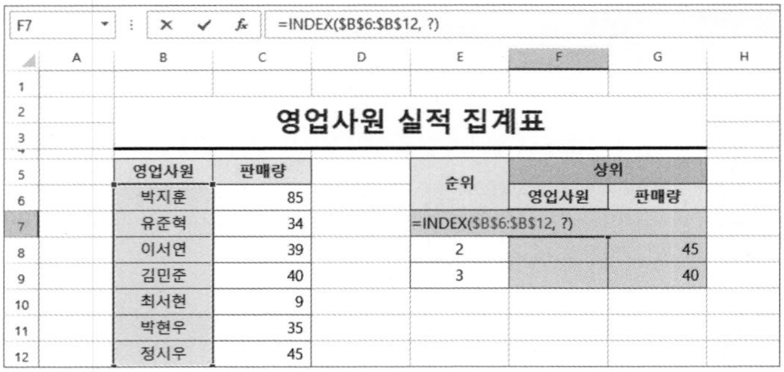

TIP 수식이 아직 완성되지 않았으므로, Enter 를 눌러 수식을 입력하지 않습니다.

더 알아보기 수식 이해하기

INDEX 함수는 값을 참조해올 수 있는 함수로 구문은 다음과 같습니다.

```
=INDEX(표, 행 번호, 열 번호)
```

이번 예제에서는 영업사원 이름을 참조해오는 것이 목표이므로 [표] 인수는 [B6:B12] 범위입니다. 다만 참조해올 영업사원의 이름은 G열의 판매량에 따라 다르기 때문에 [행 번호]를 알 수 없습니다. 세 번째 인수인 [열 번호]는 [표] 인수의 열이 하나이므로 생략해도 됩니다. 결국 [행 번호]에 MATCH 함수를 사용해 원하는 위치를 찾으면 이번 수식을 완성할 수 있습니다.

10 INDEX 함수의 [행 번호] 부분에 MATCH 함수를 사용하도록 수식을 수정합니다.

11 [F7] 셀의 수식을 다음과 같이 완성하고 Enter 를 누른 다음 [F9] 셀까지 수식을 복사합니다.

[F7] 셀 : =INDEX($B$6:$B$12, MATCH(G7, $C$6:$C$12, 0))

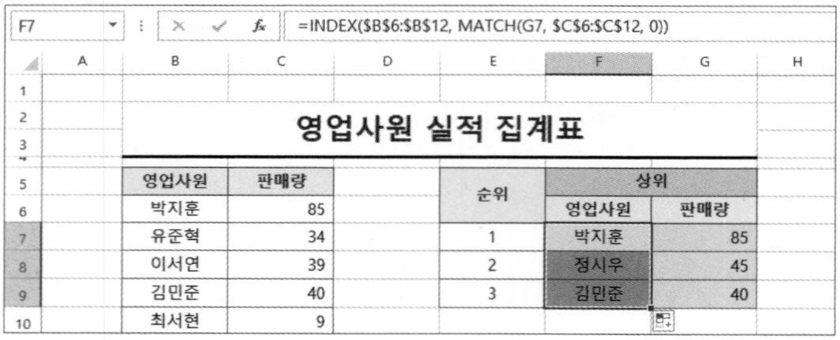

F7
=INDEX($B$6:$B$12, MATCH(G7, $C$6:$C$12, 0))
영업사원 실적 집계표
영업사원
판매량
박지훈 85
유준혁 34
이서연 39
김민준 40
최서현 9
순위
상위
영업사원
판매량
1 박지훈 85
2 정시우 45
3 김민준 40

더 알아보기 INDEX, MATCH 함수와 XLOOKUP 함수

INDEX, MATCH 함수는 VLOOKUP 함수와 달리 참조하는 작업과 찾는 작업을 두 개의 함수로 나눠 진행합니다. 그렇다 보니 계산식을 만드는 데 익숙하지 않은 사용자라면 어렵게 인식하는 것이 보통입니다.

하지만 INDEX 함수로 참조를 하고, 참조할 값의 위치는 MATCH 함수로 찾는 구조에 익숙해지면 VLOOKUP 함수보다 더 자유롭게 원하는 위치의 값을 참조할 수 있습니다.

이번 작업은 마이크로소프트 365 버전에서 새로 지원하고 있는 XLOOKUP 함수를 사용해 동일한 결과를 얻을 수 있습니다. XLOOKUP 함수를 사용하려면 [F7] 셀에 다음과 같은 수식을 입력합니다.

```
=XLOOKUP(G7, $C$6:$C$12, $B$6:$B$12)
```

LINK XLOOKUP 함수에 대한 자세한 설명은 이 책의 659페이지를 참고합니다.

08 06 내림차순으로 정렬된 구간별 표에서 값 참조하기

예제 파일 PART 02 \ CHAPTER 08 \INDEX, MATCH 함수-내림차순.xlsx

공식처럼 사용할 수 있는 수식

VLOOKUP 함수와 LOOKUP 함수는 내림차순으로 정렬된 구간은 값을 찾아 참조할 수 없습니다. 내림차순으로 정렬된 표에서 원하는 값을 참조하려면 INDEX, MATCH 함수를 사용해야 합니다.

내림차순으로 정렬된 구간별 표에서 참조

INDEX, MATCH 함수 구성에서 MATCH 함수의 세 번째 인수는 −1, [찾을 범위]는 내림차순으로 정렬된 구간의 최댓값을 입력해야 합니다. 수식은 다음과 같습니다.

=INDEX(표, MATCH(찾을 값, 찾을 범위, −1))

- **찾을 범위** : [찾을 값]을 찾을 데이터 범위로 구간의 최댓값이 입력된 범위여야 합니다.
- **찾는 방법** : [찾는 방법]은 반드시 −1이어야 합니다.

마이크로소프트 365 버전

마이크로소프트 365 버전이라면 다음과 같은 XLOOKUP 함수를 사용할 수 있습니다.

=XLOOKUP(찾을 값, 찾을 범위, 참조 범위, , −1)

- **찾을 범위** : [찾을 값]을 찾을 데이터 범위로 [찾는 방법]과 다음과 같은 상관관계가 존재합니다.

찾을 범위	찾는 방법
구간의 최솟값 범위	−1
구간의 최댓값 범위	1

LINK XLOOKUP 함수에 대한 자세한 설명은 **Section 08-07**(659페이지) 내용을 참고합니다.

따라 하기

01 예제에서 합계(G열) 점수를 오른쪽 표의 구간에서 찾아 평가(M열) 점수를 참조합니다.

오피스 활용 평가

사번	이름	엑셀	파워포인트	액세스	합계	평가
1	박지훈	78	71	95	244	
2	유준혁	70	56	60	186	
3	이서연	72	81	89	242	
4	김민준	95	92	95	282	
5	최서현	54	95	72	221	
6	박현우	56	41	45	142	
7	정시우	56	77	71	204	
8	이은서	57	90	54	201	
9	오서윤	88	84	93	265	

평가 기준 표

구간	최소	최대	평가
270점 이상			S
240~269점			A
210~239점			B
180~209점			C
179점 이하			재시험

02 구간(J열)은 내림차순으로 정렬되어 있습니다. 함수를 사용하기 전에 구간의 최소/최댓값을 입력합니다.

03 [K6:L10] 범위에 순서대로 **270, 300, 240, 269, 210, 239, 180, 209, 0, 179** 값을 입력합니다.

오피스 활용 평가

사번	이름	엑셀	파워포인트	액세스	합계	평가
1	박지훈	78	71	95	244	
2	유준혁	70	56	60	186	
3	이서연	72	81	89	242	
4	김민준	95	92	95	282	
5	최서현	54	95	72	221	
6	박현우	56	41	45	142	
7	정시우	56	77	71	204	
8	이은서	57	90	54	201	
9	오서윤	88	84	93	265	

평가 기준 표

구간	최소	최대	평가
270점 이상	270	300	S
240~269점	240	269	A
210~239점	210	239	B
180~209점	180	209	C
179점 이하	0	179	재시험

더 알아보기 구간을 입력할 때 주의할 점

구간은 항상 최솟값~최댓값 범위로 구성됩니다. 예를 들어 [J6] 셀은 270점 이상이므로 270~300(세 과목의 점수 합계)의 구간을 의미합니다. 하지만 엑셀 프로그램은 J열과 같이 조건을 통한 구간 표시를 인식하지 못하므로 항상 구간의 최솟값~최댓값을 숫자로 입력해 놓을 필요가 있습니다.

04 INDEX 함수를 사용해 평가 점수를 참조합니다. [H6] 셀에 다음 수식을 작성합니다.

[H6] 셀 : =INDEX($M$6:$M$10, ?)

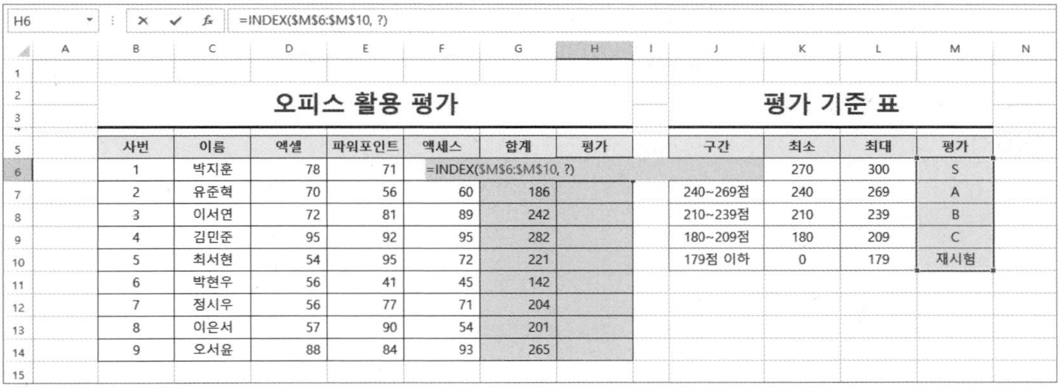

사번	이름	엑셀	파워포인트	액세스	합계	평가
1	박지훈	78	71	=INDEX($M$6:$M$10, ?)		
2	유준혁	70	56	60	186	
3	이서연	72	81	89	242	
4	김민준	95	92	95	282	
5	최서현	54	95	72	221	
6	박현우	56	41	45	142	
7	정시우	56	77	71	204	
8	이은서	57	90	54	201	
9	오서윤	88	84	93	265	

구간	최소	최대	평가
	270	300	S
240~269점	240	269	A
210~239점	210	239	B
180~209점	180	209	C
179점 이하	0	179	재시험

TIP 수식이 아직 완성되지 않았으므로, Enter를 눌러 수식을 입력하지 않습니다.

더 알아보기 수식 이해하기

구간이 내림차순으로 정렬되어 있으므로 VLOOKUP 함수나 LOOKUP 함수는 사용할 수 없습니다. 따라서 INDEX 함수를 사용한 것입니다. INDEX 함수는 참조만 하는 함수이므로, [표] 인수에서 참조할 평가 점수가 입력된 [M6:M10] 범위를 참조합니다.

[행 번호]는 INDEX 함수로는 알 수 없으니 MATCH 함수를 사용합니다. [열 번호]는 [표] 인수에서 하나의 열만 참조했으므로 1을 입력해야 하는데, 해당 인수를 생략하면 자동으로 1로 처리되어 이번 수식에서는 생략했습니다.

05 INDEX 함수의 [행 번호]를 찾기 위해 MATCH 함수를 추가합니다.

06 [H6] 셀의 수식을 다음과 같이 수정하고 Enter를 눌러 입력한 후 [H14] 셀까지 복사합니다.

[H6] 셀 : =INDEX($M$6:$M$10, MATCH(G6, $L$6:$L$10, -1))

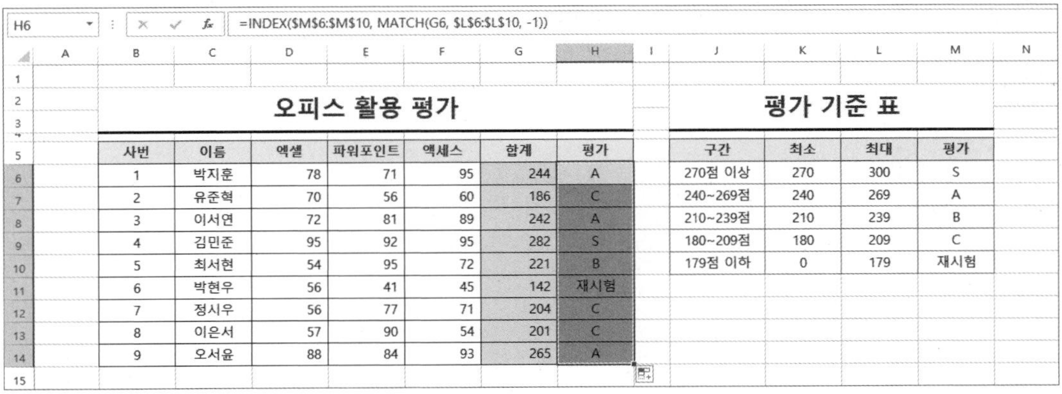

사번	이름	엑셀	파워포인트	액세스	합계	평가
1	박지훈	78	71	95	244	A
2	유준혁	70	56	60	186	C
3	이서연	72	81	89	242	A
4	김민준	95	92	95	282	S
5	최서현	54	95	72	221	B
6	박현우	56	41	45	142	재시험
7	정시우	56	77	71	204	C
8	이은서	57	90	54	201	C
9	오서윤	88	84	93	265	A

구간	최소	최대	평가
270점 이상	270	300	S
240~269점	240	269	A
210~239점	210	239	B
180~209점	180	209	C
179점 이하	0	179	재시험

더 알아보기 **수식 이해하기**

MATCH 함수를 사용해 [G6] 셀의 합계를 구간의 최댓값이 입력된 L열에서 찾습니다. 구간이 내림차순으로 정렬되어 있을 때 MATCH 함수는 구간의 최댓값 범위에서 값을 찾아야 하며, [찾는 방법] 인수는 −1이어야 합니다.

마이크로소프트 365 버전부터는 XLOOKUP 함수를 제공하는데, XLOOKUP 함수를 사용할 수 있는 사용자라면 [H6] 셀의 수식을 다음과 같이 수정합니다.

```
=XLOOKUP(G6, $K$6:$K$10, $M$6:$M$10,, -1)
```

또는 다음과 같이 수정합니다.

```
=XLOOKUP(G6, $L$6:$L$10, $M$6:$M$10,, 1)
```

LINK XLOOKUP 함수에 대한 설명은 **Section 08-07** 내용을 참고합니다.

08 07 새로운 참조 함수 – XLOOKUP 함수

예제 파일 PART 02 \ CHAPTER 08 \ XLOOKUP 함수.xlsx

XLOOKUP 함수

마이크로소프트 365 버전에서는 새로운 참조 함수인 **XLOOKUP 함수**를 제공합니다. XLOOKUP 함수로 VLOOKUP, HLOOKUP, LOOKUP 함수 등을 모두 대체할 수 있습니다. 그 외에도 추가적인 검색 옵션을 제공해 더 많은 상황에서 정확한 데이터를 참조해올 수 있도록 지원합니다. 구문은 다음과 같습니다.

마이크로소프트 365 버전

XLOOKUP (❶ 찾을 값, ❷ 찾을 범위, ❸ 참조 범위, ❹ #N/A 대체, ❺ 찾는 방법, ❻ 검색 옵션)

찾을 범위에서 값을 찾아 참조 범위 내 값을 참조해옵니다.

인수

❶ **찾을 값** : [찾을 범위]에서 찾으려는 값

❷ **찾을 범위** : [찾을 값]을 갖는 데이터 범위

❸ **참조 범위** : 참조할 값을 갖는 데이터 범위

❹ **#N/A 대체** : #N/A 에러 대신 반환할 값을 지정합니다. 생략하면 #N/A 에러가 발생합니다.

❺ **찾는 방법** : 원하는 값을 찾는 방법에 대한 옵션으로, 기본값은 0입니다.

찾는 방법	설명
1	정확하게 일치하거나 다음으로 큰 값을 찾습니다.
0	정확하게 일치하는 값을 찾습니다.
–1	정확하게 일치하거나 다음으로 작은 값을 찾습니다.
2	와일드카드 문자(*, ?, ~)를 사용해 값을 찾습니다.

❻ **검색 옵션** : 검색 옵션으로, 기본값은 1입니다.

찾는 방법	설명
1	[찾을 범위] 내 첫 번째 항목부터 찾습니다.
–1	[찾을 범위] 내 마지막 항목부터 역순으로 찾습니다.
2	오름차순으로 정렬된 범위에서 이진 검색으로 찾습니다.
–2	내림차순으로 정렬된 범위에서 이진 검색으로 찾습니다.

참고 사항	마이크로소프트 365 버전 2020년 02월 업데이트 이후 정식으로 사용할 수 있습니다.

사용 예

```
=XLOOKUP("엑셀", A1:A10, B1:B10)
```

TIP '엑셀'을 [A1:A10] 범위에서 찾아 [B1:B10] 범위에서 동일한 위치의 값을 참조합니다.

따라 하기

01 예제 파일을 열고, 왼쪽 표의 데이터를 XLOOKUP 함수를 사용해 오른쪽 표에 참조합니다.

직 원 명 부

사번	이름	직위	입사일	핸드폰
1	박지훈	부장	2008-05-14	010-7212-1234
2	유준혁	차장	2012-10-17	010-5321-4225
3	이서연	과장	2017-05-01	010-4102-8345
4	김민준	대리	2021-04-01	010-6844-2313
5	최서현	주임	2020-05-01	010-3594-5034
6	박현우	주임	2019-10-17	010-9155-2242
7	정시우	사원	2021-01-02	010-7237-1123
8	이은서	사원	2021-03-05	010-4115-1352
9	오서윤	사원	2020-05-01	010-7253-9721

XLOOKUP 함수

이름	직위	입사일	핸드폰

02 먼저 이름을 알 때 입사일을 참조해오는 작업을 진행합니다.

03 [H6] 셀에 **최서현**을 입력하고 [J6] 셀에 다음 수식을 입력합니다.

[J6] 셀 : =XLOOKUP(H6, C6:C14, E6:E14)

J6 =XLOOKUP(H6, C6:C14, E6:E14)

직 원 명 부

사번	이름	직위	입사일	핸드폰
1	박지훈	부장	2008-05-14	010-7212-1234
2	유준혁	차장	2012-10-17	010-5321-4225
3	이서연	과장	2017-05-01	010-4102-8345
4	김민준	대리	2021-04-01	010-6844-2313
5	최서현	주임	2020-05-01	010-3594-5034
6	박현우	주임	2019-10-17	010-9155-2242
7	정시우	사원	2021-01-02	010-7237-1123
8	이은서	사원	2021-03-05	010-4115-1352
9	오서윤	사원	2020-05-01	010-7253-9721

XLOOKUP 함수

이름	직위	입사일	핸드폰
최서현		2020-05-01	

더 알아보기 XLOOKUP 함수와 VLOOKUP 함수

가장 기본적인 참조 작업으로, 이 작업은 VLOOKUP 함수를 사용해 다음과 같이 대체될 수 있습니다.

```
=VLOOKUP(H6, C6:E14, 3, FALSE)
```

XLOOKUP 함수는 VLOOKUP 함수와 달리 [찾을 범위]와 [참조 범위]를 나눠 입력하며, [찾는 방법]을 지정하지 않으면 기본적으로 VLOOKUP 함수의 FALSE처럼 정확하게 일치하는 첫 번째 값의 위치를 찾습니다.

04 입사일을 알 경우 직원 이름을 참조해올 수 있는지 확인합니다.

05 [J6] 셀에 **2020-05-01**을 입력하고 [H6] 셀에 다음 수식을 입력합니다.

[H6] 셀 : =XLOOKUP(J6, E6:E14, C6:C14)

H6 =XLOOKUP(J6, E6:E14, C6:C14)

직 원 명 부

사번	이름	직위	입사일	핸드폰
1	박지훈	부장	2008-05-14	010-7212-1234
2	유준혁	차장	2012-10-17	010-5321-4225
3	이서연	과장	2017-05-01	010-4102-8345
4	김민준	대리	2021-04-01	010-6844-2313
5	최서현	주임	2020-05-01	010-3594-5034
6	박현우	주임	2019-10-17	010-9155-2242
7	정시우	사원	2021-01-02	010-7237-1123
8	이은서	사원	2021-03-05	010-4115-1352
9	오서윤	사원	2020-05-01	010-7253-9721

XLOOKUP 함수

이름	직위	입사일	핸드폰
최서현		2020-05-01	

더 알아보기 XLOOKUP 함수와 INDEX, MATCH 함수

XLOOKUP 함수는 [찾을 범위]와 [참조 범위]를 나눠 인수로 받기 때문에 열의 순서는 중요하지 않습니다. 이 작업은 기존 함수로는 INDEX, MATCH 함수를 사용해야 합니다.

```
=INDEX(C6:C14, MATCH(J6, E6:E14, 0))
```

06 직원 명부에 2020년 05월 01일 입사자는 두 명입니다. 맨 끝의 입사자를 참조합니다.

07 [H6] 셀의 수식을 다음과 같이 수정합니다.

[H6] 셀 : =XLOOKUP(J6, E6:E14, C6:C14,,,−1)

H6 | =XLOOKUP(J6, E6:E14, C6:C14,,,-1)

	A	B	C	D	E	F	G	H	I	J	K	L
1												
2		직 원 명 부						XLOOKUP 함수				
3												
5		사번	이름	직위	입사일	핸드폰		이름	직위	입사일	핸드폰	
6		1	박지훈	부장	2008-05-14	010-7212-1234		오서윤		2020-05-01		
7		2	유준혁	차장	2012-10-17	010-5321-4225						
8		3	이서연	과장	2017-05-01	010-4102-8345						
9		4	김민준	대리	2021-04-01	010-6844-2313						
10		5	최서현	주임	2020-05-01	010-3594-5034						
11		6	박현우	주임	2019-10-17	010-9155-2242						
12		7	정시우	사원	2021-01-02	010-7237-1123						
13		8	이은서	사원	2021-03-05	010-4115-1352						
14		9	오서윤	사원	2020-05-01	010-7253-9721						

더 알아보기 XLOOKUP 함수의 [검색 옵션] 인수

XLOOKUP 함수에는 기존 참조 함수에서는 지원되지 않았던 [검색 옵션] 인수가 제공됩니다. [검색 옵션]을 이용하면 값을 찾을 때 위에서 아래로(오름차순) 찾는 방법뿐만 아니라 아래에서 위로(내림차순) 찾는 방법도 사용할 수 있습니다. 이번 수식에서 쉼표를 세 번 입력하고 −1을 입력한 것은 [#N/A대체] 인수와 [찾는 방법] 인수는 기본값을 그대로 사용하고 [검색 옵션] 인수만 −1로 설정하겠다는 의미입니다.

참고로 [#N/A 대체] 인수를 지정하지 않았는데 찾는 값이 없는 경우엔 #N/A 에러가 발생합니다. 그리고 [찾는 방법] 인수는 지정하지 않으면 기본값으로 0이 지정되어 정확하게 일치하는 값을 찾습니다.

08 마이크로소프트 365 버전에서는 동적 배열을 사용해 한번에 여러 값을 참조할 수 있습니다.

LINK 동적 배열에 대한 자세한 설명은 이 책의 **PART 03**을 참고합니다.

09 오서윤 직원의 직위, 입사일, 핸드폰 번호를 참조하기 위해 [H6] 셀에 **오서윤**을 입력합니다.

10 [I6] 셀에 다음 수식을 입력합니다.

[I6] 셀 : =XLOOKUP(H6, C6:C14, D6:F14)

I6 | =XLOOKUP(H6, C6:C14, D6:F14)

	A	B	C	D	E	F	G	H	I	J	K	L
1												
2		직 원 명 부						XLOOKUP 함수				
3												
5		사번	이름	직위	입사일	핸드폰		이름	직위	입사일	핸드폰	
6		1	박지훈	부장	2008-05-14	010-7212-1234		오서윤	사원	2020-05-01	010-7253-9721	
7		2	유준혁	차장	2012-10-17	010-5321-4225						
8		3	이서연	과장	2017-05-01	010-4102-8345						
9		4	김민준	대리	2021-04-01	010-6844-2313						
10		5	최서현	주임	2020-05-01	010-3594-5034						
11		6	박현우	주임	2019-10-17	010-9155-2242						
12		7	정시우	사원	2021-01-02	010-7237-1123						
13		8	이은서	사원	2021-03-05	010-4115-1352						
14		9	오서윤	사원	2020-05-01	010-7253-9721						

더 알아보기 XLOOKUP 함수의 [참조 범위] 인수

XLOOKUP 함수의 [참조 범위]는 여러 열(또는 행) 범위를 설정할 수 있습니다. 그러면 찾은 값의 위치와 동일한 전체 데이터를 반환합니다.

11 XLOOKUP 함수는 열뿐만 아니라 행에서도 값을 찾을 수 있습니다.

12 직원 명부의 모든 이름을 참조하기 위해 [H6] 셀에 다음 수식을 입력합니다.

[H6] 셀 : =XLOOKUP(H5, B5:F5, B6:F14)

H6
=XLOOKUP(H5, B5:F5, B6:F14)
직 원 명 부
XLOOKUP 함수
사번 이름 직위 입사일 핸드폰
1 박지훈 부장 2008-05-14 010-7212-1234
2 유준혁 차장 2012-10-17 010-5321-4225
3 이서연 과장 2017-05-01 010-4102-8345
4 김민준 대리 2021-04-01 010-6844-2313
5 최서현 주임 2020-05-01 010-3594-5034
6 박현우 주임 2019-10-17 010-9155-2242
7 정시우 사원 2021-01-02 010-7237-1123
8 이은서 사원 2021-03-05 010-4115-1352
9 오서윤 사원 2020-05-01 010-7253-9721
이름 직위 입사일 핸드폰
박지훈
유준혁
이서연
김민준
최서현
박현우
정시우
이은서
오서윤

더 알아보기 수식 이해하기

XLOOKUP 함수는 열뿐만 아니라 행에서 값을 찾을 수 있으며, 찾은 값과 동일한 위치의 [참조 범위] 데이터를 반환합니다. 이번 수식은 [H5] 셀의 값을 [B5:F5] 범위에서 찾아 [B6:F14] 범위의 값을 반환하므로, [이름] 열의 전체 데이터가 참조됩니다.

이런 식의 방법은 여러 응용 수식을 작성할 수 있도록 해줍니다. **Section 08-08**에서는 특정 열에서 조건에 맞는 데이터만 참조해오는 방법을 배울 수 있습니다.

08 새로운 찾기 함수 - XMATCH 함수

예제 파일 PART 02 \ CHAPTER 08 \ XMATCH 함수.xlsx

XMATCH 함수

마이크로소프트 365 버전에는 새로 추가된 XLOOKUP 함수처럼 INDEX 함수와 함께 사용될 수 있는 **XMATCH 함수**도 새롭게 추가되었습니다. XMATCH 함수는 XLOOKUP 함수처럼 찾는 방법을 다양하게 지원해줍니다. 또한 XLOOKUP 함수에서 몇 가지 인수만 제외된 것을 빼면 기본적인 구성은 XLOOKUP 함수와 동일합니다. 구문은 다음과 같습니다.

마이크로소프트 365 버전

XMATCH (❶ 찾을 값, ❷ 찾을 범위, ❸ 찾는 방법, ❹ 검색 옵션)

찾을 범위에서 값을 찾아 찾은 값의 위치 인덱스 번호를 반환합니다.

인수

❶ **찾을 값** : 찾을 범위에서 찾으려는 값

❷ **찾을 범위** : 찾을 값을 갖는 데이터 범위

❸ **찾는 방법** : 원하는 값을 찾는 방법에 대한 옵션으로 기본값은 0입니다.

찾는 방법	설명
1	정확하게 일치하거나 다음으로 큰 값을 찾습니다.
0	정확하게 일치하는 값을 찾습니다.
−1	정확하게 일치하거나 다음으로 작은 값을 찾습니다.
2	와일드카드 문자(*, ?, ~)를 사용해 값을 찾습니다.

❹ **검색 옵션** : 검색 옵션으로 기본값은 1

찾는 방법	설명
1	[찾을 범위] 내 첫 번째 항목부터 찾습니다.
−1	[찾을 범위] 내 마지막 항목부터 역순으로 찾습니다.
2	오름차순으로 정렬된 범위에서 이진 검색으로 찾습니다.
−2	내림차순으로 정렬된 범위에서 이진 검색으로 찾습니다.

참고 사항 : 마이크로소프트 365 버전 2020년 2월 업데이트 이후 정식 사용할 수 있습니다.

사용 예

```
=XMATCH("엑셀", A1:A10, 0)
```

TIP '엑셀'을 [A1:A10] 범위에서 찾아 몇 번째에 위치하는지 인덱스 번호를 반환합니다.

따라 하기

01 예제에 입력된 직원의 분류별 점수를 오른쪽 기준 표를 참고해 평가 등급을 부여합니다.

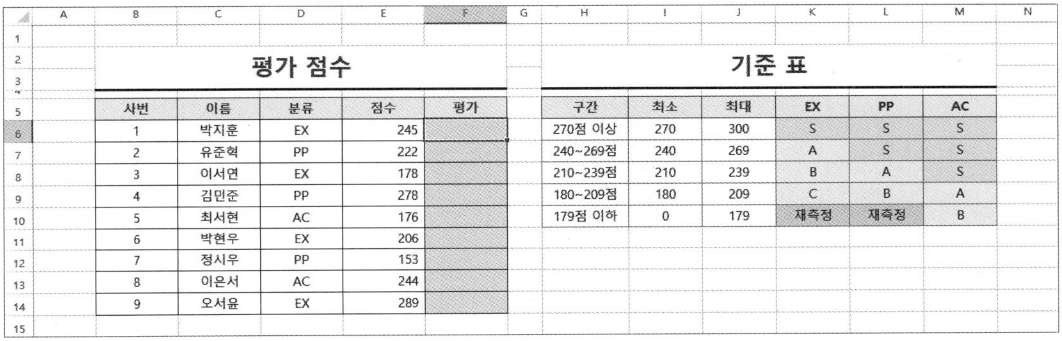

평가 점수

사번	이름	분류	점수	평가
1	박지훈	EX	245	
2	유준혁	PP	222	
3	이서연	EX	178	
4	김민준	PP	278	
5	최서현	AC	176	
6	박현우	EX	206	
7	정시우	PP	153	
8	이은서	AC	244	
9	오서윤	EX	289	

기준 표

구간	최소	최대	EX	PP	AC
270점 이상	270	300	S	S	S
240~269점	240	269	A	S	S
210~239점	210	239	B	A	S
180~209점	180	209	C	B	A
179점 이하	0	179	재측정	재측정	B

TIP D열의 분류는 [K5:M5] 범위에서, E열의 점수는 [H6:H10] 범위에서 각각 찾아야 합니다.

02 직원의 점수에 해당하는 위치를 MATCH 함수로 찾습니다.

03 [F6] 셀에 다음 수식을 입력하고 [F6] 셀의 채우기 핸들을 [F14] 셀까지 드래그합니다.

[F6] 셀 : =MATCH(E6, $J$6:$J$10, −1)

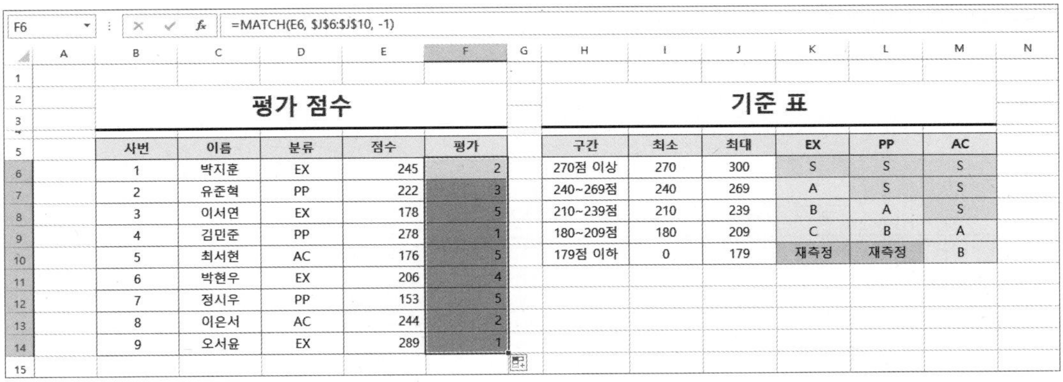

F6 =MATCH(E6, $J$6:$J$10, -1)

평가 점수

사번	이름	분류	점수	평가
1	박지훈	EX	245	2
2	유준혁	PP	222	3
3	이서연	EX	178	5
4	김민준	PP	278	1
5	최서현	AC	176	5
6	박현우	EX	206	4
7	정시우	PP	153	5
8	이은서	AC	244	2
9	오서윤	EX	289	1

기준 표

구간	최소	최대	EX	PP	AC
270점 이상	270	300	S	S	S
240~269점	240	269	A	S	S
210~239점	210	239	B	A	S
180~209점	180	209	C	B	A
179점 이하	0	179	재측정	재측정	B

더 알아보기 수식 이해하기

MATCH 함수로 H열과 같은 내림차순 구간에서 값을 찾아야 한다면 구간의 최댓값이 입력된 범위에서 값을 찾아야 하며, MATCH 함수의 마지막 인수는 –1이어야 합니다. 그러면 정확하게 구간에 속한 값의 위치를 찾을 수 있습니다.

04 동일한 작업을 **XMATCH 함수**를 사용하도록 수식을 변경합니다.

05 [F6] 셀의 수식을 다음과 같이 수정하고 [F6] 셀의 채우기 핸들을 [F14] 셀까지 드래그합니다.

[F6] 셀 : =XMATCH(E6, $J$6:$J$10, –1)

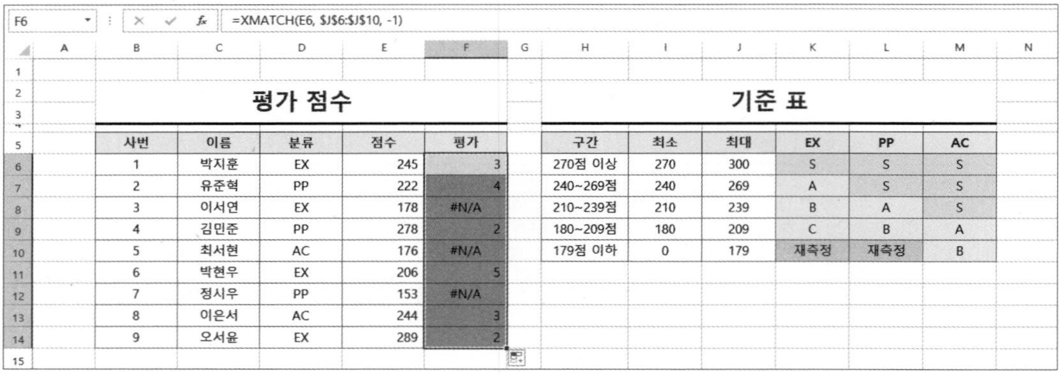

F6 =XMATCH(E6, $J$6:$J$10, -1)

평가 점수

사번	이름	분류	점수	평가
1	박지훈	EX	245	3
2	유준혁	PP	222	4
3	이서연	EX	178	#N/A
4	김민준	PP	278	2
5	최서현	AC	176	#N/A
6	박현우	EX	206	5
7	정시우	PP	153	#N/A
8	이은서	AC	244	3
9	오서윤	EX	289	2

기준 표

구간	최소	최대	EX	PP	AC
270점 이상	270	300	S	S	S
240~269점	240	269	A	S	S
210~239점	210	239	B	A	S
180~209점	180	209	C	B	A
179점 이하	0	179	재측정	재측정	B

더 알아보기 수식 이해하기

이번 수식은 **03** 과정 수식에서 함수 이름만 MATCH에서 XMATCH로 변경한 것입니다. 그런데 함수명을 수정하면 이전에는 존재하지 않던 #N/A 에러가 발생합니다. 이것으로 MATCH 함수와 XMATCH 함수가 동일한 방법으로 작동하지 않는다는 사실을 확인할 수 있습니다.

06 XMACH 함수를 제대로 활용하기 위해 [F6] 셀의 수식을 수정하고 [F14] 셀까지 복사합니다.

[F6] 셀 : =XMATCH(E6, $J$6:$J$10, 1)

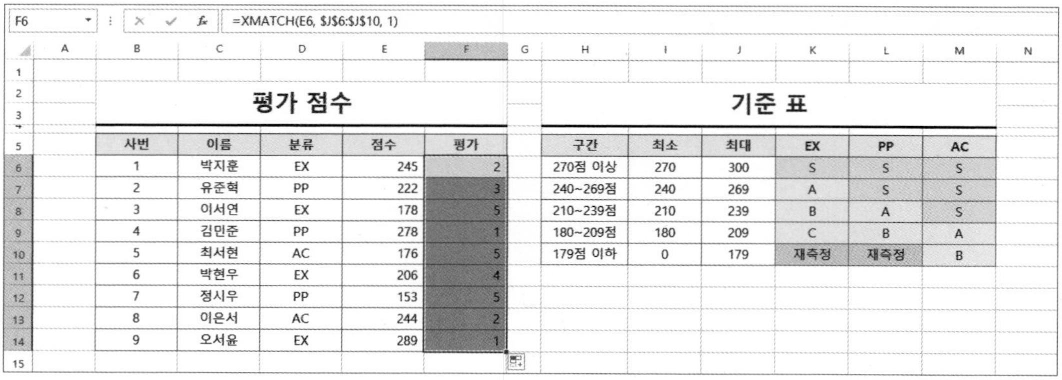

F6 =XMATCH(E6, $J$6:$J$10, 1)

평가 점수

사번	이름	분류	점수	평가
1	박지훈	EX	245	2
2	유준혁	PP	222	3
3	이서연	EX	178	5
4	김민준	PP	278	1
5	최서현	AC	176	5
6	박현우	EX	206	4
7	정시우	PP	153	5
8	이은서	AC	244	2
9	오서윤	EX	289	1

기준 표

구간	최소	최대	EX	PP	AC
270점 이상	270	300	S	S	S
240~269점	240	269	A	S	S
210~239점	210	239	B	A	S
180~209점	180	209	C	B	A
179점 이하	0	179	재측정	재측정	B

더 알아보기　수식 이해하기

이번 수식은 **05** 과정 수식과 달리 XMATCH 함수의 세 번째 인수인 [찾는 방법]에 1을 입력했습니다. 그러면 최댓값 범위(J6:J10)에서 값을 찾을 수 있으며, 일치하는 값이 없다면 찾는 값보다 큰 값 중에서 가장 가까운 값의 위치를 찾습니다. 이런 찾는 방법은 XLOOKUP 함수에도 동일하게 적용됩니다. 이번 수식을 XLOOKUP 함수로 대체하면 다음과 같습니다.

```
=XLOOKUP(E6, $J$6:$J$10, 참조 범위, , 1)
```

07 XMATCH 함수를 사용하면 최솟값 범위에서도 값을 찾을 수 있습니다.

08 [F6] 셀의 수식을 다음과 같이 수정하고 [F6] 셀의 채우기 핸들을 [F14] 셀까지 드래그합니다.

[F6] 셀 : =XMATCH(E6, $I$6:$I$10, −1)

F6　=XMATCH(E6, $I$6:$I$10, -1)

평가 점수

사번	이름	분류	점수	평가
1	박지훈	EX	245	2
2	유준혁	PP	222	3
3	이서연	EX	178	5
4	김민준	PP	278	1
5	최서현	AC	176	5
6	박현우	EX	206	4
7	정시우	PP	153	5
8	이은서	AC	244	2
9	오서윤	EX	289	1

기준 표

구간	최소	최대	EX	PP	AC
270점 이상	270	300	S	S	S
240~269점	240	269	A	S	S
210~239점	210	239	B	A	S
180~209점	180	209	C	B	A
179점 이하	0	179	재측정	재측정	B

더 알아보기　수식 이해하기

XMATCH 함수의 [찾는 방법]에 −1을 입력하면 구간의 최솟값 범위에서 값을 찾습니다. 일치하는 값이 없다면 찾는 값보다 작은 값 중에서 가장 가까운 값의 위치를 찾습니다. 이런 방법은 XLOOKUP 함수에도 동일하게 적용됩니다. 이번 수식을 XLOOKUP 함수로 대체하면 다음과 같습니다.

```
=XLOOKUP(E6, $I$6:$I$10, 참조 범위, , −1)
```

09 이제 INDEX 함수와 XMATCH 함수를 사용해 평가 등급을 참조합니다.

10 [F6] 셀의 수식을 다음과 같이 수정하고 [F6] 셀의 채우기 핸들을 [F14] 셀까지 드래그합니다.

[F6] 셀 : =INDEX($K$6:$M$10, XMATCH(E6, $I$6:$I$10, –1), XMATCH(D6, $K$5:$M$5))

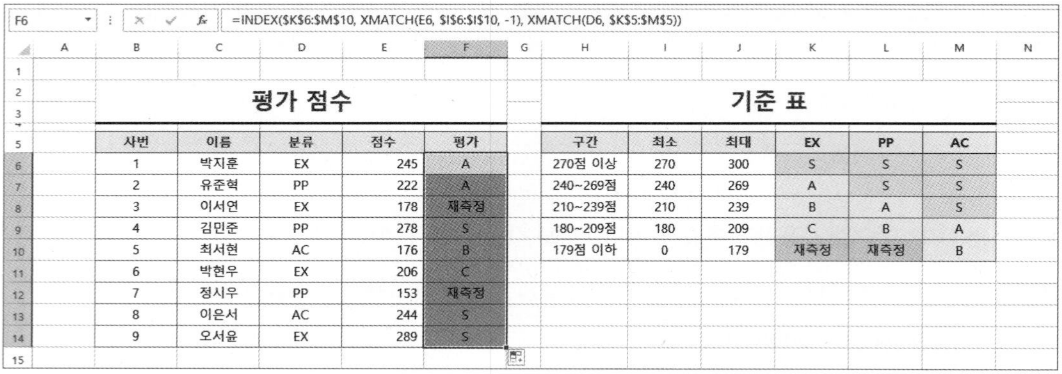

F6 =INDEX($K$6:$M$10, XMATCH(E6, $I$6:$I$10, -1), XMATCH(D6, $K$5:$M$5))

평가 점수

사번	이름	분류	점수	평가
1	박지훈	EX	245	A
2	유준혁	PP	222	A
3	이서연	EX	178	재측정
4	김민준	PP	278	S
5	최서현	AC	176	B
6	박현우	EX	206	C
7	정시우	PP	153	재측정
8	이은서	AC	244	S
9	오서윤	EX	289	S

기준 표

구간	최소	최대	EX	PP	AC
270점 이상	270	300	S	S	S
240~269점	240	269	A	S	S
210~239점	210	239	B	A	S
180~209점	180	209	C	B	A
179점 이하	0	179	재측정	재측정	B

더 알아보기 INDEX, MATCH 함수 조합

XMATCH 함수는 MATCH 함수를 대체함과 동시에 업그레이드된 함수라고 할 수 있습니다. 따라서 INDEX 함수와 함께 사용하면 원하는 값을 참조해올 수 있습니다. 이번 수식의 앞부분은 기존의 INDEX, MATCH 함수를 사용하는 부분과 동일합니다.

```
=INDEX($K$6:$M$10, XMATCH(E6, $I$6:$I$10, –1), 열 번호)
```

위 수식에서 INDEX 함수의 [표] 인수가 K열부터 M열까지 여러 열 범위에 분포되어 있습니다. 따라서 INDEX 함수가 원하는 값을 참조해오려면 [행 번호]와 [열 번호]가 모두 필요합니다. [행 번호]는 앞에서 사용했던 수식 중에서 **08** 과정의 수식을 그대로 사용한 것입니다.

다만 [열 번호]는 [K5:M5] 범위에서 D열의 분류를 찾아야 합니다. MATCH 함수를 사용하나 XMATCH 함수를 사용하나 범위는 동일합니다. XMATCH 함수를 사용한 부분은 다음과 같습니다.

```
=XMATCH(D6, $K$5:$M$5)
```

이 부분은 MATCH 함수를 사용하면 다음과 같이 변경됩니다.

```
=MATCH(D6, $K$5:$M$5, 0)
```

11 동일한 작업을 XLOOKUP 함수를 사용해 처리할 수 있습니다.

12 [F6] 셀의 수식을 다음과 같이 수정하고 [F6] 셀의 채우기 핸들을 [F14] 셀까지 드래그합니다.

[F6] 셀 : =XLOOKUP(E6, $I$6:$I$10, XLOOKUP(D6, $K$5:$M$5, $K$6:$M$10),,−1)

F6 =XLOOKUP(E6, $I$6:$I$10, XLOOKUP(D6, $K$5:$M$5, $K$6:$M$10),,-1)

평가 점수

사번	이름	분류	점수	평가
1	박지훈	EX	245	A
2	유준혁	PP	222	A
3	이서연	EX	178	재측정
4	김민준	PP	278	S
5	최서현	AC	176	B
6	박현우	EX	206	C
7	정시우	PP	153	재측정
8	이은서	AC	244	S
9	오서윤	EX	289	S

기준 표

구간	최소	최대	EX	PP	AC
270점 이상	270	300	S	S	S
240~269점	240	269	A	S	S
210~239점	210	239	B	A	S
180~209점	180	209	C	B	A
179점 이하	0	179	재측정	재측정	B

더 알아보기 **수식 이해하기**

이번 수식을 제대로 이해하기 위해서는 먼저 중첩된 XLOOKUP 함수 부분을 이해해야 합니다.

```
XLOOKUP(D6, $K$5:$M$5, $K$6:$M$10)
```

위 XLOOKUP 함수는 [D6] 셀의 값을 [K5:M5] 범위에서 찾은 다음 [K6:M10] 범위의 값을 반환합니다. [D6] 셀의 경우 [K5:M5] 범위에서 'EX'의 위치를 찾으므로, 'EX' 아래의 [K6:K10] 범위가 참조됩니다. 즉, [D6] 셀의 경우만 한정하면 이번 수식은 다음과 같은 수식이 됩니다.

```
=XLOOKUP(E6, $I$6:$I$10, $K$6:$K$10,,−1)
```

결국 [E6] 셀의 값을 [I6:I10] 범위에서 찾는데, 일치하는 값이 없다면 찾는 값보다 작은 값 중에서 가장 가까운 값의 위치를 찾아 [K6:K10] 범위의 값을 참조하게 됩니다.

08 09 찾을 값의 일부만 알고 있을 때의 값 참조 방법

예제 파일 PART 02 \ CHAPTER 08 \ VLOOKUP 함수-일부.xlsx

공식처럼 사용할 수 있는 수식

네이버나 구글과 같은 사이트에서는 원하는 정보를 찾을 때 검색할 단어 중 일부만 입력해도 해당 키워드가 속한 사이트를 제대로 검색해줍니다. VLOOKUP 함수, MATCH 함수뿐만 아니라 마이크로소프트 365 버전에서 새로 제공되는 XLOOKUP 함수와 XMATCH 함수에도 와일드카드 문자(?, *)를 사용할 수 있습니다.

찾을 값이 포함된 위치 찾기

찾을 값의 일부만 안다면 와일드카드 문자를 이용해 값을 찾을 수 있습니다. VLOOKUP 함수에서 원하는 작업을 하려면 다음 수식을 사용합니다.

=VLOOKUP("*" & 찾을 값 & "*", 표, 열 번호, FALSE)

- **찾을 값** : 찾을 값 중 알고 있는 부분을 와일드카드 문자와 함께 구성합니다.
- **찾는 방법** : [찾는 방법] 인수는 반드시 FALSE여야 합니다.

TIP 이 방법은 LOOKUP, HLOOKUP 함수에도 동일하게 적용됩니다.

MATCH 함수를 사용하는 경우에는 다음 수식을 사용합니다.

=MATCH("*" & 찾을 값 & "*", 찾을 범위, 0)

- **찾을 값** : 찾을 값 중 알고 있는 부분을 와일드카드 문자와 함께 구성합니다.
- **찾는 방법** : [찾는 방법] 인수는 반드시 0이어야 합니다.

TIP 이 방법은 XLOOKUP 함수에도 동일하게 적용됩니다.

VLOOKUP 함수나 MATCH 함수의 [찾을 값] 인수에 사용할 수 있는 패턴은 다음을 참고합니다.

패턴	설명
"*" & 찾을 값	[찾을 값] 인수로 끝나는 문자열을 찾습니다.
찾을 값 & "*"	[찾을 값] 인수로 시작하는 문자열을 찾습니다.
"*" & 찾을 값 & "*"	[찾을 값] 인수가 포함된 문자열을 찾습니다.

마이크로소프트 365 버전

마이크로소프트 365 버전에서 새로 추가된 XLOOKUP 함수를 사용하려면 다음 수식을 사용합니다.

=XLOOKUP("*" & 찾을 값 & "*", 찾을 범위, 참조 범위,,2)

- **찾을 값** : [찾을 값] 중 알고 있는 부분을 와일드카드 문자와 함께 구성합니다.
- **찾는 방법** : [찾는 방법] 인수의 값은 반드시 2여야 합니다.

XMATCH 함수를 사용하려면 다음 수식을 사용합니다.

=XMATCH("*" & 찾을 값 & "*", 찾을 범위, 2)

- **찾을 값** : [찾을 값] 중 알고 있는 부분을 와일드카드 문자와 함께 구성합니다.
- **찾는 방법** : [찾는 방법] 인수의 값은 반드시 2여야 합니다.

따라 하기

01 예제를 열고, [B6] 셀에 입력된 키워드를 F열에서 찾아 품명과 단가를 [B9:C9] 범위에 반환합니다.

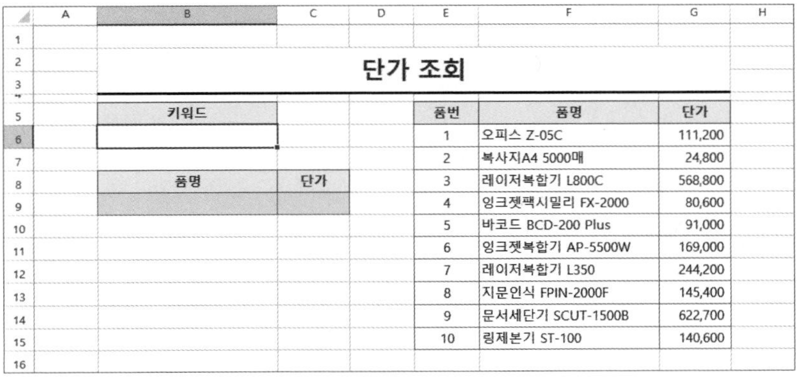
단가 조회
키워드
품명
단가
품번
품명
단가
1 오피스 Z-05C 111,200
2 복사지A4 5000매 24,800
3 레이저복합기 L800C 568,800
4 잉크젯팩시밀리 FX-2000 80,600
5 바코드 BCD-200 Plus 91,000
6 잉크젯복합기 AP-5500W 169,000
7 레이저복합기 L350 244,200
8 지문인식 FPIN-2000F 145,400
9 문서세단기 SCUT-1500B 622,700
10 링제본기 ST-100 140,600

02 [B6] 셀에 **잉크젯복합기**를 입력합니다.

03 [B9] 셀에 다음 수식을 입력합니다.

[B9] 셀 : =VLOOKUP(B6, F6:F15, 1, FALSE)

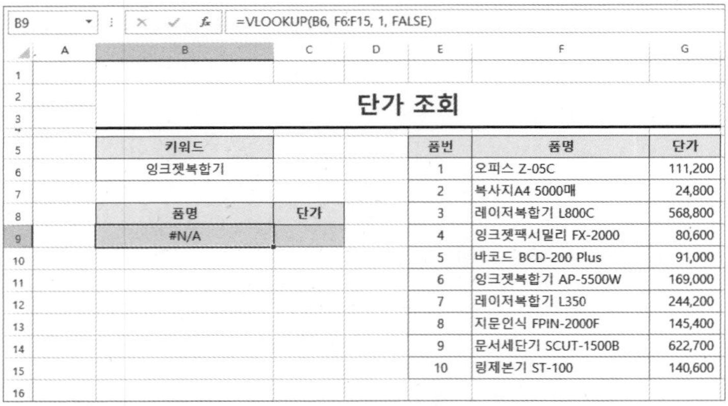

B9
=VLOOKUP(B6, F6:F15, 1, FALSE)
단가 조회
키워드
잉크젯복합기
품명
단가
#N/A
품번 품명 단가
1 오피스 Z-05C 111,200
2 복사지A4 5000매 24,800
3 레이저복합기 L800C 568,800
4 잉크젯팩시밀리 FX-2000 80,600
5 바코드 BCD-200 Plus 91,000
6 잉크젯복합기 AP-5500W 169,000
7 레이저복합기 L350 244,200
8 지문인식 FPIN-2000F 145,400
9 문서세단기 SCUT-1500B 622,700
10 링제본기 ST-100 140,600

더 알아보기 #N/A 에러가 발생한 이유

이번 수식 자체는 문제가 없지만, #N/A 에러가 반환됩니다. 이 에러는 [B6] 셀에 입력된 '잉크젯복합기'와 동일한 값을 [F6:F15] 범위에서 찾을 수 없다는 것을 의미합니다. VLOOKUP 함수의 #N/A 에러를 표시하지 않으려면 IFERROR 함수를 중첩해 다음과 같은 수식을 작성합니다.

```
=IFERROR(VLOOKUP(B6, F6:F15, 1, FALSE), "찾는 값이 없습니다.")
```

#N/A 에러에 한정해서 IFERROR 함수 대신 IFNA 함수를 사용할 수 있습니다. IFNA 함수는 IFERROR 함수와 사용 방법이 동일합니다.

```
=IFNA(VLOOKUP(B6, F6:F15, 1, FALSE), "찾는 값이 없습니다.")
```

단, IFNA 함수는 엑셀 2013 버전부터 지원됩니다.

04 [B6] 셀에 입력된 키워드로 시작하는 제품을 찾도록 [B9] 셀의 수식을 다음과 같이 수정합니다.

[B9] 셀 : =VLOOKUP(B6 & "*", F6:F15, 1, FALSE)

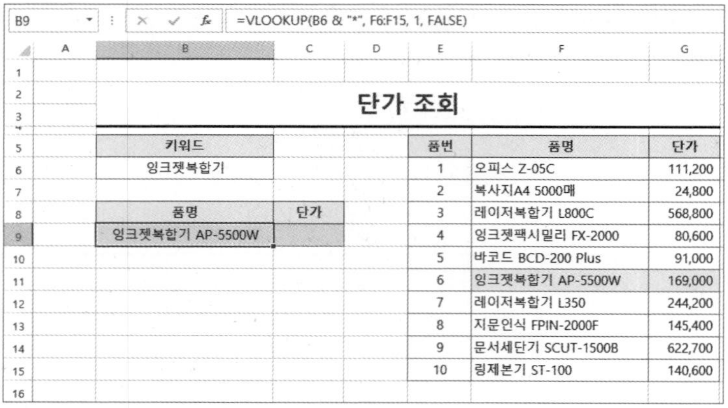

B9
=VLOOKUP(B6 & "*", F6:F15, 1, FALSE)
단가 조회
키워드
잉크젯복합기
품명
단가
잉크젯복합기 AP-5500W
품번 품명 단가
1 오피스 Z-05C 111,200
2 복사지A4 5000매 24,800
3 레이저복합기 L800C 568,800
4 잉크젯팩시밀리 FX-2000 80,600
5 바코드 BCD-200 Plus 91,000
6 잉크젯복합기 AP-5500W 169,000
7 레이저복합기 L350 244,200
8 지문인식 FPIN-2000F 145,400
9 문서세단기 SCUT-1500B 622,700
10 링제본기 ST-100 140,600

더 알아보기 수식 이해하기

VLOOKUP 함수의 첫 번째 인수인 [찾을 값]에는 와일드카드 문자를 사용해 값을 찾을 수 있습니다. [찾을 값] 인수를 **B6 & "*"**와 같이 찾으면 [B6] 셀로 시작하는 첫 번째 값을 찾습니다. 이번 수식은 INDEX, MATCH 함수로 다음과 같이 수정할 수 있습니다.

```
=INDEX(F6:F15, MATCH(B6 & "*", F6:F15, 0))
```

VLOOKUP 함수를 사용한 수식은 모두 INDEX, MATCH 함수로 대체할 수 있습니다. INDEX, MATCH 함수를 조합하는 방법을 연습하고 싶다면 항상 VLOOKUP 함수를 INDEX, MATCH 함수로 변경해보세요.

05 단가를 참조해오기 위해 [C9] 셀에 다음 수식을 입력합니다.

[C9] 셀 : =VLOOKUP(B9, F6:G15, 2, FALSE)

C9
=VLOOKUP(B9, F6:G15, 2, FALSE)
단가 조회
키워드
잉크젯복합기
품명
단가
잉크젯복합기 AP-5500W
169,000
품번 품명 단가
1 오피스 Z-05C 111,200
2 복사지A4 5000매 24,800
3 레이저복합기 L800C 568,800
4 잉크젯팩시밀리 FX-2000 80,600
5 바코드 BCD-200 Plus 91,000
6 잉크젯복합기 AP-5500W 169,000
7 레이저복합기 L350 244,200
8 지문인식 FPIN-2000F 145,400
9 문서세단기 SCUT-1500B 622,700
10 링제본기 ST-100 140,600

더 알아보기 수식 이해하기

이번 수식은 [B9] 셀의 값을 [표] 인수의 첫 번째 열인 [F9:F15] 범위에서 찾아 두 번째 열에서 같은 행에 있는 값을 참조합니다.

06 키워드를 변경하기 위해 [B6] 셀의 값을 **레이저복합기**로 변경합니다.

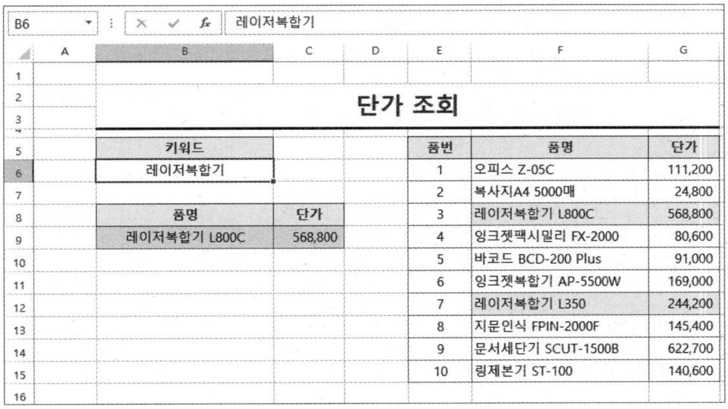

B6
레이저복합기
단가 조회
키워드
레이저복합기
품명
단가
레이저복합기 L800C
568,800
품번 품명 단가
1 오피스 Z-05C 111,200
2 복사지A4 5000매 24,800
3 레이저복합기 L800C 568,800
4 잉크젯팩시밀리 FX-2000 80,600
5 바코드 BCD-200 Plus 91,000
6 잉크젯복합기 AP-5500W 169,000
7 레이저복합기 L350 244,200
8 지문인식 FPIN-2000F 145,400
9 문서세단기 SCUT-1500B 622,700
10 링제본기 ST-100 140,600

TIP [B6] 셀의 값을 변경하면 [B9:C9] 범위의 값도 변경되는데, 동일한 값이 여러 개 존재해도 첫 번째 값만 참조해옵니다.

더 알아보기 동일한 값이 여러 개 존재하는 경우

[B6] 셀의 값을 변경하면 [B9:C9] 범위의 값도 자동으로 변경됩니다. 오른쪽 표에서 품명이 '레이저복합기'로 시작하는 제품은 [F8] 셀과 [F12] 셀로, 두 개가 존재합니다. 하지만 VLOOKUP 함수는 찾을 값에 해당하는 첫 번째 위치의 값만 참조하므로 [B9:C9] 범위의 값은 정확하게 [F8:G8] 범위 내 값을 반환합니다.

마지막 값을 참조하려면 마이크로소프트 365 버전에서 제공되는 XLOOKUP 함수를 사용하면 됩니다. 만약 일치하는 값을 모두 참조하고 싶다면 역시 마이크로소프트 365 버전에서 제공되는 FILTER 함수를 사용해야 합니다.

LINK FILTER 함수에 대한 자세한 설명은 이 책의 784페이지를 참고합니다.

07 VLOOKUP 함수를 XLOOKUP 함수로 대체하기 위해 [B9] 셀의 수식을 다음과 같이 수정합니다.

[B9] 셀 : =XLOOKUP(B6 & "*", F6:F15, F6:F15)

더 알아보기 #N/A 에러가 발생한 이유

XLOOKUP 함수는 VLOOKUP 함수보다 더 많은 기능을 내포하고 있지만, 와일드카드 문자를 사용하려면 약간 불편합니다. 이번 과정에서 작성한 수식은 **04** 과정에서 작성한 VLOOKUP 함수와 동일한데, [B9] 셀에 #N/A 에러를 반환합니다.

#N/A 에러가 발생하는 이유는 XLOOKUP 함수의 경우 와일드카드 문자를 사용하려면 5번째 인수인 [찾는 방법] 인수를 설정해야 하기 때문입니다. 정확한 방법은 **10** 과정의 수식을 참고합니다.

08 XLOOKUP 함수는 #N/A 에러를 원하는 값으로 대체할 수 있습니다.

09 [B9] 셀의 수식을 다음과 같이 수정합니다.

[B9] 셀 : =XLOOKUP(B6 & "*", F6:F15, F6:F15, "찾는 값이 없습니다.")

B9 =XLOOKUP(B6 & "*", F6:F15, F6:F15, "찾는 값이 없습니다.")

단가 조회

키워드			품번	품명	단가
레이저복합기			1	오피스 Z-05C	111,200
			2	복사지A4 5000매	24,800
품명	단가		3	레이저복합기 L800C	568,800
찾는 값이 없습니다.	#N/A		4	잉크젯팩시밀리 FX-2000	80,600
			5	바코드 BCD-200 Plus	91,000
			6	잉크젯복합기 AP-5500W	169,000
			7	레이저복합기 L350	244,200
			8	지문인식 FPIN-2000F	145,400
			9	문서세단기 SCUT-1500B	622,700
			10	링제본기 ST-100	140,600

10 XLOOKUP 함수가 와일드카드 문자를 사용하도록 [B9] 셀의 수식을 다음과 같이 수정합니다.

[B9] 셀 : =XLOOKUP(B6 & "*", F6:F15, F6:F15, "찾는 값이 없습니다.", 2)

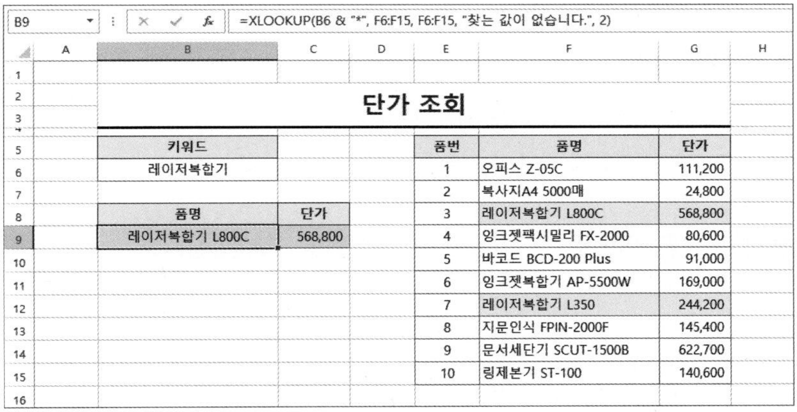
B9 =XLOOKUP(B6 & "*", F6:F15, F6:F15, "찾는 값이 없습니다.", 2)

단가 조회

키워드			품번	품명	단가
레이저복합기			1	오피스 Z-05C	111,200
			2	복사지A4 5000매	24,800
품명	단가		3	레이저복합기 L800C	568,800
레이저복합기 L800C	568,800		4	잉크젯팩시밀리 FX-2000	80,600
			5	바코드 BCD-200 Plus	91,000
			6	잉크젯복합기 AP-5500W	169,000
			7	레이저복합기 L350	244,200
			8	지문인식 FPIN-2000F	145,400
			9	문서세단기 SCUT-1500B	622,700
			10	링제본기 ST-100	140,600

더 알아보기 **수식 이해하기**

XLOOKUP 함수의 5번째 인수인 [찾는 방법] 인수를 2로 설정하면 XLOOKUP 함수가 와일드카드 문자를 사용해 값을 찾습니다. 두 번째 제품(레이저복합기 L350)을 참조하려면 이번 수식을 다음과 같이 수정합니다.

```
=XLOOKUP(B6 & "*", F6:F15, F6:F15, "찾는 값이 없습니다.", 2, -1)
```

08 10 와일드카드 문자(*, ?, ~)가 포함된 값 찾기

예제 파일 PART 02 \ CHAPTER 08 \ INDEX, MATCH 함수-와일드카드.xlsx

공식처럼 사용할 수 있는 수식

셀에 와일드카드 문자(*, ?, ~)가 포함된 문자열을 입력되어 있을 때 VLOOKUP 함수나 MATCH 함수를 사용하면 찾을 문자열을 와일드카드 문자로 인식해 잘못된 결과가 반환될 수 있습니다. 이 경우 와일드카드 문자를 일반 문자로 인식시킬 필요가 있습니다.

찾을 문자열에 와일드카드 문자가 포함된 경우

찾을 문자열에 와일드카드 문자가 포함된 경우 해당 와일드카드 문자 앞에 물결표(~)를 추가해 일반 문자로 변환해줘야 합니다. VLOOKUP 함수로 다음과 같은 수식을 구성합니다.

=VLOOKUP(SUBSTITUTE(찾을 값, "*", "~*"), 표, 열 번호, FALSE)

- **찾을 값** : SUBSTITUTE 함수를 사용해 와일드카드 문자(*, ?, ~) 앞에 물결표(~)를 추가합니다.

와일드카드 문자	수식
*	SUBSTITUTE(찾을 값, "*", "~*")
?	SUBSTITUTE(찾을 값, "?", "~?")
~	SUBSTITUTE(찾을 값, "~", "~~")

TIP 와일드카드 문자 중 물결표(~)는 뒤의 와일드카드 문자를 일반 문자로 인식되도록 합니다.

INDEX, MATCH 함수를 사용한다면 다음 수식을 사용합니다.

=MATCH(SUBSTITUTE(찾을 값, "*", "~*"), 찾을 범위, 0)

마이크로소프트 365 버전

마이크로소프트 365 버전에서 새로 추가된 XLOOKUP 함수를 사용하면 좀 더 쉽게 수식을 사용할 수 있습니다.

=XLOOKUP(찾을 값, 찾을 범위, 참조 범위)

- **찾을 값** : [찾을 값]에 와일드카드 문자가 포함되어도 [찾는 방법] 인수가 생략되면 일반 문자로 처리합니다.

따라 하기

01 예제를 열고 [B6] 셀에 입력된 포장단위를 G열에서 찾아 F열의 상품코드를 [C6] 셀에 참조합니다.

품명 조회

포장단위	상품코드
10 boxes * 12 pieces	

품번	상품코드	포장단위
1	SC-F6K2-3726	10 boxes * 20 bags
2	SC-Q9R9-8747	24 - 12 oz bottles
3	SC-P3L8-0776	12 - 550 ml bottles
4	SC-E5E8-0219	48 - 6 oz jars
5	SC-N9P9-7178	40 - 100 g pkgs.
6	SC-N7F6-5155	20 - 1 kg tins
7	SC-Z0G8-3603	16 kg pkg.
8	SC-G5R1-5006	10 boxes * A Type 12 pieces
9	SC-E1C8-3515	30 gift boxes
10	SC-S2G3-2047	10 boxes * 12 pieces

TIP 찾을 값(G열)의 왼쪽에 참조할 값(F열)이 위치하고 있으므로 INDEX, MATCH 함수 조합을 사용합니다.

02 먼저 [B6] 셀의 값을 [G6:G15] 범위에서 찾습니다. [C6] 셀에 다음 수식을 입력합니다.

[C6] 셀 : =MATCH(B6, G6:G15, 0)

C6 =MATCH(B6, G6:G15, 0)

품명 조회

포장단위	상품코드
10 boxes * 12 pieces	8

품번	상품코드	포장단위
1	SC-F6K2-3726	10 boxes * 20 bags
2	SC-Q9R9-8747	24 - 12 oz bottles
3	SC-P3L8-0776	12 - 550 ml bottles
4	SC-E5E8-0219	48 - 6 oz jars
5	SC-N9P9-7178	40 - 100 g pkgs.
6	SC-N7F6-5155	20 - 1 kg tins
7	SC-Z0G8-3603	16 kg pkg.
8	SC-G5R1-5006	10 boxes * A Type 12 pieces
9	SC-E1C8-3515	30 gift boxes
10	SC-S2G3-2047	10 boxes * 12 pieces

더 알아보기 **수식 이해하기**

이번 수식은 [B6] 셀의 값을 [G6:G15] 범위에서 찾는 동작을 합니다. 결과는 8로, [G6:G15] 범위에서 8번째 위치(G13)의 값이 [B6] 셀과 같다는 의미입니다. 하지만 [B6] 셀과 [G13] 셀의 값은 다릅니다.

이렇게 MATCH 함수가 잘못된 위치를 찾은 이유는 별표(*) 때문입니다. [B6] 셀에 포함된 별표(*)가 와일드카드 문자로 인식되면 '10 boxes'로 시작해서 '12 pieces'로 끝나는 포장단위를 찾습니다. 이런 포장단위는 [G13] 셀과 [G15] 셀에 있으므로 먼저 위치한 [G13] 셀의 위치를 반환한 것입니다.

03 별표(*)가 와일드카드 문자가 아닌 일반 문자로 인식되도록 작업합니다.

04 [B6] 셀에 입력된 별표(*) 앞에 물결표(~) 문자를 추가하고 Enter 를 누릅니다.

B6 | 10 boxes ~* 12 pieces

품명 조회

포장단위	상품코드		품번	상품코드	포장단위
10 boxes ~* 12 pieces	10		1	SC-F6K2-3726	10 boxes * 20 bags
			2	SC-Q9R9-8747	24 - 12 oz bottles
			3	SC-P3L8-0776	12 - 550 ml bottles
			4	SC-E5E8-0219	48 - 6 oz jars
			5	SC-N9P9-7178	40 - 100 g pkgs.
			6	SC-N7F6-5155	20 - 1 kg tins
			7	SC-Z0G8-3603	16 kg pkg.
			8	SC-G5R1-5006	10 boxes * A Type 12 pieces
			9	SC-E1C8-3515	30 gift boxes
			10	SC-S2G3-2047	10 boxes * 12 pieces

TIP 물결표(~)는 오른쪽에 입력된 와일드카드 문자를 일반 문자로 인식시키므로 [C6] 셀에서 정확한 위치를 찾습니다.

05 [B6] 셀의 값을 직접 고치지 않고 수식만으로 올바른 결과를 얻도록 작업합니다.

06 [B6] 셀을 수정한 작업을 취소하기 위해 단축키 Ctrl + Z 를 누릅니다.

07 [C6] 셀의 수식을 다음과 같이 수정합니다.

[C6] 셀 : =MATCH(SUBSTITUTE(B6, "*", "~*"), G6:G15, 0)

C6 | =MATCH(SUBSTITUTE(B6, "*", "~*"), G6:G15, 0)

품명 조회

포장단위	상품코드		품번	상품코드	포장단위
10 boxes * 12 pieces	10		1	SC-F6K2-3726	10 boxes * 20 bags
			2	SC-Q9R9-8747	24 - 12 oz bottles
			3	SC-P3L8-0776	12 - 550 ml bottles
			4	SC-E5E8-0219	48 - 6 oz jars
			5	SC-N9P9-7178	40 - 100 g pkgs.
			6	SC-N7F6-5155	20 - 1 kg tins
			7	SC-Z0G8-3603	16 kg pkg.
			8	SC-G5R1-5006	10 boxes * A Type 12 pieces
			9	SC-E1C8-3515	30 gift boxes
			10	SC-S2G3-2047	10 boxes * 12 pieces

더 알아보기 수식 이해하기

이번 수식은 MATCH 함수의 [찾을 값] 인수를 SUBSTITUTE 함수로 수정한 것입니다. 해당 부분은 다음과 같습니다.

```
SUBSTITUTE(B6, "*", "~*")
```

이 함수는 [B6] 셀의 값에서 별표(*)를 찾아 ~*로 수정합니다. 그러므로 [B6] 셀에 입력된 별표(*) 앞에 물결(~)을 추가하는 **04** 과정과 동일한 작업이 됩니다.

08 이제 위치를 찾았으므로 INDEX 함수를 사용해 상품코드를 참조해옵니다.

09 [C6] 셀의 수식에 INDEX 함수를 사용해 다음과 같이 수정합니다.

[C6] 셀 : =INDEX(F6:F15, MATCH(SUBSTITUTE(B6, "*", "~*"), G6:G15, 0))

C6 | =INDEX(F6:F15, MATCH(SUBSTITUTE(B6, "*", "~*"), G6:G15, 0))

품명 조회

포장단위	상품코드
10 boxes * 12 pieces	SC-S2G3-2047

품번	상품코드	포장단위
1	SC-F6K2-3726	10 boxes * 20 bags
2	SC-Q9R9-8747	24 - 12 oz bottles
3	SC-P3L8-0776	12 - 550 ml bottles
4	SC-E5E8-0219	48 - 6 oz jars
5	SC-N9P9-7178	40 - 100 g pkgs.
6	SC-N7F6-5155	20 - 1 kg tins
7	SC-Z0G8-3603	16 kg pkg.
8	SC-G5R1-5006	10 boxes * A Type 12 pieces
9	SC-E1C8-3515	30 gift boxes
10	SC-S2G3-2047	10 boxes * 12 pieces

TIP INDEX 함수는 MATCH 함수로 찾은 위치에 해당하는 값(상품코드)을 참조합니다.

10 이 작업은 XLOOKUP 함수를 사용하면 좀 더 간단하게 해결할 수 있습니다.

11 [C6] 셀의 수식을 다음과 같이 수정합니다.

[C6] 셀 : =XLOOKUP(B6, G6:G15, F6:F15)

C6 | =XLOOKUP(B6, G6:G15, F6:F15)

품명 조회

포장단위	상품코드
10 boxes * 12 pieces	SC-S2G3-2047

품번	상품코드	포장단위
1	SC-F6K2-3726	10 boxes * 20 bags
2	SC-Q9R9-8747	24 - 12 oz bottles
3	SC-P3L8-0776	12 - 550 ml bottles
4	SC-E5E8-0219	48 - 6 oz jars
5	SC-N9P9-7178	40 - 100 g pkgs.
6	SC-N7F6-5155	20 - 1 kg tins
7	SC-Z0G8-3603	16 kg pkg.
8	SC-G5R1-5006	10 boxes * A Type 12 pieces
9	SC-E1C8-3515	30 gift boxes
10	SC-S2G3-2047	10 boxes * 12 pieces

08 11 둘 이상의 조건을 모두 만족하는 값 참조 방법

예제 파일 PART 02 \ CHAPTER 08 \ VLOOKUP 함수–다중 조건.xlsx

공식처럼 사용할 수 있는 수식

VLOOKUP 함수와 MATCH 함수는 한번에 하나의 값만 찾을 수 있습니다. 따라서 여러 조건을 모두 만족하는 위치를 찾아야 한다면 배열 수식을 이용해야 합니다. 그런데 열을 추가하는 간단한 작업만으로도 원하는 결과를 얻을 수 있습니다. 다음 수식을 참고합니다.

찾을 값이 여러 개인 경우의 참조

찾을 값이 여러 개인 경우에는 [찾을 값] 인수에 여러 찾을 값을 모두 연결한 후 찾습니다.

=VLOOKUP(찾을 값1 & 찾을 값2, 표, 열 번호, FALSE)

- **[표]** : [표] 범위의 첫 번째 열에 찾을 값을 모두 & 연산자로 연결해놓아야 합니다.

MATCH 함수 역시 같은 방법으로 여러 값을 한번에 찾을 수 있습니다.

=MATCH(찾을 값1 & 찾을 값2, 찾을 범위, 0)

- **찾을 범위** : 찾을 값을 모두 & 연산자로 연결해놓은 데이터 범위

마이크로소프트 365 버전

XLOOKUP 함수로 여러 데이터 범위에서 원하는 값의 위치를 찾을 수 있습니다. 다음 수식을 사용합니다.

=XLOOKUP(1, (찾을 범위1=찾을 값1)*(찾을 범위2=찾을 값2), 참조 범위)

- **찾을 값** : [찾을 값] 인수에 와일드카드 문자가 포함되어도 [찾는 방법] 인수를 생략하면 일반 문자로 처리합니다.

따라 하기

01 예제를 열고, 총무부 최서현 직원의 핸드폰 번호를 오른쪽 표에서 참조합니다.

전화 번호 검색

부서	이름	핸드폰
총무부	최서현	

부서	이름	핸드폰
영업부	박지훈	010-3722-2500
영업부	유준혁	010-5321-5233
영업부	이서연	010-4102-3230
영업부	김민준	010-3645-1740
영업부	최서현	010-9466-6913
총무부	박현우	010-8955-0715
총무부	정시우	010-5237-0997
총무부	최서현	010-4238-8504
총무부	오서윤	010-6753-4193

TIP 예제 표의 이름이 최서현인 직원은 모두 두 명입니다.

02 먼저 이름으로 핸드폰 번호를 참조합니다. [D6] 셀에 다음 수식을 입력합니다.

[D6] 셀 : =VLOOKUP(C6, G6:H14, 2, FALSE)

D6 =VLOOKUP(C6, G6:H14, 2, FALSE)

전화 번호 검색

부서	이름	핸드폰
총무부	최서현	010-9466-6913

부서	이름	핸드폰
영업부	박지훈	010-3722-2500
영업부	유준혁	010-5321-5233
영업부	이서연	010-4102-3230
영업부	김민준	010-3645-1740
영업부	최서현	010-9466-6913
총무부	박현우	010-8955-0715
총무부	정시우	010-5237-0997
총무부	최서현	010-4238-8504
총무부	오서윤	010-6753-4193

더 알아보기 **수식 이해하기**

이번 수식은 VLOOKUP 함수를 사용해 [C6] 셀의 값을 [G6:G14] 범위(표의 왼쪽 첫 번째 열)에서 정확하게 일치하는 첫 번째 위치를 찾습니다. 그러므로 동명이인이 있어도 첫 번째 위치인 [G10] 셀의 위치만 찾고, 표의 두 번째 열인 [H10] 셀의 값만 참조됩니다.

03 동명이인이 있어 부서 이름과 함께 찾아야 한다면 원본 표에 두 값을 미리 연결해놓습니다.

04 [I6] 셀에 다음 수식을 입력하고 [I6] 셀의 채우기 핸들을 [I14] 셀까지 드래그합니다.

[I6] 셀 : =F6&G6

I6 | =F6&G6

전화 번호 검색

부서	이름	핸드폰
총무부	최서현	010-9466-6913

부서	이름	핸드폰	
영업부	박지훈	010-3722-2500	영업부박지훈
영업부	유준혁	010-5321-5233	영업부유준혁
영업부	이서연	010-4102-3230	영업부이서연
영업부	김민준	010-3645-1740	영업부김민준
영업부	최서현	010-9466-6913	영업부최서현
총무부	박현우	010-8955-0715	총무부박현우
총무부	정시우	010-5237-0997	총무부정시우
총무부	최서현	010-4238-8504	총무부최서현
총무부	오서윤	010-6753-4193	총무부오서윤

05 I열에서 부서와 이름을 찾습니다. [D6] 셀에 다음 수식을 입력합니다.

[D6] 셀 : =MATCH(B6 & C6, I6:I14, 0)

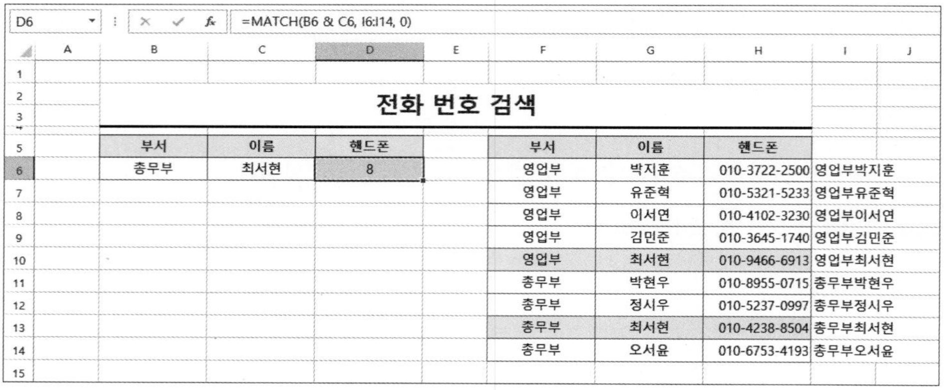
D6 | =MATCH(B6 & C6, I6:I14, 0)

전화 번호 검색

부서	이름	핸드폰
총무부	최서현	8

부서	이름	핸드폰	
영업부	박지훈	010-3722-2500	영업부박지훈
영업부	유준혁	010-5321-5233	영업부유준혁
영업부	이서연	010-4102-3230	영업부이서연
영업부	김민준	010-3645-1740	영업부김민준
영업부	최서현	010-9466-6913	영업부최서현
총무부	박현우	010-8955-0715	총무부박현우
총무부	정시우	010-5237-0997	총무부정시우
총무부	최서현	010-4238-8504	총무부최서현
총무부	오서윤	010-6753-4193	총무부오서윤

더 알아보기 **수식 이해하기**

I열에 F열과 G열의 값이 연결되어 있습니다. 따라서 I열에서 값을 찾아 H열의 핸드폰 번호를 참조합니다. 이런 위치에서는 VLOOKUP 함수를 사용할 수 없으므로, INDEX, MATCH 함수를 사용합니다. 이번 수식은 MATCH 함수로 참조할 행의 인덱스 번호를 얻습니다. [D6] 셀의 반환된 값 8은 [I6:I14] 범위에서 8번째 위치에 원하는 값(총무부 최서현)이 존재한다는 것을 의미합니다.

06 MATCH 함수로 위치를 찾았으므로 INDEX 함수로 핸드폰 번호를 참조합니다.

07 [D6] 셀의 수식을 다음과 같이 수정합니다.

[D6] 셀 : =INDEX(H6:H14, MATCH(B6 & C6, I6:I14, 0))

D6 | =INDEX(H6:H14, MATCH(B6 & C6, I6:I14, 0))

전화 번호 검색

부서	이름	핸드폰		부서	이름	핸드폰	
총무부	최서현	010-4238-8504		영업부	박지훈	010-3722-2500	영업부박지훈
				영업부	유준혁	010-5321-5233	영업부유준혁
				영업부	이서연	010-4102-3230	영업부이서연
				영업부	김민준	010-3645-1740	영업부김민준
				영업부	최서현	010-9466-6913	영업부최서현
				총무부	박현우	010-8955-0715	총무부박현우
				총무부	정시우	010-5237-0997	총무부정시우
				총무부	최서현	010-4238-8504	총무부최서현
				총무부	오서윤	010-6753-4193	총무부오서윤

08 XLOOKUP 함수를 사용하면 I열을 생성하지 않아도 됩니다.

09 [I6:I14] 범위를 선택하고 Delete 를 눌러 삭제합니다.

10 [D6] 셀에 다음 수식을 입력합니다.

[D6] 셀 : =XLOOKUP(1, (F6:F14=B6)*(G6:G14=C6), H6:H14)

D6 | =XLOOKUP(1, (F6:F14=B6)*(G6:G14=C6), H6:H14)

전화 번호 검색

부서	이름	핸드폰		부서	이름	핸드폰
총무부	최서현	010-4238-8504		영업부	박지훈	010-3722-2500
				영업부	유준혁	010-5321-5233
				영업부	이서연	010-4102-3230
				영업부	김민준	010-3645-1740
				영업부	최서현	010-9466-6913
				총무부	박현우	010-8955-0715
				총무부	정시우	010-5237-0997
				총무부	최서현	010-4238-8504
				총무부	오서윤	010-6753-4193

더 알아보기 **수식 이해하기**

마이크로소프트 365 버전부터 지원하는 XLOOKUP 함수는 [찾을 범위]에 배열을 이용할 수 있습니다. 이러한 동적 배열을 활용하면 여러 조건을 만족하는 위치의 값을 참조할 수 있어 활용도가 높습니다. 동적 배열에 대해서는 이 책의 **PART 03**에서 자세하게 설명합니다.

다양한 참조 수식

08 12 찾는 값이 있어도 #N/A 에러가 발생할 때 문제 해결 방법

예제 파일 PART 02 \ CHAPTER 08 \ VLOOKUP 함수-NA.xlsx

공식처럼 사용할 수 있는 수식

VLOOKUP 함수, MATCH 함수 등은 동일한 값을 찾을 때 데이터 형식도 동일해야 합니다. 찾을 값이 동일해도 데이터 형식이 다르면 #N/A 에러가 발생합니다. 이 경우 다음과 같은 방법을 사용해 찾습니다.

텍스트형 숫자를 숫자로 변환해 찾기

다음 수식은 [찾을 값]이 텍스트형 숫자일 때 숫자로 변환해 값을 찾습니다.

=VLOOKUP(--찾을 값, 표, 열 번호, FALSE)

TIP --찾을 값 부분은 VALUE(찾을 값)로 변경할 수 있습니다.

숫자를 텍스트형 숫자로 변환해 찾기

다음 수식은 [찾을 값]을 숫자에서 텍스트형 숫자로 변환해 값을 찾습니다.

=VLOOKUP(찾을 값 & "", 표, 열 번호, FALSE)

TIP 찾을 값 & "" 부분은 TEXT(찾을 값, "@")나 TEXT(찾을 값, "0")로 변경할 수 있습니다.

따라 하기

01 예제를 열고, B열에 입력된 주문번호를 오른쪽 표에서 찾아 품명을 참조합니다.

#N/A 에러 해결

행	B	C	E	F	G	H	I
5	주문번호	품명	주문번호	품명	단가	수량	판매
6	10255		10248	컬러레이저복사기 XI-3200	1,176,000	3	2,998,800
7	10257		10249	바코드 Z-350	48,300	3	144,900
8	10259		10250	잉크젯팩시밀리 FX-1050	47,400	3	142,200
9	10261		10251	프리미엄복사지A4 2500매	17,800	9	160,200
10			10252	바코드 BCD-100 Plus	86,500	7	605,500
11			10253	고급복사지A4 500매	3,500	2	7,000
12			10254	바코드 Z-350	46,300	7	324,100
13			10255	바코드 BCD-100 Plus	104,500	8	836,000
14			10256	잉크젯복합기 AP-3300	79,800	1	79,800
15			10257	잉크젯복합기 AP-3200	89,300	8	714,400
16			10258	고급복사지A4 500매	4,100	7	28,700
17			10259	잉크젯복합기 AP-3200	79,500	2	159,000
18			10260	레이저복합기 L200	165,300	3	495,900
19			10261	고급복사지A4 500매	3,600	8	28,800

TIP [B6:B9] 범위의 값은 셀 왼쪽에 표시되므로 텍스트입니다. [E6:E19] 범위의 값은 숫자와 텍스트가 혼용되어 있습니다.

02 VLOOKUP 함수를 사용해 품명을 참조합니다.

03 [C6] 셀에 다음 수식을 입력하고 [C6] 셀의 채우기 핸들을 [C9] 셀까지 드래그해 수식을 복사합니다.

[C6] 셀 : =VLOOKUP(B6, $E$6:$F$19, 2, FALSE)

C6 =VLOOKUP(B6, $E$6:$F$19, 2, FALSE)

#N/A 에러 해결

행	B	C	E	F	G	H	I
5	주문번호	품명	주문번호	품명	단가	수량	판매
6	10255	#N/A	10248	컬러레이저복사기 XI-3200	1,176,000	3	2,998,800
7	10257	#N/A	10249	바코드 Z-350	48,300	3	144,900
8	10259	#N/A	10250	잉크젯팩시밀리 FX-1050	47,400	3	142,200
9	10261	#N/A	10251	프리미엄복사지A4 2500매	17,800	9	160,200
10			10252	바코드 BCD-100 Plus	86,500	7	605,500
11			10253	고급복사지A4 500매	3,500	2	7,000
12			10254	바코드 Z-350	46,300	7	324,100
13			10255	바코드 BCD-100 Plus	104,500	8	836,000
14			10256	잉크젯복합기 AP-3300	79,800	1	79,800
15			10257	잉크젯복합기 AP-3200	89,300	8	714,400
16			10258	고급복사지A4 500매	4,100	7	28,700
17			10259	잉크젯복합기 AP-3200	79,500	2	159,000
18			10260	레이저복합기 L200	165,300	3	495,900
19			10261	고급복사지A4 500매	3,600	8	28,800

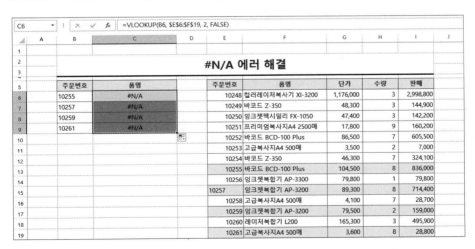

더 알아보기 **#N/A 에러가 발생한 이유**

B열의 주문번호는 모두 왼쪽에 표시되므로 텍스트 데이터입니다. 반면 E열의 주문번호는 왼쪽과 오른쪽에 혼합되어 표시되므로, 숫자와 텍스트 데이터가 혼합되어 있음을 알 수 있습니다. 이렇게 데이터 형식이 일치하지 않으면 VLOOKUP 함수나 MATCH 함수는 값을 찾지 못해 #N/A 에러가 발생합니다.

04 #N/A 에러를 해결하기 위해 B열의 주문번호를 숫자로 변환해 찾습니다.

05 [C6] 셀의 수식을 다음과 같이 수정하고 [C6] 셀의 채우기 핸들을 [C9] 셀까지 드래그합니다.

[C6] 셀 : =VLOOKUP(– – B6, $E$6:$F$19, 2, FALSE)

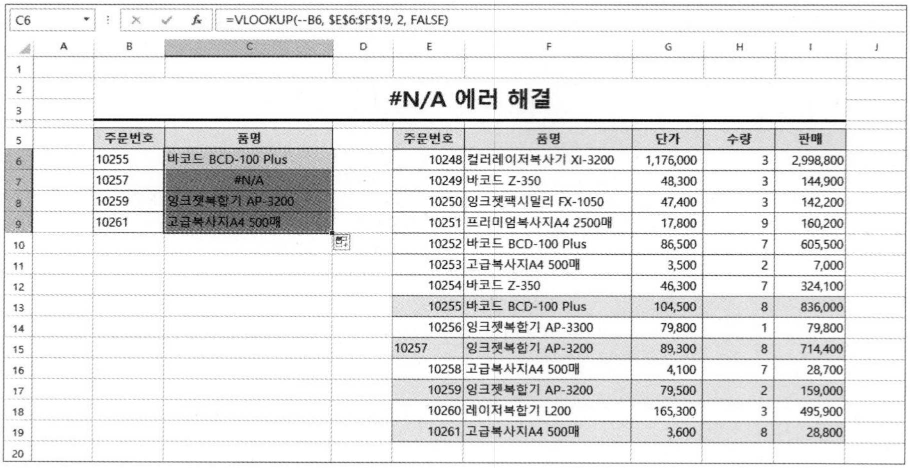
C6 | =VLOOKUP(--B6, $E$6:$F$19, 2, FALSE)

#N/A 에러 해결

주문번호	품명	주문번호	품명	단가	수량	판매
10255	바코드 BCD-100 Plus	10248	컬러레이저복사기 XI-3200	1,176,000	3	2,998,800
10257	#N/A	10249	바코드 Z-350	48,300	3	144,900
10259	잉크젯복합기 AP-3200	10250	잉크젯팩시밀리 FX-1050	47,400	3	142,200
10261	고급복사지A4 500매	10251	프리미엄복사지A4 2500매	17,800	9	160,200
		10252	바코드 BCD-100 Plus	86,500	7	605,500
		10253	고급복사지A4 500매	3,500	2	7,000
		10254	바코드 Z-350	46,300	7	324,100
		10255	바코드 BCD-100 Plus	104,500	8	836,000
		10256	잉크젯복합기 AP-3300	79,800	1	79,800
		10257	잉크젯복합기 AP-3200	89,300	8	714,400
		10258	고급복사지A4 500매	4,100	7	28,700
		10259	잉크젯복합기 AP-3200	79,500	2	159,000
		10260	레이저복합기 L200	165,300	3	495,900
		10261	고급복사지A4 500매	3,600	8	28,800

더 알아보기 수식 이해하기

이번 수식은 [찾을 값] 인수의 주문번호를 숫자로 변환해 찾습니다. 그러면 [C7] 셀을 제외하고 모두 제대로 된 품명이 반환되는 것을 확인할 수 있습니다.

06 [C7] 셀의 #N/A 에러 발생 이유를 확인하고 문제를 해결합니다.

07 E열 주문번호의 문자 개수를 세어 눈에 보이지 않는 유령 문자가 포함되어 있는지 확인합니다.

08 [J6] 셀에 다음 수식을 입력하고 [J6] 셀의 채우기 핸들을 [J19] 셀까지 드래그합니다.

[J6] 셀 : =LEN(E6)

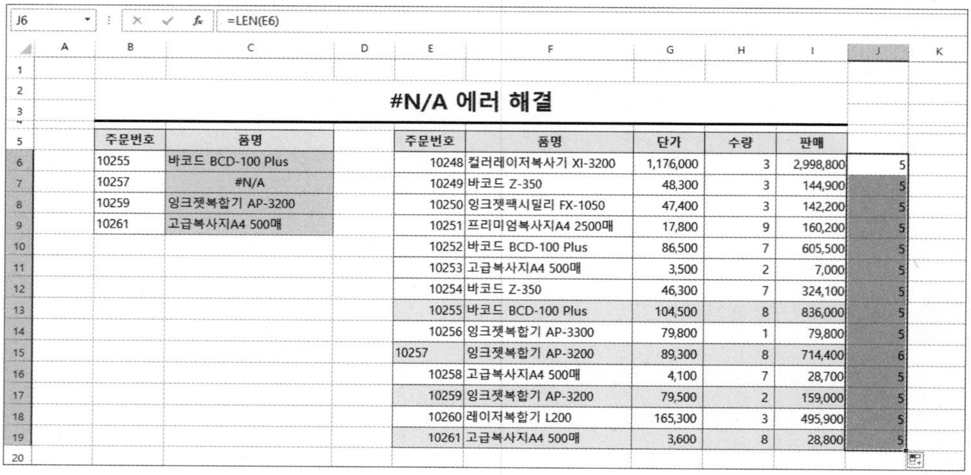
J6 | =LEN(E6)

#N/A 에러 해결

주문번호	품명	주문번호	품명	단가	수량	판매	
10255	바코드 BCD-100 Plus	10248	컬러레이저복사기 XI-3200	1,176,000	3	2,998,800	5
10257	#N/A	10249	바코드 Z-350	48,300	3	144,900	5
10259	잉크젯복합기 AP-3200	10250	잉크젯팩시밀리 FX-1050	47,400	3	142,200	5
10261	고급복사지A4 500매	10251	프리미엄복사지A4 2500매	17,800	9	160,200	5
		10252	바코드 BCD-100 Plus	86,500	7	605,500	5
		10253	고급복사지A4 500매	3,500	2	7,000	5
		10254	바코드 Z-350	46,300	7	324,100	5
		10255	바코드 BCD-100 Plus	104,500	8	836,000	5
		10256	잉크젯복합기 AP-3300	79,800	1	79,800	5
		10257	잉크젯복합기 AP-3200	89,300	8	714,400	6
		10258	고급복사지A4 500매	4,100	7	28,700	5
		10259	잉크젯복합기 AP-3200	79,500	2	159,000	5
		10260	레이저복합기 L200	165,300	3	495,900	5
		10261	고급복사지A4 500매	3,600	8	28,800	5

더 알아보기 보이지 않는 유령 문자를 찾는 방법

LEN 함수는 셀의 문자 개수를 세어줍니다. 그런데 다른 셀과 다르게 [J15] 셀에만 6이 반환됐습니다. 이것은 [E15] 셀의 주문번호가 총 6개의 문자로 구성되어 있다는 의미인데, [E15] 셀에는 총 5개의 문자(10257)만 보이므로 눈에 보이지 않는 문자가 추가로 입력되어 있다는 점을 확인할 수 있습니다.

09 공백 문자(" ")가 포함되어 있는지 확인하기 위해 E열의 수식을 수정합니다.

10 [J6] 셀의 수식을 다음과 같이 수정하고 [J6] 셀의 채우기 핸들[+]을 [J19] 셀까지 드래그합니다.

[J6] 셀 : =LEN(TRIM(E6))

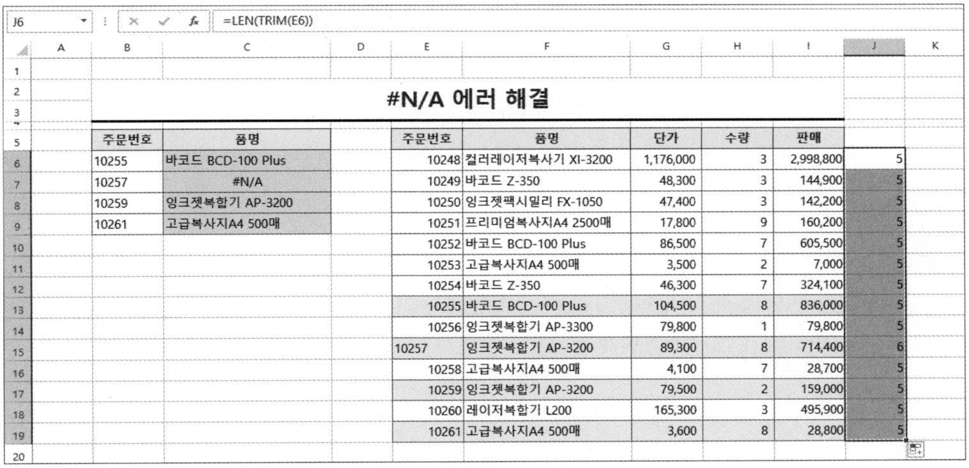
J6 =LEN(TRIM(E6))

#N/A 에러 해결

주문번호	품명
10255	바코드 BCD-100 Plus
10257	#N/A
10259	잉크젯복합기 AP-3200
10261	고급복사지A4 500매

주문번호	품명	단가	수량	판매	
10248	컬러레이저복사기 XI-3200	1,176,000	3	2,998,800	5
10249	바코드 Z-350	48,300	3	144,900	5
10250	잉크젯팩시밀리 FX-1050	47,400	3	142,200	5
10251	프리미엄복사지A4 2500매	17,800	9	160,200	5
10252	바코드 BCD-100 Plus	86,500	7	605,500	5
10253	고급복사지A4 500매	3,500	2	7,000	5
10254	바코드 Z-350	46,300	7	324,100	5
10255	바코드 BCD-100 Plus	104,500	8	836,000	5
10256	잉크젯복합기 AP-3300	79,800	1	79,800	5
10257	잉크젯복합기 AP-3200	89,300	8	714,400	6
10258	고급복사지A4 500매	4,100	7	28,700	5
10259	잉크젯복합기 AP-3200	79,500	2	159,000	5
10260	레이저복합기 L200	165,300	3	495,900	5
10261	고급복사지A4 500매	3,600	8	28,800	5

더 알아보기 공백 문자를 찾는 방법

TRIM 함수는 공백 문자(" ")가 포함된 경우 해당 공백 문자를 지워주는 역할을 합니다. TRIM 함수로 공백 문자를 제거하고 문자 개수를 세어 5개가 반환된다면, 해당 셀에 공백 문자가 포함되어 있었다는 사실을 확인할 수 있습니다. 하지만 [J15] 셀의 결과는 이전과 동일하게 6이 반환됩니다. 이것으로 [E15] 셀에 공백 문자가 포함된 것은 아니라는 것을 알 수 있습니다.

11 눈에 보이지 않는 유령 문자가 포함되어 있는지 CLEAN 함수를 사용해 확인합니다.

12 [J6] 셀에 다음 수식을 입력하고 [J6] 셀의 채우기 핸들을 [J19] 셀까지 드래그합니다.

[J6] 셀 : =LEN(CLEAN(E6))

J6 =LEN(CLEAN(E6))

#N/A 에러 해결

주문번호	품명
10255	바코드 BCD-100 Plus
10257	#N/A
10259	잉크젯복합기 AP-3200
10261	고급복사지A4 500매

주문번호	품명	단가	수량	판매	J
10248	컬러레이저복사기 XI-3200	1,176,000	3	2,998,800	5
10249	바코드 Z-350	48,300	3	144,900	5
10250	잉크젯팩시밀리 FX-1050	47,400	3	142,200	5
10251	프리미엄복사지A4 2500매	17,800	9	160,200	5
10252	바코드 BCD-100 Plus	86,500	7	605,500	5
10253	고급복사지A4 500매	3,500	2	7,000	5
10254	바코드 Z-350	46,300	7	324,100	5
10255	바코드 BCD-100 Plus	104,500	8	836,000	5
10256	잉크젯복합기 AP-3300	79,800	1	79,800	5
10257	잉크젯복합기 AP-3200	89,300	8	714,400	5
10258	고급복사지A4 500매	4,100	7	28,700	5
10259	잉크젯복합기 AP-3200	79,500	2	159,000	5
10260	레이저복합기 L200	165,300	3	495,900	5
10261	고급복사지A4 500매	3,600	8	28,800	5

더 알아보기 수식 이해하기

CLEAN 함수는 눈에 보이지 않고 인쇄되지 않는 유령 문자를 삭제해줍니다. 이번 수식으로 [J15] 셀의 결과가 6에서 5로 바뀐 것을 확인할 수 있습니다. 결과적으로 [E15] 셀에 눈에 보이지 않는 유령 문자가 포함되어 있다는 것을 확인할 수 있습니다.

13 주문번호에서 유령 문자를 제외한 주문번호를 J열에 얻습니다.

14 [J6] 셀의 수식을 다음과 같이 수정하고 [J6] 셀의 채우기 핸들을 [J19] 셀까지 드래그합니다.

[J6] 셀 : =CLEAN(E6)

J6 =CLEAN(E6)

#N/A 에러 해결

주문번호	품명
10255	바코드 BCD-100 Plus
10257	#N/A
10259	잉크젯복합기 AP-3200
10261	고급복사지A4 500매

주문번호	품명	단가	수량	판매	J
10248	컬러레이저복사기 XI-3200	1,176,000	3	2,998,800	10248
10249	바코드 Z-350	48,300	3	144,900	10249
10250	잉크젯팩시밀리 FX-1050	47,400	3	142,200	10250
10251	프리미엄복사지A4 2500매	17,800	9	160,200	10251
10252	바코드 BCD-100 Plus	86,500	7	605,500	10252
10253	고급복사지A4 500매	3,500	2	7,000	10253
10254	바코드 Z-350	46,300	7	324,100	10254
10255	바코드 BCD-100 Plus	104,500	8	836,000	10255
10256	잉크젯복합기 AP-3300	79,800	1	79,800	10256
10257	잉크젯복합기 AP-3200	89,300	8	714,400	10257
10258	고급복사지A4 500매	4,100	7	28,700	10258
10259	잉크젯복합기 AP-3200	79,500	2	159,000	10259
10260	레이저복합기 L200	165,300	3	495,900	10260
10261	고급복사지A4 500매	3,600	8	28,800	10261

더 알아보기 수식 이해하기

CLEAN 함수는 유령 문자를 제외한 결과를 반환합니다. J열의 반환 결과가 셀 왼쪽에 표시되므로, CLEAN 함수는 텍스트 형식으로 데이터를 반환한다는 것을 알 수 있습니다.

15 INDEX, MATCH 함수를 사용해 품명을 참조합니다.

16 [C6] 셀의 수식을 다음과 같이 수정하고 [C6] 셀의 채우기 핸들을 [C9] 셀까지 드래그합니다.

[C6] 셀 : =INDEX($F$6:$F$19, MATCH(B6, $J$6:$J$19, 0))

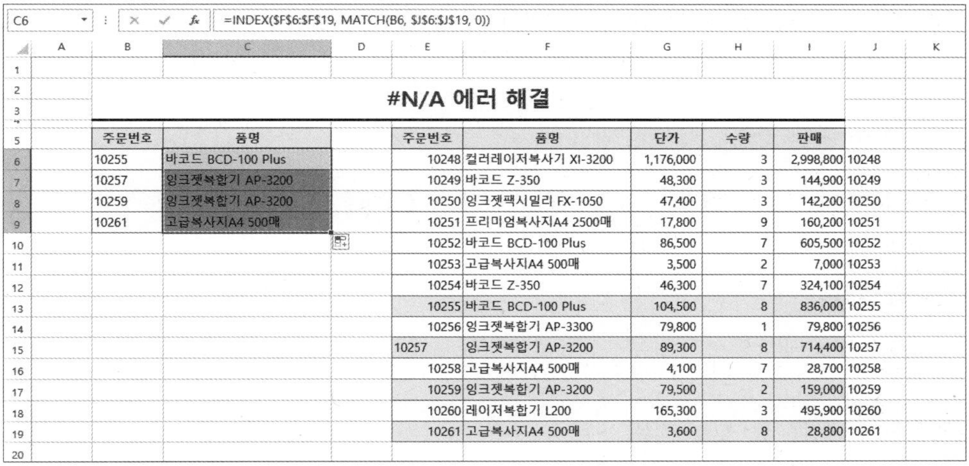

C6 =INDEX($F$6:$F$19, MATCH(B6, $J$6:$J$19, 0))

#N/A 에러 해결

	A	B	C	D	E	F	G	H	I	J	K
5		주문번호	품명		주문번호	품명	단가	수량	판매		
6		10255	바코드 BCD-100 Plus		10248	컬러레이저복사기 XI-3200	1,176,000	3	2,998,800	10248	
7		10257	잉크젯복합기 AP-3200		10249	바코드 Z-350	48,300	3	144,900	10249	
8		10259	잉크젯복합기 AP-3200		10250	잉크젯팩시밀리 FX-1050	47,400	3	142,200	10250	
9		10261	고급복사지A4 500매		10251	프리미엄복사지A4 2500매	17,800	9	160,200	10251	
10					10252	바코드 BCD-100 Plus	86,500	7	605,500	10252	
11					10253	고급복사지A4 500매	3,500	2	7,000	10253	
12					10254	바코드 Z-350	46,300	7	324,100	10254	
13					10255	바코드 BCD-100 Plus	104,500	8	836,000	10255	
14					10256	잉크젯복합기 AP-3300	79,800	1	79,800	10256	
15					10257	잉크젯복합기 AP-3200	89,300	8	714,400	10257	
16					10258	고급복사지A4 500매	4,100	7	28,700	10258	
17					10259	잉크젯복합기 AP-3200	79,500	2	159,000	10259	
18					10260	레이저복합기 L200	165,300	3	495,900	10260	
19					10261	고급복사지A4 500매	3,600	8	28,800	10261	

더 알아보기 수식 이해하기

J열은 이미 텍스트 형식의 데이터이므로, B열의 데이터의 형식을 변환하지 않아도 됩니다. 곧바로 INDEX 함수와 MATCH 함수를 조합해 품명을 참조합니다. 이 수식은 XLOOKUP 함수를 사용해 다음과 같이 변경할 수 있습니다.

```
=XLOOKUP(B6, $J$6:$J$19, $F$6:$F$19)
```

다양한 참조 수식

08 13 마지막에 입력된 값 참조하기

예제 파일 PART 02 \ CHAPTER 08 \ INDEX, MATCH 함수–마지막.xlsx

공식처럼 사용할 수 있는 수식

표에 입력된 데이터 중에서 마지막 데이터를 참조해야 한다면 다음과 같은 수식 중 하나를 사용합니다.

마지막 숫자 데이터 찾기

MATCH 함수를 사용해 숫자 중에서 마지막에 입력된 숫자를 찾으려면 다음 수식을 사용합니다.

=MATCH(보다 작은 값, 찾을 범위, –1)

- **보다 작은 값** : [찾을 범위] 내 입력된 값보다 작은 숫자를 의미합니다. 만약 입력된 값 중 가장 작은 값이 100이라면 100보다 작은 값이면 아무 값이나 됩니다. 얼마를 입력해야 할지 모른다면 **MIN(입력 범위)–1**로 변경해도 됩니다.

또는 다음과 같은 수식을 사용할 수 있습니다.

=MATCH(보다 큰 값, 찾을 범위, 1)

- **보다 큰 값** : [찾을 범위] 내 입력된 값보다 큰 값을 의미합니다. 만약 입력된 값 중 가장 큰 값이 100이라면 100보다 큰 값이면 됩니다. 얼마를 입력해야 할지 모른다면 **MAX(입력 범위)+1**로 변경해도 됩니다.

마지막 텍스트 데이터 찾기

텍스트 데이터 중에서 마지막 값을 찾으려면 다음 수식을 사용합니다.

=MATCH("*", 찾을 범위, –1)

조건을 만족하는 숫자 데이터 찾기

만약 특정 조건을 만족하는 마지막 위치를 찾으려면 다음과 같은 수식을 사용합니다.

=MATCH(보다 작은 값, IF(조건 범위=찾을 값, 찾을 범위), −1)

참고로 위 수식은 엑셀 2019 버전까지는 Ctrl + Shift + Enter 로 입력해야 하며, 마이크로소프트 365 버전에서는 Enter 로 입력합니다.

마이크로소프트 365 버전

XLOOKUP 함수는 [검색 옵션] 인수를 −1로 설정하면 반대 방향으로 값을 찾을 수 있으므로 마지막에 입력된 값을 찾기는 매우 쉽습니다. 다음과 같은 수식을 사용합니다.

=XLOOKUP(찾을 값, 찾을 범위, 참조 범위,,,−1)

따라 하기

01 예제를 열고, 오른쪽 표에서 제품의 마지막 단가와 납품 업체를 참조해 왼쪽 표에 정리합니다.

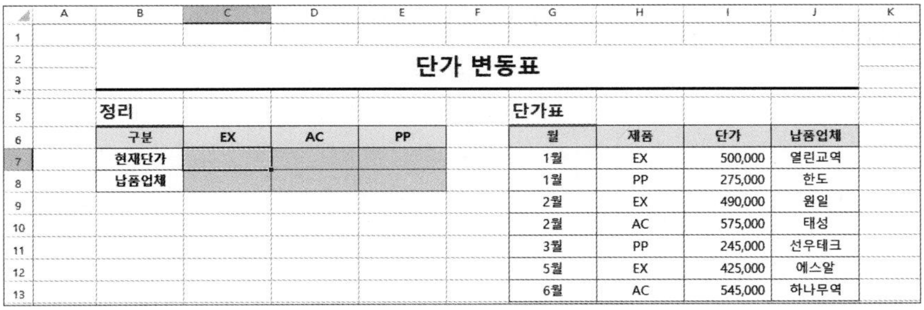

단가 변동표

정리

구분	EX	AC	PP
현재단가			
납품업체			

단가표

월	제품	단가	납품업체
1월	EX	500,000	열린교역
1월	PP	275,000	한도
2월	EX	490,000	원일
2월	AC	575,000	태성
3월	PP	245,000	선우테크
5월	EX	425,000	예스알
6월	AC	545,000	하나무역

02 마지막 단가의 위치를 찾기 위해 [C7] 셀에 다음 수식을 입력합니다.

[C7] 셀 : =MATCH(10^7, $I$7:$I$13, 1)

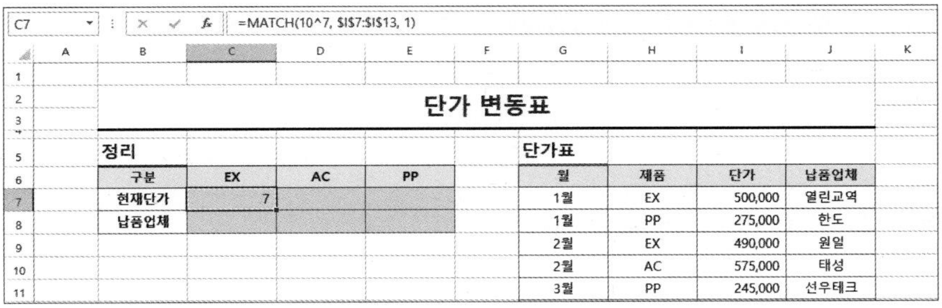

C7 =MATCH(10^7, $I$7:$I$13, 1)

단가 변동표

정리

구분	EX	AC	PP
현재단가	7		
납품업체			

단가표

월	제품	단가	납품업체
1월	EX	500,000	열린교역
1월	PP	275,000	한도
2월	EX	490,000	원일
2월	AC	575,000	태성
3월	PP	245,000	선우테크

더 알아보기 마지막 값의 위치 찾기

이번 수식은 10의 7제곱인 1천만 원을 [I7:I13] 범위에서 찾습니다. [찾는 방법] 인수를 1로 설정했으므로 단가가 오름차순으로 정렬되어 있다고 가정하고 1천만 원보다 큰 숫자를 만날 때까지 찾는 동작을 합니다. 찾는 값이 없다면 마지막 위치를 반환합니다.

이런 방법을 이용하면 특정 데이터 범위의 마지막에 입력된 숫자의 위치를 찾을 수 있습니다. 또는 다음과 같은 수식으로도 동일한 위치를 찾을 수 있습니다.

```
=MATCH(-1, $I$7:$I$13, -1)
```

위 수식에서 [찾을 값] 인수의 −1은 [I7:I13] 범위의 값보다 작은 값 중 하나를 임의로 입력한 것입니다. [찾는 방법] 인수의 −1은 [단가] 범위(I7:I13)가 내림차순으로 정렬되어 있다고 가정하고 찾을 값과 같거나 더 작은 숫자를 찾습니다. −1보다 작은 값은 없으므로 마지막 위치가 찾아집니다.

03 제품별 마지막 위치를 찾습니다.

04 [C7] 셀의 수식을 다음과 같이 수정하고 [C7] 셀의 채우기 핸들을 [E7] 셀까지 드래그합니다.

[C7] 셀 : =MATCH(10^7, IF($H$7:$H$13=C6, $I$7:$I$13), 1)

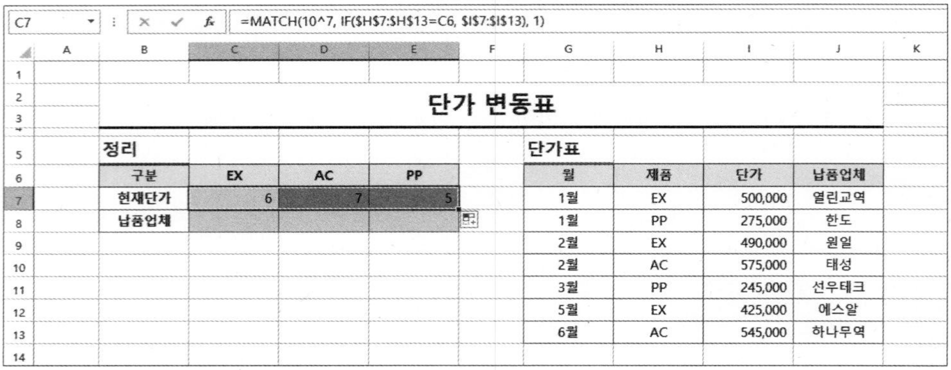
C7 =MATCH(10^7, IF($H$7:$H$13=C6, $I$7:$I$13), 1)

단가 변동표

정리					단가표			
구분	EX	AC	PP		월	제품	단가	납품업체
현재단가	6	7	5		1월	EX	500,000	열린교역
납품업체					1월	PP	275,000	한도
					2월	EX	490,000	원일
					2월	AC	575,000	태성
					3월	PP	245,000	선우테크
					5월	EX	425,000	에스알
					6월	AC	545,000	하나무역

Ver. 엑셀 2019 이하 버전에서는 [C7] 셀에 수식을 입력할 때 Ctrl+Shift+Enter로 입력해야 합니다.

더 알아보기 수식 이해하기

이번 수식은 **02** 과정의 수식과 동일하지만 MATCH 함수의 [찾을 범위] 인수에 IF 함수를 사용했습니다. 즉, 원하는 조건에 맞는 값만 배열로 반환하도록 구성한 것입니다. [H7:H13] 범위(제품)에서 [C6] 셀의 값과 동일한 셀을 찾고, 같은 위치인 [I7:I13] 범위(단가)의 값을 배열로 받아 MATCH 함수로 마지막 위치의 값을 찾습니다.

수식을 복사하면 6, 7, 5와 같이 제품별로 위치를 다르게 반환하는 것을 확인할 수 있습니다.

05 찾은 위치에 해당하는 단가를 INDEX 함수로 참조합니다.

06 [C7] 셀의 수식을 다음과 같이 수정하고 [C7] 셀의 채우기 핸들을 [E7] 셀까지 드래그합니다.

[C7] 셀 : =INDEX($I$7:$I$13, MATCH(10^7, IF($H$7:$H$13=C6, $I$7:$I$13), 1))

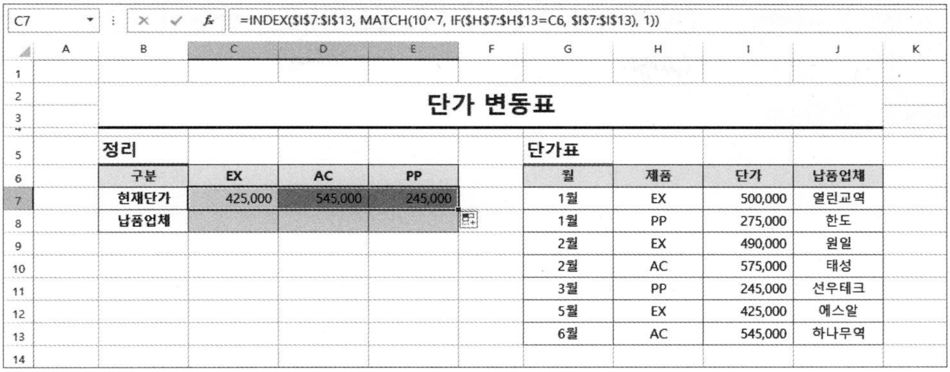

구분	EX	AC	PP
현재단가	425,000	545,000	245,000
납품업체			

월	제품	단가	납품업체
1월	EX	500,000	열린교역
1월	PP	275,000	한도
2월	EX	490,000	원일
2월	AC	575,000	태성
3월	PP	245,000	선우테크
5월	EX	425,000	에스알
6월	AC	545,000	하나무역

Ver. 엑셀 2019 이하 버전에서는 [C7] 셀에 수식을 입력할 때 Ctrl + Shift + Enter 로 입력해야 합니다.

07 마지막 납품업체 이름을 참조합니다.

08 [C8] 셀에 다음 수식을 입력하고 [C8] 셀의 채우기 핸들을 [E8] 셀까지 드래그합니다.

[C8] 셀 : =XLOOKUP(C6, $H$7:$H$13, $J$7:$J$13,,,−1)

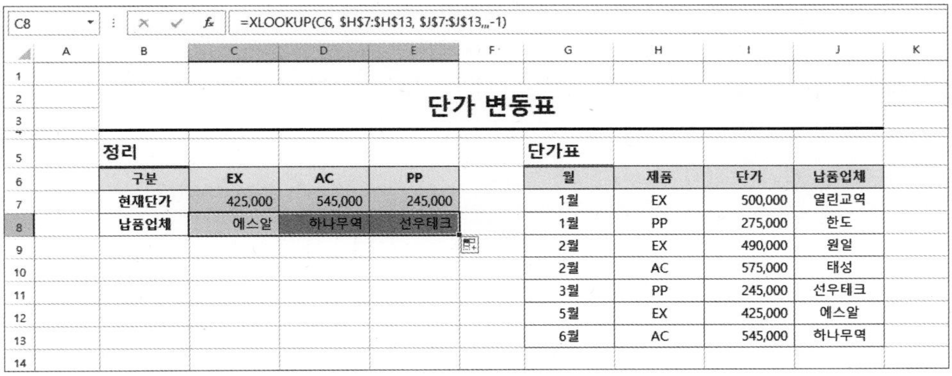

구분	EX	AC	PP
현재단가	425,000	545,000	245,000
납품업체	에스알	하나무역	선우테크

월	제품	단가	납품업체
1월	EX	500,000	열린교역
1월	PP	275,000	한도
2월	EX	490,000	원일
2월	AC	575,000	태성
3월	PP	245,000	선우테크
5월	EX	425,000	에스알
6월	AC	545,000	하나무역

08 14 중복된 숫자가 입력된 위치를 모두 찾기

예제 파일 PART 02 \ CHAPTER 08 \ INDEX, MATCH 함수-중복.xlsx

공식처럼 사용할 수 있는 수식

VLOOKUP 함수나 MATCH 함수에서 [찾을 값] 인수가 중복되면 원하는 값을 참조하기가 어렵습니다. 이런 경우 중복된 값을 조정한 후 조정 범위 내에서 값을 찾습니다.

중복 데이터로 원하는 값 참조

중복 데이터가 존재하는 범위에서 원하는 값을 순서대로 참조하려면 다음과 같은 수식을 사용합니다.

=INDEX(참조 범위, MATCH(LARGE(조정 범위, ROW(A1)), 조정 범위, 0))

- **참조 범위** : 참조할 데이터 범위
- **조정 범위** : 중복 데이터를 중복되지 않도록 값을 조정한 범위

따라 하기

01 예제의 H열에는 LARGE 함수로 C열의 판매량 중 상위 세 개의 값을 집계하고 있습니다.

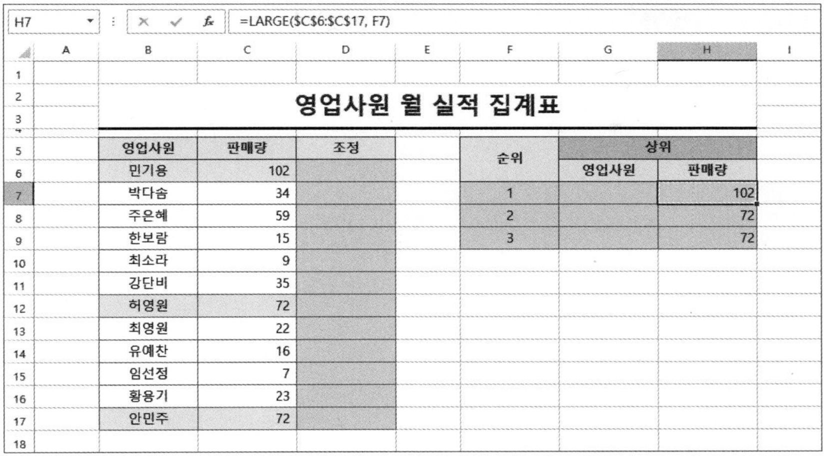
H7 =LARGE($C$6:$C$17, F7)

영업사원 월 실적 집계표

영업사원	판매량	조정
민기용	102	
박다솜	34	
주은혜	59	
한보람	15	
최소라	9	
강단비	35	
허영원	72	
최영원	22	
유예찬	16	
임선정	7	
황용기	23	
안민주	72	

순위	상위	
	영업사원	판매량
1		102
2		72
3		72

02 H열에 집계된 판매량을 C열에서 찾아 해당 값의 영업사원 이름을 G열에 참조합니다.

03 먼저 MATCH 함수를 사용해 H열의 판매량을 C열에서 찾습니다.

04 [G7] 셀에 다음 수식을 입력하고 [G7] 셀의 채우기 핸들을 [G9] 셀까지 드래그합니다.

[G7] 셀 : =MATCH(H7, $C$6:$C$17, 0)

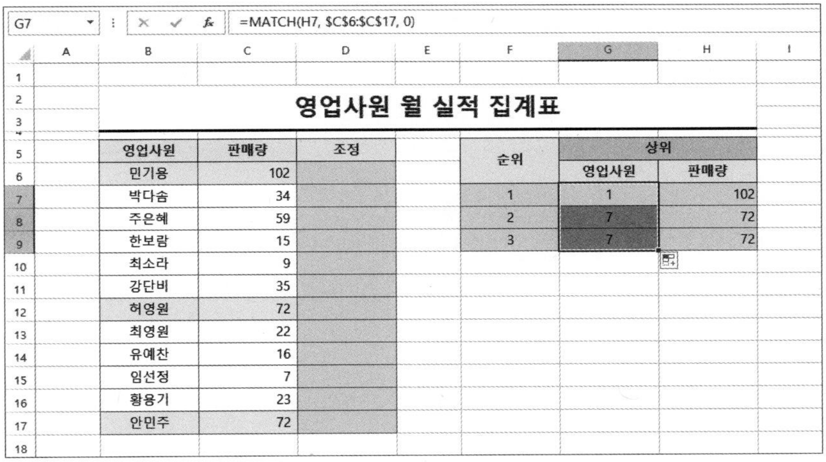
G7 =MATCH(H7, $C$6:$C$17, 0)

영업사원 월 실적 집계표

영업사원	판매량	조정
민기용	102	
박다솜	34	
주은혜	59	
한보람	15	
최소라	9	
강단비	35	
허영원	72	
최영원	22	
유예찬	16	
임선정	7	
황용기	23	
안민주	72	

순위	상위	
	영업사원	판매량
1	1	102
2	7	72
3	7	72

더 알아보기 **동일한 값이 반환되는 이유**

이번 수식은 MATCH 함수를 사용해 H열의 값을 C열에 찾는데, [G8:G9] 범위에 반환된 값이 동일합니다. 이것은 [H8:H9] 범위에 동일한 값이 존재하기 때문입니다. MATCH 함수는 [찾을 값]에 중복이 존재하면 항상 첫 번째 값의 위치를 찾습니다. 그러므로 G열에 반환된 결과가 중복된 값이지만 수식의 오류는 아니라는 것을 이해해야 합니다.

05 C열의 판매량이 중복되지 않도록 값을 조정합니다.

06 [D6] 셀에 다음 수식을 입력하고 [D6] 셀의 채우기 핸들을 [D17] 셀까지 드래그합니다.

[D6] 셀 : =C6+(ROW()/100)

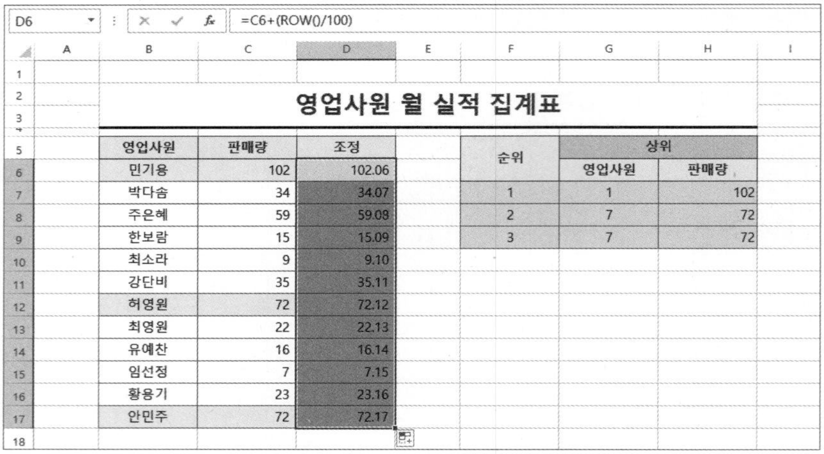

D6 | =C6+(ROW()/100)

영업사원 월 실적 집계표

영업사원	판매량	조정
민기용	102	102.06
박다솜	34	34.07
주은혜	59	59.08
한보람	15	15.09
최소라	9	9.10
강단비	35	35.11
허영원	72	72.12
최영원	22	22.13
유예찬	16	16.14
임선정	7	7.15
황용기	23	23.16
안민주	72	72.17

순위	상위	
	영업사원	판매량
1	1	102
2	7	72
3	7	72

더 알아보기 중복된 데이터를 고유한 값으로 변경하기

ROW 함수는 행 번호를 반환해주는 함수로, 수식 내에서 **ROW()**와 같이 사용하면 수식이 입력된 셀의 행 번호를 반환합니다. 이 값을 100으로 나누면 [D6] 셀부터 순서대로 C열의 값에 **6/100, 7/100, 8/100,** …을 더한 결과를 반환하게 됩니다.

이렇게 하면 간단하게 중복 데이터가 존재해도 고유한 값으로 변경할 수 있습니다. 다만 아래에 있는 행일수록 분자가 커져 조정된 값 역시 커지게 됩니다. 이번 예제에서 중복된 값이 위치한 [C12] 셀과 [C17] 셀의 조정된 값을 보면 [D12] 셀은 72.12가, [D17] 셀은 72.17이 됩니다.

그러면 LARGE 함수로 큰 값을 순서대로 추출할 때 [D17] 셀이 더 큰 값이 되므로 순서대로 값을 불러올 수 없습니다. 그러므로 이번 수식은 위쪽 행에 더 큰 값이 반환되도록 조정할 필요가 있습니다.

07 순서대로 값을 참조해오기 위해 중복된 데이터는 상단에 더 큰 값이 나오도록 변경합니다.

08 [D6] 셀의 수식을 다음과 같이 수정하고 [D6] 셀의 채우기 핸들을 [D17] 셀까지 드래그합니다.

[D6] 셀 : =C6+((100−ROW())/100)

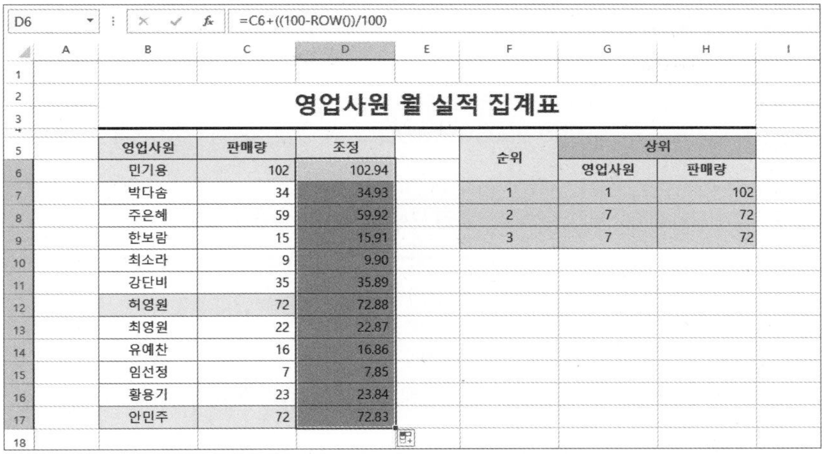

D6 | =C6+((100-ROW())/100)

영업사원 월 실적 집계표

영업사원	판매량	조정
민기용	102	102.94
박다솜	34	34.93
주은혜	59	59.92
한보람	15	15.91
최소라	9	9.90
강단비	35	35.89
허영원	72	72.88
최영원	22	22.87
유예찬	16	16.86
임선정	7	7.85
황용기	23	23.84
안민주	72	72.83

순위	상위	
	영업사원	판매량
1	1	102
2	7	72
3	7	72

더 알아보기 수식 이해하기

이번 수식처럼 100으로 행 번호를 뺀 결과를 100으로 나누면 **(100−6)/100, (100−7)/100, (100−8)/100,** …과 같이 변경되어 아래 행으로 내려갈수록 작은 값이 더해지게 됩니다.

중복된 값이 위치한 [C12] 셀과 [C17] 셀의 조정된 값은 72.88과 72.83으로, 위쪽 행의 값이 더 큰 것을 확인할 수 있습니다. 이렇게 하면 LARGE 함수를 이용해 큰 값 순서로 집계할 때 중복된 데이터의 경우 위쪽 행의 데이터가 먼저 반환됩니다.

09 D열의 조정된 판매량으로 참조해올 값의 위치를 찾습니다.

10 [G7] 셀의 수식을 다음과 같이 수정하고 [G7] 셀의 채우기 핸들을 [G9] 셀까지 드래그합니다.

[G7] 셀 : =MATCH(LARGE($D$6:$D$17, ROW(A1)), $D$6:$D$17, 0)

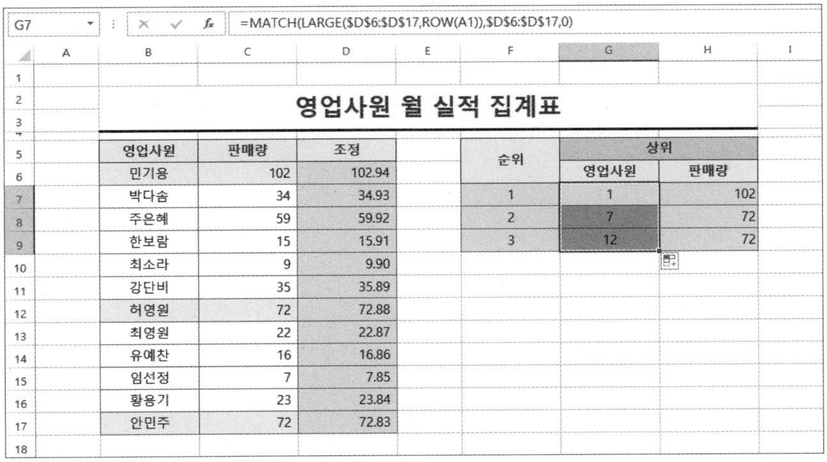

G7 | =MATCH(LARGE($D$6:$D$17,ROW(A1)),$D$6:$D$17,0)

영업사원 월 실적 집계표

영업사원	판매량	조정
민기용	102	102.94
박다솜	34	34.93
주은혜	59	59.92
한보람	15	15.91
최소라	9	9.90
강단비	35	35.89
허영원	72	72.88
최영원	22	22.87
유예찬	16	16.86
임선정	7	7.85
황용기	23	23.84
안민주	72	72.83

순위	상위	
	영업사원	판매량
1	1	102
2	7	72
3	12	72

더 알아보기 **수식 이해하기**

이번 수식을 좀 더 이해하기 쉽게 정리하면 다음과 같습니다.

```
=MATCH(LARGE(조정 범위, ROW(A1)), 조정 범위, 0)
```

즉, [조정 범위]에서 LARGE 함수로 상위 1, 2, 3위를 집계한 후 해당 숫자를 다시 [조정 범위]에서 찾는 수식입니다. **ROW(A1)** 부분은 [A1] 셀의 행 번호인 1을 반환하며, 아래로 복사하면 **ROW(A2)**, **ROW(A3)**와 같이 참조 위치가 변경되면서 2, 3 값을 반환합니다.

이렇게 하면 **04** 과정의 수식과는 달리 정확하게 참조할 위치의 인덱스 번호를 MATCH 함수로 얻을 수 있습니다.

11 MATCH 함수로 찾은 위치의 영업사원 이름을 참조합니다.

12 [G7] 셀의 수식을 다음과 같이 수정하고 [G7] 셀의 채우기 핸들을 [G9] 셀까지 드래그합니다.

[G7] 셀 : =INDEX($B$6:$B$17, MATCH(LARGE($D$6:$D$17, ROW(A1)), $D$6:$D$17, 0))

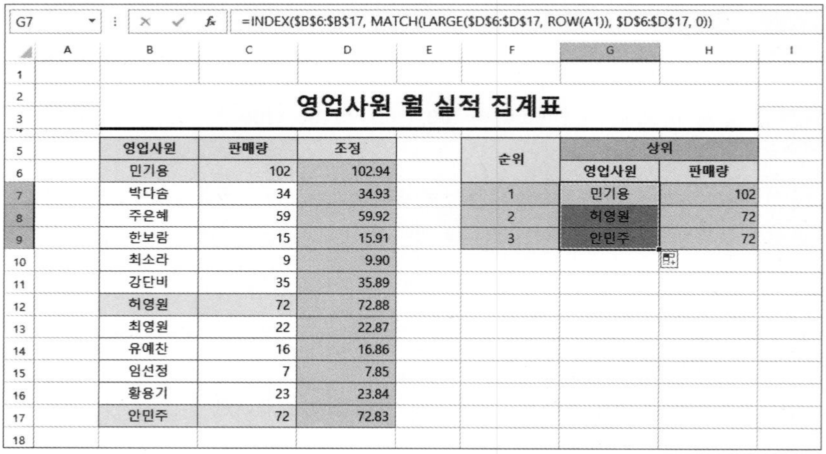
G7 =INDEX($B$6:$B$17, MATCH(LARGE($D$6:$D$17, ROW(A1)), $D$6:$D$17, 0))

영업사원 월 실적 집계표

영업사원	판매량	조정		순위	상위 영업사원	상위 판매량
민기용	102	102.94				
박다솜	34	34.93		1	민기용	102
주은혜	59	59.92		2	허영원	72
한보람	15	15.91		3	안민주	72
최소라	9	9.90				
강단비	35	35.89				
허영원	72	72.88				
최영원	22	22.87				
유예찬	16	16.86				
임선정	7	7.85				
황용기	23	23.84				
안민주	72	72.83				

더 알아보기 **수식 이해하기**

이번 수식은 복잡해 보이지만, MATCH 함수로 찾은 위치를 INDEX 함수를 이용해 참조해온 것에 불과합니다. 이렇게 중복이 있는 경우에는 D열과 같이 중복을 제거하고 고유한 값으로 변경하여 원하는 값을 순서대로 참조합니다.

다양한 참조 수식

08 15 여러 표에서 원하는 값 참조하기

예제 파일 PART 02 \ CHAPTER 08 \ VLOOKUP 함수–다중 표 범위.xlsx

공식처럼 사용할 수 있는 수식

여러 표 또는 한 개 표의 서로 다른 범위를 대상으로 참조해야 한다면 VLOOKUP 함수 또는 INDEX, MATCH와 같은 함수를 IF 함수로 중첩해 사용합니다. 다음 수식을 참고합니다.

여러 표에서 원하는 값 참조

서로 다른 범위에서 원하는 값을 참조하려면 다음과 같은 수식을 사용합니다.

=VLOOKUP(찾을 값, IF(조건, 표1, 표2), 열 번호, 찾는 방법)

- **조건** : [표1]과 [표2]를 구분하는 논릿값이 반환되는 수식

이와 같은 수식을 사용하려면 반드시 [표1]과 [표2]의 구성은 동일해야 합니다.

따라 하기

01 예제를 열고, [B5:C6] 범위에 입력된 조건에 따라 오른쪽 표에서 참조해 복비를 계산합니다.

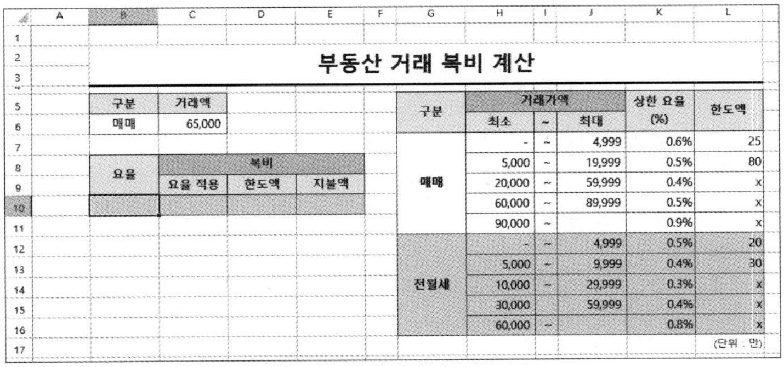

부동산 거래 복비 계산

구분	거래액
매매	65,000

요율	복비		
	요율 적용	한도액	지불액

구분	거래가액			상한 요율 (%)	한도액
	최소	~	최대		
매매	-	~	4,999	0.6%	25
	5,000	~	19,999	0.5%	80
	20,000	~	59,999	0.4%	x
	60,000	~	89,999	0.5%	x
	90,000	~		0.9%	x
전월세	-	~	4,999	0.5%	20
	5,000	~	9,999	0.4%	30
	10,000	~	29,999	0.3%	x
	30,000		59,999	0.4%	x
	60,000	~		0.8%	x

(단위 : 만)

🔍 더 알아보기 예제 이해하기

부동산 거래 시 부동산 업체에 지불하는 복비는 거래 형태(B6)에 따라 차이가 있습니다. 기본적으로 복비는 거래액(C6)에 상한 요율(K열)을 곱해 계산하며 지정된 한도액(L열)을 넘을 수 없습니다.

거래 형태에 따라 매매의 경우는 [H7:L11] 범위에서, 전월세는 [H12:L16] 범위에서 상한 요율과 한도액을 참조합니다.

02 거래 조건(매매, 6억 5천만 원)에 맞는 상한 요율을 오른쪽 표에서 참조합니다. [B10] 셀에 다음 수식을 입력합니다.

[B10] 셀 : =VLOOKUP(C6, IF(B6="매매", H7:K11, H12:K16), 4, TRUE)

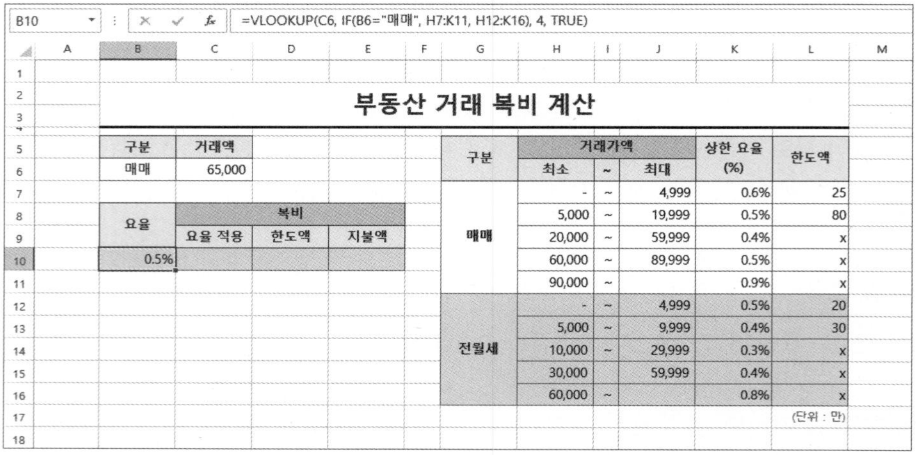

B10 =VLOOKUP(C6, IF(B6="매매", H7:K11, H12:K16), 4, TRUE)

부동산 거래 복비 계산

구분	거래액
매매	65,000

요율	복비		
	요율 적용	한도액	지불액
0.5%			

구분	거래가액 최소	~	거래가액 최대	상한 요율 (%)	한도액
매매	-	~	4,999	0.6%	25
	5,000	~	19,999	0.5%	80
	20,000	~	59,999	0.4%	x
	60,000	~	89,999	0.5%	x
	90,000	~		0.9%	x
전월세	-	~	4,999	0.5%	20
	5,000	~	9,999	0.4%	30
	10,000	~	29,999	0.3%	x
	30,000		59,999	0.4%	x
	60,000	~		0.8%	x

(단위 : 만)

🔍 더 알아보기 참조할 표가 여러 개일 때 [표] 범위 설정 방법

이번 수식이 일반적인 VLOOKUP 함수의 수식과 다른 점은 두 번째 인수 부분에 IF 함수를 사용했다는 점입니다. 두 번째 인수 부분만 따로 확인하면 다음과 같습니다.

```
IF(B6="매매", H7:K11, H12:K16)
```

위의 수식 부분은 [B6] 셀의 값이 '매매'인 경우 [H7:K11] 범위를, '매매'가 아니라면(전월세라면) [H12:K16] 범위를 반환합니다. 이렇게 VLOOKUP 함수에서 참조할 [표] 범위가 여러 개일 때 IF 함수를 중첩해 조건에 맞는 [표] 범위를 설정할 수 있습니다.

위 부분을 단순하게 표현하면 기본 VLOOKUP 함수의 수식이 됩니다.

```
=VLOOKUP(C6, 표, 4, TRUE)
```

그러므로 [C6] 셀의 거래액을 [표] 범위의 첫 번째 열에서 찾아 네 번째 열(K열)의 값을 반환하도록 하는 수식이 됩니다. 이때 VLOOKUP 함수의 마지막 인수는 TRUE로, 오름차순으로 정렬된 구간의 최솟값 범위에서 구간에 속한 값을 찾을 수 있습니다.

03 참조한 상한 요율을 거래액과 곱해 복비를 계산합니다. [C10] 셀에 다음 수식을 입력합니다.

[C10] 셀 : =C6*B10

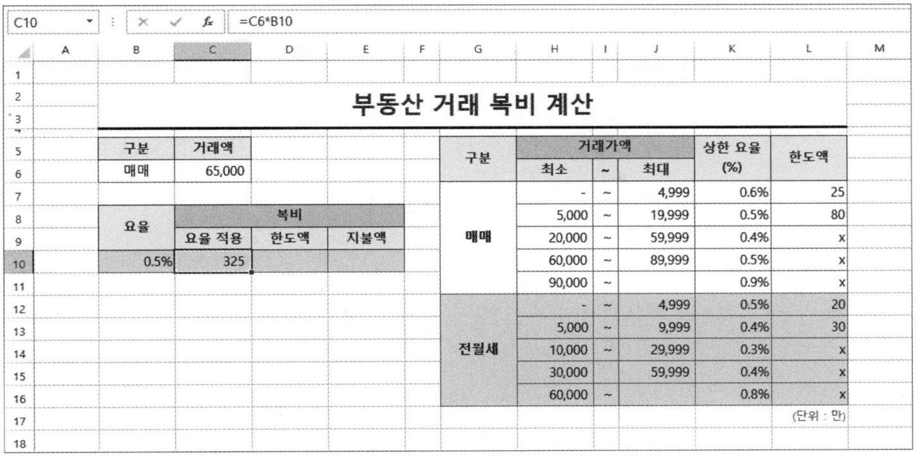

구분	거래액
매매	65,000

요율	복비		
	요율 적용	한도액	지불액
0.5%	325		

구분	거래가액 최소	~	거래가액 최대	상한 요율 (%)	한도액
매매	-	~	4,999	0.6%	25
	5,000	~	19,999	0.5%	80
	20,000	~	59,999	0.4%	x
	60,000	~	89,999	0.5%	x
	90,000	~		0.9%	x
전월세	-	~	4,999	0.5%	20
	5,000	~	9,999	0.4%	30
	10,000	~	29,999	0.3%	x
	30,000		59,999	0.4%	x
	60,000	~		0.8%	x

TIP 지불할 복비의 상한액은 6억 5천만 원(C6)의 0.5%인 325만 원입니다.

04 거래가액의 한도액을 [D10] 셀에 참조합니다. [D10] 셀에 다음 수식을 입력합니다.

[D10] 셀 : =VLOOKUP(C6, IF(B6="매매", H7:L11, H12:L16), 5, TRUE)

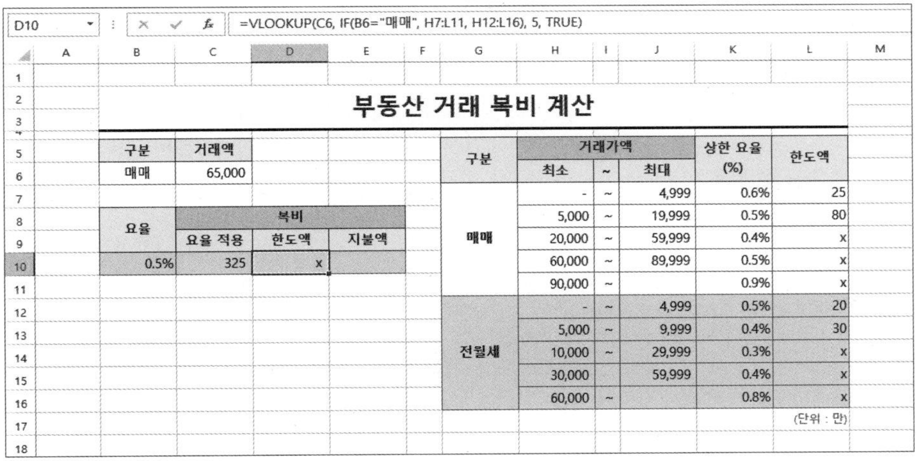

구분	거래액
매매	65,000

요율	복비		
	요율 적용	한도액	지불액
0.5%	325	x	

구분	거래가액 최소	~	거래가액 최대	상한 요율 (%)	한도액
매매	-	~	4,999	0.6%	25
	5,000	~	19,999	0.5%	80
	20,000	~	59,999	0.4%	x
	60,000	~	89,999	0.5%	x
	90,000	~		0.9%	x
전월세	-	~	4,999	0.5%	20
	5,000	~	9,999	0.4%	30
	10,000	~	29,999	0.3%	x
	30,000		59,999	0.4%	x
	60,000	~		0.8%	x

LINK 이번 수식은 **02** 과정 수식과 동일한 방식이므로 수식 설명은 **02** 과정 설명을 참고합니다.

05 복비와 한도액 중 최솟값으로 복비를 확정합니다. [E10] 셀에 다음 수식을 입력합니다.

[E10] 셀 : =MIN(C10:D10)

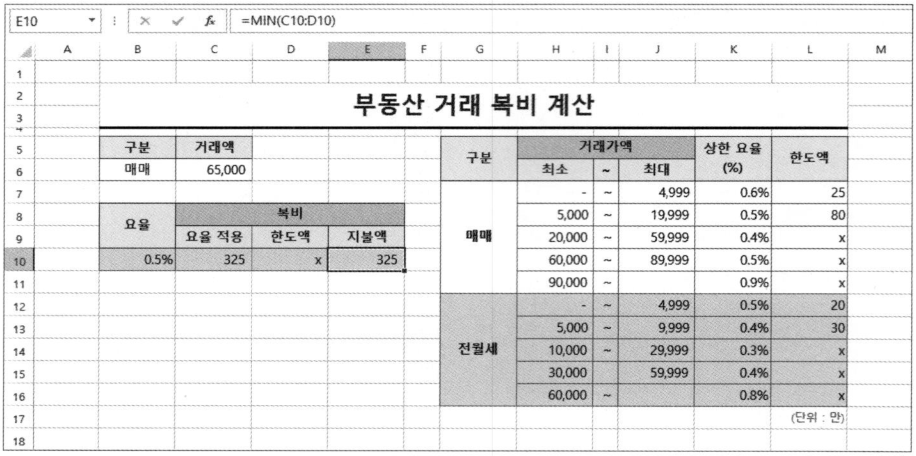

구분	거래액
매매	65,000

요율	복비		
	요율 적용	한도액	지불액
0.5%	325	x	325

구분	거래가액			상한 요율 (%)	한도액
	최소	~	최대		
매매	-	~	4,999	0.6%	25
	5,000	~	19,999	0.5%	80
	20,000	~	59,999	0.4%	x
	60,000	~	89,999	0.5%	x
	90,000	~		0.9%	x
전월세	-	~	4,999	0.5%	20
	5,000	~	9,999	0.4%	30
	10,000	~	29,999	0.3%	x
	30,000		59,999	0.4%	x
	60,000	~		0.8%	x

(단위 : 만)

TIP [D10] 셀의 복비 한도액이 없으므로 복비 상한액은 상한 요율로 계산된 325만 원입니다.

06 조건을 변경해 복비가 제대로 계산되는지 확인합니다.

07 [B6] 셀의 조건을 **전월세**로 변경합니다.

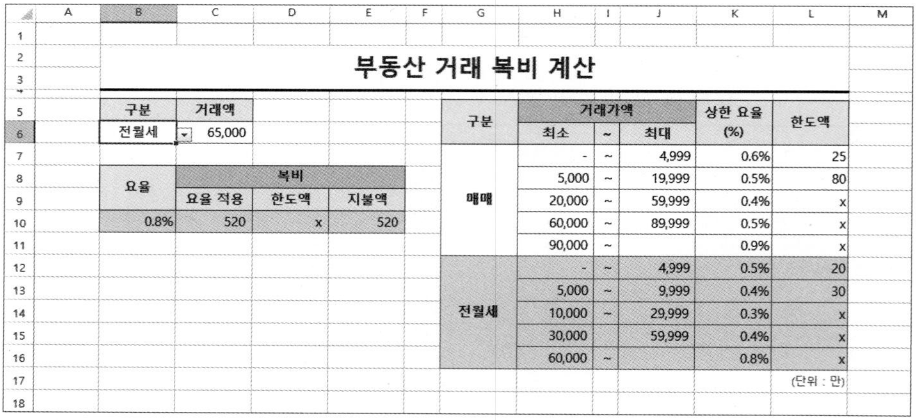

구분	거래액
전월세	65,000

요율	복비		
	요율 적용	한도액	지불액
0.8%	520	x	520

구분	거래가액			상한 요율 (%)	한도액
	최소	~	최대		
매매	-	~	4,999	0.6%	25
	5,000	~	19,999	0.5%	80
	20,000	~	59,999	0.4%	x
	60,000	~	89,999	0.5%	x
	90,000	~		0.9%	x
전월세	-	~	4,999	0.5%	20
	5,000	~	9,999	0.4%	30
	10,000	~	29,999	0.3%	x
	30,000		59,999	0.4%	x
	60,000	~		0.8%	x

(단위 : 만)

더 알아보기 결과 이해하기

[B6] 셀의 구분값을 매매에서 전월세로 변경하면 거래액에 따른 요율과 복비가 변경됩니다. 전월세의 거래가액이 6억 5천만 원이 되면 상한 요율은 0.8%(K11)이 되고 계산된 복비는 520만 원(E10)입니다.

다양한 조건에 맞게 [B6:C6] 범위 내 값을 수정하고 결과를 확인해보세요.

다양한 참조 수식

08 16 표의 구성이 다른 여러 표에서 원하는 값 참조하기

예제 파일 PART 02 \ CHAPTER 08 \ INDEX, MATCH 함수-다중 표 범위.xlsx

공식처럼 사용할 수 있는 수식

여러 표의 서로 다른 위치에서 원하는 값을 참조하고 싶은 경우가 있습니다. 이런 경우에는 다음 수식을 사용합니다.

구성이 다른 표에서 원하는 값 참조

INDEX 함수는 여러 표 중 원하는 표에서 값을 참조해올 수 있습니다. 다음 수식을 사용합니다.

=INDEX((표1, 표2, …), 행 번호, 열 번호, 영역 번호)

- **표1, 표2** : 참조할 표 범위를 모두 괄호 안에 묶어 첫 번째 인수로 사용합니다.
- **영역 번호** : INDEX 함수의 첫 번째 인수에 전달된 표의 인덱스 번호

TIP 예를 들어 [표1]에서 값을 참조하려면 [영역 번호]는 1이 됩니다.

여러 위치에서 원하는 값 위치 찾기

서로 다른 위치에서 원하는 값의 위치를 찾을 때 MATCH 함수 안에 IF 함수를 중첩해 다음과 같은 수식을 사용합니다.

=MATCH(찾을 값, IF(조건, 찾을 범위1, 찾을 범위2), 찾는 방법)

- **조건** : [찾을 범위1]과 [찾을 범위2]를 구분하는 논릿값이 반환되는 수식

따라 하기

01 예제를 열고, [C5] 셀에 선택된 창고의 제품별 재고를 [D8:D10] 범위에 참조합니다.

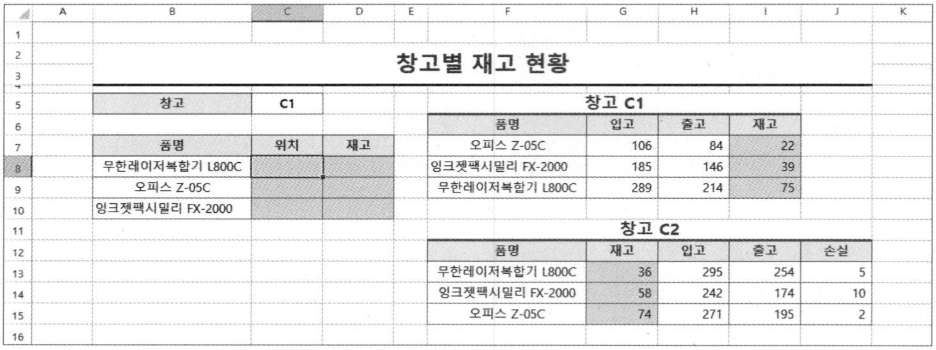

창고별 재고 현황
창고
C1
품명
위치
재고
무한레이저복합기 L800C
오피스 Z-05C
잉크젯팩시밀리 FX-2000
창고 C1
품명 입고 출고 재고
오피스 Z-05C 106 84 22
잉크젯팩시밀리 FX-2000 185 146 39
무한레이저복합기 L800C 289 214 75
창고 C2
품명 재고 입고 출고 손실
무한레이저복합기 L800C 36 295 254 5
잉크젯팩시밀리 FX-2000 58 242 174 10
오피스 Z-05C 74 271 195 2

02 먼저 [C5] 셀에 입력된 창고에서 제품이 몇 번째 위치에 있는지 MATCH 함수로 찾습니다.

03 [C8] 셀에 다음 수식을 입력하고 [C8] 셀의 채우기 핸들을 [C10] 셀까지 드래그합니다.

[C8] 셀 : =MATCH(B8, IF($C$5="C1", $F$7:$F$9, $F$13:$F$15), 0)

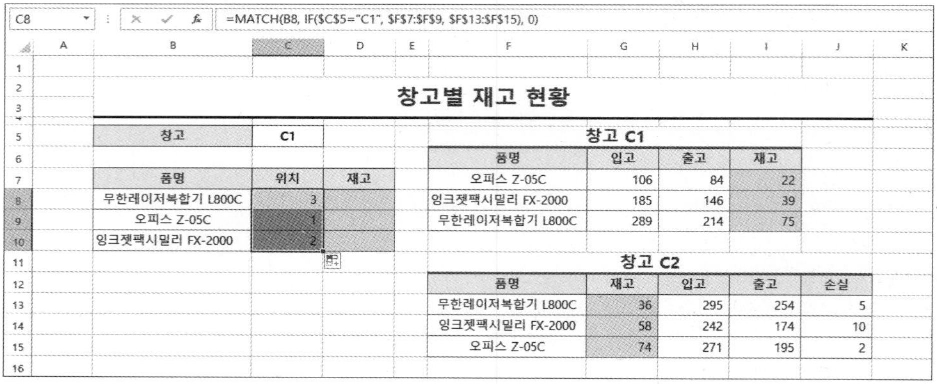

C8
=MATCH(B8, IF($C$5="C1", $F$7:$F$9, $F$13:$F$15), 0)
창고별 재고 현황
창고
C1
품명
위치
재고
무한레이저복합기 L800C 3
오피스 Z-05C 1
잉크젯팩시밀리 FX-2000 2
창고 C1
품명 입고 출고 재고
오피스 Z-05C 106 84 22
잉크젯팩시밀리 FX-2000 185 146 39
무한레이저복합기 L800C 289 214 75
창고 C2
품명 재고 입고 출고 손실
무한레이저복합기 L800C 36 295 254 5
잉크젯팩시밀리 FX-2000 58 242 174 10
오피스 Z-05C 74 271 195 2

> **더 알아보기** 수식 이해하기
>
> 이번 수식은 MATCH 함수의 두 번째 인수에 IF 함수를 사용했습니다. C1 창고일 때 [찾을 범위]는 [F7:F9] 범위로 설정하고, C1 창고가 아니라면(C2 창고라면) [F13:F15] 범위로 설정한 것입니다.

04 MATCH 함수로 위치를 찾았으면 INDEX 함수로 제품별 재고를 참조합니다.

05 [D8] 셀에 다음 수식을 입력하고 [D8] 셀의 채우기 핸들을 [D10] 셀까지 드래그합니다.

[D8] 셀 : =INDEX(($I$7:$I$9, $G$13:$G$15), C8, 1, IF($C$5="C1", 1, 2))

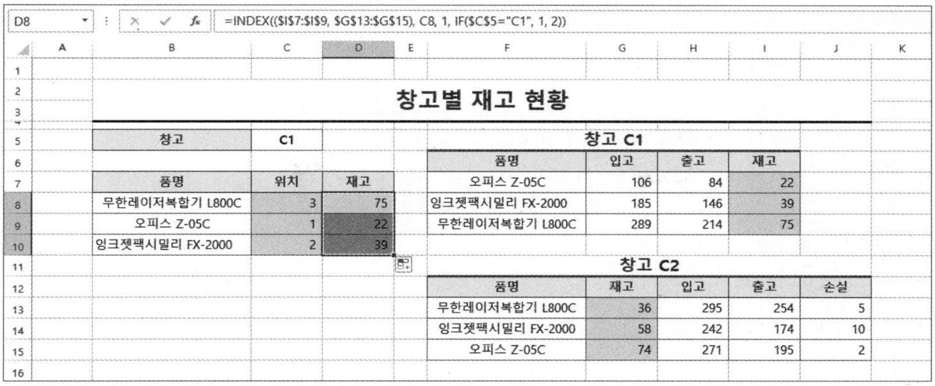
D8
=INDEX(($I$7:$I$9, $G$13:$G$15), C8, 1, IF($C$5="C1", 1, 2))
창고별 재고 현황
창고 | C1
품명 | 위치 | 재고
무한레이저복합기 L800C | 3 | 75
오피스 Z-05C | 1 | 22
잉크젯팩시밀리 FX-2000 | 2 | 39
창고 C1
품명 | 입고 | 출고 | 재고
오피스 Z-05C | 106 | 84 | 22
잉크젯팩시밀리 FX-2000 | 185 | 146 | 39
무한레이저복합기 L800C | 289 | 214 | 75
창고 C2
품명 | 재고 | 입고 | 출고 | 손실
무한레이저복합기 L800C | 36 | 295 | 254 | 5
잉크젯팩시밀리 FX-2000 | 58 | 242 | 174 | 10
오피스 Z-05C | 74 | 271 | 195 | 2

더 알아보기 수식 이해하기

이번 수식을 이해하려면 INDEX 함수의 첫 번째와 네 번째 인수에 집중합니다.

❶ **표 : ($I$7:$I$9, $G$13:$G$15)**

참조할 표 범위가 여러 개면 소괄호 안에 표의 데이터 범위를 쉼표(,)로 구분해 입력합니다.

❷ **행 번호 : C8**

행 번호를 찾은 셀을 참조합니다. **03** 과정의 수식을 그대로 복사해 입력해도 됩니다.

❸ **열 번호 : 1**

[표] 인수의 데이터 범위는 모두 열이 한 개이므로, 열 번호는 무조건 1이 됩니다.

❹ **영역 번호 : IF($C$5="C1", 1, 2)**

[표] 인수의 몇 번째 영역에서 값을 참조할지 결정합니다. [C5] 셀의 값이 'C1'이면 첫 번째 영역($I$7:$I$9)에서 값을 참조하고, 'C1'이 아니라면 두 번째 영역($G$13:$G$15)에서 값을 참조합니다.

수식의 결과로 C1 창고의 재고가 제대로 참조되고 있음을 확인할 수 있습니다.

06 [C5] 셀의 값을 **C2**로 변경하고 [D8:D10] 범위의 재고를 확인합니다.

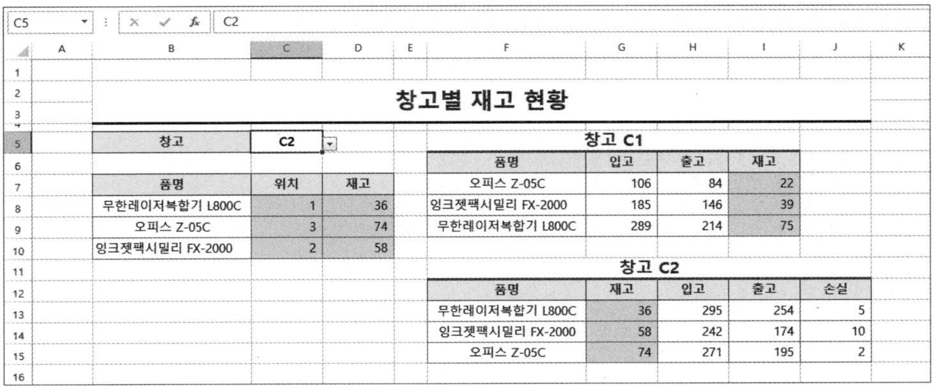
C5
C2
창고별 재고 현황
창고 | C2
품명 | 위치 | 재고
무한레이저복합기 L800C | 1 | 36
오피스 Z-05C | 3 | 74
잉크젯팩시밀리 FX-2000 | 2 | 58
창고 C1
품명 | 입고 | 출고 | 재고
오피스 Z-05C | 106 | 84 | 22
잉크젯팩시밀리 FX-2000 | 185 | 146 | 39
무한레이저복합기 L800C | 289 | 214 | 75
창고 C2
품명 | 재고 | 입고 | 출고 | 손실
무한레이저복합기 L800C | 36 | 295 | 254 | 5
잉크젯팩시밀리 FX-2000 | 58 | 242 | 174 | 10
오피스 Z-05C | 74 | 271 | 195 | 2

TIP [C5] 셀의 값을 변경하면 [C8:D10] 범위의 값이 모두 C2 창고의 결과로 변경됩니다.

08 17 하이퍼링크 참조하기 – HYPERLINK 함수

예제 파일 PART 02 \ CHAPTER 08 \ HYPERLINK 함수.xlsx

HYPERLINK 함수

엑셀은 다른 위치(파일 또는 웹 페이지)로 빠르게 이동할 수 있는 하이퍼링크 기능을 제공합니다. 하이퍼링크는 리본 메뉴의 [삽입] 탭–[링크] 그룹–[링크]를 클릭하거나 HYPERLINK 함수를 사용합니다. HYPERLINK 함수의 구문은 다음과 같습니다.

HYPERLINK (❶ 링크 위치, ❷ 표시 이름)

다른 셀(파일, 웹 페이지)로 이동할 수 있는 바로가기를 만듭니다.

인수	**❶ 링크 위치** : 하이퍼링크로 이동할 위치를 의미하는 경로 **❷ 표시 이름** : 셀에 표시할 값
특이사항	하이퍼링크가 적용된 셀을 클릭하면 바로 하이퍼링크 위치로 이동합니다. 셀을 선택하고 싶다면 셀을 마우스 왼쪽 버튼으로 클릭하고 있다가 마우스 포인터가 십자 모양이 될 때 마우스 버튼에서 손을 뗍니다.

사용 예

```
=HYPERLINK("http://cafe.naver.com/excelmaster", "엑셀..하루에하나씩")
```

TIP 저자가 운영 중인 '엑셀..하루에하나씩' 카페로 바로 이동할 수 있는 하이퍼링크가 생성됩니다.

참고로 하이퍼링크가 적용된 셀을 참조하면 하이퍼링크가 함께 참조되지 않고, 하이퍼링크가 적용되지 않은 문자열만 반환됩니다.

따라 하기

01 예제를 열고, [F8] 셀에 입력된 종목명에 해당하는 하이퍼링크를 왼쪽 표에서 참조합니다.

네이버 국내 증시 조회

https://finance.naver.com/item/main.nhn?code=종목번호

종목명	종목번호	하이퍼링크		종목명	하이퍼링크
삼성전자	005930	삼성전자		삼성전자	
SK하이닉스	000660	SK하이닉스			
삼성바이오로직스	207940	삼성바이오로직스			
NAVER	035420	NAVER			
셀트리온	068270	셀트리온			
LG화학	051910	LG화학			
카카오	035720	카카오			

TIP [D8:D14] 범위에는 하이퍼링크가 적용되어 있으며 하이퍼링크에 연결된 주소는 [B5] 셀에서 확인 가능합니다.

02 하이퍼링크를 참조해오기 위해 [G8] 셀에 다음 수식을 입력합니다.

[G8] 셀 : =VLOOKUP(F8, B8:D14, 3, FALSE)

G8 =VLOOKUP(F8, B8:D14, 3, FALSE)

네이버 국내 증시 조회

https://finance.naver.com/item/main.nhn?code=종목번호

종목명	종목번호	하이퍼링크		종목명	하이퍼링크
삼성전자	005930	삼성전자		삼성전자	삼성전자
SK하이닉스	000660	SK하이닉스			
삼성바이오로직스	207940	삼성바이오로직스			
NAVER	035420	NAVER			
셀트리온	068270	셀트리온			
LG화학	051910	LG화학			
카카오	035720	카카오			

더 알아보기 **수식 이해하기**

이번 수식은 VLOOKUP 함수를 사용해 [F8] 셀의 종목을 [B8:B14] 범위(두 번째 인수인 [표] 범위의 첫 번째 열)에서 정확하게 일치하는 값을 찾아(FALSE) [D8:D14] 범위([표] 범위의 세 번째 열)에서 같은 행에 위치한 값을 참조합니다. 엑셀의 참조는 셀에 저장된 데이터만 가져와 표시해주는 역할을 하므로, D열의 하이퍼링크가 [G8] 셀에는 적용되지 않습니다.

03 참조해온 셀에 하이퍼링크를 적용하려면 HYPERLINK 함수를 사용합니다.

04 HYPERLINK 함수를 사용하기 위해 하이퍼링크 구성에 필요한 종목번호를 참조합니다.

05 [G8] 셀의 수식에서 세 번째 인수만 **3**에서 **2**로 수정합니다.

[G8] 셀 : =VLOOKUP(F8, B8:D14, 2, FALSE)

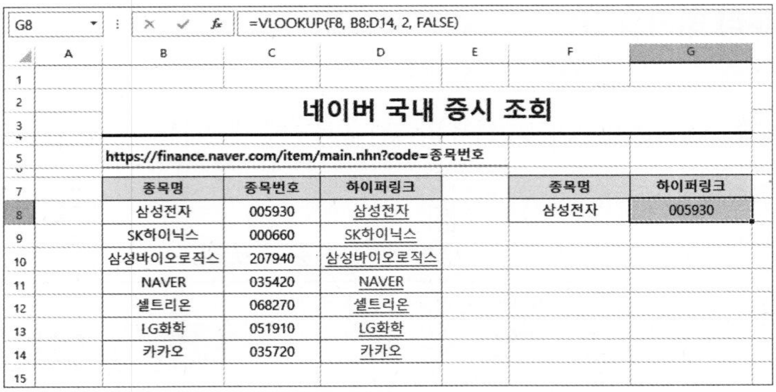
G8 =VLOOKUP(F8, B8:D14, 2, FALSE)

네이버 국내 증시 조회

https://finance.naver.com/item/main.nhn?code=종목번호

종목명	종목번호	하이퍼링크		종목명	하이퍼링크
삼성전자	005930	삼성전자		삼성전자	005930
SK하이닉스	000660	SK하이닉스			
삼성바이오로직스	207940	삼성바이오로직스			
NAVER	035420	NAVER			
셀트리온	068270	셀트리온			
LG화학	051910	LG화학			
카카오	035720	카카오			

TIP [B8:D14] 범위에서 종목번호를 참조합니다. 그리고 [B5] 셀의 주소에 종목번호를 적용해 하이퍼링크를 생성합니다.

06 참조한 종목번호를 [B5] 셀에 입력된 하이퍼링크 주소와 결합해 하이퍼링크를 생성합니다.

07 [G8] 셀의 수식을 다음과 같이 수정합니다.

[G8] 셀 :
=HYPERLNK(SUBSTITUTE(B5, "종목번호", VLOOKUP(F8, B8:D14, 2, FALSE)), F8)

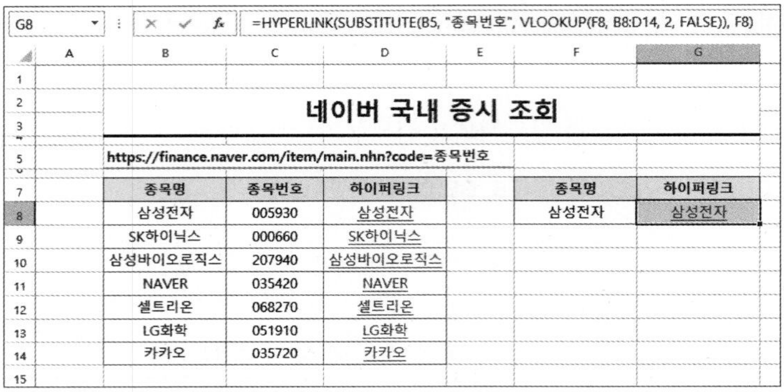
G8 =HYPERLINK(SUBSTITUTE(B5, "종목번호", VLOOKUP(F8, B8:D14, 2, FALSE)), F8)

네이버 국내 증시 조회

https://finance.naver.com/item/main.nhn?code=종목번호

종목명	종목번호	하이퍼링크		종목명	하이퍼링크
삼성전자	005930	삼성전자		삼성전자	삼성전자
SK하이닉스	000660	SK하이닉스			
삼성바이오로직스	207940	삼성바이오로직스			
NAVER	035420	NAVER			
셀트리온	068270	셀트리온			
LG화학	051910	LG화학			
카카오	035720	카카오			

더 알아보기 | 수식 이해하기

이번 수식은 SUBSTITUTE 함수 부분을 먼저 이해할 수 있어야 합니다.

```
SUBSTITUTE(B5, "종목번호", VLOOKUP(F8, B8:D14, 2, FALSE))
```

SUBSITUTE 함수는 [B5] 셀의 웹 사이트 주소에서 종목번호 부분을 VLOOKUP 함수로 참조해온 종목번호로 수정해줍니다. 이 부분은 다음과 같이 변경해도 됩니다.

```
"https://finance.naver.com/item/main.nhn?code=" & VLOOKUP(F8, B8:D14, 2, FALSE)
```

이렇게 하면 참조해온 종목번호를 사용해 URL 주소를 생성할 수 있습니다. HYPERLINK 함수를 사용해 변환한 URL 주소로 하이퍼링크를 생성합니다.

[G8] 셀의 하이퍼링크를 클릭해 원하는 웹 사이트로 이동되는지 확인합니다. [F8] 셀의 종목명도 수정한 후 하이퍼링크가 제대로 동작하는지 확인합니다.

다양한 참조 수식

08 18

그림(이미지) 참조하기

예제 파일 PART 02 \ CHAPTER 08 \ INDEX, MATCH 함수–그림.xlsx

그림 참조

참조는 셀에 저장된 데이터만 가져와 표시합니다. 따라서 셀에 삽입된 그림은 수식만으로는 참조할 수 없습니다. 셀에 삽입된 그림을 참조하려면 이름 정의 기능을 사용해야 합니다.

01 예제를 열고 [G6] 셀을 선택하면 다음 수식을 확인할 수 있습니다.

[G6] 셀 : =INDEX(D6:D9, MATCH(F6, C6:C9, 0))

02 수식에는 문제가 없지만 그림을 참조할 수 없어 0이 반환됩니다.

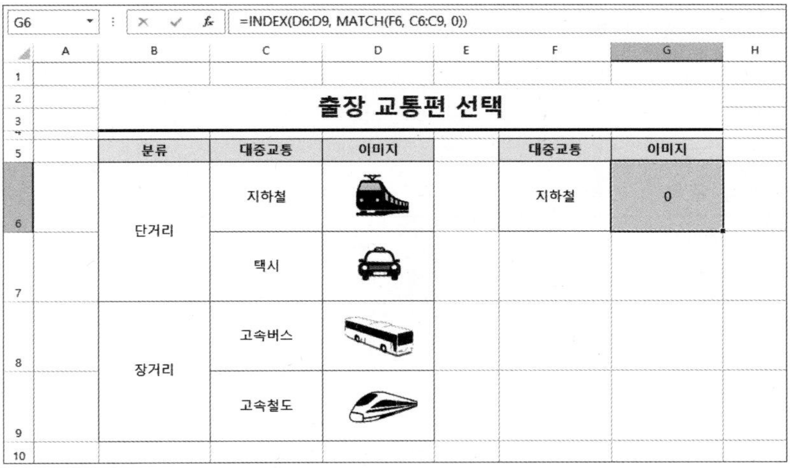

G6
=INDEX(D6:D9, MATCH(F6, C6:C9, 0))
출장 교통편 선택
분류
대중교통
이미지
대중교통
이미지
지하철
지하철
0
단거리
택시
고속버스
장거리
고속철도

TIP 참조할 때 빈 셀인 경우에는 0이 반환됩니다.

03 [G6] 셀에 작성된 수식을 이름으로 정의합니다.

04 리본 메뉴의 [수식] 탭–[정의된 이름] 그룹–[이름 정의]를 클릭합니다.

05 [새 이름] 대화상자가 표시되면 다음과 같이 입력하고 [확인]을 클릭합니다.

이름 : 대중교통

참조 대상 : =INDEX($D$6:$D$9, MATCH($F$6, $C$6:$C$9, 0))

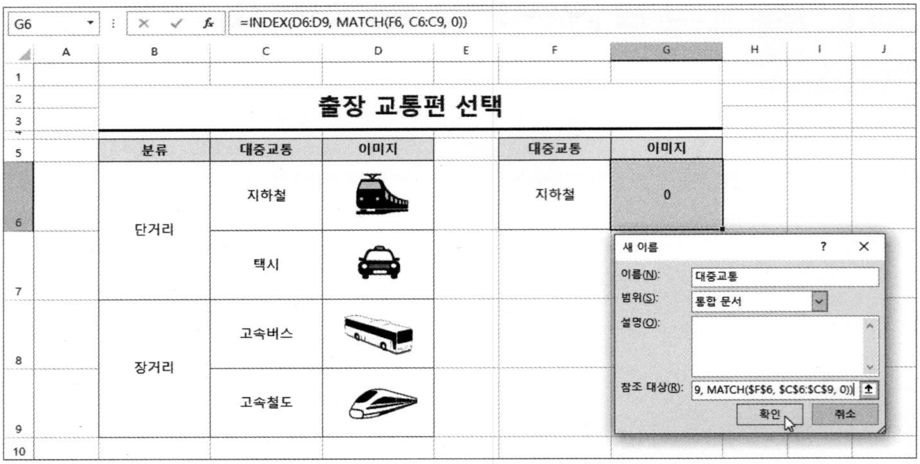

더 알아보기 **이름을 정의할 때 주의할 점**

[새 이름] 대화상자의 [참조 대상]에 작성한 수식은 [G6] 셀에 입력된 수식과 동일합니다. 다만, 참조 방식만 모두 절대 참조 방식으로 변경된 것입니다. 정의된 이름은 선택한 셀 위치에 따라 자동으로 참조 위치가 바뀌므로, 이번과 같이 참조할 데이터 위치를 변경하고 싶지 않다면 절대 참조 방식으로 정의합니다.

06 이름을 정의한 후 [G6] 셀의 수식을 Delete 를 눌러 삭제합니다.

07 그런 다음 [D6:D9] 범위 내 그림 중 하나(예제에서는 [D6] 셀)를 [G6] 셀에 복사합니다.

08 바로 수식 입력줄에 **=대중교통**을 입력한 후 Enter를 누릅니다.

[G6] 셀 : =대중교통

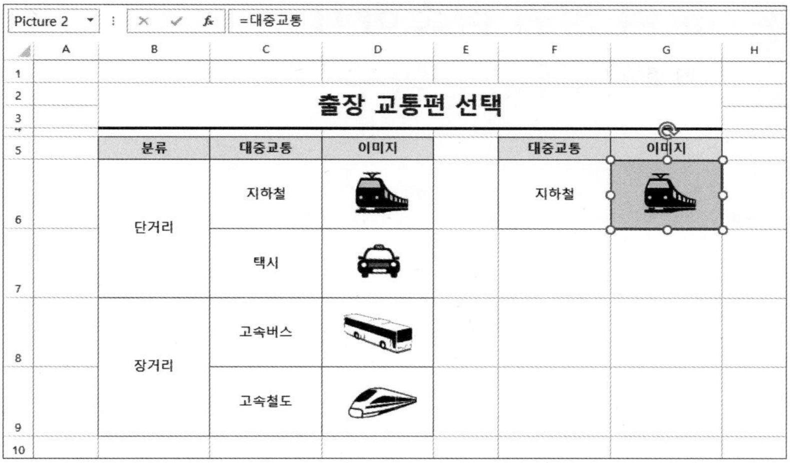

TIP 그림을 선택하고 수식을 작성하면 그림 크기가 크게 조정되는데, [G6] 셀에 맞춰 크기를 조정해줍니다.

09 [F6] 셀의 교통편을 **지하철**에서 **고속버스**로 변경하면 [G6] 셀의 그림도 그에 맞게 변경됩니다.

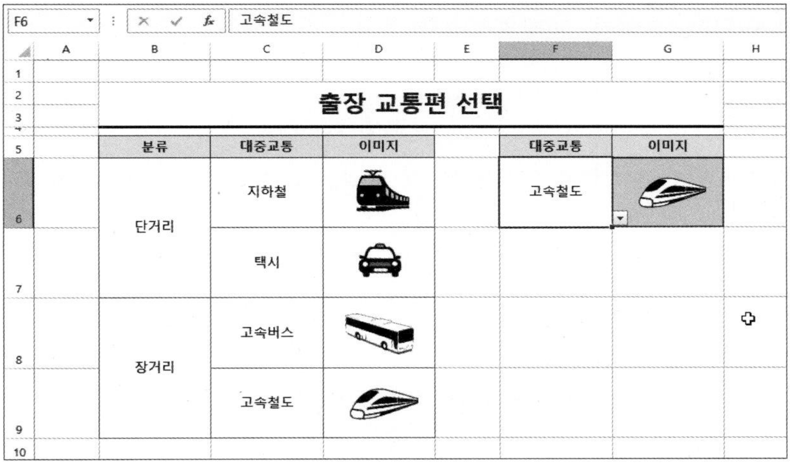

08 19 동적 범위 참조하기 - OFFSET 함수

예제 파일 PART 02 \ CHAPTER 08 \ OFFSET 함수.xlsx

OFFSET 함수

OFFSET 함수는 동적으로 변화하는 위치를 참조할 수 있는 함수입니다. 구문은 다음과 같습니다.

OFFSET (❶ 기준 위치, ❷ 행 , ❸ 열 , ❹ 행 , ❺ 열)

기준 위치에서 행 방향과 열 방향으로 지정한 셀 개수만큼 이동한 후 행x열 범위를 참조합니다.

인수	❶ **기준 위치** : 참조할 기준 셀(또는 범위) ❷ **행** : [기준 위치]에서 행 방향으로 이동할 셀 개수를 지정 ❸ **열** : [기준 위치]에서 열 방향으로 이동할 셀 개수를 지정 ❹ **행** : 행 방향으로 포함할 셀 개수를 지정하며, 이 인수는 생략할 수 있습니다. ❺ **열** : 열 방향으로 포함할 셀 개수를 지정하며, 이 인수는 생략할 수 있습니다.
특이사항	[행], [열] 인수에 양수를 입력하면 아래쪽이나 오른쪽 방향을 의미합니다. 음수를 입력하면 위쪽이나 왼쪽 방향을 의미합니다.

사용 예

```
=OFFSET(A1, 0, 1, 3, 2)
```

TIP [A1] 셀에서 행 방향으로 0칸, 열 방향으로 1칸 이동(B1)한 후 3×2 행렬(B1:C3)을 참조합니다.

공식처럼 사용할 수 있는 수식

한 개의 열 데이터 동적 범위

한 개의 열 데이터 범위에서 데이터가 입력된 전체 범위를 참조하려면 다음 수식을 사용합니다.

=OFFSET(기준 위치, 0, 0, COUNTA(열 범위))

- **기준 위치** : 참조할 데이터 범위의 첫 번째 셀
- **열 범위** : 참조할 데이터 범위의 열 전체 주소

TIP 예를 들어 A열의 데이터 범위를 참조하려면 [열 범위]는 [A:A]가 됩니다. A열에 빈 셀이 포함되어 있다면 빈 셀이 존재하지 않는 다른 열을 참조해야 합니다.

한 개의 행 데이터 동적 범위

한 개의 행 데이터 범위에서 데이터가 입력된 전체 범위를 참조하려면 다음 수식을 사용합니다.

=OFFSET(기준 위치, 0, 0, 1, COUNTA(행 범위))

- **기준 위치** : 참조할 데이터 범위의 첫 번째 셀
- **행 범위** : 참조할 데이터 범위의 행 전체 주소

TIP 예를 들어 5행의 데이터 범위를 참조하려면 [열 범위]는 [5:5]가 되는데, 5행에 빈 셀이 포함되어 있다면 빈 셀이 존재하지 않는 다른 행을 참조해야 합니다.

표 전체 동적 범위 참조

여러 개의 행과 열 데이터 범위를 모두 포함하는 표 전체 범위를 참조하려면 다음 수식을 사용합니다.

=OFFSET(기준 위치, 0, 0, COUNTA(열 범위), COUNTA(행 범위))

위 수식 역시 [열 범위]와 [행 범위]에 빈 셀이 포함되지 않는 데이터 범위를 사용해야 합니다.

따라 하기

01 예제를 열고, [sample1] 시트에서 오른쪽 F열의 매출을 집계하는 수식을 작성합니다.

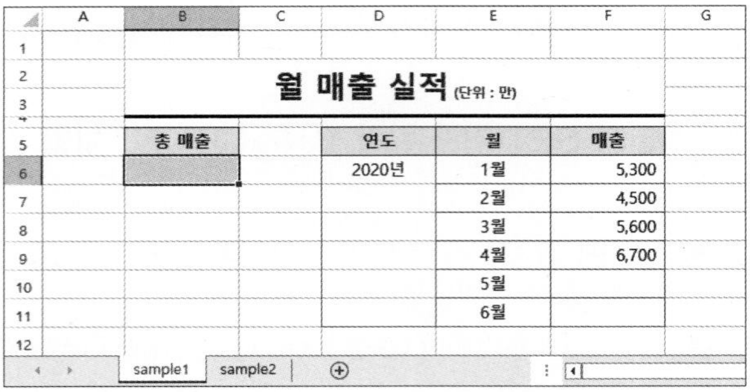

TIP [D6] 셀에는 수식이 입력되어 있어 예제를 연 연도가 표시됩니다.

02 [B6] 셀에서 OFFSET 함수를 사용해 매출 범위를 참조합니다. [B6] 셀에 다음 수식을 입력합니다.

[B6] 셀 : =OFFSET(F6, 0, 0)

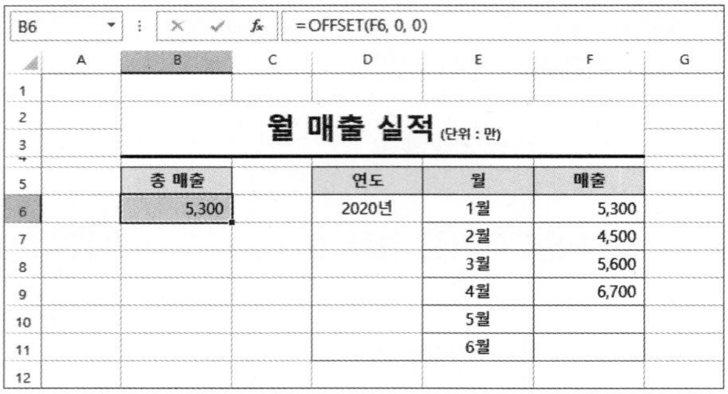

더 알아보기 OFFSET 함수 수식 이해하기

이번 수식에서 사용된 OFFSET 함수의 인수는 각각 다음과 같은 역할을 합니다.

❶ 기준 위치 : [F6] 셀
❷ 행 방향 이동할 셀 수 : 0
❸ 열 방향 이동할 셀 수 : 0

따라서 이번 수식은 [F6] 셀에서 행 방향과 열 방향으로 모두 이동하지 않으므로 [F6] 셀이 참조됩니다.

03 [B6] 셀의 수식에서 [F6] 셀부터 아래쪽으로 네 개의 셀을 모두 포함해 더합니다.

04 [B6] 셀의 수식을 다음과 같이 수정합니다.

[B6] 셀 : =SUM(OFFSET(F6, 0, 0, 4, 1))

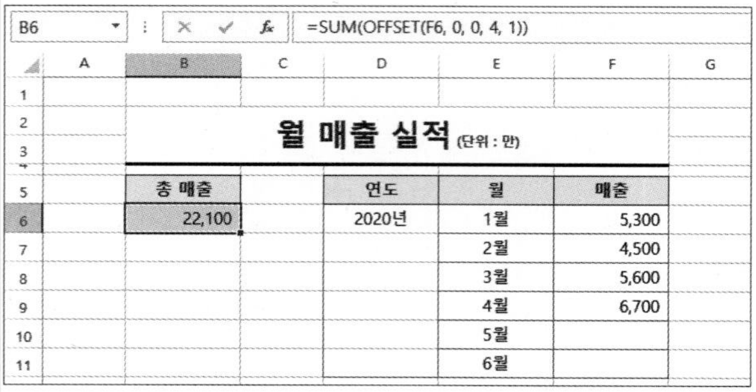

더 알아보기 **수식 이해하기**

02 과정에서 설명했듯 아래 부분은 [F6] 셀을 참조합니다.

```
OFFSET(F6, 0, 0)
```

이 수식은 [F6] 셀에서 4x1 행렬에 해당하는 범위를 참조합니다. [F6] 셀에서 4x1 행렬(행 방향 셀은 네 개, 열 방향 셀은 한 개)에 해당하고 범위로는 [F6:F9] 범위가 됩니다.

05 OFFSET 함수의 네 번째 인수를 계산을 통해 구하도록 COUNTA 함수를 추가로 사용합니다.

06 [B6] 셀의 수식을 다음과 같이 수정합니다.

[B6] 셀 : =SUM(OFFSET(F6, 0, 0, COUNTA(F:F)−1, 1))

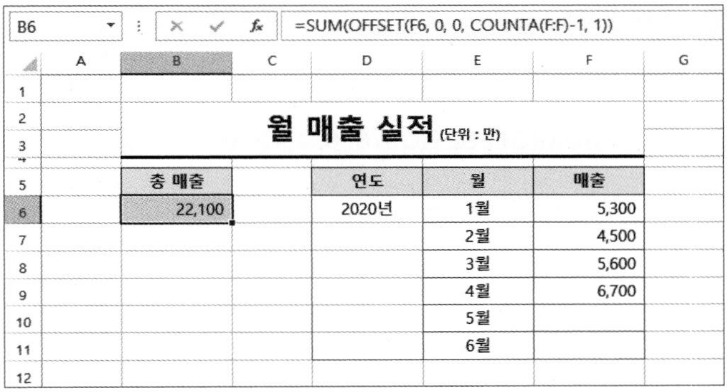

더 알아보기 **수식 이해하기**

이번 수식은 **04** 과정에서 작성한 수식과 동일하지만, OFFSET 함수의 네 번째 인수가 COUNTA 함수를 사용하도록 변경되었습니다.

```
OFFSET(F6, 0, 0, COUNTA(F:F)-1, 1)
```

COUNTA(F:F)의 결과는 F열에 입력된 데이터 건수를 모두 세므로, 5([F5:F9] 범위의 셀 개수)가 반환됩니다. [F5] 셀의 제목은 빼고 범위를 참조해야 하므로 1을 뺀 것입니다.

이번 예제는 [F6] 셀부터 아래쪽 범위에는 모두 숫자가 입력되므로 1을 빼는 작업을 하고 싶지 않다면 COUNTA 함수 대신 COUNT 함수를 사용해 다음과 같이 범위를 참조해도 됩니다.

```
OFFSET(F6, 0, 0, COUNT(F:F), 1)
```

07 5월, 6월에 매출 데이터를 추가해 OFFSET 함수가 범위를 제대로 인식하는지 확인합니다.

08 [F10], [F11] 셀에 임의의 매출을 다음과 같이 추가하면 [B6] 셀의 값이 자동으로 증가합니다.

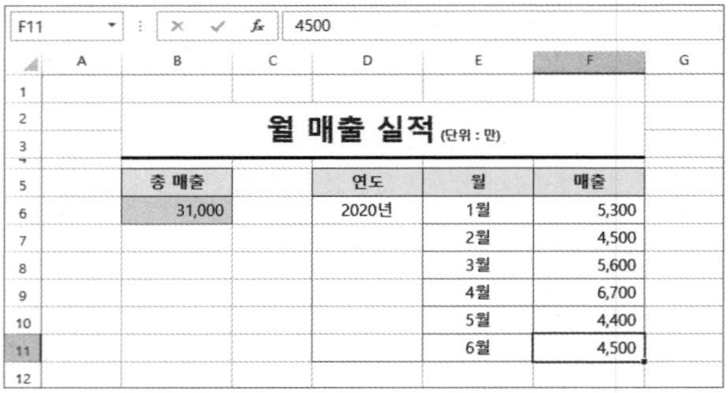

총 매출
31,000

연도	월	매출
2020년	1월	5,300
	2월	4,500
	3월	5,600
	4월	6,700
	5월	4,400
	6월	4,500

09 이번에는 열 방향 데이터의 동적 범위를 참조합니다.

10 [sample2] 시트를 선택하고 [C5] 셀에 다음 수식을 입력합니다.

[C5] 셀 : =SUM(OFFSET(C9, 0, 0, 1, COUNTA(9:9)–1))

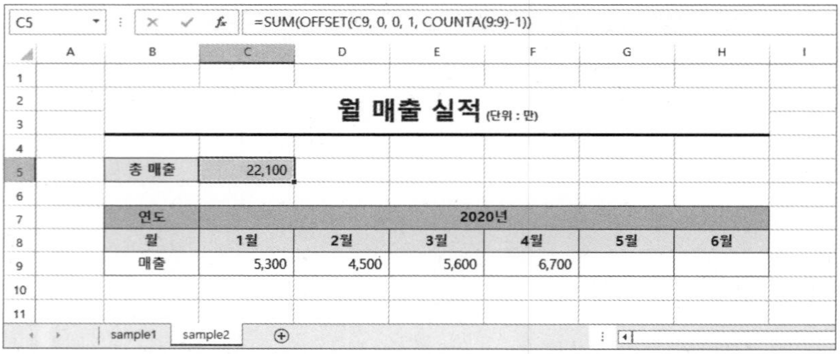

총 매출
22,100

연도	2020년					
월	1월	2월	3월	4월	5월	6월
매출	5,300	4,500	5,600	6,700		

더 알아보기 수식 이해하기

이번 수식은 기본적으로 앞의 수식과 동일하고, 데이터가 열 방향(오른쪽)으로 입력되어 있다는 점만 다릅니다. OFFSET 함수를 사용한 부분은 다음과 같습니다.

```
OFFSET(C9, 0, 0, 1, COUNTA(9:9)–1)
```

OFFSET 함수는 세 번째 인수까지 먼저 분석하고, 네 번째, 다섯 번째는 행×열 범위로 인식하면 쉽습니다.

OFFSET 함수의 첫 번째부터 세 번째 인수는 각각 C9, 0, 0이므로 [C9] 셀을 참조합니다. 5번째 인수는 COUNTA 함수로 9행 내 데이터가 입력된 셀 개수(5)를 세고 그 값에서 1을 뺀 값 4를 반환합니다. 따라서 위 수식은 [C9] 셀에서 1×4 행렬에 해당하는 [C9:F9] 범위를 참조하라는 의미가 됩니다.

08 20 입력된 데이터 중 최근 데이터만 참조하기

예제 파일 PART 02 \ CHAPTER 08 \ OFFSET 함수–최근.xlsx

공식처럼 사용할 수 있는 수식

데이터를 입력할 때 마지막에 입력한 데이터를 참조하거나 마지막 위치로부터 행×열 크기의 범위를 참조해야 할 경우에도 OFFSET 함수를 사용하면 좋습니다.

표의 하단에서 상단으로 순서대로 참조

표의 맨 끝에서 순서대로 데이터를 참조하려면 다음 수식을 사용합니다.

=OFFSET(기준 위치, COUNTA(열 범위)–ROW(A1), 0)

- **기준 위치** : 참조하려는 데이터 범위 내 첫 번째 셀
- **열 범위** : 참조할 데이터 범위의 열 전체 주소

TIP 예를 들어 A열의 데이터 범위를 참조하려면 [열 범위]는 [A:A]가 됩니다. A열에 빈 셀이 포함되어 있다면 빈 셀이 존재하지 않는 다른 열을 참조해야 합니다.

마지막으로 입력된 N개 데이터만 참조

표의 맨 끝에서부터 행×열 크기의 범위를 참조하려면 다음 수식을 사용합니다.

=OFFSET(기준 위치, COUNTA(열 범위), 0, –행 개수, 열 개수)

- **기준 위치** : 참조하려는 데이터 범위 내 첫 번째 셀
- **행 개수** : 참조할 범위의 행 개수
- **열 개수** : 참조할 범위의 열 개수

따라 하기

01 예제의 오른쪽 표에 있는 마지막 3일의 데이터를 [C6:D8] 범위에 참조하고, [F6] 셀에는 최근 5일의 평균을 구합니다.

최근 주가 현황

최근 3일	날짜	주가	최근 5일 평균	날짜	요일	주가
당일				2020-03-02	월	172,100
하루전				2020-03-03	화	178,200
이틀전				2020-03-04	수	171,400
				2020-03-05	목	174,200
				2020-03-06	금	178,700
				2020-03-09	월	184,100
				2020-03-10	화	181,600
				2020-03-11	수	188,500
				2020-03-12	목	192,500
				2020-03-13	금	188,500
				2020-03-16	월	190,700
				2020-03-17	화	196,200

02 먼저 H열의 마지막 날짜를 참조하기 위해 [C6] 셀에 다음 수식을 입력합니다.

[C6] 셀 : =OFFSET($H$5, COUNTA(H:H)–1, 0)

C6 =OFFSET($H$5, COUNTA(H:H)-1, 0)

최근 주가 현황

최근 3일	날짜	주가	최근 5일 평균	날짜	요일	주가
당일	2020-03-17			2020-03-02	월	172,100
하루전				2020-03-03	화	178,200
이틀전				2020-03-04	수	171,400
				2020-03-05	목	174,200
				2020-03-06	금	178,700
				2020-03-09	월	184,100
				2020-03-10	화	181,600
				2020-03-11	수	188,500
				2020-03-12	목	192,500
				2020-03-13	금	188,500
				2020-03-16	월	190,700
				2020-03-17	화	196,200

더 알아보기 **수식 이해하기**

이번 수식은 [H17] 셀을 참조하기 위한 것입니다. 이 위치는 데이터가 입력될 때마다 달라질 것이기 때문에 OFFSET 함수를 사용해 참조한 것입니다. OFFSET 함수의 두 번째 인수는 COUNTA 함수로 H열에 입력된 데이터 개수에서 1(제목)을 뺀 값을 구합니다. [H5] 셀을 기준으로 데이터가 입력된 마지막 위치를 참조하게 됩니다.

03 [C6] 셀의 수식을 복사해 3일치 날짜 데이터를 거꾸로 참조합니다.

04 [C6] 셀의 수식을 다음과 같이 수정하고 [C6] 셀의 채우기 핸들을 [C8] 셀까지 드래그합니다.

[C6] 셀 : =OFFSET($H$5, COUNTA(H:H)–ROW(A1), 0)

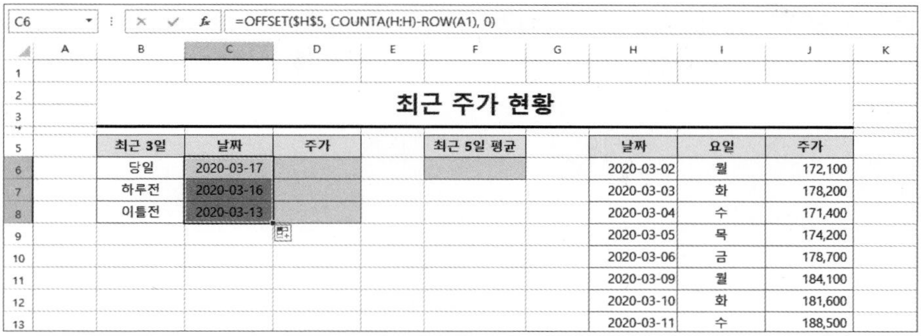

더 알아보기 **수식 이해하기**

[C6] 셀에 수식을 입력해 오른쪽 표의 맨 하단에서부터 위 방향으로 날짜를 참조하려면 참조 위치는 [H17], [H16], [H15] 셀 순서와 같이 반대 방향으로 셀을 참조해야 합니다. 그러므로 **02** 과정에서 작성한 수식을 다음 순서대로 변경합니다.

```
=OFFSET($H$5, COUNTA(H:H)–1, 0) : [H17] 셀
=OFFSET($H$5, COUNTA(H:H)–2, 0) : [H16] 셀
=OFFSET($H$5, COUNTA(H:H)–3, 0) : [H15] 셀
```

1, 2, 3 숫자를 순서대로 반환하려면 ROW 함수를 사용하는 것이 쉬우므로, **02** 과정 수식에서 1을 빼는 부분을 **ROW(A1)**로 변경한 것입니다.

05 동일한 방법으로 D열에 J열의 마지막 3일치 주가 데이터를 참조합니다.

06 [D6] 셀에 다음 수식을 입력하고 [D6] 셀의 채우기 핸들을 [D8] 셀까지 드래그해 수식을 복사합니다.

[D6] 셀 : =OFFSET($J$5, COUNTA(J:J)–ROW(A1), 0)

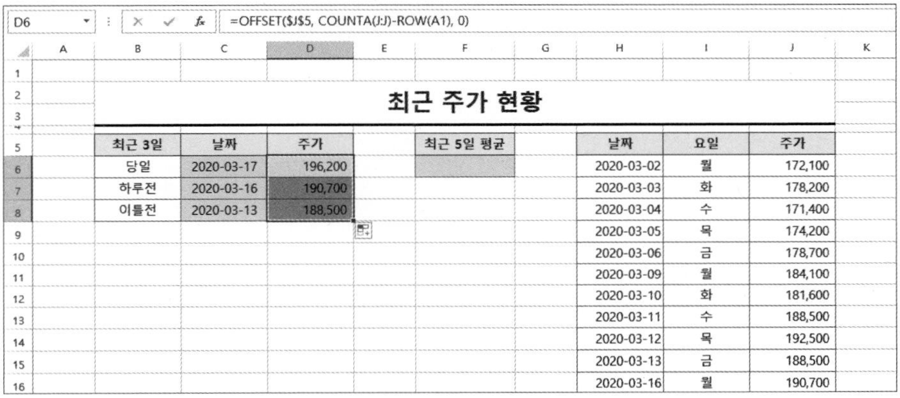

TIP 이 수식은 **04** 과정 수식과 동일하며, 시작 위치와 참조 열이 H열에서 J열로 변경된 것만 다릅니다.

07 최근 주가 5일치의 평균을 계산합니다. [F6] 셀에 다음 수식을 입력합니다.

[F6] 셀 : =AVERAGE(OFFSET(J5, COUNTA(J:J)–1, 0, –5))

F6 | =AVERAGE(OFFSET(J5, COUNTA(J:J)-1, 0, -5))

	A	B	C	D	E	F	G	H	I	J	K
1											
2		최근 주가 현황									
3											
5		최근 3일	날짜	주가		최근 5일 평균		날짜	요일	주가	
6		당일	2020-03-17	196,200		191,280		2020-03-02	월	172,100	
7		하루전	2020-03-16	190,700				2020-03-03	화	178,200	
8		이틀전	2020-03-13	188,500				2020-03-04	수	171,400	
9								2020-03-05	목	174,200	
10								2020-03-06	금	178,700	
11								2020-03-09	월	184,100	
12								2020-03-10	화	181,600	
13								2020-03-11	수	188,500	
14								2020-03-12	목	192,500	
15								2020-03-13	금	188,500	
16								2020-03-16	월	190,700	
17								2020-03-17	화	196,200	
18											

더 알아보기 수식 이해하기

이번 수식에서 OFFSET 함수 부분을 보면 J열의 마지막 셀(J17)을 참조합니다.

```
OFFSET(J5, COUNTA(J:J)–1, 0)
```

[J17] 셀로부터 위로 5개의 셀을 참조해야 하므로, –5를 OFFSET 함수에 추가해놓은 것입니다.

```
OFFSET(J5, COUNTA(J:J)–1, 0, –5)
```

위 수식은 마지막 [열] 인수가 생략되었기 때문에 5×1 행렬 범위를 참조하게 됩니다. 단, –5이므로 위쪽 방향으로 범위를 참조합니다.

따라서 OFFSET 함수 부분은 [J13:J17] 범위를 참조하게 됩니다. AVERAGE 함수 안에 OFFSET 함수를 사용했으므로 이번 수식은 다음과 같은 의미가 됩니다.

```
=AVERAGE(J13:J17)
```

08 07 과정에서 계산된 결과가 맞는지 확인합니다.

09 [J13:J17] 범위를 선택하고 상태 표시줄의 자동 요약값에서 평균을 확인합니다.

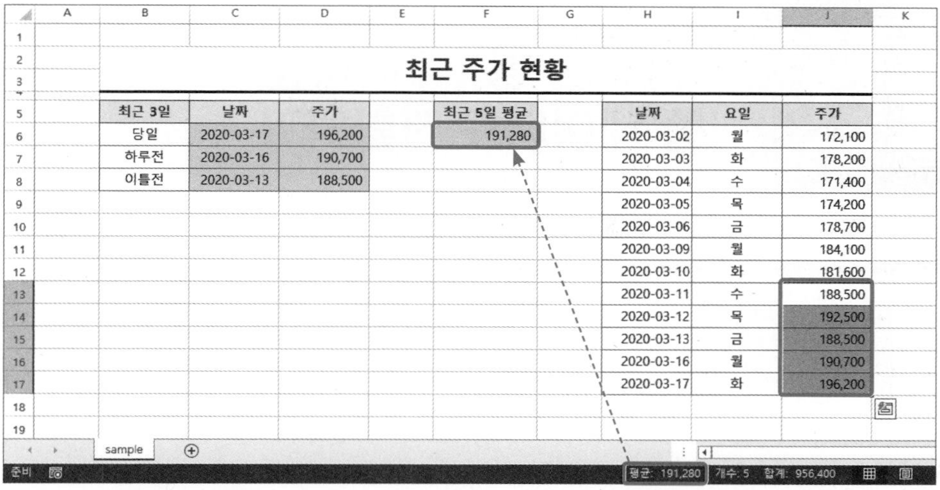

최근 3일	날짜	주가
당일	2020-03-17	196,200
하루전	2020-03-16	190,700
이틀전	2020-03-13	188,500

최근 5일 평균
191,280

날짜	요일	주가
2020-03-02	월	172,100
2020-03-03	화	178,200
2020-03-04	수	171,400
2020-03-05	목	174,200
2020-03-06	금	178,700
2020-03-09	월	184,100
2020-03-10	화	181,600
2020-03-11	수	188,500
2020-03-12	목	192,500
2020-03-13	금	188,500
2020-03-16	월	190,700
2020-03-17	화	196,200

TIP 자동 요약 기능으로 요약된 평균과 [F6] 셀의 결과가 동일하면 OFFSET 함수가 정확하게 설정된 것입니다.

10 데이터를 추가하고 데이터가 제대로 인식되는지 확인합니다.

11 [H18] 셀에 **2020-03-18**을 입력하고 [J18] 셀에 **200000**을 입력합니다.

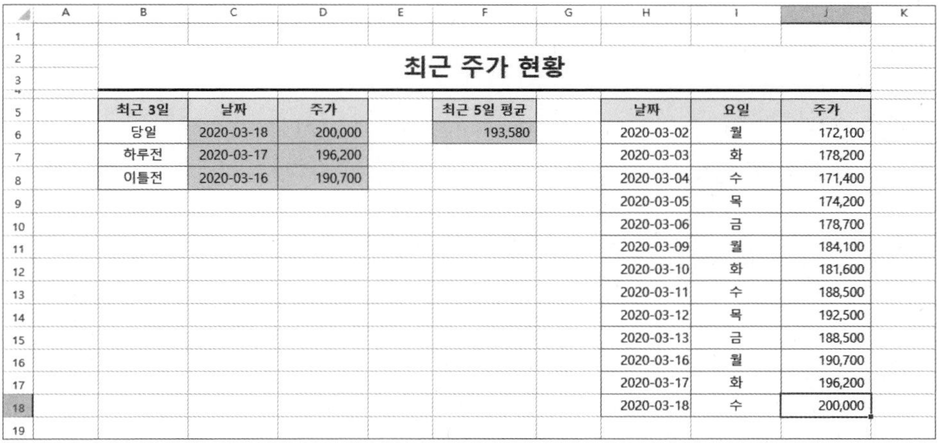

최근 3일	날짜	주가
당일	2020-03-18	200,000
하루전	2020-03-17	196,200
이틀전	2020-03-16	190,700

최근 5일 평균
193,580

날짜	요일	주가
2020-03-02	월	172,100
2020-03-03	화	178,200
2020-03-04	수	171,400
2020-03-05	목	174,200
2020-03-06	금	178,700
2020-03-09	월	184,100
2020-03-10	화	181,600
2020-03-11	수	188,500
2020-03-12	목	192,500
2020-03-13	금	188,500
2020-03-16	월	190,700
2020-03-17	화	196,200
2020-03-18	수	200,000

TIP [H18:J18] 범위에 입력된 값에 따라 [C6:D8] 범위와 [F6] 셀의 결과가 이전과 달라집니다.

동적 범위 참조하기

08 21 열(또는 행) 데이터를 행 데이터로 전환하기

예제 파일 PART 02 \ CHAPTER 08 \ OFFSET 함수-행,열 전환.xlsx

공식처럼 사용할 수 있는 수식

엑셀에서 행 방향(아래쪽)으로 정리된 데이터를 열 방향(오른쪽)으로 변경하거나 그 반대로 변경하고 싶은 경우가 있습니다. 일반적으로 [홈] 탭-[클립보드] 그룹-[붙여넣기]-[선택하여 붙여넣기]-[행/열 바꿈]을 사용하는 것이 편리합니다. 다만 선택하여 붙여넣기 기능을 이용하면 데이터가 변경될 경우 다시 작업해야 하는 불편함이 있습니다. 수식을 통해 열과 행을 전환하려면 다음 수식을 사용합니다.

열 데이터를 행 데이터로 참조

열 데이터를 행 데이터로 순서대로 참조하려면 다음 수식을 사용합니다.

=OFFSET(기준 위치, COLUMN(A1), 0)

- **기준 위치** : 참조하려는 데이터 범위 내 첫 번째 셀

행 데이터를 열 데이터로 참조

행 데이터를 열 데이터로 순서대로 참조하려면 다음 수식을 사용합니다.

=OFFSET(기준 위치, 0, ROW(A1))

- **기준 위치** : 참조하려는 데이터 범위 내 첫 번째 셀

따라 하기

01 예제를 열고, [B6:B10] 범위에 입력된 열 데이터를 오른쪽 표에 참조합니다.

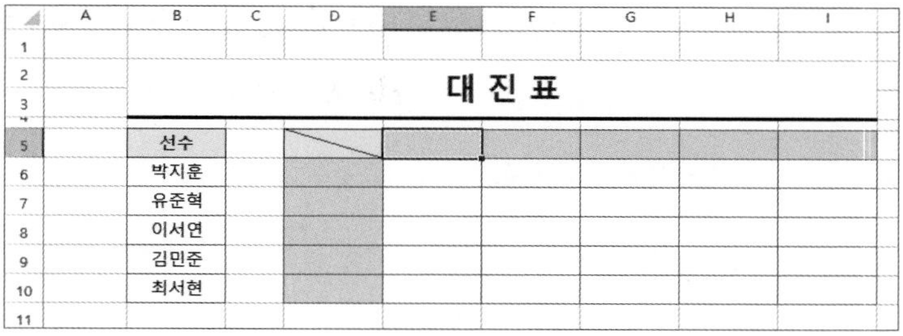

02 [E5] 셀에 참조할 범위(B6:B10) 내 첫 번째 셀을 참조하는 수식을 입력합니다.

[E5] 셀 : =OFFSET($B$5, 1, 0)

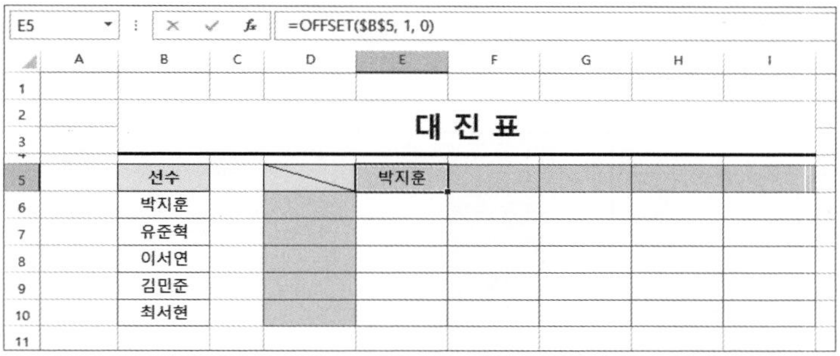

더 알아보기 **수식 이해하기**

이 수식은 [B5] 셀에서 행 방향으로 1칸 아래 셀(B6)을 참조합니다. 이 수식을 오른쪽으로 복사할 때 OFFSET 함수의 두 번째 인수를 1에서 2, 3, 4, …로 변경해주면 다음과 같은 결과를 얻게 됩니다.

```
=OFFSET($B$5, 1, 0) : [B6] 셀을 참조
=OFFSET($B$5, 2, 0) : [B7] 셀을 참조
=OFFSET($B$5, 3, 0) : [B8] 셀을 참조
...
```

OFFSET 함수를 사용할 때는 먼저 참조할 셀의 위치를 숫자로 입력한 후 입력한 숫자를 다른 함수로 대체할 수 있는지 확인해보면 보다 수월하게 수식을 구성할 수 있습니다.

03 [E5] 셀의 수식을 다음과 같이 수정하고 [E5] 셀의 채우기 핸들을 [I5] 셀까지 드래그합니다.

[E5] 셀 : =OFFSET($B$5, COLUMN(A1), 0)

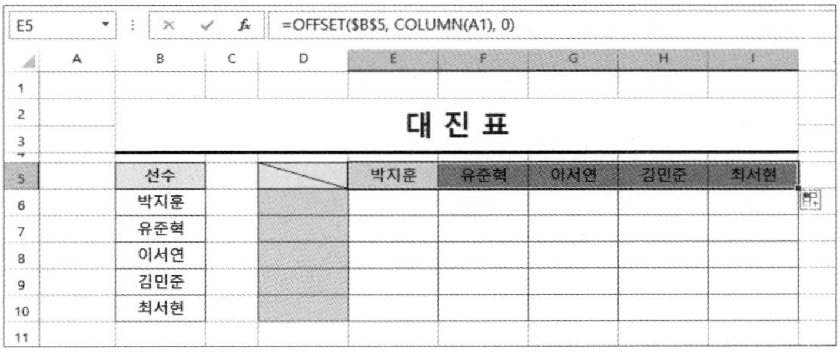

더 알아보기 수식을 행 방향으로 복사할 때 일련번호 반환하기

수식을 오른쪽으로 복사할 때 1, 2, 3, …과 같은 일련번호를 얻으려면 COLUMN 함수를 사용합니다. COLUMN 함수는 참조 위치의 열 번호를 반환하는 함수입니다. COLUMN(A1)와 같이 사용하면 수식을 오른쪽으로 복사할 때 일련번호가 반환됩니다.

04 [E5:I5] 범위에 참조한 행 데이터를 열로 바꿔 다시 참조합니다.

05 [D6] 셀의 수식을 다음과 같이 입력하고 [D6] 셀의 채우기 핸들을 [D10] 셀까지 드래그합니다.

[D6] 셀 : =OFFSET($D$5, 0, ROW(A1))

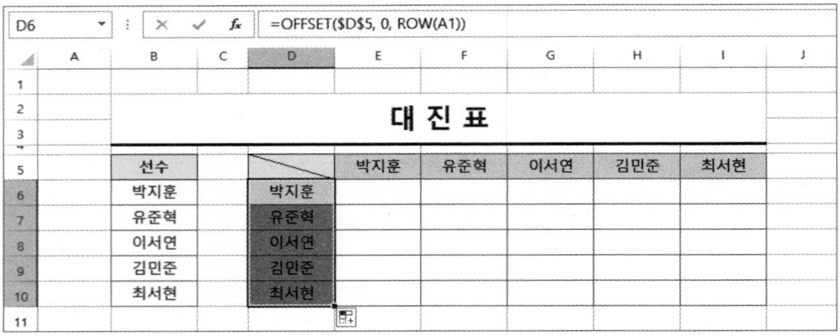

더 알아보기 수식을 열 방향으로 복사할 때 일련번호 반환하기

이번 수식은 **03** 과정 수식과 기본적으로 동일합니다. 이번 수식에서 **ROW(A1)**는 1을 반환해주므로 다음 수식과 동일합니다.

```
=OFFSET($D$5, 0, 1)
```

[D5] 셀에서 열 방향으로 1칸 이동한 셀(E5)을 참조합니다.

이번 수식에서 OFFSET 함수의 세 번째 인수를 **ROW(A1)**로 계산했으니 수식을 아래쪽으로 복사할 때 이 값은 1, 2, 3, …과 같은 일련번호를 반환하게 되어 다음과 같은 셀들을 참조하게 됩니다.

```
=OFFSET($D$5, 0, 1) : [E5] 셀을 참조
=OFFSET($D$5, 0, 2) : [F5] 셀을 참조
=OFFSET($D$5, 0, 3) : [G5] 셀을 참조
…
```

이렇게 OFFSET 함수를 사용해 열 데이터를 행 데이터(또는 그 반대)로 참조할 수 있습니다.

동적 범위 참조하기

08 22 기존 표를 테이블 형식으로 변환하기

예제 파일 PART 02 \ CHAPTER 08 \ OFFSET 함수-표 변환.xlsx

지그재그로 참조하기

사용하는 표를 원하는 형태로 변환하기 위해 데이터를 지그재그로 참조해야 하는 경우가 있습니다. 이런 경우에도 OFFSET 함수를 사용하면 원하는 변환 결과를 얻을 수 있습니다.

01 예제를 열고, 왼쪽 표를 오른쪽 표로 변환합니다.

TIP 이런 표를 변환할 때는 가져올 데이터 위치를 계산하는 방법이 중요합니다.

02 먼저 B열의 품명을 I열로 참조합니다.

TIP 동일한 제품이 5일간(3월 1일~3월 5일) 입력되어 있으므로, I열의 품명은 5번 반복해서 반환되어야 합니다.

03 [I6] 셀에 다음 수식을 입력한 후 [I6] 셀의 채우기 핸들을 [I10] 셀까지 드래그합니다.

[I6] 셀 : =OFFSET($B$5, 1, 0)

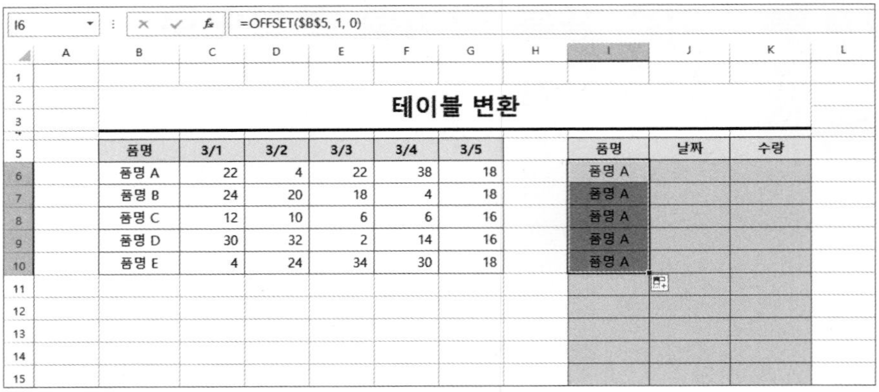

I6 | =OFFSET($B$5, 1, 0)

테이블 변환

품명	3/1	3/2	3/3	3/4	3/5
품명 A	22	4	22	38	18
품명 B	24	20	18	4	18
품명 C	12	10	6	6	16
품명 D	30	32	2	14	16
품명 E	4	24	34	30	18

품명	날짜	수량
품명 A		
품명 A		
품명 A		
품명 A		
품명 A		

더 알아보기 작업 이해하기

동일한 제품 데이터를 일자별로 오른쪽에 기록한 것을 아래쪽으로 누적해 쌓으려면 품명이 날짜수만큼 반복되어야 합니다. 왼쪽 표의 날짜는 3월 1일부터 5일까지 5일간의 데이터이므로 품명이 5번씩 반복해서 표시되어야 합니다.

이번 수식에서 사용한 OFFSET 함수는 [B5] 셀부터 행 방향으로 1칸 아래 위치한 [B6] 셀을 참조하도록 구성했습니다. 이동할 행수가 동일하므로 수식을 복사해도 항상 [B6] 셀의 값을 참조한 결과를 반환합니다.

이 수식을 수정해 5번 동일한 제품을 참조한 후 다음 제품을 참조하도록 하려면 OFFSET 함수의 2번째 인수가 1, 1, 1, 1, 1, 2, 2, 2, 2, 2, 3, 3, 3, 3, 3과 같은 값이 지정되어야 합니다.

04 일련번호를 반환하되, 동일한 일련번호가 5번씩 반환되도록 하는 수식을 작성합니다.

05 [L6] 셀에 다음 수식을 입력하고 [L6] 셀의 채우기 핸들을 [L19] 셀까지 드래그합니다.

[L6] 셀 : =ROUNDUP(ROW(A1)/5, 0)

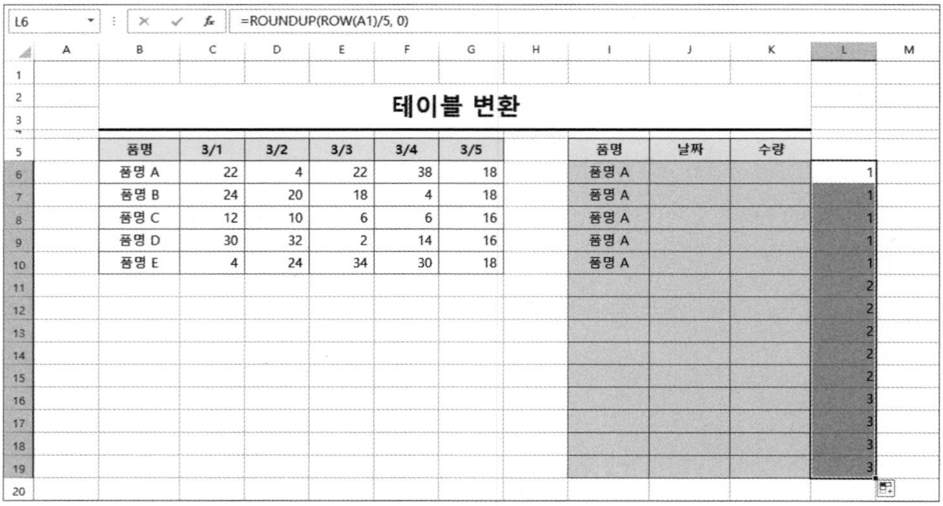

L6 | =ROUNDUP(ROW(A1)/5, 0)

테이블 변환

품명	3/1	3/2	3/3	3/4	3/5
품명 A	22	4	22	38	18
품명 B	24	20	18	4	18
품명 C	12	10	6	6	16
품명 D	30	32	2	14	16
품명 E	4	24	34	30	18

품명	날짜	수량	L
품명 A			1
품명 A			1
품명 A			1
품명 A			1
품명 A			1
			2
			2
			2
			2
			2
			3
			3
			3
			3

더 알아보기 수식 이해하기

이번 수식은 **ROW(A1)**로 돌려받은 일련번호를 5로 나눈 값을 소수점 위치에서 올림 처리한 것입니다. 즉, 다음과 같이 계산됩니다.

1단계	2단계	3단계
ROW(A1)	①/5	ROUNDUP(②, 0)
1	0.2	1
2	0.4	1
3	0.6	1
4	0.8	1
5	1	1
6	1.2	2
…	…	…

LINK 이런 방법은 월을 분기 단위로 변환할 때 이미 사용했습니다. 기억나지 않는다면 이 책의 573페이지를 참고합니다.

06 05 과정에서 작성한 수식을 [I6] 셀 OFFSET 함수의 두 번째 인수에 반영합니다.

07 [I6] 셀의 수식을 다음과 같이 변경하고 [I6] 셀의 채우기 핸들⊞을 [I19] 셀까지 드래그합니다.

[I6] 셀 : =OFFSET($B$5, ROUNDUP(ROW(A1)/5, 0), 0)

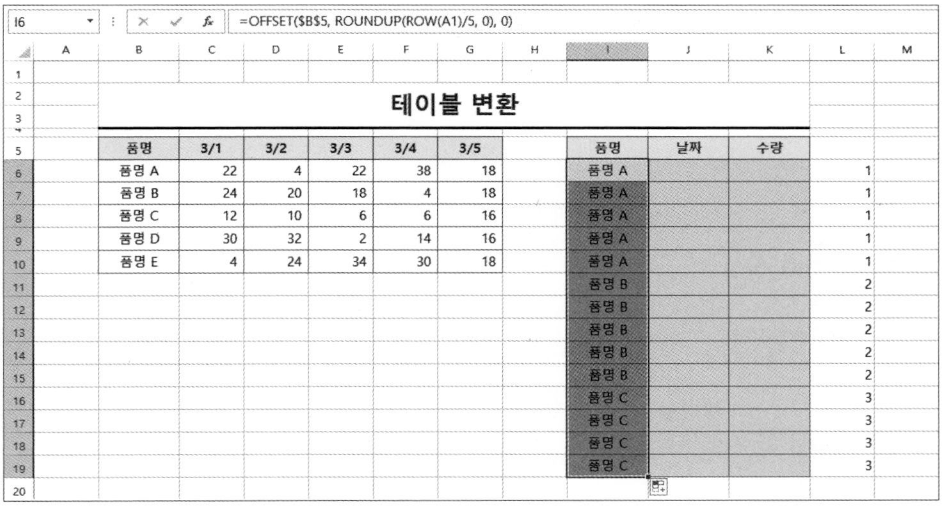

TIP 수식의 결과로 품명이 정확하게 5번씩 반복해서 참조됩니다.

08 이번에는 [C5:G5] 범위 내 날짜를 J열에 참조합니다.

09 참조해올 규칙 유형을 확인하기 위해 [J6] 셀에 다음 수식을 입력합니다.

[J6] 셀 : =OFFSET($B$5, 0, 1)

품명	3/1	3/2	3/3	3/4	3/5
품명 A	22	4	22	38	18
품명 B	24	20	18	4	18
품명 C	12	10	6	6	16
품명 D	30	32	2	14	16
품명 E	4	24	34	30	18

품명	날짜	수량	
품명 A	3/1		1
품명 A			1
품명 A			1
품명 A			1
품명 A			1
품명 B			2
품명 B			2
품명 B			2
품명 B			2
품명 B			2
품명 C			3
품명 C			3
품명 C			3
품명 C			3

더 알아보기 작업 이해하기

[C5:G5] 범위의 날짜를 참조하기 위한 수식입니다. 이번 수식에서 사용된 OFFSET 함수는 [B5] 셀에서 열 방향으로 한 칸 이동한 셀(C5)을 참조합니다. 날짜는 [C5] 셀부터 [G5] 셀까지 순서대로 참조하며, 5일까지 모두 참조됐으면 다시 1일부터 참조가 되어야 합니다.

그러므로 OFFSET 함수의 세 번째 인수가 1, 2, 3, 4, 5, 1, 2, 3, 4, 5, 1, 2, 3, 4, 5, …와 같이 반복해야 [C5:G5] 범위 내 값을 제대로 참조할 수 있습니다.

10 1에서 5까지의 일련번호가 반복되도록 수식을 작성합니다.

11 [M6] 셀에 다음 수식을 입력하고 [M6] 셀의 채우기 핸들을 [M19] 셀까지 드래그합니다.

[M6] 셀 : =MOD(ROW(A1)–1, 5)+1

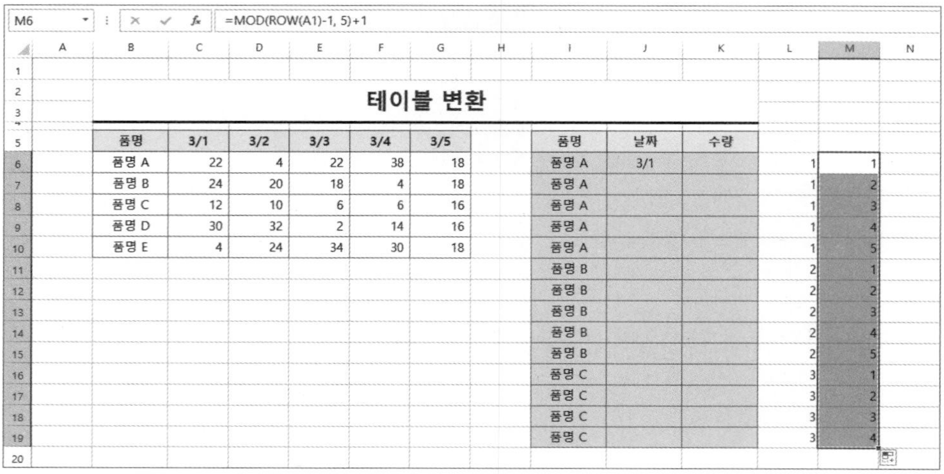

품명	3/1	3/2	3/3	3/4	3/5
품명 A	22	4	22	38	18
품명 B	24	20	18	4	18
품명 C	12	10	6	6	16
품명 D	30	32	2	14	16
품명 E	4	24	34	30	18

품명	날짜	수량		
품명 A	3/1		1	1
품명 A			1	2
품명 A			1	3
품명 A			1	4
품명 A			1	5
품명 B			2	1
품명 B			2	2
품명 B			2	3
품명 B			2	4
품명 B			2	5
품명 C			3	1
품명 C			3	2
품명 C			3	3
품명 C			3	4

더 알아보기 수식 이해하기

동일한 일련번호가 반복되도록 하려면 나눗셈의 나머지를 반환하는 수식을 작성합니다. 이번 수식은 **ROW(A1)**에서 1을 뺀 값을 5로 나눈 나머지값에 다시 1을 더해주는 계산식입니다. 계산 과정을 단계별로 정리하면 다음과 같습니다.

1단계	2단계	3단계	4단계
ROW(A1)	①−1	ROUNDUP(②, 5)	③+1
1	0	0	1
2	1	1	2
3	2	2	3
4	3	3	4
5	4	4	5
6	5	0	1
…	…	…	…

이번 수식은 1, 2, 3, 4, 5 일련번호를 반복해서 얻습니다.

12 **11** 과정에서 얻은 수식을 [J6] 셀 OFFSET 함수의 세 번째 인수에 넣어 수식을 완성합니다.

13 [J6] 셀의 수식을 다음과 같이 수정하고 [J6] 셀의 채우기 핸들을 [J19] 셀까지 드래그합니다.

[J6] 셀 : =OFFSET($B$5, 0, MOD(ROW(A1)−1, 5)+1)

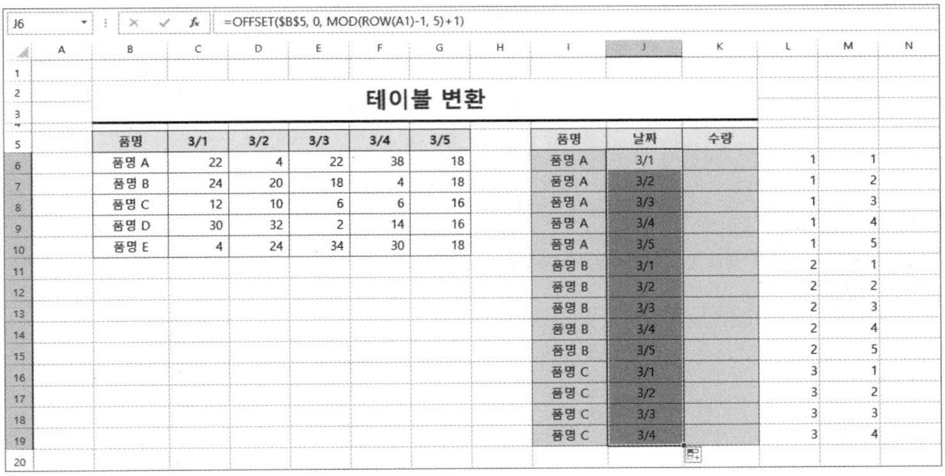

TIP 수식을 정확하게 입력하면 [C5:G5] 범위의 날짜가 반복해서 참조됩니다.

14 마지막으로 해당 제품의 날짜별 판매수량을 참조합니다.

15 참조할 셀의 패턴을 파악하기 위해 [K6] 셀에 다음 수식을 입력합니다.

[K6] 셀 : =OFFSET($B$5, 1, 1)

	품명	3/1	3/2	3/3	3/4	3/5		품명	날짜	수량		
	품명 A	22	4	22	38	18		품명 A	3/1	22	1	1
	품명 B	24	20	18	4	18		품명 A	3/2		1	2
	품명 C	12	10	6	6	16		품명 A	3/3		1	3
	품명 D	30	32	2	14	16		품명 A	3/4		1	4
	품명 E	4	24	34	30	18		품명 A	3/5		1	5
								품명 B	3/1		2	1
								품명 B	3/2		2	2
								품명 B	3/3		2	3
								품명 B	3/4		2	4
								품명 B	3/5		2	5
								품명 C	3/1		3	1
								품명 C	3/2		3	2
								품명 C	3/3		3	3
								품명 C	3/4		3	4

테이블 변환

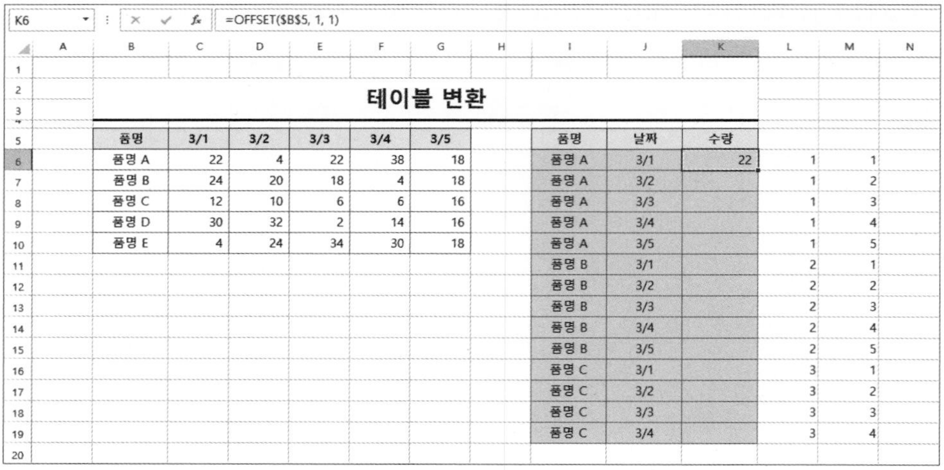

🔍 **더 알아보기**   **작업 이해하기**

이번 수식에서 사용한 OFFSET 함수는 [B5] 셀에서 행 방향으로 1칸, 열 방향으로 1칸 떨어진 위치의 셀(C6)을 참조합니다. 이 수식을 복사해 사용하려면 OFFSET 함수의 두 번째 인숫값은 1, 1, 1, 1, 1, 2, 2, 2, 2, 2, 3, 3, 3, 3, 3, 4, …와 같이 변경되어야 하고, 세 번째 인숫값은 1, 2, 3, 4, 5, 1, 2, 3, 4, 5, 1, 2, …와 같이 변경되어야 합니다. 이 값들은 우리가 L, M열에서 이미 구한 적 있습니다. 그러므로 L열과 M열에 작성한 수식을 OFFSET 함수의 두 번째와 세 번째 인수로 지정하면 원하는 참조 작업을 할 수 있습니다.

16 [K6] 셀의 OFFSET 함수 두 번째와 세 번째 인수 부분에 L열과 M열의 수식을 사용합니다.

17 [K6] 셀의 수식을 다음과 같이 변경하고 [K6] 셀의 채우기 핸들▪을 [K19] 셀까지 드래그합니다.

[K6] 셀 : =OFFSET($B$5, INT((ROUNDUP(A1)/5, 0), MOD(ROW(A1)−1, 5)+1)

fx =OFFSET($B$5, ROUNDUP(ROW(A1)/5, 0), MOD(ROW(A1)-1, 5)+1)

	품명	3/1	3/2	3/3	3/4	3/5		품명	날짜	수량		
	품명 A	22	4	22	38	18		품명 A	3/1	22	1	1
	품명 B	24	20	18	4	18		품명 A	3/2	4	1	2
	품명 C	12	10	6	6	16		품명 A	3/3	22	1	3
	품명 D	30	32	2	14	16		품명 A	3/4	38	1	4
	품명 E	4	24	34	30	18		품명 A	3/5	18	1	5
								품명 B	3/1	24	2	1
								품명 B	3/2	20	2	2
								품명 B	3/3	18	2	3
								품명 B	3/4	4	2	4
								품명 B	3/5	18	2	5
								품명 C	3/1	12	3	1
								품명 C	3/2	10	3	2
								품명 C	3/3	6	3	3
								품명 C	3/4	6	3	4

테이블 변환

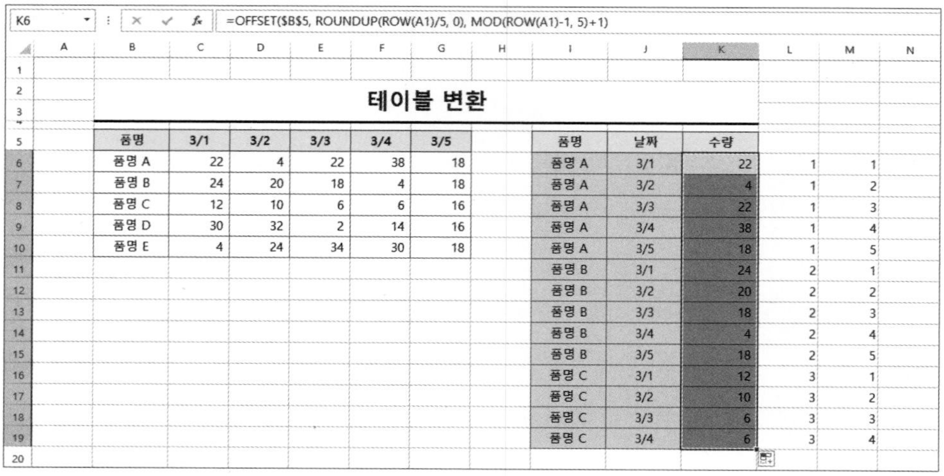

더 알아보기 수식 이해하기

이번 수식은 I열과 J열의 패턴을 그대로 OFFSET 함수에 전달한 것입니다. 따라서 I열과 J열의 수식을 잘 이해하고 있다면 어렵지 않게 이해할 수 있습니다. 각각의 수식 설명은 이전 과정의 [더 알아보기]를 참고하길 바랍니다.

참고로 K열의 수량을 참조하는 작업은 표의 구성상 INDEX, MATCH 함수를 사용할 수 있으며, 수식은 다음과 같습니다.

```
=INDEX($C$6:$G$10, MATCH(I6, $B$6:$B$10, 0), MATCH(J6, $C$5:$G$5, 0))
```

이렇게 하나의 결과를 얻기 위해 다양한 수식을 사용할 수 있습니다.

동적 범위 참조하기

08 23 일정 간격으로 떨어진 위치를 참조하기

예제 파일 PART 02 \ CHAPTER 08 \ OFFSET 함수–간격.xlsx

공식처럼 사용할 수 있는 수식

데이터를 일정 간격으로 참조하고 싶은 경우에도 OFFSET 함수를 사용합니다. OFFSET 함수는 다양한 참조가 가능하지만, 참조해올 위치를 계산하는 방법이 어렵습니다. 이 책에서 설명하는 여러 방법을 연습하다 보면 OFFSET 함수의 활용 방법에 대해 제대로 이해할 수 있습니다.

일정 간격으로 떨어진 위치 참조

열 데이터를 원하는 위치에 일정 간격으로 참조하려면 다음 수식을 사용합니다.

=OFFSET(기준 위치, (ROW(A1)–1)*간격, 0)

- **기준 위치** : 참조하려는 데이터 범위 내 첫 번째 셀
- **간격** : 참조할 셀들이 몇 칸 떨어져 있는지를 나타내는 숫자

따라 하기

01 예제를 열고, I열의 직원을 순서대로 1, 2, 3, 4, 5조로 나누는 작업을 진행합니다.

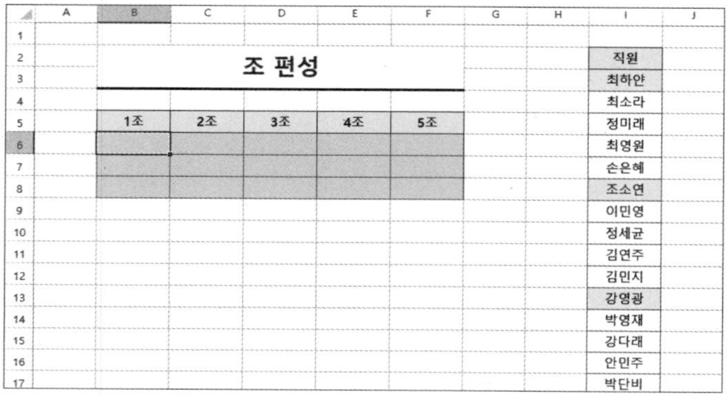

TIP 참고로 [I3], [I8], [I13] 셀의 직원이 1조에 등록될 직원입니다.

02 원하는 간격으로 직원을 참조하기 위한 패턴을 찾기 위해 [B6] 셀에 다음 수식을 입력합니다.

[B6] 셀 : =OFFSET($I$3, 0, 0)

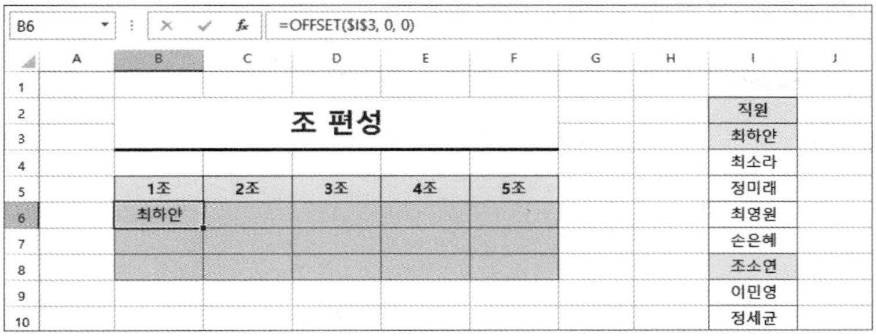

더 알아보기 **작업 이해하기**

이번 수식에서 사용된 OFFSET 함수는 [I3] 셀에서 행 방향과 열 방향으로 모두 0칸씩 이동하므로, [I3] 셀이 참조됩니다. 수식을 행 방향([B7], [B8] 셀)으로 복사할 경우에 OFFSET 함수의 두 번째 인수는 0, 5, 10이 되어야 합니다.

03 행 방향으로 수식을 복사할 때 0, 5, 10의 결과가 반환되도록 수식을 구성합니다.

04 [G6] 셀에 다음 수식을 입력하고 [G6] 셀의 채우기 핸들을 [G8] 셀까지 드래그합니다.

[G6] 셀 : =(ROW(A1)–1)*5

더 알아보기 **수식 이해하기**

행 방향으로 수식을 복사할 때 0, 5, 10과 같은 값을 돌려받으려면 이번 수식과 같이 **ROW(A1)** 결괏값에 1을 뺀 후 5를 곱합니다. 그러면 간단하게 0, 5, 10의 결과를 얻을 수 있습니다.

05 04 과정 수식을 [B6] 셀의 OFFSET 함수에 적용합니다.

06 [B6] 셀의 수식을 다음과 같이 변경하고 [B6] 셀의 채우기 핸들을 [B8] 셀까지 드래그합니다.

[B6] 셀 : =OFFSET($I$3, (ROW(A1)−1)*5, 0)

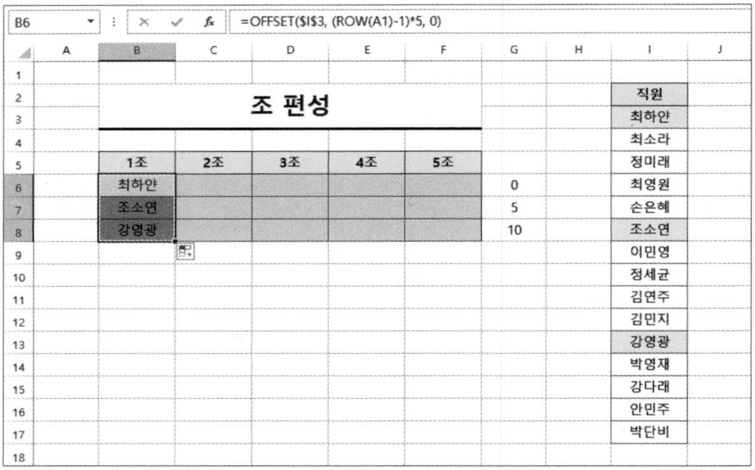

TIP 수식이 제대로 작성되면 [I3], [I8], [I13] 셀의 값이 [B6:B8] 범위에 나타납니다.

07 수정된 수식을 오른쪽으로 복사해서 사용할 수 있도록 위치를 계산합니다.

TIP 수식을 오른쪽으로 복사할 때마다 행이 한 칸씩 아래로 내려가도록 참조합니다.

08 [B9] 셀에 다음 수식을 입력하고 [B9] 셀의 채우기 핸들을 [F9] 셀까지 드래그합니다.

[B9] 셀 : =COLUMN(A1)−1

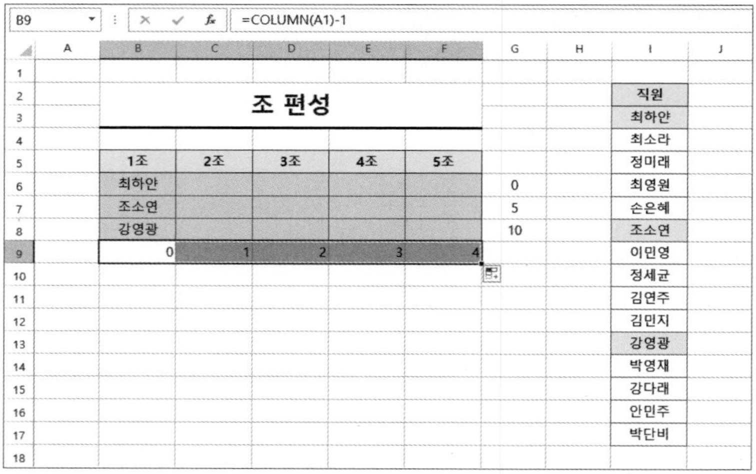

TIP 열 번호를 반환하는 **COLUMN(A1)** 부분에서 1을 빼면 0, 1, 2, 3, 4의 결과를 반환받을 수 있습니다.

09 08 과정의 수식을 [B6] 셀의 수식에 반영합니다.

10 [B6] 셀의 수식을 다음과 같이 변경하고 [B6] 셀의 채우기 핸들을 [B8] 셀까지 드래그합니다.

[B6] 셀 : =OFFSET($I$3, (ROW(A1)−1)*5+(COLUMN(A1)−1), 0)

11 바로 채우기 핸들을 F열까지 드래그해 수식을 복사합니다.

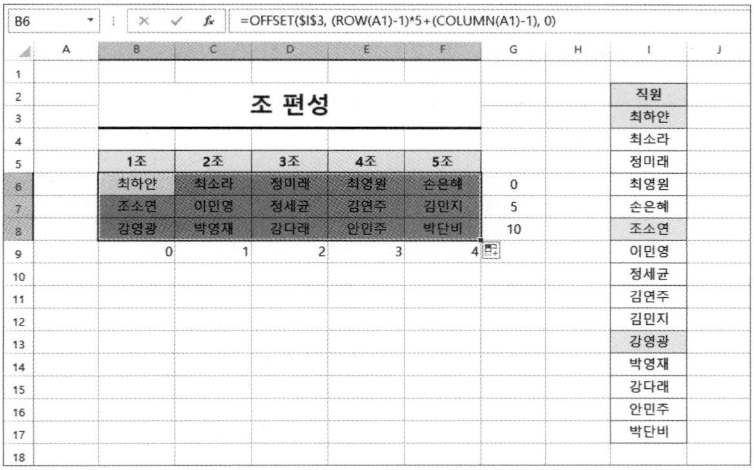

더 알아보기 수식 이해하기

I열의 직원 데이터를 [B6:F8] 범위로 참조할 때 OFFSET 함수의 두 번째 인수는 다음과 같아야 합니다.

0	1	2	3	4
5	6	7	8	9
10	11	12	13	14

위 값은 [G6:G8] 범위에서 구한 값과 [B9:F9] 범위의 값이 교차되는 위치의 값을 더한 값과 동일합니다. 이 값을 OFFSET 함수의 두 번째 인수에 전달하면 각각 다음과 같은 의미가 됩니다.

OFFSET(I3, 0, 0)	OFFSET(I3, 1, 0)	OFFSET(I3, 2, 0)	OFFSET(I3, 3, 0)	OFFSET(I3, 4, 0)
OFFSET(I3, 5, 0)	OFFSET(I3, 6, 0)	OFFSET(I3, 7, 0)	OFFSET(I3, 8, 0)	OFFSET(I3, 9, 0)
OFFSET(I3, 10, 0)	OFFSET(I3, 11, 0)	OFFSET(I3, 12, 0)	OFFSET(I3, 13, 0)	OFFSET(I3, 14, 0)

그러면 다음과 같은 셀을 참조하게 됩니다.

I3	I4	I5	I6	I7
I8	I9	I10	I11	I12
I13	I14	I15	I16	I17

이런 과정을 통해 하나의 열 데이터가 5×3 행렬 범위(B6:F8)에 참조됩니다.

동적 범위 참조하기

08 24 항상 고정된 위치를 참조하기 - INDIRECT 함수

예제 파일 PART 02 \ CHAPTER 08 \ INDIRECT 함수.xlsx

INDIRECT 함수

DIRECT 함수는 직접을 의미하며, 보통 엑셀에서 **=A1**과 같은 방식의 참조를 직접 참조라고 합니다. **INDIRECT 함수**는 간접을 의미하는 단어로 간접 참조 함수입니다. INDIRECT 함수의 구문은 다음과 같습니다.

INDIRECT (❶ 참조 문자열, ❷ 참조 유형)

참조 문자열에 해당하는 셀(또는 범위, 이름) 위치의 값을 참조합니다.

<table>
<tr><td>인수</td><td>❶ 참조 문자열 : 셀 주소 또는 정의된 이름에 해당하는 텍스트 문자열
❷ 참조 유형 : 셀 주소의 유형을 선택하는 옵션
<table>
<tr><th>참조 유형</th><th>설명</th></tr>
<tr><td>TRUE 또는 생략</td><td>A1 스타일의 셀 주소</td></tr>
<tr><td>FALSE</td><td>R1C1 스타일의 셀 주소</td></tr>
</table>
</td></tr>
</table>

사용 예

```
=INDIRECT("A1")
```

TIP [A1] 셀을 참조하며, [A1] 셀의 위치가 변경되어도 항상 [A1] 셀을 참조하게 됩니다.

따라 하기

01 예제 파일 내 [C5] 셀에는 [C8] 셀을 직접 참조하는 수식이 입력되어 있습니다.

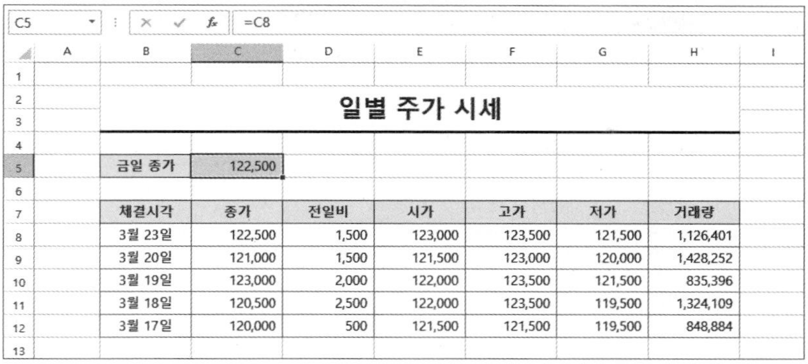

체결시각	종가	전일비	시가	고가	저가	거래량
3월 23일	122,500	1,500	123,000	123,500	121,500	1,126,401
3월 20일	121,000	1,500	121,500	123,000	120,000	1,428,252
3월 19일	123,000	2,000	122,000	123,500	121,500	835,396
3월 18일	120,500	2,500	122,000	123,500	119,500	1,324,109
3월 17일	120,000	500	121,500	121,500	119,500	848,884

TIP 이 표는 8행 위치에 항상 새로운 데이터가 추가됩니다. 따라서 [C5] 셀에 항상 [C8] 셀의 종가가 표시되어야 합니다.

02 표에 새로운 날짜의 주가 데이터를 추가합니다.

03 8행에 빈 행을 하나 삽입하고, 화면과 같이 **3월 24일 종가 데이터**를 입력합니다.

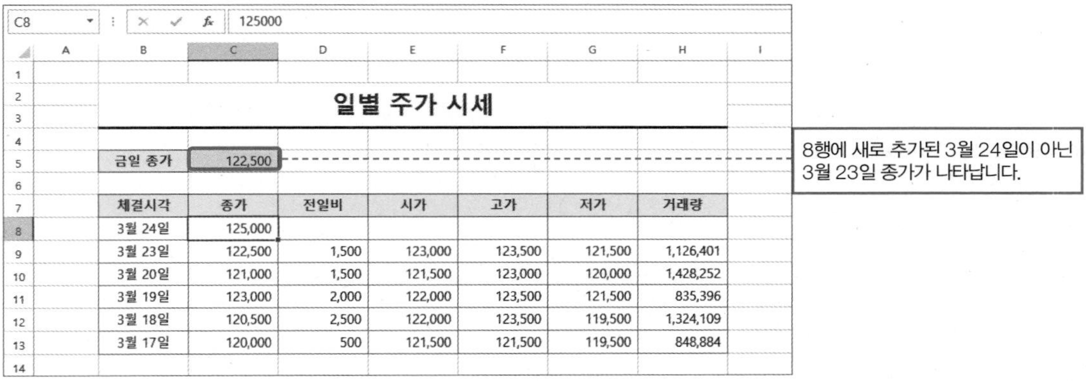

체결시각	종가	전일비	시가	고가	저가	거래량
3월 24일	125,000					
3월 23일	122,500	1,500	123,000	123,500	121,500	1,126,401
3월 20일	121,000	1,500	121,500	123,000	120,000	1,428,252
3월 19일	123,000	2,000	122,000	123,500	121,500	835,396
3월 18일	120,500	2,500	122,000	123,500	119,500	1,324,109
3월 17일	120,000	500	121,500	121,500	119,500	848,884

TIP 빈 행 추가는 8행을 선택하고, 리본 메뉴의 [홈] 탭–[셀] 그룹–[삽입]을 클릭합니다.

04 [C5] 셀을 확인해보면 참조 주소가 **[C8] 셀**에서 **[C9] 셀**로 변경되어 있는 것을 확인할 수 있습니다.

TIP 8행에 새로운 행을 추가했으므로, 기존 8행은 9행으로 내려가고 참조 위치는 자동으로 변경됩니다.

05 [C5] 셀에서 항상 [C8] 셀만 참조하도록 [C5] 셀의 수식을 다음과 같이 변경합니다.

[C5] 셀 : =INDIRECT("C8")

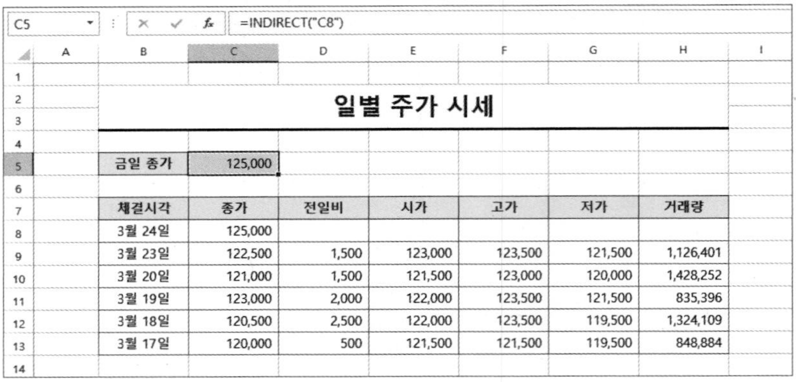

C5
=INDIRECT("C8")

	A	B	C	D	E	F	G	H	I
1									
2		일별 주가 시세							
3									
4									
5		금일 종가	125,000						
6									
7		체결시각	종가	전일비	시가	고가	저가	거래량	
8		3월 24일	125,000						
9		3월 23일	122,500	1,500	123,000	123,500	121,500	1,126,401	
10		3월 20일	121,000	1,500	121,500	123,000	120,000	1,428,252	
11		3월 19일	123,000	2,000	122,000	123,500	121,500	835,396	
12		3월 18일	120,500	2,500	122,000	123,500	119,500	1,324,109	
13		3월 17일	120,000	500	121,500	121,500	119,500	848,884	
14									

더 알아보기 | 수식 이해하기

이번 수식에서 가장 중요한 부분은 참조할 [C8] 셀의 주소가 INDIRECT 함수에서 큰따옴표("") 안에 입력된 부분입니다. 이렇게 하면 수식에서 **"C8"** 부분은 [C8] 셀을 의미하지 않고 'C8'이라는 텍스트 문자열이 됩니다. INDIRECT 함수는 함수 내 [참조 문자열] 인수의 값이 셀(또는 범위) 주소거나 정의된 이름이라면 해당 위치를 참조해주는 함수이므로, 이번 수식은 [C8] 셀을 참조하는 다음 수식과 동일합니다.

```
=C8
```

다만 INDIRECT 함수를 사용하면 셀을 직접 참조하는 것이 아니기 때문에 다른 셀의 삽입, 삭제 등으로 참조 위치가 변경되지 않습니다.

06 수식이 제대로 동작하는지 확인하기 위해 8행에 빈 행을 새로 추가합니다.

07 다음과 같이 3월 25일 종가 데이터를 추가합니다.

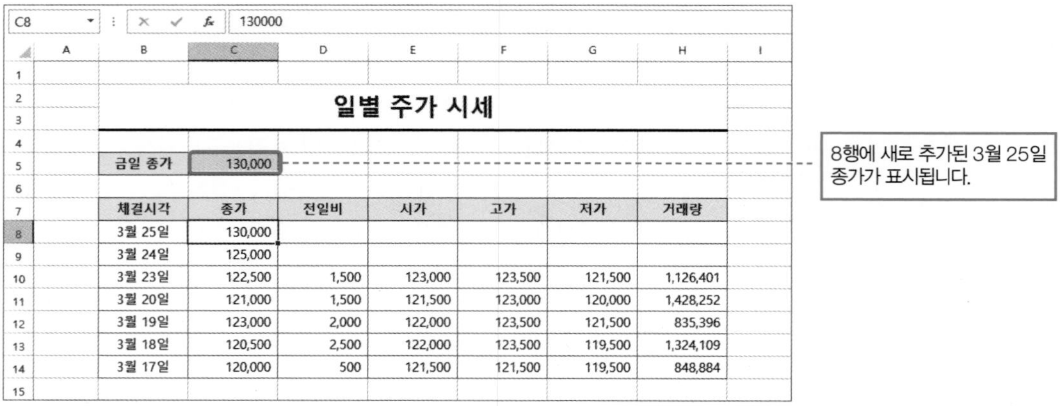

C8
130000
8행에 새로 추가된 3월 25일 종가가 표시됩니다.

	A	B	C	D	E	F	G	H	I
1									
2		일별 주가 시세							
3									
4									
5		금일 종가	130,000						
6									
7		체결시각	종가	전일비	시가	고가	저가	거래량	
8		3월 25일	130,000						
9		3월 24일	125,000						
10		3월 23일	122,500	1,500	123,000	123,500	121,500	1,126,401	
11		3월 20일	121,000	1,500	121,500	123,000	120,000	1,428,252	
12		3월 19일	123,000	2,000	122,000	123,500	121,500	835,396	
13		3월 18일	120,500	2,500	122,000	123,500	119,500	1,324,109	
14		3월 17일	120,000	500	121,500	121,500	119,500	848,884	
15									

동적 범위 참조하기

08 25 여러 시트에서 흩어져 있는 데이터를 하나로 취합하기

예제 파일 PART 02 \ CHAPTER 08 \ INDIRECT 함수-시트.xlsx

규칙적인 표에서 데이터 취합

여러 시트에 분산된 데이터를 한 시트로 취합하려고 할 때에도 표만 규칙적이라면 INDIRECT 함수를 사용해 원하는 결과를 얻을 수 있습니다.

01 예제 파일 내 [sample] 시트는 직원(B열)의 월별 판매 실적을 정리하도록 구성되어 있습니다.

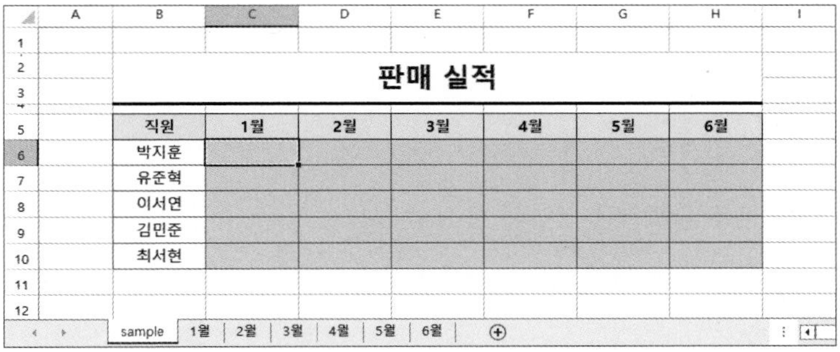

판매 실적
직원
1월
2월
3월
4월
5월
6월
박지훈
유준혁
이서연
김민준
최서현
sample

02 시트 탭에서 [1월], [2월], [3월] 시트를 선택하면 월별 판매 실적이 정리되어 있습니다.

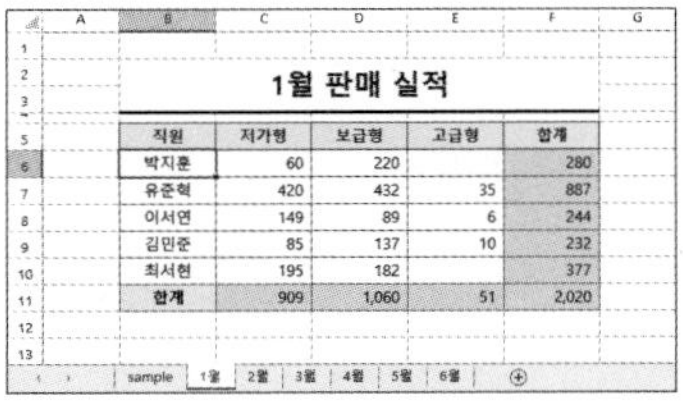

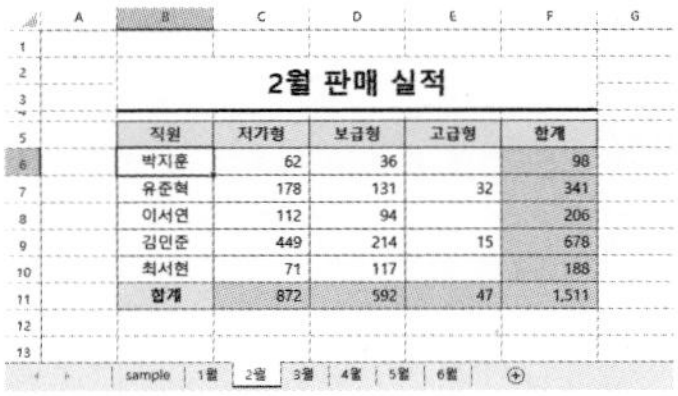

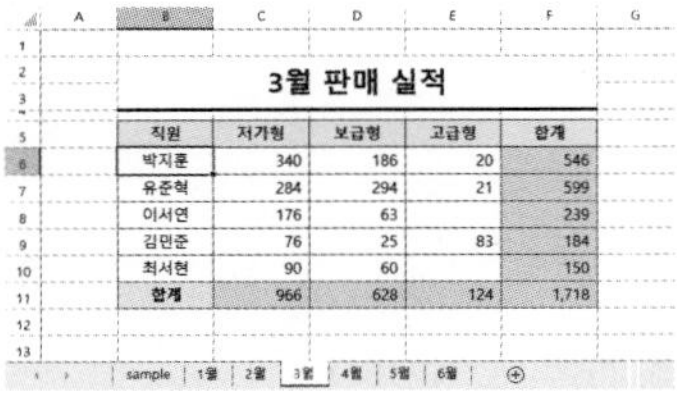

TIP 모든 시트의 표는 동일한 구성을 갖고 있고, B열의 직원도 동일한 순서로 정리되어 있습니다.

03 [4월], [5월], [6월] 시트도 모두 동일한 구성을 갖고 있습니다.

04 다시 [sample] 시트로 이동해서 표를 하나로 취합합니다. [C6] 셀에 다음 수식을 입력합니다.

[C6] 셀 : ='1월'!F6

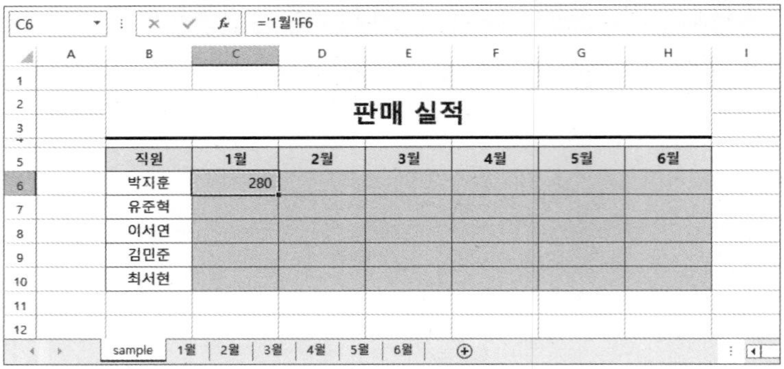

더 알아보기 **작업 이해하기**

이번 수식은 [1월] 시트에서 '박지훈' 직원의 실적 합계를 계산해놓은 [F6] 셀을 참조하는 수식입니다. 이 수식을 오른쪽으로 복사할 때 순서대로 다른 월의 판매 실적이 집계되도록 하려면 이번 수식이 다음과 같이 변경되어야 합니다.

```
='2월'!$F6
='3월'!$F6
='4월'!$F6
...
```

05 시트명을 5행에서 참조해 계산하도록 변경합니다.

06 [C6] 셀의 수식을 다음과 같이 변경하고 [C6] 셀의 채우기 핸들을 [H6] 셀까지 드래그합니다.

[C6] 셀 : =INDIRECT("'" & C$5 & "'!F6")

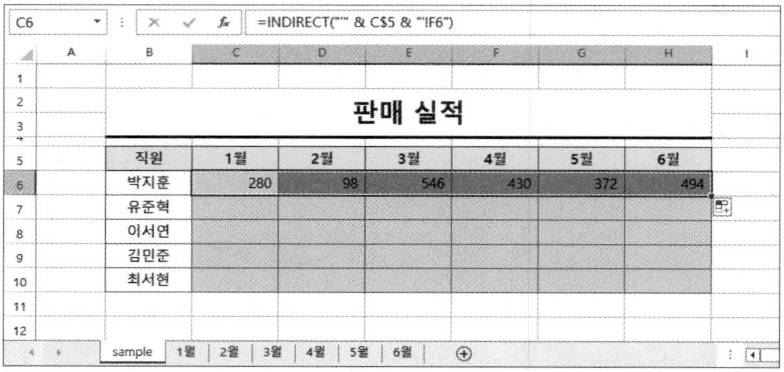

더 알아보기 수식 이해하기

시트명은 이번 예제에서 [C5:H5] 범위에 미리 입력되어 있으므로, 이 값을 사용해 시트명을 대체합니다. 그리고 참조할 셀 주소인 [F6]을 연결해 다음과 같은 문자열을 얻게 됩니다.

```
'1월'!F6
'2월'!F6
….
```

이 문자열을 INDIRECT 함수에 전달하면 INDIRECT 함수가 해당 위치의 값을 참조해옵니다. 이번 수식에서 시트명을 작은따옴표(')로 묶은 것은 시트명이 숫자로 시작하거나 띄어쓰기가 되어 있으면 작은따옴표(')로 묶어줘야 하기 때문입니다.

07 참조할 셀 주소도 변경되도록 [C6] 셀의 수식을 다음과 같이 수정합니다.

[C6] 셀 : =INDIRECT("'" & C$5 & "'!F" & ROW())

08 바로 [C6] 셀의 채우기 핸들을 [H6] 셀까지 드래그한 후 채우기 핸들을 [H10] 셀까지 드래그합니다.

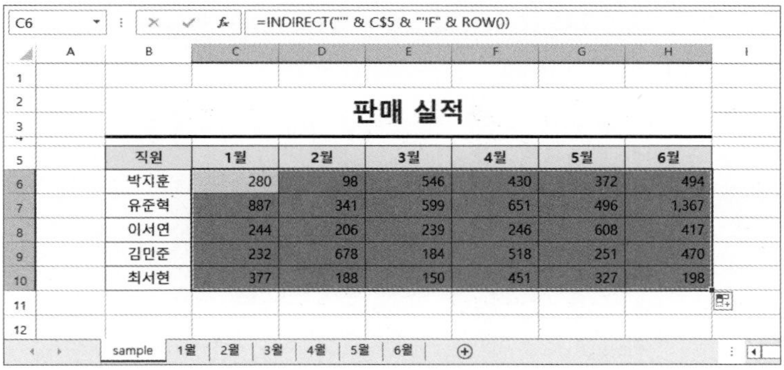

직원	1월	2월	3월	4월	5월	6월
박지훈	280	98	546	430	372	494
유준혁	887	341	599	651	496	1,367
이서연	244	206	239	246	608	417
김민준	232	678	184	518	251	470
최서현	377	188	150	451	327	198

더 알아보기 수식 이해하기

이번 수식이 이전 수식과 다른 점은 참조할 셀 주소의 행 주소 부분을 ROW 함수를 사용해 계산한 부분입니다. 정확하게는 참조할 셀 주소인 [F6] 셀의 행 주소 6을 **ROW()** 함수로 계산했습니다. 이렇게 하면 수식을 행 방향(아래쪽)으로 복사할 때 행 주소가 [F6], [F7], [F8], …과 같이 변경되어 직원의 데이터를 순서대로 참조할 수 있습니다.

PART 03

배열 수식과 배열 함수

엑셀의 수식은 일반 수식과 배열을 이용하는 수식 두 종류가 있습니다. 앞서 PART 02까지 소개해드린 대부분의 수식은 일반 수식입니다. 배열을 이용하는 수식은 배열 함수와 배열 수식으로 나눌 수 있습니다. 배열 함수는 함수 자체적으로 배열을 이용하도록 설계된 함수를 의미하며, SUMPRODUCT 함수가 대표적입니다. 반면 배열 수식은 배열을 강제로 사용하도록 작성한 수식입니다. 배열 수식은 Ctrl+Shift+Enter를 눌러 수식을 입력합니다.

배열 수식은 범위 연산을 지원합니다. 따라서 한번에 많은 데이터를 가지고 작업할 수 있지만, 배열을 생성하는 과정을 거치기 때문에 계산 속도가 떨어지는 단점이 있습니다. 이런 단점을 해결하기 위해 마이크로소프트 365 버전부터 프로그램 자체적으로 동적 배열을 지원합니다.

CHAPTER

09

배열의 원리

배열은 눈에 보이지 않는 공간을 지칭하기 때문에 배열 안에서 값이 어떻게 계산되는지 이해하지 못하면 배열 함수나 배열 수식을 제대로 활용하기 어렵습니다. 그러므로 먼저 배열의 개념에 대해 정확히 알아볼 필요가 있습니다. CHAPTER 09에서는 배열의 원리를 이해하고 배열 함수와 배열 수식을 다루는 기초를 쌓겠습니다.

배열의 이해와 활용

09 01 일반 수식과 배열 수식의 차이

예제 파일 PART 03 \ CHAPTER 09 \ 배열 수식.xlsx

배열 수식

배열 수식은 계산식의 중간 결과를 배열에 저장해 계산하도록 강제하는 수식입니다. 배열 수식은 다음과 같은 특징을 갖습니다.

첫째, 배열 수식을 입력할 때는 Ctrl+Shift+Enter로 수식을 입력합니다.

배열 수식으로 입력된 수식은 수식 입력줄에 해당 수식이 중괄호({ })로 묶여 표시됩니다.

단, 마이크로소프트 365 버전부터는 동적 배열을 이용하므로 Enter만 눌러도 됩니다.

둘째, 범위를 연산할 수 있습니다.

예를 들어 **A1:A10*B1:B10**과 같은 계산식을 사용할 수 있습니다.

셋째, 범위를 통째로 연산할 수 있어 중간 계산 과정을 생략할 수 있습니다.

넷째, 중간 계산의 결괏값을 배열에 저장해 계산하므로, 계산 속도가 떨어지는 단점이 있습니다.

마이크로소프트 365 버전의 동적 배열은 프로그램 자체적으로 배열을 관리해주므로 속도가 떨어지는 단점이 해결되었습니다.

따라 하기

01 예제를 열고, 견적서의 총액을 구합니다.

견 적 서

총액				
번호	제품	단가	수량	판매액
1	잉크젯복합기 AP-3200	75,000	10	
2	잉크젯복합기 AP-4900	95,000	6	
3	레이저복합기 L800	450,000	10	
4	열제본기 TB-8200	150,000	10	
5	바코드 Z-750	54,000	20	

02 먼저 단가와 수량을 곱한 판매액을 계산합니다.

03 [F8] 셀에 다음 수식을 입력한 후 [F8] 셀의 채우기 핸들을 [F12] 셀까지 드래그합니다.

[F8] 셀 : =D8*E8

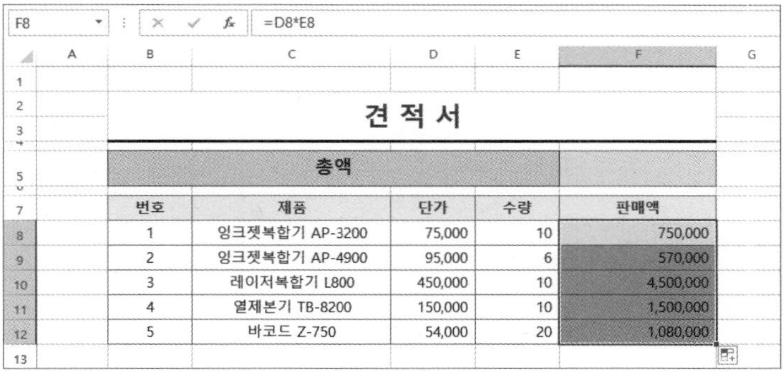

04 계산된 판매액을 더해 총액을 계산합니다. [F5] 셀에 다음 수식을 입력합니다.

[F5] 셀 : =SUM(F8:F12)

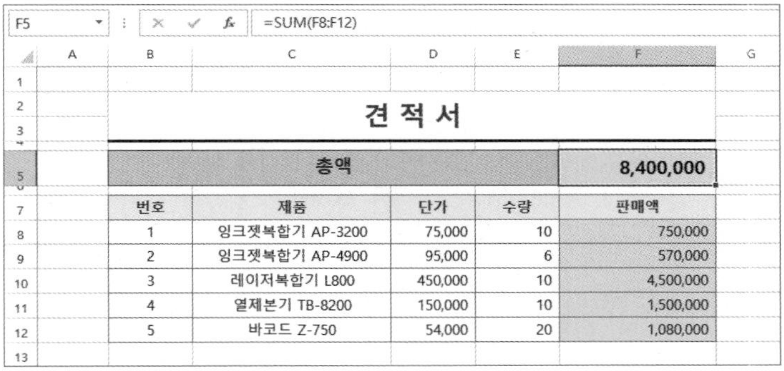

더 알아보기 **수식 이해하기**

이렇게 총액을 구할 때 [F8:F12] 범위에 판매액을 먼저 계산하고 총액을 구하는 것이 일반적인 방법입니다. 그런데 개별 판매액을 구하지 않고 총액만 바로 구하려는 경우가 있을 수 있습니다. 개별 판매액을 구하는 중간 과정을 생략하려면 판매액 계산 부분을 배열에 저장하는 배열 수식을 사용합니다.

05 기존에 계산한 판매액 계산값(예제에서는 [F8:F12] 범위)을 Delete 를 눌러 지웁니다.

06 [F5] 셀의 수식을 다음과 같이 수정합니다.

[F5] 셀 :
=SUM(D8:D12*E8:E12)

Ver. 엑셀 2019 버전까지는 Ctrl + Shift + Enter 를 눌러 배열 수식을 입력해야 합니다.

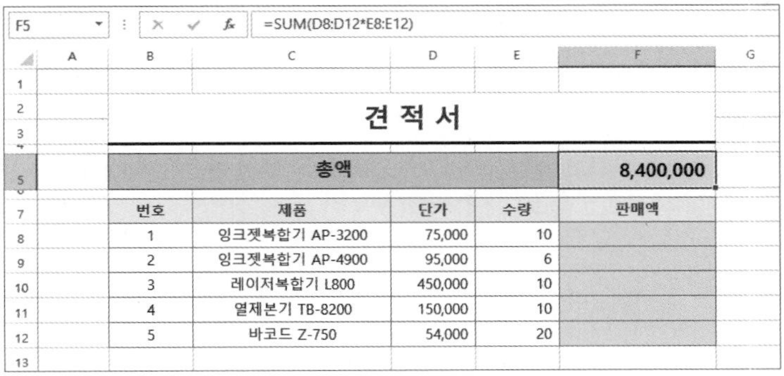

더 알아보기 수식 이해하기

이번 수식은 [F8:F12] 범위의 개별 판매액을 계산하지 않고 단가와 수량 범위를 통째로 연산해 총액을 바로 구하는 방법입니다. 구체적으로 살펴보면, 판매액 계산 부분이 배열에 저장되어 다음과 같이 계산됩니다.

D8:D12		E8:E12		배열	SUM
75000		10		750000	
95000		6		570000	
450000	×	10	=	4500000	8400000
150000		10		1500000	
54000		20		1080000	

이렇게 중간 계산 결과를 별도로 저장해 사용하는 수식을 배열 수식이라고 합니다. 마이크로소프트 365 버전에서는 프로그램 자체적으로 배열을 사용하기 때문에 Enter 로 수식을 입력해도 되지만, 엑셀 2019 버전까지는 Ctrl + Shift + Enter 로 수식을 입력해야 배열 수식을 사용해 계산할 수 있습니다.

동적 배열을 지원하지 않는 엑셀 버전에서 Enter 만 눌러 수식 입력줄의 수식을 입력하면 다음과 같은 #VALUE! 에러가 발생합니다.

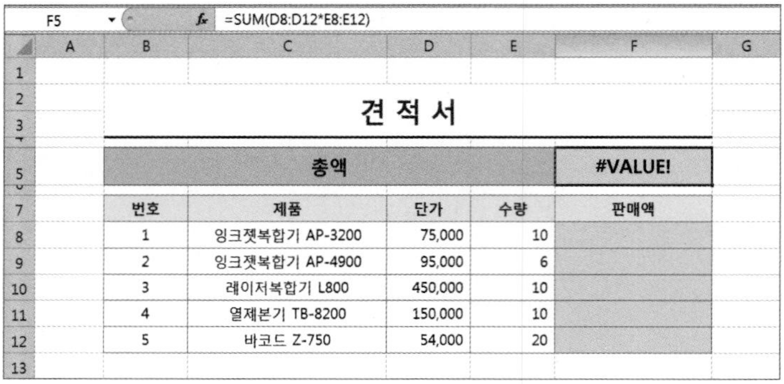

SUM 함수는 배열 함수가 아니므로 자체적으로 배열을 사용하지 못하기 때문에 #VALUE! 에러가 발생합니다. [F5] 셀을 더블클릭하고 Ctrl + Shift + Enter 를 눌러 수식을 재입력합니다.

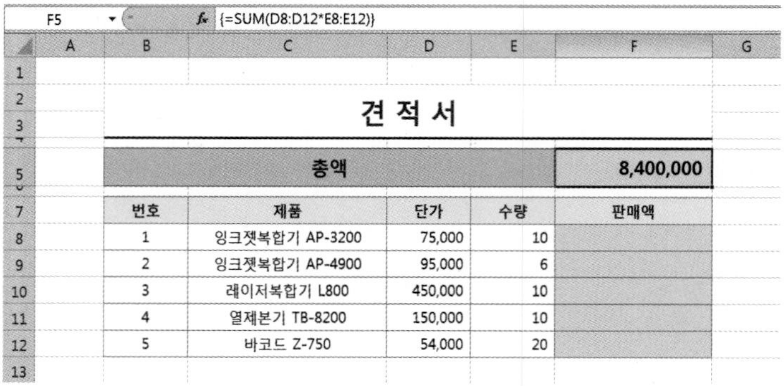

수식 입력줄의 수식이 중괄호({ })로 묶이며 제대로 된 계산 결과를 반환합니다. 이렇게 배열을 이용해 계산하도록 강제하는 수식을 배열 수식이라고 합니다.

09 02 레거시 배열과 동적 배열

예제 파일 PART 03 \ CHAPTER 09 \ 동적 배열.xlsx

동적 배열이란?

2020년부터 마이크로소프트 365 버전에는 **동적 배열** 기능이 추가되었습니다. 동적 배열을 사용하면 엑셀 2019 버전까지의 배열과는 다르게 속도 저하 없이 배열을 생성 및 관리할 수 있습니다. 또한 이전의 배열 수식과는 다르게 수식을 입력하는 셀뿐만 아니라 주변 셀에도 계산의 결괏값을 반환할 수 있습니다.

예를 들어 [F8] 셀의 **=D8:D12** 수식과 같이 범위를 참조하는 것이 가능합니다.

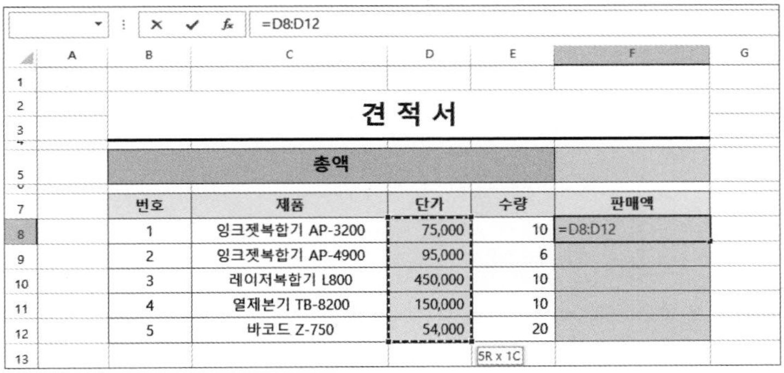

번호	제품	단가	수량	판매액
1	잉크젯복합기 AP-3200	75,000	10	=D8:D12
2	잉크젯복합기 AP-4900	95,000	6	
3	레이저복합기 L800	450,000	10	
4	열제본기 TB-8200	150,000	10	
5	바코드 Z-750	54,000	20	

[F8] 셀에만 수식을 입력했는데도 참조한 범위의 크기(5×1 행렬)에 맞게 주변 범위(F9:F12)까지 참조된 결과를 반환됩니다.

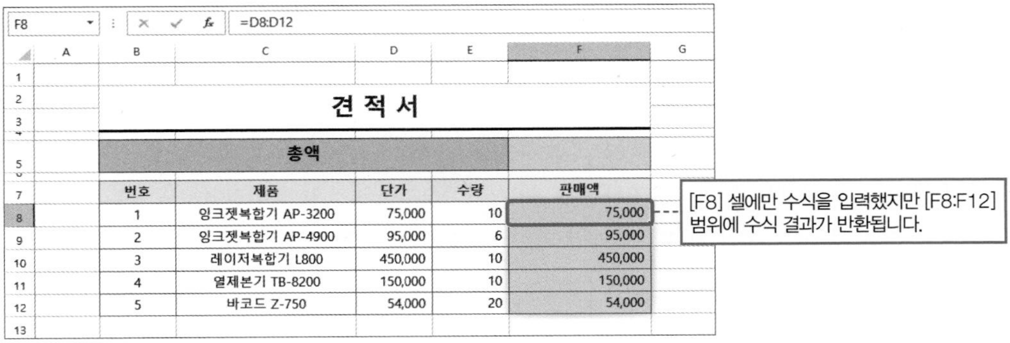

번호	제품	단가	수량	판매액
1	잉크젯복합기 AP-3200	75,000	10	75,000
2	잉크젯복합기 AP-4900	95,000	6	95,000
3	레이저복합기 L800	450,000	10	450,000
4	열제본기 TB-8200	150,000	10	150,000
5	바코드 Z-750	54,000	20	54,000

더 알아보기 **하위 버전에서의 결과**

엑셀 2019 이하 버전에서는 동시에 여러 값을 반환할 수 없습니다. 따라서 위와 동일한 수식을 입력했을 때 다음과 같이 같은 행에 있는 하나의 값만 반환되었습니다.

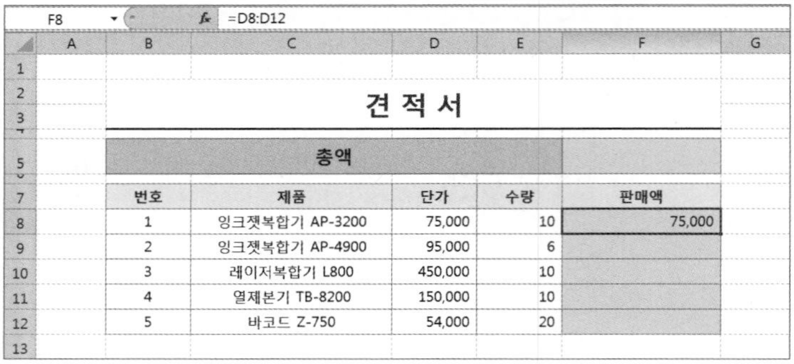

F8 =D8:D12

견 적 서

번호	제품	단가	수량	판매액
1	잉크젯복합기 AP-3200	75,000	10	75,000
2	잉크젯복합기 AP-4900	95,000	6	
3	레이저복합기 L800	450,000	10	
4	열제본기 TB-8200	150,000	10	
5	바코드 Z-750	54,000	20	

즉, 마이크로소프트 365 버전을 제외한 하위 버전에서는 수식을 입력한 셀에만 계산된 결과가 반환됩니다.

동적 배열로 반환된 범위는 하나의 수식으로 반환된 범위입니다. 따라서 나머지 셀을 선택해보면 수식 입력줄의 수식을 고칠 수 없도록 비활성화되어 있습니다.

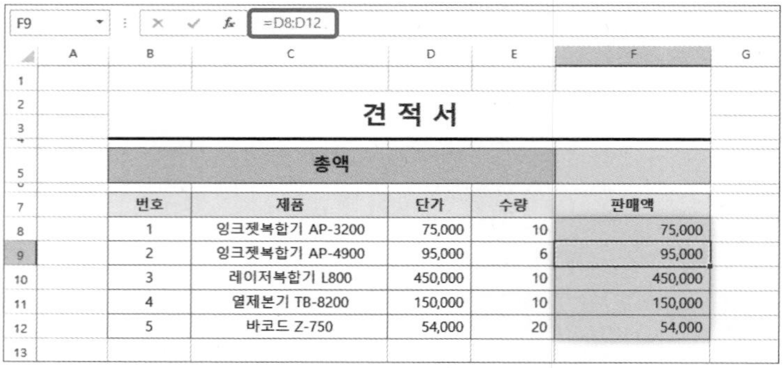

F9 =D8:D12

견 적 서

번호	제품	단가	수량	판매액
1	잉크젯복합기 AP-3200	75,000	10	75,000
2	잉크젯복합기 AP-4900	95,000	6	95,000
3	레이저복합기 L800	450,000	10	450,000
4	열제본기 TB-8200	150,000	10	150,000
5	바코드 Z-750	54,000	20	54,000

즉, [F9:F12] 범위는 수식을 확인할 순 있지만 고칠 수 없으며 Delete 를 눌러도 수식이 지워지지 않습니다. 수식을 고치려면 [F8] 셀의 수식을 고쳐야 하며, 수식을 지울 때도 [F8] 셀에서 지워야 합니다.

레거시 배열과 동적 배열의 차이

엑셀 2019 이하 버전에서도 배열을 이용할 수 있었지만, Ctrl + Shift + Enter 로 입력해야 합니다. 또한 수식에서 반환할 값이 여러 개라면 해당 범위를 직접 사용자가 선택하고 수식을 입력해야 합니다. 하위 버전에서 사용해 온 배열을 레거시 배열이라고 하는데, 이는 마이크로소프트 365 버전에서도 하위 버전과의 호환성을 위해 그대로 사용할 수 있습니다. 하지만 마이크로소프트 365 버전을 사용하고 있다면 동적 배열을 이용하는 것이 훨씬 편리합니다.

마이크로소프트 365 버전에서 동적 배열을 사용한 파일을 엑셀 하위 버전에서 연다면 동적 배열이 자동으로 레거시 배열로 전환됩니다.

동적 배열 범위의 참조

동적 배열을 이용할 경우 사용자는 반환된 범위를 쉽게 참조할 수 있습니다. 동적 배열을 사용하는 수식을 입력한 셀이 [A1] 셀이고, 동적 배열로 반환된 데이터가 [A1:A5] 범위라면 다음과 같은 참조 방법을 사용해 [A1:A5] 범위를 참조할 수 있습니다.

```
=A1#
```

추후 동적 배열로 더 많은 데이터(예를 들면 [A1:A10] 범위)가 반환되어도 위 참조 방법은 추가된 데이터 범위를 모두 참조합니다.

예를 들어 [F8] 셀에 **=D8:D12*E8:E12** 수식을 입력하면 [F8:F12] 범위에 동적 배열로 값이 반환됩니다.

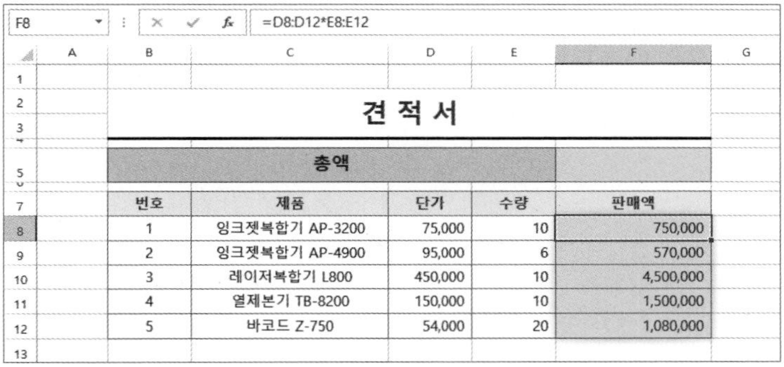

F8 | =D8:D12*E8:E12

번호	제품	단가	수량	판매액
	견 적 서			
	총액			
1	잉크젯복합기 AP-3200	75,000	10	750,000
2	잉크젯복합기 AP-4900	95,000	6	570,000
3	레이저복합기 L800	450,000	10	4,500,000
4	열제본기 TB-8200	150,000	10	1,500,000
5	바코드 Z-750	54,000	20	1,080,000

그러면 [F5] 셀의 총액은 **=SUM(F8#)**와 같은 수식을 사용할 수 있습니다.

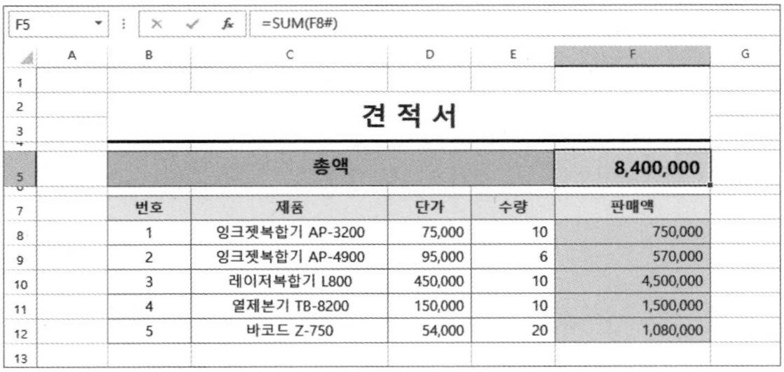

F5 | =SUM(F8#)

번호	제품	단가	수량	판매액
	견 적 서			
	총액			8,400,000
1	잉크젯복합기 AP-3200	75,000	10	750,000
2	잉크젯복합기 AP-4900	95,000	6	570,000
3	레이저복합기 L800	450,000	10	4,500,000
4	열제본기 TB-8200	150,000	10	1,500,000
5	바코드 Z-750	54,000	20	1,080,000

#SPILL! 에러

동적 배열은 인접한 셀에 계산 결과를 반환할 수 있으므로, 반환될 범위 내 셀은 모두 빈 셀이어야 합니다. 만약 빈 셀이 아니고 다른 데이터가 입력되어 있다면 #SPILL! 에러가 발생합니다.

예를 들어 [F5] 셀에 **=D8:D12** 수식을 입력했을 때 하단 셀이 모두 이미 채워져 있다면 아래 그림과 같이 #SPILL! 에러가 반환됩니다.

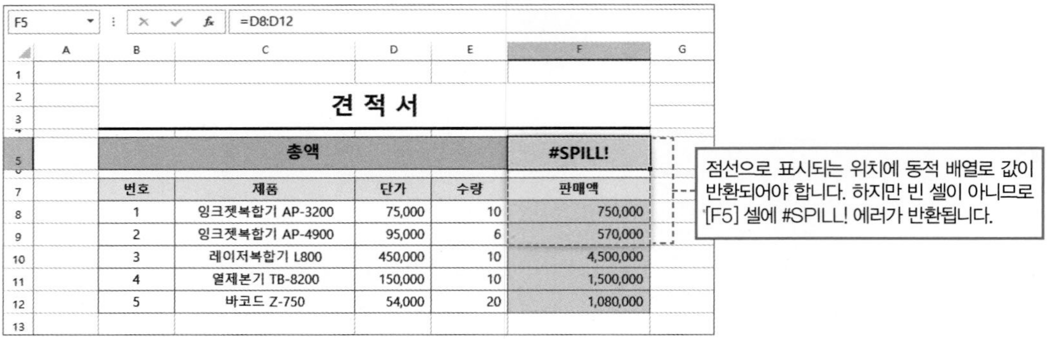

09 03 행렬(Matrix)과 차원 이해하기

예제 파일 없음

행렬(Matrix)이란?

행렬은 데이터를 행과 열로 구분해 나열해놓은 것입니다. 하나의 행 또는 열만 사용하는 행렬을 1차원 행렬이라고 하고, 행과 열을 여러 개 사용하는 행렬을 2차원 행렬이라고 합니다. 엑셀의 워크시트는 2차원 행렬을 종이에 표현한 것으로, 엑셀에 입력된 데이터는 모두 1차원 또는 2차원 행렬 중 하나입니다.

배열 수식은 범위 연산을 할 수 있고 범위 연산의 결과는 1차원 또는 2차원 행렬에 저장됩니다. 이렇게 저장된 공간을 배열이라고 합니다.

1차원 행렬

한 개의 열(또는 행) 데이터를 1차원 행렬이라고 합니다. 다음은 하나의 열로 구성된 4×1 행렬(4개의 행과 한 개의 열을 사용)의 예입니다.

$$\begin{bmatrix} 1 \\ 2 \\ 3 \\ 4 \end{bmatrix}$$

워크시트에서 열 하나를 사용하는 1차원 행렬은 다음과 같습니다.

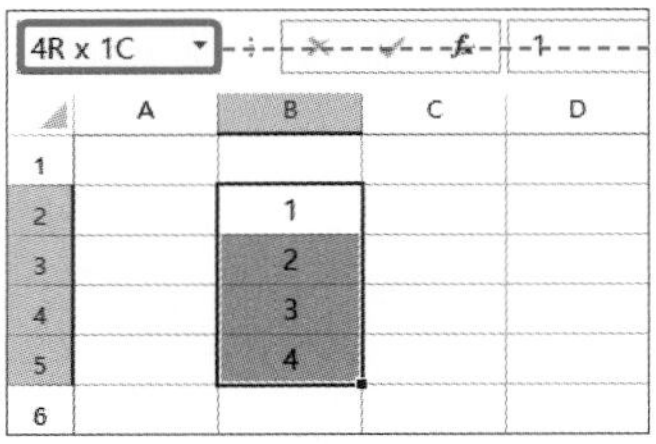

[B2:B5] 범위를 선택하면, 이름 상자에 **4R×1C**라는 표시가 나타납니다. 이것은 4×1 행렬을 의미합니다.

다음은 하나의 행으로 구성된 1×4 행렬(1개의 행과 4개의 열을 사용)입니다.

$$\begin{bmatrix} 1 & 2 & 3 & 4 \end{bmatrix}$$

워크시트에서 행 하나를 사용하는 1차원 행렬은 다음과 같습니다.

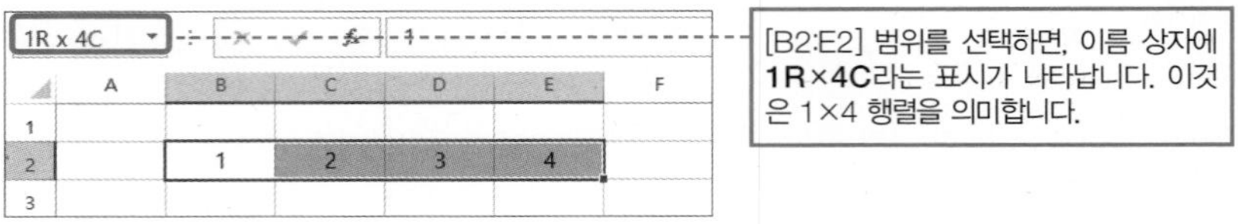

2차원 행렬

행과 열 모두 두 개 이상 사용하는 행렬을 2차원 행렬이라고 합니다. 다음은 2개의 행과 4개의 열을 사용하는 2×4 행렬의 모습입니다.

$$\begin{bmatrix} 1 & 2 & 3 & 4 \\ 5 & 6 & 7 & 8 \end{bmatrix}$$

워크시트에서 2차원 행렬은 다음과 같습니다.

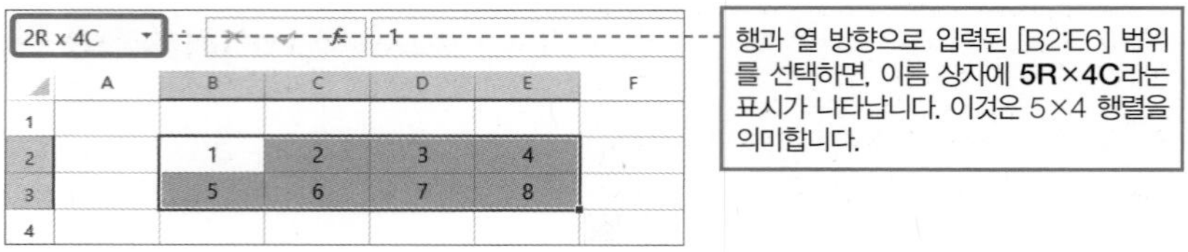

배열 수식이나 배열 함수는 범위 연산의 결과를 배열에 저장해놓고 사용합니다. 따라서 배열에 어떤 값이 저장되어 있는지 모른다면 수식을 이해하기 어렵습니다. 데이터 범위를 행렬로 인식하는 것이 배열 수식과 배열 함수의 동작 원리를 이해하는 첫걸음입니다.

09 04 배열에 저장된 값 확인 방법

예제 파일 PART 03 \ CHAPTER 09 \ 배열.xlsx

수식 계산 기능을 이용하는 방법

배열은 메모리 공간에 생성되어 사용자가 배열에 저장된 값을 눈으로 확인하기 어렵습니다. 이 때문에 배열 수식이나 배열 함수가 어떻게 계산되는지 이해하기 어려운 것입니다. 엑셀의 수식 계산 기능을 이용하면 배열에 저장된 값을 확인할 수 있습니다. 다음 과정을 참고합니다.

01 예제 파일의 [D5] 셀에는 배열을 이용한 수식이 입력되어 있습니다.

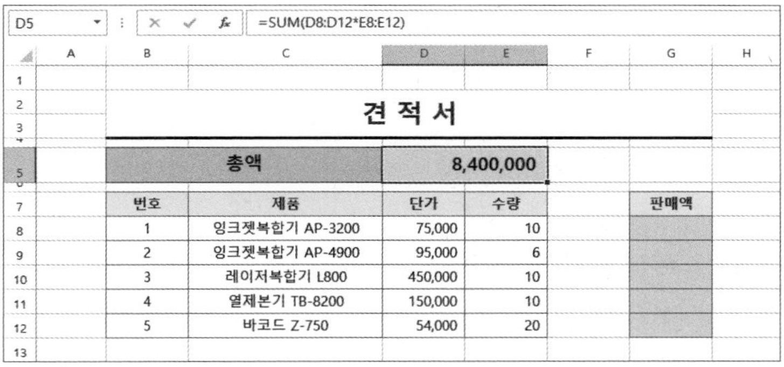

D5 =SUM(D8:D12*E8:E12)

견 적 서

총액	8,400,000		

번호	제품	단가	수량	판매액
1	잉크젯복합기 AP-3200	75,000	10	
2	잉크젯복합기 AP-4900	95,000	6	
3	레이저복합기 L800	450,000	10	
4	열제본기 TB-8200	150,000	10	
5	바코드 Z-750	54,000	20	

Ver. 엑셀 2019 이하 버전에서는 [D5] 셀에서 수식 입력줄의 수식이 중괄호({})로 묶여서 표시됩니다.

02 [D5] 셀이 선택된 상태에서 리본 메뉴의 [수식] 탭–[수식 분석] 그룹–[수식 계산]을 클릭합니다.

03 [수식 계산] 대화상자가 표시되면 [계산]을 클릭합니다.

04 그러면 **[D8:D12]*[E8:E12]** 범위 연산의 결과가 다음과 같이 표시됩니다.

```
=SUM({750000;570000;4500000;1500000;1080000})
```

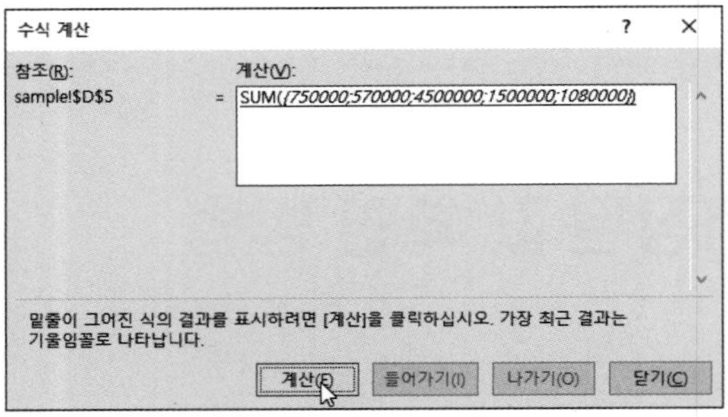

더 알아보기 [수식 계산] 대화상자로 배열에 저장된 값 확인하기

[수식 계산] 대화상자에서 중괄호({}) 안에 표시되는 값이 바로 배열에 저장된 값입니다. 각 값의 사이에 있는 세미콜론(;)은 행을 구분하는 구분 문자로, 다음과 같이 1차원 행렬(5×1)로 값이 저장되어 있음을 의미합니다.

$$\begin{bmatrix} 750000 \\ 570000 \\ 4500000 \\ 1500000 \\ 1080000 \end{bmatrix}$$

즉, 범위 연산(**D8:D12*E8:E12**)의 결괏값은 위와 같이 배열에 저장된 다음 SUM 함수에서 모두 더해져 총액으로 반환됩니다.

05 [닫기]를 클릭해 [수식 계산] 대화상자를 닫습니다.

워크시트를 이용하는 방법

수식 계산 기능은 간편하지만 계산된 값이 많다면 확인하기가 쉽지 않습니다. 제일 좋은 방법은 바로 워크시트를 이용해 배열에 저장한 값을 확인하는 것입니다. 다음 과정을 참고합니다.

마이크로소프트 365 버전

마이크로소프트 365 버전에서는 동적 배열을 지원하므로 범위 연산 부분이나 배열을 생성하는 수식 부분을 직접 빈 셀에 입력합니다. [G8] 셀에 다음 수식을 입력하면 [G8:G12] 범위에 결과가 반환됩니다.

[G8] 셀 : =D8:D12*E8:E12

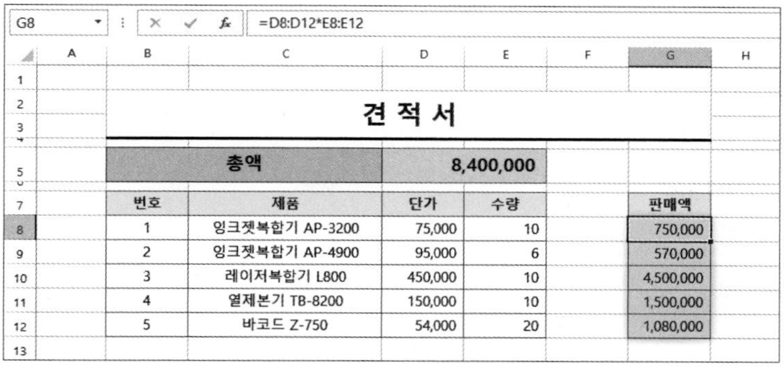

G8 =D8:D12*E8:E12

	견 적 서				
총액		8,400,000			
번호	제품	단가	수량		판매액
1	잉크젯복합기 AP-3200	75,000	10		750,000
2	잉크젯복합기 AP-4900	95,000	6		570,000
3	레이저복합기 L800	450,000	10		4,500,000
4	열제본기 TB-8200	150,000	10		1,500,000
5	바코드 Z-750	54,000	20		1,080,000

더 알아보기 워크시트로 배열에 저장된 값 확인하기

[G8] 셀의 수식으로부터 반환된 [G8:G12] 범위의 결과는 배열에 저장된 값을 그대로 반환해줍니다. 이렇게 마이크로소프트 365 버전에서는 워크시트를 사용해 배열에 저장된 값을 쉽게 확인할 수 있습니다.

엑셀 2019 이하 버전

하위 버전은 동적 배열을 지원하지 않으므로 수식에서 값을 반환할 범위를 선택하고 수식을 입력합니다. 다음 과정을 참고합니다.

01 **D8:D12*E8:E12**는 5×1 행렬에 해당하는 배열을 생성하므로, [G8:G12] 범위를 먼저 선택합니다.

02 다음 수식을 Ctrl+Shift+Enter로 입력합니다.

[G8] 셀 : =D7:D11*E7:E11

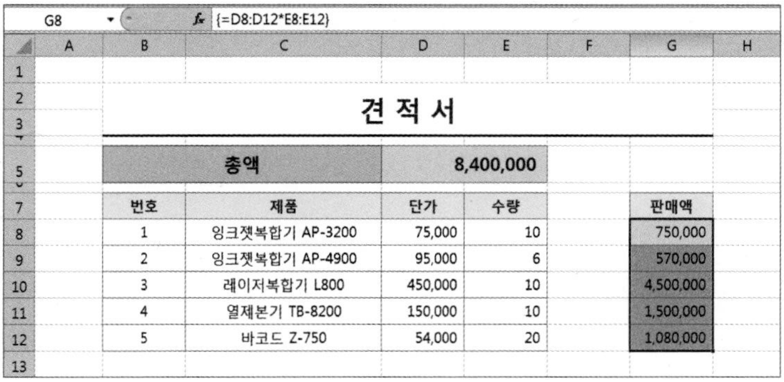

G8 {=D8:D12*E8:E12}

	견 적 서				
총액		8,400,000			
번호	제품	단가	수량		판매액
1	잉크젯복합기 AP-3200	75,000	10		750,000
2	잉크젯복합기 AP-4900	95,000	6		570,000
3	레이저복합기 L800	450,000	10		4,500,000
4	열제본기 TB-8200	150,000	10		1,500,000
5	바코드 Z-750	54,000	20		1,080,000

수식 입력줄을 이용하는 방법

하위 버전은 동적 배열을 지원하지 않으므로 수식에서 값을 반환할 범위를 선택하고 수식을 입력합니다. 다음 과정을 참고합니다.

수식이 입력되어 있는 [D5] 셀을 선택하고, 수식 입력줄에서 배열이 생성될 부분인 **D8:D12*E8:E12** 부분을 선택한 후 F9 를 누릅니다.

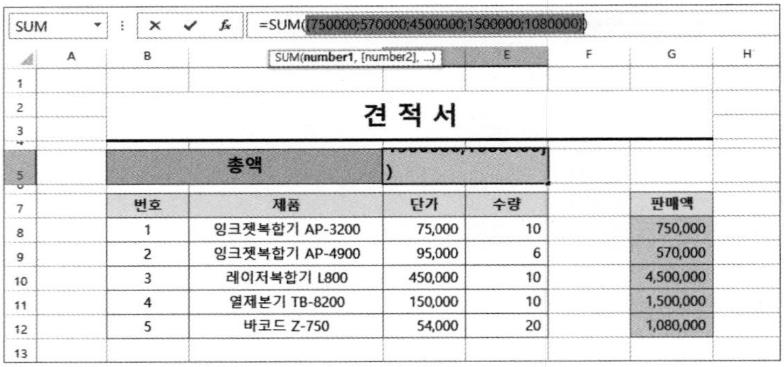

참고로 이 방법을 사용할 경우에 바로 Enter 나 Ctrl + Shift + Enter 를 누르면 참조가 완전히 배열로 바뀌어 저장됩니다. 따라서 배열만 확인하고 Esc 를 눌러 편집 모드를 해제합니다.

배열의 이해와 활용

09 05

배열 상수

예제 파일 PART 03 \ CHAPTER 09 \ 배열 상수.xlsx

배열 상수란?

꼭 범위 연산을 통해서만 배열을 사용할 수 있는 것은 아닙니다. 수식 사용 중에 직접 배열에 데이터를 저장해두고 계산에 활용할 수도 있습니다. 직접 배열에 저장한 데이터를 **배열 상수**라고 합니다.

배열에 데이터를 저장하려면 반드시 중괄호({})를 사용해야 합니다. 열 구분은 쉼표(,)를, 행 구분은 세미콜론(;)을 사용합니다. 다음은 3×1 행렬에 숫자 1, 2, 3을 저장한 배열 상수입니다.

```
={1;2;3}
```

다음은 1×3 행렬에 오피스 프로그램 이름을 입력한 배열 상수입니다.

```
={"엑셀","파워포인트","아웃룩"}
```

따라 하기

01 예제 파일의 [E6] 셀에는 다음과 같은 수식을 확인할 수 있습니다.

[E6] 셀 : =VLOOKUP(D6, $H$6:$I$8, 2, TRUE)

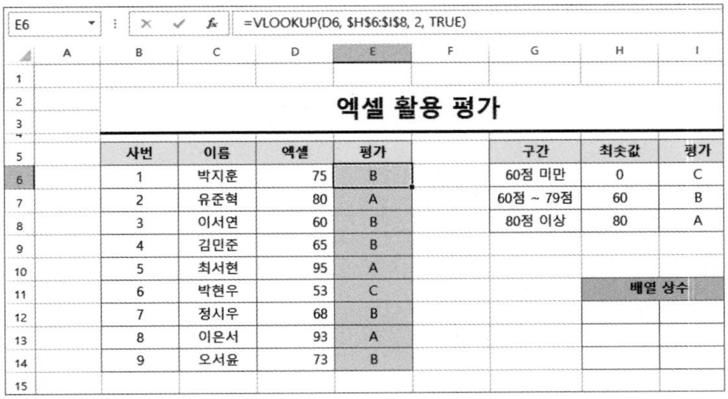
E6 =VLOOKUP(D6, $H$6:$I$8, 2, TRUE)

엑셀 활용 평가

사번	이름	엑셀	평가		구간	최솟값	평가
1	박지훈	75	B		60점 미만	0	C
2	유준혁	80	A		60점 ~ 79점	60	B
3	이서연	60	B		80점 이상	80	A
4	김민준	65	B				
5	최서현	95	A				
6	박현우	53	C			배열 상수	
7	정시우	68	B				
8	이은서	93	A				
9	오서윤	73	B				

02 VLOOKUP 함수에서 참조하는 [H6:I8] 범위를 배열로 대체합니다.

03 먼저 [H6:H8] 범위의 최솟값을 배열에 기록합니다.

04 [H12] 셀을 선택하고 다음 수식을 입력합니다.

[H12] 셀 : ={0;60;80}

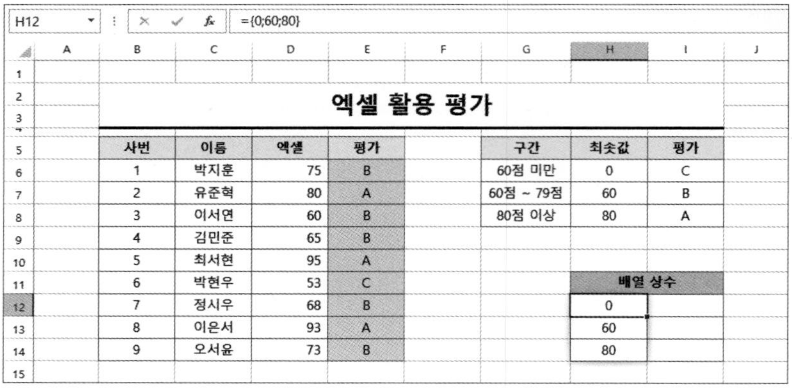
H12 | =={0;60;80}

엑셀 활용 평가

	A	B	C	D	E	F	G	H	I	J
1										
5		사번	이름	엑셀	평가		구간	최솟값	평가	
6		1	박지훈	75	B		60점 미만	0	C	
7		2	유준혁	80	A		60점 ~ 79점	60	B	
8		3	이서연	60	B		80점 이상	80	A	
9		4	김민준	65	B					
10		5	최서현	95	A					
11		6	박현우	53	C			배열 상수		
12		7	정시우	68	B			0		
13		8	이은서	93	A			60		
14		9	오서윤	73	B			80		
15										

Ver. 엑셀 2019 버전까지는 [H12:H14] 범위(3×1 행렬)를 선택하고 Ctrl + Shift + Enter 로 입력합니다.

더 알아보기 **배열 상수 이해하기**

이번 수식은 중괄호({}) 안에 세 개의 숫자([H6:H8] 범위의 값)를 세미콜론(;)으로 구분해 입력했습니다. 이렇게 중괄호 안에 값을 입력할 때 세미콜론을 사용하면 행을 구분해 입력하는 것과 동일합니다. 입력한 배열은 다음과 같은 3×1 행렬의 모습을 갖습니다.

$$\begin{bmatrix} 0 \\ 60 \\ 80 \end{bmatrix}$$

이렇게 배열에 직접 입력한 값을 배열 상수라고 합니다. 수식에서 배열 상수는 중괄호 안에 값을 입력하며, 굳이 데이터 범위에 배열 수식으로 입력할 필요는 없습니다. 다만, 이번 과정은 배열 상수로 입력할 때 배열 내 값이 어떻게 저장되는지 보여주기 위한 것입니다.

05 배열에 저장된 값을 확인했다면 [H12] 셀을 선택하고 Delete 를 눌러 삭제합니다.

Ver. 엑셀 2019 버전까지는 [H12:H14] 범위를 선택하고 Delete 를 눌러야 합니다.

06 이번에는 행 데이터(예제에서는 [H6:I6] 범위의 값)를 배열 상수로 입력합니다.

07 [H12] 셀을 선택하고 다음 수식을 입력합니다.

[H12] 셀 : ={0,"C"}

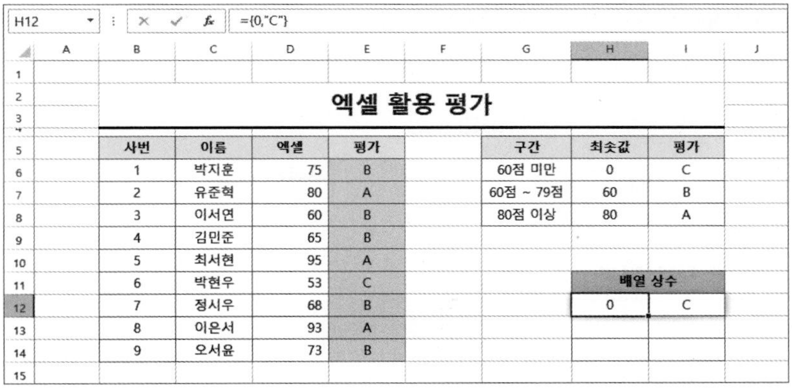

사번	이름	엑셀	평가
1	박지훈	75	B
2	유준혁	80	A
3	이서연	60	B
4	김민준	65	B
5	최서현	95	A
6	박현우	53	C
7	정시우	68	B
8	이은서	93	A
9	오서윤	73	B

구간	최솟값	평가
60점 미만	0	C
60점 ~ 79점	60	B
80점 이상	80	A

배열 상수	
0	C

Ver. 엑셀 2019 버전까지는 [H12:I12] 범위(1×2 행렬)를 선택하고 Ctrl+Shift+Enter로 입력합니다.

더 알아보기 **배열 상수 이해하기**

배열에 값을 입력할 때 열을 구분하려면 값과 값 사이에 쉼표(,)를 입력합니다. 이번과 같이 **={0, "C"}**를 입력하면 열이 두 개인 1×2 행렬의 배열에 값이 저장됩니다.

$$\begin{bmatrix} 1 & C \end{bmatrix}$$

08 배열에 저장된 값을 확인했다면 [H12] 셀을 선택하고 Delete를 눌러 삭제합니다.

Ver. 엑셀 2019 버전까지는 [H12:I12] 범위를 선택하고 Delete를 눌러야 합니다.

09 이제 [H6:I8] 범위의 값을 모두 배열에 입력합니다.

10 [H12] 셀을 선택하고 다음 수식을 입력합니다.

[H12] 셀 : ={0,"C";60,"B";80,"A"}

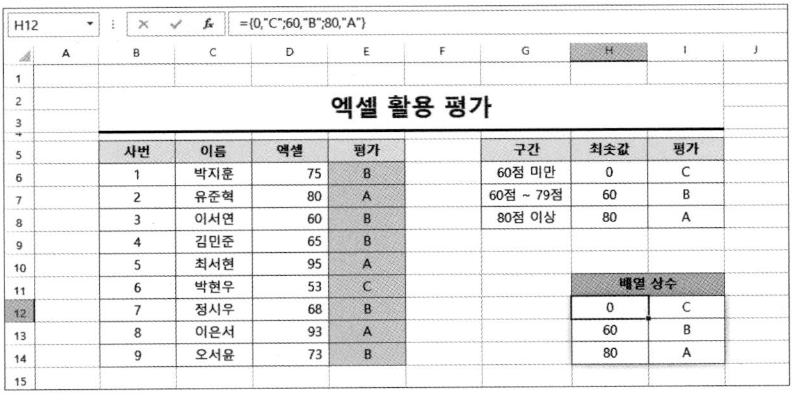

사번	이름	엑셀	평가
1	박지훈	75	B
2	유준혁	80	A
3	이서연	60	B
4	김민준	65	B
5	최서현	95	A
6	박현우	53	C
7	정시우	68	B
8	이은서	93	A
9	오서윤	73	B

구간	최솟값	평가
60점 미만	0	C
60점 ~ 79점	60	B
80점 이상	80	A

배열 상수	
0	C
60	B
80	A

Ver. 엑셀 2019 버전까지는 [H12:I14] 범위(3×2 행렬)를 선택하고 Ctrl+Shift+Enter로 입력합니다.

11 배열 상수를 E열의 수식에 적용합니다.

12 [E6] 셀의 수식을 다음과 같이 변경하고 [E6] 셀의 채우기 핸들을 [E14] 셀까지 드래그합니다.

[E6] 셀 : =VLOOKUP(D6, {0,"C";60,"B";80,"A"}, 2, TRUE)

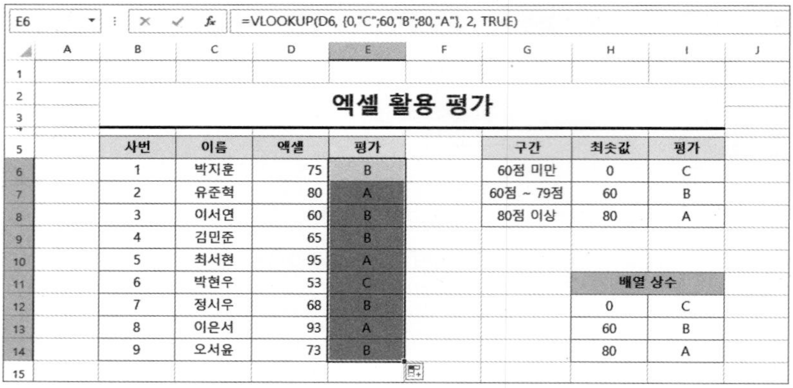

사번	이름	엑셀	평가
1	박지훈	75	B
2	유준혁	80	A
3	이서연	60	B
4	김민준	65	B
5	최서현	95	A
6	박현우	53	C
7	정시우	68	B
8	이은서	93	A
9	오서윤	73	B

구간	최솟값	평가
60점 미만	0	C
60점 ~ 79점	60	B
80점 이상	80	A

배열 상수	
0	C
60	B
80	A

더 알아보기 수식 이해하기

이번 수식은 엑셀 2019 이하 버전에서도 Ctrl+Shift+Enter로 입력하지 않고 Enter만 눌러 입력합니다. VLOOKUP 함수의 두 번째 인수였던 [$H$6:$I$8] 범위의 값을 배열 상수로 직접 배열에 저장했으므로, 따로 배열을 생성할 필요가 없기 때문입니다.

13 E열의 수식을 대체했다면 [G5:I8] 범위의 표는 삭제해도 됩니다.

09 06 배열(행렬)의 연산

예제 파일 PART 03 \ CHAPTER 09 \ 행렬 연산.xlsx

동일한 개수를 갖는 1차원 행렬 연산

엑셀의 워크시트는 2차원 행렬 구조입니다. 데이터가 입력된 범위를 연산하면, 데이터 범위에 맞는 크기의 배열 공간이 생성됩니다. 그러므로 범위 연산으로 생성되는 배열은 1차원 또는 2차원 행렬 구조를 갖습니다.

먼저 동일한 개수의 구성원을 갖는 1차원 행렬 간 연산은 같은 크기의 새로운 행렬을 생성해 계산 결과를 저장합니다. 예를 들어 동일한 3×1 행렬 두 개를 연산하면 계산 결과도 3×1 행렬(배열)에 계산 결과가 저장됩니다.

$$\begin{bmatrix} 1 \\ 2 \\ 3 \end{bmatrix} + \begin{bmatrix} 2 \\ 3 \\ 4 \end{bmatrix} = \begin{bmatrix} 3 \\ 5 \\ 7 \end{bmatrix}$$

01 예제의 [sample1] 시트에서 1차원 행렬 연산 결과로 생성되는 배열을 이용해 계산합니다.

동일한 개수를 갖는 1차원 행렬 연산

번호	고객	제품	단가	수량	판매액
1	동남무역 ㈜	흑백레이저복사기 TLE-5000	597,900	3	
2	동남무역 ㈜	잉크젯복합기 AP-3200	84,800	6	
3	동남무역 ㈜	오피스 Z-03	80,400	10	
4	한남상사 ㈜	프리미엄복사지A4 2500매	16,800	5	
5	한남상사 ㈜	복사지A4 1000매	5,100	1	
6	한남상사 ㈜	바코드 BCD-100 Plus	90,300	7	
7	한남상사 ㈜	복사지A4 2500매	14,400	8	
8	금화트레이드 ㈜	링제본기 ST-100	161,900	9	
9	금화트레이드 ㈜	컬러레이저복사기 XI-2000	1,050,000	2	
				총액	

sample1 | sample2 | sample3

02 [G16]에 총액을 구하기 위해 [G16] 셀에 다음 수식을 입력합니다.

[G16] 셀 : =SUM(E6:E14*F6:F14)

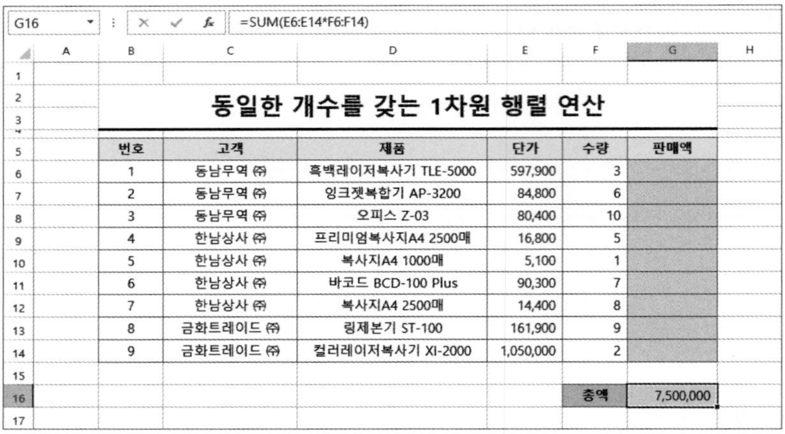
G16 =SUM(E6:E14*F6:F14)

동일한 개수를 갖는 1차원 행렬 연산

번호	고객	제품	단가	수량	판매액
1	동남무역 ㈜	흑백레이저복사기 TLE-5000	597,900	3	
2	동남무역 ㈜	잉크젯복합기 AP-3200	84,800	6	
3	동남무역 ㈜	오피스 Z-03	80,400	10	
4	한남상사 ㈜	프리미엄복사지A4 2500매	16,800	5	
5	한남상사 ㈜	복사지A4 1000매	5,100	1	
6	한남상사 ㈜	바코드 BCD-100 Plus	90,300	7	
7	한남상사 ㈜	복사지A4 2500매	14,400	8	
8	금화트레이드 ㈜	링제본기 ST-100	161,900	9	
9	금화트레이드 ㈜	컬러레이저복사기 XI-2000	1,050,000	2	
				총액	7,500,000

Ver. 엑셀 2019 버전까지는 Ctrl+Shift+Enter로 입력합니다.

더 알아보기 **수식 이해하기**

두 범위([E6:E14], [F6:F14])는 9×1 행렬입니다. 따라서 두 범위를 연산하면 중간 결과는 9×1 행렬에 해당하는 배열에 결괏값이 저장됩니다.

E6:E14		F6:F14		9×1 배열
597900		3		1793700
84800		6		508800
80400		10		804000
16800	×	5	=	84000
5100		1		5100
…		…		…
1050000		2		2100000

이처럼 9×1 행렬에 저장된 값을 SUM 함수로 모두 더해 [G16] 셀에 75000000이 반환되는 것입니다.

개수가 맞지 않는 1차원 행렬 연산

1차원 행렬을 연산할 때 행렬 내 구성원(값)의 개수가 동일해야 합니다. 만약 개수가 다른 1차원 행렬끼리 연산하면 배열은 크기가 더 큰 1차원 행렬에 맞춰 계산 결과를 저장합니다. 이때 배열의 크기가 달라 1:1로 매칭되지 않는 값은 #N/A 에러가 배열에 저장됩니다. 예를 들어 3×1 행렬과 2×1 행렬을 연산하면 배열에는 3×1 행렬이 새로 생성됩니다. 배열의 첫 번째 행과 두 번째 행에는 계산된 결과가 반환되지만 세 번째 행에는 #N/A 에러가 저장됩니다.

$$\begin{bmatrix} 1 \\ 2 \\ 3 \end{bmatrix} + \begin{bmatrix} 2 \\ 3 \end{bmatrix} = \begin{bmatrix} 3 \\ 5 \\ \#N/A \end{bmatrix}$$

01 [sample2] 시트를 선택하고, 개수가 맞지 않는 1차원 행렬 연산을 진행합니다.

02 [G16] 셀에 다음 수식을 입력합니다.

[G16] 셀 : =SUM(E6:E14*F6:F12)

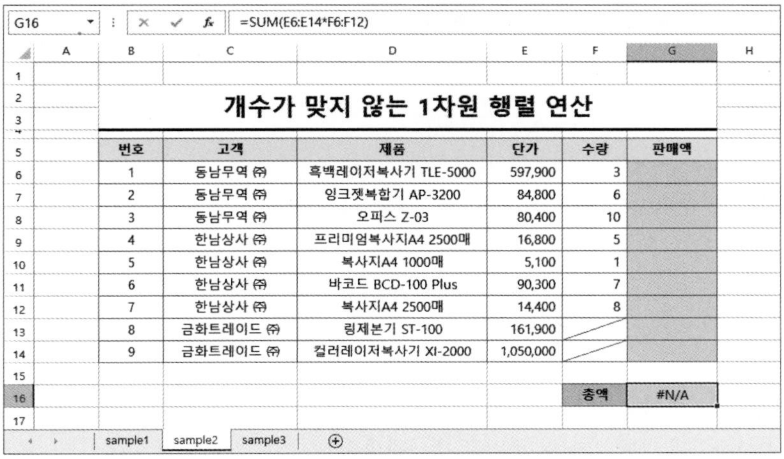

G16 =SUM(E6:E14*F6:F12)

개수가 맞지 않는 1차원 행렬 연산

번호	고객	제품	단가	수량	판매액
1	동남무역 ㈜	흑백레이저복사기 TLE-5000	597,900	3	
2	동남무역 ㈜	잉크젯복합기 AP-3200	84,800	6	
3	동남무역 ㈜	오피스 Z-03	80,400	10	
4	한남상사 ㈜	프리미엄복사지A4 2500매	16,800	5	
5	한남상사 ㈜	복사지A4 1000매	5,100	1	
6	한남상사 ㈜	바코드 BCD-100 Plus	90,300	7	
7	한남상사 ㈜	복사지A4 2500매	14,400	8	
8	금화트레이드 ㈜	링제본기 ST-100	161,900		
9	금화트레이드 ㈜	컬러레이저복사기 XI-2000	1,050,000		
				총액	#N/A

sample1 sample2 sample3

Ver. 엑셀 2019 버전까지는 Ctrl+Shift+Enter로 입력합니다.

더 알아보기 #N/A 에러가 발생한 이유

이번 수식은 #N/A 에러가 발생합니다. 이번 수식의 범위 연산에 사용되는 [E6:E14] 범위는 9×1 행렬이고, [F6:F12] 범위는 7×1 행렬입니다. 계산 결과는 9×1 행렬에 해당하는 배열에 중간 결과가 저장됩니다.

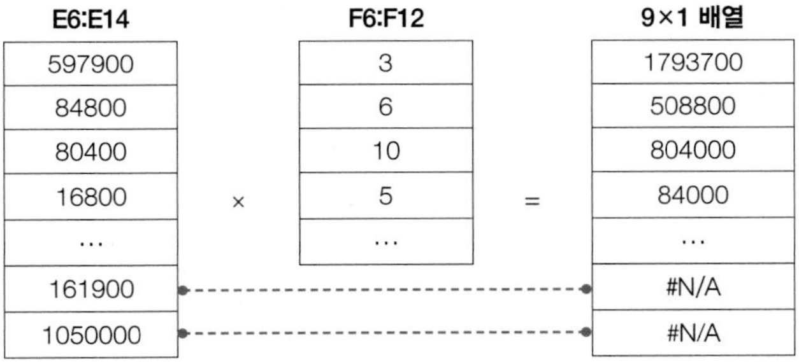

위에서 확인할 수 있는 것처럼, 생성된 배열에는 #N/A 에러가 존재합니다. 이 부분은 1차원 행렬의 크기가 달라 발생합니다. 배열 내 #N/A 에러가 존재하면 SUM 함수도 배열 내 숫자의 합계를 구하지 못하고 #N/A 에러를 반환합니다.

배열을 이용하는 수식에서 #N/A 에러가 발생한다면 연산하는 행렬의 크기가 서로 다른 건 아닌지 확인해봐야 합니다.

03 배열에 저장될 값을 확인하려면 [G6] 셀을 선택하고 다음 수식을 입력합니다.

[G6] 셀 : =E6:E14*F6:F12

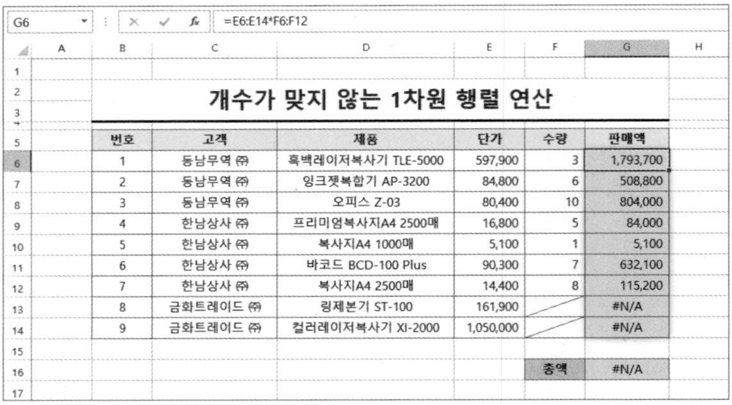

G6 =E6:E14*F6:F12

개수가 맞지 않는 1차원 행렬 연산

번호	고객	제품	단가	수량	판매액
1	동남무역 ㈜	흑백레이저복사기 TLE-5000	597,900	3	1,793,700
2	동남무역 ㈜	잉크젯복합기 AP-3200	84,800	6	508,800
3	동남무역 ㈜	오피스 Z-03	80,400	10	804,000
4	한남상사 ㈜	프리미엄복사지A4 2500매	16,800	5	84,000
5	한남상사 ㈜	복사지A4 1000매	5,100	1	5,100
6	한남상사 ㈜	바코드 BCD-100 Plus	90,300	7	632,100
7	한남상사 ㈜	복사지A4 2500매	14,400	8	115,200
8	금화트레이드 ㈜	링제본기 ST-100	161,900		#N/A
9	금화트레이드 ㈜	컬러레이저복사기 XI-2000	1,050,000		#N/A
				총액	#N/A

Ver. 엑셀 2019 버전까지는 [G6:G14] 범위를 선택하고 Ctrl+Shift+Enter로 입력합니다.

방향이 다른 1차원 행렬 연산

1차원 행렬은 행 하나 또는 열 하나로 구성됩니다. 만약 동일한 1차원 행렬 간의 연산이 아니라 1차원 행 행렬과 1차원 열 행렬을 서로 연산한다면 배열은 어떤 행렬로 생성될까요?

1차원 행 행렬과 열 행렬을 연산하면 각각의 행과 열에서 가장 큰 크기의 2차원 행렬로 연산 결과를 저장합니다. 예를 들어 3×1 행렬과 1×3 행렬을 연산하면 3×3 크기의 행렬에 계산 결과가 저장됩니다.

$$\begin{bmatrix} 1 \\ 2 \\ 3 \end{bmatrix} + \begin{bmatrix} 1 & 2 & 3 \end{bmatrix} = \begin{bmatrix} 2 & 3 & 4 \\ 3 & 4 & 5 \\ 4 & 5 & 6 \end{bmatrix}$$

01 예제의 [sample3] 시트를 선택하고, [K16] 셀에 구구단의 평균을 구합니다.

방향이 다른 1차원 행렬 연산

구구단	1	2	3	4	5	6	7	8	9
1									
2									
3									
4									
5									
6									
7									
8									
9									
								평균	

02 [K16] 셀에 다음 수식을 입력합니다.

[K16] 셀 : =AVERAGE(B6:B14*C5:K5)

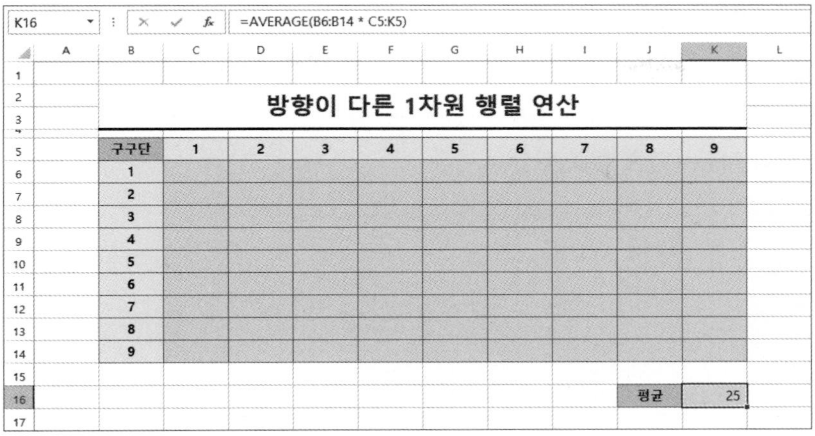

Ver. 엑셀 2019 버전까지는 Ctrl+Shift+Enter로 입력합니다.

더 알아보기 **수식 이해하기**

[B6:B14] 범위(9×1 행렬)와 [C5:K5] 범위(1×9 행렬)를 연산하면 9×9 행렬 크기의 배열에 계산 결과가 저장됩니다. [B6:B14] 범위 내 항목과 [C5:K5] 범위 내 항목을 하나씩 곱한 결과가 각각 저장되는 것입니다. 따라서 AVERAGE 함수를 사용해 배열 내 값의 평균을 구하면 구구단의 평균을 구할 수 있습니다. 만약 구구단의 합계가 궁금하다면 이번 수식에서 **AVERAGE 함수를 SUM 함수**로 변경합니다.

03 배열에 저장된 값을 확인하려면 [C6] 셀을 선택하고 다음 수식을 입력합니다.

[C6] 셀 : =B6:B14*C5:K5

구구단	1	2	3	4	5	6	7	8	9
1	1	2	3	4	5	6	7	8	9
2	2	4	6	8	10	12	14	16	18
3	3	6	9	12	15	18	21	24	27
4	4	8	12	16	20	24	28	32	36
5	5	10	15	20	25	30	35	40	45
6	6	12	18	24	30	36	42	48	54
7	7	14	21	28	35	42	49	56	63
8	8	16	24	32	40	48	56	64	72
9	9	18	27	36	45	54	63	72	81

Ver. 엑셀 2019 버전까지는 [C6:K14] 범위를 선택하고 Ctrl+Shift+Enter로 입력합니다.

04 배열에는 숫자뿐만 아니라 텍스트도 저장할 수 있습니다.

05 [C6] 셀의 수식을 다음과 같이 수정해 구구단의 결과가 아니라 구구단의 계산식을 배열에 저장합니다.

[C6] 셀 : =B6:B14 & " x " & C5:K5

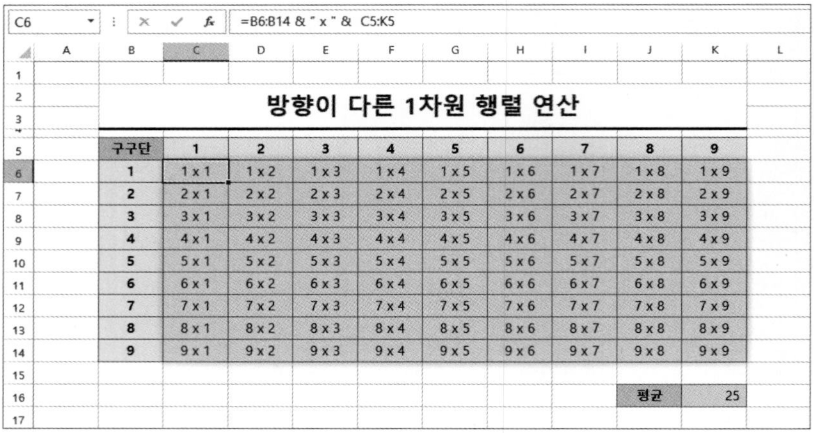

구구단	1	2	3	4	5	6	7	8	9
1	1 x 1	1 x 2	1 x 3	1 x 4	1 x 5	1 x 6	1 x 7	1 x 8	1 x 9
2	2 x 1	2 x 2	2 x 3	2 x 4	2 x 5	2 x 6	2 x 7	2 x 8	2 x 9
3	3 x 1	3 x 2	3 x 3	3 x 4	3 x 5	3 x 6	3 x 7	3 x 8	3 x 9
4	4 x 1	4 x 2	4 x 3	4 x 4	4 x 5	4 x 6	4 x 7	4 x 8	4 x 9
5	5 x 1	5 x 2	5 x 3	5 x 4	5 x 5	5 x 6	5 x 7	5 x 8	5 x 9
6	6 x 1	6 x 2	6 x 3	6 x 4	6 x 5	6 x 6	6 x 7	6 x 8	6 x 9
7	7 x 1	7 x 2	7 x 3	7 x 4	7 x 5	7 x 6	7 x 7	7 x 8	7 x 9
8	8 x 1	8 x 2	8 x 3	8 x 4	8 x 5	8 x 6	8 x 7	8 x 8	8 x 9
9	9 x 1	9 x 2	9 x 3	9 x 4	9 x 5	9 x 6	9 x 7	9 x 8	9 x 9
								평균	25

Ver. 엑셀 2019 버전까지는 [C6:K14] 범위를 선택하고 Ctrl+Shift+Enter로 입력합니다.

더 알아보기 구구단 수식 완성하기

[C6:K14] 범위에 반환된 결과는 구구단 수식으로는 조금 어색합니다. 반환된 결과를 좀 더 보기 좋게 하려면 이번 수식을 다음과 같이 변경합니다.

```
=C5:K5 & " x " & B6:B14
```

만약 구구단의 결과도 함께 반환되기 원한다면 수식을 다음과 같이 수정합니다.

```
=C5:K5 & " x " & B6:B14 & " = " & C5:K5*B6:B14
```

위의 두 수식 모두 엑셀 2019 이하 버전에서는 [C6:K14] 범위를 선택하고 Ctrl+Shift+Enter로 입력해야 합니다.

09 07 1차원 배열의 방향을 바꾸는 방법

예제 파일 PART 03 \ CHAPTER 09 \ TRANSPOSE 함수.xlsx

TRANSPOSE 함수

1차원 배열은 하나의 행 또는 열로 구성됩니다. **TRANSPOSE 함수**는 행 행렬을 열 행렬로, 또는 열 행렬을 행 행렬로 전환할 수 있는 함수로, 구문은 다음과 같습니다.

TRANSPOSE (❶ 배열)

데이터 범위(또는 배열) 내 행과 열을 바꿔 반환합니다.

구문	**❶ 배열** : 행과 열을 바꿀 데이터 범위 및 배열
특이사항	엑셀 2019 이하 버전에서는 TRANSPOSE 함수를 사용하려면 바꿀 행 또는 열 범위를 정확하게 선택하고 Ctrl+Shift+Enter로 입력해야 합니다. 마이크로소프트 365 버전에서는 동적 배열을 사용하므로 Enter만 누르면 알아서 나머지값을 원하는 위치에 반환합니다.

사용 예

```
=TRANSPOSE(A1:A5)
```

TIP [B1:F1] 범위를 선택하고 위 수식을 배열 수식으로 입력하면 [A1:A5] 범위 내 값을 [B1:F1] 범위에 반환합니다.

따라 하기

01 예제를 열고, 1일(B열)과 15일 참가자(C열) 중에서 중복 참가자 수를 [E7] 셀에 구합니다.

중복 참가자 현황
참가자
1일
15일
중복 참가자 수
검증
황철수
김지훈
장선희
오동준
배재호
오민수
오동준
유석주
전영주
조정래
한재규
진재석
심영호
채선영
진재석
현민
정백수
조정한
김지훈

TIP [G:O] 열의 표는 배열에 저장된 값을 시각적으로 확인하기 위한 용도입니다.

02 중복 참가자 수를 세려면 1일 참가자(B열)와 15일 참가자(C열)를 크로스-체크합니다.

03 오른쪽 표에 1일과 15일 참가자를 크로스-체크합니다.

TIP 이 과정은 반드시 필요한 과정이 아니라 배열 내 저장되는 값을 확인할 수 있도록 하기 위한 것입니다.

04 먼저 1일 참가자인 [B7:B17] 범위(11×1 행렬)의 값을 G열에 참조합니다.

05 [G7] 셀을 선택하고 다음 수식을 입력합니다.

[G7] 셀 : =B7:B17

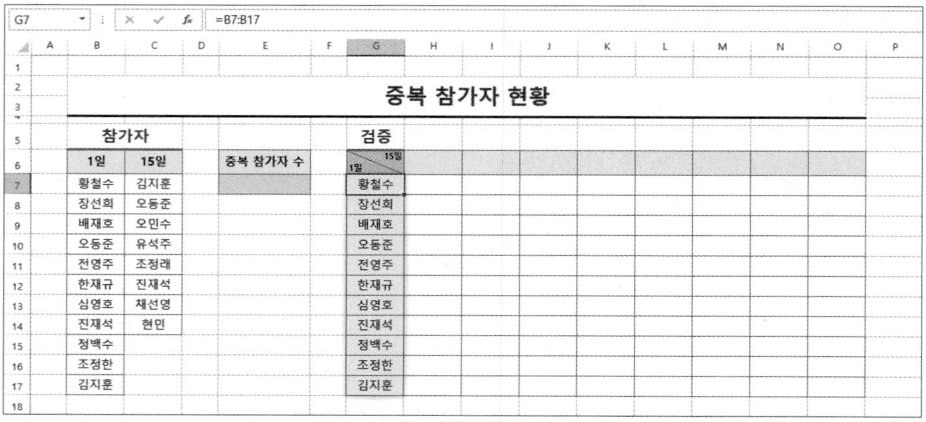

G7
=B7:B17
중복 참가자 현황
참가자
1일
15일
중복 참가자 수
검증
황철수
장선희
배재호
오동준
전영주
한재규
심영호
진재석
정백수
조정한
김지훈

Ver. 엑셀 2019 버전까지는 [G7:G17] 범위를 선택하고 Ctrl + Shift + Enter 로 입력합니다.

🔍 더 알아보기 **수식 이해하기**

이번 수식은 [G7] 셀에 **=B7** 수식을 입력하고 [G7] 셀의 채우기 핸들을 [G17] 셀까지 드래그해 수식을 복사해도 됩니다. 다만 이번 예제는 배열을 이용하는 방법에 좀 더 익숙해지기 위한 것으로 이해하면 좋습니다.

06 이번에는 [C7:C14] 범위(8×1 행렬)의 값을 [H6:O6] 범위(1×8 행렬)에 참조합니다.

07 [H6] 셀을 선택하고 다음 수식을 입력합니다.

[H6] 셀 : =TRANSPOSE(C7:C14)

Ver. 엑셀 2019 버전까지는 [H6:O6] 범위를 선택하고 Ctrl+Shift+Enter로 입력합니다.

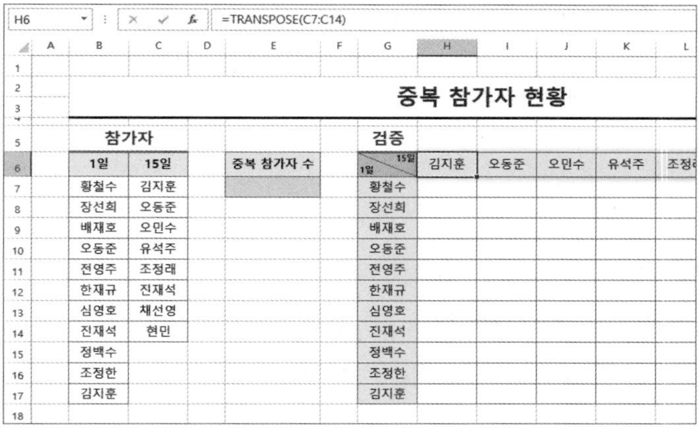

H6 | =TRANSPOSE(C7:C14)

중복 참가자 현황

	B	C	E	G	H	I	J	K	L
5	참가자			검증					
6	1일	15일	중복 참가자 수	15일 1일	김지훈	오동준	오민수	유석주	조정
7	황철수	김지훈		황철수					
8	장선희	오동준		장선희					
9	배재호	오민수		배재호					
10	오동준	유석주		오동준					
11	전영주	조정래		전영주					
12	한재규	진재석		한재규					
13	심영호	채선영		심영호					
14	진재석	현민		진재석					
15	정백수			정백수					
16	조정한			조정한					
17	김지훈			김지훈					

🔍 더 알아보기 **수식 이해하기**

TRANSPOSE 함수는 1차원 행렬의 방향을 행에서 열로(또는 그 반대로) 바꿔줍니다. 단순하게 행/열을 바꾸는 작업 용도로 사용하는 것 외에, 동일한 1차원 행렬에서 한 행렬만 방향을 바꿔 크로스-체크하는 경우에도 활용할 수 있습니다.

08 참조한 두 범위를 비교해 크로스-체크한 결과를 반환합니다.

09 [H7] 셀을 선택하고 다음 수식을 입력합니다.

[H7] 셀 : =G7#=H6#

Ver. 엑셀 2019 버전까지는 [H6:O6] 범위를 선택하고 **=G7:G17=H6:O6** 수식을 Ctrl+Shift+Enter로 입력합니다.

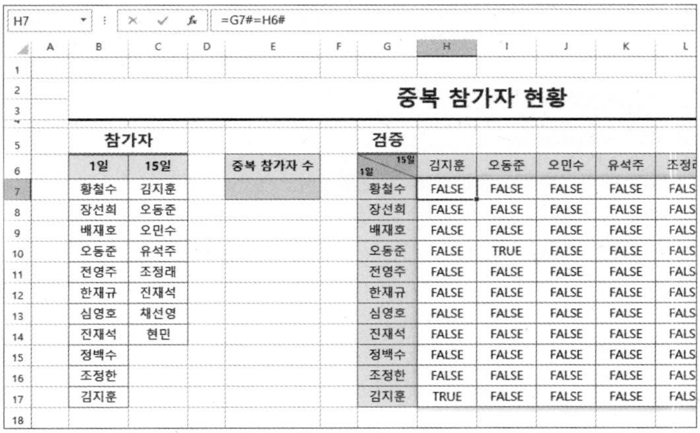

H7 | =G7#=H6#

중복 참가자 현황

	B	C	E	G	H	I	J	K	L
5	참가자			검증					
6	1일	15일	중복 참가자 수	15일 1일	김지훈	오동준	오민수	유석주	조정
7	황철수	김지훈		황철수	FALSE	FALSE	FALSE	FALSE	FALS
8	장선희	오동준		장선희	FALSE	FALSE	FALSE	FALSE	FALS
9	배재호	오민수		배재호	FALSE	FALSE	FALSE	FALSE	FALS
10	오동준	유석주		오동준	FALSE	TRUE	FALSE	FALSE	FALS
11	전영주	조정래		전영주	FALSE	FALSE	FALSE	FALSE	FALS
12	한재규	진재석		한재규	FALSE	FALSE	FALSE	FALSE	FALS
13	심영호	채선영		심영호	FALSE	FALSE	FALSE	FALSE	FALS
14	진재석	현민		진재석	FALSE	FALSE	FALSE	FALSE	FALS
15	정백수			정백수	FALSE	FALSE	FALSE	FALSE	FALS
16	조정한			조정한	FALSE	FALSE	FALSE	FALSE	FALS
17	김지훈			김지훈	TRUE	FALSE	FALSE	FALSE	FALS

더 알아보기 수식 이해하기

이번 수식을 이해하려면 먼저 **G7#** 부분을 제대로 이해할 수 있어야 합니다. #은 마이크로소프트 365 버전에서 지원하는 동적 배열에서 사용하는데, 동적 배열로 반환된 전체 범위를 참조하도록 합니다. 즉, 이번 수식에서 **G7#**은 [G7] 셀에서 반환한 동적 배열 범위인 [G7:G17] 범위와 동일합니다. 그리고 **H6#**은 [H6] 셀에서 반환된 동적 배열 범위인 [H6:O6] 범위와 동일합니다. 결국 이번 수식은 다음과 같습니다.

```
=G7:G17=H6:O6
```

1일과 15일 참가자가 중복됐는지 확인하려면 [G7:G17] 범위와 [H6:O6] 범위 내 값을 크로스-체크해 같은 값인지 판단합니다. [G7:G17] 범위는 11×1 행렬이고 [H6:O6] 범위는 1×8 행렬이므로, 두 범위를 연산하면 11×8 행렬의 배열이 생성됩니다.

배열에 저장될 값은 두 범위를 크로스-체크한 결과를 TRUE, FALSE로 저장됩니다.

10 배열에 저장할 논릿값을 손쉽게 연산하려면 숫자로 변환하는 것이 좋습니다.

11 [H7] 셀의 수식을 다음과 같이 수정합니다.

[H7] 셀 : =--(G7#=H6#)

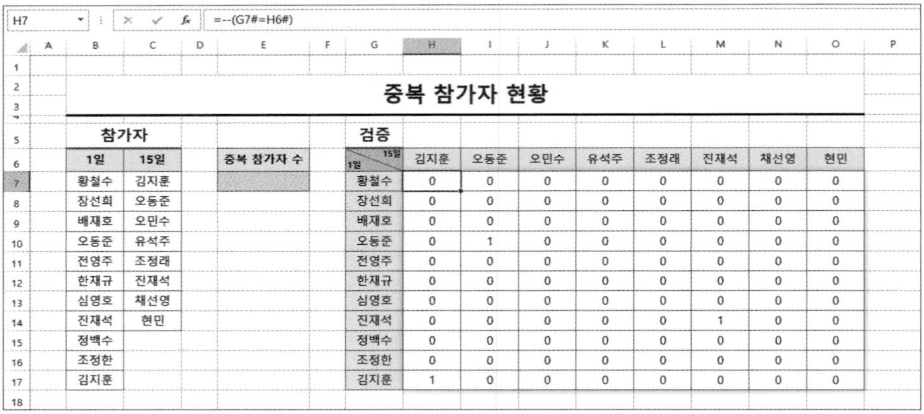

1일	15일
황철수	김지훈
장선희	오동준
배재호	오민수
오동준	유석주
전영주	조정래
한재규	진재석
심영호	채선영
진재석	현민
정백수	
조정한	
김지훈	

1일 \ 15일	김지훈	오동준	오민수	유석주	조정래	진재석	채선영	현민
황철수	0	0	0	0	0	0	0	0
장선희	0	0	0	0	0	0	0	0
배재호	0	0	0	0	0	0	0	0
오동준	0	1	0	0	0	0	0	0
전영주	0	0	0	0	0	0	0	0
한재규	0	0	0	0	0	0	0	0
심영호	0	0	0	0	0	0	0	0
진재석	0	0	0	0	0	1	0	0
정백수	0	0	0	0	0	0	0	0
조정한	0	0	0	0	0	0	0	0
김지훈	1	0	0	0	0	0	0	0

Ver. 엑셀 2019 버전까지는 [H7:O17] 범위를 선택하고 **=--(G7:G17=H6:O6)** 수식을 Ctrl+Shift+Enter로 입력합니다.

더 알아보기 수식 이해하기

이번 수식은 1일과 15일 참가자가 동일한지 판단하는 논릿값을 숫자로 변환합니다. 마이너스(-)를 이용해 숫자를 변환하는 방법인데, 함수를 사용하려면 N 함수를 사용합니다.

```
=N(G7#=H6#)
```

논릿값을 숫자로 변환하면 TRUE는 1, FALSE는 0이 반환됩니다 SUM 함수로 이 숫자를 모두 더하면 TRUE가 몇 번 나왔는지 확인할 수 있습니다.

물론 숫자로 변환하지 않고 COUNTIF 함수를 사용해 TRUE의 개수를 세도 되지만, 숫자로 변환해 처리하는 방법이 더 많이 사용됩니다.

12 이제 [E7] 셀에 다음 수식을 입력해 중복 참가자 수를 셉니다.

[E7] 셀 : =SUM(--(B7:B17=TRANSPOSE(C7:C14)))

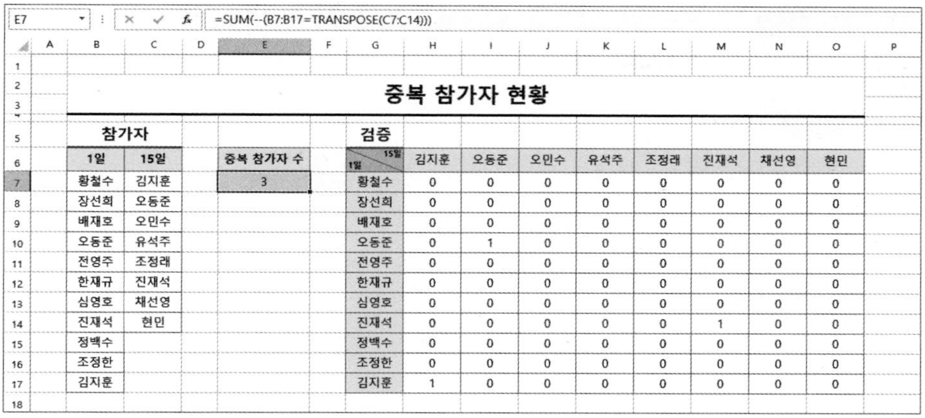

E7 =SUM(--(B7:B17=TRANSPOSE(C7:C14)))

중복 참가자 현황

참가자

1일	15일
황철수	김지훈
장선희	오동준
배재호	오민수
오동준	유석주
전영주	조정래
한재규	진재석
심영호	채선영
진재석	현민
정백수	
조정한	
김지훈	

중복 참가자 수
3

검증

1일 \ 15일	김지훈	오동준	오민수	유석주	조정래	진재석	채선영	현민
황철수	0	0	0	0	0	0	0	0
장선희	0	0	0	0	0	0	0	0
배재호	0	0	0	0	0	0	0	0
오동준	0	1	0	0	0	0	0	0
전영주	0	0	0	0	0	0	0	0
한재규	0	0	0	0	0	0	0	0
심영호	0	0	0	0	0	0	0	0
진재석	0	0	0	0	0	1	0	0
정백수	0	0	0	0	0	0	0	0
조정한	0	0	0	0	0	0	0	0
김지훈	1	0	0	0	0	0	0	0

Ver. 엑셀 2019 버전까지는 수식을 Ctrl+Shift+Enter로 입력합니다.

09 08 논릿값의 AND, OR 연산 이해하기

예제 파일 PART 03 \ CHAPTER 09 \ 논리 연산.xlsx

논릿값의 연산

범위 연산에서 비교 연산자를 사용하면 논릿값(TRUE, FALSE)을 배열에 저장합니다. 논릿값이 저장된 배열을 다른 논릿값이 저장된 배열과 산술 연산해 숫자로 돌려받을 수 있습니다. 논릿값의 곱셈과 덧셈 연산은 AND, OR 함수와 동일한 결과를 반환합니다. 논릿값의 연산은 배열을 이용한 수식이나 함수에서 자주 활용됩니다.

논릿값의 곱셈 연산

논릿값을 연산할 땐 네 가지 조합이 나옵니다. 논릿값을 곱하면 다음 결과가 배열에 저장됩니다.

곱셈 연산			결과
TRUE	x	TRUE	1
TRUE		FALSE	0
FALSE		TRUE	0
FALSE		FALSE	0

논릿값을 곱했을 때 1이 나오는 경우는 오직 논릿값이 모두 TRUE인 경우입니다. 그러므로 배열 수식에서 조건을 구성할 때 여러 조건을 모두 만족하는 경우를 구하려면 조건식을 곱셈으로 연산합니다. 다음은 [A1:A10] 범위가 '서울'이고 [B1:B10] 범위가 '남'인지 확인하는 수식입니다.

```
=(A1:A10="서울")*(B1:B10="남")
```

두 조건이 모두 TRUE인 경우에만 배열에 1이 저장됩니다. AND 함수를 사용할 수도 있지만, AND 함수는 한 번에 하나의 조건밖에 처리할 수 없어 범위 연산에서는 사용할 수 없습니다. 그 외에 COUNTIF, COUNTIFS, SUMIF, SUMIFS 함수와 같이 함수명 뒤에 IF가 붙는 함수들은 이런 범위 연산을 지원합니다.

논릿값의 덧셈 연산

논릿값을 더하면 다음 결과가 배열에 저장됩니다.

곱셈 연산			결과
TRUE	+	TRUE	2
TRUE		FALSE	1
FALSE		TRUE	1
FALSE		FALSE	0

논릿값을 더했을 때 1 이상이 나오는 경우는 하나의 값이라도 TRUE가 존재하는 경우이며, 모두 FALSE인 경우에만 0이 반환됩니다. 그러므로 배열 수식에서 하나의 조건이라도 만족하는 경우를 구성하려면 조건식을 덧셈으로 연산합니다. 다음은 [A1:A10] 범위가 '서울'이거나 '인천'인 경우를 확인할 수 있습니다.

```
=--((A1:A10="서울")+(A1:A10="인천")>0)
```

위와 같이 조건식을 덧셈 연산해 1 이상이 나오는지 확인합니다. 다만 1 이상인지 판단하는 부분도 논릿값을 반환하기 때문에 논릿값을 숫자로 변환하는 부분이 추가로 필요합니다.

이런 조건 판단을 OR 조건이라고 합니다. 엑셀 함수는 대부분 OR 조건을 처리하지 못하기 때문에 OR 조건을 판단해야 하는 경우가 있다면 배열 수식을 사용해야 수식을 간결하게 표시할 수 있습니다.

따라 하기

01 예제를 열고, 배열을 이용한 함수나 수식에서 다중 조건을 어떻게 처리하는지 확인합니다.

논리값의 연산

사번	이름	직위	성별	근속년	거주	수식	논리값1	논리값2	연산
1	박지훈	부장	남	10	서울				
2	유준혁	과장	남	8	서울				
3	이서연	과장	여	5	일산				
4	김민준	대리	남	1	분당				
5	최서현	사원	여	2	인천				
6	박현우	대리	남	3	서울				
7	정시우	사원	남	2	인천				
8	이은서	사원	여	1	일산				
9	오서윤	사원	여	1	서울				

02 왼쪽 데이터에서 여성 중 근속년수가 5년 이상인 사람의 수를 파악합니다.

03 먼저 여성인지 판단하는 범위 연산 수식을 작성합니다.

04 [K6] 셀을 선택하고 다음 수식을 입력합니다.

[K6] 셀 : =E6:E14="여"

K6 | =E6:E14="여"

논리값의 연산

사번	이름	직위	성별	근속년	거주	수식	논리값1	논리값2	연산
1	박지훈	부장	남	10	서울		FALSE		
2	유준혁	과장	남	8	서울		FALSE		
3	이서연	과장	여	5	일산		TRUE		
4	김민준	대리	남	1	분당		FALSE		
5	최서현	사원	여	2	인천		TRUE		
6	박현우	대리	남	3	서울		FALSE		
7	정시우	사원	남	2	인천		FALSE		
8	이은서	사원	여	1	일산		TRUE		
9	오서윤	사원	여	1	서울		TRUE		

Ver. 엑셀 2019 버전까지는 [K6:K14] 범위를 선택하고 수식을 Ctrl+Shift+Enter로 입력합니다.

더 알아보기 수식 이해하기

이번 수식은 조건식을 범위 연산으로 배열에 저장할 때 배열에 값이 어떻게 저장되는지 눈으로 확인합니다. 조건식에서 사용된 [E6:E14] 범위는 9×1 행렬이므로 조건식의 결과는 범위와 동일한 9×1 크기의 배열이 생성되며, 생성된 배열에는 판단 결과가 TRUE, FALSE로 저장됩니다.

05 이번에는 5년 이상 근속 여부를 판단하기 위한 범위 연산 수식을 작성합니다.

06 [L6] 셀을 선택하고 다음 수식을 입력합니다.

[L6] 셀 : =F6:F14>=5

L6 | =F6:F14>=5

논리값의 연산

사번	이름	직위	성별	근속년	거주	수식	논리값1	논리값2	연산
1	박지훈	부장	남	10	서울		FALSE	TRUE	
2	유준혁	과장	남	8	서울		FALSE	TRUE	
3	이서연	과장	여	5	일산		TRUE	TRUE	
4	김민준	대리	남	1	분당		FALSE	FALSE	
5	최서현	사원	여	2	인천		TRUE	FALSE	
6	박현우	대리	남	3	서울		FALSE	FALSE	
7	정시우	사원	남	2	인천		FALSE	FALSE	
8	이은서	사원	여	1	일산		TRUE	FALSE	
9	오서윤	사원	여	1	서울		TRUE	FALSE	

Ver. 엑셀 2019 버전까지는 [L6:L14] 범위를 선택하고 수식을 Ctrl+Shift+Enter로 입력합니다.

더 알아보기 수식 이해하기

이번 수식 역시 **04** 과정과 동일하게 배열에 저장된 값을 눈으로 확인하려는 목적을 갖고 있습니다. 범위의 값을 판단하는 조건식을 작성하면 배열에는 TRUE, FALSE와 같은 논릿값이 저장됩니다. 따라서 논릿값의 곱셈 또는 덧셈 연산을 통해 AND 조건이나 OR 조건을 처리할 수 있게 됩니다.

07 여성이면서 5년 이상 근속한 경우는 **AND 조건**이므로 논릿값의 곱셈 연산이 필요합니다.

08 [M6] 셀을 선택하고 다음 수식을 입력합니다.

[M6] 셀 : =K6#*L6#

M6 =K6#*L6#

논리값의 연산

사번	이름	직위	성별	근속년	거주	수식	논리값1	논리값2	연산
1	박지훈	부장	남	10	서울		FALSE	TRUE	0
2	유준혁	과장	남	8	서울		FALSE	TRUE	0
3	이서연	과장	여	5	일산		TRUE	TRUE	1
4	김민준	대리	남	1	분당		FALSE	FALSE	0
5	최서현	사원	여	2	인천		TRUE	FALSE	0
6	박현우	대리	남	3	서울		FALSE	FALSE	0
7	정시우	사원	남	2	인천		FALSE	FALSE	0

Ver. 엑셀 2019 버전까지는 [M6:M14] 범위를 선택하고 **=K6:K14*L6:L14** 수식을 Ctrl+Shift+Enter로 입력합니다.

더 알아보기 수식 이해하기

K열과 L열에 반환된 논릿값을 서로 곱하면 둘 다 TRUE인 경우에만 1이, 나머지 경우에는 모두 0이 반환됩니다. 배열에 반환된 값을 모두 더하면 COUNTIFS 함수와 같이 두 개의 조건(여성이면서 5년 이상 근속)을 모두 만족하는 인원의 수를 셀 수 있습니다.

이렇게 배열 수식을 이용해 조건식을 범위 연산하고, 그 결과를 곱함으로써 다중 조건을 모두 만족하는 경우를 처리할 수 있습니다.

09 **02~08** 과정을 압축해 하나의 수식으로 완성합니다. [I6] 셀에 다음 수식을 입력합니다.

[I6] 셀 : =SUM((E6:E14="여")*(F6:F14>=5))

I6 =SUM((E6:E14="여")*(F6:F14>=5))

논리값의 연산

사번	이름	직위	성별	근속년	거주	수식	논리값1	논리값2	연산
1	박지훈	부장	남	10	서울	1	FALSE	TRUE	0
2	유준혁	과장	남	8	서울		FALSE	TRUE	0
3	이서연	과장	여	5	일산		TRUE	TRUE	1
4	김민준	대리	남	1	분당		FALSE	FALSE	0
5	최서현	사원	여	2	인천		TRUE	FALSE	0
6	박현우	대리	남	3	서울		FALSE	FALSE	0
7	정시우	사원	남	2	인천		FALSE	FALSE	0

Ver. 엑셀 2019 버전까지는 수식을 Ctrl+Shift+Enter로 입력합니다.

더 알아보기 수식 이해하기

이번 수식은 **02~08** 과정의 수식을 하나로 작성했습니다. 여성이면서 5년 이상 근속한 직원 수를 셉니다. 이 수식은 다음과 같은 COUNTIFS 함수를 사용한 일반 수식으로 대체할 수 있습니다.

```
=COUNTIFS(E6:E14, "여", F6:F14, ">=5")
```

COUNTIFS 함수의 두 번째 인수인 **"여"**는 앞에 등호(=) 연산자가 생략된 것입니다. 따라서 이번에 작성한 배열 수식 부분의 조건을 범위와 비교 문자열 부분으로 나눠 입력한 것이라 생각할 수 있습니다. 아래는 두 수식을 비교한 결과입니다.

```
=COUNTIFS(E6:E14, "여", F6:F14, ">=5")
               ❶            ❷
=SUM((E6:E14="여")*(F6:F14>=5))
         ❶            ❷
```

위 두 수식은 동일한 수식입니다. 참고로 엑셀 2019 버전까지는 SUM 함수를 배열 수식에서 활용할 때 Ctrl+Shift+Enter로 수식을 입력해야 합니다. 이런 점이 불편할 경우 SUM 함수를 SUMPRODUCT 함수로 대체하면 Enter로 수식을 입력하는 것이 가능합니다.

```
=SUMPRODUCT((E6:E14="여")*(F6:F14>=5))
```

SUMPRODUCT 함수는 자체적으로 배열을 활용하는 함수이므로 SUM 함수를 활용한 배열 수식을 일반 수식처럼 Enter로 입력하려고 할 때 사용합니다.

10 이번에는 과장이거나 일산에 거주하는 건수를 **OR 조건**으로 셉니다.

11 먼저 [I6] 셀과 [K6:M14] 범위를 선택하고, 이전 수식을 Delete를 눌러 삭제합니다.

12 직위가 과장인지 판정하기 위해 [K6] 셀에 다음 수식을 입력합니다.

[K6] 셀 : =D6:D14="과장"

사번	이름	직위	성별	근속년	거주	수식	논리값1	논리값2	연산
1	박지훈	부장	남	10	서울		FALSE		
2	유준혁	과장	남	8	서울		TRUE		
3	이서연	과장	여	5	일산		TRUE		
4	김민준	대리	남	1	분당		FALSE		
5	최서현	사원	여	2	인천		FALSE		
6	박현우	대리	남	3	서울		FALSE		
7	정시우	사원	남	2	인천		FALSE		
8	이은서	사원	여	1	일산		FALSE		
9	오서윤	사원	여	1	서울		FALSE		

Ver. 엑셀 2019 버전까지는 [K6:K14] 범위를 선택하고 수식을 Ctrl+Shift+Enter로 입력합니다.

13 직원이 일산에 거주하는지 판정하기 위해 [L6] 셀에 다음 수식을 입력합니다.

[L6] 셀 : =G6:G14="일산"

L6 | =G6:G14="일산"

논리값의 연산

사번	이름	직위	성별	근속년	거주	수식	논리값1	논리값2	연산
1	박지훈	부장	남	10	서울		FALSE	FALSE	
2	유준혁	과장	남	8	서울		TRUE	FALSE	
3	이서연	과장	여	5	일산		TRUE	TRUE	
4	김민준	대리	남	1	분당		FALSE	FALSE	
5	최서현	사원	여	2	인천		FALSE	FALSE	
6	박현우	대리	남	3	서울		FALSE	FALSE	
7	정시우	사원	남	2	인천		FALSE	FALSE	
8	이은서	사원	여	1	일산		FALSE	TRUE	
9	오서윤	사원	여	1	서울		FALSE	FALSE	

Ver. 엑셀 2019 버전까지는 [L6:L14] 범위를 선택하고 수식을 Ctrl+Shift+Enter로 입력합니다.

14 두 조건 중 하나만 만족해도 되므로 반환된 두 개의 논릿값을 더합니다.

15 [M6] 셀에 다음 수식을 입력합니다.

[M6] 셀 : =K6#+L6#

M6 | =K6#+L6#

논리값의 연산

사번	이름	직위	성별	근속년	거주	수식	논리값1	논리값2	연산
1	박지훈	부장	남	10	서울		FALSE	FALSE	0
2	유준혁	과장	남	8	서울		TRUE	FALSE	1
3	이서연	과장	여	5	일산		TRUE	TRUE	2
4	김민준	대리	남	1	분당		FALSE	FALSE	0
5	최서현	사원	여	2	인천		FALSE	FALSE	0
6	박현우	대리	남	3	서울		FALSE	FALSE	0
7	정시우	사원	남	2	인천		FALSE	FALSE	0
8	이은서	사원	여	1	일산		FALSE	TRUE	1
9	오서윤	사원	여	1	서울		FALSE	FALSE	0

Ver. 엑셀 2019 버전까지는 [M6:M14] 범위를 선택하고 **=K6:K14+L6:L14** 수식을 Ctrl+Shift+Enter로 입력합니다.

더 알아보기 수식 이해하기

[M6:M14] 범위에 반환된 값은 0, 1, 2 중 하나입니다. 0은 모든 조건이 맞지 않고, 1은 한 개만 맞고, 2는 조건 두 개가 모두 만족한다는 것을 의미합니다. 그러므로 1 이상의 값은 최소 한 개의 조건은 만족한다는 의미로 이해할 수 있습니다.

16 이제 12~15 과정의 수식을 하나의 배열 수식으로 작성합니다.

17 [I6] 셀에 다음 수식을 입력합니다.

[I6] 셀 : =SUM(--((D6:D14="과장")+(G6:G14="일산"))>=1))

I6 =SUM(--((D6:D14="과장")+(G6:G14="일산"))>=1))

논리값의 연산

사번	이름	직위	성별	근속년	거주	수식	논리값1	논리값2	연산
1	박지훈	부장	남	10	서울	3	FALSE	FALSE	0
2	유준혁	과장	남	8	서울		TRUE	FALSE	1
3	이서연	과장	여	5	일산		TRUE	TRUE	2
4	김민준	대리	남	1	분당		FALSE	FALSE	0
5	최서현	사원	여	2	인천		FALSE	FALSE	0
6	박현우	대리	남	3	서울		FALSE	FALSE	0
7	정시우	사원	남	2	인천		FALSE	FALSE	0
8	이은서	사원	여	1	일산		FALSE	TRUE	1
9	오서윤	사원	여	1	서울		FALSE	FALSE	0

Ver. 엑셀 2019 버전까지는 수식을 Ctrl+Shift+Enter로 입력합니다.

더 알아보기 **수식 이해하기**

이번 수식에서 두 조건('과장' 여부와 '일산' 거주 여부)을 서로 더해 저장되는 부분은 정확하게 [M6:M14] 범위의 값과 동일합니다. 이 값이 1 이상인지 판단하면 다시 TRUE, FALSE 논릿값이 배열에 저장됩니다. 이렇게 배열에 저장된 논릿값 중 TRUE 값을 1로 변환하고, 이 값을 모두 더하면 조건에 맞는 결과를 얻을 수 있습니다.

조건1+조건2	>=1	--
0	FALSE	0
1	TRUE	1
2	TRUE	1
0	FALSE	0
0	FALSE	0
...	...	...
0	FALSE	0

배열에 저장된 숫자를 모두 더하면 OR 조건에 해당하는 조건을 처리할 수 있게 됩니다. 엑셀의 COUNTIFS, SUMIFS, AVERAGEIFS 함수는 모두 AND 조건만 처리할 수 있고 OR 조건을 처리할 수 있는 함수는 제공되지 않기 때문에 배열 수식을 이용하는 것이 효과적입니다.

09 중복 제거 함수 - UNIQUE 함수

예제 파일 PART 03 \ CHAPTER 09 \ UNIQUE 함수.xlsx

UNIQUE 함수

마이크로소프트 365 버전에서 새로 제공된 함수 중 하나입니다. 중복 데이터가 포함된 데이터에서 고유한 데이터를 동적 배열로 반환해줍니다. 구문은 다음과 같습니다.

UNIQUE (❶ 배열, ❷ 열 중복 여부, ❸ 중복 옵션)

데이터 범위에서 고유한 값을 동적 배열로 반환합니다.

구문

❶ **배열** : 중복 데이터 범위 또는 배열

❷ **열 중복 여부** : 배열 내 중복을 확인할 범위를 열과 행 중에 선택하는 옵션

열 중복 여부	설명
TRUE	행에서 중복 확인
FALSE(기본값)	열에서 중복 확인

❸ **중복 옵션** : 중복 데이터 처리 옵션

열 중복 여부	설명
TRUE	한 번만 입력된 데이터를 반환
FALSE(기본값)	고유한 데이터를 반환

사용 예

```
=UNIQUE(A1:A10)
```

TIP [A1:A10] 범위(열)에서 고유한 데이터만 반환합니다.

```
=UNIQUE(A1:Z1, TRUE)
```

TIP [A1:Z1] 범위(행)에서 고유한 데이터만 반환합니다.

UNIQUE 함수는 기본적으로 고유한 데이터를 배열로 반환합니다. 따라서 반환할 범위 내 셀이 모두 빈 셀이어야 하고, 그렇지 않으면 #SPILL! 에러가 발생합니다.

공식처럼 사용할 수 있는 수식

UNIQUE 함수는 마이크로소프트 365 버전에서만 사용 가능합니다. 엑셀 2019 이하 버전 사용자라면 다음 수식을 사용합니다.

중복 데이터가 포함된 범위에서 고유한 항목만 참조

=INDEX(참조 범위, MATCH(0, COUNTIF(머리글 범위, 참조 범위), 0))

- **참조 범위** : 중복 데이터가 포함된 전체 데이터 범위
- **머리글 범위** : 수식이 입력될 범위 중 머리글(제목)이 입력된 셀로, 해당 셀이 [A1] 셀이라면 **$A$1:A1**과 같이 참조합니다.

Ver. 위 수식은 엑셀 2019 버전까지는 Ctrl+Shift+Enter로 입력해야 합니다. 마이크로소프트 365 버전 사용자가 하위 버전 사용자와의 호환을 고려해 이 수식을 사용할 때는 Enter만 입력해도 됩니다.

따라 하기

01 예제를 열고, C열의 직위 중 고유한 직위만 E열에 반환합니다.

02 [E7] 셀을 선택하고 다음 수식을 입력합니다.

[E7] 셀 : =UNIQUE(C7:C15)

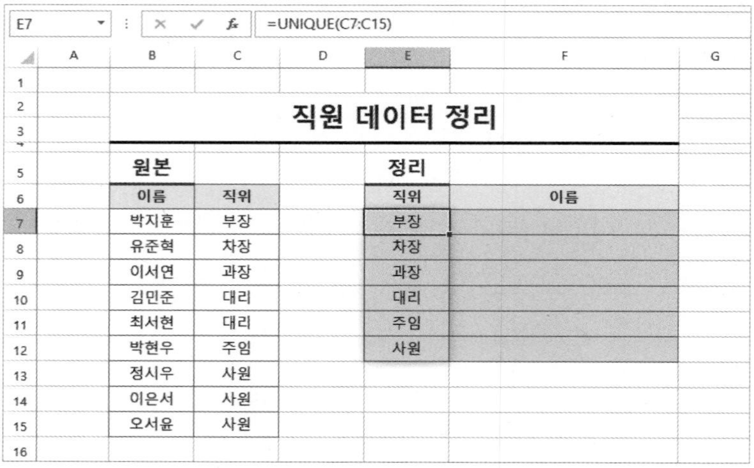
E7
=UNIQUE(C7:C15)
직원 데이터 정리
원본
정리
이름
직위
박지훈 부장
유준혁 차장
이서연 과장
김민준 대리
최서현 대리
박현우 주임
정시우 사원
이은서 사원
오서윤 사원
부장
차장
과장
대리
주임
사원

Ver. 이번 수식은 엑셀 2019 이하 버전에서는 사용할 수 없습니다.

더 알아보기 **수식 이해하기**

UNIQUE 함수의 첫 번째 인수에 중복 데이터 범위만 전달하면 열 데이터 범위에서 중복을 제거한 결과를 동적 배열로 반환합니다. 만약 원본 범위인 [C7:C15] 범위에 계속해서 데이터가 추가된다면 왼쪽 표를 엑셀 표로 등록한 후 구조적 참조 구문을 사용해 다음과 같은 수식을 사용하는 것이 좋습니다.

```
=UNIQUE(표1[직위])
```

LINK 엑셀 표를 활용하는 방법은 이 책의 136페이지를 참고합니다.

03 엑셀 2019 이하 버전은 INDEX, MATCH, COUNTIF 함수를 중첩한 수식을 사용합니다.

04 [E7] 셀에서 Delete 를 눌러 기존 수식을 지웁니다.

05 [E7] 셀에 다음 수식을 입력하고 [E7] 셀의 채우기 핸들을 [E12] 셀까지 드래그합니다.

[E7] 셀 : =INDEX($C$7:$C$15, MATCH(0, COUNTIF($E$6:E6, $C$7:$C$15), 0))

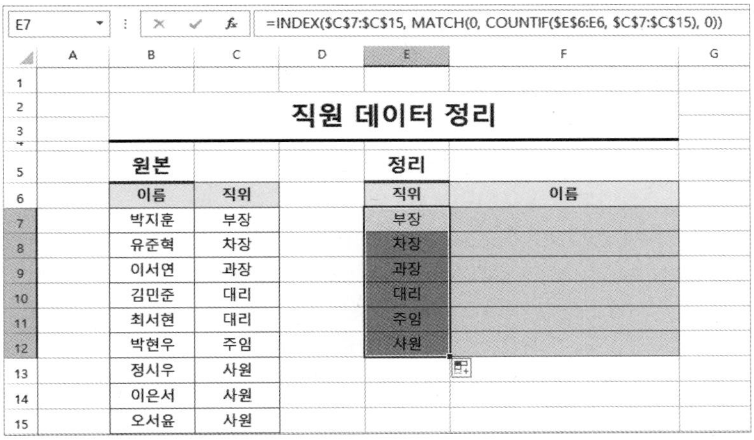

Ver. 엑셀 2019 버전까지는 수식을 Ctrl + Shift + Enter 로 입력합니다.

더 알아보기 **수식 이해하기**

이번 수식은 중복 데이터 범위에서 고유한 값만 참조하는 배열 수식으로 엑셀 2019 이하 버전에서 사용합니다. 이번 수식을 단순화시키면 다음과 같습니다.

```
=INDEX(중복 범위, MATCH(0, COUNTIF($E$6:E6, 중복 범위), 0))
```

즉, 수식 자체는 그렇게 어렵지 않지만 **COUNTIF($E$6:E6, 중복 범위)** 부분이 잘 이해되지 않을 수 있습니다. 먼저 COUNTIF 함수는 두 번째 인수에 하나의 조건만 사용할 수 있습니다. 이 조건에 [중복 범위]가 전달되어 COUNTIF 함수의 계산 결과도 [중복 범위]의 크기인 9×1 행렬에 해당하는 배열값이 저장됩니다. 여기서 MATCH 함수를 사용해 0이 처음 나타나는 위치를 찾아 중복 범위 내 값을 참조하는 수식입니다.

COUNTIF 함수를 사용해 배열에 값이 저장되는 부분에 대한 설명은 **06–07** 과정을 통해 자세하게 설명합니다.

06 **05** 과정에서 작성된 수식에서 COUNTIF 함수 부분의 배열값을 확인합니다.

07 [D7] 셀에 다음 수식을 입력합니다.

[D7] 셀 : =COUNTIF(E6:E6, C7:C15)

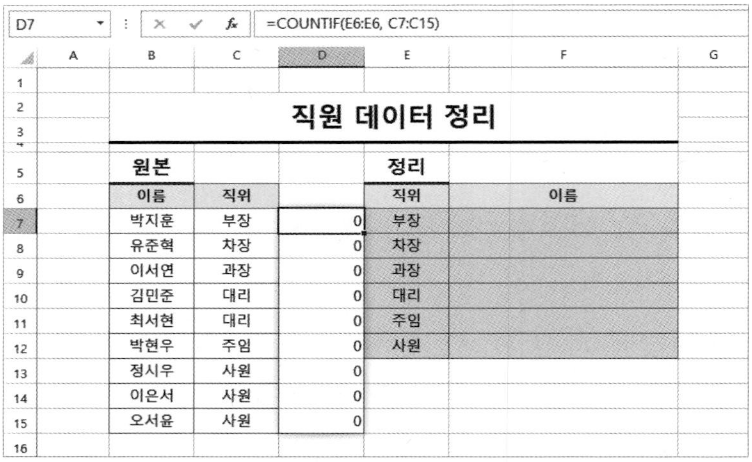
D7
=COUNTIF(E6:E6, C7:C15)

직원 데이터 정리

원본 / 정리

이름	직위		직위	이름
박지훈	부장	0	부장	
유준혁	차장	0	차장	
이서연	과장	0	과장	
김민준	대리	0	대리	
최서현	대리	0	주임	
박현우	주임	0	사원	
정시우	사원	0		
이은서	사원	0		
오서윤	사원	0		

Ver. 엑셀 2019 버전까지는 [D7:D15] 범위를 선택하고 수식을 Ctrl+Shift+Enter로 입력합니다.

더 알아보기 배열 내의 값 확인하기

[D7:D15] 범위에 반환된 결과는 **COUNTIF(E6:E6, C7:C15)** 수식에서 배열에 저장된 결과와 동일합니다. 모두 0이 반환된 이유는 [E6:E6] 범위에서 직위(C7:C15)를 찾았기 때문입니다. [E6] 셀에는 '직위'라는 머리글만 존재하므로 COUNTIF 함수로 개수를 센 결과는 모두 0이 될 수밖에 없습니다. 이 배열에서 0이 처음 나오는 위치는 첫 번째 셀입니다. 즉, **05** 과정에서 작성한 수식은 0의 위치를 찾으므로 [E7] 셀에 반환될 값으로 무조건 [중복 범위] 내 첫 번째 셀을 참조합니다.

이번 수식은 **05** 과정처럼 절대 참조 방식을 사용하지 않았는데, 이것은 수식을 복사해 사용하지 않기 때문입니다.

08 직위가 주임인 경우에 COUNTIF 함수의 중간값이 저장되는 배열을 확인합니다.

TIP 왼쪽 표에서 대리가 2명 있으므로, 이 경우 배열에 값이 어떻게 저장되는지 확인합니다.

09 [D7] 셀의 수식을 다음과 같이 수정합니다.

[D7] 셀 : =COUNTIF(E6:E10, C7:C15)

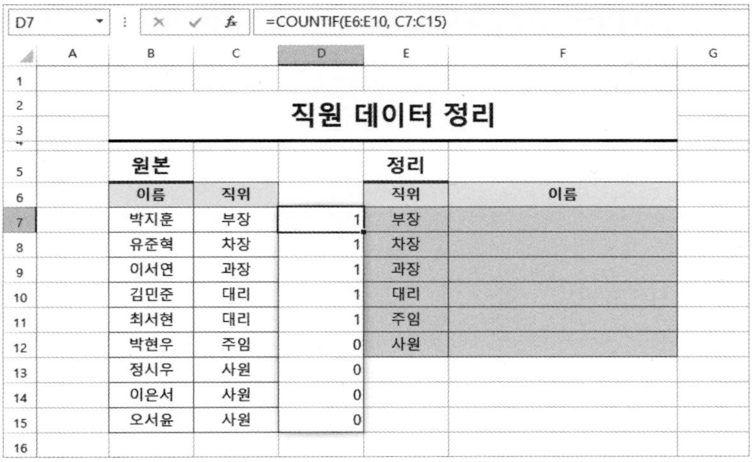

D7 =COUNTIF(E6:E10, C7:C15)

	A	B	C	D	E	F	G
1							
2		직원 데이터 정리					
3							
5		원본			정리		
6		이름	직위		직위	이름	
7		박지훈	부장	1	부장		
8		유준혁	차장	1	차장		
9		이서연	과장	1	과장		
10		김민준	대리	1	대리		
11		최서현	대리	1	주임		
12		박현우	주임	0	사원		
13		정시우	사원	0			
14		이은서	사원	0			
15		오서윤	사원	0			
16							

Ver. 엑셀 2019 버전까지는 [D7:D15] 범위를 선택하고 수식을 Ctrl+Shift+Enter로 입력합니다.

더 알아보기 배열 내의 값 확인하기

이번 수식에서 COUNTIF 함수의 첫 번째 인수를 [E6:E10]과 같이 변경한 이유는 [E11] 셀의 수식에 포함된 COUNTIF 함수 부분을 그대로 입력했기 때문입니다. 이렇게 하면 [E6:E10] 범위에서 [C7:C15] 범위에 입력된 직위를 세어 배열에 9×1 행렬로 값을 반환합니다. 부장, 차장, 과장, 대리는 이미 존재합니다. 따라서 배열의 위 5개 값은 모두 1이 됩니다. 여기서 대리는 중복이 있으므로, 배열 내 네 번째, 다섯 번째 값이 모두 1이 됩니다.

그러므로 MATCH 함수로 COUNTIF 함수에서 반환된 배열 내 0이 처음 나오는 위치를 찾으면 중복 값을 제거한 고유한 값만 참조하게 되는 것입니다.

09 10 원하는 조건에 맞는 전체 데이터 참조하기 - FILTER 함수

예제 파일 PART 03 \ CHAPTER 09 \ FILTER 함수.xlsx

FILTER 함수

마이크로소프트 365 버전에 새로 추가된 함수 중에서 조건에 맞는 여러 데이터를 동적 배열로 반환해주는 함수가 바로 **FILTER 함수**입니다. 이 함수는 VLOOKUP, INDEX, MATCH 함수와 유사하지만, 조건에 맞는 모든 값을 반환해줍니다. FILTER 함수의 구문은 다음과 같습니다.

FILTER (❶ 배열, ❷ 조건, ❸ 결과 반환)

배열 내 조건에 맞는 데이터를 동적 배열로 반환합니다.

구문	❶ **배열** : 여러 데이터가 입력된 범위 또는 배열 ❷ **조건** : ❶에서 매칭할 조건 ❸ **결과 반환** : 조건에 맞는 데이터가 없을 때 반환할 값으로, 만약 반환할 데이터가 없고 이 인수가 생략되면 #CALC! 에러를 반환합니다.

사용 예

```
=FILTER(A1:C10, D1:D10="사원")
```

TIP D열의 값이 '사원'인 [A1:C10] 범위 내 데이터를 반환합니다.

```
=FILTER(A1:C10, (D1:D10="사원")*(E1:E10="용산점"))
```

TIP D열의 값이 '사원'이고 E열의 값이 '용산점'인 [A1:C10] 범위 내 데이터를 반환합니다.

이 함수 역시 배열로 데이터를 반환하기 때문에 반환할 범위가 모두 빈 셀이 아니라면 #SPILL! 에러가 발생합니다.

따라 하기

01 예제를 열고, [sample1] 시트를 선택한 후 직위별 이름을 오른쪽 표에 정리합니다.

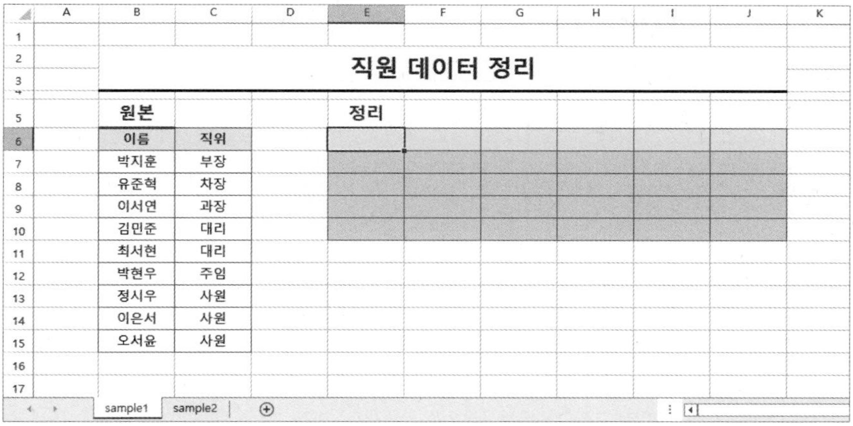

02 먼저 왼쪽 표의 C열의 직위에서 고유한 직위를 얻습니다.

03 [E6] 셀에 다음 수식을 입력합니다.

[E6] 셀 : =UNIQUE(C7:C15)

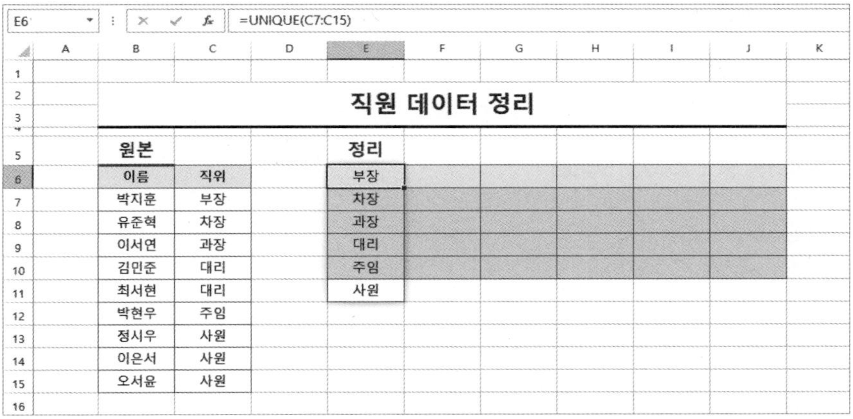

더 알아보기 **수식 이해하기**

UNIQUE 함수의 첫 번째 인수만 사용하면 열 데이터에서 고유한 데이터만 추출해 R×C 행렬에 해당하는 동적 배열로 반환합니다. 이때 R은 반환될 고유 항목의 개수이며, C는 첫 번째 인수의 열 개수입니다.

04 직위를 아래쪽이 아니라 오른쪽으로 반환하도록 행/열을 바꿉니다.

05 [E6] 셀의 수식을 다음과 같이 수정합니다.

[E6] 셀 : =TRANSPOSE(UNIQUE(C7:C15))

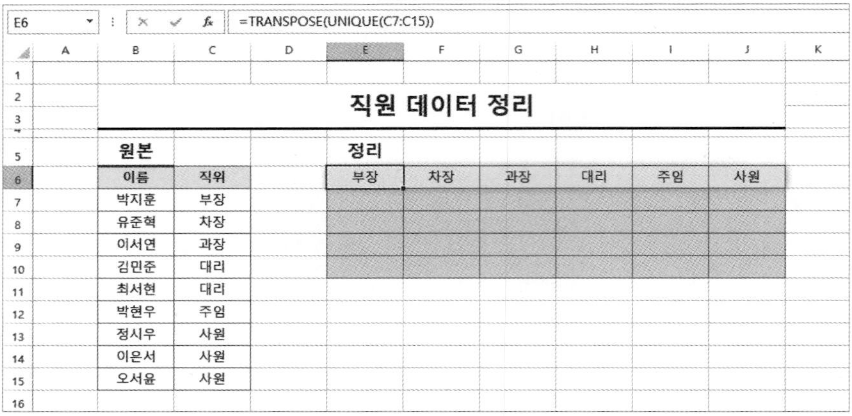

더 알아보기 수식 이해하기

TRANSPOSE 함수는 행/열의 방향을 바꿔 전달할 수 있는 함수입니다. 동적 배열이 반환되는 경우에 사용하면 그대로 방향을 전환해줍니다. 즉, 이번 수식에서 UNIQUE 함수가 6×1 행렬의 동적 배열을 반환하면 TRANSPOSE 함수에 의해 1×6 행렬의 동적 배열을 반환합니다.

06 반환된 직위에 해당하는 직원 이름을 7행 밑으로 참조합니다.

07 [E7] 셀에 다음 수식을 입력하고 [E7] 셀의 채우기 핸들을 [J7] 셀까지 드래그합니다.

[E7] 셀 : =FILTER($B$7:$B$15, $C$7:$C$15=E6)

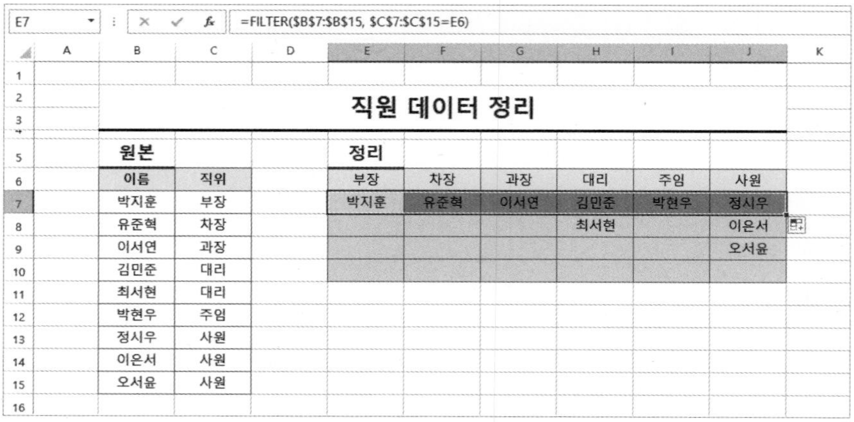

더 알아보기 수식 이해하기

FILTER 함수는 배열 안에서 조건에 맞는 데이터만 동적 배열로 반환합니다. 즉, [B7:B15] 범위가 반환할 데이터고, [C7:C15] 범위의 값이 [E6] 셀과 동일한 경우가 조건입니다. [E7] 셀의 수식을 오른쪽으로 복사하면 [E6:J6] 범위에서 직위에 해당하는 직원 이름만 FILTER 함수에 의해 추출됩니다.

이런 식의 작업을 엑셀 2019 이하 버전에서 처리하려면 [E7] 셀에 다음과 같은 수식을 입력하고 나머지 셀은 복사해 사용합니다.

```
=IFERROR(INDEX($B:$B, AGGREGATE(15, 6, ROW($C$7:$C$15)/($C$7:$C$15=E$6), ROW(A1))), "")
```

LINK 위 수식에 대한 설명은 이 책의 894페이지에서 자세하게 설명합니다.

08 [sample2] 시트를 선택하고 직위별 이름을 하나의 셀에 정리해 넣습니다.

	A	B	C	D	E	F	G
1							
2		직원 데이터 정리					
3							
5		원본			정리		
6		이름	직위		직위	이름	
7		박지훈	부장		부장		
8		유준혁	차장		차장		
9		이서연	과장		과장		
10		김민준	대리		대리		
11		최서현	대리		주임		
12		박현우	주임		사원		
13		정시우	사원				
14		이은서	사원				
15		오서윤	사원				
16							
17							

sample1 | sample2

09 [F7] 셀에 다음 수식을 입력하고 [F7] 셀의 채우기 핸들을 [F12] 셀까지 드래그합니다.

[F7] 셀 : =FILTER($B$7:$B$15, $C$7:$C$15=E7)

F7 =FILTER($B$7:$B$15, $C$7:$C$15=E7)

	A	B	C	D	E	F	G
1							
2		직원 데이터 정리					
3							
5		원본			정리		
6		이름	직위		직위	이름	
7		박지훈	부장		부장	박지훈	
8		유준혁	차장		차장	유준혁	
9		이서연	과장		과장	이서연	
10		김민준	대리		대리	#SPILL!	
11		최서현	대리		주임	박현우	
12		박현우	주임		사원	정시우	
13		정시우	사원			이은서	
14		이은서	사원			오서윤	
15		오서윤	사원				
16							

더 알아보기 #SPILL! 에러가 발생 발생한 이유

FILTER 함수를 사용하는 방법은 **07** 과정 수식과 동일한데 왜 [F10] 셀에 #SPILL! 에러가 발생할까요? [F12] 셀을 확인하면 이해할 수 있습니다. [F12] 셀에 반환되는 사원 이름이 동적 배열로 [F12:F14] 범위에 반환됩니다. #SPILL! 에러가 발생한 [F10] 셀의 경우 직위가 대리인데, 왼쪽 표에서 보면 대리는 두 명이 존재합니다. 즉 [F10] 셀도 2×1 행렬에 해당하는 동적 배열을 반환합니다. 그런데 [F11] 셀에 다른 값이 반환되어 있어 [F10] 셀의 동적 배열이 제대로 입력될 수 없어 에러가 발생하는 것입니다.

10 동적 배열로 반환된 데이터를 CONCAT 함수를 사용해 하나로 연결합니다.

11 [F7] 셀의 수식을 다음과 같이 수정하고 [F7] 셀의 채우기 핸들을 [F12] 셀까지 드래그합니다.

[F7] 셀 : =CONCAT(FILTER($B$7:$B$15, $C$7:$C$15=E7))

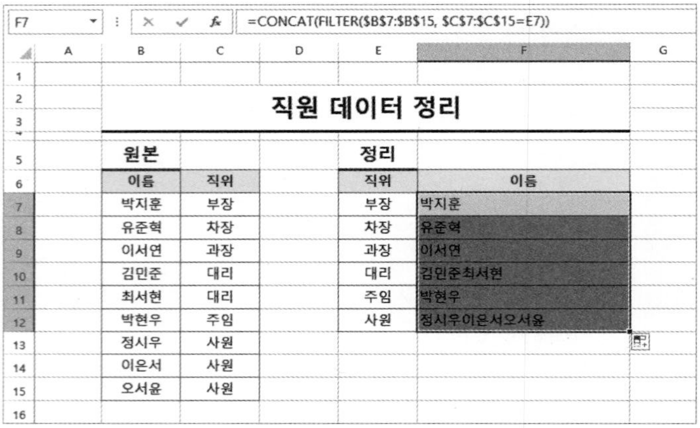
F7 =CONCAT(FILTER($B$7:$B$15, $C$7:$C$15=E7))

직원 데이터 정리

원본			정리	
이름	직위		직위	이름
박지훈	부장		부장	박지훈
유준혁	차장		차장	유준혁
이서연	과장		과장	이서연
김민준	대리		대리	김민준최서현
최서현	대리		주임	박현우
박현우	주임		사원	정시우이은서오서윤
정시우	사원			
이은서	사원			
오서윤	사원			

더 알아보기 배열 내 데이터를 하나로 연결하기

CONCAT 함수는 엑셀 2019 버전부터 사용할 수 있는 함수로, 여러 범위(배열) 내 데이터를 하나로 연결해줍니다. CONCAT 함수를 FILTER 함수와 함께 사용하면 [F10] 셀과 같이 동적 배열의 값을 하나로 연결한 결과를 반환해 #SPILL! 에러가 발생하지 않습니다.

12 **CONCAT 함수**를 **TEXTJOIN 함수**로 변경해 구분 문자를 추가합니다.

13 [F7] 셀의 수식을 다음과 같이 수정하고 [F7] 셀의 채우기 핸들을 [F12] 셀까지 드래그합니다.

[F7] 셀 : =TEXTJOIN(“,”, TRUE, FILTER($B$7:$B$15, $C$7:$C$15=E7))

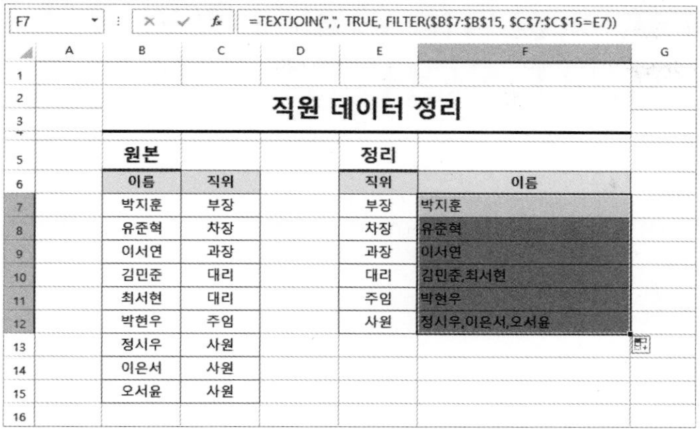

F7
=TEXTJOIN(",", TRUE, FILTER($B$7:$B$15, $C$7:$C$15=E7))
직원 데이터 정리
원본
정리
이름
직위
박지훈 부장
유준혁 차장
이서연 과장
김민준 대리
최서현 대리
박현우 주임
정시우 사원
이은서 사원
오서윤 사원
부장 박지훈
차장 유준혁
과장 이서연
대리 김민준,최서현
주임 박현우
사원 정시우,이은서,오서윤

더 알아보기 **수식 이해하기**

TEXTJOIN 함수는 CONCAT 함수와 유사하지만, 연결한 문자열 사이에 구분 기호를 넣을 수 있습니다. 이번 수식은 FILTER 함수에서 반환한 문자열을 하나로 연결하므로 TEXTJOIN 함수의 두 번째 인수가 중요한 역할을 하지 않습니다. 따라서 해당 인수를 생략해도 동일한 결과를 얻을 수 있습니다.

```
=TEXTJOIN(“,”,, FILTER($B$7:$B$15, $C$7:$C$15=E7))
```

LINK TEXTJOIN 함수에 대한 자세한 설명은 이 책의 320페이지를 참고합니다.

또한 FILTER 함수로 추출된 결과를 정렬하면 원하는 순서로 문자열을 연결하는 것도 가능합니다. 이름을 가나다순으로 정렬해 연결하려면 수식을 다음과 같이 수정합니다.

```
=TEXTJOIN(“,”,, SORT(FILTER($B$7:$B$15, $C$7:$C$15=E7)))
```

LINK SORT 함수에 대해서는 **Section 09-11**에서 자세하게 설명합니다.

이번 수식엔 FILTER 함수가 포함되어 있으므로 마이크로소프트 365 버전에서만 사용할 수 있습니다. 엑셀 2019 버전에서 사용하려면 FILTER 함수 부분을 IF 함수로 대체합니다. 엑셀 2019 버전 사용자라면 [F7] 셀에 다음 수식을 Ctrl+Shift+Enter로 입력하고, 수식을 [F12] 셀까지 드래그합니다.

```
=TEXTJOIN(“,”, TRUE, IF($C$7:$C$15=E7, $B$7:$B$15))
```

단, 위 수식에서는 TEXTJOIN 함수의 두 번째 인수를 생략하면 안 됩니다.

09 11 배열 내 결과를 정렬해 반환하기 – SORT, SORTBY 함수

예제 파일 PART 03 \ CHAPTER 09 \ SORT,SORTBY 함수.xlsx

SORT, SORTBY 함수

SORT 함수는 배열 내 데이터를 정렬해 반환해주는 함수로, 마이크로소프트 365 버전부터 지원합니다. SORT 함수의 구문은 다음과 같습니다.

SORT (❶ 배열, ❷ 정렬 인덱스, ❸ 정렬 방법, ❹ 열 정렬 여부)

데이터 범위 또는 배열에서 정렬한 결과를 반환합니다.

구문

❶ **배열** : 정렬할 데이터 범위 또는 배열

❷ **정렬 인덱스** : 정렬할 열(또는 행)의 인덱스 번호

❸ **정렬 방법** : 정렬 방법을 결정할 옵션

정렬 방법	설명
1(기본값)	오름차순 정렬
-1	내림차순 정렬

❹ **열 정렬 여부** : 정렬할 데이터가 열인지 행인지 결정할 옵션

열 정렬 여부	설명
TRUE	행 정렬
FALSE(기본값)	열 정렬

사용 예

```
=SORT(A1:C10, 1)
```

TIP [A1:C10] 범위에서 A열(1번 열)을 오름차순으로 정렬한 데이터 반환

```
=SORT(A1:C10, 3, –1)
```

TIP [A1:C10] 범위에서 C열(3번 열)을 내림차순으로 정렬한 데이터 반환

SORT 함수가 하나의 열(또는 행) 데이터를 정렬한 결과를 반환한다면, 여러 열을 순서대로 정렬한 결과를 반환하는 함수가 **SORTBY 함수**입니다.

SORTBY (❶ 배열, ❷ 정렬 열1, ❸ 정렬 옵션1, ❹ 정렬 열2, ❺ 정렬 옵션2, …)

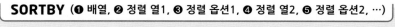

데이터 범위 또는 배열에서 여러 열을 원하는 순서로 정렬한 결과를 반환합니다.

구문

❶ **배열** : 중복 데이터 범위 또는 배열

❷ **정렬 열** : [배열] 내 정렬할 대상 열 범위

❸ **정렬 옵션** : 정렬 방법을 결정할 옵션

정렬 방법	설명
1(기본값)	오름차순 정렬
-1	내림차순 정렬

사용 예

```
=SORTBY(A1:C10, A1:A10, 1)
```

TIP [A1:C10] 범위에서 A열을 오름차순으로 정렬한 데이터 반환

```
=SORTBY(A1:C10, C1:C10, –1, A1:A10, 1)
```

TIP [A1:C10] 범위에서 C열을 내림차순으로 정렬하고, A열을 오름차순으로 정렬한 데이터 반환

따라 하기

01 예제를 열면 거래처 정보가 정리된 표를 확인할 수 있습니다.

SORT, SORTBY 예제

회사	담당자	전화번호	지역	사업자등록번호
스마일백화점 ㈜	최예지	02-768-7688	경기	002-42-02823
동오무역 ㈜	박병호	02-999-9938	서울	005-77-00773
일성 ㈜	손은혜	02-866-6667	서울	006-11-01561
동경무역 ㈜	임사랑	02-232-9181	서울	002-77-08435
동행상사 ㈜	장공원	02-565-1901	경기	001-34-00376
사선무역 ㈜	구예찬	031-828-1039	경기	003-56-06568
동광 ㈜	조미연	02-989-9889	서울	004-37-02912
새별 ㈜	김연주	02-3106-2841	서울	003-28-05095
삼양트레이드 ㈜	김용기	02-341-1984	서울	005-95-08837
보람무역 ㈜	문세영	02-497-4896	서울	006-79-01788
한정교역 ㈜	박영재	02-555-2933	서울	003-41-09638
동남무역 ㈜	강다래	02-934-5897	서울	002-27-06132
나래백화점 ㈜	안민주	031-856-9859	경기	001-92-04083
드림씨푸드 ㈜	박단비	031-2110-1238	경기	004-46-06607
길가온교역 ㈜	김민지	031-415-1932	경기	001-02-02152
진주 ㈜	성보람	02-4123-0345	서울	004-62-05051
월드유통 ㈜	장소리	02-811-2954	서울	002-23-05954

회사	담당자	전화번호	지역

02 [회사], [담당자], [전화번호], [지역] 열에서 필요한 데이터를 순서대로 정렬한 결과를 표시합니다.

03 먼저 서울 지역의 데이터만 추출하기 위해 [H6] 셀에 다음 수식을 입력합니다.

[H6] 셀 : =FILTER(B6:E22, E6:E22="서울")

H6 | =FILTER(B6:E22, E6:E22="서울")

SORT, SORTBY 예제

회사	담당자	전화번호	지역	사업자등록번호
스마일백화점 ㈜	최예지	02-768-7688	경기	002-42-02823
동오무역 ㈜	박병호	02-999-9938	서울	005-77-00773
일성 ㈜	손은혜	02-866-6667	서울	006-11-01561
동경무역 ㈜	임사랑	02-232-9181	서울	002-77-08435
동행상사 ㈜	장공원	02-565-1901	경기	001-34-00376
사선무역 ㈜	구예찬	031-828-1039	경기	003-56-06568
동광 ㈜	조미연	02-989-9889	서울	004-37-02912
새별 ㈜	김연주	02-3106-2841	서울	003-28-05095
삼양트레이드 ㈜	김용기	02-341-1984	서울	005-95-08837
보람무역 ㈜	문세영	02-497-4896	서울	006-79-01788
한정교역 ㈜	박영재	02-555-2933	서울	003-41-09638
동남무역 ㈜	강다래	02-934-5897	서울	002-27-06132
나래백화점 ㈜	안민주	031-856-9859	경기	001-92-04083
드림씨푸드 ㈜	박단비	031-2110-1238	경기	004-46-06607
길가온교역 ㈜	김민지	031-415-1932	경기	001-02-02152
진주 ㈜	성보람	02-4123-0345	서울	004-62-05051
월드유통 ㈜	장소리	02-811-2954	서울	002-23-05954

회사	담당자	전화번호	지역
동오무역 ㈜	박병호	02-999-9938	서울
일성 ㈜	손은혜	02-866-6667	서울
동경무역 ㈜	임사랑	02-232-9181	서울
동광 ㈜	조미연	02-989-9889	서울
새별 ㈜	김연주	02-3106-2841	서울
삼양트레이드 ㈜	김용기	02-341-1984	서울
보람무역 ㈜	문세영	02-497-4896	서울
한정교역 ㈜	박영재	02-555-2933	서울
동남무역 ㈜	강다래	02-934-5897	서울
진주 ㈜	성보람	02-4123-0345	서울
월드유통 ㈜	장소리	02-811-2954	서울

더 알아보기 **수식 이해하기**

FILTER 함수는 두 번째 인수의 조건에 해당하는 데이터를 첫 번째 인수의 범위에서 추출해 동적 배열로 반환합니다. 첫 번째 인수의 범위는 열이 하나 이상이면 가능하지만, 떨어진 범위를 대상으로 동작할 순 없습니다.

04 반환된 동적 배열을 회사 이름을 기준으로 오름차순 정렬합니다.

05 [H6] 셀의 수식을 다음과 같이 수정합니다.

[H6] 셀 : =SORT(FILTER(B6:E22, E6:E22="서울"), 1)

H6 | =SORT(FILTER(B6:E22, E6:E22="서울"), 1)

SORT, SORTBY 예제

회사	담당자	전화번호	지역	사업자등록번호
스마일백화점 ㈜	최예지	02-768-7688	경기	002-42-02823
동오무역 ㈜	박병호	02-999-9938	서울	005-77-00773
일성 ㈜	손은혜	02-866-6667	서울	006-11-01561
동경무역 ㈜	임사랑	02-232-9181	서울	002-77-08435
동행상사 ㈜	장공원	02-565-1901	경기	001-34-00376
사선무역 ㈜	구예찬	031-828-1039	경기	003-56-06568
동광 ㈜	조미연	02-989-9889	서울	004-37-02912
새별 ㈜	김연주	02-3106-2841	서울	003-28-05095
삼양트레이드 ㈜	김용기	02-341-1984	서울	005-95-08837
보람무역 ㈜	문세영	02-497-4896	서울	006-79-01788
한정교역 ㈜	박영재	02-555-2933	서울	003-41-09638
동남무역 ㈜	강다래	02-934-5897	서울	002-27-06132
나래백화점 ㈜	안민주	031-856-9859	경기	001-92-04083
드림씨푸드 ㈜	박단비	031-2110-1238	경기	004-46-06607
길가온교역 ㈜	김민지	031-415-1932	경기	001-02-02152
진주 ㈜	성보람	02-4123-0345	서울	004-62-05051
월드유통 ㈜	장소리	02-811-2954	서울	002-23-05954

회사	담당자	전화번호	지역
동경무역 ㈜	임사랑	02-232-9181	서울
동광 ㈜	조미연	02-989-9889	서울
동남무역 ㈜	강다래	02-934-5897	서울
동오무역 ㈜	박병호	02-999-9938	서울
보람무역 ㈜	문세영	02-497-4896	서울
삼양트레이드 ㈜	김용기	02-341-1984	서울
새별 ㈜	김연주	02-3106-2841	서울
월드유통 ㈜	장소리	02-811-2954	서울
일성 ㈜	손은혜	02-866-6667	서울
진주 ㈜	성보람	02-4123-0345	서울
한정교역 ㈜	박영재	02-555-2933	서울

더 알아보기 수식 이해하기

SORT 함수는 동적 배열에서 원하는 열을 정렬해 반환할 수 있습니다. SORT 함수의 두 번째 인수에서 1은 1번 열을 정렬하라는 의미입니다. 이번 수식에서는 세 번째 인수인 정렬 방법 옵션을 생략했습니다. 생략한 부분을 포함한 수식은 다음과 같습니다.

```
=SORT(FILTER(B6:E22, E6:E22="서울"), 1, 1)
```

세 번째 인수인 정렬 방법에 **1**을 넣거나 생략하면 오름차순으로 정렬하고 **–1**을 입력하면 내림차순으로 정렬합니다.

06 왼쪽 거래처 데이터를 지역과 회사명 순서로 정렬한 결과를 표시합니다.

07 먼저 왼쪽 표에서 필요한 열을 모두 참조합니다.

08 [H6] 셀의 수식을 다음과 같이 수정합니다.

[H6] 셀 : =B6:E22

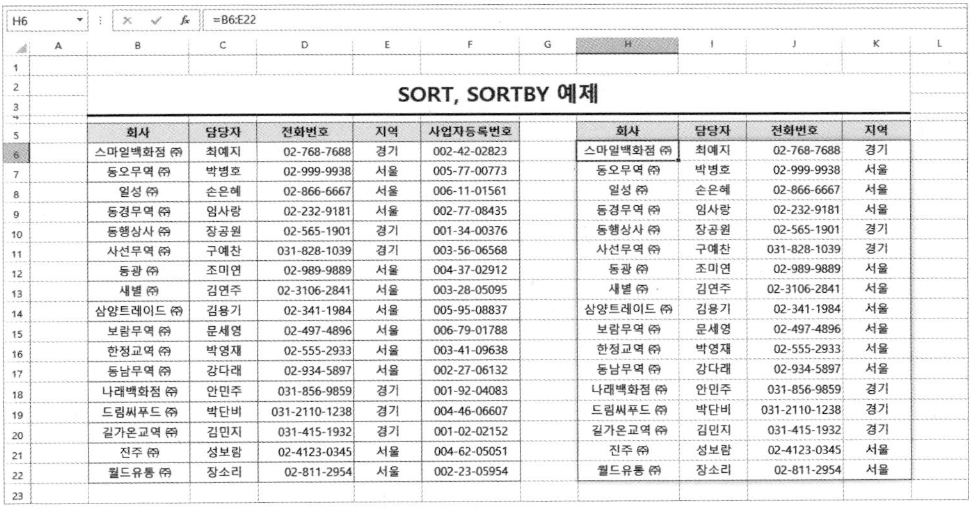

H6 | =B6:E22

SORT, SORTBY 예제

회사	담당자	전화번호	지역	사업자등록번호
스마일백화점 ㈜	최예지	02-768-7688	경기	002-42-02823
동오무역 ㈜	박병호	02-999-9938	서울	005-77-00773
일성 ㈜	손은혜	02-866-6667	서울	006-11-01561
동경무역 ㈜	임사랑	02-232-9181	서울	002-77-08435
동행상사 ㈜	장공원	02-565-1901	경기	001-34-00376
사선무역 ㈜	구예찬	031-828-1039	경기	003-56-06568
동광 ㈜	조미연	02-989-9889	서울	004-37-02912
새별 ㈜	김연주	02-3106-2841	서울	003-28-05095
삼양트레이드 ㈜	김용기	02-341-1984	서울	005-95-08837
보람무역 ㈜	문세영	02-497-4896	서울	006-79-01788
한정교역 ㈜	박영재	02-555-2933	서울	003-41-09638
동남무역 ㈜	강다래	02-934-5897	서울	002-27-06132
나래백화점 ㈜	안민주	031-856-9859	경기	001-92-04083
드림씨푸드 ㈜	박단비	031-2110-1238	경기	004-46-06607
길가온교역 ㈜	김민지	031-415-1932	경기	001-02-02152
진주 ㈜	성보람	02-4123-0345	서울	004-62-05051
월드유통 ㈜	장소리	02-811-2954	서울	002-23-05954

회사	담당자	전화번호	지역
스마일백화점 ㈜	최예지	02-768-7688	경기
동오무역 ㈜	박병호	02-999-9938	서울
일성 ㈜	손은혜	02-866-6667	서울
동경무역 ㈜	임사랑	02-232-9181	서울
동행상사 ㈜	장공원	02-565-1901	경기
사선무역 ㈜	구예찬	031-828-1039	경기
동광 ㈜	조미연	02-989-9889	서울
새별 ㈜	김연주	02-3106-2841	서울
삼양트레이드 ㈜	김용기	02-341-1984	서울
보람무역 ㈜	문세영	02-497-4896	서울
한정교역 ㈜	박영재	02-555-2933	서울
동남무역 ㈜	강다래	02-934-5897	서울
나래백화점 ㈜	안민주	031-856-9859	경기
드림씨푸드 ㈜	박단비	031-2110-1238	경기
길가온교역 ㈜	김민지	031-415-1932	경기
진주 ㈜	성보람	02-4123-0345	서울
월드유통 ㈜	장소리	02-811-2954	서울

09 반환된 동적 배열에서 지역은 서울을 먼저 표시하고, 회사명은 가나다순으로 정렬합니다.

10 [H6] 셀의 수식을 다음과 같이 수정합니다.

[H6] 셀 : =SORTBY(B6:E22, E6:E22, –1, B6:B22, 1)

H6 | =SORTBY(B6:E22, E6:E22, -1, B6:B22, 1)

SORT, SORTBY 예제

회사	담당자	전화번호	지역	사업자등록번호		회사	담당자	전화번호	지역
스마일백화점 ㈜	최예지	02-768-7688	경기	002-42-02823		동경무역 ㈜	임사랑	02-232-9181	서울
동오무역 ㈜	박병호	02-999-9938	서울	005-77-00773		동광 ㈜	조미연	02-989-9889	서울
일성 ㈜	손은혜	02-866-6667	서울	006-11-01561		동남무역 ㈜	강다래	02-934-5897	서울
동경무역 ㈜	임사랑	02-232-9181	서울	002-77-08435		동오무역 ㈜	박병호	02-999-9938	서울
동행상사 ㈜	장공원	02-565-1901	경기	001-34-00376		보람무역 ㈜	문세영	02-497-4896	서울
사선무역 ㈜	구예찬	031-828-1039	경기	003-56-06568		삼양트레이드 ㈜	김용기	02-341-1984	서울
동광 ㈜	조미연	02-989-9889	서울	004-37-02912		새별 ㈜	김연주	02-3106-2841	서울
새별 ㈜	김연주	02-3106-2841	서울	003-28-05095		월드유통 ㈜	장소리	02-811-2954	서울
삼양트레이드 ㈜	김용기	02-341-1984	서울	005-95-08837		일성 ㈜	손은혜	02-866-6667	서울
보람무역 ㈜	문세영	02-497-4896	서울	006-79-01788		진주 ㈜	성보람	02-4123-0345	서울
한정교역 ㈜	박영재	02-555-2933	서울	003-41-09638		한정교역 ㈜	박영재	02-555-2933	서울
동남무역 ㈜	강다래	02-934-5897	서울	002-27-06132		길가온교역 ㈜	김민지	031-415-1932	경기
나래백화점 ㈜	안민주	031-856-9859	경기	001-92-04083		나래백화점 ㈜	안민주	031-856-9859	경기
드림씨푸드 ㈜	박단비	031-2110-1238	경기	004-46-06607		동행상사 ㈜	장공원	02-565-1901	경기
길가온교역 ㈜	김민지	031-415-1932	경기	001-02-02152		드림씨푸드 ㈜	박단비	031-2110-1238	경기
진주 ㈜	성보람	02-4123-0345	서울	004-62-05051		사선무역 ㈜	구예찬	031-828-1039	경기
월드유통 ㈜	장소리	02-811-2954	서울	002-23-05954		스마일백화점 ㈜	최예지	02-768-7688	경기

더 알아보기 수식 이해하기

SORT 함수는 한 번에 하나의 열만 정렬이 가능합니다. 따라서 동시에 여러 열을 정렬하려면 SORTBY 함수를 사용하는 것이 편리합니다. SORTBY 함수는 정렬할 열 범위와 정렬 방법만 지정합니다.

09 12 일련번호를 반환하기 – SEQUENCE 함수

예제 파일 PART 03 \ CHAPTER 09 \ SEQUENCE 함수.xlsx

SEQUENCE 함수

수식에서 일련번호를 얻는 방법으로 수식을 복사하는 방향에 따라 ROW 함수 또는 COLUMN 함수를 주로 사용했습니다. 마이크로소프트 365 버전에서는 동적 배열로 일련번호를 반환해주는 **SEQUENCE 함수**를 제공합니다. SEQUENCE 함수의 구문은 다음과 같습니다.

SEQUENCE (❶ 행, ❷ 열, ❸ 시작 번호, ❹ 증감)

1, 2, 3, …과 같은 일련번호를 지정한 배열로 반환합니다.

구문	❶ **행** : 배열의 행수 ❷ **열** : 배열의 열수로, 생략하면 1로 지정됩니다. ❸ **시작 번호** : 반환할 일련번호의 시작값으로, 생략하면 1로 지정됩니다. ❹ **증감** : 일련번호의 증감값으로, 생략하면 1로 지정됩니다.

사용 예

```
=SEQUENCE(12)
```

TIP 12×1 행렬 크기로 1에서 12까지의 일련번호를 반환합니다.

따라 하기

01 예제를 열고 [sample1] 시트를 선택하면 다음 표를 확인할 수 있습니다.

TIP 이 예제는 **Section 06-23**에서 이미 진행한 바 있습니다. 앞에서는 OFFSET 함수를 사용해서 설명했습니다.

02 오른쪽 직원 명단에서 일정 간격으로 5개의 조를 편성하는 작업을 진행합니다.

TIP [I3], [I8], [I13] 셀의 직원이 1조의 직원입니다.

03 SEQUENCE 함수를 사용해 각 조의 위치에서 사용할 인덱스 번호를 반환합니다.

더 알아보기 **작업 설명**

오른쪽 직원 명단에서 [I3], [I8], [I13] 셀이 1조로 편성되어야 한다면, 조 편성 목록에서 오른쪽 직원 명단(I3:I17)의 셀은 다음과 같은 순서로 참조되어야 합니다.

1 (I3)	2 (I4)	3 (I5)	4 (I6)	5 (I7)
6 (I8)	7 (I9)	8 (I10)	9 (I11)	10 (I12)
11 (I13)	12 (I14)	13 (I15)	14 (I16)	15 (I17)

이렇게 일정한 범위에 일련번호가 반환되어야 한다면 SEQUENCE 함수가 유용하게 사용될 수 있습니다.

04 [B6] 셀을 선택하고 다음 수식을 입력합니다.

[B6] 셀 : =SEQUENCE(3, 5)

더 알아보기 수식 이해하기

SEQUENCE 함수의 첫 번째, 두 번째 인수는 R×C 행렬을 의미합니다. 즉, 이번 수식은 3×5 행렬에 일련번호를 반환하라는 의미이며, 생략된 부분까지 모두 포함된 수식은 다음과 같습니다.

```
=SEQUENCE(3, 5, 1, 1)
```

위 부분을 그대로 해석하면 3×5 행렬에 1부터 1씩 증가하도록 일련번호를 동적 배열로 반환하라는 의미입니다. SEQUENCE 함수는 두 번째 인수부터 생략이 가능하며, 생략하면 모두 1로 처리됩니다.

05 INDEX 함수를 사용해 해당 인덱스 번호 위치의 직원 이름을 참조합니다.

06 [B6] 셀의 수식을 다음과 같이 수정합니다.

[B6] 셀 : =INDEX(I3:I17, SEQUENCE(3, 5))

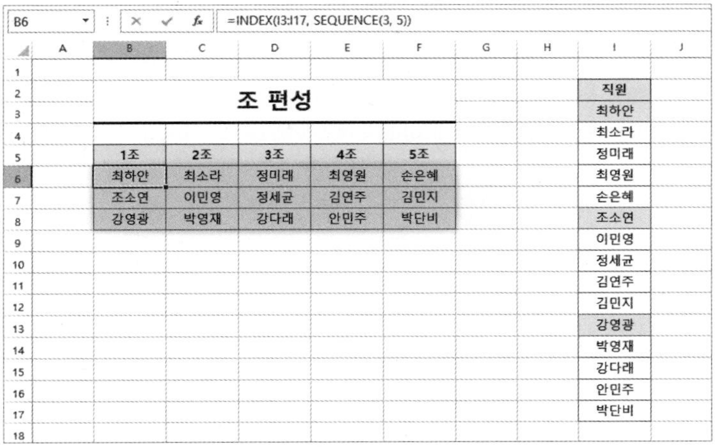

07 [sample2] 시트 탭을 선택하면 급여일을 계산하는 표를 확인할 수 있습니다.

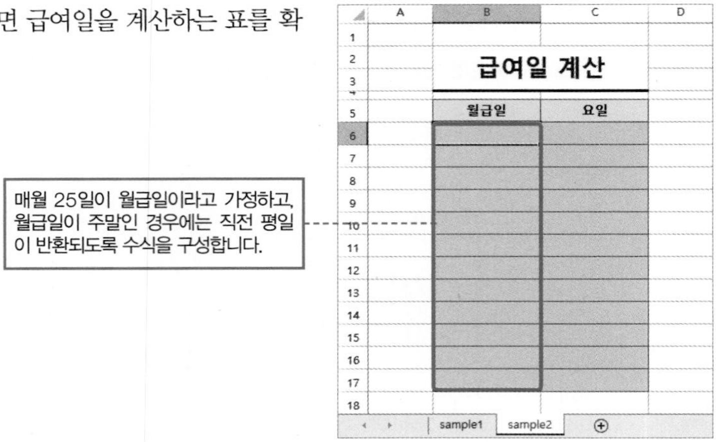

LINK 이 예제를 좀 더 정확하게 작업하는 방법은 이 책의 **Section 07-07**에서 설명했으니 참고 바랍니다.

08 매월은 1월부터 12월을 의미하므로, SEQUENCE 함수를 사용해 1~12까지의 일련번호를 얻습니다.

09 [B6] 셀을 선택하고 다음 수식을 입력합니다.

[B6] 셀 : =SEQUENCE(12)

더 알아보기 **수식 이해하기**

이번 수식에서는 SEQUENCE 함수의 첫 번째 인수만 사용했으므로, 12×1 행렬에 1부터 1씩 증가하는 일련번호를 반환합니다. 엑셀 2019 이하 버전에서는 다음과 같은 수식을 [B6] 셀에 입력하고, [B6] 셀의 채우기 핸들을 [B17] 셀까지 드래그해야 합니다.

```
=ROW(A1)
```

10 반환된 일련번호로 매월 급여일을 완성합니다.

11 [B6] 셀의 수식을 다음과 같이 수정합니다.

[B6] 셀 : =DATE(YEAR(TODAY( )), SEQUENCE(12), 25)

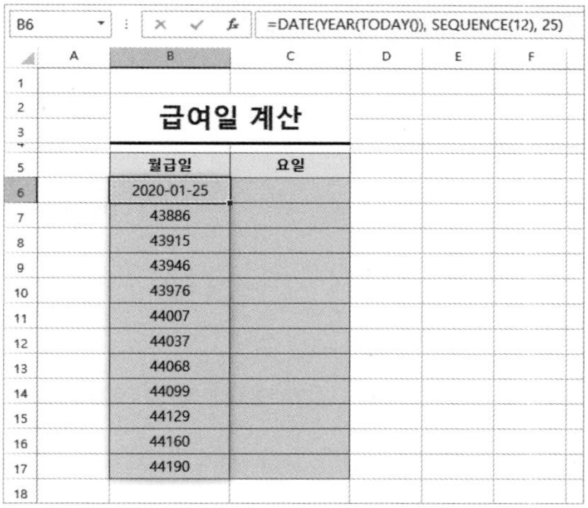
B6
=DATE(YEAR(TODAY()), SEQUENCE(12), 25)
급여일 계산
월급일
요일
2020-01-25
43886
43915
43946
43976
44007
44037
44068
44099
44129
44160
44190

🔍 더 알아보기 **수식 이해하기**

DATE 함수는 날짜 일련번호를 반환하는 함수입니다. 연, 월, 일 부분은 다음과 같이 구성되어 있습니다.

- **연** : **YEAR(TODAY())**는 오늘 날짜의 연도이므로 문서를 실행하는 순간의 연도를 의미합니다.
- **월** : **SEQUENCE(12)**는 1에서 12까지의 숫자(월)를 동적 배열로 반환합니다.
- **일** : **25**는 매월 25일을 월급일로 가정한 숫자입니다.

즉, 이렇게 하면 올해 매월 25일의 날짜를 얻을 수 있습니다. 만약 엑셀 2019 이하 버전에서 동일한 작업을 하려면 [B6] 셀에 **=DATE(YEAR(TODAY()), ROW(A1), 25)**와 같은 수식을 입력하고 [B6] 셀의 채우기 핸들을 [B17] 셀까지 드래그해야 합니다.

동적 배열이 반환되는 수식은 직접 입력한 셀만 자동으로 표시 형식이 변경됩니다. 따라서 [B6] 셀은 날짜로 표시되지만 나머지 범위(B7:B17)는 표시 형식이 자동으로 변경되지 않았습니다.

그러므로 [B7:B17] 범위를 선택하고 리본 메뉴의 [홈] 탭-[표시 형식] 그룹-[표시 형식] 목록에서 [간단한 날짜]로 변경하거나 단축키 Ctrl+Shift+#을 눌러 날짜 형식으로 변경해주어야 합니다.

12 C열에 요일이 반환되도록 [C6] 셀에 다음 수식을 입력합니다.

[C6] 셀 : =TEXT(B6#, "aaa")

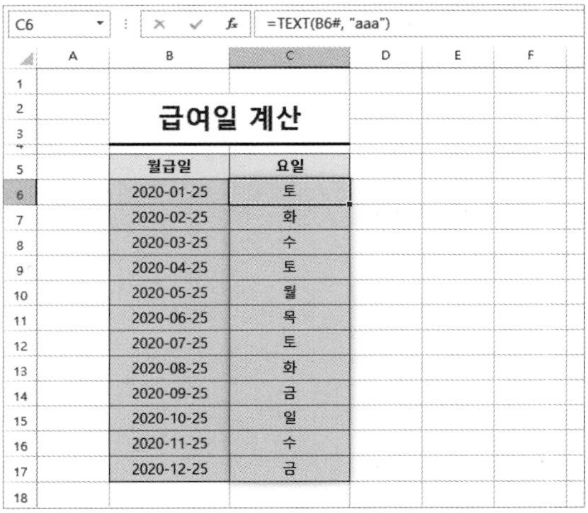
C6
=TEXT(B6#, "aaa")
급여일 계산
월급일 요일
2020-01-25 토
2020-02-25 화
2020-03-25 수
2020-04-25 토
2020-05-25 월
2020-06-25 목
2020-07-25 토
2020-08-25 화
2020-09-25 금
2020-10-25 일
2020-11-25 수
2020-12-25 금

더 알아보기 **수식 이해하기**

이번 수식에서 사용된 **B6#**은 [B6] 셀에 반환된 동적 배열 전체 범위(B6:B17)를 의미합니다. 엑셀 2019 버전 이하 버전에서는 [C6] 셀에 **=TEXT(B6, "aaa")** 수식을 입력하고 [C6] 셀의 채우기 핸들을 [C17] 셀까지 드래그하는 방법을 사용해야 합니다.

13 주말(토, 일)의 경우 직전 평일이 반환되도록 수식을 수정합니다.

14 [B6] 셀의 수식을 다음과 같이 수정합니다.

[B6] 셀 : =WORKDAY(DATE(YEAR(TODAY()), SEQUENCE(12), 25)+1, −1)

B6
=WORKDAY(DATE(YEAR(TODAY()), SEQUENCE(12), 25)+1, -1)
급여일 계산
월급일
요일
2020-01-24 금
2020-02-25 화
2020-03-25 수
2020-04-24 금
2020-05-25 월
2020-06-25 목
2020-07-24 금
2020-08-25 화
2020-09-25 금
2020-10-23 금
2020-11-25 수
2020-12-25 금

더 알아보기 **수식 이해하기**

WORKDAY 함수는 주말과 휴일을 제외한 평일 날짜를 반환해주는 함수로, 직전 평일 날짜를 구할 수 있습니다.

LINK WORKDAY 함수를 사용해 직전 평일 날짜를 반환하는 방법은 이 책의 552페이지에 자세하게 설명되어 있으니 참고 바랍니다.

CHAPTER 10

실무에서 자주 활용되는 배열 수식

마이크로소프트 365 버전부터는 동적 배열 기능을 제공합니다. 동적 배열이 등장하면서 배열을 이용하는 수식이 많은 부분 변화했지만 기본적인 원리는 변하지 않았습니다. 따라서 사용자가 동적 배열을 지원하는 함수를 쉽게 활용할 수 있어 작업 효율을 높일 수 있게 되었습니다. CHAPTER 10에서는 실무에서 자주 활용하는 배열 수식에 대해 설명하고 버전별로 차이가 발생하는 부분에 대해 소개합니다.

배열 수식 활용

10 01 함수에 IF 조건을 추가하는 배열 수식

예제 파일 PART 03 \ CHAPTER 10 \ 집계-조건.xlsx

공식처럼 사용할 수 있는 수식

IF 조건을 추가하는 배열 수식

COUNTIF 함수나 SUMIF 함수와 같이 원하는 조건으로 결과를 집계하는 함수가 엑셀에 많지는 않습니다. 하지만 배열 수식을 이용하면 대부분의 집계 및 통계 함수에 IF 조건을 처리한 결과를 얻을 수 있습니다. 다음 수식을 사용합니다.

=집계 함수(IF(범위=조건, 집계 범위))

- **집계 함수** : SUM, COUNT, AVERAGE, MAX, MIN, STDEV, VAR 등의 집계 함수
- **범위** : [조건]을 확인할 데이터 범위
- **조건** : [범위]에서 확인할 조건값
- **집계 범위** : 집계하려는 숫자 데이터가 입력된 범위

Ver. 위 수식은 엑셀 2019 버전까지는 Ctrl+Shift+Enter로 입력해야 하며, 마이크로소프트 365 버전에서는 Enter로 수식을 입력할 수 있습니다.

마이크로소프트 365

마이크로소프트 365 버전에서는 다음 수식을 사용할 수 있습니다.

=집계 함수(FILTER(집계 범위, 범위=조건))

마이크로소프트 365 버전에는 IF 함수를 대체할 수 있는 FILTER 함수가 제공됩니다. 따라서 더 편리하게 원하는 조건의 데이터를 집계할 수 있습니다.

IFS 조건을 추가하는 배열 수식

다중 조건을 처리하고 싶다면 다음과 같이 수식을 사용합니다.

=집계 함수(IF((범위1=조건1)*(범위2=조건2)*…, 집계 범위))

- **집계 함수** : SUM, COUNT, AVERAGE, MAX, MIN, STDEV, VAR 함수 등의 집계 함수
- **범위** : [조건]을 확인할 데이터 범위
- **조건** : [범위]에서 확인할 조건값
- **집계 범위** : 집계하려는 숫자 데이터가 입력된 범위

Ver. 위 수식은 엑셀 2019 버전까지는 Ctrl+Shift+Enter로 입력해야 하며, 마이크로소프트 365 버전에서는 Enter로 수식을 입력할 수 있습니다.

마이크로소프트 365 버전

마이크로소프트 365 버전에서는 다음 수식을 사용할 수 있습니다.

=집계 함수(FILTER(집계 범위, (범위1=조건1)*(범위2=조건2)*…))

따라 하기

01 예제를 열고, 왼쪽 표의 E열에 있는 판매건수를 원하는 조건에 맞게 집계합니다.

집계, 통계 함수에 조건 추가

사번	이름	지역	성별	판매건수
1	박지훈	서울	남	72
2	유준혁	경기	남	88
3	이서연	인천	여	78
4	김민준	서울	남	52
5	최서현	서울	여	98
6	박현우	인천	남	66
7	정시우	인천	남	72
8	이은서	서울	여	87
9	오서윤	경기	여	75

조건1	조건2	합계
남	서울	

TIP 왼쪽 표는 엑셀 표로 등록되어 있으며, 표 이름은 [표1]입니다.

02 먼저 조건1을 적용해 성별이 남성인 판매건수의 합계를 구합니다.

03 조건1에 맞는 데이터를 확인하기 위해 [J6] 셀을 선택하고 다음 수식을 입력합니다.

[J6] 셀 : =IF(표1[성별]="남", 표1[판매건수])

J6 | =IF(표1[성별]="남", 표1[판매건수])

집계, 통계 함수에 조건 추가

사번	이름	지역	성별	판매건수	조건1	조건2	합계
1	박지훈	서울	남	72	남	서울	72
2	유준혁	경기	남	88			88
3	이서연	인천	여	78			FALSE
4	김민준	서울	남	52			52
5	최서현	서울	여	98			FALSE
6	박현우	인천	남	66			66
7	정시우	인천	남	72			72
8	이은서	서울	여	87			FALSE
9	오서윤	경기	여	75			FALSE

Ver. 엑셀 2019 버전까지는 [J6:J14] 범위를 선택하고 Ctrl+Shift+Enter로 입력해야 합니다.

더 알아보기 수식 이해하기

IF 함수는 한 번에 하나의 셀을 판정해 TRUE나 FALSE를 원하는 값으로 대체합니다. 하지만 범위를 대상으로 작성하면 해당 범위(E6:E14)의 크기(9×1 행렬)에 해당하는 동적 배열로 값을 반환합니다.

[J6:J14] 범위를 보면 조건에 맞는 경우에만 판매건수를 반환하고, 아닌 경우에는 FALSE를 반환하는 것을 알 수 있습니다.

04 마이크로소프트 365 버전에서는 IF 함수 대신 FILTER 함수를 사용할 수 있습니다.

05 [J6] 셀의 수식을 다음과 같이 수정합니다.

[J6] 셀 : =FILTER(표1[판매건수], 표1[성별]="남")

J6 | =FILTER(표1[판매건수], 표1[성별]="남")

집계, 통계 함수에 조건 추가

사번	이름	지역	성별	판매건수	조건1	조건2	합계
1	박지훈	서울	남	72	남	서울	72
2	유준혁	경기	남	88			88
3	이서연	인천	여	78			52
4	김민준	서울	남	52			66
5	최서현	서울	여	98			72
6	박현우	인천	남	66			
7	정시우	인천	남	72			
8	이은서	서울	여	87			
9	오서윤	경기	여	75			

Ver. 이번 수식은 마이크로소프트 365 버전 전용 수식입니다.

더 알아보기 수식 이해하기

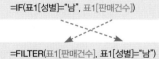

IF 함수는 조건의 TRUE, FALSE에 따라 값을 반환하므로 원본 범위와 동일한 크기의 배열을 반환합니다. 반면 FILTER 함수는 조건에 해당하는 값만 동적 배열로 반환합니다. 따라서 반환하는 배열의 크기가 IF 함수의 배열에 비해 더 작아 효율적입니다.

배열 수식 내에서 IF 함수와 FILTER 함수는 사용 방법이 유사합니다. 두 수식을 비교하면 다음과 같습니다.

```
=IF(표1[성별]="남", 표1[판매건수])
```

```
=FILTER(표1[판매건수], 표1[성별]="남")
```

함수 내 사용되는 인수의 순서가 바뀐다는 점만 차이가 있고 함수의 구성에는 큰 차이가 없습니다.

06 배열로 반환된 데이터의 합계를 구하려면 [J6] 셀의 수식을 다음과 같이 수정합니다.

[J6] 셀 : =SUM(FILTER(표1[판매건수], 표1[성별]="남"))

J6 =SUM(FILTER(표1[판매건수], 표1[성별]="남"))

집계, 통계 함수에 조건 추가

사번	이름	지역	성별	판매건수		조건1	조건2	합계
1	박지훈	서울	남	72		남	서울	350
2	유준혁	경기	남	88				
3	이서연	인천	여	78				
4	김민준	서울	남	52				
5	최서현	서울	여	98				
6	박현우	인천	남	66				
7	정시우	인천	남	72				
8	이은서	서울	여	87				
9	오서윤	경기	여	75				

LINK 이번 수식은 마이크로소프트 365 버전 전용 수식으로, 엑셀 2019 버전까지는 아래 [더 알아보기]를 참고합니다.

더 알아보기 배열 수식의 합계를 구하는 방법

이번 수식은 FILTER 함수에서 반환한 동적 배열(**05** 과정 참고)의 합계를 반환합니다. 엑셀 2019 이하 버전에서는 다음과 같은 수식을 사용해야 합니다.

```
=SUM(IF(표1[성별]="남", 표1[판매건수]))
```

TIP **03** 과정을 진행했다면 [J6:J14] 범위를 선택하고 Delete를 눌러 삭제하고 작업합니다.

위 수식은 배열 수식이므로 Ctrl+Shift+Enter로 입력해야 합니다. Enter로만 입력하고 싶다면 SUMPRODUCT 함수를 사용하는 다음 수식으로 변경합니다.

```
=SUMPRODUCT((표1[성별]="남")*(표1[판매건수]))
```

IF 함수를 사용하지 않고 바로 곱셈 연산을 하면 다음과 같은 계산 결과를 배열로 얻게 됩니다.

표1[성별]="남"		표1[판매건수]		9×1 배열
TRUE		72		72
TRUE		88		88
FALSE	×	78	=	0
TRUE		52		52
…		…		…
FALSE		75		0

SUMPRODUCT 함수는 배열 내 숫자를 모두 더한 결과를 반환하므로, SUM, IF 함수를 중첩한 결과와 동일한 결과를 얻습니다. 따라서 SUM 함수를 사용한 이번 수식은 SUMIF 함수를 사용해 다음과 같이 대체할 수도 있습니다.

```
=SUMIF(표1[성별], "남", 표1[판매건수])
```

이번 수식은 함수 뒤에 IF가 붙지 않는 집계 함수(예를 들면 MODE 함수)에서 IF 조건을 추가하고 싶은 경우에 유용합니다.

07 [I6] 셀의 조건2를 추가하겠습니다. [J6] 셀의 수식을 다음과 같이 수정합니다.

[J6] 셀 : =SUM(FILTER(표1[판매건수], (표1[성별]="남")*(표1[지역]="서울")))

J6 | =SUM(FILTER(표1[판매건수],(표1[성별]="남")*(표1[지역]="서울")))

집계, 통계 함수에 조건 추가

사번	이름	지역	성별	판매건수		조건1	조건2	합계
1	박지훈	서울	남	72		남	서울	124
2	유준혁	경기	남	88				
3	이서연	인천	여	78				
4	김민준	서울	남	52				
5	최서현	서울	여	98				
6	박현우	인천	남	66				
7	정시우	인천	남	72				
8	이은서	서울	여	87				
9	오서윤	경기	여	75				

LINK 이번 수식은 마이크로소프트 365 버전 전용 수식으로, 엑셀 2019 이하 버전을 사용한다면 아래 [더 알아보기]를 참고합니다.

더 알아보기 수식 이해하기

이번 수식은 FILTER 함수를 사용하므로, 마이크로소프트 365 버전에서만 사용할 수 있습니다. 엑셀 2019 이하 버전이라면 IF 함수를 사용해 다음과 같은 수식으로 수정합니다.

```
=SUM(IF((표1[성별]="남")*(표1[지역]="서울"), 표1[판매건수]))
```

위 수식은 Ctrl+Shift+Enter로 입력해야 합니다. Enter로만 수식을 입력하고 싶다면 SUMPRODUCT 함수를 사용하는 수식으로 변경해야 합니다.

```
=SUMPRODUCT((표1[성별]="남")*(표1[지역]="서울")*(표1[판매건수]))
```

배열 수식은 이해하는 방법에 따라 다양한 방법으로 작성할 수 있습니다.

10 02 OR 조건을 처리하는 배열 수식

예제 파일 PART 03 \ CHAPTER 10 \ 집계-OR 조건.xlsx

MMULT 함수

배열 간 OR 조건을 처리하려는 경우에는 2차원 행렬이 반환되는 경우가 많습니다. 2차원 행렬을 1차원 행렬로 변환하려면 MMULT 함수를 사용해야 합니다. MMULT 함수의 구문은 다음과 같습니다.

MMULT (❶ 배열1, ❷ 배열2)

두 배열의 행렬 곱을 연산해 반환합니다.

구문	**❶❷ 배열** : 곱하려는 숫자가 포함된 데이터 범위 또는 배열
주의	배열에는 반드시 숫자만 포함되어 있어야 하고, 첫 번째 배열의 열 개수와 두 번째 배열의 행 개수는 동일해야 합니다.

사용 예

```
=MMULT(A1:B3, D1:D2)
```

- 3×2 행렬(A1:B3)을 2×1 행렬(D1:D2)과 곱한 결과를 3×1 행렬에 반환합니다.

$$\begin{bmatrix} 1 & 2 \\ 2 & 3 \\ 3 & 1 \end{bmatrix} \times \begin{bmatrix} 1 \\ 1 \end{bmatrix} = \begin{bmatrix} 3 \\ 5 \\ 4 \end{bmatrix}$$

Ver. 이 함수는 결과를 배열로 반환합니다. 따라서 마이크로소프트 365 버전에서는 Enter로 입력해도 되지만, 엑셀 2019 이하 버전에서는 반환할 범위를 선택하고 Ctrl+Shift+Enter로 입력해야 합니다.

공식처럼 사용할 수 있는 수식

OR 조건을 처리하는 배열 수식

엑셀 함수 중 다중 조건을 처리하는 함수는 대부분 AND 조건에 해당합니다. 즉 모든 조건이 TRUE인 경우를 구할 때 주로 사용합니다. 그에 반해 하나의 조건이라도 TRUE인 경우를 구할 때는 OR 조건을 사용합니다. OR 조건을 처리하려면 다음과 같은 배열 수식을 사용합니다.

=집계 함수(IF((범위1=조건1)+(범위2=조건2)*…, 집계 범위))

- **집계 함수** : SUM, COUNT, AVERAGE, MAX, MIN, STDEV, VAR 등의 집계 함수
- **범위** : [조건]을 확인할 데이터 범위
- **조건** : [범위]에서 확인할 조건값
- **집계 범위** : 집계하려는 숫자 데이터가 입력된 범위

Ver. 위 수식은 엑셀 2019 버전까지는 Ctrl+Shift+Enter로 입력해야 하고, 마이크로소프트 365 버전에서는 Enter로 수식을 입력할 수 있습니다.

만약 [범위1]과 [범위2]가 동일하다면 다음과 같은 수식으로 변경이 가능합니다.

=집계 함수(IF(범위={조건1, 조건2}, 집계 범위))

Ver. 위 수식은 엑셀 2019 버전까지는 Ctrl+Shift+Enter로 입력해야 하며, 마이크로소프트 365 버전에서는 Enter로 수식을 입력할 수 있습니다.

마이크로소프트 365 버전

마이크로소프트 365 버전에서는 다음 수식을 사용할 수 있습니다.

=집계 함수(FILTER(집계 범위, (범위1=조건1)+(범위2=조건2)+…))

다만 [범위1]과 [범위2]가 동일한 경우에는 IF 함수와 달리 MMULT 함수를 사용해야 합니다.

=집계 함수(FILTER(집계 범위, MMULT(--(범위={조건1, 조건2}), {1;1})))

- 위 수식의 **MMULT(--(범위={조건1,조건2}), {1;1})** 부분에서 [범위]는 열 데이터 범위(R×1 행렬)이고, [조건1]과 [조건2]는 중괄호({}) 안에서 쉼표(,)로 데이터를 구분했으므로 1×2 행렬입니다. 즉, **범위={조건1, 조건2}** 부분은 R×2 행렬의 배열을 반환합니다. 하지만 FILTER 함수는 R×1 행렬에 해당하는 배열만 인수로 지정할 수 있습니다. 따라서 R×2 행렬을 1차원 행렬로 변환하기 위해 배열의 행렬 곱 연산을 해주는 MMULT 함수를 사용한 것입니다. MMULT 함수를 사용해 R×2 행렬의 배열과 {1;1} 배열(2×1 행렬)을 곱하면, 그 결과는 R×1 행렬의 배열에 저장됩니다.
- MMULT 함수는 숫자 데이터만 처리가 가능합니다. 그러므로 TRUE, FALSE가 반환되는 부분은 논릿값을 숫자로 변환해 줘야 합니다. **--(범위={조건1, 조건2})** 부분은 N 함수를 사용해 **N(범위={조건1, 조건2})**로 수정이 가능합니다.
- 만약 {조건1, 조건2, 조건3}과 같이 조건이 늘어나면 MMULT 함수로 곱해주는 배열 상수도 {1;1;1}과 같이 함께 늘어나야 합니다.

따라 하기

01 예제를 열고, [I6] 셀에 서울/경기 지역의 판매건수 합계를 구합니다.

집계, 통계 함수에 OR 조건 처리

사번	이름	지역	성별	판매건수			서울/경기
1	박지훈	서울	남	72		합계	
2	유준혁	경기	남	80			
3	이서연	인천	여	78			
4	김민준	서울	남	52			
5	최서현	서울	여	94			
6	박현우	인천	남	66			
7	정시우	인천	남	74			
8	이은서	서울	여	87			

TIP 왼쪽 표는 엑셀 표로 등록되어 있으며, 표 이름은 [표1]입니다.

02 서울/경기 지역의 판매건수를 배열로 반환받기 위해 [I6] 셀에 다음 수식을 입력합니다.

[I6] 셀 : =IF((표1[지역]="서울")+(표1[지역]="경기"), 표1[판매건수])

I6 =IF((표1[지역]="서울")+(표1[지역]="경기"), 표1[판매건수])

집계, 통계 함수에 OR 조건 처리

사번	이름	지역	성별	판매건수			서울/경기
1	박지훈	서울	남	72		합계	72
2	유준혁	경기	남	80			80
3	이서연	인천	여	78			FALSE
4	김민준	서울	남	52			52
5	최서현	서울	여	94			94
6	박현우	인천	남	66			FALSE
7	정시우	인천	남	74			FALSE

Ver. 엑셀 2019 버전까지는 [I6:I14] 범위를 선택하고 Ctrl + Shift + Enter 로 입력해야 합니다.

더 알아보기 수식 이해하기

이번 수식은 서울과 경기 지역 판매건수의 합계를 구합니다. 그러므로 [D6:D14] 범위 내 값이 '서울' 또는 '경기'어야 합니다. 이것은 OR 조건이며, 다음 과정을 통해 배열에 값이 저장됩니다.

표1[지역]="서울"		표1[지역]="경기"		9×1 배열	IF(③, 표1[판매건수])
TRUE		FALSE		1	72
FALSE		TRUE		1	80
FALSE	×	FALSE	=	0	FALSE
TRUE		FALSE		1	52
…		…		…	…
FALSE		TRUE		1	75
①		②		③	④

앞 화면에서 ③을 보면 **(표1[지역]="서울")+(표1[지역]="경기")**의 계산값이 9×1 배열에 0과 1로 저장됩니다. 논릿값으로 0은 FALSE, 1은 TRUE입니다(정확하게 0이 아닌 값은 모두 TRUE와 매칭). 따라서 IF 함수에 의해 9×1 배열의 값이 1이면 [F6:F14] 범위 내 값으로 대체되고, 0이면 FALSE가 반환됩니다.

반환된 값을 더하려면 다음과 같이 SUM 함수를 사용합니다.

```
=SUM(IF((표1[지역]="서울")+(표1[지역]="경기"), 표1[판매건수]))
```

Ver. 엑셀 2019 버전까지는 SUM 함수에 배열 수식을 사용하면 Ctrl+Shift+Enter로 입력해야 합니다. Enter만 사용하고 싶다면 SUMPRODUCT 함수를 사용합니다.

물론 배열 수식을 사용하지 않고 SUMIF 함수만으로도 원하는 결과를 얻을 수 있습니다. 다음 수식을 참고합니다.

```
=SUMIF(표1[지역], "서울", 표1[판매건수])+SUMIF(표1[지역], "경기", 표1[판매건수])
```

또한 SUMIF 함수로 조건을 처리할 수 있는 함수라면 다음과 같은 배열 수식을 이용해도 됩니다.

```
=SUM(SUMIF(표1[지역], {"서울", "경기"}, 표1[판매건수]))
```

Ver. SUMIF 함수 부분은 배열 수식이므로 엑셀 2019 버전까지는 Ctrl+Shift+Enter로 입력해야 하며, 마이크로소프트 365 버전에서는 Enter로 입력합니다.

03 조건의 범위가 모두 동일하므로, [I6] 셀의 수식을 다음과 같이 수정합니다.

[I6] 셀 : =IF(표1[지역]={"서울","경기"}, 표1[판매건수])

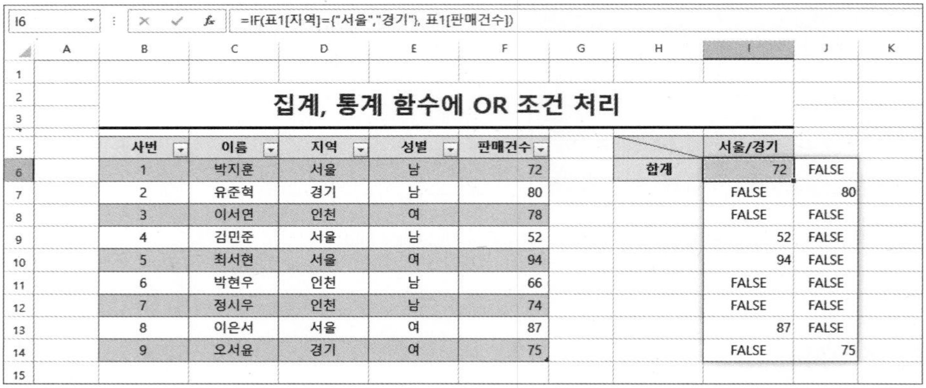

사번	이름	지역	성별	판매건수		서울/경기	
1	박지훈	서울	남	72	합계	72	FALSE
2	유준혁	경기	남	80		FALSE	80
3	이서연	인천	여	78		FALSE	FALSE
4	김민준	서울	남	52		52	FALSE
5	최서현	서울	여	94		94	FALSE
6	박현우	인천	남	66		FALSE	FALSE
7	정시우	인천	남	74		FALSE	FALSE
8	이은서	서울	여	87		87	FALSE
9	오서윤	경기	여	75		FALSE	75

Ver. 엑셀 2019 이하 버전까지는 [I6:J14] 범위를 선택하고 Ctrl+Shift+Enter로 입력해야 합니다.

더 알아보기 수식 이해하기

표1[지역]은 9×1 행렬에 해당하고, **{"서울", "경기"}**는 배열 상수가 쉼표(,) 구분 문자를 사용했으므로 1×2 행렬입니다. 따라서 결괏값은 9×2 행렬에 반환됩니다. 다음 과정을 참고합니다.

{"서울", "경기"}

서울	경기

표1[지역]

서울
경기
인천
서울
…
경기

9×2 배열

TRUE	FALSE
FALSE	TRUE
FALSE	FALSE
TRUE	FALSE
…	…
FALSE	TRUE

①

=

IF(①, 표1[판매건수])

72	FALSE
FALSE	80
FALSE	FALSE
52	FALSE
…	…
FALSE	75

반환된 9×2 행렬의 결과를 모두 더하려면 SUM 함수나 SUMPRODUCT 함수를 사용합니다.

04 IF 함수를 FILTER 함수로 대체하기 위해 [I6] 셀의 수식을 다음과 같이 수정합니다.

[I6] 셀 : =FILTER(표1[판매건수], 표1[지역]={"서울","경기"})

I6 : =FILTER(표1[판매건수], 표1[지역]={"서울","경기"})

집계, 통계 함수에 OR 조건 처리

사번	이름	지역	성별	판매건수
1	박지훈	서울	남	72
2	유준혁	경기	남	80
3	이서연	인천	여	78
4	김민준	서울	남	52
5	최서현	서울	여	94
6	박현우	인천	남	66
7	정시우	인천	남	74
8	이은서	서울	여	87
9	오서윤	경기	여	75

	서울/경기
합계	#VALUE!

Ver. 이번 수식은 마이크로소프트 365 버전 전용 수식입니다.

더 알아보기 #VALUE! 에러가 발생한 이유

IF 함수를 FILTER 함수로 수정하면 #VALUE! 에러가 발생합니다. FILTER 함수의 조건 인수는 반드시 R×1 행렬이어야 하기 때문입니다. 에러를 해결하려면 2차원 행렬을 1차원 행렬로 변환할 수 있는 MMULT 함수를 사용합니다.

05 FILTER 함수에 MMULT 함수를 추가로 사용합니다.

[I6] 셀 : =FILTER(표1[판매건수], MMULT(--(표1[지역]={"서울","경기"}), {1;1}))

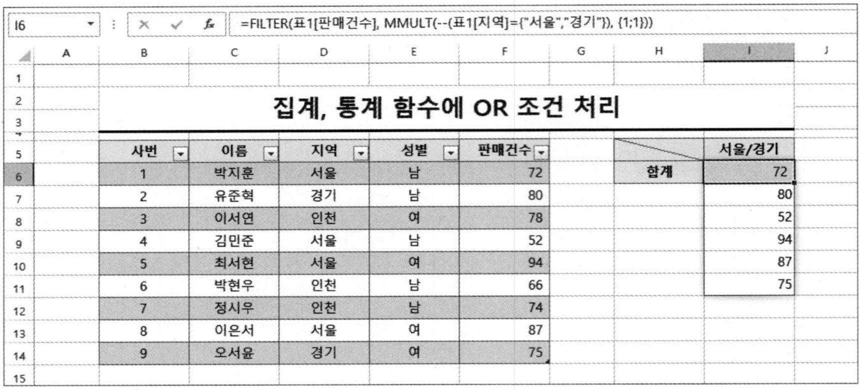
I6 =FILTER(표1[판매건수], MMULT(--(표1[지역]={"서울","경기"}), {1;1}))

집계, 통계 함수에 OR 조건 처리

사번	이름	지역	성별	판매건수
1	박지훈	서울	남	72
2	유준혁	경기	남	80
3	이서연	인천	여	78
4	김민준	서울	남	52
5	최서현	서울	여	94
6	박현우	인천	남	66
7	정시우	인천	남	74
8	이은서	서울	여	87
9	오서윤	경기	여	75

	서울/경기
합계	72
	80
	52
	94
	87
	75

Ver. 이번 수식은 마이크로소프트 365 버전 전용 수식입니다.

더 알아보기 수식 이해하기

MMULT 함수는 두 배열의 행렬을 곱하여 결과를 반환합니다. **표1[지역]={"서울", "경기"}** 부분은 9×2 행렬에 저장되고 **{1;1}**은 2×1 행렬입니다. 따라서 두 행렬을 곱하면 행이 9, 열이 1인 9×1 행렬에 계산 결과가 반환됩니다. 이것을 FILTER 함수에 적용하면 조건에 맞는 데이터만 동적 배열로 반환되는 것을 확인할 수 있습니다.

계산에 사용하는 데이터 개수를 줄임으로써 더 효율적으로 동작하는 수식을 구성할 수 있습니다. 반환된 동적 배열을 모두 더하려면 SUM 함수를, 평균을 구하려면 AVERAGE 함수를 사용합니다.

배열 수식 활용

10 03 상/하위 N개의 평균(집계)값 계산하기

예제 파일 PART 03 \ CHAPTER 10 \ 집계-상, 하위 n개.xlsx

공식처럼 사용할 수 있는 수식

상위 N개를 집계하는 수식

전체 데이터 중에서 상위(또는 하위) N개 데이터만 따로 집계해야 하는 경우가 있습니다. 이때 IF 함수나 FILTER 함수를 사용하기보다는 LARGE(또는 SAMLL) 함수로 원하는 데이터를 먼저 반환받은 다음 집계 함수를 사용하는 것이 쉽습니다.

=집계 함수(LARGE(집계 범위, ROW(1:N)))

- **집계 범위** : 집계할 숫자 데이터가 입력된 범위
- **N** : 집계할 마지막 N번째 인덱스 번호

상위가 아니라 하위의 값을 집계하려면 LARGE 함수 대신 SMALL 함수를 사용합니다.

Ver. 위 수식은 엑셀 2019 버전까지는 Ctrl+Shift+Enter로 입력해야 하며, 마이크로소프트 365 버전에서는 Enter로 수식을 입력할 수 있습니다.

따라 하기

01 예제를 열고, 각 연도별 상위와 하위 각 세 개 매출 평균을 구합니다.

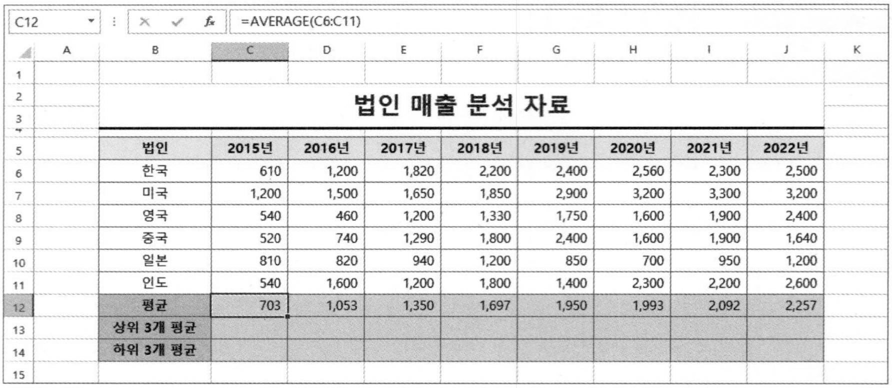

C12 | =AVERAGE(C6:C11)

법인 매출 분석 자료

법인	2015년	2016년	2017년	2018년	2019년	2020년	2021년	2022년
한국	610	1,200	1,820	2,200	2,400	2,560	2,300	2,500
미국	1,200	1,500	1,650	1,850	2,900	3,200	3,300	3,200
영국	540	460	1,200	1,330	1,750	1,600	1,900	2,400
중국	520	740	1,290	1,800	2,400	1,600	1,900	1,640
일본	810	820	940	1,200	850	700	950	1,200
인도	540	1,600	1,200	1,800	1,400	2,300	2,200	2,600
평균	703	1,053	1,350	1,697	1,950	1,993	2,092	2,257
상위 3개 평균								
하위 3개 평균								

TIP 12행에는 AVERAGE 함수로 계산한 평균값이 존재합니다.

02 상위 세 개 매출을 확인하기 위해 [C13] 셀에 다음 수식을 입력합니다.

[C13] 셀 : =LARGE(C6:C11, ROW(1:3))

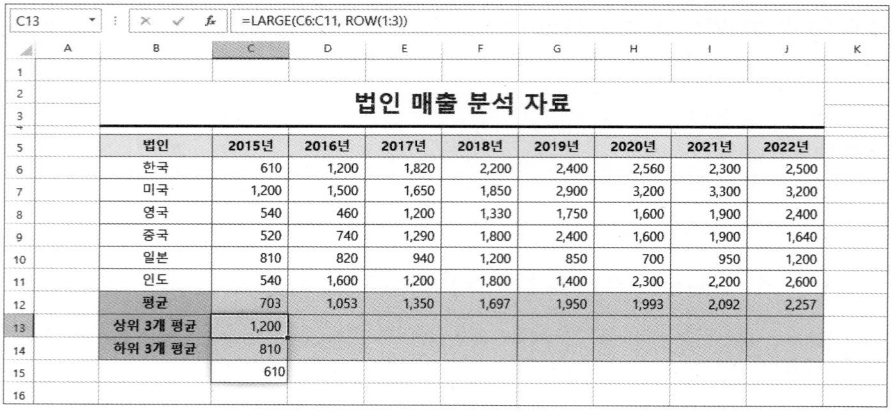

C13 | =LARGE(C6:C11, ROW(1:3))

법인 매출 분석 자료

법인	2015년	2016년	2017년	2018년	2019년	2020년	2021년	2022년
한국	610	1,200	1,820	2,200	2,400	2,560	2,300	2,500
미국	1,200	1,500	1,650	1,850	2,900	3,200	3,300	3,200
영국	540	460	1,200	1,330	1,750	1,600	1,900	2,400
중국	520	740	1,290	1,800	2,400	1,600	1,900	1,640
일본	810	820	940	1,200	850	700	950	1,200
인도	540	1,600	1,200	1,800	1,400	2,300	2,200	2,600
평균	703	1,053	1,350	1,697	1,950	1,993	2,092	2,257
상위 3개 평균	1,200							
하위 3개 평균	810							
	610							

Ver. 엑셀 2019 버전까지는 [C13:C15] 범위를 선택하고 Ctrl+Shift+Enter로 입력해야 합니다.

더 알아보기 수식 이해하기

이번 수식은 LARGE 함수의 두 번째 인수에 ROW 함수를 사용한 부분을 먼저 이해해야 합니다. **ROW(1:3)**는 [1:3] 행의 행 번호를 반환하는데, 배열로 치면 3×1 행렬 범위인 {1;2;3}입니다. 이 값을 LARGE 함수의 두 번째 인수에 전달하면 배열에 [C6:C11] 범위 내 상위 세 개의 숫자값이 저장됩니다. 다음 다이어그램을 참고합니다.

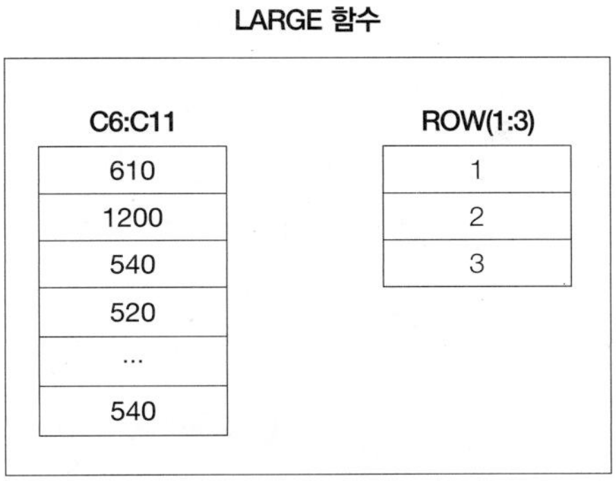

만약 1×3 배열을 생성하려면 **ROW(1:3)** 대신 **COLUMN(A:C)**나 {1,2,3}과 같은 배열 상수를 사용해야 합니다.

03 배열에 저장된 값의 평균을 구합니다.

04 [C13] 셀의 수식을 다음과 같이 수정하고 [C13] 셀의 채우기 핸들을 [J13] 셀까지 드래그합니다.

[C13] 셀 : =AVERAGE(LARGE(C6:C11, ROW(1:3)))

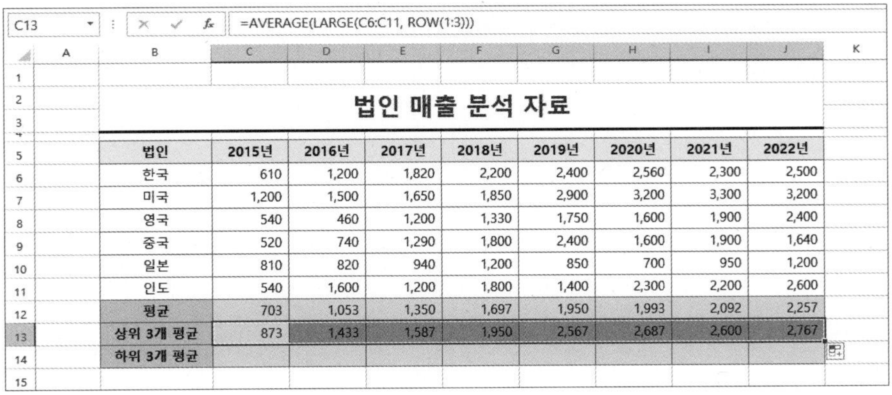

법인	2015년	2016년	2017년	2018년	2019년	2020년	2021년	2022년
한국	610	1,200	1,820	2,200	2,400	2,560	2,300	2,500
미국	1,200	1,500	1,650	1,850	2,900	3,200	3,300	3,200
영국	540	460	1,200	1,330	1,750	1,600	1,900	2,400
중국	520	740	1,290	1,800	2,400	1,600	1,900	1,640
일본	810	820	940	1,200	850	700	950	1,200
인도	540	1,600	1,200	1,800	1,400	2,300	2,200	2,600
평균	703	1,053	1,350	1,697	1,950	1,993	2,092	2,257
상위 3개 평균	873	1,433	1,587	1,950	2,567	2,687	2,600	2,767
하위 3개 평균								

Ver. 엑셀 2019 버전까지는 수식을 Ctrl+Shift+Enter로 입력해야 합니다.

더 알아보기 일반 수식으로 상위 N개 값 구하기

이번 수식을 배열 수식이 아닌 일반 수식으로 변경하려면 다음과 같은 수식을 사용합니다.

```
=AVERAGEIF(C6:C11, ">="&LARGE(C6:C11, 3))
```

위 수식은 LARGE 함수로 [C6:C11] 범위에서 세 번째로 큰 값을 구해 그 값보다 크거나 같은 숫자의 평균을 구합니다.

05 같은 방법으로 하위 세 개 매출 평균을 계산합니다.

06 [C14] 셀에 다음 수식을 입력하고 [C14] 셀의 채우기 핸들을 [J14] 셀까지 드래그합니다.

[C14] 셀 : =AVERAGE(SMALL(C6:C11, ROW(1:3)))

C14 =AVERAGE(SMALL(C6:C11, ROW(1:3)))

법인 매출 분석 자료

법인	2015년	2016년	2017년	2018년	2019년	2020년	2021년	2022년
한국	610	1,200	1,820	2,200	2,400	2,560	2,300	2,500
미국	1,200	1,500	1,650	1,850	2,900	3,200	3,300	3,200
영국	540	460	1,200	1,330	1,750	1,600	1,900	2,400
중국	520	740	1,290	1,800	2,400	1,600	1,900	1,640
일본	810	820	940	1,200	850	700	950	1,200
인도	540	1,600	1,200	1,800	1,400	2,300	2,200	2,600
평균	703	1,053	1,350	1,697	1,950	1,993	2,092	2,257
상위 3개 평균	873	1,433	1,587	1,950	2,567	2,687	2,600	2,767
하위 3개 평균	533	673	1,113	1,443	1,333	1,300	1,583	1,747

Ver. 엑셀 2019 버전까지는 수식을 Ctrl+Shift+Enter로 입력해야 합니다.

배열 수식 활용

10 04 일정 간격으로 떨어진 열 (또는 행) 집계하기

예제 파일 PART 03 \ CHAPTER 10 \ 집계–일정 간격.xlsx

공식처럼 사용할 수 있는 수식

일정 간격 떨어진 셀 집계

다른 조건이 없고 일정 간격으로 떨어진 위치의 셀 값을 집계해야 한다면 행 번호(또는 열 번호)를 조건으로 사용합니다. 다음 수식을 참고합니다.

=집계 함수(IF(MOD(COLUMN(집계 범위), 간격)=나머지, 집계 범위))

- **집계 함수** : SUM, COUNT, AVERAGE, MAX, MIN, STDEV, VAR 등의 집계 함수
- **COLUMN** : 집계할 데이터가 열 데이터면 COLUMN 함수를 사용하고, 행 데이터면 ROW 함수를 사용합니다.
- **집계 범위** : 집계할 숫자 데이터가 입력된 범위
- **간격** : 집계할 열이 떨어진 간격으로 3칸씩 떨어져 있다면 이 값은 3이 됩니다.
- **나머지** : [집계 범위] 내 열 번호를 간격으로 나눠 얻은 나머지 중 하나로, 예를 들어 [간격]을 3으로 지정해 나눴다면 나머지 값인 0, 1, 2 중에서 집계하려는 열의 번호를 입력합니다.

Ver. 위 수식은 엑셀 2019 버전까지는 Ctrl+Shift+Enter로 입력해야 하며, 마이크로소프트 365 버전에서는 Enter로 수식을 입력할 수 있습니다.

따라 하기

01 예제를 열고, 1사분기~4사분기 실적 중 왼쪽 열의 숫자만 K열에 모두 더합니다.

제품 판매 실적

품명	1사분기		2사분기		3사분기		4사분기		합계
잉크젯복합기 AP-3200	210	3,000	280	4,000	270	4,400	140	1,400	
무한잉크젯복합기 AP-3300W	30	7,300	160	29,000	360	86,000	760	110,000	
잉크젯복합기 AP-5500	200	5,700	150	4,300	340	9,600	110	2,600	
레이저복합기 L200	120	1,300	600	6,200	310	3,600	410	4,500	
레이저복합기 L500	46	1,100	20	570	110	3,400	600	11,000	
레이저복합기 L650	170	5,400	260	7,200	210	6,700	640	16,000	
무한레이저복합기 L800C	120	6,900	160	8,000	130	7,200	620	24,000	
흑백레이저복사기 TLE-5000	37	1,300	140	4,600	210	7,800	420	11,000	
컬러레이저복사기 XI-2000	150	1,700	170	1,500	160	1,900	120	1,300	

TIP 간단하게 **=C6+E6+G6+I6**과 같은 수식을 사용할 수도 있지만, 계산해야 하는 열이 많아지면 셀 주소를 직접 참조하는 방식은 쉽지 않습니다.

02 먼저 집계할 범위 내의 열 번호를 확인합니다.

03 [C16] 셀을 선택하고 다음 수식을 입력합니다.

[C16] 셀 : =COLUMN(C6:J6)

C16 =COLUMN(C6:J6)

제품 판매 실적

품명	1사분기		2사분기		3사분기		4사분기		합계
잉크젯복합기 AP-3200	210	3,000	280	4,000	270	4,400	140	1,400	
무한잉크젯복합기 AP-3300W	30	7,300	160	29,000	360	86,000	760	110,000	
잉크젯복합기 AP-5500	200	5,700	150	4,300	340	9,600	110	2,600	
레이저복합기 L200	120	1,300	600	6,200	310	3,600	410	4,500	
레이저복합기 L500	46	1,100	20	570	110	3,400	600	11,000	
레이저복합기 L650	170	5,400	260	7,200	210	6,700	640	16,000	
무한레이저복합기 L800C	120	6,900	160	8,000	130	7,200	620	24,000	
흑백레이저복사기 TLE-5000	37	1,300	140	4,600	210	7,800	420	11,000	
컬러레이저복사기 XI-2000	150	1,700	170	1,500	160	1,900	120	1,300	
	3	4	5	6	7	8	9	10	

Ver. 엑셀 2019 버전까지는 [C16:J16] 범위를 선택하고 Ctrl+Shift+Enter로 입력해야 합니다.

더 알아보기 수식 이해하기

COLUMN 함수는 열 번호를 반환하는 함수입니다. 인수에 셀이 아니라 [C6:J6] 범위가 전달됐으므로 결과도 범위와 동일한 크기인 1×8 행렬에 열 번호가 반환됩니다.

04 배열 내 열 번호를 원하는 간격으로 나눈 나머지값을 구합니다.

05 [C16] 셀의 수식을 다음과 같이 수정합니다.

[C16] 셀 : =MOD(COLUMN(C6:J6), 2)

C16 | =MOD(COLUMN(C6:J6), 2)

	A	B	C	D	E	F	G	H	I	J	K	L
1												
2		제품 판매 실적										
3												
5		품명	1사분기		2사분기		3사분기		4사분기		합계	
6		잉크젯복합기 AP-3200	210	3,000	280	4,000	270	4,400	140	1,400		
7		무한잉크젯복합기 AP-3300W	30	7,300	160	29,000	360	86,000	760	110,000		
8		잉크젯복합기 AP-5500	200	5,700	150	4,300	340	9,600	110	2,600		
9		레이저복합기 L200	120	1,300	600	6,200	310	3,600	410	4,500		
10		레이저복합기 L500	46	1,100	20	570	110	3,400	600	11,000		
11		레이저복합기 L650	170	5,400	260	7,200	210	6,700	640	16,000		
12		무한레이저복합기 L800C	120	6,900	160	8,000	130	7,200	620	24,000		
13		흑백레이저복사기 TLE-5000	37	1,300	140	4,600	210	7,800	420	11,000		
14		컬러레이저복사기 XI-2000	150	1,700	170	1,500	160	1,900	120	1,300		
15												
16			1	0	1	0	1	0	1	0		
17												

Ver. 엑셀 2019 버전까지는 [C16:J16] 범위를 선택하고 Ctrl + Shift + Enter 로 입력해야 합니다.

더 알아보기 **수식 이해하기**

이번 수식은 배열 내 숫자를 2로 나눈 값의 나머지를 계산합니다. 화면에서 확인할 수 있듯이 1, 0, 1, 0, …과 같은 값이 배열에 저장됩니다. 만약 원하는 간격이 3이라면, 3으로 나눈 나머지값을 구해 0, 1, 2, 0, 1, 2, …와 같은 값을 배열에 저장합니다.

06 배열에 저장한 값 중 1은 C, E, G, I 열에 있습니다. 배열의 값이 1인 열의 판매 실적을 배열에 저장합니다.

07 [C16] 셀의 수식을 다음과 같이 수정합니다.

[C16] 셀 : =IF(MOD(COLUMN(C6:J6), 2)=1, C6:J6)

C16 | =IF(MOD(COLUMN(C6:J6), 2)=1, C6:J6)

	A	B	C	D	E	F	G	H	I	J	K	L
1												
2		제품 판매 실적										
3												
5		품명	1사분기		2사분기		3사분기		4사분기		합계	
6		잉크젯복합기 AP-3200	210	3,000	280	4,000	270	4,400	140	1,400		
7		무한잉크젯복합기 AP-3300W	30	7,300	160	29,000	360	86,000	760	110,000		
8		잉크젯복합기 AP-5500	200	5,700	150	4,300	340	9,600	110	2,600		
9		레이저복합기 L200	120	1,300	600	6,200	310	3,600	410	4,500		
10		레이저복합기 L500	46	1,100	20	570	110	3,400	600	11,000		
11		레이저복합기 L650	170	5,400	260	7,200	210	6,700	640	16,000		
12		무한레이저복합기 L800C	120	6,900	160	8,000	130	7,200	620	24,000		
13		흑백레이저복사기 TLE-5000	37	1,300	140	4,600	210	7,800	420	11,000		
14		컬러레이저복사기 XI-2000	150	1,700	170	1,500	160	1,900	120	1,300		
15												
16			210	FALSE	280	FALSE	270	FALSE	140	FALSE		
17												

더 알아보기 수식 이해하기

배열에 저장된 1 위치의 값을 집계할 데이터로 바꿔 넣으려면 IF 함수를 사용합니다. 다음 다이어그램을 참고합니다.

1×8 배열

1	0	1	0	1	0	1	0

IF(배열=1, C6:J6)

210	FALSE	280	FALSE	270	FALSE	140	FALSE

이렇게 원하는 데이터를 배열에 저장할 수 있으면 집계 작업을 하는 데 문제가 없습니다.

08 배열에 값을 저장하는 방법은 확인했으므로 [C16] 셀을 선택하고 Delete 를 눌러 삭제합니다.

Ver. 엑셀 2019 버전까지는 [C16:J16] 범위를 선택하고 Delete 를 눌러야 합니다.

09 [K6] 셀에 다음 수식을 입력하고 [K6] 셀의 채우기 핸들을 [K14] 셀까지 드래그합니다.

[K6] 셀 : =SUM(IF(MOD(COLUMN(C6:J6), 2)=1, C6:J6))

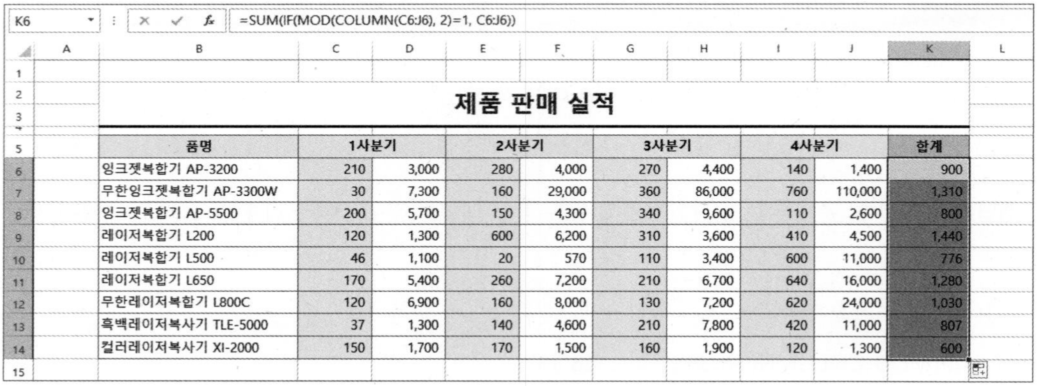

품명	1사분기		2사분기		3사분기		4사분기		합계
잉크젯복합기 AP-3200	210	3,000	280	4,000	270	4,400	140	1,400	900
무한잉크젯복합기 AP-3300W	30	7,300	160	29,000	360	86,000	760	110,000	1,310
잉크젯복합기 AP-5500	200	5,700	150	4,300	340	9,600	110	2,600	800
레이저복합기 L200	120	1,300	600	6,200	310	3,600	410	4,500	1,440
레이저복합기 L500	46	1,100	20	570	110	3,400	600	11,000	776
레이저복합기 L650	170	5,400	260	7,200	210	6,700	640	16,000	1,280
무한레이저복합기 L800C	120	6,900	160	8,000	130	7,200	620	24,000	1,030
흑백레이저복사기 TLE-5000	37	1,300	140	4,600	210	7,800	420	11,000	807
컬러레이저복사기 XI-2000	150	1,700	170	1,500	160	1,900	120	1,300	600

Ver. 엑셀 2019 버전까지는 수식을 Ctrl + Shift + Enter 로 입력해야 합니다.

배열 수식 활용

10 05 로또 당첨 번호와 일치하는 번호 세기

예제 파일 PART 03 \ CHAPTER 10 \ 집계-로또.xlsx

공식처럼 사용할 수 있는 수식

지정된 범위 내의 값과 일치하는 개수 세기

특정 범위에서 내 데이터가 몇 개나 일치하는지 확인하고 싶다면 COUNTIF 함수를 사용하는 배열 수식을 이용하는 것이 좋습니다. 다음 수식을 참고합니다.

=SUM(COUNTIF(원본 범위, 확인 범위))

- **원본 범위** : 원본 데이터가 입력된 범위
- **확인 범위** : [원본 범위]에서 개수를 셀 데이터가 입력된 범위

Ver. 위 수식은 엑셀 2019 버전까지는 Ctrl+Shift+Enter로 입력해야 하며, 마이크로소프트 365 버전에서는 Enter로 수식을 입력할 수 있습니다.

따라 하기

01 예제를 열고 5회차에 걸쳐 선택한 번호가 당첨 번호(C5:H5)와 몇 개나 일치하는지 확인합니다.

	A	B	C	D	E	F	G	H	I	J	K	L
1												
2		로또 당첨 번호										
3												
4												
5		당첨번호	26	2	25	40	45	10				
6												
7		회차	번호1	번호2	번호3	번호4	번호5	번호6	보너스	일치	보너스	
8		1	40	3	11	6	35	7	33			
9		2	27	12	43	26	3	13	32			
10		3	10	25	45	26	12	2	40			
11		4	31	32	24	20	11	43	10			
12		5	15	29	10	24	34	26	19			
13												

02 일반 수식으로 당첨 번호와 몇 개 일치하는지 확인합니다.

03 [J8] 셀에 다음 수식을 입력하고 [J8] 셀의 채우기 핸들을 [J12] 셀까지 드래그합니다.

```
=COUNTIF($C$5:$H$5, C8)+COUNTIF($C$5:$H$5, D8)+
  COUNTIF($C$5:$H$5, E8)+COUNTIF($C$5:$H$5, F8)+
  COUNTIF($C$5:$H$5, G8)+COUNTIF($C$5:$H$5, H8)
```

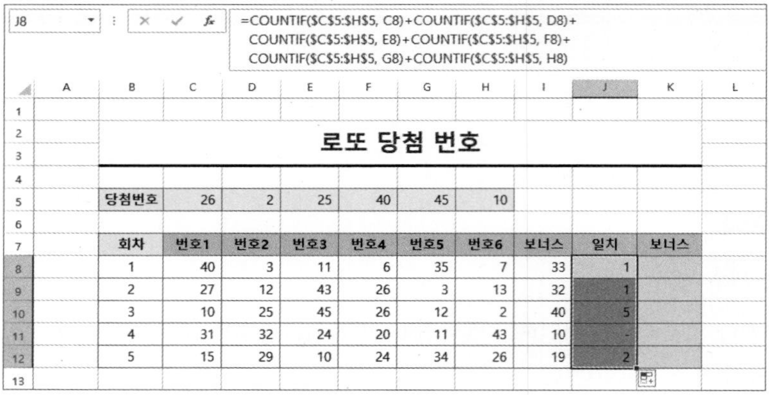

J8 =COUNTIF($C$5:$H$5, C8)+COUNTIF($C$5:$H$5, D8)+COUNTIF($C$5:$H$5, E8)+COUNTIF($C$5:$H$5, F8)+COUNTIF($C$5:$H$5, G8)+COUNTIF($C$5:$H$5, H8)

로또 당첨 번호

당첨번호	26	2	25	40	45	10			
회차	번호1	번호2	번호3	번호4	번호5	번호6	보너스	일치	보너스
1	40	3	11	6	35	7	33	1	
2	27	12	43	26	3	13	32	1	
3	10	25	45	26	12	2	40	5	
4	31	32	24	20	11	43	10	-	
5	15	29	10	24	34	26	19	2	

더 알아보기 **수식이 길어지는 이유**

COUNTIF 함수는 범위 내 조건에 맞는 셀의 개수를 세어줍니다. 하지만 한 번에 하나의 값만 셀 수 있으므로 이번과 같이 총 6개의 번호(C8:H8)를 당첨 번호(C5:H5) 범위에서 모두 세려면 COUNTIF 함수를 6번 사용해야 합니다. 그런 다음 각각의 COUNTIF 함수 결과를 모두 더하면 일치된 숫자가 총 몇 개인지 확인할 수 있습니다.

04 3회차 번호가 5개 일치했으므로 보너스 번호(I열)가 당첨 번호(C5:H5)와 일치하는지 확인합니다.

05 [K8] 셀에 다음 수식을 입력하고 [K8] 셀의 채우기 핸들을 [K12] 셀까지 드래그합니다.

[K8] 셀 : =IF(J8=5, COUNTIF($C$5:$H$5, I8), 0)

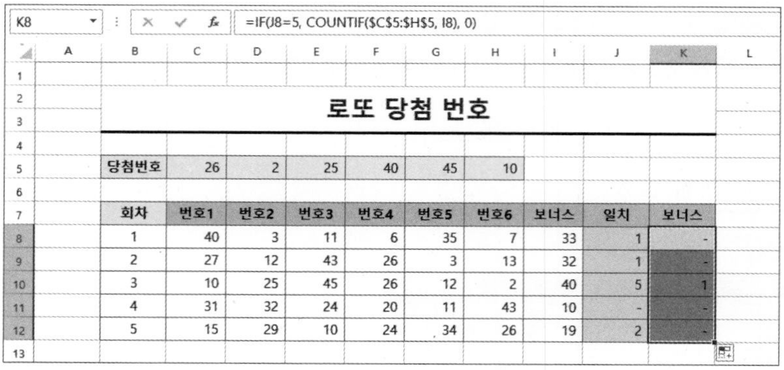

K8 =IF(J8=5, COUNTIF($C$5:$H$5, I8), 0)

로또 당첨 번호

당첨번호	26	2	25	40	45	10			
회차	번호1	번호2	번호3	번호4	번호5	번호6	보너스	일치	보너스
1	40	3	11	6	35	7	33	1	-
2	27	12	43	26	3	13	32	1	-
3	10	25	45	26	12	2	40	5	1
4	31	32	24	20	11	43	10	-	-
5	15	29	10	24	34	26	19	2	-

더 알아보기 당첨 번호와 보너스 번호

당첨 번호와 선택 번호가 5개 일치하면 보너스 번호까지 일치하는지에 따라 2등과 3등으로 구분됩니다. 그러므로 번호가 5개 일치한 경우에만 보너스 번호가 당첨 번호와 일치하는지 확인한 것입니다. J열의 값이 5이고 이번 수식의 결과가 1이 나오면 2등이고, 0이 나오면 3등입니다. 그러므로 3회차(10행)의 경우는 2등 당첨입니다.

06 배열 수식을 이용해 수식을 짧게 구성하겠습니다. [C14] 셀에 다음 수식을 작성합니다.

[C14] 셀 : =COUNTIF(C5:H5, C8:H8)

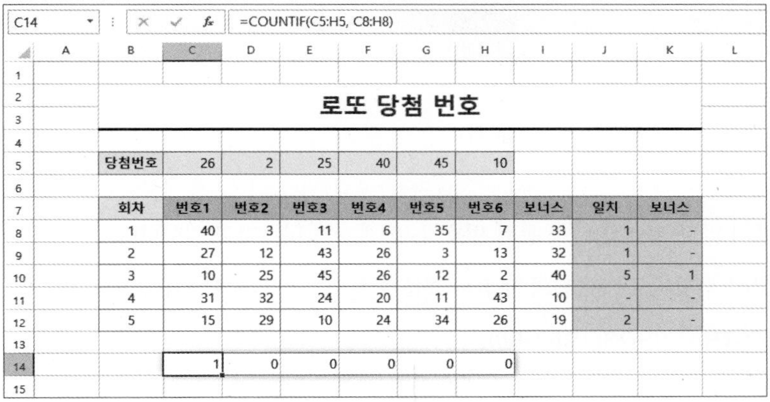
C14 =COUNTIF(C5:H5, C8:H8)

로또 당첨 번호

당첨번호	26	2	25	40	45	10			
회차	번호1	번호2	번호3	번호4	번호5	번호6	보너스	일치	보너스
1	40	3	11	6	35	7	33	1	-
2	27	12	43	26	3	13	32	1	-
3	10	25	45	26	12	2	40	5	1
4	31	32	24	20	11	43	10	-	-
5	15	29	10	24	34	26	19	2	-
	1	0	0	0	0	0			

Ver. 엑셀 2019 버전까지는 [C14:H14] 범위를 선택하고 Ctrl+Shift+Enter로 입력해야 합니다.

더 알아보기 수식 이해하기

이번에 작성한 수식 중 COUNTIF 함수의 두 번째 인수에 셀 하나가 아니라 확인할 숫자 범위 전체(C8:H8)를 전달했습니다. 따라서 [C8:H8] 범위 내 셀의 값을 하나씩 비교해 개수를 센 결과를 동일한 크기(1×6 행렬)의 배열에 저장합니다. [C14] 셀에 동적 배열로 반환된 결과는 다음과 같은 결과를 의미합니다.

셀 위치

C8	D8	E8	F8	G8	H8

1×6 배열

1	0	0	0	0	0

이렇게 함수의 인수에 범위를 전달해 배열에 중간값을 저장한다면 수식의 길이를 줄일 수 있습니다.

07 배열에 저장된 값을 모두 더해 몇 개씩 매칭되는지 다시 확인합니다.

08 [J8] 셀에 다음 수식을 입력합니다.

[J8] 셀 : =SUM(COUNTIF($C$5:$H$5,C8:H8))

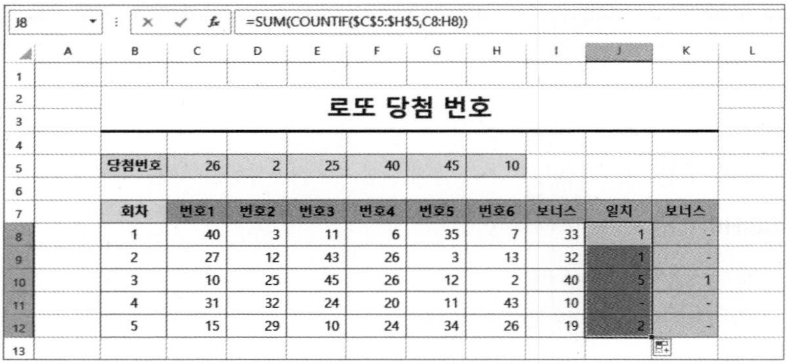

J8 | =SUM(COUNTIF($C$5:$H$5,C8:H8))

로또 당첨 번호

당첨번호	26	2	25	40	45	10

회차	번호1	번호2	번호3	번호4	번호5	번호6	보너스	일치	보너스
1	40	3	11	6	35	7	33	1	-
2	27	12	43	26	3	13	32	1	-
3	10	25	45	26	12	2	40	5	1
4	31	32	24	20	11	43	10	-	-
5	15	29	10	24	34	26	19	2	-

Ver. 엑셀 2019 버전까지는 수식을 Ctrl+Shift+Enter로 입력해야 합니다.

09 COUNTIF 함수를 사용하지 않고 행렬 연산을 통해 번호가 몇 개 매칭되는지 확인합니다.

10 [J8] 셀의 수식을 다음과 같이 수정하고 [J8] 셀의 채우기 핸들을 [J12] 셀까지 드래그합니다.

[J8] 셀 : =SUM(--($C$5:$H$5=TRANSPOSE(C8:H8)))

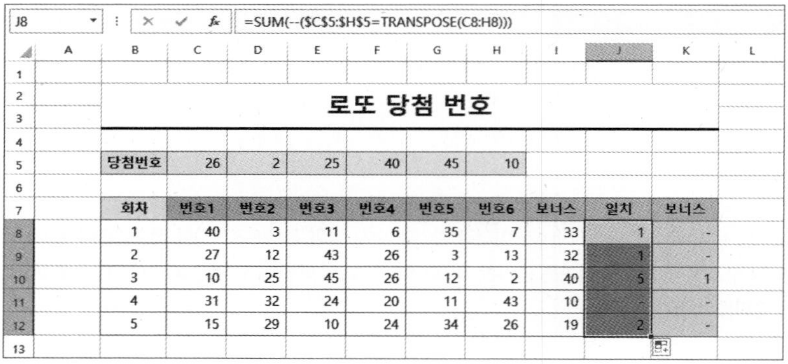

J8 | =SUM(--($C$5:$H$5=TRANSPOSE(C8:H8)))

로또 당첨 번호

당첨번호	26	2	25	40	45	10

회차	번호1	번호2	번호3	번호4	번호5	번호6	보너스	일치	보너스
1	40	3	11	6	35	7	33	1	-
2	27	12	43	26	3	13	32	1	-
3	10	25	45	26	12	2	40	5	1
4	31	32	24	20	11	43	10	-	-
5	15	29	10	24	34	26	19	2	-

Ver. 엑셀 2019 버전까지는 수식을 Ctrl+Shift+Enter로 입력해야 합니다.

더 알아보기 수식 이해하기

이번에 작성한 수식은 1차원 행렬 연산 중 방향이 서로 다른 행렬을 교차 연산하는 방법을 사용한 것입니다. 숫자가 매칭되는지 확인하려는 범위가 모두 1×6 행렬(C5:H5, C8:H8)이므로 범위 하나를 6×1로 변경한 후 연산했습니다. 이렇게 두 범위를 교차하면서 값을 매칭하면 다음과 같은 6×6 행렬(2차원 행렬)에 매칭 결과가 저장됩니다.

C5:H5

26	2	25	40	45	10

TRANSPOSE(C8:H8)

40
3
11
6
35
7

6×6 배열

FALSE	FALSE	FALSE	TRUE	FALSE	FALSE
FALSE	FALSE	FALSE	FALSE	FALSE	FALSE
FALSE	FALSE	FALSE	FALSE	FALSE	FALSE
FALSE	FALSE	FALSE	FALSE	FALSE	FALSE
FALSE	FALSE	FALSE	FALSE	FALSE	FALSE
FALSE	FALSE	FALSE	FALSE	FALSE	FALSE

비교한 결과는 배열에 TRUE, FALSE로 저장되고 TRUE는 동일한 번호가 존재한다는 것을 의미합니다.

배열에 저장된 데이터가 논릿값이므로 이를 숫자로 변환하기 위해 마이너스 연산자를 두 번 사용하면 다음과 같은 값이 배열에 저장됩니다.

6×6 배열

0	0	0	1	0	0
0	0	0	0	0	0
0	0	0	0	0	0
0	0	0	0	0	0
0	0	0	0	0	0
0	0	0	0	0	0

이 값을 모두 더하면 COUNTIF 함수를 사용하지 않아도 동일한 결과를 얻을 수 있습니다. 다만 COUNTIF 함수를 사용하는 수식이 더 효율적이니 이번 수식은 배열이 어떻게 동작하는지 이해하는 용도로만 사용하는 것이 좋습니다.

10 06 고유 개수 세기

예제 파일 PART 03 \ CHAPTER 10 \ 집계-고유 개수.xlsx

공식처럼 사용할 수 있는 수식

고유 개수 세기 – 엑셀 2019 이하 버전

COUNT 계열 함수에는 고유한 개수를 세는 함수가 제공되지 않습니다. 고유한 개수를 세야 한다면 다음 수식을 입력합니다.

```
=SUMPRODUCT(1/COUNTIF(범위, 범위))
```

- **범위** : 고유한 개수를 셀 데이터 범위

다만 위 수식은 빈 셀이 포함된 경우 #DIV/0! 에러가 발생합니다. 그러므로 빈 셀을 포함한다면 다음과 같은 수식으로 변경합니다.

```
=SUMPRODUCT((범위<>"")/COUNTIF(범위, 범위&""))
```

- **범위** : 고유한 개수를 셀 데이터 범위

만약 특정 조건을 만족하는 고유 개수를 세어야 한다면 다음과 같은 수식을 사용합니다.

```
=SUMPRODUCT(
            FREQUENCY(IF(조건 범위=조건, MATCH(범위, 범위, 0)),
                      ROW(범위)–ROW(첫 번째 셀)+1
                      )>0
            )
```

- **조건 범위** : [조건]을 확인할 데이터 범위
- **조건** : [조건 범위]에서 비교할 값
- **범위** : 고유한 개수를 셀 데이터 범위
- **첫 번째 셀** : [범위] 내 첫 번째 셀

위에서 소개한 수식 내 SUMPRODUCT 함수의 경우 SUM 함수로 대체할 수 있습니다.

Ver. SUM 함수로 대체할 경우 엑셀 2019 이하 버전에서는 Ctrl + Shift + Enter 로 수식을 입력해야 합니다.

고유 개수 세기 – 마이크로소프트 365 버전

마이크로소프트 365 버전에서는 중복 데이터에서 고유한 항목만 반환하는 UNIQUE 함수가 제공됩니다. 이 함수를 이용하면 쉽게 고유한 개수를 셀 수 있습니다. 수식은 다음과 같습니다

=COUNTA(UNIQUE(범위))

- **범위** : 고유한 개수를 셀 데이터 범위

위 수식 역시 빈 셀이 포함된 경우에는 UNIQUE 함수에서 0을 반환해 개수가 다르게 집계될 수 있습니다. 따라서 빈 셀이 포함된 경우에는 다음과 같은 수식을 사용합니다.

=SUM(--(UNIQUE(범위&"")<>""))

- **범위** : 고유한 개수를 셀 데이터 범위

만약 특정 조건에 해당하는 고유 개수를 세어야 한다면 다음과 같은 수식을 사용합니다.

=COUNTA(UNIQUE(FILTER(범위, 조건 범위=조건)))

- **조건 범위** : [조건]을 확인할 데이터 범위
- **조건** : [조건 범위]에서 비교할 값
- **범위** : 고유한 개수를 셀 데이터 범위

따라 하기

01 예제를 열고 왼쪽 표에서 고유한 지점(B열)과 지점별 판매제품수를 세어봅니다.

판 매 대 장

지점	분류	제품	수량
고잔점	복사기	컬러레이저복사기 XI-3200	3
가양점	바코드스캐너	바코드 Z-350	3
성수점	팩스	잉크젯팩시밀리 FX-1050	3
고잔점	복사용지	프리미엄복사지A4 2500매	9
용산점	바코드스캐너	바코드 BCD-100 Plus	7
서수원점	복사용지	고급복사지A4 500매	2
수서점	바코드스캐너	바코드 Z-350	7
용산점	바코드스캐너	바코드 BCD-100 Plus	8
화정점	복합기	잉크젯복합기 AP-3300	1
화정점	복합기	잉크젯복합기 AP-3200	8
동백점	복사용지	고급복사지A4 500매	7
용산점	복합기	잉크젯복합기 AP-3200	2
자양점	복합기	레이저복합기 L200	3
동백점	복사용지	고급복사지A4 500매	8
화정점	제본기	링제본기 ST-100	4
용산점	출퇴근기록기	RF OA-300	6

고 유 개 수

지점수

지점	판매제품수
고잔점	
가양점	
성수점	
용산점	
서수원점	
수서점	
화정점	
동백점	
자양점	

TIP 왼쪽 표는 엑셀 표로 등록되어 있으며, 표 이름은 [표1]입니다.

02 먼저 B열의 지점이 몇 번씩 나오는지 배열에 저장해보겠습니다.

03 [G6] 셀을 선택하고 다음 수식을 입력합니다.

[G6] 셀 : =COUNTIF(표1[지점], 표1[지점])

G6 =COUNTIF(표1[지점], 표1[지점])

판 매 대 장

지점	분류	제품	수량
고잔점	복사기	컬러레이저복사기 XI-3200	3
가양점	바코드스캐너	바코드 Z-350	3
성수점	팩스	잉크젯팩시밀리 FX-1050	3
고잔점	복사용지	프리미엄복사지A4 2500매	9
용산점	바코드스캐너	바코드 BCD-100 Plus	7
서수원점	복사용지	고급복사지A4 500매	2
수서점	바코드스캐너	바코드 Z-350	7
용산점	바코드스캐너	바코드 BCD-100 Plus	8
화정점	복합기	잉크젯복합기 AP-3300	1
화정점	복합기	잉크젯복합기 AP-3200	8
동백점	복사용지	고급복사지A4 500매	7
용산점	복합기	잉크젯복합기 AP-3200	2
자양점	복합기	레이저복합기 L200	3
동백점	복사용지	고급복사지A4 500매	8
화정점	제본기	링제본기 ST-100	4
용산점	출퇴근기록기	RF OA-300	6

고 유 개 수

지점수
2
1
1
2
4
1
1
4
3
3
2
4
1
2
3
4

지점	판매제품수
고잔점	
가양점	
성수점	
용산점	
서수원점	
수서점	
화정점	
동백점	
자양점	

Ver. 엑셀 2019 버전까지는 [G6:G21] 범위를 선택하고 Ctrl+Shift+Enter로 입력해야 합니다.

더 알아보기 고유 개수를 세는 방법

이번 수식은 COUNTIF 함수에 동일한 범위를 넣어 사용했습니다. 이렇게 하면 **표1[지점]** 범위에서 **표1[지점]** 범위 내 셀이 몇 번 존재하는지 세어 동일한 16×1 행렬 범위에 반환합니다. 배열은 [G6:G21] 범위에서 확인할 수 있습니다.

배열에 저장된 첫 번째 값인 2는 '고잔점'이 **표1[지점]** 범위 내에 두 번 존재한다는 의미입니다. '고잔점'의 경우 배열에 저장된 값으로 1을 나누면 각각 1/2, 1/2이 저장되고 이 값을 모두 합치면 1이 됩니다. 따라서 중복 데이터가 존재하는 경우에 고유 개수를 세는 방법으로 활용할 수 있습니다.

04 배열의 값을 확인했으면 [G6] 셀을 선택하고 Delete 를 눌러 지웁니다.

Ver. 엑셀 2019 버전까지는 [G6:G21] 범위를 선택하고 Delete 를 눌러야 합니다.

05 고유한 지점 수를 세기 위해 [G6] 셀에 다음 수식을 입력합니다.

[G6] 셀 : =SUM(1/COUNTIF(표1[지점], 표1[지점]))

G6 =SUM(1/COUNTIF(표1[지점], 표1[지점]))

판 매 대 장

지점	분류	제품	수량
고잔점	복사기	컬러레이저복사기 XI-3200	3
가양점	바코드스캐너	바코드 Z-350	3
성수점	팩스	잉크젯팩시밀리 FX-1050	3
고잔점	복사용지	프리미엄복사지A4 2500매	9
용산점	바코드스캐너	바코드 BCD-100 Plus	7
서수원점	복사용지	고급복사지A4 500매	2
수서점	바코드스캐너	바코드 Z-350	7
용산점	바코드스캐너	바코드 BCD-100 Plus	8
화정점	복합기	잉크젯복합기 AP-3300	1
화정점	복합기	잉크젯복합기 AP-3200	8
동백점	복사용지	고급복사지A4 500매	7
용산점	복합기	잉크젯복합기 AP-3200	2
자양점	복합기	레이저복합기 L200	3
동백점	복사용지	고급복사지A4 500매	8
화정점	제본기	링제본기 ST-100	4
용산점	출퇴근기록기	RF OA-300	6

고 유 개 수

지점수
9

지점	판매제품수
고잔점	
가양점	
성수점	
용산점	
서수원점	
수서점	
화정점	
동백점	
자양점	

Ver. 엑셀 2019 버전까지는 이 수식을 Ctrl + Shift + Enter 로 입력해야 합니다.

더 알아보기 수식 이해하기

이번 수식은 **03** 과정에서 확인한 배열 내 각 숫자를 1/N한 후 모두 더한 결과를 반환합니다.

COUNTIF()	1/①	SUM(②)
2	1/2	9
1	1/1	
1	1/1	
2	1/2	
…	…	
4	1/4	
①	②	

중복 데이터가 존재할 때 고유한 개수를 셀 수 있는 가장 쉬운 방법입니다. 마이크로소프트 365 버전에서는 UNIQUE 함수를 제공하므로 이번 작업의 수식을 다음과 같이 변경할 수 있습니다.

```
=COUNTA(UNIQUE(표1[지점]))
```

06 고유 개수를 세는 수식의 단점은 빈 셀이 포함될 경우엔 계산되지 않는다는 것입니다.

07 [B10] 셀을 선택하고 Delete를 눌러 빈 셀이 하나 포함되도록 변경합니다.

	A	B	C	D	E	F	G	H	I	J	K
1											
2		판 매 대 장					고 유 개 수				
3											
5		지점	분류	제품	수량		지점수		지점	판매제품수	
6		고잔점	복사기	컬러레이저복사기 XI-3200	3		#DIV/0!		고잔점		
7		가양점	바코드스캐너	바코드 Z-350	3				가양점		
8		성수점	팩스	잉크젯팩시밀리 FX-1050	3				성수점		
9		고잔점	복사용지	프리미엄복사지A4 2500매	9				용산점		
10			바코드스캐너	바코드 BCD-100 Plus	7				서수원점		
11		서수원점	복사용지	고급복사지A4 500매	2				수서점		
12		수서점	바코드스캐너	바코드 Z-350	7				화정점		
13		용산점	바코드스캐너	바코드 BCD-100 Plus	8				동백점		
14		화정점	복합기	잉크젯복합기 AP-3300	1				자양점		
15		화정점	복합기	잉크젯복합기 AP-3200	8						
16		동백점	복사용지	고급복사지A4 500매	7						
17		용산점	복합기	잉크젯복합기 AP-3200	2						
18		자양점	복합기	레이저복합기 L200	3						
19		동백점	복사용지	고급복사지A4 500매	8						
20		화정점	제본기	링제본기 ST-100	4						
21		용산점	출퇴근기록기	RF OA-300	6						

더 알아보기 #DIV/0! 에러가 발생한 이유

고유 개수를 셀 범위 내 빈 셀이 포함되면 COUNTIF 함수는 0을 반환하게 됩니다. 그러면 1/N을 하는 과정에 1/0 부분이 추가되어 [G6] 셀처럼 #DIV/0! 에러가 반환됩니다.

COUNTIF()		1/①			SUM(②)
2	→	1/2	=	0.5	#DIV/0!
1		1/1		1	
1		1/1		1	
2		1/2		0.5	
0		1/0		#DIV/0!	
…		…		…	
3		1/3		0.3333	
①		②			

이것은 COUNTIF 함수에서 빈 셀이 조건일 때 0을 반환하기 때문입니다. 마이크로소프트 365 버전의 UNIQUE 함수를 사용하는 경우에는 에러가 발생하진 않지만, 지점수가 9에서 10으로 늘어납니다.

```
=COUNTA(UNIQUE(표1[지점]))
```

위 수식처럼 UNIQUE 함수를 사용했을 때도 [B10] 셀의 경우는 0이 반환되는데 COUNTA 함수가 이를 하나의 값으로 인식해 개수에 포함하기 때문입니다. 이와 같은 문제는 빈 셀을 찾을 수 있도록 수정하면 해결할 수 있습니다.

08 빈 셀이 포함된 경우를 해결할 수 있도록 [G6] 셀의 수식을 다음과 같이 수정합니다.

[G6] 셀 : =SUM((표1[지점]〈〉“”)/COUNTIF(표1[지점], 표1[지점]&“”))

G6 | =SUM((표1[지점]<>"")/COUNTIF(표1[지점], 표1[지점]&""))

판 매 대 장

지점	분류	제품	수량
고잔점	복사기	컬러레이저복사기 XI-3200	3
가양점	바코드스캐너	바코드 Z-350	3
성수점	팩스	잉크젯팩시밀리 FX-1050	3
고잔점	복사용지	프리미엄복사지A4 2500매	9
	바코드스캐너	바코드 BCD-100 Plus	7
서수원점	복사용지	고급복사지A4 500매	2
수서점	바코드스캐너	바코드 Z-350	7
용산점	바코드스캐너	바코드 BCD-100 Plus	8
화정점	복합기	잉크젯복합기 AP-3300	1
화정점	복합기	잉크젯복합기 AP-3200	8
동백점	복사용지	고급복사지A4 500매	7
용산점	복합기	잉크젯복합기 AP-3200	2
자양점	복합기	레이저복합기 L200	3
동백점	복사용지	고급복사지A4 500매	8
화정점	제본기	링제본기 ST-100	4
용산점	출퇴근기록기	RF OA-300	6

고 유 개 수

지점수
9

지점	판매제품수
고잔점	
가양점	
성수점	
용산점	
서수원점	
수서점	
화정점	
동백점	
자양점	

Ver. 엑셀 2019 버전까지는 이 수식을 Ctrl+Shift+Enter로 입력해야 합니다.

더 알아보기 수식 이해하기

이번 수식은 분자와 분모 부분이 모두 수정됐습니다. 다음 다이어그램을 참고합니다.

COUNTIF()		표1[지점]〈〉“”/①			SUM(②)
2		TRUE/2		0.5	
1		TRUE/1		1	
1	→	TRUE/1	=	1	
2		TRUE/2		0.5	9
1		FALSE/1		0	
…		…		…	
3		TRUE/3		0.3333	
①		②			

이번 수식을 이해하려면 COUNTIF 함수의 두 번째 인수에서 빈 문자를 연결하는 부분(&“”)이 왜 필요한지 이해해야 합니다. 이 부분을 넣어야 COUNTIF 함수에서 0이 아니라 빈 문자(“”)의 개수를 셉니다. 즉, 빈 셀에서는 0대신 1이 반환됩니다. 빈 셀은 개수를 셀 필요가 없으므로 1/N 연산 대신 **표1[지점]〈〉“”**을 나누는 작업을 합니다.

표1[지점]〈〉“”은 지점 열에 데이터가 입력됐는지 여부를 TRUE, FALSE로 반환합니다. 빈 셀의 경우는 0/N과 같은 계산식이 만들어져 배열 내 결과가 0이 됩니다. 이렇게 하면 빈 셀이 포함된 경우에도 빈 셀을 제외한 고유 개수를 셀 수 있습니다.

마이크로소프트 365 버전이라면 다음과 같은 수식을 입력합니다.

```
=SUM(--(UNIQUE(표1[지점]&"")<>""))
```

마이크로소프트 365 버전 사용자라면 위의 수식을 반드시 입력해보세요!

09 지점별로 판매한 제품의 고유 개수를 세어보겠습니다.

10 먼저 고잔점의 판매제품수를 배열에 저장하도록 [J6] 셀에 다음 수식을 입력합니다.

[J6] 셀 : =COUNTIFS(표1[지점], I6, 표1[제품], 표1[제품])

J6 =COUNTIFS(표1[지점], I6, 표1[제품], 표1[제품])

판 매 대 장 / 고 유 개 수

행	지점	분류	제품	수량	지점수	지점	판매제품수
6	고잔점	복사기	컬러레이저복사기 XI-3200	3	9	고잔점	1
7	가양점	바코드스캐너	바코드 Z-350	3		가양점	0
8	성수점	팩스	잉크젯팩시밀리 FX-1050	3		성수점	0
9	고잔점	복사용지	프리미엄복사지A4 2500매	9		용산점	1
10	용산점	바코드스캐너	바코드 BCD-100 Plus	7		서수원점	0
11	서수원점	복사용지	고급복사지A4 500매	2		수서점	0
12	수서점	바코드스캐너	바코드 Z-350	7		화정점	0
13	용산점	바코드스캐너	바코드 BCD-100 Plus	8		동백점	0
14	화정점	복합기	잉크젯복합기 AP-3300	1		자양점	0
15	화정점	복합기	잉크젯복합기 AP-3200	8			0
16	동백점	복사용지	고급복사지A4 500매	7			0
17	용산점	복합기	잉크젯복합기 AP-3200	2			0
18	자양점	복합기	레이저복합기 L200	3			0

Ver. 엑셀 2019 버전까지는 [J6:J21] 범위를 선택하고 Ctrl+Shift+Enter로 입력해야 합니다.

더 알아보기 **수식 이해하기**

이번 수식에서 COUNTIFS 함수는 여러 조건을 만족하는 고유 개수를 세기 위해 사용됐습니다. 첫 번째와 두 번째 인수로 [지점] 열에서 [I6] 셀의 지점(고잔점)과 동일한 데이터를 찾고 세 번째, 네 번째 인수에 찾은 범위를 전달해 해당 지점(고잔점)의 판매제품수를 셀 수 있도록 한 것입니다. J열에 반환된 결과를 확인해보면 1의 위치는 왼쪽 표의 '고잔점'과 동일한 행에 나타나고 제품명 역시 다르므로 결과가 올바른 것을 확인할 있습니다.

11 동일한 제품이 포함된 지점도 확인해보기 위해 고잔점을 가양점으로 변경합니다.

12 [J6] 셀의 수식을 다음과 같이 수정합니다.

[J6] 셀 : =COUNTIFS(표1[지점], I7, 표1[제품], 표1[제품])

J6 =COUNTIFS(표1[지점], I7, 표1[제품], 표1[제품])

판 매 대 장 / 고 유 개 수

행	지점	분류	제품	수량	지점수	지점	판매제품수
6	고잔점	복사기	컬러레이저복사기 XI-3200	3	9	고잔점	0
7	가양점	바코드스캐너	바코드 Z-350	3		가양점	1
8	성수점	팩스	잉크젯팩시밀리 FX-1050	3		성수점	0
9	고잔점	복사용지	프리미엄복사지A4 2500매	9		용산점	0
10	용산점	바코드스캐너	바코드 BCD-100 Plus	7		서수원점	0
11	서수원점	복사용지	고급복사지A4 500매	2		수서점	0
12	수서점	바코드스캐너	바코드 Z-350	7		화정점	1
13	용산점	바코드스캐너	바코드 BCD-100 Plus	8		동백점	0
14	화정점	복합기	잉크젯복합기 AP-3300	1		자양점	0
15	화정점	복합기	잉크젯복합기 AP-3200	8			0
16	동백점	복사용지	고급복사지A4 500매	7			0
17	용산점	복합기	잉크젯복합기 AP-3200	2			0

Ver. 엑셀 2019 버전까지는 [J6:J21] 범위를 선택하고 Ctrl+Shift+Enter로 입력해야 합니다.

더 알아보기 틀린 결과를 반환한 이유

이번 수식은 **10** 과정과 동일하지만 COUNTIFS 함수의 두 번째 인수가 [I7] 셀(가양점)로 변경되었습니다. 그런데 결과가 조금 이상합니다. 수식에서 반환된 1의 위치를 살펴보면 7행과 12행입니다. 7행은 가양점 판매 데이터가 맞지만 12행은 수서점판매 데이터입니다.

10 과정과 다르게 여러 지점 데이터에서 1이 나온 이유는 7행과 12행 모두 제품이 '바코드 Z-350'이기 때문입니다. 즉, 지점과 무관하게 동일한 제품인 경우에 각각 1이 반환된 것입니다.

지점이 같았다면 2가 나오는 것이 맞지만, 지점이 다르므로 각각 제품이 하나씩 존재한다는 결과로 이해합니다. 이와 같이 추가 조건이 존재하는 경우에는 COUNTIFS 함수를 사용해 고유한 개수를 세는 것이 쉽지 않습니다.

13 마이크로소프트 365 버전에서 새롭게 추가된 FILTER 함수를 사용해 조건에 맞는 데이터만 추출합니다.

14 [J6] 셀에 다음 수식을 입력합니다.

[J6] 셀 : =FILTER(표1[제품], 표1[지점]=I6)

지점	분류	제품	수량
고잔점	복사기	컬러레이저복사기 XI-3200	3
가양점	바코드스캐너	바코드 Z-350	3
성수점	팩스	잉크젯팩시밀리 FX-1050	3
고잔점	복사용지	프리미엄복사지A4 2500매	9
용산점	바코드스캐너	바코드 BCD-100 Plus	7
서수원점	복사용지	고급복사지A4 500매	2
수서점	바코드스캐너	바코드 Z-350	7
용산점	바코드스캐너	바코드 BCD-100 Plus	8
화정점	복합기	잉크젯복합기 AP-3300	1
화정점	복합기	잉크젯복합기 AP-3200	8
동백점	복사용지	고급복사지A4 500매	7
용산점	복합기	잉크젯복합기 AP-3200	2
자양점	복합기	레이저복합기 L200	3
동백점	복사용지	고급복사지A4 500매	8
화정점	제본기	링제본기 ST-100	4
용산점	출퇴근기록기	RF OA-300	6

지점수
9

지점	판매제품수
고잔점	컬러레이저복사기 XI-3200
가양점	프리미엄복사지A4 2500매
성수점	
용산점	
서수원점	
수서점	
화정점	
동백점	
자양점	

Ver. 이번 수식은 마이크로소프트 365 버전 전용 수식입니다.

15 바로 UNIQUE 함수를 중첩해 고유 제품을 확인하고 COUNTA 함수로 개수를 파악합니다.

16 [J6] 셀의 수식을 다음과 같이 수정하고 [J6] 셀의 채우기 핸들을 [J14] 셀까지 드래그합니다.

[J6] 셀 : =COUNTA(UNIQUE(FILTER(표1[제품], 표1[지점]=I6)))

J6 =COUNTA(UNIQUE(FILTER(표1[제품], 표1[지점]=I6)))

판 매 대 장

지점	분류	제품	수량
고잔점	복사기	컬러레이저복사기 XI-3200	3
가양점	바코드스캐너	바코드 Z-350	3
성수점	팩스	잉크젯팩시밀리 FX-1050	3
고잔점	복사용지	프리미엄복사지A4 2500매	9
용산점	바코드스캐너	바코드 BCD-100 Plus	7
서수원점	복사용지	고급복사지A4 500매	2
수서점	바코드스캐너	바코드 Z-350	7
용산점	바코드스캐너	바코드 BCD-100 Plus	8
화정점	복합기	잉크젯복합기 AP-3300	1
화정점	복합기	잉크젯복합기 AP-3200	8
동백점	복사용지	고급복사지A4 500매	7
용산점	복합기	잉크젯복합기 AP-3200	2
자양점	복합기	레이저복합기 L200	3
동백점	복사용지	고급복사지A4 500매	8
화정점	제본기	링제본기 ST-100	4
용산점	출퇴근기록기	RF OA-300	6

고 유 개 수

지점수
9

지점	판매제품수
고잔점	2
가양점	1
성수점	1
용산점	3
서수원점	1
수서점	1
화정점	3
동백점	1
자양점	1

Ver. 이번 수식은 마이크로소프트 365 버전 전용 수식으로, 엑셀 2019 버전까지는 아래 [더 알아보기] 내 수식을 사용하세요!

더 알아보기 추가 조건이 존재할 때 고유 개수 세기

이번 수식은 FILTER 함수로 조건을 만족하는 지점의 제품을 추출하고 UNIQUE 함수로 고유 제품만 남긴 후 COUNTA 함수로 개수를 센 것입니다. 각 지점별 고유 판매제품수를 간단하게 구할 수 있습니다. 다만 이번 수식은 마이크로소프트 365 버전 전용이므로, 엑셀 2019 이하 버전에서는 사용할 수가 없습니다.

엑셀 2019 이하 버전이라면 다음 수식을 Ctrl+Shift+Enter로 입력해 사용하세요!

```
=SUM(--(FREQUENCY(IF(표1[지점]=I6, MATCH(표1[제품], 표1[제품], 0)), ROW(표1[제품])-ROW(D6)+1)>0))
```

이번 수식에 대한 설명은 **Section 10-07**을 참고하고, 자세한 계산 과정은 [수식 계산]을 이용해 수식의 계산 과정을 살펴보는 것을 권합니다.

배열 수식 활용

10 07 동일한 값이 최대 몇 번 연속되는지 세어 표시하기

예제 파일 PART 03 \ CHAPTER 10 \ 집계-연속.xlsx

공식처럼 사용할 수 있는 수식

연속된 횟수 세기

특정 범위에 입력된 데이터 중 동일한 데이터가 몇 번 연속해서 나왔는지, 그중에서도 가장 많이 연속된 횟수가 몇 번인지 확인해야 할 경우가 있습니다. 이런 경우에는 다음과 같은 배열 수식을 사용합니다.

```
=MAX(
        FREQUENCY(IF(범위=연속값, ROW(범위)),
                  IF(범위<>연속값, ROW(범위)))
    )
```

- **범위** : 집계할 데이터가 입력된 범위로, 범위 내 데이터가 행 방향으로 입력되어 있다면 ROW 함수를 사용하고, 열 방향으로 입력되어 있다면 COLUMN 함수를 사용합니다.
- **연속값** : 범위 내에서 연속되는지 확인할 값

Ver. 위 수식은 엑셀 2019 버전까지는 Ctrl+Shift+Enter로 입력해야 하며, 마이크로소프트 365 버전에서는 Enter로 수식을 입력할 수 있습니다.

따라 하기

01 예제를 열고, [R7] 셀을 선택하면 다음 수식을 확인할 수 있습니다.

[R7] 셀 : =COUNTIF(C7:Q7, "지")

R7 | =COUNTIF(C7:Q7,"지")

근 태 관 리

직원	1	2	3	4	5	6	7	8	9	10	11	12	13	14	15	지각	연속
박지훈				지				지	지							3	
유준혁																0	
이서연										지	지		지	지		4	
김민준																0	
최서현		지		지		지	지	지	지							6	
박현우																0	
정시우							지									1	
이은서														지	지	2	
오서윤							지									1	

TIP R열에 집계된 숫자는 전체 기간 중 지각한 횟수를 반환합니다.

02 연속된 횟수를 세려면 먼저 지각한 날짜의 열 번호를 확인할 필요가 있습니다.

03 [C17] 셀에 다음 수식을 입력합니다.

[C17] 셀 : =IF(C7:Q7="지", COLUMN(C7:Q7))

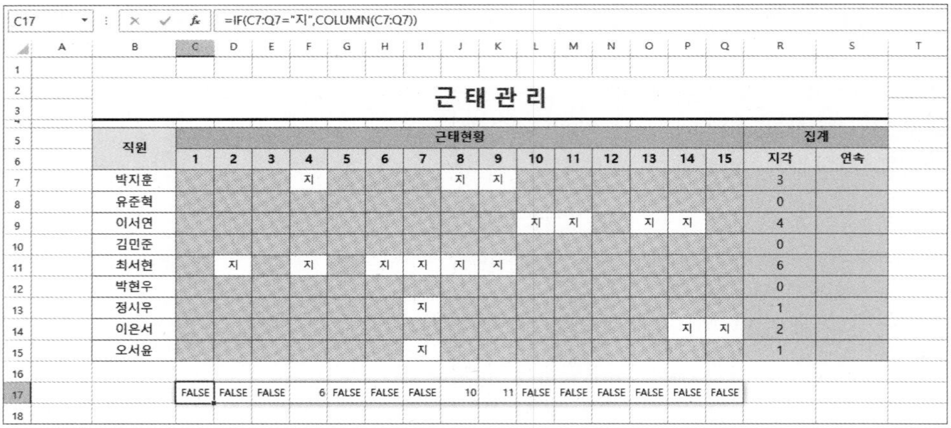

C17 | =IF(C7:Q7="지",COLUMN(C7:Q7))

근 태 관 리

직원	1	2	3	4	5	6	7	8	9	10	11	12	13	14	15	지각	연속
박지훈				지				지	지							3	
유준혁																0	
이서연										지	지		지	지		4	
김민준																0	
최서현		지		지		지	지	지	지							6	
박현우																0	
정시우							지									1	
이은서														지	지	2	
오서윤							지									1	
(17행)	FALSE	FALSE	FALSE	6	FALSE	FALSE	FALSE	10	11	FALSE	FALSE	FALSE	FALSE	FALSE	FALSE		

Ver. 엑셀 2019 버전까지는 [C17:Q17] 범위를 선택하고 Ctrl+Shift+Enter로 입력합니다.

더 알아보기 | 수식 이해하기

이번 수식은 [C7:Q7] 범위 내 '지'가 입력된 위치를 숫자로 변환합니다. 직원별 근태 데이터가 행 방향으로 입력되어 있으므로 열 번호를 반환하도록 합니다. 화면과 같이 지각한 날의 열 번호만 숫자가 반환되고 나머지는 모두 FALSE가 반환됩니다.

04 지각하지 않은 날짜의 열 번호도 반환되도록 [C18] 셀에 다음 수식을 입력합니다.

[C18] 셀 : =IF(C7:Q7〈〉"지", COLUMN(C7:Q7))

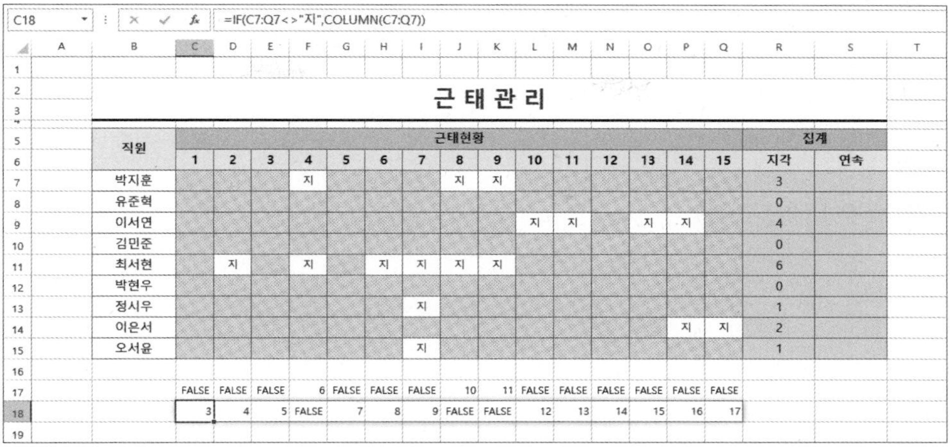
C18 =IF(C7:Q7<>"지",COLUMN(C7:Q7))

근 태 관 리

	B	C	D	E	F	G	H	I	J	K	L	M	N	O	P	Q	R	S
5	직원	근태현황															집계	
6		1	2	3	4	5	6	7	8	9	10	11	12	13	14	15	지각	연속
7	박지훈				지				지	지							3	
8	유준혁																0	
9	이서연										지	지		지	지		4	
10	김민준																0	
11	최서현		지		지		지	지	지	지							6	
12	박현우																0	
13	정시우							지									1	
14	이은서														지	지	2	
15	오서윤							지									1	
17		FALSE	FALSE	FALSE	6	FALSE	FALSE	FALSE	10	11	FALSE	FALSE	FALSE	FALSE	FALSE	FALSE		
18		3	4	5	FALSE	7	8	9	FALSE	FALSE	12	13	14	15	16	17		

TIP 엑셀 2019 버전까지는 [C18:Q18] 범위를 선택하고 [Ctrl]+[Shift]+[Enter]로 입력합니다.

> **더 알아보기** 수식 이해하기
>
> 이번 수식은 **03** 과정과 반대로 지각하지 않은 날의 열 번호만 숫자로 반환하고 나머지는 모두 FALSE가 반환됩니다.

05 FREQUENCY 함수를 사용해 지각한 날의 열 번호를 지각하지 않은 날의 열 번호로 셉니다.

06 [S7] 셀에 다음 수식을 입력합니다.

[S7] 셀 : =FREQUENCY(IF(C7:Q7="지", COLUMN(C7:Q7)), IF(C7:Q7〈〉"지", COLUMN(C7:Q7)))

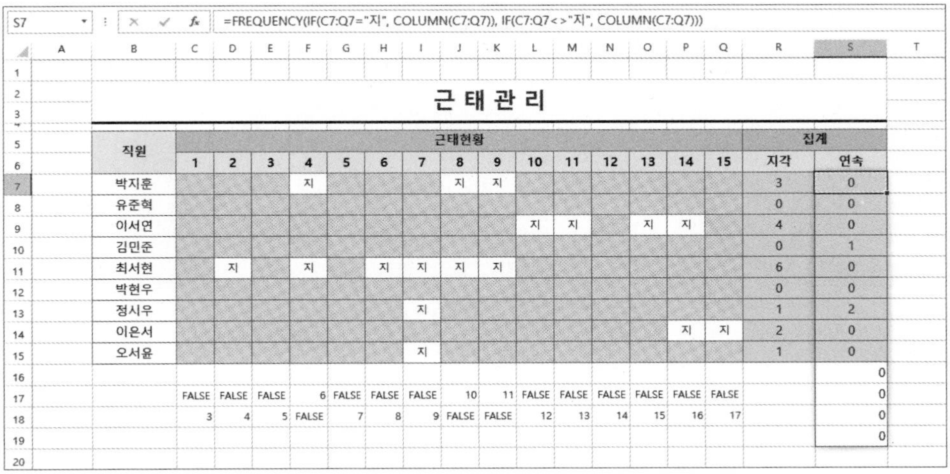
S7 =FREQUENCY(IF(C7:Q7="지", COLUMN(C7:Q7)), IF(C7:Q7<>"지", COLUMN(C7:Q7)))

근 태 관 리

	B	C	D	E	F	G	H	I	J	K	L	M	N	O	P	Q	R	S
5	직원	근태현황															집계	
6		1	2	3	4	5	6	7	8	9	10	11	12	13	14	15	지각	연속
7	박지훈				지				지	지							3	0
8	유준혁																0	0
9	이서연										지	지		지	지		4	0
10	김민준																0	1
11	최서현		지		지		지	지	지	지							6	0
12	박현우																0	0
13	정시우							지									1	2
14	이은서														지	지	2	0
15	오서윤							지									1	0
16																		0
17		FALSE	FALSE	FALSE	6	FALSE	FALSE	FALSE	10	11	FALSE	FALSE	FALSE	FALSE	FALSE	FALSE		0
18		3	4	5	FALSE	7	8	9	FALSE	FALSE	12	13	14	15	16	17		0
19																		0

Ver. 엑셀 2019 버전까지는 [S7:S19] 범위를 선택하고 [Ctrl]+[Shift]+[Enter]로 입력합니다.

더 알아보기 FREQUENCY 함수로 연속된 횟수 구하기

이번 수식을 이해하기 위해서는 FREQUENCY 함수가 어떻게 동작하는지 먼저 이해해야 합니다. FREQUENCY 함수는 첫 번째 데이터 범위에서 두 번째 구간에 해당하는 셀의 개수를 세어 반환합니다. 두 번째 구간의 [C18:Q18] 범위에서 확인할 수 있듯이 FALSE를 제외한 숫자가 12개이므로, 총 13×1 배열로 결과를 반환합니다. 다음 다이어그램을 참고합니다.

① IF(C7:Q7="지", COLUMN(C7:Q7))

FALSE	FALSE	FALSE	6	FALSE	FALSE	FALSE	10	11	FALSE	…	FALSE	FALSE

② IF(C7:Q7〈〉"지", COLUMN(C7:Q7))

3	4	5	FALSE	7	8	9	FALSE	FALSE	12	…	16	17

FREQUENCY(①, ②)

0	0	0	1	0	0	2	…	0	0

위의 그림을 보면 중간 3, 4, 5의 경우는 상단의 값이 모두 FALSE이므로 0이 반환됩니다. FALSE는 무시되며, 7의 경우는 같은 위치 하단에 숫자가 하나 있으므로 1이 반환됩니다. 8, 9도 0이 반환되며, FALSE 두 개는 무시됩니다. 12는 같은 위치 하단에 세지 않은 두 개의 숫자가 있으므로 2가 반환됩니다.

이렇게 FREQUENCY 함수의 동작을 통해 연속된 숫자의 개수를 셀 수 있습니다.

07 배열에 저장된 값 중 가장 큰 값이 연속으로 지각한 횟수 중에서 가장 많은 연속 횟수를 갖습니다.

08 [S7] 셀의 수식을 다음과 같이 수정하고 [S7] 셀의 채우기 핸들을 [S15] 셀까지 드래그합니다.

[S7] 셀 : =MAX(FREQUENCY(IF(C7:Q7="지", COLUMN(C7:Q7)), IF(C7:Q7〈〉"지", COLUMN(C7:Q7))))

S7 =MAX(FREQUENCY(IF(C7:Q7="지", COLUMN(C7:Q7)), IF(C7:Q7<>"지", COLUMN(C7:Q7))))

근 태 관 리

직원	1	2	3	4	5	6	7	8	9	10	11	12	13	14	15	지각	연속
박지훈				지				지	지							3	2
유준혁																0	0
이서연										지	지		지	지		4	2
김민준																0	0
최서현		지		지		지	지	지	지							6	4
박현우																0	0
정시우							지									1	1
이은서														지	지	2	2
오서윤							지									1	1

Ver. 엑셀 2019 버전까지는 이번 수식을 Ctrl+Shift+Enter로 입력합니다.

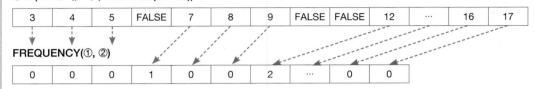

배열 수식 활용

10 08 SUMIF 함수에서 3차원 참조 사용하기

예제 파일 PART 03 \ CHAPTER 10 \ 집계–3차원 참조.xlsx

공식처럼 사용할 수 있는 수식

SUMIF 함수에 3차원 참조 사용하기

엑셀은 여러 시트에 있는 동일한 위치의 셀을 참조할 수 있으며, 이 방식을 3차원 참조라고 합니다. 다만 3차원 참조를 이용할 수 있는 함수는 제한적입니다. 예를 들어 SUM 함수는 3차원 참조를 지원하지만 SUMIF 함수와 같이 조건을 지정할 수 있는 함수는 3차원 참조를 사용할 수 없습니다. SUMIF 함수에서 3차원 참조를 사용하려면 다음과 같은 배열 수식을 이용해야 합니다.

```
=SUM(
        SUMIF(
                INDIRECT("'" & 시트 범위 & "'!범위"),
                조건,
                INDIRECT("'" & 시트 범위 & "'!합계 범위")
              )
     )
```

- **시트 범위** : 참조할 시트의 이름이 입력된 데이터 범위
- **범위** : SUMIF 함수의 조건을 판정할 데이터 범위로, 범위 주소를 큰따옴표 안에 입력합니다.
- **조건** : [범위] 내에서 비교할 조건
- **합계 범위** : SUMIF 함수로 집계할 데이터 범위로, 범위 주소를 큰따옴표안에 입력합니다.

Ver. 위 수식은 엑셀 2019 버전까지는 Ctrl+Shift+Enter로 입력해야 하며, 마이크로소프트 365 버전에서는 Enter로 수식을 입력할 수 있습니다.

COUNTIF 함수에 3차원 참조 사용하기

COUNTIF 함수에서 3차원 참조를 사용하려면 다음과 같은 배열 수식을 이용해야 합니다.

```
=SUM(
        COUNTIF(
                INDIRECT("'" & 시트 범위 & "'범위"),
                조건
               )
        )
```

- **시트 범위** : 참조할 시트의 이름이 입력된 데이터 범위
- **범위** : COUNTIF 함수의 조건을 판정할 데이터 범위로, 범위 주소를 큰따옴표 안에 입력합니다.
- **조건** : [범위] 내에서 비교할 조건

Ver. 위에서 소개한 수식은 엑셀 2019 이하 버전에서는 Ctrl + Shift + Enter 로 수식을 입력해야 하며, 마이크로소프트 365 버전에서는 Enter 로 수식을 입력합니다.

따라 하기

01 예제를 열고, [sample] 시트에서 각 영업사원별 매출을 집계합니다.

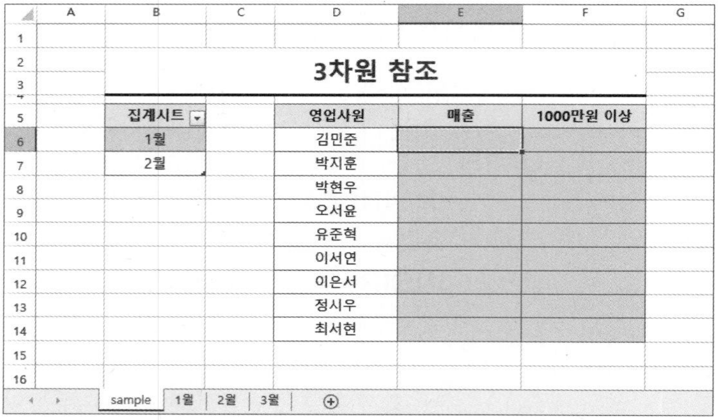

3차원 참조

집계시트		영업사원	매출	1000만원 이상
1월		김민준		
2월		박지훈		
		박현우		
		오서윤		
		유준혁		
		이서연		
		이은서		
		정시우		
		최서현		

TIP 집계할 원본은 [1월], [2월], [3월] 시트에 분산되어 있고, 집계할 시트는 B열에 엑셀 표로 등록되어 있습니다.

02 예제를 열고, [sample] 시트에서 각 영업사원별 매출을 집계합니다.

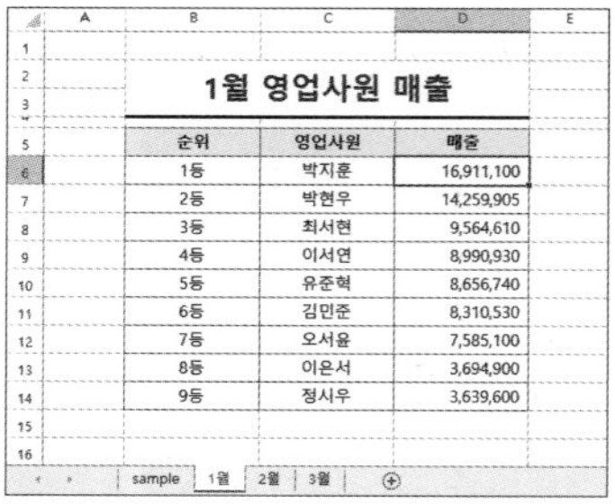

1월 영업사원 매출

순위	영업사원	매출
1등	박지훈	16,911,100
2등	박현우	14,259,905
3등	최서현	9,564,610
4등	이서연	8,990,930
5등	유준혁	8,656,740
6등	김민준	8,310,530
7등	오서윤	7,585,100
8등	이은서	3,694,900
9등	정시우	3,639,600

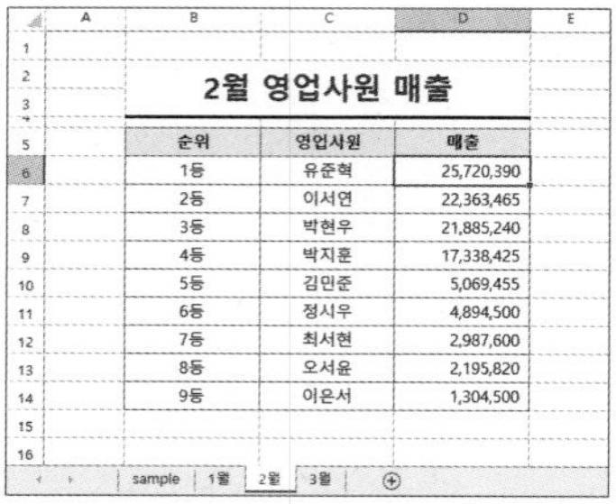

2월 영업사원 매출

순위	영업사원	매출
1등	유준혁	25,720,390
2등	이서연	22,363,465
3등	박현우	21,885,240
4등	박지훈	17,338,425
5등	김민준	5,069,455
6등	정시우	4,894,500
7등	최서현	2,987,600
8등	오서윤	2,195,820
9등	이은서	1,304,500

3월 영업사원 매출

순위	영업사원	매출
1등	김민준	27,518,180
2등	박지훈	24,395,115
3등	최서현	15,189,705
4등	이서연	14,485,465
5등	정시우	9,693,815
6등	박현우	7,689,050
7등	오서윤	6,642,625
8등	유준혁	6,371,210
9등	이은서	4,346,920

TIP 월별 시트의 표는 모두 매출순으로 정리되어 있어 참조할 영업사원의 위치가 유동적입니다.

03 3차원 참조를 이용하려면 모든 시트에서 셀 위치가 동일해야 합니다.

04 3차원 참조를 이용하기 위해 [E6] 셀에 다음 수식을 입력합니다.

[E6] 셀 : =SUM('1월:3월'!D6)

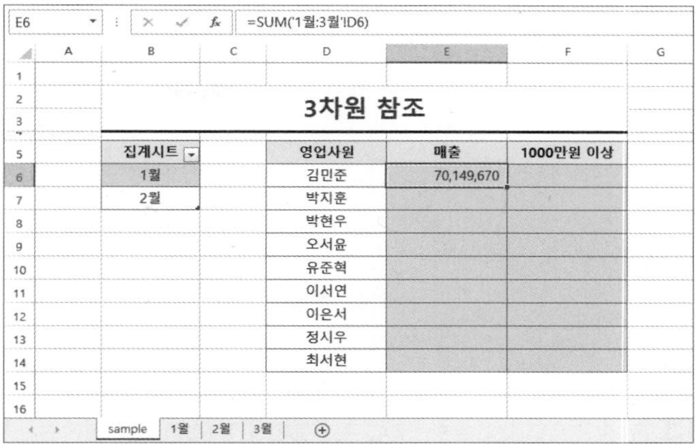

더 알아보기 **수식 이해하기**

연속된 여러 시트 내 동일한 셀(또는 범위)을 참조하는 방법을 3차원 참조라고 합니다. 이번 수식은 1월부터 3월까지의 시트 내 [D6] 셀을 모두 더합니다. 다만 3차원 참조는 SUM, COUNT, COUNTA, AVERAGE 함수와 같이 조건을 설정하지 않는 함수에서만 사용할 수 있습니다.

05 영업사원 데이터는 시트별로 위치가 다르므로 SUMIF 함수를 사용하도록 수식을 수정합니다.

06 [E6] 셀의 수식을 다음과 같이 수정하면 #VALUE! 에러가 반환됩니다.

[E6] 셀 : =SUMIF('1월:3월'!C6:C14, D6, '1월:3월'!D6:D14)

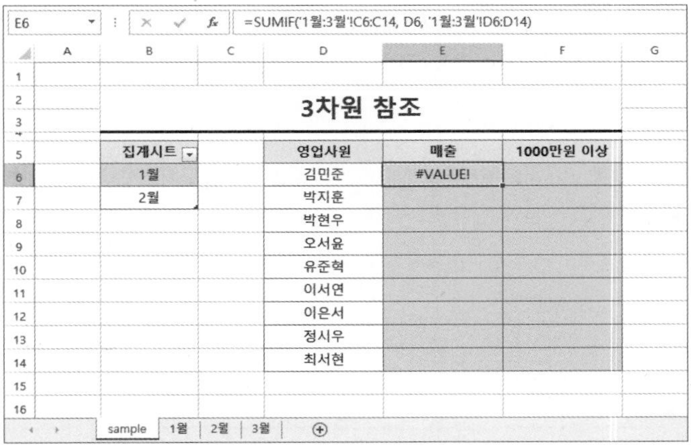

TIP SUMIF 함수와 같이 조건을 사용자가 설정하는 함수는 3차원 참조를 직접 사용할 수는 없습니다.

07 SUMIF 함수에서 3차원 참조를 이용하려면 시트명을 INDIRECT 함수로 참조해야 합니다.

08 [E6] 셀의 수식을 다음과 같이 수정합니다.

```
=SUMIF(INDIRECT("'" & 표1[집계시트] & "'!C6:C14"),
        D6,
        INDIRECT("'" & 표1[집계시트] & "'!D6:D14"))
```

E6 | =SUMIF(INDIRECT("'" & 표1[집계시트] & "'!C6:C14"), D6, INDIRECT("'" &표1[집계시트] & "'!D6:D14"))

3차원 참조

집계시트		영업사원	매출	1000만원 이상
1월		김민준	8,310,530	
2월		박지훈	5,069,455	
		박현우		
		오서윤		
		유준혁		
		이서연		
		이은서		
		정시우		
		최서현		

Ver. 엑셀 2019 버전까지는 [E6:E7] 범위를 선택하고 Ctrl + Shift + Enter 로 입력합니다.

더 알아보기 수식 이해하기

이번 수식은 **06** 과정 수식의 SUMIF 함수 부분에서 첫 번째와 세 번째 인수 부분을 INDIRECT 함수를 사용하도록 수정한 것입니다.

'1월:3월'!C6:C14 → INDIRECT("'" & 표1[집계시트] & "'!C6:C14")

'1월:3월'!D6:D14 → INDIRECT("'" & 표1[집계시트] & "'!D6:D14")

즉, [1월:3월] 시트 부분을 INDIRECT 함수를 사용해 **표1[집계시트]** 범위(B6:B7)에서 참조해오고 있습니다. 이렇게 구성한 수식을 배열 수식으로 입력하면 두 개 시트의 결과가 2×1 행렬 크기의 배열에 저장됩니다.

SUMIFS(①,	②,	③)		2×1 배열
'1월'!C6:C14	D6	'1월'!D6:D14	=	8310530
'2월'!C6:C14		'2월'!D6:D14		5069455

다만, 배열에 저장된 값은 개별 시트의 매출이므로 이를 모두 더해야 김민준 직원의 매출을 구할 수 있습니다. 참고로 이번 수식에서 반환된 [E6] 셀의 값은 [1월] 시트에서 김민준 직원의 매출과 동일합니다.

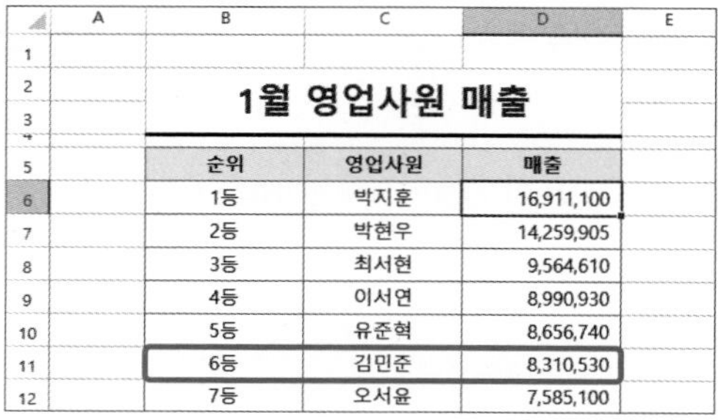
1월 영업사원 매출

순위	영업사원	매출
1등	박지훈	16,911,100
2등	박현우	14,259,905
3등	최서현	9,564,610
4등	이서연	8,990,930
5등	유준혁	8,656,740
6등	김민준	8,310,530
7등	오서윤	7,585,100

09 배열 내 값을 모두 더한 값을 반환하도록 SUM 함수를 추가로 사용합니다.

10 [E6] 셀의 수식을 다음과 같이 수정하고 [E6] 셀의 채우기 핸들을 [E14] 셀까지 드래그합니다.

```
=SUM(SUMIF(INDIRECT("'" & 표1[집계시트] & "'!C6:C14"),
           D6,
           INDIRECT("'" & 표1[집계시트] & "'!D6:D14")))
```

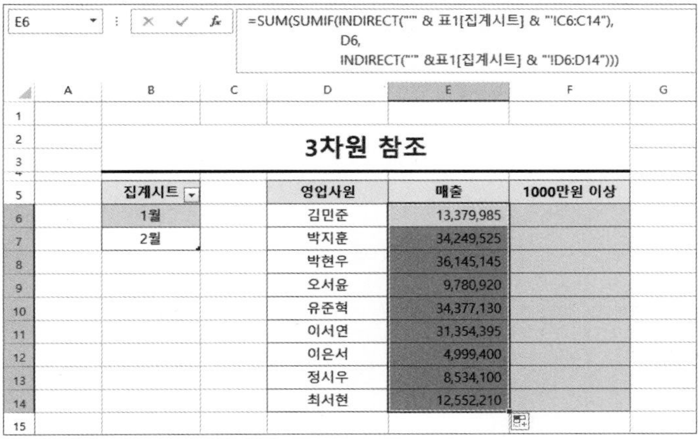

E6
=SUM(SUMIF(INDIRECT("'" & 표1[집계시트] & "'!C6:C14"),
D6,
INDIRECT("'" &표1[집계시트] & "'!D6:D14")))
3차원 참조
집계시트
1월
2월
영업사원
매출
1000만원 이상
김민준 13,379,985
박지훈 34,249,525
박현우 36,145,145
오서윤 9,780,920
유준혁 34,377,130
이서연 31,354,395
이은서 4,999,400
정시우 8,534,100
최서현 12,552,210

Ver. 엑셀 2019 버전까지는 이번 수식을 Ctrl+Shift+Enter로 입력합니다.

더 알아보기 **수식 이해하기**

이 방법은 SUMIF 함수같이 3차원 참조를 사용하지 못하는 함수에서 3차원 참조를 활용할 수 있도록 합니다. 다만 엄밀하게 말하면 3차원 참조를 이용하는 것은 아닙니다. 개별 시트를 집계한 후 그 값을 배열에 저장하고 다시 합산하는 방법을 사용합니다.

그러므로 [1월]부터 [3월] 시트 사이에 다른 시트를 삽입해놓아도 [E6:E14] 범위에 입력해놓은 수식은 해당 시트의 데이터를 자동으로 인식하지 못합니다. 항상 B열에 입력된 시트만 집계할 수 있으므로, 추가로 집계하거나 생략하려면 B열에 시트명을 추가하거나 삭제해야 합니다.

11 시트명을 추가하기 위해 [B8] 셀에 **3월**을 추가하면 E열의 매출이 자동으로 증가됩니다.

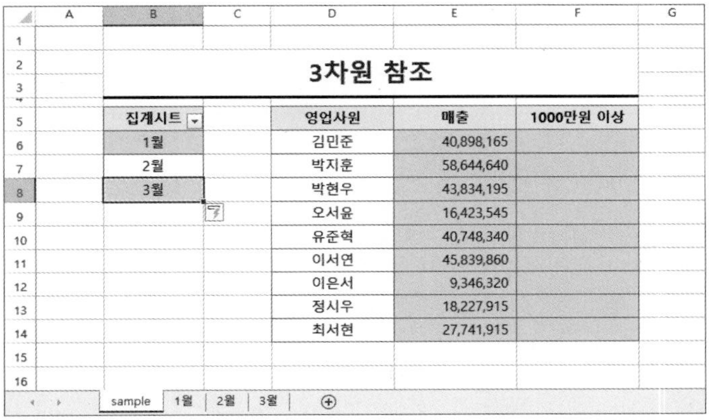

3차원 참조
집계시트
1월
2월
3월
영업사원
매출
1000만원 이상
김민준 40,898,165
박지훈 58,644,640
박현우 43,834,195
오서윤 16,423,545
유준혁 40,748,340
이서연 45,839,860
이은서 9,346,320
정시우 18,227,915
최서현 27,741,915
sample
1월
2월
3월

12 월별 매출이 1천만 원 이상인 경우를 세어 봅니다.

13 [F6] 셀에 다음 수식을 입력하고 [F6] 셀의 채우기 핸들⊞을 [F14] 셀까지 드래그합니다.

```
=SUM(COUNTIFS(
        INDIRECT("'"&표1[집계시트]&"'!C6:C14"),
        D6,
        INDIRECT("'"&표1[집계시트]&"'!D6:D14"),
        ">=10000000"))
```

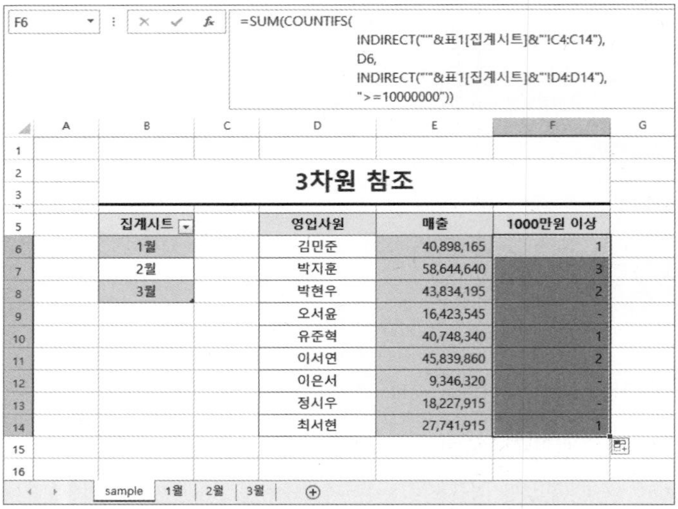
F6 =SUM(COUNTIFS(INDIRECT("'"&표1[집계시트]&"'!C4:C14"), D6, INDIRECT("'"&표1[집계시트]&"'!D4:D14"), ">=10000000"))

3차원 참조

집계시트		영업사원	매출	1000만원 이상
1월		김민준	40,898,165	1
2월		박지훈	58,644,640	3
3월		박현우	43,834,195	2
		오서윤	16,423,545	-
		유준혁	40,748,340	1
		이서연	45,839,860	2
		이은서	9,346,320	-
		정시우	18,227,915	-
		최서현	27,741,915	1

Ver. 엑셀 2019 버전까지는 이번 수식을 Ctrl+Shift+Enter로 입력합니다.

더 알아보기 수식 이해하기

이번 수식은 앞의 **10** 과정 수식과 유사하지만, SUMIF 함수 대신 COUNTIFS 함수를 사용한 부분만 차이가 있습니다. 영업사원의 월별 시트에서 1천만 원 이상 매출을 달성한 경우를 세려면 첫 번째 조건으로 **영업사원 이름이 동일**하고 두 번째 조건으로 **매출이 1천만 원 이상**이어야 합니다.

따라서 COUNTIFS 함수를 사용해 수식을 구성했습니다. COUNTIFS 함수를 사용하는 경우 개별 시트에서 1천만 원이 넘는 경우를 세게 되므로, 이 숫자를 모두 더하는 SUM 함수는 변경할 필요가 없습니다.

배열 수식 활용

10 09 자동 필터를 적용한 표에 IF 조건 추가 적용해 집계하기

예제 파일 PART 03 \ CHAPTER 10 \ 집계-필터.xlsx

공식처럼 사용할 수 있는 수식

자동 필터를 적용한 표에 IF 조건 설정하기

자동 필터를 적용한 표에서 데이터를 집계하려면 SUBTOTAL 함수나 AGGREGATE 함수 등을 사용해야 합니다. 하지만 이 함수들은 사용자가 추가 조건을 적용할 수 없습니다. 자동 필터를 적용한 표에 추가 조건을 설정해 원하는 집계 작업을 하려면 다음 수식을 사용합니다.

```
=SUM(
        SUBTOTAL(함수 번호,
                    OFFSET(시작 셀, ROW(집계 범위)–ROW(시작 셀), 0)) *
        (조건 범위=조건)
       )
```

- **함수 번호** : SUBTOTAL 함수에서 집계하려는 함수 번호

TIP SUBTOTAL 함수의 첫 번째 인수인 [함수 번호]에서 103, 3은 COUNTIF 함수를, 109, 9는 SUMIF 함수를 대체할 때 사용합니다. SUBTOTAL 함수의 자세한 사용 방법은 이 책의 511페이지를 참고합니다.

- **집계 범위** : SUBTOTAL 함수에서 집계하려는 대상 범위
- **시작 셀** : [집계 범위] 내 첫 번째 셀
- **조건 범위** : 추가 조건을 설정할 대상 범위
- **조건** : [조건 범위]에서 확인할 조건

Ver. 위에서 소개한 수식은 엑셀 2019 이하 버전에서는 Ctrl+Shift+Enter로 수식을 입력해야 하며, 마이크로소프트 365 버전에서는 Enter로 수식을 입력합니다.

따라 하기

01 예제를 열고 왼쪽 표에 자동 필터를 적용한 후 [H5] 셀에 영업부 데이터만 집계합니다.

자동 필터 - 조건 추가

부서	이름	직위	급여		영업부	
영업부	박지훈	부장	6,444,000			
영업부	유준혁	과장	4,438,000			
영업부	이서연	대리	3,566,000			
영업부	김민준	사원	2,480,000			
영업부	최서현	사원	2,680,000			
영업부	박현우	사원	2,668,000			
인사부	이은서	과장	3,950,000			
인사부	오서윤	대리	3,350,000			
인사부	허영원	사원	2,480,000			
인사부	구현상	사원	2,580,000			
총무부	천보람	과장	3,950,000			
총무부	홍다림	대리	3,335,000			
총무부	강민영	사원	2,480,000			
총무부	정다정	사원	2,480,000			
총무부	김상아	사원	2,530,000			

TIP 왼쪽 표는 엑셀 표로 등록되어 있으며, 표 이름은 [표1]입니다.

02 데이터를 제한하기 위해 [D5] 셀의 더 보기[▼]를 클릭하고 사원만 표시되도록 합니다.

03 화면의 직원수를 세기 위해 [H5] 셀에 다음 수식을 입력합니다.

[H5] 셀 : =SUBTOTAL(103, 표1[이름])

H5 | =SUBTOTAL(103, 표1[이름])

자동 필터 - 조건 추가

부서	이름	직위	급여		영업부	8
영업부	김민준	사원	2,480,000			
영업부	최서현	사원	2,680,000			
영업부	박현우	사원	2,668,000			
인사부	허영원	사원	2,480,000			
인사부	구현상	사원	2,580,000			
총무부	강민영	사원	2,480,000			
총무부	정다정	사원	2,480,000			
총무부	김상아	사원	2,530,000			

더 알아보기 SUBTOTAL 함수 이해하기

SUBTOTAL 함수는 화면에 표시된 데이터를 대상으로 총 11개 함수의 역할이 가능합니다. 이번 수식에서는 **표1[이름]** 범위를 대상으로 COUNTA 함수(103)처럼 셀 개수를 세어 반환했습니다. 즉, 반환값인 8은 현재 화면에 표시 중인 데이터 개수를 의미합니다.

LINK SUBTOTAL 함수에 대한 자세한 사용 방법은 이 책의 511페이지를 참고합니다.

04 화면에 표시된 데이터 중에서 영업부 직원수만 세어보겠습니다. [H5] 셀의 수식을 다음과 같이 수정합니다.

[H5] 셀 : =SUM(SUBTOTAL(103, OFFSET($C$6, ROW(표1[이름])-ROW($C$6), 0))*(표1[부서]=G5))

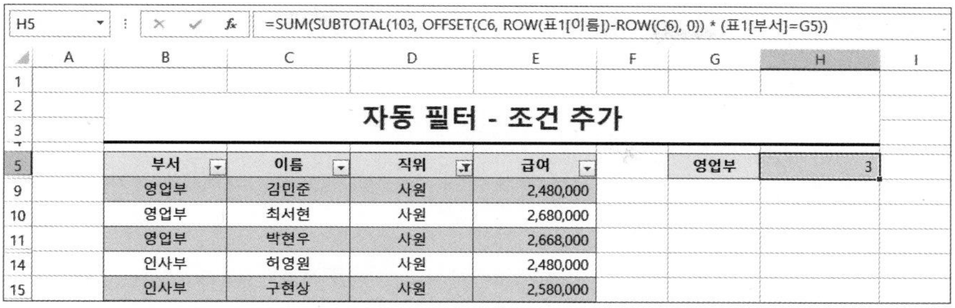

	A	B	C	D	E	F	G	H
5		부서	이름	직위	급여		영업부	3
9		영업부	김민준	사원	2,480,000			
10		영업부	최서현	사원	2,680,000			
11		영업부	박현우	사원	2,668,000			
14		인사부	허영원	사원	2,480,000			
15		인사부	구현상	사원	2,580,000			

Ver. 엑셀 2019 버전까지는 이번 수식을 Ctrl+Shift+Enter로 입력합니다.

더 알아보기 수식 이해하기

이번 수식을 이해하기 위해서는 먼저 **ROW(표1[이름])-ROW(C6)** 부분을 제대로 이해해야 합니다. 해당 부분은 다음과 같은 과정으로 계산이 이뤄집니다.

ROW(표1[이름])		ROW(C6)		15×1 배열
6				0
7				1
8				2
9	-	6	=	3
10				4
...				...
20				14

위 그림을 보면 알 수 있듯이, **ROW(표1[이름])-ROW(C6)** 부분은 15×1 크기의 배열에 0~14까지의 번호를 배열에 저장합니다. 이 부분이 OFFSET 함수에서 사용되면 [C6] 셀부터 순서대로 하나의 셀을 참조하게 됩니다. 이 부분을 SUBTOTAL 함수에 제공하면 **표1[이름]** 범위가 아니라 셀을 하나씩 집계하도록 할 수 있습니다.

15×1 배열	OFFSET(C6, ①, 0)	SUBTOTAL(103, ②)
0	C6	0
1	C7	0
2	C8	0
3	C9	1
4	C10	1
...	...	...
14	C20	1
①	②	

SUBTOTAL 함수는 COUNTA 함수를 사용하도록 첫 번째 인수에 103을 사용했습니다. 따라서 전체 표에서 화면에 표시된 셀만 1이 반환되고 화면에 표시되지 않은 셀은 0이 반환되어 배열에 저장됩니다.

여기에 추가적인 조건을 적용하기 위해 **표1[부서]=G5** 조건식을 곱해 연산하면 다음과 같은 결과를 얻을 수 있습니다.

15×1 배열		표1[부서]=G5		15×1 배열	SUM(①)
0		TRUE		0	
0		TRUE		0	
0		TRUE		0	
1	×	TRUE	=	1	3
1		TRUE		1	
…		…		…	
1		FALSE		0	
				①	

이렇게 여러 단계의 계산 작업을 거쳐 화면에 표시된 데이터 중에서 추가 조건(부서=영업부)을 적용한 결과를 얻을 수 있습니다. [G5] 셀의 부서를 변경해 부서별로 정확한 결과가 반환되는지 확인합니다.

05 동일한 방법으로 화면에 표시된 데이터 중 영업부의 급여 총액을 계산합니다.

06 [H5] 셀의 수식을 다음과 같이 수정합니다.

[H5] 셀 : =SUM(SUBTOTAL(109, OFFSET($E$6, ROW(표1[급여])-ROW($E$6), 0))*(표1[부서]=G5))

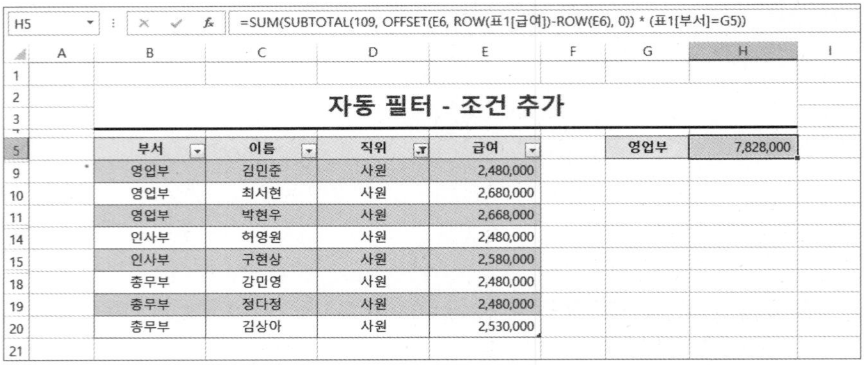
H5
=SUM(SUBTOTAL(109, OFFSET(E6, ROW(표1[급여])-ROW(E6), 0)) * (표1[부서]=G5))
자동 필터 - 조건 추가
부서 이름 직위 급여
영업부 7,828,000
영업부 김민준 사원 2,480,000
영업부 최서현 사원 2,680,000
영업부 박현우 사원 2,668,000
인사부 허영원 사원 2,480,000
인사부 구현상 사원 2,580,000
총무부 강민영 사원 2,480,000
총무부 정다정 사원 2,480,000
총무부 김상아 사원 2,530,000

Ver. 엑셀 2019 버전까지는 이번 수식을 Ctrl+Shift+Enter로 입력합니다.

더 알아보기 **수식 이해하기**

이번 수식에서 변경한 부분은 다음 두 가지입니다.

- 첫째, SUBTOTAL 함수의 함수 번호를 **103(COUNTA)**에서 **109(SUM)**로 변경해 숫자의 합계를 반환하도록 했습니다.
- 둘째, OFFSET 함수의 대상 범위를 **표1[이름]** 열에서 **표1[급여]** 열로 변경했습니다. 이전 수식은 **표1[이름]** 열의 데이터에서 조건에 맞는 데이터를 세어 반환하는 것이었다면 이번 수식은 **표1[급여]** 열의 금액을 더해야 하므로 OFFSET 함수의 대상 범위가 변경됩니다.

나머지 부분은 이전 수식과 동일합니다.

배열 수식 활용

10 10 주민등록번호에서 성별, 연령대 집계하기

예제 파일 PART 03 \ CHAPTER 10 \ 편집-주민등록번호.xlsx

공식처럼 사용할 수 있는 수식

회사 등에서 쓰이는 여러 코드와 마찬가지로 주민등록번호는 자체적으로 여러 의미를 담고 있습니다. 주민등록번호를 이용해 여러 데이터를 집계하려면 먼저 필요한 부분을 잘라내고 이를 원하는 값으로 변환하는 과정이 필요합니다. 다음 수식을 참고합니다.

주민등록번호에서 성별 집계하기

주민등록번호가 입력된 범위에서 성별을 집계하려면 다음 수식을 사용합니다.

=SUM(--MOD(MID(범위, 8, 1), 2)=--(성별="남"))

- **범위** : 주민등록번호가 입력된 데이터 범위로 주민등록번호는 yymmdd-1234567 형식이어야 합니다.
- **성별** : 성별을 구분하는 값이 입력된 셀

주민등록번호에서 연령대 집계하기

주민등록번호가 입력된 범위에서 연령대를 집계하려면 다음 수식을 사용합니다.

=SUM(--((INT(YEAR(TODAY())-YEAR(TEXT(LEFT(범위, 6), "00-00-00"))+1)/10) & "0대" = 연령대))

- **범위** : 주민등록번호가 입력된 데이터 범위
- **연령대** : '10대', '20대', '30대', …와 같은 연령대 문자열

Ver. 이번 Section에서 소개한 수식은 모두 엑셀 2019 이하 버전에서는 Ctrl+Shift+Enter로 수식을 입력해야 하며, 마이크로소프트 365 버전에서는 Enter로 수식을 입력합니다.

따라 하기

01 예제를 열고 왼쪽 표의 주민등록번호에서 성별, 연령대별 직원수를 집계합니다.

주민등록번호로 성별, 연령대 구하기

사번	이름	직위	주민등록번호
1	박지훈	부장	800219-1234567
2	유준혁	차장	870304-1234567
3	이서연	과장	891208-2134567
4	김민준	대리	920830-1234567
5	최서현	주임	950919-2134567
6	박현우	주임	930702-1234567
7	정시우	사원	970529-1234567
8	이은서	사원	990109-2134567
9	오서윤	사원	980127-2134567

성별	인원
남	
여	

연령대	인원
10대	
20대	
30대	
40대	
50대	

02 성별을 구분하기 위해 주민등록번호의 뒷번호 중 첫 번째 숫자를 잘라 사용합니다.

03 [I6] 셀에 다음 수식을 입력합니다.

[I6] 셀 : =MID(E6:E14, 8, 1)

Ver. 엑셀 2019 버전까지는 [I6:I14] 범위를 선택하고 Ctrl+Shift+Enter로 입력합니다.

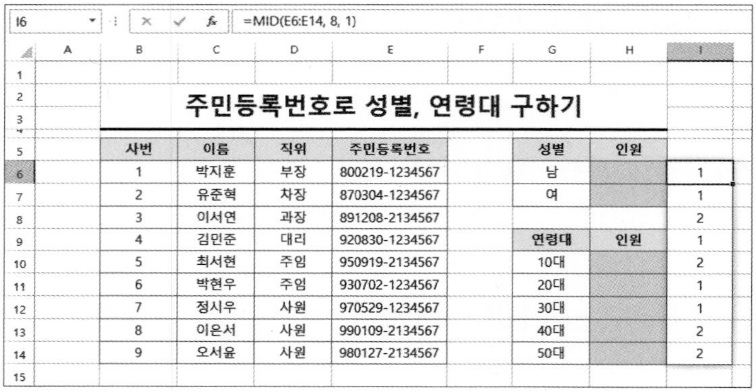

=MID(E6:E14, 8, 1)

주민등록번호로 성별, 연령대 구하기

사번	이름	직위	주민등록번호		I
1	박지훈	부장	800219-1234567		1
2	유준혁	차장	870304-1234567		1
3	이서연	과장	891208-2134567		2
4	김민준	대리	920830-1234567		1
5	최서현	주임	950919-2134567		2
6	박현우	주임	930702-1234567		1
7	정시우	사원	970529-1234567		1
8	이은서	사원	990109-2134567		2
9	오서윤	사원	980127-2134567		2

더 알아보기 수식 이해하기

이번 수식은 주민등록번호의 뒷번호 중 첫 번째 숫자를 잘라 배열에 저장합니다.

셀 위치	9×1 배열
E6	1
E7	1
E8	2
E9	1
E10	2
…	…
E14	2

주민등록번호의 뒷번호 중 첫 번째 숫자가 홀수면 남자, 짝수면 여자를 의미합니다. 1900년대 출생자는 1 또는 2, 2000년대 출생자는 3 또는 4, 외국인의 경우 5 또는 6의 번호가 사용됩니다.

04 배열에 저장된 값이 홀수인지 판단합니다.

05 [I6] 셀의 수식을 다음과 같이 수정합니다.

[I6] 셀 : =MOD(MID(E6:E14, 8, 1), 2)=1

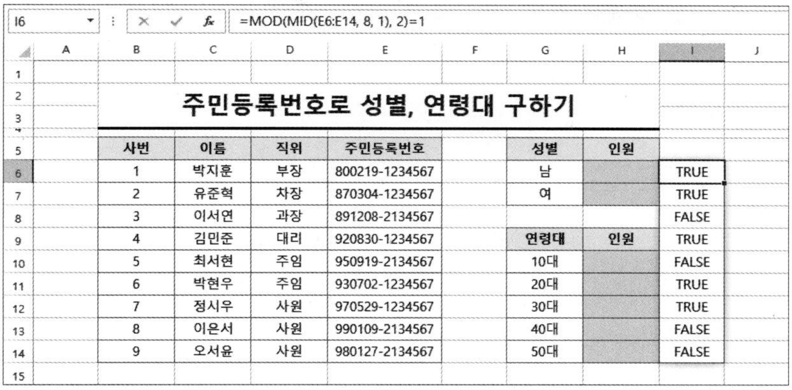
I6 =MOD(MID(E6:E14, 8, 1), 2)=1

주민등록번호로 성별, 연령대 구하기

사번	이름	직위	주민등록번호		성별	인원	
1	박지훈	부장	800219-1234567		남		TRUE
2	유준혁	차장	870304-1234567		여		TRUE
3	이서연	과장	891208-2134567				FALSE
4	김민준	대리	920830-1234567		연령대	인원	TRUE
5	최서현	주임	950919-2134567		10대		FALSE
6	박현우	주임	930702-1234567		20대		TRUE
7	정시우	사원	970529-1234567		30대		TRUE
8	이은서	사원	990109-2134567		40대		FALSE
9	오서윤	사원	980127-2134567		50대		FALSE

Ver. 엑셀 2019 버전까지는 [I6:I14] 범위를 선택하고 Ctrl+Shift+Enter로 입력합니다.

더 알아보기 **수식 이해하기**

배열에 저장된 값을 MOD 함수를 사용해 2로 나눠 나머지값을 배열에 저장합니다. 2로 나눈 나머지값이 1이면 홀수이고, 홀수는 남자를 의미합니다. 반대로 0이면 짝수이고, 짝수는 여자를 의미합니다.

9×1 배열	MOD(①, 2)	②=1
1	1	TRUE
1	1	TRUE
2	0	FALSE
1	1	TRUE
2	0	FALSE
…	…	…
2	0	FALSE
①	②	

06 배열에 저장된 논릿값을 숫자로 변환해 더하면 남자 직원수를 구할 수 있습니다.

07 [H6] 셀에 다음 수식을 입력합니다.

[H6] 셀 : =SUM(−−(MOD(MID(E6:E14, 8, 1), 2)=1))

H6 | =SUM(--(MOD(MID(E6:E14, 8, 1), 2)=1))

주민등록번호로 성별, 연령대 구하기

사번	이름	직위	주민등록번호		성별	인원	
1	박지훈	부장	800219-1234567		남	5	TRUE
2	유준혁	차장	870304-1234567		여		TRUE
3	이서연	과장	891208-2134567				FALSE
4	김민준	대리	920830-1234567		연령대	인원	TRUE
5	최서현	주임	950919-2134567		10대		FALSE
6	박현우	주임	930702-1234567		20대		TRUE
7	정시우	사원	970529-1234567		30대		TRUE
8	이은서	사원	990109-2134567		40대		FALSE
9	오서윤	사원	980127-2134567		50대		FALSE

Ver. 엑셀 2019 버전까지는 이번 수식을 Ctrl+Shift+Enter로 입력합니다.

08 여자 직원수를 함께 세려면 기존 수식에서 **=1** 부분을 변경해야 합니다.

09 [H6] 셀의 수식을 다음과 같이 변경하고 [H6] 셀의 채우기 핸들을 [H7] 셀로 드래그합니다.

[H6] 셀 : =SUM(--(MOD(MID($E$6:$E$14, 8, 1), 2)=--(G6="남")))

H6 | =SUM(--(MOD(MID($E$6:$E$14, 8, 1), 2)=--(G6="남")))

주민등록번호로 성별, 연령대 구하기

사번	이름	직위	주민등록번호		성별	인원	
1	박지훈	부장	800219-1234567		남	5	TRUE
2	유준혁	차장	870304-1234567		여	4	TRUE
3	이서연	과장	891208-2134567				FALSE
4	김민준	대리	920830-1234567		연령대	인원	TRUE
5	최서현	주임	950919-2134567		10대		FALSE
6	박현우	주임	930702-1234567		20대		TRUE
7	정시우	사원	970529-1234567		30대		TRUE
8	이은서	사원	990109-2134567		40대		FALSE
9	오서윤	사원	980127-2134567		50대		FALSE

더 알아보기 수식 이해하기

이번 수식을 한번에 작성하지 않고 다음과 같이 각각 입력할 수 있습니다.

[H6] 셀 : =SUM(N(MOD(MID(E6:E14, 8, 1), 2)=1))

[H7] 셀 : =SUM(N(MOD(MID(E6:E14, 8, 1), 2)=0))

Ver. 엑셀 2019 버전까지는 이번 수식을 Ctrl+Shift+Enter로 입력합니다.

하지만 따로 입력하면 수식을 여러 번 입력해야 하므로 한번에 수식을 입력하기 위해 **07** 과정 수식에서 다음과 같은 부분을 수정했습니다.

- 첫째, [E6:E14] 범위가 수식을 복사해도 변경되지 않도록 절대 참조 방식으로 변경했습니다.
- 둘째, MOD 함수의 반환값이 1인지 묻는 부분을 **--(G6="남")**와 같이 변경했습니다.
  [G6] 셀의 값이 '남'인지 비교하면 논릿값이 반환되는데, 마이너스 기호를 두 번 사용해 TRUE는 1, FALSE는 0으로 변환했습니다. 마이너스 기호를 사용하는 방법은 N 함수를 사용해 **N(G6="남")**로 변경할 수 있습니다.

10 이번에는 연령대별 직원수를 집계하기 위해 주민등록번호로 나이를 계산합니다.

11 나이를 계산하기 위해 출생 연도를 먼저 반환하겠습니다. [I6] 셀에 다음 수식을 입력합니다.

[I6] 셀 : =YEAR(TEXT(LEFT(E6:E14, 6), "00-00-00"))

I6 | =YEAR(TEXT(LEFT(E6:E14, 6), "00-00-00"))

	A	B	C	D	E	F	G	H	I	J
1										
2		주민등록번호로 성별, 연령대 구하기								
3										
5		사번	이름	직위	주민등록번호		성별	인원		
6		1	박지훈	부장	800219-1234567		남	5	1980	
7		2	유준혁	차장	870304-1234567		여	4	1987	
8		3	이서연	과장	891208-2134567				1989	
9		4	김민준	대리	920830-1234567		연령대	인원	1992	
10		5	최서현	주임	950919-2134567		10대		1995	
11		6	박현우	주임	930702-1234567		20대		1993	
12		7	정시우	사원	970529-1234567		30대		1997	
13		8	이은서	사원	990109-2134567		40대		1999	
14		9	오서윤	사원	980127-2134567		50대		1998	
15										

Ver. 엑셀 2019 버전까지는 [I6:I14] 범위를 선택하고 Ctrl+Shift+Enter로 입력합니다.

더 알아보기 **수식 이해하기**

이번 수식은 주민등록번호의 앞 6자리를 잘라낸 다음, TEXT 함수를 사용해 날짜 형식으로 변환한 후 YEAR 함수로 연도를 반환합니다. 다음과 같은 계산 과정을 거치게 됩니다.

셀 위치	LEFT(…)	TEXT(①, "00-00-00")	YEAR(②)
E6	800219	80-02-19	1980
E7	870304	87-03-04	1987
E8	891208	89-12-08	1989
E9	920830	92-08-30	1992
E10	950919	95-09-19	1995
…	…	…	…
E14	980127	98-01-27	1998
	①	②	

YEAR 함수는 날짜에서 연도를 반환할 때 앞 2자리의 연도가 30 미만이면 2000년대 날짜로, 30 이상이면 1900년대 날짜로 자동으로 변환합니다. [E13] 셀의 주민등록번호를 **000109-4134567**로 수정해보면 오른쪽 배열의 연도가 2000년대로 변경되는 것을 확인할 수 있습니다.

12		7	정시우	사원	970529-1234567		30대		1997	
13		8	이은서	사원	000109-4134567		40대		2000	
14		9	오서윤	사원	980127-2134567		50대		1998	
15										

위의 수정 작업을 했다면 실행 취소(Ctrl+Z)를 해두어야 다음 과정에서 화면과 동일한 결과를 얻을 수 있습니다.

12 배열에 저장한 연도로 나이를 계산합니다. [I6] 셀의 수식을 다음과 같이 변경합니다.

[I6] 셀 : =YEAR(TODAY())–YEAR(TEXT(LEFT(E6:E14, 6), "00–00–00"))+1

I6 | =YEAR(TODAY())-YEAR(TEXT(LEFT(E6:E14, 6), "00-00-00"))+1

주민등록번호로 성별, 연령대 구하기

사번	이름	직위	주민등록번호		성별	인원	
1	박지훈	부장	800219-1234567		남	5	41
2	유준혁	차장	870304-1234567		여	4	34
3	이서연	과장	891208-2134567				32
4	김민준	대리	920830-1234567		연령대	인원	29
5	최서현	주임	950919-2134567		10대		26
6	박현우	주임	930702-1234567		20대		28
7	정시우	사원	970529-1234567		30대		24
8	이은서	사원	990109-2134567		40대		22
9	오서윤	사원	980127-2134567		50대		23

Ver. 엑셀 2019 버전까지는 [I6:I14] 범위를 선택하고 Ctrl+Shift+Enter로 입력합니다.

더 알아보기 **나이를 구하는 계산식**

나이 계산식은 **=올해 연도 – 출생 연도+1**입니다. 앞에서 출생 연도를 배열로 계산해놓았기 때문에 올해 연도를 **YEAR(TODAY())**로 구해서 계산하면 나이를 배열에 저장시킬 수 있습니다.

13 **나이**를 **연령대**로 변환하기 위해 [I6] 셀의 수식을 다음과 같이 변경합니다.

[I6] 셀 : =LEFT(YEAR(TODAY())–YEAR(TEXT(LEFT(E6:E14, 6), "00–00–00"))+1) & "0대"

I6 | =LEFT(YEAR(TODAY())-YEAR(TEXT(LEFT(E6:E14, 6), "00-00-00"))+1) & "0대"

주민등록번호로 성별, 연령대 구하기

사번	이름	직위	주민등록번호		성별	인원	
1	박지훈	부장	800219-1234567		남	5	40대
2	유준혁	차장	870304-1234567		여	4	30대
3	이서연	과장	891208-2134567				30대
4	김민준	대리	920830-1234567		연령대	인원	20대
5	최서현	주임	950919-2134567		10대		20대
6	박현우	주임	930702-1234567		20대		20대
7	정시우	사원	970529-1234567		30대		20대
8	이은서	사원	990109-2134567		40대		20대
9	오서윤	사원	980127-2134567		50대		20대

Ver. 엑셀 2019 버전까지는 [I6:I14] 범위를 선택하고 Ctrl+Shift+Enter로 입력합니다.

더 알아보기 **수식 이해하기**

배열에 저장된 나이에서 LEFT 함수로 첫 번째 숫자를 잘라낸 후 '0대' 문자열을 연결해 연령대를 구합니다. 물론 이 방법은 나이가 모두 2자리인 경우에만 사용할 수 있습니다.

14 배열에 저장된 연령대로 연령대별 인원수를 구합니다.

15 [H10] 셀에 다음 수식을 입력하고 [H10] 셀의 채우기 핸들을 [H14] 셀까지 드래그합니다.

[H10] 셀 : =SUM(− −(LEFT(YEAR(TODAY()) −YEAR(TEXT(LEFT($E$6:$E$14, 6), "00−00−00"))+1) & "0대" = G10))

사번	이름	직위	주민등록번호	성별	인원	
1	박지훈	부장	800219-1234567	남	5	40대
2	유준혁	차장	870304-1234567	여	4	30대
3	이서연	과장	891208-2134567			30대
4	김민준	대리	920830-1234567	**연령대**	**인원**	20대
5	최서현	주임	950919-2134567	10대	-	20대
6	박현우	주임	930702-1234567	20대	6	20대
7	정시우	사원	970529-1234567	30대	2	20대
8	이은서	사원	990109-2134567	40대	1	20대
9	오서윤	사원	980127-2134567	50대	-	20대

Ver. 엑셀 2019 버전까지는 이번 수식을 Ctrl+Shift+Enter로 입력합니다.

더 알아보기 수식 이해하기

이번 수식에서는 **13** 과정의 수식에서 배열에 저장한 연령대와 [G10] 셀의 값을 비교하는 부분이 추가됐습니다. 결괏값이 TRUE로 반환된 배열의 숫자를 세기 위해 마이너스 기호를 사용해 논릿값을 숫자로 변환하고 SUM 함수로 집계한 수식입니다.

배열 수식 활용

10 11 동일한 구분 문자가 여러 개일 때 구분 문자의 마지막 위치에서 좌/우 잘라내기

예제 파일 PART 03 \ CHAPTER 10 \ 편집-구분 문자.xlsx

공식처럼 사용할 수 있는 수식

셀에 동일한 구분 문자가 여러 개 삽입되어 있을 때 마지막 구분 문자 위치에서 좌/우를 구분해야 한다면 아래 수식을 사용합니다.

구분 문자의 마지막 위치에서 왼쪽 부분 잘라내기

구분 문자의 마지막 위치를 찾아 왼쪽 부분을 잘라내려면 다음 수식을 사용합니다.

```
=LEFT(셀,
        MAX(
             IFERROR(
                      FIND(구분 문자,
                           셀,
                           ROW(INDIRECT("1:" & LEN(셀))))
                      , 0)
             )-1
      )
```

- **셀** : 잘라낼 부분을 포함한 문자열 또는 셀
- **구분 문자** : 자르려는 문자열과 문자열 사이에 위치한 문자

Ver. 위에서 소개한 수식은 엑셀 2019 이하 버전에서는 Ctrl+Shift+Enter로 수식을 입력해야 하며, 마이크로소프트 365 버전에서는 Enter로 수식을 입력합니다.

구분 문자의 마지막 위치에서 오른쪽 부분 잘라내기

구분 문자의 마지막 위치를 찾아 오른쪽 부분을 잘라내려면 다음 수식을 사용합니다.

=MID(셀, LEN(왼쪽 부분)+LEN(구분 문자)+1, 100)

- **셀** : 잘라낼 부분을 포함하는 문자열 또는 셀
- **왼쪽 부분** : 구분 기호 좌측을 잘라낸 부분
- **구분 문자** : 자르려는 문자열과 문자열 사이에 위치한 문자로, 쉼표(,)와 같이 한 개로 이루어진 구분 문자를 사용할 경우 **=MID(셀, LEN(왼쪽 부분)+2, 100)**로 수식을 단순화시킬 수 있습니다.

Ver. 위 수식은 엑셀 2019 버전까지는 Ctrl+Shift+Enter로 입력해야 하며, 마이크로소프트 365 버전에서는 Enter로 수식을 입력할 수 있습니다.

따라 하기

01 예제를 열고 C열의 전체 주소에서 주소와 우편번호를 D열과 E열에 구분하는 작업을 진행합니다.

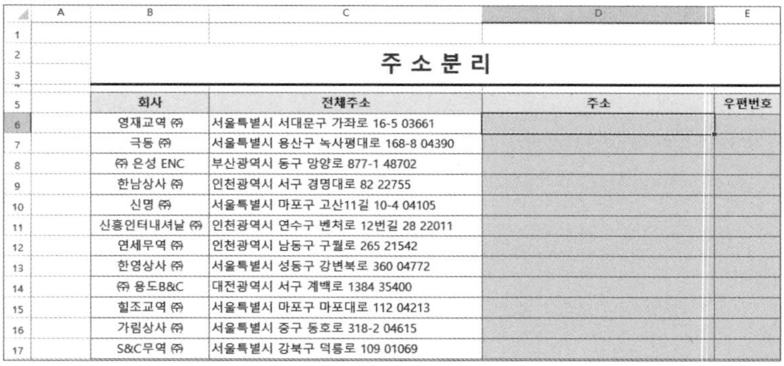

주 소 분 리

회사	전체주소	주소	우편번호
영재교역 ㈜	서울특별시 서대문구 가좌로 16-5 03661		
극동 ㈜	서울특별시 용산구 녹사평대로 168-8 04390		
㈜ 은성 ENC	부산광역시 동구 망양로 877-1 48702		
한남상사 ㈜	인천광역시 서구 경명대로 82 22755		
신명 ㈜	서울특별시 마포구 고산11길 10-4 04105		
신흥인터내셔날 ㈜	인천광역시 연수구 벤처로 12번길 28 22011		
연세무역 ㈜	인천광역시 남동구 구월로 265 21542		
한영상사 ㈜	서울특별시 성동구 강변북로 360 04772		
㈜ 용도B&C	대전광역시 서구 계백로 1384 35400		
힐조교역 ㈜	서울특별시 마포구 마포대로 112 04213		
가림상사 ㈜	서울특별시 중구 동호로 318-2 04615		
S&C무역 ㈜	서울특별시 강북구 덕릉로 109 01069		

02 주소는 모두 공백 문자(" ")로 구분되어 있으므로 공백 구분 문자의 위치를 배열에 저장합니다.

03 [F6] 셀에 다음 수식을 입력합니다.

[F6] 셀 : =FIND(" ", C6, ROW(1:12))

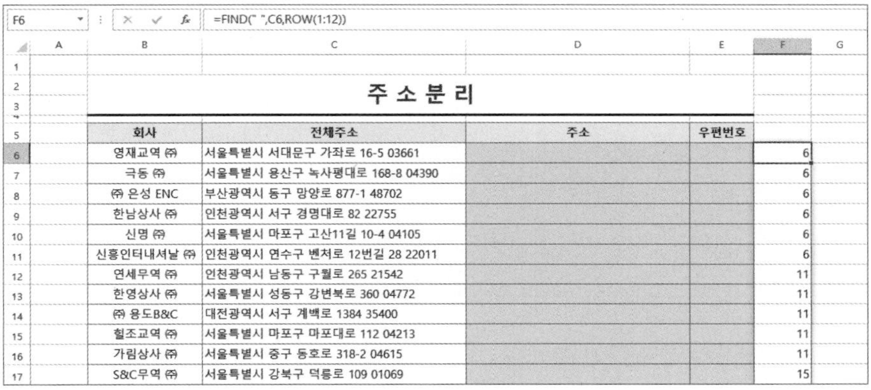

F6 | =FIND(" ",C6,ROW(1:12))

주 소 분 리

회사	전체주소	주소	우편번호	F
영재교역 ㈜	서울특별시 서대문구 가좌로 16-5 03661			6
극동 ㈜	서울특별시 용산구 녹사평대로 168-8 04390			6
㈜ 은성 ENC	부산광역시 동구 망양로 877-1 48702			6
한남상사 ㈜	인천광역시 서구 경명대로 82 22755			6
신명 ㈜	서울특별시 마포구 고산11길 10-4 04105			6
신흥인터내셔날 ㈜	인천광역시 연수구 벤처로 12번길 28 22011			6
연세무역 ㈜	인천광역시 남동구 구월로 265 21542			11
한영상사 ㈜	서울특별시 성동구 강변북로 360 04772			11
㈜ 용도B&C	대전광역시 서구 계백로 1384 35400			11
힐조교역 ㈜	서울특별시 마포구 마포대로 112 04213			11
가림상사 ㈜	서울특별시 중구 동호로 318-2 04615			11
S&C무역 ㈜	서울특별시 강북구 덕릉로 109 01069			15

Ver. 엑셀 2019 버전까지는 [F6:F17] 범위를 선택하고 Ctrl+Shift+Enter로 입력합니다.

더 알아보기 　수식 이해하기

이번 수식은 구분 문자인 공백 문자(" ")의 위치를 찾아 배열에 저장하기 위해 FIND 함수를 사용합니다. FIND 함수의 세 번째 인수인 **ROW(1:12)** 부분은 {1;2;3;4;…;12}까지의 숫자에 해당하므로, 이번 수식은 [C6] 셀의 문자열에서 시작 위치를 1부터 12까지의 위치에서 공백 문자의 위치를 찾아 동일한 12×1 크기의 배열에 저장됩니다.

[C6] 셀 문자열	12×1 배열
서	6
울	6
특	6
별	6
시	6
	6
서	11
대	11
문	11
구	11
	11
가	15

[C6] 셀의 '서울특별시 서대문구 가좌로 16–5 03661' 주소에서 첫 번째 문자(서) 위치부터 공백 문자(" ")를 찾으면 오른쪽 방향으로 첫 번째에 위치한 공백 문자 위치를 찾습니다. 이 위치는 6이며, 두 번째에서 6번째 문자까지는 모두 6이 반환됩니다. 7번째 문자(서) 위치부터는 '서대문구' 다음의 공백 문자 위치인 11이 반환됩니다.

이렇게 FIND 함수의 세 번째 인수에 숫자를 넣으면 해당 숫자 위치 다음의 구분 문자 위치를 배열에 저장할 수 있습니다.

04 [C6] 셀의 모든 공백 문자 위치를 배열에 저장합니다.

05 [F6] 셀의 수식을 다음과 같이 수정합니다.

[F6] 셀 : =FIND(" ", C6, ROW(INDIRECT("1:" & LEN(C6))))

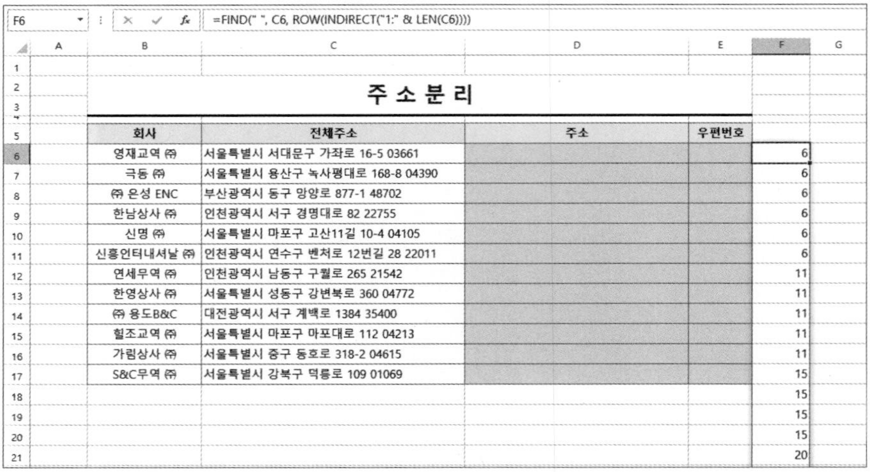

F6 　=FIND(" ", C6, ROW(INDIRECT("1:" & LEN(C6))))

	A	B	C	D	E	F	G
1							
2		주 소 분 리					
5		회사	전체주소	주소	우편번호		
6		영재교역 ㈜	서울특별시 서대문구 가좌로 16-5 03661			6	
7		극동 ㈜	서울특별시 용산구 녹사평대로 168-8 04390			6	
8		㈜ 은성 ENC	부산광역시 동구 망양로 877-1 48702			6	
9		한남상사 ㈜	인천광역시 서구 경명대로 82 22755			6	
10		신명 ㈜	서울특별시 마포구 고산11길 10-4 04105			6	
11		신흥인터내셔날 ㈜	인천광역시 연수구 벤처로 12번길 28 22011			6	
12		연세무역 ㈜	인천광역시 남동구 구월로 265 21542			11	
13		한영상사 ㈜	서울특별시 성동구 강변북로 360 04772			11	
14		㈜ 용도B&C	대전광역시 서구 계백로 1384 35400			11	
15		힐조교역 ㈜	서울특별시 마포구 마포대로 112 04213			11	
16		가림상사 ㈜	서울특별시 중구 동호로 318-2 04615			11	
17		S&C무역 ㈜	서울특별시 강북구 덕릉로 109 01069			15	
18						15	
19						15	
20						15	
21						20	

Ver. 엑셀 2019 버전까지는 [F6:F30] 범위를 선택하고 Ctrl+Shift+Enter로 입력합니다.

더 알아보기 수식 이해하기

이번 수식은 **03** 과정 수식의 **ROW(1:12)** 부분을 **ROW(INDIRECT("1:" & LEN(C6)))**로 변경한 것입니다. **ROW(1:12)** 부분은 항상 1부터 12까지의 숫자만 돌려주지만 **ROW(INDIRECT("1:" & LEN(C6)))** 부분은 1에서 [C6] 셀의 문자 개수만큼의 숫자를 돌려주기 때문에 셀에 어떤 길이의 문자열이 입력되어 있어도 끝까지 모두 확인이 가능합니다.

위 수식에서 INDIRECT 함수 부분을 빼고 **ROW("1:"&LEN(C6))**로 수식을 구성하면 참조가 되지 않습니다. ROW 함수는 셀 주소나 [1:10]과 같은 방법으로 주소가 전달될 때만 제대로 행 번호를 반환하기 때문입니다. 따라서 '1:25'와 같은 문자열을 참조 수식으로 변경하기 위해 INDIRECT 함수가 함께 사용된 것입니다.

그리고 F열에 반환된 배열의 값을 보면 마지막 5개 위치에 #VALUE! 에러가 발생하고 있습니다. 이것은 주소의 마지막 5개의 문자가 '03661'이므로 이 뒤에는 공백 문자(" ")가 나타나지 않기 때문에 에러가 발생하는 것입니다.

06 배열에 저장된 #VALUE! 에러를 0으로 변환합니다.

07 [F6] 셀의 수식을 다음과 같이 수정합니다.

[F6] 셀 : =IFERROR(FIND(" ", C6, ROW(INDIRECT("1:" & LEN(C6)))), 0)

F6 =IFERROR(FIND(" ", C6, ROW(INDIRECT("1:" & LEN(C6)))), 0)

주 소 분 리

	회사	전체주소	주소	우편번호	F
6	영재교역 ㈜	서울특별시 서대문구 가좌로 16-5 03661			6
7	극동 ㈜	서울특별시 용산구 녹사평대로 168-8 04390			6
8	㈜ 은성 ENC	부산광역시 동구 망양로 877-1 48702			6
9	한남상사 ㈜	인천광역시 서구 경명대로 82 22755			6
10	신명 ㈜	서울특별시 마포구 고산11길 10-4 04105			6
11	신흥인터내셔날 ㈜	인천광역시 연수구 벤처로 12번길 28 22011			6
12	연세무역 ㈜	인천광역시 남동구 구월로 265 21542			11
13	한영상사 ㈜	서울특별시 성동구 강변북로 360 04772			11
14	㈜ 용도B&C	대전광역시 서구 계백로 1384 35400			11
15	힐조교역 ㈜	서울특별시 마포구 마포대로 112 04213			11
16	가림상사 ㈜	서울특별시 중구 동호로 318-2 04615			11
17	S&C무역 ㈜	서울특별시 강북구 덕릉로 109 01069			15
18					15
19					15
20					15
21					20
22					20
23					20
24					20
25					20
26					0
27					0
28					0
29					0
30					0

Ver. 엑셀 2019 버전까지는 [F6:F30] 범위를 선택하고 Ctrl+Shift+Enter로 입력합니다.

더 알아보기 수식 이해하기

05 과정의 수식에서 F열에 반환된 마지막 5개의 #VALUE! 에러가 **0**으로 변경되었습니다. IFERROR 함수에서 #VALUE! 에러를 0으로 바꾼 이유는 마지막 구분 문자 위치를 찾아 좌/우를 잘라내기 위해선 숫자가 크면 안 되기 때문입니다.

08 배열에 저장된 값에서 가장 큰 숫자를 반환하도록 수식을 수정합니다.

Ver. 엑셀 2019 버전까지는 [F6:F30] 범위를 선택하고 [Delete]를 눌러 지워야 합니다.

09 [F6] 셀의 수식을 다음과 같이 수정하고 [F6] 셀의 채우기 핸들을 [F17] 셀까지 드래그합니다.

[F6] 셀 : =MAX(IFERROR(FIND(" ", C6, ROW(INDIRECT("1:" & LEN(C6)))), 0))

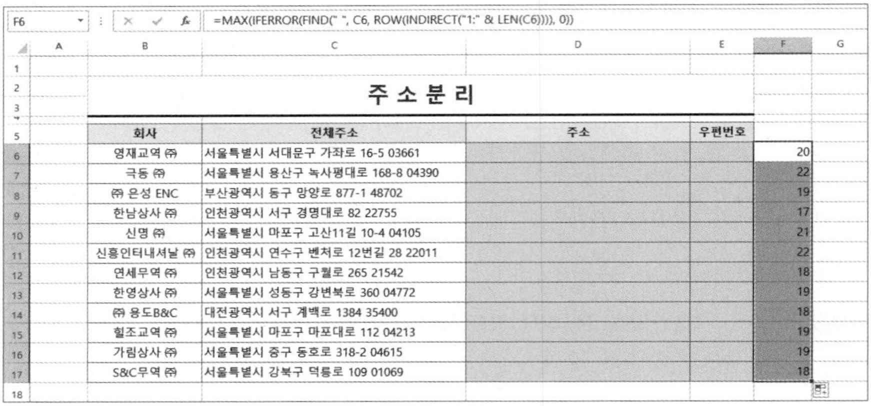

F6 =MAX(IFERROR(FIND(" ", C6, ROW(INDIRECT("1:" & LEN(C6)))), 0))

주 소 분 리

회사	전체주소	주소	우편번호	F
영재교역 ㈜	서울특별시 서대문구 가좌로 16-5 03661			20
극동 ㈜	서울특별시 용산구 녹사평대로 168-8 04390			22
㈜ 은성 ENC	부산광역시 동구 망양로 877-1 48702			19
한남상사 ㈜	인천광역시 서구 경명대로 82 22755			17
신명 ㈜	서울특별시 마포구 고산11길 10-4 04105			21
신흥인터내셔날 ㈜	인천광역시 연수구 벤처로 12번길 28 22011			22
연세무역 ㈜	인천광역시 남동구 구월로 265 21542			18
한영상사 ㈜	서울특별시 성동구 강변북로 360 04772			19
㈜ 용도B&C	대전광역시 서구 계백로 1384 35400			18
힐조교역 ㈜	서울특별시 마포구 마포대로 112 04213			19
가림상사 ㈜	서울특별시 중구 동호로 318-2 04615			19
S&C무역 ㈜	서울특별시 강북구 덕릉로 109 01069			18

Ver. 엑셀 2019 버전까지는 이번 수식을 [Ctrl]+[Shift]+[Enter]로 입력합니다.

TIP 이번 수식으로 C열 주소의 마지막 공백 문자 위치를 F열에서 모두 확인할 수 있습니다.

10 이제 C열의 주소에서 우편번호를 제외한 주소를 반환받습니다.

11 [D6] 셀에 다음 수식을 입력하고 [D6] 셀의 채우기 핸들을 [D17] 셀까지 드래그합니다.

[D6] 셀 : =LEFT(C6, MAX(IFERROR(FIND(" ", C6, ROW(INDIRECT("1:" & LEN(C6)))), 0))–1)

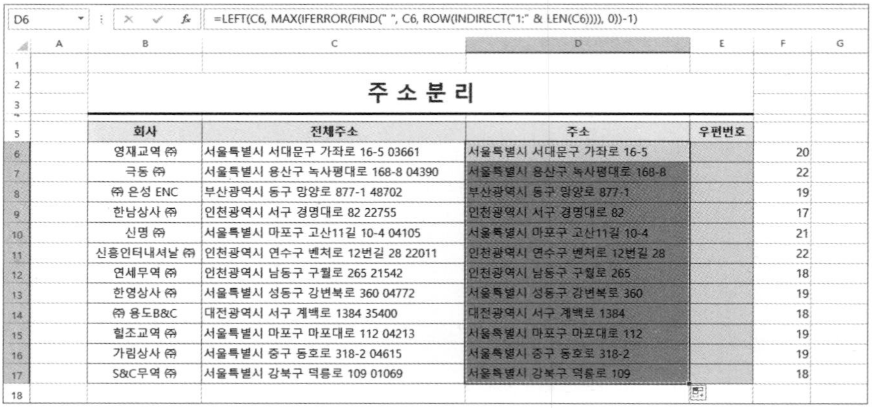

D6 =LEFT(C6, MAX(IFERROR(FIND(" ", C6, ROW(INDIRECT("1:" & LEN(C6)))), 0))-1)

주 소 분 리

회사	전체주소	주소	우편번호	F
영재교역 ㈜	서울특별시 서대문구 가좌로 16-5 03661	서울특별시 서대문구 가좌로 16-5		20
극동 ㈜	서울특별시 용산구 녹사평대로 168-8 04390	서울특별시 용산구 녹사평대로 168-8		22
㈜ 은성 ENC	부산광역시 동구 망양로 877-1 48702	부산광역시 동구 망양로 877-1		19
한남상사 ㈜	인천광역시 서구 경명대로 82 22755	인천광역시 서구 경명대로 82		17
신명 ㈜	서울특별시 마포구 고산11길 10-4 04105	서울특별시 마포구 고산11길 10-4		21
신흥인터내셔날 ㈜	인천광역시 연수구 벤처로 12번길 28 22011	인천광역시 연수구 벤처로 12번길 28		22
연세무역 ㈜	인천광역시 남동구 구월로 265 21542	인천광역시 남동구 구월로 265		18
한영상사 ㈜	서울특별시 성동구 강변북로 360 04772	서울특별시 성동구 강변북로 360		19
㈜ 용도B&C	대전광역시 서구 계백로 1384 35400	대전광역시 서구 계백로 1384		18
힐조교역 ㈜	서울특별시 마포구 마포대로 112 04213	서울특별시 마포구 마포대로 112		19
가림상사 ㈜	서울특별시 중구 동호로 318-2 04615	서울특별시 중구 동호로 318-2		19
S&C무역 ㈜	서울특별시 강북구 덕릉로 109 01069	서울특별시 강북구 덕릉로 109		18

TIP LEFT 함수를 사용해 공백 문자의 마지막 위치에서 바로 이전(–1) 문자까지 잘라냅니다.

12 C열의 주소에서 우편번호 부분만 반환받습니다.

13 [E6] 셀에 다음 수식을 입력하고 [E6] 셀의 채우기 핸들[+]을 [E17] 셀까지 드래그합니다.

[E6] 셀 : =MID(C6, LEN(D6)+2, 100)

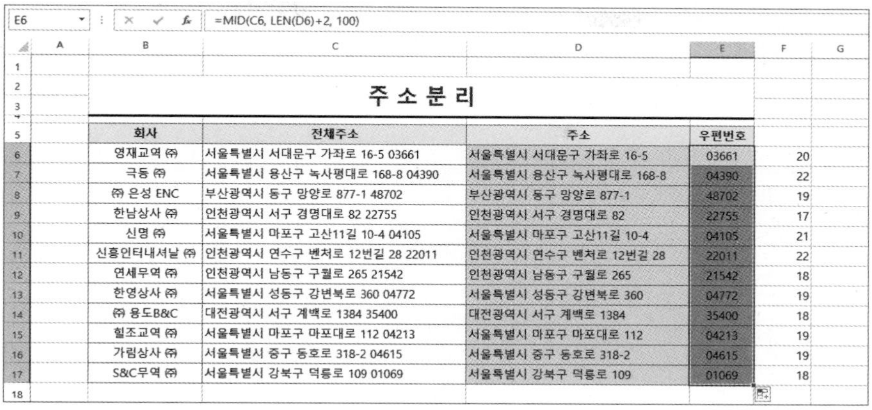

E6 =MID(C6, LEN(D6)+2, 100)

주 소 분 리

회사	전체주소	주소	우편번호	
영재교역 ㈜	서울특별시 서대문구 가좌로 16-5 03661	서울특별시 서대문구 가좌로 16-5	03661	20
극동 ㈜	서울특별시 용산구 녹사평대로 168-8 04390	서울특별시 용산구 녹사평대로 168-8	04390	22
㈜ 은성 ENC	부산광역시 동구 망양로 877-1 48702	부산광역시 동구 망양로 877-1	48702	19
한남상사 ㈜	인천광역시 서구 경명대로 82 22755	인천광역시 서구 경명대로 82	22755	17
신명 ㈜	서울특별시 마포구 고산11길 10-4 04105	서울특별시 마포구 고산11길 10-4	04105	21
신흥인터내셔날 ㈜	인천광역시 연수구 벤처로 12번길 28 22011	인천광역시 연수구 벤처로 12번길 28	22011	22
연세무역 ㈜	인천광역시 남동구 구월로 265 21542	인천광역시 남동구 구월로 265	21542	18
한영상사 ㈜	서울특별시 성동구 강변북로 360 04772	서울특별시 성동구 강변북로 360	04772	19
㈜ 용도B&C	대전광역시 서구 계백로 1384 35400	대전광역시 서구 계백로 1384	35400	18
힐조교역 ㈜	서울특별시 마포구 마포대로 112 04213	서울특별시 마포구 마포대로 112	04213	19
가림상사 ㈜	서울특별시 중구 동호로 318-2 04615	서울특별시 중구 동호로 318-2	04615	19
S&C무역 ㈜	서울특별시 강북구 덕릉로 109 01069	서울특별시 강북구 덕릉로 109	01069	18

TIP D열에 잘라진 주소 부분 문자 개수의 다음(공백 문자), 다음(우편번호 시작 위치) 위치부터 끝까지 잘라내면 우편번호만 얻을 수 있습니다.

배열 수식 활용

2019 이상

10 12 숫자, 영어, 한글 분리하기

예제 파일 PART 03 \ CHAPTER 10 \ 편집-한글숫자분리.xlsx

UNICODE 함수

문자열 내에 텍스트와 숫자가 혼합되어 있을 때 한글, 영어, 숫자를 구분해 분리하고 싶다면 문자의 코드 번호를 반환하는 UNICODE 함수를 사용해야 합니다. UNICODE 함수의 구문은 다음과 같습니다.

UNICODE (❶ 텍스트) 2013 이상

텍스트 문자열의 첫 번째 문자에 할당된 유니코드를 반환합니다.

구문	❶ **텍스트** : 유니코드를 확인할 텍스트 문자(열)

사용 예

```
=UNICODE("A")
```

TIP 대문자 'A'의 유니코드인 65를 반환합니다.

공식처럼 사용할 수 있는 수식

숫자만 분리하기

문자열 내의 숫자만 추출하려면 다음 수식을 사용합니다. 참고로 숫자 이외에 영어나 한글 등을 분리하고 싶다면 아래와 동일한 수식에서 유니코드 번호인 48, 57 등만 변경하면 됩니다.

```
=CONCAT(
        IF((UNICODE(MID(셀, ROW(INDIRECT("1:" & LEN(셀))), 1))>=48)*
        (UNICODE(MID(셀, ROW(INDIRECT("1:" & LEN(셀))), 1))<=57),
        MID(셀, ROW("1:" & INDIRECT("1:" & LEN(셀))), 1), "")
        )
```

- **셀** : 숫자에 해당하는 문자를 포함해 입력된 셀

- 수식 내의 48, 57은 특정 문자를 의미하는 숫자로, 분리해낼 데이터에 따라 바꿔야 합니다. 다음 표를 참고합니다.

구분	코드	문자	비고
숫자	48	0	숫자 시작 문자
	57	9	숫자 끝 문자
영어	65	A	영어 대문자 시작 문자
	90	Z	영어 대문자 끝 문자
	a	97	영어 소문자 시작 문자
	z	122	영어 소문자 끝 문자
한글	가	44032	한글 시작 문자
	힣	55203	한글 끝 문자

한글을 분리하는 경우에는 UNICODE 함수를 반드시 사용해야 하고 영어나 숫자면 CODE 함수를 사용해도 됩니다. 참고로 이번 수식을 입력할 때 **MID(셀, ROW(INDIRECT("1:" & LEN(셀))), 1)** 부분이 수식 내에서 세 번 반복되므로 되도록이면 이름을 정의한 후 사용하는 것을 권합니다.

Ver. 위에서 소개한 수식은 엑셀 2019 이하 버전에서는 Ctrl+Shift+Enter로 수식을 입력해야 하며 마이크로소프트 365 버전에서는 Enter로 수식을 입력합니다.

따라 하기

01 예제를 열고 B열의 회사명과 우편번호를 분리하는 작업을 진행합니다.

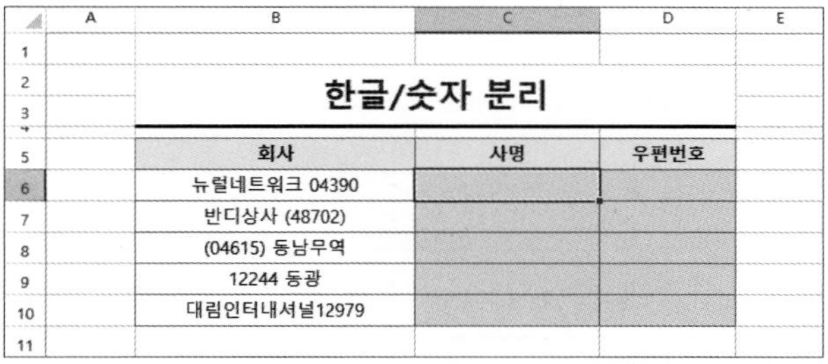
한글/숫자 분리
회사
사명
우편번호
뉴럴네트워크 04390
반디상사 (48702)
(04615) 동남무역
12244 동광
대림인터내셔널12979

TIP B열에 입력된 데이터에서 한글은 사명이고 숫자는 우편번호입니다.

02 한글과 숫자를 구분하려면 문자를 하나씩 배열에 저장합니다.

03 [E6] 셀에 다음 수식을 작성합니다.

[E6] 셀 : =MID(B6, ROW(INDIRECT("1:" & LEN(B6))), 1)

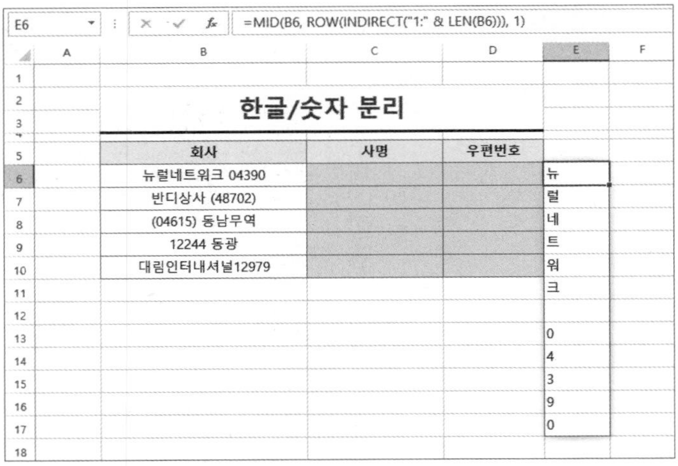
E6
=MID(B6, ROW(INDIRECT("1:" & LEN(B6))), 1)
한글/숫자 분리
회사
사명
우편번호
뉴럴네트워크 04390
반디상사 (48702)
(04615) 동남무역
12244 동광
대림인터내셔널12979
뉴
럴
네
트
워
크
0
4
3
9
0

Ver. 엑셀 2019 버전까지는 [E6:E17] 범위를 선택하고 Ctrl + Shift + Enter 로 입력합니다.

더 알아보기 수식 이해하기

이번 수식은 MID 함수를 사용해 [B6] 셀의 문자를 하나씩 분리하여 배열에 저장합니다. 수식 중에서 가장 중요한 부분은 **ROW(INDIRECT("1:" & LEN(B6)))**입니다. **1:문자 개수**만큼의 숫자를 배열에 저장하므로 MID 함수가 **1:문자 개수** 위치에서 문자를 한 개씩 잘라냅니다. 위의 화면과 같이 배열에 저장됩니다.

04 **03** 과정 수식은 이런 작업에서 여러 번 반복되므로 이름으로 정의해 사용합니다.

05 [C6] 셀을 선택하고 리본 메뉴의 [수식] 탭–[정의된 이름] 그룹–[이름 정의]를 클릭합니다.

06 [새 이름] 대화상자가 표시되면 다음을 참고해 이름 정의하고 [확인]을 클릭합니다.

이름 : 문자

참조 대상 : =MID($B6, ROW(INDIRECT("1:" & LEN($B6))), 1)

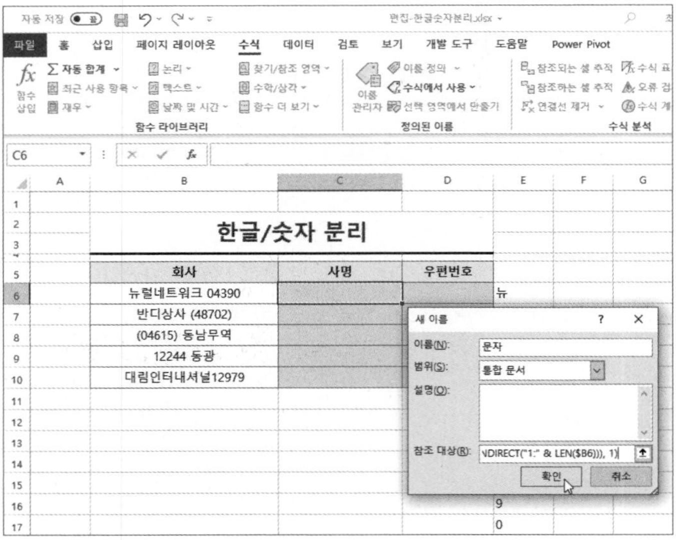

TIP 수식 내에서 동일한 부분이 반복되면 이름으로 정의해 수식의 길이를 줄일 수 있습니다.

더 알아보기 **이름을 정의할 때 주의할 점**

[새 이름] 대화상자에서 [참조 대상]의 수식을 보면 **03** 과정에서 작성한 수식과 [B6] 셀을 참조하는 방식이 다릅니다. 이름을 정의할 때 [B6] 셀을 참조하는 수식에서는 열을 고정($B6)했습니다. 이는 정의된 이름을 C열과 D열에서 모두 사용해야 하기 때문입니다. 만약 상대 참조 방식으로 참조(B6)하면 [B6] 셀을 참조하는 것이 아니라 기준 셀의 왼쪽 셀을 참조하라는 의미가 되므로 상대 참조 방식으로 이름을 정의한 후 [D6] 셀에서 정의된 이름을 사용하면 [C6] 셀의 값을 참조하게 됩니다.

07 배열에 저장된 문자 중 한글 문자를 구분할 수 있는지 확인합니다.

08 [E6] 셀에 UNICODE 함수를 사용하는 다음 수식으로 변경합니다.

[E6] 셀 : =(UNICODE(문자)>=44032)*(UNICODE(문자)<=55203)

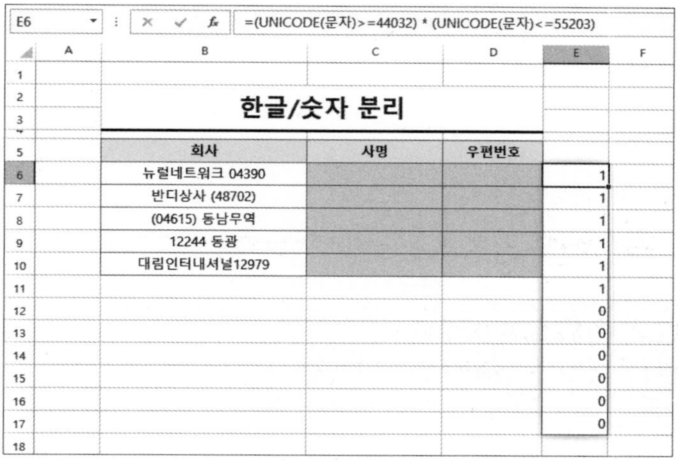

Ver. 엑셀 2019 버전까지는 [E6:E17] 범위를 선택하고 Ctrl + Shift + Enter 로 입력합니다.

더 알아보기 **수식 이해하기**

이번 수식은 배열에 저장된 문자의 UNICODE 값을 확인해 해당 값이 44032(가)에서 55203(힣) 사이의 값인지 확인해 배열에 0과 1을 저장합니다. 다음 과정을 참고합니다.

12×1 배열	UNICODE(①)	② >=44032		② <=55203		
뉴	45684	TRUE		TRUE		1
럴	47092	TRUE		TRUE		1
네	45348	TRUE		TRUE		1
트	53944	TRUE	×	TRUE	=	1
…	…	…		…		…
9	57	FALSE		TRUE		0
0	48	FALSE		TRUE		0
①	②					

이런 과정을 통해 문자가 한글인지 판단할 수 있습니다. 이 과정은 배열에 저장되는 값을 확인하기 위한 용도이므로 확인했다면 [E6] 셀에서 Delete 를 눌러 지웁니다.

Ver. 엑셀 2019 버전이라면 [E6:E17] 범위를 선택하고 Delete 를 눌러야 합니다.

09 배열 내 한글에 해당하는 문자만 CONCAT 함수로 연결합니다.

Ver. CONCAT 함수는 2019 버전부터 지원됩니다.

10 [C6] 셀에 다음 수식을 입력하고 [C6] 셀의 채우기 핸들을 [C10] 셀까지 드래그합니다.

```
=CONCAT(
        IF((UNICODE(문자)>=44032) * (UNICODE(문자)<=55203),
          문자,
          "")
        )
```

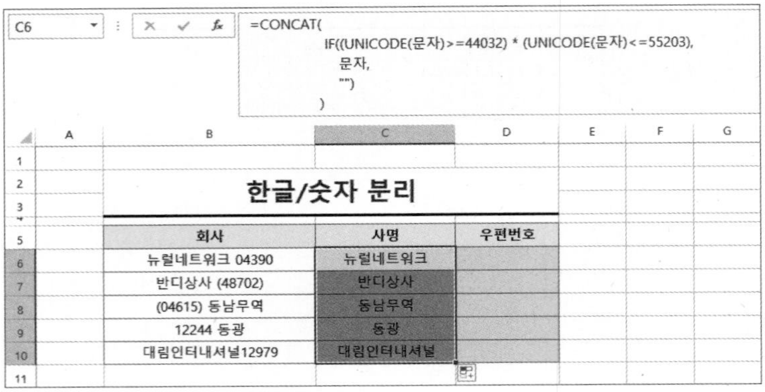

Ver. 엑셀 2019 버전에서는 이번 수식을 Ctrl + Shift + Enter 로 입력합니다.

더 알아보기 수식 이해하기

이번 수식은 배열에 저장된 값을 IF 함수로 판단해 TRUE(1)면 해당 위치의 문자를 배열에 저장하고 FALSE(0)면 빈 문자("")로 대체합니다. 그런 다음 CONCAT 함수로 배열 내 값을 연결해 한글 문자로만 구성된 값을 반환합니다.

12x1 배열	문자	IF(①, ②, "")	CONCAT(③)
1	뉴	뉴	뉴럴네트워크
1	럴	럴	
1	네	네	
1	트	트	
…	…	…	
0	9	""	
0	0	""	
①	②	③	

11 같은 방법으로 숫자를 구분합니다.

12 [D6] 셀에 다음 수식을 입력하고 [D6] 셀의 채우기 핸들을 [D10] 셀까지 드래그합니다.

```
=CONCAT(
          IF((UNICODE(문자)>=48)*(UNICODE(문자)<=57),
             문자,
             “”)
          )
```

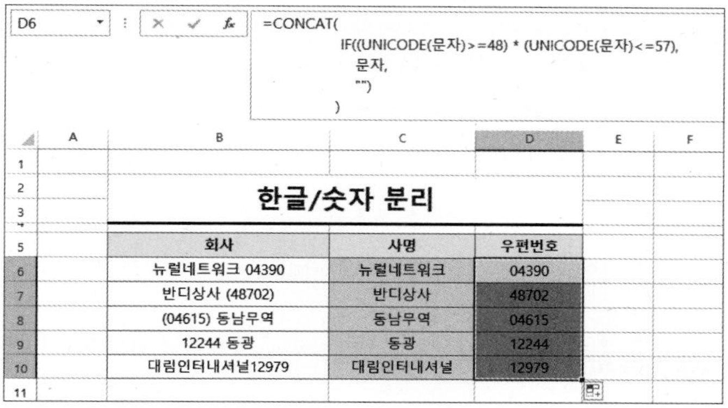

배열 수식 활용

10 13 날짜만 입력된 데이터에서 월별, 분기별 집계하기

예제 파일 PART 03 \ CHAPTER 10 \ 집계-날짜 단위.xlsx

공식처럼 사용할 수 있는 수식

연도, 월, 요일별 집계

날짜 데이터만 입력된 경우 연도, 월, 요일별 집계 작업은 다음 수식을 사용합니다.

=SUM((TEXT(날짜 범위, 서식 코드)=날짜 단위)*(집계 범위))

- **날짜 범위** : 날짜가 입력된 데이터 범위
- **서식 코드** : 집계할 날짜 단위를 의미하는 서식 코드입니다. 예를 들어 4자리 연도별로 집계하려면 서식 코드는 **yyyy**이고, 단위가 포함된 경우라면 **yyyy년**과 같이 입력해야 합니다.
- **날짜 단위** : 집계하려는 날짜 단위(연도, 월, 요일)
- **집계 범위** : 더할 숫자가 입력된 데이터 범위

Ver. 위에서 소개한 수식은 엑셀 2019 이하 버전에서는 Ctrl+Shift+Enter로 수식을 입력해야 하며, 마이크로소프트 365 버전에서는 Enter로 수식을 입력합니다.

반기별 집계

날짜 데이터만 입력된 경우 반기별 집계 작업이 필요하다면 다음 수식을 사용합니다.

=SUM((MONTH(날짜 범위)<7)*(집계 범위))

- **날짜 범위** : 날짜가 입력된 데이터 범위
- **<7** : 상반기 조건으로, 하반기를 집계하려면 **>6**과 같이 변경합니다.
- **집계 범위** : 더할 숫자가 입력된 데이터 범위

Ver. 위에서 소개한 수식은 엑셀 2019 이하 버전에서는 Ctrl+Shift+Enter로 수식을 입력해야 하며, 마이크로소프트 365 버전에서는 Enter로 수식을 입력합니다.

분기별 집계

날짜 데이터만 입력된 경우 분기별 집계 작업이 필요하면 다음 수식을 사용합니다.

=SUM((ROUNDUP(MONTH(날짜 범위)/3, 0)=분기)*(집계 범위))

- **날짜 범위** : 날짜가 입력된 데이터 범위
- **분기** : 분기를 의미하는 숫자
- **집계 범위** : 더할 숫자가 입력된 데이터 범위

Ver. 위에서 소개한 수식은 엑셀 2019 이하 버전에서는 [Ctrl]+[Shift]+[Enter]로 수식을 입력해야 하며, 마이크로소프트 365 버전에서는 [Enter]로 수식을 입력합니다.

따라 하기

01 예제를 열고 왼쪽 표에서 월별, 분기별 매출을 집계하는 작업을 진행합니다.

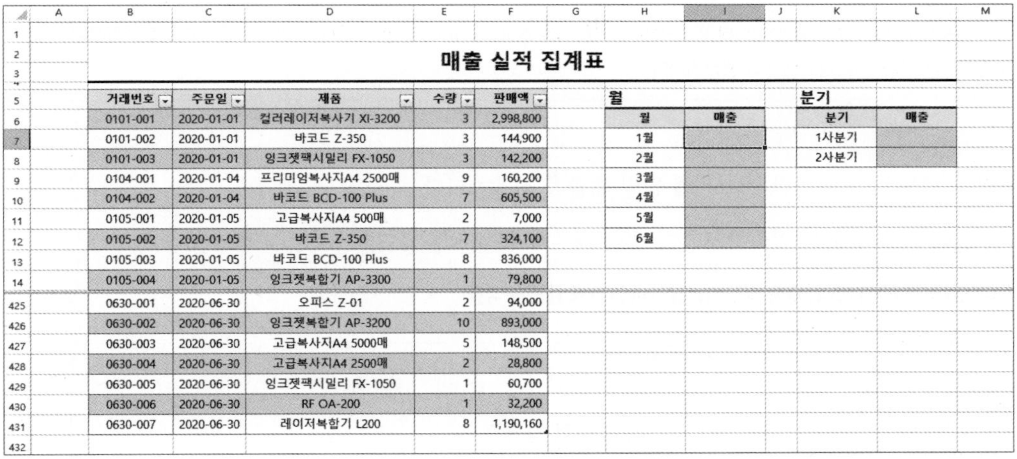

매출 실적 집계표

거래번호	주문일	제품	수량	판매액
0101-001	2020-01-01	컬러레이저복사기 XI-3200	3	2,998,800
0101-002	2020-01-01	바코드 Z-350	3	144,900
0101-003	2020-01-01	잉크젯팩시밀리 FX-1050	3	142,200
0104-001	2020-01-04	프리미엄복사지A4 2500매	9	160,200
0104-002	2020-01-04	바코드 BCD-100 Plus	7	605,500
0105-001	2020-01-05	고급복사지A4 500매	2	7,000
0105-002	2020-01-05	바코드 Z-350	7	324,100
0105-003	2020-01-05	바코드 BCD-100 Plus	8	836,000
0105-004	2020-01-05	잉크젯복합기 AP-3300	1	79,800
0630-001	2020-06-30	오피스 Z-01	2	94,000
0630-002	2020-06-30	잉크젯복합기 AP-3200	10	893,000
0630-003	2020-06-30	고급복사지A4 5000매	5	148,500
0630-004	2020-06-30	고급복사지A4 2500매	2	28,800
0630-005	2020-06-30	잉크젯팩시밀리 FX-1050	1	60,700
0630-006	2020-06-30	RF OA-200	1	32,200
0630-007	2020-06-30	레이저복합기 L200	8	1,190,160

월

월	매출
1월	
2월	
3월	
4월	
5월	
6월	

분기

분기	매출
1사분기	
2사분기	

TIP 예제의 왼쪽 표는 엑셀 표로 등록된 것으로 표 이름은 [표1]입니다.

02 왼쪽 표에는 월 데이터가 따로 존재하지 않으므로 배열에 월을 저장합니다.

03 [N6] 셀에 다음 수식을 입력합니다.

[N6] 셀 : =TEXT(표1[주문일], "m월")

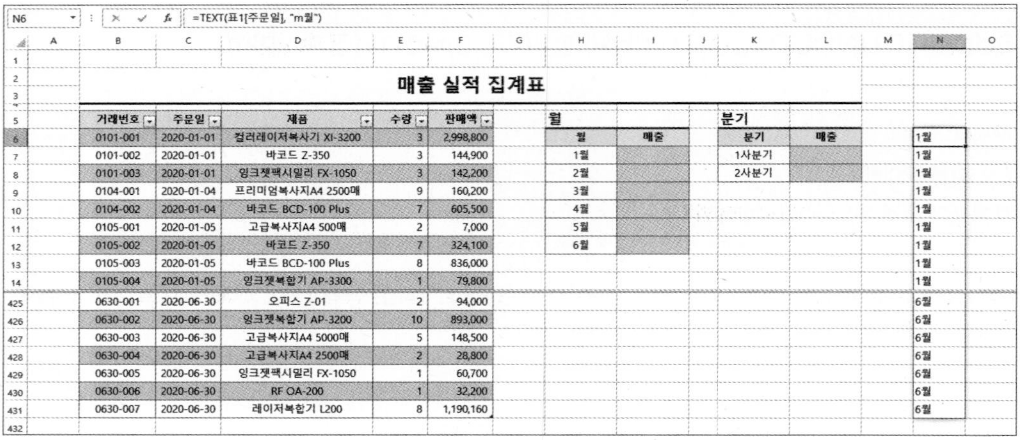
N6 | =TEXT(표1[주문일], "m월")

매출 실적 집계표

행	거래번호	주문일	제품	수량	판매액	월	매출	분기	매출	N
6	0101-001	2020-01-01	컬러레이저복사기 XI-3200	3	2,998,800	월	매출	분기	매출	1월
7	0101-002	2020-01-01	바코드 Z-350	3	144,900	1월		1사분기		1월
8	0101-003	2020-01-01	잉크젯팩시밀리 FX-1050	3	142,200	2월		2사분기		1월
9	0104-001	2020-01-04	프리미엄복사지A4 2500매	9	160,200	3월				1월
10	0104-002	2020-01-04	바코드 BCD-100 Plus	7	605,500	4월				1월
11	0105-001	2020-01-05	고급복사지A4 500매	2	7,000	5월				1월
12	0105-002	2020-01-05	바코드 Z-350	7	324,100	6월				1월
13	0105-003	2020-01-05	바코드 BCD-100 Plus	8	836,000					1월
14	0105-004	2020-01-05	잉크젯복합기 AP-3300	1	79,800					1월
425	0630-001	2020-06-30	오피스 Z-01	2	94,000					6월
426	0630-002	2020-06-30	잉크젯복합기 AP-3200	10	893,000					6월
427	0630-003	2020-06-30	고급복사지A4 5000매	5	148,500					6월
428	0630-004	2020-06-30	고급복사지A4 2500매	2	28,800					6월
429	0630-005	2020-06-30	잉크젯팩시밀리 FX-1050	1	60,700					6월
430	0630-006	2020-06-30	RF OA-200	1	32,200					6월
431	0630-007	2020-06-30	레이저복합기 L200	8	1,190,160					6월

Ver. 이번 수식은 동적 배열의 동작 원리를 확인하는 용도이므로 엑셀 2019 이하 버전에서는 굳이 따라하지 않아도 됩니다.

더 알아보기 수식 이해하기

이번 수식은 **표1[주문일]** 열의 날짜 데이터를 TEXT 함수를 사용해 월 데이터로 변환한 후 배열에 저장합니다. **표1[주문일]** 열은 [C6:C431] 범위이므로 426x1 배열이 생성됩니다.

04 배열에 저장된 월 데이터를 이용해 월별 매출을 집계합니다.

05 [I7] 셀에 다음 수식을 입력하고 [I7] 셀의 채우기 핸들을 [I12] 셀까지 드래그합니다.

[I7] 셀 : =SUM((TEXT(표1[주문일], "m월")=H7)*표1[판매액])

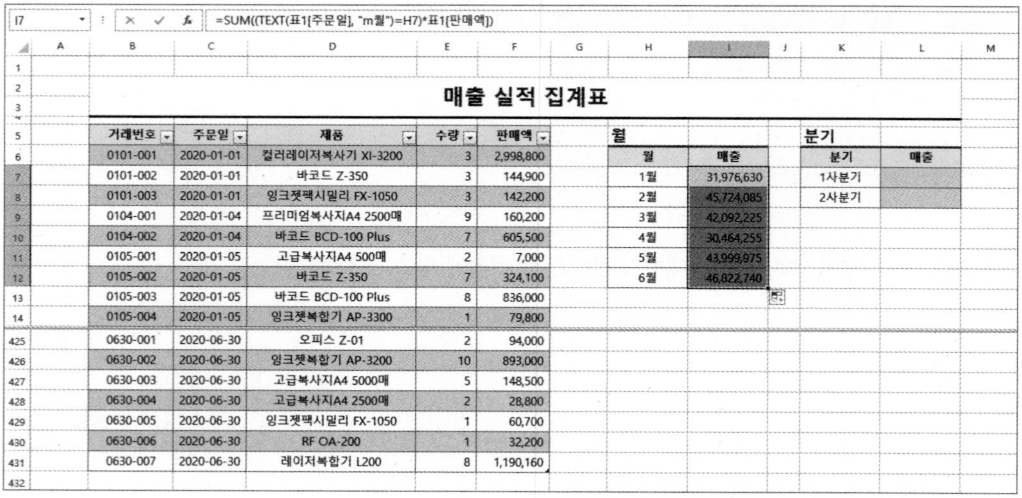
I7 | =SUM((TEXT(표1[주문일], "m월")=H7)*표1[판매액])

매출 실적 집계표

행	거래번호	주문일	제품	수량	판매액	월	매출	분기	매출
6	0101-001	2020-01-01	컬러레이저복사기 XI-3200	3	2,998,800	월	매출	분기	매출
7	0101-002	2020-01-01	바코드 Z-350	3	144,900	1월	31,976,630	1사분기	
8	0101-003	2020-01-01	잉크젯팩시밀리 FX-1050	3	142,200	2월	45,724,085	2사분기	
9	0104-001	2020-01-04	프리미엄복사지A4 2500매	9	160,200	3월	42,092,225		
10	0104-002	2020-01-04	바코드 BCD-100 Plus	7	605,500	4월	30,464,255		
11	0105-001	2020-01-05	고급복사지A4 500매	2	7,000	5월	43,999,975		
12	0105-002	2020-01-05	바코드 Z-350	7	324,100	6월	46,822,740		
13	0105-003	2020-01-05	바코드 BCD-100 Plus	8	836,000				
14	0105-004	2020-01-05	잉크젯복합기 AP-3300	1	79,800				
425	0630-001	2020-06-30	오피스 Z-01	2	94,000				
426	0630-002	2020-06-30	잉크젯복합기 AP-3200	10	893,000				
427	0630-003	2020-06-30	고급복사지A4 5000매	5	148,500				
428	0630-004	2020-06-30	고급복사지A4 2500매	2	28,800				
429	0630-005	2020-06-30	잉크젯팩시밀리 FX-1050	1	60,700				
430	0630-006	2020-06-30	RF OA-200	1	32,200				
431	0630-007	2020-06-30	레이저복합기 L200	8	1,190,160				

Ver. 엑셀 2019 버전까지는 이번 수식을 Ctrl+Shift+Enter로 입력합니다.

더 알아보기 수식 이해하기

이번 수식은 배열에 저장된 월 데이터를 [H7] 셀과 비교한 후 그 결과와 **표1[판매액]** 범위(F6:F431)의 값을 곱하고 SUM 함수로 더한 값을 반환합니다. 다음 과정을 참고합니다.

TEXT()=H7		표1[판매액]		SUM	
TRUE		2998800		2998800	
TRUE		144900		144900	
…		…		…	
FALSE		104100		0	
FALSE	×	145800	=	0	31976630
…		…		…	
FALSE		340800		0	
…		…		…	
FALSE		1190160		0	

TIP SUM 함수를 SUMPRODUCT 함수로 변경하면 엑셀 2019 이하 버전에서도 Enter로 수식을 입력할 수 있습니다.

06 분기별 매출을 구하기 위해 배열에 분기 데이터를 저장합니다.

07 [N6] 셀에 다음 수식을 입력합니다.

[N6] 셀 : =ROUNDUP(MONTH(표1[주문일])/3, 0) & "사분기"

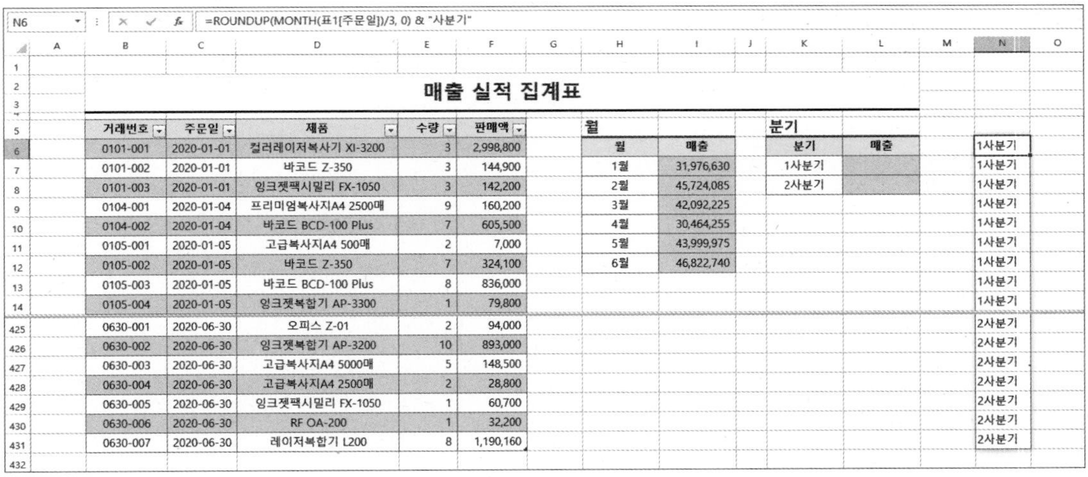

N6 | =ROUNDUP(MONTH(표1[주문일])/3, 0) & "사분기"

매출 실적 집계표

	거래번호	주문일	제품	수량	판매액	월	매출	분기	매출	N
6	0101-001	2020-01-01	컬러레이저복사기 XI-3200	3	2,998,800					1사분기
7	0101-002	2020-01-01	바코드 Z-350	3	144,900	1월	31,976,630	1사분기		1사분기
8	0101-003	2020-01-01	잉크젯팩시밀리 FX-1050	3	142,200	2월	45,724,085	2사분기		1사분기
9	0104-001	2020-01-04	프리미엄복사지A4 2500매	9	160,200	3월	42,092,225			1사분기
10	0104-002	2020-01-04	바코드 BCD-100 Plus	7	605,500	4월	30,464,255			1사분기
11	0105-001	2020-01-05	고급복사지A4 500매	2	7,000	5월	43,999,975			1사분기
12	0105-002	2020-01-05	바코드 Z-350	7	324,100	6월	46,822,740			1사분기
13	0105-003	2020-01-05	바코드 BCD-100 Plus	8	836,000					1사분기
14	0105-004	2020-01-05	잉크젯복합기 AP-3300	1	79,800					1사분기
425	0630-001	2020-06-30	오피스 Z-01	2	94,000					2사분기
426	0630-002	2020-06-30	잉크젯복합기 AP-3200	10	893,000					2사분기
427	0630-003	2020-06-30	고급복사지A4 5000매	5	148,500					2사분기
428	0630-004	2020-06-30	고급복사지A4 2500매	2	28,800					2사분기
429	0630-005	2020-06-30	잉크젯팩시밀리 FX-1050	1	60,700					2사분기
430	0630-006	2020-06-30	RF OA-200	1	32,200					2사분기
431	0630-007	2020-06-30	레이저복합기 L200	8	1,190,160					2사분기

Ver. 이번 수식은 동적 배열의 동작 원리를 확인하는 용도이므로 엑셀 2019 이하 버전에서는 굳이 따라하지 않아도 됩니다.

더 알아보기 수식 이해하기

이번 수식은 기존 배열 수식과 유사하지만 월을 분기로 변환하기 위한 부분이 추가 및 수정되어 있습니다. 이런 계산 방법에 대한 자세한 설명은 이 책의 569페이지를 참고 바랍니다.

08 배열에 저장된 분기 데이터를 이용해 분기별 매출을 집계합니다.

09 [L7] 셀에 다음 수식을 입력하고 [L7] 셀의 채우기 핸들을 [L8] 셀까지 드래그합니다.

[L7] 셀 : =SUM((ROUNDUP(MONTH(표1[주문일])/3, 0) & "사분기"=K7)*표1[판매액])

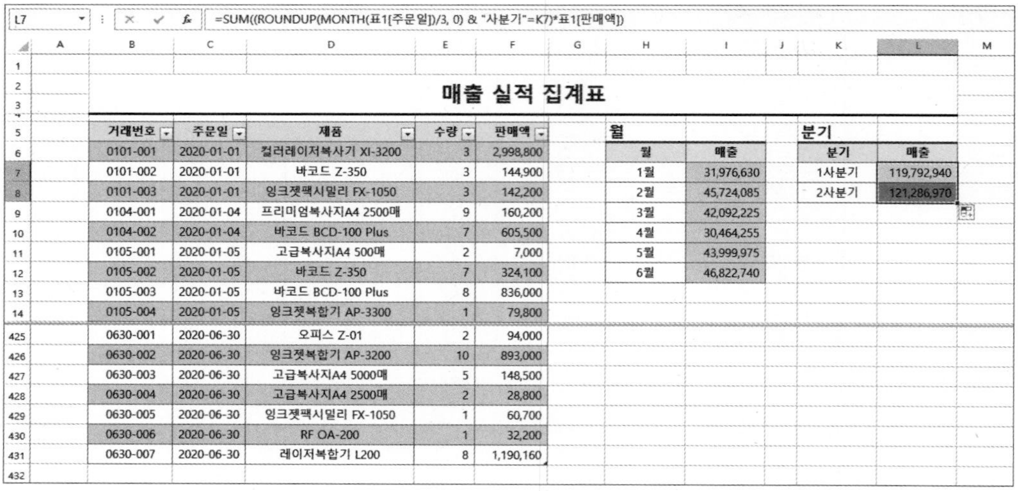
L7 =SUM((ROUNDUP(MONTH(표1[주문일])/3, 0) & "사분기"=K7)*표1[판매액])

매출 실적 집계표

거래번호	주문일	제품	수량	판매액
0101-001	2020-01-01	컬러레이저복사기 XI-3200	3	2,998,800
0101-002	2020-01-01	바코드 Z-350	3	144,900
0101-003	2020-01-01	잉크젯팩시밀리 FX-1050	3	142,200
0104-001	2020-01-04	프리미엄복사지A4 2500매	9	160,200
0104-002	2020-01-04	바코드 BCD-100 Plus	7	605,500
0105-001	2020-01-05	고급복사지A4 500매	2	7,000
0105-002	2020-01-05	바코드 Z-350	7	324,100
0105-003	2020-01-05	바코드 BCD-100 Plus	8	836,000
0105-004	2020-01-05	잉크젯복합기 AP-3300	1	79,800
0630-001	2020-06-30	오피스 Z-01	2	94,000
0630-002	2020-06-30	잉크젯복합기 AP-3200	10	893,000
0630-003	2020-06-30	고급복사지A4 5000매	5	148,500
0630-004	2020-06-30	고급복사지A4 2500매	2	28,800
0630-005	2020-06-30	잉크젯팩시밀리 FX-1050	1	60,700
0630-006	2020-06-30	RF OA-200	1	32,200
0630-007	2020-06-30	레이저복합기 L200	8	1,190,160

월

월	매출
1월	31,976,630
2월	45,724,085
3월	42,092,225
4월	30,464,255
5월	43,999,975
6월	46,822,740

분기

분기	매출
1사분기	119,792,940
2사분기	121,286,970

Ver. 엑셀 2019 버전까지는 이번 수식을 Ctrl+Shift+Enter로 입력합니다.

TIP 기본적인 동작 원리는 **05** 과정과 동일하므로 해당 설명을 참고합니다.

배열 수식 활용

10 14 근삿값 위치를 찾아 참조하기

예제 파일 PART 03 \ CHAPTER 10 \ 참조-근삿값.xlsx

ABS 함수

근삿값 위치를 구하려면 두 값의 차이를 절댓값으로 반환하는 ABS 함수를 사용해야 합니다.

ABS (❶ 숫자)

숫자값에서 부호를 제외한 절댓값을 반환합니다.

구문	❶ **숫자** : 절댓값을 구하려는 숫자

사용 예

```
=ABS(–1)
```

TIP 부호(–)를 제외한 1이 반환됩니다.

공식처럼 사용할 수 있는 수식

원하는 숫자의 근삿값 찾아 참조하기

근삿값을 찾아 참조하려면 다음과 같은 수식을 사용합니다.

```
=INDEX(참조 범위,
        MATCH(MIN(ABS(범위–기준값)), ABS(범위–기준값), 0))
```

- **참조 범위** : 참조할 데이터가 입력된 범위
- **범위** : 숫자값 데이터 범위
- **기준값** : [범위] 내에서 확인할 기준이 되는 숫자값

Ver. 위의 수식은 엑셀 2019 버전까지는 Ctrl+Shift+Enter로 입력해야 하고, 마이크로소프트 365 버전에서는 Enter로 입력합니다.

마이크로소프트 365 버전

마이크로소프트 365 버전에서 새롭게 지원되는 SORTBY 함수를 사용하면 좀 더 간단하게 원하는 결과를 얻을 수 있습니다. 다음 수식을 참고합니다.

=INDEX(SORTBY(참조 범위, ABS(범위–기준값), 1), 1)

- **참조 범위** : 참조할 데이터가 입력된 범위
- **범위** : 숫자값 데이터 범위
- **기준값** : [범위] 내에서 확인할 기준이 되는 숫자값

따라 하기

01 예제를 열고 [F6] 셀의 근속기간 기준에 가장 가까운 근속기간을 가진 직원을 참조합니다.

해외 법인 발령자 선발

사번	이름	근속기간		기준	이름
1	허영원	1.07		3	
2	서보석	2.02			
3	구현상	3.44			
4	천보람	2.31			
5	홍다림	4.77			
6	강민영	2.23			
7	유예찬	2.82			
8	김보배	4.16			
9	김영재	1.00			

TIP D열의 근속기간은 년 단위이며 3.5는 3년 6개월을 의미합니다.

TIP 왼쪽 표는 엑셀 표로, 표 이름은 [표1]입니다.

02 근삿값을 구하기 위해 근속기간에서 기준값을 뺀 값의 절댓값을 구해 배열에 저장합니다.

03 [G6] 셀에 다음 수식을 작성합니다.

[G6] 셀 : =ABS(표1[근속기간]–F6)

G6 =ABS(표1[근속기간]-F6)

해외 법인 발령자 선발

사번	이름	근속기간		기준	이름
1	허영원	1.07		3	1.93
2	서보석	2.02			0.98
3	구현상	3.44			0.44
4	천보람	2.31			0.69
5	홍다림	4.77			1.77
6	강민영	2.23			0.77
7	유예찬	2.82			0.18
8	김보배	4.16			1.16
9	김영재	1.00			2

Ver. 엑셀 2019 버전까지는 [G6:G14] 범위를 선택하고 Ctrl+Shift+Enter로 입력합니다.

더 알아보기 수식 이해하기

이번 수식은 **표1[근속기간]** 범위(D6:D14)의 각 셀에서 기준값(F6)을 뺀 후 ABS 함수를 이용해 절댓값으로 변환하고 9×1 크기의 배열에 저장합니다.

표1[근속기간]		F6		9x1 배열	ABS(①)
1.07				2998800	1.93
2.02				144900	0.98
…	-	3	=	…	…
2.82				0	0.18
4.16				0	1.16
1.00				…	2.00
				①	

이렇게 계산된 결과에서 가장 작은 값이 근삿값입니다.

04 배열에 저장된 값 중 가장 작은 값의 위치를 찾아 해당 위치의 값을 참조합니다.

Ver. 엑셀 2019 버전까지는 [G6:G14] 범위를 선택하고 [Delete]를 눌러 배열의 값을 지웁니다.

05 [G6] 셀의 수식을 다음과 같이 입력합니다.

[G6] 셀 : =INDEX(표1[이름], MATCH(MIN(ABS(표1[근속기간]–F6)), ABS(표1[근속기간]–F6), 0))

G6 | =INDEX(표1[이름], MATCH(MIN(ABS(표1[근속기간]-F6)), ABS(표1[근속기간]-F6), 0))

해외 법인 발령자 선발

사번	이름	근속기간		기준	이름
1	허영원	1.07		3	유예찬
2	서보석	2.02			
3	구현상	3.44			
4	천보람	2.31			
5	홍다림	4.77			
6	강민영	2.23			
7	유예찬	2.82			
8	김보배	4.16			
9	김영재	1.00			

Ver. 엑셀 2019 버전까지는 이번 수식을 [Ctrl]+[Shift]+[Enter]로 입력합니다.

더 알아보기 수식 이해하기

이번 수식을 단순하게 구조화하면 다음과 같은 수식이 됩니다.

```
=INDEX(이름, MATCH(MIN(배열), 배열, 0))
```

즉, 배열에서 가장 작은 값의 위치를 찾아 해당 직원의 이름을 참조하는 수식입니다.

06 마이크로소프트 365 버전 사용자라면 새로 지원되는 SORTBY 함수를 사용할 수 있습니다.

Ver. 아래 과정에서 소개하는 수식은 엑셀 2019 이하 버전에서는 지원하지 않습니다.

07 [G6] 셀의 수식을 다음과 같이 수정합니다.

[G6] 셀 : =SORTBY(표1[이름], ABS(표1[근속기간]-F6), 1)

G6 =SORTBY(표1[이름], ABS(표1[근속기간]-F6), 1)

해외 법인 발령자 선발

사번	이름	근속기간		기준	이름
1	허영원	1.07		3	유예찬
2	서보석	2.02			구현상
3	구현상	3.44			천보람
4	천보람	2.31			강민영
5	홍다림	4.77			서보석
6	강민영	2.23			김보배
7	유예찬	2.82			홍다림
8	김보배	4.16			허영원
9	김영재	1.00			김영재

더 알아보기 **수식 이해하기**

SORTBY 함수는 마이크로소프트 365 버전에서 새롭게 지원하는 함수로, 배열 내 데이터를 정렬한 결과를 반환합니다. 이번 수식에서는 [표1]을 **ABS(표1[근속기간]-F6)**의 결과를 기준으로 오름차순 정렬(1)한 후 **표1[이름]** 열을 동적 배열로 반환합니다. 즉, **03** 과정 결과에 해당하는 직원 이름이 반환됩니다.

LINK SORTBY 함수에 대한 자세한 설명은 이 책의 790페이지를 참고합니다.

08 반환된 배열에서 첫 번째 값이 근삿값에 해당하는 직원의 이름입니다.

09 [G6] 셀의 수식을 다음과 같이 수정합니다.

[G6] 셀 : =INDEX(SORTBY(표1[이름], ABS(표1[근속기간]-F6), 1), 1)

G6 =INDEX(SORTBY(표1[이름], ABS(표1[근속기간]-F6), 1), 1)

해외 법인 발령자 선발

사번	이름	근속기간		기준	이름
1	허영원	1.07		3	유예찬
2	서보석	2.02			
3	구현상	3.44			
4	천보람	2.31			
5	홍다림	4.77			
6	강민영	2.23			
7	유예찬	2.82			
8	김보배	4.16			
9	김영재	1.00			

TIP 이번 수식은 **INDEX(배열, 1)**로 배열 내 첫 번째 값을 참조합니다.

배열 수식 활용

10 15 특정 단어가 포함됐는지 확인해 데이터 분류하기

예제 파일 PART 03 \ CHAPTER 10 \ 참조-단어.xlsx

공식처럼 사용할 수 있는 수식

특정 단어가 포함된 위치 찾아 참조

특정 단어가 포함되었는지 확인해 참조하려면 다음과 같은 수식을 사용합니다.

```
=INDEX(참조 범위,
        MATCH(TRUE, ISNUMBER(FIND(범위, 셀)), 0))
```

- **참조 범위** : 참조할 데이터가 입력된 범위
- **범위** : 찾을 단어가 모두 입력된 데이터 범위
- **셀** : 특정 단어가 포함됐는지 확인하려는 값 또는 값이 입력된 셀

Ver. 위에서 소개한 수식은 엑셀 2019 이하 버전에서는 Ctrl+Shift+Enter로 수식을 입력해야 하며, 마이크로소프트 365 버전에서는 Enter로 수식을 입력합니다.

따라 하기

01 예제를 열고 [제품] 열(C열)에서 특정 단어(F열)가 포함된 제품을 찾아 분류를 D열에 참조합니다.

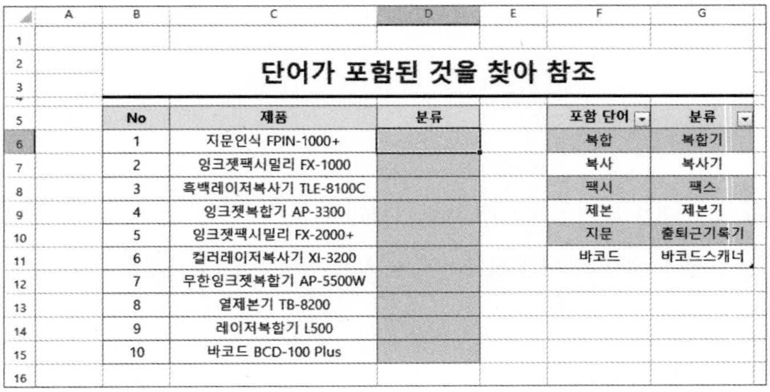

단어가 포함된 것을 찾아 참조

No	제품	분류		포함 단어	분류
1	지문인식 FPIN-1000+			복합	복합기
2	잉크젯팩시밀리 FX-1000			복사	복사기
3	흑백레이저복사기 TLE-8100C			팩시	팩스
4	잉크젯복합기 AP-3300			제본	제본기
5	잉크젯팩시밀리 FX-2000+			지문	출퇴근기록기
6	컬러레이저복사기 XI-3200			바코드	바코드스캐너
7	무한잉크젯복합기 AP-5500W				
8	열제본기 TB-8200				
9	레이저복합기 L500				
10	바코드 BCD-100 Plus				

02 제품에 특정 단어가 포함됐는지 확인하기 위해 [D6] 셀에 다음 수식을 입력합니다.

[D6] 셀 : =FIND(표1[포함 단어], C6)

No	제품	분류		포함 단어	분류
1	지문인식 FPIN-1000+	#VALUE!		복합	복합기
2	잉크젯팩시밀리 FX-1000	#VALUE!		복사	복사기
3	흑백레이저복사기 TLE-8100C	#VALUE!		팩시	팩스
4	잉크젯복합기 AP-3300	#VALUE!		제본	제본기
5	잉크젯팩시밀리 FX-2000+	1		지문	출퇴근기록기
6	컬러레이저복사기 XI-3200	#VALUE!		바코드	바코드스캐너
7	무한잉크젯복합기 AP-5500W				
8	열제본기 TB-8200				
9	레이저복합기 L500				
10	바코드 BCD-100 Plus				

Ver. 엑셀 2019 버전까지는 [D6:D11] 범위를 선택하고 Ctrl + Shift + Enter 로 입력합니다.

더 알아보기 **수식 이해하기**

이번 수식은 **표1[포함 단어]** 범위(F6:F11) 내 단어를 [C6] 셀에서 찾은 후 찾은 위치를 배열에 저장한 것입니다. 즉, 다음과 같은 과정을 통해 6x1 배열에 저장됩니다.

F6:F12 ①	C6 ②	FIND(①, ②)
복합	지문인식 FPIN-1000+	#VALUE!
복사		#VALUE!
팩시		#VALUE!
제본		#VALUE!
지문		1
바코드		#VALUE!

배열에 저장된 값 중 #VALUE! 에러는 해당 단어가 [C6] 셀에 포함되어 있지 않다는 것을 의미합니다. 1은 '지문'을 [C6] 셀의 첫 번째 위치에서 찾았다는 것을 의미합니다.

03 그러므로 배열 내 숫자 위치를 찾으면 어떤 단어가 포함됐는지 확인할 수 있습니다.

Ver. 엑셀 2019 버전까지는 [D6:D11] 범위를 선택하고 Delete 를 눌러 배열의 값을 지웁니다.

04 [D6] 셀에 다음 수식을 입력하고 [D6] 셀의 채우기 핸들을 [D15] 셀까지 드래그합니다.

[D6] 셀 : =MATCH(TRUE, ISNUMBER(FIND(표1[포함 단어], C6)), 0)

D6 =MATCH(TRUE, ISNUMBER(FIND(표1[포함 단어], C6)), 0)

단어가 포함된 것을 찾아 참조

No	제품	분류
1	지문인식 FPIN-1000+	5
2	잉크젯팩시밀리 FX-1000	3
3	흑백레이저복사기 TLE-8100C	2
4	잉크젯복합기 AP-3300	1
5	잉크젯팩시밀리 FX-2000+	3
6	컬러레이저복사기 XI-3200	2
7	무한잉크젯복합기 AP-5500W	1
8	열제본기 TB-8200	4
9	레이저복합기 L500	1
10	바코드 BCD-100 Plus	6

포함 단어	분류
복합	복합기
복사	복사기
팩시	팩스
제본	제본기
지문	출퇴근기록기
바코드	바코드스캐너

Ver. 엑셀 2019 버전까지는 이번 수식을 Ctrl+Shift+Enter로 입력합니다.

더 알아보기 **수식 이해하기**

이번 수식을 좀 더 간단하게 정리하면 다음과 같습니다.

```
=MATCH(TRUE, ISNUMBER(배열), 0)
```

즉, 배열의 값이 숫자인지 판단하는 논릿값 ISNUMBER 함수로 돌려받아 TRUE가 나오는 위치를 찾은 것입니다. 이렇게 하면 간단하게 숫자가 나온 위치를 찾을 수 있습니다.

05 위치를 찾았다면 INDEX 함수로 분류를 참조해옵니다.

06 [D6] 셀의 수식을 다음과 같이 수정하고 [D6] 셀의 채우기 핸들을 [D15] 셀까지 드래그합니다.

[D6] 셀 : =INDEX(표1[분류], MATCH(TRUE, ISNUMBER(FIND(표1[포함 단어], C6)), 0))

D6 =INDEX(표1[분류], MATCH(TRUE, ISNUMBER(FIND(표1[포함 단어], C6)), 0))

단어가 포함된 것을 찾아 참조

No	제품	분류
1	지문인식 FPIN-1000+	출퇴근기록기
2	잉크젯팩시밀리 FX-1000	팩스
3	흑백레이저복사기 TLE-8100C	복사기
4	잉크젯복합기 AP-3300	복합기
5	잉크젯팩시밀리 FX-2000+	팩스
6	컬러레이저복사기 XI-3200	복사기
7	무한잉크젯복합기 AP-5500W	복합기
8	열제본기 TB-8200	제본기
9	레이저복합기 L500	복합기
10	바코드 BCD-100 Plus	바코드스캐너

포함 단어	분류
복합	복합기
복사	복사기
팩시	팩스
제본	제본기
지문	출퇴근기록기
바코드	바코드스캐너

Ver. 엑셀 2019 버전까지는 이번 수식을 Ctrl+Shift+Enter로 입력합니다.

TIP MATCH 함수를 이용해 찾은 위치에서 INDEX 함수로 [분류] 열의 값만 참조한 것입니다.

10_16 여러 조건을 모두 만족하는 위치를 찾아 참조하기

예제 파일 PART 03 \ CHAPTER 10 \ 참조–다중 조건.xlsx

공식처럼 사용할 수 있는 수식

여러 조건을 모두 만족하는 위치 찾아 참조하기

여러 조건을 모두 만족하는 위치를 찾아 값을 참조하려면 다음과 같은 수식을 사용합니다.

```
=INDEX(참조 범위,
         MATCH(1, (범위1=조건1)*(범위2=조건2)*…, 0))
```

- **참조 범위** : 참조할 데이터가 입력된 범위
- **범위** : [조건]을 확인할 데이터 범위
- **조건** : [범위] 내 데이터와 비교할 조건

Ver. 위에서 소개한 수식은 엑셀 2019 이하 버전에서는 Ctrl+Shift+Enter로 수식을 입력해야 하며, 마이크로소프트 365 버전에서는 Enter로 수식을 입력합니다.

또는 다음과 같은 수식을 사용할 수 있습니다.

```
=INDEX(참조 범위,
         MATCH(조건1 & 조건2 & …, 범위1 & 범위2 & …, 0))
```

- **참조 범위** : 참조할 데이터가 입력된 범위
- **범위** : [조건]을 확인할 데이터 범위
- **조건** : [범위] 내 데이터와 비교할 조건

Ver. 위에서 소개한 수식은 엑셀 2019 이하 버전에서는 Ctrl+Shift+Enter로 수식을 입력해야 하며, 마이크로소프트 365 버전에서는 Enter로 수식을 입력합니다.

또는 다음 수식을 사용할 수 있습니다.

=LOOKUP(1, 0/((범위1=조건1)*(범위2=조건2)*…), 참조 범위)

- **참조 범위** : 참조할 데이터가 입력된 범위
- **범위** : [조건]을 확인할 데이터 범위
- **조건** : [범위] 내 데이터와 비교할 조건

Ver. 위 수식은 버전과 무관하게 모두 Enter 로 수식을 입력할 수 있습니다.

마이크로소프트 365 버전

마이크로소프트 365 버전을 사용한다면 FILTER 함수를 사용한 후 수식을 사용할 수 있습니다.

=FILTER(참조 범위, (범위1=조건1)*(범위2=조건2)*…)

- **참조 범위** : 참조할 데이터가 입력된 범위
- **범위** : [조건]을 확인할 데이터 범위
- **조건** : [범위] 내 데이터와 비교할 조건

따라 하기

01 예제를 열고, [F6] 셀을 선택하면 다음과 같은 수식을 확인할 수 있습니다.

[F6] 셀 : =VLOOKUP(D6, $J$6:$K$10, 2, FALSE)

F6 =VLOOKUP(D6, $J$6:$K$10, 2, FALSE)

다중 조건의 참조

번호	분류	모델	수량	단가	판매		분류	모델	단가
1	노트북	X-3	2	450,000	900,000		카메라	X-3	450,000
2	카메라	X-7	3	830,000	2,490,000		카메라	X-5	580,000
3	노트북	X-1	1	1,320,000	1,320,000		카메라	X-7	830,000
4	카메라	X-5	2	580,000	1,160,000		노트북	X-1	1,320,000
5	카메라	X-3	1	450,000	450,000		노트북	X-3	2,057,000
6	노트북	X-1	2	1,320,000	2,640,000				
7	노트북	X-3	3	450,000	1,350,000				
8	카메라	X-5	4	580,000	2,320,000				

더 알아보기 잘못된 값을 참조한 이유

이번 수식에서 VLOOKUP 함수는 왼쪽의 모델명(D6)을 오른쪽 J열에서 찾아 K열의 단가를 참조해옵니다. 수식 자체는 문제가 없지만 [D6] 셀의 'X-3'는 오른쪽 표에서 [J6] 셀과 [J10] 셀에 존재합니다. 이런 경우 VLOOKUP 함수나 MATCH 함수는 모두 첫 번째 위치를 찾기 때문에 [F6] 셀에는 [K6] 셀의 단가가 참조되었습니다.

하지만 [J6] 셀의 'X-3'은 카메라(I6) 모델이고 [J10] 셀의 'X-3'은 노트북(I10) 모델입니다. [F6] 셀의 경우 'X-3' 모델은 노트북(C6) 모델이므로 [J10] 셀 위치를 참조해야 합니다.

이런 경우 무조건 마지막을 찾는 것이 아니라 분류와 모델이 모두 동일한 위치의 값을 참조해야 합니다. 하지만 VLOOKUP 함수는 찾을 값이 여러 개인 경우를 처리할 수가 없습니다.

02 두 조건을 모두 만족하는 경우를 배열을 저장합니다.

03 다음 작업을 위해 [F6:F13] 범위를 선택하고 Delete 를 눌러 먼저 입력된 수식을 지웁니다.

04 [F6] 셀을 선택하고 다음 수식을 입력합니다.

[F6] 셀 : =($I$6:$I$10=C6)*($J$6:$J$10=D6)

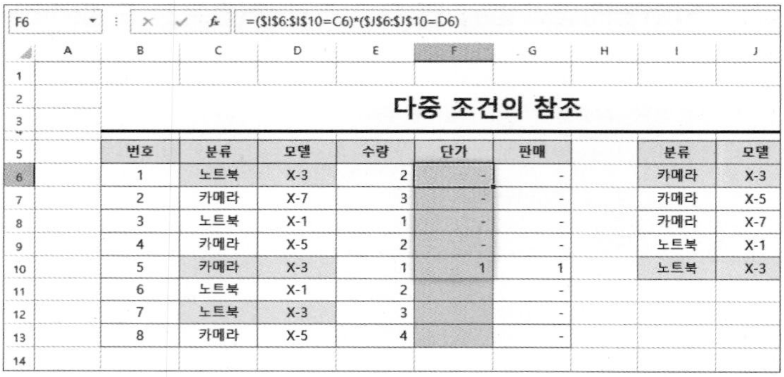
F6 =($I$6:$I$10=C6)*($J$6:$J$10=D6)

다중 조건의 참조

번호	분류	모델	수량	단가	판매		분류	모델
1	노트북	X-3	2	-	-		카메라	X-3
2	카메라	X-7	3	-	-		카메라	X-5
3	노트북	X-1	1	-	-		카메라	X-7
4	카메라	X-5	2	-	-		노트북	X-1
5	카메라	X-3	1	1	1		노트북	X-3
6	노트북	X-1	2		-			
7	노트북	X-3	3		-			
8	카메라	X-5	4		-			

Ver. 엑셀 2019 버전까지는 [F6:F10] 범위를 선택하고 Ctrl + Shift + Enter 로 입력합니다.

더 알아보기 수식 이해하기

이번 수식은 먼저 오른쪽 표의 [분류] 범위에서 내 분류 위치를 찾기 위해 [I6:I10] 범위와 [C6] 셀을 비교한 결과를 배열에 저장합니다. 그리고 [모델] 범위에서 내 모델 위치를 찾기 위해 [J6:J10] 범위와 [D6] 셀을 비교한 결과를 배열에 저장합니다. 마지막으로 두 배열을 곱셈 연산(AND 조건)한 결과를 배열에 저장합니다.

I6:I10=C6		J6:J10=D6		배열 5×1 배열
FALSE		TRUE		0
FALSE		FALSE		0
FALSE	×	FALSE	=	0
TRUE		FALSE		0
TRUE		TRUE		1

배열에 저장된 값이 1이면 두 범위의 비교 결과가 모두 TRUE인 것이므로, 두 조건(분류가 같고 모델이 동일)을 모두 만족하는 위치를 찾을 수 있습니다.

05 배열에 저장된 1의 위치를 MATCH 함수로 찾습니다.

Ver. 엑셀 2019 버전까지는 [F6:F10] 범위를 선택하고 Delete 를 눌러 배열의 값을 지웁니다.

06 [F6] 셀의 수식을 다음과 같이 수정하고 [F6] 셀의 채우기 핸들을 [F13] 셀까지 드래그합니다.

[F6] 셀 : =MATCH(1, ($I$6:$I$10=C6)*($J$6:$J$10=D6), 0)

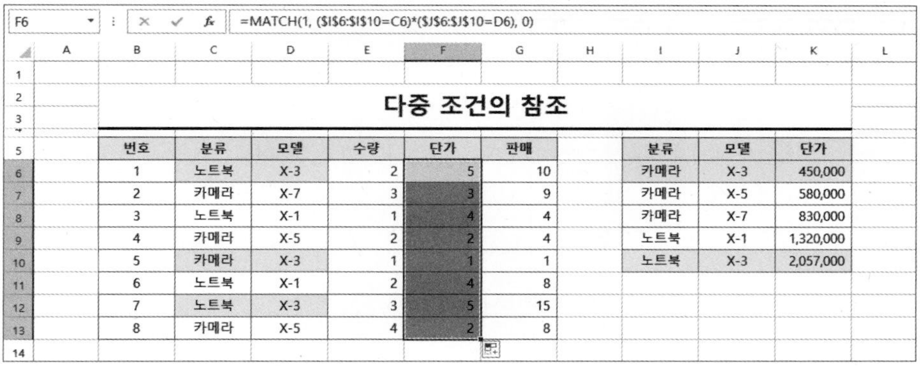

F6 =MATCH(1, ($I$6:$I$10=C6)*($J$6:$J$10=D6), 0)

다중 조건의 참조

번호	분류	모델	수량	단가	판매		분류	모델	단가
1	노트북	X-3	2	5	10		카메라	X-3	450,000
2	카메라	X-7	3	3	9		카메라	X-5	580,000
3	노트북	X-1	1	4	4		카메라	X-7	830,000
4	카메라	X-5	2	2	4		노트북	X-1	1,320,000
5	카메라	X-3	1	1	1		노트북	X-3	2,057,000
6	노트북	X-1	2	4	8				
7	노트북	X-3	3	5	15				
8	카메라	X-5	4	2	8				

Ver. 엑셀 2019 버전까지는 이번 수식을 Ctrl + Shift + Enter 로 입력합니다.

더 알아보기 수식 이해하기

이번 수식은 배열에 저장된 1의 위치를 MATCH 함수로 찾는 수식입니다. [F6] 셀의 경우를 보면 오른쪽 표의 5번째 위치에 분류가 같고 모델이 동일한 데이터가 존재한다는 것을 알 수 있습니다. 이렇게 하면 더 많은 조건을 모두 만족하는 위치를 찾을 수 있습니다.

참고로 이번 수식은 다음과 같은 수식으로 대체가 가능합니다.

```
=MATCH(C6 & D6, $I$6:$I$10 & $J$6:$J$10, 0)
```

Ver. 엑셀 2019 버전까지는 이번 수식을 Ctrl + Shift + Enter 로 입력합니다.

방법은 다르지만 위 수식도 동일한 두 개 조건을 모두 만족하는 위치를 찾게 됩니다. 이번 수식에서 MATCH 함수의 두 번째 인수는 두 범위를 & 연산자로 연결하는데, 이 경우 다음과 같은 값이 5x1 배열에 저장됩니다.

I6:I10		J6:J10		5×1 배열
카메라		X-3		카메라X-3
카메라		X-5		카메라X-5
카메라	&	X-7	=	카메라X-7
노트북		X-1		노트북X-1
노트북		X-3		노트북X-3

이렇게 연결된 위치에서 내 분류와 모델을 연결한 값의 위치를 찾으면 동일한 결과를 얻을 수 있습니다. 다만 이 방법보다는 **05** 과정에서 소개한 수식을 더 자주 활용합니다.

07 참조할 정확한 위치를 찾았으므로 단가를 참조합니다.

08 [F6] 셀의 수식을 다음과 같이 수정하고 [F6] 셀의 채우기 핸들을 [F10] 셀까지 드래그합니다.

[F6] 셀 : =INDEX($K$6:$K$10, MATCH(1, ($I$6:$I$10=C6)*($J$6:$J$10=D6), 0))

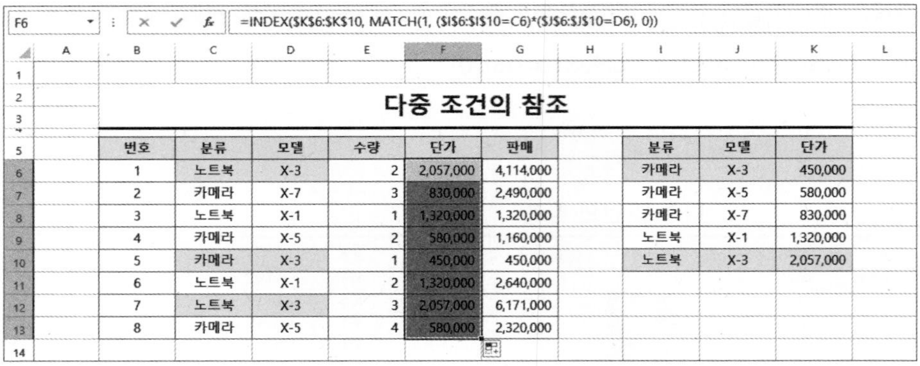

F6 =INDEX($K$6:$K$10, MATCH(1, ($I$6:$I$10=C6)*($J$6:$J$10=D6), 0))

다중 조건의 참조

번호	분류	모델	수량	단가	판매		분류	모델	단가
1	노트북	X-3	2	2,057,000	4,114,000		카메라	X-3	450,000
2	카메라	X-7	3	830,000	2,490,000		카메라	X-5	580,000
3	노트북	X-1	1	1,320,000	1,320,000		카메라	X-7	830,000
4	카메라	X-5	2	580,000	1,160,000		노트북	X-1	1,320,000
5	카메라	X-3	1	450,000	450,000		노트북	X-3	2,057,000
6	노트북	X-1	2	1,320,000	2,640,000				
7	노트북	X-3	3	2,057,000	6,171,000				
8	카메라	X-5	4	580,000	2,320,000				

Ver. 엑셀 2019 버전까지는 이번 수식을 Ctrl+Shift+Enter로 입력합니다.

09 이번 수식을 LOOKUP 함수로 대체합니다.

더 알아보기 왜 LOOKUP 함수를 사용할까?

LOOKUP 함수는 자체적으로 배열을 활용해 동작합니다. 따라서 수식을 입력할 때 엑셀 2019 이하 버전에서도 Enter로만 수식을 입력할 수 있고 Ctrl+Shift+Enter를 눌러 입력하는 배열 수식보다 계산 속도가 더 빠릅니다. 그러므로 엑셀 2019 이하 버전에서는 이렇게 자체적으로 배열을 활용하는 함수를 사용하는 것이 더 유용합니다. 다만 마이크로소프트 365 버전과 같이 프로그램 자체적으로 배열을 지원하는 경우에는 큰 차이가 없어 편한 방법 중 하나를 선택하거나 마이크로소프트 365 버전에서 지원하는 FILTER 함수를 이용합니다.

10 [F6] 셀의 수식을 다음과 같이 수정하고 [F6] 셀의 채우기 핸들을 [F10] 셀까지 드래그합니다.

[F6] 셀 : =LOOKUP(1, 0/(($I$6:$I$10=C6)*($J$6:$J$10=D6)), $K$6:$K$10)

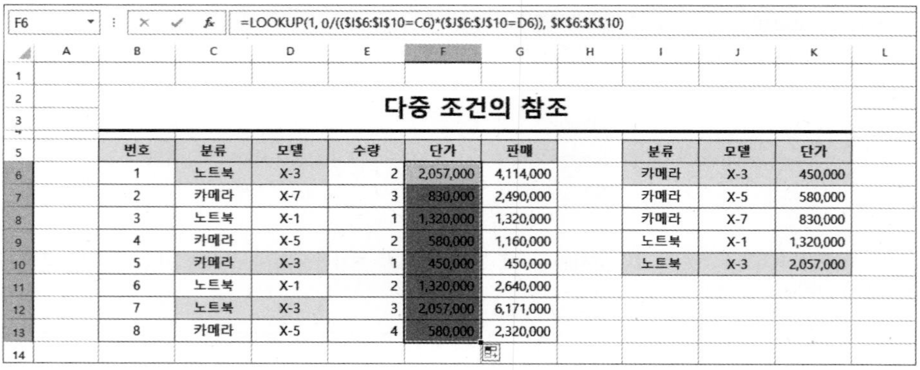

F6 =LOOKUP(1, 0/(($I$6:$I$10=C6)*($J$6:$J$10=D6)), $K$6:$K$10)

다중 조건의 참조

번호	분류	모델	수량	단가	판매		분류	모델	단가
1	노트북	X-3	2	2,057,000	4,114,000		카메라	X-3	450,000
2	카메라	X-7	3	830,000	2,490,000		카메라	X-5	580,000
3	노트북	X-1	1	1,320,000	1,320,000		카메라	X-7	830,000
4	카메라	X-5	2	580,000	1,160,000		노트북	X-1	1,320,000
5	카메라	X-3	1	450,000	450,000		노트북	X-3	2,057,000
6	노트북	X-1	2	1,320,000	2,640,000				
7	노트북	X-3	3	2,057,000	6,171,000				
8	카메라	X-5	4	580,000	2,320,000				

더 알아보기 수식 이해하기

LOOKUP 함수는 자체적으로 배열을 활용하므로 배열 수식과 동일한 방식의 범위 연산을 할 수 있습니다. 이번 수식을 이해하려면 LOOKUP 함수의 두 번째 인수 부분을 먼저 이해해야 합니다. 다음 다이어그램을 참고합니다.

I6:I10=C6		J6:J10=D6		5×1 배열	0/①
FALSE		TRUE		0	#DIV/0!
FALSE		FALSE		0	#DIV/0!
FALSE	×	FALSE	=	0	#DIV/0!
TRUE		FALSE		0	#DIV/0!
TRUE		TRUE		1	0
				①	

위 다이어그램에서 제일 의아할 수 있는 부분은 '마지막에 왜 0을 나누는 연산을 포함하는가'일 것입니다. LOOKUP 함수는 정확한 값의 위치를 찾는 함수가 아니라 근삿값의 위치를 찾는 함수입니다. LOOKUP 함수는 오류가 발생한 위치는 무시하므로 찾을 값을 제외하고는 모두 #DIV/0! 오류를 발생시키기 위해 0을 나누는 연산을 추가한 것입니다.

LOOKUP 함수가 1의 위치를 찾아 세 번째 인수의 [K6:K10] 범위 내 같은 행 단가를 참조하도록 하면 기존 배열 수식과 동일한 결과를 반환합니다.

11 마이크로소프트 365 버전 사용자라면 새롭게 지원되는 FILTER 함수를 사용할 수 있습니다.

Ver. 아래 과정에서 소개하는 수식은 엑셀 2019 버전까지는 지원되지 않습니다.

12 [F6] 셀의 수식을 다음과 같이 수정하고 [F6] 셀의 채우기 핸들을 [F13] 셀까지 드래그합니다.

[F6] 셀 : =FILTER($K$6:$K$10, ($I$6:$I$10=C6)*($J$6:$J$10=D6))

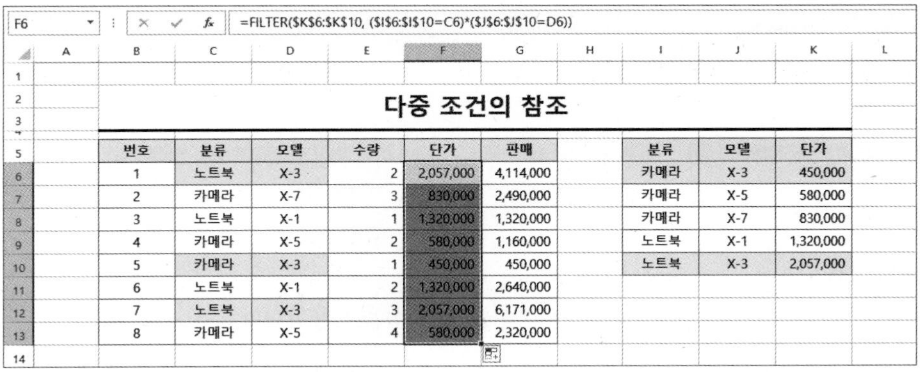

번호	분류	모델	수량	단가	판매
1	노트북	X-3	2	2,057,000	4,114,000
2	카메라	X-7	3	830,000	2,490,000
3	노트북	X-1	1	1,320,000	1,320,000
4	카메라	X-5	2	580,000	1,160,000
5	카메라	X-3	1	450,000	450,000
6	노트북	X-1	2	1,320,000	2,640,000
7	노트북	X-3	3	2,057,000	6,171,000
8	카메라	X-5	4	580,000	2,320,000

분류	모델	단가
카메라	X-3	450,000
카메라	X-5	580,000
카메라	X-7	830,000
노트북	X-1	1,320,000
노트북	X-3	2,057,000

LINK FILTER 함수의 구성은 LOOKUP 함수와 유사하며, 자세한 사용 방법은 이 책의 784페이지를 참고합니다.

배열 수식 활용

10 17 텍스트와 숫자가 혼합된 표에서 마지막 값의 위치를 찾아 참조하기

예제 파일 PART 03 \ CHAPTER 10 \ 참조-마지막값.xlsx

공식처럼 사용할 수 있는 수식

특정 데이터 범위에서 마지막 값의 위치를 찾아 참조하는 방법은 이 책의 690페이지에서 이미 설명한 바 있습니다. 다만 해당 방법은 입력된 데이터의 형식이 모두 숫자이거나 텍스트인 경우에만 사용할 수 있는 방법으로, 숫자와 텍스트가 같이 혼합된 데이터 형식의 열(또는 행)에서는 사용할 수가 없습니다.

행의 마지막 위치 찾아 참조

행 범위에서 마지막에 입력된 데이터를 참조하려면 다음과 같은 수식을 사용합니다.

```
=INDEX(행 범위, 1, MAX((범위<>"")*COLUMN(범위)))
```

- **행 범위** : 참조할 행 범위로, 예를 들면 [1:1]과 같이 1행 전체 범위의 주소입니다.
- **범위** : 마지막 위치를 확인하고 싶은 데이터 범위

Ver. 위 수식은 엑셀 2019 이하 버전에서는 Ctrl+Shift+Enter로 수식을 입력해야 하며, 마이크로소프트 365 버전에서는 Enter로 수식을 입력합니다.

열의 마지막 위치 찾아 참조

열 범위에서 마지막에 입력된 데이터를 참조하려면 다음과 같은 수식을 사용합니다.

```
=INDEX(열 범위, MAX((범위<>"")*ROW(범위)))
```

- **열 범위** : 참조할 열 범위로, 예를 들면 [A:A]와 같이 A열 전체 범위의 주소입니다.
- **범위** : 마지막 위치를 확인하고 싶은 데이터 범위

Ver. 위에서 소개한 수식은 엑셀 2019 이하 버전에서는 Ctrl+Shift+Enter로 수식을 입력해야 하며, 마이크로소프트 365 버전에서는 Enter로 수식을 입력합니다.

마이크로소프트 365 버전

마이크로소프트 365 버전을 사용 중이라면 XLOOKUP 함수를 사용해 좀 더 간결한 수식을 사용할 수 있습니다.

> **=XLOOKUP(TRUE, 범위〈〉"", 참조 범위,,,−1)**
>
> - **범위** : 마지막 위치를 확인하려는 범위
> - **참조 범위** : 참조할 데이터가 입력된 범위

따라 하기

01 예제를 열고, 각 직원의 마지막 근무일을 C열에 반환하는 수식을 작성합니다.

마지막 근무일 참조

직원	마지막	1일	2일	3일	4일	5일	6일	7일	8일	9일	10일	11일	12일
남영재			A	P	S		A	P	S				
배요한								A	P	S	5	A	
김은하		A	P	S	A	P	S		5	5	5		
천유리					A	5	P	S	A	5			
정소라		A	P	S	5	5	5	A	P				

TIP 마지막 근무일을 판단하는 기준은 [D6:O10] 범위에서 값이 입력된 마지막 위치를 찾습니다.

02 값이 입력된 마지막 위치의 열 번호를 배열에 저장합니다.

03 [D12] 셀에 다음 수식을 작성합니다.

[D12] 셀 : =(D6:O6〈〉"")*COLUMN(D6:O6)

D12 | =(D6:O6<>"")*COLUMN(D6:O6)

마지막 근무일 참조

직원	마지막	1일	2일	3일	4일	5일	6일	7일	8일	9일	10일	11일	12일
남영재			A	P	S		A	P	S				
배요한								A	P	S	5	A	
김은하		A	P	S	A	P	S		5	5	5		
천유리					A	5	P	S	A	5			
정소라		A	P	S	5	5	5	A	P				
		0	5	6	7	0	9	10	11	0	0	0	0

Ver. 엑셀 2019 버전까지는 이번 수식을 [D12:O12] 범위를 선택하고 Ctrl+Shift+Enter로 입력합니다.

더 알아보기 수식 이해하기

이번 수식은 [D6:O6] 범위에서 값이 입력된 위치의 열 번호를 배열에 저장합니다.

D6:O6〈〉“”

FALSE	TRUE	TRUE	TRUE	FALSE	TRUE	TRUE	TRUE	FALSE	FALSE	FALSE	FALSE

×

COLUMN(D6:O6)

4	5	6	7	8	9	10	11	12	13	14	15

=

1×12 배열

0	5	6	7	0	9	10	11	0	0	0	0

배열에 저장된 값 중 가장 큰 숫자가 데이터가 입력된 마지막 셀의 열 번호입니다.

04 마지막 데이터가 입력된 셀의 열 번호를 돌려받습니다.

05 [C6] 셀에 다음 수식을 입력하고 [C6] 셀의 채우기 핸들을 [C10] 셀까지 드래그합니다.

[C6] 셀 : =MAX((D6:O6〈〉“ ”)*COLUMN(D6:O6))

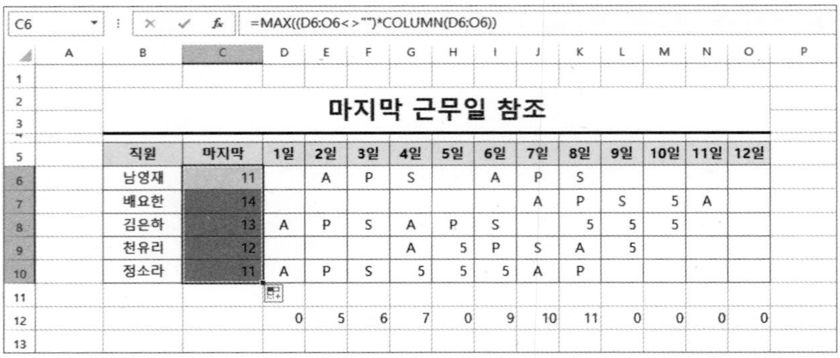
C6 =MAX((D6:O6< >"")*COLUMN(D6:O6))

마지막 근무일 참조

직원	마지막	1일	2일	3일	4일	5일	6일	7일	8일	9일	10일	11일	12일
남영재	11		A	P	S		A	P	S				
배요한	14							A	P	S	5	A	
김은하	13	A	P	S	A	P	S		5	5	5		
천유리	12				A	5	P	S	A	5			
정소라	11	A	P	S	5	5	5	A	P				
		0	5	6	7	0	9	10	11	0	0	0	0

Ver. 엑셀 2019 버전까지는 이번 수식을 Ctrl+Shift+Enter로 입력합니다.

더 알아보기 수식 이해하기

이번 수식은 MAX 함수로 배열 내 가장 큰 숫자를 반환받습니다. 배열에 저장된 숫자는 [D12:O12] 범위에서 확인할 수 있으므로 [C6] 셀의 결과가 올바른 것을 확인할 수 있습니다.

06 열 위치를 찾았으므로, INDEX 함수를 사용해 해당 위치의 값을 참조합니다.

07 [C6] 셀의 수식을 다음과 같이 수정하고 [C6] 셀의 채우기 핸들을 [C10] 셀까지 드래그합니다.

[C6] 셀 : =INDEX($5:$5, 1, MAX((D6:O6〈〉" ")*COLUMN(D6:O6)))

직원	마지막	1일	2일	3일	4일	5일	6일	7일	8일	9일	10일	11일	12일
남영재	8일		A	P	S		A	P	S				
배요한	11일							A	P	S	5	A	
김은하	10일	A	P	S	A	P	S		5	5	5		
천유리	9일				A	5	P	S	A	5			
정소라	8일	A	P	S	5	5	5	A	P				

Ver. 엑셀 2019 버전까지는 이번 수식을 Ctrl+Shift+Enter로 입력합니다.

TIP 이번 수식은 INDEX 함수로, **05** 과정에서 찾은 열 번호 위치를 5행에서 찾아 값을 참조합니다.

08 마이크로소프트 365 버전 사용자라면 XLOOKUP 함수를 사용해 동일한 결과를 얻을 수 있습니다.

Ver. 아래 과정에서 소개하는 수식은 엑셀 2019 버전까지는 지원되지 않습니다.

09 [C6] 셀의 수식을 다음과 같이 수정하고 [C6] 셀의 채우기 핸들을 [C10] 셀까지 드래그합니다.

[C6] 셀 : =XLOOKUP(TRUE, (D6:O6〈〉""), $D$5:$O$5,,,−1)

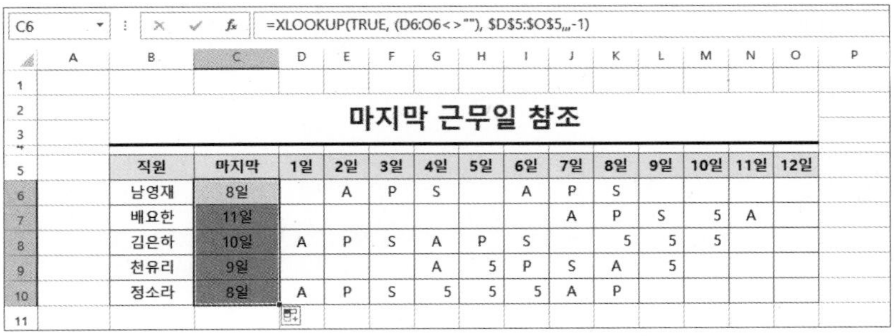

직원	마지막	1일	2일	3일	4일	5일	6일	7일	8일	9일	10일	11일	12일
남영재	8일		A	P	S		A	P	S				
배요한	11일							A	P	S	5	A	
김은하	10일	A	P	S	A	P	S		5	5	5		
천유리	9일				A	5	P	S	A	5			
정소라	8일	A	P	S	5	5	5	A	P				

더 알아보기 수식 이해하기

XLOOKUP 함수를 활용해 **D6:O6〈〉""** 부분의 배열에서 TRUE 위치를 찾아 동일한 위치인 [D5:O5] 범위의 값을 참조하는 수식입니다. 다만 XLOOKUP 함수의 마지막 인수의 값을 −1로 설정해 마지막 위치부터 찾으면 정확하게 마지막 일자를 돌려받을 수 있습니다.

LINK XLOOKUP 함수에 대한 자세한 설명은 이 책의 659페이지를 참고합니다.

배열 수식 활용

10 18 조건에 맞는 모든 값을 순서대로 참조하기

예제 파일 PART 03 \ CHAPTER 10 \ 참조-모두.xlsx

공식처럼 사용할 수 있는 수식

조건을 만족하는 모든 값 참조 – 패턴 1

조건을 만족하는 모든 값을 참조하려면 다음과 같은 수식을 사용합니다.

```
=IFERROR(
          INDEX(참조 열,
                SMALL(IF(범위=찾을 값, ROW(참조 범위)), ROW(A1)),
          "")
```

- **참조 열** : 참조할 데이터가 위치한 열 주소, 예를 들어 A열이면 [A:A]와 같이 사용합니다.
- **범위** : [찾을 값]이 포함된 데이터 범위
- **찾을 값** : [범위]에서 찾으려는 값

TIP 만약 찾아야 할 값이 여러 개라면 **(범위=찾을 값)** 부분을 **(범위1=찾을 값1)*(범위2=찾을 값2)***…와 같이 수정합니다.

Ver. 위 수식은 엑셀 2019 이하 버전에서는 Ctrl+Shift+Enter로 수식을 입력해야 하며, 마이크로소프트 365 버전에서는 Enter로 수식을 입력합니다.

조건을 만족하는 모든 값 참조 – 패턴 2

위 수식을 일반 수식으로 변경하려면 SMALL 함수 부분을 AGGREGATE 함수를 사용하도록 변경합니다. AGGREGATE 함수는 자체적으로 배열을 사용하므로 엑셀 전체 버전에서 Enter로 수식을 입력할 수 있습니다.

```
=IFERROR(
        INDEX(참조 열,
        AGGREGATE(15, 6, ROW(범위)/(범위=찾을 값), ROW(A1)),
        "")
```

- **참조 열** : 참조할 데이터가 위치한 열 주소, 예를 들어 A열이면 [A:A]와 같이 사용합니다.
- **범위** : [찾을 값]이 포함된 데이터 범위
- **찾을 값** : [범위]에서 찾으려는 값

TIP 위 수식에서 찾을 값이 여러 개라면 **(범위=찾을 값)** 부분을 **(범위1=찾을 값1)*(범위2=찾을 값2)***…와 같이 수정합니다.

마이크로소프트 365 버전

마이크로소프트 365 버전을 사용 중이라면 FILTER 함수를 사용해 좀 더 간결한 수식을 사용할 수 있습니다.

```
=FILTER(참조 범위, (범위=찾을 값))
```

- **참조 열** : 참조할 데이터 범위
- **범위** : [찾을 값]이 포함된 데이터 범위
- **찾을 값** : [범위]에서 찾으려는 값

따라 하기

01 예제를 열고 왼쪽 표에서 특정 직위에 해당하는 이름을 G열에 순서대로 참조합니다.

TIP 왼쪽 표는 엑셀 표로, 표 이름은 [표1]입니다.

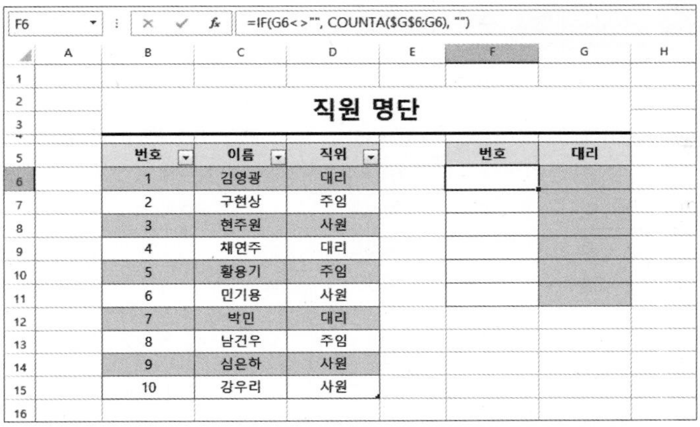

번호	이름	직위		번호	대리
1	김영광	대리			
2	구현상	주임			
3	현주원	사원			
4	채연주	대리			
5	황용기	주임			
6	민기용	사원			
7	박민	대리			
8	남건우	주임			
9	심은하	사원			
10	강우리	사원			

더 알아보기 **수식 이해하기**

F열(정확하게는 [F6] 셀)에는 번호를 자동 계산하는 다음과 같은 수식이 입력되어 있습니다.

```
=IF(G6<>"", COUNTA($G$6:G6), "")
```

위 수식은 G열에 이름이 참조되면 입력된 값의 개수를 세어 숫자를 1, 2, 3, …과 같이 반환합니다.

LINK 이런 수식 작성 방법에 대해서는 이 책의 386페이지를 참고합니다.

02 직위가 대리인 데이터가 몇 번째 행에 있는지 확인합니다.

03 [G6] 셀에 다음 수식을 입력합니다.

[G6] 셀 : =IF(표1[직위]=$G$5, ROW(표1[직위]))

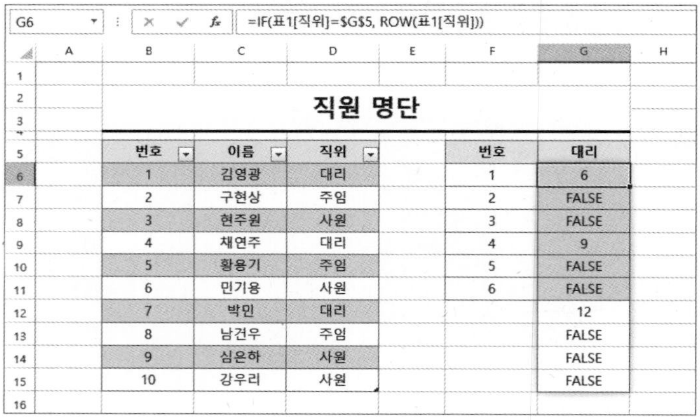

G6 =IF(표1[직위]=$G$5, ROW(표1[직위]))

	A	B	C	D	E	F	G	H
1								
2		직원 명단						
3								
5		번호	이름	직위		번호	대리	
6		1	김영광	대리		1	6	
7		2	구현상	주임		2	FALSE	
8		3	현주원	사원		3	FALSE	
9		4	채연주	대리		4	9	
10		5	황용기	주임		5	FALSE	
11		6	민기용	사원		6	FALSE	
12		7	박민	대리			12	
13		8	남건우	주임			FALSE	
14		9	심은하	사원			FALSE	
15		10	강우리	사원			FALSE	
16								

Ver. 엑셀 2019 버전까지는 [G6:G15] 범위를 선택하고 Ctrl+Shift+Enter로 입력합니다.

더 알아보기 **수식 이해하기**

이번 수식을 배열 수식으로 입력하면 직위가 대리인 셀의 행 번호가 배열에 저장됩니다.

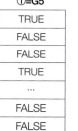

표1[직위]	①=G5		IF(②, ROW(표1[직위]))
대리	TRUE		6
주임	FALSE		FALSE
사원	FALSE		FALSE
대리	TRUE	=	9
…	…		…
사원	FALSE		FALSE
사원	FALSE		FALSE
①	②		

04 배열에 저장된 행 번호에서 작은 번호를 순서대로 얻기 위해 SMALL 함수를 사용합니다.

Ver. 엑셀 2019 버전까지는 [G6:G15] 범위를 선택하고 Delete 를 눌러 지워야 합니다.

05 [G6] 셀의 수식을 다음과 같이 수정하고 [G6] 셀의 채우기 핸들을 [G11] 셀까지 드래그합니다.

[G6] 셀 : =SMALL(IF(표1[직위]=$G$5, ROW(표1[직위])), ROW(A1))

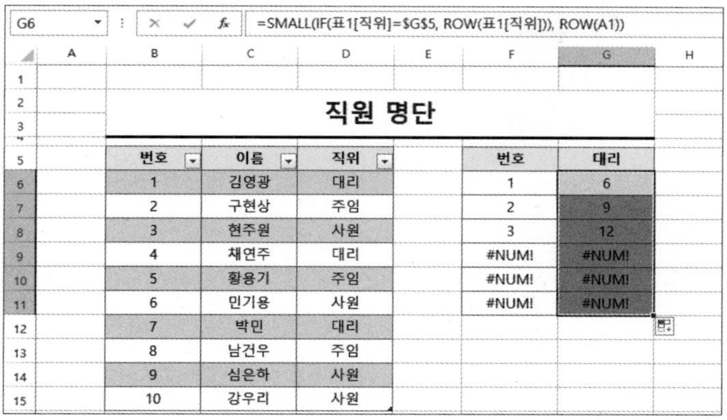
G6 =SMALL(IF(표1[직위]=$G$5, ROW(표1[직위])), ROW(A1))

	A	B	C	D	E	F	G	H
1								
2		직원 명단						
3								
5		번호	이름	직위		번호	대리	
6		1	김영광	대리		1	6	
7		2	구현상	주임		2	9	
8		3	현주원	사원		3	12	
9		4	채연주	대리		#NUM!	#NUM!	
10		5	황용기	주임		#NUM!	#NUM!	
11		6	민기용	사원		#NUM!	#NUM!	
12		7	박민	대리				
13		8	남건우	주임				
14		9	심은하	사원				
15		10	강우리	사원				

Ver. 엑셀 2019 버전까지는 이번 수식을 Ctrl + Shift + Enter 로 입력합니다.

더 알아보기 수식 이해하기

SMALL 함수는 범위나 배열 내에서 N번째 작은 값을 반환하는 함수로, 이번과 같이 **=SMALL(배열, ROW(A1)**) 수식을 구성하고 행 방향으로 수식을 복사하면 다음과 같이 배열 내 가장 작은 숫자값부터 순서대로 값을 반환합니다.

```
=SMALL(배열, 1)

=SMALL(배열, 2)

...

=SMALL(배열, N)
```

단, 배열에는 숫자와 논릿값이 저장되는데, 숫자가 모두 반환되면 더 이상 반환할 값이 없어 #NUM! 에러가 발생합니다. 이것은 정상적인 패턴으로, IFERROR 함수를 중첩하면 깔끔하게 데이터만 표시할 수 있습니다.

06 SMALL 함수와 IF 함수를 AGGREGATE 함수로 대체합니다.

07 [G6] 셀의 수식을 다음과 같이 수정하고 [G6] 셀의 채우기 핸들을 [G11] 셀까지 드래그합니다.

[G6] 셀 : =AGGREGATE(15, 6, ROW(표1[직위])/(표1[직위]=$G$5), ROW(A1))

G6 =AGGREGATE(15, 6, ROW(표1[직위])/(표1[직위]=$G$5), ROW(A1))

	A	B	C	D	E	F	G	H
1								
2		직원 명단						
3								
5		번호	이름	직위		번호	대리	
6		1	김영광	대리		1	6	
7		2	구현상	주임		2	9	
8		3	현주원	사원		3	12	
9		4	채연주	대리		#NUM!	#NUM!	
10		5	황용기	주임		#NUM!	#NUM!	
11		6	민기용	사원		#NUM!	#NUM!	
12		7	박민	대리				
13		8	남건우	주임				
14		9	심은하	사원				
15		10	강우리	사원				
16								

더 알아보기 수식 이해하기

05 과정과 같이 SMALL 함수와 IF 함수를 중첩하려면 배열 수식으로 입력해야 하기 때문에 엑셀 2019 버전까지는 Ctrl+Shift+Enter로 수식을 입력해야 합니다. 반면 AGGREGATE 함수는 SMALL 함수와 동일한 역할을 할 수 있으면서도 자체적으로 수식 에러를 제외할 수 있어 IF 함수와 중첩할 필요가 없습니다. 또한 자체적으로 배열을 이용할 수 있는 함수이기 때문에 엑셀 2019 이하 버전에서도 수식을 Enter로만 입력할 수 있어 편리합니다.

LINK AGGREGATE 함수를 사용하는 방법은 이 책의 515페이지를 참고합니다.

이번 수식은 AGGREGATE 함수의 세 번째 인수에 사용된 **ROW(표1[직위])/(표1[직위]=$G$5)** 부분만 정확하게 이해하면 수식을 사용하는 데 문제가 없습니다.

ROW(표1[직위]) ①	표1[직위]=G5 ②	①/②
6	TRUE	6
7	FALSE	#DIV/0!
8	FALSE	#DIV/0!
9	TRUE	9
...	...	...
14	FALSE	#DIV/0!
15	FALSE	#DIV/0!

AGGREGATE 함수로 배열 연산의 결괏값에서 에러를 무시하고 15번 함수(SMALL)를 이용해 작은 값을 순서대로 반환합니다. 따라서 **05** 과정에서 사용한 수식과 동일한 결과를 얻을 수 있습니다.

08 행 번호를 알았으므로 INDEX 함수를 사용해 이름을 참조해옵니다.

09 [G6] 셀의 수식을 다음과 같이 수정하고, [G6] 셀의 채우기 핸들을 [G11] 셀까지 드래그합니다.

[G6] 셀 : =INDEX($C:$C, AGGREGATE(15, 6, ROW(표1[직위])/(표1[직위]=$G$5), ROW(A1)))

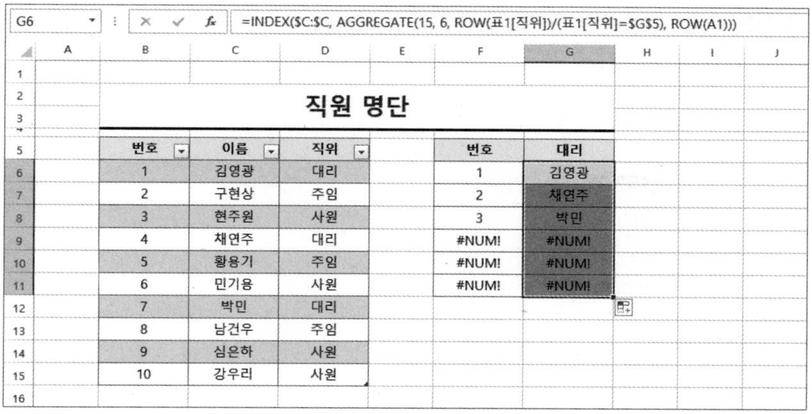

G6 | =INDEX($C:$C, AGGREGATE(15, 6, ROW(표1[직위])/(표1[직위]=$G$5), ROW(A1)))

직원 명단

번호	이름	직위		번호	대리
1	김영광	대리		1	김영광
2	구현상	주임		2	채연주
3	현주원	사원		3	박민
4	채연주	대리		#NUM!	#NUM!
5	황용기	주임		#NUM!	#NUM!
6	민기용	사원		#NUM!	#NUM!
7	박민	대리			
8	남건우	주임			
9	심은하	사원			
10	강우리	사원			

더 알아보기 수식 이해하기

INDEX 함수는 행 번호와 열 번호만 알면 원하는 위치의 값을 참조해올 수 있는 함수입니다. 위 수식에서는 참조해올 열이 하나이므로 열 번호는 생략하고, AGGREGATE 함수에서 반환한 행 번호 위치의 값만 참조합니다.

또한 INDEX 함수에서 C열 전체 범위를 참조한 것은 AGGREGATE 함수가 행 번호를 반환해주므로 수식을 좀 더 간결하게 작성하기 위한 방편입니다.

이번 수식에서 이름은 제대로 참조해오지만 #NUM! 에러가 발생하는 부분은 여전히 존재합니다. 이런 부분을 해결하려면 IFERROR 함수를 이번 수식과 중첩해 사용합니다.

```
=IFERROR(INDEX(…), "")
```

위 수식을 직접 입력해 #NUM! 에러가 사라지도록 만들어보세요!

10 [G5] 셀의 직위를 변경하면 다른 직위의 이름도 제대로 참조해오는지 확인합니다.

11 [G5] 셀을 선택하고 직위를 **대리**에서 **사원**으로 변경합니다.

직원 명단

번호	이름	직위		번호	사원
1	김영광	대리		1	현주원
2	구현상	주임		2	민기용
3	현주원	사원		3	심은하
4	채연주	대리		4	강우리
5	황용기	주임		#NUM!	#NUM!
6	민기용	사원		#NUM!	#NUM!
7	박민	대리			
8	남건우	주임			
9	심은하	사원			
10	강우리	사원			

TIP 화면과 같은 결과가 반환된다면 수식이 제대로 동작하는 것입니다.

12 마이크로소프트 365 버전을 이용 중이라면 FILTER 함수를 사용해 좀 더 간결한 수식을 사용할 수 있습니다.

TIP [G6:G11] 범위를 선택하고 Delete 를 눌러 기존 수식을 지워야 합니다.

Ver. 아래 과정에서 소개하는 수식은 엑셀 2019 버전까지는 지원되지 않습니다.

13 [G6] 셀을 선택하고 다음 수식을 입력합니다.

[G6] 셀 : =FILTER(표1[이름], 표1[직위]=G5)

G6
=FILTER(표1[이름], 표1[직위]=G5)
직원 명단
번호 이름 직위
1 김영광 대리
2 구현상 주임
3 현주원 사원
4 채연주 대리
5 황용기 주임
6 민기용 사원
7 박민 대리
8 남건우 주임
9 심은하 사원
10 강우리 사원
번호 사원
1 현주원
2 민기용
3 심은하
4 강우리

더 알아보기 수식 이해하기

FILTER 함수는 조건에 맞는 데이터를 동적 배열로 반환하기 때문에 수식을 어디까지 복사해야 할지 고민할 필요가 없습니다. 또한 수식이 간단하고 이해하기 쉬우므로 편리합니다.

LINK FILTER 함수에 대한 자세한 설명은 이 책의 784페이지를 참고합니다.

10 19 불규칙하게 병합된 셀을 순서대로 참조하기

예제 파일 PART 03 \ CHAPTER 10 \ 참조-병합.xlsx

공식처럼 사용할 수 있는 수식

규칙적으로 병합된 셀을 순서대로 참조

병합된 셀을 순서대로 참조할 때 병합이 규칙적으로 적용되어 있다면 참조가 쉽습니다. 예를 들어 두 개의 셀이 규칙적으로 병합되어 있다면 OFFSET 함수 등을 이용하는 다음 수식을 사용합니다.

```
=OFFSET(첫 번째 셀, (ROW(A1)–1)*2, 0)
```

- **첫 번째 셀** : 병합된 셀 중 첫 번째 셀
- **2** : 병합된 셀의 개수

불규칙적으로 병합된 셀 순서대로 참조

병합된 셀은 첫 번째 셀에만 데이터가 입력되어 있고 나머지 셀은 빈 셀입니다. 이런 특성을 이용하면 다음과 같은 수식을 사용할 수 있습니다.

```
=IFERROR(
            INDEX(참조 열,
                     AGGREGATE(15, 6, ROW(범위)/(범위<>""), ROW(A1)),
            "")
```

- **첫 번째 셀** : 참조할 데이터가 위치한 열 주소로, 예를 들어 A열이면 [A:A]와 같이 사용합니다.
- **범위** : 병합된 셀의 개수

따라 하기

01 예제를 열고 왼쪽 표의 C열에 입력된 회사 이름을 H열에 순서대로 참조합니다.

거래 고객 명단

번호	고객	제품	수량		번호	고객
1	금화트레이드 ㈜	컬러레이저복사기 XI-3200	1		1	
		바코드 Z-350	2		2	
		잉크젯팩시밀리 FX-1050	1		3	
2	대림인터내셔널 ㈜	프리미엄복사지A4 2500매	3		4	
		바코드 BCD-100 Plus	5			
3	S&C무역 ㈜	고급복사지A4 500매	2			
		바코드 Z-350	5			
		바코드 BCD-100 Plus	2			
4	동남무역 ㈜	바코드 Z-350	4			
		잉크젯복합기 AP-3300	3			

02 병합된 셀의 첫 번째 셀에 해당하는 행 번호를 배열에 저장합니다.

03 [H6] 셀에 다음 수식을 입력하고 [H6] 셀의 채우기 핸들을 [H9] 셀까지 드래그합니다.

[H6] 셀 : =AGGREGATE(15, 6, ROW($C$6:$C$15)/($C$6:$C$15〈〉“”), ROW(A1))

H6 =AGGREGATE(15,6,ROW($C$6:$C$15)/($C$6:$C$15<>""),ROW(A1))

거래 고객 명단

번호	고객	제품	수량		번호	고객
1	금화트레이드 ㈜	컬러레이저복사기 XI-3200	1		1	6
		바코드 Z-350	2		2	9
		잉크젯팩시밀리 FX-1050	1		3	11
2	대림인터내셔널 ㈜	프리미엄복사지A4 2500매	3		4	14
		바코드 BCD-100 Plus	5			
3	S&C무역 ㈜	고급복사지A4 500매	2			
		바코드 Z-350	5			
		바코드 BCD-100 Plus	2			
4	동남무역 ㈜	바코드 Z-350	4			
		잉크젯복합기 AP-3300	3			

더 알아보기 **수식 이해하기**

이번 수식 중 **ROW($C$6:$C$15)/($C$6:$C$15〈〉"")** 부분은 [C6:C15] 범위에서 병합된 셀의 첫 번째 셀의 행 번호만 숫자로 배열에 저장하고 나머지는 #DIV/0! 에러를 저장합니다.

C6:C15	① 〈〉""	ROW(C6:C15))/②
금화트레이드 ㈜	TRUE	6
	FALSE	#DIV/0!
	FALSE	#DIV/0!
대림인터내셔널 ㈜	TRUE	9
	FALSE	#DIV/0!
S&C 무역 ㈜	TRUE	11
	FALSE	#DIV/0!
	FALSE	#DIV/0!
동남무역 ㈜	TRUE	14
	FALSE	#DIV/0!
①	②	③

그리고 **AGGREGATE(15, 6, ③, ROW(A1))** 수식을 이용해 배열 내 작은 숫자부터 순서대로 반환합니다. 이번 수식은 기본적으로 **Section 10–18**에서 사용한 수식과 동일합니다.

04 반환된 행 번호 위치의 회사 이름을 참조합니다.

05 [H6] 셀의 수식을 다음과 같이 수정하고 [H6] 셀의 채우기 핸들을 [H9] 셀까지 드래그합니다.

[H6] 셀 : =INDEX($C:$C, AGGREGATE(15, 6, ROW($C$6:$C$15)/($C$6:$C$15〈〉""), ROW(A1)))

번호	고객	제품	수량		번호	고객
1	금화트레이드 ㈜	컬러레이저복사기 XI-3200	1		1	금화트레이드 ㈜
		바코드 Z-350	2		2	대림인터내셔널 ㈜
		잉크젯팩시밀리 FX-1050	1		3	S&C무역 ㈜
2	대림인터내셔널 ㈜	프리미엄복사지A4 2500매	3		4	동남무역 ㈜
		바코드 BCD-100 Plus	5			
3	S&C무역 ㈜	고급복사지A4 500매	2			
		바코드 Z-350	5			
		바코드 BCD-100 Plus	2			
4	동남무역 ㈜	바코드 Z-350	4			
		잉크젯복합기 AP-3300	3			

더 알아보기 **수식 이해하기**

이번 수식은 AGGREGATE 함수에서 반환된 행 번호 위치의 데이터를 C열에서 참조합니다. 현재는 정확하게 네 개의 데이터를 반환하도록 되어있어 에러가 발생되지 않지만 반환할 데이터 개수가 적은 경우에는 에러가 발생합니다. 그런 경우에는 IFERROR 함수를 추가로 사용해야 합니다.

06 마이크로소프트 365 버전의 FILTER 함수를 사용합니다.

TIP [H6:H9] 범위를 선택하고 Delete 를 눌러 기존 수식을 지워야 합니다.

Ver. 아래 과정에서 소개하는 수식은 엑셀 2019 버전까지는 지원되지 않습니다.

07 [H6] 셀에 다음 수식을 입력합니다.

[H6] 셀 : =FILTER(C6:C15, C6:C15<>“”)

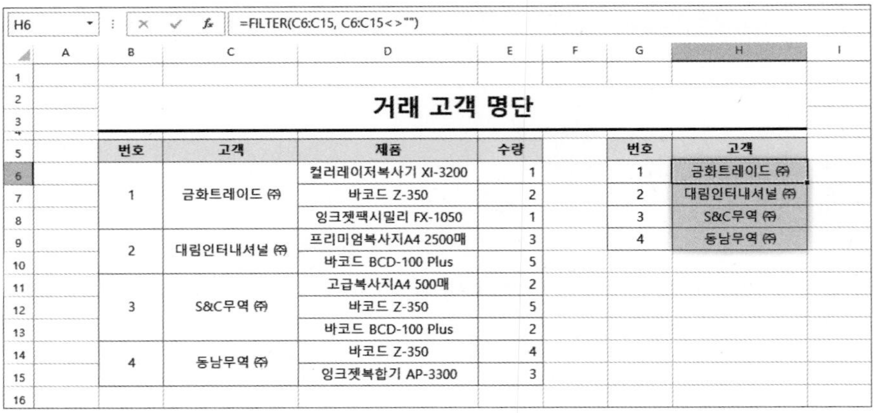

H6 =FILTER(C6:C15, C6:C15<>"")

거래 고객 명단

번호	고객	제품	수량		번호	고객
1	금화트레이드 ㈜	컬러레이저복사기 XI-3200	1		1	금화트레이드 ㈜
		바코드 Z-350	2		2	대림인터내셔널 ㈜
		잉크젯팩시밀리 FX-1050	1		3	S&C무역 ㈜
2	대림인터내셔널 ㈜	프리미엄복사지A4 2500매	3		4	동남무역 ㈜
		바코드 BCD-100 Plus	5			
3	S&C무역 ㈜	고급복사지A4 500매	2			
		바코드 Z-350	5			
		바코드 BCD-100 Plus	2			
4	동남무역 ㈜	바코드 Z-350	4			
		잉크젯복합기 AP-3300	3			

더 알아보기 수식 이해하기

FILTER 함수는 조건에 맞는 데이터를 동적 배열로 반환하기 때문에 수식을 어디까지 복사해야 할지 고민할 필요가 없습니다. 또한 수식이 간단하고 이해하기 쉬우므로 편리합니다.

LINK FILTER 함수에 대한 자세한 설명은 이 책의 784페이지를 참고합니다.

배열 수식 활용

10 20 조건에 맞는 값 중 빈 셀은 제외하고 순서대로 참조하기

예제 파일 PART 03 \ CHAPTER 10 \ 참조-모두(빈셀 제외).xlsx

공식처럼 사용할 수 있는 수식

이번에 사용하는 수식은 **Section 10-18, 10-19**에서 사용한 수식을 응용합니다. 해당 내용을 먼저 공부하지 않은 분들은 먼저 위 **Section**의 내용을 참고한 후 아래 따라 하기 과정을 실습하는 것을 권합니다.

따라 하기

01 예제의 왼쪽 표 명단 중 회의실 예약자와 시간을 일자별로 오른쪽 표에 정리합니다.

회의실 사용 현황

날짜	시간	대회의실	소회의실		구분	대회의실	시간
2020-01-01	9:30	김선욱 부장			2020-01-01		
2020-01-01	11:30		박선우 차장		2020-01-01		
2020-01-01	12:30				2020-01-01		
2020-01-01	14:00		김호영 대리		2020-01-01		
2020-01-01	16:30	최우성 과장			2020-01-02		
2020-01-02	9:00				2020-01-02		
2020-01-02	10:00		최우성 과장		2020-01-02		
2020-01-02	11:00	이희선 부장			2020-01-02		
2020-01-02	13:30						
2020-01-02	15:00		박선우 차장				

02 먼저 대회의실을 예약한 직원의 행 번호를 확인합니다.

03 [H6] 셀에 다음 수식을 입력하고 [H6] 셀의 채우기 핸들을 [H13] 셀까지 드래그합니다.

[H6] 셀 : =AGGREGATE(15, 6, ROW(표1[날짜])/((표1[날짜]=G6)*(표1[대회의실]〈〉“”)), ROW(A1))

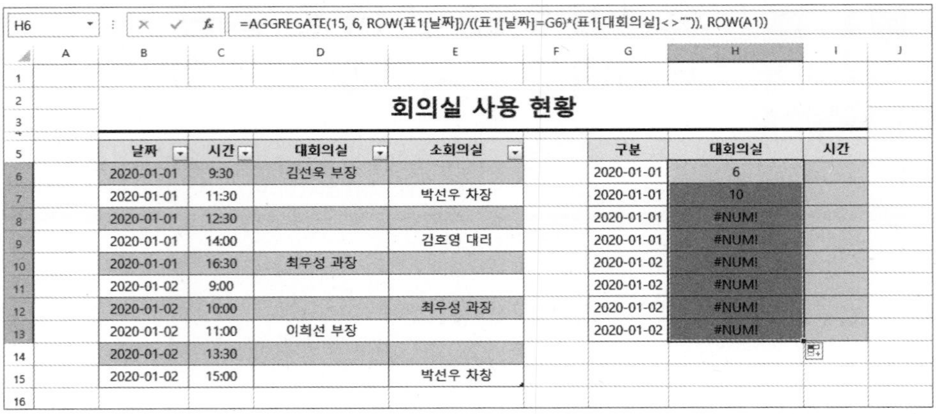

H6 | =AGGREGATE(15, 6, ROW(표1[날짜])/((표1[날짜]=G6)*(표1[대회의실]<>"")), ROW(A1))

	A	B	C	D	E	F	G	H	I
2-3		회의실 사용 현황							
5		날짜	시간	대회의실	소회의실		구분	대회의실	시간
6		2020-01-01	9:30	김선욱 부장			2020-01-01	6	
7		2020-01-01	11:30		박선우 차장		2020-01-01	10	
8		2020-01-01	12:30				2020-01-01	#NUM!	
9		2020-01-01	14:00		김호영 대리		2020-01-01	#NUM!	
10		2020-01-01	16:30	최우성 과장			2020-01-02	#NUM!	
11		2020-01-02	9:00				2020-01-02	#NUM!	
12		2020-01-02	10:00		최우성 과장		2020-01-02	#NUM!	
13		2020-01-02	11:00	이희선 부장			2020-01-02	#NUM!	
14		2020-01-02	13:30						
15		2020-01-02	15:00		박선우 차장				

더 알아보기 수식 이해하기

이번 수식은 AGGREGATE 함수로 배열 내 저장된 행 번호 중에서 작은 순서대로 값을 반환합니다.

표1[날짜]=G6	표1[대회의실]〈〉“”	ROW(표1[날짜])/(①*②)
TRUE	TRUE	6
TRUE	FALSE	#DIV/0!
TRUE	FALSE	#DIV/0!
TRUE	FLASE	#DIV/0!
TRUE	TRUE	10
…	…	…
FALSE	TRUE	#DIV/0!
FALSE	FALSE	#DIV/0!
FALSE	FALSE	#DIV/0!
①	②	

대회의실을 예약한 경우는 D열에서 확인할 수 있는 것처럼 총 세 건이므로 이번 수식에서 반환할 행 번호도 총 세 개가 나와야 합니다. 하지만 세 번째 행 번호가 반환되지 않았습니다. 그 이유는 G열의 날짜 구분을 보면 알 수 있듯 날짜 데이터가 2020-01-01과 2020-01-02 두 개만 존재하기 때문입니다.

이번 수식에서는 AGGREGATE 함수로 조건을 두 개 사용했습니다. 먼저 **표1[날짜]** 열의 날짜가 [G6] 셀과 같아야 하고 **표1[대회의실]** 열이 빈 셀이 아니어야 합니다. 그런 다음 마지막 인수 **ROW(A1)**를 통해 1, 2, 3, …과 같은 위치의 번호를 반환하게 했습니다.

조건이 하나인 경우에는 상관없지만 날짜가 바뀌면 AGGREGATE 함수의 마지막 인수는 1부터 다시 시작해야 합니다. 하지만 이번 수식은 무조건 일련번호에 해당하는 숫자를 사용하므로 날짜가 2020-01-02인 데이터는 행 번호가 반환되지 않는 것입니다.

04 날짜가 변경되면 다시 작은 순서로 첫 번째 행 번호를 반환하도록 합니다.

05 [H6] 셀의 수식을 다음과 같이 수정하고 [H6] 셀의 채우기 핸들을 [H13] 셀까지 드래그합니다.

[H6] 셀 : =AGGREGATE(15, 6, ROW(표1[날짜])/((표1[날짜]=G6)*(표1[대회의실]<>“”)), COUNTIF($G$6:G6, G6))

H6 =AGGREGATE(15, 6, ROW(표1[날짜])/((표1[날짜]=G6)*(표1[대회의실]<>"")), COUNTIF($G$6:G6, G6))

	A	B	C	D	E	F	G	H	I
2		회의실 사용 현황							
5		날짜	시간	대회의실	소회의실		구분	대회의실	시간
6		2020-01-01	9:30	김선욱 부장			2020-01-01	6	
7		2020-01-01	11:30		박선우 차장		2020-01-01	10	
8		2020-01-01	12:30				2020-01-01	#NUM!	
9		2020-01-01	14:00		김호영 대리		2020-01-01	#NUM!	
10		2020-01-01	16:30	최우성 과장			2020-01-02	13	
11		2020-01-02	9:00				2020-01-02	#NUM!	
12		2020-01-02	10:00		최우성 과장		2020-01-02	#NUM!	
13		2020-01-02	11:00	이희선 부장			2020-01-02	#NUM!	
14		2020-01-02	13:30						
15		2020-01-02	15:00		박선우 차창				

더 알아보기 수식 이해하기

이번 수식은 **03** 과정과는 달리 2020-01-02 날짜의 행 번호가 제대로 반환됩니다. 수식을 확인하면 AGGREGATE 함수의 마지막 인수에 **ROW(A1)** 대신 **COUNTIF($G$6:G6, G6)** 수식을 사용했습니다. **ROW(A1)**는 수식을 복사할 때 1부터 시작해 무조건 1씩 증가한 값을 반환합니다. 그에 반해 **COUNTIF($G$6:G6, G6)**는 G열에 날짜를 세어 1, 2, 3, 4, 1, 2, 3, 4, …와 같은 값을 반환합니다.

그러므로 날짜가 변경되면 다시 작은 행 번호 중에서 첫 번째 번호를 돌려받을 수 있게 됩니다.

06 이번 수식을 수정해 E열 소회의실의 행 번호도 반환받을 수 있도록 합니다.

07 [H5] 셀의 **대회의실**을 **소회의실**로 수정합니다.

08 [H6] 셀의 수식을 다음과 같이 수정하고 [H6] 셀의 채우기 핸들을 [H13] 셀까지 드래그합니다.

```
=AGGREGATE(15, 6,
        ROW(표1[날짜])/((표1[날짜]=G6)*(OFFSET(표1[대회의실], 0, MATCH($H$5,
        $D$5:$E$5, 0)-1)<>“”)),
        COUNTIF($G$6:G6, G6))
```

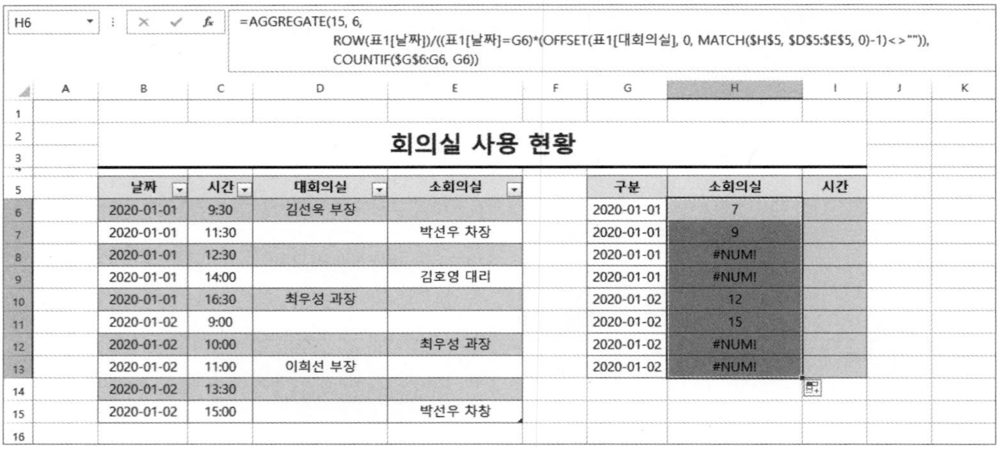

H6 =AGGREGATE(15, 6,
ROW(표1[날짜])/((표1[날짜]=G6)*(OFFSET(표1[대회의실], 0, MATCH($H$5, $D$5:$E$5, 0)-1)<>"")),
COUNTIF($G$6:G6, G6))

회의실 사용 현황

날짜	시간	대회의실	소회의실		구분	소회의실	시간
2020-01-01	9:30	김선욱 부장			2020-01-01	7	
2020-01-01	11:30		박선우 차장		2020-01-01	9	
2020-01-01	12:30				2020-01-01	#NUM!	
2020-01-01	14:00		김호영 대리		2020-01-01	#NUM!	
2020-01-01	16:30	최우성 과장			2020-01-02	12	
2020-01-02	9:00				2020-01-02	15	
2020-01-02	10:00		최우성 과장		2020-01-02	#NUM!	
2020-01-02	11:00	이희선 부장			2020-01-02	#NUM!	
2020-01-02	13:30						
2020-01-02	15:00		박선우 차장				

더 알아보기 수식 이해하기

이번 수식은 **05** 과정의 수식이 대회의실 그리고 소회의실의 행 번호를 모두 반환할 수 있도록 **표1[대회의실]〈〉""** 부분을 **OFFSET(표1[대회의실], 0, MATCH($H$5, $D$5:$E$5, 0)−1)**로 변경한 것입니다.

수식에서 변경된 부분은 OFFSET 함수를 사용하고 있으며 **표1[대회의실]** 범위에서 행 방향으로 이동하지 않고, 열 방향으로만 **MATCH($H$5, $D$5:$E$5, 0)−1** 위치로 이동합니다.

MATCH 함수는 [H5] 셀의 값을 [D5:E5] 범위에서 찾는데, 대회의실은 1, 소회의실은 2가 반환됩니다. 즉, 1인 경우에는 **표1[대회의실]** 범위에서 찾고, 2인 경우에는 **표1[소회의실]** 범위 (**표1[대회의실]** 범위의 오른쪽 열)에서 찾도록 구성한 것입니다.

OFFSET(표1[대회의실], 0, MATCH($H$5, $D$5:$E$5, 0)−1) 부분은 다음과 같은 수식으로 변경할 수 있습니다.

```
IF($H$5="대회의실", 표1[대회의실], 표1[소회의실])
```

09 소회의실의 행 번호를 모두 얻었으므로 해당 위치의 예약자 이름을 참조합니다.

10 [H6] 셀의 수식을 다음과 같이 수정하고 [H6] 셀의 채우기 핸들⊞을 [H13] 셀까지 드래그합니다.

```
=INDEX($E:$E,
    AGGREGATE(15, 6,
        ROW(표1[날짜])/((표1[날짜]=G6)*(OFFSET(표1[대회의실], 0, MATCH($H$5,
        $D$5:$E$5, 0)−1)〈〉"")),
        COUNTIF($G$6:G6, G6)))
```

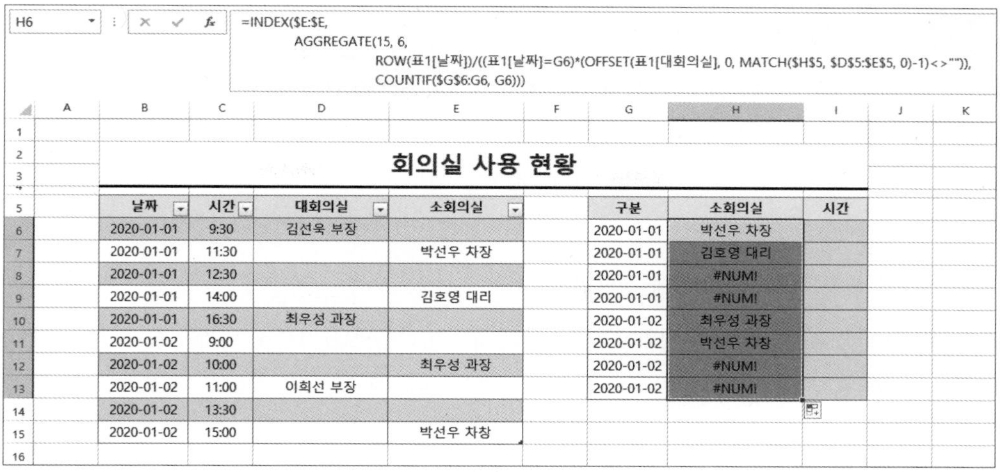

더 알아보기 수식 이해하기

이번 수식은 E열에서 **08** 과정에서 반환된 행 위치의 값을 참조한 것입니다.

11 [H5] 셀의 값에 따라 대회의실, 소회의실에서 각각 이름을 참조해오도록 합니다.

12 [H6] 셀의 수식을 다음과 같이 수정하고 [H6] 셀의 채우기 핸들을 [H13] 셀까지 드래그합니다.

```
=INDEX(OFFSET($D:$D, 0, MATCH($H$5, $D$5:$E$5, 0)−1),
        AGGREGATE(15, 6,
                  ROW(표1[날짜])/((표1[날짜]=G6)*(OFFSET(표1[대회의실], 0, MATCH($H$5,
                  $D$5:$E$5, 0)−1)<>"")),
                  COUNTIF($G$6:G6, G6)))
```

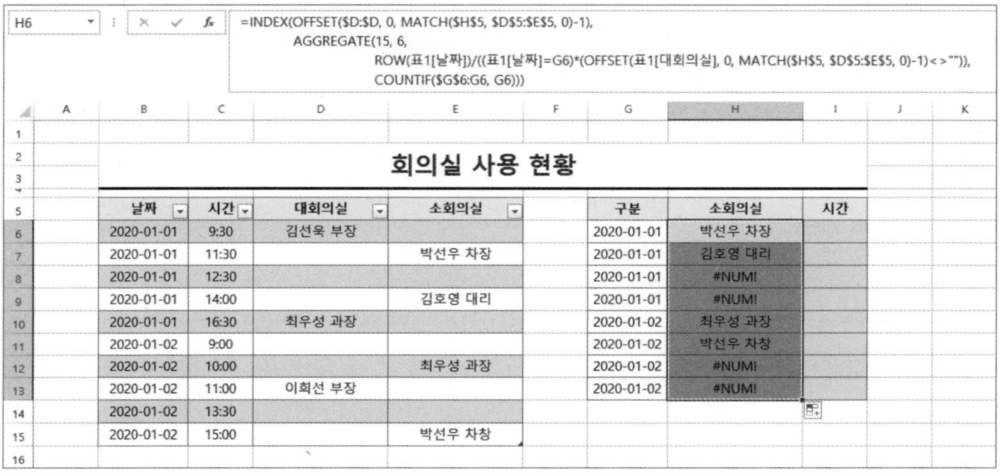

더 알아보기 **수식 이해하기**

이번 수식에서는 **10** 과정 수식의 INDEX 함수 부분 첫 번째 인수를 [$E:$E]에서 **OFFSET($D:$D, 0, MATCH($H$5, $D$5:$E$5, 0)−1)**로 변경했습니다. 즉, 참조할 직원 이름을 [H5] 셀에 따라 다른 범위에서 참조할 수 있도록 OFFSET 함수를 사용한 것입니다. 이 수식에 대해서는 **08** 과정 설명을 참고합니다.

13 에러가 발생하는 부분을 빈 셀처럼 변경합니다.

14 [H6] 셀의 수식을 다음과 같이 수정하고 [H6] 셀의 채우기 핸들을 [H13] 셀까지 드래그합니다.

```
=IFERROR(
        INDEX(OFFSET($D:$D, 0, MATCH(H5, $D$5:$E$5, 0)−1),
              AGGREGATE(15, 6,
                        ROW(표1[날짜])/((표1[날짜]=G6)*(OFFSET(표1[대회의실], 0,
                        MATCH($H$5, $D$5:$E$5, 0)−1)<>“”)),
                        COUNTIF($G$6:G6, G6))),
        “”)
```

H6

```
=IFERROR(
        INDEX(OFFSET($D:$D, 0, MATCH($H$5, $D$5:$E$5, 0)-1),
              AGGREGATE(15, 6,
                        ROW(표1[날짜])/((표1[날짜]=G6)*(OFFSET(표1[대회의실], 0, MATCH($H$5, $D$5:$E$5, 0)-1)<>"")),
                        COUNTIF($G$6:G6, G6))),
        "")
```

회의실 사용 현황

날짜	시간	대회의실	소회의실
2020-01-01	9:30	김선욱 부장	
2020-01-01	11:30		박선우 차장
2020-01-01	12:30		
2020-01-01	14:00		김호영 대리
2020-01-01	16:30	최우성 과장	
2020-01-02	9:00		
2020-01-02	10:00		최우성 과장
2020-01-02	11:00	이회선 부장	
2020-01-02	13:30		
2020-01-02	15:00		박선우 차장

구분	소회의실	시간
2020-01-01	박선우 차장	
2020-01-01	김호영 대리	
2020-01-01		
2020-01-01		
2020-01-02	최우성 과장	
2020-01-02	박선우 차장	
2020-01-02		
2020-01-02		

더 알아보기 **수식 이해하기**

이번 수식은 **12** 과정 수식을 IFERROR 함수에 전달해 에러가 발생될 경우 빈 문자(“”)를 반환하도록 한 것입니다.

15 [H5] 셀의 값을 **소회의실**에서 **대회의실**로 변경해 결과를 확인합니다.

H5 | 대회의실

회의실 사용 현황

날짜	시간	대회의실	소회의실
2020-01-01	9:30	김선욱 부장	
2020-01-01	11:30		박선우 차장
2020-01-01	12:30		
2020-01-01	14:00		김호영 대리
2020-01-01	16:30	최우성 과장	
2020-01-02	9:00		
2020-01-02	10:00		최우성 과장
2020-01-02	11:00	이희선 부장	
2020-01-02	13:30		
2020-01-02	15:00		박선우 차장

구분	대회의실	시간
2020-01-01	김선욱 부장	
2020-01-01	최우성 과장	
2020-01-01		
2020-01-01		
2020-01-02	이희선 부장	
2020-01-02		
2020-01-02		
2020-01-02		

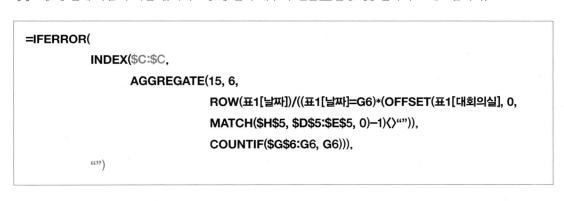

16 회의실 예약 시간을 참조해옵니다.

17 [I6] 셀에 다음 수식을 입력하고 [I6] 셀의 채우기 핸들을 [I13] 셀까지 드래그합니다.

```
=IFERROR(
        INDEX($C:$C,
              AGGREGATE(15, 6,
                        ROW(표1[날짜])/((표1[날짜]=G6)*(OFFSET(표1[대회의실], 0,
                        MATCH($H$5, $D$5:$E$5, 0)−1)<>“”)),
                        COUNTIF($G$6:G6, G6))),
        “”)
```

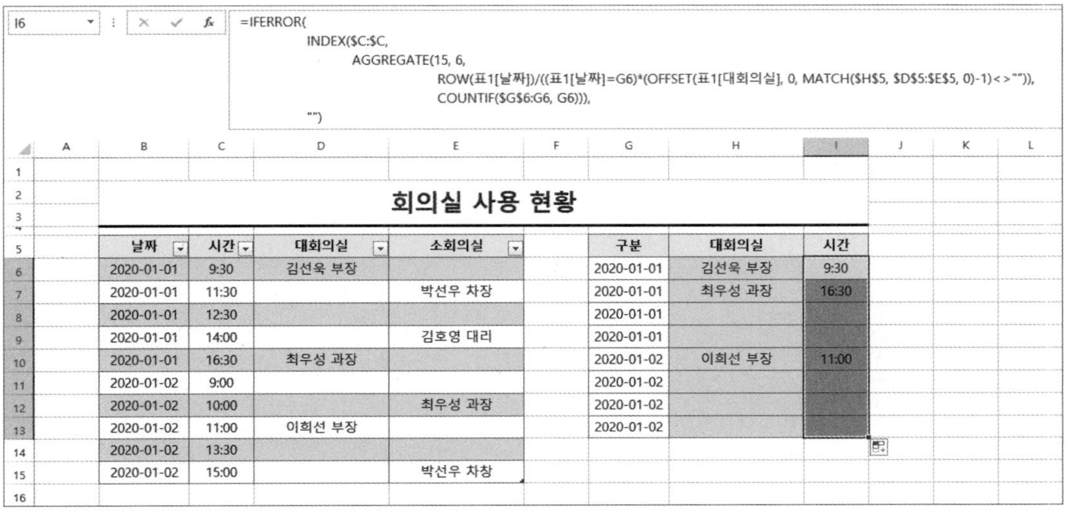

I6 | =IFERROR(INDEX($C:$C, AGGREGATE(15, 6, ROW(표1[날짜])/((표1[날짜]=G6)*(OFFSET(표1[대회의실], 0, MATCH($H$5, $D$5:$E$5, 0)-1)<>"")), COUNTIF($G$6:G6, G6))), "")

회의실 사용 현황

날짜	시간	대회의실	소회의실
2020-01-01	9:30	김선욱 부장	
2020-01-01	11:30		박선우 차장
2020-01-01	12:30		
2020-01-01	14:00		김호영 대리
2020-01-01	16:30	최우성 과장	
2020-01-02	9:00		
2020-01-02	10:00		최우성 과장
2020-01-02	11:00	이희선 부장	
2020-01-02	13:30		
2020-01-02	15:00		박선우 차장

구분	대회의실	시간
2020-01-01	김선욱 부장	9:30
2020-01-01	최우성 과장	16:30
2020-01-01		
2020-01-01		
2020-01-02	이희선 부장	11:00
2020-01-02		
2020-01-02		
2020-01-02		

더 알아보기 수식 이해하기

이번 수식은 기본적으로 **14** 과정 수식과 동일하며 INDEX 함수의 첫 번째 참조 범위만 OFFSET 함수에서 C열로 고정해놓은 점만 차이가 있습니다. 시간을 제대로 가져오는지 확인합니다.

18 마지막으로 [H5] 셀의 값을 **대회의실**에서 **소회의실**로 변경해 참조에 문제가 없는지 확인합니다.

H5 | 소회의실

회의실 사용 현황

날짜	시간	대회의실	소회의실
2020-01-01	9:30	김선욱 부장	
2020-01-01	11:30		박선우 차장
2020-01-01	12:30		
2020-01-01	14:00		김호영 대리
2020-01-01	16:30	최우성 과장	
2020-01-02	9:00		
2020-01-02	10:00		최우성 과장
2020-01-02	11:00	이희선 부장	
2020-01-02	13:30		
2020-01-02	15:00		박선우 차창

구분	소회의실	시간
2020-01-01	박선우 차장	11:30
2020-01-01	김호영 대리	14:00
2020-01-01		
2020-01-01		
2020-01-02	최우성 과장	10:00
2020-01-02	박선우 차창	15:00
2020-01-02		
2020-01-02		

배열 수식 활용

10 21 중복 데이터 중에서 조건에 맞는 고유 항목만 참조하기

예제 파일 PART 03 \ CHAPTER 10 \ 참조-중복 제외.xlsx

공식처럼 사용할 수 있는 수식

중복 데이터 범위에서 빈 셀 제외한 고유 항목만 순서대로 참조

빈 셀을 제외한 데이터 범위에서 중복을 배제하고 고유 항목을 참조하려면 다음 수식을 사용합니다.

```
=IFERROR(
         INDEX(중복 범위,
               MATCH(0, COUNTIF(머리글 범위,
                                IF(중복 범위="", 이전 셀, 중복 범위)),
                     0)),
         "")
```

- **중복 범위** : 중복된 데이터가 입력된 범위
- **머리글 범위** : 중복된 데이터를 추출할 열의 머리글 범위로, [머리글 범위]는 반드시 [시작 셀:시작 셀] 방식으로 참조해야 하며 왼쪽 시작 셀은 절대 참조로, 오른쪽 시작 셀은 상대 참조로 참조합니다. 예를 들어 머리글이 [C1] 셀에 입력되어 있다면 [$C$1:C1]과 같이 참조합니다.
- **중복 범위** : 중복된 데이터가 입력된 범위
- **이전 셀** : 참조할 수식이 입력될 바로 이전 셀

중복 데이터 범위에서 특정 조건에 해당하는 고유 항목만 순서대로 참조

중복이 포함된 데이터 범위에서 특정 조건에 해당하는 고유 항목을 참조하려면 다음 수식을 사용합니다.

```
=IFERROR(
        INDEX(중복 범위,
        MATCH(1, (COUNTIF(머리글 범위, 중복 범위)=0)*(범위=조건), 0)),
        "")
```

- **중복 범위** : 중복된 데이터가 입력된 범위
- **머리글 범위** : 중복된 데이터를 추출할 열의 머리글 범위로, [머리글 범위]는 반드시 [시작 셀:시작 셀] 방식으로 참조해야 하며 왼쪽 시작 셀은 절대 참조로, 오른쪽 시작 셀은 상대 참조로 참조합니다. 예를 들어 머리글이 [C1] 셀에 입력되어 있다면 [$C$1:C1]과 같이 참조해야 합니다.
- **범위** : [조건]을 확인할 데이터 범위
- **조건** : [범위]에서 매칭할 값

마이크로소프트 365 버전

마이크로소프트 365 버전을 사용 중이라면 UNIQUE 함수와 FILTER 함수를 중첩한 수식을 사용합니다.

```
=UNIQUE(FILTER(중복 범위, (범위=조건)))
```

- **참조 범위** : 참조할 데이터 범위
- **범위** : [찾을 값]이 포함된 데이터 범위
- **찾을 값** : [범위]에서 찾으려는 값

TIP 빈 셀을 제외하려면 **(범위=조건)** 부분을 **(범위<>"")**와 같이 변경합니다.

따라 하기

01 예제의 [sample1] 시트에서 왼쪽 표의 고객 명단(B열) 중 고유한 이름만 E열에 반환합니다.

TIP 왼쪽 표는 엑셀 표로 등록되어 있고, 표 이름은 [표1]입니다.

02 B열의 고객 명단에서 중복을 제거한 결과를 반환합니다.

03 [E6] 셀에 다음 수식을 입력하고 [E6] 셀의 채우기 핸들을 [E12] 셀까지 드래그합니다.

[E6] 셀 : =INDEX(표1[고객], MATCH(0, COUNTIF($E$5:E5, 표1[고객]), 0))

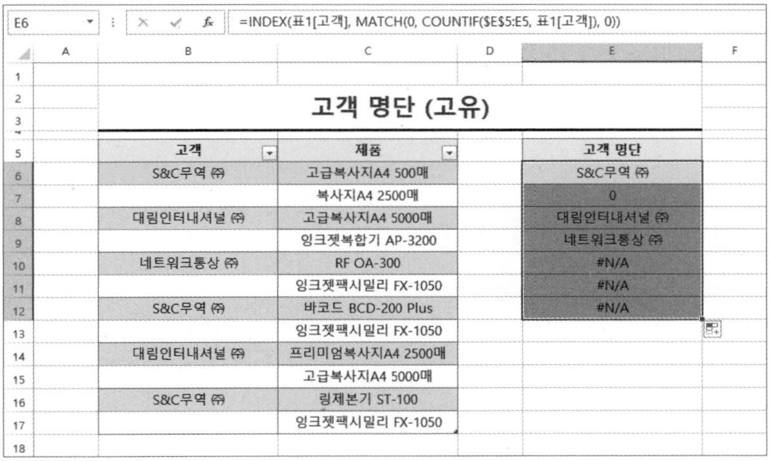

Ver. 엑셀 2019 버전까지는 이번 수식을 Ctrl + Shift + Enter 로 입력합니다.

더 알아보기 **수식 이해하기**

이번 수식은 **Section 09-09**에서 소개한 '특정 범위 내 중복을 제거하는 수식'을 사용한 것입니다. 수식 자체는 문제가 없지만, B열에 빈 셀이 포함되어 있어 [E7] 셀에 0이 반환됩니다. 그러므로 병합된 셀이나 빈 셀이 범위에 포함된 경우에는 빈 셀을 제외하는 부분을 수식에 추가해주어야 합니다.

LINK 이번 수식에 대한 자세한 설명은 이 책의 779~783페이지를 참고합니다.

04 빈 셀은 제외하도록 수식을 수정합니다. [E6] 셀의 수식을 다음과 같이 수정하고 [E6] 셀의 채우기 핸들을 [E12] 셀까지 드래그합니다.

```
=INDEX(표1[고객],
        MATCH(0, COUNTIF($E$5:E5, IF(표1[고객]="", E5, 표1[고객])), 0))
```

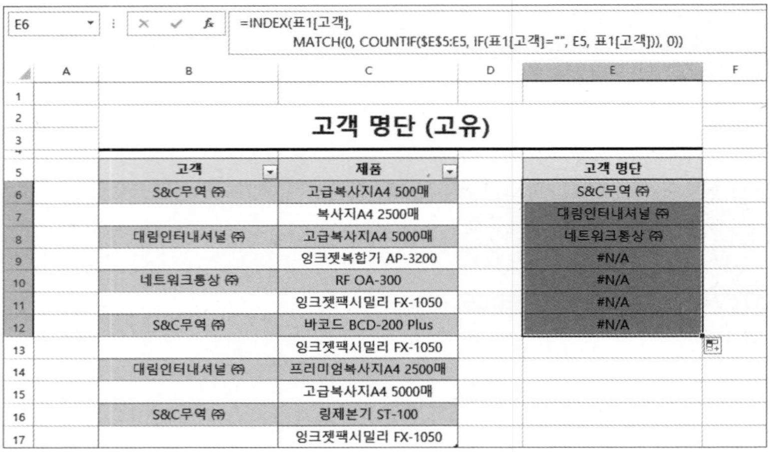

E6 =INDEX(표1[고객], MATCH(0, COUNTIF($E$5:E5, IF(표1[고객]="", E5, 표1[고객])), 0))

고객 명단 (고유)

고객	제품		고객 명단
S&C무역 ㈜	고급복사지A4 500매		S&C무역 ㈜
	복사지A4 2500매		대림인터내셔널 ㈜
대림인터내셔널 ㈜	고급복사지A4 5000매		네트워크통상 ㈜
	잉크젯복합기 AP-3200		#N/A
네트워크통상 ㈜	RF OA-300		#N/A
	잉크젯팩시밀리 FX-1050		#N/A
S&C무역 ㈜	바코드 BCD-200 Plus		#N/A
	잉크젯팩시밀리 FX-1050		
대림인터내셔널 ㈜	프리미엄복사지A4 2500매		
	고급복사지A4 5000매		
S&C무역 ㈜	링제본기 ST-100		
	잉크젯팩시밀리 FX-1050		

Ver. 엑셀 2019 버전까지는 이번 수식을 Ctrl+Shift+Enter로 입력합니다.

더 알아보기 **수식 이해하기**

이번 수식은 **03** 과정의 수식과는 달리 0 없이 고유한 고객 명단을 제대로 반환합니다. 이번 수식을 이해하려면 반드시 MATCH 함수 두 번째 인수 부분의 배열에 어떤 값이 저장되는지 이해할 필요가 있습니다. 다음 다이어그램을 참고합니다.

E5:E5	IF(표1[고객]="", E5, 표1[고객])	COUNTIF(①, ②)
고객명단	S&C무역 ㈜	0
	고객명단	1
	대림인터내셔널 ㈜	0
	고객명단	1
	네트워크통상 ㈜	0
	…	…
	고객명단	1
①	②	

② 부분의 배열이 핵심입니다. **표1[고객]** 범위에서 빈 셀("")인 경우에만 [E5] 셀의 머리글로 대체를 시키면 빈 셀이 모두 [E5] 셀의 값으로 변경됩니다. 이후 COUNTIF 함수로 ① 위치에서 ② 배열의 값을 찾습니다. 그러면 빈 셀 없이 0이나 1이 반환되고, 0 위치의 값은 아직 E열에 표시되지 않은 데이터이므로 고유한 값이 됩니다.

참고로 이번 수식에서 #N/A 에러를 표시하지 않으려면 IFERROR 함수를 추가로 사용합니다.

```
=IFERROR(기존 수식, "")
```

Ver. 엑셀 2019 버전까지는 이번 수식을 Ctrl + Shift + Enter 로 입력합니다.

05 마이크로소프트 365 버전부터는 UNIQUE 함수를 사용해 결과를 반환할 수 있습니다.

Ver. UNIQUE, FILTER 함수를 사용하는 수식은 엑셀 2019 버전까지는 지원되지 않습니다.

TIP [E6:E12] 범위를 선택하고 Delete 를 눌러 기존 수식을 지워야 합니다.

06 [E6] 셀을 선택하고 다음 수식을 입력합니다.

[E6] 셀 : =UNIQUE(표1[고객])

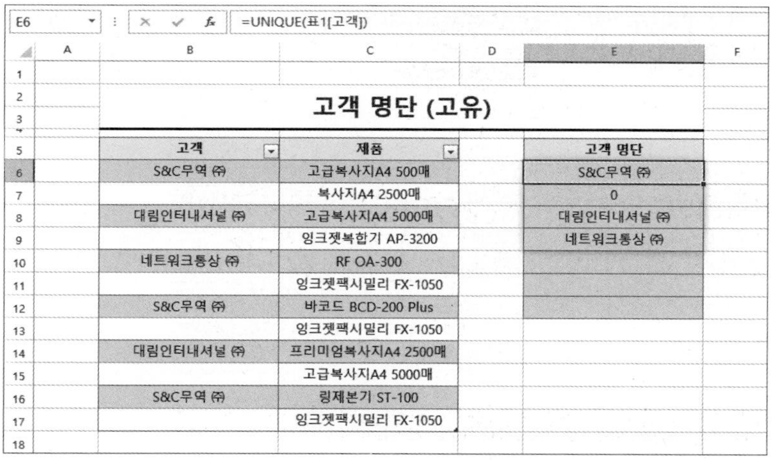

더 알아보기 수식 이해하기

UNIQUE 함수 역시 빈 셀이 포함된 경우에는 [E7] 셀처럼 0이 반환됩니다. 그러므로 빈 셀이 포함된 경우에는 FILTER 함수를 함께 사용해 빈 셀을 제외한 결과를 반환받아 중복을 제거해야 합니다.

07 [E6] 셀의 수식을 다음과 같이 수정합니다.

[E6] 셀 : =UNIQUE(FILTER(표1[고객], 표1[고객]<>""))

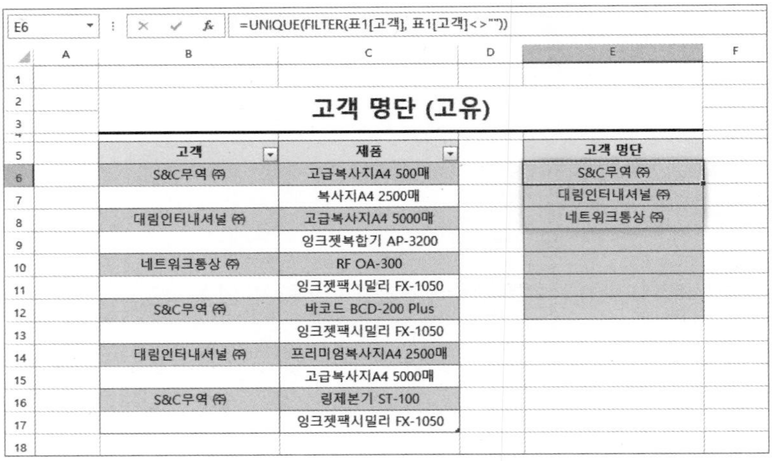

E6
=UNIQUE(FILTER(표1[고객], 표1[고객]<>""))
고객 명단 (고유)
고객
제품
고객 명단
S&C무역 ㈜
고급복사지A4 500매
복사지A4 2500매
대림인터내셔널 ㈜
고급복사지A4 5000매
잉크젯복합기 AP-3200
네트워크통상 ㈜
RF OA-300
잉크젯팩시밀리 FX-1050
바코드 BCD-200 Plus
프리미엄복사지A4 2500매
링제본기 ST-100

더 알아보기 **수식 이해하기**

FILTER 함수는 조건에 맞는 데이터를 동적 배열로 반환합니다. **FILTER(표1[고객], 표1[고객]<>"")** 수식은 **표1[고객]** 범위에서 빈 셀("")이 아닌 데이터만 동적 배열로 반환하므로 UNIQUE 함수를 사용해 중복을 제거하면 화면처럼 깔끔한 결과를 얻을 수 있습니다.

08 추가 작업을 위해 [sample2] 시트를 선택합니다.

09 왼쪽 표 데이터에서 [E5] 셀의 회사명과 동일한 고객에게 판매한 제품 중 고유 제품 목록을 E열에 반환합니다.

고객사별 판매 제품(고유)
고객
제품
S&C무역 ㈜
대림인터내셔널 ㈜
고급복사지A4 500매
복사지A4 2500매
고급복사지A4 5000매
잉크젯복합기 AP-3200
RF OA-300
잉크젯팩시밀리 FX-1050
바코드 BCD-200 Plus
프리미엄복사지A4 2500매
sample1
sample2

TIP 왼쪽 표는 엑셀 표로 등록되어 있고, 표 이름은 [표2]입니다.

10 이전과 마찬가지로 C열의 제품 범위에서 중복을 제거합니다.

11 [E6] 셀에 다음 수식을 입력하고 [E6] 셀의 채우기 핸들을 [E15] 셀까지 드래그합니다.

[E6] 셀 : =INDEX(표2[제품], MATCH(0, COUNTIF($E$5:E5, 표2[제품]), 0))

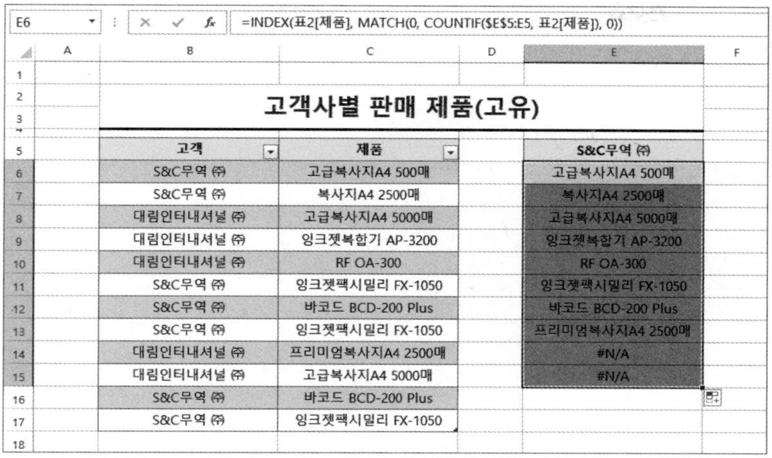

E6 =INDEX(표2[제품], MATCH(0, COUNTIF($E$5:E5, 표2[제품]), 0))

	A	B	C	D	E	F
1						
2		고객사별 판매 제품(고유)				
3						
5		고객	제품		S&C무역 ㈜	
6		S&C무역 ㈜	고급복사지A4 500매		고급복사지A4 500매	
7		S&C무역 ㈜	복사지A4 2500매		복사지A4 2500매	
8		대림인터내셔널 ㈜	고급복사지A4 5000매		고급복사지A4 5000매	
9		대림인터내셔널 ㈜	잉크젯복합기 AP-3200		잉크젯복합기 AP-3200	
10		대림인터내셔널 ㈜	RF OA-300		RF OA-300	
11		S&C무역 ㈜	잉크젯팩시밀리 FX-1050		잉크젯팩시밀리 FX-1050	
12		S&C무역 ㈜	바코드 BCD-200 Plus		바코드 BCD-200 Plus	
13		S&C무역 ㈜	잉크젯팩시밀리 FX-1050		프리미엄복사지A4 2500매	
14		대림인터내셔널 ㈜	프리미엄복사지A4 2500매		#N/A	
15		대림인터내셔널 ㈜	고급복사지A4 5000매		#N/A	
16		S&C무역 ㈜	바코드 BCD-200 Plus			
17		S&C무역 ㈜	잉크젯팩시밀리 FX-1050			
18						

Ver. 엑셀 2019 버전까지는 이번 수식을 Ctrl+Shift+Enter로 입력합니다.

더 알아보기 수식 이해하기

이번 수식은 **03** 과정 수식과 동일한 것으로, **표2[제품]** 범위에서 중복을 제거한 고유한 제품을 반환합니다.

12 [E5] 셀의 회사명에 해당하는 제품만 반환하도록 수식을 수정합니다.

13 [E6] 셀의 수식을 다음과 같이 수정하고 [E6] 셀의 채우기 핸들을 [E15] 셀까지 드래그합니다.

[E6] 셀 : =INDEX(표2[제품], MATCH(1, (COUNTIF($E$5:E5, 표2[제품])=0)*(표2[고객]=$E$5), 0))

E6 =INDEX(표2[제품], MATCH(1, (COUNTIF($E$5:E5, 표2[제품])=0)*(표2[고객]=$E$5), 0))

	A	B	C	D	E	F	G
1							
2		고객사별 판매 제품(고유)					
3							
5		고객	제품		S&C무역 ㈜		
6		S&C무역 ㈜	고급복사지A4 500매		고급복사지A4 500매		
7		S&C무역 ㈜	복사지A4 2500매		복사지A4 2500매		
8		대림인터내셔널 ㈜	고급복사지A4 5000매		잉크젯팩시밀리 FX-1050		
9		대림인터내셔널 ㈜	잉크젯복합기 AP-3200		바코드 BCD-200 Plus		
10		대림인터내셔널 ㈜	RF OA-300		#N/A		
11		S&C무역 ㈜	잉크젯팩시밀리 FX-1050		#N/A		
12		S&C무역 ㈜	바코드 BCD-200 Plus		#N/A		
13		S&C무역 ㈜	잉크젯팩시밀리 FX-1050		#N/A		
14		대림인터내셔널 ㈜	프리미엄복사지A4 2500매		#N/A		
15		대림인터내셔널 ㈜	고급복사지A4 5000매		#N/A		
16		S&C무역 ㈜	바코드 BCD-200 Plus				
17		S&C무역 ㈜	잉크젯팩시밀리 FX-1050				
18							

TIP #N/A 에러를 보고 싶지 않다면 IFERROR 함수를 추가합니다.

더 알아보기 수식 이해하기

이번 수식은 [E5] 셀의 회사 제품만 고유한 값을 반환합니다. 이번 수식을 제대로 이해하기 위해서는 MATCH 함수의 두 번째 인수의 배열 부분을 이해해야 합니다. MATCH 함수의 두 번째 인수는 다음과 같습니다.

```
(COUNTIF($E$5:E5, 표2[제품])=0)*(표2[고객]=$E$5)
```

위 수식은 다음과 같은 순서로 계산이 됩니다.

COUNTIF(…)	①=0		표2[고객]=E5		
0	TRUE		TRUE		1
0	TRUE		TRUE		1
0	TRUE		FALSE		0
0	TRUE	×	FALSE	=	0
0	TRUE		FALSE		0
…	…		…		…
0	TRUE		TRUE		1
①					

위 수식이 [E7] 셀로 복사가 되면 첫 번째 COUNTIF 함수로 계산되는 배열의 값이 변경되면서 배열에 저장되는 값의 위치가 달라지게 됩니다.

COUNTIF(…)	①=0		표2[고객]=E5		
1	FALSE		TRUE		0
0	TRUE		TRUE		1
0	TRUE		FALSE		0
0	TRUE	×	FALSE	=	0
0	TRUE		FALSE		0
…	…		…		…
0	TRUE		TRUE		1
①					

결국 배열에 저장된 값 중 1의 위치가 회사명이 동일하고 고유한 제품명 위치가 됩니다. 그래서 MATCH 함수의 첫 번째 인수도 1로 변경해 1의 위치를 찾아 INDEX 함수로 **표2[제품]** 범위 내 데이터를 참조하도록 한 것입니다.

14 [E5] 셀의 회사명을 변경하면 해당 회사명에 대한 고유한 제품명이 반환됩니다.

E5 | 대림인터내셔널 ㈜

고객사별 판매 제품(고유)

행	고객	제품		대림인터내셔널 ㈜
6	S&C무역 ㈜	고급복사지A4 500매		고급복사지A4 5000매
7	S&C무역 ㈜	복사지A4 2500매		잉크젯복합기 AP-3200
8	대림인터내셔널 ㈜	고급복사지A4 5000매		RF OA-300
9	대림인터내셔널 ㈜	잉크젯복합기 AP-3200		프리미엄복사지A4 2500매
10	대림인터내셔널 ㈜	RF OA-300		#N/A
11	S&C무역 ㈜	잉크젯팩시밀리 FX-1050		#N/A
12	S&C무역 ㈜	바코드 BCD-200 Plus		#N/A
13	S&C무역 ㈜	잉크젯팩시밀리 FX-1050		#N/A
14	대림인터내셔널 ㈜	프리미엄복사지A4 2500매		#N/A
15	대림인터내셔널 ㈜	고급복사지A4 5000매		#N/A
16	S&C무역 ㈜	바코드 BCD-200 Plus		
17	S&C무역 ㈜	잉크젯팩시밀리 FX-1050		

15 마이크로소프트 365 버전부터 제공되는 UNIQUE 함수를 사용해 결과를 반환받습니다.

Ver. UNIQUE, FILTER, SORT 함수를 사용하는 수식은 엑셀 2019 이하 버전에서는 지원되지 않습니다.

TIP 먼저 [E6:E15] 범위를 선택하고 Delete 를 눌러 기존 수식을 지워야 합니다.

16 먼저 [E5] 셀 회사의 제품만 추출하기 위해 [E6] 셀에 다음 수식을 입력합니다.

[E6] 셀 : =FILTER(표2[제품], 표2[고객]=E5)

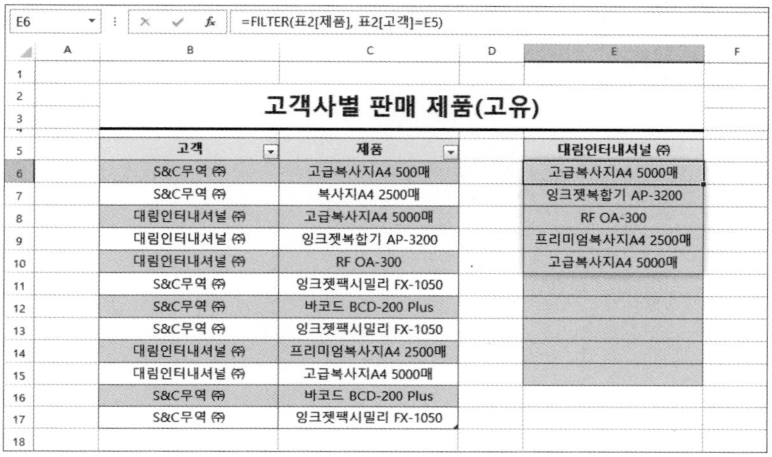

	고객	제품		대림인터내셔널 ㈜
6	S&C무역 ㈜	고급복사지A4 500매		고급복사지A4 5000매
7	S&C무역 ㈜	복사지A4 2500매		잉크젯복합기 AP-3200
8	대림인터내셔널 ㈜	고급복사지A4 5000매		RF OA-300
9	대림인터내셔널 ㈜	잉크젯복합기 AP-3200		프리미엄복사지A4 2500매
10	대림인터내셔널 ㈜	RF OA-300		고급복사지A4 5000매
11	S&C무역 ㈜	잉크젯팩시밀리 FX-1050		
12	S&C무역 ㈜	바코드 BCD-200 Plus		
13	S&C무역 ㈜	잉크젯팩시밀리 FX-1050		
14	대림인터내셔널 ㈜	프리미엄복사지A4 2500매		
15	대림인터내셔널 ㈜	고급복사지A4 5000매		
16	S&C무역 ㈜	바코드 BCD-200 Plus		
17	S&C무역 ㈜	잉크젯팩시밀리 FX-1050		

더 알아보기 **수식 이해하기**

이번 수식은 **표2[제품]** 범위의 데이터 중 **표2[고객]** 범위의 값이 [E5] 셀과 동일한 회사의 제품만 추출합니다.

17 반환된 동적 배열 중 고유한 값만 반환하기 위해 [E6] 셀의 수식을 다음과 같이 수정합니다.

[E6] 셀 : =UNIQUE(FILTER(표2[제품], 표2[고객]=E5))

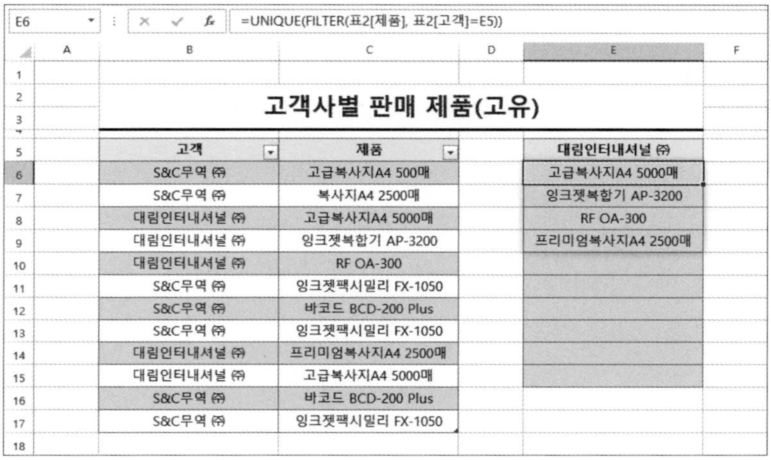

	고객	제품		대림인터내셔널 ㈜
6	S&C무역 ㈜	고급복사지A4 500매		고급복사지A4 5000매
7	S&C무역 ㈜	복사지A4 2500매		잉크젯복합기 AP-3200
8	대림인터내셔널 ㈜	고급복사지A4 5000매		RF OA-300
9	대림인터내셔널 ㈜	잉크젯복합기 AP-3200		프리미엄복사지A4 2500매
10	대림인터내셔널 ㈜	RF OA-300		
11	S&C무역 ㈜	잉크젯팩시밀리 FX-1050		
12	S&C무역 ㈜	바코드 BCD-200 Plus		
13	S&C무역 ㈜	잉크젯팩시밀리 FX-1050		
14	대림인터내셔널 ㈜	프리미엄복사지A4 2500매		
15	대림인터내셔널 ㈜	고급복사지A4 5000매		
16	S&C무역 ㈜	바코드 BCD-200 Plus		
17	S&C무역 ㈜	잉크젯팩시밀리 FX-1050		

18 반환된 결과를 정렬해 표시하려면 [E6] 셀의 수식을 다음과 같이 수정합니다.

[E6] 셀 : =SORT(UNIQUE(FILTER(표2[제품], 표2[고객]=E5)))

E6 =SORT(UNIQUE(FILTER(표2[제품], 표2[고객]=E5)))

고객사별 판매 제품(고유)

고객	제품		대림인터내셔널 ㈜
S&C무역 ㈜	고급복사지A4 500매		RF OA-300
S&C무역 ㈜	복사지A4 2500매		고급복사지A4 5000매
대림인터내셔널 ㈜	고급복사지A4 5000매		잉크젯복합기 AP-3200
대림인터내셔널 ㈜	잉크젯복합기 AP-3200		프리미엄복사지A4 2500매
대림인터내셔널 ㈜	RF OA-300		
S&C무역 ㈜	잉크젯팩시밀리 FX-1050		
S&C무역 ㈜	바코드 BCD-200 Plus		
S&C무역 ㈜	잉크젯팩시밀리 FX-1050		
대림인터내셔널 ㈜	프리미엄복사지A4 2500매		
대림인터내셔널 ㈜	고급복사지A4 5000매		
S&C무역 ㈜	바코드 BCD-200 Plus		
S&C무역 ㈜	잉크젯팩시밀리 FX-1050		

LINK SORT 함수에 대한 자세한 설명은 이 책의 790페이지를 참고합니다.

배열 수식 활용

10 22 데이터 정렬해 표시하기

예제 파일 PART 03 \ CHAPTER 10 \ 참조–정렬.xlsx

공식처럼 사용할 수 있는 수식

범위 내 데이터를 오름차순으로 참조

범위 내 데이터를 오름차순으로 참조하려면 다음 수식을 사용합니다.

```
=IFERROR(
          INDEX(범위,
                MATCH(ROW(A1), COUNTIF(범위, "<" & 범위)+1, 0)),
          "")
```

- **범위** : 정렬할 데이터가 입력된 데이터 범위

TIP 중복된 데이터가 존재할 때는 잘못된 결과를 반환됩니다.

이번 수식을 내림차순으로 변경하려면 COUNTIF 함수의 작다("<") 연산자를 크다(">") 연산자로 변경합니다.

마이크로소프트 365 버전

마이크로소프트 365 버전을 사용 중이라면 SORT 함수나 SORTBY 함수를 사용합니다. 두 함수의 사용 방법은 이 책의 790페이지를 참고합니다.

따라 하기

01 예제를 열고, B열의 제품명을 열에 가나다순(오름차순)으로 정렬하는 수식을 작성합니다.

	A	B	C	D	E	F	G	H	I
1									
2		거 래 명 세 서							
3									
5		제품	단가	수량	판매		번호	품명	
6		컬러레이저복사기 XI-3200	1,176,000	2	2,352,000		1		
7		잉크젯복합기 AP-3200	89,300	2	178,600		2		
8		링제본기 ST-100	127,800	3	383,400		3		
9		흑백레이저복사기 TLE-5000	597,900	4	2,391,600		4		
10		바코드 Z-350	48,300	1	48,300		5		
11		프리미엄복사지A4 2500매	17,800	15	267,000		6		
12		지문인식 FPIN-1000+	116,300	4	465,200		7		
13									

TIP 왼쪽 표는 엑셀 표로 등록되어 있고 표 이름은 [표1]입니다.

더 알아보기 **데이터 정렬 이해하기**

숫자 데이터가 큰 숫자와 작은 숫자로 구분되는 것처럼 텍스트 데이터도 큰 값과 작은 값이 구분됩니다. 텍스트 데이터를 구분할 수 있는 이유는 윈도우에 사용되는 모든 문자는 특정 코드로 관리되기 때문입니다. 실제로는 '가'가 '나'보다 작다고 할 수는 없지만 컴퓨터에서는 '가'가 '나'보다 작은 값이 됩니다.

그러므로 수식으로 정렬된 결과를 얻으려면 텍스트 데이터의 순위를 구한 후 순서대로 해당 값을 참조해오면 됩니다.

Ver. 마이크로소프트 365 버전이라면 SORT 함수를 사용합니다.

02 제품은 텍스트 데이터이므로 COUNTIF 함수를 사용해 순위를 구합니다.

03 [H6] 셀에 다음 수식을 입력합니다.

[H6] 셀 : =COUNTIF(표1[제품], "<" & 표1[제품])

H6 | =COUNTIF(표1[제품], "<" & 표1[제품])

	A	B	C	D	E	F	G	H	I
1									
2		거 래 명 세 서							
3									
5		제품	단가	수량	판매		번호	품명	
6		컬러레이저복사기 XI-3200	1,176,000	2	2,352,000		1	4	
7		잉크젯복합기 AP-3200	89,300	2	178,600		2	2	
8		링제본기 ST-100	127,800	3	383,400		3	0	
9		흑백레이저복사기 TLE-5000	597,900	4	2,391,600		4	6	
10		바코드 Z-350	48,300	1	48,300		5	1	
11		프리미엄복사지A4 2500매	17,800	15	267,000		6	5	
12		지문인식 FPIN-1000+	116,300	4	465,200		7	3	
13									

Ver. 엑셀 2019 버전까지는 이번 수식을 [H6:H12] 범위를 선택하고 Ctrl + Shift + Enter 로 입력합니다.

더 알아보기 **수식 이해하기**

이번 수식은 **표1[제품]** 범위에서 **표1[제품]** 범위 내 셀의 값보다 작은 값이 몇 개 있는지 확인하고 배열에 개수를 반환합니다.

이번 수식을 엑셀 2019 이하 버전에서 좀 더 이해하기 쉽게 입력하려면 [H6] 셀에 다음 수식을 입력하고 [H6] 셀의 채우기 핸들을 [H12] 셀까지 드래그합니다.

```
=COUNTIF(표1[제품], "<" & B6)
```

[H6:H12] 범위에 반환된 값의 의미는 같은 행에 위치한 제품보다 작은 값이 몇 개 있는지를 반환하며, 0부터 6까지의 숫자가 존재합니다.

04 COUNTIF 함수로 반환된 숫자를 순서대로 찾기 위해 MATCH 함수를 사용합니다.

Ver. 엑셀 2019 이하 버전에서는 [H6:H12] 범위를 선택하고 Delete 를 눌러 지웁니다.

05 [H6] 셀의 수식을 다음과 같이 수정하고 [H6] 셀의 채우기 핸들을 [H12] 셀까지 드래그합니다.

[H6] 셀 : =MATCH(ROW(A1)−1, COUNTIF(표1[제품], "<" & 표1[제품]), 0)

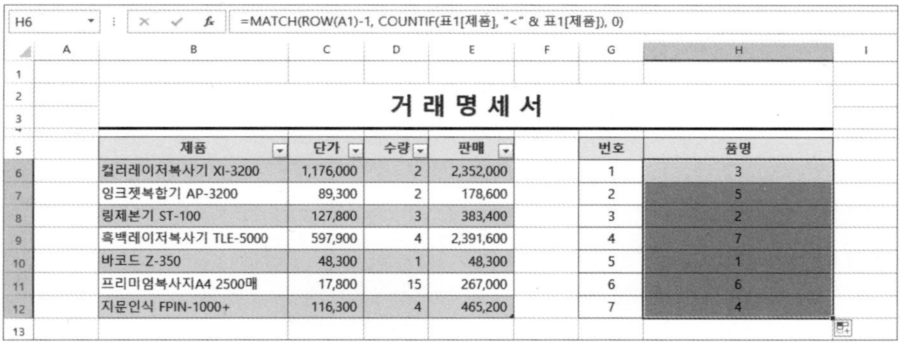
H6 =MATCH(ROW(A1)-1, COUNTIF(표1[제품], "<" & 표1[제품]), 0)

거 래 명 세 서

제품	단가	수량	판매		번호	품명
컬러레이저복사기 XI-3200	1,176,000	2	2,352,000		1	3
잉크젯복합기 AP-3200	89,300	2	178,600		2	5
링제본기 ST-100	127,800	3	383,400		3	2
흑백레이저복사기 TLE-5000	597,900	4	2,391,600		4	7
바코드 Z-350	48,300	1	48,300		5	1
프리미엄복사지A4 2500매	17,800	15	267,000		6	6
지문인식 FPIN-1000+	116,300	4	465,200		7	4

Ver. 엑셀 2019 버전까지는 이번 수식을 Ctrl + Shift + Enter 로 입력합니다.

더 알아보기 **수식 이해하기**

이번 수식은 COUNTIF 함수에서 반환된 배열에서 **ROW(A1)−1**번째 위치의 값을 찾는 수식입니다. **ROW(A1)−1**번째 위치를 찾는 이유는 COUNTIF 함수에서 반환하는 값이 0부터 시작되기 때문입니다.

이렇게 하면 배열에 저장된 순위의 위치를 반환받을 수 있게 됩니다. MATCH 함수로 찾은 위치의 값을 참조하면 오름차순으로 정렬된 결과를 반환받을 수 있습니다.

06 MATCH 함수로 찾은 위치의 제품명을 INDEX 함수로 참조합니다.

07 [H6] 셀의 수식을 다음과 같이 수정하고 [H6] 셀의 채우기 핸들을 [H12] 셀까지 드래그합니다.

[H6] 셀 : =INDEX(표1[제품], MATCH(ROW(A1)−1, COUNTIF(표1[제품], "<" & 표1[제품]), 0))

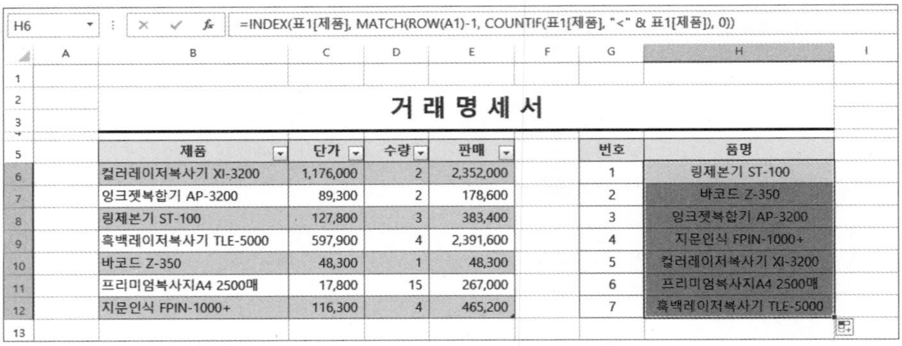

H6 =INDEX(표1[제품], MATCH(ROW(A1)-1, COUNTIF(표1[제품], "<" & 표1[제품]), 0))

거 래 명 세 서

제품	단가	수량	판매		번호	품명
컬러레이저복사기 XI-3200	1,176,000	2	2,352,000		1	링제본기 ST-100
잉크젯복합기 AP-3200	89,300	2	178,600		2	바코드 Z-350
링제본기 ST-100	127,800	3	383,400		3	잉크젯복합기 AP-3200
흑백레이저복사기 TLE-5000	597,900	4	2,391,600		4	지문인식 FPIN-1000+
바코드 Z-350	48,300	1	48,300		5	컬러레이저복사기 XI-3200
프리미엄복사지A4 2500매	17,800	15	267,000		6	프리미엄복사지A4 2500매
지문인식 FPIN-1000+	116,300	4	465,200		7	흑백레이저복사기 TLE-5000

Ver. 엑셀 2019 버전까지는 이번 수식을 Ctrl+Shift+Enter로 입력합니다.

TIP B열의 제품이 오름차순으로 정렬되어 참조됩니다.

08 반대로 내림차순으로 정렬된 결과를 참조합니다.

09 [H6] 셀의 수식을 다음과 같이 수정하고 [H6] 셀의 채우기 핸들을 [H12] 셀까지 드래그합니다.

[H6] 셀 : =INDEX(표1[제품], MATCH(ROW(A1)−1, COUNTIF(표1[제품], ">" & 표1[제품]), 0))

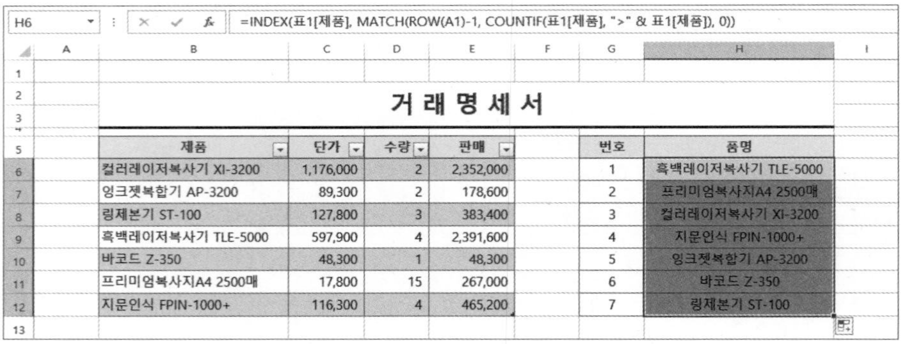

H6 =INDEX(표1[제품], MATCH(ROW(A1)-1, COUNTIF(표1[제품], ">" & 표1[제품]), 0))

거 래 명 세 서

제품	단가	수량	판매		번호	품명
컬러레이저복사기 XI-3200	1,176,000	2	2,352,000		1	흑백레이저복사기 TLE-5000
잉크젯복합기 AP-3200	89,300	2	178,600		2	프리미엄복사지A4 2500매
링제본기 ST-100	127,800	3	383,400		3	컬러레이저복사기 XI-3200
흑백레이저복사기 TLE-5000	597,900	4	2,391,600		4	지문인식 FPIN-1000+
바코드 Z-350	48,300	1	48,300		5	잉크젯복합기 AP-3200
프리미엄복사지A4 2500매	17,800	15	267,000		6	바코드 Z-350
지문인식 FPIN-1000+	116,300	4	465,200		7	링제본기 ST-100

Ver. 엑셀 2019 버전까지는 이번 수식을 Ctrl+Shift+Enter로 입력합니다.

더 알아보기 **수식 이해하기**

정렬하는 수식의 비교 연산자를 반대로 바꾸면 자신보다 큰 값이 몇 개 있는지 세어 반환합니다. 이렇게 하면 내림차순으로 순위를 구한 것과 동일한 결과가 배열에 저장됩니다.

참고로 수식 내 일부만 수정하려는 경우에는 [H6:H12] 범위가 선택된 상태에서 단축키 Ctrl+H를 눌러 [찾기 및 바꾸기] 대화상자를 호출하고 [찾을 내용]에 <, [바꿀 내용]에 >를 입력한 후 [모두 바꾸기]를 클릭해도 됩니다.

10 마이크로소프트 365 버전의 SORT 함수를 사용해 동일한 결과를 돌려받습니다.

Ver. SORT 함수를 사용하는 수식은 엑셀 2019 버전까지는 지원되지 않습니다.

TIP [H6:H12] 범위를 선택하고 [Delete]를 눌러 기존 수식을 지워야 합니다.

11 오름차순으로 정렬한 결과를 얻으려면 [H6] 셀에 다음 수식을 입력합니다.

[H6] 셀 : =SORT(표1[제품],,1)

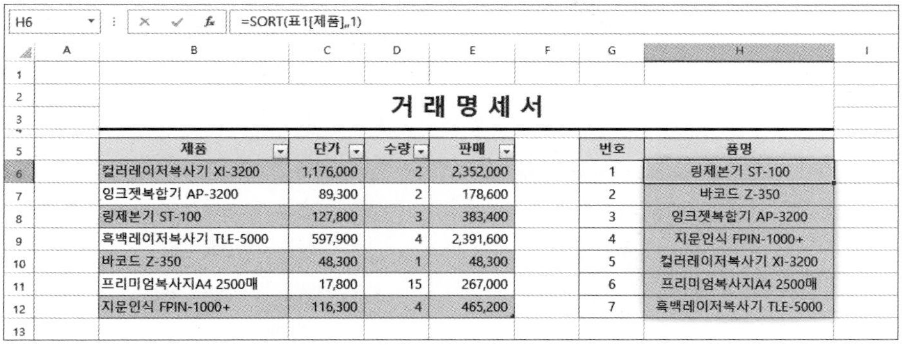

H6 | =SORT(표1[제품],,1)

거래명세서

제품	단가	수량	판매		번호	품명
컬러레이저복사기 XI-3200	1,176,000	2	2,352,000		1	링제본기 ST-100
잉크젯복합기 AP-3200	89,300	2	178,600		2	바코드 Z-350
링제본기 ST-100	127,800	3	383,400		3	잉크젯복합기 AP-3200
흑백레이저복사기 TLE-5000	597,900	4	2,391,600		4	지문인식 FPIN-1000+
바코드 Z-350	48,300	1	48,300		5	컬러레이저복사기 XI-3200
프리미엄복사지A4 2500매	17,800	15	267,000		6	프리미엄복사지A4 2500매
지문인식 FPIN-1000+	116,300	4	465,200		7	흑백레이저복사기 TLE-5000

TIP SORT 함수의 세 번째 인수는 정렬 방법을 지정하며 오름차순은 생략할 수 있습니다.

12 내림차순으로 정렬한 결과를 얻으려면 [H6] 셀의 수식을 다음과 같이 수정합니다.

[H6] 셀 : =SORT(표1[제품],,−1)

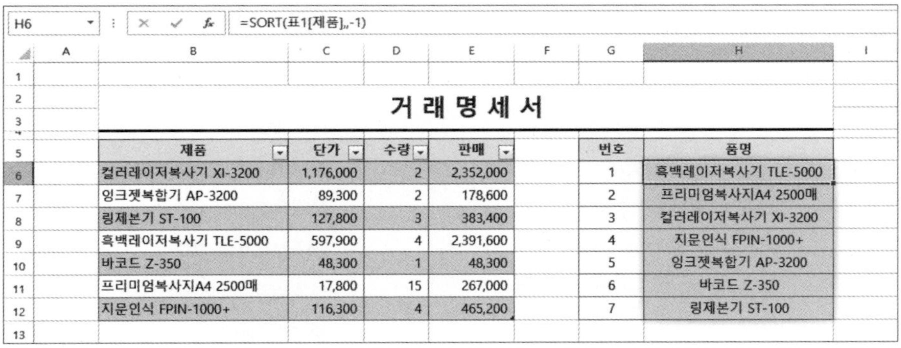

H6 | =SORT(표1[제품],,-1)

거래명세서

제품	단가	수량	판매		번호	품명
컬러레이저복사기 XI-3200	1,176,000	2	2,352,000		1	흑백레이저복사기 TLE-5000
잉크젯복합기 AP-3200	89,300	2	178,600		2	프리미엄복사지A4 2500매
링제본기 ST-100	127,800	3	383,400		3	컬러레이저복사기 XI-3200
흑백레이저복사기 TLE-5000	597,900	4	2,391,600		4	지문인식 FPIN-1000+
바코드 Z-350	48,300	1	48,300		5	잉크젯복합기 AP-3200
프리미엄복사지A4 2500매	17,800	15	267,000		6	바코드 Z-350
지문인식 FPIN-1000+	116,300	4	465,200		7	링제본기 ST-100

INDEX

INDEX

O P Q

R S

T U V

W X Y

기 타